年譜로 본 茶山 丁若鏞

-샅샅이 파헤친 그의 삶

조성을

1956년 경북 상주 출생. 1982년에 서울대학교 동양사학과를 졸업하고, 1992년에 연세대학교 대학원 사학과에서 〈정약용의 정치경제 개혁사상연구〉로 박사학위를 받았다. 현재 아주대학교 사학과 교수이며, 한국 사학사학회 회장이다.

저서로는 《與猶堂集의 文獻學的 研究》(혜안, 2004), 《조선후기 사학사연구》(한울, 2004), 《다산 정약용 연구》(공저; 성균관대학교 출판부, 2012) 등이 있다.

年譜로 본 茶山 丁若鏞－샅샅이 파헤친 그의 삶

초판 1쇄 인쇄 2016. 9. 7.
초판 2쇄 발행 2017. 10. 30.

지은이 조 성 을
펴낸이 김 경 희
펴낸곳 ㈜지식산업사
　　　　본사 ● (10881) 경기도 파주시 광인사길 53
　　　　　전화 (031) 955-4226~7 팩스 (031) 955-4228
　　　　서울사무소 ● (03044) 서울특별시 종로구 자하문로6길 18-7
　　　　　전화 (02) 734-1978　팩스 (02) 720-7900
　　　　영문문패　　www.jisik.co.kr
　　　　전자우편　　jsp@jisik.co.kr
　　　　등록번호　　1-363
　　　　등록날짜　　1969. 5. 8.

책값은 뒤표지에 있습니다.

ⓒ 조성을, 2016
ISBN 978-89-423-9011-3(93910)

* 이 책을 읽고 지은이에게 문의하고자 하는 이는
지식산업사 전자우편으로 연락 바랍니다.

年譜로 본 茶山 丁若鏞
-샅샅이 파헤친 그의 삶

조 성 을

지식산업사

머리말

올해(2016년) 필자는 환갑을 맞이하였으며《與猶堂全書》를 읽기 시작한 벌써 40년이나 된다. 하지만 이루어 놓은 것이 거의 없다는 생각이 들어 부끄럽다.

필자는 원래 학부 과정에서는 동양사를 공부하였다. 학부를 졸업할 무렵, 집안 형편과 나쁜 건강 상태로 대학원에 진학할 상황이 아니었다. 우연히 연세대학교 사학과의 김용섭 교수님을 뵙게 되어 연세대학교 사학과 대학원 석사과정(한국사 전공)에 입학하게 되었다. 교수님의 배려로 한국사를 공부할 수 있게 되었으나, 한국사와 관련해서는《與猶堂全書》말고는 읽은 사료가 없었다. 그럼에도 서둘러 석사학위를 받을 욕심으로 "정약용의 신분제 개혁론"이라는 주제로 석사논문을 제출하게 되었다.

당시 학계에서는 실학에 대하여 일반적으로 "민족적" 그리고 "근대지향적" 성격이 있는 것으로 이해하였다. 그런데 정약용의 신분관, 더욱이 노비관이 노비제를 옹호하는 매우 보수적이라는 논문들이 발표되어 있었다. 필자는 실학의 집대성자인 정약용의 신분관이 이와 같이 보수적이라면 실학의 전체에 문제가 생긴다는 생각을 갖게 되었다.《牧民心書》〈辨等〉조 부분에는 그의 노비관이 보수적이었다고 주장할 수 있는 근거가 되는 구절이 확실히 있었다. 따라서 이 문제를 해결하기 위해서는 문헌적 검토가 필요하다는 생각을 하게 되었다. 당시에는 정약용 연구를 위한 자료로 일제시기에 간행된《與猶堂全書》만 이용되고 있었을 뿐 필사본은 거의 이용되지 않았다.

필자는 정약용 자신이 지은 〈自撰墓誌銘〉(집중본)에서 "〈雜文〉前篇, 後篇"이라는 구절을《與猶堂全書》에서 발견하였는데, 일제시기에 간행된《與猶堂全書》시문집 부분에 수록된 〈雜文〉(산문)은 전편과 후편의 구분이 없었다. 마침 규장각 소장《與猶堂集》과 장서각 소장《열서전수》에 포함된 〈雜文〉 부분을 살펴보니 각기 결질은 있었으나 양자를 합치면《與猶堂集》〈雜文〉 전편과 〈雜文〉

후편을 완벽하게 복원할 수 있었다. 이 작업의 결과가 〈정약용 저작체계와 《여유당집》 잡문의 재구성〉(1984)이다. 이로써 내린 결론은 〈雜文〉 전편에 실린 글들은 유배 이전의 작품이며 〈雜文〉 후편에 실린 글들은 유배 이후의 작품이라는 것이었다. 또한 〈田論〉에는 전기작과 후기작이 있으며 〈湯論〉은 유배 이후의 작품임을 알 수 있었다. 이렇게 후기까지 진보적 관념을 유지하고 있었던 정약용이 후기에 보수적 노비관을 가질 수는 없다는 확신을 갖게 되었다. 또 그의 저작들 가운데 후기에 저술된 경학 주석서들을 통해 평등적 인간관을 후기에 체계화하고 있었음도 밝혀내었다. 그리고 《牧民心書》 〈辨等〉 조에 나타난 보수적 구절은 《酉山筆談》을 인용한 것이므로 정약용의 주장이라기보다는 큰아들 유산酉山 정학연의 견해일 것이라는 생각도 들었다.

1990년대부터는 전임교수가 되기 위해서 박사학위가 필요하였다. 이리하여 다시 서둘러 박사학위 논문 작업을 하였다. 역시 읽어본 자료가 《與猶堂全書》 및 관련 필사본 밖에 없었으므로 박사논문의 주제를 "정약용의 정치경제 개혁사상"으로 하게 되었다. 이것은 정약용 개혁사상 전반을 다룬 것이었으나 졸속으로 작성되어 매우 허술한 것이 되고 말았다. 지도교수께서는 "첫째, 명청 사상사 및 일본 에도시대 사상사와의 비교가 되어 있지 않고 둘째, 서양의 계몽사상과의 비교 역시 없다"고 지적하고 이후 출간 때에는 이 점을 보충해야 할 것이라고 하시면서 조건부로 통과시켜 주셨다. 지도교수의 지적 말고도 필자 스스로는 정약용 이전 조선의 제반 개혁사상의 흐름을 주제별로 검토하면서 여기에 정약용의 개혁사상을 자리매김하지 못한 점, 개항 이후의 우리 사상사 전개와 어떻게 연결될 수 있는가 하는 데에 대한 전망을 갖지 못한 점, 조선후기의 사회경제적, 정치적 변동을 몇 가지 단계로 나눈 뒤 여기에 정약용의 시대를 위치시키지 못한 점 역시 보충되어야 할 것으로 생각하여 왔다.

이런 가운데 박사학위논문을 제대로 수정·보완하기 위해서는 정약용에 대한 더욱 철저한 연보가 필요하다는 생각을 갖게 되었다. 또한 정약용을 공부하는 과정에서 정약용 연구자가 적지 않음에도 그에 대한 기초적 사실이 망라된 체계적 연보가 없다는 사실을 알게 되었다. 이리하여 7~8년 전부터 이 작업에 착수하였다. 물론 기존의 《茶山年譜》, 〈自撰墓誌銘(집중본)〉, 《俟庵先生年

譜》 등이 있지만, 이들만으로는 부족하며 오해를 불러일으키는 부분도 있다. 이들 자료는 이 책을 작성하는 데 기초 자료가 되었다. 이에 더하여 최근 우리나라에는 연대기 자료, 예를 들면 《朝鮮王朝實錄》, 《承政院日記》 같은 자료들이 전산화되어 검색할 수 있게 되어 있다. 중요한 관직을 역임한 사람을 연구할 때 이들 연대기 자료에서 많은 도움을 받을 수 있다. 이 책의 작업은 여기에서 많은 도움을 받았다. 또 최근 개인들의 문집이 많이 영인된 것에도 도움을 받았다. 이 밖에도 정약용과 관련되는 인물들의 문집을 검토하고자 노력하였으며, 최근 새로운 연구들을 살펴보면서 필사본, 서찰 등의 자료에 대한 지견도 얻게 되었다. 비교적 오랜 시간을 투입하였으나 아직도 완벽과는 거리가 멀며 일부 오류가 있을 수도 있다. 혜안을 가진 분들의 질정을 바란다.

아울러 앞으로 정년까지 남은 5년 동안에 정약용 연구 삼부작 작업을 완료할 수 있었으면 한다. 필자는 이전에 석사 논문을 작성하는 과정에서 문헌 검토와 중요성을 깨닫게 됨으로써, 정약용 필사본들을 차례로 검토하여 왔다. 그 중간 결산의 하나로 《與猶堂集의 文獻學的 研究-詩律과 雜文의 年代考證을 중심으로》라는 책을 2004년에 내놓았다. 이 밖에 《尚書》 주석서 관련 문헌, 《我邦疆域考》, 《經世遺表》, 예학 관련 문헌, 《俟庵先生年譜》(현손 정규영 편) 검토 등의 작업을 하였다. 여기에 몇 가지 문헌학적 작업을 보충하고 이미 간행한 책과 합쳐서 《정약용 관련 문헌의 검토》라는 제목으로 간행할 계획을 갖고 있다. 먼저 이번 기회에 《年譜로 본 茶山 丁若鏞-샅샅이 파헤친 그의 삶》을 펴낸 다음, 《정약용 관련 문헌의 검토》를 간행하고, 마지막으로 박사학위논문이 환골탈태한 모습을 갖고 《정약용의 개혁사상》이라는 이름으로 간행된다면 필자의 정약용 공부는 일단 마무리될 것이다.

이 책은 상업성이 전혀 없는 데에 더하여 교정 작업이 매우 까다롭다. 출간을 허락해 주신 지식산업사 김경희 사장님과 교정 작업을 꼼꼼히 도와주신 장인숙 선생과 김연주 선생께 감사드린다.

2016. 7. 8.

아주대 다산관 연구실에서 조성을

차 례

일러두기

1. 다산 정약용이 태어난 해인 임오년壬午年 1762년은 양력으로는 정월 초하루가 되는 1월 25일부터 섣달 그믐날인 다음 해 1763년 2월 12일까지다. 1762년에는 윤5월이 있었다. 음력은 한 달의 날짜수가 29일 아니면 30일 가운데 어느 하나로 정해져 있고, 대략 3년에 한 번씩 윤달이 있지만 꼭 그러한 것은 아니다. 1762년 윤5월에 이어 1765년에 윤2월, 1767년에 윤7월이 있었다. 이렇게 2년 만에 윤달이 있기도 하다. 따라서 음력으로 윤달이 있는 해인지, 그리고 각 달 말일이 몇 일인지에 대하여는 만세력萬歲曆으로 하나하나 확인해 보아야 한다. 윤달과 말일 탓에 음력을 양력으로 계산하면 생몰년이 1년씩 차이 나는 경우도 있다. 이 책에서 날짜는 특별한 언급이 없는 한 음력이다. 이 책에서 이용한 만세력은 林道心 主編,《中國古代萬年曆》, 河北人民出版社, 2003을 참고하였다.

   이 책에서 다루는 연대는 임오년(1762)에서 병신년丙申年(1836)이다. 이 가운데 윤달이 있는 해는 1762년 윤5월, 1765년 윤2월, 1767년 윤7월, 1770년 윤5월, 1773년 윤3월, 1775년 윤10월, 1778년 윤6월, 1781년 윤5월, 1784년 윤3월, 1786년 윤7월, 1789년 윤5월, 1792년 윤4월, 1795년 윤2월, 1797년 윤6월, 1800년 윤4월, 1803년 윤3월, 1805년 윤6월, 1808년 윤5월, 1811년 윤3월, 1814년 윤2월, 1819년 윤4월, 1822년 윤3월, 1824년 윤7월, 1827년 윤5월, 1830년 윤4월, 1832년 윤9월, 1835년 윤6월이다.

2. 본서의 자료로는 《茶山年譜》, 《俟菴先生年譜》와 다산학술문화재단 편 정본 《與猶堂全書》, 《與猶堂全書補遺》, 그리고 기타 필사본, 관련 인물의 문집, 서찰 및 최근의 관련 연구 등을 이용하였다. 책제목이 긴 경우 첫 번째만 다 쓰고, 다음 인용 부분부터는 줄여서 기록한다. 예를 들면 《俟菴先生年譜》는 《사암연보》, 《押海丁氏家乘》은 《가승》으로 약칭한다.

3. 음력 1월~3월을 봄, 4월~6월을 여름, 7월~9월을 가을, 10월~12월을 겨울로 구분한다.

4. 해제 앞에 ꝏ 와 같은 기호를 두었다.

1762년 壬午, 영조 38 _ 1세

: 이 해에는 윤5월이 있었다.

5월 22일: 나경언羅景彦이 세자를 역모로 고변告變하고 복주伏誅되다.

　(가) "羅景彦伏誅…鞫罪人景彦自衣縫中出書" _《실록》영조 38년 5월 22일

5월 13일: 국왕 영조, 세자를 가두라고 명하다.

　(가) "遂命世子幽囚" _《실록》영조 38년 윤5월 13일

윤5월 21일: 세자의 죽음이 확인되고 사도세자라는 시호가 내려지다.

　(가) "思悼世子薨逝 敎曰…兼諡名曰思悼世子'" _《실록》영조 38년 윤5월 21일

6월 16일: <u>경기도 광주의 초천苕川(馬峴)에서 태어나다</u>(巳時).

　(가) "壬午(乾隆二十七年 英宗 三十九年) 六月(十六日 巳時) 生于廣州艸阜(馬
　　峴里 舊居)" _《다산연보》1쪽

　(나) "英祖大王 三十八年 壬午 六月十六日 巳時 公生于廣州草阜面馬峴里(卽
　　今楊州郡瓦阜面陵內里)舊第 序居第四 小字曰"歸農" 是年 國家有不忍言
　　之變故 大人晉州公 決意歸田 公適生 仍以錫名" _《사암연보》1쪽

　※ 《茶山年譜》에서 "영종英宗 39년"이라고 한 것은 '38년'의 오류이다. 또 '영종'이라고 한 것이라고 보아《다산연보》를 쓴 시기는 고종 때 '영조'라고 개명하기 전이다. 《茶山年譜》는 1830년 정약용丁若鏞이 스스로 엮었고 [自撰] 이를 토대로 《俟菴先生年譜》가 작성된 것으로 보인다.[1] 이 책에서 필자가 이용한 것은 《다산정약용 문학연구》에 영인되어 실린 것이다. 정약용의 출생지는 《다산연보》와 《사암연보》에는 "마현馬峴"이라고 하였는데 이곳이 바로 '초천'이다(현재 남양주시 조안면 능내리). 초천을 '소천'이라고 읽기도 한다. 순우리말로는 '소내'이며 〈대동여지도〉에는 '우천牛川'이라고 하였다. 《사암연보》는 정약용의 현손 정규영丁奎英이 1921년에 펴낸 것

---

1) 김상홍,《다산정약용 문학연구》, 단국대출판부, 1985, 467쪽.

으로 현재 서울대 규장각에 소장되어 있다. 필자는 이보다 앞서는 《사암연보》 초고본의 사진을 가지고 있는데 여기에는 수정 표시가 되어 있으며, 규장각본은 이 초고본의 수정 표시 내용을 그대로 따르고 있다. 이 책에서 이용한 것은 정문사 영인본(1984)으로서 쪽수는 이 영인본을 따랐다.

최익한의 《실학파와 정다산》[2)에서는 《사암연보》는 원래 정약용의 제자 이청李晴이 기초起草하고 현손 정규영丁奎英이 수식한 것이라 하였다. 원래 이청이 기초한 것이라는 언급이 어디에 근거한 것인지는 알 수 없다. 현손 정규영이 《사암연보》를 편찬할 때 《다산연보》 외에 정약용 자신의 〈自撰墓誌銘〉(집중본 및 광중본)을 이용한 것은 물론, 현존하지 않는 《筠菴漫筆》 등과 같은 자료도 이용하였다. 원래 《사암연보》의 초고본에는 《筠菴漫筆》과 같은 인용처가 표기되어 있었다.

정약용의 아버지 정재원丁載遠(본관 압해押海)의 집안은 숙종 대 이래 기호남인계에 속하며, 정치적으로는 정조 대의 남인 채제공蔡濟恭의 도움을 받았다. 따라서 대체로 청남清南 계열에 속한다고 할 수 있겠다. 그러나 정재원의 집안은 청남 계열만이 아니라 흔히 "탁남濁南"이라고 비하되는 허적許積 집안 등과도 교분이 있었던 것으로 여겨지며 정약용 자신도 허적 등 "탁남계"의 후손들과 교분이 있었다. 정재원의 초취는 의령남씨宜寧南氏이다. 그가 의령남씨와 사별하고 정약용의 친모 해남윤씨海南尹氏(고산孤山 윤선도尹善道의 후손이며 공재恭齋 윤두서尹斗緖의 손녀)와 혼인한 것은 1753년(영조 29) 7월 6일이다. 아버지 정재원과 어머니 해남윤씨 사이에서 1758년 3월 1일 둘째형 정약전丁若銓이 태어났으며 1760년 3월 10일 셋째형 정약종丁若鍾이 태어났다. 맏형 정약현丁若鉉은 의령남씨 소생이다(이상 인적 사항은 《押海丁氏家乘》의 정재원 부분 참조). 따라서 정약용은 정재원의 넷째 아들이 된다.

정약용이 태어나기 직전 임오화변壬午禍變이 있었다. 이 해 1762년 5월 22일 사도세자思悼世子가 역모를 꾀하였다는 고변이 있었고 윤5월 13일 부

<hr />

2) 서해문집, 2011, 520쪽. 이 책은 원래 북한에서 간행한 것[국립출판사, 1955]을 새로운 활자로 재간행한 것이다.

왕의 명령으로 유수幽囚된 사도세자는 윤5월 21일 죽음이 확인되고 당일 사도세자라는 시호를 받았다. "임오년(1762) 3월 말 정약용의 아버지 정재원이…출사를 포기…고향 마재로 발길을 돌렸다"고 보기도[3] 한다. 그러나 위 (나)의 기록("是年 國家有不忍言之變故 大人晉州公 決意歸田 公適生 仍以錫名")에 따르면, 정재원이 관직에서 물러나 향리인 초천으로 돌아온 것은 사도세자가 죽은 윤5월 21일 이후이자 정약용이 태어난 6월 16일 이전으로 보는 것이 타당하다고 하겠다.

정재원의 첫 관직은 《다산연보》(1쪽)에 따르면, "음참봉陰參奉"이다. 따라서 그는 일단 음직으로 참봉에 출사하였다가 사도세자의 죽음 이후에 물러난 것으로 보인다. 《가승》에 따르면 1762년 3월 17일 정재원이 만녕전萬寧殿 참봉에 임명되었다고 한다. 따라서 음직으로 만녕전 참봉을 하고 있다가 임오화변이 나자 사직한 듯하다. 《가승》 1762년 11월 9일 기록에 따르면 경기전慶基殿 참봉과 관직을 서로 바꾼 것[相換]으로 되어 있다. 정재원이 만녕전 참봉직을 사직하였지만, 사표가 수리되지 않다가 경기전 참봉직과 맞바꾸어 발령받은 것으로 보인다. 《가승》에 의거하여 정약용이 태어나기 몇 달 전 정재원의 행적과 당시 정치 상황을 정리하여 보면 다음과 같다.

○ 3월 10일: 생원시에 합격하여 이날 경현당景賢堂에서 영조를 뵙고 이름을 말씀드리다.
○ 3월 17일: 만녕전 참봉 수망首望으로 낙점 받다.
○ 3월 21일: 사은謝恩하다.
○ 3월 25일: 국왕 영조가 다시 찾았으나 이미 향리 본가로 내려가 입시하지 못하다(일시적 귀향으로 말미암은 것이지 관직을 사퇴한 것은 아님).
○ 윤5월 21일 이후 6월 16일 이전: 사직하고 향리 초천으로 돌아오다(사직서 수리 안 됨). 윤5월 말 6월 초 사이라고 추정된다.

7월 23일: 사도세자의 장례를 지내다.

---

3) 이덕일,《정약용과 그의 형제들(상)》, 김영사, 2004.

(가) "上幸思悼墓 是日卽思悼世子葬日也" _《실록》영조 38년 7월 23일

ⓦ 장지는 경기도 양주 배봉산(현 서울시립대 뒷산)이었다.

11월 9일: 아버지 관직이 경기전 참봉 신경일申敬日과 맞바꾸어지다.

(가) "十一月初九日 慶基殿參奉 申敬日相換" _《가승》1762년 11월 9일

ⓦ 《가승》에 따르면, 만녕전 참봉직의 사표가 수리되지 않다가 이날 11월 9일 경기전 참봉직과 맞바뀐 것으로 여겨진다.

11월 16일: 아버지 정재원이 사은하다.

(가) "[十一月] 十六日 謝恩." _《가승》1762년 11월 16일

11월 17일: 정재원이 임금께 하직하고 길을 떠나다.

(가) "十七日辭陛" _《가승》1762년 11월 17일

ⓦ 《가승》에 따르면, 사은한 다음 날인 11월 17일 길을 떠났다고 하므로 17일 임지인 전주로 출발했다고 보아야 할 것이다. 그렇다면 임지인 전주에는 11월 20일 무렵 도착하였을 것이다. 이때 어머니 해남윤씨가 갓난아이인 정약용을 데리고 전주까지 따라갔는지 여부는 알 수 없다.

1763년 癸未, 영조 39 _2세

1763년 계미: 가볍게 천연두를 앓다.

(가) "癸未 經痘疹" _《다산연보》1쪽

(나) "三十九年癸未 公二歲 經豌豆瘡" _《사암연보》1쪽

1764년 甲申, 영조 40 _3세

3월 29일: 아버지 정재원이 희릉禧陵 참봉에 임명되다.

(가) "甲申三月二十九日 拜禧陵參奉" _《가승》1764년 3월 29일

ⓦ 《가승》에 따르면, 정재원은 1764년 3월 희릉 참봉에 임명되었다. 1762년 11월 20일 무렵 전주에 도착한 다음 희릉 참봉에 임명될 때까지 그

는 계속 전주에 머무른 것으로 보아야 할 것이다. 앞에서 언급한 바와 같이 아버지가 전주에 체류하는 기간 동안 정약용이 어머니 해남윤씨와 향리인 초천에 있었는지, 아니면 아버지를 따라 전주에 있었는지는 알기 어렵다. 당시 정약용은 갓난아이였으므로 어머니와 떨어져 있을 수는 없었을 것이다. 가족 동반에 대한 아무런 기록을 찾을 수 없는 것으로 보아서, 정재원이 가족을 동반하지 않았을 가능성이 크다.

1765년 乙酉, 영조 41 4세

: 2월이 윤달이었다.

1765년 을유: 《千字文》을 배우기 시작하다.

(가) "乙酉 始學千字文" _《다산연보》1쪽

(나) "四十一年乙酉 始學千字文" _《사암연보》2쪽

6월 26일: 정재원이 내섬시內贍寺 봉사奉事(종8품)에 임명되다.

(가) "乙酉六月二十六日" _《가승》1765년 6월 26일

(나) "己丑 初觀京" _《다산연보》1쪽

φ 《가승》에 따르면, 정재원은 1765년 6월 26일 내섬시 봉사에 임명되었다. 내섬시의 봉사는 내직이므로 정재원이 한양에 있었을 것이다. 이때부터 1766년 12월 연천 현감에 임명될 때까지 계속 내직으로 근무하였으므로(1765년 12월 의금부 도사 임명, 1766년 4월 사재감 주부, 1766년 6월 형조 좌랑 임명. 해당 시기 부분 참조), 1765년 6월부터 1766년 12월까지는 가족들이 함께 한양에 살았을 가능성도 있다. 하지만 이에 대하여 《사암연보》에서는 아무런 언급이 없는 것으로 보아, 가족들은 그냥 초천에 살고 있었을 가능성이 크다. 《다산연보》(1쪽)에 따르면, 정약용이 처음 서울을 구경한 것은 여덟 살 때이다. 아버지를 따라서 임지에 함께 가는 것은 연천漣川 현감縣監으로 임명되었을 때(이 책 1767년 6세 부분 참조)이다. 이때까지는 모친 해남윤씨가 어린 정약용과 다른 자녀들을 고향 초천에서 키우고 있었을 가능성이 크다.

12월 24일: 정재원, 의금부義禁府 도사都事에 임명되다.

(가) "十二月二十四日 拜義禁府都事" _《가승》 1765년 12월 24일

1766년 丙戌, 영조 42 5세

4월 1일: 정재원이 사재감司宰監 주부主簿에 임명되다.

(가) "丙辰四月初一日 拜司宰監主簿" _《가승》 1766년 4월 1일

6월 18일: 정재원이 형조刑曹 좌랑佐郎(정6품)에 임명되다.

(가) "六月十八日 拜刑曹佐郎" _《가승》 1766년 6월 18일

12월 17일: 정재원, 연천 현감에 임명되다.

(가) "陪往晉州公漣川任所" _《사암연보》 2쪽

(나) "十二月十七日 拜漣川縣監" _《가승》 1766년 12월 17일

1767년 丁亥, 영조 43 6세
: 7월이 윤달이었다.

1월 일: 정약용이 아버지의 연천 임지에 따라가다.

(가) "丁亥 往漣川縣(家大人任所)" _《다산연보》 1쪽

(나) "丁亥 公六世 陪往晉州公漣川任所 公德器之寬厚 經學之精微 專由家庭
蒙養也" _《사암연보》 2쪽

ॐ 《가승》에 따르면 정재원이 연천 현감에 임명된 때는 바로 1766년 12월
17일이다. 그리고 (가)와 (나)를 보면 연천 현감으로 간 때는 정해丁亥년
(1767)이다. 정재원이 가족을 이끌고 연천에 부임한 것은 1767년 1월 초(또
는 12월 말)로 보는 것이 타당하겠다. 어머니 해남윤씨는 1770년 11월 9일
타계하였다(1770년 11월 9일 부분 참조). 가족들은 일단 1767년 1월부터 1770
년 12월 임기 만료까지 연천에 살았던 것으로 볼 수 있겠다.《다산연보》(1
쪽)와 《사암연보》(4쪽)에 따르면 정재원이 "관직에서 해직[解官]"되었다. 해
관된 시점은 12월로 보는 것이 타당하다.《사암연보》 1770년 11월 어머니

타계 기사(3, 4쪽) 바로 뒤에 이어서 "四十七年(1771) 辛卯 公十歲 受學經史 是時 晉州公解官家居 自敎授"(4쪽)이 나온다.

1768년 戊子, 영조 44 _7세

월 일: 처음으로 오언시를 짓다.

(가) "始作五言詩…自號曰 三眉子 有三眉集 寔十歲以前作也" _《사암연보》 2~3쪽

✿ (가) 《사암연보》의 기록에 따르면, 열 살 이전 작품은 《三眉集》에 수록 되어 있다고 하였으나 현재 전하지 않으며, 《다산연보》에는 이에 대한 언 급이 없다. 《三眉集》이라는 이름과 관련하여 정약용이 천연두[痘瘡]를 앓 았으나 심하지 않았고 다만 눈썹에 상처가 남아서 "삼미자三眉子"라고 스 스로 불렀다는 언급이 있다(《사암연보》 3, 4쪽). 따라서 천연두를 앓은 시기 는 앞에서 말한 바와 같이 두 살 때이다.

1769년 己丑, 영조 45 _8세

1769년 기축: 처음으로 서울 구경을 하다.

(가) "己丑 初觀京" _《다산연보》 1쪽

✿ 《다산연보》에는 여덟 살 때 처음 서울에 간 언급이 있으나 《사암연 보》에는 없다. 정재원은 1766년 12월 17일 연천 현감에 임명되어 1770년 12월에 임기가 끝난 것으로 보인다. 정약용이 이때 처음 서울을 구경했다 면 정재원이 연천 현감으로서 공무로 서울에 갔을 때 따라와서 보았을 것 이다.

1770년 庚寅, 영조 46 _9세

: 5월이 윤달이었다.

11월 9일: 연천에서 어머니 해남윤씨가 돌아가시다. 묘소는 초천에 있다.

(가) "庚寅(十一月 初九日) 遭太淑人尹氏憂(在馬峴)" _《다산연보》 1쪽

(나) "庚寅 遭太淑人尹氏憂(十一月 初九日)" _《사암연보》 3쪽

ⓑ 정약용의 어머니 해남윤씨가 타계한 곳은 아버지의 연천 임소로 보아야 할 것이다. 《가승》에 따르면 "(연천 현감) 임기가 만료되어 향리로 돌아갔다"고 하였고, 앞서 언급하였듯이 《다산연보》나 《사암연보》 등에 따르면 정재원이 "관직에서 해임[解官]"되어 1771년부터 정약용이 직접 아버지에게서 경經과 사史를 배운 것으로 되어 있다. 앞에서 이미 언급하였지만 《다산연보》와 《사암연보》에 "해관"이라는 표현은 《가승》의 언급으로 보아서 "임기 만료"로 이해하는 것이 타당하겠다. 즉 정재원이 1766년 12월 17일에 연천 현감에 임명되어 1770년 12월에 임기가 끝난 것으로 볼 수 있다. 그렇다면 11월 9일 해남윤씨가 타계한 곳은 정재원의 연천 임소라고 보는 것이 타당하다. 한편 《사암연보》에 따르면, 정약용의 외모는 외증조부 윤두서尹斗緖를 많이 닮았다고 한다(3, 4쪽).

📑 1762~1770년의 학습과 작문

일곱 살부터 오언시를 짓기 시작하여 열 살 전(아홉 살)까지의 작품을 담은 《三眉集》을 저술하였다. 그러나 이 책은 현재 확인되지 않는다.

1771년 辛卯, 영조 47 _10세

1771년 신묘: 정재원의 연천 현감 임기가 끝나 향리에 돌아오다(추정). 이후 정약용이 아버지에게 직접 경經과 사史를 배우다.

(가) "辛卯 修學讀經史(自是 家大人解官 家居)" _《다산연보》 1쪽

(나) "秋滿 歸鄕廬" _《가승》 1770년

ⓑ 정약용의 어머니 해남윤씨가 바로 전해(1770) 11월 9일 타계하였고, 《가승》에 '秋滿'이라고 하였으므로 그해(1770) 12월에 임기가 끝났다고 볼 수 있다. 따라서 정약용은 1771년 연초부터 아버지께 경사를 배울 수 있었을 것이다. 《다산연보》와 《사암연보》에서 '해관'을 1771년 조에 넣은 것은, 1771년부터 정약용이 직접 아버지에게 경과 사를 배운 것을 함께 서술하기 위해서라고 보아야 할 것이다.

11월 9일: 어머니 해남윤씨의 1주기를 맞이하다.

정약용은 1771년부터 아버지한테 경사經史를 배우는 한편, 경사를 모방한 작문도 많이 하였다(放經史作文 酷類其體 一年之內 著書等身;《사암연보》 4쪽). 앞에서 말한 바와 같이 그가 《천자문》을 배우기 시작한 것은 네 살 때이며 일곱 살에 이미 오언시를 짓기 시작하여 열 살 전 《三眉集》을 저술하였으나, 본격적인 공부는 열 살 때 아버지께 직접 경사를 배우기 시작하면서부터였다.

정재원이 관직에서 물러나 거가居家한 기간은 1771년 1월부터 1776년 3월 영조의 서거 때까지 대략 5년 남짓이다. 이 기간 동안 정재원은 자신도 공부에 몰두하여 대과에 응시하지만 낙방하였다(1774년 부분 참조). 정약용 형제의 학문은 이 시기에 아버지께 받은 교육으로 기초가 잡혔을 것으로 생각된다.

1772년 　壬辰, 영조 48 _ 11세

11월 9일: 어머니 해남윤씨의 2주기를 맞이하다.

　ⓥ 어머니 해남윤씨가 1770년 11월 9일 타계하였으므로 1772년 11월 9일은 2주기가 된다. 적어도 2주기 때까지는 아버지에 의한, 정약용 형제의 교육이 집중적으로 행해졌을 것으로 여겨진다.

1773년 　癸巳, 영조 49 _ 12세

: 1773년(癸巳)에는 윤3월이 있었다. 이해 열두 살 때의 행적에 관한 기록은 찾을 수 없지만, 여전히 아버지에게 교육을 받고 있었을 것이다.

1773년 계사: 정재원이 서모 잠성김씨岑城金氏를 서울에서 아내로 맞이하다.

(가) 〈庶母金氏墓誌銘〉(1813년 이후) "癸巳 又於京城 取處女金氏 爲側室"

　ⓥ 아버지 정재원이 서울에 가서 잠성김씨를 아내로 맞이하고 함께 초천으로 내려온 것으로 여겨진다. 이때부터 정약용은 새어머니의 극진한 보

살림과 사랑을 받는다. 이전까지는 큰형수 경주이씨(이벽李蘗의 누이)가 어머니처럼 보살펴왔다.

1774년 甲午, 영조 50 _ 13세

월 일: 두보杜甫의 시를 베낀 뒤 모방한 시를 수백 수 지어 아버지께 칭찬을 받다.

(가) "手抄杜詩 倣而步韻 深得杜意 凡數百首 父執諸公 大加稱賞" _《사암연보》 4쪽

🖊 1774년에 구체적 시기는 알려지지 않았지만, 수백 수를 지은 것은, 일시적이 아니라 상당한 기간에 걸쳐 이루어졌을 것이다.

1774년 여름: 정재원이 과거(대과)에 응시하여 낙방하다.

🖊 《가승》에 따르면, 1774년 여름에 정재원은 대과에 응시하였다가 낙방하였다. 정재원은 1770년 말 연천 현감에서 물러난 뒤 1771년 초부터 1774년 여름까지 고향에서 스스로 대과大科 준비를 하면서 정약용을 비롯한 아들들을 직접 가르쳤던 것으로 추정할 수 있다.

한편 정재원은 과거에 낙방하고 돌아오는 길에 광나루에서 장맛비로 지체되어 열흘 남짓 머물렀고 이때 은석사銀石寺에 올라가 연구聯句를 짓기도 하였다. 10여 일 지난 뒤 초천에 이르자 비가 더욱 심하여 이때 만난 수백 명(기호남인계 인물)을 시골집에 나누어 머무르게 하였다. 이들은 거의 다 과거에 낙방하였는데, 그것은 남인이라는 당색 탓이었을 것이다. 당시 정약용은 이 광경을 직접 목격하고 이들의 사정을 들었을 것이며, 이것은 아버지의 학문적·정치적 성향과 함께 아마도 훗날 그의 정치적·학문적 성향에 적지 않은 영향을 미쳤을 것으로 여겨진다.

📓 1771-1774년의 학습과 작문

두시杜詩를 모방하여 수백 수를 지었으며(현존하지 않음), 아버지께 계속 교육을 받고 있었을 것이다.

1775년 乙未, 영조 51 _ 14세

: 10월이 윤달이었다.

월 일: 홍역을 앓다.

(가) "經紅疹" _《다산연보》 1쪽

꽃 구체적 시기는 미상이다. 《다산연보》에는 "경홍진經紅疹"이라고 되어 있으나 구체적 시기는 언급하지 않았으며, 《사암연보》에는 아무런 기사가 없다.

9월 무렵: ① 정재원이 금강산을 유람하고 돌아오다(9월 무렵 추정). ② 초천 에서 〈懷東嶽〉(현재 확인되는 가장 이른 시기의 시)이라는 시를 짓다. (음력 추정)

(가) 〈懷東嶽〉(乙未 在茗川…時家大人 新自金剛山而回 故有是作) _《전서》시문 집, 1775년 9월 무렵

꽃 을미년(1795)에 지은 (가) 시에 "乙未 在茗川…時家大人 新自金剛山而回 故有 是作"이라고 원주原註가 붙어 있어, 정재원이 금강산 유람에서 돌아온 지 얼마 안 된 시점임을 알 수 있다. 시 속의 "紫嶺疊青"이라는 표현이 가을 느 낌을 준다. 아마도 9월 무렵 금강산을 유람하고 돌아와서 바로 지은 것이 라고 할 수 있겠다.

12월 7일: 국왕 영조가 세손(정조)에게 대리청정의 명을 내리다.

(가) "上命王世孫 代聽庶政" _《실록》 영조 51년 12월 7일

12월 10일: 세손(정조) 대리청정의 명을 받아들여 대청代聽을 시작하다.

(가) "上御景賢堂 受王世孫聽政賀" _《실록》 영조 51년 12월 10일

꽃 12월 7일 대리청정의 명이 있었으나 왕세손(정조)은 몇 차례 받아들이 지 못한다는 상소를 올리다가 12월 10일 청정聽政을 시작하게 되었다. 1762 년 윤5월 임오화변으로 숨을 죽였던 남인과 소론이 세손의 대리청정으로 다시 숨을 쉬는 계기가 마련되었다. 그러나 세손이 대리청정을 맡는 것에 대하여 노론 측의 집요한 반대가 있었고, 세손이 대리청정을 하더라도 노

론의 입장을 강하게 의식하지 않을 수 없는 상황이었다.

12월 무렵: 수종사水鍾寺에 놀러 가다.

(가) 〈游水鍾寺〉"陰岡滯古雪" _《전서》 시문집 1775년 12월 무렵

ⓦ 1775년에 지은 시로 〈懷東嶽〉(1775년 가을)에 이어서 (가) 시가 있다. 이 시에 "陰岡滯古雪"이라는 구절이 있으므로 계절은 겨울, 그 가운데에서도 음력 12월 무렵으로 추정한다.

1775년의 저작과 활동

　1775년(14세)의 시로 〈懷東嶽〉(1775년 9월 무렵)과 〈游水鍾寺〉(1775년 12월 무렵)가 있다. 〈懷東嶽〉은 현재 확인되는 가장 이른 시기의 시이다.

1776년 　丙申, 영조 52 _15세

2월 15일: 초천에서 관례冠禮를 치르다.

(가) 〈春日陪季父乘舟赴漢陽〉(丙申 二月十五日 始冠 十六日赴京 廿二日委禽 此其赴京時舟中之作) _《전서》 시문집, 1775년 2월 16일

ⓦ (가) 시에 붙은 원주로 보아, 1776년 2월 15일에 관례를 올렸음을 알 수 있다.

2월 16일: 상경하는 도중, 배에서 시를 짓다.

(가) 〈春日陪季父乘舟赴漢陽〉(丙申 二月十五日 始冠 十六日赴京 廿二日委禽 此其赴京時舟中之作) _《전서》 시문집, 1775년 2월 16일

ⓦ (가) 시에 붙은 원주로 보아, 2월 16일 배를 타고 서울(한양)로 오는 도중에 이 시를 지었음을 알 수 있다. 2월 16일 상경하였다면 혼례일인 2월 22일까지 어디에서 숙박하였는지 의문이다. 아직 아버지 정재원에게 경저京邸가 없었을 것이기 때문이다.

2월 22일: 풍산홍씨豊山洪氏 홍화보洪和輔의 딸과 혼례를 치르다.

(가) "丙申 二月二十二日 聘豊山洪氏" _《다산연보》 1쪽

(나) "丙申… 二月聘于豊山洪氏 酒二月二十二日也 聘舅武承旨諱和輔" _《사

(다) 〈春日陪季父乘舟赴漢陽〉(丙申 二月十五日 始冠 十六日赴京 卄二日委禽 此其赴京時舟中之作) _《전서》시문집, 1775년 2월 16일

ⓥ (가)와 (나)에 따르면 2월 22일 혼례가 있었음을 알 수 있고, (다) 시의 원주에 따르면 서울로 올라와 혼례를 올렸음을 알 수 있다. 혼례식은 당연히 처가인 풍산홍씨댁에서 행해졌을 것이다. 두 집안 사이의 혼담은 대략 1775년 하반기, 특히 1775년 9월 정재원이 금강산을 다녀온 뒤 구체적으로 진행되었을 것으로 추정된다.

2월 22일 이후(추정): 홍인호洪仁浩(洪英漢)와 회현방會賢坊에서 술을 마시다.

(가) 〈會賢坊同洪雲伯飮〉(洪進士英漢 字雲伯 後改名洪仁浩) "花柳滿城陰"
《전서》시문집

ⓥ 이 시에 말하는 회현방會賢坊의 집은 정약용의 처가일 가능성이 크다. 1776년 3월 5일에 영조의 국상國喪이 일어났으니 홍인호와 술을 마신 것은 3월 5일 이전이라고 보아야 할 것이다. 국상 중에 술을 마시는 것은 있을 수 없기 때문이다. 그렇다면 2월 22일 혼례 이후 며칠 이내의 시점이었을 것이다. 왜냐하면 며칠 처가에 머무르는 동안 홍인호와 술을 마셨다고 보는 것이 타당하기 때문이다. 회현방 처가에 며칠 머무른 뒤 고향 초천으로 내려갔을 것이다. 홍인호는 이때 이름이 홍영한洪榮漢이었는데 나중에 이름을 홍인호라고 고치고 자字도 원래 운백雲伯에서 원백元伯으로 고쳤다. 정약용보다 아홉 살 위이며 홍수보洪秀輔의 아들로서 정약용의 부인 홍씨와 같은 항렬로 정약용의 처육촌이 된다. 홍인호는 뒤에 승지承旨가 되어 1797년 임용 문제 등과 관련하여 정약용을 도와준다. 장인 홍화보洪和輔와 홍수보는 사촌 사이가 된다. 처가 풍산홍씨 집안은 기호남인이면서도 채제공蔡濟恭과는 다소 거리가 있었던 것으로 보이며, 홍화보는 정조 초 정권을 전횡하던 홍국영에 대해 비판적이었고, 홍인호는 나중에 채제공과 갈등을 빚게 된다. 홍인호의 동생이 홍의호洪義浩인데, 홍인호와 홍의호 형제는 처음에는 정약용과 가깝게 지냈으나 나중에는 남인 공서파攻西派로서 정약용을 공격하였다.

3월 4일: ① 정재원이 판탁지判度支에 임명되다. ② 자진하여 호조좌랑戶曹佐
郎이 되다.

(가) "丙申三月初四日 被判度支 自辟爲戶曹佐郎" _《가승》1776년 3월 4일

Ⓐ 《가승》에 따르면, 정재원은 1776년 3월 4일 판탁지에 임명되었으나 대
신 호조 좌랑을 원하였다. 이때에는 이미 전해인 1775년 12월부터 정조가
세손으로서 대리청정을 하고 있었다. 정재원의 임명은 채제공의 천거에
따른 것이었을 가능성이 크다. 당시 채제공은 호조판서였기 때문이다.

3월 5일: 영조, 승하하다.

(가) "上昇遐于慶熙宮集慶堂" _《실록》영조 52년 3월 5일

Ⓐ 《실록》에 따르면 영조는 3월 4일 병세가 악화되어 3월 5일 묘시卯時에
승하하였다.

3월 10일: ① 정조가 경희궁慶熙宮 숭정문崇政門 앞에서 즉위하다. ② 아버
지 정재원이 원릉도감元陵都監 낭청郎廳에 임명되다.

(가) "英宗薨 越六日辛巳 王卽位于慶熙宮崇政門" _《실록》정조 즉위년 3월 10일
(나) "蔡濟恭…爲國葬都監提調" _《실록》정조 즉위년 3월 10일

Ⓐ 《가승》에 따르면 영조가 승하하자 정재원은 원릉도감 낭청에 임명되
었다. 채제공이 국장도감 제조에 임명된 것이 3월 10일이므로, 정재원 역
시 3월 10일에 원릉도감 낭청에 임명된 것으로 추정된다.

3월 11일: ① 채제공이 호조판서에서 체직되다. ② 채제공이 국장도감 제조
에서 체직되다.

(가) "遞戶曹判書蔡濟恭" _《실록》정조 즉위년 3월 11일
(나) "金鐘正爲國葬都監提調" _《실록》정조 즉위년 3월 11일

Ⓐ 채제공이 3월 11일 호조판서와 국장도감 제조에서 체직된 것은 무언가
정치적 암투가 물밑에 있었음을 생각하게 한다.

3월 20일: 사도세자를 장헌세자莊獻世子로 추상하고, 묘소는 영우원永祐園,
사당은 경모궁景慕宮이라 하다.

(가) "追上思悼世子 尊號莊獻…曰永祐園 廟曰景慕宮" 《실록》 정조 즉위년 3월 20일

3월 21일: ① 채제공이 다시 국장도감 제조가 되다. ② 채제공이 예조판서에서 체직되다.

(가) "以蔡濟恭…爲國葬都監提調" 《실록》 정조 즉위년 3월 21일

(나) "遞禮曹判書蔡濟恭 以鄭尊謙代之" 《실록》 정조 즉위년 3월 21일

ⓦ 호조판서와 국장도감 제조에서 체직되었던 채제공은 3월 21일에 다시 국장도감 제조가 되었으나, 당일 예조판서에서 체직되었다. 후임은 정존겸鄭尊謙이다. 이 역시 정조 즉위 초에 정치적 암투를 생각하게 한다.

3월 25일: 정후겸鄭厚謙을 경원부慶源府로 유배하다.

(가) "竄鄭厚謙于慶源府" 《실록》 정조 즉위년 3월 25일

ⓦ 정후겸은 화완옹주의 양자로서 사도세자와 세손 시절 정조를 모해하였다.

3월 26일: 채제공이 형조판서에 임명되다.

(가) "以蔡濟恭爲刑曹判書" 《실록》 정조 즉위년 3월 26일

ⓦ 이것은 채제공이 반대파를 누르고 실권을 잡기 시작한 것을 의미하는 것으로 여겨진다.

3월 30일: ① 김상로金尙魯의 관작官爵을 추탈하다. ② 숙의문씨淑儀文氏의 작호爵號를 삭탈하다.

(가) "追奪金尙魯官爵" 《실록》 정조 즉위년 3월 30일

(나) "命淑儀文氏 削奪爵號" 《실록》 정조 즉위년 3월 30일

ⓦ 김상로와 숙의 문씨는 정후겸 등과 더불어 사도세자와 세손 시절 정조를 모해한 자들이다. 3월 20일에 사도세자가 장헌세자로 추상된 것, 3월 25일에 정후겸에게 경원부 유배 조치가 내린 것, 3월 26일에 채제공이 형조판서에 임명된 것, 3월 30일에 숙의문씨 작호를 삭탈한 것 등은 정국이 서서히 새로 즉위한 정조의 뜻대로 움직여가기 시작하였음을 의미한다. 그러나 정조는 아직 정국을 완전히 장악하지는 못하였다.

4월 1일: 이광좌李光佐, 조태억趙泰億, 최석항崔錫恒의 관작을 추탈하고 이들을 역모로 몰아 상소를 올린 김약행金若行에게도 금고禁錮 조치를 내리다.

(가) "追奪李光佐·趙泰億·崔錫恒官爵 禁錮金若行 先是 若行上疏曰 '錫恒·光佐·泰億 實是鏡·虎巨魁'" _《실록》 정조 즉위년 4월 1일

⚶ 이광좌, 조태억, 최석항 등은 영조 재위 당시 소론계의 중심인물들이었는데, 김약행이 이들을 목호룡과 김일경(경종 때 영조를 적극적으로 제거하려던 인물)의 배후라고 고발하는 상소문을 올렸다. 이에 대하여 정조는 이광좌, 조태억, 최석항의 관직을 삭탈하는 한편, 김약행에게 금고 처분을 내렸다. 이런 조치를 내린 데에는 정조가 아직 정국을 완전히 장악하지 못하였기 때문이라는 점도 작용하였겠지만, 앞으로 당쟁黨爭에 대하여 이열치열以熱治熱로 다스리겠다는 정조 자신의 뜻을 보인 것이라고도 할 수 있겠다.

4월 6일: 공제公除가 시행되다.

(가) "公除" _《실록》 정조 즉위년 4월 6일

⚶ 3월 5일 영조 승하 후 만 한 달 하루 지나 4월 6일 공제가 시행되었다.

5월 11일: 채제공이 형조판서에서 체직되다.

(가) "遞刑曹判書蔡濟恭" _《실록》 정조 즉위년 5월 1일

6월 20일: 정재원이 제용감濟用監 판관判官으로 승진하다.

(가) "六月二十日 拜引儀 陞濟用監判官" _《가승》 1776년 6월 20일

6월 22일: 채제공이 병조판서에 임명되다.

(가) "以蔡濟恭爲兵曹判書" _《실록》 정조 즉위년 6월 22일

6월 하순: ① 다시 관직에 나아가게 된 아버지가 서울 명례방 소룡동小龍衕에 집을 마련하다. ② 정약용 부부는 이때부터 아버지를 모시면서 서울 명례방 소룡동 집에 살게 되다.

(가) "丙申…住京(時 家大人復仕)" _《다산연보》 2쪽

(나) "丙申…住京(時晉州公復仕)" _《사암연보》 5쪽

(다) 〈夏日 把淸樓 陪睦正字(祖永)諸公飮〉(訓練都監 乃柳文公所設 樓屬別營, 倉曹辭屬賴尙書, 時家君爲蔡公所辭) _《전서》시문집, 1776년 6월 하순 무렵

(라) 〈立春日題龍衕屋壁〉(小龍衕 在明禮坊 丙申夏家大人 僑居于玆) _《전서》시 문집, 丁酉年 입춘일, 1776년 12월 25일 무렵

❀ 3월 5일 영조 승하 뒤에 정재원은 3월 10일 원릉도감에 임명되었고, 6월 20일 제용감 판관에 임명되었다. 정재원이 서울 명례방 소룡동에 집을 마련한 것은 원릉도감 낭청 시절은 아니고, 6월 20일 제용감 판관 임명 이후일 가능성이 크다. 원릉도감 낭청이란 임시직이고 이때에는 산릉의 역 때문에 현장에 있어야 할 경우가 많았을 것이기 때문이다. (다)의 1776년 여름의 시에 "倉曹辭屬賴尙書, 時家君爲蔡公所辭"이라는 구절이 있다. 이에 따르면 정재원이 1776년 여름 호조의 관원이었음을 알 수 있다. 아마도 (다)는 6월 20일 정재원이 제용감 판관에 임명된 직후에 이를 축하하는 연회에 정약용도 참석하여 지은 시라고 볼 수 있겠다. 따라서 (다)의 저작 시기는 6월 20일 제용감 판관 임명 직후인 6월 하순으로 추정할 수 있겠다. 필자는 이 해 여름이 7월 26일(영조 인산일) 이전이라고 한 바 있으나,[4] 좀 더 좁혀서 6월 하순으로 보는 것이 더 타당하다고 여겨진다.

정약용이 혼례를 위하여 2월 16일에 서울로 올 때 아버지 대신 작은아버지가 동행하였다. 정재원이 명례방 소룡동에 집을 마련한 것은 1776년 6월 20일에 제용감 판관에 임명된 이후이다. 1777년 입춘일에 정약용이 지은 〈立春日題龍衕屋壁〉이라는 시에 "小龍衕 在明禮坊 丙申夏家大人 僑居于玆"라고 주가 붙어 있다. 아마도 정약용은 1776년 2월 22일 서울 처가에서 혼례를 치른 뒤 잠시 그곳에 머무르고 있다가, 2월 말이나 3월 초 무렵 다시 초천에 돌아갔을 것이다. 정재원이 1776년 6월 20일 제용감 판관이 되어 서울 명례방 소룡동에 거처를 장만하자, 다시 서울로 올라와 아버지를 모시고 살았을 것으로 생각된다. 제용감 판관 정재원이 소룡동에 집을 마련한 시기는 대체로 6월 하순으로 보는 것이 타당하다.

---

4) 조성을, 《與猶堂集의 文獻學的 硏究》, 혜안, 2004, 31쪽.

6월 하순 무렵: ① 아버지의 제용감 판관 임명을 축하하는 연회를 훈련도감
　　　　　　　 별영 파청루把淸樓에서 하다. ② 정약용이 아버지와 목조영睦祖永을
　　　　　　　 모시고 연회에 참여하여 시를 짓다.

(가) 〈夏日把淸樓陪睦正字(祖永)諸公飮〉(訓練都監 乃柳文公所設 樓屬別營 倉
　　曹辟屬賴尙書, 時家君爲蔡公所辟) _《전서》 시문집, 1776년 6월 하순 무렵

　☗ 1776년 6월 20일 정재원이 제용감 판관에 임명되고 이를 축하하는 연
회에서 지은 것이 (가)의 시로 판단된다. 다만 7월 26일이 영조의 인산일因
山日이므로 그 이전에 술을 먹어도 되는지가 문제이다. 그러나 《여유당집》
시율 부분에 따르면 (가)의 시 바로 뒤에 영조의 인산일에 지은 〈元陵輓詞〉
가 실려 있으므로,5) (가)의 시는 7월 26일보다 앞서 지은 시이다. 아마도
공제公除 뒤에는 음주가 허용되지 않았을까 여겨진다. (가)의 시는 아버지
의 제용감 판관 임명을 축하하는 연회에서 지은 시이므로 축하연은 대체
로 6월 20일 이후 하순에 있었던 것으로 여겨진다. 연회가 열린 읍청루는
(가)의 원주에 따르면 훈련도감 별영別營에 있었다.

7월 6일: 홍국영洪國榮을 도승지都承旨로 삼다.

(가) "以洪國榮爲都承旨" _《실록》 정조 즉위년 7월 6일

7월 26일: ① 정약용이 영조의 인산일에 상여가 대궐(창덕궁)에서 나오는 것
　　　　　　 을 보다. ② 〈元陵輓詞〉를 짓다.

(가) "詣興仁門路祭" _《실록》 정조 즉위년 7월 26일

(나) 〈元陵輓詞〉 _《전서》 시문집, 1776년 7월 26일

　☗ 《실록》에 따르면, 영조의 인산일은 7월 26일이다. (나)의 시에 "度御溝"
라는 구절로 보아서 영조 국상일에 대궐(창덕궁)에서 상여가 나오는 것을
보며 지은 것이라고 추정된다.6) 이날 상여는 창덕궁을 나와 홍인문興仁門
(동대문)을 통하여 도성 밖으로 나간 것으로 볼 수 있다. 정약용은 대략 6월
말(또는 7월 초) 무렵 초천에서 상경하여 아버지의 경저(명례방 소룡동)에 머

---

5) 조성을, 2004, 31쪽.
6) 조성을, 위의 책, 31쪽.

무르고 있다가, 이날 창덕궁 앞에서부터 흥인문까지 상여를 따라갔을 것으로 추정된다.

8월 5일: 채제공이 한성부 판윤에 임명되다.

(가) "以蔡濟恭爲漢城府判尹" _《실록》정조 즉위년 8월 5일

8월 6일: 영남유생 이응원李應元이 사도세자 죽음의 의문과 관련하여 상소하자 국문하다.

(가) "親鞫李應元 李應元上疏" _《실록》정조 즉위년 8월 6일

🔘 정조는 사도세자 죽음과 관련된 문제를 제기하는 것을 아직 시기상조라고 생각하였을 것이다.

8월 9일: 영조의 졸곡제卒哭祭를 효명전孝明展에서 행하다.

(가) "親行卒哭祭于孝明展" _《실록》정조 즉위년 8월 9일

8월 15일: 운산雲山으로 유배 가는 장인 홍화보를 전송하고 시를 짓다.

(가) 〈送外舅洪節度 謫雲山〉(八月十五日) _《전서》시문집, 1776년 8월 15일

(나) 〈咸鏡北道兵馬節度使 洪公墓碣銘〉 _《전서》시문집

🔘 (가)의 시는 규장각본《여유당집》시율에 따르면, 1776년 부분에 실려 있고 "8월 15일"이라고 원주가 붙어 있으므로 1776년 8월 15일에 지은 것임을 알 수 있다. 장인 홍화보가 유배에서 풀려 돌아오는 것은 이듬해 11월 26일이다. 홍화보가 유배된 것은 (나) 에 따르면 정조 즉위 직후 권력을 천단하던 홍국영에게 고개 숙이지 않았기 때문이다. 유배 가는 길에 홍화보는 친지들에게 홍국영은 태산이 아니라 일개 빙산일 뿐이라고 말하였다고 한다. (나)에 따르면 홍화보는 을미년(1775)에 무신으로서 특별히 동부승지에 임명되었으며 다시 전라좌도全羅左道 수군절도사水軍節度使가 되었다. 따라서 딸이 정약용과 혼인할 때에는 전라좌도 수군절도사로 있었으며, 이때 홍국영이 전라감사 이보행李普行이 홍국영의 사주로 홍화보를 무고하여 운산으로 유배 가게 되었다. 홍화보는 딸의 혼례 때 서울에 없었을 수도 있으나, 잠시 휴가를 얻어 올라왔을 수도 있겠다. 홍화보는 8월 초순

까지 전라좌도 수군절도사로 있다가 전라 감사의 탄핵을 받아 서울로 올라와 해직되고 유배형을 받은 것으로 추정된다. 그러나 곧 유배가 풀렸으며, 몇 년이 지나 다시 승지에 제수되었고, 홍국영이 패퇴한 뒤에는 경상우도 병마절도사에 임명되었다. 당시 채제공이 상대적으로 홍국영과 사이가 좋았던 것에 견주면 대조적이다.

8월 15일 이후(추정): 홍인호의 집 연못가에서 홍낙정洪樂貞, 최계장崔季章 등과 술을 마시고 시를 짓다.

(가) 〈中秋月夜 於洪元伯池上 同洪復元(樂貞)崔季章諸公飮〉 《전서》 시문집, 1776년 8월 15일 이후 추정

ꙮ (가) 시 제목에 "중추中秋"라는 표현이 있으므로 음력 8월이었음을 알 수 있고, 《여유당집》 시율에는 앞의 시 〈送外舅洪節度謫雲山〉(8월 15일) 바로 뒤에 배치되어 있다.[7] 따라서 이 시를 쓴 시기는 장인 홍화보가 유배를 떠난 8월 15일 이후 8월 어느 날일 것이다.

8월 19일: 이응원李應元이 태어난 안동부를 강등시켜 안동현으로 하다.

(가) "降安東府爲縣…應元胎生邑也" 《실록》 정조 즉위년 8월 19일

ꙮ 정조의 이러한 조처는 즉위 초 아직 자신의 기반이 다져지지 않은 상황에서 영남 남인의 심장부 안동을 강등시켜 노론의 반발을 무마하려는 것이었다고 여겨진다. 이응원은 앞서 8월 6일 사도세자의 죽음과 관련한 상소를 올렸다(8월 6일 부분 참조).

9월 30일: 사도세자의 위패를 모신 경모궁이 개건되다.

(가) "景慕宮改建之役成" 《실록》 정조 즉위년 9월 30일

ꙮ 경모궁은 창경궁 맞은편에 있었고, 현재 서울대학교병원 안의 간호대 기숙사 부근이다. 당시 창덕궁에 거하던 정조의 참배가 상대적으로 수월하였을 것이다.

---

7) 조성을, 2004, 31쪽.

10월 무렵: 책을 가지러 향리 초천에 내려갔다가 몸져눕다.

(가) 〈田廬臥病〉(時 餌李獻吉藥 得病三旬而瘳 仲冬也) 《전서》 시문집, 1776년
10월 이후 추정

✿ (가)의 시 원주를 보면 한 달 동안 병으로 누워 있다가 일어난 것이 중동(仲冬, 음력 11월)이므로, 발병 시기는 대략 10월로 추정된다. 시에 "始爲殘書至 翻此一病纏"이라는 구절이 있으므로 책을 가지러 10월에 초천에 내려갔다가 발병하여 한 달 동안 앓아누운 것으로 보인다. 정약용을 치료하여 준 이헌길李獻吉은 이후 정약용의 의학에 영향을 주었다. 정약용은 10월에 공부에 몰두할 생각으로 향리 초천에 책을 가지러 간 듯하다.

11월 일: 향리 초천에서 병에 걸린 지 한 달 만에 병이 낫다.

(가) 〈田廬臥病〉(時 餌李獻吉藥 得病三旬而瘳 仲冬也) 《전서》 시문집, 1776년
10월 이후 추정

11월 일: 서울 소룡동 집으로 올라오다(추정).

(가) 〈立春日題龍衕屋壁〉(丁酉 小龍衕在明禮坊 丙申夏家大人 僑居于玆)
《전서》 시문집, 1777년 12월 25일 입춘일

✿ 1776년 10월 무렵 책을 가지러 초천에 내려갔다가 병에 걸려 그곳에서 계속 머물러 있게 된 것이므로, 이 해 11월에 병이 낫자 바로 올라왔을 것으로 추정된다. (가)의 시는 《여유당집》 시율에 따르면, 1776년 12월 25일 무렵의 시이므로, 정약용은 이 무렵에는 서울 소룡동 집에 있었음을 알 수 있다. 따라서 11월에 병에서 회복된 이후 적어도 12월 25일 무렵 이전에는 서울로 올라와 있었던 것이 확실하다. 정약용의 성격상 병이 낫자 바로 상경하였을 것으로 생각되며, 11월에 올라온 것으로 추정하였다. 정약용이 아버지를 모시고 소룡동 집에 살게 된 것은 앞에서 살폈듯이 대략 1776년 음력 6월 하순(또는 7월 초)부터이며 10월 무렵 책을 가지러 고향 초천에 내려갔다가 병에 걸려 11월에서야 병이 나았으므로, 이 사이에는 초천에 있었을 것이다. 따라서 1776년 2월에 처음 서울로 올라온 정약용은 1776년에는 성호학파의 사람들과 교유할 기회가 거의 없었을 것이다. 《사암연보》(5

쪽)와 《다산연보》(2쪽)에 따르면 16세(1777)에 처음 성호 선생의 유고를 보았다고 하였다..

12월 25일 무렵(입춘일): 서울 소룡동 집의 벽에 제시題詩를 써 붙이다.

(가) 〈立春日題龍衕屋壁〉(丁酉 小龍衕在明禮坊 丙申夏家大人 僑居迁此) 《전서》 시문집, 1776년 12월 25일 무렵

✿ (가)의 시를 보면 정약용은 1777년 입춘일立春日에 서울 명례방 소룡동의 집에 시를 써 붙였다. 입춘일은 양력으로는 대체로 2월 4일 무렵이 된다. 정유년의 입춘일을 음력으로 환산하면 1776년 12월 25일 무렵이다. 음력으로는 새해가 시작되기 며칠 전이었으며 1777년 12월은 말일이 29일이었다. 이 책에서는 서력 기원으로 연도를 표시하지만 음력 날짜를 기준으로 서력 연도를 표시한다는 원칙을 세웠다. 정유년의 입춘은 정유년(음력) 정월 초하루보다 며칠 전이다.

1776년의 저작과 활동

1776년 봄의 저작으로 확인되는 것은 〈春日陪季父乘舟赴漢陽〉(1776년 2월 16일), 〈會賢坊同洪雲伯飮〉(1776년 2월 22일 이후 추정) 두 편뿐이다. 혼례 뒤 아버지가 서울에 집을 마련하는 6월 하순 무렵까지 정약용이 어디에 머무르고 있었는지가 문제이다. 얼마 동안 처가에 머무르다가 2월 말이나 3월 초순 무렵 초천에 내려가 있었을 것으로 생각된다. 6월 하순 무렵까지 서울에는 집이 없었기 때문이다. 따라서 1776년 2월과 3월에는 정약용이 공부에 힘을 쏟기가 어려웠을 것으로 생각된다.

1776년 여름의 저작으로는 〈夏日 把淸樓 陪睦正字(祖永)諸公飮〉(1776년 6월 하순 추정)뿐이다. 1776년 여름도 2월과 3월에 이어 학업에 몰두하기 어려웠을 것으로 여겨진다. 영조 승하 이후 정국이 어수선하였고, 또 신혼 초였기 때문이다.

1776년 가을의 저작으로는 〈元陵輓詞〉(1776년 7월 26일), 〈送外舅洪節度 謫雲山〉(1776년 8월 15일), 〈中秋月夜 於洪元伯池上 同洪復元(樂貞)崔季章諸公飮〉(1776년 8월 15일 이후 추정)의 세 편뿐이다. 이 해 가을에도 역시 학업에 힘을 쏟기는

어려웠다고 생각된다. 6월 하순부터는 어린 나이에 아내와 함께 서울 소룡
동에서 아버지를 모시고 살게 되었고, 신혼 초 8월에는 장인의 파직과 유배
로 집안 분위기가 어수선하였을 것이다. 처가가 회현방에 있었을 것이라는
앞의 추론이 맞는다면, 소룡동은 명례방에 있으므로 처가와 본가의 거리는
멀지 않았을 것이다. 그렇다면 정약용은 처가를 자주 왕래하며 처가의 일에
대하여 걱정하였을 것이다.

1776년 겨울의 저작으로는 시 〈田廬臥病〉(1776년 10월 이후 추정)과 〈立春日題
龍衕屋壁〉(1776년 12월 25일 무렵) 두 편이 확인된다. 이 해 겨울에도 병으로 학
업에 전념하기 어려웠을 것이나, 11월에 병이 나은 뒤에는 서서히 학업을
다시 시작하였을 것이다. 이리하여 1776년 12월 25일 무렵(입춘일)에 새로운
각오를 다짐하는 시를 쓰게 된 것으로 보인다.

1777년 丁酉, 정조 원년 _16세

: 관련 자료는 없으나 입춘일에 새로운 각오를 하였으므로, 이 해 1월과 2
월에는 학업에 몰두하였을 것이라 생각된다.

3월 일(추정): ① 최홍중崔弘重의 초당을 방문하다. ② 최현중崔顯重의 난곡
　　　　　　서루蘭谷書樓에서 최현중, 최홍중崔弘重, 최양중崔養重 등과 술을
　　　　　　마시다.

(가) 〈崔注書(顯重)蘭谷書樓 同崔穉度(弘重)·士舒(養重)諸公飮〉 _《전서》 시문집,
　　　 1777년 3월 추정

(나) 〈春日 過崔氏溪上草堂〉(崔氏 名弘重) _《전서》 시문집, 1777년 봄 추정

🔖 (가)의 시는 배치와 내용으로 보아서 1777년 늦봄(음력 3월)의 시로 추정
된다.[8] 이 시를 보면 정약용이 1777년 3월 최현중의 난곡서루에서 최현중,
최홍중, 최양중 등과 음주하였음을 알 수 있다. 이들 세 사람은 최씨 가문
의 같은 항렬 사람들로 추정된다.[9] 한편 《여유당집》 시율에서 (가)의 시의
바로 앞에 배치된 (나)의 시를 보면 최현중의 난곡서루에서 놀기에 앞서

---

8) 조성을, 2004, 33쪽.
9) 조성을, 위의 책, 33쪽.

이 해 봄 정약용이 최홍중의 초당에 가서 놀았음도 알 수 있다.[10] 최현중, 최홍중, 최양중은 일단 기호남인계 인물로 여겨지지만, 이후 정약용과 어떠한 관계가 되는지 구체적으로 알 수 없다. 다만 나중에 정약용과 교류하는 최현중이 이들과 같은 항렬의 사람일 가능성이 있다. 이들 최씨 그룹은 이가환, 이승훈, 이벽 등과는 성향상 같은 그룹에 속하지 않는 것으로 여겨진다. 오히려 홍인호와의 관계를 추적할 필요가 있다. (가)의 시는 제목으로 보아 최현중의 난곡서루에 가서 지은 듯하다. (나)의 시를 지은 것은 최홍중의 초당에서였고, 얼마 뒤 다시 최현중의 난곡서루에 가서 지은 시가 (가)라고 할 수 있다. 이 두 시의 저술 시기는 내용과 배치 순서로 보아 대략 봄과 늦봄으로 추정된다.[11] (나) 시의 경우 2월에 지은 것일 수도 있으나 편의상 3월에 배치하였다.

3월 일(추정): 이벽李蘗에게 시를 써 주다.

(가) 〈贈李蘗〉(字 德操) _《전서》시문집, 1777년 3월 추정

🖋 (가)의 시에 "嘉木敷春榮"이라는 구절이 있고 시의 배치로 보아 1777년의 것이므로 1777년 늦봄(3월)의 시로 추정하였다.[12] 이벽은 경주이씨로서 큰형 정약현의 처남이며 호는 광암廣菴, 자는 덕조德操이다. 1784년 4월 정약용이 큰형수(이벽의 누이)의 제사를 마치고 서울로 오는 배 안에서 이벽으로부터 처음으로 천주교에 대하여 듣는다(1784년 4월 15일 부분 참조). 〈贈李蘗〉이 〈崔注書(顯重)蘭谷書樓同崔稺度(弘重)·士舒(養重)諸公飮〉과 〈春日過崔氏溪上草堂〉(崔氏 名弘重)의 뒤에 배치되어 있으므로 최씨 형제를 만난 것보다 이벽을 만난 것이 뒤이며, 내용으로 보아 이 시의 저술 시기는 어림잡아 3월 하순 무렵으로 추정된다.

3월 일: ① 대략 1777년 3월부터 이벽을 매개로 이가환李家煥, 이승훈李承薰 등과 학문적 교유가 시작되다. ② 처음으로 성호星湖 이익李瀷 선생

---

10) 조성을, 위의 책, 32, 33쪽.
11) 조성을, 위의 책, 32, 33쪽.
12) 조성을, 위의 책, 33쪽.

의 유저遺著를 읽기 시작하다.

(가) "丁酉(當宁 元年) 始見星湖李先生文集" _《다산연보》2쪽

(나) "丁酉 公十六歲 始見星湖李先生遺稿" _《사암연보》5쪽

(다) 〈自撰墓誌銘〉(집중본) "十五歲而娶 而先考復仕爲戶曹佐郎 僑居京內 時李公家煥 以文學聲振一世 姊夫李承薰又飭窮勵志 皆祖述星湖李先生之學 鏞得見遺書 欣然以學問爲意 正宗元年丁酉 先考出宰和順縣" _《전서》시문집

(라) 〈贈李蘗〉 _《전서》시문집, 1777년 3월 무렵

⌀ (가)의 기록과 (나)의 기록을 보면 정유년(1777, 정조 원년)에 처음 성호 선생의 《문집》(또는 유고)을 읽기 시작했다고 하였다. 앞서 《다산연보》가 1830년 저술되었다고 본 견해를 인용하였으나, (가)에 '당저當宁'라고 되어 있는 점으로 보아서 적어도 이 부분은 정조 생존 시기에 이미 서술된 것으로 보인다. (다) 〈자찬묘지명〉의 기록을 보면 15세(1776)에 처음으로 성호 선생의 문집을 읽은 것으로 오해하기 쉽다. 15세의 혼례 및 아버지의 부사復仕 기록에 이어서, 이가환과 이승훈을 언급하고 성호 유서遺書 득현得見 언급을 하고, 바로 이어 정조 원년(1777)이라고 기록되어 있기 때문이다. 그러나 (가)와 (나)의 기록을 따른다면, 위 〈자찬묘지명〉 인용문 가운데 "時李公家煥 以文學聲振一世 姊夫李承薰 又飭窮勵志 皆祖述星湖李先生之學 鏞得見遺書 欣然以學問爲意" 부분은 1777년의 일을 1776년의 일 뒤에 기록해 놓은 것으로 보아야 할 것이다. 정약용 부부는 1776년 2월 22일 혼례를 치른 뒤 2월 말쯤이나 3월 초쯤 초천에 내려가 있다가(추정), 6월 하순 무렵(또는 7월 초)부터 아버지를 모시고 명례방 소룡방의 집에 살게 되었다. 또 이 해 10월에서 11월 사이 정약용은 초천에서 병을 앓고 있었다. 혼례와 국상, 아버지의 관직 재기용, 장인의 유배 등의 일을 치르면서 공부에 몰두하기 어려웠던 정약용이 10월에 공부에 몰두할 결심을 하고 고향 초천에 책을 가지러 갔다가 11월까지 와병하였다. 따라서 1777년 입춘일을 맞으면서 새해의 각오를 하였고, 이런 가운데 (라)에 따르면 1777년 3월 무렵부터 이벽과 교유하기 시작하였다고 볼 수 있겠다. 아마도 이벽을 매개로 하여 성호학파의 이가환李家煥, 이승훈李承薰(자형)과 학문적 교유를 하게 되었으며, 성호

선생의 유저를 얻어서 읽고 학문에 큰 뜻을 두게 되었다고 할 수 있겠다.

이승훈은 자형이기는 하지만 정약용이 이벽을 만나기 전의 자료에는 이 승훈에 대한 언급이 없다. 이승훈이 정약용의 손위 누이에게 장가들었는 데(정약용은 이승훈을 이형李兄이라고 부름) 두 사람의 혼례는 정약용보다 먼 저 있었을 것이고, 1777년 3월 이전에 이미 만났을 수 있다. 그러나 아직 학문적 교유는 없었고 학문적 교유는 이벽을 매개로 하였다고 보는 것이 타당할 듯하다. 정약용은 이벽과 학문적인 토론을 많이 하였으며, 천주교 에 기운 것도 그의 영향 때문이다(1784년 4월 15일 부분 참조). 또한 정약용은 성호의 만년 제자이며, 둘째형 정약전丁若銓의 스승인 녹암鹿菴 권철신權哲 身의 《大學》 해석에 많은 영향을 받게 된다. 정약용은 권철신에게 직접 배 운 적은 없으며 그의 학문에 대해서는 둘째형 정약전을 통해 접하였을 가 능성이 크다. 권철신은 성호의 제자이기는 하지만 경학 면에서 오히려 백 호白湖 윤휴尹鑴의 영향을 많이 받았다.[13]

4월 무렵(또는 5,6월): ① 족부 정술조丁述祖를 종부시 숙직소로 찾아뵙다. ②
장모 이숙부인이 타계하다.

(가) 〈過族父主簿公(述祖)宗簿寺直廬〉 《전서》 시문집, 1777년 4월 무렵(또는 5월)

(나) 〈外姑李淑夫人輓詞〉(五月卄七日 歿) 《전서》 시문집, 1777년 5월 27일 이후 6
월 추정

❀ (나)의 시는 배치로 보아 1777년의 것이고 "五月卄七日 歿"이라고 원주가 붙어 있다. 《여유당집》 시율(규장각본) 부분을 보면 (나)의 시 바로 앞에 (가)의 시가, (가)의 시 바로 앞에 늦봄(3월)에 지은 〈贈李檗〉이 배치되어 있 다. 따라서 (가)의 시는 늦봄 이후 5월 27일 사이에 지은 것으로 추정할 수 있다.[14] 따라서 정약용이 족부인 정술조를 종부시의 숙직 장소로 찾아뵌 시기를 대략 1777년 4월 무렵(또는 5월)으로 추정하여 둔다.

6월 일: ① 장모 이숙부인이 타계하여 장례를 치르다. ② 이에 즈음해 만사

---

13) 정약용, 〈先仲氏墓誌銘〉, 《전서》 시문집.
14) 조성을, 2004, 33쪽.

輓詞를 짓다.

(가)〈外姑李淑夫人輓詞〉(五月卄七日 歿) _《전서》시문집, 1777년 6월 추정

ⓥ 정약용의 장모 이숙부인이 타계한 것은 5월 27일이고, (가)의 시는 장례에 즈음하여 지은 것이므로 대략 6월로 추정할 수 있겠다. 당시는 요즈음의 3일장 관례와는 달리, 교통과 통신 때문에 비교적 긴 장례 기간을 가졌다.

7월 일: ① 제용감濟用監의 연못가에서 아버지와 함께 술을 마시다. ② 정약용이 이 연회에서 시를 짓다.

(가)〈早秋 濟用監池上 陪諸公飮〉(家大人 時爲判官) _《전서》시문집, 1777년 7월

ⓥ (가)의 시에 따르면 정재원은 이때 제용감 판관이었음을 알 수 있다. (가)의 시가 1777년의 것이고 제목에 "早秋"라는 언급이 있으므로 1777년 7월의 시이다.[15]

9월 27일: 아버지 정재원이 화순 현감에 임명되다.

(가) "拜和順縣監" _《가승》1777년 9월 27일

10월 1일 무렵: 아버지 정재원을 모시고 화순 임소를 향하여 서울을 떠나다.

(가) "往和順縣(家大人任所)" _《다산연보》2쪽

(나) "秋 陪往晉州公和順任所" _《사암연보》6쪽

(다)〈將赴和順 陪家君至茗川 留別諸父諸兄〉(時家大人爲縣監 孟冬也 家人亦隋至茗川) _《전서》시문집, 1777년 10월 4일 무렵

ⓥ 《사암연보》에서는 가을(秋)이라고 하였지만 정약용 시의 주에서 "孟冬也"라 한 것을 보면 화순으로 출발한 것은 10월 초로 간주된다. 《사암연보》에서 가을이라고 한 것은 정재원이 화순 현감에 임명된 날짜(9월 27일)를 기준 삼은 듯하다. 대략 10월 1일 무렵 서울을 출발하였을 것이다.

정재원이 화순으로 내려가는 길에 정약용도 동행하였다. 하지만 정약용의 부인 풍산홍씨는 시의 주 가운데 "家人亦隋至茗川"이라는 구절로 보아서, 서울 출발은 같이 하였으나 중도에서 초천에 머무르게 되었던 것이 아닌

---

15) 조성을, 위의 책, 32~33쪽 참조.

가 생각된다. 화순까지 행로를 《여유당집》 시율 부분에 실린 시들을 토대로 정리하여 보면, (일단 초천에 들른 뒤) "원주 홍원창-원주 법천-충주 하담 (선영)-청주-공주-전주-담양-화순"이다. 10월 1일 무렵에 출발하였다면 도착은 대략 10월 10일 이후가 되었을 것이다.

10월 2일 무렵: 아버지를 모시고 고향 초천에 당도하다.

   (가) 〈將赴和順陪家君至苕川留別諸父諸兄〉(時家大人爲縣監 孟冬也 家人亦隋至苕川) _《전서》 시문집, 1777년 10월 4일 무렵

   ☨ 1777년 10월 1일 무렵 서울을 출발하였다면 10월 2일 무렵 초천에 도착하였을 것이다.

10월 4일 무렵: ① 정재원과 정약용이 초천에서 제부, 제형과 작별하고 화순으로 출발하다. ② 아버지를 모시고 화순 가는 길에 원주 홍원창 興元倉에 들러 한광전韓光傳과 만나다.

   (가) 〈將赴和順 陪家君至苕川 留別諸父諸兄〉(時家大人爲縣監 孟冬也 家人亦隋至苕川) _《전서》 시문집, 1777년 10월 4일 무렵

   (나) 〈往次興元倉 陪韓監察(光傳)丈 夜話〉 _《전서》 시문집, 1777년 10월 4일 무렵 밤

   ☨ 초천에서 하룻밤을 보낸 다음 날 바로 출발하였다고 생각하기보다는, 이틀 밤 정도를 지낸 뒤 출발하였다고 보는 것이 더 타당할 듯하다. 작별 인사 외에 준비도 필요하였을 것이기 때문이다. 따라서 1777년 10월 4일 무렵 초천을 출발한 것으로 추정하였다. 한광전은 정재원의 절친한 친구였으며 10월 4일 무렵 초천을 출발하였다면 당일 원주 법천의 홍원창에 도착하였을 것이다.

10월 5일 무렵: ① 아버지를 모시고 원주 법천의 정범조丁範祖를 방문하다. ② 하담荷潭에서 숙박하다.

   (가) 〈過族父承旨公(範祖)法泉山居〉 _《전서》 시문집, 1777년 10월 5일 무렵

   (나) 〈宿荷潭〉 _《전서》 시문집, 1777년 10월 5일 무렵

   ☨ 10월 4일(무렵) 밤에 정재원이 한광전과 술을 마셨으므로 법천의 정범

조를 방문한 것은 다음 날 오전이었을 것이다. 오전에 정범조를 방문하고 바로 출발하였다면 10월 5일 밤에는 하담의 선영에 도착하였을 것이다. (나)의 시를 보면 하담 선영 옆의 산막에서 숙박하였을 것으로 생각된다.

10월 6일 무렵: 청주淸州를 지나다.

(가) 〈悲西原〉(路由淸州) _《전서》 시문집, 1777년 10월 6일 무렵

ⓦ 10월 6일 오전 하담을 출발하였다면 당일 서원(청주)에 당도할 수 있었을 것이다. "路由淸州"라는 시구로 보아서 이날은 청주를 지나 공주로 가는 중간 지점에서 숙박하였을 것이다(다음 날 공주 도착, 10월 7일 부분 참조).

10월 7일 무렵: 공주公州에 가서 이공李公(소암蘇巖 이동욱李東郁)을 만나 함께 가다.

(가) 〈行次公州 奉李丈偕行〉 _《전서》 시문집, 1777년 10월 7일 무렵

ⓦ 10월 7일 아침 청주를 지난 지점에서 출발하였다면 이날 오후에는 공주에 당도할 수 있었을 것이다. 공주에서 소암 이동욱[16]을 만나 함께 간 것이다. 이동욱이 어디까지 동행하였는지는 알 수 없다. 이날 밤은 공주를 지나 다음 목적지인 전주全州 사이의 어느 지점에서 숙박한 것으로 여겨진다.

10월 8일 무렵: 전주를 지나다.

(가) 〈過全州〉 _《전서》 시문집, 1777년 10월 8일 무렵

ⓦ 거리로 볼 때 전주를 지난 것은 10월 8일 무렵으로 보인다. 이날 밤은 다음 도착지인 담양潭陽과 전주의 중간 지점에서 숙박하였을 것이다.

10월 9일 무렵: 아버지를 모시고 담양에서 이인섭李寅燮을 만나다.

(가) 〈次潭陽陪李都護(寅燮)丈飮〉 _《전서》 시문집, 1777년 10월 9일 무렵

ⓦ 10월 9일에 아침 전주와 담양 중간 지점을 출발하였다면 당일 담양에 도착할 수 있었을 것이다.

10월 10일 무렵: 아버지를 모시고 임지인 화순和順에 도착하다.

---

16) 평창이씨로 이승훈의 아버지이니 정재원과는 사돈 사이가 된다.

✿ 10월 10일 무렵 아침에 담양을 출발하였다면 당일 화순에 도착할 수 있었을 것이다. 정약용은 〈將赴和順 陪家君至茗川 留別諸父諸兄〉이라는 시에 이어서 〈往次興元倉陪韓監察(光傳)丈夜話〉, 〈過族父承旨公(範祖)法川山居〉, 〈宿荷潭〉, 〈悲西原〉, 〈行次公州 奉李丈偕行(李丈 蘇巖)〉, 〈過全州〉, 〈次潭陽 陪李都護(寅燮)丈飮〉(이상의 시들은 대체로 1777년 10월 초순의 시로 추정됨)이라는 순서로 시를 남긴 것으로 보아 화순으로 가는 길에 초천, 홍원창(원주), 법천(원주), 하담(충주: 선영이 있는 곳), 청주, 공주, 전주, 담양 등지를 경유하였음을 알 수 있다. 정재원은 홍원창에서는 절친한 친구 한광전을 만났고 법천에서는 정범조를 찾아뵈었으며 하담에서는 선영에 참배하였음도 알 수 있다. 공주에서 만난 이장은 소암 이동욱이다. 이동욱은 이승훈의 아버지로, 정조 때 참판과 의주부윤을 지냈으나 신유교안으로 아들 이승훈이 죽은 뒤 관직이 추탈되었다. 또 담양에서 만난 이인섭은 정약용이 1785년 금정찰방으로 근무할 때 서신 왕래가 있었다.[17]

10월 중순 이후~12월 사이(추정): 화순에 당도한 이후 진사 조익현曹翊鉉과 교유를 시작하다.

(가) 〈琴嘯堂 同曹進士(翊鉉)作〉 "堂是和順子舍" _《전서》 시문집, 1777년 10월 중순 이후~12월 추정

✿ 위에서 언급한 서울에서 화순까지 경로로 보아 정약용이 아버지를 모시고 화순에 도착한 것은 10월 10일 무렵이라고 생각된다. (가) 시는 1777년에 지어졌고 〈次潭陽 陪李都護(寅燮)丈飮〉에 바로 이어서 있으므로,[18] 조익현과의 교유는 "1777년 10월 중순 이후부터 1777년 12월 말 사이"에 시작된 것으로 볼 수 있다. 필자는 (가)의 저작 시기를 "연말 무렵"이라고 하였으나,[19] "1777년 10월 중순 이후에서 1777년 12월 말 사이"라고 하는 것이 더 타당하다고 하겠다. 당시 정약용이 머무르던 곳이 금소당琴嘯堂이다. 아마도 화순 관아 안에 있었을 것이다.

---

17) 조성을, 2004, 34~35쪽 참조.
18) 조성을, 위의 책, 35쪽 참조.
19) 조성을, 위의 책, 36쪽.

1777년 봄 저작으로는 〈春日過崔氏溪上草堂〉(1777년 봄), 〈崔注書(顯重)蘭谷書樓 同崔穉度(弘重)·士舒(養重)諸公飮〉(1777년 3월 추정), 〈贈李蘗〉(1777년 3월 무렵) 세 편이 확인된다. 또 이 해 봄에는 이벽 등 성호학파(좌파) 사람들과 학문적 교류를 시작한 것이 주목된다. 1월과 2월에는 관련 기록이 없으나 새 각오로 학업에 몰두한 것으로 여겨지며, 이 연장선에서 3월부터 소장 성호학파 사람들과 본격적으로 학문적 교류를 하게 되었다고 여겨진다.

1777년 여름 저작으로 확인되는 것은 〈過族父主簿公(述祖)宗簿寺直廬〉(1777년 4월 또는 5월), 〈外姑李淑夫人輓詞〉(1777년 6월)라는 시 두 편이다. 이 해 여름에도 3월에 이어서 성호의 유저를 읽고 있었을 가능성이 크다.

1777년 가을 저작으로 확인되는 것은 〈早秋濟用監池上陪諸公飮〉(1777년 7월) 의 시 한 편뿐이다. 이 해 가을에도 여름에 이어 성호의 유저를 읽고 있었을 가능성이 있다. 그러나 아버지를 모시고 화순으로 내려가면서 성호의 유저를 가지고 갔는지 여부는 알 수 없다.

1777년 겨울 시로는 10월 초순 아버지를 모시고 화순으로 내려가는 도중에 지은 〈將赴和順 陪家君至茗川 留別諸父諸兄〉(1777년 10월 4일 무렵)에 이어서 〈往次興元倉 陪韓監察(光傳)丈 夜話〉(1777년 10월 4일 무렵), 〈過族父承旨公(範祖)法川山居〉(1777년 10월 5일 무렵), 〈宿荷潭〉(1777년 10월 5일 무렵), 〈悲西原〉(1777년 10월 6일 무렵), 〈行次公州 奉李丈偕行〉(1777년10월 7일 무렵), 〈過全州〉(1777년 10월 8일 무렵), 〈次潭陽 陪李都護(寅燮)丈飮〉(1777년 10월 9일 무렵), 〈琴嘯堂 同曹進士(翊鉉) 作〉(1777년 10월 중순 이후~12월 사이 추정)이 있다. 1777년 겨울부터 진사 조익현과 교유를 시작하였다.

1778년 戊戌, 정조 2 _17세

: 이 해에는 윤6월이 있었다.

2월 3일 무렵(이후): 춘분이 지난 뒤 화순에서 시를 짓다.

(가) 〈春日烏城雜詩〉(戊戌 和順亦名烏城) _《전서》시문집, 1778년 2월 3일 무렵 이후

🪷 (가)의 시에 "春分過後"라는 구절이 있으므로 음력 2월 무렵이었다고 여겨진다. 춘분은 양력으로 대략 3월 21일이다. 이것을 음력으로 환산하면 1778년 2월 2일이다. 따라서 춘분이 지난 뒤라면 2월 3일 무렵(이후)이 된다.

2월 4일 무렵(이후): 아버지를 모시고 조익현의 정자에 놀러가다.

(가) 〈陪家君 尋曺氏溪亭〉 _《전서》 시문집, 1778년 2월 4일 무렵 이후

🪷 (가)의 시 내용으로 보아 계절은 아직 봄이었고 조씨 계정은 진사 조익현의 계곡 정자를 가리킨다.[20] 〈春日烏城雜詩〉의 바로 뒤에 배치되어 있으므로 1778년 2월 4일 무렵(이후)가 저작 시기이다.

여름 무렵: 진사 조익현의 정자에 모여 잔치하다.

(가) 〈夏日曺氏溪亭宴集〉 _《전서》 시문집, 1778년 여름

🪷 (가)의 시에서 1778년 여름 진사 조익현의 계정에 함께 모여 잔치하였음을 알 수 있다. 시의 내용으로 보아서 여기에 정약용의 다른 형제들은 참여한 것 같지 않다. 이해 가을에는 네 형제가 모두 화순에 있었다. 아마도 정약현, 정약전, 정약종이 화순으로 내려온 것은 1778년 가을이었을 것이다.

가을 무렵: 화순 옆에 있는 동복현同福縣의 적벽정자赤壁亭子와 물염정勿染亭에서 놀다.

(가) 〈遊赤壁亭子〉(勿染亭 在同福縣) "歷歷秋沙" _《전서》 시문집, 1778년 가을

(나) 〈遊勿染亭記〉(丁酉秋 家大人知和順縣…厥明年 余得往遊焉) _《전서》 시문집, 1778년 가을

(다) "戊戌…公十七歲…秋遊勿染亭" _《사암연보》 6쪽

🪷 (가) 시는 배치로 보아 1778년의 작품에 해당한다.[21] 또 "歷歷秋沙"라는 구절로 보아 가을에 지은 것이다. 적벽 바로 옆에 물염정이 있으므로 같은 날 적벽정자와 물염정에 오른 것이다. 이때 물염정에 놀러 간 일을 기록한

---

20) 조성을, 2004, 36쪽.
21) 조성을, 위의 책, 36쪽.

(나)에서도 "丁酉秋 家大人知和順縣…厥明年余得往遊焉"이라고 하여 물염정에 놀러 간 때를 1778년 가을이라고 밝혔다. (나)의 말미에 "旣歸 伯氏命余爲記"라는 구절로 보아서 아마도 맏형 정약현도 같이 갔고, 얼마 뒤 네 형제가 서석산(광주 무등산)에 함께 가므로 물염정에 갈 때에도 네 형제가 함께 갔을 것으로 추정된다.

가을 무렵: 서석산瑞石山에 오르다.

(가) 〈登瑞石山〉 _《전서》 시문집, 1778년 가을

(나) 〈遊瑞石山記〉(山在光州冬 三十里 名無等山) _《전서》 시문집, 1778년 가을

ⓦ (가)는 배치로 보아 〈遊赤壁亭子〉(1778년 가을)와 〈憶李兄〉(1778년 가을; 자형 이승훈을 생각하는 시) 사이에 있다. 따라서 (가)는 1778년 가을에, 〈遊赤壁亭子〉보다는 나중에 지은 것임을 알 수 있다. 따라서 정약용은 1778년 가을 어느 날 물염정과 적벽에 놀러갔고, 그 얼마 뒤 가을날 서석산을 등반하였음을 알 수 있다. 서석산은 광주光州 무등산을 가리킨다. 이때 일을 기록한 (나)를 보면 적벽과 물염정에 노닌 지 며칠 뒤에 서석산 등반이 계획되었음을 알 수 있다22). 인용문 속 "昆弟四人"이라는 표현으로 보아 이때 화순에는 네 형제가 모두 있었음을 알 수 있다. 1777년 10월에 정재원을 따라 내려온 이는 이들 가운데 정약용만이었고, 이후 어느 시점에 정약현, 정약전, 정약종도 내려왔던 것으로 볼 수 있다. 다만 1778년 11월 전후 동림사東林寺에서 독서할 때에는 정약용과 정약전만 갔다(뒤의 11월 부분 참조).

가을 무렵: 자형 이승훈李承薰을 생각하며 시를 짓다(서석산 등반 이후).

(가) 〈憶李兄〉 _《전서》 시문집, 1778년 가을

ⓦ (가) 시가 〈登瑞石山〉 뒤에 배치되어 있고 〈登瑞石山〉을 지은 뒤 돌아와 바로 〈遊瑞石山記〉를 지었을 것이므로, (가) 시의 저작 시기는 〈遊瑞石山記〉보다는 뒤로 추정된다. 정약용은 자형인 이승훈을 "이형李兄"이라고 부르므

---

22) 余旣游赤壁之數日 曹公翊鉉(和順人)過余琴嘯之堂 聽余言赤壁之樂…子不見瑞石之山乎 屹然若巨人偉士 不言不笑…子盍觀焉 於是昆弟四人 復謀所以游瑞石山者, 曹公亦遣其子弟從焉

로 여기에서 말하는 이형은 이승훈으로 추정된다.[23] "秋水"라는 구절로 보아서 가을의 시이다.

11월: 이때를 전후하여 둘째형과 함께 40일 동안 화순의 동림사에서 독서하다. 정약전은 《尙書》를 읽고 정약용은 《孟子》를 읽다.

(가) 〈讀書東林寺〉(仲冬也 時與仲氏偕) _《전서》 시문집, 1778년 11월 무렵

(나) 〈東林寺讀書記〉 _《전서》 시문집, 1778년 12월 이후

  ⓦ (가)를 지은 것은 1778년 11월이다. 〈東林寺讀書記〉에 따르면 "家君之知縣之越明年冬 余與仲氏讀書東林 仲氏讀尙書 余讀孟子…凡四十日也"라고 하였다. 따라서 40일 동안이란 음력 11월을 전후한 40일 동안이 되겠다. 정약전은 《尙書》, 정약용은 《孟子》를 읽었다고 했는데, 다음 해의 소과 준비를 위한 것으로 볼 수 있겠다. 《사암연보》(6쪽)에는 동림사 독서 기사가 가을의 "秋遊勿染亭" 기사보다 앞에 있어서 오해를 불러일으킨다. 물염정에 가서 노닌 것은 1778년 가을이므로 11월 전후 동림사에서 독서한 것보다 앞이다. 〈東林寺讀書記〉는 12월 화순 관아로 돌아와 지은 것으로 볼 수 있겠다. 동림사 독서 때에 정약용은 《孟子》의 한 구절에 대하여 독창적인 견해를 제시하였고, 정약전은 이것이 옳다고 하였다.

11월 일(추정): 승려 유일有一을 만나 교유하다.

(가) 〈贈有一上人〉 "別號蓮潭 本係和順人" _《전서》 시문집, 1778년 11월 무렵

(나) 〈智異山僧歌示有一〉 _《전서》 시문집, 1778년 11월 무렵

  ⓦ 유일의 성은 정씨丁氏라 하고 이전에 이미 초천에 찾아와 안면이 있는 사이라고 한 것으로 보아(姓丁 昔嘗至苕川 得相識), 정약용과 같은 압해정씨일 가능성이 있다. 〈贈有一上人〉(別號蓮潭 本係和順人), 〈智異山僧歌示有一〉의 시 두 편의 저작 시기는 배치로 보아 대략 1778년 11월(음력) 이후에서 연말 사이가 된다.[24] 유일이 승려이므로 동림사에서 만났을 가능성이 크다. 그렇다면 (가)와 (나)의 시 또한 동림사에 있을 때 지었을 가능성이 크며, 시기는

---

23) 조성을, 2004, 37쪽.
24) 조성을, 위의 책, 37쪽 참조.

대략 1778년 11월 무렵이라고 추정할 수 있다. 유일은 정약용이 나중에 강진에서 만나게 되는 아암 혜장의 스승이기도 한데, 강진 시기에는 유일이 이미 입적한 뒤여서 교유할 수 없었다.

12월 무렵(추정): 눈 내리는 밤에 진사 조익현과 술을 마시다.

(가) 〈雪夜 同曹司馬飮〉 _《전서》 시문집, 1778년 12월 무렵

ⓐ (가)의 시는 동림사에서 돌아와 지은 것으로 볼 수 있으며, 1778년도의 마지막 시이다. 따라서 저작 시기는 대략 1778년 12월 무렵이 된다. 조사마 曹司馬는 사마시司馬試(소과)를 통과한 진사 조익현을 가리킨다.

1778년의 저작과 활동

1778년 봄의 저작으로는 〈春日烏城雜詩〉(1778년 2월 3일 무렵 이후), 〈陪家君尋曹氏溪亭〉(1778년 2월 4일 무렵 이후)의 시 두 편이 확인된다. 그리고 후자에서 알 수 있는 바와 같이, 진사 조익현의 계곡 정자를 찾아간 것 말고 다른 활동은 확인되지 않는다. 따라서 1777년 10월 화순에 온 이후 1778년 봄까지 무슨 공부를 하고 있었는지는 알 수 없다.

1778년 여름의 저작으로는 〈夏日 曹氏溪亭宴集〉의 시 한 편이 확인된다. 그리고 조익현의 정자 잔치에 참여한 것 말고 다른 활동은 추적되지 않는다.

1778년 가을의 저작으로는 〈遊赤壁亭子〉(1778년 가을), 〈登瑞石山〉(1778년 가을), 〈憶李兄〉(1778년 가을)의 시 세 편 말고도 〈遊勿染亭記〉(1778년 가을)와 〈遊瑞石山記〉(1778년 가을)의 기행문 두 편이 있다. 순서로 보면 〈遊赤壁亭子〉가 가장 먼저로 물염정과 적벽에 놀러가서 지은 시이고, 물염정에서 돌아와 지은 기행문이 〈遊勿染亭記〉이며, 얼마 뒤 광주 무등산에 가서 지은 시가 〈登瑞石山〉, 무등산에서 돌아와 지은 기행문이 〈遊瑞石山記〉이다. 〈憶李兄〉은 〈登瑞石山〉 뒤에 배치되어 있고, 기행문을 먼저 지은 뒤 이 시를 지었다고 보는 것이 타당하므로 〈遊瑞石山記〉보다는 뒤라고 추정된다. 1778년 가을에도 적벽·물염정 유람 및 무등산 등반 말고는 별다른 활동이 추적되지 않아 어떤 공부를 하고 있었는지 알 수 없다. 다만 이승훈을 생각하고 시를 지은 사실이 주목된다. 《사암연보》 1778년(戊戌) 조에는(6쪽) 이들 기사가 동림사에서 독서한 사

실보다 뒤에 기록되어 오해를 불러일으킨다. 동림사 독서는 이 해 11월의 일이다(1778년 11월 부분 참조).

　1778년 겨울 저작으로는 〈讀書東林寺〉(1778년 11월), 〈贈有一上人〉(1778년 11월 무렵), 〈智異山僧歌示有一〉(1778년 11월 무렵), 〈雪夜 同曹司馬飮〉(1778년 12월 무렵)의 시 네 편과 기행문 〈東林寺讀書記〉(1778년 12월 추정)가 있다. 배치 순서로 보아 〈贈有一上人〉보다 〈讀書東林寺〉가 먼저 지어진 것이고, 이어서 〈贈有一上人〉과 〈智異山僧歌 示有一〉이, 동림사에서 돌아와서 〈東林寺讀書記〉가 지어지고, 마지막으로 〈雪夜 同曹司馬飮〉이 지어졌다고 보는 것이 타당하다.

　1778년 겨울의 활동으로는 둘째형 정약전과 함께 동림사에서 40일 동안 독서한 것(정약용의 경우 《孟子》)이 주목되고, 연담 유일과 교유하기 시작하였다. 1777년 겨울 이래 1778년 겨울까지 조익현과의 교유도 꾸준히 이어지고 있음을 알 수 있다.

1779년 　己亥, 정조 3 _18세

1월 무렵: 아버지를 모시고 조익은曹翊殷의 화순 정곡鼎谷의 정자에 가서 잔치하다.

　(가) 〈鼎谷溪亭 讌集游詩序〉 _《전서》 시문집, 1779년 1월 추정

　⚇ (가)의 글에 "己亥春 家君以篼輿巡野 有言溪亭之勝者 遂命與從行…家君…命余 爲之序"라는 구절이 있다. 정자의 주인 조익은은 진사 조익현의 친족으로 보인다. 조익은의 정자에 아버지 정재원을 모시고 가서 잔치한 뒤 지은 글이다. 아버지가 순야巡野를 나가는 길에 겸하여 조익은의 정자에 가서 잔치한 것이다. 당시 순야는 연초에 있었던 것으로 여겨지므로 1월이었다고 생각된다. 따라서 시기를 1월로 추정하였다. 2월 초(추정)에 정약용은 둘째형 정약전과 함께 서울로 출발하므로 그 이후는 될 수 없다.

2월 초순(추정): 둘째형 정약전과 함께 과거 공부를 위해 화순에서 서울로 출발하다.

　(가) 〈過景陽池〉己亥〉(時與仲氏 同赴漢陽 二月也) _《전서》 시문집, 1779년 2월 초 추정

　(나) "承晉州公命 還京 做功令各體" _《사암연보》 6쪽

ʊ̃ (가)의 시에서 "二月也"라 한 구절로 보아 2월에 화순을 출발하여 먼저 경양지景陽池(구 광주시청 자리)를 경유하였음을 알 수 있다. 2월 어느 무렵에 출발하였는지 문제이나 대략 2월 초 무렵으로 보는 것이 타당하다고 하겠다. 음력 2월이 되어 따뜻하여지자 아버지가 공부를 위해 서울로 올라가도록 한 것으로 여겨진다. (가)의 시에서 "與仲氏"라고 하였으므로 둘째형 정약전과 동행하였음을 알 수 있다.

2월 초순(추정): 경양지를 지나다.

(가)〈過景陽池〉(時與仲氏 同赴漢陽 二月也) _《전서》 시문집, 1779년 2월 초순 추정

ʊ̃ 서울로 올라가면서 처음으로 지은 시가 (가)이다. 따라서 2월에 지은 것으로 추정하였다.

2월 초순(추정): 순창淳昌을 지나다.

(가)〈登淳昌池閣〉 _《전서》 시문집, 1779년 2월 초순 추정

ʊ̃ 서울로 올라가면서 두 번째로 지은 시가 (가)이다. 따라서 경양지 다음에 순창을 경유하였음을 알 수 있다. 순창을 지난 때는 여전히 2월 초순이었을 것이다.

2월 초순(추정): 염암鹽巖을 지나다.

(가)〈行次鹽巖〉 _《전서》 시문집, 1779년 2월 초순 추정

ʊ̃ 서울로 올라오면서 세 번째로 지은 시가 (가)이다. 경양지, 순창에 이어서 염암을 경유하였음을 알 수 있다. 염암을 지난 때는 여전히 2월 초순이었을 것이다.

2월 초순(추정): 용계판龍谿板을 지나다.

(가)〈踰龍谿板〉 _《전서》 시문집, 1779년 2월 초순 추정

ʊ̃ 서울로 올라가면서 네 번째로 지은 시가 (가)이다. 염암에 이어서 용계판을 넘었음을 알 수 있다. 용계판을 넘은 시기는 여전히 2월 초순이었을 것이다.

2월 초순(추정): 연기燕岐를 지나다.

(가) 〈燕岐途中作〉 _《전서》 시문집, 1779년 2월 초순 추정

⚶ 서울로 올라가면서 다섯 번째로 지은 시가 (가)이다. 따라서 용계판을 넘은 뒤 연기를 경유하였음을 알 수 있다. 연기에 도착한 시기는 여전히 2월 초순이었을 것이다.

2월 10일 전후(추정): 고향 초천의 집에 도착하다.

(가) 〈還苕川居〉 _《전서》 시문집, 1779년 2월 10일 전후 추정

(나) 〈入漢陽〉 "三月也 病未相見 留城外作" _《전서》 시문집, 1779년 3월

⚶ 〈燕岐途中作〉에 바로 이어서 (가)가 있다. 서울로 오기에 앞서 먼저 일단 고향 초천에 들른 것으로 볼 수 있다. 이상 2월 초순(추정)의 행로를 정리하면 화순을 출발하여 경양지, 순창, 염암, 용계판, 연기를 경유하여 초천에 도착하였다. 2월 초 화순을 출발하였다면 대략 2월 10일 전후 초천에 도착하였을 것이다.

초천에 도착한 뒤에는 병이 나서 1779년 2월 말까지 머물렀던 것으로 추정된다. (가)의 시에 바로 이어지는 (나)의 시에 "三月也 病未相見 留城外作"이라고 원주가 붙어 있기 때문이다. (나)의 시(3월 작)는 3월 초천에서 서울로 가면서 지은 시이다. 3월 초에야 몸을 추스르고 일어나 서울로 출발한 것이다.

3월 초(추정): 서울에 도착하다.

(가) 〈入漢陽〉 "三月也 病未相見 留城外作" _1779년 3월 초 추정

⚶ (가)는 3월 초 초천에서 서울로 오면서 지은 시이다. 따라서 서울에 당도한 것은 3월 초가 된다. 서울에 돌아와 어디에 있었는지가 문제인데 뒤이어 이해 여름에 아내 풍산홍씨를 데리고 초천으로 돌아가는 것으로 보아, 3월 초 서울로 올 때 아내와 함께 왔을 가능성이 크다. 정약용은 1777년 10월 초 아버지를 모시고 화순으로 가는 길에 아내 풍산홍씨를 초천까지 데리고 갔으나, 화순까지는 동행하지 않은 것 같다. 1777년 10월 초 초천에 온 풍산홍씨는 정약용이 화순에서 돌아올 1779년 2월까지 초천에 머

무르고 있다가, 1779년 3월 초 정약용과 함께 서울로 오지 않았을까 추정
된다. 그리고 아내와 함께 올라온 정약용은 1779년 3월 이후 처가에 머물
렀을 가능성이 크다.

3월 일: 심유첨沈孺瞻 등 친구들과 약원藥園에서 노닐다.

(가) 〈同沈孺瞻諸友 藥園晚眺〉_《전서》시문집, 1779년 3월

Ⓦ 〈入漢陽〉(3월 초 추정)에 바로 이어서 (가)의 시가 배치되어 있다. 시에 "春
風裏"라는 구절로 보아 계절이 봄이므로 3월에 지었다고 볼 수 있다. 서울
에 돌아온 뒤 3월 심유첨 등 여러 친구와 함께 약원에서 노닐었음을 알 수
있다. 심유첨이 누구이며 약원이 어디에 있었는지는 모르이지만, 심유첨이
심유沈滺일 가능성을 생각해 본다.

3월 일: 심유첨 등과 서원西園에 노닐다.

(가) 〈同諸友游西園〉_《전서》시문집, 1779년 3월

Ⓦ 〈同沈孺瞻諸友 藥園晚眺〉(3월 작)에 이어서 (가)가 배치되어 있다. (가)의 시
에 "仍違北渚春"이라는 구절이 있으므로 아직 봄이었음을 알 수 있다. 따라
서 3월 작으로 볼 수 있겠다. 약원에서 노닌 얼마 뒤 다시 친구들과 서원
에서 노닐었음을 알 수 있다. 서원은 오늘날 서대문 밖 천연동 부근,[25] 대
략 감리교 신학대학 인근에 있었다.

6월 하순(추정): ① 장인 홍화보가 경상우도 병마절도사가 되어 진주로 내
　　　　　　　　려가다. ② 정약용이 아내를 데리고 고향 초천에 내려가다.

(가) 〈夏日還苕川〉_《전서》시문집, 1779년 7월 초 추정

Ⓦ (가)의 시에 "時 洪公出鎭嶺右 余遂領內赴苕上 尋復還京"이라고 원주가 붙어
있다. 홍공이란 장인 홍화보를 가리킨다. 장인이 경상우도 병마절도사가 되
어 진주로 부임하게 되자 아내를 데리고 고향 초천에 내려간 것이다. 바로
뒤에 배치된 시 〈大駕幸英陵 還至南漢城 閱武放火箭火砲 恭述所睹〉가 1779년 8월
3일 작이므로(8월 3일 부분 참조), (가)는 8월 3일 이전 작으로 보아야 한다.

---

25) 조성을, 2004, 39쪽.

따라서 초천에 돌아간 것은 8월 3일 이전이다. 장인이 경상우도 병마절도사로 내려가게 된 것은 대략 1779년 6월의 도목정사都目政事에 의한 것으로 여겨지므로 6월 하순 진주로 출발하였을 것이다. 그렇다면 아내를 데리고 내려가게 된 것도 대략 6월 하순 무렵으로 볼 수 있겠다. 정약용은 1779년 3월 이후부터 6월 하순 사이에 풍산홍씨와 함께 서울의 처가에 머물렀고, 6월 하순에서 8월 3일까지는 초천에 머문 것으로 추정된다. 1779년 8월 3일 초천 부근의 남한산성에서 행해진 야간 훈련을 구경하였기 때문이다(8월 3일 부분 참조). 그러나 8월 4일 이후 서울로 돌아온 정약용이 이 해 9월 초에 감시監試를 치를 때까지(9월 1일 부분 참조) 서울 어디에 머물렀는지가 문제이다. 아마도 다시 처가였을 가능성이 있다. 장인이 집을 처분하지 않고 임지로 출발하였다고 생각되기 때문이다. 그렇다면 8월 4일 이후 정약용이 서울로 돌아올 때 아내도 함께 올라왔을 것이다.

8월 3일: 밤에 정조가 남한산성에서 야간에 군사훈련을 하는 것을 보다.

(가) 〈大駕幸英陵 還至南漢城 閱武放火箭火砲 恭述所睹〉 _《전서》시문집, 1779년 8월 3일

(나) "是日 次南漢山城行宮" _《실록》정조 3년 8월 3일

Ⓦ (나)에 따르면 1779년 8월 3일 남한산성에서 국왕이 참석한 가운데 야간 군사훈련이 있었다.

8월 4일(이후): 정약용이 서울로 돌아오다.

Ⓦ 8월 3일 남한산성에서 군사훈련을 구경한 것은 초천에 머무를 때 일일 것이므로 서울에 돌아온 것은 1779년 8월 4일 이후가 된다. 9월 초 감시에 불합격하므로(9월 부분 참조), 9월 감시 이전 어느 시점에 다시 서울에 돌아와 처가에 머물렀을 것이다.

9월 1일: ① 감시에 응시하다. ② 불합격하다.

(가) "設九日製于泮宮" _《실록》정조 3년 9월 1일

(나) 〈銅雀渡〉(時屈監試 領內赴和順 九月也 汝三同行) _《전서》시문집, 1779년 9월 5일 무렵

※ (가)에 따르면 성균관에서 구일제가 9월 1일 있었는데 감시에 불합격하였다는 것은 이 시험에서 불합격하였음을 가리키는 것으로 생각된다. 이 시험 전에 준비를 위해 초천에서 서울로 다시 올라와 있었을 것이다. 〈大駕幸英陵 還至南漢城 閱武放火箭火砲 恭述所睹〉의 시에 이어지는 (나)에 "時屈監試 領內赴和順 九月也 汝三同行"이라고 원주가 붙어 있기 때문이다. (나) 시의 시기는 대략 9월 초라고 생각된다. 시험 결과를 본 뒤 준비하여 떠났다고 보아야 하므로 대략 9월 5일 무렵 서울을 출발하여 동작 나루를 건넌 것으로 추정해 둔다. 여삼汝三이 동행하였다고 하였는데, 누구인지 확실하지 않지만 노복일 가능성이 있다.

9월 5일(추정): 아내를 데리고 서울에서 화순和順으로 내려가는 길에 동작銅雀 나루를 건너다.

(가) 〈渡銅雀〉_《전서》 시문집, 1779년 9월 5일 무렵

※ (가)의 시는 아내를 데리고 화순으로 내려가는 길에 지은 첫 번째 시이다. 저작 시기는 위에서 살폈듯이 9월 5일 무렵이다. 9월 5일 무렵 밤은 수원 부근에서 숙박하였을 것으로 추정된다.

9월 6일 무렵: 성환成歡을 지나다.

(가) 〈行次成歡〉_《전서》 시문집, 1779년 9월 6일 무렵

※ (가)의 시는 1779년 9월 아내를 데리고 화순으로 내려가는 길에서 두 번째로 지은 시이다. 동작 나루를 건넌 뒤 성환을 지나갔음을 알 수 있다. 아마도 수원 부근에서 하루 묵은 뒤에 성환을 지나갔을 것이다. 따라서 9월 6일 무렵으로 추정하여 둔다.

9월 7일 무렵: 공주公州를 지나다.

(가) 〈熊津回顧〉_《전서》 시문집, 1779년 9월 7일 무렵

※ (가)의 시는 아내를 데리고 화순으로 내려가는 길에서 지은 세 번째 시이다. 성환을 거친 뒤 성환과 공주 사이의 어느 지점에서 묵고 공주를 지나갔다고 추정할 수 있겠다. 따라서 대략 9월 7일 무렵으로 추정하여 둔다.

9월 8일 무렵: 이금尼岑을 지나다.

(가) 〈尼岑途中〉 _《전서》 시문집, 1779년 9월 8일 무렵

Ⓦ (가)의 시는 아내를 데리고 화순으로 내려가는 길에서 지은 네 번째 시이다. 공주를 경유한 뒤 이잠을 지났음을 알 수 있다. 공주 부근에서 묵은 뒤 다음 날 이잠을 지났다고 생각되므로 대략 9월 8일 무렵으로 추정하여 둔다.

9월 9일 무렵: 장성長城을 지나다.

(가) 〈次長城〉 _《전서》 시문집, 1779년 9월 9일 무렵

Ⓦ (가)의 시는 아내를 데리고 화순으로 내려가는 길에서 지은 다섯 번째 시이다. 이잠을 지난 뒤 장성을 경유하였음을 알 수 있다. 이잠을 지난 다음 날이라고 생각되므로 9월 9일 무렵으로 추정하여 둔다.

9월 10일 무렵: 광주光州를 지나다.

(가) 〈重過光州〉 _《전서》 시문집, 1779년 9월 10일 무렵

Ⓦ (가)의 시는 아내를 데리고 화순으로 내려가는 길에서 지은 여섯 번째 시이다. 이날 밤은 광주 부근에서 묵었을 것으로 추정된다.

9월 11일 무렵: 화순에 도착하다.

(가) 〈登聖住菴〉 _《전서》 시문집, 1779년 9월 11일 무렵 이후

Ⓦ 9월 11일 무렵 밤 광주 부근에서 묵은 뒤 다음 날 화순으로 간 것으로 생각되므로 9월 11일 무렵 화순에 도착한 것으로 추정된다. (가) 시는 화순에 도착한 이후에 지은 것이므로 9월 11일 무렵 이후의 작품이 된다. 9월 초 감시에 떨어진 뒤 아내를 데리고 동작 나루를 건너 화순으로 간 경로는 성환, 공주, 이잠, 장성, 광주로 정리된다.26) 6월 하순 무렵 초천에 돌아왔던 정약용은 다시 8월 4일 이후부터 9월 1일 이전 어느 시점에 감시를 위해 서울에 올라와 있었고 감시에 불합격한 뒤 서울에서 바로 화순으로 내려간 것으로 보인다.

---

26) 조성을, 2004, 40쪽.

9월 중순~하순(추정): 화순에 도착한 이후 만연사萬淵寺 소속의 성주암聖住菴
　　에 오르다.

(가) 〈登聖住菴〉 1779년 9월 중순 하순 추정

　ⓦ (가)의 시는 화순에 도착한 이후 성주암에 올라 지은 시로 추정된다.
"在羅漢山絶頂 屬萬淵寺"라고 원주가 붙어 있다. 성주암은 아마도 화순 부근
있었던 만연사의 속사로 추정된다. 바로 뒤의 시 〈奉和家大人韻 簡寄有一上人〉
의 저작 시기가 늦가을(高秋)인 것으로 보아 하한은 늦가을이다. (가) 시의 상
한은 화순에 도착한 1779년 9월 11일 무렵이며, 하한 역시 9월(늦가을)로 볼
수 있다. 정약용은 화순에 아내를 데려다 주고는 곧 서울로 다시 돌아오므
로 성주암에 오른 것은 대략 1779년 9월 중순에서 하순으로 추정된다.

9월 중순~하순(추정): 아버지 시의 운에 따라 유일有一에게 부치는 시를 짓다.

(가) 〈奉和家大人韻 簡寄有一上人〉 1779년 9월 중순~하순 추정

(나) "陞補被抄(還京)" _《다산연보》 2쪽

　ⓦ (가) 시는 9월 중순에서 하순 무렵 사이에 지은 것으로 추정된다. 화순
에 아내를 데려다주고 태학 승보시를 위해 곧바로 상경하였다고 여겨지기
때문이다(바로 뒤 9월 하순 부분 및 '1779년 저작과 활동' 부분 참조).

9월 하순: 아내를 화순에 두고 태학 승보시를 위해 곧 서울로 되돌아오다.

(가) "陞補被抄(還京)" _《다산연보》 2쪽

　ⓦ (가)는 1779년 겨울 기사이다. (가)에서 "還京"이라 한 것으로 보아 9월 하
순 서울로 되돌아와 태학(=성균관) 승보시를 준비한 것으로 볼 수 있다.

겨울 무렵: 태학(성균관) 승보시陞補試에 합격하다.

(가) "陞補被抄 (還京)" _《다산연보》 2쪽

(나) "(壬寅) 冬 太學陞補試被抄" _《사암연보》 6쪽

(다) "壬寅…陞補被抄(得詩三下七次 大司成閔徐有防·徐鼎修·李時秀)" _《다산연보》 2쪽

　ⓦ 조선시대 태학 승보시는 사학四學에서 성균관의 기재寄齋에 올라가는
것을 말한다. 이것은 성균관 유생의 수가 다 차지 않았을 때 시행하는 시

험이었다. 이에 합격하면 생원, 진사와 같은 취급을 받아서 과시課試 등 성 균관의 여러 시험에 응시할 수 있었다. 1779년 겨울 정약용이 태학(성균관) 승보시에 합격하는 것으로 보아서, 이 해 9월 아내를 화순으로 데려다 주 었던 그는 이 해 늦가을 이후 어느 시점에(대략 음력 9월 하순 추정) 성균관 승보시를 위해 서울로 다시 올라왔을 것이다. 그리고 뒤에서 볼 것처럼 1780년 2월(1780년 1월 및 2월 부분 참조) 다시 화순에 있었으므로, 성균관 승 보시에 합격하고 1월 이후 화순에 내려간 것으로 보아야 할 것이다. 다만 1780년 1월 초에는 아직 화순에 있지 않았다. 1월 초에는 큰형 정약현이 정약용을 대신하여 풍산홍씨를 홍화보의 임소인 진주로 데리고 갔기 때 문이다. 그러나 정약용은 1779년 겨울에 있었던 "주어사강학회"에 참 여하지는 않았다.

한편 (다)의 기사에서 보듯이 《다산연보》에는 임인壬寅(1782)에 다시 "陞補 被抄(得詩三下七次 大司成閣 徐有防·徐鼎修·李時秀)"라는 언급이 있다. 기해己亥(1779)의 기록에서 단지 "陞補被抄"라고만 한 것보다 기록이 훨씬 구체적이므로, 이 기 사를 부정하기는 어렵다. 일단 1782년 겨울에 재차 승보시에 합격하였던 것 으로 추정해 둔다. 하지만 《사암연보》에는 임인년(1782) 승보피초陞補被抄 기 사가 없다. 아마도 중복이라고 생각하여 삭제하였을 것이다.

1779년의 저작과 활동

1779년 봄의 시로는 〈過景陽池〉(1779년 2월 초 추정), 〈登淳昌池閣〉(1779년 2월 초순 추정), 〈行次鹽巖〉(1779년 2월 초순 추정), 〈踰龍谿板〉(1779년 2월 초순 추 정), 〈燕岐途中作〉(1779년 2월 초순 추정), 〈還苕川居〉(1779년 2월 10일 전후 추정) 및 〈入漢陽〉(1779년 3월 초 추정), 〈同沈孺瞻諸友 藥園晚眺〉(1779년 3월), 〈同諸友游西 園〉(1779년 3월) 등이 있고, 잡문으로는 〈鼎谷溪亭 譙集游詩序〉(1779년 1월 추정)가 있다. 1779년 봄에 어떤 공부를 하고 있었는지는 확인되지 않는다. 다만 1779년 2월에는 아마도 공부하기가 어려웠을 것으로 여겨진다. 화순에서 초 천으로 올라오는 데 여러 날이 걸렸고 또 초천에 도착한 이후 병이 났기 때 문이다.

1779년 여름의 저작 가운데 시로는 〈夏日還苕川〉(1779년 7월 초 추정)만 있으며, 잡문은 찾아지지 않는다. 1779년 4월과 5월의 행적은 추적되지 않지만, 1779년 3월 초 서울에 돌아온 이후 이 해 여름은 물론 8월까지, 9월에 치를 감시 공부에 몰두하고 있었을 것으로 추정된다.

1779년 가을의 시로서 〈大駕幸英陵 還至南漢城 閱武放火箭火砲 恭述所睹〉(1779년 8월 3일), 〈銅雀渡〉(1779년 9월 5일 무렵), 〈行次成歡〉(1779년 9월 6일 무렵), 〈熊津回顧〉(1779년 9월 7일 무렵), 〈尼岑途中〉(1779년 9월 8일 무렵), 〈次長城〉(1779년 9월 9일 무렵), 〈重過光州〉(1779년 9월 10일 무렵), 〈登聖住菴〉(1779년 9월 중순~하순), 〈奉和家大人韻 簡寄有一上人〉(1779년 9월 중순~하순) 등이 있으며, 잡문은 확인되지 않는다.

한편 1779년 여름에 이어서 7월에서 8월 말까지는 감시 공부에 몰두하고 있었고 9월 초 감시에 떨어진 뒤 9월 5일 무렵 아내를 데리고 화순으로 내려갔다. 그러나 이해 겨울 태학(성균관) 승보시에 합격하므로 아내를 화순으로 데려다 주고 바로 서울로 돌아와 태학 승보시 시험에 몰두하였던 것으로 보인다. 이 해 겨울 시가 없는 것은 시험공부에 몰두하였기 때문이라고 여겨진다. 1779년 겨울의 《다산연보》(2쪽) 기사에 "陞補被抄(還京)"라고 되어 있다. 이때 서울 어디에 거처하였는지가 문제이다. 1780년 12월 27일 예천에서 서울에 도착하여 장흥방으로 가는 것으로 보아서(1780년 12월 27일 부분 참조), 이때 이미 장흥방에 아버지 정재원이 경저를 마련하여 두고 있었을 가능성이 있다. 정재원이 1776년 여름에 장만하였던 소룡방의 집은 아마도 화순현감으로 내려간 이후 처분한 것으로 보인다.

1779년 겨울에는 시를 포함하여 어떠한 저작도 발견되지 않는 것은 태학 승보시 준비에 몰두하였기 때문으로 생각된다. 이 해 겨울에 녹암 권철신이 주도하는 천진암·주어사 강학회가 있었다. 〈鹿菴權哲身墓誌銘〉에 "昔在己亥冬 講學于天眞菴·走魚寺 雪中李檗夜至 張燭談經 其後七年而謗生"이라는 "천진암·주어사 강학회" 구절이 있다. 이 강학회에 정약용이 참여하지는 않았다. 정약용은 1779년 겨울 태학 승보시까지는 시험 준비에 몰두하였을 것이기 때문이다. 1779년 겨울 천진암·주어사 강학회에 대한 이 언급은 아마도 둘째형 정약전을 통하여 들은 이야기에 토대한 것으로 여겨진다. 이 강학회는 중간에 장소를 주어사로 옮겼고, 여기에 강학회의 중점이 있고 중요한 일이 있었기 때문에 "주어사 강학회"라고 부를 수도 있다. 정약용은 〈先仲氏墓誌銘〉에서는 강학회가 열린 장소에 대하여 "주어사"라고만 하였다. 처음에 천진암에서 시작하였다가 주어사로 옮긴 것이며 이벽은 주어사로 옮긴 뒤에 참여하였다.

한편 〈先仲氏墓誌銘〉(정약전 묘지명)에도 "旣又執贄 請敎於鹿菴之門(權哲身) 嘗於冬月 寓居走魚寺講學會者 金源星·權相學·李寵億等數人 鹿菴自授規程 令晨起 掬氷泉盥水 誦夙夜箴 日出誦敬齋箴 正午誦四勿箴 日入誦西銘 莊嚴恪恭 不失規度 當此時 李承薰亦淬礪自强 就西郊行鄕射禮 沈潋爲貧 會者百餘人"이라는 관련 구절이 있다. 이 기사는 1779년 겨울의 강학회와 동일한 강학회의 기사이다. 정약용은 태학 승보시에 몰두하느라 다른 데 신경 쓸 겨를이 없었을 것이다. 태학 승보시는 성균관의 궐원을 보충하는 것이므로 대략 연말에 있었을 것으로 추정된다. 더욱이 〈先仲氏墓誌銘〉에서 강학회 참석자들의 이름을 열거하면서도 정약용이 자신을 언급하지 않은 점으로 보아서도, 이 강학회에 정약용이 참여하지 않은 것으로 보아야 할 것이다. 참여하였는데도 굳이 이름을 쓰지 않을 특별한 이유가 없다. 아마도 정약용보다는 나이가 약간 많은 사람들이 제자로 참여하였다고 보아야 할 것이다.

1780년 庚子, 정조 4 _19세

1월 초(추정): 맏형 정약현이 정약용의 아내 풍산홍씨를 데리고 진주로 가다.

(가) 〈春日領內赴晉主 將離和順 悵然有作〉 "早春 伯氏領余室人 往晉州 二月 洪日輔陪還 時家君移守醴泉 余遂領內 先至晉州 外舅洪公時爲嶺右節度 在晉州" _《전서》 시문집, 1780년 1월 초순 추정

Φ 정약현이 정약용의 아내 풍산홍씨를 데리고 진주로 간 것은 정약용의 장인이 경상우도 병사로 진주 임소에 있었기 때문이며, (가)의 시 원주에서 "早春"이라고 한 것으로 보아 1월로 볼 수 있으며 1월 초로 여겨진다. 새해 인사를 하러 가기 위해서였다고 볼 수 있다. 정약용이 이때 아내를 데리고 가지 못한 것은 성균관 승보시를 위해 서울에 올라갔던 그가 아직 화순에 내려오지 못했기 때문으로 보인다.

1월 중순 무렵: 정약용이 화순에 도착하다.

(가) 〈賦得堂前紅梅〉 _《전서》 시문집, 1780년 1월 중순 무렵

🕯 1월 초 아내가 진주로 갈 때까지는 정약용이 아직 화순에 도착하지 않은 것으로 보아야 할 것이다. 그러나 정약용은 1780년 1월 초순 무렵 바로 서울에서 출발하였다고 여겨지고, (가)의 시는 화순에 도착하여 홍매화가 핀 것을 보고 지은 시이므로 저작 시기가 대략 음력 1월 중순으로 추정된다.

2월 초순(추정): 홍일보洪日輔가 풍산홍씨를 데리고 화순으로 돌아오다.

(가) 〈春日領內赴晉主 將離和順 悵然有作〉 (早春 伯氏領余室人 往晉州 二月洪日輔陪還時 家君移守醴泉 余遂領內 先至晉州 外舅洪公時爲嶺右節度 在晉州) _《전서》 시문집, 1780년 2월 25일 무렵

🕯 (가)의 시 원주에서 "早春 伯氏領余室人 往晉州 二月洪日輔陪還"이라고 하였으므로, 1월 초(추정) 진주로 갔던 풍산홍씨를 홍일보가 데리고 2월 화순으로 왔음을 알 수 있다. 왕래와 체류 기간을 대략 한 달 정도로 생각하여 2월 초순 무렵 화순에 아내가 돌아온 것으로 추정하였다. 위 시의 저작 시기는 정재원이 2월 22일 예천 군수에 임명된(후술) 며칠 뒤인 1780년 2월 25일 무렵으로 추정되며 아내를 데리고 진주로 출발하면서 지은 시이다.

2월 22일: 정재원이 예천醴泉 군수로 승진하다.

(가) "陞醴泉郡守 尋罷歸" _《가승》. 1780년 2월 22일

2월 26일 무렵: 정약용이 장인 홍화보(당시 영남우도 절도사)를 뵈러 진주로 가기 위해 아내를 데리고 화순을 떠나다.

(가) 〈春日領內赴晉州 將離和順 悵然有作〉(早春 伯氏領余室人 往晉州 二月 洪日輔陪還 時家君移守醴泉 余遂領內 先至晉州 外舅洪公時爲嶺右節度 在晉州) _《전서》 시문집, 1780년 2월 25일 무렵

🕯 정재원이 예천 군수에 임명되었으므로 아내와 함께 예천으로 가야 했다. 정약용은 아내와 함께 예천으로 가는 도중에 진주에 가서 장인을 뵙고자 한 것이다. 아버지가 예천 군수로 발령받은 것이 1780년 2월 22일이고

서울에서 명령이 도착하는 데 사흘 정도 걸렸다고 보고, 명령이 도착한 다음 날 정약용 부부가 떠난 것으로 생각하여 대략 2월 26일 무렵 진주로 출발한 것으로 추정하였다.

2월 26일 무렵: 동복현東福縣을 지나다.

(가) 〈次同福縣〉 _《전서》 시문집, 1780년 2월 26일 무렵

ⓥ 화순을 떠나 진주로 가는 길에 지은 첫 번째 시이다. 화순을 떠난 것을 2월 26일 무렵으로 추정한다면 동복현은 바로 옆이므로 당일 지나갔을 것이다.

2월 27일 무렵: 광양光陽을 지나다.

(가) 〈次同福縣〉 _《전서》 시문집, 1780년 2월 26일 무렵

(나) 〈暮次光陽〉 _《전서》 시문집, 1780년 2월 27일 무렵

ⓥ (나)는 화순을 떠나 진주로 가는 길에 지은 두 번째 시이다. 대략 2월 27일 (무렵)의 시로 추정할 수 있겠다. 동복현을 지나 광양을 경유하였음을 알 수 있다. 2월 26일 (무렵) 밤은 동복과 광양 사이의 지점(대략 보성 부근)에서 숙박하고 다음 날 2월 27일 (무렵) 저녁에 광양에 도착한 것으로 추정된다. 아마도 이날 밤은 광양 부근에서 숙박하였을 것이다.

2월 28일 무렵: 두치진斗巵津을 지나다.

(가) 〈斗巵津〉 _《전서》 시문집, 1780년 2월 28일 무렵 추정

ⓥ 화순을 떠나 진주로 가는 길에 지은 세 번째 시이다. 대략 2월 28일 무렵의 시로 추정된다. 광양을 지나 두치진을 경유하였음을 알 수 있다.

2월 29일 무렵: 진주晉州에 도착하다.

ⓥ 진주로 가는 길에 지은 시들이 배치된 순서에 따르면, 2월 26일(무렵) 이후 진주로 가는 길에 동복현, 광양, 두치진(섬진강 부근 추정)을 경유하였다. 두치진을 지난 다음 날쯤 진주에 도착하였을 것이다. 따라서 2월 28일 (무렵) 진주에 도착하였을 것으로 추정하였다.

3월 초 무렵: 촉석루矗石樓에 놀러가다.

(가) 〈矗石懷古〉(三月也) _《전서》시문집, 1780년 3월 초 추정

➎ 1780년 2월 29일(무렵) 진주에 도착하였고 시에는 3월이라고 주가 붙어 있으므로, 촉석루에 놀러 간 것은 대략 1780년 3월 초로 보는 것이 타당하다. 진주에 도착하고 나서 며칠 쉰 뒤에 촉석루에 놀러 갔을 것이다(지난달 2월은 말일이 30일이었음). 한편 (가)의 뒤에는 세 시가 배치되어 있다. 〈陪外舅洪節度 泛舟〉(1780년 3월 초순 추정)는 장인 홍화보를 모시고 뱃놀이 하면서 지은 시이고, 〈舞劍篇 贈美人〉(1780년 3월 초순 추정)은 진주에서 검무를 보고 지은 시이며, 〈訪朴氏芝潭別業〉(1780년 3월 초순 추정)은 진주에 머무르며 주변 박씨(미상)의 별장을 찾아가 지은 시이다. 세 편 모두 진주에 머무르며 지은 시이므로 대략 3월 초순 작으로 추정할 수 있겠다.

한편 《사암연보》(7쪽)에는 "勤晉州公醴泉任所 仍讀書于伴鶴亭"의 기사가 "遊晉州矗石樓"의 기사보다 앞에 놓여 있는데 이는 오류이다. 먼저 진주에 들른 뒤에 아버지의 예천 임소로 갔기 때문이다. 반학정伴鶴亭은 예천에 있다(1780년 여름 부분 참조).

4월 2일(또는 3일) 무렵: 아내와 함께 예천醴泉 가는 길에 합천陜川의 함벽정涵碧亭에 들르다.

(가) 〈登陜川溪亭〉 "卽涵碧亭也 時余領內赴醴泉 四月也" _《전서》시문집, 1780년 4월 2일 무렵

➎ "卽涵碧亭也 時余領內赴醴泉 四月也"라는 원주로 보아서 4월 진주에서 예천으로 가는 길에 지은 시이다. 아내와 함께 대략 3월 기간 동안 진주에 머무른 것으로 여겨지므로, 예천으로 출발한 것은 4월 1일 무렵으로 추정된다. "時余領內赴醴泉"이라는 언급으로 보아서 진주에서 아내와 함께 예천으로 갔음을 알 수 있다. 진주에서 합천까지 하루 걸렸다고 보았다.

4월 4일 무렵: 예천 가는 길에 선산善山의 월파정月波亭을 지나다.

(가) 〈登月波亭〉(在洛東之上 卽善山也) _《전서》시문집, 1780년 4월 4일 무렵

➎ 예천으로 가는 길에 지은 두 번째 시이다. 합천 함벽정을 지난 뒤 선산의 월파정을 경유하였음을 알 수 있다. 합천에서 선산까지 대략 이틀 정도

걸린 것으로 추정하였다.

4월 5일 무렵: 아버지의 임지 예천군醴泉郡에 도착하다.

(가) "往醴泉郡(家大人任所)" 《다산연보》 2쪽

🐛 진주에서 예천으로 가는 길에 지은 〈登陜川溪亭〉은 1780년 4월 2일 무렵 작으로 추정된다. 선산에서 예천까지 대략 하루 걸린 것으로 생각하였다. 1780년 3월은 대체로 진주에 머무르고, 4월 1일 무렵 진주에서 예천으로 출발한 것으로 추정하였다. 또 바로 뒤에 〈登月波亭〉이라는 시가 있는 것으로 보아서 진주에서 예천 가는 길에 합천 말고도 선산도 경유하였음을 알 수 있다. 대략 1780년 4월 1일 무렵 진주를 출발하여 4일 정도 걸려 5일 무렵 예천에 도착하였을 것으로 생각하였다.

4월 10일 무렵: 예천에 도착한 이후 아버지를 모시고 선몽대仙夢臺에 오르다.

(가) 〈登仙夢臺〉 _《전서》 시문집, 1780년 4월 10일 무렵 추정

(나) 〈丘嫂恭人李氏墓誌銘〉 _《전서》 시문집

🐛 (가)는 예천에 도착한 뒤 아버지 정재원을 모시고 선몽대에 올라서 지은 시이다. 예천에 도착한 며칠 뒤 선몽대에 오른 것으로 여겨지며, 선몽대에 오른 뒤 바로 정재원이 병이 났고 그를 간병하던 큰형수(정약현의 부인, 이벽의 누이)가 타계하였다.[27] 이렇게 본다면 선몽대에 오른 것은 대략 4월 10일 무렵으로 여겨진다. 〈登陜川溪亭〉이라는 시에 아내를 거느리고 진주에서 예천으로 가는 길이며 4월이라는 주가 있으므로, 예천으로 간 것은 4월이 확실하다. 정약용은 대략 1780년 2월 말에서 대략 3월 말까지 아내와 함께 진주에 머무른 것이 된다. 큰형수가 타계한 것은 1780년 4월 15일 인데 정약용이 예천에 도착한 것은 그 전이며, 형수의 타계일로부터 역산하면 진주를 떠난 것은 4월 1일 무렵이다. 정약용의 큰형수가 타계한 시점과 정약용이 예천에 도착한 시점 가운데 어느 쪽이 먼저인지를 정확히 보여주는 자료는 없다. 그러나 정약용이 예천에 도착한 이후 아버지를 모시고 선몽대에 오르므로(〈登仙夢臺〉), 형수의 타계보다 앞서 예천에 도착하였

---

27) 4월 15일조 〈丘嫂恭人李氏墓誌銘〉 참조.

다고 보는 것이 온당하다. 형수의 타계 이후 도착하였다면 정재원은 선몽대에 오르는 일을 하지 않았을 것이다.

4월 15일: 시아버지(정재원)를 간병하던 큰형수가 정재원의 예천 임소에서 타계하다(전염병 추정).

(가) 〈丘嫂恭人李氏墓誌銘〉 _《전서》 시문집

🟡 예천에서 타계한 큰형수는 광암廣菴 이벽李蘗의 누이이다. 이벽은 1784년 4월 15일 새벽 초천 정약현의 집에서 누이의 4주기 제사에 참여하고 정약용 등과 같이 배를 타고 서울로 왔다. 배를 타고 서울로 오는 도중에 정약용은 이벽에게서 천주교에 대하여 듣고 황홀해 하였다(1784년 4월 15일 부분 참조). (가)에 따르면 이벽의 누이 경주이씨는 1780년 시아버지 정재원을 따라서 예천군에 온 뒤 병든 시아버지를 간병하다가 자신도 병이 들어 1780년 4월 15일 타계하였고, 압해정씨 선영이 있는 충주 하담으로 반장返葬하였다. 1780년 4월 예천에 전염병이 유행하였던 것으로 생각된다. 정재원은 늦어도 1780년 3월 초순에는 예천에 부임하여 있었을 것이다. 대략 4월 10일 무렵 이후 바로 병에 걸린 것으로 볼 수 있겠다.

5월 일(또는 6월): 아버지를 모시고 금곡金谷으로 박손경朴孫慶을 방문하다.

(가) 〈陪家君 訪朴徵士(孫慶) 金谷幽居〉 _《전서》 시문집, 1780년 5월 또는 6월 추정

🟡 큰형수가 타계한 4월 15일 이후에도 아버지 정재원은 당분간 병중이었을 것이므로, 이후 4월에는 어디를 방문하지 않았다고 여겨진다. 따라서 대략 5월에 금곡으로 박손경을 방문한 것으로 추정하였다. 또는 6월이었을 수도 있겠다. (가)의 시 뒤에 〈訪族父進士公(載老)山居〉와 〈夏日池亭 絶句〉가 배치되어 있으므로 (가)의 시가 여름에 지어진 것임은 분명하다. (가)에서 말하는 박손경이 누구인지는 알지 못하나, 이름으로 보아서 이 해 가을 쾌빈루 연회에 참석하는 박지경朴趾慶과 같은 항렬의 사람으로 추정된다.

5월 일(또는 6월): 아버지를 모시고 정재로丁載老를 방문하다.

(가) 〈訪族父進士公(載老)山居〉 _《전서》 시문집, 1780년 5월 또는 6월

ⓦ (가)의 시 바로 뒤에 〈夏日池亭 絶句〉가 배치되어 있으므로 1780년 여름에 지은 것임은 분명하다. 5월 또는 6월에 지어졌을 가능성이 크다. 정재로는 이름과 시의 제목으로 보아서 정재원과 같은 항렬의 압해정씨이다.

6월 일(추정): 반학정에 머무르며 공부하다.

(가) 〈夏日池亭 絶句〉 _《전서》 시문집, 1780년 6월 추정

(나) 〈伴鶴亭記〉 _《전서》 시문집, 1780년 6월 추정

ⓦ 6월 이후에는 마음이 안정되어 반학정에서 조용히 기거하며 공부하고 있었을 것으로 추정된다.

가을 무렵: 예천醴泉의 쾌빈루에서 박지경朴趾慶, 신완申完 및 향중의 어른들과 잔치하다.

(가) 〈秋日快賓樓 陪朴佐郞(趾慶) 申注書(完) 及鄕中諸長老宴〉 _《전서》 시문집, 1780년 가을 추정

(나) 〈快賓樓讌游序〉(雜文) _《전서》 시문집, 1780년 가을 추정

ⓦ (가)와 (나)를 보면 쾌빈루에서 향중의 여러 사람들과 잔치하였고 그 시기는 가을이었음을 알 수 있다. 박지경과 신완이 누구인지는 알지 못한다. (가)는 잔치 당일 지은 것이고, (나)는 다음 날 이후 지은 것이다. (나)에 "家君莅醴泉之數月 … 於是設筵於快貧之樓" 및 "明日 躬駕而造朴公之室"이라는 구절이 있다. 필자는 이전에 1780년 여름 무렵에 지은 것으로 보았으나,[28] (가)와 같은 시기에 지었을 가능성이 크므로 (나)의 시기를 가을로 보는 것이 더 타당하겠다. 아니면 (나)에서 말하는 것이 (가)와 별개의 일이라면 (나)가 여름에 지어졌을 수도 있지만 그럴 가능성은 적다.

10월 이후: 아버지를 모시고 문경聞慶에 가서 장인 홍절도사의 군사 훈련을 보다.

(가) 〈陪家君赴聞慶 觀外舅洪節度鳥嶺練兵〉 _《전서》 시문집, 1780년 10월 이후 추정

---

28) 조성을, 2004, 269쪽.

🐚 위 시의 저작 시기는 배치로 보아 1780년 가을에서 겨울 사이이다.[29] 통상 군사훈련은 대체로 가을의 추수 이후에 했을 것이므로 아마도 10월 이후 겨울로 보는 것이 타당하겠다.

11월 28일: 채제공이 삭직削職되다.

(가) "堂上蔡濟恭 獨稱病處房中…濟恭削職" _《실록》 정조 4년 11월 28일

🐚 11월 28일 채제공이 삭직되었다. 정조 4년(1780)은 다시 한 번 정세가 변하는 때이다. 홍국영이 쫓겨났으며 채제공 또한 관직에서 물러나게 되었다. 채제공은 홍국영과 가까웠으므로, 홍국영이 제거되고 소론의 서명선이 영의정이 되자 채제공도 공격을 받아 물러났고 이후 8년 동안 은거하게 된다.

12월 20일 무렵: 정재원이 어사御使의 모함을 받고 파직되다.

(가) 〈冬日領內赴京 踰鳥嶺作〉(時 家君爲御使所陷 余乃先行) _《전서》 시문집, 1780년 12월 20일 무렵

🐚 정약용이 아버지보다 앞서 예천을 출발하였고, 1780년 12월 27일 서울에 당도하므로(12월 27일 부분 참조), 조령을 넘은 것은 대략 12월 23일이라고 볼 수 있다. 따라서 정재원이 파직된 것은 대략 12월 20일 무렵으로 판단된다. 문경 조령에서 군사 훈련을 관람하고 돌아온 뒤 파직된 것으로 볼 수 있겠다. 정재원의 파직은 채제공과 가까운 사람들을 제거하려는 것으로 생각되기도 한다.

12월 23일 무렵: 정약용은 아버지에 앞서 아내를 데리고 새재[鳥嶺]를 넘다.

(가) 〈冬日領內赴京 踰鳥嶺作〉(時 家君爲御使所陷 余乃先行) _《전서》 시문집, 1780년 12월 23일 무렵

🐚 (가)는 예천에서 서울로 가는 길에 지은 첫 번째 시이다. 서울에 도착한 12월 27일에서 역산하면 대략 1780년 12월 23일 새재를 넘은 것이 된다.

12월 24일 무렵: 하담荷潭의 어머니 묘소에 성묘하다.

---

29) 조성을, 위의 책, 43쪽.

(가) 〈到荷潭〉 _《전서》 시문집, 1780년 12월 24일 무렵

๕ (가)는 예천에서 서울로 가는 길에 지은 두 번째 시이다. 새재를 12월 23일 무렵 넘고 다음 날(12월 24일 무렵) 하담에 도착한 것으로 추정된다. 서울에 도착한 12월 27일에서 역산하면 대략 12월 24일 무렵 하담에 도착한 것이 맞다. (가)는 하담에 도착하여 어머니 묘소에 성묘하고 나서 지은 시로 보인다. "悽愴似庚寅"이라는 구절이 있기 때문이다. 정약용의 어머니 해남윤씨는 경인년庚寅年(1770), 곧 정약용이 아홉 살 때 타계하였다(1770년 11월 부분 참조).

12월 25일 무렵: 황판점黃阪店에 도착하여 이곳에서 묵다(추정).

(가) 〈苦寒行〉 "時 到黃阪店卒寒 家人又忌昆池 遂止不行" _《전서》 시문집, 1780년 12월 25일 무렵

๕ (가)는 예천에서 서울로 가는 길에 지은 세 번째 시이다. 이 시를 보면 하담을 떠나 황판점에 도착하였음을 알 수 있다. 서울에 도착한 12월 27일에서 역산하면 대략 1780년 12월 25일 무렵에 황판점에 도착한 것이 된다. (가) 시의 원주에 "到黃阪店卒寒 …遂止不行"이라는 구절로 보아서 황판점에서 하루 묵고 출발한 것으로 추정된다.

12월 27일: 이부령二婦嶺을 넘어 서울 장흥방長興坊에 도착하다.

(가) 〈踰二婦嶺〉 "十二月 卄七日 抵長興坊" _《전서》 시문집, 1780년 12월 27일

๕ (가)는 예천에서 서울로 가는 길에 지은 네 번째 시이다. 이 시를 보아 황판점을 떠난 뒤에 이부령을 넘었음을 알 수 있다. (가)의 시 원주 "十二月 卄七日 抵長興坊"에 따르면 12월 27일 이부령을 넘어서 서울 장흥방에 도착한 것이 된다. 황판점에서 서울 장흥방까지 오는 데 대략 이틀이 걸렸다고 생각하면, 12월 26일 무렵 출발한 것이 된다.

이부령은 서울 근처 어느 고개로 추정된다. 위 시의 주에서 언급한 장흥방이 누구의 집이 있던 곳인지가 문제이다. 아버지 정재원의 서울 집[京邸]이라면, 정재원은 1777년 10월 화순 임지로 내려가기 전에 1776년 여름 명례방 용동에 마련한 거처에서 다시 장흥방으로 이사한 것이 된다. 혹시

장흥방의 집이 처가였을 가능성도 있지만, 1776년 2월 정약용이 혼례를 치른 처가는 앞서 1776년 부분에서 언급한 것처럼 회현방에 있었다. 1781년 4월 15일에 큰형수의 제사를 치른 뒤 배로 초천에서 서울로 돌아온 정약용이 머무른 곳은 회현방이다(1781년 4월 15일 부분 참조). 이곳은 바로 처가로 보는 것이 온당하다. 앞서도 언급하였듯이, 1776년 혼례를 치른 정약용의 처가가 회현방에 있었을 가능성이 매우 높기 때문이다. 따라서 장흥방의 집은 정재원의 서울 집이었을 가능성이 높다. 한편 정약용은 1781년 2월에 아버지를 모시고 초천으로 돌아갈 때까지 아버지와 서울(아마도 장흥방의 집)에 머물렀던 것으로 여겨진다. 정재원은 1776년 여름에 관직에 다시 나가면서 서울 명례방 소룡동에 집을 마련한 일이 있다. 화순 현감과 예천 현감을 지내는 동안 소룡방 집을 처분하고 장흥방에 집을 마련한 것이 아닌가 여겨진다.

1780년 정약용이 아버지를 모시고 광주廣州(초천)로 돌아왔다고 한《사암연보》(7쪽)의 기록(四年庚子〈1780〉…晉州公罷官歸廣州 公陪還 公讀書于馬峴)은 오류이다. 이것은 정재원의 파관罷官의 시기가 1780년 겨울 12월 20일 무렵이었던 사실, 정약용이 예천에 머무르다가 아버지보다 먼저 서울에 온 사실, 1781년 2월에 아버지를 모시고 서울에서 초천으로 돌아간 사실 등을 세밀히 구분하지 못하고 하나로 합쳐 인식한 데 따른 오류이다.

1780년의 저작과 활동

1780년 봄의 저작 가운데 시로는 〈次同福縣〉(1780년 2월 26일 무렵), 〈暮次光陽〉(1780년 2월 27일 무렵), 〈斗厄津〉(1780년 2월 28일 무렵), 〈矗石懷古〉(1780년 3월 초 무렵), 〈陪外舅洪節度泛舟〉(1780년 3월 초순 무렵), 〈舞劍篇 贈美人〉(1780년 3월 초순 무렵), 〈訪朴氏芝潭別業〉(1780년 3월 중순 이후 추정) 등이 있으며, 잡문으로는 〈矗石樓讌游詩序〉(1780년 3월 초순 무렵)가 있다. 〈矗石樓讌游詩序〉에는 "上之四年春 家君移守醴泉 而外舅洪公爲慶尙右道兵馬節度使 方駐晉州 余赴醴泉 亦謁洪公于晉"이라는 구절이 있다. 이 구절의 내용으로 보아 1780년 봄 진주에 가서 지은 것이므로 대략 3월 가운데에서도 초순 작이었을 것으로 추정된다. 한편 《여유당집》 잡문(제5책 1권)에는 예천 시절의 〈伴鶴亭記〉에 이어서 〈晉州義妓祠

記〉가 실려 있다. "今節度使洪公 爲之補其破缺 新其丹靑 令余記其事 自爲詩 二十八首 題之矗石樓"라는 구절이 있으므로 장인 홍화보가 경상우도 절도사 시절일 때 지은 것임을 알 수 있다. 배치 순서로 보아서는 1780년 정약용이 진주에 머무를 때 지은 것으로 여겨지지는 않지만, 내용으로 보아 1780년 3월 진주에 머무를 때 지은 것이라고 여겨진다. 두 작품의 배치가 뒤바뀌었다.

1780년 봄의 활동으로는 첫째, 서울에서 화순으로 내려갔고 둘째, 2월 하순 아내를 데리고 진주에 갔으며, 3월 초순에는 진주 촉석루에서 노닐고 검무劍舞를 구경하였으며, 장인과 함께 뱃놀이도 하였고, 주변에 있던 박씨朴氏의 별장도 방문하였다. 이 해 봄에는 대체로 학업에 정진하기 어려웠을 것이다.

1780년 여름의 저작 가운데 시로는 〈登陜川溪亭〉(1780년 4월 2일 무렵), 〈登月波亭〉(1780년 4월 4일 무렵), 〈陪家君登仙夢臺〉(1780년 4월 10일 무렵), 〈陪家君 訪朴徵士(孫慶) 金谷幽居〉(1780년 5월 또는 6월), 〈方族父進士公(載老)山居〉(1780년 5월 또는 6월), 〈夏日池亭 絶句〉(1780년 6월 추정)가 있으며 잡문으로는 〈伴鶴亭記〉(1780년 6월 추정)가 있다. 〈夏日池亭 絶句〉에 "伴鶴亭 在醴泉政堂之東"이라고 원주가 붙어 있으므로 지정池亭이 반학정임을 알 수 있다. 〈伴鶴亭記〉와 〈夏日池亭 絶句〉는 대략 비슷한 시기에 지어진 것으로 보아서 전자의 저작 시기를 1790년 여름(6월)으로 추정하였다. 1780년 4월에는 아버지도 병이 들었고 큰형수의 상도 있고 하여 처음에는 공부에 몰두하기가 어려웠을 것으로 추정되지만, 늦어도 6월 무렵부터는 안정을 찾고 공부에 몰두할 수 있었을 것으로 여겨진다.

1780년 가을 저작 가운데 시로는 〈秋日快賓樓 陪朴佐郎(趾慶) 申注書(完) 及鄕中諸長老宴〉(1780년 가을)만 있으며, 잡문으로는 〈快賓樓讌游序〉(1780년 가을)가 있다. 1780년 가을의 활동으로 쾌빈루 잔치에 참여한 것만 확인된다. 이 해 가을에는 6월에 이어서 계속 공부에 몰두할 수 있었을 것으로 추정된다.

1780년 겨울의 저작으로는 〈陪家君赴聞慶 觀外舅洪節度鳥嶺練兵〉(1780년 10월 이후 추정), 〈冬日領內赴京 踰鳥嶺作〉(1780년 12월 23일 추정), 〈到荷潭〉(1780년 12월 24일 추정), 〈苦寒行〉(1780년 12월 25일 추정), 〈踰二婦嶺〉(1780년 12월 27일) 등의 시가 있다. 10월 무렵에는 아버지를 모시고 조령으로 가서 장인의 군사훈련을 구경하고 예천에 돌아왔으며, 12월 하순에는 아내를 데리고 예천에서 서울로 올라왔다. 이 밖에 다른 행적은 찾을 수 없지만, 10월 무렵 새재의 군사

훈련 참관에서 돌아온 이후 12월 20일 무렵까지는 대략 학업에 정진하고 있었을 것으로 추정된다.

1781년 辛丑, 정조 5 _20세
: 이 해에는 윤5월이 있었다.

2월 초순 무렵: ① 고신告身을 빼앗긴 아버지를 모시고 서울에서 초천[鄕邸]으로 돌아오다. ② 장인 홍화보는 숙천肅川으로 유배가다.

(가)《陪家君還茗川》辛丑, 時 家君與洪公並就理 家君奪告身還鄕 洪公謫肅川 二月也) _《전서》시문집, 1781년 2월 초순 무렵

(나) 四年庚子(1780)…晉州公罷官歸廣州 公陪還 公讀書于馬峴 _《사암연보》7쪽

🔊 1780년 말에서 1781년 초 사이에 아버지 정재원과 장인 홍화보는 둘 다 파직된 데 더하여 조사를 받았으며, 정재원은 고신을 빼앗기고 홍화보는 숙천으로 유배되었다. 1780년 12월 20일 무렵 예천 군수에서 파직된 정재원은 서울로 소환되어 대략 1780년 12월 말(또는 1781년 1월 초)에 도착하였을 것으로 추정된다. 그보다 앞서 떠난 정약용은 1780년 12월 27일에 도착했다. 정재원은 서울에 도착한 이후 1781년 1월 사이에 조사를 받고 고신을 빼앗긴 채, 이 해 2월 초순 무렵 초천으로 돌아간 것이라고 볼 수 있겠다. 장인 홍화보 역시 비슷한 시기에 서울로 소환되어 조사받고 숙천으로 유배된 것으로 보아야 할 것이다. 정약용은 아마도 1781년 2월 초순 무렵 유배지 숙천으로 떠나는 장인을 서울에서 송별한 뒤 아버지를 모시고 초천으로 돌아왔을 것이다. 만약 장흥방 집이 정재원의 경저였다면 정재원은 초천으로 돌아가면서 그것을 정리하였을 가능성이 있다. 고신을 빼앗긴 정재원은 상당한 기간 동안 벼슬을 단념해야 한다고 생각하였을 것이다. 또 뒤에서 살펴볼 것처럼, 정약용이 이 해 1781년 4월 15일 서울에 돌아온 이후 머물렀던 곳은 회현방이다. 회현방에 있는 집은 처가로 보인다. 서울에 아버지의 경저가 있었다면 정약용이 굳이 처가살이를 할 필요가 없었을 것이다. 홍화보는 홍국영과는 상대적으로 관계가 소원하지만, 홍화보 또한 남인으로서 채제공과 가까운 인물이라고 판단하여 제거당하였을

가능성이 있다. 1776년 정조 즉위 이후 조금씩 다시 등장하기 시작하던 남인들이 1780년의 홍국영 제거 및 이와 연관된 채제공 제거로 다시 일시적으로 위축되었던 것으로 여겨진다.

2월 하순 무렵: 서울에서 성균관 과시(월과)에 응하였으나 불합격하다.

(가) "辛丑 公二十歲 此年在京 肄科詩" _《사암연보》 7쪽

ⓕ 1월과 2월에는 아버지의 고신 추탈, 장인의 파직과 유배 등으로 어수선한 분위기에 공부에 몰두하기가 어려웠을 것이지만, 일단 2월부터는 성균관의 과시에는 응시하였을 것으로 보인다. 그러나 4월 세 번째로 성균관 과시에 떨어졌다고 하므로 1781년 2월 과시에 이어서 3월과 4월에도 연달아 떨어진 것으로 여겨진다(1781년 4월 부분 참조). 2월 초순 무렵에 아버지를 모시고 초천에 왔다가 2월 중순 무렵 다시 서울에 올라와 2월 하순 무렵(추정) 성균관 과시에 응하였을 것으로 보인다. 성균관 과시는 아마도 대체로 매달 하순에 있었을 것으로 생각된다.

4월 15일: 초천에서 큰형수의 제사를 지낸 뒤 광암 이벽과 배를 타고 서울로 돌아오다.

(가) 〈同友人李德操(檗) 乘舟入京〉(四月十五日, _《전서》 시문집, 1781년 4월 15일

(나) 〈自撰墓誌銘〉 "甲辰夏 從李檗 舟下斗尾陜 始聞西敎 見書一卷 然專治儷文 習表箋詔制"(집중본) _《전서》 시문집

ⓕ 큰형수 경주이씨는 1780년 4월 15일 시아버지 정재원의 예천 임소 관아에서 타계하였다. 광암 이벽과는 오누이 사이이므로 이벽은 1781년 4월 15일 새벽에 누이의 1주기 제사에 참여하였을 것이다. 1781년 2월 중순 이전 아버지 정재원을 모시고 초천으로 내려간 정약용은 4월 15일까지 계속 초천에 머문 것이 아니라 2월 중순 무렵에 다시 상경하여 2월 하순과 3월 하순의 성균관 과시에 응시한 것으로 여겨진다. 그리고 4월 14일 이전 다시 초천에 내려와 큰형수 제사에 참석한 것으로 보인다. 당시 정약용의 아내 풍산홍씨는 산달(7월)이 가까워 친정에 있었을 가능성이 크다. 바로 뒤에서 살펴볼 것처럼, 4월 15일에 상경 이후 회현방의 처가에 머무른 것으

로 여겨지기 때문이다. (가)의 시에서 말하는 일은 1781년 4월 15일에 이벽과 같이 초천에서 배를 타고 내려온 일이고, (나)는 1784년 4월 15일에 큰형수의 4주기 제사를 초천에서 마치고 서울로 돌아오는 배 안에서 처음으로 서교西敎(천주교)에 대하여 들은 일을 말한 것이다. 두 일은 3년 격차가 나는 별개의 사건이다.

4월 하순 무렵 : 세 번째로 성균관의 시험에 떨어지다.

(가) 〈倦遊〉 "時 三屈泮宮之科 留會賢坊" _《전서》 시문집, 1781년 4월 하순 무렵 추정

✿ (가)의 시는 세 번째로 성균관 과시에 떨어진 것을 말한다. (가) 시는 바로 1781년 4월 15일의 시 〈同友人李德操(檗) 乘舟入京〉 바로 뒤에 배치되어 있으므로 4월 15일 이후 지어진 것이며, 이달 성균관 과시 이후의 작이므로 대략 1781년 4월 하순 작으로 추정된다. 1781년 2월에 다시 정신을 차리고 공부에 정진하여 응시하였다면 성균관에서 매월 한 번 시험을 본다고 할 때, 세 번째로 떨어진 것은 4월이 된다. 원주를 보면 이때 회현방에 거처하고 있었음을 알 수 있다. 정약용은 당시 아직 소과 급제자가 아니었으나 1779년 겨울 태학 승보시에 합격하여 성균관 과시에 응시할 수 있었다. 여기서 회현방은 처가를 가리키는 것일 가능성이 큰데, 앞서 살폈듯이 1776년 2월 정약용이 혼례를 치른 곳은 회현방이었기 때문이다. 장인 홍화보는 1779년 6월 경상우병사로 내려갔고 또 1781년 2월 숙천으로 유배 갔지만, 서울의 집을 그대로 두었던 것 같다. 정약용이 아내와 함께 편히 갈 수 있었던 곳은 아마도 처가였을 것이다. 더욱이 아내는 임신 중이었으므로 친정에서 조리하는 것이 편하였을 것이다. 또 앞서 언급한 바와 같이 아버지 정재원은 1781년 2월 초순 무렵 초천으로 내려가면서 경저를 처분하였을 가능성이 크다.

한편 몇 달 전 아버지와 장인이 파직을 당하였고 장인은 유배 갔으며 정약용을 아껴주던 형수 경주이씨의 1주기가 바로 얼마 전이었다. 이런 상황에서 정약용 자신은 성균관 시험에 세 번이나 떨어졌다. 아마도 1781년 2월, 3월, 4월의 성균관 과시에 연달아 떨어진 것 같다. 더욱이 아내는 3월부터 7월까지 학질에 걸려 있었다(1781년 7월 부분 참조). 이 무렵 정약용은

아주 우울한 심정이었을 것이다. 당시 성균관 시험에서 좋은 성적으로 합격하면 소과의 회시會試에 직부直赴할 수 있는 기회도 있었다.

5월 초(추정): 학질 걸린 아내에 대한 시를 지어 이의李醫에게 보이다.

(가) 〈截瘧詞 示李醫〉時 家人患子瘧 百餘日 自三月至七月) _《전서》 시문집, 1781년 5월 추정

   🜹 (가) 시의 원주에 따르면 아내가 3월에서 7월까지 학질을 백일 남짓 앓았음을 알 수 있다. 이 해에는 윤5월이 있었으므로 3월부터 7월까지 백일 남짓이라고 하면 대략 3월 말에 발병하여 7월 초까지 갔다고 보는 것이 타당하다. 아마도 3월 말 발병한 아내의 학질이 4월이 지난 5월이 되어도 낫지 않자, 시를 지어 주어 위로한 것이 아닌가 생각된다.

윤5월 일(또는 6월): 작은 아버지 정재진丁載進이 계신 미천尾泉을 왕래하며 과거를 위한 시를 익히다.

(가) 〈尾泉歌〉時 仲父徙居尾泉 余亦往來 習科詩) _《전서》 시문집, 1781년 윤5월 또는 6월

   🜹 아내를 간병하던 정약용은 기분을 일신하여 과거 준비를 하고자 작은 아버지가 계신 미천을 왕래하면서 과거 준비를 한 것으로 볼 수 있겠다. 대략 윤5월로 추정하였으나 6월 무렵이었을 가능성도 있다.

6월 일(추정): 초천에서 시를 짓다.

(가) 〈夏日茗川雜詩〉 _《전서》 시문집, 1781년 6월 추정

   🜹 1780년 여름 정약용은 고향 초천에서 과거 준비를 하고 있었다. 시의 배치 순서로 보아서 대략 음력 6월 무렵으로 추정된다.

7월 초(또는 6월 말): ① 아내 풍산홍씨의 병이 위급하여 초천에서 한양으로 급히 돌아오다. ② 학질에 걸린 아내 풍산홍씨가 조산하다. ③조산한 아이가 나흘 만에 죽어 와서瓦署의 언덕에 묻는다.

(가) 〈入漢陽〉時 家人病急 在會賢坊 余旣至 徑産生女 四日而夭) _《전서》 시문집, 1781년 7월 초 또는 6월 말

(나) "辛丑 公二十歲 此年在京肄科試 七月生一女 五日而夭" _《사암연보》 7쪽

(다) 〈農兒壙誌〉辛丑七月 妻因子瘧 徑産一女 八朔而生 四日而夭 未有名 埋
之瓦署之阪) _《전서》 시문집

✒ (나)와 (다)에 따르면 아내가 아기를 팔삭둥이로 조산한 것이 7월 초이
므로, 일단 대략 7월 초에 한양에 돌아온 것으로 추정된다. 그러나 6월 말
이었을 수도 있다. 풍산홍씨는 3월에 학질에 걸려 백여 일 앓다가 아기를
조산한 뒤에 학질이 떨어진 듯하다.

　(다)를 보아 대략 5,6일 무렵 죽은 아이를 와서의 언덕에 묻었음을 알 수
있다. 《사암연보》에는 태어난 지 닷새째에 죽은 것으로 하였으나, (가)와
(다)는 정약용 자신의 기록이므로 좀 더 정확하다고 보아서 나흘째에 죽은
것으로 하였다. 곧 《사암연보》 필사과정의 오류라고 판단된다.

8월 하순 무렵: 성균관의 과제課製에 피초되다.
　(가) 〈秋日乘舟出斗毛浦〉〈將還茗川 八月也 夜宿水村 曉得家書 知庠課被抄)
　　_《전서》 시문집, 1781년 8월
　(나) "辛丑 庠製被抄 (詩三下 敎授鄭東浚)" _《다산연보》 2쪽

✒ (가)의 원주를 보아 1781년 8월 성균관 과시[庠製]에 합격하였음을 알
수 있다. 아마도 8월 하순에 있었을 것으로 여겨진다.

8월 하순 무렵: 초천에 가기 위해 두모포斗毛浦로 나아가 밤에 수촌水村에 묵다.
　(가) 〈秋日乘舟出斗毛浦〉〈將還茗川 八月也 夜宿水村 曉得家書 知庠課被抄)
　　_《전서》 시문집, 1781년 8월 하순 무렵

✒ 성균관 과시를 보고 나서 고향 초천으로 향하다가 두모포로 나가 수촌에
묵었음을 알 수 있다. 합격자 발표를 들은 것이 새벽이었으므로 발표는 그
전날이었을 것이다. 따라서 이 시의 시기는 1781년 8월 하순으로 추정된다.

9월 일:
✒ 행적이 추적되지 않지만 초천에 머무르고 있었을 것으로 추정된다.

10월 초 무렵: 미음渼陰에 갔다가 병에 걸려 서울로 돌아오다.
　(가) 〈冬日乘舟到渼陰 得病入京〉〈時 吐血數升 三月而痊) _《전서》 시문집, 1781년

10월 초 무렵 추정

(나) 〈鯉魚篇 贈張生〉(德海 時 服張生藥一貼而瘥 在茗川 凡服二十貼 十二月
也) _《전서》 시문집, 1781년 12월 말 추정

🪷 (가)와 (나)의 원주를 보면 3개월 동안 앓았고 12월에 병이 나았다고
하므로 10월 초 미음에 갔다가 발병하여 12월에 나은 것으로 볼 수 있다.
병을 치료한 것은 '장덕해張德海'라는 의원이었다.

10월 중순 무렵: 서울에서 신병 치료를 위해 초천으로 내려가 약을 스무 첩
이나 먹다.

(가) 〈冬日乘舟到渼陰 得病入京〉(時 吐血數升 三月而瘥) _《전서》 시문집, 1781년
10월 초 무렵

(나) 〈鯉魚篇 贈張生〉(德海 時 服張生藥一貼而瘥 在茗川 凡服二十貼 十二月
也) _《전서》 시문집, 1781년 12월 말 무렵

🪷 (가)와 (나)에 따르면 10월 초 미음에 갔다가 바로 병을 얻어 서울로 돌
아왔으며 다시 초천에 내려가 약 스무 첩을 먹으며 요양하고 있었다. 대략
10월 중순경에는 서울에서 다시 초천에 내려와 있었을 것으로 보인다.

11월 일:

🪷 신병을 치유하며 초천에 머무르고 있었을 것으로 추정된다.

12월 말(추정): 초천에서 병이 치유되다.

(가) 〈冬日乘舟到渼陰 得病入京〉(時 吐血數升 三月而瘥) _《전서》 시문집, 1781년
10월 초 무렵

(나) 〈鯉魚篇 贈張生〉(德海 時 服張生藥一貼而瘥 在茗川 凡服二十貼 十二月
也) _《전서》 시문집, 1781년 12월 말 무렵

🪷 1781년 10월 초 무렵에 병을 얻어 석 달을 앓다가 나았다면, 대략 이해
12월 말에야 병이 나았다고 추정할 수 있다.

1781년의 저작과 활동
1781년 봄의 저작 가운데 시 〈陪家君還茗川〉(1781년 2월 초순 무렵) 한 편만

이 있으며 잡문은 확인되지 않는다.

1781년 여름의 저작으로는 〈同友人李德操(檗) 乘舟入京〉(1781년 4월 15일), 〈倦遊〉(1781년 5월 추정), 〈截瘧詞 示李醫〉(1781년 5월 추정), 〈尾泉歌〉(1781년 윤5월 또는 6월 추정), 〈夏日茗川雜詩〉(1781년 6월 추정) 등의 시가 있으며, 잡문은 확인되지 않는다. 이 해 3월부터 7월까지 아내 풍산홍씨가 학질을 앓았으므로 1781년 여름 내내 병중이었을 것이다. 2월에 성균관 과시를 위해 서울에 와 있던 정약용은 큰형수 제사에 참석하기 위해 4월 15일 이전 시점에 초천으로 내려갔다가, 다시 4월 하순 무렵 성균관 과시에 응하였고 세 번째로 떨어졌던 것으로 추정된다. 이리하여 윤5월 무렵부터는 작은 아버지가 계신 미천과 초천을 왕래하며 과거 준비를 하고 있었다가 7월 초(또는 6월 말)에 다시 서울로 돌아온 것으로 보인다.

1781년 가을의 저작으로는 〈入漢陽〉(7월 초순 무렵), 〈秋日乘舟出斗毛浦〉(8월 하순 무렵) 두 편의 시가 있으며, 잡문은 확인되지 않는다. 8월에 서울에서 성균관 과시에 응시하였던 사실이 확인되므로 이 해 7월 중순 이후 8월 성균관 과시까지는 시험 준비에 몰두하고 있었을 것이다. 1781년 9월의 행적은 추적되지 않는다. 다만 8월 성균관 과시 뒤에 초천에 갔다가 다시 서울에 올라와 있었을 가능성이 있다.

1781년 겨울의 저작으로는 〈冬日乘舟到渼陰 得病入京〉(1781년 10월 초 무렵), 〈鯉魚篇 贈張生〉(1781년 12월 말 무렵) 두 편의 시가 있다. 1781년 10월 초 미음에 갔다가 병이 나서 서울에 돌아왔다가 10월 중순 무렵 초천에 내려가서 12월 말까지 병을 앓았으므로, 1781년 겨울 동안에는 별다른 활동이 없었을 것이고 공부하기도 어려웠을 것이다.

1782년 　壬寅, 정조 6　21세

2월 초순 무렵: 처음으로 서울에 자신의 집을 마련하여 창동倉洞의 체천棣川에 거주하다.

(가) 〈壬寅歲仲春 僑居棣川作〉 _《전서》시문집, 1782년 2월 초순 무렵

(나) "買屋住京(倉洞) 卽棣泉" _《다산연보》 2쪽

(다) "始買屋住京(倉洞 棟泉也)" _《사암연보》7쪽

  🌸 (가)의 시는 배열 순서로 보아 1782년 첫 부분이다.[30] (나)와 (다)를 보아 이 해 1781년 서울의 체천棟川(창동)에 처음으로 자신의 집을 마련하였고 (가)의 시를 보아 1782년 2월(仲春)에는 이미 체천에 살고 있었음을 알 수 있다. (가)의 시 〈壬寅歲仲春 僑居棟川作〉은 제목으로 보아서 저작 시기가 1782년 2월이 된다. 체천에 집을 처음 장만하여 입주하고서 얼마 되지 않아 (가) 시를 지은 것으로 여겨지므로, 집을 장만한 것은 대략 2월 초순 무렵으로 추정하였다. 1781년 12월 말까지는 병으로 고향 초천에 있었다. 1782년 1월까지는 집에서 요양하고 날씨가 풀린 2월 초순 무렵에 서울에 올라와 집을 장만하였을 것으로 추정된다.

3월 초순 무렵: 두모포斗毛浦를 출발하여 고향 초천으로 돌아가다.

  (가) 〈暮春由豆毛浦 還苕川舟中作〉 _《전서》시문집, 1782년 3월 초순 무렵

  🌸 暮春이라고 하였으므로 (음력)3월 작임을 알 수 있다. 시의 배열 순서로 보아 1782년 부분에 있다.[31] 대략 3월 초 무렵으로 보이는데, 집을 장만한 일 등을 보고하기 위해 초천에 갔을 것으로 추정된다.

3월 초순 무렵: 초천에 돌아간 뒤 수종사水鍾寺에서 노닐다.

  (가) 〈春日遊水鍾寺〉 _《전서》시문집, 1782년 3월 초순 무렵

  🌸 (가) 시는 배열 순서로 보아 저작 시기가 3월 초인 〈暮春由豆毛浦 還苕川舟中作〉의 바로 뒤에 있고,[32] (가) 시 역시 봄(春日; 1782년 3월 초순 무렵)의 시이므로 지은 시기는 3월로 추정된다. 초천에 돌아간 뒤 수종사에 놀러가 지은 시이며, 수종사는 초천 근처에 있다.

3월 중순 무렵: 초천에서 서울로 돌아오다.

  (가) 〈篙工歎〉 _《전서》시문집, 1782년 3월 중순 무렵

---

30) 조성을, 2004, 46쪽 참조.
31) 조성을, 위의 책, 47쪽 참조.
32) 조성을, 위의 책, 47쪽.

ⓥ (가)의 시는 내용으로 보아 서울로 돌아오는 배 안에서 역풍이 부는 것을 보고 자신의 처지가 시세에 맞지 않음을 읊은 것처럼 보인다. 대략 3월 중순에 서울로 돌아오는 배 안에서 지은 것이 아닌가 생각된다. 초천에 돌아가서 수종사에 놀러가기도 하였으므로 오가는 데 대략 적어도 5,6일은 걸렸다고 생각하여 (가)의 저작 시기를 대략 1782년 3월 중순 무렵으로 보았다. 이때 아버지 정재원은 정약현과 함께 초천에 머무르고 있었을 것이다. 3월 중순 무렵 서울로 돌아온 것은 3월 하순 무렵의 과시에 대비하기 위해서였다고 여겨진다.

3월 하순 무렵: 서울 체천의 집에 돌아와 〈古意〉를 짓다.

(가) 〈古意〉 _《전서》 시문집, 1782년 3월 하순 무렵 추정

ⓥ (가) 시는 서울 체천 집에 돌아온 얼마 뒤 1782년 3월 하순 무렵에 지은 것으로 추정된다. "娶妻不願賢 室屋不願寬"이라는 구절이 있기 때문이다.

4월 초순 무렵: 서울에서 한치응韓致應 등과 함께 술을 마시다.

(가) 〈夏日 同韓僕父(致應)諸人飮〉 _《전서》 시문집, 1782년 4월 초순 무렵

ⓥ (가)의 시 제목을 보아서 이 해 여름 한치응 등과 음주하였음을 알 수 있다. "夏日"이라고 하였고 배치 순서가 여름 시 가운데 가장 먼저이므로 대략 음력 4월 초순 무렵이라고 추정하였다. 이번을 포함하여 5월 12일 이후 다시 만났을 때까지 세 번의 술자리가 확인된다. (가)의 시에 "時習科詩 仲氏時居冶谷"이라는 원주가 붙어 있으므로, 1792년 4월 초순 무렵에 과시科詩 공부를 하고 있었음을 알 수 있다. 아마도 한치응 등과 함께 과시 공부를 하다가 술을 마시게 된 것이 아닌가 한다. "仲氏時居冶谷"이라는 말도 한 것으로 보아서, 이때 정약전도 과거시험 공부를 하고 있었을 가능성이 있다.

4월 하순 무렵: 한치응과 함께 마시다.

(가) 〈同韓僕父飮〉 _《전서》 시문집, 1782년 4월 하순 무렵

ⓥ 4월 초순 무렵 한 번 한치응과 술자리를 하였고 다시 만나 술을 마신 것이므로 대략 4월 하순 무렵으로 추정하였다. 이때에도 한치응과 같이 과

거시험 공부를 하다가 함께 마신 것이 아닌가 생각된다.

5월 중순(12일 이후): 하지 이후 고열로 앓다가 한치응에게 시를 지어 보여
주다.

(가) 〈苦熱行 示韓徯父〉 _《전서》 시문집, 1782년 5월 12일 이후

🔥 (가)는 하지(음력 5월 11일) 이후 점점 더워지는 날씨 속에서 고열로 고생
하며 지은 시이다. "夏至過後夜初長"이라는 구절로 보아 하지가 지난 5월 12
일 이후에 지은 것이라고 할 수 있겠다. 이때에도 과거시험 공부를 하고
있었다고 추정된다.

7월 일: 둘째형 정약전과 함께 봉은사奉恩寺에 가서 경의를 공부하다.

(가) 〈早秋 陪仲兄遊奉恩寺〉(時習經義) _《전서》 시문집, 1782년 7월

🔥 (가) 시의 제목에서 "早秋"라 하였으므로 음력 7월이었음을 알 수 있다.

7월 일: 봉은사에 머무는 동안 선릉宣陵으로 숙부를 찾아뵙다.

(가) 〈過叔父山居〉(仲父時爲宣陵參奉) _《전서》 시문집, 1782년 7월

🔥 (가) 시의 바로 앞에 〈早秋陪仲兄遊奉恩寺〉와 〈宿寺〉라는 두 시가 있고 바
로 뒤에 다시 〈寺居雜詩〉가 있다.[33] 〈寺居雜詩〉의 저작 시기가 초가을이므로
("今朝第一蟬"이라는 구절이 있음), 〈宿寺〉와 〈過叔父山居〉도 초가을(7월)에 지은
시이다. 초가을 7월에 봉은사에서 경의經義 공부를 하면서 근처에서 선릉
宣陵 참봉을 하고 있던 숙부 정재진丁載進을 찾아뵈었음을 알 수 있다. 봉
은사는 선릉(중종의 능)의 원찰로서 선릉 바로 옆에 있다.

9월 16일: 구일제九日製를 실시하다.

(가) "設九日製于泮宮" _《실록》 정조 6년 9월 16일

🔥 (가)로 보아 9월 16일 성균관에서 구일제가 있었음을 알 수 있다. 정약
용과 한치응은 이를 준비하고 있었을 가능성이 있다.

겨울 무렵: 서울 체천의 집에서 홍의호洪義浩, 한치응 등과 만나다.

---

33) 조성을, 2004, 48쪽.

(가) 〈棣泉冬日 同洪養仲(義浩)·韓徯父會〉 _《전서》 시문집, 1782년 겨울

ⓥ (가)의 시 원주에 "時習儷文"이라고 하였다. 정약용은 아마도 홍의호, 한치응과 체천의 집에 모여 함께 과거 준비를 하였던 듯하다. 이는 다음 해인 1783년 봄에 있을 소과 대비였던 것으로 생각된다. 홍의호는 이때 정약용의 체천 집에 모여 음주할 정도로 가까운 사이였음이 주목된다.

겨울 무렵: 장인 홍화보가 1782년 겨울 (숙천) 유배에서 풀려 (서울로) 돌아오다.

(가) 〈司馬試放榜日 詣昌德宮上謁 退而有作〉(時余賣棣泉舍 移住會賢坊聞喜 出治谷應客 家君留治谷 洪公已於前冬宥還) _《전서》 시문집, 1783년 4월 11일

ⓥ (가)의 시(1783년 4월 작) 원주에서 "洪公已於前冬宥還"이라고 하였으므로, 장인 홍화보가 돌아온 것은 1782년 겨울이다. 또 별다른 언급이 없는 한 문맥으로 보아 당연히 서울이고, 그것도 회현방의 집으로 보아야 할 것이다.

12월 연말 무렵: 판서 홍명한洪明漢의 집을 방문하다.

(가) 〈洪判書山亭夕眺〉 _《전서》 시문집, 1782년 12월 연말 무렵

ⓥ 시의 배치 순서로 보아 1782년 겨울에 지은 것이다. 〈棣泉冬日 同洪養仲(義浩)·韓徯父會〉 바로 뒤에 배치되어 있으므로 시기적으로 이보다 뒤이다.[34] 판서 홍명한의 집을 방문한 시점과 장인 홍화보가 돌아온 시점 가운데 어느 쪽이 먼저인지는 확실하지 않으나, (가)의 시에 "歲暮有知音"이라는 구절이 있는 것으로 보아 홍명한 집 방문을 나중으로 보았다. 곧 정약용이 홍명한의 집을 방문한 것은 1782년 12월 연말[歲暮] 무렵이었다.

1782년의 저작과 활동

1782년 봄의 저작으로는 〈壬寅歲仲春 僑居棣川作〉(1782년 2월 초순 무렵 추정), 〈述志 二首〉(1782년 2월 중순 무렵), 〈春日棣泉雜詩〉(1782년 2월 중순 무렵), 〈暮春 由豆毛浦 還茗川舟中作〉(1782년 3월 초 추정), 〈春日遊水鍾寺〉(1782년 3월 초순 추정), 〈篙工歎〉(1782년 3월 중순 무렵), 〈古意〉(1782년 3월 하순 무렵) 등이 확인된다. 〈述志 二首〉와 〈春日棣泉雜詩〉는 배치 순서로 보아서 대략 1782년 2월 무렵에 지

---

34) 조성을, 위의 책, 48쪽.

어진 것으로 추정된다. 전자에서는 당시 정약용의 기상을 엿볼 수 있다. 곧 "힘을 다해 공맹의 근원에 되돌아가고 싶다戮力返洙泗", "우리나라 사람들 주머니 속에 있는 것과 같네嗟哉我邦人 辟如處囊中"와 같은 구절이 있다. 한편 후자는 봄날 체천의 집 주변 모습을 읊은 것이다. 1782년 2월에 자기 집을 마련한 기쁨에 차 있었고, 새롭게 학문에 매진할 각오를 다지고 있었으며, 이미 공맹의 원시유학으로 학문의 방향이 정해졌음을 알 수 있다. 3월 초순 무렵 두모포를 거쳐 고향 초천에 가서 운길산 수종사에 놀러갔으며, 다시 초천 본가에 돌아왔다가 3월 중순 무렵 서울 체천 집에 돌아왔을 것이다. 3월 중순 무렵 초천에서 서울로 돌아올 때 지은 시가 〈篙工歎〉이라고 추정된다.

1782년 여름의 시로는 〈夏日 同韓徯父(致應)諸人飮〉(1782년 4월 초순 무렵), 〈同韓徯父飮〉(1782년 4월 하순 무렵), 〈苦熱行 示韓徯父〉(1782년 5월 중순 12일 이후) 등이 있는데, 이는 모두 한치응韓致應과 관련된 시이다. 이 해 여름 한치응과 교유를 시작한 것으로 보이며, 처음부터 매우 돈독하였음을 알 수 있다.[35] 한편 〈苦熱行 示韓徯父〉에서 이 해 여름 하지 이후에는 고열로 고생하였음도 알 수 있다.

〈夏日 同韓徯父(致應)諸人飮〉(4월 초순 무렵)에서 과시科詩를 익히고 있다고 하였고 〈同韓徯父飮〉(4월 하순 무렵)과 〈苦熱行 示韓徯父〉(5월 중순 12일 이후)도 한치응과 과거시험 공부를 같이 하다가 마신 것으로 여겨지므로, 1782년 4월과 5월 사이에는 과시 공부를 한 것으로 보인다. 6월의 행적은 추적되지 않지만 역시 과시 공부를 하고 있었다고 여겨진다. 7월에는 경의經義를 공부하였다(7월 부분 참조). 1782년 4월에서 6월 사이 여름에는 과시를 익혔고 7월부터는 경의를 준비한 것으로 볼 수 있겠다.

1782년 가을의 저작으로는 〈早秋 陪仲兄遊奉恩寺〉(1782년 7월), 〈宿寺〉(1782년 7월), 〈過叔父山居〉(1782년 7월), 〈寺居雜詩〉(1782년 7월)의 시가 확인된다. 1782년 7월에는 과거시험에 대비하여 경의를 공부하고 있었다. 8월과 9월에는 시가 없는 것으로 보아서 경의 공부에 몰두하느라 시도 짓지 못한 것이 아닌가 싶다. 경의 공부는 9월 16일 성균관의 구일제를 위한 준비였다고 생각된

---

35) 조성을, 2004, 47쪽 참조.

다. 여기에 합격하지 못한 것 같다.

1782년 겨울 저작으로는 〈棣泉冬日 同洪養仲(義浩)·韓傒父會〉(1782년 겨울), 〈洪判書山亭夕眺〉(1782년 12월 연말 무렵)의 시 두 편이 확인된다. 이렇게 시가 적은 것은 이때에도 과거 공부에 몰두하였기 때문으로 생각된다. 한편 체천집에서 한치응, 홍의호와 함께 과거 공부를 한 점, 이 해 겨울에 장인이 유배에서 돌아온 점, 홍명한의 집을 방문한 점에 유의할 필요가 있다. 한편 《다산연보》(2쪽)에 따르면, 임인壬寅(1782)년에 '陞補被抄'라는 기록이 있다. 이해 연말 무렵 태학승보시에 재차 합격하였을 가능성이 있다.

1783년 癸卯, 정조 7 _22세

2월 21일: ① 원자元子 정호定號를 축하하는 증광시의 감시監試 초시初試에 응시하다. ② 합격하다(합격 발표 2월 말엽 추정).

(가) "癸卯(二月) 監試初試入格(世子冊封慶增廣 二所終場 三等義次下 試官李時秀等)" _《다산연보》 2쪽

(나) "二月 世子冊封 慶增廣監試 經義初試入格" _《사암연보》 8쪽

(다) 〈國子監試放榜日志喜〉(癸卯 元子定號 增廣監試初試…時共坐棣泉精舍聞喜) _《전서》 시문집, 1783년 2월 21일 이후 월말 추정

(라) "設增廣監試初試" _《실록》 정조 7년 2월 21일

ⓦ (가)와 (나)의 기록에 따르면, 1783년 2월 21일 실시된[(라) 참조] 증광감시(소과) 초시에 합격하였음을 알 수 있다. (다)는 초시 합격 소식을 체천의 집에서 듣고 지은 시이다. 2월 21일 이후 작이라고 할 수 있겠는데, 채점에 시간이 걸리므로 발표는 대략 2월 말엽에 있었을 것으로 추정된다.

3월 무렵:

ⓦ 소과 회시 준비에 몰두하고 있었을 것으로 여겨진다.

4월 2일: 증광감시 복시가 시행되어 응시하다.

(가) "設增廣監試覆試" _《실록》 정조 7년 4월 2일

4월 2~11일 사이: 서울 창동의 체천에서 회현방會賢坊으로 이주하다.

(가) "癸卯 四月十一日 會試生員入格…移屋(會賢坊 在山樓洞)" _《다산연보》2, 3쪽

(나) "四月 會試生員入格…移住于會賢坊在山樓" _《사암연보》8쪽

(다) 〈國子監試放榜日志喜〉(癸卯 元子定號 增廣監試初試…時共坐棣泉精舍 聞喜) _《전서》시문집, 1783년 2월 21일 이후 월말 추정

(라) 〈司馬試放榜日 詣昌德宮上謁 退而有作〉(時余賣棣泉舍 移住會賢坊聞喜 出冶谷應客 家君留冶谷 洪公已於前冬宥還) _《전서》시문집, 1783년 4월 11일

(마) 〈夏日 樓山雜詩〉(時 余徙宅于會賢坊之在山樓下 名之曰樓山精舍 舍盖北 向 門西向 在澗水之東) _《전서》시문집, 1783년 여름

⚱ 앞에서 언급한 시 〈棣泉冬日 同洪養仲(義浩)·韓徯父會〉를 보면 1782년 겨울 정약용은 아직 체천에 살고 있었음을 알 수 있다. 이 무렵 장인 홍화보는 유배에서 돌아와 회현방 담재에 거처하였을 것이다. 장인이 돌아온 뒤에 정약용은 처가에 가까운 회현방으로 이사하였을 것으로 추정된다. (라)에 따르면 체천에서 회현방으로 이사한 시기는 1783년 4월로 비정된다. (가) 와 (나)의 기사에 의거해 (라) 시 원주에 "時 余賣棣泉舍 移住會賢坊聞喜"라고 한 것을 4월로 추정하였다. 그리고 (다)는 이에 앞서 소과 초시 합격 소식 을 체천집에서 듣고 지은 시(2월)이다. 초시 합격 때인 2월 말엽 무렵 아직 체천에 살고 있었음을 알 수 있다.

한편 (가)와 (나)의 기사를 보면 1783년 4월 소과 회시에 합격하고 나서 회현방으로 이사한 것으로 볼 수 있다. 4월 소과 회시 응시일이 2일이었으 므로 이사는 4월 2일과 11일 사이로 추정된다. (가)의 "移屋(會賢坊 在山樓洞)" 과 (나)의 "移住于會賢坊在山樓"라는 두 기사는 각기 《다산연보》와 《사암연 보》의 배열 순서로 보아 생원시 합격 바로 다음에 있기 때문이다. (마)의 시의 원주에서 "時余徙宅于會賢坊之在山樓下"라고 한 것은 4월(2일~11일 사이) 이사한 것과 동일한 일을 가리킨다.36)

정약용의 서울집의 소재지를 시기별로 정리해 보면, 1781년 2월 무렵 서

---

36) 조성을 2004(53쪽)에서는 1783년 두 차례 이사가 있었던 것으로 본 바 있다. 지나친 천착에 따른 오류였다고 생각된다.

울 창동 체천에 집을 장만하였고, 1783년 4월(2일~11일 사이)에 회현방 재산루동으로 이사하였다. 그러다 1785년 봄 3월 무렵 회현방 담재(처가)로 이주하였고, 다시 1787년 5월부터 소룡동에서 아버지를 모시고 살게 되었으며 1792년 6월(1792년 6월 부분 참조) 또다시 명례방의 죽란정사로 이사하였다. 정약용의 서울 집은 "창동 체천-회현방(재산루동)-회현방(처가 담재)-소룡동-명례방(죽란정사)"의 순서로 정리될 수 있겠다. 중간의 금정찰방(1795년 가을과 겨울), 곡산부사(1797년 가을~1799년 5월), 1800년 봄에 잠깐 낙향한 시기를 제외하면, 명례방(오늘날 명동 부근)으로 이사한 1792년 6월 이후 정약용은 대체로 이곳에 살았다. 1786년 7월 둘째아들 정학유丁學游가 태어난 장소는 회현방 담재이다. 10월 말 이곳에서 백일잔치를 하므로 적어도 1786년 10월 말까지 회현방 담재에 살고 있었음은 분명하다(1786년 겨울 부분 참조). 1785년 봄 3월에 처가로 이사한 것은 1784년 겨울 홍화보가 함경도 절도사로 임명되어 외방에 나가게 되어 회현방 담재가 비게 된 사실과 관련이 있다.

4월 11일: ① 정약용의 생원生員 회시會試 합격이 발표되다. ② 이날 합격 소식을 듣고 창덕궁 선정전宣政殿에서 국왕에게 사은하다. ③ 국왕의 명에 따라 고개를 들다(정조와 최초의 만남). ④ 아버지와 함께 야곡冶谷(정약전의 집)에 가서 축하를 받다.

(가) "癸卯…(四月 十一日) 會試生員入格(三等第七人義次下 試官李在協等)" _《다산연보》 3쪽

(나) "謝恩于宣政殿 上特令擧顔 問年幾何 此公最初風雲之會也" _《사암연보》 8쪽

(다) 〈司馬試放榜日 詣昌德宮上謁 退而有作〉 "時 余賣棣泉舍 移住會賢坊聞喜 出冶谷應客 家君留冶谷 洪公已於前冬宥還 三月也" _《전서》 시문집, 1783년 4월 11일

(라) "御仁政殿 放增廣生員進士榜" _《실록》 정조 7년 4월 11일

ɸ 1783년 2월 하순 소과 초시에 합격하고 4월 11일 소과 회시에 합격하였다(4월 2일 실시). 이때 정재원은 야곡冶谷(정약전의 집)에 유숙하고 있었다. 장인 홍화보가 유배지(숙천)에서 지난해(1782년 겨울) 서울로 돌아와 있었음

도 (다) 시의 원주에서 알 수 있다. 그러나 원주에서 "三月"이라고 한 것은 착오이다. 일단 기억상의 착오라고 해 둔다. 4월 11일 발표는 창덕궁 인정 전에서 있었고[(라) 참조], 합격자 인견은 선정전에서 있었다.

4월 11일(이후) : 상상上庠으로 올라가다.

(가) "夏四月 陞上庠" _《사암연보》 7쪽

🕯 상상上庠으로 올라갔다는 것은 승보시 합격자가 머물던 기재寄齋에서 소과 합격자가 머물던 곳으로 올라갔음을 뜻한다. 4월 11일에 발표가 있었 으므로 4월 11일 이후의 일로 추정할 수 있다.

4월 12일: ① 고향 초천으로 가기 위해 아버지와 목만중睦萬中을 모시고 두 모포豆毛浦를 나서다. ② 초천 가는 길에 목만중과 함께 압구정鴨鷗 亭에 올라 그의 시에 화답하다. ③ 압구정 다음에 봉은사奉恩寺에 들러서 그곳에서 묵다.(제1박)

(가) 〈陪家君出豆毛浦 睦佐郎(萬中)亦至 同赴苕川 廣州尹送管絃一部 舟中次 睦丈韻〉 _《전서》 시문집, 1783년 4월 12일

(나) 〈登鴨鷗亭和睦公韻〉 _《전서》 시문집, 1783년 4월 12일

(다) 〈宿奉恩寺〉 _《전서》 시문집, 1783년 4월 12일 밤

🕯 (가)는 고향에 가기 위하여 두모포를 나서며 지은 시이다. 4월 11일 합 격 발표를 들은 다음 날 출발하였을 것이므로 4월 12일로 추정하였다. 이 렇게 추정한 이유는 초천 가는 길에 2박을 하였기 때문이다. 4월 15일 새 벽 큰형수의 3주기 제사에 참석하려면 4월 14일에는 도착해야하기 때문이 다. (가) 시의 원주를 보면 4월 12일에 광주廣州 부윤이 정약용의 합격을 축 하하기 위하여 관현管絃 일부一部를 보내주었음을 알 수 있다.

(가)와 (나)를 보면 목만중도 동행하였으며 목만중의 시에 정약용이 화답 하였음을 알 수 있다. 이때까지는 정약용 집안과 목만중의 사이가 상당히 좋았음을 알 수 있다. 목만중은 나중에 정약용 형제를 천주교도라고 공격 하였다. (다)의 시를 보아 4월 12일 밤은 봉은사에서 묵었음을 알 수 있다. 이때에도 숙부가 선릉 참봉을 하고 있었다면 봉은사에서 숙부를 만났을

가능성이 있다.

4월 13일: ① 봉은사를 출발하여 광진廣津(광나루)을 지나면서 시를 짓다. ② 고산정孤山亭 유허를 지나다. ③ 정촌丁村에서 숙박하다(제2박).

(가) 〈放船〉 _《전서》 시문집, 1783년 4월 13일

(나) 〈次廣津〉 _《전서》 시문집, 1783년 4월 13일

(다) 〈掛帆〉 _《전서》 시문집, 1783년 4월 13일

(라) 〈過孤山亭遺墟〉 _《전서》 시문집, 1783년 4월 13일

(마) 〈宿汀村〉 _《전서》 시문집, 1783년 4월 13일 밤

Ⓦ (가)의 시가 〈宿奉恩寺〉 바로 다음에 있으므로 봉은사에서 묵은 다음 날인 4월 13일에 배를 타고 광나루를 지난 것으로 보았다. (가)에 바로 이어서 (나), (다), (라), (마)가 배치되어 있다.[37] 봉은사 북쪽의 선착장을 출발하여 바로 광나루를 거쳐 돛을 달고 고산정 방향으로 향하였으며, 이날 13일은 정촌에서 묵었음을 알 수 있다. (라)에 "外孫今上舍"라는 구절이 있는데, 이는 정약용 자신을 가리키는 것으로 볼 수 있다. 상사上舍는 조선시대 성균관 유생으로서 소과에 급제한 진사, 생원을 가리키기 때문이다. 정약용의 어머니 해남윤씨는 고산 윤선도의 후손이다. (다)와 (라)의 시에서 의기양양한 정약용의 모습을 볼 수 있다.

4월 14일: ① 강촌汀村을 출발하다. ② 삼탄三灘을 지나다. ③ 분호정分湖亭을 지나다. ④ 고향 초천苕川에 도착하다.

(가) 〈三灘 絶句〉 _《전서》 시문집, 1783년 4월 14일

(나) 〈過分湖亭〉 _《전서》 시문집, 1783년 4월 14일

(다) 〈上雲吉山〉 _《전서》 시문집, 1783년 4월 16일

Ⓦ 〈宿汀村〉 뒤에 (가), (나), (다) 순서로 시가 배치되어 있다.[38] 4월 13일 정촌을 출발하여 삼탄과 분호정을 경유하였음을 알 수 있다. 운길산은 고향 초천 바로 근처에 있는 산이고, 여기에 수종사가 있다. 초천집에 도착한

---

37) 조성을, 2004, 50~51쪽.
38) 조성을, 위의 책, 51쪽.

뒤 4월 16일에 운길산에 올라갔다. 따라서 4월 14일의 행로는 일단 "정촌-삼탄-분호정-초천"으로 정리할 수 있겠다. 4월 12일부터 시의 배치 순서에 따라서 초천으로 가는 경로를 정리하면, 두모포, 압구정, 봉은사(숙박), 광나루, 고산정 유허지, 정촌(숙박), 삼탄, 분호정, 초천이 된다.[39] 분호정은 정조 대 남인 판서였던 윤필병尹弼秉의 정자이다. 원주에 "尹掌令"이라고 한 것으로 보아 이때에는 사헌부 장령이었음을 알 수 있다.

4월 15일(새벽): 큰형수 경주이씨 제사에 참여하다(추정).

Φ 기록은 없으나 4월 15일 새벽 초천에서 큰형수의 제사에 참여하였을 것으로 추정된다. 이때 맏형 정약현은 초천 본가를 지키고 있었을 것이다. 맏형 정약현은 1793년 2월의 감시 초시에 동생 정약전, 정약용과 함께 합격하였으나,[40] 회시에는 불합격하였고, 아마도 먼저 도착하여 있었을 것이다. 이때 둘째형 정약전도 불합격했다. 이날 4월 15일에는 큰형수 제사를 지낸 뒤 초천의 본가에서 휴식하였을 것으로 여겨진다.

4월 16일: 운길산에 오른 뒤 수종사에서 묵다.

(가) 〈上雲吉山〉 _《전서》 시문집, 1783년 4월 16일

(나) 〈宿水鍾寺〉 _《전서》 시문집, 1783년 4월 16일 밤

(다) 〈游水鍾寺記〉 _《전서》 시문집, 1783년 4월 17일 이후

Φ 수종사는 고향 초천에 있는 절이다. (나)의 시는 (가) 시 바로 뒤에 나온다.[41] 수종사가 운길산에 있으므로 운길산에 오른 뒤 수종사에 묵은 것으로 이해하였다. 4월 14일 초천에 도착하여 4월 15일 새벽에 초천에서 큰형수의 제사에 참석하였다. 서울에서는 4월 12일 출발하였으며 중간에 2박 하였다. 한편 (다)는 이때 수종사에 놀러간 일을 기록한 것인데, 여기에는 "歸茗川之越三日 將游水鍾寺"라는 구절이 있다. 이 기행문은 아마도 4월 여행에서 초천의 집에 돌아온 뒤, 또는 서울에 돌아온 뒤에 지은 것으로 볼 수

39) 조성을, 2004, 50쪽 참조.
40) 조성을, 위의 책, 48쪽.
41) 조성을, 위의 책, 51쪽.

있겠다. 따라서 초천에 돌아온 지 셋째 날, 곧 4월 16일에 수종사에 갔음을 알 수 있다.

4월 18일(추정): ① 아버지를 모시고 여주驪州에 가서 목사 권이강權以綱을 뵙고 밤에 청심루淸心樓에서 잔치하다. ② 여주에서 숙박하다(추정).

(가) 〈陪家君行次驪州 於淸心樓 陪牧使權公(以綱)夜宴〉 《전서》 시문집, 1783년 4월 18일 추정

🕯 4월 17일에 수종사에서 돌아와 이날 하루 초천 본가에서 쉬고 4월 18일에 여주로 출발한 것으로 보았다. 4월 18일 밤에 여주 청심루에서 잔치를 하였으므로 이날 밤은 여주에서 숙박하였을 것이다.

4월 19일(추정): ① 충주忠州 하담荷潭에 도착하여 선영先塋에 참배하다. ② 하담에 숙박하다.

(가) 〈到荷潭〉 《전서》 시문집, 1783년 4월 19일 추정

🕯 (가) 시가 〈陪家君行次驪州 於淸心樓 陪牧使權公(以綱)夜宴〉 바로 뒤에 배치되어 있다.42) 4월 19일 아침 여주를 출발하여 이날 오후 충주 하담의 선영에 도착하여 참배하였을 것이다. 아마도 이날은 하담에서 숙박하였을 가능성이 크다.

4월 20일(추정): 진천鎭川 관아에서 삼종조부 정지덕丁志德을 뵙다.

(가) 〈行次鎭川縣 謁三從祖父(志德)官齋〉 《전서》 시문집, 1783년 4월 20일 추정

🕯 〈到荷潭〉 바로 다음에 (가)가 배치되어 있다. 진천에 가서 삼종조부 정지덕丁志德을 진천 관아로 찾아가 뵈었음을 알 수 있다. 따라서 하담에 숙박한 다음 날(4월 20일 추정) 진천 관아를 찾아간 것으로 보인다.

4월 21일(추정): 용인龍仁 포곡浦谷으로 종조부를 찾아뵙고 제시題詩를 쓰다.

(가) 〈次龍仁 題從祖父浦谷山居〉 《전서》 시문집, 1783년 4월 21일 추정

🕯 〈行次鎭川縣 謁三從祖父(志德)官齋〉 바로 뒤에 (가)가 배치되어 있다.43) 진천

---

42) 조성을, 위의 책, 52쪽.

으로 삼종조부를 찾아뵌 뒤에 다시 용인 포곡의 종조부를 찾아뵈었음을 알 수 있다. 진천에서 용인으로 오는 데 하루는 걸렸을 것이므로 용인 포곡을 방문한 날짜를 1783년 4월 21일로 추정하였다. 그렇다면 4월 20일 밤은 진천과 용인의 중간 지점에서 숙박하였을 가능성이 크다.

4월 22일(추정): 안산安山에 가서 선영에 참배하고 성호星湖 이익李瀷의 구택 舊宅을 지나다.

(가) 〈過剡村李先生舊宅〉 _《전서》시문집, 1783년 4월 22일 추정

ⓥ 용인에서 안산까지 하루 걸렸다고 보아서 안산에 도착한 날짜를 4월 22일로 추정하였다. 그렇다면 4월 21일에는 용인에서 안산으로 가는 중간에서 숙박하였다고 볼 수 있다. 〈次龍仁 題從祖父浦谷山居〉 뒤에 (가)의 시가 배치되어 있다. (가)로 볼 때 안산 이익선생의 구택을 지나갔음을 알 수 있다. 당시 이익 선생의 후손이 그곳에 살고 있었는지, 또 정약용이 들렀는지 여부는 알 수 없다. 안산에 간 것은 아마도 안산에도 압해정씨의 선영이 있었기 때문일 것이다. (가)의 시 제목 아래에 "時 省安山丘墓"라고 원주가 붙어 있다.

4월 23일(추정): 고향 초천에 돌아오다.

(가) 〈自茗川乘舟 抵漢陽〉 _《전서》시문집, 1783년 4월 25일 추정

(나) 〈紀行 絕句〉 _《전서》시문집, 1783년 4월 25일 추정

ⓥ (가)의 시가 〈過剡村李先生舊宅〉 바로 뒤에 배치되어 있다.[44] 안산에서 직접 한양으로 간 것이 아니라 안산에서 초천으로 돌아와 다시 한양으로 갔음을 알 수 있다. 안산에서 초천으로 가는 데 하루 정도 걸렸다고 보아, 정약용이 초천으로 돌아온 날짜를 4월 23일로 추정하였다. 그렇다면 4월 22일 밤은 안산과 초천 사이에서 숙박하였을 것이다. 위에서 추정한 정약용의 4월 기행 일정은 하루 정도 날짜 착오가 날 가능성이 없지 않다. 정약용은 이 기행의 전 여정을 정재원과 함께하였던 것으로 보인다. 아마도 아

---

43) 조성을, 2004, 52쪽.
44) 조성을, 위의 책, 53쪽.

버지를 초천으로 다시 모시고 가려고 초천에 되돌아갔다가 한양으로 간 것으로 추정된다.

한편 〈나〉의 시는 〈次龍仁題從祖父浦谷山居〉와 〈過剡村李先生舊宅〉 사이에 있다.[45] 제목 아래에 "東至忠州 歷鎭川 西至安山 途中所得 十二首 今錄六首"라고 원주가 붙어 있다. 이에 따르면, 원래 열두 수였으나 여섯 수만 기록하였음을 알 수 있다. 각각에는 경유지가 원주로 표시되어 있다. 이것을 보면 "大灘"과 "彈琴臺"를 지나갔음을 알 수 있는데, 아마도 1783년 4월 19일(추정) 하담에 가는 도중에 절구를 각기 한 편씩 지었다고 여겨진다. 또 "過鎭川北村"이라는 주가 붙어 있는 절구와 "到安山剡村"이라는 주가 붙어 있는 절구는 각기 4월 20일(추정) 진천에 갔을 때와 4월 22일(추정) 안산에 갔을 때 지은 것으로 보아야 할 것이다.

4월 25일(추정): 초천에서 배를 타고 서울로 가다.

(가) 〈自茗川乘舟抵漢陽〉 _《전서》 시문집, 1783년 4월 25일 추정

Ⓥ (가) 시에 나오는 "夏日淒淸 頗不熟"이라는 구절로 보아 여름이었음을 알 수 있다. 1783년 4월 23일(추정) 초천에 도착하고, 4월 24일은 초천에 머무른 뒤 다음 날 서울로 간 것으로 추정하였다.

5월 일(또는 6월): 윤상사尹上舍를 송별하다.

(가) 〈尹上舍〉 _《전서》 시문집, 1783년 5월 또는 6월

Ⓥ 〈自茗川乘舟抵漢陽〉 바로 뒤에 배치되어 있다.[46] 5월이라고 추정하였으나 6월이었을 수도 있다. 윤상사가 누구인지는 알지 못하나, 상사라고 한 것으로 보아서 소과 급제자로서 성균관에 재학하던 사람으로 생각된다. 아마도 해남윤씨 일족이었을 가능성이 있다.

5월 일: 재산루在山樓 집에서 시를 짓다.

(가) 〈夏日山樓雜詩〉 _《전서》 시문집, 1783년 5월(또는 6월)

---

45) 조성을, 위의 책, 52~53쪽.
46) 조성을, 위의 책, 53쪽.

🔖 《尹上舍》 바로 뒤에 배치되어 있다.[47) 5월이라고 추정하였으나 6월이었을 수도 있다.

6월 24일: (자형) 이승훈李承薰의 아버지 이동욱李東郁이 연행 사신(동지사)의 서장관으로 임명되다.

(가) "朴明源爲冬至兼謝恩正使…李東郁爲書狀官" _《실록》정조 7년 6월 24일

8월 20일: ① 둘째형 정약전이 사마시司馬試(소과) 초시에 응시하다. ② 정약전이 소과 초시에 합격하다(합격 발표 8월 말엽 추정)

(가) 《仲氏登司馬試 將赴茗川 陪家君出豆毛浦 韓禮安(光傳)·吳承旨(大益) 二丈亦偕 舟中有作》(八月也) _《전서》시문집, 1783년 10월 4일 이후

(나) "設式年監試初試" _《실록》정조 7년 8월 20일

🔖 (나)에 "設式年監試初試"라는 언급이 있다. 채점에 시간이 걸리므로 합격 발표는 대략 8월 말 무렵이었을 것이다.

9월 12일: 정약용의 맏아들 정학연丁學淵이 서울 회현방 재산루동에서 출생하다.

(가) "癸卯…(九月 十二日) 子武䄫生" _《다산연보》3쪽

(나) "學淵(癸卯生) 字穉修 繕工監假監役 復職內瞻奉事 移典牲副奉事 因上教以司饔奉事相換" _《다산연보》23쪽

(다) "癸卯…九月十二日 長子學淵生(小字 武䄫)" _《사암연보》8쪽

(라) 《武兒生百日識喜》 "九月十二日 生于樓山" _《전서》시문집, 1783년 12월 22일

🔖 《사암연보》와 《다산연보》의 배열 순서를 보면 재산루동으로 이사한 다음에 바로 정학연의 출생 기사가 나온다. 또 정학연의 백일을 축하하는 시 (라)의 원주에 "九月十二日 生于樓山"이라고 하였다(1783년 12월 22일 부분 참조). 따라서 정학연은 회현방 재산루동에서 출생하였음이 분명하다.

9월 20일: 둘째형 정약전이 소과 회시에 응시하다.

---

47) 조성을, 2004, 53쪽.

(가) "設式年監試會試" _《실록》 정조 7년 9월 20일

ꙮ (가)에 따르면 9월 20일 소과 회시가 실시되었다. 이 시험에 둘째형 정약전이 응시하였고 합격하였다. 당시 정약전의 집은 서울 야곡冶谷에 있었던 것으로 추정되며, 그는 1783년 8월 말엽(추정) 소과 초시 합격 발표 이후 9월 20일의 소과 회시를 준비하고 있었다고 볼 수 있다.

10월 3일: 둘째형 정약전의 소과 회시 합격이 발표되다.
(가) "御宣政殿 放生員進士榜" _《실록》 정조 7년 10월 3일

10월 4일: 둘째형 정약전이 선정전에서 국왕을 뵙고 사은하다.
(가) "御宣政殿 召見生員進士" _《실록》 정조 7년 10월 4일

10월 5일(추정): 둘째형 정약전이 초천으로 가는 길에 정약용도 아버지 정재원과 한광전韓光傳, 오대익吳大益 등을 모시고 두모포를 나서다.
(가) 〈仲氏登司馬試 將赴苕川 陪家君出豆毛浦 韓禮安(光傳)·吳承旨(大益) 二丈亦偕 舟中有作〉(八月也) _《전서》 시문집, 1783년 10월 5일 추정

ꙮ 1783년 10월 4일 정약전은 국왕에게 사은하고 다음 날 10월 5일 초천으로 내려갔다고 추정된다. 그 길에 정약용이 정재원, 둘째형 정약전과 동행하였고, 한광전(정재원의 가까운 친구) 및 오대익(남인계 인물로 승지를 지냄)도 함께 갔음을 알 수 있다. (가) 시는 두모포에서 배를 타고 배 안에서 지은 것이다. 가까운 친구의 아들이 합격하여 금의환향하는 길에 동행하면서 축하하는 것이 당시의 관례였던 것 같다. 이 해 봄 4월에 정약용이 소과 회시에 합격하였을 때에는 목만중이 동행한 일이 있다. (가) 시의 원주에 "八月"이라고 한 것은 "十月"의 오류이다. 8월에 소과 초시에 합격한 데 따른 기억상 착오일 것이다. 원주를 기록한 사람이 정약용이 아닐 수도 있다.

10월 하순 무렵: 정약용이 아버지 정재원을 모시고 오대익吳大益의 용산 별장에서 밤에 잔치를 하다.
(가) 〈陪家君 同韓禮安尹掌令(弼秉)二丈 於吳承旨龍津…夜宴〉 _《전서》 시문집, 1783년 10월 하순 무렵

🔔 (가)의 시에서 정약용이 정재원과 윤필병尹弼秉, 오대익을 모시고 오대익의 용산 별장에서 밤에 잔치하였음을 알 수 있다. 이는 정재원, 정약전, 정약용이 초천에 갔다가 서울로 돌아온(10월 20일 무렵) 뒤의 일이라고 추정된다. 정재원은 이 해 4월 정약용이 합격하였을 때와 마찬가지로 정약전을 데리고 선영에 참배하고 여러 집안 어른들을 찾아뵈었을 것이다. 여기에는 4월과 마찬가지로 대략 보름 정도 걸렸을 것으로 추정된다. (가)의 시는 〈仲氏登司馬試 將赴苕川 陪家君出豆毛浦 韓禮安(光傳)·吳承旨(大益) 二丈亦偕 舟中有作〉 바로 뒤에 있으나,[48] 정약전은 참석하지 않았고 윤필병이 참여한 것으로 되어 있기 때문에 두모포를 떠난 당일의 일이라고 보기는 어렵다. 초천에 돌아간 정약전이 아버지와 함께 하담으로 성묘 갔다가 두 사람이 서울에 돌아온 때는 대략 10월 20일 무렵인 듯하다. 따라서 이 시는 1783년 10월 하순 무렵에 지은 것으로 추정할 수 있겠다.

11월 9일: 어머니 해남윤씨의 13주기를 맞다.

🔔 이때 아버지 정재원은 벼슬을 그만두었으므로, 맏아들 정약현과 함께 향리 초천에 있었을 것으로 여겨진다. 그렇다면 정약용이 어머니 해남윤씨의 제사에 참여하기 위하여 초천에 내려갔을 가능성이 있다.

겨울 무렵: 재산루동 집에 김수신金秀臣과 함께 사륙문四六文을 공부하다 시를 짓다.

(가) 〈冬日樓山精舍 同金士吉(秀臣)會〉(時習四六) _《전서》 시문집, 1783년 10월 하순 이후 추정

🔔 (가)의 시가 〈陪家君同韓禮安尹掌令(弼秉)二丈 於吳承旨龍津…夜宴〉 바로 뒤에 배치되어 있다.[49] 따라서 1783년 10월 하순 이후의 시로 볼 수 있고 12월 22일에 지은 〈武兒生百日識喜〉 앞에 있으므로 22일 전에 지은 것은 분명하다. 편의상 11월 부분에 배치하였다. (가)의 시 원주에 "時習四六"이라는 언급이 있으므로, 1793년 겨울 과거시험을 위해 사륙문을 공부하고 있었음

---

48) 조성을, 2004, 54쪽.
49) 조성을, 앞의 책, 54쪽.

을 알 수 있다. 김수신은 누구인지 잘 모르나, 같은 성균관 유생으로서 과
거를 준비하던 사람이었을 것이다.

12월 22일: 맏아들 정학연의 백일에 시를 짓다.

(가) 〈武兒生百日識喜〉(九月十二日 生于樓山) _《전서》시문집, 1783년 12월 22일

🔅 정학연은 9월 12일에 태어났다. 1783년 9월은 말일이 30일, 10월은 29일,
11월 30일이다. 따라서 정학연의 백일은 12월 22일이 된다. 정학연이 태어
난 곳은 회현방 재산루동이었는데, 1785년 5월까지는 이곳에 살았으므로
백일잔치가 있었던 곳, 즉 이 시를 지은 장소는 회현방 재산루동이다.

12월 하순(23일 이후 추정): 설을 쇠기 위해 고향 초천으로 돌아가다.

(가) 〈孟春歸自茗川〉 _《전서》시문집, 1784년 1월 초 추정

🔅 (가)는 1784년의 시 가운데 가장 앞에 배치되어 있다. 아마도 설을 쇠기
위해 초천으로 갔던 정약용이 서울로 돌아오면서 지은 시라고 판단된다(조
성을, 2004, 54쪽). 따라서 정약용은 12월 하순 초천으로 돌아간 것이 된다.
12월 22일 서울 회현방 재산루동에서 정학연의 백일을 지낸 뒤의 시점(12
월 23일 이후)이었을 것이고, 갓난아이인 정학연과 부인 풍산홍씨는 한겨울
이므로 서울에 두고 갔을 것으로 추정된다.

1783년의 저작과 활동

　　1783년 봄에는 〈國子監試放榜日志喜〉(1783년 2월 말 추정)의 시 한 편이 있
다. 2월 21일 감시 초시까지는 초시 준비에 몰두하였고, 2월 말엽 발표 이후
4월 2일까지는 소과 회시 준비에 몰두하고 있었기 때문일 것이다.

　　1783년 여름의 저작으로는 〈司馬試放榜日 詣昌德宮上謁 退而有作〉(1783년 4월
11일), 〈陪家君出豆毛浦 睦佐郎(萬中)亦至 同赴茗川 廣州尹送管絃一部 舟中次睦丈
韻〉(1783년 4월 12일), 〈登鴨鷗亭和睦公韻〉(1783년 4월 12일), 〈宿奉恩寺〉(1783년 4월 12
일 밤), 〈放船〉(1783년 4월 13일), 〈次廣津〉(1783년 4월 13일), 〈掛帆〉(1783년 4월 13일),
〈過孤山亭遺墟〉(1783년 4월 13일), 〈宿汀村〉(1783년 4월 13일), 〈三灘 絶句〉(1783년 4월
14일), 〈過分湖亭〉(1783년 4월 14일), 〈上雲吉山〉(1783년 4월 16일), 〈宿水鍾寺〉(1783년
4월 16일 밤), 〈陪家君行次驪州 於淸心樓 陪牧使權公(以綱)夜宴〉(1783년 4월 18일 추정),

〈到荷潭〉(1783년 4월 19일 추정), 〈行次鎭川縣 謁三從祖父(志德)官齋〉(1783년 4월 20일 추정), 〈次龍仁 題從祖父浦谷山居〉(1783년 4월 21일 추정), 〈過剡村李先生舊宅〉(1783년 4월 22일 추정), 〈自茗川乘舟抵漢陽〉(1783년 4월 25일 추정), 〈紀行 絶句〉(1783년 4월 25일 추정) 등의 시는 4월 11일 소과 급제 이후 4월 동안에 지은 시이다. 〈司馬試放榜日 詣昌德宮上謁 退而有作〉 말고는 모두 4월 12일 이후 기행에서 지은 것이다.

1783년 여름에 지은 시로 〈尹上舍〉, 〈夏日山樓雜詩〉 두 편이 있다. 대략 5월과 6월 사이에 지은 시로 추정된다. 잡문으로는 4월 중순 무렵 수종사에서 노닌 일을 기록한 〈游水鍾寺記〉(1783년 4월 하순 저작 추정)가 있다.

1783년 여름의 활동으로는 4월 11일 소과 급제와 이에 따른 중순과 하순의 여행이 눈에 띈다. 이는 선영 참배와 친척들에 대한 인사를 겸한 것이었다. 5월과 6월에는 윤상사를 송별한 것과 재산루동 집에서 시를 지은 것 말고는 특별한 행적이 추적되지 않는다. 다만 이 해 여름 6월 24일 이동욱이 연행 사신 서장관에 임명된 것이 주목된다. 이동욱의 아들 이승훈(정약용의 자형)이 이때 아버지를 따라가서 북경에서 천주교 세례를 받고 서교 서적을 가지고 온다. 연행 사신이 북경으로 떠난 것은 가을이었고 이승훈은 北京에서 할 일을 먼저 이벽과 상의하였던 것으로 보인다. 그러나 정약용이 이를 미리 알았다는 증거는 없다.

이 해 가을의 시는 확인되지 않고, 특별한 활동 기록도 없으나 4월 하순 서울에 돌아와 9월까지 차분히 성균관에서 있을 시험 준비를 하였을 것이다.

1783년 겨울의 시는 〈仲氏登司馬試 將赴茗川 陪家君出豆毛浦 韓禮安(光傳)·吳承旨(大益) 二丈亦偕 舟中有作〉(1783년 10월 5일 추정), 〈陪家君 同韓禮安尹掌令(弼秉)二丈 於吳承旨龍津…夜宴〉(1783년 10월 20일 이후 추정), 〈冬日樓山精舍 同金士吉(秀臣)會〉, 〈武兒生百日識喜〉(1783년 12월 22일)가 있다. 이 해 겨울에는 과거를 위한 사륙문을 익히고 있었다.

1784년 　甲辰, 정조 8　23세

: 이 해 1784년(甲辰)에는 윤3월이 있었다.

1월 초(추정): 초천에서 서울(회현방 재산루동)로 돌아오다.

(가) 〈孟春歸自茗川〉 _《전서》 시문집, 1784년 1월 초 추정

  Φ (가)는 1784년의 시들 가운데 가장 앞에 배치되어 있다. 아마도 설을 쇠기 위해 초천으로 갔던 정약용이 서울로 돌아오면서 지은 시라고 판단된다.[50] 설을 쇠고 바로 서울로 돌아왔을 것으로 판단되므로 1월 가운데에서도 초라고 비정하였다. 이때 이승훈은 북경에 가 있었다.

2월 일(추정): 《孫子》를 읽다.

(가) 〈讀孫武子〉 _《전서》 시문집, 1784년 2월 추정

  Φ 〈孟春歸自茗川〉(1월 초 추정)의 바로 뒤에 (가)가 배치되어 대략 1884년 봄의 시로 추정되는데 편의상 2월에 배치하였다. 정약용이 《孫子》를 읽은 점이 주목된다. 이것은 나중에 병학에 대한 그의 관심과 연결된다고 하겠다.

3월 15일(추정): 동지사 일행이 압록강을 건너 국내로 들어오다.

(가) "甲辰三月初四日未時 上御三善齋…謝恩政使洪樂性…"" _《승기》 정조 8년 3월 4일(기축)

(나) "召見謝恩正使洪樂成" _《실록》 정조 8년 3월 4일

  Φ (가)에 따르면 사은정사謝恩正使 홍낙성洪樂性이 먼저 서울(한양)에 돌아와 3월 4일 삼선재三善齋에서 정조에게 귀국 보고를 하였다. 여기에서 그는 동지사冬至使 황인점黃仁點 일행이 3월 15일 무렵 압록강을 건널 것이라고 하였다. 동지사 일행이 뒤처진 것은 황인점의 안질과 화재 때문이었다. (나)에서도 국왕이 사은정사 홍낙성을 인견한 사실이 확인된다. 사은정사와 동지정사는 별개의 사신이었다.

3월 24일: 동지정사 황인점 등이 한양으로 돌아와 국왕에게 귀국 보고를 하다.

(가) "甲辰四月二十四日辰時 上御誠正閣…上使黃仁點…" _《승기》 정조 8년 3월 24일

(나) "召見回還冬至正使黃仁點" _《실록》 정조 8년 3월 24일

---

50) 조성을, 2004, 54쪽.

ϕ (가)에 따르면 동지정사 황인점이 1784년 3월 24일 성정각誠正閣에서 귀국 보고를 하였다. (나)에서도 이 사실이 확인된다. 따라서 이때 서장관 이동욱李東郁과 그의 아들 이승훈도 서울에 당도하여 있었을 것이다. 1784년 3월 24일 이후 4월 14일 사이의 시점(대략 3월 말 추정)에 이승훈이 이벽을 만나 북경 천주교당에서 세례 받은 사실을 알리고, 새로 가지고 온 서교西敎 관계 서적도 전해주었을 것이다. 이벽은 늦어도 1784년 4월 14일에는 초천 정약현의 집으로 출발하였을 것이다. 당시 그의 집은 서울 수표교 부근에 있었다. 4월 15일(새벽) 누이의 제사에 참여하고 그날 정약용과 함께 배를 타고 서울로 돌아왔다(4월 15일 부분 참조).

3월 29일: 동지 서장관 이동욱李東郁이 삼선재三善齋에서 정조를 알현하다.

(가) "甲辰三月二十九日巳時 上御三善齋…李東郁 以次進伏訖" 《승기》 정조 8년 3월 29일

(나) "召見回還書狀官李東郁" 《실록》 정조 8년 3월 29일

ϕ (가)에 따르면 이동욱이 북경에서 돌아와 정조를 알현한 것은 1784년 3월 29일이다. (나)에서도 이 사실이 확인된다. 그런데 이 면대에서 정조가 "처음으로 저들 땅에 갔는데 무엇을 보았는가"라고 묻자 "신 등은 관館에 머물렀는데 (저들이) 금지하여 출입을 하지 못했습니다. 다만 역관譯官이 전하는 것에만 의지하였기 때문에 자세히 알 수 없습니다"라고 대답하였다. 출입이 자유롭지 않은 상황에서 아들 이승훈이 어떻게 외부로 나가 활동할 수 있었는지 의문이다. 역관의 도움이 있었다고 생각된다.

어쨌든 귀국한 이승훈은 3월 하순에 바로 이벽 등과 접촉하여 북경의 소식을 전하고, 이벽에게는 천주교 관련 서적을 주었다. 이를 통해 이벽은 신앙을 더욱 굳히게 되었을 것이다. 이후 이벽은 4월 15일 초천에서 서울로 오는 배 안에서 정약용에게 처음으로 천주교에 대하여 말하여 주는 등 본격적으로 서교 전도에 나선 것으로 여겨진다. 1784년(甲辰)에는 3월에 이어 윤3월이 있다. 이벽은 1784년 3월 말엽에서 4월 초순까지 집중적으로 이 책들을 공부하고 나서 대략 4월 중순부터 주변의 인물들에 선교를 시작한 것으로 보인다. 이리하여, 정약용은 4월 15일에 처음으로 서교에 대

하여 듣게 되었다.

4월 중순 초: 큰형수 제사 참석을 위하여 고향에 내려가다.

(가) 〈自撰墓誌銘〉 "甲辰夏 從李檗 舟下斗尾陝 始聞西敎 見書一卷 然專治儷
文 習表箋詔制"(집중본) _《전서》 시문집, 1822년 6월 무렵 추정

⚘ (가)에 따르면 이벽이 이 해 누이의 제사에 참석하기 위해 초천에 왔으
며, 제사를 끝낸 뒤 함께 배를 타고 서울로 왔음을 알 수 있다. 이 해 4월
15일 새벽 큰형수 제사에 참여하기 위해서는 적어도 4월 14일 이전에 서
울에서 출발하여야 한다. 대략 4월 중순 초에 출발하였을 것이다. 정약
용이 초천으로 내려갈 때 이벽이 동행하였는지 아닌지는 알 수 없다.

4월 15일: 서울 오는 배 안에서 이벽에게 처음으로 천주교에 대하여 듣다.

(가) 〈自撰墓誌銘〉 "旣上庠 從李檗游 聞西敎 見西書 丁未以後四五年 頗傾心
焉"(광중본) _《전서》 시문집, 1822년 6월 무렵 추정

(나) 〈自撰墓誌銘〉 "甲辰夏 從李檗 舟下斗尾陝 始聞西敎 見書一卷 然專治儷
文 習表箋詔制"(집중본) _《전서》 시문집 1822년 6월 무렵 추정

(다) "曾於甲辰年間 與若鏞會於李檗家 而若鏞惑於此術 請受領洗於矣身 故
矣身爲之矣" _《추국일기》 30, 1801년 2월 13일

⚘ (다)에 따르면 정약용이 처음 천주교에 대하여 들은 그해 1784년에 둘
째형 정약전은 (수표교 부근) 정약용의 청으로 이벽의 집에서 이승훈에게
영세를 받았다. 물론 그에 앞서 정약용 자신도 영세를 받았을 것이다. 그
러나 정약용이 천주교에 몰두하는 것은 (가)에 따르면, 정미년 이후 4,5
년 동안(1787~1791)이 된다. (다)에서도 이벽에게 처음 천주교에 대하여 듣
고 책(아마도 《천주실의》)도 한 권 보았으나, 이때에는 과거 문장에 전념하
였음을 알 수 있다. 1787년부터 몰두하다가 1791년 10월에 발생한 신해교
안(진산사건)을 계기로 천주교와 거리를 두게 된 것으로 여겨진다. 어쨌든
당시 이벽의 집은 회현방 재산루동(정약용의 집이 있었던 곳)과 성균관의 바
로 중간 지점인 수표교에 있어서 정약용이 들르기 쉬워 자주 찾았을 것이
다. 이런 가운데 5월에 정조의 《中庸》 조문條問에 대한 토론을 함께 하게

되었다고 생각된다(5월 부분 참조).

4월 26일: ① 정조가 선정전宣政殿에서 초계문신抄啓文臣을 친시親試하고 유
생전강儒生殿講을 행하다. ② 성균관 유생 정약용이 전강에 참여
하다(추정).

(가) "御宣政殿 親試抄啓文臣 行儒生殿講" _《실록》정조 8년 4월 26일

🔯 4월 15일 서울에 올라온 정약용(한강을 내려오는 출발 당일 도착하였을 것
으로 여겨짐)은 회현방 재산루 집에서 4월 25일까지 유생 전강에 대비하고
있었을 것이다. 4월 26일 전강에서 《中庸》 조문이 내려졌을 가능성이 크다.

5월 무렵(추정): 정조가 내린 《中庸》 80여 조문에 대하여 답변을 작성하기 위
해 이벽李檗과 토론하다.

(가) 〈自撰墓誌銘〉 "癸卯春 爲經義進士游太學 內降中庸講義八十餘條 時鏞友
李檗 以博雅名 與議條對 理發氣發 檗主退溪之說 鏞所對偶 與栗谷李文成
(珥)所論合 上覽訖 極稱之爲第一"(집중본) _《전서》 시문집 1822년 6월 무렵

(나) "甲辰 公二十三歲…夏進中庸講義 公在太學時 御製中庸條問八十餘條
首論四七理氣之辨 問退溪栗谷所論之異 東齋生 並以退溪四端理發之說
爲正 公以栗谷氣發之說 直捷無滯 遂主其說 書旣進 謗言大起 後數日 上
謂都承旨金尙集曰…其公心可貴 當以次爲首 大加稱賞" _《사암연보》 8, 9쪽

(다) 〈中庸講義補〉 "隆癸卯春 余以經義升太學 厥明年甲辰夏(余年二十三) 內
降中庸疑問七十餘條 令太學生條對 時亡友廣菴李檗 在水標橋讀書(年三
十一) 就問所以對 廣菴樂之爲談討 相與草創 歸而視之 間有理活而詞蹙者
以意刪潤遂徹睿覽 後數日 都承旨金尙集 謂承旨洪仁浩 曰 丁鏞爲誰 其文
學何如 今日筵諭 曰'泮儒條對 率皆荒蕪 獨鏞所對特異 其必有識之士也'
蓋以東儒理發氣發之論 余所對有契於聖心 非有他也" _《전서》 중용강의보 권1

🔯 정조가 《中庸》 조문을 내린 시기가 문제인데, 1784년 4월 26일 유생 전
강일 가능성이 크며 6월 17일 유생 전강에서 답안을 제출받았을 가능성이
크다. (가)의 기록(癸卯春 爲經義進士游太學 內降中庸講義八十餘條)을 보면 1783년 봄
에 내린 것으로 생각하기 쉽다. 그러나 (나)와 (다)의 기록이 더 구체적이며

두 기록이 합치된다. (가)의 기록은 계묘년(1783) 경의 진사 합격과 갑진년(1784)《中庸》 조문의 일을 축약하여 기록한 것으로 보면 되겠다. 따라서 《中庸》 조문이 내린 시기는 (나)와 (다)의 기록에 따라 "1784년 4월 이후(갑진甲辰 하夏)"로 보는 것이 옳다. 아마도 4월 15일 정약용이 서울에 돌아온 이후 이《中庸》 조문이 내려진 것으로 보는 것이 자연스럽다. 다시 말하면, 4월 15일 서울에 돌아온 정약용은 이벽과 계속 교유하게 되는데, 마침 4월 26일 국왕이《中庸》 조문을 내리자 이후《中庸》에 대하여 토론하기 시작하여 6월 17일 유생 전강에서 답을 올리기 전까지 계속되었고, 답은 6월 17일 전강에서 올렸다고 보는 것이 타당할 것이다. 따라서 5월에도 이벽과 지속적으로 토론했다고 생각된다. 〈자찬묘지명〉(집중본),《사암연보》,〈中庸講義補序〉에는 모두 다만 "四端七情 理發氣發" 문제에 대한 토론으로 되어 있다. 하지만 이 과정에서 서학 문제에 관련된 토론도 있었을 가능성이 없지 않다. 나중에 본격적으로 전개되는 정약용의 인격적 천관(상제관上帝觀)은 《中庸》 서두의 "천명天命" 해석과 관계되기 때문이다. 회현방과 수표교 사이라는 가까운 거리에 살면서 이벽과 자주 나눈 토론은 주로 1784년 5월에 이루어졌겠지만, 시작은 4월 하순 무렵이었을 것으로 보이며 6월 17일 이전까지 지속되었을 가능성이 있다.

5월 29일: 국왕이 형조당상을 불러 8도의 살옥안殺獄案을 검토하게 하다.

(가) "召見刑曹堂上 判下諸道殺獄文案"　_《실록》 정조 8년 5월 29일

ⓦ (가)에 따르면 1784년 5월 29일에 정조가 살옥안에 대하여 검토하였다. 1784년 5월 29일자 살옥안과 관련하여 구체적인 기록이 누락된 부분을 정약용의《欽欽新書》로 보충할 수 있다. 나중에 1799년 5월 정약용은 형조참의에 임명됨으로써 본격적으로 형정刑政에 관여하지만, 곡산부사 시절부터 형정을 잘 처리하였다. 이런 능력이 정조에 의해 인정되어 형조참의에 임명되고, 또 나중에《欽欽新書》 저술이라는 결과를 낳는다.

6월 17일: ① 반제泮製에 피초되어 정조에게 어비御批를 받고 지필紙筆을 상으로 받다. ② 이기경李基慶, 홍의호洪義浩, 한치응韓致應 등과 술

을 마시다.

(가) "上御春塘臺 行儒生殿講" _《실록》정조 8년 6월 17일

(나) "(六月 十六日)泮製被抄 (居齋應敎 御考箋 三下 賞紙筆)" _《다산연보》 5쪽

(다) "六月(十六日) 泮製被抄 (居齋應敎 御考箋 三下 賞紙筆)" _《사암연보》 10쪽

(라) 〈夏日 太學應敎進箋 蒙賜紙墨 諸生共辦酒饌 以昭聖惠 仍述十韻〉(時 金
復仁·沈鳳錫·韓錫敏·錫倫·金秀臣·李基慶·洪義浩·韓致應·洪樂欽諸公　　並與
焉) _《전서》 시문집, 1884년 6월 17일

🅰 (나)와 (다)는 6월 16일로 되어 있으나 (가)《실록》 기록에 따르면 4월 26
일 유생 전강 기록에 이어서 유생 전강이 6월 17일에 있었다.《실록》 5월
부분에는 유생 전강 기록이 없다. 아마도《中庸》 조문이 여러 조목이므로
50일이라는 충분한 시간을 주었을 것으로 보인다. (나)의 기록은 기억상의
착오이며 (다)가 착오를 그대로 따랐다고 생각된다. (가)를 보면 6월 17일
시험에서 합격하였음을 알 수 있다. (라)의 시는 6월 17일 시험에 합격한
뒤 바로 성균관의 동료들과 음주하며 지은 시로 추정된다. 동석자 가운데
이기경李基慶과 홍의호洪義浩가 있었던 점이 주목된다. 이때 참석한 김복인
金復仁 · 심봉석沈鳳錫 · 한석민韓錫敏 · 석륜錫倫 · 김수신金秀臣 · 이기경李基
慶 · 홍의호洪義浩 · 한치응韓致應 · 홍낙흠洪樂欽 등은 모두 당시 성균관 유
생이었던 것으로 생각된다. 이날에 올린 전箋이 바로 4월 26일에 내린《中
庸》 조문에 대한 답안인 듯하다.

7월 9일: ① 성균관에서 구일제九日製를 시행하다. ② 정약용 참여하다(추정).

(가) "設九日製于泮宮" _《실록》정조 8년 7월 9일

🅰 (가)에 따르면 7월 9일 성균관에서 구일제를 실시하였다. 정약용도 참
여하였을 가능성이 크다. 그러나 합격 기록이《다산연보》에 보이지 않는
것으로 보아서 합격하지는 못한 것 같다.

8월 중순 초: 추석을 쇠기 위하여 초천으로 내려가다.

🅰 8월 15일 전후하여 초천에 있었으므로 뒤에서 볼 것처럼, 8월 중순 초
무렵 고향에 내려갔을 것으로 추정된다.

8월 15일 전후: 추석을 쇠기 위하여 고향 초천에 돌아가 있었다.

ⓦ 1785년 8월에는 고향에 돌아가지 못하였으나, 지난해 8월 15일 전후에는 고향 초천에 있었다고 추정된다(1785년 8월 부분 참조).

8월 하순 무렵: 한치응 등과 홍낙정洪樂貞의 산장에서 정시庭試 준비를 하다.

(가) 〈秋日 洪復元(樂貞)山齋 同洪養仲韓傒父會〉 "時習四六" _《전서》 시문집, 1884년 8월 하순 추정

ⓦ 아마도 초천에서 추석을 쇠고 돌아온 이후일 것이므로 대략 8월 하순 무렵으로 추정된다. "時習四六"이라고 원주가 붙어 있는 것으로 보아, 1784년 가을에 과거 준비를 하고 있었음을 알 수 있다. 함께 공부한 사람은 홍양중洪養仲과 한혜보(한치응)이다. 이 시의 저작 시기가 1784년 가을 가운데 구체적 어느 시기였는지 알기 어려우나, 초천에서 돌아온 이후이고 "棠梨綴淡紅"이라는 구절이 있으므로 (음력) 8월 하순 무렵일 것이다. 정약용은 대략 이 1784년 8월 하순 무렵부터 9월 28일의 정시 초시까지는 시험 준비를 하고 있었다.

9월 28일: 정시 초시에 합격하다.

(가) "設庭試初試" _《실록》 정조 8년 9월 28일

(나) "(九月卄八日) 庭試初試入(五殿上尊號慶 二所三等第一人表次下 試官閔鍾顯等)" _《다산연보》 3쪽

(다) "九月 (二十八日) 庭試初試入(五殿上尊號慶 二所三等第一人表次下 試官閔鍾顯等)" _《사암연보》 10쪽

ⓦ (가)에 따라서 1784년 9월 28일 정시 초시가 있었고, (나), (다)를 보아 이에 합격하였음을 알 수 있다.

12월 말 무렵: 함경도 도호사都護使가 되어 강계로 떠나는 장인 홍화보를 전송하다.

(가) 〈送外舅洪公江界都護之行〉 _《전서》 시문집, 1784년 12월 말 추정

ⓦ 위의 시 저작 시기는 배치로 보아 1784년 연말이다.[51] 이 시 앞에는 〈歲

暮〉가, 바로 뒤에 1785년 처음의 시 〈孟春同諸生春塘臺侍宴〉이 배치되어 있기 때문이다(1785년 1월 부분 참조). 아마도 12월의 도목정사에서 홍화보가 함경도 도호사에 임명된 것으로 여겨진다. 정약용은 장인이 함경도 도호사로 부임한 뒤 처가로 이주하였다.

1784년의 저작과 활동

1784년 봄의 저작으로는 〈孟春歸自茗川〉(1784년 1월 초 추정), 〈讀孫武子〉(1784년 2월 추정) 두 편의 시가 확인된다. 〈讀孫武子〉 바로 뒤에 〈題鄭石痴畫龍小障子〉가 있다. 배치 순서로 보아 봄에서 여름 사이의 저작이나,[52] 일단 1784년 봄의 작으로 추정하여 둔다. 정약용은 북경에서 돌아온 이승훈을 대략 3월 하순께 만났을 것이나 그에게서 서교에 대하여 듣지는 않았다. 서교에 대해서는 4월 15일 이벽에게서 처음 들었다(4월 15일 부분 참조). 1784년 봄의 특별한 활동은 눈에 띄지 않는다. 다만 《孫子》를 읽은 것은 뒤에 병학에 관심을 갖게 되는 것과 관련하여 주목되며, 〈題鄭石痴畫龍小障子〉(1784년 봄 추정)를 보면 이 시기부터 이미 정약용이 그림에 대하여 관심이 있었음도 알게 된다. 정석치(1730~1781)는 이름이 철조喆祚로서 정언正言 벼슬을 지냈으며 화가로서 유명하였다. 아울러 1월 초 초천에서 서울로 돌아온 이후 정약용은 4월 중순 초까지 서울 회현방 재산루의 집에 머무르며 성균관에 출석하였다고 생각된다.

1784년 여름의 저작으로는 〈夏日 太學應敎進箋 蒙賜紙墨 諸生共辦酒饌 以昭聖惠 仍述十韻〉(1784년 6월 17일)과 〈南瓜歎〉(1784년 음력 6월 무렵 장마철 추정)의 시 두 편이 있다. 이 밖에 본격적인 경학 저술 《中庸》 조문에 대한 답안이 이해 여름(4월 26일~6월 17일)에 저술된 점이 주목된다. 정조의 조문에 따른 것이고 이벽과 토론하면서 답안이 이루어진 것이므로, 정조와 이벽은 정약용의 경학 형성에 시작부터 큰 영향을 미쳤음을 알 수 있다. 공맹孔孟의 본원에 돌아가려는 정약용 학문의 큰 구상은 성호 이익에게 영향을 받았다고 할 수 있으나, 구체적인 출발은 1784년 여름의 《中庸》 관련 저술에 있다고 하겠

---

51) 조성을, 2004, 56쪽.
52) 조성을, 위의 책, 55쪽.

다. 1784년(23세) 여름은 4월 이벽에게 서교에 대하여 처음 듣는 점,《中庸》
관련 저작을 저술한 점에서 그의 학문 역정의 본격적인 출발이라고 하겠다.
이전까지의 공부는 성호 이익의 유저에 대한 관심이 있기는 하였으나, 대체
로 과거 준비를 위한 것이었다고 할 수 있겠다. 그러나 이 해 6월에는 여전
히 성균관의 시험에 몰두하고 있었다. 그 스스로 〈자찬묘지명〉(광중본)과 〈자
찬묘지명〉(집중본)에서 각기 "旣上庠 從李檗游 聞西教 見西書 丁未以後四五年 頗傾
心焉", "甲辰夏 從李檗 舟下斗尾陜 始聞西教 見書一卷 然專治儷文 習表箋詔制"라고 하
였다. 이에 따르면 1784년 4월에 이벽에게서 처음으로 천주교에 대하여 들었
지만 처음에는 과거시험 준비에 전념하였고, 정미년(1787) 이후 4,5년 동안 경
도되었다. 다만《中庸》조문의 답안을 마련하는 과정에서 "천명天命"을 둘러
싸고 인격적 상제上帝에 대한 논의가 있었을 가능성이 있다.

1784년 가을의 저작으로는 〈秋日 洪復元(樂貞)山齋 同洪養仲韓傁父會〉(1784년 8
월 하순 추정)라는 시가 있다. 이 시의 원주에서 "時習四六"이라고 하였으므로,
아마도 이 해 9월 28일의 과거시험을 위해 홍낙원의 산장에서 홍양중, 한혜
보(한치응) 등과 함께 공부하고 있었던 것으로 여겨진다(7월 8일까지는 구일제
준비를 하고 있었을 가능성이 큼). 정약용은 정시에 합격하였다. 정시란 국가에
경사가 있을 때 국왕이 임한 가운데 치르는 시험이다. 이때에는 (가)와 (나)
의 주에서 보는 바와 같이 "五殿上尊號"를 경축하는 시험이었다. 정약용이 소
과, 대과 및 반제[성균관 시험] 등에서 제출한 답안지는 현재 제대로 확인되
지 않는다. 그러나 〈지리책〉 등 대과 급제 이후 규장각 초계문신 시절 월과
月課로 제출한 답안들이《여유당집》잡문과《여유당전서》시문집에 수록되어
있다.

1784년 겨울의 저작으로는 〈歲暮〉(1784년 12월 말)와 〈送外舅洪公江界都護之
行〉(1784년 12월 말)의 시 두 편이 있다. 이 해 겨울에는 장인을 전송한 것 말
고는 특별한 활동이 눈에 띄지 않는다. 한편 1784년(월일 미상)의 활동으로
"鄕射禮"가 있다.《사암연보》(8쪽)에 "八年甲辰 行鄕射禮 公與諸師友 就西郊 行鄕射
禮 會者百餘人"이라는 언급이 있다. 서교西郊는 서대문 밖, 오늘날 천연동 감
신대 부근을 말한 듯하다. 아마 기호남인들의 일종의 단합대회 같은 성격을
지녔을 것이다. 이승훈 등이 참여하였다면 대략 1784년 4월 이후가 될 것이

지만, 편의상 겨울 부분에서 언급한다.

1785년 乙巳, 정조 9 _ 24세

1월 9일: 정조의 춘당대春塘臺 잔치에 참여하다.

(가) "御春塘臺 試到期儒生講製" _《실록》정조 9년 1월 9일

(나) 〈孟春同諸生春塘臺侍宴〉 _《전서》시문집, 1785년 1월 9일

🔹 (나) 제목이 "孟春"이므로 1월로 보아야 한다. (가)의 춘당대 도기到期 유생 시험 뒤에 연회가 있었던 듯하다. 따라서 (나)는 1월 9일 작이다. 《사암연보》의 "上親御春塘臺設宴"(11쪽)의 기사는 1785년 2월 27일로 되어 있다. 1월에 국왕이 참석한 춘당대 시연侍宴이 있었고 이어서 2월 27일에도 춘당대 잔치가 있었을 가능성이 크다. 아마도 이 해 1월 1일에는 초천에서 지낸 차례에 참석하지 못하고 서울에 있었던 것 같다. 이 해 추석 때 작년 추석에는 고향에 갔으나 1년 동안 가지 못하였다고 하였기 때문이다(1785년 8월 부분 참조). 아마도 장인이 함경도 도호사가 되어 강계로 떠난 뒤 뒷정리를 해주고 자신은 처가로 이사해야 했기 때문으로 여겨진다.

1월 10일 이후(추정): 회현동의 담재潭齋(처가 추정)로 이사하다.

(가) 〈春日潭齋雜詩〉 "時 自山樓 移住會賢坊 洪公名其齋 曰潭齋" _《전서》시문집, 1785년 1월 10일 이후

🔹 이사한 곳은 회현방의 담재(처가)이다. (가)에서 "時 自山樓 移住會賢坊 洪公名其齋 曰潭齋"라고 하였기 때문이다. 장인이 1784년 12월 강계로 떠나면서 집이 비자 처가로 이사한 것으로 생각된다. 위의 시는 회현방 담재로 이사하고 나서 지은 것이다. 배치 순서는 〈孟春同諸生春塘臺侍宴〉(1784년 1월 9일) 바로 뒤에 있으므로,[53] (가)가 더 뒤에 지어진 시이다(1785년 1월 10일 이후). 시험 준비 때문에 회현방 담재로 이사한 것은 1785년 1월 9일의 시험 뒤라고 보는 것이 온당하다.

---

53) 조성을, 2004, 56쪽 참조.

2월 25일: 반제에 피초被抄되어 상을 받다.

(가) "御春塘臺 行入直武臣試射" _《실록》정조 9년 2월 25일

(나) 乙巳(二月卄五日) 泮製被抄(在家應敎 律賦 御考三中 賞之) _《다산연보》 3쪽

(다) 九年乙巳 公二十四歲(二月卄五日) 泮製被抄 (在家應敎 律賦 御考 賞之)
   _《사암연보》 11쪽

  ⚮ (가)의 기록에는 반제에 대한 언급이 없다. 아마도 오전에 입직 무신에 대한 시사試射가 춘당대에서 있었고, 그 뒤 정조가 성균관에 가서 반제를 실시한 것으로 추정된다.

2월 27일: ① 춘당대에서 정조가 친림親臨한 가운데 실시된 반제에 피초되어 지필을 상으로 받다. ② 춘당대에서 국왕을 모시고 잔치하다.

(가) "御春塘臺 親試抄啓文臣圓點儒生製講" _《실록》정조 9년 2월 27일

(나) "(二月 卄七日) 泮製被抄 (春塘臺親臨 圓點試箋試考三中 賞紙筆)" _《다산연보》 3쪽

(다) "又 二十七日) 泮製被抄 (春塘臺親臨 圓點試箋 賞紙筆)" _《사암연보》 11쪽

(라) "是年 二十五日·二十七日兩日 連設泮製 俱蒙御批·獎拔 賞賜紙筆 二十七日 上親臨春塘臺 進設食堂" _《사암연보》 11쪽

  ⚮ 1785년 2월 27일의 춘당대 친림 시험은 이 해 2월 25일의 시험과는 별개이며, 또 이 해 2월 27일에 국왕을 모시고 춘당대 잔치에 참여한 것도 1785년 1월 9일의 춘당대 잔치와는 별개의 일이다.

3월 9일: ① 성균관에서 삼일제三日製가 시행되다. ② 정약용이 이에 참여하다(추정).

(가) "設三日製于泮宮" _《실록》정조 9년 3월 9일

3월 중순(추정): 을사년乙巳年(1785) 추조秋曹(형조)적발사건이 일어나 천주교가 처음으로 법적으로 문제되다.

(가) "設三日製于泮宮" _《실록》정조 9년 3월 9일

(나) 〈乙巳秋曹摘發〉[進士李龍舒等通文…回文 門內姜世靖…金源星…江上李基慶·鄭淑] 1. …至正廟癸卯冬 書狀官李東郁之子承薰 [中略] 隨而入燕 始學

邪法於天主堂 得其書數十種以來 傳授徒黨 始知有領洗·瞻禮之法… 2. 乙巳春 承薰與丁若銓·若鏞等 說法於掌禮院前中人金範禹家 有李蘗者[中略] 以賣巾幪頭 垂肩主壁而坐 承薰及若銓·若鍾·若鏞三兄弟 及權日身[中略]父子 皆稱弟子 挾冊侍坐 蘗說法敎誨 比之吾儒師弟之禮 尤嚴 約日就會 殆過數朔 士夫·中人 會者數十人 秋曹禁吏 疑其會飮賭技 入而見之… 遂捉其耶蘇畫像·及書冊物種若干 納于秋曹 判書金華鎭 惜其士夫子弟誤入 開諭出送 只囚範禹 日身率其子·及李潤夏(芝峯不肖孫 日身之妹夫)·李寵億(基讓之子)·鄭涉(基讓 外從)等五人 直入曹庭 請還聖像…屢屢呼訴 秋判審問其爲某某 大驚 責諭出送 只將範禹 草記刑配 3. 於是 太學東齋生 李龍舒等 跋文嚴斥邪學 不露姓名 李承薰父東郁·若銓父載遠 始知其子之學邪 大慶治罪 令歷抵親知家 自言悔悟 又使承薰作斥邪文 以自明…4. 通文曰 近聞 西洋帶種子五六人 交結匪 設道場 講其法 及其道場主人之拘囚受刑也 五六人詣秋曹 乞被同律 惟願速棄形骸 永上天堂 父兄禁之不得 知舊挽之不聽… 吾輩若不明目張膽 極力攻討 則竊恐炎炎之燎原 涓涓之滔天… 惟彼西學五六人 擯以夷狄之類 揮之門墻之外 (乙巳三月) _《闢衛編》, 이만채 편, 1931, 벽위사, 권2

(다) 〈安順菴 乙巳日記〉余與權旣明…·李士興…書 在甲辰十二月 而乙巳三月 有天學獄 _《闢衛編》, 이만채 편, 1931, 벽위사, 권2

🅰 (나)와 (다)의 기록으로 보아 을사추조적발사건(을사교안)이 1785년 3월 중순 무렵에 시작되었고, 통문이 돈 것은 3월 하순 무렵이었을 것으로 추정된다. 정약용이 3월 중순 김범우의 집에서 있었던 집회에 참여하였는지 아닌지에 대하여 확정적으로 말하기는 어렵다. 그러나 매우 구체성이 있는 (가)의 기록을 일단 믿는다면 참여하였을 것이다. 3월 9일 삼일제가 끝난 뒤였을 것이다. 다만 (나)의 기록에 따르면 3월 추조에 적발되기 몇 달 전부터 집회가 있었는데, 이 모든 집회에 정약용이 참여한 것 같지는 않다. 1월에서 3월 초순 사이에는 일단 성균관의 시험 준비에 몰두하고 있어 참석하기 어려웠다고 생각된다. 정약용 자신이 1784년 (4월 15일) 처음으로 이벽에게서 천주교에 대하여 들었으나, 처음에는 시험공부를 하느라 별로

관심을 두지 않았고, 정미년(1787년) 이후에 몇 년 동안 몰두하게 되었다고 하였다(1784년 4월 부분 참조). 1784년 2월까지는 천주교 집회에 참석하지 않다가 3월 중순의 집회에 참석하였고 이때 함께 적발되었다고 보는 것이 타당하다. 천주교 집회가 시작된 것은 (나)의 기록을 보면, 대략 1785년 1월 초 무렵(또는 1784년 연말)부터이며, 이후 3월 중순까지 집회가 여러 차례 정기적으로 열렸다고 생각된다. (나)와 (다)의 기록을 보면, 이 무렵에는 서교가 이미 기호남인들 사이에 문제가 되고 있었고 특히 안정복安鼎福이 이 문제를 매우 심각하게 여겼음을 알 수 있다. 안정복은 서교 교리 자체에도 비판적이지만, 이보다 반대 당파에서 이를 정치적으로 이용할 것을 더욱 염려하였다. 안정복의 이런 불길한 예측은 적중하였다. 안정복은 1785년 을사추조적발사건 이후 서교와 관계를 절연하는 입장을 취하였으나, 1791년 타계할 때까지 같은 기호남인 서교들을 드러내어 공격하지는 않았던 것으로 생각된다.

3월 21일: 서제庶弟 정약횡丁若鐄(서모 잠성김씨 소생)이 태어나다.

  Ⓦ 《가승》에 따르면 이날 1785년 3월 21일 정약횡이 태어났다. 이때 아버지 정재원은 초천에 거주하고 있었다고 생각된다. 정약용은 1783년 봄에 창동 체천에서 회현방 재산루동으로 이사한 뒤 1785년 봄 회현방 담재(처가)로 이사할 때까지 재산루동에서 살았다. 〈陪家君於潭齋講周易〉(1785년 4월 추정)이라는 시를 보면, 정약용은 이 담재에서 아버지를 모시고 《周易》을 강하였음을 알 수 있다. 이 시의 저술 시기는 1785년 동생 정약횡이 초천에서 태어난 이후가 아닐까 생각된다.

4월 일(추정): 아버지를 모시고 회현동 집(담재)에서 《周易》을 강하다.
(가) 〈陪家君於潭齋講周易〉 _《전서》 시문집, 1785년 4월 추정

  Ⓦ (가)의 저작 시기는 을사추조적발사건이 일어나고 정약횡이 태어난 3월 21일 뒤로 추정되므로, 대략 4월 무렵이 아닐까 여겨진다. 아버지 정재원이 회현동 담재에 올라와 머문 것은 1785년 3월, 이른바 을사추조적발 사건이 터지자 아들을 보호하고 이들이 서교 집회에 참석하지 못하게 감시

하기 위함인 듯하다. 이때《周易》을 강하고 있는 점이 주목되는데, 서교 대신《周易》을 공부하라는 뜻에서였을 것이다. 정약용은 1801년 봄 경상도 장기로 유배 가서 주로 예서禮書를 공부하였고 이어 1801년 11월 강진에 유배 가서도 역시 예학禮學에 몰두하여, 수년 동안의 노력으로《喪禮四箋喪禮四箋》(초고본)을 완성하게 된다. 이 작업이 끝나기 얼마 전 1803년 11월 동지(1803년 11월 부분 참조)부터는 본격적으로《周易》을 연구하기 시작하여 몇 차례 수정 보완 끝에 1808년《周易四箋周易四箋》(무진본)을 완성한다(1808년 부분 참조). 정약용이 유배 초기《喪禮四箋》작업에 몰두하는 것에 대하여 천주교도로 몰린 현실에서 자신을 보호하기 위한 것이라는 설명이 있다. 그런 점도 있을 수 있겠다. 그러나 상례를 제대로 지키는 것과 인격적 주재자로서 상제를 믿는 것이 모순되지 않음을 입증하고, 인격적 주재자를 제대로 따르기 위해서는 상례를 제대로 하여야 한다는 신념이 마음의 바탕에 있었기 때문이라고 생각된다.《周易》을 연구한 것도《周易》을 제대로 이해하기 위해서는 인격적 상제관이《周易》해석의 바탕이어야 한다는 믿음에서였을 것이다. 이것은 1785년 4월 아버지가 회현동 담재에 머무르면서 정약용에게《周易》을 공부하게 한 것에 대한 아들로서 답변이기도 할 것이다. 한편 이때 정약용의 서모 김씨와 갓난아기 정약횡은 초천에 머무르고 있었을 것으로 여겨진다.

4월 16일: 반제에 피초되다.

(가) “行日次儒生殿講” _《실록》정조 9년 4월 16일

(나) “(四月十六日) 泮製被抄 (居齋應敎 表御考三下 賞紙筆)” _《다산연보》3쪽

(다) “四月(十六日) 泮製被抄 (居齋應敎 表御考 賞紙筆)” _《사암연보》11쪽

🪷 아버지의 지도와 감시 아래 공부에 몰두하여 1785년 4월 16일 성균관의 시험에 합격하였다고 볼 수 있겠다. (가)에 따라 4월 16일 일차유생日次儒生 전강이 있었음이 확인된다.

5월 무렵: 특별한 행적을 찾을 수 없다. 근신하고 있었다고 생각된다.

6월 일(추정): 한여름 밤에 달을 보고 시를 짓다.

(가) 〈夏夜對月〉 _《전서》시문집, 1785년 6월 추정

6월 일(추정): 홍복원洪復元(낙정)의 산정에서 피서하다.

(가) 〈洪復元山亭避暑〉 "高齋暑氣薄" _《전서》시문집, 1785년 6월 추정

Ӱ (가)의 시는 〈夏夜對月〉 바로 뒤에 배치되어 있으며, 시 안에 "高齋暑氣薄"이라는 구절이 있어 가장 더운 때인 음력 6월 무렵으로 추정하였다.

6월 일(추정): 이기경李基慶의 용산龍山 정자에서 친구들과 과거 공부를 하다.

(가) 〈李基慶龍山亭子   同金士吉·權純百(永錫)·權稚琴·鄭季華(濯)·殷賓(弼東)
會〉(時習四六文) _《전서》시문집, 1785년 6월 추정

Ӱ (가)는 〈洪復元山亭避暑〉의 바로 뒤에 있으며, 원주에 "時習四六文"이라고 하였다. 1785년 한여름(6월 무렵)에 이기경의 용산 정자에 모여 시험공부하는 것으로 보아서, 이때까지는 이기경과 사이가 벌어지지 않았음을 알 수 있다. 여기에 참여한 사람 모두 성균관 유생으로서 함께 시험 준비를 하던 사람들로 보인다.

6월 일: 이기경의 용산 정자에서 공부하다가 시를 짓다.

(가) 〈夏日龍山雜詩〉 _《전서》시문집, 1785년 6월 추정

6월 일: 용산 정자에서 공부하다 배를 타고 밤에 월파정月波亭에 놀러가다.

(가) 〈同諸友乘舟 至月波亭汎月〉 _《전서》시문집, 1785년 6월 추정

(나) 〈月波亭夜游記〉 _《전서》시문집), 1787년 여름 추정

Ӱ (가)는 1785년 6월 무렵 월파정에 가서 지은 것이고 (나)는 월파정에 놀러 갔던 것에 대한 기행문이다. (나)는 아마도 월파정에서 돌아온 직후에 지은 것이겠지만, "丁未夏"라는 구절이 있으므로 1785년 6월 월파정에 간 것과는 별개의 일(1787년 여름의 일)을 기록한 것이다.

7월 무렵: 이벽李蘗이 타계하다.

(가) 〈友人李德操輓詞〉(乘秋忽飛去) _《전서》시문집, 1785년 7월 추정

Ӱ (가)의 시에서 이덕조李德操는 이벽李蘗을 가리킨다. 덕조는 이벽의 자

이다. (가)의 저술 시기를 1785년 가을이라고 하였으나,54) "乘秋忽飛去"라는 구절로 보아서 좀 더 좁혀서 초가을 7월로 하는 것이 좋겠다. 이 해 여름에 전염병이 있었다고 한다. 이벽의 죽음은 정약용에게 적지 않게 충격을 주었던 것 같다.

8월 15일 전후(추정): 초천의 집에서 온 편지를 받고 감상을 시로 쓰다.

(가) 〈秋日書懷〉(旅泊經年 未歸得 每逢書札 暗魂傷) _《전서》시문집, 1785년 8월 15일

Ⓦ (가)에 "旅泊經年 未歸得 每逢書札 暗魂傷"이라는 구절이 있으며, 이 시의 저작 시기는 1785년 가을이다.55) 아마도 1784년 8월 추석 때 고향을 다녀오고 나서 1년이 되도록 초천에 돌아가지 못한 것 같다. 그렇다면 이 시의 저작 시기는 더 구체적으로 1785년 8월 15일 추석 무렵이 될 것이다. 또 1785년 설은 고향에서 쇠지 못한 것으로 볼 수 있다. 그 이유는 1784년 연말 무렵 장인 홍화보가 강계로 출발한 것을 전송하고 뒤처리를 하기 위해서, 그리고 이어서 회현동 담재로 이사했기 때문이다. 아울러 1785년 1월 성균관의 시험과 춘당대의 잔치에 참가한 것도 이유가 될 수 있겠다. 1785년 8월에 고향에 내려가지 않은 것은 아마도 10월에 있을 정시庭試를 준비하기 위해서였을 것이다.

10월 16일: 정시庭試 초시를 실시하다. 합격 발표되다(10월 20일 추정).

(가) "設討逆慶科庭試初試" _《실록》정조 9년 10월 16일

(나) "(十月二十日) 庭試初試入格 (討逆慶 二所二等十七人 表次下 試官鄭宇 淳等)" _《다산연보》3쪽

(다) "十月(二十日) 廷試初試入格 (討逆慶)" _《사암연보》11쪽

Ⓦ 1785년 4월 하순부터 8월, 9월과 10월 중순까지 시험 준비를 하여 정시 초시에 합격할 수 있었을 것이다. (가)에 따르면 정시 초시가 실시된 날은 10월 16일이다. 《다산연보》에서 10월 20일이라고 한 것은 아마도 이날 합격 발표가 있었기 때문으로 여겨진다.

---

54) 조성을, 2004, 57~58쪽.
55) 조성을, 위의 책, 58쪽.

11월 3일: ① 춘당대에서 실시된 반제(황감시黃柑試)에 지차之次로 합격하여 이분二分을 받다. ② 희정당熙政堂에 나아가 정조를 알현하다. ③ 승지 홍인호洪仁浩가 "정약용이 반드시 재상이 될 것"이라는 정조의 말을 정약용에게 전하다.

(가) "設柑製于泮宮" _《실록》 정조 9년 11월 3일

(나) "(十一月 初三日) 泮製入格(泮堂試 表三下給二分 主文吳載淳)" _《다산연보》 3쪽

(다) "十一月(初三日) 柑製初試入格 是年冬 貢柑來試士 公發解居首入侍 上命 讀其卷 擊節稱賞 曰汝所作 實不下於壯元 特時未至耳 旣退 承旨洪仁浩 曰 聖敎云 如某者 必做宰相" _《사암연보》 11~12쪽

(라) 〈冬日 熙政堂上謁 退而有作〉(時因黃柑試士入格 承召) _《전서》 시문집, 1785년 11월 3일

(마) "乙巳十二月初三日辰時 上御春塘臺…上命書傳敎曰…柑製居首進士李貞運 直赴殿試…之次生員丁若鏞給二分" _《승기》 정조 9년 11월 3일

(바) "春塘臺行科次…之次生員丁若鏞給二分" _《일성록》 정조 9년 11월 3일

Ⓥ (마)와 (바)에 따르면, 1785년 11월 3일 황감제黃柑製(제주도에서 공물로 귤이 도착하면 시행하던 시험)는 진시辰時(오전 8~10시)에 치러졌음을 알 수 있다. 그리고 정조를 알현한 것은 시험에 지차로 합격한 뒤 희정당熙政堂에 서였음을 (라)의 시를 보아 알 수 있다. (라)의 시는 1785년 11월 3일 오후 퇴궐하면서 지은 것으로 볼 수 있겠다. (다)에서 인용된 정조의 말(정약용이 장차 재상이 될 것이라는 말)을 승지 홍인호가 전한 것은 정약용이 11월 3일 오후 퇴궐한 이후 저녁 무렵으로 추정된다.

11월 4일: 임금의 부름으로 선정전에 입시하다(황감제에 지차로 합격하여 다시 인견).

(가) "乙巳十一月初四日辰時 上於仁政殿…上仍還宣政殿…上曰 昨日柑製被抄 入侍時…生員丁若鏞…等 進伏" _《승기》 정조 9년 11월 4일

12월 1일: 정조가 친림한 춘당대 시험에서 반제에 피초되고 거수居首하다.

(가) "試泮儒講製" _《실록》 정조 9년 12월 1일

(나) "(十二月初一日) 泮製被抄(春塘臺親臨 銘三上 御考居首 翌日比較)" 《다산연보》4쪽

(다) "十二月(初一日) 親臨春塘臺親臨 進食堂如春 仍令賦食堂銘 公居首 朱批燦爛 明日召試 至誠正閣 令賦匪躬堂銘 又居首…特賜大典通編一帙 人皆榮之" 《사암연보》12쪽

12월 2일: 정조의 친림 아래 창덕궁 성정각誠正閣에서 "비궁당匪躬堂"을 제목으로 하여 비교比較 거수居首하다.

(가) "十二月(初一日) 親臨春塘臺親臨 進食堂如春 仍令賦食堂銘 公居首 朱批燦爛 明日召試 至誠正閣 令賦匪躬堂銘 又居首 獎詡踰分 特賜大典通編一帙 人皆榮之" 《사암연보》12쪽

(나) "(十二月初二日) 泮製比較(誠正閣召試 銘三下 試考居首 賞大典通編)" 《다산연보》4쪽

(다) "乙巳十二月初二日未時 上御誠正閣…上命比較儒生 使於殿庭分坐諸進…生員丁若鏞 進士李基慶…等 以次入就 配位行禮訖 命懸題匪躬堂銘 御製也" 《승기》정조 9년 12월 2일

(라) "乙巳十二月初二日酉時 上御重熙堂…上御考時 圓點生·居齋生 比較試券 居首三下生員丁若鏞…圓點生及居齋生 製述居首丁若鏞 以下賞典" 《승기》정조 9년 12월 2일

⚘ 《日省錄》(정조 9년 12월 2일)에도 (라)와 같은 기록이 있다.

12월 4일: 창덕궁 중희당重熙堂에서 《大典通編》을 상으로 받다.

(가) "乙巳十二月初四日辰時 上御重熙堂…上曰 大典通編一件 當來下 昨日圓點儒生比較壯元丁若鏞處 分賜之" 《승기》정조 9년 12월 4일

⚘ (가)에 따르면 정약용이 《大典通編》을 상으로 받은 것은 12월 4일이며, 《日省錄》(정조 9년 12월 4일)에도 같은 기록이 있다. 《사암연보》에 따르면 비교 거수한 12월 2일 당일에 받은 것이다. 그러나 이것은 12월 2일 시험에서 거수한 사실과 그에 따라 《大典通編》을 상으로 받은 것을 함께 기록한 데서 생길 수 있는 오해이다.

1785년 봄의 저작으로는 〈孟春同諸生春塘臺侍宴〉(1785년 1월 9일), 〈春日潭齋雜詩〉(1785년 1월 10일 이후 추정)의 두 편의 시가 있다. 1785년 1월 10일 이후 회현방 담재로 이사한 것으로 추정되며, 1785년 1월 10일 이후부터 2월 25일의 반제까지는 반제 준비에 몰두하고 있었다고 생각된다. 다만 1785년 3월 중순 무렵 김범우 집에서 열린 천주교 집회에는 참여하였을 가능성이 크다. 문제가 확대되자 정재원이 1785년 3월 말엽(정약횡이 3월 21일 태어나므로, 정재원이 서울에 올라온 것은 이 이후가 될 것으로 추정) 서울로 올라와 담재에 머물면서 정약전, 정약용 형제를 만류, 감시하고 있었던 것으로 추정된다.

1785년 여름의 저작으로는 〈夏夜對月〉(1785년 6월 추정), 〈洪復元山亭避暑〉(1785년 6월 추정), 〈李基慶龍山亭子 同金士吉·權純百(永錫)·權稚琴·鄭季華(濯)·殷賽(弼東)會〉(1785년 6월 추정), 〈同諸友乘舟 至月波亭汎月〉(1785년 6월 추정)의 시 네 편이 있다. 이 해 4월에는 아버지를 모시고 《周易》을 공부하는 한편 시험 준비를 하여 4월 16일에는 성균관의 시험에 합격하였다.

5월 무렵의 활동은 확인되지 않으나 계속하여 몸가짐을 신중하게 하고 있었다고 여겨진다. 6월 무렵에는 시험 준비로 사륙문을 연습하고 있었다. 이때까지는 이기경의 용산 정자에서 공부하는 것으로 보아서 아직 둘 사이 틈이 벌어지지 않았음도 알 수 있다.

1785년 가을의 시로는 〈友人李德操輓詞〉(1785년 7월 추정), 〈秋日書懷〉(1785년 8월 추정)의 시 두 편이 있다. 이 해 7월에는 이벽이 타계하였는데, 그에 대한 그리움이 〈友人李德操輓詞〉에 나타나 있다. 아마도 이벽의 타계 이후에는 마음이 어수선하여 공부가 제대로 되지 않았을 것 같다. 그러나 1785년 8월과 9월에는 10월의 정시 초시(1785년 10월 부분 참조)에 대비하여 공부에 몰두하였을 것이다.

1785년 겨울 저작으로는 〈冬日 熙政堂上謁 退而有作〉(時因黃柑試士入格 承召; 1785년 11월 3일)의 시 한 편이 확인된다. 이 해 겨울 시험에 제출한 답안들은 현재 확인되지 않는다. 1785년 10월 20일 정시 초시에 합격한 이후 1785년 11월 3일 황감시에 합격하였고, 또 1785년 12월 1일에 춘당대 친림 시험에 응시하여 합격하였으며, 다음 날 12월 2일 성정각 친림 시험에서 비교 거수하였다. 따라서 10월 이후 12월 초까지 시험에 몰두하고 있었기 때문에 위의 시 한 편 말고 다른 저작은 없었다. 대체로 1785년 4월 이후에 12월 초까지는 시험에 몰두하느라고 다른 생각을 할 겨를이 없었다고 여겨진다. 따라서 3월 을사추조적발사건 이후에는 서교에 연루되는 일은 하지 않았다고 생각된다. 다시 서교에 몰입하게 되는 것은 1787년(정미) 이후로 보인다.

1786년 丙午, 정조 10 _ 25세

: 이 해에는 윤7월이 있었다.

2월 2일: ① 정약용에게 (대과) 별시別試 초시 응시가 허용되다. ② 담재에서 별시 초시를 준비하다가 시를 짓다.

(가) "以禮曹言啓曰…乙巳十一月初三日 柑製入格生員丁若鏞 給二分…生員 丁若鏞…許赴於初試…傳曰 允" _《승기》정조 10년 2월 2일

(나) 〈春日 澹齋讀書〉"丙午 時因別試應講" 1786년 2월 2일

(다) "命泮儒應製…教曰別試在近…" _《실록》정조 10년 1월 28일

🖎 (나)는 "時因別試應講"이라고 원주가 붙어 있으므로 별시 초시의 강講을 준비하며 지은 시로 추정된다. 별시 초시 응시가 허용된 것이 1786년 2월 2일이고 2월 3일 초시[講製]가 있었으므로, (나)의 시기는 정확히 1786년 2월 2일에 지어진 것이라고 할 수 있다. (가)에 따르면 전년도(1785) 11월 3일 황감시에 정약용이 합격하였으므로, 특별히 1786년 2월 3일의 별시 초시 응시가 허용되었음을 알 수 있다. 당시 (대과) 별시 초시에는 소과에 붙은 누구나 응시할 수 있었던 것이 아니라 성균관의 도기 유생만 응시할 수 있었는데, 정약용에게 특별히 응시가 허용된 것으로 볼 수 있겠다. 황감제에서 일정 점수 이상을 획득한 사람에게도 응시를 허락한 것으로 보인다. 1786년 1월 28일 (다)의 기록처럼 성균관 유생에게 별시에 응제하게 하라는 국왕의 명령이 내리고, 2월 2일 지난해(11월 3일) 황감제에서 2분을 받은 정약용에게도 별시 초시 응시를 허용하라는 명령이 내린 것으로 볼 수 있겠다.

2월 3일: ① 별시 초시에 합격하다. ② 합격 발표되다(2월 4일).

(가) "行到記儒生講製" _《실록》정조 10년 2월 3일

(나) "二月初四日) 別試初試入格(二所三等 表次下 恩賜)" _《다산연보》4쪽

(다) "二月(初四日) 別試初試入格" _《사암연보》12쪽

🕯 (나)에는 대과 별시 초시에 2월 4일에 합격한 것으로 되어 있고, (가)에는 2월 4일에 합격한 것으로 되어 있다. 아마도 시험은 2월 3일에 치러진 것이 분명하고, 합격 발표일이 2월 4일이었던 것으로 볼 수 있겠다.

2월 6일: ① 별시 복시가 시행되다. ② 불합격하다.

(가) "御春塘臺 試春到記儒生…直赴殿試" _《실록》정조 10년 2월 6일

(나) 〈感興二首〉 _1786년 2월 7일 이후 추정

(다) 〈春日舟還苕川〉 _1786년 2월 10일 무렵

🕯 1786년 2월 4일에 대과 별시 초시 합격 발표가 있었고 대과 별시 복시 복시覆試 날짜는 (가)에 따르면 2월 6일이다. 발표는 아마도 2월 7일 이후에 있었을 것으로 생각된다. 대과 별시 복시에 불합격하고 지은 시가 (나)이며, 이어서 고향 초천에 돌아가며 지은 시가 (다)이다.[56] (다)의 시는 배치 순서로 보아 대략 1786년 2월 10일 무렵 지은 것으로 볼 수 있다.

3월 일(추정): 다시 서울로 돌아오다.

🕯 1786년 2월 10일 무렵 초천에 내려갔다가 4월 이전에 다시 서울에 올라왔던 것으로 추정된다. 4월에 처자를 거느리고 초천에 내려가는 것을 확인할 수 있기 때문이다(4월 부분 참조). 2월 5일 이후에 초천에 갔다가 서울에 돌아온 정확한 시기를 알 수 없으나 일단 3월로 추정해 두었다.

4월 13일 이전(추정): 처자를 거느리고 서울에서 다시 초천으로 가다.

(가) 〈孟夏令妻子 還苕川〉 _《전서》시문집, 1786년 4월 13일 이전 추정

🕯 (가)의 시를 보아 1786년 4월 가족을 거느리고 초천으로 돌아갔음을 알

---

56) 조성을, 2004, 59쪽.

수 있다. 큰형수 제사에 참석하는 것도 고려하였을 것이므로, 그렇다면 4월 13일 이전(제사 4월 15일 새벽)으로 추정하였다.

4월 15일 이후(5월 12일 귀환 이전 추정): 고향 초천에서 초천의 사계절을 주제로 시를 짓다.

(가) 〈苕川四時詞〉 _《전서》 시문집, 1786년 4월 15일 이후~5월 12일 서울 귀환 이전

◐ (가)는 3월에 서울에 돌아왔던 정약용이 4월 처자를 거느리고 다시 고향 초천에 돌아가 있으면서 지은 것이다. 필자는 (가)의 시를 5월 12일(또는 13일) 이전에 지은 것으로 추정하였으나,[57] 더 좁혀서 4월 초천에 돌아온 이후와 5월 12일 동궁의 서거 소식을 듣고 당일 바로 귀경하기 전 사이에 지은 것으로 볼 수 있겠다(5월 11일과 5월 12일 부분 참조). 편의상 4월에 배치하여 두었다.

5월 11일: 동궁東宮이 서거하다.

(가) "王世子薨" _《실록》 정조 10년 5월 11일

(나) 〈伏聞東宮薨逝 卽日乘舟赴京〉 _《전서》 시문집, 1786년 5월 12일 추정

◐ 《실록》에 따르면 동궁이 훙서한 것은 1786년 5월 11일이다. 정약용이 이 소식을 초천에서 들은 것은 다음 날 5월 12일이었을 것이다. 초천은 거리로 보아서 다음 날 소식이 전해졌을 것이다.

5월 12일(추정): 동궁의 서거 소식을 듣고 당일로 초천에서 돌아오다.

(가) 〈伏聞東宮薨逝 卽日乘舟赴京〉 _《전서》 시문집, 1786년 5월 12일 추정

◐ (가)의 시를 보아 동궁의 훙서 소식을 듣고(5월 12일 추정) 당일로 서울에 돌아왔음을 알 수 있다. 동궁의 훙서 소식이 초천에 있는 정약용에게 전해진 날짜를 훙서 다음 날인 5월 12일으로 추정하였다. 당시 정약용은 1786년 4월 13일 이전 처자를 거느리고 서울에서 초천으로 내려가 있었다.

5월 22일: 세자의 시호를 문효文孝로 정하다.

---

57) 조성을, 2004, 59쪽.

(가) "改議曰文孝" _《실록》 정조 10년 5월 22일

5월 30일: 성균관 유생 정약용 등이 세자 홍서의 책임을 의약醫藥 담당자에게 물으라는 상소문을 올리다.

(가) "館學儒生…丁若鏞…等疏曰" _《승기》 정조 10년 5월 30일

(나) "館學儒生…上疏論藥院議藥之失 不許" _《실록》 정조 10년 5월 28일

ₒ 5월 12일(추정) 배를 타고 초천을 출발하여 당일 서울에 도착한 정약용은 이후 5월 30일까지 다른 성균관 유생들과 더불어 의약 담당자의 책임을 묻는 상소문을 작성하고 서명을 받아 상소를 올리는 일에 몰두하였을 것이다. (가)를 보면 정약용이 상소에 참여한 사실이 확인된다. 《실록》에 따르면, 정약용은 1786년 5월 30일 상소에 참여하였다. 5월 28일과 5월 30일 연이어 상소가 있었다. 정약용이 5월 28일 상소에도 참여하였는지 여부는 알 수 없다. 유생들도 당색에 따라서 나뉘어져 따로 상소하였을 가능성도 있다. 5월 28일 이전에도 조정에서 이미 약원藥院의 책임 문제가 거론되었고 5월 30일 이후에도 책임 문제는 조정에서 계속 제기되지만, 정조는 책임을 묻지 않는 방침으로 일관하였다.

6월 4일: 문효세자文孝世子의 장례일을 윤7월 19일로 정하다.

(가) "禮曹判書尹蓍東…又啓言 下玄室 以閏七月十九日擇定" _《실록》 정조 10년 6월 4일

ₒ (가)에 따르면 문효세자의 장례일은 윤7월 19일로 정해졌다.

6월 21일: ① 성균관 유생들이 다시 의약 책임자 처벌을 청하는 상소를 올리다. ② 국왕이 소두疏頭와 재임齋任의 과거 응시를 정지시키는 처벌을 내리다. ③ 성균관 유생들 권당捲堂에 돌입하다.

(가) "館學儒生…上疏…批曰…疏頭及齋任 倂停擧 太學居齋儒生等 引義捲堂" _《실록》 정조 10년 6월 21일

ₒ 정약용이 1786년 6월 21일의 상소에 참여하였는지 여부는 알 수 없으나 적어도 권당에는 참여하였을 것으로 여겨진다.

7월 29일: 둘째아들 정학유丁學游 출생하다.

(가) "(七月卄九日) 子斈牂生" _《다산연보》4쪽

(나) "(丙午生) 字穉求 斈生" _《다산연보》24쪽

(다) "(七月二十九日) 次子斈游生(小字 文牂)" _《사암연보》12쪽

(라) "七月 卄九日 生于會賢之東房"〈文兒生百日識喜〉 _《전서》시문집, 1786년
10월 9일

Ⓦ 이때 정약용은 서울에 머무르고 있었을 것으로 생각된다. 아내 풍산홍
씨와 큰아들 정학연도 함께 있었을 것으로 생각된다. 이때의 거처는 회현
방 담재였을 것이다.

윤7월 19일: 문효세자를 효창묘孝昌墓에 장례지내다.

(가) "葬文孝世子于孝昌墓" _《실록》정조 10년 윤7월 19일

Ⓦ 1786년(병오)에는 윤7월이 있었고 (가)에 따르면 윤7월 19일 문효세자의
장례가 있었다. 그리고 이어 8월 6일 가을 도기 시험이 있었으므로(1796년
8월 6일 부분 참조) 윤7월에는 이 시험에 대비하고 있었을 것이다.

8월 6일: ① 정조가 창덕궁 춘당대에 친림한 가운데 도기到記(제술전강製述殿
講)에 지차로 합격하다(묘시 오전 6시~8시). ② 창덕궁 중희당重熙
堂에 입시하여 2분을 받다(유시 오후 6~8시).

(가) "(八月初六日) 到記入格 (春塘臺親臨 表三下給二分)" _《다산연보》4쪽

(나) "八月(初六日) 到記初試入格 是年秋到期 公又發解 入侍于春塘臺 上曰
'汝所作 恰似肅廟朝諸人文體 不落近俗 可貴也 但恐誠實差晩 須稍循俗
令勿標異也'" _《사암연보》13쪽

(다) "丙午八月初六日'卯時' 上詣春塘臺 秋到期儒生製述殿講入侍時…就…丁
若鏞…等七人 上曰…上命以次進前 諸生各奏姓名" _《승기》정조 10년 8월 6일

(라) "丙午八月初六日'酉時' 上於重熙堂…之次生員丁若鏞 各給二分" _《승기》
정조 10년 8월 6일

(마)〈秋日春塘臺上謁退而有作〉 _《전서》시문집, 1786년 8월 6일

(바) "御春塘臺 行次到記儒生講製" _《실록》정조 10년 8월 6일

ⓐ 정약용은 1786년 8월 6일 묘시(오전 6~8시)에 춘당대에서 시험을 치른 뒤 유시(오후 6~8시)에 중희당에 입시하여 2분을 받았다. 그 사이 시간에는 아마도 성균관에서 대기하고 있었을 것이다. 성균관과 창덕궁 사이에는 바로 통하는 문(집춘문集春門)이 있다. (마)의 시에는 "時因泮試入格"이라고 원주가 붙어 있는데, 1786년 8월 6일 유시酉時에 정조를 알현하고 물러나면서 지은 시로 볼 수 있겠다. (나)의 인용문 가운데 '汝所作 恰似肅廟朝諸人文體 不落近俗 可貴也 但恐誠實差晚 須稍循俗 令勿標異也' 부분은 정조가 정약용에게 장원을 주지 못하여 안타깝게 여기며 한 말로 볼 수 있겠다. (마) 시의 말미에도 "時 上慰諭嗟惜…以之次非旨也"라고 원주가 붙어 있다. 아마도 장원이 되었다면 대과 전시殿試에 직부直赴할 수 있었을 것이다. 정약용은 1789년 1월 26일 봄 도기에서 장원하여 3월 10일 실시된 대과의 전시에 직부하게 됨으로써 급제하였다. 따라서 정약용은 정조의 원래 의도보다 2년 반 정도 대과 급제가 늦어지게 되었다. 아마도 1786년 가을 도기에서 정약용이 장원을 하지 못한 것은 노론측 신하들의 견제 때문으로 생각된다. 정약용은 1785년 3월 을사추조적발사건에도 불구하고 과거시험에 매진하였으나, 1786년 가을 도기에서 지차로 된 것에 상당히 실망하였을 것이다. 정약용이 스스로 "정미년(1787) 이후 4,5년 동안 서교에 몰두하였다"(丁未以來 四五年 頗傾心焉, 〈자찬묘지명〉[광중본])라고 하였다. 이렇게 보면 1786년 가을 도기에서 장원이 되지 못한 것과 일정 부분 관련이 있을 수도 있다. 1786년 9월 무렵에는 상당히 의기소침하여 있었겠지만, 10월 9일 이후 둘째아들의 백일(10월 9일 부분 참조)이 지나면서 원기를 되찾아 공부에 몰두하기 시작하였을 것으로 추정된다. 하지만 1787년 어느 시점부터 천주교에 빠지기 시작하였고, 그해 12월에는 정미반회에 참가하기도 하였다. 이것이 대과 급제가 늦어진 중요한 이유 가운데 하나였다고 본다.

10월 9일: 둘째아들 정학유의 생일을 축하하는 시를 짓다.

(가) "七月 卄九日 生于會賢之東房"〈文兒生百日識喜〉_《전서》 시문집, 1786년 10월 9일

ⓐ 만세력에 따르면 1786년은 7월 말일이 30일, 윤7월 말일이 29일, 8월 말

일이 30일, 9월 말일이 30일이다. (가)의 시 원주 "七月 廿九日 生于會賢之東房"에 따르면 정학유가 태어난 것은 7월 29일이다. 따라서 정학유의 백일은 10월 9일이 된다.

12월 일: 용산의 정자에 가다.

(가) 〈冬日過龍山亭子〉 "時新有誠正閣奏銘之事" _《전서》 시문집, 1786년 12월 연말 추정

🜨 (가)에 "歲暮經過 思黯然"이라는 구절이 있으므로 저작 시기는 1786년 연말(12월)이다. 이때 창덕궁 성정각 주명奏銘의 시험이 있었으므로 시험 준비를 위해 용산의 정자에 모인 것으로 보인다. 용산의 정자란 이기경의 정자를 가리키는 것으로 여겨진다. 그렇다면 이때까지도 이기경과 사이가 나쁘지 않았다고 볼 수 있다.

12월 22일: ① 성정각誠正閣에서 주명奏銘 시험에 응시하다. ② 채제공蔡濟恭을 다시 서용하라는 국왕의 명이 내려지다.

(가)《승기》 정조 10년 12월 22일

(나) "教曰 前兵使蔡濟恭敍用" _《실록》 정조 10년 12월 22일

🜨 (가)를 보아 성정각에서 주명奏銘 시험이 있었음을 알 수 있다. 이 시험에는 합격하지 못한 것 같다.《다산연보》와《사암연보》에 이에 대한 언급이 없기 때문이다. 한편 (나)의 기록을 보아 채제공을 다시 서용하라는 명이 내려졌음을 알 수 있다. 1780년 이후 채제공은 관직에서 물러나 서울 근교에서 은거하고 있었다. 이제 정조가 다시 정국을 개편하려는 의도(남인을 참가시키는 탕평蕩平)를 내비치면서, 정재원이 다시 관직에 나아가고 정약용이 과거에 급제하여 출사할 길이 열리기 시작한 것으로 보인다. 그러나 정약용은 1787년(정미) 천주교에 몰두하기 시작하여 관직과 신앙 사이에서 방황하게 된다.

1786년의 저작과 활동

1786년 봄의 저작으로는 〈春日 澹齋讀書〉(1786년 2월 2일), 〈感興二首〉(1786년 2월 7일 이후 추정), 〈春日舟還苕川〉(1786년 2월 10일 무렵)의 시가 있다. 1786년 1월에는 활동이 확인되지 않으며 2월 2일 이후 별시 복시(2월 6일) 때까지는

시험 준비에 몰두하고 있었다고 생각되며, 2월 복시 낙방 뒤에 고향에 갔다가(2월 10일 무렵), 다시 3월 무렵에 서울에 돌아온 것으로 추정된다. 1786년 2월 별시 복시 낙방 이후 3월 말까지는 낙방거사로서 다소 우울한 상태에 있었을 것이다.

1786년 여름의 저작으로는 〈孟夏令妻子 還苕川〉(1786년 4월 13일 이전 추정), 〈苕川四時詞〉(1786년 4월 15일 이후~5월 12일 귀경 이전 추정), 〈伏聞東宮薨逝 卽日乘舟赴京〉(1786년 5월 12일 작 추정)의 시 세 편이 확인된다.

대체로 4월 15일에서 5월 12일까지는 초천에 있었던 것으로 보인다. 5월 12일 이후 5월 말까지는 동궁의 의약 담당자 성토 상소문 작성과 이를 위한 연명 작업, 상소를 올리는 일에 몰두하고 있었다고 여겨진다. 6월의 활동은 확인되지 않으나 근신하고 있었을 것이다. 1796년 여름에는 낙방에 따른 실의, 동궁의 서거 등으로 대체로 학업에 몰두하기 어려웠을 것이다.

1786년 가을의 저작으로는 〈秋日 春塘臺上謁退而有作〉(1786년 8월 6일)의 시 한 편이 있다. 7월, 윤7월, 8월 초에는 가을 도기 시험 준비에 몰두하고 있었을 것이다. 8월 가을 도기 시험 이후에는 당분간 다소 의기소침하여 있었을 것이다.

1786년 겨울의 저작으로는 〈文兒生百日識喜〉(1786년 10월 9일), 〈冬日 過龍山亭子〉(1786년 12월 추정)의 시 두 편이 확인된다. 10월 이후 원기를 되찾아 시험 준비에 몰두한 것으로 여겨진다.

1787년 　丁未, 정조 11 ＿26세

1월 일: ① 장인 홍화보가 강계에서 서울로 돌아오다. ② 처음에는 거처를 정하지 못하다.

(가) 〈首春書懷〉(時 洪公 新自江界還 未奠闕居) _《전서》 시문집

🖌 (가)의 시에서 "首春"이라고 하였으므로 1월 작으로 보아야 할 것이다. "時 洪公 新自江界還 未奠闕居"라는 원주로 보아서 장인이 돌아와 거처를 정하지 못하였음을 알 수 있다. 아마도 회현방 담재에는 정약용이 살고 있었기 때문일 것이다. 장인이 돌아오게 된 것 역시 채제공을 다시 서용하라는

지난해 12월 국왕의 명령과 연관된 것으로 볼 수 있다.

1월 26일: 반제에 합격하여 《八子百選》을 상으로 받다.

(가) "(正月 卄六日) 泮製被抄(在家應敎 表御考三上 賞八子百選)" _《다산연보》4쪽

(나) "正月 (二十六日) 泮製被抄(在家應敎 御考硃點滿篇 賞八子百選)" _《사암
연보》13쪽

3월 14일: 반제에 합격하다.

(가) (三月 十四日) 泮製被抄 (在家應敎箋 御考三上 揮場比較) _《다산연보》4쪽

(나) 三月(十四日) 泮製被抄 (在家應敎箋 御考三上 揮場比較) _《사암연보》13쪽

🖌 《日省錄》(정조 11년 3월 14일)에 따르면 정조가 일단 집춘문으로 들어온
성균관 유생들을 영화당映花堂(춘당대 앞, 부용정芙蓉亭 옆)에서 불러 본 뒤에
유생들은 성균관으로 돌아가 응제應製하도록 하였다. 정약용은 전箋 분야
비교에서 삼상三上을 맞아 거수하였고 잠箴 부문 비교에서 지차를 하였다.
《日省錄》에 따르면, 3월 14일 정약용에게 《國朝寶鑑》과 《大典通編》을 하사한
것으로 되어 있으나, 《다산연보》와 《사암연보》에는 3월 15일 《國朝寶鑑》을
하사한 것으로 되어 있다. 《다산연보》와 《사암연보》의 기록이 더 구체적
이어서 이를 따른다. 《日省錄》 3월 14일 기사는 3월 14일과 3월 15일의 일
을 합쳐서 기록한 것으로 보인다.

3월 15일: ① 전箋 부문 비교比較에서 거수居首하다. ② 잠箴 부문 비교에서
　　　　　 지차之次하다. ③ 《國朝寶鑑》을 상으로 받다.

(가) "(三月 十四日) 泮製被抄 (在家應敎箋 御考三上 揮場比較)" _《다산연보》4쪽

(나) "三月 (十四日) 泮製被抄 (在家應敎箋 御考三上 揮場比較)" _《사암연보》13쪽

(다) "(三月 十五日) 泮製比較 (賓廳召試箋 御考三上居首 賞國朝寶鑑)" _《다산
연보》4쪽

(라) 翌日(三月 十五日) "比較居首 (賓廳召試箋 御考) 是時 泮試呈券 數刻忽
聞揮場 諸儒聚觀 乃公作也 凡十有三句 字字硃點 明日(三月 十五日) 比較
居首 夜入侍于'誠正閣' 銀燭輝煌 命進榻前 上便服倚枕 使之朗誦詩卷 每
讀一句 上以扇擊節 稱善詩卷引用鶴城君姜潤事矣 上曰'兩耆臣事 汝何以

知之' 對曰'見於朝報矣' 上曰'文體極好' 命左右 取國朝寶鑑一卷·白綿紙一百張 令抱出 出閤門外 監守卒承命 替抱以出 是日觀者 莫不榮之" _《사암연보》13~14쪽

(마) 〈熙政堂夜對 退而有作〉 "四月也 時召至賓廳進箋 大蒙恩獎 賞賜國朝寶鑑" _《전서》시문집, 1787년 3월 15일

ⓦ (가)와 (나)의 기록에 따르면, 3월 14일 반제에 피초된 다음 이날 일단 집에 돌아가서 전 분야 답안(초안)을 작성하였다고 보아야 할 것이다. (라)에 따르면 이 답안을 바탕으로 3월 15일 빈청賓廳에서 국왕의 친림 아래 비교 시험을 보아 거수하였다. (라)에서 분명히 "익일翌日(3월 15일)"이라고 밝혔다. 《日省錄》에 따르면 3월 15일에는 잠箴 분야에도 비교 시험에 응하여 지차를 맞았다. 《다산연보》와 《사암연보》는 이 부분을 기록하지 않았다. 전 부분의 비교에서 거수하여 《國朝寶鑑》을 상으로 받았지만, 잠 분야에서는 지차로 《大典通編》을 받게 되었으나 이미 전에 받아서 이때에는 주지 않았다. 이 때문에 잠 분야에서 지차를 한 일을 《다산연보》와 《사암연보》에서 생략하였을 것이다.

한편 위 (마)의 저작 시기는 원주 "四月也 時召至賓廳進箋 大蒙恩獎 賞賜國朝寶鑑"에 따르면, "4월"이지만 이것은 3월 15일의 오류이다.[58] "時召至賓廳進箋 大蒙恩獎 賞賜國朝寶鑑"이라는 원주의 내용에서 보이는 행적과 (라)의 내용(3월 15일)이 일치하기 때문이다. 다만 (라)에서는 장소를 "성정각"이라고 하였는데 이는 (마)의 시로 보아서 "희정당"의 착오이다. 아마도 (라)의 기록은 나중에 이 일을 기록하면서 생긴 기억상의 착오로 보인다.

4월 13일(추정): 아버지를 모시고 고향 초천으로 내려가다 당정촌唐汀村에 묵다.

(가) 〈巴塘行〉時 陪家君赴茗川 夜宿唐汀村 時訛言大起 村閭騷然 聊紀事實 四月十五日) _《전서》시문집, 1787년 4월 15일

ⓦ 초천으로 출발한 것은 4월 13일 오후라고 여겨진다. 당일 도착하기 어

---

58) 조성을, 2004, 61쪽.

려우므로 4월 13일 밤 당정촌에서 묵고 4월 14일 초천에 도착한 것으로 보아야 할 것이다. 4월 15일 새벽에 정약용의 큰형수 경주이씨의 제사가 있으므로 4월 14일까지는 도착하려 하였을 것이다. (가)의 시 원주에서 "四月十五日"이라고 한 것은 당정촌에서 벌어진 소동 기록을 4월 15일에 하였다는 뜻으로 보면 되겠다. 아마도 이 무렵 정재원이 자식들에게 분재分財하고 있었던 것이 아닌가 생각된다.

4월 15일: 초천에서 큰형수의 제사에 참석하다(추정).

  ⚉ 4월 초천에 내려간 목적은 큰형수 제사의 참석과 문암門巖에 토지를 구입하는 일 두 가지였다고 생각된다(4월 16일 이후 부분 참조).

4월(16일 이후 추정): ① 초천에 내려간 뒤 정약전과 함께 토지 구입을 위하여 양평의 문암산장門巖山莊으로 유람가다. ② 이후 문암(양평 부근)에 토지를 소유하다.

(가) 〈陪仲氏 同閔生 游門巖山莊〉(時因求田 ; 門巖 在檗溪之南 檗溪在薇源之南) _《전서》 시문집, 1787년 4월 16일 이후 추정

(나) "丁未…買門巖山莊" _《다산연보》 4쪽

(나) "買門巖鄕莊" _《사암연보》 16쪽

  ⚉ 이때 정약용이 정약전을 모시고 문암산장에 놀러 간 것은 단순한 유람이 아니라 "時因求田"이라고 하였듯이 농토를 장만하기 위한 것이었다. 아마도 정약용은 이때 이곳에 농토를 장만하였을 것이다. 이것은 나중에 정약용이 문암산장으로 추수하러 가는 것에서도 확인된다. (가) 시의 주에서 "門巖 在檗溪之南 檗溪在薇源之南"이라고 한 것을 보면 문암은 벽계의 남쪽에 있다. 벽계는 현재 경기도 양평에 있으며 구불구불 구곡九曲의 명승지로서 남한강으로 흘러들어간다. 따라서 문암은 양평에 있으며 벽계의 남쪽이라고 한 것으로 보아서 아마도 벽계가 남한강과 합류하는 지점에서 매우 가까운 듯하다. 곧 초천에서는 남한강을 따라 배로 가기에 매우 편리한 곳이다. 위에서 언급한 미원薇源은 벽계의 발원지 부근에 해당되는 듯하다. 정약용은 향리 초천에서 멀지 않은 양평의 문암에 농토를 장만한 것이 된다.

이렇게 향리 초천에서 가까운 문암에 농토를 장만하려는 생각을 가진 것은, 그가 이때 과거를 포기하고 낙향하려는 생각을 하였기 때문이[59] 아닌가 싶다. 바로 뒤인 1787년 5월에 지은 시 〈就龍洞居〉에 "已結丘壑情 復就京城居 志行有相戾"라는 구절도 보인다.[60] 그리고 1786년 4월 13일 밤 당정촌에서 숙박하였으므로, 초천에는 4월 14일 도착하였고 4월 15일 새벽 큰형수의 제사에 참석하였을 것이다. 제사를 지낸 4월 15일 당일 문암으로 갔다고 보기는 어려우므로, 문암에 간 날은 4월 16일 이후로 추정하였다.

4월 25일: ① 정재원이 사도시司導寺 주부主簿로 임명되다. ② 얼마 뒤 한성부 서윤庶尹으로 옮기다.

🜹 《가승》에서 위의 사실이 확인된다. 아버지 정재원은 정약용을 데리고 4월 13일 초천으로 내려갔다가 4월 25일 이전 서울에 돌아온 것으로 생각된다. 4월 25일 정재원이 사도시 주부에 임명되고 얼마 뒤 한성부 서윤이 된 것은 1786년 정조가 채제공을 재등용하라고 명령한 것, 장인 홍화보가 강계에서 서울로 돌아온 것(1787년 1월) 등과 연계하여 생각할 수 있다. 1786년 연말(12월 22일) 채제공의 재등용 이후 1787년 봄부터 남인들이 서서히 중앙 정계에 재등장하기 시작하는 것으로 이해할 수 있겠다.

5월 일: 정재원이 서울 용동龍洞(소룡동小龍洞)에 집을 장만하여 5월부터 모시고 살게 되다.

(가) 〈就龍洞居〉 "五月也 時家君爲司導寺主簿 遂復買宅京城 盖非余志也" _
   《전서》 시문집, 1787년 5월

(나) "移屋(小龍洞 家大人復仕)" _《다산연보》 4쪽

🜹 정약용은 1785년 봄(1월) 무렵 회현방의 담재澹齋로 이사하였다. 1787년 5월에 소룡동으로 거처를 옮길 때까지는 회현동 담재에 살고 있었던 것으로 보인다. 아버지를 모시고 살게 된 것에 대하여 자신의 뜻이 아니라고 하였다(盖非余志也). 즉 아버지 정재원의 뜻이라고 할 수 있겠다. 이 해 4월

---

59) 조성을, 2004, 62쪽.

60) 조성을, 위의 책, 61~62쪽 참조.

정약용은 향리 근처인 양평 문암에 농토를 장만하였다. 이 해 3월까지 국왕의 총애를 많이 받고 있었으나, 4월 문암에 토지를 장만한 것을 계기로 무언가 초야로 돌아가 살고 싶다는 생각을 하였을 것이다. 아마도 정약용은 장인이 돌아온 것을 계기로 회현방 담재를 장인께 돌려드리고 자신은 초야로 돌아가려는 생각을 하였을 가능성이 있다. 그리고 이런 결심에는 천주교 문제도 관련이 있어 보인다. 그러다 마침 정재원이 이 해 4월 25일 사도시 주부에 임명되자 바로 서울에 집을 장만하고 정약용에게 함께 살자 한 것이다. 여기에는 두 가지 의도가 있었다고 추정된다. 정약용으로 하여금 계속 서울에 살면서 대과大科를 준비하게 하는 것이 첫 번째 의도였을 것이다. 그러나 이런 생각만이었다면 굳이 서울의 한집에서 살 필요는 없었을 것이다. 따라서 두 번째 의도는 정재원이 정약용이 천주교에 연루되는 것을 막기 위함이 아닌가 생각된다. 1785년 3월 을사추조적발사건 이후 정재원은 정약전, 정약용 등이 다시 천주교 문제에 연루될까 크게 염려하였을 것이다. 특히 정약용은 이들 가운데 가장 장래가 촉망되었기 때문에 관심이 많아서 함께 데리고 살려 한 것으로 여겨진다.

그러나 (가)의 "已結丘壑情 復就京城居 志行有相戾"라는 구절에 따르면, 1787년 5월에 이미 과거를 포기하려는 생각을 가졌음을 알 수 있으며, 이것은 그가 천주교에 몰두하게 된 것과 관련이 있지 않을까 생각된다. 다만 이때에는 완전히 마음을 굳히지 못한 것 같다. 하지만 1787년 봄 이후 남인들에 대한 정세가 호전되는 상황에서 정약용이 초야에 돌아가려는 마음을 가지게 된 것은 천주교와 일정 부분 연관이 있음을 부정하기는 어려워 보인다.

8월 21일: 성균관에 머무르며 응교應敎하여 표문表文을 올려 반제泮製에 합격하다.

(가) "(八月 卄一日) 泮製被抄(居齋應敎表 御考三上 比較)" 《다산연보》 4쪽

(나) "八月 (二十一日) 泮製被抄(居齋應敎表 御考三上 比較)" 《사암연보》 14쪽

ⓦ 8월 21일의 반제 합격은 8월 23일의 그것과는 별개의 일이다.

8월 23일: 집에 머무르며 응교하여 표문을 올려서 반제에 합격하다.

(가) "(八月卄三日) 泮製比較 (在家應教表 御考二下 賞兵學通)" 《다산연보》5쪽

(나) 二十三日 比較置高等 (在家應教表 御考滿篇 硃批) 《사암연보》14쪽

(다) "八月泮試 比較置高等 命入對于重熙堂 坐之石榴樹之下 上曰'汝得八子
百選乎' 曰'得之矣' '得大典通編乎' 曰'得之矣' '得國朝寶鑑乎' 曰'得之矣'
上曰'近日 內閣所印書籍 爾盡得之 予無書與汝矣' 仍大笑顧左右 曰'取酒
來'…酒一大碗 至辭以不能飮 上命釃之 酩酊槃散 上命內監扶出 俄而命留
之賓廳 少頃 承旨洪仁浩 袖一卷書出 密傳下敎 曰'知汝兼有將才 故特賜
此書 異日有如賊東喆者 起汝可出戰也'(時 嶺東有鄭鎭星·金東喆之獄) 歸
而視之 乃兵學通也" 《사암연보》14~15쪽

(라) "丁未八月二十三日辰時 上御熙政堂…右副承旨 率應製儒生入侍…右副
承旨洪仁浩…與生員丁若鏞…偕入進伏" 《승기》정조 11년 8월 23일

🔖 (라)의 희정당 입시 기록은 8월 23일 당일의 기록이다. 이어 다음 날 8
월 24일에는 중희당에 입시하여 《兵學通》을 하사받게 된다.

8월 24일: ① 정조가 정약용 등에게 명을 내려 중희당에 입시하게 하다. ②
정약용에게 《兵學通》을 상으로 내리다.

(가) "丁未八月二十四日辰時 上御重熙堂…上曰 應製比較儒生…賤臣承命出
與…生員丁若鏞…偕入進前" 《승기》정조 11년 8월 24일

(나) "八月泮試 比較置高等 命入對于重熙堂 坐之石榴樹之下 上曰'汝得八子
百選乎' 曰'得之矣 ' '得大典通編乎' 曰'得之矣' '得國朝寶鑑乎' 曰'得之矣'
上曰'近日 內閣所印書籍 爾盡得之 予無書與汝矣' 仍大笑顧左右 曰'取酒
來'…酒一大碗 至辭以不能飮 上命…酩酊槃散 上命內監扶出 俄而命留之
賓廳 少頃 承旨洪仁浩 袖一卷書出 密傳下敎 曰'知汝兼有將才 故特賜此
書 異日有如賊東喆者 起汝可出戰也' (時 嶺東有鄭鎭星·金東喆之獄) 歸而
視之 乃兵學通也" 《사암연보》14~15쪽

(다) 〈重熙堂上謁 退而有作〉"六月也 時賜酒一椀 又賜兵學通 令習陣圖" 《전
서》시문집,1787년 8월 24일

🔖 (가)의 기록으로 보아서 정약용이 중희당에 입시하여 《兵學通》을 받은
것은 8월 24일로 보아야 할 것이다. (다)의 주에서 "六月也"라고 한 것은 8월

의 착오 또는 오자로 보아야 할 것이다. (다)의 시 원주에 "時賜酒一椀 又賜兵學通 令習陣圖"라고 되어 있다. (나)의 상황과 같다. 다만 이전에는 (나) 시의 저작 시기를 8월 23일로 추정하였으나,[61] 8월 24일로 보아야 할 것이다. 정조가 《兵學通》을 하사하지, 정약용이 국왕이 자신을 무신으로 키우려 한다고 생각한 점도 정약용이 출사出仕를 망설이게 된 하나의 이유가 될 수 있겠다.

9월 초순(추정): 문암산장에 추수하러 가다.

(가) 〈秋日門巖山莊雜詩〉 "九月也 時因看刈 留數十日" _《전서》 시문집, 1787년 9월 초순 추정

𝜙 위의 (가)의 주에서 "九月也 時因看刈 留數十日"이라고 하여 9월에 추수하러 이미 문암에 가 있었음을 알 수 있다. 추수는 경기 북부 지역에서 대략 (음력) 9월 초순 무렵 시작된다. 따라서 정약용이 문암에 간 시기는 9월 초순 무렵으로 추정된다.

10월 초순(추정): 문암산장에서 수십 일 머무른 뒤 바로 서울로 돌아오다.

(가) 〈孟冬 自山莊乘舟 還京〉 _《전서》 시문집, 1787년 10월 초순 추정

𝜙 9월 초순 무렵 문암에 갔다면 서울에 돌아온 것은 10월 초순 무렵으로 보는 것이 타당하다. 〈秋日門巖山莊雜詩〉의 주에 수십 일 머물렀다고 하기 때문이다. (가) 시에 따르면 고향 초천에 들르지 않고 바로 서울로 간 것으로 보아야 할 것이다. 정약용은 문암산장에 머무르면서 과거를 포기하려는 뜻을 굳힌 것이 아닌가 여겨진다. 문암에서 약간의 농토를 기반으로 살아갈 생각을 한 것으로도 볼 수 있겠다. 결심을 굳힌 데에는 천주교 문제도 작용하였을 것으로 여겨진다.

11월 17일: 황감제가 실시되다.

(가) "御集春門 設柑製 居首儒學…直赴殿試" _《실록》 정조 11년 11월 17일

𝜙 (가)의 기록을 보아 1787년 11월 17일 황감제가 실시되었음을 알 수 있

---

61) 조성을, 2004, 62쪽.

다. 《다산연보》와 《사암연보》에 이에 대한 언급이 없는 것으로 보아서 응시하지 않았거나 불합격한 것으로 볼 수 있겠다. 문암산장 체류를 계기로 이미 과거를 포기하는 마음을 굳혔기 때문으로 보인다.

12월 일: 정미반회丁未泮會에 참석하다.

(가) "… 丁未冬 李承薰·丁若鏞等 托做儷文 會泮人金石太家 講習邪書 誘入年少輩說法 李基慶往見其所作儷文 率皆滾草 未有完篇 怪問曰 '君輩科業 自來精工 今如是草率忙遽 何也 得無爲他事也' 擧皆色沮漫湜 李濬力言 邪書之不可看習 至於垂涕而道之 姜進士履元 時在座 出而語人 洋書冊名·及習邪節次 無不傳說 洪聞於姜而問于李 得之其狀 大以爲憂 濬有此往復 入太學 發論陳疏 旋人日製親策 洪濬極言 邪學將熾之勢 入格於第三 事旣上徹 故疏論濬止 然人知承薰輩終不改悔" 〈丁未泮會事〉 _《벽위편》 권2

(나) "泮中事 自有向日酬酌以來隱憂在中 殆至明發 [中略] 先以一通文字 遍告 於知舊 仍爲設廳治疏" 〈洪進士樂安(號魯齋 後改名羲運) 與李進士基慶書〉 _《벽위편》 권2

(다) "… 以弟愚見 不如更費商量 提携之 勸戒之 至於無可奈何而後 功之割之 亦自不晚 … 旣以科場爭名造設 故日前應製 已坐停 來年則自人日製始 凡汗漫不出第之科 並一切廢之 以明此心之斷斷 無他耳" 〈李進士基慶(號瘠齋) 答書〉 _《벽위편》 권2

(라) "弟之敢欲爲此異衆立跡之計者 恃兄而不爲孤矣 … 奮發君子之勇 亟了此事 權純百(永憲)·成元發(永愚) 何待更言 而此外申丈(奭相)·兪友(孟煥) 已有轉報 皆無異辭矣 只當待弟入泮 卽發大論耳" 〈洪進士 再書〉 _《벽위편》 권2

(마) "… 兄之不竢終日 錯認人逕庭義理 不能無過 … 兄口絶丁 弟口節李 不過泮會二字 若蒙感動 懽如疇昔 死可瞑目" 〈進士丁若鏞 與李進士基慶書〉 _《벽위편》 권2

(바) "弟之向兄輩 道說於他人者 弟當一一進之 若以此事努弟 則弟當甘受 … 弟之言曰 '丁謀李謀 昨冬在泮 名做功令 實爲他事 非吾心之心腹也' 又曰 '丁謀 始以好奇之習 或披閱其書 而近則脫濕 故吾之交情 與前如一…'" 〈李進士 答書〉 _《벽위편》 권2

✿ 정미반회 사건은 1787년 12월(음력)에 있었던 것으로 추정된다. 이 일을 홍낙안이 1788년 인일제(1월 7일)에서 폭로하였기 때문이다. (가)를 보면 이승훈, 정약용이 주도적인 역할을 한 것으로 보인다. 성균관 시험 준비를 핑계로 모임을 한 것이고, 12월에 반제에 합격하므로 12월 반제 이전에 이 모임이 있었다고 볼 수 있다. (가)에 따르면 이 모임을 이기경이 목격하였고, 구체적 내용은 그 자리에 참석하고 있었던 진사 강리원姜履元이 전하였다. 이리하여 반촌에서 열린 천주교 집회 사실을 알게 된 홍낙안洪樂安이 다시 이기경에게 물어 확인하였다. (나)에 따르면 그 다음 날 홍낙안이 이기경에게 통문을 돌려 여럿이 함께 상소를 올리자고 권유하였다. 그러나 (다)에 따르면, 이기경은 좀 더 회유하여 보자고 하면서 지금은 응제가 중지되었으니 다음 인일제(1788년 1월 7일)에서 하는 것 이외에 다른 수단이 없다고 하였다. (라)에 따르면, 홍낙안이 다시 편지를 보내어 연명 상소를 주장하였다. 그러나 연명 상소는 행해지지 않았다. 이것은 성균관에 있는 같은 남인 유생층들에게 지지를 받지 못하였기 때문인 듯하다. 이리하여 1788년 1월 7일 인일제에서 홍낙안은 이 문제를 폭로하였다(1788년 1월 7일 부분 참조).

1787년의 정미반회는 소장 성호학파 계열의 학자들 사이에서 천주교 집회를 재건 또는 활성화하려는 움직임이었던 듯하다. 그리고 이 모임에 참석한 것은 12월 반제 이전이었을 것으로 추정된다. 한 차례였는지 몇 차례였는지는 알 수 없으나 지속적으로 몇 차례 참석했을 가능성이 크다고 여겨진다. 그런데 1787년에 왜 다시 서울에서 천주교 움직임이 활성화했는지에 대하여는 좀 더 고찰이 필요하다. 1785년 을사추조적발사건 이후 서울에서 감시가 심해지자 지방, 특히 내포 지역에서 선교가 활발해졌다. 이것이 거꾸로 서울에 영향을 준 것인지가 문제이다.

(마)는 정약용이 이기경에게 친구로서 정미반회 문제를 거론하지 말라는 뜻으로 보낸 편지인데, 아마도 성균관의 남인 유생층 안에서 상소를 올리려는 움직임과 여기에 이기경이 연루되어 있음을 알고서 보낸 것이다. 대략 12월 연말(또는 1788년 1월 초) 무렵의 편지로 여겨진다. 이에 대하여 1788

년 초에 보낸 답장이 바로 편지 (바)이다(작동昨冬이라는 언급이 있음). 이기경은 상소를 올리는 것에는 대체로 반대 입장이었다. 그러나 1788년 인일제에서 홍낙안이 언급한 것은 이기경의 생각에서 나온 것이다.

12월 일: 반제에 낮은 등수로 피초되다.

(가) "(十二月) 泮製被抄 (居家應敎表 御考三下)" _《다산연보》5쪽

(나) "(十二月) 泮製被抄 (居家應敎表 御考滿篇硃批) 特置卑等 曰'屢試屢捷 華
　　而無實 特爲渠斂華耳 公欲廢擧業 有隱居窮經之意 盖上有以武進用之意
　　故也_《사암연보》15~16쪽

🕮 이때 1787년 12월 무렵 정약용의 심경에 대하여 《사암연보》에서는 정조가 무신으로 기용하려 하였기 때문에,[62] 과거 포기를 생각하였다고 하였다. 그 뒤부터 정약용이 더 본격적으로 과거에 대하여 망설이는 것으로 보아 이 추론은 설득력이 있다.

그러나 1787년 4,5월 무렵부터 정약용이 과거를 포기하려고 생각하기 시작한 것은 정약용이 천주교 문제를 두고 겪은 심적 동요와 어떤 관련이 있다고 생각된다. 4월에 문암에 농장을 장만한 것이나 5월에 시를 통해 이미 과거를 포기하려는 생각을 표현한 것이 그러한 추정을 뒷받침해 준다. 1787년 9월 문암으로 내려가 수십 일 동안 머무른 것도 이런 것과 관련이 있는 듯하다. 문암에 머무르면서 오랫동안 생각한 결과 과거를 포기하려는 생각을 굳혔고, 그 때문에 《사암연보》에 언급된 바와 같이 12월 반제에서 답안지를 대충 빨리 써내었던 것이 아닌가 여겨진다. 8월 하순에 정조가 《兵學通》을 하사하고 승지 홍인호 편에 병법을 공부하라는 밀지를 내림으로써 정약용이 정조의 무신 기용 의도를 간파한 것은 이러한 결정을 더욱 확실하게 만들었을 것이나, 그것만이 전부는 아닌 것 같다.

이와 관련하여 〈자찬묘지명〉(광중본)에서 "見西書 丁未以來 四五年 頗傾心焉"이라고 한 것이 주목된다. 광중본의 언급은 남의 시선을 의식할 필요가 없는 것이기에 서교에 몰두하였다는 언급이 없는 집중본 〈자찬묘지명〉보다

---

62) 8월에 《兵學通》 하사와 장래 비상시에 출전시키겠다는 임금의 말에 근거하여 《사암연보》 찬자가 이런 추론을 한 것으로 여겨진다.

더 솔직하게 쓴 것으로 볼 수 있다. 광중본의 언급에 따르면, 정약용은 대략 1787년부터 1791년 신해교안 때까지 서교에 몰두하고 있었다. 1789년 3월 대과 급제 이후에도 천주교에 계속 빠져 있었던 사실이 주목된다.

1787년의 저작과 활동

1787년 봄의 저작으로는 〈首春書懷〉(1787년 1월), 〈金獻納(叙九)輓詞〉의 시 두 편이 있다. 〈首春書懷〉(1월)와 〈熙政堂夜對 退而有作〉(3월 15일 추정) 사이에 있다. 더 구체적 시기는 알기 어려우나 대체로 1787년 봄의 시(1787년 1월 이후~3월 14일 이전 추정)로 볼 수 있겠다. 김서구金叙九는 누구인지 알지 못한다. 1787년 1월과 3월(14일과 15일 2차)의 시험에 모두 합격하고, 특히 3월 15일 시험의 전 부문 비교에서 거수하므로 1787년 1월과 3월 사이에는 대체로 시험에 몰두하고 있었을 것이다.

1787년 여름의 저작으로는 〈把唐行〉(1787년 4월 15일), 〈陪仲氏同閔生游門巖山莊〉(1787년 4월 16일 이후 추정), 〈就龍洞居〉(1787년 5월)의 시 세 편이 확인된다. 이 해 여름 4월 중순에는 고향으로 내려가 문암에 토지를 장만하였고, 5월부터는 서울 소룡동에서 아버지를 모시고 살았다. 6월의 활동은 확인되지 않는다.

1787년 가을의 저작으로는 〈重熙堂上謁 退而有作〉(1787년 8월 24일), 〈東城吟〉(1787년 9월 초순 추정), 〈秋日門巖山莊雜詩〉(1787년 9월 초순 추정), 〈孟冬自山莊乘舟還京〉(1787년 10월 초순 추정)의 시 세 편이 있다. 이 가운데 〈東城吟〉은 내용으로 보아서 고향 초천에 가고자 광희문을 나서면서 지은 시로 여겨진다. 따라서 저작 시기는 9월 초순으로 추정된다. 1787년 8월 23일과 24일에 시험이 있었으므로, 7월부터 8월 시험까지는 시험 준비에 몰두하였다고 볼 수 있다. 9월 초순에서 10월 초순까지는 추수하러 문암산장에 가 있었다. 1787년 4월 정약용이 문암에 자신의 토지를 마련한 뒤 첫 추수였다. 문암산장에 머무르며 정약용은 자신의 장래에 대하여 깊이 생각하였을 것으로 보인다. 1787년 4, 5월 무렵 이미 과거에 대한 회의를 품고 초야로 돌아갈 생각이 있기는 하였으나, 이 해 8월의 반제에는 응시하여 합격하고 국왕으로부터 《兵學通》을 하사받았다. 그러나 반제에 합격하여 《兵學通》을 받은 것, 즉 국왕이 자신을 무신으로 키우려는 계획을 갖고 있을지도 모른다는 생각이 과거를 포기할 결심을 더 굳히게 하는 한 계기가 되었을 가능성이 있다.

1787년 겨울의 저작으로는 시로서 〈孟冬 自山莊乘舟 還京〉(12월 초 추정), 〈醉歌行〉이 있다.

1788년 戊申, 정조 12 _27세

1월 7일: ① 성균관의 인일제에 지차로 입격하고 희정당에서 정조를 뵙다.
② 홍낙안이 인일제의 대친책문對親策文에서 천주교 문제를 거론하다.

(가) 戊申(正月初七日) 泮製入格 通方外策三下級一分 主文徐有隣 _《다산연보》5쪽

(나) 戊申…正月初七日 泮製入格 人日製 _《사암연보》16쪽

(다) 〈人日熙政堂上謁 退而有作〉 _《전서》시문집, 1788년 1월 7일

(라) "戊申正月初七日辰時 上御摛文院…… 人日製…之次生員丁若鏞…各給二分" _《승기》정조 12년 1월 7일

(마) "西洋帶來 一種邪說 將有漸熾之勢"〈進士洪樂安 對親策文〉(戊申 人日製 第三入格) _《벽위편》권2

ʚ (마)는 1788년 1월 7일 인일제에 홍낙안이 제출한 대책문이다. "西洋帶來 一種邪說 將有漸熾之勢"라는 폭로가 있음에도 정약용이 인일제에 지차로 합격한 사실이 주목된다. 정조는 이미 정미반회에 대하여 듣고 있었을 것이다. 그럼에도 정약용이 지차로 합격하게 허용한 것이다.

1월 21일: 장인 홍화보가 함경북도 병마절도사兵馬節度使에 임명되다.

(가) "以洪和輔 爲咸鏡北道兵馬節度使" _《실록》정조 12년 1월 21일

(나) 〈呈外舅洪節度關北營中〉(公 七月 赴北營) _《전서》시문집, 1788년 2월 추정

ʚ (가)의 기록을 보아 홍화보가 1월 21일에 임명되었음이 확인된다. (나)는 1788년 9월 이후(문암산장에서 서울로 돌아온 이후, 늦가을 아니면 초겨울)에 지은 시이다.[63] 즉 함경도로 떠난 장인에게 드리는 시를 문암산장에서 돌아온 뒤 대략 10월 이후에 쓴 것으로 추정된다. 이 시를 아마도 편지 대신

---

63) 조성을, 2004, 64쪽.

으로 장인에게 보냈을 것이다. 다만 (나)의 원주에 "公 七月 赴北營"이라고
한 것은 착오로 보인다. 홍화보는 1월 21일 함경북도 병마절도사에 임명되
었기 때문이다. 아마도 "七月"은 "二月"의 착오일 것이다. 전사 과정에서 생
겨난 오류로 보인다. 장인의 함경북도 병마절도사 임명 역시 1787년 이후
남인의 재등장을 의미하는 것이라고 하겠다.

2월 11일: 국왕이 친필로 채제공을 우의정에 임명하다.

(가) "蔡濟恭爲議政府右議政" _《실록》 정조 12년 2월 11일

　🜨 1788년 2월부터 남인 정승 채제공이 주도하는 정국이 본격적으로 시작
되는 것으로 볼 수 있겠다. 1788년 1월 21일에 정약용의 '장인' 홍화보가 함
경북도 병마절도사에 임명된 것, 1788년 3월에 정조가 정약용에게 은혜로
운 말씀을 내리는 것, 한성서윤 정재원을 더 높게 기용하려고 한 것 등은
이와 연계하여 생각할 수 있다.

2월 일: 〈故弘文館校理洪公(樂貞)輓詞〉를 쓰다.

(가) 〈故弘文館校理洪公(樂貞)輓詞〉 _《전서》 시문집, 1788년 2월

(나) 〈答丁器伯(載遠) 別紙〉(戊申) _《순암선생문집》

　🜨 《순암선생문집》의 (나)에 따르면 홍낙정은 이 해 2월에 죽었다. 홍낙정
은 정약용의 처가 쪽 인물이다.[64] 홍낙정의 만사輓詞를 쓴 날이 구체적으
로 언제인지는 모르나, 잠정적으로 2월 두 번째에 배치하였다.

3월 7일: 반제가 시행되고, 정약용이 직부회시直赴會試를 허가받다.

(가) "(三月初七日) 泮製入格 (三日製 圓點試表三下給一分 主文金鍾秀) _《다
산연보》 5쪽

(나) "三月(初七日) 泮製入格居首 (三日製 圓點試表 直赴會試) 入對于熙政堂
上曰汝之初試幾何 對曰 未會試者 三矣" _《사암연보》 16쪽

(다) 〈三月三日 熙政堂上謁 退而有作〉(時 泮試居首 是日有恩言 始決意進取)

---

64) 심경호, 〈여유당전서 시문집 정본 편찬을 위한 기초연구: 시편의 繫年 방법을 중심으로〉,
　　《다산학》11, 2007, 364쪽.

_《전서》 시문집, 1788년 3월 3일

(라) "設三日製於泮宮" _《실록》 정조 12년 3월 7일

(마) "戊申三月初七日酉時 上御誠正閣…丁若鏞等出榜 命書傳敎曰 三日製居
首儒生丁若鏞 直赴會試" _《승기》 정조 12년 3월 7일

✍ (라)와 (마)의 기록을 보면 1788년 3월 7일에 삼일제가 시행되었고 당일
합격과 석차 발표가 있었음이 분명하다. 이것은 (가)와 (나)의 기록과 일치
한다. 하지만 (다)에서 보면 반시泮試의 시기는 "三月三日"이다. 삼일제는 원
래 음력 3월 3일에 시행하는 것이지만, 이해에는 3월 7일에 시행하였다. 3
월 7일 시험에 이어서 합격과 석차 발표 그리고 정약용에 대한 직부회시
허가 등이 있었다. (다)의 제목에 따르면 희정당에 입시하였고 (마)에 따르
면 성정각에서 있었던 일이다. (다) 3월 3일 반시泮試와 3월 7일의 반제泮製
는 별개의 일일 것이다.

정조가 1787년 12월 성균관에서 있었던 응교應敎에 낮은 등급으로 합격
시킨 것은 정약용에게 자극을 주려는 의도였을 것이다. 이어 정약용은
1788년의 인일제(1월 7일)에서도 무성의한 답안을 제출하였을 것이지만, 정
조는 지차로 합격시켜 주었다. 그리고 인일제에서 홍낙안이 정미반회 사
건을 폭로함으로써 정조는 정약용이 그 모임에 연루된 것을 더욱 잘 알게
되었을 것이다. 이어 3월 3일의 반시에서 국왕은 정약용에게 거수를 주고
직접 은혜로운 말을 내렸다(아마도 그를 중용하겠다는 말). 이에 따라 정약용
은 과거와 출사로 다시 마음을 돌리게 되어 3월 7일 반제에서 거수입격한
것으로 볼 수 있겠다.

다만 3월 3일의 반시와 3월 7일의 반제가 동일한 사건을 가리킬 수도 있
다. 그렇다면 (다) 시의 날짜 '3월 3일'은 '3월 7일'의 착오이며 '희정당'이라
는 장소도 기억상 착오일 수 있다. 그리고 국왕이 은혜로운 말을 내리는
것은 3월 7일의 일이 된다. 어쨌든 1791년 신해교안까지는 천주교에 대한
몰두도 여전하였다고 생각된다.

3월 8일: 탑전에 나아가 정조를 뵙다.

(가) "戊申三月初八日卯時 上御誠正閣…若鏞進伏 上曰前次爲初解乎 若鏞曰

然矣 爾是誰壻 仁浩曰臣叔洪和輔之壻矣" _《승기》정조 12년 3월 8일

🪷 정조를 뵈었을 때 정조가 정약용에게 다시 구체적 관심을 표명하였음을 알 수 있다. 이때 처육촌 홍인호(당시 승지)는 정약용이 홍화보의 사위라고 정조께 아뢰었다.

5월 1일: 정약용 등 상소를 올려 왕세자 죽음에 대한 책임자 문제를 다시 거론하다.

(가) "丁若鏞…等疏曰 伏以彝倫之變 莫大於君父之讐…自丙午五月以後 莫非沫血飮泣之日" _《승기》정조 12년 5월 1일

🪷 이런 정치적 문제에 대한 정약용의 참여는 그가 다시 출사에 뜻을 갖게 되었음을 의미한다.

5월 하순 무렵(추정): 여름 장맛비 속에서 시를 짓다.

(가) 〈苦雨行〉 _1788년 5월 하순 무렵

🪷 (가)는 여름 장맛비 속에서 지은 시로, 당시의 괴로운 심정이 잘 나타나 있다. 괴로운 심정은 장맛비 때문만은 아니었을 것이다.

7월 무렵: 1788년 8월 26일 가을 도기에 불합격하는 것으로 보아서(8월 26일 부분 참조), 7월에 여전히 천주교 문제로 갈등하면서 시험 준비에 몰두하지 못하였던 듯하다.

8월 26일: ① 춘당대에서 가을 도기 시험을 실시하다. ② 이기경李基慶이 거수하여 직부전시되다.

(가) "御春塘臺 試到記儒生講製…居首進士李基慶…竝直赴殿試" _《실록》정조 12년 8월 26일

(나) "戊申 到記儒生秋試 及文臣親試" 〈孟子策〉 _《전서》시문집

🪷 아울러 (나)의 언급을 따르면, 1788년 가을(8월 추정) 도기 시험에 응시하였다. 여기에 대한 언급이 《다산연보》와 《사암연보》에 없는 것으로 보아서 1788년 가을 도기에는 합격하지 못하였던 것으로 보인다. 이 또한 신앙과 출사 사이의 갈등 탓으로 여겨진다. 경쟁자 이기경은 직부전시된 것이

주목된다. 정조는 정약용과 이기경을 경쟁시키다가 결국 정약용을 택하게 되고, 이에 이기경이 알게 모르게 정약용에게 경쟁심이 생겼으며, 여기에 천주교 문제가 겹쳐 1791년 신해교안 이후 둘이 원수가 된 것으로 볼 수 있다.

9월 초순(추정): 문암산장에 추수하러 가다.

(가)《秋日游門巖山莊》(九月也 時看刈) _《전서》시문집, 1788년 9월 초순

 (가)를 보면 문암산장에 간 것은 9월이다. 지난해(1787)와 마찬가지로 문암산장에 추수하러 간 시기를 9월 가운데 대략 초순으로 추정해 보았다.

9월 일(추정): 계산雞山으로 가서 이승훈을 만나고 남일원南一源에서 배를 타고 문암산장으로 돌아오다.

(가) 《南一源承舟 還門巖山莊》 _《전서》시문집, 1788년 9월 추정

 계산에 가서 이승훈을 만난 것은 문암산장에 체류하는 동안이었을 것이다. 1788년 9월에는 지난해와 마찬가지로 대체로 문암산장에 머무르고 있었을 것으로 추정된다.

12월 일(추정): 권영석權永錫의 마포 정자에서 여러 사람과 함께 과거를 위해 사륙문을 공부하다.

(가) 《冬日權純百水亭同諸公集》 _《전서》시문집, 1788년 12월 추정

(나) 《晩漁亭記》 _《전서》시문집, 1788년 12월 추정

 (나)에 따르면, 권순백의 수정水亭은 마포의 만어정晩漁亭을 말한다.[65] 따라서 (가)의 시는 만어정에서 과거시험 준비를 하면서 지은 시로 추정된다. 이듬해인 1789년 1월의 시험에 대비한 것으로 보아서 겨울 가운데에서도 12월로 추정하였다.

1788년의 저작과 활동

1788년 봄의 저작으로는 《人日熙政堂上謁 退而有作》(1788년 1월 7일), 《故弘

---

65) 심경호, 2007, 365쪽.

文館校理洪公(樂貞)輓詞〉(1788년 2월), 〈三月三日 熙政堂上謁 退而有作〉(1788년 3월 3일 또는 3월 7일)의 시 세 편이 확인된다. 〈人日熙政堂上謁 退而有作〉은 인일제人日製에 참석하고 물러나면서 지은 시이며, 〈三月三日 熙政堂上謁 退而有作〉은 반시를 마치고 나오면서 지은 시이다. 이 해 봄 1월에서 3월 초까지 정미반회 사건 수습에 힘썼을 것이다. 3월 이후에는 다시 과거와 출사로 마음을 돌리게 되지만 1791년 신해교안 때까지는 여전히 천주교에 몰두해 있었다. 1788년 3월 국왕의 은혜로운 말을 들은 뒤부터는 천주교 신앙생활과 출사를 병행하는 것도 가능하지 않을까라고 생각했을 가능성도 있다.

아울러 규장각본 《여유당집》 시율에는 〈苦雨行〉(1788년 5월 추정, 1788년 5월 부분 참조) 앞에 〈蜿珍詞七首 贈內〉와 〈蜿豆歌〉의 시 두 편이 배치되어 있다. 이 둘의 저작 시기는 대략 3월 이후 5월 사이에 지은 것으로 추정된다. 편의상 1788년 봄에 배치하여 둔다. 전자에는 "家人癖於蠶 雖在京城 歲取繭絲 故有是作"이라는 원주가 붙어, 양잠을 좋아하여 서울에서 이 일을 하던 아내를 위해 지어 준 시임을 알 수 있다. 〈蜿豆歌〉에는 "時兩兒病完"이라는 원주가 붙어, 이 무렵 정학연과 정학유가 완두창을 앓았음을 알 수 있다.

한편 《가승》에 따르면 한때 물러났던 채제공이 1788년 봄에 다시 우의정이 되어 탕평을 실시하고자 인재를 구할 때, 정재원은 한성 서윤(1787년 여름 임명)으로서 윤대관으로 입시하여 정조에게 한성부의 일을 자세히 보고하였다. 정조가 채제공에게 일러 성균시를 치르게 하여 빨리 승진시켜 정승의 반열에 오르게 하려 하였으나, 정재원은 응하지 않았다. 이렇게 사양한 이유는 예의 염치가 있었기 때문이기도 하였겠지만, 아마도 두 아들 정약용과 정약전이 곧 대과에 합격할 것을 염두에 두었기 때문일 수도 있다.

1788년 여름의 시로 〈苦雨行〉(1788년 5월 하순 추정)이 확인된다. 이 시를 보면 당시 정약용이 괴로운 상황에 있었음을 알 수 있다. 이것은 천주교 문제를 둘러싼 심적 갈등이 아직 남아 있었기 때문일 수 있다. 정약용은 자신을 적극적으로 배려하여 주는 정조 때문에 다시 과거와 출사에 뜻을 두었으나, 5월 무렵 신앙과 출사 사이에서 갈등했을 가능성이 있다. 3월 무렵에는 임금의 은혜로운 말에 둘의 병행이 가능하다고 생각하였을 수도 있겠으나, 장마철 5월 하순 무렵에는 이것이 어렵다는 것을 깨달은 것이 아닌가 싶다.

어쨌든 정약용은 1787년 이후 4, 5년 동안(1791년 신해교안 때까지) 천주교에 기울어 있었다.

1788년 가을의 저작으로는 〈秋日游門巖山莊〉(1788년 9월 초순 추정), 〈南一源承舟 還門巖山莊〉(1788년 9월 추정)의 시 두 편이 있다. 전자는 9월 문암 산장으로 가면서 지은 시이고, 후자는 문암산장에 있을 때 잠시 이승훈을 만나고 돌아오면서 지은 시이다. 이때 이승훈과 만난 것이 천주교 문제와 관련되었을 수 있다. 정약용 자신이 1787년 이후 4, 5년 동안 천주교에 기울어 있었기 때문이다. 9월에는 대체로 문암산장에 있었다고 여겨진다. 1788년 가을(8월) 도기에 합격하지 못한 것도 천주교 문제에 따른 심적 갈등과 일정 부분 연관이 있다고 생각된다. 그러나 12월에는 다시 과거 준비를 하였다.

1788년 겨울의 저작으로는 〈呈外舅洪節度關北營中〉(1788년 10월 이후 추정), 〈冬日權純百水亭同諸公集〉(1788년 12월 추정)의 시 두 편이 확인된다. 전자는 함경도에 계신 장인 홍화보에게 편지 대신 보낸 시이고, 후자는 1788년 12월 과거 준비를 하면서 지은 시이다. 1788년 겨울의 활동으로는 장인께 시를 써서 보낸 것과 12월에 과거를 준비한 사실만 확인된다.

1789년 己酉, 정조 13 28세

: 1789년(己酉)에는 윤5월이 있다.

1월 8일: ① 성균관에서 반시(인일제)에 응시하다. ② 합격하다. ③ 정조가 인일제에서 지차한 정약용에게 일분一分을 주다.

(가) "己酉(正月初七日)泮製入格(人日製 圓點試表三下 給一分 主文金鍾秀) _《다산연보》 5쪽

(나) "十三年…正月(初七日)泮製入格(人日製 圈點試表)入侍于'熙政堂' 命進前 移時不語 問初試幾何 對曰四也 上又移時不語 乃曰如彼做去 畢竟及第 做得麼 仍令退出 盖憫其久屈也" _《사암연보》 17쪽

(다) 〈人日誠正閣上謁 退而有作〉"己酉時 泮試入格" _《전서》 시문집, 1789년 1월 8일

(라) "設人日製于泮宮" _《실록》 정조 13년 1월 8일

(마) "己酉正月初八日未時 上御誠正閣…上曰科次入侍…人日製…之次生員丁

若鏞給一分" _《승기》 정조 13년 1월 8일

✿ (다) 시에서 인일人日이라고 하였으나 1789년 1월 8일 작으로 보는 것이 좋겠다. 당시 1월 7일에 연례적으로 인일제가 있었으나, (라)에 따르면 1789년에는 1월 8일 인일제가 성균관에서 있었다. (마)에 따르면 1월 8일 인일제 시험에 지차之次로 합격한 그날에 성정각에서 국왕을 알현하고 일분을 받았다. 이때 정조가 정약용에게 (대과) 초시에 몇 번째 응시하였느냐고 물었다. (다)의 시에서 "人日"이라고 한 것은 인일제에 합격하였으므로 그런 것이며 장소를 성정각이라고 한 것은 성균관에서 오전에 시험을 치른 뒤에 오후(미시未時)에 성정각에서 입시한 것을 말한다. (가)에 따르면 1월 7일 희정당에서 인일제를 치렀다고 하였으나, 이 또한 착오이다. (라)에 따르면 인일제는 1월 8일 반궁, 곧 성균관에서 시행되었다. 인일이 원래 1월 7일인 데에 따른 기억상의 착오라고 할 수 있겠다. (나)의 날짜도 (가)의 기록을 그대로 따른 데 말미암은 착오이다.

1월 26일: ① 정조가 춘당대에 어거하여 도기 유생들에게 강경講經과 제술製述 시험을 행하다. ② 제술에서 수석을 한 생원 정약용과 강경에서 수석을 한 김필선金必宣을 전시에 직부하다.

(가) "到記入格(春塘臺親臨 表三下居首 直赴殿試 主文金鍾秀)" _《다산연보》 5쪽

(나) "十三年己酉…泮試表居首 直赴殿試…是日天語縷縷 皆嘉悅之意" _《사암연보》 17~18쪽

(다) "御春塘臺 行到記儒生講製 製居首生員丁若鏞 講居首幼學金必宣 直赴殿試" _《실록》 정조 13년 1월 26일

(라) "己酉正月二十六日 上詣春塘臺 親臨春到記分製講…製述居首生員丁若鏞 並直赴殿試" _《승기》 정조 13년 1월 26일

✿ 정약용이 1789년 1월 26일 봄 도기에서 수석함으로써 전시에 직부되었다는 것은 이미 대과 급제가 결정되었음을 의미한다. 대과의 경우 회시까지만 합격 여부를 결정하고 전시殿試에서는 석차만 정하기 때문이다. 이렇게 수석을 하여 직부전시直赴殿試하게 되자 정조는 (나)에서와 같이 매우 기뻐하였다(是日天語縷縷 皆嘉悅之意).

1월 27일: 전날의 제술 시험에서 수석을 하여 다음 날 희정당에서 정조를 알현하다.

(가) 〈正月卄七日賜第 熙政堂上謁 退而有作〉(時泮試居首) _《전서》시문집, 1789년 1월 27일

(나) "己酉正月二十七日辰時 上御熙政堂…上曰入格儒生皆來待也…仁浩曰…製述居首丁若鏞 偕入進伏矣…若鏞進伏姓名 上曰 今年幾何 若鏞曰二十八矣 命誦製述科表" _《승기》정조 13년 1월 27일

3월 10일: 정조가 인정전에 친림한 식년시式年試에서 갑과甲科 제2인으로 합격하다.

(가) "(三月 初十日) 式年殿試 甲科第二人入格 (仁政殿親臨 銘三下 考官金熤)" _《다산연보》5쪽

(나) "三月 直赴殿試 以探花郎 例付七品官 除禧陵直長" _《사암연보》19쪽

(다) "御仁政殿 行文科殿試" _《실록》정조 13년 3월 10일

◈ 전시는 석차만 정하는 시험이므로 대과 합격은 직부전시가 허용된 1월 26일 이미 결정되었다. 그러나 1789년 1월 26일 이후부터 3월 10일 전시 때까지 정약용은 시험 준비에 몰두하였을 것이다.

3월 11일: 의릉직장懿陵直長에 제수除授되다(실제 부임은 5월 4일).

(가) "三月 直赴殿試 以探花郎 例付七品官 除禧陵直長" _《사암연보》19쪽

(나) "三月(十一日) 禧陵直長除授 (以探花郎例付七品官 五月初四日赴齋 是日遞差)" _《다산연보》6쪽

(다) "有政 吏批…懿陵直長單丁若鏞" _《승기》정조 13년 3월 11일

◈ (가)와 (나)에는 "희릉禧陵"이라고 되어 있으나, (라)에서는 "의릉懿陵"이라고 되어 있다.《사암연보》,《다산연보》및 정약용의 시(5월 4일 부분 참조)에서 일관되게 희릉이라고 하였지만,《승정원일기》가 공식 기록이기 때문에 일단 이를 따르기로 한다. 5월 4일 부임 이전 희릉직장으로 바꾸어 발령하였을 가능성을 생각할 수 있다. 공식 합격 발표일은 3월 13일이지만, 3월 11일 이미 석차가 결정되었으므로 관직을 부여한 것으로 보인다.

3월 13일: 대과 합격 방이 붙다.

(가) "(三月十三日) 放榜 (徐榮輔榜下)" 《다산연보》 5쪽

3월 13일 이후(추정): 과거 급제 후 채제공의 집을 찾아가 뵙다.

(가) 〈每善堂記〉 《전서》 시문집, 1789년 3월 13일 이후 추정

✎ (가)에 따르면, 정약용은 대과 급제 후 채제공을 사저私邸로 찾아가 뵈었다. 날짜는 대과 급제 공식 발표 직후였을 것이므로, 1789년 3월 13일 이후로 추정하였다.

3월 15일 이후(추정): 판서 권엄權欕에게 과거 급제를 축하하는 유희에서 관례를 잘 따르지 않아 그를 화나게 한 데에 대하여 사과하는 편지를 보내다.

(가) 〈上權判書〉(제1서) 《전서》 시문집, 1789년 3월 15일 무렵

✎ 과거 급제를 축하하는 연회는 3월 13일 방방放榜 며칠 안에 있었을 것이다. 따라서 권엄에게 사과 편지를 보낸 시기를 대략 1789년 3월 15일 무렵으로 추정하였다. 이 유희는 탐화연(4월 11일 무렵 이후)과는 별개로 보인다. 그러나 같은 일이라면 〈上權判書〉(제1서)는 4월 11일 이후에 지어진 것이 된다.

3월 20일: 서영보徐榮輔 등과 함께 초계문신抄啓文臣의 계啓를 받다.

(가) "三月抄啓文臣啓下" (被選者 徐榮輔等 十五人) 《다산연보》 6쪽

(나) "己酉選 內閣月課 文臣錄(左議政李性源抄啓 己酉三月) 徐榮輔…丁若鏞…金義淳…沈奎魯…徐有聞…尹寅基…沈能迪…沈象奎…李東冕…李基慶…朴崙壽…金履喬…安廷善…李來鉉…兪漢寓" 《다산연보》 17, 18쪽

(다) "議政府抄啓講製文臣 徐榮輔·丁若鏞…" 《실록》 정조 13년 3월 20일

✎ 이 해 3월의 대과에서 장원은 서영보였다.

4월 1일: 정재원이 울산부사蔚山府使에 임명되다.

(가) "己酉四月初一日 拜蔚山府使" 《가승》, 1789년 4월 1일

(나) 〈陪家君還苕川〉四月也 時余以甲科 仍被閣課抄啓 乘傳赴忠州 家君爲蔚

山府使 遂陪行至忠州) _《전서》 시문집, 1789년 4월 5일 무렵

ⓥ (가)에 따르면 1789년 4월 1일 정재원이 울산부사에 임명되었다. 울산부사 임명에는 채제공의 도움이 컸을 것이다. 정재원이 울산부사에 임명되었음은 (나)의 시 원주를 보아서도 확인된다. 정약용의 집안에 경사가 겹친 것이다. 4월 1일 이후 며칠 동안 여러 곳에 인사하였을 것이므로, 4월 5일 무렵 초천으로 내려간 것으로 보았다. 아버지 정재원이 1789년 4월 울산부사로 임명될 때까지 정약용은 소룡동에서 아버지(당시 한성부 서윤)를 모시고 살았을 것이다. 또 《가승》에 따르면 아버지는 1790년 12월 10일 진주목사에 임명되었고, 1792년 4월 9일 임지에서 타계하였다(庚午十二月初十日 陞晉州牧使 壬子四月初九日 終于官). 정약용은 아버지가 진주로 내려간 이후 계속 소룡동 집에 살다가, 1792년 4월 아버지의 부음을 접하였다. 아버지의 장례를 지내고 나서 1792년 6월 명례방으로 이사하였다. 1794년 7월 8일에 지은 시 〈七月八日夜〉(甲寅)에 보면 "竹欄收影"이라는 구절이 있다. 이때 이미 명례방 죽란에 살고 있었음을 알 수 있다.

4월 5일 무렵: ① 아버지를 모시고 고향 초천에 돌아가다. ② 초천에서 숙박하다(추정).

(가) 〈陪家君還苕川〉 _《전서》 시문집, 1789년 4월 5일 무렵

ⓥ (가)의 시를 보면 3월 13일 정약용의 대과 급제 발표 이후 정재원은 3월 내내 아들과 함께 서울에 머물러 있다가, 4월 1일 울산부사에 임명되고 나서 며칠 동안 인사를 한 뒤, 아들과 함께 향리 초천에 내려가 부임 준비를 한 것으로 추정하였다. 곧 초천으로 출발한 때는 4월 5일 무렵으로 여겨진다.

4월 7일 무렵: ① 아버지 정재원을 모시고 초천을 출발하여 족부 정범조丁範祖의 원주原州 법천法泉 산거山居에 도착하다. ② 법천에서 숙박하다(추정).

(가) 〈訪族父承旨法泉山居〉 _《전서》 시문집, 1789년 4월 7일 무렵

ⓥ 《여유당집》 시집에 〈陪家君還苕川〉 바로 다음에 (가)의 시가 배치되어 있다. 4월 5일 무렵 초천에 돌아간 정재원은 4월 6일 무렵에 그곳에서 출발

준비를 하면서 주변 사람들을 만났을 가능성이 크다. 따라서 초천을 떠난 날짜를 4월 7일 무렵으로 추정하였다. (가) 시를 보아 원주 법천으로 족부(정범조)를 방문하였음을 알 수 있다. 아마 당일에 법천에 이르렀을 것이고, 이날은 법천에서 숙박하였을 가능성이 크다.

4월 8일 무렵: ① 선영이 있는 충주忠州 하담荷潭에 도착하다. ② 밤에 하담에서 숙박하다(추정).

(가) 〈次荷潭〉 _《전서》 시문집, 1789년 4월 8일 무렵

(나) 〈上海左書〉(제1서) _《전서》 시문집, 1789년 4월 8일 무렵 또는 4월 9일

  🔅《여유당집》 시율에는 〈訪族父承旨法泉山居〉 바로 다음에 (가)의 시가 배치되어 있다. 원주 법천에서 묵은 다음 날 충주 하담 선영으로 출발한 것을 고려하여 이 시의 저작 시기를 4월 8일 무렵으로 추정하였다. 4월 8일 밤은 하담에서 숙박하였을 것이다. (나)는 내용으로 볼 때 하담 선영에 도착한 날에 쓴 것일 가능성이 없지 않다고 추정하였으나,[66] 하담에 도착한 다음 날(4월 9일) 울산으로 가는 아버지를 전송한 뒤 쓴 것일 가능성도 있다.

4월 9일 무렵: ① (충주) 금탄金灘에서 아버지와 작별하다. ② 밤에 가흥嘉興에서 숙박하다.

(가) 〈到金灘 奉別家君赴蔚山 還至嘉興宿〉 _《전서》 시문집, 1789년 4월 9일 무렵

  🔅 규장각본《여유당집》 시집에 〈次荷潭〉 바로 다음에 (가)가 배치되어 있다. 4월 9일 무렵 하담에서 충주 금천까지 따라가 아버지와 작별한 뒤 가흥으로 돌아와 지은 시이다. (가)의 저작 시기에 대하여 4월이라고 추정한 적이 있으나,[67] 더 구체적으로 4월 9일 무렵으로 추정한다.

4월 10일 무렵: ① 가흥을 출발하다. ② 당일 한양에 당도하다(추정).

(가) 〈到金灘 奉別家君赴蔚山 還至嘉興宿〉 _《전서》 시문집, 1789년 4월 9일 무렵

  🔅 4월 9일 무렵 밤 가흥에서 숙박하고 다음 날 아침 무렵 일찍 배를 타고

---

66) 조성을, 2004, 304쪽.
67) 조성을, 위의 책, 66쪽.

가흥을 출발하였다면, 그날로 서울에 이를 수 있었을 것이다. 한강 나루터에 늦게 내렸다면 4월 10일 밤은 한양 도성 밖에서 잘 수도 있었을 것이다.

4월 11일 무렵 이후: 탐화연이 열리다.

(가) 〈到金灘 奉別家君赴蔚山 還至嘉興宿〉 _《전서》시문집, 1789년 4월 9일 무렵

(나) 〈探花宴〉(內閣 課試, _《전서》시문집, 1789년 4월 11일 이후 추정

ⓦ (가) 바로 뒤에 (나)가 배치되어 있다(4월 11일 이후 추정). 서울에 당도한 것이 4월 10일 무렵으로 추정되므로, 일단 4월 11일 무렵 이후의 작품으로 추정하여 둔다. 규장각 초계문신에 임명된 것은 3월 20일이므로, 3월에는 월과가 없었을 것이다. 4월 10일 무렵 서울에 돌아온 이후 정약용은 월과 준비를 하고 있었을 것이다.

4월 16일(추정): 이날부터 정조가 희정당에서 초계문신을 거느리고 《大學》을 강하는 데에 참여하다.

(가) "是春 上於熙政堂 命抄啓諸臣 講大學 公歸而錄之 有熙政堂大學講錄" _《사암연보》19쪽

(나) "乾隆己酉春 余添甲科 卽被內閣抄啓 四月 上於熙政堂 命抄啓諸臣 講大學 余歸而錄之如左" _《熙政堂大學講義》

(다) "己酉四月十六日卯時 上御熙政堂 日次儒生殿講入侍時" _《승기》정조 13년 4월 16일

(라) "己酉四月二十一日辰時 上御熙政堂 輪待官入侍時" _《승기》정조 13년 4월 21일

(마) "己酉四月二十七日卯時 上御熙政堂 藥房入診…己酉四月二十七日辰時 上御熙政堂" _《승기》정조 13년 4월 27일

ⓦ 1789년 4월 희정당에서 한 강의를 정약용이 기록한 자료로《熙政堂大學講義》가 있다. 《사암연보》에 "이 해 봄"[是春]이라고 되어 있고 바로 앞의 기사가 3월이므로, 《熙政堂大學講義》가 1789년 3월에 행해진 것으로 오해될 수 있다. 그러나 《熙政堂大學講義》 글머리에 "乾隆己酉春 余添甲科 卽被內閣抄啓 四月 上於熙政堂 命抄啓諸臣 講大學 余歸而錄之如左"라고 한 것에 따르면

1789년 4월이다. 《사암연보》의 기사는 아마도 《熙政堂大學講義》 글머리의 기사를 간략하게 줄인 것으로 보인다. 《승정원일기》 1789년 4월의 기록을 살펴본 결과, 정조가 희정당에 어거한 것은 4월 16일, 21일, 27일이다. 다만 4월 27일은 전강, 윤대관輪對官 등의 언급이 없으므로 대학강의가 없었을 수도 있다. 4월 16일이 처음 강의라면 《승정원일기》에 정약용의 이름이 없으나, 그가 참석한 것으로 보아야 할 것이다. 그렇다면 4월 15일 이전(아마도 4월 10일 무렵) 서울에 올라와 있어야 한다. 아마 4월 21일 강의에도 참여하였을 것이다.

5월 4일: ① 희릉직장으로 부임하다. ② 특별 교지로 당일(5월 4일) 다시 용양위龍驤衛 부사직副司直에 이부移付되다. ③ 이날 밤 희릉에서 숙직하다.

(가) "三月(十一日) 禧陵直長除授 (以探花郎例付七品官 五月初四日赴齋 是日遞差)" _《다산연보》 6쪽

(나) "五月(初四日) 龍驤衛 副司直移付 (因特教 遞陵官移付)" _《다산연보》 6쪽

(다) "五月 因特教 副司直移付" _《사암연보》 19쪽

(라) "兵曹口傳政事 副司正丁若鏞" _《승기》 정조 13년 5월 4일

(마) 〈禧陵山齋作〉 _《전서》 시문집, 1789년 5월 5일

☉ (라)에 따르면 5월 4일 체부遞付되어 받은 것이 '부사직'이 아니라 '부사정副司正'으로 되어 있다. 그리고 (가)를 따르면 '희릉禧陵'이지만, 《승정원일기》에는 '의릉'이라고 되어 있다. (마)는 원주에 '五月五日'이라고 되어 있고, "林總朝習靜"이라는 구절이 있는 것으로 보아, 희릉에서 숙박한 다음 날인 5월 5일 아침에 지은 시로 추정되는데, 5월 4일 밤 희릉에서 숙박한 것으로 되어 있다. 3월 11일에는 '의릉' 직장에 임명하였다가 5월 4일 이전 '희릉' 직장으로 바뀌었을 가능성도 있다.

5월 5일: ① 희릉에서 〈禧陵山齋作〉을 짓다. ② 승정원承政院 가주서假注書에 처음 제수되다. ③ 당일 서울로 올라오다(추정).

(가) "五月 (初五日) 承政院假注書除授"(首望南履翼 余以副望蒙點 初爲事變

注書命以上番 施行十二日遞差) 《다산연보》6쪽

(나) 〈禧陵山齋作〉(五月五日也 余以探花郎 爲本陵直長 一宿卽蒙恩, 遞爲假注
書 昔 家君爲本陵參奉) 《전서》시문집, 1789년 5월 5일

(다) "假注書…改差 代以丁若鏞 爲假注書" 《승기》정조 13년 5월 5일

Ⓦ 5월 4일 밤 희릉에서 묵었고, (나)의 저작 시기가 1789년 5월 5일이므로
(원주; 五月五日也), 적어도 5일 아침에는 희릉에 있었다. 가주서 임명 소식을
듣고 당일에 서울 승정원으로 올라왔을 것이다.

5월 6일: 가주서 정약용이 성정각誠正閣의 주강晝講에 입시하다.

(가) "己酉五月初六日卯時 上於誠正閣 晝講入侍時…假注書丁若鏞…以次進
伏訖 獻朝讀大學經一章" 《승기》정조 13년 5월 6일

5월 7일: 가주서 정약용이 춘당대의 시사試射에 입시하다.

(가) "己酉五月初七日卯時 上御春塘臺 專經武臣試射入侍時…假注書丁若
鏞…侍立" 《승기》정조 13년 5월 7일

5월 10일: 오전(묘시卯時) 가주서 정약용이 어가御駕를 수행하여 관상감觀象監
고개를 넘어 문희묘文禧廟에 가다.

(가) "己酉五月初十日卯時 上詣文禧廟…假注書丁若鏞…以次隨駕…由觀象監峴
入文禧廟大門" 《승기》정조 13년 5월 10일

Ⓦ (가)에 "上在文禧廟", "明日還宮" 등의 언급이 있으므로 이날 밤은 문희묘
에서 지내고 다음 날 환궁한 것이 된다. 1일 부분에서 보듯이 5월 11일 새
벽(자시)에 제사를 드리고 날이 밝아서 환궁하였다. 《승정원일기》5월 11일
기사에 이날 묘시(아침 6~8시)에 환궁한 것으로 되어 있다. 당시 관상감은
창덕궁 옆 현재 현대사옥 자리(구 휘문고등학교)에 있었다. 문희묘는 관상감
고개 너머에 있었던 것으로 추정된다.

5월 11일: 새벽(자시子時) 가주서 정약용이 정조의 문희묘文禧廟 친제親祭에
시립하다.

(가) "己酉五月十一日子時 上臨文禧廟…假注書丁若鏞 以次侍立……己酉五月

十一日廟時上還宮…假注書丁若鏞…進伏" _《승기》 정조 13년 5월 11일

ᚼ 5월 11일 새벽(자시)에 정약용이 정조의 문희묘 친제에 입시한 뒤 날이 밝아서 묘시(아침 6~8시)에 어가를 따라 창덕궁에 환궁한 다음 퇴궐하였다.

5월 12일: 정약용을 개차改差하고 이기경으로 대신하다.

(가) "五月(初五日) 承政院假注書除授 (首望南履翼 余以副望蒙點 初爲事變注書 命以上番 施行十二日遞差) _《다산연보》 6쪽

(나) "丁若鏞改差 代以李基慶 爲假注書" _《승기》 정조 13년 5월 12일

ᚼ 정약용은 5월 5일 승정원의 가주서에 임명되었고 그날부터 번상하여 5월 12일까지《승정원》에서 근무하였다. 정약용을 대신하여 이기경이 가주서에 임명된 것이 눈길을 끈다. 이기경은 성균관 유생 시절 같은 남인 당색인 정약용과 친구 사이였으나, 1788년 초 무렵부터 천주교 문제로 틈이 벌어졌다. 1789년 3월 대과에 정약용과 함께 급제하였으며, 이후 자연스럽게 경쟁 관계가 형성되었다. 그렇지만 정약용은 총애를 받았고, 정약용을 천주교 관련 문제로 고발한 이기경은 국왕의 미움을 받고 유배까지 갔다. 이리하여 1801년 신유박해 때 이기경은 남인 공서파攻西派의 선두에 서서 정약용을 공격하였다. 1789년 5월 12일 정약용을 대신하여 이기경을 임명한 것은 정조의 인사 정책을 보여준다. 전체 정국 운영에서 각 당색의 인사를 쌍거호대 식으로 비교적 균형 있게 하는 한편, 각 당색 안에서도 경쟁이 될 만한 사람들을 서로 경쟁시키는 인사 스타일을 보여준다.

윤5월 16일: 이래현李來鉉을 개차하고 정약용을 사변가주서事變假注書로 하다.

(가) "李來鉉改差 代以丁若鏞 爲事變假注書" _《승기》 정조 13년 윤5월 16일

(나) "潤五月 (十六日) 假注書除授 (事變注書 李來鉉之代也 副望金履喬·末望 朴崙壽十九日遞)" _《다산연보》 6쪽

ᚼ 이래현의 인적 사항은 구체적으로 알 수 없다. 그러나 정약용이 가주서에서 체직된 지 며칠 되지 않아 이래현을 대신하여 사변가주서로 임명한 것은 정약용에 대한 정조의 총애를 보여주는 것이다.

윤5월 19일: 김사목金思穆이 계계를 올려 사변가주서 정약용의 신병이 갑자기 중해져 직임을 맡기기 어렵다고 하여 정약용을 개차하고 정필조鄭弼祚로 대신하다.

(가) "金思穆啓曰 事變假注書丁若鏞 身病卒重 勢難察任 今姑改差 何如 傳曰 允…丁若鏞改差 代以鄭弼祚 爲事變假注書" 《승기》정조 13년 윤5월 19일

ⓥ 정약용이 1789년 윤5월 16일에 사변가주서에 다시 임명되었으나, 며칠 되지 않은 윤5월 19일 체직된 것이 갑자기 병이 위중해진 것 때문이라고 보지는 않는다. 윤5월 22일 〈地理策〉을 지어 올릴 시간을 주기 위해서였을 수 있다(윤5월 22일 부분 참조). 정필조의 인적 사항은 구체적으로 알 수 없다.

윤5월 22일(추정): 〈地理策〉을 지어 올리다.

(가) 〈地理策〉 "乾隆己酉 潤五月 內閣親試 御批居首" 1789년 윤5월 22일 추정

(나) "是年 文臣課試 居首凡五次 居首比較凡八次 賞賜甚多" 《사암연보》19쪽

(다) "己酉潤五月二十二日辰時 上御熙政堂" 《승기》정조13년 윤5월 22일

ⓥ (가)에 붙어 있는 "乾隆己酉 潤五月 內閣親試 御批居首"라는 원주를 보아 1789년 윤5월에 지었음을 알 수 있고, 월과였을 것이므로 "하순"에 지었다. 윤5월 22일 국왕이 희정당에 어거한 기록이 (다)에 있다. 희정당은 1789년 4월에 정조가 규장각 초계문신들을 거느리고 《대학》 강의를 한 곳이다. 이곳은 중희당, 성정각 등에 견주어 꽤 넓어서 많은 사람이 모이기 좋았다. 따라서 1789년 윤5월 22일에 정조가 희정당에 어거하여 이곳에서 규장각 초계문신들이 과시課試를 치르게 하였을 것이다. 윤5월 19일에 사변가주서에 체직된 뒤 규장각 과시 준비에 몰두하였고, 윤5월 22일 과시에서 〈地理策〉을 지어 올린 것으로 추정된다. 그렇다면 윤5월 19일에 개차된 것은 〈地理策〉 작업에 몰두하게 하려는 정조의 배려일 수 있겠다.

정약용의 책策들은 다음과 같은 시기에 지어진 것으로 추정된다.[68]

---

68) 심경호, 〈정약용의 춘천 여행에 대하여〉, 《해배 이후의 다산》, 다산학술문화재단 학술대회 자료집, 2016.3 참조. 다만 여기에서 〈文體策〉을 '1789년 11월 17일'이라고 한 것은 '1789년 11월 23일'이라고 여겨진다(11월 23일 부분 참조). 〈人才策〉을 지은 것은 1790년 2월 26일이다(이날 기사 참조).

1) 〈孟子策〉: 1788년 8월 26일(을묘)

2) 〈文體策〉: 1789년 11월 17일(기해)

3) 〈人才策〉: 1790년 2월 6일(정축)

4) 〈十三經策〉: 1790년 12월 3일(기유)

5) 〈中庸策〉: 1790년 12월 6일(염자)

6) 〈農策〉: 1790년 12월 17일(계해)

7) 〈論語策〉: 1791년 8월 22일(갑자)

윤5월 29일: 말일

6월 20일: 주서注書 심규로沈奎魯가 승륙陞六하여 대신 정약용을 가주서假注書로 하다.

(가) "六月 (二十日)假注書除授(上番沈圭魯陞六之代 副望金義淳·末望安廷善 十三日遞)" _《다산연보》6쪽

(나) "六月 除假注書" _《사암연보》19쪽

(다) "注書沈奎魯出 代以丁若鏞 爲假注書" _《승기》정조 13년 6월 20일

ⓦ윤5월 19일에 사변가주서에서 체직된 뒤 6월 20일에 이르러 다시 가주서에 임명되었다.

6월 21일: 아침(묘시와 진시) 가주서 정약용이 성정각誠正閣에 입시하다.

(가) "己酉六月二十一日卯時 上御誠正閣…假注書丁若鏞…以次進伏訖…." _《승기》정조 13년 6월 21일

6월 22일: 가주서 정약용이 승정원에 입시入侍하다.

(가) "己酉六月二十二日辰時 上御誠正閣…假注書丁若鏞…以次進伏訖…." _《승기》정조 13년 6월 22일

6월 23일: ① 아침(진시辰時)에 중희당에 입시하다. ② 조종현趙宗鉉이 가주서 정약용의 신병이 졸지에 중하여 일을 담당하기 어렵다고 아뢰다. ③ 정약용을 개차하고 심능적沈能迪으로 대신하게 하다.

(가) "己酉六月二十三日辰時 上御重熙堂…假注書丁若鏞…以次進伏…." _《승기》

정조 13년 6월 23일

(나) "趙宗鉉啓曰 事變假注書丁若鏞 身病卒重 勢難察任 今姑改差 何如 傳曰允" 《승기》 정조 13년 6월 23일

(다) "丁若鏞改差 代以沈能迪 爲假注書" 《승기》 정조 13년 6월 23일

(라) "六月(二十日) 假注書除授(上番沈圭魯陞六之代 副望金義淳 末望安廷善 十三日遞" 《다산연보》 6쪽

🔥1789년 6월 20일 세 번째로 가주서에 임명되어 6월 23일에 세 번째로 체직되었다. (라) 말미에서 "十三日遞"라고 한 것은 "二十三日遞"의 오류로 보인다. 서두에 6월 20일에 가주서에 임명된 것이 먼저 언급되었다는 점도 "十三日遞" 기록이 오류라는 사실의 한 증거가 된다. (가)에 따르면 6월 23일 오전에는 중희당에 입시하여 근무한 것으로 볼 수 있다. 6월 20일에 다시 임명되고 며칠 되지 않은 6월 23일에 체직된 이유가 궁금하다. 다음 달 7월에는 승정원에 근무한 기록이 보이지 않는다. 이렇게 자주 체직시키는 것은 정약용에게만 특별한 것이 아니라, 승정원 근무가 격무인 데다가 여러 사람들에게 기회를 주기 위한 당시의 관행이었을 수도 있다.

7월 10일: 칠석제七夕製를 성균관에서 시행하다.

(가) "設七夕製于泮宮" 《실록》 정조 13년 7월 10일

🔥 이미 대과에 급제하여 규장각 초계문신으로 있던 정약용은 성균관에서 시행된 칠석제에 참석하지는 않았을 것이다. 그러나 국왕을 시종하였을 가능성은 있다.

7월 11일: 영우원永祐園(사도세자의 묘) 천봉遷奉을 결정하다.

(가) "定永祐園遷奉之禮" 《실록》 정조 13년 7월 11일

7월 15일: 영우원永祐園 천봉을 위하여 수원부 읍치를 팔달산 아래로 옮기는 결정이 내려지다.

(가) "移水原邑治于八達山下" 《실록》 정조 13년 7월 15일

🔥수원부 읍치를 팔달산 아래로 옮기는 것과 함께 화성 건설이 추진되었

다. 이리하여 정약용은 1792년 겨울에 화성 설계안을 국왕에게 올린다. 1789년 10월 5일부터 9일 사이 사도세자의 영우원 천봉(천봉 때 현륭원顯隆園으로 개칭) 때에는 정약용도 국왕을 수행하게 된다. 한편 1789년 7월에는 정약용이 승정원에 근무한 기록이 《승정원일기》에 보이지 않으며, 행적이 추적되지 않는다. 1789년 8월 11일 무렵 울산으로 출발하여 8월 20일 무렵 서울로 돌아온다. 1789년 6월 23일 승정원 가주서에서 체직된 이후 8월 초순까지 승정원에 근무하지 않은 채 발령 대기 상태에 있다가 8월 11일 무렵 울산으로 간 것으로 여겨진다. 이 사이 무엇을 하였는지 앞으로 추적할 필요가 있다. 아마도 규장각에는 출근하였을 것이다. 《사암연보》 19쪽에 "秋 以閣課文臣 修勤晉州公于蔚山任所 因上旨 有內閣促關 末踰旬歸還"이라는 언급이 있기 때문이다. 즉 울산으로 내려갈 때 '각과문신閣課文臣'(규장각 초계문신) 자격을 가지고 있었다(당시 규장각은 창덕궁의 후원 부용지芙蓉池의 북쪽 언덕의 주합루宙合樓에 있었으며, 부속 건물로 대유사大酉舍와, 소유사小酉舍가 있었다). 1789년 8월 11일 무렵 울산으로 내려간 정약용은 내각의 관문關文을 받고 급히 올라와 1789년 8월 20일 무렵 서울에 당도하게 된다.

8월 11일 무렵: ① 울산부사蔚山府使로 재직하던 아버지 정재원을 뵙고자 서울에서 늦게 출발하다. ② 남한성南漢城에 당도하다. ③ 남한성 부근에서 숙박하다.

(가) 〈將赴蔚山 晏發抵南漢城〉(八月也) _《전서》 시문집, 1789년 8월 11일 무렵

(나) 〈南浦月夜 同諸君汎舟〉 "明月高飛 到頭上" _《전서》 시문집, 1789년 8월 15일 무렵

(다) "秋 以閣課文臣 修勤晉州公于蔚山任所 因上旨 有內閣促關 末踰旬歸還"
　　_《사암연보》 19쪽

　⑥(가)가 여유당집 시집 1789년 부분에 실려 있다. 서울에서 늦게 출발하여 남한성에 당도하였다고 하므로, 아마도 이날 밤은 남한성 부근에서 묵은 것 같다. 8월 11일 무렵으로 추정한 근거는 다음과 같다. (다)를 보면 이때 울산행은 오가는 시간이 전체적으로 열흘 정도 밖에 걸리지 않았기(末踰旬歸還) 때문이다.

　울산 남포南浦에서 노닐며 지은 시 (나)에 "明月高飛 到頭上"이라는 구절이

있다. 밝은 달밤이었다고 하므로 대략 음력 8월 15일 무렵으로 추정된다. 이 추정이 옳다면 정약용은 어림잡아 1789년 8월 11일 무렵 서울에서 울산으로 출발하여 8월 20일 무렵에 서울에 돌아온 것이 된다. 이렇게 빨리 먼 길을 다녀올 수 있었던 것은 말을 이용하였기 때문이다.

8월 12일 무렵: ① 울산蔚山 가는 길에 장호원長湖院을 거치다. ② 장호원과
조령鳥嶺 중간 지점에서 숙박하다(추정).

(가) 〈次長湖院〉 _《전서》 시문집, 1789년 8월 12일 무렵

ⓥ 앞의 시 〈將赴蔚山 晏發抵南漢城〉(八月也) 바로 다음에 (가)가 실려 있다. 1789년 8월 11일 무렵 남한성 부근에서 숙박하고 다음 날은 장호원을 지나갔다고 추정된다. 다다음 날 조령을 지나므로, 1789년 8월 12일 밤은 장호원과 조령 중간 지점에서 숙박한 것으로 추정된다.

8월 13일 무렵: ① 울산 가는 길에 조령을 넘다. ② 상주尙州 부근에서 숙박
하다.

(가) 〈踰鳥嶺〉 _《전서》 시문집, 1789년 8월 13일 무렵

ⓥ 앞의 시 〈次長湖院〉 바로 뒤에 (가)가 배치되어 있다. 1789년 8월 13일에 조령을 넘고, 문경을 지나 상주 부근(또는 김천)에서 묵었을 것으로 추정된다.

8월 14일 무렵: ① 울산 가는 길에 경주慶州에 당도하다.② 경주 부근에서
숙박하다(추정).

(가) 〈鷄林懷古〉(路由比安·軍威·新寧·永川 至慶州) _《전서》 시문집, 1789년 8월 14
일 무렵

ⓥ 앞의 시 〈踰鳥嶺〉 바로 다음에 (가)가 실려 있다. "路由比安·軍威·新寧·永川 至慶州"라는 원주로 보아 1789년 8월 13일과 8월 14일 무렵 상주 부근(또는 김천)을 출발하여 비안比安, 군위軍威, 신녕新寧, 영천永川을 경유하여 8월 14일 저녁 경주에 당도하였다고 추정된다. 8월 14일 밤은 경주 부근에서 숙박하였을 것이다.

8월 15일 무렵: ① 울산에 도착하다. ② 울산 남포에서 달밤에 배를 타고 놀

다. ③ 울산에서 숙박하다.

(가) 〈南浦月夜 同諸君汎舟〉(明月高飛 到頭上) _《전서》 시문집, 8월 15일 무렵

🈂️ 한양에서 울산까지의 경로는 남한성-장호원-조령-비안-군위-신녕-영천이 었음을 알 수 있다. 8월 추석 명절에 아버지께 인사드리기 위하여 울산에 간 것 같다. (가) 시에 "明月高飛 到頭上"이라는 구절이 있으므로 8월 15일 무렵에 지은 것으로 추정된다. 이날 밤은 당연히 울산에서 묵었을 것이다.

8월 16일 무렵: 아버지를 모시고 경주에 가서 임제원林濟遠의 신루新樓(취벽루翠碧樓)에서 밤에 잔치하다.

(가) 〈陪家君至慶州 於州尹林公(濟遠)新樓夜宴〉(可憐鮑石亭前月 今宵翠碧樓前光) _《전서》 시문집, 1789년 8월 16일 무렵

🈂️ 임제원은 당시 경주부윤慶州府尹이었다고 생각된다. 또 시의 내용으로 보아 신루는 취벽루를 말하며, 포석정 근처에 있었을 듯하다. 이날(8월 16월 무렵) 밤은 아마도 경주에서 숙박하였을 것이다.

8월 17일 무렵: ① 아버지 정재원을 모시고 영천永川 호연정浩然亭으로 이씨李氏를 방문하다. ② 아버지를 모시고 영천 은해사銀海寺에서 노닐다. ③ 아버지는 울산으로 가고 정약용은 안동安東 방향으로 길을 잡아 의흥義興과 의성義城을 경유하다. ④ 저물녘 안동 부근에서 길을 돌려 영천(榮川 ; 지금의 영주榮州)쪽으로 밤새워 말을 달리다.

(가) 〈陪家君至永川訪李氏溪亭〉 _《전서》 시문집, 1789년 8월 17일 무렵

(나) 〈陪家君游銀海寺〉 _《전서》 시문집, 1789년 8월 17일 무렵

(다) 〈登安東映湖樓〉(路由義興·義城) _《전서》 시문집, 1789년 8월 17일 무렵

(라) "時 因內閣關門 歸由安東 聞山長李鎭東 以上疏事 見忤於營邑 誣以他事 將殺之 李匿于谿谷權氏 而干捕者 伏于鳥嶺竹嶺 莫以私力陰蹤嶺外 知舊 數人告于公 公曰事危矣 縱得罪於內閣 不可不救 昏時上馬疾走 百二十里 天明到榮川 又回路五十里 到虎坪金佐郞(翰東)家 知李山長之匿在靑巖亭 遂携長驅 夜蹤竹嶺 到丹陽 聞吳琰在雲巖莊…遂留此 老保免禍色 營邑之 計 不得售焉" _《사암연보》 19,20쪽

ⓐ (가)의 시에서 말하는 영천永川의 이씨가 누구인지는 확실하지 않다. 8월 17일 무렵 낮에 영천의 이씨 호연정을 방문한 다음 아버지를 모시고 은해사까지 갔다가 아버지와 헤어졌다. 의흥과 의성을 경유하여 안동으로 가서 영호루에 올랐다가 그 부근에서 이진동李鎭東이 상소의 일(아마도 사도세자와 관련된 것으로 추정됨)로 경상감영에 의해 쫓기고 있다는 이야기를 들었을 것이다. 이날 저물녘에 말을 달려 120리를 가서 다음 18일 날 밝을 무렵 영천榮川에 도착하였다.

8월 18일 무렵: ① 오전(추정) 영천의 줄파茁坡로 족부 정협조丁協祖와 정재종丁載鍾을 찾아뵙다. ② 다시 50리를 가서 춘양春陽 김한동金翰東의 집에 당도하여 이진동李鎭東의 거처를 알아내어 찾다. ③ 김한동의 집에서 여러 사람과 송별연을 하다. ④ 이진동과 함께 죽령竹嶺으로 출발하다.

(가) 〈榮川茁坡訪族父進士(協祖)處士(載鍾)山居〉 《전서》 시문집, 1789년 8월 18일 무렵

(나) 〈訪金佐郎(翰東)·典籍(熙稷) 仍於佐郎宅 陪谿谷權丈 同金(熙周·熙洛)·李氏諸友夜宴〉 "宅在春陽之虎峒 時因李公有厄 有此行" 《전서》 시문집, 1789년 8월 18일 무렵

(다) 8월 17일 무렵 (라) 참조.

ⓐ 1789년 8월 18일 무렵 오전 영천榮川에서 정협조를 뵙고 50리를 더 가서 춘양 호평 김한동의 집에 도착하였으며, 김한동을 통해 이진동이 청암정(김한동 집의 인근 추정)에 숨어 있음을 알아내어 그를 대동하고 그날 밤 죽령을 넘었다((다) 참조). 춘양을 출발하기 전에 김한동의 집에서 여러 사람과 잔치하였다((나)의 시 참조). 따라서 (라)의 시에서 언급한 이씨李氏 제우諸友에 이진동도 포함된 것으로 보인다. 이날 밤 김한동의 집에서 여러 사람이 모여 송별연을 하였고, 이를 기록한 것이 (나)의 시라고 보아야 할 것이다. 이진동이 올린 상소는 당시 영남 남인을 포함한 남인층을 대변하는 것으로, 집권 노론층을 곤란하게 하는 내용으로 추정된다. "遂携長驅 夜踰竹嶺 到丹陽 聞吳琰在雲巖莊"이라는 (다)의 구절로 보아서 정약용은 이날 밤 송별연을 마치고 바로 출발하여 밤새워 달려서 죽령을 넘었다고 보아야

할 것이다. (가)의 시에 따르면 안동에서 영천으로 되돌아갔을 때 잠시 영천 줄파로 가 족부 정협조와 정재종을 찾아뵌 것으로 보인다.

8월 19일 무렵: ① 8월 18일 밤을 새워 달려 죽령을 넘어 8월 19일 오전(추정)에 단양에 당도하다. ② 오염吳琰의 운암장雲巖莊에 이진동을 숨기다. ③ 청풍淸風으로 가서 한벽루寒碧樓에 오르다. ④ 밤을 새워 경안역京安驛으로 달리다(추정).

(가) 8월 18일 무렵 (나) 참조.

(나) 8월 17일 무렵 (라) 참조.

(다) 〈踰竹嶺〉 _《전서》 시문집, 1789년 8월 18일 밤 추정

(라) 〈丹陽絶句五首〉 _《전서》 시문집, 1789년 8월 19일 추정

(마) 〈登淸風寒碧樓〉 _《전서》 시문집, 1789년 8월 19일 저녁 무렵

(바) 〈答權刊書〉(제2서) _《전서》 시문집, 1789년 8월 하순 무렵

Ⓐ 정약용은 규장각으로부터 명령을 받고 급히 돌아가는 관원이었으므로 이진동을 데리고 8월 18일 무렵(추정) 밤에 죽령을 무사히 넘을 수 있었을 것이다. 8월 19일 새벽 단양에 도착하여 지은 시가 (라)이고 운암장에 이진동을 피신시킨 다음 서둘러 길을 가서 이날 저녁 청풍에 도착하였을 것이다. 청풍에 도착하여 한벽루에 올라 지은 시가 (마)이다. 시간상으로 8월 19일 무렵 저녁에 도착하였을 것이다. (라)의 제 3수(삼선암三仙巖)에 이미 "翠壁斷崖只暮烟"이라는 구절이 있기 때문이다.

한편 오대익吳大益에게 권엄權欌이 식량을 공급한다는 말을 듣고 보낸 편지가 (바)다. 오대익은 단양의 오염과 관계있는 사람이며 오대익을 통해 오염과 이진동에게 식량이 공급되고 있었다고 여겨진다. 따라서 1789년 9월 하순 무렵의 편지로 추정된다. 이후 정약용은 김한동과 지속적으로 교유하였다. 김한동의 인적 사항은 《한국민족문화대백과사전》(권5, 한국정신문화연구원, 46쪽)에 따르면 다음과 같다. 생몰 기간은 1740(영조 16)년부터 1811(순조 11)년이며 본관은 의성義城이다. 1789년 식년 문과에 급제하여 전적典籍, 동부승지를 지냈으며, 1794년 순천부사, 1796년 대사간 기용과 파직, 1799년 대사간에 재기용되었고 뒤이어 승지가 되었다. 1802년에는 천

주교 문제와 관련하여 명천明川으로 유배되었다. 1799년 가을 승지로서 상소를 올렸다가 물러나게 된 것으로 보인다. 영남 남인으로서는 드물게 승지를 지낸 인물이다(1799년 가을 부분 참조).

김희락金熙洛(아버지 김두동金斗東)은 생몰 기간이 1761(영조 37)년부터 1803(순조 3)년이며 본관은 역시 의성이고 대산 이상정李象靖의 제자이다. 1792년(정조 16) 사마시 합격, 몇 달 뒤 도산서원 응제에서 장원하였다. 김희주金熙周(아버지 김시동金始東)는 김희락의 족형으로서 역시 이상정에게 수학하였다. 1789년 사마시에 합격하였고 1795년 단풍정 친시親試에 합격하였으며, 1798년 홍문관 교리로서 시폐에 대하여 상소하여 국왕의 가납을 받았다. 김희락과 김희주는 김한동에게는 항렬로 따져서 조카가 된다. 정약용은 1789년 8월 17일 무렵 밤과 8월 18일 무렵 연속하여 밤을 새웠으나, 청풍에 도착하여 잠시 쉰 뒤 8월 19일 무렵도 밤새워 달린 것으로 보인다. 《여유당집》 시집에 따르면 (마)의 시 바로 뒤에 〈次慶安驛奉簡舍兄〉이라는 시가 배치되어 있는데, 이 시에 "歇馬淮安驛 晨光已樹西 遠鷄聲漸懶 殘月影全迷"라는 구절이 있기 때문이다.

8월 20일 무렵: ① 새벽에 광주廣州 경안역慶安驛에 당도하다. ② 큰형 정약현에게 뵙지 못하고 간다는 글을 시로 올리다. ③ 바로 서울로 출발하다. ④ 밤 서울에 당도하다.

　(가) 〈次慶安驛奉簡舍兄〉 "歇馬慶安驛 晨光已樹西 遠鷄聲漸懶 殘月影全迷"
　　_《전서》 시문집, 1789년 8월 20일 무렵

🔔 (가)에 따르면, 1789년 8월 19일 밤을 새워 1789년 8월 20일 무렵 새벽(미명未明)에 광주廣州 경안역에 도착하여 잠시 쉬고 있는 사이에 이미 날이 샜을 것으로 추정된다. 잠깐 자고 일어나 조반을 먹은 뒤, 바로 서울로 가야 하므로 초천의 큰형에게 뵙지 못하고 간다는 (가)의 시를 써서 보냈을 것이다. 그런 다음 8월 20일 무렵 바로 경안역을 출발하여 말로 급히 달렸다면, 적어도 그날 밤에 한양에 당도할 수 있었다. 규장각에서 관문關文으로 정약용을 급히 부른 것은 주교舟橋 설치작업에 참여시키기 위한 것으로 여겨진다.

9월 일: 주교舟橋 설치 작업을 위한 계획에 참여하다.

(가) "冬有舟橋之役 陳其規制 事功以成" _《사암연보》20쪽

(나) 《실록》정조 13년 10월 5일~10월 9일

⚓대략 1789년 9월 즈음에 정약용은 한강에 주교를 설치하기 위한 계획에 참여하고 있었을 것이다.《실록》에 따르면 정조는 10월 6일부터 10월 9일 사이 사도세자의 현륭원 천봉을 위하여 수원에 다녀왔기 때문이다.[69]《사암연보》에 "冬有舟橋之役"이라고 한 것은 이때 한강에 다리를 설치한 일을 가리키는 것으로 보아야 한다. 그러나 실제로 계획과 준비 작업은 대체로 9월에 이루어졌을 것으로 생각되며, 8월에 울산에 간 정약용을 규장각에서 급히 부른 것은 이 일에 참여시키기 위해서이다. 1789년 8월 하순 이후부터 9월 내내 정약용은 이 작업에 관여였을 것이며, 현장 작업에도 직접 참여하였을 것이다.

9월 26일: 왕대비가 은언군恩彥君과 관련하여 처벌을 내리라는 언문 교서를 내리다.

(가) "王大妃…以諺書 敎于諸臣" _《실록》정조 13년 9월 26일

⚓ 사도세자 천봉이 시행되기 직전에 왕대비(정순왕후)가 이런 언문 교서를 내린 것은 사도세자의 아들이 역모에 연루되었음을 널리 알리기 위한 술책으로 간주된다. 정조는 이 문제를 덮어두라고 하고 채제공도 그런 입장에 서지만, 10월 14일에 채제공이 체직된다. 노론 강경파 측의 정치적 공세(현륭원 천봉에 대항하기 위한 것)라고 할 수 있다.

10월 5일: ① 사도세자의 상여가 배봉산에서 수원으로 출발하다. ② 상여가 뚝섬 쪽에서 한강을 건너 과천果川에 다다르다. ③ 정조는 뚝섬까지 배웅하고 환궁하다.

(가) "靈轝自舊園進發" _《실록》정조 13년 10월 5일

(나) "靈轝自纛島進發 次果川…上哭辭還宮" _《실록》정조 13년 10월 5일

---

69) 사도세자 상여가 10월 5월에 서울을 출발하고, 정조가 10월 6일 궁궐을 출발하였으며, 정조가 10월 9일에 환궁하였다. 10월 부분 참조.

※《실록》에 따르면 현릉원 천봉 작업은 1789년 7월 하순에 산역山役이 시작되었고, 8월 9일 현릉원이라는 명칭이 공식적으로 정해졌다. 이리하여 1789년 8월 12일 원래의 묘소인 영우원(경기도 양주 배봉산; 현재 서울시립대학 뒷산)에서 이장 작업이 시작되어 8월 20일 영우원을 떠나는 예식이 있었다. 1789년 10월 5일 수원으로 출발하여 이날 뚝섬 쪽을 경유하여 한강을 건넜다. 1789년 10월 6일(한밤중)에 새 묘역에 도착하였고 10월 7일 밤 10시 무렵에 하관하였다. 정조의 어가御駕 행렬은 10월 8일 오전 수원을 떠났지만, 현릉원 공사가 마무리된 것은 1789년 10월 16일이었다.

10월 6일: ① 사도세자의 상여가 과천을 출발하다. ② 수원 신읍(팔달산 아래)을 거쳐 묘소(현재 화성시 융릉)에 이르다. ③ 국왕은 이날 아침 대궐을 출발하여 낮에 과천에서 쉬다. ④ 저녁 때 대가大駕가 수원부에 도착하다.

(가) "到水原新邑幕次…至園所丁字閣" _《실록》 정조 13년 10월 6일

(나) "大駕晝停果川縣…夕次于水原府" _《실록》 정조 13년 10월 6일

※ (나)에서 말하는 수원부는 신읍치新邑治였을 것이다.

10월 7일: ① 정조가 아침에 장지의 정자각에 나아가다. ② 해시(밤 10시~12시)에 하관하다. ③ 국왕이 이날 밤 다시 현릉원 위에서 직접 공역을 감독하다. ④ 국왕이 수원 신읍에서 묵다. ⑤ 정약용이 현릉원 천봉 현장에서 〈顯隆院改葬輓詞〉를 짓다.

(가) "駕詣新墓所…步詣丁字閣" _《실록》 정조 13년 10월 7일

(나) "亥時 下玄宮" _《실록》 정조 13년 10월 7일

(다) "是夜 上再詣園上 親審工役" _《실록》 정조 13년 10월 7일

(라) "教曰'明日 [10.8]早發水原新邑 再明日 [10.9]還宮'" _《실록》 정조 13년 10월 7일

(마) 〈顯隆院改葬輓詞〉 _《전서》 시문집, 1789년 10월 7일

※ (가)에 따르면 10월 7일에 개장改葬이 있었으므로, (마)의 저작 시기는 1789년 10월 7일이 된다. 10월 5일 정조는 뚝섬에서 상여를 보낸 뒤에 환궁하였다. 따라서 10월 5일 밤은 대궐(창덕궁)에서 숙박하였을 것이다. 1789년

10월 7일자 《실록》을 보면, 10월 7일 아침에 현지 묘소에 도착하였다. 정조는 아마도 10월 6일 아침 대궐을 출발하여 낮에 과천에 도착하여 쉬고, 이날 저녁 수원 신읍치에 도착하여 이날 밤은 수원 신읍의 막차幕次에서 숙박하고서(10월 6일 부분 참조), 다음 날 새벽에 수원 신읍을 출발하여 아침에 현지 묘소(현재의 융건릉)에 도착한 것으로 추정된다(당시 아직 수원에는 행궁이 지어지지 않았음). 정약용은 아마도 10월 5일에 뚝섬까지 국왕을 수행하였고 다시 궁궐에 돌아왔다가 10월 6일 아침에 정조를 수행하고 궁궐을 출발하였을 것으로 추정된다. 10월 7일 한밤중에 수원 신읍에 갔다가 10월 8일 아침에 일찍 서울로 출발하였음을 (라)를 보면 알 수 있다.

한편 (마)의 내용은 다음과 같다.

濼水纏哀久 珠丘卜新宅
聖心疑厚地 神眼屬前人
碧海黿鼉集 蒼山虎豹陳
都民重拭涕 千載憶寬仁
…

이 시의 뒷부분 가운데 "碧海黿鼉集 蒼山虎豹陳"은 현륭원의 주변 풍수지리적 환경을 말한 것이고, "都民重拭涕 千載憶寬仁"은 천봉 때 모인 사람들의 모습을 묘사한 것으로 보인다. 따라서 이 시는 현륭원 천봉 현장에서 지은 것으로 볼 수 있다.

10월 8일: ① 수원 신읍을 출발하다. ② 과천果川 행궁에 묵다(추정).
(가) "教曰'明日 [10.8]早發水原新邑 再明日 [10.9]還宮'" _《실록》정조 13년 10월 7일

✿ (가)를 보아 1789년 10월 8일 아침에 일찍 어가가 수원을 출발하였음을 알 수 있다. 10월 9일에 환궁하므로 10월 8일 밤은 중간 지점인 과천 행궁에서 묵었을 것이다.

10월 9일: 환궁還宮하다.
(가) "還宮" _《실록》정조 13년 10월 9일

🕉 정조의 어가 행렬은 1789년 10월 8일 밤 과천 행궁에서 유숙하였을 것이고, (가)를 보아 10월 9일에 서울로 환궁하였음을 알 수 있다. 정약용이 수원을 다녀간 것은 대략 여섯 번인데 첫 번째로 수원을 다녀간 것이 이때이다. 이때의 일정을 다시 정리하면 다음과 같다.

° 10.5: 1) 사도세자의 상여가 배봉산에서 수원으로 출발하다.
　　　　2) 상여가 뚝섬 쪽에서 한강을 건너 과천果川에 다다르다.
　　　　3) 정조는 뚝섬까지 배웅하고 환궁하다.

° 10.6: 정조 아침 대궐 출발, 낮 과천 도착하여 휴식, 저녁 수원 신읍 도착하여 숙박

° 10.7: 아침 현륭원 묘역 도착, 밤 10시경 하관(〈顯隆園改葬輓詞〉), 수원 신읍 숙박

° 10.8: 수원 신읍 출발, 과천 행궁 숙박

° 10.9: 환궁

10월 14일: 채제공이 재상직에서 체직되다.
(가) "免蔡濟恭相職" _《실록》 정조 13년 10월 14일

🕉 노론의 정치 공세로 국왕이 일단 채제공을 잠시 재상직에서 물러나게 한 것으로 볼 수 있다.

10월 22일: 판중추부사 채제공이 상소를 올리다.
(가) "判中樞府事蔡濟恭 上疏" _《실록》 정조 13년 10월 22일

🕉 (가)는 재상직에서 판중추부사로 물러난 채제공이 다시 반격을 가하는 상소로 볼 수 있겠다. 《실록》에 따르면, 채제공은 다음 날 10월 23일과 10월 30일에 잇따라 차자箚子를 올린다. 정약용은 이런 정쟁에 직접 간여할 위치에 있지는 않았지만, 막 출사한 관료로서 치열한 파쟁의 현실을 가까이에서 지켜보았을 것이며, 이것은 신해년(1791) 이후 그의 처신에 영향을 주었을 것이다.

11월 2일: ① 초계문신 친시親試를 행하다. ② 정약용이 참여하다(추정).
(가) "行抄啓文臣親試" _《실록》 정조 13년 11월 2일

11월 3일: 춘당대에서 초계문신 친시를 행하다.

(가) "御春塘臺 行抄啓文臣親試" _《실록》정조 13년 11월 3일

✍ 당연히 정약용이 여기에 참여하였을 것으로 추정된다. 1789년 11월 2일과 3일 잇따라 초계문신 친시를 시행하였다.

11월 7일: 정약용의 족조 정범조丁範祖가 이조참의에 임명되다.

(가) "中批 丁範祖爲吏曹參議" _《실록》정조 13년 11월 7일

✍ 정범조는 정약용의 집안 할아버지가 되며 정약용이 존경하여 자주 찾아뵌 인물이었다. 당시 기호남인의 중진으로 보이는데, 중요한 정치적 시점에 그가 중비中批로 이조참의라는 중직에 임명된 것이 주목된다.

11월 23일: 진시辰時(아침 8~10시)에 희정당의 초계문신 친시에 참여하여 〈文體策〉(1)을 짓다.

(가) 〈文體策〉(1) _《전서》시문집, 11월 23일

(나) 〈文體策〉(2) _《전서》시문집, 11월 23일 이후

(다) "己酉十一月二十三日辰時 上御熙政堂 抄啓文臣親試" _《승기》정조 13년 11월 23일

✍ 1789년 11월에 (가)를 지어 11월 23일에 올린 것으로 여겨진다. 이 내용에 스스로 불만을 가졌던 정약용이 나중에 삭제하고 다시 (나)를 지은 것 같다.[70] (나)에 "己酉冬 十一月 親試"라고 날짜가 붙어 있는데,[71] 이것은 원래 (가)의 저작 시기를 보이는 것이라고 하겠다. (다)로 보아 11월 23일 진시(아침 8~10시)에 희정당에서 초계문신 친시가 있었음을 알 수 있다. 이것은 11월 29일에 상을 받은 것과는 별개의 일로 보인다. 11월 29일의 글 내용이 〈文體策〉과는 다르다고 판단되기 때문이다. 그렇다면 (가)를 지은 날짜는 이보다 앞이다. 따라서 1789년 11월 23일로 보아야 한다. 1789년 윤5월 22일에는 규장각 월과로 〈地理策〉을 지어 올렸다. 규장각 월과는 대략 하순 초반에 실시되었던 것으로 보인다.

---

70) 조성을, 2004, 333쪽.

71) 조성을, 위의 책, 346쪽.

11월 26일: ① 초계문신 회강會講을 시행하다. ② 정약용이 참가하다(추정).

(가) "行抄啓文臣會講" _《실록》정조 13년 11월 26일

Ⓥ 정약용은 초계문신으로서 당연히 회강에 참가하였을 것이다.

11월 29일(말일): 희정당에서 정조가 실시한 친시에서 제이인第二人이 되어
상을 받다.

(가) 〈內閣應敎〉題云 '萬國衣冠拜冕旒' 十一月也 御批曰 勞矣 三倍畫) _《전서》시문집, 1789년 11월 29일

(나) 〈前篇纔下 又命進詩 令承旨吸金絲烟一團 以爲限 題云'太平萬歲' 字當中篇 旣徹 御批曰 吸竹之頃 操筆立書 豈非奇才 三倍畫〉 _《전서》시문집, 1789년 11월 29일

(다) 〈又應敎進詩〉(是日[11월 29일] 凡奏三篇 公得二十七分 題云'朝朝染翰侍君王) _《전서》시문집, 1789년 11월 29일

(라) 〈內閣應敎〉(十一月也 題曰'岸容待臘將舒柳', "待臘") _《전서》시문집, 1789년 11월 29일

(마) "十一月(廿九日) 親試第二人領賞(計劃六十一分半賜豹皮一領)" _《다산연보》6쪽

(바) "課試第四人領賞(計劃八十分 賜紙六卷·筆五·墨五)" _《다산연보》6쪽

(사) "課講第十四人領賞" _《다산연보》6쪽

(아) "親試徐榮輔居首 六十二分李基慶居首 八十二分 課講尹光顏居首 '余於是年 親課試居首凡五次 居首比較凡八次'" _《다산연보》7쪽

(자) "己酉十一月二十九日辰時 上御熙政堂 計劃文武臣進箋" _《승기》정조 13년 11월 29일

Ⓥ (가), (나), (다)의 시는 같은 날 연이어 올린 것이다. 날짜는 《다산연보》의 기록을 따르면 1789년 11월 29일로 보아야 한다. (마), (바), (사), (아)는 《다산연보》에서 상호 연결되는 내용으로, 모두 1789년 11월 29일의 일을 언급한 것으로 보아야 한다. 《다산연보》에서 (아) 뒤에 12월 기사가 이어진다. (라)의 저작 시기가 문제인데 (다)의 바로 뒤에 배치되어 있다. (라)에는 11월이라고 원주가 붙어 있고, 시의 내용 가운데 "대납待臘"(납월[12월]

을 기다린다)이라는 구절이 있다. 1789년 11월은 말일이 29일이다. 따라서 (라)의 저작 시기도 11월 29일이 되어야 한다. 그러므로 말일인 11월 29일에 정약용은 정조에게 시를 도합 네 차례 올린 것이 된다. (다)의 원주에서 "是日(11月 29日) 凡奏三篇"은 먼저 세 편의 시를 연달아 올린 것을 말한 것이고, (라)의 시는 이날 다시 올린 별개의 것으로 보는 것이 옳겠다. 한편 1789년 11월 23일에 〈文體策〉을 올린 것은 규장각 월과이며, 11월 29일 시를 지어 올린 것과는 별개로 보아야 한다. (아)의 "余於是年 親課試居首凡五次 居首比較凡八次" 기사에서 《다산연보》의 작성자가 정약용 자신임을 알 수 있다. 이날 응교가 있었던 사실은 (자)의 기록으로도 확인된다.

12월 2일: 정범조가 성균관 대사성에 임명되다.

(가) "丁範祖 爲成均館大司成" _《실록》 정조 13년 12월 2일

💭 1789년 10월 당시 정쟁과 관련하여 성균관 유생들이 올라왔는데, 1789년 12월 2일 남인 정범조가 성균관 대사성에 임명된 사실이 주목된다. 그러나 《실록》에 따르면 정범조는 12월 6일 다시 이조참의에 임명된다.

12월 18일 이전(추정): 내각(규장각)에서 응교하여 시를 짓다.

(가) 〈內閣應教〉(題曰'雲近蓬萊 常五色') _《전서》 시문집, 1789년 12월 18일 이전 추정

(나) 〈內閣應教〉(題云'且向百花 頭上開') _《전서》 시문집, 1789년 12월 18일 이전 추정

(다) 〈同徐·李僚應教獻詩 並蒙奇才之褒 不勝愧恧 爲示此篇〉(徐卽徐榮輔) _
　　《전서》 시문집, 1789년 12월 18일 이전 추정

(라) "己酉十二月二十一日辰時 上御熙政堂 諸承旨與守令邊將復職初仕入侍" _《승기》 정조 13년 12월 21일

(마) "己酉十二月二十二日辰時 上御熙政堂 藥房入診 大臣備局堂上入侍" _
　　《승기》 정조 13년 12월 22일

💭 필자는 (가)와 (나)의 시를 1789년 11월 이후의 작품으로 추정하였다.[72] 그러나 《여유당집》 시집 11월 29일 부분에서 언급한 〈內閣應教〉(十一月也 題曰岸容待臘將舒柳)에 이어서 (가)와 (나) 두 시가 배치되어 있다. 이 두 편의 시

---

72) 조성을, 2004, 70쪽.

바로 앞의 시 〈內閣應教〉(十一月也 題曰'岸容待臘將舒柳')의 시기는 11월 말일(29일)로 보아야 한다. 따라서 (가)의 저작 시기는 12월로 보는 것이 타당하다. 1789년 12월에 정조가 희정당에 간 날은, 《승정원일기》의 기록으로 확인한 결과 12월 21일과 22일이다. 12월 22일은 약방의 입진을 위한 것이었고, 초계문신 입시 기록이 없다[(라)]. 12월 21에는 초사자初仕者가 입시하였는데, 이것이 1789년에 새로 임명된 초계문신을 가리키는 것으로 판단된다[(마)]. 이것은 규장각 초계문신 응교와는 관계가 없다. 1789년 12월 21일은 입춘일이었을 것이며, 입춘일에 〈大殿春帖子〉라는 시를 지었고(뒤의 12월 21일 부분 참조) 이 시 앞에 (가), (나), (다)의 시 세 편과 (A)〈奉旨於尙衣院讀書〉, (B)〈雪夜閣中賜饌 恭述恩例〉의 시가 배치되어 있다. 따라서 위 다섯 편은 모두 12월 21일 이전에 지은 것이 된다. (가), (나), (다)는 모두 같은 날인 12월 18일 이전에 지은 것으로 여겨지며, (A)와 (B)는 12월 응교가 있은 다음에 지은 것으로 볼 수 있다. 따라서 (가), (나), (다)는 12월 18일 이전, (A)는 12월 19일 이전, (B)는 12월 20일 이전에 지은 것으로 추정하여 둔다.

(다)에 "徐卽徐榮輔" 라는 언급이 있으므로 "同徐·李"의 "徐"가 서영보徐榮輔임을 알 수 있다. "李"가 누구를 말하는지가 문제인데 11월 29일의 자료 (사)의 "親試徐榮輔居首六十二分 李基慶居首八十二分 課講尹光顔居首"(《다산연보》7쪽)를 보면, 이기경을 가리키는 것으로 추정된다. 11월 29일 서영보, 이기경, 윤광안 등이 거수한 일이 있고 다시 12월 (18일 이전 추정) 응교에서 서영보, 이기경이 거수하였다고 보아야 할 것이다.

《다산연보》(7쪽) 1789년 11월 29일자의 "親試 徐榮輔居首 六十二分李基慶居首 八十二分 課講尹光顔居首 '余於是年 親課試居首凡五次 居首比較凡八次'"와 (다)는 정약용은 기호남인 신진 기예로서 같은 기호남인 출신인 이기경과 경쟁 관계에 있었음을 잘 보여준다. 필자는 (다)의 시기를 11월 이후로 추정하였으나,73) 배치 순서로 보아 좀 더 좁혀서 12월 18일 이전의 작품으로 추정하는 것이 더 타당하겠다.

12월 19일 이전(추정): 정조의 명으로 상의원尙衣院에서 독서하며 〈奉旨於尙

73) 조성을, 2004, 71쪽.

衣院讀書〉를 짓다.

(가) 〈奉旨於尙衣院讀書〉 _《전서》 시문집, 1789년 12월 19일 이전

✿ 필자는 (가)의 저작 시기를 11월 이후로 추정하였다.[74] 그러나 이 시 바로 앞의 〈同徐·李僚應敎獻詩 並蒙奇才之襃 不勝愧恧 爲示此篇〉의 시기를 1789년 12월 18일 이전으로 추정할 수 있다면, (가)의 저작 시기는 시의 배치 순서로 보아, 1789년 12월 19일 이전으로 추정할 수 있다.

12월 20일 이전(추정): 눈 내리는 밤에 (규장각에서 숙직하는 가운데) 정조로부터 음식을 하사받다.

(가) 〈雪夜閣中賜饌 恭述恩例〉 _《전서》 시문집, 1789년 12월 20일 이전

✿ 〈奉旨於尙衣院讀書〉의 바로 뒤에 (가)가 배치되어 있다(조성을, 2004,71쪽). 이로 보아 (가) 역시 1789년 12월에 지은 시이다. 여기에서 "각중閣中"이란 내각 즉 규장각을 가리키는 것으로 보아야 한다. 또한 상의원에서 독서한 일과는 별개의 일로 보아야 한다. 따라서 1789년 12월 20일 이전으로 추정하였다.

12월 입춘일(21일 무렵 추정): 〈大殿春帖子〉라는 시를 짓다.

(가) 〈大殿春帖子〉 _《전서》 시문집, 1789년 12월 21일 무렵

✿ 다음 해인 경술년庚戌年(1790)의 입춘이 전해(1789) 12월 말에 들었다. (가)는 경술년 입춘에 지은 것이지만, "기유년己酉年 (1789) 음력 12월 하순 입춘일"에 지은 것이다. 입춘은 양력으로 2월 4일 무렵이 된다. 양력 1790년 2월 4일을 음력으로 환산하면 기유년 12월 21일이 된다. 따라서 1789년 12월 21일 무렵으로 추정하였다.

12월 25일: 셋째 아들 구장懼牂이 태어나다.

(가) "第三子生 名曰懼牂" (辛亥三月 夭於痘癧) _《다산연보》 7쪽
(나) "幼子 生於乾隆己酉 十二月二十五日 寔庚戌年立春之後…辛亥…以脚癧氣盡而逝 是四月二日也" 〈幼子懼牂壙銘〉 _《전서》 시문집, 1789년 12월 25일

74) 조성을, 위의 책, 71쪽.

ⓕ 정약용의 셋째 아들이 구장이 태어난 것은 (나)에 따르면 1789년 12월 25일이며, 죽은 것은 1791년 4월 2일이다. (가)에서 "三月"이라고 한 것은 "四月"의 착오라고 할 수 있겠다.

1789년의 저작과 활동

1789년 봄의 저작으로 〈人日誠正閣上謁 退而有作〉(1789년 1월 8일 작), 〈正月卄七日賜第 熙政堂上謁 退而有作〉(1789년 1월 27일)의 시 두 편이 있다. 전자는 인일제 합격일에 정조를 알현하고 나오며 지은 시이고, 후자는 1월 26일 봄 도기 시험에서 수석으로 합격한 다음 날 국왕을 알현하고 나오며 지은 시이다. 또 급제 이후 3월의 잡문으로 〈每善堂記〉(1789년 3월 13일 이후 추정)와 〈上權判書〉(1789년 3월 15일 무렵)가 있다. 전자를 보아 채제공에게 인사 갔음을 알 수 있다.

한편 이 해 1월에서 3월 10일의 전시까지는 시험 준비에 여념이 없었을 것이다. 1월 7일까지는 인일제(1월 8일 시행)를 준비하고 있었고, 인일제 합격 이후에는 1월 26일의 봄 도기 시험을 준비하고 있었을 것이다. 봄 도기에 거수한 이후에는 3월의 대과 전시(3월 10일 실시)에 직부하게 되어 있었으므로, 이때까지 시험 준비를 하였을 것이다. 합격 방이 붙은 날은 3월 13일이었다. 합격 발표 이후 며칠 동안은 축하 연회와 인사 등으로 매우 바빴을 것이다. 그리고 3월 20일부터는 초계문신으로 규장각에서 근무하게 되었다.

1789년 여름의 저작으로는 〈陪家君還苕川〉(1789년 4월 5일 무렵), 〈族父承旨法泉山居〉(1789년 4월 7일 무렵), 〈次荷潭〉(4월 8일 무렵 추정), 〈到金灘 奉別家君赴蔚山 還至嘉興宿〉(1789년 4월 9일 무렵), 〈探花宴〉(1789년 4월 11일 이후 추정), 〈禧陵山齋作〉(1789년 5월 5일), 〈院中對雨〉(1789년 5,6월 추정), 〈內閣同諸講官退朝〉(1789년 5,6월 추정) 시가 있다. 이 가운데 〈院中對雨〉에는 "承政院也後同"이라고 원주가 붙어 있으므로, 1789년 5,6월 사이에 승정원에 근무하면서 지은 것임을 알 수 있다. "後同"이라는 표현이 있으므로, 〈內閣同諸講官退朝〉 또한 5월, 윤5월, 6월 사이 승정원에 근무하면서 규장각의 모임에 참석하였다가 나오며 지은 시로 추정된다.

1789년 여름에 작성된 산문으로는 〈上海左書〉(제1서; 1789년 4월 8일 무렵 또는

4월 9일 추정), 〈地理策〉(윤5월 22일 추정)이 있다. 《熙政堂大學講錄》은 1789년 4월에 있었던 정조의 《大學》 강의를 나중에 기록한 것이다.

이 해 여름에는 4월 초순 고향 초천과 하담 선영을 다녀왔으며, 울산부사로 임명된 아버지를 충주 금천까지 모시고 가서 배웅하였다. 4월 11일 이후에는 탐화연에 참석하였으며, 4월 16일 이후에는 희정당 《大學》 강의에 참석하였다. 5월 4일에는 희릉직장으로 부임하였다가 다음 날 가주서에 임명되었고, 다시 윤5월과 6월에도 거듭 가주서에 임명되었다(6월 23일 체직, 앞서 5월과 6월에도 임명된 뒤 곧 체직됨). 단 윤5월 23일에서 6월 9일까지의 행적이 추적되지 않는데, 규장각에는 출근하였을 것이다.

1789년 가을의 저작으로는 〈將赴蔚山 晏發抵南漢城〉(1789년 8월 11일 무렵), 〈次長湖院〉(1789년 8월 12일 무렵), 〈踰鳥嶺〉(1789년 8월 13일 무렵), 〈鷄林懷古〉(路由比安·軍威·新寧·永川 至慶州; 1789년 8월 14일 무렵), 〈南浦月夜 同諸君汎舟〉(1789년 8월 15일 무렵), 〈陪家君至慶州 於州尹林公(濟遠)新樓夜宴〉(1789년 8월 16일 무렵), 〈陪家君至永川訪李氏溪亭〉(1789년 8월 17일 무렵), 〈陪家君游銀海寺〉(1789년 8월 17일 무렵), 〈登安東映湖樓〉(路由義興·義城; 1789년 8월 17일 무렵), 〈榮川茁坡訪族父進士(協祖)處士(載鍾)山居〉(1789년 8월 18일 무렵), 〈訪金佐郞(翰東)·典籍(熙稷) 仍於佐郞宅 陪谿谷權丈 同金(熙周·熙洛)·李氏諸友夜宴〉(1789년 8월 18일 무렵 밤), 〈踰竹嶺〉(1789년 8월 18일 무렵 밤), 〈丹陽絶句五首〉(1789년 8월 19일 무렵), 〈次慶安驛奉簡舍兄〉(1789년 8월 20일 무렵)의 시가 있고, 잡문으로 〈答權判書〉(제2서; 1789년 8월 하순 무렵)가 있다.

이 해 7월에서 8월 초순까지 활동은 확인되지 않는다. 1월에서 6월까지 너무 열심히 공부하고 일해 7월에는 휴식 상태였을 가능성도 있다. 그러나 여전히 초계문신으로 근무하고 있었을 것이다. 8월 11일(추정)에서 20일 사이에 울산을 다녀왔으며, 귀로에 영남의 이진동을 단양 운암에 피신시켰다. 이것은 영남 남인들과 친분을 돈독하게 하는 계기가 되었을 것이다. 특히 김한동과는 지속적으로 교분이 유지된다. 1789년 8월 하순에서 10월 초에 걸쳐서는 주교사의 한강 주교 설치 작업(10월 초순, 6~9일; 정조의 화성 능행을 위한 것)에 종사하고 있었다고 보아야 할 것이다.

이 해 겨울의 시로는 〈顯隆院改葬輓詞〉(1789년 10월 7일), 〈內閣應敎〉(題云 '萬國衣冠拜

冕旒' 十一月也 御批日 勞矣 三倍畫; 1789년 11월 29일), 〈前篇纔下 又命進詩 令承旨吸金絲烟 一團 以爲限 題云'太平萬歲' 字當中篇 旣徹 御批日吸竹之頃 操筆立書 豈非奇才 三倍 畫〉(1789년 11월 29일), 〈又應敎進詩〉(1789년 11월 29일), 〈內閣應敎〉(十一月也 題日'岸容待臘 將舒柳'; 1789년 11월 29일), 〈內閣應敎〉(題日'雲近蓬萊 常五色'; 1789년 12월 18일 이전 추정), 〈內閣應敎〉(題云'且向百花 頭上開'; 1789년 12월 18일 이전 추정), 〈同徐·李僚應敎獻詩 並蒙奇 才之褒 不勝愧恧 爲示此篇〉(1789년 12월 18일 이전 추정), 〈奉旨於尙衣院讀書〉(1789년 12 월 19일 이전 추정), 〈雪夜閣中賜饌 恭述恩例〉(1789년 12월 20일 이전 추정), 〈大殿春帖 子〉(1789년 12월 21일 무렵), 잡문으로는 〈文體策〉(1789년 11월 23일)이 있다.

한편 1789년 10월 5일에서 9일 사이에는 정조를 수행하여 현륭원 천봉에 다녀왔으나, 10월 10일 이후 중순에서 하순 사이 정약용의 활동을 미처 추적하지 못하였다. 앞으로 추적이 필요한 부분이다. 다만 이때에는 채제공이 체직되고 다시 반격을 가하는 등 정국이 다소 어수선하여 공부에 몰두하기 어려웠다고 생각된다. 국왕도 다른 데에 신경 쓸 여유가 없다가, 11월에 들어와 친시를 여러 차례 시행하는 등 신진 관료들에게 관심을 기울인 것으로 여겨진다. 정약용은 10월에도 규장각 초계문신으로 근무하고 있었다고 여겨지지만, 1789년 10월의 월과 또는 응교는 찾아지지 않는다. 10월에는 월과와 응교가 없었을 가능성도 생각해 볼 수 있겠다. 11월(23일)에는 월과로서 〈文體策〉(1)을 짓는 한편, 11월 29일에는 응교하여 시 네 편을 지었다. 12월(18일 이전 추정)에도 역시 응교하여 시 세 편을 올렸고, 이어 상의원에서 독서하고 규장각에서 숙박하였다. 1789년 겨울 11월과 12월에는 대체로 규장각에서 초계문신으로 근무하면서 응교와 초계문신 친시 등에 대비하는 일을 하였던 것으로 생각된다.

1790년 庚戌, 정조 14 _29세

1월 19일: 채제공이 다시 좌의정에 임명되다.

(가) "蔡濟恭爲左議政 爲特旨重拜也" 《실록》 정조 14년 1월 19일

🔥 이날에 노론 강경파의 수장 김종수金鍾秀가 삭출되고 1월 20일 삼사가 그를 치죄하라고 합계하였다. 1789년 9월 26일 왕대비의 언문 교서로 시작

된 정쟁에서 일단 채제공 측이 승리한 것으로 보인다. 그러나 일방적 승리라고는 할 수 없다. 곧 김종수가 다시 우의정이 되기 때문이다. 좌의정 채제공과 우의정 김종수를 쌍거호대하는 것이 1790년대 초반 정조의 탕평책이었다. 김종수와 같은 정치적 입장에 서며 나중에 김종수의 역할을 대신하는 인물이 심환지沈煥之인데, 그는 정약용에게는 호의적이었다.

2월 7일: 정조가 수원부에 행차하다.

(가) "駕次水原府" 《실록》 정조 14년 2월 7일

🕯 정조가 현릉원에 참배하고 별시를 행하러 간 것이며, 환궁한 것은 2월 12일이다. 이때 정약용이 수행하였는지 아닌지는 알 수 없다.

2월 14일: 김이교金履喬, 심능적沈能迪, 윤광안尹光顔 등과 함께 의금부義禁府에 구금되었다가 석방되다.

(가) "以禁府都囚徒 傳于李祖承曰…金履喬·沈能迪…丁若鏞·尹光顔·徐有聞放" 《승기》 정조 14년 2월 14일

🕯 2월 14일에 정약용은 의금부에서 김이교, 심능적, 윤광안 등과 함께 석방되었다. 이들은 1789년 초계문신 가운데 촉망되던 사람들이었는데, 아마도 집단적으로 국왕의 뜻을 거슬러 일시 의금부에 구금되었다가 이날 풀려났다. 이 일은 정약용이 바로 다음 달 3월 김이교와 함께 한림翰林 사직소辭職疏를 내었다가 해미海美로 18일 동안 유배 간 것과 같은 맥락의 일로 보인다.

2월 19일: ① 초계문신 친시를 행하다. ② 정약용이 참가하다(추정).

(가) "次對 仍行抄啓文臣親試" 《실록》 정조 14년 2월 19일

🕯 (가)의 기록을 보아 2월 19일 초계문신 친시가 있었음을 알 수 있다. 이에 정약용은 당연히 참가하였을 것이다.

2월 25일: 정조가 성균관에 가서 알성시謁聖試를 보이는 데에 수행하다.

(가) 〈大駕詣太學謁聖 恭記所覩〉 《전서》 시문집, 1790년 2월 25일

(나) "庚戌二月二十五日寅時 上御春塘臺 謁聖文科試取" 《승기》 정조 14년 2월 25일

※ 필자는 (가)의 시기를 단지 1790년 봄으로 추정하였으나,[75] 심경호의 연구에 따르면 알성시는 이 해 2월 25일에 있었다(365쪽). 이날 정조가 성균관에 가서 알성시를 보인 것은 (나)에서 확인된다. (가)에 따르면 정약용은 이때 정조를 수행하여 성균관에 갔다. 따라서 (가)의 저작 시기는 1790년 2월 25일이다.

2월 26일: ① 규장각 초계문신으로 친시에 참가하여 〈人才策〉(1)을 짓다. ② 한림회권翰林會圈에 피선被選되다.

(가) "設人日製于泮宮" "御春塘臺 行抄啓文臣親試" _《실록》정조 14년 2월 26일

(나) 〈人才策〉(1)(人日製 及抄啓文臣親試 庚戌) _《전서》시문집, 1790년 2월 26일

(다) "庚戌 二月 (廿六日) 翰林會圈被選 (都堂會圈取 沈能迪·金履喬·鄭文始·洪樂游·尹持訥等及余 六人 皆三點也 監事蔡濟恭·藝文提學洪良浩·知春秋鄭好仁·李獻慶)" _《다산연보》7쪽

(라) "庚戌… 二月 (二十六日) 翰林會圈被選(蔡濟恭 以右相主圈 取沈能迪·金履喬·鄭文始·洪樂游·尹持訥等及公 六人 皆三點也)" _《사암연보》21쪽

(마) "都堂 翰林會圈" _《실록》정조 14년 2월 26일

※ (나)의 원주에서 "인일제"라고 하였다. (가)에 따르면 이 해에는 인일제가 2월 26일 성균관에서 시행되었고, 같은 날 춘당대에서 초계문신 친시가 있었다. 따라서 (나)는 1790년 2월 26일 작이 된다. (다)와 (라)에서 한림회권에 피선되었다는 것은 후보자 명단에 올랐다는 의미이다. 정식으로 한림에 피선된 것(예문관藝文館 검열檢閱)은 바로 2월 29일이다.

2월 29일(말일): ① 희정당熙政堂에서 한림소시翰林召試를 보아 김이교와 함께 피선되다. ② 예문관 검열에 단부되다. ③ 밤(2.29)에 원중院中에서 숙직하다.

(가) "二月(廿九日) 翰林召試入格(時有人言 六人皆引嫌 因嚴敎赴試于熙政堂 余與金履喬被選) (同日) 藝文館檢閱單付(謝恩入直 一宿而徑出 卽三月一日也 初八日承嚴旨 海美縣定配 十三日到 配十九日蒙放)" _《다산연보》7쪽

75) 조성을, 2004, 71쪽.

(나) "翰林召試被選是日 藝文館檢閱單付" _《사암연보》 21쪽

(다) 〈翰林召試被選 就院中夜直〉 _《전서》 시문집, 1789년 2월 29일

(라) "翰林召試" _《실록》 정조 14년 2월 29일

(마) "吏曹口傳政事 檢閱單丁若鏞" _《승기》 정조 14년 2월 29일

⚵ 1789년 2월 29일 밤 원중에서 숙직하였는데 이때 사관史館에서 "翰林先生錄"을 보았을 가능성이 있다. 〈翰林薦〉(《혼돈록》 제3권)이라는 글에 "余於史館見翰林先生錄"이라는 언급이 있다.[76] 1790년 2월은 29일이 말일이다.

3월 1일: ① 원중에서 숙직하고 다음 날(3.1) 바로 나오다. ② 한림을 사직하는 상소(《辭翰林疏》)를 올리다. ③ 신기申耆가 정약용이 사직소를 올리고 바로 나갔다고 아뢰고 처분을 청하자, 우선 의금부에서 추고하여 봉공하게[禁推捧供] 하게 하라고 전지傳旨를 전하다. ④ 의금부에서 승정원을 통해 정약용을 패초로 불러 숙직하게 하였다고 보고하다.

(가) "(同日: 2.29) "藝文館檢閱單付 (謝恩入直 一宿而徑出 卽三月一日也 初八日承嚴旨 海美縣定配 十三日到 配十九日蒙放)" _《다산보》 7쪽

(나) "申耆啓曰 檢閱丁若鏞 謂有政勢 陳疏" _《승기》 정조 14년 3월 1일

(다) "申耆啓曰 檢閱丁若鏞謂有情勢 陳疏徑出…何以爲之 敢稟 傳曰 爲先禁推捧供" _《승기》 정조 14년 3월 1일

(라) "禁府照目 檢閱丁若鏞矣…仍令政院 牌招入直爲 良如敎" _《승기》 정조 14년 3월 1일

(마) 〈辭翰林疏〉 _《전서》 시문집, 1790년 3월 1일

⚵ 〈辭翰林疏〉는 1790년 2월 29일 밤 원중에서 숙직할 때 써서 다음 날 3월 1일 오전에 올렸을 것이다. 올린 날짜에 따라서 1790년 3월 1일 작으로 하였다.

3월 2일: ① 정약용이 패초에 응하지 않자 정조가 파직 전지를 내렸다가, 다시 시행하지 말고 엄히 신칙하여 숙직하게 하라고 명령을 내리다.

---

76) 조성을, 2004, 342쪽.

② 다시 한림을 사직하는 상소(《辭翰林再疏》)를 올리다(추정).

(가) "以檢閱丁若鏞牌不進 罷職傳旨 傳于金履翼 曰勿施 更爲嚴飭入直" _《승기》 정조 14년 3월 2일

(나) 〈辭翰林疏〉 _《전서》 시문집, 1790년 3월 1일

(다) 〈辭翰林再疏〉 _《전서》 시문집, 1790년 3월 2일 또는 3월 3일 추정

☞ 1790년 3월 2일에 정조의 부름이 있자 이날 다시 사직을 청하는 소를 올린 것으로 추정하였다. 그렇다면 두 번째 사직 상소는 3월 2일 올린 것이 된다. 《여유당집》 잡문에 (나)에 바로 이어 (다)가 있다. (나)는 3월 1일 올린 것이고, (다)는 3월 2일 패초로 다시 부르자 두 번째로 올린 것인데, 올린 날짜는 3월 3일이었을 수도 있겠다.

3월 4일: 정조가 서매수徐邁修에게 정약용이 왔는지 묻자 아직 들어오지 않았다고 아뢰다.

(가) "庚戌三月初四日申時 上御重熙堂…上曰 丁若鏞入來乎 邁修曰 尙不承應矣" _《승기》 정조 14년 3월 4일

3월 7일: 3월 7일 이경二更에 정조가 정약용에게 호연湖沿(해미海美) 유배의 엄명을 내리다.

(가) "(同日) 藝文館檢閱單付(謝恩入直 一宿而徑出 卽三月一日也 初八日承嚴旨 海美縣定配 十三日到配 十九日蒙放)" _《다산연보》 7쪽

(나) "三月 初八日 承嚴旨 海美定配" _《사암연보》 21쪽

(다) "庚戌三月初七日二更 上於重熙堂…上命書傳敎曰 新進小官 稱以情勢 優處闕外 已至多日 寧有如許紀綱 擧措極爲無嚴 檢閱丁若鏞 湖沿定配" _《승기》 정조 14년 3월 7일

☞ (다)의 "優處闕外 已至多日"이라는 구절로 보아 3월 1일 사직소를 내고 퇴궐한 뒤 이때까지 계속 궐 밖에 머무르고 있었음을 알 수 있다. 3월 7일 이경에 유배 명령이 내려졌다.

3월 8일: 정약용에게 해미 유배 명령이 전달되다.

(가) "(同日) 藝文館檢閱單付(謝恩入直 一宿而徑出 卽三月一日也 初八日承嚴

旨 海美縣定配 十三日到配 十九日蒙放)" _《다산연보》 7쪽

(나) "三月 初八日 承嚴旨 海美定配" _《사암연보》 21쪽

　《승정원일기》에 따르면 유배 명령이 떨어진 것은 3월 7일 이경이다.
(가)와 (나)에 3월 8일이라고 기록된 것은 집(소룡동 추정)에 있던 정약용에
게 3월 8일 유배 명령이 전달되었기 때문일 것이다.

3월 10일: ① 의금부가 언계言啓하여 정약용을 충청도 해미海美로 정배하고,
예에 따라 의금부 나장으로 하여금 배소配所까지 압송하게 한다
고 보고하다. ② (3월 10일) 오후 늦게 한양을 출발하다. ③ 이날
밤 동작나루 부근에 숙박하다.

(가) 〈奉旨謫海美出都門作〉(三月 十日也) _《전서》 시문집, 1790년 3월 10일

(나) 〈行次銅雀渡〉 "綾被遠移仙閣燭" _《전서》 시문집, 1790년 3월 10일

(다) "以義禁府言啓曰 藝文館檢閱丁若鏞 湖沿定配事 承傳 啓下矣 丁若鏞 忠
清道海美縣定配…依例遣府羅將 押送配所 何如 傳曰 允" _《승기》 정조 14년
3월 10일

　(가)의 시에는 "三月 十日也"라고 원주가 붙어 있다. 3월 8일에 유배의 명
을 받은 정약용이 3월 8일에서 9일 사이에 떠날 준비를 하여 3월 10일에
한양 도성문을 나선 것으로 보아야 할 것이다. (나)의 시에 "綾被遠移仙閣燭"
이라는 구절이 있으므로 한양 도성문을 나선 뒤 동작나루에 도착한 것은
저녁 또는 밤이라고 할 수 있다. 따라서 집(소룡동 추정)을 출발하여 한양
도성문을 나선 것은 3월 10일 오후 늦게였다고 추정된다. 한양 도성문을
나서서 동작나루로 간 것으로 보아서 이때 한양 도성문은 숭례문崇禮門(남
대문)으로 추정된다. 이날 동작나루를 건너가 숙박하였다고 보는 것이 타
당하다. 즉 이날 밤은 한강 건너편 현재 동작동 부근에서 숙박하였을 것이
다. (다)의 기사로 보아 의금부 나장이 압송하였음을 알 수 있다. 즉 의금
부 나장의 동행 아래 해미로 출발하였다.

3월 11일: ① 저녁에 수원水原에 도착하다. ② 수원의 여관에서 숙박하다.

(가) 〈暮次水原〉(旅宿懷明主 安居羨野氓珠丘瞻密邇 豺虎敢縱橫) _《전서》 시문

집, 1790년 3월 11일

💧 아마도 1790년 3월 11일 아침 동작나루 부근을 출발하여 승방평과 남태령, 과천, 지지대 고개를 지나 수원으로 갔을 것이다. (가)에 "旅宿懷明主 安居羨野氓珠丘瞻密爾 豺虎敢縱橫"이라는 구절이 있으므로, 이날 밤은 수원의 여숙旅宿에서 묵었을 것이다. 이때는 수원 화성華城 건설 전이며, 유배 가는 처지였으므로 수원의 관아에서 묵지는 않았을 것이다.

3월 12일: ① 수원을 출발하여 평택·진위와 안성을 지나다. ② 안성과 해미 중간 지역(곡교曲橋 부근 추정)에 숙박하다. ③ 춘당대에서 초계문신 친시가 있다(정약용 참석 불가능).

(가) 〈海美讁中雜詩〉 _《전서》 시문집, 1790년 3월 14일 이후~19일 이전

(나) "御春塘臺 行抄啓文臣親試" _《실록》 정조 14년 3월 12일

💧 〈暮次水原〉 다음에는 바로 (가)가 이어진다.[77] 따라서 시를 보아서는 구체적 경로를 알 수 없다. 해미에 도착한 것은 3월 13일이므로, 3월 12일 밤은 수원과 해미의 중간 지점에서 숙박한 것이 분명하다. 그 숙박 지점은 당시 교통로와 보행 속도로 보아서 대략 곡교 부근으로 추정하였다. (나)를 보아 3월 12일 춘당대에서 초계문신 친시가 있었음을 알 수 있다. 유배 가는 길이었으므로 정약용은 당연히 참석할 수 없었다.

3월 13일: 배소 해미에 도착하다.

(가) "(同日) 藝文館檢閱單付(謝恩入直 一宿而徑出 卽三月一日也 初八日承嚴 旨 海美縣定配 十三日到配 十九日蒙放)" _《다산연보》 7쪽

(나) "十三日到配" _《사암연보》 21쪽

3월 14일(이후~3월 20일 이전 추정): 남구만南九萬의 옛집에 가고 그의 사당을 방문하였다.

(가) 〈海美讁中 雜詩〉 _《전서》 시문집, 1790년 3월 14일 이후~3월 20일 이전 추정

(나) 〈海美南相國祠堂記〉 _《전서》 시문집, 1790년 3월 26일 이후~3월 말추정

---

77) 조성을, 2004, 72쪽 참조.

☉ 1790년 3월의 해미 유배 기간 동안 지은 (가)의 시에 따르면, 해미 인근 결성結城에 있던 남구만의 옛 집에 갔으며 또 해미에서 남구만의 사당을 방문하기도 하였다[(나)]. 3월 13일 도착 당일에 결성에 있던 남구만의 옛집에 갔다고 보기는 어려우므로, 3월 14일 이후 간 것으로 추정하였다. 남구만의 옛집을 찾은 다음 어느 날에 서산 개심사開心寺에 가서 하루 유숙하고, 해미로 돌아온 뒤 3월 22일 해배의 명이 당도하여 그날 서울로 출발한 것으로 여겨진다(3월 22일조 참조). 따라서 개심사에 간 날짜의 하한은 3월 21일이다. 그러므로 남구만의 옛집을 방문한 날짜의 하한은 3월 20일이 된다. 해미에서 남구만의 옛집을 찾은 그날, 그의 사당을 참배하였는지는 확실하지 않다. 사당이 옛집에 있었는지 다른 장소에 있었는지 확인할 필요가 있다.

3월 15일 이후(21일 이전 추정): 태안군수泰安郡守 유회柳誨(헌가獻可)와 함께 개심사에 가서 하룻밤 묵다.

(가) 〈泰安郡守柳獻可(誨)見訪 同至開心寺東臺眺望 一宿而別〉 《전서》 시문집, 1790년 3월 15일 이후~21일 이전 추정

☉ 서산 개심사에 간 것은 3월 15일 이후에서 21일 이전이라고 추정된다. (가)가 〈海美謫中 雜詩〉에 바로 이어졌고 3월 22일 해배의 명을 전달 받고 서울로 출발하였기 때문이다.

3월 19일: 서울에서 해배解配의 명이 내리다.

(가) "(同日) 藝文館檢閱單付(謝恩入直 一宿而徑出 卽三月一日也 初八日承嚴旨 海美縣定配 十三日到配 十九日蒙放)" 《다산연보》 7쪽

(나) "十九日蒙宥" 《사암연보》 21쪽

(다) "李晩秀 以議政府言啓曰 海美定配罪人丁若鏞放送事 命下矣 丁若鏞卽爲放送事 分付該道 道臣之意 敢啓 傳曰 知道" 《승기》 정조 14년 3월 19일

(라) 〈在謫中十日 特蒙赦旨〉 《전서》 시문집, 1790년 3월 22일

☉ (가), (나), (다)에 따르면 서울에서 해배의 명이 내린 것은 3월 19일이다. (라)는 해미에서 해배 명령을 받고 지은 시인데 제목으로는 적중謫中에 있

은 지 열흘째에 용서를 받은 것으로 되어 있다. 해미에 도착한 것이 3월 13일이므로, 열흘째 되는 날은 3월 22일이다. 따라서 해배 명령이 해미에 있던 정약용에게 전달된 날짜는 정확히 3월 22일이 된다.

3월 22일: ① 해배 명령이 해미에 도착하다. ② 이날(오후) 해미를 출발하다. ③ 덕산德山에 이르러 현감 정후조鄭厚祖와 만나다. ④ 한양溫陽에서 묵다.

(가) 〈在謫中十日 特蒙赦旨〉 _《전서》 시문집, 1790년 3월 22일

(나) 〈還至德山同知縣公(厚祖)飲〉 _《전서》 시문집, 1790년 3월 22일

(다) 〈溫泉志感〉 _《전서》 시문집, 1790년 3월 22일

🔹해배의 명은 충청감사에게 3월 21일에 전달되었을 것이고, 충청감영에서 해미 관아를 거쳐 정약용에게 전달된 것은 3월 22일로 보는 것이 타당하다. 정약용은 해배 명령을 받고 성격상 서둘러 행장을 꾸려서 이날 오후 바로 출발한 것으로 보인다. 1795년 금정찰방 시절에도 돌아오라는 명을 받고 그날 바로 출발하였다. 3월 22일에 출발하였다면 정후조鄭厚祖를 만난 때는 당일이었고, 아마 그와 함께 저녁 식사를 하였을 가능성이 있다. 그리고 이날 밤늦게 온양溫陽에 도착하였을 것이다. (다)는 3월 22일 밤 온양에 도착하여 지은 시로 생각된다("中夜聽龍吟"이라는 구절이 있음).

3월 23일: ① 온양에서 사도세자가 심은 나무와 관련하여 시를 짓다. ② 온양과 수원 사이에 숙박하다(평택 또는 진위 부근 추정).

(가) 〈溫宮有莊獻手植槐一株 當時命築壇以俟其陰 歲久擁腫壇亦不見 愴然有述〉 _《전서》 시문집, 1790년, 3월 23일

🔹 (가)는 1790년 3월 23일 아침 온양에서 지은 시로 볼 수 있다. 내용으로 볼 때 사도세자가 심은 나무를 다음 날 아침에 보고 지었다고 판단되기 때문이다. 3월 23일 온양을 출발하였다면 그날 밤은 시간과 교통로 면에서 온양과 수원 사이 평택(또는 진위) 부근에서 숙박하였을 것이다.

3월 24일 추정: 과천(또는 동작나루) 부근에서 숙박하다(추정).

❀ 3월 23일 아침에 온양과 수원 사이의 어느 지점(평택 또는 진위 부근)을 출발하였다면, 3월 23일 밤은 거리와 교통로 면에서 과천(또는 동작나루) 부근에서 묵었을 것이다.

3월 25일 추정: 서울에 도착하다.

❀ 3월 24일 밤에 과천(또는 동작나루) 부근에서 숙박하고 3월 25일 아침에 출발하여 이날 오후에 서울 집에 당도하였을 것이다.

3월 26일 이후 추정: 〈海美南相國祠堂記〉를 짓다.

(가) 〈海美南相國祠堂記〉 _《전서》 시문집, 1790년 3월 26일 이후~3월 말 추정

❀ 3월 25일 아침에 과천(또는 동작나루)을 출발하였다면 그날 한양에 도착할 수 있었을 것이다. 서울에 돌아온 뒤 해미에서 남상국南相國 [남구만]의 사당을 참배한 일과 관련하여 3월 하순 무렵 (가)를 지었다고 하였다.[78] 좀 더 좁혀보기로 한다. 돌아온 3월 25일에 지었다고 보기는 어렵고 며칠 안에 지은 것으로 여겨지므로, 이 시의 저술 시기는 대략 3월 26일 이후에서 3월 말 사이의 어느 시점이 된다. 이 시를 보아 당시 정약용이 남구만을 존경하였음을 알 수 있다.

4월 10일: ① 초계문신 친시親試가 있었다. ② 정약용이 참가하다(추정).

(가) "行抄啓文臣親試" _《실록》 정조 14년 4월 10일

❀ 정약용은 4월 10일 초계문신 초시[(가)]에 당연히 참가하였을 것이다. 해배된 뒤 이때까지 근신하면서 시험 준비를 하였을 것으로 추정된다.

4월 29일: ① 초계문신의 과강課講이 있었다. ② 정약용이 참가하다(추정).

(가) "仍行抄啓文臣親試" _《실록》 정조 14년 4월 29일

(나) "庚戌四月二十九日卯時 上御熙政堂 親臨抄啓文臣 親試課講" _《승기》 정조 14년 4월 29일

❀ (가)와 (나)에 따르면 1790년 4월 29일에 초계문신 시험이 있었다. 정약

---

78) 조성을, 2004, 282쪽 참조.

용이 이때 초계문신이었으므로 이 시험에 당연히 참여하였을 것으로 추정하였다. 그 시험 내용은 잘 확인되지 않는다. 《弘齋全書》에도 친시와 관련된 자료가 보이지 않는다.

5월 3일: ① 김이교金履喬와 함께 예문관藝文館 검열檢閱에 환부還付되다. ② 세 번째로 한림을 사직하는 상소(《辭翰林三疏》)를 올리고(5월 3일 추정) 패초牌招로 불러도 가지 않다. ③ 누차 불러도 오지 않는다고 윤행임尹行任이 아뢰자 정조가 잡아오라는 명령을 내리다.

(가) "五月 (初三日) 藝文館檢閱還付(一向引嫌 五日有命 余與金履喬 並出六品)" _《다산연보》7쪽

(나) "五月 (初三日) 藝文館檢閱還付" _《사암연보》24쪽

(다) "吏曹口傳政事 檢閱丁若鏞·金履喬 竝單付" _《승기》정조 14년 5월 3일

(라) 〈辭翰林三疏〉 _《전서》시문집, 1790년 5월 3일 추정

(마) "以檢閱丁若鏞·金履喬 牌不進罷職傳旨 傳于權襸曰 只推 更爲牌招 各別嚴飭 斯速入直" _《승기》정조 14년 5월 3일

(바) "尹行任啓曰 檢閱丁若鏞·金履喬 來待命之下敎後 屢度催促 從不入來… 傳曰 拿處" _《승기》정조 14년 5월 3일

❀ (가)~(바)의 기록을 보아 1790년 5월 3일의 행적이 확인된다. (라)는 세 번째 상소로서 한림翰林 사직소로는 마지막 것이며 이날 5월 3일에 올린 것으로 추정된다. 정약용은 김이교와 각별한 인연이 있다. 이 해 3월에도 김이교는 정약용과 함께 한림 사직 상소를 내었고, 이번 5월에도 함께 단부單付되어 같이 패초에 응하지 않았다. 나중에 1801년 신유교안 이후 김이교는 안동김문의 노론이면서도 정순왕후 경주김씨계에 의해 강진 인근에 유배되었고, 뒤에 정약용보다 먼저 해배되어 귀경하는 길에 정약용의 강진 배소를 찾았으며, 이후 정약용의 해배를 위해 노력한 것으로 여겨진다. 윤행임 역시 정약용과 각별한 인연이 있다. 1801년 신유박해 당시 정약용 등의 구명을 위해 노력하다가 그 자신도 노론 벽파 계열에 의해 제거되게 된다.

5월 4일: ① 조상진趙尙鎭이 계를 올려 검열 정약용과 김이교가 입시의 명이 누차 내려가도 오지 않으므로 추고하자고 품의하다. ② 정조가 번거롭게 품의한다고 도리어 승지를 추고하게 하고 품의는 시행하지 말라고 명하다.

(가) "趙尙鎭啓曰 檢閱丁若鏞·金履喬 來待命之下敎後 屢度催促 從不入來… 本院請推之外無他 可施之罰 何以爲之 敢稟 傳曰 焉敢若是煩稟 承旨推考 此啓辭勿施" _《승기》 정조 14년 5월 4일

5월 5일: 육품六品으로 나아가고(출육出六) 용양위龍驤衛 부사과副司果에 승부陞付되다.

(가) 五月 (初三日) 藝文館檢閱還付(一向引嫌 五日有命 余與金履喬 並出六品) _《다산연보》 7쪽

(나) (初五日) 龍驤衛副司果陞付 _《다산연보》 8쪽

(다) "是月 初五 龍驤衛副司果陞付" _《사암연보》 25쪽

(라) "兵批…副司果申大龜·金祖淳·金履喬·丁若鏞 立單付" _《승기》 정조 14년 5월 5일

(마) 〈丹陽山水記〉 _《전서》 시문집, 1790년 가을 추정

✿ 1790년 5월 5일 출륙出六 이후 다시 사직을 청하였다는 기록을 찾을 수 없었다. 하지만 일단 사직이 허락되었다고 추정할 수 있다. (마)에 "庚戌夏 余旣辭翰林"이라고 원주가 붙어 있기 때문이다. 곧 예문관 검열 사직을 허락하고 출륙시킨 것으로 볼 수 있겠다. (나), (다), (라)의 기록에 따르면, 출륙 이후 용양위 부사과의 자리에 있었을 것이다.

6월 초순(추정): 상원祥原 군수로 나가는 윤지눌尹持訥을 전송하는 시를 짓다.

(가) 〈送尹无咎赴祥原〉 _《전서》 시문집, 1790년 6월 초순 추정

✿ 1790년 전반기 도목정사都目政事는 《실록》에 따르면 7월 4일 국왕이 직접 행하였다. 6월 18일 원자元子 탄생으로 좀 늦추어진 것으로 볼 수 있겠다. 다만 윤무구가 상원 군수로 임명된 것은 이 도목정사에 앞선 6월 초순 무렵이었다고 생각된다. 무구无咎는 윤지눌의 자이다. (가)의 시는 〈六月十八日 伏聞慶喜 蹈舞有作〉(6월 18일 작)의 앞에 배치되어 있고, 정재원의 회갑

잔치에 대한 시 〈家君晬辰諸公宴集〉 바로 앞에 배치되어 있다. 정재원의 생일은 《가승》에 따르면 6월 10일이다. 따라서 (가) 시의 저작 시기를 대략 1790년 6월 초순으로 추정하였다. 〈家君晬辰諸公宴集〉의 저작 시기는 일단 6월 10일일 가능성이 크지만 하루, 이틀 차이가 있을 수 있으므로 6월 10일 무렵이라고 추정한다.

6월 10일 무렵: 정재원의 회갑연이 한양에서 열리다.

(가) 〈家君晬辰諸公宴集〉 "回甲也 時自蔚山來臨" _《전서》 시문집, 1790년 6월 10일 무렵

ⓥ 아버지 정재원의 회갑 때 지은 것이 (가)의 시이다. 위치로 보아 〈送尹无咎赴祥原〉(6월 초순 추정)과 〈六月十八日 伏聞慶喜 蹈舞有作〉의 중간에 있다. 《가승》에 따르면 정재원의 생일은 6월 10일이므로, (가)의 시기를 6월 10일 무렵으로 추정하였다.

6월 18일: 왕자(뒤의 순조純祖)의 탄생을 축하하는 시를 짓다.

(가) 〈六月十八日 伏聞慶喜 蹈舞有作〉 _《전서》 시문집, 1790년 6월 18일

(나) "申時 元子誕生于昌慶宮之集福軒" _《실록》 정조 14년 6월 18일

(다) "元子誕降後…時原任大臣 單子問安…洪檍 以禮曹言啓曰…綏嬪朴氏 順產生男 內殿取而爲子 以定號元子" _《승기》 정조 14년 6월 18일

ⓥ (가)는 원자 탄생을 축하하는 시이다. 순조가 1790년 6월 18일 탄생하였음은 (나)와 (다)의 기록을 보아도 알 수 있다. 정조는 전년도 1789년 10월 7일의 현륭원顯隆園 천봉遷奉 덕에 이런 경사가 있게 되었다고 여겼다.

6월 하순(추정): 여름비에 신광하申光河의 집이 무너진 소식을 듣고 시를 짓다.

(가) 〈破屋歎 爲白澤申佐郎作〉 _《전서》 시문집, 1790년 6월 하순 추정

ⓥ 석북石北 신광수申光洙의 동생 신광하의 집이 무너진 것을 탄식하는 시이다. 아마도 장마에 낡은 집이 무너진 것 같다. 따라서 저술 시기는 음력 6월 18일 이후 장마철이었을 것이고, 〈六月十八日 伏聞慶喜 蹈舞有作〉(6월 18일 작)에 바로 이어서 배치되어 있으므로 대략 음력 6월 하순 무렵으로 추정하였다.

7월 4일: 사간원司諫院 정언正言에 의망擬望되다.

(가) "七月(初四日) 司諫院正言通擬(首望金履喬 末望南渼 舊望也 是日都目下
     敎)" _《다산연보》 8쪽

(나) "七月(初四日) 司諫院正言通擬" _《사암연보》 24쪽

7월 11일: 사간원 정언에 낙점落點되다.

(가) "(十一日) 司諫院正言除授(以前望落點 十九日許遞 以閣課也)" _《다산연보》8쪽

(나) "十一日 除正言" _《사암연보》 24쪽

(다) "兩司望單子入之…正言丁若鏞·尹悌東 落點" _《승기》 정조 14년 7월 11일

  ⚶ 1790년 7월 11일에 사간원 정언에 낙점된 것은 사직소를 올리지 않고
그냥 취임한 것으로 보아야 할 것이다. 1790년 7월 19일에 정언 체직을 허
락 받기 때문이다. 즉 며칠 근무한 뒤에 체직을 청한 것으로 보인다.

7월 19일: ① 규장각의 각과閣課로 사간원 정언의 체직遞職을 허락받다. ②
　　　　　　병조兵曹의 부사과副司果에 단부되다. ③ 초계문신 친시에 참여하
　　　　　　다(추정).

(가) "(十一日) 司諫院正言除授 (以前望落點 十九日許遞 以閣課也)" _《다산연
     보》8쪽

(나) "十九日 許遞以閣課也" _《사암연보》 24쪽

(다) "兵曹口傳政事……副司果單丁若鏞" _《승기》 정조 14년 7월 19일

(라) "庚戌 七月十九 卯時 上御熙政堂 抄啓文臣親試" _《승기》 정조 14년 7월 19일

(마) 〈農策〉 _《전서》 시문집, 1790년 7월 19일 추정

(바) "仍行抄啓文臣親試" _《실록》 정조 14년 7월 19일

  ⚶ 사간원 정언에 낙점된 7월 11일부터 7월 19일까지 사간원 정언으로 근
무하고, 이날 19일 체직을 허락받았다[(가)]. 1790년 5월 5일에 용양위의
부사과로 승부陞付되었는데 7월 19일에 다시 용양위 부사과에 단부되었다
면, 7월 11일 사간원 정언이 되면서 일시적으로 용양위 부사과를 물러났던
것이 아닌가 여겨진다. (가)에서 "十九日許遞 以閣課也"라고 하였고, (라)와
(바)의 기록을 보면 7월 19일 초계문신 친시가 있었으므로 7월 19일 초계

문신 친시에 참여하였을 것이다.

친시에 응시한 내용이 무엇이었는지가 문제이다. 〈問律度量衡〉(1790년 8월 16일; 뒤의 8월 16일 부분 참조)의 시기를 (마)와 비슷한 시기에 지어진 것으로 추정한 적이 있다.[79] (마)의 바로 뒤에 〈問律度量衡〉이 실려 있기 때문이다. 〈問律度量衡〉(1790년 8월 15일)은 (마)보다는 조금 뒤라고 할 수 있겠다. 정약용은 1790년 7월 말고도 8월에 또 내각 친시에 응시한 것으로 추정된다 (8월 부분 참조). (마)는 〈問律度量衡〉(8월 16일)보다 조금 앞이어야 하므로 일단 1790년 7월 19일 내각 친시의 작품이라고 추정된다. 《弘齋全書》〈農〉의 원주에 "庚戌 抄啓文臣 課試"에 이어서 "三試及上齋生應製"라는 언급이 있다. "三試"라는 언급과 거의 일치한다고 여겨진다. 다만 1790년 12월 17일이라는 견해가 있다(1789년 윤5월 22일 부분 참조).

한편 정약용의 《여유당집》 잡문을 보면 〈問律度量衡〉(1790년 8월 16일) 바로 뒤에 〈問錢幣〉, 〈策問錢弊〉, 〈策問儒〉, 〈策問竹〉이 실려 있다. 이들은 배치 순서로 보아 〈問律度量衡〉(1790년 8월 16일)의 뒤에 지어진 것이다. 〈策問儒〉, 〈策問竹〉은 내용으로 보아 곡산부사 재직시절(1797년 가을~1799년 4월)에 지은 것이다. 〈策問儒〉에는 "谷山府 鄕校試士"라고 원주가 붙어 있으며 바로 뒤의 〈問竹〉도 문체의 유사성(전자 〈問儒〉의 말미에는 "我諸生其各著于篇"이라고 되어 있고, 또 〈問竹〉의 말미에는 "[我]諸生其各著于篇 必有所講於中者 其各悉著于篇"이라 되어 있음)으로 보아 곡산부사 시절 지은 것이다. 말할 것도 없이 배치 순서로 보아 〈策問儒〉가 먼저 지어졌고, 〈策問竹〉이 나중에 지어진 것으로 보아야 할 것이다. 〈問儒〉(谷山府 鄕校試士)와 〈問竹〉이 (마)와 비슷한 시기에 지어진 것으로 보았으나,[80] 이는 오류이다. 〈問錢幣〉, 〈策問錢弊〉는 1797년 가을 곡산부사로 나가기 전, 조정에 있을 때 시관試官으로서 지은 것이라고 여겨진다.

덧붙여 《여유당집》 잡문에는 〈問東西南北〉, 〈鹽策〉, 〈弊策〉, 〈戰船策〉, 〈漕運策〉, 〈荒政策〉 등이 (마) 앞에 실려 있다. 필자는 이전에 이 글들을 유배 이

79) 조성을, 2004, 334쪽.
80) 조성을, 2004, 334쪽.

전의 글이었으나, 나중에 수정한 것으로 보고 구체적 시기를 언급하지 않았다. 그러나 수정하지 않았을 수도 있다. 지금 이들의 원 저작 시기를 살펴보기로 한다. 〈鹽策〉, 〈弊策〉, 〈戰船策〉, 〈漕運策〉, 〈荒政策〉 등은 내용으로 보아 규장각 초계문신으로서 올린 과시課試의 답안이라고 생각된다. (마)보다 앞에 있으므로, 1790년 7월 이전의 글이라고 추정된다. 다만 (마)의 시기가 1790년 12월 17일이라면 약간 조정하여 12월 17일 이전의 글이라고 하는 것이 타당하겠다. 그리고 1789년 윤5월 22일(앞의 1789년 윤5월 22일 부분 참조)에 지은 〈地理策〉보다는 뒤에 지은 것으로 판단된다. 즉 1789년 윤5월 이후~1790년 7월 사이에 지은 것으로 추정할 수 있겠다. 아울러 〈問東西南北〉은 곡산부사 시절 이전, 조정에서 과거科擧의 시관試官으로서 지은 문제일 것이다.

7월 20일 이후~29일 이전(추정): ① 아버지의 울산 임지를 다녀오다. ② 귀로에 단양에서 지름길을 취하여 운암雲巖을 경유하다.

(가) 〈丹陽山水記〉 _1790년 7월 말 추정

🖋 (가)에 "庚戌夏 余旣辭翰林 遂以是秋 謁告省覲于蔚山之府 就路竹嶺 將歸京師時… 遂自丹陽徑趨雲巖"이라는 구절이 있다. 1789년 가을(8월)에 울산에 갔고 이번 1790년 가을(7월 추정)에 울산을 다녀온 것은 별개의 일이다. 1790년 7월 19일 초계문신 친시에 응시하였고 7월 30일 시관 정약용을 잡아오라는 명령이 있으므로(7월 30일 부분 참조), 7월 20일에서 29일 사이에 울산을 다녀온 것으로 볼 수 있다. 서둘러 돌아오기 위해 단양에서부터 운암으로 지름길을 취한 것으로 보인다. 아마도 이번에도 말을 타고 달린 것으로 보인다. (가)는 서울에 돌아와 지은 것일 것이므로 일단 7월 말로 추정해 두었다.

7월 30일: ① 국왕이 시관 송전宋銓, 정약용丁若鏞, 박윤수朴崙壽를 잡아오라고 명하다. ② 윤행임尹行任이 아직 대령하지 않았다고 정조에게 보고하다.

(가) "庚戌七月三十日卯時 上詣宗廟·景慕宮…詣齋殿…敎曰 監試試官參望人 待令於乘輦 所事分付 行任 承命出 分付…上曰 試望承牌人 俱爲待令乎

行任曰 宋銓·丁若鏞·朴崙壽拿 未及待令矣 上曰當該注書 事過後拿處…命
書傳敎曰 試望承牌之後 衛內旣不隨駕 輦前又不待令 試官宋銓·丁若鏞·朴
崙壽 事過後 令該府拿問處之" _《승기》정조 14년 7월 30일

(나) "以試官宋銓·丁若鏞·朴崙壽拿處傳旨 傳于尹行任曰 分揀" _《승기》정조 14
년 7월 30일

Ⓥ 이날 7월 30일 감시監試의 시관 참망인參望人으로 참석하라는 국왕의
명을 이행하지 않아 붙잡아 오라는 어명이 내렸다. 무슨 이유로 참석하지
않은 것인지는 정확히 알 수 없으나, 아마도 시험에 아는 인물이 있어서
정약용이 회피한 것이 아닌가 여겨진다. 이 해 9월 15일 둘째형 정약전이
증광별시에 급제하지만(9월 15일 시행, 9월 26일 합격 발표), 이에 앞서 8월 1
일 실시된 감시 초시에 정약전이 응시하지 않았으므로(이미 소과 급제), 정
약용이 이 감시 초시에 시관으로 나서지 않은 데에는 다른 회피 이유가 있
었을 것으로 추정된다.

8월 1일: 원자 탄생을 경축하는 증광감시 초시가 시행되다.

(가) "設增廣監試初試" _《실록》정조 14년 8월 1일

Ⓥ (가)에 따르면 1790년 8월 1일에 시험이 있었으나 정약전은 이 시험에
는 응시하지 않았다. 이미 소과에 급제해 있었기 때문이다.

8월 6일: 창덕궁 춘당대에서 실시된 칠석제七夕製에 시관試官(대독관對讀官)으
로 참여하다.

(가) "庚戌八月初六日…上曰 七夕製當親臨…詣春塘臺敎曰…儒生使之入場…
試官…丁若鏞…以次進伏" _《승기》정조 14년 8월 6일

(나) "庚戌八月初六日 午時 上御熙政堂 科次入侍時…對讀官…丁若鏞…以次
進伏訖" _《승기》정조 14년 8월 6일

Ⓥ 이 해 칠석제는 7월 7일이 아닌 8월 6일에 열렸다.

8월 7일: 정약용이 성정각에 다른 시관들과 함께 대독관으로 입시하다.

(가) "庚戌 八月初七日 卯時 上御誠正閣 科次入侍時…對讀官…丁若鏞…以

次進伏訖” _《승기》정조 14년 8월 7일

ⓥ 1790년 8월 6일 인일제가 있었고 합격자들이 다음 날 8월 7일 성정각에
입시할 때 정약용도 함께 입시한 것이다.

8월 15일: ① 정약용이 참시관參試官으로서 중희당에 입시하다. ② 경과慶科
　　　　　가 번잡하지 않도록 개문開門하라는 정조의 명을 받다.

(가) “庚戌 八月十五日 卯時 上御重熙堂…文所試官金尙集…參試官丁若鏞·趙
　　得永 以次進伏訖…上敎曰 今番慶科 異於他科…依監試例 開門 可也” _
　　《승기》정조 14년 8월 15일

ⓥ 경과란 6월 18일 원자元子 탄생을 경축하는 문·무과 시험이다. 이해
9월 26일 증광별시增廣別試 최종 합격 발표가 있었고, 이에 앞서 8월 16일
에 별시(증광문무과) 초시가 있었고 9월 15일에 전시殿試가 있었다(8월 16일
및 9월 15일 부분 참조). (가)에 따르면 8월 15일에 원자의 정호定號 축하를
위한 증광별시(문무과) 초시가 있었던 것으로 오해할 수가 있으나, 이것이
시행된 것은 8월 16일이었다(8월 16일 부분 참조). 8월 15일은 시관들에게 공
정을 기하라고 하기 위하여 부른 것이다.

8월 16일: ① 증광별시 문·무과가 실시되다. ② 정약용이 시관으로 참가
　　　　　하다. ③ 증광별시 문과에 정약전이 응시하다(합격).

(가) “設增廣文武科初試” _《실록》정조 14년 8월 16일

(나) “庚戌八月 元子定號 增廣別試 東堂初試 時 金尙集·閔鍾顯·沈煥之與爲一
　　所考官 群公囑余發問” 〈問律度量衡〉_《전서》시문집, 1790년 8월 16일

ⓥ (가)에서 1790년 8월 16일 증광별시 문·무과가 실시되었음을 알 수 있
다. 정약용은 8월 15일 시관으로 국왕에게 불려갔으므로 그가 8월 16일의
시관이었다고 추정된다. 둘째형 정약전은 증광별시 문과에 9월 최종 합격
하므로 그는 당연히 8월 16일의 초시에 참가하였을 것이다. 특별한 언급을
찾을 수 없는 것으로 보아서 이때에는 정약용은 피혐하지 않고 참시관으
로 입회하였을 것이다. 한편 (나)에서 언급한 8월 시행은 1790년 8월 16일
의 증광별시의 초시初試를 말하는 것이다. 이날 8월 16일에 정약용이 (나)

를 출제한 것이다. 《실록》 8월 20일에도 "設增廣文武科初試" 기록이 있는데 8월 16일에는 문과 초시가, 8월 20일에는 무과 초시가 있었을 가능성을 생각하여 본다.

8월 28일: ① 희정당에서 초계문신 친시가 시행되다. 친시에 참여하다(추정).

(가) "仍行抄啓文臣親試" _《실록》 정조 14년 8월 28일

(나) "庚戌八月二十八日丙子卯時 上於熙政堂 抄啓文臣親試" _《승기》 정조 14년
8월 28일

📖 (나) 《승정원일기》의 기록에 따르면, 1790년 8월 28일 초계문신 친시가 희정당에서 있었으므로 정약용도 여기에 참가한 것으로 추정된다. (가)에도 초계문신 친시 기록이 있다.

8월 29일: 말일

9월 6일: ① 사간원 정언에 제수除授되다. ② 잡과감대진雜科監臺進이 되다. ③ 잡과감대진이 되자 사간원 정언의 사직을 청하는 상소(《辭正言兼進科弊疏》)를 올리다. ④ 9월 6일부터 10일 동안(9월 15일까지) 외부와 단절된 채 심환지沈煥之 등과 증광별시 출제에 참여하다.

(가) 九月(初六日) 司諫院正言除授 (前望落點 雜科監臺進 初七日許遞) _《다산연보》 8쪽

(나) 九月(初六日) 除正言 雜科監臺進 _《사암연보》 24쪽

(다) 〈同金(尙集)判書·閔(鍾顯)判書·沈(煥之)參議 鎖院禮部十日 試事畢奉示諸公〉(是增廣別試 東堂也) _《전서》 시문집, 1790년 9월 15일

(라) 《國朝文科榜目》 권18 정종(정조) 경술조 1790년 9월 15일

(마) 〈辭正言兼進科弊疏〉 _《전서》 시문집, 1790년 9월 6일 추정

📖 1790년 9월 6일 잡과감대진에 임명된 것을 계기로 정언 사직을 청하면서 과폐科弊를 아울러 논한 상소를 올린 것으로 보인다. 이전에는 9월 6일 또는 7일이라고 하였으나,[81] 9월 6일 잡과감대진에 임명된 직후 상소를 올

---

81) 조성을, 2004, 244쪽.

린 다음 바로 외부와 단절 상태에 들어간 것으로 보는 것이 더 타당하다고 여겨진다. 한편 9월 6일부터 9월 15일까지 10일 동안 외부와 단절된 채 심환지와 함께 하였고, 증광별시 출제에 참여하는 사이에 두 사람 사이의 관계가 돈독하여졌을 것이라고 여겨진다.

9월 7일: 사간원 정언의 체직遞職을 허락받다.

(가) "九月(初六日) 司諫院正言除授 (前望落點 雜科監臺進 初七日許遞)" 《다산연보》 8쪽

⚘ 1790년 7월 19일 사간원 정언에서 체직되었다가 9월 6일 다시 사간원 정언에 임명되었으나, 다음 날 9월 7일 다시 체직이 허락되었다. 체직 허락은 외부와 단절된 상태에서 이루었을 것이다.

9월 10일: ① 사헌부司憲府 지평持平과 무과감대진武科監臺進에 제수되다. ② 사헌부 지평의 사직 상소를 올리다(추정).

(가) "(初十日) 司憲府持平除授 (前望落點 武科監臺進 十月初二日 許遞)" 《다산연보》 8쪽

(나) "初十日 除司憲府持平·武科監臺進 公以持平監察訓練院武科" 《사암연보》 24쪽

(다) 〈辭持平兼科弊疏〉 《전서》 시문집, 1790년 9월 10일 추정

⚘ 사헌부 지평 제수는 외부와 단절된 상태에서 이루어졌을 것이며 왕명이므로 즉시 전달되었을 것이다. 따라서 사직 상소도 외부와의 단절 상태에서 임명 전달 이후 바로 올린 것으로 보는 것이 타당하다. 필자는 이전에 9월 10일에서 체직이 허락되는 10월 2일 사이로 추정한 적이 있다.[82]

9월 15일: ① 증광별시 문·무과 복시가 시행되다. ② 증광시增廣試 보안을 위한 외부와의 단절이 해제되다. ③ 시험이 끝난 뒤 시를 지어 같이 참가한 분들께 보이다. ④ 둘째형 정약전 응시하다.

(가) 《國朝文科榜目》 권18 정종(정조) 경술조 1790년 9월 15일

(나) 〈問律度量衡〉 "庚戌八月 元子定號 增廣別試 東堂初試 時 金尙集·閔鍾

---

82) 조성을, 위의 책, 244~245쪽.

顯·沈煥之與爲一所考官 群公囑余發問" _《전서》시문집, 1790년 8월 16일

(다) 〈同金(尙集)判書 · 閔(鍾顯)判書·沈(煥之)參議 鎖院禮部十日 試事畢奉示
諸公〉(是增廣別試 東堂也) _《전서》시문집, 1790년 9월 15일 추정

(라) "增廣別試" _《승기》정조 14년 9월 15일

(바) "行增廣文武科覆試" _《실록》정조 14년 9월 15일

Ϋ (나)에 따르면 원자 정호를 축하하는 증광별시 문과 초시가 8월 16일 시
행되었고, 이때 출제된 것이 (나)이다. 그러나 앞에서도 이미 언급한 바와
같이 증광별시 복시가 시행된 것은 9월 15일이다[(라)와 (바)에 의거]. (가)와
(라)에 따르면 9월 15일이 된다. 그러나 합격 발표는 9월 26일이며 정약전은
9월 15일 증광별시 복시에 응시하여 합격하였다(9월 26일 부분 참조).

9월 19일: ① 정조가 북한산성 연융대鍊戎臺에서 군대를 사열하다. ② 정약
용이 국왕을 수행하다.

(가) 〈大駕至鍊戎臺 閱武觀馬上才 有述〉 _《전서》시문집, 1790년 9월 19일

(나) "行鍊戎臺" _《실록》정조 14년 9월 19일

Ϋ (나)를 보아 위의 사실이 확인된다. 따라서 (가) 시는 9월 19일 지은 것
이다.

9월 20일: ① 인정전에서 증광문과 전시를 시행하다. ② 정약전 참가하다.

(가) "御仁政殿 行增廣文科殿試" _《실록》정조 14년 9월 20일

Ϋ 이미 1790년 9월 15일 시험으로 합격은 정해졌고 9월 20일 전시는 석차
를 정하는 시험이었다.

9월 26일: ① 인정전에서 증광 문과 합격자가 발표되다. ② 둘째 형 정약전
합격이 공식적으로 발표되다.

(가) "御仁政殿 放文科榜" _《실록》정조 14년 9월 26일

Ϋ 《國朝文科榜目》에 따르면, 1790년 9월 15일 실시된 증광문과에 정약전이
병과에 합격하였다. 증광문과 복시는 9월 15일 시행되었으나 공식 발표는
(가)에 따르면 9월 26일이었다.

9월 27일 이후~말일 : 아버지를 뵙기 위해 울산으로 떠나는 둘째형 정약전에게 시를 지어 드리다.

(가) 〈仲氏等第赴蔚山 奉贈一詩〉 9월 27일 이후~9월 말 추정

ⓕ 정약전은 울산에 계신 아버지께 보고 드리기 위해 9월 26일 발표 뒤 며칠 이내에 떠났을 것이다.

10월 2일: ① 사헌부 지평에서 체직을 허락받다. ② 부사과副司果에 단부되다.

(가) "司憲府持平除授(前望落點 武科監臺進 十月初二日 許遞)" _《다산연보》 8쪽

(나) "兵批⋯副司果⋯丁若鏞·朴崙壽·金履喬⋯竝單付" _《승기》 정조 14년 10월 2일

ⓕ (가)와 (나)의 기록을 보아 10월 2일 사헌부 지평에서 체직되어 부사과에 단부되었음을 알 수 있다.

10월 3일: ① 초계문신 친시를 행하다. ② 정약용 참가하다(추정).

(가) "行抄啓文臣親試" _《실록》 정조 14년 10월 3일

ⓕ (가)에 따르면 10월 3일 초계문신 친시가 있었음을 알 수 있고 정약용도 당연히 참가하였을 것이다.

11월 10일: 아버지 정재원이 진주목사로 승진하다.

(가) "庚戌十一月初十日 陞晉州牧使" _《가승》 1790년 11월 10일

ⓕ 《가승》에 따르면 아버지 정재원은 11월 10일 진주목사로 승진하였다. 〈先人遺事〉(《전서》 시문집)에도 관련 기사가 있다.

12월 12일~18일(추정): 창덕궁 상의원尙衣院에 머무르면서 《論語》를 읽고 《論語》 강에 참여하다.

ⓕ 1790년 12월 18일 부분의 해제 마지막 단락 참조.

12월 18일: 친시에서 1등 하여 아마兒馬를 상으로 받다.

(가) "親試第一人領賞(計劃二十三分 賜兒馬一匹 進箋稱謝)" _《다산연보》 8쪽

(나) "課試第三人領賞(計劃二十五分半 賜虎皮一領)" _《다산연보》 8쪽

(다) "課講第十人領賞(計劃十七分半 賜紙一卷 筆二墨一)" _《다산연보》 8쪽

(라) "十二月 閣課親試入格領賞 凡三次 上令抄啓文臣 直宿于禁中各省 讀論語 須日講數篇 七日畢講 公方夜在尙衣院 獨論語(12.13) 忽閣吏來 袖中出一紙 示之曰 '明日講章' 公愕然曰 '此豈講員所得規者也' 吏曰'無傷也 此上敎也' 公曰'雖然 且當讀全篇' 終不諦視 吏笑而去 厥明日(12.14) 登筵講論語 上謂閣臣'丁謀須別命他章也' 旣講不錯 上笑曰'果讀全篇矣' 後數日(12.17) 方夜風雪大寒 自內宣饌于讀書諸臣 余自尙衣院赴內閣 夜如漆 觸場而傷其額 闕明日(12.18)入侍于春塘臺上見公額有蠟紙傅之 問'蠟紙何也 無乃昨夜中過飮醉倒者耶' 對曰'非敢過飮 夜如漆也' 上曰'古有醉學士 亦有顚學士 如不過飮也 非是醉學士 顧非顚學士乎' 講書訖 上曰'傷其面有能讀書 高籤也(得純通) 是日(12.18)親試 擬內閣謝宣饌箋 又擢第一 上曰"傷其面有能做佳句 所以第一也' 箋云'霜柑老橘逝矣 從海外蓬萊玉盤珍羞 居然爲食前方丈' 是日(12.18) 上特獎爲佳句 閣課親試入格領賞 凡三次 (廐馬·豹皮等)" _《사암연보》 25~27쪽

(마) 〈閣課畢 猥居第一 蒙賜廐馬豹皮等〉 _《전서》 시문집, 1790년 12월 18일

(바) "庚戌十二月十八日午時 上御重熙堂…又命書傳敎曰 今庚戌年抄啓文臣課講都計劃 居首 順天府尹光顔二百七分 依例加資 又命傳敎曰 '今庚戌年抄啓文臣親試都計劃' 居首副司果 丁若鏞二十三分…兒馬一匹面給 又命書傳敎曰…今日因講製準式始減下…副司果李儒受 稷山縣監 除授" _《승기》 정조 14년 12월 18일

  (바)《승정원일기》의 기록에 따르면, (가)에서 언급된 "친시(진전進箋)에서 거수하고 23분分을 받은 일이" 12월 18일에 일어난 일임을 알 수 있다. (마)의 시도 내용으로 보아 이 일을 기록한 것이므로 12월 18일 작으로 볼 수 있다. 한편 《다산연보》(8쪽)에 1790년 12월에 상을 받은 사실이 (가), (나), (다)의 순서로 나란히 배열되어 있다. 따라서 (나)와 (다)는 (가)의 일 (12.18) 뒤에 있었던 일임을 알 수 있다. (가)의 일이 12월 18일에 있었으므로 (나)와 (다)의 일은 12월 18일 뒤의 일이 된다.

  아울러 (라)의 기사 날짜를 생각해 보기로 한다. 말미 부분의 "是日 上特獎爲佳句"의 "시일是日"이 12월 18일을 가리키는 것은 분명하다. 이날 전箋을

올려 1등상을 받았으며 (바)의 12월 18일의 기사와 일치하기 때문이다. 여기에서부터 역산하여 들어가기로 한다. (라)의 "後數日(12.17) 方夜風雪大寒 自內宣饌于讀書諸臣 余自尙衣院赴內閣 夜如漆 觸場而傷其額"의 후수일後數日은 12월 18일 바로 전날의 밤이므로 12월 17일이 된다. 다시 여기에서 역산하여 보면 "厥明日 登筵講論語"의 "궐명일厥明日은 대략 12월 14일이 되며 "公方夜在尙衣院 獨論語 忽閣吏來"의 날짜는 12월 13일이 된다. (라)에서 《論語》 강이 7일 동안 지속되었다고 하였는데, 12월 18일 《論語》 강의 테스트를 마친 뒤에 전箋을 짓게 한 것으로 보아서 《論語》 강은 12월 18일 완료된 것으로 보인다. 그렇다면 《論語》 강이 시작된 것은 (1790년) 12월 12일이라고 추정되며, 12월 12일~18일 사이에 정약용은 창덕궁 상의원尙衣院에 머무르면서 《論語》를 읽고 있었다고 추정할 수 있겠다. (바)에서 1790년 12월 18일에 정약용의 친구 이유수李儒受가 직산현감에 제수된 것이 주목된다.

12월 19일 이후 추정: 과시課試에 3등하여 호피虎皮를 상으로 받다.

(가) "課試第三人領賞 (計劃二十五分半 賜虎皮一領)" _《다산연보》 8쪽

φ 이것은 12월 18일 다음의 일이므로 12월 19일 이후로 추정하였다.

12월 20일 이후 추정: 과시에서 10등을 하여 지묵紙墨을 상으로 받다.

(가) "課講第十人領賞(計劃十七分半 賜紙一卷 筆二墨一)" _《다산연보》 8쪽

(나) 〈十三經策〉 1790년 12월 19일 이후 추정

φ 《다산연보》의 배치 순서에 따르면 (가)의 일은 1790년 12월에 있었고 12월 18일 거수하여 말을 상으로 받은 일 뒤의 뒤, 즉 과시에서 3등한 일 (12월 19일 이후) 바로 뒤에 있다. 따라서 일단 12월 20일 이후의 일로 추정하였다. 〈十三經策〉을 지은 것은 이번 12월 친시(20일 이후)에서 10등을 한 때이거나, 아니면 바로 전 12월 친시(19일 이후)에서 3등을 하였을 때로 보인다. 1790년 12월 3일이라는 견해가 있다(1789년 윤5월 22일 부분 참조).

1790년의 저작과 활동

1790년 봄의 저작으로는 〈大駕詣太學謁聖 恭記所親〉(1790년 2월 25일), 〈奉旨謫海美出都門作〉(1790년 3일 10일 오후), 〈行次銅雀渡〉(1790년 3월 10일 밤), 〈暮次

水原〉(1790년 3월 11일), 〈海美謫中 雜詩〉(1790년 3월 14일 이후~20일 이전), 〈泰安郡守柳獻可(誨)見訪 同至開心寺東臺眺望 一宿而別〉(3월 15일 이후~21일 이전) 〈在謫中十日 特蒙赦旨〉(1790년 3월 22일), 〈還至德山同知縣鄭公(厚祖)飲〉(1790년 3월 22일 저녁), 〈溫泉志感〉(1790년 3월 22일 밤), 〈溫宮有莊獻手植槐一株 當時命築壇以俟其陰 歲久擁腫壇亦不見 愴然有述〉(3월 23일 아침) 등의 시가 있다. 잡문으로는 〈人才策〉(1)(1790년 1월 7일), 〈辭翰林疏〉(1790년 3월 1일), 〈辭翰林再疏〉(1790년 3월 2일또는 3월 3일), 〈海美南相國祠堂記〉(3월 26일 이후~3월 말 추정)이 있다.

1790년 1월에는 행적이 잘 확인되지 않는다. 2월에는 14일에 의금부에 구금되었다가 풀려난 기록이 있으며, 2월 19일에 초계문신 친시에 응시하였고, 2월 25일에 국왕이 성균관에서 알성시를 보이는 데에 수행하였고, 같은 날 예문관 검열에 임명되어 2월 29일에 숙직하였다. 3월 1일과 2일(또는 3일)에 거듭 사직소를 내었으나, 국왕의 노여움을 사서 3월 10일에 해미로 유배를 떠나게 되고, 3월 19일 서울에서 내려진 해배 명령이 3월 22일에 해미에 전달되자 그날 출발하여 서울에 3월 25일(추정)에 도착하였다. 서울에 도착한 이후 4월 29일 전까지 정약용의 행적이 〈海美南相國祠堂記〉(3월 26일~3월 말 추정)을 지은 것 말고는 잘 추적되지 않는다. 아마도 집에서 근신하는 한편으로 규장각에 출근하면서 공부를 하였을 것이라고 여겨진다. 4월 15일이 큰형수의 제삿날이므로 이에 참석하기 위하여 고향 초천에 다녀왔을 가능성도 있지만, 유배에서 풀려난 지 얼마 되지 않은 관원으로서 서울을 떠나기는 쉽지 않았을 것이다. 특히 4월 10일에 초계문신 친시가 있으므로 서울에서 시험에 대비하고 있었을 것이다.

1790년 여름의 저작으로 〈送尹无咎赴祥原〉(1790년 6월 초순 추정), 〈家君晬辰諸公宴集〉(1790년 6월 10일 무렵), 〈六月十八日 伏聞慶喜 蹈舞有作〉(1790년 6월 18일), 〈破屋歎 爲白澤申佐郎作〉(1790년 6월 하순 추정) 잡문으로 〈辭翰林三疏〉(1790년 5월 3일 추정)가 있다. 1790년 4월에는 작품이 확인되지 않는다.

1790년 3월 하순 해미에서 서울로 돌아온 이후 4월 동안은 근신하면서 규장각의 친시(4월 10일) 등에 대비하고 있었다고 여겨진다. 5월 초에는 다시 예문관 검열에 임명되었으나 사직을 청하여 5월 5일에 출륙出六되었고 이후 용양위 부사과의 자리에 있었다. 1790년 6월 초순 무렵 상원 군수로 나가는 윤무구를 전송하는 한편, 6월 10일 무렵 아버지의 회갑연이 서울에서 있었을 것이다. 6월 18월에는 원자(순조)의 탄생을 축하하는 시를 지었고, 6월 하순(추정) 신광하의 집이 장맛비에 무너진 것을 위로하는 시를 지었다. 1790년 6월 기간에도 용양위 부사과의 자리에는 있었다고 여겨진다.

1790년 가을의 저작으로는 〈題陶林子左右長廊圖〉(1790년 9월 6일 이전 추정), 〈同金(尙集)判書·閔(鍾顯)判書·沈(煥之)參議 鎖院禮部十日 試事畢奉示諸公〉(1790년 9월 15일), 〈仲氏等第赴蔚山 奉贈一詩〉(9월 27일 이후~9월 말 추정) 등의 시가 있다. 잡문으로는 〈農策〉(1790년 7월 19일 추정 또는 12월 17일), 〈丹陽山水記〉(1790년 7월 말 추정), 〈問律度量衡〉(1790년 8월 16일) 등이 있다. 〈題陶林子左右長廊圖〉(1790년 9월 6일 이전 추정)은 6월 18일 이후 7월 또는 8월에 지은 것일 가능성이 있다. 일단 1790년 가을의 시로 하여 둔다.

1790년 7월에는 사간원 정언이 되었다가 사직하고 7월 하순에는 울산을 다녀왔다. 8월에는 여러 시험의 시관이 되었고 9월 초 다시 사간원 정언에 임명되었으나 사직하고, 9월 6일~9월 15일 사이에 시관으로서 시원試院에 봉쇄되어 있었으며 이때 사헌부 지평에 임명되었다. 9월 19일에는 국왕을 수행하여 북한산성 연융대에서 열무閱武하였으며 9월 말에는 증광별시에 합격하여 울산으로 아버지께 인사가는 둘째형 정약전에게 시를 지어드렸다. 〈農策〉(1790년 7월 19일 추정 또는 12월 17일)은 내각 친시에 참여하여 지은 것으로 추정되며 〈問律度量衡〉(1790년 8월 16일)은 증광별시 초시의 시관으로서 출제한 것이고, 〈丹陽山水記〉(1790년 7월 말 추정)는 7월 하순 울산을 다녀오면서 단양에서 구경한 경치에 대하여 기록한 것이다.

1790년 겨울의 저작 가운데 날짜가 확인되는 것은 〈閣課畢 猥居第一 蒙賜廐馬豹皮等〉(1790년 12월 18일)이며 이것은 12월 마지막 시이다. 이 시 앞에 〈內閣應教〉(1), 〈內閣應教〉(2; 題曰'喜悅好禾黍'), 〈內閣應教〉(3; 題曰'池上于今 有鳳毛'), 〈內閣應教〉(4; 題曰'萬國衣冠拜冕旒'), 〈內閣應教〉(5; 題曰'天顔有喜近臣知'), 〈內閣應教〉(6; 題曰'萬里可橫行' 杜詩 '房兵曹胡馬') 등 〈內閣應教〉가 여섯 편 실려 있다. 〈內閣應教〉 시들의 번호는 필자가 편의상 붙인 것이다. 〈內閣應教〉(1)의 바로 앞에는 〈仲氏等第赴蔚山 奉贈一詩〉가 있는데 이 시는 9월 27일 이후~9월 말 사이에 지은 것으로 추정된다(앞의 9월 부분 참조). 따라서 〈內閣應教〉(1)~(6)은 대략 10월 이후~11

월 사이(정확하게는 12월 12일 이전)에 지어진 것으로 볼 수 있다. 필자는 막연히 9월 19일 이후에 지은 것으로 추정한 바 있다.[83] 1790년 겨울 시기의 잡문으로는 초계문신으로서 저술한 〈十三經策〉(12월 19일 또는 20일 이후 추정 또는 12월 3일) 등이 있다. 〈十三經策〉(12월 19일 이후 추정)의 추정 근거에 대하여는 앞에서 제시하였다.

1790년 겨울의 활동으로는 10월 이후 여러 편의 응교應敎 시를 올린 것, 그리고 12월 중순 《論語》 강에 참여한 것, 12월 19일 이후(추정) 초계문신으로서 〈十三經策〉을 올린 일을 들 수 있겠다. 10월 2일 사헌부 지평에서 체직된 뒤에는 대체로 초계문신으로서의 임무에 전념하고 있었다고 하겠다.

1791년 辛亥, 정조 15 _30세

1월 16일: ① 어가御駕가 수원부에 행차하다. ② 국왕 수원부에 숙박하다(추정).

(가) "駕次水原府" _《실록》 정조 15년 1월 16일

ⓦ 국왕은 1791년 1월 16일 수원부에 도착한 뒤 이날 밤 여기에서 묵고 다음 날 아침 현륭원顯隆園에 간 것으로 추정된다. 국왕의 창덕궁 출발은 1월 15일이었고 중간에 노량진 행궁(또는 과천 행궁)에 묵었을 가능성이 있다.

1월 17일: ① 국왕이 현륭원에서 작헌례를 행하다. ② 국왕이(현륭원에서) 수원부로 돌아와 시험을 보이다.

(가) "詣顯隆園 行酌獻禮" "還次水原府 試" _《실록》 정조 15년 1월 17일

ⓦ 국왕은 이날 1월 17일 역시 수원부에 묵은 것으로 추정된다.

1월 18일: 정약용이 참배를 마치고 수원에서 돌아오는 정조를 노량진 남안南岸에서 맞이하다.

(가) 〈首春大駕 自華城還 同諸學士 於露梁鎭南岸 祗候〉 _《전서》 시문집, 1791년 1월 18일

(나) "還宮" _《실록》 정조 15년 1월 18일

---

83) 조성을, 2004, 75쪽.

🖋 정조의 현륭원 참배에 정약용이 함께 따라가지 않고 서울에 머물다가 정조를 노량진에서 기다린 것으로 여겨진다.《실록》에 따르면 국왕이 1791년 1월 17일 밤은 수원에서 유숙한 것으로 추정되므로, 어가 행렬이 노량진(남안)에 도착한 것은 1월 18일이었다.《실록》에도 1월 18일 환궁한 것으로 되어 있다. 이날 늦게 환궁하였을 것이다.

1월 19일 이후: 희정당熙政堂에서 정조를 모시고 잔치하다.

(가)〈熙政堂侍宴之作 示諸僚〉 _《전서》시문집, 1791년 1월 19일 이후 추정

🖋 (가) 시의 내용으로 보아 수원 행차에서 환궁한 뒤 얼마 되지 않은 시점이다. 따라서 1월 19일 이후 작으로 추정하였다.

1월 하순(추정): 홍인호洪仁浩에게 편지를 보내다.

(가)〈答洪元佰〉(제1서) _《전서》시문집, 1791년 1월 하순 신해 봄 추정

🖋 1791년 봄에 홍인호에게 보내는 답서(〈答洪元佰〉(제1서)"辛亥 春")가 있으며 원백元伯은 홍인호의 자이며 정약용의 처육촌이다. 이 편지는 진주로 가기 전에 보낸 것이다. 3월에는 진주에 내려 가 있었고 3월 하순 이후에는 의정부에 구금되어 있었으므로(3월 13일 및 4월 5일 부분 참조), 진주로 내려가기 전에 보낸 편지로 생각된다. 일단 1월 하순 무렵으로 추정하나 2월이었을 가능성도 배제할 수 없다.

2월 1일: 권엄權襹이 형조판서에 임명되다.

(가) "以權襹爲刑曹判書" _《실록》정조 15년 2월 1일

🖋 권엄은 이른바 기호남인계 대릉大陵 원로 가운데 한 사람이며 1799년 채제공이 졸한 뒤, 1800년 여름 정조의 서거 직전 그의 집에서 기호남인을 재편성하는 모임이 있었고 정약용도 여기에 참석하였다(1800년 여름 부분 참조). 권엄은 남인 공서파와 신서파 사이에 중립적 위치에 있었던 것 같으나, 신유교안 이후에는 남인계 신유교안 연루자들을 공격하였다.

2월 5일: ① 초계문신 친시를 시행하다. ② 정약용 참가하다(추정).

(가) "行抄啓文臣親試" _《실록》정조 15년 2월 5일

☵ (가)를 보아 2월 5일 초계문신 친시가 있었음을 알 수 있다. 정약용은 당연히 여기에 참가하였을 것이다.

2월 12일: ① 채제공이 시전市廛의 폐단에 대하여 말하다. ② 정조 채제공에게 문체 개혁을 언급하다.

(가) "左議政蔡濟恭 白上曰 廛弊釐正事 詳考市案" "上謂蔡濟恭曰…俾知朝家必欲丕變文體之意." _《실록》 정조 15년 2월 5일

☵ 채제공의 건의에 따라 시행된 것이 이른바 신해통공이다. 이것은 시전의 금난전권을 혁파하여 소상인을 보호하는 의미를 가진 것이나, 정치적으로는 노론계의 정치자금을 차단하는 의미도 있었다고 생각된다. 이에 대한 반발이, 이해 신해년(1791) 신해교안에 대한 노론 측의 공세가 집요하였던 원인 가운데 하나로 여겨지며, 남인 공서파가 앞잡이 노릇을 한 것으로 생각된다. 한편 국왕이 채제공에게 문체에 대한 언급을 한 것은 노론 측의 천주교 공격에 대한 대응이다. 당시 노론 측은 박지원, 남공철 등의 문체를 문제 삼았다. 즉 노론 측의 천주교에 대한 공세에 대하여 너희들도 문제가 있다는 것이 정조의 반격이었다. 이런 점에서 문체반정은 매우 정치적 의미를 가지며 정약용은 문체의 면에서는 보수적이어서 정조의 입장을 지지하였다.

2월 22일: 정약용의 장인 홍화보洪和輔를 황해도 병마절도사에 임명하다.

(가) "以洪和輔 爲黃海道兵馬節度使" _《실록》 정조 15년 2월 22일

2월 28일(또는 29일) 추정: ① 아버지 정재원을 뵙기 위해 진주로 향하다. ② 가는 길에 과천에서 시를 짓다.

(가) 〈同蔡郎 將赴晉州 至果川 途中作〉 _《전서》 시문집, 1791년 2월 28일 또는 29일 추정

(나) "辛亥二月 余往覲于晉州" 〈幼子懼牂壙銘〉 _《전서》 시문집

☵ (나)에 따르면 진주로 내려간 시기는 1791년 2월인데 3월 30일(무렵) 서울에 돌아왔으므로, 진주로 내려간 것은 대략 '2월 말엽'으로 잡는 것이 타당하다고 생각된다. 1791년 2월은 말일이 29일이므로 2월 28일 아니면 29

일쯤 내려갔을 것으로 추정하였다. 1790년 10월 2일 사헌부 지평에서 체직된 이후 이때까지 산직散職이었을 것으로 추정된다. 함께 간 채랑蔡郎이 누구인지 확실히 알기 어려우나, 채제공의 친척인 것으로 보인다. 혹시 채랑이 진주목사 정재원에게 채제공의 어떤 전언을 전달하는 임무를 맡았을 가능성도 생각해 볼 수 있겠다.

3월 1일(또는 2일) 추정: 진주로 내려가는 길에 남원 광한루廣寒樓에 오르다.

(가) 〈登南原廣寒樓〉 _《전서》 시문집, 1791년 3월 1일 또는 2일 추정

⚘ (가) 시는 〈同蔡郎 將赴晉州 至果川 途中作〉의 바로 뒤에 배치되어 있다. 〈同蔡郎 將赴晉州 至果川 途中作〉의 저작 시기를 대략 2월 말엽(28일 또는 29일)으로 추정할 수 있다면, (가)의 시의 저작 시기는 대략 3월 1일(또는 2일)로 추정된다.

3월 2일(또는 3일) 추정: ① 황산荒山을 지나며 황산대첩비를 읽고 시를 짓다. ② 팔량령八良嶺(팔량치)를 넘으며 시를 짓다.

(가) 〈讀荒山大捷碑〉 _《전서》 시문집, 1791년 3월 2일 또는 3일 추정

(나) 〈踰八良嶺〉 _《전서》 시문집, 1791년 3월 2일 또는 3일 추정

⚘ 〈登南原廣寒樓〉의 시 바로 뒤에 (가)의 시와 (나)의 시가 배치되어 있다. 남원을 지나 황산과 팔량치를 경유하였음을 알 수 있다. 황산을 경유한 것과 팔량치를 넘은 것은, 거리로 볼 때 같은 날이었다고 여겨진다. 대체로 3월 2일(또는 3일)로 추정된다.

3월 3일(또는 4일) 추정: 하동河東을 경유하여 진주로 가다.

(가) 〈踰八良嶺〉 "雲峯一路接河東" _《전서》 시문집, 1791년 3월 3일 또는 4일 추정

⚘ (가)의 시에 "雲峯一路接河東"이라는 구절이 있다. 운봉에서 팔량치를 넘은 뒤 하동 방면으로 갔다고 추정되며 하동을 경유한 것은 대략 3월 3일(또는 4일)이 된다.

3월 4일(또는 5일) 추정: 진주晉州에 도착하다.

⚘ 하동을 지난 다음 당일 진주로 도착하였다기보다 다음 날(3월 4일 또는 5

일) 진주에 도착한 것으로 추정하였다. 진주로 내려갈 때의 행로는 과천, 남원 광한루, 황산(운봉), 팔량령, 하동을 경유한 것으로 정리할 수 있겠다.[84]

3월 6일 무렵: 두 번째로 촉석루矗石樓에 노닐다.

(가) 〈再游矗石樓記〉 _《전서》 시문집, 1791년 3월 6일 무렵

✿ (가)의 시는 〈踰八良嶺〉 바로 뒤에 배치되어 있다. 진주에 도착한 이후 적어도 하루 이틀은 쉬었다고 생각하여 대략 3월 7일 무렵으로 시기를 추정하였다. (가)의 시를 보아 1791년 3월 진주 촉석루에서 놀았음을 알 수 있다. 정약용은 이전에도 장인이 진주 병사로 있을 때 진주를 방문하여 촉석루에 노닌 적이 있다. 따라서 1791년 3월(6일 무렵 추정) 촉석루에 간 것은 두 번째가 된다.

3월 13일: ① 진주로 내려간 초계문신 정약용을 어떻게 처리할지에 대한 언계言啓가 올라오다.② 의금부 나장羅將을 보내 데려오게 하자는 의금부의 청에 대하여 정조 명을 기다리고 잡아오라고 하다.

(가) "以義禁府言啓曰…刑曹沾目內抄啓文臣丁若鏞 以本府處之事 允下矣 丁若鏞下去慶尙道晉州之云 依例發遣府羅將 何如 傳曰 待命拿囚 可也" _《승기》 정조 15년 3월 13일

✿ 1791년 3월 13일 (가)의 기록에 따르면, 2월 말엽 진주로 내려간 정약용이 3월 13일 현재에는 서울에 있지 않았음을 알 수 있다. 이에 따르면 정약용이 규장각의 허락을 받지 않고 한양을 떠난 것이 문제되어 붙잡아 오라는 명령이 내려지게 되었다고 추정된다.

3월 30일 무렵: 진주에서 서울에 돌아오다.

(가) 〈再游矗石樓記〉 _《전서》 시문집, 1791년 3월 6일 무렵

(나) 〈陪家君行次星州〉 _《전서》 시문집, 1791년 3월 26일 이후 추정

(다) 〈至中牟縣家君赴鳳山書院 與蔡郎前行 奉詩爲別〉 _《전서》 시문집, 1791년 3월 25일 이후 추정

---

84) 조성을, 2004, 76쪽.

(라) 〈踰秋風嶺〉 _《전서》 시문집 1791년 3월 26일 이후 추정

(마) 〈渡荊水〉"在文義縣" _《전서》 시문집, 1791년 3월 26일 이후 추정

(바) "三月余歸自晉 懼岳有識面 而然殊不親附 數日而逝…四月二日" 〈幼子懼
   牂壙銘〉 _《전서》 시문집 1791년 4월 2일 이후

⚱ (바)에 따르면 진주에서 귀경한 후 일단 집에 들러서 셋째 아들 구장을
본 뒤에 의정부에 구금되었던 것으로 보인다. 1791년 3월은 말일이 30일이
었고 4월 2일 구장이 죽었으며 (바)에서 돌아온 지 며칠 만에 죽었다고 하
였으므로, 정약용이 서울에 돌아온 것은 대략 1791년 3월 30일(무렵)이 된
다. (가)의 시는 진주에 도착한 얼마 뒤 촉석루에 놀러가 지은 시이고, 대
략 3월 20일 무렵 서울로 돌아오라는 명령이 진주에 전해졌을 것이다(3월
13일 이후 잡아오라는 명령이 내린 것으로 보임). 이리하여 서울로 돌아오게
되었을 것인데 (나), (다), (라), (마)의 시로 보아서 귀경할 때의 행로는 성
주, 중모현, 추풍령, 형수(문의현)를 경유하였음을 알 수 있다. 이전에 이들
시의 저작 시기를 막연히 3월 하순으로 추정한 바 있다.[85] 그러나 서울에
돌아온 시기가 3월 30일(무렵)로 추정되므로, 여기에서 역산하여 보면 성
주, 중모현, 추풍령, 형수(문의현) 등을 지난 것은 더 좁혀서 3월 26일 이후
로 잡을 수 있겠다.

4월 2일: 셋째 아들 구장懼牂이 죽다.

(가) "幼子 生於乾隆己酉 十二月二十五日 寔庚戌年立春之後…辛亥…以脚癃
   氣盡而逝 是四月二日也" 〈幼子懼牂壙銘〉 _《전서》 시문집, 1791년 4월 2일 이후

(나) "(己酉)… 十二月 第三子生 名曰懼牂(辛亥三月 夭於痘癘)" 《다산연보》 7쪽

(다) 〈憶汝行〉 _《전서》 시문집, 1791년 4월 2일

⚱ 정약용의 셋째 아들 "구장"이 태어난 것은 (가)에 따르면 1789년 12월 25
일이며, 죽은 것은 1791년 4월 2일이다. 3월 30일 무렵 서울에 돌아와서 4
월 6일 석방까지 정약용은 의금부에 구금되어 있었으므로, 아들이 죽은 4
월 2일 당일 정약용은 의금부 구금 상태에 있었던 것으로 추정된다. (나)에

85) 조성을, 2004, 77쪽.

서 "辛亥三月"이라고 한 것은 "辛亥四月"의 오류로 보아야 할 것이다. (다)는 4월 2일 셋째 아들의 죽음을 애도하는 시이다.

4월 5일: 의금부義禁府 계목에서 초계문신 정약용 원정原情에 대하여 상당률 相當律 명목으로 감방勘放하고 엄히 경고하고 더는 문제 삼지 않도록 하자고 아뢰다.

(가) "禁府啓目 抄啓文臣丁若鏞原情云云……以相當律名勘放後 草記 此後抄啓文臣等處 申明嚴飭 更勿科爲良 如教" 《승기》정조 15년 4월 5일

Ⓥ 1791년 3월 정약용이 허락을 받지 않고 진주에 다녀 온 것에 대하여 이 날 4월 5일 용서하도록 하는 건의가 있었음을 알 수 있다.

4월 6일: ① 이홍재李洪載가 의금부 언계로, 지금 의금부에 잡혀 있는 정약용에 대하여 태 50대를 가하고 해임한 뒤 별도로 서용하자는 뜻을 품의하다. ② 공로가 있으면 각기 감1등 하라는 전교를 내리다. ③ 이홍재가 의금부의 계목에서 정약용의 6대조 정언벽丁彦璧이 원종 공신이므로 태 40대를 가하고 방송放送하자는 뜻을 아뢰자 알았다고 전교하다. ④ 병조가 구두로 정사를 전하여 정약용을 부사과로 한다고 하다.

(가) "李洪載 以義禁府言啓曰 時囚罪人原情 公事判決付內…丁若鏞苔五十收贖 解見任別敍放送之意 敢啓 傳曰 知道 如有功議 各減一等 可也" 《승기》정조 15년 4월 6일

(나) "李洪載 以義禁府言啓曰 丁若鏞苔五十收贖 解見任別敍…如有功議 各減一等 命下矣 丁若鏞六代祖彦璧 宣武原從功臣云 功減一等 苔四十收贖 附過放送之意 敢啓 傳曰 知道" 《승기》정조 15년 4월 6일

(다) "兵曹口傳政事 副司果丁若鏞" 《승기》정조 15년 4월 6일

Ⓥ (가), (나), (다)의 기록으로 보아 1791년 4월 6일의 행적이 위와 같이 확인된다. 정약용은 1791년 3월에 보고 없이 아버지의 임지 진주로 내려간 죄로 3월 말(30일 무렵) 의정부에 구금되었다가 4월 6일 석방되었던 것으로 볼 수 있다. 석방과 동시에 병조의 부사과 직책이 회복되었다. 6대조 정언

벽이 원종공신인 음덕으로 병조 부사과의 직책이 회복된 것이라고 할 수 있겠다. 이것은 말할 것도 없이 정조의 배려에 의한 것이다. 태50대에서 태40대로 경감되었는데 실제로 어느 정도 태형을 받았는지는 알 수 없다.

4월 16일: ① 초계문신 친시를 행하다. ② 정약용 참가하다(추정).

(가) "行抄啓文臣親試" _《실록》정조 15년 4월 16일

💧 (가)에 따르면 1791년 4월 16일 초계문신 친시가 있었음을 알 수 있고, 정약용은 당연히 여기에 참가하였을 것이다.

4월 18일: ① 초계문신 삭시사朔試射를 행하다. ② 정약용 참가하다(추정).

(가) "行抄啓文臣朔試射" _《실록》정조 15년 4월 18일

💧 (가)에 따르면 1791년 4월 18일 초계문신 삭시사가 있었음을 알 수 있고, 정약용은 당연히 여기에 참가하였을 것이다.

4월 29일: 장인 홍화보洪和輔가 임지 황주黃州에서 타계하다.

(가) 〈咸鏡北道兵馬節度使洪公墓碣銘〉 _《전서》시문집 1791년 5월 하순 이후

(나) 〈外舅洪節度輓詞〉 "四月晦 卒于黃州" _《전서》시문집, 1791년 5월 하순 추정

💧 홍화보는 1791년 2월 22일 황해도 병마절도사에 임명되었다가 4월 30일 임지에서 졸하였다. 1791년 4월 7일 이후 5월 22일까지 정약용의 행적이 잘 추적되지 않는다. 의금부에서 풀려난 이후 근신하고 있었던 것으로 여겨진다. 4월 말일 장인丈人이 타계한 것도 조용히 근신하게 한 요인이었을 것이다. 1791년 4월은 말일이 30일이지만 (가)에 "四月二十九日 卒于黃州"라고 되어 있다.

부음이 전해진 것은 5월 초순이었을 것이고, (나)를 지은 것은 아마도 장인 홍화보의 장례일에 즈음하여서였을 것이다. 그렇다면 (나)의 저작 시기는 대략 1791년 5월 하순이었을 것으로 추정되며, (가)는 좀 더 나중에 지었을 수 있다. 5월 기간 동안 정약용은 장인의 장례 준비를 돕느라고 바빴을 것이다.

5월 23일: 사간원司諫院 정언正言에 제수除授되다.

(가) "辛亥 五月(卄三日) 司諫院正言除授 首望宋俊載 副望金履喬 末望落點 六月初被遞" 《다산연보》 8쪽

(나) "五月(二十三日) 除司諫院正言" 《사암연보》 27쪽

(다) "有政 吏批 判書徐浩修…丁若鏞爲正言" 《승기》 정조 15년 5월 23일

6월 1일: ① 국왕이 영화당映花堂에 어거하여 초계문신의 강제講製를 시행하다. ② 정약용이 참석하다(추정).

(가) "御映花堂 行抄啓文臣講製" 《실록》 정조 15년 6월 1일

💧 (가)에 따라서 1791년 6월 1일 영화당에서 규장각 초계문신에 대한 강제가 있었음을 알 수 있다. 정약용은 당연히 여기에 참석하였을 것이다.

6월 6일: 이조판서 서호수가 면직되다.

(가) "吏曹判書徐浩修免" 《실록》 정조 15년 6월 6일

💧 서호수가 이조판서에서 면직된 것은 신해통공 이후의 정국과 모종의 관련이 있을 수 있다. 서호수는 소론계이지만 노론계와 친분이 있다.

6월 8일: 서호수가 형조판서에 임명되다.

(가) "以徐浩修 爲刑曹判書" 《실록》 정조 15년 6월 6일

6월 10일 또는 9일 무렵: 정약용 사간원 정언에서 체직되다.

(가) "司諫院正言除授(首望宋俊載 副望金履喬 末望落點 六月初被遞)" 《다산연보》 8쪽

💧 《승정원일기》에서 사간원 정언에서 체직된 날짜가 확인되지 않지만 6월 11일 병조 부사과에 단부되므로(6월 11일 부분 참조), 대략 1791년 6월 10일(또는 9일)로 추정하였다.

6월 11일: 병조가 구두로 정사政事를 전하여 정약용을 부사과副司果에 단부하였음을 아뢰다.

(가) "兵曹口傳政事 副司果丁若鏞·金養根·崔時淳 竝單付" 《승기》 정조 15년 6월 11일

6월 중순 이후 추정: 세검정洗劍亭에 놀러 가다.

(가) 〈游洗劍亭記〉 _《전서》_ 시문집, 1791년 6월 중순 이후 추정

✿ 1791년 여름에 지은 (가)는 사간원 정언 체직 이후로 생각하여 대략 6월 중순 이후로 추정하였다. "辛亥之夏 余與韓侯甫諸人 小集于明禮坊…曰'此 暴雨之 象也 諸君欲往洗劍亭乎'…僉曰'可勝言哉' 逐趣騎從以出 出彰義門…有頃 沈華五得聞 此事 追至亭…洪約汝·尹无咎亦偕焉"이라는 구절로 보아서 이때 함께 놀러간 사람 가운데 한혜보(한치응), 홍약여, 윤무구 등이 있었음을 알 수 있다.

6월 17일: 서호수가 예조판서에 임명되다.

(가) "以徐浩修 爲禮曹判書" _《실록》_ 정조 15년 6월 17일

6월 26일: 채제공이 평시서平市署 혁파를 주장하다.

(가) "左議政蔡濟恭 以都賈旣罷之後 平市署冗官" _《실록》_ 정조 15년

✿ 평시서 혁파 주장은 신해통공의 연장선 위에 있는 것으로 여겨진다.

7월 4일: 심풍지沈豊之를 예조판서에 임명하다.

(가) "以沈豊之爲禮曹判書" _《실록》_ 정조 15년 7월 4일

✿ 이후 인사 문제와 관련하여 채제공과 서호수 사이에 갈등과 상호 비판이 있게 된다(1791년 7월 5일 부분 참조).

7월 5일: 좌상 채제공이 서호수를 비판하는 상소를 올리다.

(가) "左議政蔡濟恭 上箚曰…彼徐浩修之來見…" _《실록》_ 정조 15년 7월 5일

✿ 이 해 7월 채제공과 서호수는 인사 문제로 서로 상대방을 비판하는 상소를 각기 국왕에게 올렸으나, 정조는 채제공의 입장을 지지하여 주었다. 이 일은 채제공의 조카되는 채홍리蔡弘履가 임금에게 인사 문제와 관련하여 경솔하게 말을 한 데에서 비롯된 것이다. 이를 계기로 채홍리는 같은 평강채씨 일문이면서도 채제공과 사이가 벌어진 것으로 여겨진다. 정조 대 기호남인의 분화는 채제공이 불우하였던 시절(1780~1786)에 기호남인 안에서 그에 대하여 동정적 입장이었는지 여부, 천주교 관련 문제, 1788년 이후 채제공이 정승으로서 정국을 주도하는 위치에 있을 때 그와의 친소親疎 여부 등에서 비롯되는 것으로 여겨진다. 압해정씨 집안은 대체로 채제공

과 가깝고 그의 도움도 많이 받지만, 채제공이 표방하는 청남清南의 입장에서 탁남濁南으로 치부하는 사람들과도 관계가 좋았다. 서호수가 속한 달성서씨 가문은 소론계이면서도 노론계와 가까웠던 것으로 보이며, 1780~1786년 사이 물러나 있던 채제공은 당시 재상 서명선徐命善과 사이가 좋지 않았다. 1788년 이후 정조는 결국 소론계 대신 남인 채제공을 정승으로 하여 서서히 남인과 노론의 쌍거호대 방식으로 정국을 이끌어가게 되었고. 정재원, 정약용, 정약전 3부자는 이런 흐름을 타고 관직에 진출하게 되는 것으로 볼 수 있겠다. 정약용은 1790년 7월 아직 이런 문제에 개입할 위치에 있지 않았지만, 곧 신해교안에 휘말리게 된다.

7월 12일: 다시 사간원 정언에 제수되다.

(가) "七月(十二日) 司諫院正言除授(前望落點)" _《다산연보》 9쪽

(나) "正言前望單子入之 丁若鏞落點" _《승기》 정조 15년 7월 12일

7월 13일: 큰 비가 내리다.

(가) "大雨" _《실록》 정조 15년 7월 13일

7월 21일: 채제공이 곤궁한 처지에 있을 때 도운 이익운李益運을 이조참의에 임명하다.

(가) "中批 李益運爲吏曹參議敎曰 '左相向來顚沛之時 立跡表獨者 唯見於此人 仍有是命" _《실록》 정조 15년 7월 21일

🜊 이 해 7월에 좌의정 채제공과 서호수 사이에 인사 문제로 갈등이 있어서 서로 국왕에게 상대방을 비판하는 상소를 올렸으며, 국왕이 채제공의 편에서 비답을 내렸다. 7월 21일 채제공이 불우한 처지에 있을 때 이익운만이 그를 도왔다는 점에서 국왕이 특별히 중비中批로서 이익운을 이조참의에 임명한 사실이 주목된다. 정약용은 아직 이런 정치 문제에 개입할 위치에 있지 않았다고 생각되지만, 당시의 정국은 그가 출세하기에 좋은 환경으로 돌아가고 있었다. 나중에 정약용은 정치적으로 이익운의 도움을 받는다.

8월 10일~19일: 시험 출제를 위해 10일 동안 시원試院에서 외부와 단절되다.

(가) 〈試院奉示沈(煥之)安(廷玹)二丈〉(時共鎖院十日) _《전서》시문집, 1791년 8월 10일~19일 사이

ⓦ 감시 초시가 1791년 8월 19일(8월 19일 부분 참조)에 있었으므로 시험 당일 8월 19일 봉쇄에서 해제되었을 것이다. 10일 동안 있었다고(時共鎖院十日) 하므로 시원에 있었던 기간은 8월 10일~19일까지이다.

8월 11일: 초계문신 친시, 문신제술, 도기유생 제술전강이 인정전에서 시행되다.

(가) "抄啓文臣親試" _《실록》정조 15년 8월 11일

(나) "辛亥八月十一日卯時 上御仁政殿 抄啓文臣親試·文臣製述·到記儒生製述 殿講 入侍" _《승기》정조 15년 8월 11일

ⓦ 정약용은 1791년 8월 10일~19일 사이 시원에 봉쇄되어 있었으므로, 8월 11일 초계문신 친시에는 참가하지 못했을 것이다.

8월 12일: 입격한 도기到記 유생들이 중희당重熙堂에 입시하다.

(가) "辛亥八月十二日辰時 上御重熙堂 入格儒生入侍" _《승기》정조 15년 8월 12일

ⓦ 1791년 8월 12일 중희당에 입시한 입격유생은 8월 11일 인정전에서 실시된 도기유생 제술전강에 합격한 사람들을 말하는 것으로 생각된다(8월 11일 조 참조).

8월 13일(및 14일): ① 정약용이 조흘강照訖講의 시관試官으로 참여하다. ② 이에 대하여 정조는 (8월 14일) 속도가 느리다고 탓하고 진행 속도를 올리라고 하다.

(가) "辛亥八月十三日未時 上御重熙堂…教曰 近來照訖講 有名無實…今番則恪別申飭上下番 翰林分詣一二所 詳細摘奸以來 可也" _《승기》정조 15년 8월 13일

(나) "辛亥八月十四日辰時 上詣摛文院…上曰 照訖講應講儒生 今爲幾人…上曰 昨日開場 至今日晚矣 而受講數爻如是零星 誠駭然矣 申飭試官處 斯速受講" _《승기》정조 15년 8월 14일

⚈ (나)에 따르면 조흘강이 1791년 8월 13일과 8월 14일에 걸쳐 진행되었음을 알 수 있다. 이때의 시관이 정약용과 김희순金羲淳이었는데 제대로 하였는지에 대하여 8월 18일에 정조에게 직접 조사를 받게 된다(8월 18일 부분 참조). 조흘강이란 당시 소과 응시자에 대한 예비 시험으로서, 소과에 응시한 유생들의 호적 대조를 마친 뒤 소학小學을 강하여 합격된 자에 한하여 조흘첩照訖帖을 주어 소과 초시에 응하게 하였다.[86] 8월 13일과 14일의 조흘강에 합격한 유생들이 8월 19일 감시監試(소과 감시)의 초시初試에 응시하였다(8월 19일 부분 참조).

8월 17일: 희정당에서 일차유생의 전강과 제술이 시행되다.

(가) "辛亥八月十四日卯時 上御熙政堂 日次儒生殿講製述" _《승기》 정조 15년 8월 17일

8월 18일: 정약용·김희순 강시관講試官으로서 부정이 있었는지 정조에게 직접 조사받다.

(가) "辛亥八月十八日辰時 上御誠正閣…上曰 金羲淳·丁若鏞 如已入來 各持其所照訖講錄名 冊入侍 可也 賤臣承命出 與講試官金羲淳·丁若鏞 偕入進伏" _《승기》 정조 15년 8월 18일

8월 19일: 감시의 초시가 거행되다.

(가) "柳文養 以監試初試一所應辦官 以試官意見啓曰 卽者 場中有一儒生 捉來借書 儒生二人言于試所 故犯科儒生 出付禁亂宮" _《승기》 정조 15년 8월 19일

(나) 〈試院奉示沈(煥之)安(廷玹)二丈〉(時共鎖院十日) _《전서》 시문집, 1791년 8월 19일 추정

⚈ 1791년 8월 19일 감시의 초시란 소과의 초시를 말하는 것으로 생각된다. 8월 13일 및 14일 조흘강에 합격한 유생들이 8월 19일의 감시의 초시에 응시한 것으로 판단되기 때문이다. (나)는 이날 시원 봉쇄에서 풀려나며 지은 시로 볼 수 있겠다.

---

86) 《한국고전용어사전》4, 세종대왕기념사업회, 2001, 894쪽.

8월 21일: 조흘강에 대리하여 들어간 자들을 모두 충군充軍하게 하고 이를 시킨 사람들도 처벌하게 하다.

(가) "洪仁浩 以刑曹言啓曰 依下敎 照訖講代入罪人 鳳山方若玄…竝充軍… 借講人亦嚴處" _《승기》정조 15년 8월 21일

8월 22일: 칠석제七夕製에 참여하여 《論語策》을 짓다.

(가) 《論語策》 _《전서》시문집, 1791년 8월 22일

(나) 策問 《論語》 _《弘齋全書》권50

(다) "設七夕製于泮宮" _《실록》정조 15년 8월 22일

ꙮ (다)에 따르면 1791년 칠석제는 8월 22일에 있었음을 알 수 있다. 아마도 이 해 7월에는 전국적 홍수와 그 대책으로 시험을 치르기가 어려웠다고 생각된다. 《弘齋全書》策問 《論》에 "七夕製 及抄啓文臣親試"라고 되어 있으며 (나) 책문에 따라 정약용이 《論語策》을 올린 것으로 볼 수 있다. 《弘齋全書》의 배치 순서로 보아서 (나)의 저작 시기는 1791년이었음이 분명하다. (나)는 책문 《敬》(三日製 辛亥)의 바로 뒤에 배치되어 있고 또 《八代家》(人日製 及到記儒生 壬子; 1792년 1월 7일) 앞에 배치되어 있다. 한편 (가)는 《전서》시문집에는 어비御批만 수록되어 있다. 나중에 자신의 글에 불만을 느껴 깎아버린 것으로 볼 수 있다.

8월 28일: ① 부사과 정만시鄭萬始 등과 함께 조흘강 책임 문제로 의금부에 구금되다. ② 당일 석방되다.

(가) "洪義營 以義禁府言啓曰 照訖考講試官…副司果鄭萬始 · 丁若鏞…拿問處之事 傳旨啓下矣…鄭萬始 · 丁若鏞…金達淳等 今方待命 卽爲拿囚" _《승기》정조 15년 8월 28일

(나) "禁府啓目…又啓曰 照訖考講…二所試官韓承逵 · 丁若鏞等原情云云…判付啓 竝只分揀 放送爲良 如敎" _《승기》정조 15년 8월 28일

ꙮ 《실록》(1791년 8월 29일)에 따르면 이 문제에는 정약용의 친구 윤영희도 연루되어 탄핵을 받았다. 안동 김문의 김희순도 연루된 것으로 보아서 아마도 남인만이 아니라 노론 시파까지 공격의 대상으로 한 것으로 보이지

만, 국왕은 조흘강에 부정이 없었다고 판단하였다. 따라서 정약용은 1791
년 8월 28일 당일 석방되었으며, 뒤에서 볼 것처럼 9월 3일 사간원 정언에
제수되었다. 그러나 《실록》에 따르면 1791년 9월 동안에도 윤영희에 대한
공격은 집요하게 계속되었다.

9월 3일: 사간원 정언에 제수되다.

(가) "九月(初三日) 司諫院正言除授 (副望也 首望張至冕 十三日許遞)" _《다산연
보》 9쪽

(나) "有政 吏批…丁若鏞·宋俊載爲正言" _《승기》 정조 15년 9월 3일

ⓧ 1791년 7월 12일 사간원 정언에 제수되었는데 9월 3일 다시 제수되었다
면 그 사이 한 번 체직이 있었을 것이다. 아마도 조흘강 시험 관련 문제로
8월 18일 조사를 받고나서 체직되었다가, 국왕의 오해가 풀려 9월 3일 다
시 사간원 정언에 제수된 것으로 여겨진다.

9월 10일 무렵(추정): 홍낙안洪樂安이 진산군수 신사원申史源에게 윤지충尹
持忠 등을 즉각 체포하고 관찰사와 조정에 보고하라는 편지를
보내다.

(가) 〈洪注書樂安 抵珍山郡守申史源書〉"辛亥九月" _《벽위편》 권2, 1791년 9월 10일
무렵 추정

ⓧ 홍낙안이 채제공에게 편지를 보낸 것은 대략 1790년 9월 18일 무렵으로
추정된다. 따라서 (가) 편지의 답장이 진산군수 신사원申史源에게서 온 것은
대략 9월 17일 무렵으로 추정되고, 서울에서 진산까지 편지가 가고 오는 기
간을 대략 7일 정도로 상정하여 (가) 편지(홍낙안이 신사원에게 보낸 것)의 시
기를 대략 9월 10일 무렵으로 추정하였다(9월 17일 무렵 답장 도착, 17일 부분
참조). (가) 편지에 "今妓持忠輩變怪 出於夏秋之間"이라고 한 것으로 보아서 대
략 1791년 (음력)6월 하순에서 7월 초순 무렵부터 문제가 되었음을 알 수 있
다. 이것이 서울에 알려지기 시작한 것은 대략 1791년 9월 초순부터이며 먼
저 남인계 사이에 소문이 있었을 것이라고 여겨진다. 이리하여 9월 10일 무
렵부터 홍낙안 등이 주동이 되어 문제 삼기 시작한 것으로 생각된다.

9월 13일: 사간원 정언에서 체직되다.

(가) "九月(初三日) 司諫院正言除授 (副望也 首望張至冕 十三日許遞)" 《다산연
보》 9쪽

ⓦ 《승정원일기》 1791년 9월 13일 기록에는 사간원 정언의 체직에 대한 기록을 찾을 수 없다. 《승정원일기》는 체직에 대해서는 잘 기록하지 않았던 것으로 여겨진다. 앞서 언급하였듯이 8월 18일 이후에도 사간원 정언에서 한번 체직된 것으로 여겨지지만, 《승정원일기》에서 기록을 찾을 수 없었다. 이번 체직이 신해교안과 관련되어 있는지 여부는 확인되지 않으며, 아직 신해교안이 본격적으로 문제되지는 않은 시점이었다. 그러나 이후 보면 정약용이 새롭게 등용되려고 할 때 천주교 관련 사건이 터지는 경우가 많다. 정약용은 1790년대 당시 이가환, 이승훈 등과 함께 노론 강경파 및 남인 공서파에 의하여 집중적으로 견제 대상이 되었으며, 견제를 위한 주요 수단은 천주교 관련 문제였다. 당시 천주교 문제는 단순히 종교적 문제가 아니라 매우 민감한 정치적 사안이었다.

9월 17일: ① 부사과에 김한동金翰東, 신헌조申獻朝, 송준재宋俊載 등과 함께 단부되다. ② 법에 따라 처리하겠다는 진산군수 신사원의 답장이 도착하다(추정).

(가) "副司果 金翰東·申獻朝·宋俊載·丁若鏞 並單付" 《승기》 정조 15년 9월 17일

(나) 〈申珍山答書〉 《벽위편》 권2, 1791년 9월 17일 무렵

ⓦ 정약용은 1791년 9월 13일 사간원 정언에서 체직되었으므로 9월 17일 부사과에 단부된 것으로 여겨진다. 홍낙안이 진산군수 신사원에게 편지를 보내고 답장을 받은 것은 대략 9월 17일 무렵(대략 1주일 정도 걸린 것)으로 추정된다. 이렇게 편지 왕래가 있은 뒤에 홍낙안은 채제공에게 편지를 올렸을 것이다. (나) 편지의 말미에 "今則如法之外 無他計較"라는 언급이 있다. 따라서 윤지충, 권상연의 일에 대하여 신사원은 관찰사에게 보고하였을 것이다. 이것은 신사원이 자신을 지키는 수단이기도 하였을 것이다.

9월 18일 무렵: 홍낙안이 채제공에게 장문의 편지를 보내어 천주교도들을

처벌하라고 하다.

(가) 《洪注書上蔡相書》"九月" _《벽위편》 권2, 1791년 9월 18일 무렵

(나) "冬有湖南權·尹之獄睦萬中·李基慶·洪樂安等共謀 欲因此除善類 乃上書
于樊翁[9.18 추정] 謂'聰明才智搢紳章甫十之八九 皆溺于西教 將有黃巾·
白蓮之亂' 先是 公從李蘗舟下斗尾峽 始聞西教[1784.4.15.] 丁未[1787]以來
寵賚益繁而數就李基慶江亭肄業 基慶亦樂聞西教 鈔書一卷 自戊申[1788]
遂有疑貳 蓋當時[1779] 星湖後學 蔚然貢興 凡磨礪講道者 自授規程 令晨
起盥水 誦夙夜箴 日出誦敬齋箴 正午誦四勿箴 日入誦西銘 沿乎濂閩 溯
乎洙泗 莊嚴恪恭 揖讓講論 當此時 李承薰 亦灑礪自强'就西郊 行鄉射禮
會者百餘人 咸曰 '三代儀文 燦然復明' 基慶輩之投書 欲網打之計也
[10.16]聞于朝廷 上令樊翁 坐公署召三人等 查其虛實 基慶對曰'其書間有
好處 身與承薰 嘗於泮中同看其書 若論看書之罪 臣與承薰同被威罰' 卽致
書于公 言'其所對有權衡 欲與之求成'[10.17 추정] 公召李致薰語之曰 '泮
中看書 是實就理 宜對以實 欺君不可也' 致薰曰'密告旣自首獄詞雖違實
非欺君也' 公曰'不然 密告非正獄 獄詞乃告君也 朝廷唯獄詞是觀 巨室名
族家家聚議 可畏也 今聖明在上 相君佐理 及是時潰癰 不亦可乎 他日雖
悔無及也'[10.17 추정] 致薰不聽 乃於承薰獄對言'基慶誣' 遂蒙白放[10.18
또는 10.19] 於是 李基慶以草土臣上疏[11.13] 詆大臣查事不公 證泮中看書
事益詳 上怒投基慶于慶源 傍觀者快之 公曰'無然 吾黨之禍 自玆始矣' 公
以時往基慶家 撫其幼及其母 祥以千錢助之

乙卯[1795]春 邦有大赦而基慶未放 公謂李承旨益運曰'基慶雖心地不良 而
訟則負屈 一時之快異日之患也 不如入告以釋之' 李公曰'吾意如此' 遂入
告(余)所言 上特放基慶 基慶還旣久 秒入朝班 知舊無與立談者 公獨叙寒
喧如平日 曰'所謂故也 無失其爲故也' 乃於辛酉之獄 基慶主謀 必欲殺公
而後已 然對洪義浩諸人語及公 必泫然流涕 雖爲勢所驅 可知其良心未泯
也" _《사암연보》 28~31쪽

⚶ 홍낙안이 채제공에게 편지를 보낸 시기는 《벽위편》에 9월이라고만 되
어 있다. 그러나 홍낙안은 9월 17일 무렵 신사원에게서 답장을 받았으므로

채제공에게 편지를 보낸 것은 다음 날인 9월 18일 무렵이라고 보았다. 진사 최조崔照 등의 통문은 9월 하순(20일 무렵) 발송되었으며, 이것은 홍낙안과 연동하여 움직인 것으로 보인다(9월 20일 무렵 부분 참조). 최조는 노론 측 인물로 보인다. 홍낙안이 채제공에게 먼저 편지를 보냈고 며칠 뒤 이와 연계하여 진사 최조 등의 움직임이 시작되었다. 《벽위편》에도 홍낙안이 채제공에게 보낸 편지가 "진사 최조가 처음 통문을 보내다"라는 조목 바로 앞에 배치되어 있다. 따라서 최조가 통문을 발송한 것은 9월 20일 무렵이었다고 보는 것이 타당하다(10월 1일 부분 참조).

9월 20일 무렵: 진사 최조 등이 통문을 보내어 윤지충, 권상연을 성토하고, 다음 날(10월 4일) 섬정동蟾井洞 이후李厚의 집에서 모임을 갖자고 하다.

(가) 〈進士崔照等抵知舊通文〉 _《벽위편》 권2. 1791년 9월 20일 무렵

⚓ (가)의 통문을 주동한 진사 최조 등은 성균관 안의 노론 그룹이었던 것으로 추정된다(10월 6일 부분 참조). 10월 4일에 모임을 갖자고 한 것으로 보아서 최조 등의 이번 통문은 대략 9월 20일 무렵에 보낸 것으로 추정된다. 다음 통문에서 보면 그 다음의 모임 날짜를 대략 보름 정도로 잡기 때문이다. 홍낙안(기호남인 공서파攻西派)의 움직임과 노론 계열 성균관 유생들의 움직임이 연동되어 움직인 것으로 보인다. 홍낙안은 당연히 김종수金鍾秀, 심환지沈煥之 등 노론 강경파(벽파)들과 연결이 있었던 것으로 여겨진다. 아마도 홍낙안 등 기호남인 공서파 그룹이 노론 벽파들에게 정보를 주면서 연동하여 움직였을 것이다. 이 점을 정약용은 잘 간파하고 있었다고 여겨진다. 바로 앞에서 언급한, 정약용이 밤에 채홍원을 찾아가서 한 말이 이것을 증명하여 준다(뒤의 10월 중순 부분 참조).

9월 27일 무렵: 홍낙안이 채홍원(채제공의 양자)에게 편지를 보내 채제공을 비판하다.

(가) "于今一旬尙未承一字下答" 〈洪樂安與蔡弘遠書〉 _《벽위편》 권2, 1791년 9월 27일 무렵

❀ (가)의 편지에 내가 글을 (채제공에게) 올린 지 열흘이 되었다는 구절이 있다(于今一旬尙未承一字下答). 홍낙안이 채제공에게 처음 편지를 보낸 것은 대략 1791년 9월 17일 무렵으로 추정된다. 따라서 (가) 편지는 9월 27일 무렵의 것으로 볼 수 있겠다. 채제공은 신해교안 문제를 덮어두고 조용히 해결하려고 했던 것으로 여겨진다. 이것이 원래 채제공의 방침이었다. (가) 편지에 "日前 逢見藥田李台(似是李參判邦榮) 則盛傳大閣意下 以弟不愼幾微 不裁句語 輕發議論 大有非斥之敎云"이라는 구절이 있다.

9월 28일: 국왕이 참석한 서총대瑞蔥臺 시사試射에 참여하다.

(가) 〈瑞蔥臺試射日作〉 _《전서》 시문집, 1791년 9월 28일

(나) "辛亥九月二十八日 辰時 上御瑞蔥臺 試射入侍" _《승기》 정조 15년 9월 28일

❀ (나)의 기록을 보아 서총대 시사가 1791년 9월 28일 있었음을 알 수 있다. (가)의 시는 이날 9월 28일 쓴 것이나 정약용이 이날 시사에 참가한 것은 아니다.

10월 2일: ① 단풍정丹楓亭에서 초계문신 친시 및 시사가 있었다. ② 문신 가운데 시사 성적 불량자가 많아 중도에 폐지하고 여러 곳에 분산, 숙직하여 습사習射하게 하다. ③ 정약용도 단풍정 친시와 시사에 참여하다. ④ 훈련도감이 언계하여 전교에 따라 초계문신 정약용, 홍수만, 송지렴 등을 북영北營에 숙직시켜 습사하게 한다고 보고하다. ⑤ 정약용은 북영에 머무르는 동안 아울러 국왕의 명으로 《詩經》 조문의 답안 작성을 시작하다.

(가) 〈序文〉《詩經講義》 _《전서》 7

(나) "御丹楓亭 行抄啓文臣親試及試射 諸文臣多不能謝 令罷試 仍命諸文臣 分直…北營 使之肄謝" _《실록》 정조 15년 10월 2일

(다) "李思祖 以訓練都監言啓曰 依傳敎 抄啓文臣丁若鏞…今日爲始 入直於 北營 恪別肄習射藝之意 敢啓 傳曰 知道" _《승기》 정조 15년 10월 2일

(라) 〈奉旨就北營直宿 習射兼對詩經條問…〉 _《전서》 시문집, 1791년 10월 2일~11 일 사이 추정

(마) 〈舟橋行〉 _《전서》 시문집, 1791년 10월 2일

  ◎ 정약용의 《詩經講義》에 따르면 《詩經》 조문에 답하기 위하여 60일 동안의 말미를 얻었다. 따라서 1791년10월 초~12월 초 사이의 두 달 동안은 《詩經》 조문의 답안을 작성하는 데에 종사하고 있었다고 할 수 있다. 심경호 교수의 논문에서는 "북영에 숙직을 명한 것은 《정조실록》에 따르면 10월 2일이며 《詩經講義》에는 9월 28일이라고 되어 있다. 어느 것이 옳은지 모르겠다"라고 하였다.[87] 《실록》(정조 15년 9월 28일)과 《승정원일기》에 따르면 9월 28일에 시사가 있은 것이 분명하며 《詩經講義》에는 다만 "辛亥秋九月"이라고 되어 있다. 그러나 9월 28일의 시사는 단풍정 시사가 아니라 서총대 시사이다. (다)의 기록에 따르면 북영에 숙직을 명한 날짜가 9월 28일 서총대 시사 당일이 아니며 10월 2일 단풍정 시사가 있었던 날이다. 정약용은 서총대 시사에는 입회만 하였을 뿐 직접 참가하지는 않았던 것으로 보인다. 《詩經講義》에서 "辛亥秋九月"라고 한 것은 기억상의 착오로 여겨진다. (라)의 바로 앞에 (마)가 배치되어 있으며, (마) 바로 앞에 〈瑞蔥臺試射日作〉(9월 28일 작)이 배치되어 있다. 따라서 (마)는 1791년 9월 28일~10월 2일 사이에 지은 것이 되는데, 아마도 10월 2일 단풍정의 초계문신 친시에서 지은 것으로 판단된다.

10월 5일: 북영北營에서 입직하고 있는 초계문신 가운데 정약용을 우선 출직出直하자는 뜻을 훈련도감에서 언계言啓하다.

(가) "李思祖 以訓練都監言啓曰 依下敎 北營別入直抄啓文臣中 丁若鏞先爲 出直之意 敢啓傳曰 昨日下敎 今始草記何也 卿則推考 可也" _《승기》 정조 15년 10월 5일

  ◎ (가)에 따르면 출직하라는 국왕은 명령은 "昨日"(10월 4일) 이미 내려졌음을 알 수 있다.

10월 6일(또는 5일): 진사 최조 등이 통문을 보내어 10월 20일 성균관 서재西齋에서 모임을 갖자고 하다.

---

87) 심경호, 2007, 365쪽.

(가) 〈進士崔照等知舊通文〉 "十月" _《벽위편》 10월 6일 또는 5일

🔯 10월 4일 모임을 갖자고 지난 번 통문에서 말하였으므로, 10월 4일 모임을 갖고 하루 정도 준비하여 통문을 보낸 것으로 보아서 재차 통문을 보낸 날짜와 모임을 10월 6일로 추정하였다. 그러나 바로 다음 날 보냈다면 10월 5일이었을 수도 있겠다. 10월 20일 서재에서 모이자고 한 것으로 보아서(今十月二十日 齊會于西學 幸甚) 진사 최조 등의 모임은 노론 그룹의 모임이었던 것으로 여겨진다. 정조 때에 남인은 동재東齋에, 노론은 서재西齋에 모여서 기거하였으며, 이를 시정하고자 하였으나 잘 되지 않았다.

10월 11일: 북영北營의 숙직 명령에서 풀려나오다.

(가) 〈奉旨就北營直宿 令習射兼對詩經條問 時洪(秀晚)穉成·宋(知濂)周卿·金(履喬)公世 諸僚亦偕〉 _10월 11일 추정

(나) 〈北營罰射記〉 _《전서》 시문집, 1791년 10월 11일 이후 추정

🔯 (가) 시의 "一旬郵罰肯嫌遲" 라는 구절에 따르면 숙직은 열흘 동안, 즉 10월 2일부터 11일까지였던 것을 알 수 있다. 앞 10월 5일 부분에서 언급한 바와 같이 정약용을 먼저 출직하게 하라는 국왕의 명이 10월 4일에 있었음에도 불구하고, 10월 11일에 나오게 된 이유는 확실히 알 수 없다. 천주교 문제와 관련하여 그의 발을 묶어 놓기 위하여 고의로 지연시켰을 가능성을 생각할 수 있지만 이것은 지나친 억단일 수 있다. 아마도 다른 사람들과 형평을 맞추기 위해서였을 가능성도 있다. 북영의 숙직에서 풀려 나온 뒤에 그 경과를 적은 것이 (나)이다. 시기는 대체로 10월 11일 이후(중순 무렵)라고 추정할 수 있겠다. 여기에도 "既十日 射藝益進 遂蒙放"라는 구절이 있으므로 열흘 만에 풀려나온 것을 알 수 있다. (가)의 시는 아마도 북영에서 나오며 지은 것이라고 추정하여 10월 11일 작으로 하였다. 《詩經》 조문에 대한 답안 작성은 숙직에서 풀려난 뒤 50일 동안 더 지속되어 12월 2일에 작업이 완료되었다(12월 2일 부분 참조). 곧 10월 2일부터 12월 2일까지 60일 동안 이 일에 종사한 것이 된다. 이 기간 동안에는 10월 11일까지의 습사習射 기간을 제외하면 거의 전적으로 《詩經》 조문에 대한 답안을 작성하고 있었을 것이다. 이것은 매우 방대한 작업이기 때문이다. 그러나 이러

한 가운데에서도 신해교안의 진화를 위해 노력하였다.

10월 16일: ① 사헌부에서 계를 올려 신해교안을 조정에서 공식적으로 거
론하기 시작하다. ② 국왕 채제공에게 조사를 명하다(추정).

(가) "司憲府啓言天主學" _《실록》정조 15년 10월 16일

(나) "行大司憲…啓曰…湖南之珍山郡 有以士爲名者數人 專治其學[천주학]
甚至於傷倫悖義之意 不一而足邑淬嚴加拘囚 通文至及太學" 《승기》정조
15년 10월 16일

🔎 신해교안이 공식적으로 조정에서 문제가 된 것은 1791년 10월 16일부터
임을 (가)와 (나)의 기록을 보아 알 수 있다. 이날 사헌부에서 천주학을 금
지하는 요청이 올라왔고 이것이 조정에서 공식 논의의 출발이었다. (나)의
통문 이야기는 1791년 10월 6일(또는 5일) 이후 최조 등의 통문이 돌기 시작
한 것을 말하는 것으로 여겨진다. 계를 올린 당시 사헌부의 행대사헌 구익
등은 노론계 인물이었던 것으로 추정되며, 이것이 성균관 유생들의 통문
움직임을 지적하고 있는 점이 주목된다. 이 상소문이 올라오자 국왕은 채
제공에게 바로 조사를 명한 것으로 보인다.

10월 17일(추정): ① 채제공이 신해교안에 대한 조사를 시작하다. ② 이기경
등 몇 명을 조사하다. ③ 이기경이 성균관에서 이승훈과 함께 천
주학서를 보았다고 하다. ④ 이기경이 이 사실을 정약용에게
알리고 말을 맞추자고 하다. ⑤ 정약용이 이치훈을 만나 이승
훈이 천주학서를 본 것을 인정해야 한다고 하다(이치훈 반대).

(가) "冬有湖南權·尹之獄睦萬中·李基慶·洪樂安等共謀 欲因此除善類 乃上書
于樊翁[9.18추정] 謂'聰明才智搢紳章甫十之八九 皆溺于西敎 將有黃巾·白
蓮之亂' 先是 公從李檗舟下斗尾峽 始聞西敎[1784.4.15.] 丁未以來 寵賚益
繁而數就李基慶江亭肄業 基慶亦樂聞西敎 鈔書一卷 自戊申[1788] 遂有
疑貳 蓋當時[1779] 星湖後學 蔚然貢興 凡磨礪講道者 自授規程 令晨起盥
水 誦夙夜箴 日出誦敬齋箴 正午誦四勿箴 日入誦西銘 沿乎濂閩 溯乎洙
泗 莊嚴恪恭 揖讓講論 當此時 李承薰 亦麗礪自强 就西郊 行鄕射禮 會者

百餘人 咸曰 '三代儀文 燦然復明' 基慶輩之投書 欲網打之計也 [10.16]聞
于朝廷 上令樊翁 坐公署召三人等 査其虛實 基慶對曰'其書間有好處 身與
承薰 嘗於泮中同看其書 若論看書之罪 臣與承薰同被威罰' 卽致書于公 言
'其所對有權衡 欲與之求成'[10.17 추정] 公召李致薰語之曰 '泮中看書 是
實就理 宜對以實 欺君不可也' 致薰曰'密告旣自首獄詞雖違實 非欺君也'
公曰'不然 密告非正獄 獄詞乃告君也 朝廷唯獄詞是觀 巨室名族家家聚議
可畏也 今聖明在上 相君佐理 及是時潰癰 不亦可乎 他日雖悔無及
也'[10.17 추정] 致薰不聽 乃於承薰獄對言'基慶誣' 遂蒙白放[10.18]

於是 李基慶以草土臣上疏[11.13] 詆大臣査事不公 證泮中看書事益詳 上
怒投基慶于慶源 傍觀者快之 公曰'無然 吾黨之禍 自玆始矣' 公以時往基
慶家 撫其幼及其母 祥以千錢助之

乙卯[1795]春 邦有大赦而基慶未放 公謂李承旨益運曰'基慶雖心地不良 而
訟則負屈 一時之快 異日之患也 不如入告以釋之' 李公曰'吾意如此' 遂入
告(余)所言 上特放基慶 基慶還旣久 秒入朝班 知舊無與立談者 公獨叙寒
喧如平日 曰'所謂故也 無失其爲故也' 乃於辛酉之獄 基慶主謀 必欲殺公
而後已 然對洪義浩諸人語及公 必泫然流涕 雖爲勢所驅 可知其良心未泯
也" 《사암연보》28~31쪽

✎ 이상 인용문의 날짜는 필자가 추정한 것이다. 채제공에게 신해교안에
대하여 조사하라는 정조의 명령은 1791년 10월 16일 당일 하달하였을 것이
다. 그렇다면 바로 다음 날 10월 17일부터 조사가 시작되었을 것이다. 10
월 17일은 먼저 이기경李基慶을 포함하여 몇 명(아마도 홍낙안洪樂安 포함)을
조사하였고, 이에 대한 기록이 (나)의 "上令樊翁 坐公署召三人等 査其虛實 基慶
對曰'其書間有好處 身與承薰 上於泮中同看其書 若論看書之罪 臣與承薰同被威罰' 卽
致書于公 言'其所對有權衡 欲與之求成'[10.17 추정]"으로 여겨진다. (나)의 언급
을 보아 이후의 전개에 대하여 정리하여 보면, 먼저 이 내용에 대하여 즉
시[10.17] 이기경이 정약용에게 알리고 이승훈에게 천주서를 본 것을 인정
하라고 하는 말을 전달하였을 것임을 전후 맥락에서 알 수 있다. 이기경이
정약용에게 말을 맞추자고 하면서 자신의 진술 내용을 전달하였는데, 그

내용에 따르면 책을 같이 본 일에 정약용을 끌어넣지는 않았다. 바로 이 사실을 전해 듣고 정약용은 이치훈을 만나 이승훈이 책을 본 사실을 인정하여야 한다고 하였다[10.17 추정]. 그러나 이치훈은 이에 반대하였다.[88]

10월 18일(추정): ① 채제공이 이승훈李承薰을 조사하다. ② 이승훈은 이기경이 자신을 무고하였다고 하다. ③ 이승훈이 방면되다.

(가) [10.16]聞于朝廷 上令樊翁 坐公署召三人等 査其虛實 基慶對曰'其書間有好處 身與承薰 嘗於泮中同看其書 若論看書之罪 臣與承薰同被威罰' 卽致書于公 言'其所對有權衡 欲與之求成'[10.17 추정] 公召李致薰語之曰'泮中看書 是實就理 宜對以實 欺君不可也' 致薰曰'密告旣自首獄詞雖違實 非欺君也' 公曰'不然 密告非正獄 獄詞乃告君也 朝廷唯獄詞是觀 巨室名族 家家聚議 可畏也 今聖明在上 相君佐理 及是時潰癰 不亦可乎 他日雖悔無及也'[10.17 추정] 致薰不聽 乃於承薰獄對言'基慶誣' 遂蒙白放 [10.18] _《사암연보》 29~30쪽

⊕ 아마도 10월 17일 이기경 조사가 있은 다음 날(10월 18일 추정)의 조사에서 이승훈은 서교서를 본 사실을 부인하고 이기경이 무고하였다고 하여 석방된 것으로 추정된다. 채제공은 10월 19일 무렵 조사를 대체적으로 마무리하여 다음 날 국왕에게 처리 방침을 상주하게 되었을 것이다(10월 20일 부분 참조).

10월 20일: 채제공이 국왕에게 신해교안의 처리 방침을 아뢰다.

(가) "所謂西學 別無塡捉之端 人若以觖撼之心 指不干之人 謂之曰'彼亦嘗爲此云爾 此棠爲難明之事 而未必不爲他日世道之慮'" _《승기》 정조 15년 10월 20일

(나) 〈左相蔡濟恭啓辭〉[十月二十日 二次對] _《벽위편》 권2, 1791년 10월 20일

⊕ 1791년 10월 20일 국왕에게 신해교안의 처리 방침을 상주하면서 채제공은 남의 꼬투리를 잡고 간여하지 않은 사람까지 공격하려는 계략이 있다고 하였다. 이것은 이승훈의 진술을 듣고 난 뒤에 한 말로 볼 수 있다(10월

---

88) 이 사건의 경과에 대하여는 조성을, 〈정약용과 교안〉(《한국실학연구》25, 2013.6, 389~399쪽) 참조.

20일 부분 참조). (가)의 기록은 《벽위편》에도 (나)의 제목으로 실려 있다.

10월 20일 무렵: ① 진사 목인규睦仁圭가 통문 모임에 참여할 수 없다는 글을 보내다. ② 이날부터 다음 날에 걸쳐 정약용은 다른 남인계 유생들이 서명에 참여하지 않도록 설득하다(추정, 10월 21일 부분 참조)

(가) 〈睦進士仁圭與發通諸儒書〉 _《벽위편》 권2, 1791년 10월 20일 무렵

⚑ (가) 편지의 내용은 통문 모임에 합류할 수 없다는 내용이다. 목인규는 기호남인계 인물로 판단된다. 정약용은 북영에서 나온 이후 이치훈과 만나 문제의 해결 방향을 제시하는[10.17] 한편 기호남인계 성균관 유생들의 설득 작업도 병행한 것으로 보인다. (가) 편지의 시기는 대략 1791년 10월 20일 무렵으로 추정된다.

10월 21일(추정): 진사 성영우成永遇 등 20여 명이 천주교를 비판하는 통문을 태학에 보내다.

(가) 〈進士成永愚等二十餘人抵太學通文〉 _《벽위편》 권2, 1791년 10월 21일 추정

(나) "抵太學 列錄原送者 不下數十百人 而一兩日之間 爲丁若鏞李承薰所誘 皆割名而去 只錄 二十餘人"〈進士成永愚等二十餘人抵太學通文〉(附注) _ 《벽위편》 권2, 1791년 10월 21일

⚑ 성영우成永遇는 9월 하순 통문을 보내려는 움직임이 시작되었을 때부터 참여하였으므로 노론계 인물로 추정된다. 1791년 10월 20일 모임을 갖고 (앞서 편지에서 10월 20일 모임을 갖자는 언급이 있음) 통문을 급히 보냈다고 생각되어 10월 21일 발송하였다고 추정하였다. 이에 대하여 태학 장의掌議 김익빈金益彬이 천토天討(국왕의 처벌)를 청하겠다는 답서를 보냈다. 김익빈 역시 노론 강경파와 연계된 인물로 보인다.

10월 4일 성균관 서재西齋에서 모임 이후 노론계 유생들은 기호남인계 쪽에 대하여도 통문에 참여시키려는 움직임이 있었다고 여겨진다. 그러나 (가)의 기록에 따르면 특히 10월 20일~21일(一兩日之間) 정약용과 이승훈의 적극적인 설득으로 10월 21일의 통문에 불과 20여 명만 참여한 것으로 볼 수 있겠다. 아마도 이런 노력은 10월 20일에 채제공의 처리 방침이 알려진

것과 함께 통문 참석자가 수백 명에서 20여 명으로 급격히 줄어드는 데에 크게 기여하였을 것이다. 기호남인계가 대부분 가담하지 않은 것은 물론 노론 시파 계열도 별로 가담하지 않았던 것으로 보인다.

10월 22일: ① 정약용이 사헌부 지평에 제수되다. ② 사양하다(추정).

(가) "十月(廿二日) 司憲府持平除授(首望也 時有疾 不行公)" _《다산연보》 9쪽

(나) "十月(二十二日) 除司憲府持平" _《사암연보》 9쪽

(다) "有政 吏批 判書李坤…丁若鏞爲持平" _《승기》 정조 15년 10월 22일

(라) 〈戲作巓疾歌示醫師〉(時得寒疾 閏月乃廖瘳 仲冬至季冬) _《전서》 시문집, 1791년 10월 하순~12월 초순 사이 추정

᠕ (가), (나), (다)를 보아 10월 22일 사헌부 지평에 제수되었으며 병(감기)으로 공무를 수행하지 못하고 사직을 청하였음을 알 수 있다. (라)의 시를 보면 1791년 11월과 12월에 감기에 걸려 있었던 것으로 되지만, (가)에 따르면 10월 22일 이미 감기에 걸려 있었다고 여겨진다. (라)에서 "閏月乃廖瘳 仲冬至季冬"이라는 언급은 개략적인 것으로 보면 되겠다(12월 초순 부분 참조). 또는 나중에 원주를 붙이는 데 따른 약간의 기억의 착오일 수도 있다. 이 때 10월 22일 조정에서 신해교안이 본격적으로 문제되고 있었으므로, 삼가는 의미로도 사양하였을 것으로 추정된다. 더 직접적으로는 1791년 10월 21일의 통문 및 홍낙안의 편지와 관련될 수도 있다. 그러나 국왕이 1791년 10월 22일 정약용을 사헌부 지평에 임명한 것은 그에 대한 신임이 여전함을 보여주는 것이기도 하다.

10월 23일: ① 지평 한영규韓永逵가 신해교안 관련자를 처벌하라고 아뢰다. ② 사간 이언우李彦祐 등이 신해교안을 처벌하라고 아뢰다. ③ 밤에 정약용 등 몇 사람이 채홍원을 찾아가 신해교안 처리를 상의하다(10월 23일 밤 추정).

(가) "持平韓永逵啓曰…近聞 朝士洪樂安·儒生成永愚各發長書 傳通於搢紳章甫之間…請珍山郡 拘囚罪人尹持忠…等 亟令法曹 嚴覈得情…洪樂安·進士成永愚 亦令該府該曹 奉口招" _《승기》 정조 15년 10월 23일

(나) "司諫李彦祐…啓曰…近聞 朝士洪樂安·儒生成永愚至長書…請珍山郡拘
囚罪人尹持忠…等亟令法曹 嚴覈得情…洪樂安·進士成永愚亦令該府該曹
奉口招" 《승기》정조 15년 10월 23일

(다) "初蔡相見此書[9.20 추정] 大驚慮 方欲治箚 痛陳其先倡者數三人之罪 數三人者
豫知其幾大生恐惻 夜[10.23 추정] 見蔡弘遠曰'大監欲殺吾輩 吾輩豈肯獨死 盖指
其家內之事(臺啓中若鍾之妹 娶爲庶子婦之意)'"弘遠斡旋 一夜之間 箚語盡變"《洪注
書上蔡相書》(附言) 《벽위편》권2, 1791년 9월 2일 무렵 추정

🔎 아마도 1791년 10월 23일 밤에 정약용은 채홍원을 만나서 (다)에서 언급
되고 있는 내용을 말하였을 것이다. 《승정원일기》에 따르면 10월 24일 채
제공이 차자箚子를 올리기 때문이다. 그러나 10월 23일 밤 정약용 등이 채
홍원을 만나고 다시 채홍원이 이 말을 채제공에게 전달하여 하룻밤 사이
에 일이 바뀐 것은 아니다. 앞에서 언급한 바와 같이 채제공의 처리 방침
은, 《승정원일기》에 따르면 10월 20일 이미 정해져 있었다(10월 20일 부분
참조). 다만 10월 23일 한영규와 이언우 등의 상주가 있자 더 확실하게 하
기 위하여 정약용이 채홍원을 찾아간 것으로 보인다. (가) 한영규의 계사를
보면 홍낙안과 성영우가 동시에 편지를 보내어 통문에 협조를 구하고 있
었음을 알 수 있고, 한영규가 이들도 함께 조사하라고 말한 점이 주목된
다. (나) 이언우 등의 상소문의 내용이 대략 (가)와 같은 점이 주목된다. 양
자가 서로 말을 맞추어 올라온 것으로 보인다.

10월 24일: ① 채제공이 신해교안과 관련하여 차자를 올리다(윤지충 등 처벌
과 문제 확산 반대). ② 정조가 서학을 바로잡으려면 먼저 패관잡
기를 금하고 성학聖學을 밝혀야 한다는 취지의 비답을 내리다
(기본적으로 채제공과 같은 입장).

(가) "左議政蔡濟恭箚曰…今者權·尹之罪 果如傳者之說 則此夷狄之不若也 禽
獸之不若也 不可以人而人之 則國有常制 無用更議…而惜乎樂安之書 言
語而不擇 漫及題外者有之…答曰 省此具悉卿懇…又若洪樂安輩私書之中
一二取譬之語句 昨於臺啓果見之 爲念四方聽聞之起惑 勿頒於具書 使卽
釐正" 《승기》정조 15년 10월 24일

Ⓐ 1791년 10월 24일 채제공의 차자를 보면 윤지충과 권상연은 법에 의거하여 처벌하되 문제를 다른 사람들에게 확산시키지 않는다는 방침을 상주한 것이고, 국왕이 비답으로써 여기에 찬의를 표하였다. 차자와 비답에서 홍낙안 등이 부질없이 문제를 확대시키는 것에 대한 일종의 "경고"가 들어있는 점 또한 주목된다.

10월 25일: 정조와 좌의정 채제공을 포함하여 조정 여러 대신들 사이에서 서학 문제에 대한 논의가 있었다.

(가) "辛亥十月二十五日辰時 上於熙政堂…珍山兩囚事 雖未詳聞" _《승기》정조 15년 10월 25일

Ⓐ 1791년 10월 25일《승정원일기》의 기록을 보면 문제를 확산시키지 않으려는 정조와 채제공의 방침을 거듭 확인할 수 있다.

10월 29일: 사헌부司憲府 지평持平으로 임명된 정약용 아직 숙배肅拜하지 않다.

(가) 〈戲作巓疾歌示醫師〉(時得寒疾 閱月乃廖瘳 仲冬至季冬) _《전서》시문집, 1791년 10월 하순~12월 초순 사이 추정

(나) "洪仁浩啓曰……持平丁若鏞未肅拜" _《승기》정조 15년 10월 29일

Ⓐ (나)를 보아 이 사실이 확인된다. (가)를 보면 감기를 앓고 있었던 것은 대략 11월~12월 사이의 일이 되지만, 10월 22일 이미 감기에 걸려 있었다. (가)에서 개략적으로 언급한 것으로 보면 되겠다. 여기에 더하여 신해교안 처리 문제가 아직 마무리되지 않았으므로 10월 29일까지 지평에 취임하지 않았다고 생각된다.

10월 30일: ① 사헌부 지평으로 임명된 정약용이 아직 숙배하지 않다. ② 체직되어 부사직副司直에 단부되다.

(가) 〈戲作巓疾歌示醫師〉(時得寒疾 閱月乃廖瘳 仲冬至季冬) _《전서》시문집, 1791년 10월 하순~12월 초순 사이 추정

(나) " 洪仁浩啓曰……持平丁若鏞未肅拜" _《승기》정조 15년 10월 30일

(다) "兵批 判書吳載純…副司直單…丁若鏞" 《승기》 정조 15년 10월 30일

⚶ 10월 29일에 이어서 10월 30일에도 숙배하지 않자, 사헌부 지평에서 체직시키고 병조의 부사직에 단부한 것으로 볼 수 있겠다. 10월 22일 사헌부 지평에 임명된 정약용이 미처 숙배하지 못하고 10월 30일 체직된 것은 표면적으로는 건강상의 이유이겠지만, 신해교안 처리 와중에 구설수에 몰리지 않게 하려는 정조와 채제공의 배려일 수도 있겠다.

11월 3일: ① 홍인호洪仁浩가 홍낙안이 이승훈을 천주교의 주도자로 설명하는 말을 국왕에게 자세히 전달하다. ② 홍인호가 이승훈李承薰, 권일신權日身, 이존창李存昌(예산)등이 천주교에 관련된 사실에 대하여 정조에게 자세히 아뢰다. ③ 국왕 권일신에 대하여 조사하라고 명을 내리다. ④ 국왕이 이승훈(당시 평택 현감)을 체포하자는 의금부의 건의에 허가를 내리다.

(가) "洪仁浩啓曰…問于前假注書洪樂安處…廣聚累百卷邪書 以誤年少可教人者 卽平澤縣監 李承薰是也…洪仁浩啓曰…楊根士人權日身" 《승기》 정조 15년 11월 3일

⚶ 이제 사건이 윤지충과 권상연을 넘어서 권일신과 이승훈에게까지 확대되기 시작하였다.

11월 5일: 홍인호가 권일신의 처벌을 촉구하다.

(가) 洪仁浩 以備邊司言啓曰 "又問李基慶…向於丁未冬 與李承薰 同在泮中 所謂西洋書 小人與承薰 同爲看閱 苟以看書爲罪 則小人與承薰別無異同矣…大抵日身之罪 自入秋曹 願被同罪者 大是的賊明驗 其爲妖學之窩主 可以知之 況諸人所供 如出一口 雖於 乙巳之後 渠若悔悟自責 復歸正學 則一世之指目 豈至於此乎" 《승기》 정조 15년 11월 5일

⚶ 이를 계기로 홍인호(정약용의 처육촌)는 기호남인 내의 신서파 그룹과 틈이 벌어지게 된다. 그때까지 좋았던 정약용과 관계도 소원해지지만, 1797년 여름 정약용이 승지로 임명될 때 홍인호는 정약용을 많이 도와주었다. (가)에서 보면 이기경은 정미년(1787) 겨울 이승훈과 함께 성균관에서 서학

서를 읽었다고 하였고(向於丁未冬 與李承薰 同在泮中 所謂西洋書 小人與承薰 同爲看閱 苟以看書爲罪 則小人與承薰別無異同矣), 홍인호가 권일신에 대해서는 "사학邪學의 와주窩主"라고까지 하고 처벌을 요구하였다. 이기경이 이승훈에 대하여 한 말은 앞서 10월 17일 조사에서 채제공에게 한 말과 같다. 앞에서 언급한바와 같이 정약용은 이 점을 인정하자고 하였으나, 다음 날 조사에서 이승훈은 이기경이 무고誣蠱한 것이라고 하였다.

11월 6일: 성균관 유생들이 사학邪學 엄금을 요청하는 상소가 올라오다.

(가) "至於承薰之貿冊 乃其作俑之兇也 權日身之敎主 則護法之賊也" 《승기》 정조 15년 11월 6일

⑩ 이 상소에는 200명이 넘는 인원이 참여하였다. 다만 여기에 참여한 이들은 대체로 노론계 유생들로 여겨진다. 이 상소문에서는 윤지충과 권상연의 처벌은 물론 서학서를 구해 온 이승훈을 흉적이라고 하고 권일신에 대하여는 교주라고 하였다.

11월 8일: ① 형조판서 김상집金尙集이 즉시 전라도에 명하여 윤지충, 권상연을 즉시 처형하자고 아뢰다. ② 정조가 이에 대하여 윤허를 내리다.

(가) "辛亥十一月初八日午時 上於熙政堂…刑曹判書金尙集…尙集曰…兩賊[尹持忠·權尙然]正律 不可一刻遲緩…上曰 依爲之" 《승기》 정조 15년 11월 8일

⑩ 1791년 11월 초순 신해교안이 다시 확대되어 가는 가운데 11월 8일 국왕이 윤지충, 권상연의 즉시 처형을 허가한 것은 신해교안을 두 사람의 선에서 마무리하려는 자신 및 채제공의 의도와 관련된 것이었다고 생각된다(실제 처형은 11월 13일이다[89]). 이어서 정조는 이승훈에게 반성문을 제출하게 하고 11월 9일 처벌하지 않는 것으로 결론을 내렸다(《승기》 정조 15년 11월 9일). 이후 권일신에게 유배 결정을 내린 것을 제외하면 천주교 관련자들은 대개 석방된다.

11월 13일: ① 이기경이 이승훈, 정약용 등의 천주교 연루를 말하는 상소문

---

89) 달레, 《한국천주교회사》 상, 한국교회사연구소, 354~355쪽.

을 올리다(11월 12일 무렵 추정). ② 국왕이 이기경을 경원부에 유
배하라는 명령을 내리다.

(가) "罪人李基慶鏡慶道慶源府" _《승기》 정조 15년 11월 13일

(나) "當初[1787 겨울] 泮會之參見承薰行事者 非但臣一人 則參會者 前正言丁
若鏞·進士姜履原也 原始而言之…癸卯[1783]冬 承薰之入燕也…承薰曰'吾
欲購來西洋書而財力不足 或有相補之道乎…甲辰[1784]春 承薰之還也 臣
未及見承薰 而若鏞與臣相逢 先說承薰購來西書"〈草土臣李基慶上疏〉 _
《벽위편》 권2, 1791년 11월 12일 추정

� (가)에 따르면 상소문의 날짜는 11월 13일이다. 하지만 이기경이 국왕과
채제공의 신해교안 처리 방침에 반발하여 상소문을 올린 것은 11월 13일
이전이 된다. (가)의 기록에 따르면 국왕이 경원부 유배 명령이 내린 날짜
가 바로 11월 13일이기 때문이다. 국왕의 진노를 사서 경원부에 유배하라
는 명령이 떨어졌다. 바로 상소 당일 유배 명령이 떨어졌을 수도 있겠지
만, 하루 전(11월 12일)쯤 상소문이 올라왔을 가능성이 더 크다고 생각된다.
(가)의 기록을 보면 11월 13일 조정에서 보고를 듣고 국왕이 처음 이 상소
문에 대하여 안 것이기 때문이다. 이 상소문에서 이기경은 이승훈과 채제
공을 걸고넘어지는 한편, 이전까지는 언급하기를 꺼려하였던 정약용까지
걸고넘어졌다. 이기경은 1797년 겨울 성균관에서 정약용 등도 함께 책을
보았다고 하는 한편, 1794년 봄에 이승훈이 서학서를 갖고 돌아왔을 때 그
사실을 정약용을 통하여 전해 들었다는 말도 하였다. 정조가 이기경에게
유배 결정을 내린 것은 될 수 있는 대로 빨리 사태를 수습하려는 입장 때
문이기도 하지만, 옛 친구들을 걸고넘어지는 이기경을 소인배로 대했기
때문이기도 하였을 것이다. 아마도 정조는 1784년 이승훈이 서학서를 갖
고 돌아온 사실 및 정미반회에 이승훈·정약용이 연루된 사실을 속으로는
인정하고 있었을 것이다.

12월 초순: 감기에서 나아 일어나다.

(가) 〈戲作巓疾歌示醫師〉(時得寒疾 閱月乃廖瘳 仲冬至季冬) _《전서》 시문집,
1791년 10월 하순~12월 초순 사이 추정

ⓐ (가) 시90)에 보면 "時得寒疾 閱月乃廖瘳 仲冬至季冬"이라고 원주가 붙어 있다. 1791년 10월《詩經》조문의 답변을 작성하는 도중 아마도 과로하여 10월에 한질寒疾을 얻어 11월 내내 앓고, 12월 초순에 이르러서야 나았다고 추정할 수 있다. 그러나《다산연보》(9쪽)의 "[辛亥] 十月(卄二日) 司憲府持平除授(首望也 時有疾 不行公)" 구절을 보면 10월 22일에 이미 병에 걸려 있었음을 알 수 있다. 한질은 10월 11일까지 북영에 입직한 데 따른 것일 수도 있다. 그러나 10월 16일 이후 신해교안의 진화를 위해 분주하게 움직인 것도 한 원인이 될 것이다. (가) 시의 주에서 "仲冬至季冬"이라고 한 것은 대략적으로 말한 것이고, 좀 더 구체적으로 10월 하순에서 12월 초순까지라고 해석하는 것이 타당할 것 같다. 그러나 병으로 앓는 11월 동안에도 정조의《詩經》조문에 대한 답변 작성을 계속하여 12월 2일(무렵) 완료한다.

덧붙여 10월에서 12월 초까지 정약용이 칭병하면서 집에 있은 것은 물론 실제로 그런 점도 있겠지만, 10월 중순 이후 신해교안의 복잡한 처리 와중에서 삼가는 의미가 더 컸을 것이다. 12월 초순에는 천주교 관련자 이존창李存昌(12월 2일)과 최필공崔必恭(12월 7일)도 석방되었다(《승기》정조 15년 12월 2일 및 12월 7일). 12월 21일에는 이가환도 조상이 공신이라는 이유 등으로 매우 가볍게 벌을 받았다(《승기》정조 15년 12월 21일). 이것으로써 신해교안이 최종적으로 마무리되었다고 볼 수 있으며, 노론과 남인계 공서파의 정치적 공세는 일단 실패하였다고 할 수 있겠다.

12월 2일:《詩經講義》조문에 대한 답안 작성을 완료하여 제출하다.

(가) "是歲 進詩經講義八百餘條 大蒙天獎 御評隆重 今考弘齋全書中所錄 二百餘條 皆受獎者也" _《다산연보》9쪽

(나) "是年冬 進詩經講義 八百餘條 大蒙天獎 上批其卷曰 泛引百家 其出無窮 苟非素蘊之淹博 安能如是 弘齋全書中節取所錄 二百餘條 皆受獎者也 _
《사암연보》27~28쪽

(다) 〈詩經講義序〉 "降詩經條問八百餘章 令臣條對 限四十日 乞展限二十日

---

90) 조성을, 2004, 79쪽 참조.

蒙允" _《전서》 시문집, 1809년 가을

⚗ 정약용의 저작 가운데 (다)가 있다. 이 서문은 12월 2일 완료되어 제출한 《詩經講義》의 서문이다. (다)의 "內降詩經條問八百餘章 令臣條對 限四十日 乞展限二十日 蒙允"이라는 구절에 따르면 기간은 정확히 60일이었다. 임금에게 허락받은 것이므로 날짜가 정확하게 지켜졌을 것이다. 1791년 10월은 말일이 30일이고 11월은 말일이 29일이므로, 정확하게 60일이었다면 12월 2일에 작업이 완료되는 것으로 볼 수 있다. 다만 (다)의 말미에 "嘉慶己巳秋 臣謹書"라고 되어 있으므로, 이 서문을 지은 것은 1809년 가을이다. 그 사이에 수정, 보완했을 가능성이 크다.

12월 11일: 호서湖西의 천주교도 이존창을 석방하고 평민으로 하다.

(가) "命釋湖西邪學人李存昌 許作平民" _《실록》 정조 15년 12월 11일

⚗ 이존창에게 석방 명령이 내려진 것은 12월 2일이지만, 실제로 집행된 것은 12월 11일이었던 것 같다. 이 1791년 12월 11일 이존창을 석방하고 평민으로 하는 조처로서 신해교안의 처리는 대체로 마무리되었다고 할 수 있겠다. 사건이 확대되지 않고 이 정도로 마무리될 수 있었던 것은 정조의 방침과 재상 채제공의 노력 때문이었다. 정약용은 신해교안에는 전혀 연루되지 않은 채 일이 매듭지어졌다.

12월 12일 이후 추정: 친시에서 제7인으로 상을 받다.

(가) "十二月 親試第七人領賞(未準試 計劃七分 賜紙筆墨)" _《다산연보》 9쪽

(나) "十二月 親試第七人" _《사암연보》 27쪽

⚗ 12월 11일 신해교안이 마무리 지어지게 됨과 더불어 정약용의 공식 활동이 재개되는 것으로 볼 수 있겠다. 따라서 대략 12월 12일 이후가 되겠지만 날짜가 특정되지는 않는다.

12월 13일 이후 추정: 친시에서 제10인으로 상을 받다.

(가) "親試第十人領賞 (未準試 計劃九分 賜紙筆墨)" _《다산연보》 9쪽

(나) "課試第十人" _《사암연보》 27쪽

✒ 12월 두 번째로 확인되는 공식 활동이다. 날짜가 특정되지 않지만 첫 번째 일보다는 적어도 하루 이후가 될 것이므로, 대략 12월 13일 이후로 추정하였다.

12월 14일 이후 추정: 《詩經》 친강親講에서 제6인으로 상을 받다.

(가) "親講第六人領賞(未準試 計劃二十二分 賜紙筆墨 是歲 進詩經講義八百 餘條 大蒙天獎 御評隆重 今考弘齋全書中所錄 二百餘條 皆受獎者也)" 《다산연보》 9쪽

(나) 課講第六人 _《사암연보》 27쪽

✒ 12월 세 번째로 확인되는 공식 활동이다. 날짜가 특정되지는 않는다. 두 번째 활동보다는 적어도 하루 뒤일 것이므로 시기를 대략 12월 14일 이후로 추정하였다.

12월 16일: 좌의정 채제공이 파직되다.

(가) "罷左議政蔡濟恭職" _《실록》 정조 15년 12월 16일

✒ 이것은 신해교안의 처리를 대체로 마무리한 뒤에 채제공이 책임지고 사직한다는 의미로 보는 것이 좋겠다. 말할 것도 없이 이것은 노론 측 공세로부터 정조의 부담을 완화시켜 주는 의미가 있었다고 생각된다. 그러나 1791년 12월 25일 《실록》의 기록을 보면 채제공은 다시 좌의정으로서 근무하고 있다. 그 사이 좌의정 직이 회복된 것이다.

12월 22일: 부사과 정약용이 초계문신으로서 전箋을 올리다.

(가) "辛亥十二月二十二日辰時 上御明光門 親臨都政 抄啓文臣進箋…… 引儀引進 箋抄啓文臣… 副司果丁若鏞·崔璧… 進箋如儀訖" _《승기》 정조 15년 12월 22일

📑 1791년의 저작과 활동

1791년 봄의 저작으로는 〈首春大駕 自華城還 同諸學士 於露梁鎭南岸 祗候〉(1791년 1월 18일), 〈熙政堂侍宴之作 示諸僚〉(1791년 1월 19일 이후 추정), 〈同蔡郎 將赴晉州 至果川 途中作〉(1791년 2월 28일 또는 29일 추정), 〈登南原廣寒樓〉(1791년 3월 1일 또는 2일 추정) 〈讀荒山大捷碑〉(1791년 3월 2일 또는 3일 추정), 〈踰八良

嶺〉(1791년 3월 2일 또는 3일 추정), 〈再游矗石樓記〉(1791년 3월 6일 무렵), 〈陪家君行次星州〉(1791년 3월 26일 이후 추정), 〈至中牟縣 家君赴鳳山書院 與蔡郎前行 奉詩爲別〉(1791년 3월 26일 이후 추정), 〈渡荊水〉(在文義縣; 1791년 3월 26일 이후 추정) 등의 시가 있다. 잡문으로는 〈答洪元伯〉(제1서; 1791년 1월 하순 무렵 또는 2월 추정)이 있다.

1791년 1월 18일에는 화성에서 환궁하는 어가를 노량진 남안南岸에서 기다린 일과 국왕의 환궁 직후 희정당에서 모시고 잔치한 일 및 홍원백(홍인호)에게 편지를 쓴 것 말고 특별한 행적이 확인되지 않는다. 그리고 1791년 2월 말에서 3월 말 사이에는 진주를 다녀왔다. 이 사이 세 번째 아들은 천연두를 앓다가 1791년 4월 2일 죽었다. 정약용은 1791년 3월 말 서울에 도착한 이후 4월 6일까지 의금부에 구금되어 있었다(4월 6일 부분 참조). 무단으로 진주에 내려갔기 때문으로 여겨진다.

1791년 여름의 저작으로는 〈憶汝行〉(1791년 4월 2일), 〈外舅洪節度輓詞〉(1791년 5월 하순 추정)의 시 두 편이 확인되며, 〈外舅洪節度輓詞〉 바로 뒤에 배치된 〈柄鑿行〉은 대략 1791년 6월 무렵 지은 시일 가능성이 있다. 잡문으로는 〈游洗劍亭記〉(1796년 6월 중순 이후 추정)이 있다.

1791년 여름인 4월 6일에 의금부에서 석방되면서 부사과의 자리는 회복되었으나, 4월 동안에 별다른 행적이 확인되지 않는다. 그러나 5월 하순 사간원 정언에 임명되었다가 6월 초순에 체직되었다. 체직된(6월 중순) 이후 한혜보, 홍약여, 윤무구 등과 함께 세검정에 놀러 간 일이 있다. 심화오는 나중에 듣고 합류하였다.

1791년 가을의 저작으로는 〈試院奉示沈(煥之)安(廷玹)二丈〉(時共鎭院十日; 1791년 8월 19일), 〈瑞蔥臺試射日作〉(1791년 9월 28일)의 시 두 편이 확인되며, 잡문으로는 〈論語策〉(1791년 8월 22일)이 있다. 7월 중순 사간원 정언에 임명되었고, 8월 10일에서 19일 사이에는 시원試院에 있으면서 시관試官의 일을 하였다. 8월 19일 이후 사간원 정언에서 체직되었다가, 9월 3일 다시 사간원 정언에 임명되었고 9월 13일 체직되어 9월 17일 부사과에 단부되었다. 9월 28일에는 서총대시사瑞蔥臺試射에 입회하였다. 10월 2일 단풍정 시사에서 성적이 불량하여 이날(10.2)부터 벌로 북영에 숙직하면서 습사習射하라는 명을 받는다(10월 2일 부분 참조).

한편 대략 이해 1791년 9월 중순 무렵부터 신해교안이 서울에서 문제되기 시작하는데 정약용은 이 문제를 진화하려고 진력하는 점이 주목된다. 그러나 9월 28일 서총대 시사에 입회한 이후 10월 2일부터 10월 11일까지는 북영(창덕궁 북쪽 경내)에 머무르고 있었으므로(10월 2일~10월 11일 부분 참조), 외부와의 연락이 어려웠을 것이다. 정약용은 1791년 10월 12일 이후 신해교안 문제를 진화하기 위하여 노력하였을 것이다.

1791년 겨울의 저작으로는 〈戲作巔疾歌示醫師〉(1791년 10월 하순~12월 초순 추정)의 시 한 편과 〈與李判書〉(鼎運 辛亥冬; 1791년 겨울)의 편지 한 통이 확인된다. 아울러 이 해 10월 초에서 12월 2일에 걸쳐서 완성한, 《詩經》 조문에 대한 답안도 있다.

한편 1791년 10월 중순 이후 신해교안이 조정에서 본격적으로 논의되었고 정약용은 이 사건의 진화를 위하여 노력하는 한편, 10월 22일 사헌부 지평 임명에도 불구하고 10월 하순 이후 집에서 칭병하고 있었다. 실제로 감기에 걸려 있었다고 생각된다. 이때 권상연·윤지충의 옥사獄事(천주교 문제)가 있었다. 10월 하순에 정약용은 사헌부 지평에 임명되었으나, 숙배肅拜하지 않아 10월 말일(30일)에 체직되었고 사직의 표면상 명분은 한질에 걸려 있다는 것이었다. 그러나 병 말고도 10월 중순 무렵부터 신해교안이 조정에서 문제화되기 시작하여 이 사건의 처리 과정에서 근신하는 의미도 있었다고 생각된다. 1791년 12월 2일 《詩經》 조문에 답을 올린 데에 이어서 이달 12월 규장각 초계문신으로서 친시, 친강에 참여하고 전을 올리기도 하였다. 이런 활동으로 정약용은 국왕에게 상을 받는데, 이것은 정조가 여전히 신임을 보여준다는 점에서 주목된다.

1792년 壬子, 정조 16 _31세

: 1792년(壬子)에는 윤4월이 있다.

1월 10일 무렵: 아버지 정재원이 공삼貢蔘 차원差員의 일로 상경하여 서울에 올라오다.

(가) 〈故平安道觀察使延陵君李公畫像贊〉(壬子春 陪家君 共宿於靑坡) _《전서》
시문집, 1792년 1월 중순 추정

✿ (가)의 원주를 보면 1792년 봄 정재원이 서울에 와 있었음을 알 수 있다. 정초에 출발하였다면 1월 10일쯤 서울에 도착하였을 것이다. 이 시는 정재원이 서울에 머무르고 있을 때 지은 시이므로, 대체로 1월 중순 작으로 추정된다. 대략 1월 20일 무렵 진주로 출발하였다고 생각된다.

1월 중순(추정): 〈故平安道觀察使延陵君李公畫像贊〉을 짓다.

(가) 〈故平安道觀察使延陵君李公畫像贊〉 "壬子春 陪家君 共宿於靑坡" _《전서》
시문집, 1792년1월 중순 추정

✿ (가)에 달린 원주에 "壬子春 陪家君 共宿於靑坡"라고 하므로 1792년 봄 남대문 밖 청파동에서 화상畫像을 보고 지은 것으로 추정된다. 청파동은 둘째형 정약전의 집으로 추정된다. 정약전은 이에 앞서서는 야곡冶谷에 살았던 것으로 생각된다. 아버지 정재원은 "共宿於靑坡"라는 구절로 보아서 1792년 1월 서울에 올라와 아마도 청파동 정약전의 집에 머무르고 있었을 것으로 추정된다. 정약용은 이때에는 아직 명례방 죽란에 살고 있지 않았고 1792년 6월 명례방 죽란으로 이사하게 된다(1792년 6월 부분 참조). 1792년 1월 당시 정재원의 소룡동 경저는 아직 처분되지 않았고, 정약용이 이곳에 살고 있었으며 정약용이 아버지를 모시고 청파동 정약전의 집에 가서 하룻밤 모시고 지냈을 가능성이 크다.

1월 20일 무렵: 진주로 떠나는 아버지 정재원과 작별하며 〈銅雀渡送家君還赴晉州〉를 짓다.

(가) 〈銅雀渡送家君還赴晉州〉 _《전서》 시문집, 1792년 1월 20일 무렵

✿ (가) 시의 저작 시기가 임자년(1792) 1월이었음을 "壬子 時因貢蔘差員之行 正月也 此別遂爲永訣"이라는 원주로써 알 수 있다. 1792년 1월 인삼 공물 차원의 일로 서울에 올라왔다가 진주로 돌아가는 아버지와 동작나루에서 작별하며 지은 시이다.[91] 이별한 정확한 날짜가 1월 가운데 언제였는지 특정할

수 없지만, 서울 체류 기간이 대략 10일 정도 되었다고 생각하면 1792년 1월 20일 무렵으로 추정된다. 동작나루에서 이별이 아버지와 영원한 이별이 되었다. 이 해 4월 초순 아버지가 임지 진주에서 타계하기 때문이다.

1월 24일: ① 정조가 현륭원으로 출발하다. ② 정조가 한강 주교舟橋를 거쳐 화성으로 행차하는 것을 수행하면서 시를 짓다. ③ 정조가 수원부 행궁에 행차하다(수원 행궁에 숙박 추정) ④ 정약용도 수원 행궁에 묵다(추정).

(가) 〈過舟橋〉 "歲歲靑陽月 鑾輿幸華城 船從秋後集 橋向雲前城" _《전서》시문집, 1792년 1월 24일

(나) "上詣顯隆園" "次水原府行宮" _《실록》정조 16년 1월 24일

🖊 (나)의 기록을 보아 1792년 1월 24일 현륭원으로 출발하였음을 알 수 있다. (가)는 정약용이 정조를 수행하여 한강의 주교를 건너며 지은 시이다. 이날 1월 24일 수원 행궁에 도착하였고 국왕 일행은 이날 밤 수원 행궁에서 묵었을 것이다.

1월 25일: ① 국왕이 현륭원에 참배하다. ② 정약용도 수행하다(추정).

(가) "上拜顯隆園" _《실록》정조 16년 1월 25일

🖊 정조 일행이 이날 1792년 1월 25일 수원에서 과거를 실시한 다음 이날 밤에 수원 행궁에서 묵었는지 서울로 출발하여 중도에 묵었는지는 분명하지 않다.

1월 26일: ① 국왕이 환궁하다. ② 정약용도 대궐까지 수행하다(추정).

(가) "還宮" _《실록》정조 16년 1월 26일

🖊 정약용은 당연히 궁궐까지 수행하였을 것이다. 따라서 정약용은 1월 24일~26일 사이 국왕의 현륭원 참배를 수행하고 돌아왔다.

2월 27일: 둘째 딸이 태어나다.

---

91) 조성을, 2004, 79쪽.

(가) "幼女生於乾隆壬子二月二十七日 母以順娩爲孝 始號爲孝順 旣而父母愛
之 生二十有四月患痘…一晝一夜而命節 是甲寅元日之夜"〈幼女壙誌〉
_《전서》 시문집, 1794년 1월 2일 추정, 둘째 딸 사망일 다음 날

(나) "三月 第二女生(前此生一女 四日而夭)" _《다산연보》 10쪽

🦋 (나)에서 "三月"이라고 한 것은 "二月"의 착오이며 이는 필사과정에서 생
긴 오류라고 여겨진다. (가)에 구체적으로 "二月 二十七日"이라고 날짜가 기
록되어 있기 때문이다. 이 둘째 딸이 2년 뒤인 갑인년(1794년) 1월 1일 밤에
죽었음을 (가)를 보아 알 수 있다. (나)를 보면 둘째 딸에 앞서 첫째 딸을
낳은 적이 있으나, 나흘 만에 요절하였음도 알 수 있다. 불과 나흘 만에 죽
은 첫째 딸을 기억하며 다음 딸을 둘째 딸이라고 하였다. 이것은 그가 요
절한 자녀들을 잊지 않고 항상 그들을 마음속에 품고 있었기 때문이다. 아
버지로서 정약용의 애절한 마음을 알 수 있게 한다. 1792년 2월에 정약용
의 다른 특별한 행적은 추적되지 않으나, 이달에는 김우진의 문제로 채제
공이 사의를 표하는 등 약간의 정치적 파동이 있었다.

3월 22일: 홍문관록弘文館錄에 피선被選되다.

(가) "壬子三月(卄二日) 弘文館錄被選(取二十四人 皆五點也 副提學李義弼·應
敎李太亨)" _《다산연보》 9쪽

(나) "三月(二十二日) 弘文館錄被選" _《사암연보》 31쪽

(다) "弘文錄…丁若鏞" _《실록》 정조 16년 3월 22일

3월 24일: ① 춘당대에서 초계문신 춘등春等 시사試射를 행하다. ② 정약용
이 참가하다(추정).

(가) "御春塘臺…抄啓文臣 春等試射" _《실록》 정조 16년 3월 24일

🦋 1792년 3월 24일의 시사試射에 정약용은 초계문신으로서 당연히 참가하
였을 것이다.

3월 25일: ① 초계문신 친시와 과강을 행하다. ② 정약용 참가하다(추정).

(가) "行抄啓文臣親試及課講" _《실록》 정조 16년 3월 25일

Ⓐ 정약용은 초계문신으로서 1792년 3월 25일의 친시와 과강에 당연히 참가하였을 것이다.

3월 28일: 도당都堂 회권會圈에 피선被選되다.

  (가) "壬子三月…(卄八日) 都堂會圈被選(取二十八人 皆六點也 左議政蔡濟恭 · 右議政朴宗岳 · 大提學吳載純 · 左參贊金華鎭 · 吏曹判書金思穆 · 參判朴祐源 · 參議徐邁修)" _《다산연보》9~10쪽

  (나) "三月…二十八日 都堂會圈被選" _《사암연보》31쪽

  (다) "都堂錄…丁若鏞…" _《실록》정조 16년 3월 28일

3월 29일: ① (진시辰時) 희정당에 나아가 진강進講하다. ② 홍문관弘文館 수찬修撰에 제수되다. ③ 패초牌招로 불러 입직하게 하라는 명이 내리다. ④ 패초에 응하지 않자 추고推考하게 하다. ⑤ 패초에 응하지 않고 나서 시를 짓다.

  (가) "(卄九日) 弘文館修撰除授(首望也 副望張至顯 時有人言 全錄皆引嫌)" _《다산연보》10쪽

  (나) "三月…二十九日 除弘文館修撰(時有人言 全錄皆引嫌) 時議欲枳公館錄 上謂筵臣曰 玉堂是丁家世傳之物 丁某不可拔於館錄 遂無貳議" _《사암연보》31쪽

  (다) "壬子三月二十九日辰時 上御熙政堂…上曰 課講入侍 可也…試官原任直提學徐浩修 直提學朴祐源 率抄啓文臣丁若鏞等 入就位 行四拜禮 以次進伏訖 仍命開講 丁若鏞等 以次進講訖" _《승기》정조 16년 3월 29일

  (라) "有政 吏批…丁若鏞爲修撰" _《승기》정조 16년 3월 29일

  (마) "李集斗啓曰…修撰尹致性 · 丁若鏞…竝卽爲牌招 以爲推移入直之地 何如 傳曰 允" _《승기》정조 16년 3월 29일

  (바) "修撰尹致性 · 丁若鏞…牌不進 罷職傳旨 傳于申獻朝日 只推" _《승기》정조 16년 3월 29일

  (사) 〈玉堂違召述懷〉 _《전서》시문집, 1792년 3월 29일 자정을 지난 二更, 4월 1일

Ⓐ (가), (나), (다), (라), (마), (바)의 기사로 보아 1792년 3월 29일의 행적이 확인된다. (다), (라), (마), (바)는 모두 같은 날 3월 29일의 기사이고 (다)가

가장 뒤에 배치되어 있으나, 내용으로 보아 이날 진시辰時에 희정당熙政堂에서 과강課講이 있어 정약용이 여기에 참여하였고(《尚書》 강독), 그다음 수찬修撰에 임명되었으나 패초에 응하지 않은 것으로 보는 것이 타당하겠다. (사)는 패초에 응하지 않고 나서 지은 시이다. 시의 내용으로 보아서 3월 29일 가운데 이경二更이라고 하였으나,[92] 실제적으로는 4월 1일(임자년은 3월 29일이 말일이었음) 새벽 2경이었다.

4월 1일: ① 수찬修撰 정약용을 패초로 불러 입직하게 하다. ② 패초에 응하지 않은 정약용을 추고하게 하다. ③ 다시 패초로 불러 입직하게 하라는 명이 내리다. ④ 다시 패초로 불러도 응하지 않자 추고하게 하라는 명이 내리다.

(가) "李集斗啓曰…修撰尹致性·丁若鏞…旣有只推之命 卽爲牌招 推移入直 何如 傳曰 允" 《승기》 정조 16년 4월 1일

(나) "修撰尹致性·丁若鏞…牌不進 罷職傳旨 傳于李集斗曰 只推" 《승기》 정조 16년 4월 1일

(다) "李集斗啓曰…修撰尹致性·丁若鏞…旣有只推之命 竝卽爲牌招 以爲推移入直之地 何如傳曰 允" 《승기》 정조 16년 4월 1일

(라) "修撰尹致性·丁若鏞…再牌不進 罷職傳旨 傳于李集斗曰 只推" 《승기》 정조 16년 4월 1일

⑳ 1792년 3월은 29일이 말일이므로 다음 날이 4월 1일이다. 3월 29일과 4월 1일 연이어 패초로 불렀으나, 응하지 않았음을 (가), (나), (다), (라)의 기사로 보아 알 수 있다.

4월 2일: ① 수찬 정약용 등으로 하여금 다시 입직하게 하라는 명을 내리되 그 가운데 차제인差除人은 허체許遞하라고 명하다. ② 병조兵曹 부사과가 되다(수찬에서 체직됨).

(가) "金孝建啓曰 玉堂上下番俱空…修撰尹致性·丁若鏞…旣有只推之命 竝卽牌招 推移入直之地 何如 傳曰 允 其中差除人許遞" 《승기》 정조 16년 4월 2일

92) 조성을, 2004, 80쪽.

(나) "兵曹口傳政事 副司果李明淵·丁若鏞" 《승기》 정조 16년 4월 2일

Ⓦ 1792년 4월 2일 홍문관 수찬에서 체직되고 병조 부사과가 된 것으로 보아야 할 것이다. 특별한 직책이 없을 때 병조 부사과 등의 관직에 임명하는 것이 당시의 관례였다고 여겨진다. 이것은 아마도 녹봉을 받을 수 있게 하려는 조치이기도 하였다고 생각된다.

4월 3일 이후(6일 이전): 국왕의 명에 따라서 남인으로서 시급하게 대통臺通하여야 할 사람 28인을 추천하다.

(가) "是年 上密諭蔡文肅 問南人中急於臺通者幾人 並令李公家煥·李公益運及公 各陳所見 文肅及兩公 皆曰權心彦一人最急 蓋自百餘年來 一邊之人 久被枳塞 一通不過一人 故各對如是也 公所錄二十八人 詳著其世閥科名及文學政事之愚劣 以進之日 此二十八人 無不時急 其孰先孰後 唯在聖度 臣不敢與也 及當大政 上別諭政官 凡入疏錄者 八人得通 數年之間 盡爲施行 公之際遇 如此" 《사암연보》 31~32쪽

Ⓦ 위의 (가) 기사가 《사암연보》에 홍문관 수찬 임명 바로 뒤, 1792년 4월 9일 아버지의 타계 기사 바로 앞에 실려 있다. (가)의 기록을 보면 채제공, 이가환, 이익운은 남인 대통자臺通者 가운데 겨우 권심언權心彦 한 사람만 추천한 것에 견주어 정약용은 남인 28인을 천거하였음을 알 수 있다. 이해 4월 6일 규장각의 대유사에서 근무하다가 아버지가 위독하다는 소식을 듣고 진주로 내려가기 전의 일이라고 추정된다. 정확한 시기는 알기 어려우나, 일단 홍문관 수찬에서 체직된 이후로 추정하여 1792년 4월 3일과 4월 6일 이전으로 추정하였다. 3월 29일 희정당熙政堂에서 진강進講 이후 3월 29일 밤에서 새벽에 걸쳐 홍문관에서 숙직(《玉堂違召述懷》)하고 있다가 4월 1일 아침 퇴궐하였고, 4월 1일, 4월 2일의 패초에 응하지 않고 집에서 대기하고 있었을 것으로 추정된다. 1792년 4월 2일 병조 부사과가 되고나서 4월 3일 이후 입궐하여 정조로부터 남인 추천의 명령을 받았을 것이다. (가)로 보아 정치 세력 사이의 균형을 맞추려는 정조의 의도가 이때 본격적으로 시행되기 시작하였고, 이에 대하여 정약용이 가장 대담하게 응한 사실을 알 수 있다. 이것이 바로 훗날 정약용이 노론 강경파에게 강하게 견제

받은 원인이었다고 생각된다.

4월 6일: ① 정조의 명을 받고 규장각 대유사大酉舍에서 시축詩軸을 필사하다.
② 대유사에서 필사 작업을 하다가 아버지 위독의 소식을 듣다.

(가) 〈大酉舍 同金(羲淳)·金(履喬)·李(明淵)諸僚 奉旨寫御製詩卷〉_《전서》시문집, 1792년 4월 6일

(나) "四月(初九日) 丁先考晉州公憂(時承命赴內閣 寫詩軸 聞急而行 至雲峯縣
奔喪 五月反葬于忠州 反哭于馬峴 六月 移家于明禮坊 往來無已 時以有
下詢事也)" _《다산연보》10쪽

(다) "是時 承命直宿大酉舍(內閣之後堂) 修賡和詩軸 聞急而行 至雲峯縣奔喪
旣月 反葬于忠州 旣葬 反哭于馬峴 時 上數因筵臣 問公存沒 及歸葬居廬
于廣州" _《사암연보》32~33쪽

⚶ (가), (나), (다)로 보아 4월 6일 밤에는 대유사에서 숙직을 하면서 갱화 시축을 필사하고 있었으며, 이 작업을 하는 도중 아버지가 위독하다는 소식을 들었음을 알 수 있다. 이 작업이 언제 시작되었는지는 알 수 없다. 아마도 여러 사람들이 함께 한 것으로 보아 이날 당일 시작된 것으로 여겨지며, (다)의 기록에 따르면 숙직 도중 소식을 들은 것으로 보아야 할 것이다.

4월 7일(추정): (아침) 진주로 출발하다.

⚶ 1792년 4월 6일 밤 대유사에 숙직하면서 어제御製 시축을 필사하다가 급한 소식을 들었을 것이므로, 준비를 하여 진주로 출발한 것은 대략 4월 7일 아침으로 여겨진다.

4월 9일: 아버지 정재원이 진주목사로서 진주 임소에서 졸하다(향년 63세).

(가) "四月(初九日) 丁先考晉州公憂 (時承命赴內閣 寫詩軸 聞急而行 至雲峯
縣奔喪 五月反葬于忠州 反哭于馬峴 六月 移家于明禮坊 往來無已 時以
有下詢事也) 五月反葬于忠州" _《다산연보》10쪽

(나) "是時 時承命直宿大酉舍(內閣之後堂) 修賡和詩軸 聞急而行 至雲峯縣奔
喪 旣月 反葬于忠州 旣葬 反哭于馬峴 時 上數因筵臣 問公存沒 及歸葬居
廬于廣州" _《사암연보》32~33쪽

(다) "壬子四月初九日 卒于官 壽六十三" _《가승》 1792년 4월 9일

4월 10일(추정): 급보를 듣고 진주로 내려가는 도중 운봉현雲峰縣에 이르러 급서急逝 소식을 듣고 분상奔喪하다.

(가) 〈大酉舍 同金(義淳)·金(履喬)·李(明淵)諸僚 奉旨寫御製詩卷〉 _《전서》 시문집, 1792년 4월 6일

🕮 (가)의 시를 보면 4월 6일 규장각 대유사에서 어제御製 시권詩卷을 필사하고 있다가 이 필사 작업 도중에 아버지의 급보를 들은 것이다. 아마도 이 시를 지을 때까지는 아직 아버지의 급보를 듣지 못하였을 것이다. 즉 급보를 들은 것은 이 시를 지은 직후라고 여겨진다. 급보를 듣고 급히 진주로 내려가다가 운봉雲峰에 이르러 아버지의 타계 소식을 들은 것이다. 소식을 들은 시점은 정재원의 타계 시점 및 정약용이 내려가는 기간을 고려하여 계산하면, 대략 4월 10일 무렵이라고 생각된다.

4월 20일 무렵: 정재원의 운구運柩 행렬이 고향 초천苕川에 도착하다.

🕮 운구 행렬이 대략 1792년 4월 12일 이후 진주를 출발하였고 열흘 가까이 걸린 것으로 보아서 대략 1792년 4월 20일 무렵 운구 행렬이 초천에 도착하였을 것으로 추정하였다. 정약용은 4월 11일 무렵 진주에 도착하였을 것으로 추정되며 운구 행렬에 참여하여 4월 20일 무렵 초천에 도착하였을 것이다. 이후 초천에서 1792년 5월 초순(추정, 뒤의 5월 초순 부분 참조) 발인할 때까지 문상을 받고 있었을 것이다.

윤4월 27일: 유성한柳星漢을 처벌하라는 영남 만인소가 올라오다.

(가) "慶尙道幼學…一萬五十七人上疏" _《실록》 정조 16년 윤4월 27일

🕮 1792년 5월 초순(추정) 아버지의 장사를 치른 정약용은 1792년 윤4월에는 내내 초천에서 조문객을 받고 있었을 것으로 추정된다. 이 해 4월과 윤4월 사이에 정조가 사도세자를 연모하는 것을 은근히 비방하는 유성한柳星漢의 상소로 조정은 말할 것도 없고 영남 지방까지 유성한을 성토하는 분위기가 고조되었다. 《실록》에 따르면 1792년 윤4월 17일 채제공이 유성한

을 처벌하라는 상소를 올렸고, 이에 이어서 윤4월 27일 영남만인소가 올라온 것이다. 채제공과 연계되어 있음을 짐작하게 한다. 이 해 3월 정조는 이만수李晩秀를 영남으로 보내어 도산서원 등에서 제사를 드리고 영남 유생들의 응제應製 시권試券을 받아오게 하여 4월 초 포상하였다. 이런 움직임의 연장선 위에서 채제공과 연계하여 영남만인소가 윤4월 27일 올라오게 된 것으로 볼 수 있겠다. 5월에도 재차 영남만인소가 올라오게 된다. 정약용은 4월 초순 부친상을 당하여 제1차 영남만인소 운동에는 간여할 수 없었을 것이다. 그러나 1792년 5월의 제2차 영남만인소 운동에는 김한동金翰東(영남인으로 정조대에 드물게 승지를 지냈고 정약용과는 1789년 이진동 구출 이후 친밀한 관계를 가짐) 등을 통하여 간접적으로 간여하였을 가능성이 있다. 이날 윤4월 27일 정약용은 서울에 있지 않고 장례 준비를 하며 초천에 있었을 것이다.

5월 1일: 영남 유생들의 상소(윤4월 27일)를 봉입하지 않은 수문장을 잡아 들여 엄격히 다스리게 하고 좌직坐直 승지를 파직하다.

(가) "命守門將拿問嚴治 坐直承旨罷職 以日前嶺南儒疏 不爲捧入也" 《실록》 정조 16년 5월 1일

⚶ 이날 5월 1일 정약용은 초천에 있었으며 이달 초순 장례(장지 하담)와 우제 등이 있었고, 중순 무렵 졸곡제가 있었던 것으로 생각된다. 그렇다면 적어도 졸곡 때(5월 하순 추정)까지는 초천에 있었을 것이다.

5월 2일: 영남 유생들의 상소(윤4월 27일)의 소두疏頭 이우李瑀를 의릉懿陵 참봉에 임명하다.

(가) "以李瑀 爲懿陵參奉" 《실록》 정조 16년 5월 2일

⚶ 당시 이조참판 김희金熹가 소두 이우를 바로 의릉 참봉에 임명한 것이다. 이것은 영남만인소를 국왕이 긍정하는 뜻으로 볼 수 있다.

5월 7일: 영남 유생들이 재차 만인소를 올리다.

(가) "慶尙道參奉李瑀等 一萬三百六十八人再疏" 《실록》 정조 16년 5월 7일

🕮 이우 등 영남 유생들이 재차 만인소를 올린 것이다. 이때 이우는 이미 의릉懿陵 참봉이 되어 있었다.

5월 10일 무렵: ①아버지 정재원을 충주(하담)에 장사지내다(초천에서 발인). ② 향리 초천으로 반곡反哭하다(초우初虞).

(가) "四月(初九日) 丁先考晉州公憂(時承命赴內閣 寫詩軸 聞急而行 至雲峯縣 奔喪 五月反葬于忠州 反哭于馬峴 六月 移家于明禮坊 往來無已 時以有 下詢事也) 五月反葬于忠州 《다산연보》 10쪽

(나) "是時 時承命直宿大酉舍(內閣之後堂) 修賡和詩軸 聞急而行 至雲峯縣奔 喪 旣月 反葬于忠州 旣葬 反哭于馬峴 時 上數因筵臣 問公存沒 及歸葬居 廬于廣州" 《사암연보》 32~33쪽

🕮 (가)와 (나)의 기록으로 보아 5월 10일 무렵(추정) 충주에서 장례를 치르고 초천으로 돌아와 초천에서 여묘 살이를 하고 있었음을 알 수 있다(及歸葬居廬于廣州). 대략 1792년 4월 20경에 진주에서부터 상여가 초천에 도착하고, 대략 1792년 5월 초순 초천에서 발인하여 충주 하담까지 가서 5월 10일 무렵(추정) 장례 지낸 것으로 보는 것이 타당하겠다. 장례 뒤에 다시 초천으로 돌아와 우제를 지냈고 적어도 졸곡 때(5월 하순 초 무렵)까지는 초천에 있었을 것이다.

5월 12일: 국왕이 전 수찬修撰 김한동金翰東(영남인)을 소견하다.

(가) "召見前修撰金翰東" 《실록》 정조 16년 5월 12일

🕮 《실록》에 따르면, 정조는 1792년 5월 12일 김한동을 불러서 영남만인소 운동을 위하여 지금 서울로 올라와 있는 영남 유생들의 근황을 물었다. 이에 김한동이 재일齋日(사도세자의 제사일 5월 25일)까지는 물러가지 않을 것이라고 보고하였다.

5월 하순 초 무렵: ① 고향 초천에서 졸곡제를 지내다(추정). ② 초천에서 여묘 살이를 시작하다. ③ 서울로 올라오다(5월 25일 무렵 추정). ④ 초하루 제사를 위하여 다시 초천으로 내려가다(5월 28일 무렵 추정).

(가) 〈答洪元伯〉(제2서) _《전서》 시문집, 1792년 5월 27일 무렵

⚱ 대략 1792년 5월 중순 초 무렵 초천에 돌아온 정약용은 5월 하순 초 졸곡제를 마치고 며칠 초천에서 여묘살이를 하다가, 대략 5월 25일 무렵(추정) 서울로 올라와 이사 준비를 한 뒤에 6월 초순 무렵 명례방으로 이사하였을 것으로 생각된다. 홍인호에게 보낸 편지 (가)에는 영남 유생들이 서울에 오래 머물러 있다는 언급이 있다. 윤4월 27일과 5월 7일 두 차례 만인소를 올린 영남 유생들은 5월 12일 김한동의 소대召對에 따르면, 사도세자의 재일齋日(5월 25일)까지는 서울에 머물러 있을 것이라고 하였다. 정약용은 대략 5월 25일 무렵 서울에 올라왔다가 김한동 등을 통해 당시 정치 정세에 대한 여러 이야기를 듣고 홍인호에게 편지를 보낸 것이라고 할 수 있겠다. (가) 편지에 '내일 초천으로 돌아간다'고 한 것으로 보아 1792년 5월 27일 무렵 편지를 보낸 것이라고 추정된다. 6월 1일의 초하루 제사에 참석하기 위해서 하루 정도 여유를 두어 5월 28일에 출발하였을 것으로 생각되기 때문이다(5월 29일 도착 추정, 5월 말일은 30일).[93]

6월 초순(추정): ① (서울) 명례방明禮坊으로 이사하다. ② 이후 정조의 순문詢問이 있어서 초천과 서울 사이를 계속 왕래하다.

(가) "四月(初九日) 丁先考晉州公憂(時承命赴內閣 寫詩軸 聞急而行 至雲峯縣 奔喪 五月反葬于忠州 反哭于馬峴 六月 移家于明禮坊 往來無已 時以有 下詢事也)" _《다산연보》 10쪽

⚱ 명례방으로 이사한 것은 정조의 순문 때문이었는데 그것이 무엇인지 《다산연보》에 분명하게 언급되어 있지 않다. 앞에서 언급한 《사암연보》의 기사(31~32쪽)에 따르면, 남인 가운데 등용할 만한 인물을 추천하는 일(4월 초순 부분 참조)이었을 가능성도 있다. 6월에는 영남만인소 운동 직후라서 정조는 남인들을 등용할 생각할 더욱 굳혔을 것이다. 그리고 《사암연보》 1792년 겨울(33쪽)의 기사 "承命進水原城制"에 따르면 화성 건설과 관련된 일이었을 가능성도 크다(1792년 겨울 부분 참조). 화성華城 건설과 관련된 국왕

---

93) 조성을, 2007, 319쪽에서는 (가)를 1793년 여름 무렵의 편지로 추정하였으나 오류이다.

의 순문에 응하기 위한 것이 표면적 이유였겠으나, 남인들을 추천하는 일도 있었을 가능성이 크다. 정약용은 5월 하순 무렵부터 여묘盧墓 살이를 초천에서 시작하였으나(위의 1792년 5월 하순 부분 참조),《다산연보》(10쪽)에 따르면 정약용은 1792년 6월 이후 한양의 명례방 집과 초천 본가(맏형 정약현의 집으로 추정됨) 사이를 계속 왕래하였다.

윤4월 27일에 이어서 5월 7일에 재차 영남만인소가 올라왔다. 정약용은 부친상 때문에 이 두 시기에는 문제에 적극적으로 개입하기 어려웠을 것이다. 서울의 집을 명례방으로 옮기고 이후 서울과 초천 사이를 계속 왕래하게 된 6월 초순 무렵에는 영남만인소 운동은 거의 일단 정리되어 있었다. 대부분의 영남 유생들이 5월 25일(사도세자 재일齋日) 이후에는 영남으로 돌아갔을 것이다. 정약용이 6월 이후 서울과 초천을 계속 왕래하였다는 것은 초천의 초하루와 보름 제사에 참여하였음을 의미하는 것이다. 그렇다면 그 중간에는 서울에 머무른 기간이 적지 않았음을 말해 준다. 화성 건설 등과 관련하여 국왕의 자문에 응하기 위한 것이기도 하였겠지만, 남인 등용 문제에 개입되었을 가능성이 크다. 또 이런 문제를 김한동과 상의하였을 가능성도 있다. 국왕의 자문에 응한다는 것은 정약용이 복인服人으로서 서울을 자주 왕래할 수 있는 좋은 명분이 되기도 하였을 것이다.

1792년 겨울: 수원水原(화성華城) 성제城制를 올리다.

(가) "壬子冬 承命進水原城制" _《사암연보》 33쪽

(나) "壬子…是年冬 城于水原 上曰 '己酉冬 舟橋之役 鏞陳其規制 事功以成 其召之使于私際' 鏞乃就尹畊堡約及柳文忠(成龍)城說 採其良制 凡譙樓・敵臺・懸眼・五星池諸法 疏理以之(《自撰墓誌銘》 집중본) _《전서》 시문집, 1822년 6월 무렵

🔖 1792년 겨울 올린 화성 성제 가운데 〈城說〉, 〈甕城圖說〉, 〈砲樓圖說〉, 〈漏槽圖說〉, 〈起重圖說〉, 〈總說〉이 있다.[94] 아마도 화성 성제를 계획하는 작업은 서울 명례방의 집(죽란)에서 진행되었을 것으로 여겨진다.

---

94) 조성을, 2004, 253~254쪽.

1792년 봄의 저작으로는 〈銅雀渡送家君還赴晉州〉(1792년 1월 20일 무렵), 〈過舟橋〉(1792년 1월 24일), 〈講筵退有作〉(1722년 3월 29일), 〈玉堂違召述懷〉(1792년 4월 1일 2경) 등의 시 네 편과 잡문으로 〈故平安道觀察使延陵君李公畵像贊〉(1792년 1월 중순 추정)이 확인된다. 〈講筵退有作〉은 1792년 3월 29일 정약용이 희정당에 나아가 진강進講하였으므로 일단 3월 29일 작으로 추정한다.

1792년 봄의 행적으로는 공삼貢蔘을 위해 서울에 올라온 아버지를 1월 초순에서 중순 사이에 청파동에 모시고 있다가 동작나루에서 작별한 일, 그 사이 화상찬을 지은 일, 1월 24일~26일 사이 정조의 화성 행차를 수행하였다가 서울에 돌아온 일, 2월 말 둘째 딸이 태어난 일, 3월 하순 홍문관 수찬에 임명되었으나 명에 따르지 않은 일 등이 확인된다. 대략 1792년 2월부터 3월 중순까지는 2월 말 둘째 딸이 태어난 것 말고 행적을 추적할 수 없다.

1792년 여름의 저작으로는 〈大酉舍 同金(羲淳)·金(履喬)·李(明淵)諸僚 奉旨寫御製詩卷〉(1792년 4월 6일)의 시 한 편만이 확인된다. 아버지의 타계 이후에는 전혀 시를 짓지 않은 것으로 보인다. 1792년 여름의 행적으로는 4월 초 홍문관 수찬에서 체직된 뒤 4월 6일 대유사에서 숙직하다가, 아버지의 위독 소식을 듣고 4월 7일 서울을 출발하여 4월 11일 무렵 진주에 도착하여 4월 20일 무렵 초천에 운구를 모셔 온 일을 하였다. 이후 5월 초까지 문상을 받고 이후 하담에서 장례를 지내고 초천에서 반곡을 한 뒤, 5월 25일 무렵까지는 계속 초천에 머무르고 있었던 것으로 여겨진다. 6월 이후에는 서울에서 집을 명례방으로 옮기고 국왕의 자문에 응하기 위하여 계속 초천과 서울 사이를 왕래하였다. 이리하여 1792년 6월 이후에는 어떤 방식으로든 영남만인소 운동에 개입되었을 가능성이 있다.

1792년 가을의 저작과 활동은 전혀 추적되지 않는다.

1792년 겨울의 저작으로 시는 확인되지 않으며, 잡문으로 화성 성제로 올린 〈城說〉(1792년 겨울 추정), 〈甕城圖說〉(1792년 겨울 추정), 〈砲樓圖說〉(1792년 겨울 추정) 〈漏槽圖說〉(1792년 겨울 추정), 〈起重圖說〉(1792년 겨울 추정), 〈總說〉(1792년 겨울 추정)이 확인된다. 이 해 겨울 동안은 화성 성제 작업에 몰두하고 있었다고 볼 수 있겠다.

1793년 癸丑, 정조 17 _32세

1월 12일: 채제공을 수원부 유수에 임명하다.

(가) "特拜蔡濟恭爲水原府留守" _《실록》 정조 17년 1월 12일

⚫ 화성 건설 작업을 본격적으로 추진하기 위하여 채제공을 수원부 유수에 임명한 것으로 볼 수 있겠다.

4월 9일: 아버지 정재원 타계 1주기를 맞이하다.

(가) "癸丑…四月 朞而練" _《사암연보》 39쪽

⚫ 1년 전 1792년 4월 9일 아버지 정재원이 임지 진주에서 타계하였다. 정약용은 초천에서 1주기 제사(대상大喪)에 참여하였을 것이다.

4월 9일 이후(추정): 서울에 올라와 화성 성제와 관련하여 국왕의 물음에 답하여 20조를 진술하다.

(가) "癸丑四月 朞而練 (時以華城事 有下詢 不得已 曳衰入京 陳事宜二十條)"
_《다산연보》 10쪽

⚫ 1793년 4월 이 무렵 화성 건설과 관련된 정조의 물음에 답하기 위해 부득이 상복을 입고 입경入京하여 20여 조를 아뢰었다고 하는 위 《다산연보》의 기사는 대략 4월 9일 대상大喪을 치른 이후로 보는 것이 타당할 것이다. 1792년 겨울 수원(화성)의 성제를 진달한 일과 1793년 4월 무렵 정조의 순문에 20여 조로 답변한 것은 아마도 별개의 일로 보아야 할 것이다. 즉 일단 1792년 겨울 화성 성제를 올린 뒤 다시 추가로 정조가 질문한 것에 대하여 대답한 것이 바로 1793년 4월의 답변이라고 생각된다. 이 해 1월 채제공이 수원부 유수로 내려가 4월 무렵에는 본격적으로 화성 건설 작업이 추진되고 있었다고 볼 수 있겠다.

5월 25일: ① 채제공을 영의정에, 김종수金鍾秀를 좌의정에 임명하다. ② 기사관記事官 홍낙유洪樂游가 왕명을 전달하기 위하여 채제공의 임

지 수원유수부에 급히 내려가다(추정).

(가) "拜蔡濟恭爲議政府領議政 金鍾秀爲議政府左議政" 《실록》 정조 17년 5월 25일

(나) "賓廳卜相望 以蔡濟恭·金鍾秀爲卜相" 《승기》 정조 17년 5월 25일

(다) "傳曰 只出緊任…領議政單蔡濟恭 左議政單金鍾秀" 《승기》 정조 17년 5월 25일

⚱ (가), (나), (다)를 보아 채제공이 영의정에 임명된 사실을 알 수 있다. 홍낙유는 당일 왕명을 전하고자 말을 타고 바로 내려갔을 것이다. 다음 날 돌아와 보고를 올려야 하기 때문이었다(5월 26일 부분 참조). 이때 노론 강경파의 영수 김종수를 동시에 좌의정에 임명한 것이 주목된다. 정국 개편에 노론 벽파도 참여시켜 사도세자 신원 문제에 이들의 동의도 구하는 모양새를 취하기 위한 것으로 볼 수 있겠다.

5월 26일: 홍낙유洪樂游가 수원에서 돌아와 서계書啓를 올리다.

(가) "記事官洪樂游書啓 臣敬奉聖諭 馳往水原府 傳于議政府領議政蔡濟恭所任處 則以爲殿下 何以有此恩命之誤" 《승기》 정조 17년 5월 26일

⚱ 연락하러 간 홍낙유에게 채제공이 "殿下何以有此恩命之誤"라는 말을 한 것으로 보아 채제공에게 사도세자 문제와 관련된 정조의 밀지密旨가 있었을 가능성이 있다. 밀지가 없었더라도 채제공은 정조가 자신을 영의정으로 부르는 의도를 충분히 알고 있었을 것이다. 이리하여 1793년 5월 28일에 상경하자마자 사도세자 문제를 거론한 것이라고 하겠다. 홍낙유는 5월 25일 당일 바로 말을 달려 급히 내려갔다가 곧바로 돌아와 5월 26일에 국왕에게 보고를 올린 것이라고 하겠다.

5월 27일: ① 채제공, 김종수의 상경을 돕기 위하여 경기감사 박우원朴祐源으로 하여금 인원과 말을 준비하도록 하다. ② 좌의정 김종수가 상소를 올려 사직을 청하다.

(가) "以京畿監司朴祐源狀啓 領議政蔡濟恭 左議政金鍾秀 上來時差員夫馬 待分付擧行事" 《승기》 정조 17년 5월 27일

(나) "伏乞聖慈 曲賜鑑燭 俯垂愍惻 張臣議政新命 卽日還寢" 《승기》 정조 17년 5월 27일

※ 김종수가 이렇게 사직소를 올린 이유가 무엇인지가 문제이다. 채제공이 영의정에 임명된 데 대한 불만이었을 수 있다. 그리고 사도세자의 문제를 재론하는 채제공의 상소는 5월 28일 올라오므로(5월 28일 부분 참조), 김종수가 사도세자 문제가 재론되는 것을 구체적으로 알았을 가능성은 없다. 그러나 채제공을 영의정으로 부르는 것으로 무언가 정국의 변화가 있을 것이라는 짐작은 하였을 것이다. 정계 개편에 구색을 맞추기 위한 것임을 알고 이에 거부하는 태도, 또는 좀 더 확실한 무언가의 언질을 받으려는 입장에서 사직소를 올린 것으로 추정된다.

5월 28일: ① 채제공이 서울로 돌아오다. ② 임오년(1762) 사도세자의 죽음과 관련된 문제를 거론하다.

(가-1) "夏 蔡文肅[5.28] 以華城留守 入爲領相 上疏復論壬午讒人 金鍾秀謂 壬午聯箚後 復提此事者逆也 攻之甚力 [8.8]上出示英廟金縢之詞 以昭 莊獻世子出類之孝 事得已" _《사암연보》39쪽

(가-2) "洪仁浩對韓公光傳 亦攻文肅之疏語 多妄發 知舊搢紳章甫 齊聲攻洪 此所謂甲寅[1794]事也 洪疑公主論 遂與之有隙 其後稍自釋焉" _《사암연보》39~40쪽

(나) "領議政蔡濟恭疏 略曰…臣之幾十年腐心痛骨 如不欲生者 直以奸凶所以 誣之者 卽千古不忍言之事" _《승기》정조 17년 5월 28일

(다) "領議政蔡濟恭上疏" _《실록》정조 17년 5월 28일

※ (가-1), (나), (다)를 보아 위의 사실이 확인된다. (가-2)는 남인 내에서 채제공과 홍인호의 분열상을 말해주는 자료이다. 이것이 (가-1)에 이어서 서술되어 있는 것은 두 가지 일의 연관관계를 생각하게 한다.

5월 29일: ① 좌의정 김종수가 경기도 양주옥楊州獄에서 치계馳啓의 일로 대명待命하고 있다는 경기감사 박우원의 장계가 이르다. ② 정조가 대명하지 말고 환제還第(자신의 집에 돌아오는 것)하게 하라고 명령하다.

(가) "以京畿監司朴祐源狀啓 左議政金鍾秀 待命於楊州獄 緣由馳啓事 傳于

洪仁浩曰 更當敦諭勿待命 卽爲還第事" _《승기》 정조 17년 5월 29일

🕯 1793년 5월 29일 좌의정 김종수는 상경하지 않고 아직 양주楊州에 있었음을 알 수 있다.

5월 30일: 정조가 서울 중부中部 견평방堅坪坊 전의감계典醫監契에 머무르고 있는 김종수에게 동부승지 김한동을 보내 들어오라는 명령을 보내다.

(가) "同副承旨金翰東書啓 臣敬奉聖諭 傳于中部堅坪坊典醫監契左議政金鍾秀所住處…仍蒙特遣承宣…又命與之偕入" _《승기》 정조 17년 5월 30일

🕯 1793년 5월 30일에는 김종수가 서울 견평방의 사저私邸에 돌아와 있었음을 알 수 있다. 5월 29일 양주에 있던 김종수가 급히 돌아와 5월 30일 서울 사저에 있게 된 것은 5월 28일에 채제공의 상소에 대한 말을 들었기 때문이라고 여겨진다. 이 당시 영남 남인계로서 정약용과 가까운 사이인 김한동이 동부승지로서 김종수에게 왕명을 전달하는 임무를 맡고 있음이 주목된다. 정약용은 서울 명례방에 머무르면서 김한동을 통해서 당시 정국의 추이에 대하여 자세히 들을 수 있었을 것이다.

6월 1일: ① 좌의정 김종수가 채제공을 비난하고 사직 상소를 올리다.② 정약용이 초천에서 아버지의 초하루 제사에 참여하다(추정).

(가) "左議政金鍾秀 上箚" _《실록》 정조 17년 6월 1일

🕯 1793년 1월 12일 화성유수에 임명되어 5월까지 수원에 머무르다가 5월 25일 영의정으로 임명되어 상경한 채제공은 5월 28일 사도세자 문제에 대하여 다시 거론하여 김종수와 갈등을 빚게 되었다. 6월 4일 두 사람 모두 파직되었으나(《실록》 정조 17년 6월 4일), 두 사람 모두 6월 16일 판중추부사에 임명된다(《실록》 정조 17년 6월 16일). 이후 6월 24일 채제공은 동지겸사은정사에 임명되지만(《실록》 정조 17년 6월 24일), 8월 26일 면직되어 홍낙성洪樂性이 대신하게 된다(《실록》 정조 17년 8월 26일). 1793년 6월 1일 정약용은 아버지의 초하루 제사를 위해 초천에 있었을 것이지만, 정국의 추이에 깊은 관심을 갖고 있었을 것이므로 곧바로 상경하였을 것이다.

6월 4일: 김종수, 채제공 모두 파직되다.

(가) "罷議政府領議政蔡濟恭 左議政金鍾秀職" 《실록》 정조 17년 6월 4일

ⓥ 김종수를 비롯한 노론 강경파의 공세에 대하여 정조는 일단 김종수, 채제공 두 사람 모두를 파직시켜 대응한 것으로 볼 수 있다. 정약용은 이날 1793년 6월 4일 이미 서울에 올라와 있었을 것으로 추정된다.

6월 15일: ① 정약용이 초천에서 아버지의 보름 제사에 참여하고 바로 상경하다(추정). ② 정약용의 처 5촌 홍수보洪秀輔(홍인호의 아버지)가 의정부 참찬에 임명되다.

(가) "以洪秀輔爲議政府參贊" 《실록》 정조 17년 6월 15일

ⓥ 1793년 6월 1일 초천에서 초하루 제사에 참여하였으나, 긴박한 상황을 알고 상경하였다가 6월 15일 보름 제사를 위하여 대략 6월 13일 무렵 초천으로 다시 내려갔을 것으로 여겨진다. 그러나 곧 다시 올라왔을 것으로 여겨진다. 홍인호의 아버지인 홍수보(기호남인)가 의정부 참찬에 임명된 것 역시 어떤 정치적 의미가 있는 것으로 생각된다. 홍인호는 기호남인이면서도 채제공과 다소 껄끄러운 관계에 있었으므로, 기호남인의 단합을 위한 포석으로 여겨지기도 한다. 정약용은 6월 15일 초천에서 보름 제사를 지내고 바로 상경하였을 것으로 추정된다.

6월 16일: 김종수, 채제공이 모두 판중추부사에 임명되다.

(가) "爲蔡濟恭·金鍾秀 爲判中樞府事" 《실록》 정조 17년 6월 16일

ⓥ 1793년 6월 16일 채제공과 김종수 두 사람 모두를 동시에 판중추부사에 임명한 것은 무언가 타협을 추진해 보고자 하는 국왕의 의지가 반영된 것으로 여겨진다.

6월 24일: 채제공이 동지겸사은사에 임명되다.

(가) "以蔡濟恭爲冬至兼謝恩正使" 《실록》 정조 17년 6월 24일

ⓥ 채제공을 동지사에 임명한 것은 그를 사신으로 보내어 그 기간 동안 사태를 진정시켜 보겠다는 국왕의 의지로 보인다.

1793년 6월 일(또는 7~8월): 정약용이 동부승지 김한동과 사도세자 문제를 상의하다.

(가) 〈答金承旨〉(제1서) _《전서》 시문집, 1793년 6월~8월

ⓕ 1793년 6월 이 무렵 사도세자 문제를 둘러싸고 영남 지역에서도 논의가 있었을 것으로 추정된다. 정약용은 이미 1789년 가을부터 영남 선비와의 관계를 좋게 하려고 노력하였다. 1789년 8월 17일 무렵 울산에서 한양으로 가는 도중 안동의 김한동과 김희집을 방문하여 그날 밤 함께 술을 마시고 놀았으며, 당시 곤경에 처한 이진동을 단양의 운암으로 피신시켜 주기도 하였다(1789년 8월 부분 참조). 이후 김한동과는 계속 교유가 있어 1791년에 쓴 것으로 추정되는 편지로 〈與金承旨〉(제1서)가 있다. 이 편지는 "丹陽一別 今再經序矣"라는 구절로 보아 1791년 가을 무렵의 시로 추정되며, 내용을 보면 당시 태극太極 논쟁이 있었음을 알 수 있다[95]

다음으로 정약용의 (가)에는 승지였던 김한동이 올린 상소에 관한 언급이 있다. (가)는 1793년의 편지이고 "承書 兼荷敷示前日疏語之本意"라는 구절로 보아 김한동이 상소문을 올린 뒤 그 뜻을 부연하여 정약용에게 보낸 편지에 대한 답서임을 알 수 있다. 1793년 화성유수로 있다가 영의정으로 임명되어 한양에 돌아온 채제공이 5월 28일 사도세자 무고 문제 해결을 본격적으로 주장하였고 이 문제로 채제공이 파직되었으나, 정조 8월 8일 금등金藤 문서를 공개함으로서 결국 1795년 1월 사도세자 추존이 가능하게 되었다.[96] 1793년 6~8월 사이 사도세자 문제로 논란이 계속될 때 이 문제와 관련해 김한동이 채제공을 변호하는 상소를 올린 다음, 그 내용을 정약용에게 부연하여 보낸 편지에 대한 정약용의 답서가 바로 (가)라고 생각된다. 다만 《실록》에서는 김한동이 정조 16년(1792) 윤4월 27일 유성한의 일로 올린 상소만 확인된다. 그렇다면 여기에서 언급된 김한동의 상소는 1792년 4월의 것일 수 있다. 필자는 (가)의 시기를 막연히 1793년으로 추정하였으나,[97] 좀 더 좁혀서 1793년 6~8월 사이로 추정해 둔다.

---

95) 조성을, 2004, 313쪽 참조.
96) 박현모, 《정치가 정조》, 푸른역사, 2001, 50~60쪽.

덧붙여 〈영남인물고서〉를 보면 정약용이 영남 선비들을 매우 좋게 평가함을 알 수 있다. 그러나 이것은 사상적 경향이 같아서라기보다는 기호남인이 노론층에 견주어 열세인 상황에서 정치적으로 영남남인과 연대하려는 목표에서였다고 생각된다. 이것은 채제공의 입장과도 같은 것이다.

6월 30일(말일) 이전(추정): 정약용이 7월 초하루 제사를 위해 다시 초천으로 내려가다.

📿 정약용은 6월 15일 초천에서 보름 제사를 지내고 곧 서울에 올라와 있었을 것으로 추정되며, 대략 6월 30일 이전에는 7월 초하루 제사를 위해 다시 초천에 내려갔을 것이다.

7월 1일: 정약용이 초천에서 초하루 제사에 참여하다(추정).

📿 정약용은 당연히 7월 1일 초천에서 아버지의 초하루 제사에 참여하였을 것이다. 그리고 곧 다시 서울로 올라왔을 것이다.

7월 13일 전후(추정) : 홍인호에게 편지를 보내다.
(가)〈答洪元伯〉(제2서) _《전서》 시문집, 1793년 7월 13일 전후 추정

📿 편지에 '明日且還鄕盧'라는 구절이 있으므로 이렇게 날짜를 추정하였다. 사도세자를 위한 영남인들의 서울 체류 언급이 있다. 이때에는 아직 채제공과 홍인호의 갈등이 심하지 않았다고 생각된다.

7월 14일(이전): 7월 보름 제사를 위해 초천으로 내려가다(추정).

📿 7월 보름 제사를 참석하기 위해서 늦어도 7월 14일 이전에는 초천에 내려갔을 것이다.

7월 15일: 7월 보름 제사에 참여하다(추정).

📿 7월 15일 초천에서 제사를 지내고 바로 상경하였을 것이다.

7월 29일(말일) 이전: 8월 초하루 제사를 위해 다시 초천으로 내려가다(추정).

---

97) 조성을, 2004, 314쪽.

Ⓥ 1793년 7월은 말일 29일이었다. 따라서 29일 이전에 8월 1일의 초하루 제사를 위해 내려갔을 것이다.

8월 1일: 정약용이 초천에서 초하루 제사에 참여하다(추정).

Ⓥ 당연히 8월 1일 초천에서 아버지를 위한 초하루 제사에 참여하였을 것이다. 제사에 참여하고 바로 상경하였을 것이다.

8월 8일: 정조가 금등金縢 문서를 공개하다.

(가) "夏 蔡文肅 [5.28] 以華城留守 入爲領相 上疏復論壬午讒人 金鍾秀謂 壬午聯箚後 復提此事者逆也 攻之甚力 [8.8]上出示英廟金縢之詞 以昭莊獻世子出類之孝 事得已 _《사암연보》 39쪽

(나) "蓋金縢中語 一則至慈之天 一則至孝之天" _《실록》 정조 17년 8월 8일

Ⓥ 영조가 만들어 채제공에게 비밀리에 숨겨두게 한 금등 문서를 정조가 공개함으로써 사도세자를 진심으로 애도하고 사도세자의 효심을 인정하는 영조의 의중이 밝혀지게 되었다. (나) 1793년 8월 8일 자《실록》 기록에는 이에 대한 정조의 언급이 있다. 이것은 결국 채제공 계열의 정치적 승리라고 할 수 있겠다. 사도세자 문제에 대하여 6월 이후 노론 강경파 공격이 강해지자 약간 물러선 듯하였으나, 정조는 8월 8일 금등을 공개하여 다시 공격적으로 나아가 상황을 뒤집는다. 대체로 6월 중순 이후 영남 남인들이 서울에 많이 올라와 채제공 측을 지원한 것 역시 이렇게 상황을 반전시키는 데 일정 부분 영향을 미쳤고 영남 남인들과 연결 작업에는 정약용-김한동 채널도 중요한 역할을 하였으리라 여겨진다. 더욱이 당시 김한동은 동부승지로서 정조의 지근至近 위치에 있었다.

8월 14일 이전(추정): 8월 보름 제사에 참석하기 위해 초천으로 내려가다.

Ⓥ 8월 15일 제사를 위해서는 늦어도 8월 14일 이전에 초천으로 출발하였을 것이다.

8월 15일: 정약용이 초천에서 초하루 제사에 참여하다(추정).

Ⓥ 8월 15일 제사에 참석하고 바로 상경하였을 것으로 여겨진다.

1793년 봄 정약용의 저작과 활동은 전혀 추적되지 않으나 초천과 서울 사이를 왕래하며 삭망朔望 제사에 참여하였을 것으로 추정된다.

1793년 여름의 저작으로 시는 확인되지 않으며 잡문으로 〈答金承旨〉(제1서; 1793년 6~8월 추정)이 있다. 이 편지는 6~8월 사이로 볼 수 있으며 사도세자 문제와 관련된 것으로 여겨진다. 정약용은 비록 상중이었지만, 1793년 6월에서 8월에 걸쳐 사도세자 문제와 관련하여 김한동을 통해 영남 남인 쪽과 연락을 주고받는 등 중요한 역할을 하고 있었던 것으로 추정된다.

1793년 가을의 저작으로는 〈答洪元伯〉(제2서; 1793년 7월 13일 전후 추정)만이 확인된다. 이 시기의 활동에 대한 구체적인 자료는 잘 확인되지 않으나 적어도 7월과 8월 사이에도 역시 사도세자 문제에 깊이 개입되어 있었을 것으로 여겨진다. 9월의 활동에 관한 자료는 전혀 확인되지 않는다.

1793년 겨울의 저작과 활동은 전혀 추적되지 않는다.

1794년 　甲寅, 정조 18　　33세

1월 1일: 이날 밤 4경(실제로 1월 2일)에 어린 둘째 딸 효순孝順이 죽다.

(가) "絶命 是甲寅元日之夜四更" 〈幼女壙誌〉 _《전서》 시문집, 1794년 1월 2일 추정

🎵 1792년 2월 27일 태어난 둘째 딸 효순이 이날 겨우 세 살로 죽은 것이다. 효순이 위독해진 것이 며칠 전부터였다면 정약용은 1월 1일 초천에서 초하루 제사에는 참석하지 못하였을 가능성이 있다.

1월 13일: 서울(한양 명례방)에 머무르고 있으면서 김한동에게 편지를 보내다.

(가) 〈與金承旨〉(제2서) _《전서》 시문집, 1794년 1월 13일

(나) 〈答金承旨〉(제2서) _《전서》 시문집, 1794년 1월 13일 이후 추정

🎵 《여유당집》(잡문 제7책 제1권)에 보면 〈與金承旨〉(제1서)와 〈答金承旨〉(제1서)에 이어서 (가)와 (나)가 실려 있다. (가)는 제목 아래 "甲寅 正月十三日"이라고 원주가 붙어 있으므로, 정확히 1794년 1월 13일에 보낸 편지임을 알 수

있다. 이 편지에 "前日儀羽之上京也 未嘗不源源陪懽 今者過蓬蓽而不賜賁臨"이라
는 구절로 보아 이 편지를 보내기 얼마 전(1793년 12월 하순~1794년 1월 초순
추정)에 김한동이 상경하였으나 정약용을 만나지 못하였다. 이 편지로 보
아 전에 김한동이 서울에 있을 때에는 매번 정약용과 만났음을 알 수 있
다. 1793년 당시 승지였던 김한동은 잠시 고향에 내려가 있었을 가능성이
있다. 그리고 (가)에 따르면 정약용이 상중인데도 서울 명례방에 머무르고
있으면서 이날 1794년 1월 13일 김한동에게 편지를 보냈음을 알 수 있
다.[98] 1월 13일 편지에서 당시 시끄러운 문제가 있었다고 하였는데 그 시
끄러운 문제가 구체적으로 무엇이었는지 확실하지 않다. 채제공과 김종수
의 갈등이 재연되는 것은 1794년 1월 하순이었으므로 이 문제와 관련된 것
은 아니었다. (가)를 보낸 지 얼마 되지 않아 정약용은 김한동에게 다시
(나)를 보냈다.[99] (나)는 내용으로 보아서 (가)와 바로 연결되는 것으로 여
겨진다. 따라서 시기는 1794년 1월 13일 이후로 추정할 수 있겠다.

1월 15일: 초천의 보름 제사에 참여하다(추정).

✆ 당연히 1794년 1월 15일의 제사에는 참여하였을 것이다. 1월 1일 참석하
지 못하였다면 더욱 그러하였을 것이다. 아마도 1월 13일 무렵 서울에서
초천으로 출발하였을 것이다. 한양에서 김한동에게 편지를 써 보내고 난
뒤에 출발하였을 것이다.

1월 25일: 김종수가 상소를 올려 국왕의 경모궁 거둥에 대한 조보朝報의 오
류를 바로잡아야 한다고 하다.
(가) "判中樞府事金鍾秀 上疏曰…" _《실록》 정조 8년 1월 25일

✆ 이런 김종수 상소의 바탕에는 경모궁(사도세자 사당) 참배를 못마땅하게
여기는 노론 강경파의 입장이 깔려 있었다.

1월 29일: 김종수의 관작을 삭탈하고 방귀전리放歸田里하라는 국왕의 명이

---

98) 조성을, 2004, 314쪽.
99) 조성을, 2004, 314쪽.

내리다.

(가) "判中樞府事金鍾秀 上疏曰…" _《실록》 정조 8년 1월 29일

(나) 〈與韓侯甫〉(제1서) _《전서》 시문집, 1794년 2월 초 추정

🔅 (가)에 의거하여 위의 사실을 알 수 있다. 한편 (나)에 따르면 "채제공이 장단의 촌사에 머무르면서 눈 내리는 밤에 이 상소문을 읽었다(樊翁在長湍村舍 雪夜讀此疏)"라는 구절이 있는데, 대체로 1794년 1월 말(또는 2월 초) 무렵의 편지가 아닐까 여겨진다. 필자는 사도세자 문제가 1793년 6월 이후 일시 물러나 있을 때에 거론된 것으로 추정한 적이 있다.[100] 그러나 1794년 1월 25일 김종수가 경모궁 참배에 대한 조보 기사에 시비를 걸었다가 1월 29일 관작이 삭탈되는 일과 관련하여 한혜보(한치응)가 상소를 올린 것으로 여겨진다. 이 상소를 보고 채제공이 통쾌하게 여겼다는 내용으로 보아서 (나)의 시기는 좁혀서 대략 1794년 2월 초로 추정된다.

2월 1일: 초천에서 초하루 제사에 참여하다(추정).

🔅 특별한 사정이 확인되지 않으므로 당연히 1794년 2월 1일 초천에서 초하루 제사에 참여하였을 것이다. 1794년 2월 9일 감원鑑園(권철신 추정)으로부터 편지를 받는데(2월 9일 부분 참조), 정약용이 2월 초 초천에 머무르면서 보낸 편지에 대한 답서일 가능성이 있다.

2월 9일: 감원鑑園(권철신 추정)으로부터 《大學》을 논하는 편지를 받다.

(가) 〈上鑑園書〉 _《전서》 시문집, 1796년 2월 9일 이후 추정

🔅 (가)의 편지는 병진년丙辰年(1796) 정약용이 감원에게 보낸 것인데, 이 편지 안에 갑진년甲辰年(1794) 2월 9일 감원이 《大學》을 논한 편지에 대한 언급이 있다. (가)는 1794년 2월 9일 감원의 편지에 대한 일종의 답장이라고 볼 수 있겠다. 감원이 누구인지 명확하지는 않지만, 녹암鹿菴 권철신權哲身으로 추정하였다.[101] 당시 권철신이 살고 있는 양근 지역의 강을 감호鑑湖라고 하였으므로, 권철신이 살고 있는 곳을 감원이라고 불렀을 가능성이

---

100) 조성을, 2004, 322쪽.

101) 조성을, 2004, 326쪽 참조.

크다. 더욱이《大學》에 대하여 높은 식견을 갖고 정약용에게 큰 영향을 준 사람이 권철신이기 때문이다. 1791년 겨울 신해교안으로 동생 권일신權日身이 죽은 이후 권철신은 양근의 집에 칩거하면서 아마도 학문에 몰두하고 있었다고 생각된다. 1794년 2월 9일 감원으로부터 편지가 왔다면 이에 앞서 정약용이 감원에게 편지를 보냈거나 양근의 집을 방문하였을 가능성이 있다. 정약용은 권철신의《大學》해석에 깊은 영향을 받았다.

2월 9일(이후 추정): 감원(권철신 추정)의 편지에 대하여 답장을 보내다.

　(가) 〈上鑑園書〉 《전서》 시문집, 2월 9일 이후 추정

4월 1일: ① 초천에서 초하루 제사에 참여하다(추정). ② 바로 상경하다(추정).

　⚱ 특별한 일이 확인되지 않으므로, 당연히 1794년 4월 1일 제사에 참여하였고 4월 1일 제사에 참여하였다가 바로 서울로 올라왔을 것으로 여겨진다.

4월 9일: 초천에서 아버지 정재원의 2주기 제사에 참여하다(추정).

　⚱ 정재원은 1792년 4월 9일 타계하였다. 따라서 1794년 4월 9일이 2주기가 된다. 2주기 제사에 참여한 뒤 얼마 동안 초천에 머물러 있었을 가능성이 있다.

6월 27일: 초천에서 아버지 정재원의 담제禪祭를 치르고 탈상脫喪하다.

　(가) "甲寅六月 二十七日而禪 《다산연보》 10쪽

　(나) "十八年…六月 服闋" 《사암연보》 40쪽

　⚱ 1794년 4월 9일이 2주기였지만 공시적인 탈상은 6월 27일의 담제라고 보아야 할 것이다. 당연히 초천에서 행해졌을 것이다. 1794년 6월은 말일 30일이었다.

1794년 여름: 한광전韓光傳 문제와 관련하여 채제공과 홍인호洪仁浩 사이에 틈이 벌어지다.

1794년 여름: 정약용도 일시 홍인호와 틈이 벌어지게 되다.

　(가) 〈1〉 "十七年癸丑…夏 蔡文肅以華城留守 入爲領相 復論壬午讒人 金鍾秀

謂壬午聯箚後 復提此事者 逆也 功之甚力 上出示英廟金藤之詞 以昭莊獻
世子出類之孝 事得已"

〈2〉"洪仁浩對韓公光傳 亦攻文蕭之疏語 多妄發 知舊搢紳章甫 齊聲攻洪
此所謂甲寅[1794]事也 洪疑公主論 遂與之有隙 其後稍自釋焉" _《사암연
보》39~40쪽

(나) "三十日 又閱舊篋 有可錄者 錄之 '甲寅夏' 姜(世靖)抵書于少陵 [이가환]
盛論洪樂安 乘機陷人之罪" _《金井日錄》1795년 3월 30일

Ⓐ 홍인호洪仁浩는 정약용의 처육촌(장인 홍화보의 종질이며 홍수보洪秀輔의 아
들)으로서 원래 정약용과 사이가 좋았다. 그러나 1794년 여름 기호남인이
한광전 문제로 분열될 무렵 홍인호는 정약용이 채제공의 편에 서서 자신
의 비판에 앞장선 것으로 오해하였다. 같은 남인 홍인호가 한광전과 채제
공을 공격하자 남인 안의 사람들인 친구들이 일제히 홍인호를 공격하였
다. 홍인호는 이를 정약용이 주도한 것으로 오해하여 틈이 생겼으나 점차
그의 오해가 풀렸다. 정약용은 채당(채제공 그룹)과 홍당(홍인호 그룹)의 분
열을 수습하여야 한다는 입장에 섰던 것으로 보인다. 이것은 그가 기호남
인계 내부에서 처한 정치적 위치(이른바 탁남과 청남의 중간) 때문이었을 것
으로 추정된다. 정약용과 채제공은 모두 기호남인계의 단결을 생각하였지
만, 탁남(특히 허적)에 대한 채제공의 입장은 단호하였다. 이 점이 두 사람
의 차이이며, 탁남 계열이 남인 공서파로 연결되는지 아닌지는 좀 더 살펴
보아야 한다. 어쨌든 기호남인계 전체의 단결 및 영남 남인과의 연대를 꾀
하는 것이 채제공의 기본적 정치 전략이었던 것으로 여겨진다. (가)의 〈1〉
기사와 〈2〉 기사는 바로 연결되어 오해를 갖게 하지만 〈1〉은 1793년 5월 28
일에서 8월(금등 공개; 1793년 8월 8일 부분 참조) 사이의 일이며, 〈2〉는 "갑인
사甲寅事"라고 시기가 명시되어 있으므로 1794년의 일로 보아야 할 것이다.
일단 1794년 여름 사이의 일로 추정하였다. 다만 앞서 언급한 바와 같이
〈1〉과 〈2〉 사이에는 모종의 연관관계가 있을 수 있다. 그러나 서로 연결되
지 않을 수도 있다.

7월 8일: 서울 명례방의 집 죽란에서 시를 짓다.

(가) 〈七月八日夜〉(甲寅) _《전서》 시문집, 1794년 7월 8일

✿ 시의 내용을 보아서 서울 명례방의 집(죽란)에서 지은 것임을 알 수 있다.102) "죽란竹欄"이라는 표현이 있다. 1794년 6월 27일 초천에서 담제를 치른 뒤 6월 말~7월 초 무렵에 서울에 올라온 것으로 볼 수 있겠다. 정약용은 1792년 6월(아버지의 장례를 치른 직후) 죽란으로 이사한 바 있다. 죽란시사竹蘭詩社가 이 무렵 결성된 것으로 보는 견해가 있으나, 1796년 5월 하순 무렵으로 보는 것이 타당하다(1796년 5월 하순 부분 참조).

7월 9일 이후~15일 전후(추정): ① 족부族父 이부공吏部公을 모시고 서대문밖 서지西池(현재 서대문 밖 천연동 부근)에 노닐다. ② 시에 차운하여 시를 짓다.

(가) 〈次韻奉寄族父吏部公西池席上〉 _《전서》 시문집, 1794년 7월 9일 이후~15일 전후 추정

✿ (가)의 시가 7월 8일 밤에 지은 〈七月八日夜〉의 바로 뒤에 배치되어 있으므로 7월 9일 이후 지은 것으로 추정된다. 7월 23일은 성균관 직강에 제수되어 성균관에 나아가고 7월 23일 성균관 직강으로 나아가기 전에 〈秋夜〉(1794년 7월 15일 전 후 밤의 작, 뒤의 〈秋夜〉 해설 부분 참조)라는 시가 있으므로, (가)는 7월 15일 전후 이전 작이 되어야 한다. 족부 이부공은 정만조를 가리키는 것으로 여겨진다.

7월 10일 이후~15일 전후(추정): ① 참판 이정운李鼎運 댁을 방문하다. ② 차운하여 시를 짓다.

(가) 〈李參判(鼎運)宅 次韻留題〉 _《전서》 시문집, 1794년 7월 10일 이후~15일 전후 추정

✿ (가)의 시가 〈次韻奉寄族父吏部公西池席上〉(1794년 7월 9일 이후~15일 전후추정)의 바로 뒤에 있으므로 1794년 7월 10일 이후 지은 것이고, 또 〈秋夜〉(7월 15일 전후 밤의 작)라는 시의 앞에 있으므로 1794년 7월 10일 이후~15일 전후(추정)에 지었을 것이다.

7월 11일~15일 전후(추정): 정한鄭瀚이 차 한 봉지를 보내와 답으로 시를 보

---

102) 조성을, 2004, 80쪽.

내다.

(가) 〈寄謝鄭(澣)山茶一本〉 _《전서》 시문집, 1794년 7월 11일 이후~15일 전후 추정

◎ (가) 시는 〈李參判(鼎運)宅 次韻留題〉(7월 10일 이후~20일 이전)의 바로 뒤에 배치되어 있고 〈秋夜〉(1794년 7월 15일 전후 추정)의 바로 앞에 있다. 따라서 1794년 7월 11일 이후~15일 전후 사이의 작으로 추정된다. 정한이 누구인지는 알지 못한다.

7월 15일 전후(추정): 밝은 달밤에 시를 짓다.

(가) 〈秋夜〉 _《전서》 시문집, 1794년 7월 15일 전후 추정 밝은 달밤

◎ (가)는 〈寄謝鄭(澣)山茶一本〉(1794년 7월 11일 이후 추정) 바로 뒤에 있으므로 일단 7월 12일 이후 작이며 밤에 지은 것이다. 바로 뒤에 〈寄贈尹佐郎〉(持範)이 있고(시의 내용으로 보아 낮에 지은 것), 또 그 뒤에 〈除國子直講赴館〉(7월 23일)이 있으며 〈寄贈尹佐郎〉의 내용으로 보아 〈除國子直講赴館〉(7월 23일)과 같은 날 지었다고 보기는 어렵다. 따라서 〈寄贈尹佐郎〉은 7월 22일 이전(낮)에 지은 것이다. 그렇다면 〈寄贈尹佐郎〉의 바로 앞에 있는 (가)는 1794년 7월 21일 이전 밤이 되어야 한다. 내용으로 보아서 달이 밝은 밤이었을 것으로 추정되므로, 아마도 7월 보름을 전후한 시기였을 것이다.

7월 15일 전후~22일 이전(추정): 윤지범尹持範에게 시를 써 주다.

(가) 〈寄贈尹佐郎〉(持範) _《전서》 시문집, 1794년 7월 15일 전후~22일 이전 추정

◎ (가)는 7월 22일 이전(낮)에 지은 것이다(배치로 보아 7월 11일~15일 전후 이후 작이므로 시기를 1794년 7월 15일 전후~22일 이전으로 추정하였음). 윤지범은 정약용의 외가쪽 친척으로 죽란시사를 함께 하는 등 가까운 사이였다.

7월 23일: ① 성균관 직강直講에 임명되다. ② 성균관에 나아가다.

(가) "七月(卄三日) 成均館直講除授 (副望蔡弘遠 末望尹寅基 知成均洪良浩自辟)" _《다산연보》 10쪽

(나) "七月(二十三日) 授成均館直講" _《사암연보》 40쪽

(다) 〈除國子直講 赴館〉 _《전서》 시문집, 1794년 7월 23일

(라) "鄭大容 以吏批言啓曰…傳曰…丁若鏞爲直講" 《승기》 정조 18년 7월 23일

7월 26일 및 27일(추정): 조흘강 고관考官으로 참여하다.

(가) 〈國子監 同金道以(達淳)·鄭文瞻(東觀)·李周玉(相璜)·洪穉成(秀晚)諸學士考
講 苦熱戲爲此篇〉 《전서》 시문집, 1794년 7월 26일 추정

(나) 〈成均館直講時論照訖講疏〉 《전서》 시문집, 1794년 7월 28일

(다) "洪義榮啓曰 照訖講亦是國是 爲試官者 固當一遵節目 無敢違越 而今聞
一所照訖講 講居不者 試以製述 替給粗…傳曰…拿問嚴處" 《승기》 정조 18
년 7월 28일

Ⓐ (가)의 시 제목 아래에 "七月也 時因監試照訖講考官"이라는 언급이 있다.[103]
7월 23일 성균관 직강에 임명되었으므로 감시 조흘강의 고관으로 참여한
것은 7월 23일 이후이고, (가)에 따르면 감시 조흘강이 1794년 7월에 실시
된 것이므로, 조흘강에 고관으로 참여하면서 시를 지은 것은 1794년 7월
23일 이후 7월 말일 사이가 된다. 7월 28일 《승정원일기》에 조흘강에서 규
정을 지키지 않은 시관試官이 있다는 보고를 듣고 나문拿問하라는 하교가
있었으므로, 조흘강은 7월 26일 및 27일에 있었던 것으로 여겨진다. 이전
관례를 보면 조흘강은 이틀 동안 시행되었기 때문이다. 1794년 7월 26일
밤에 숙직을 하였을 때 (가)의 시를 지었고, (나)의 상소를 올린 것은 조흘
강이 끝난 직후 7월 28일이었다고 생각된다. 7월 28일 조흘강 시관 나문
조치에 정약용은 포함되지 않았던 것으로 보인다. 조흘강으로 말미암은
정약용 처벌 문제는 8월 19일에서 논의되기 때문이다(8월 19일 부분 참조).

7월 28일: 성균관 직강으로서 조흘강을 논하는 상소를 올리다.

(가) 〈成均館直講時論照訖講疏〉 《전서》 시문집, 1794년 7월 28일 추정

Ⓐ 1794년 7월 27일 조흘강이 끝난 것으로 여겨지므로 상소는 대략 28일에
올린 것으로 보아야 할 것이다. 이 해 7월은 말일이 29일이었다.

8월 5일: 죽란(명례방의 집)에서 남고 윤지범과 시를 짓다.

---

103) 조성을, 2004, 82쪽.

(가) 〈金井詩識〉 _《혼돈록》 제3권

(나) 〈秋夜絶句〉 _《전서》 시문집, 1794년 8월 5일 추정

🔑 (가)에 "余 於甲寅八月五日也 與南皋 同坐竹欄 賦試"라는 구절이 있다.104) 필자는 (나) 시에 대하여 1794년 7월 23일 이후 9월 15일 이전의 작품으로 추정한 바 있다.105) (가)에 의거하면 (나)는 1794년 8월 5일 작품일 가능성이 크다.

8월 10일: 비변랑備邊郎의 계啓가 내리다.

(가) "八月(初十日)備邊郎啓下 (徐有聞·洪大協·李相璜同差 大臣李秉模)" _《다산연보》 10쪽

(나) "八月(初十日)備邊郎啓下" _《사암연보》 40쪽

8월 19일: 정약용이 7월 하순 조흘강 시관으로서 한 일이 문제되어 하옥되다 (추정).

(가) "下照訖講試官等于吏" _《실록》 정조 18년 8월 19일

🔑 1794년 7월 하순에 있었던 조흘강이 다시 문제가 되자 이번에는 정약용도 연루되어 하옥된 것으로 보인다. 뒤에서 볼 것처럼(8월 23일 부분) 고신告身을 추탈당하고 방송放送된다.

8월 23일: ① 의금부義禁府에서 이소시관二所試官 정약용의 고신을 추탈할 것을 아뢰다. ② 정약용의 고신을 추탈하고 방송하라는 명이 내리다.

(가) "禁府啓目 照訖講…二所試官丁若鏞…等 原情云云…丁若鏞段置 亦難獨免以次律 奪其告身…若鏞弄作" _《승기》 정조 18년 8월 23일

(나) "尹致性 以義禁府言啓曰 時囚罪人…丁若鏞…等 口招公事判付內…丁若鏞奪其告身 命下矣…丁若鏞告身盡行 追奪 放送之意 敢啓 傳曰 知道" _《승기》 정조 18년 8월 23일

8월 25일: 이소시관 정약용 등을 잡아오라고 하다.

---

104) 조성을, 위의 책, 343쪽 참조.
105) 조성을, 위의 책, 82쪽.

(가) "二所試官 鄭東觀·丁若鏞·李相璜等 拿處傳旨 傳于李庚運曰 多日鎖
院 可敵在囚之苦…亦令該府 分揀放送後草記" _《승기》 정조 18년 8월 25일

☜ (가)의 기록에 따르면 실제로 방송放送된 것은 1794년 8월 25일로 추정
된다.

8월 26일: 초계문신 과강課講이 시행되다.

(가) "徐榮輔啓曰 抄啓文臣課講 明日爲之事 命下矣 何承旨進去乎 敢啓 傳曰
左承旨進去" _《승기》 정조 18년 8월 25일

☜ 8월 25일에 방송되었다면 8월 26일 과강에 참여하기는 어려웠을 것으로
추정된다. 더욱이 이때에는 이미 초계문신을 마친 뒤라고 여겨진다.

9월 5일: 이익운에게 흑산도 유배의 명령이 내리다.

(가) "命承旨李益運 黑山島勿限年定配" _《실록》 정조 18년 9월 4일

(나) "承旨前望單子入之 李益雲落點" _《승기》 정조 18년 9월 4일

(다) "尹致性 以義禁府言啓曰 前承旨李益運 黑山島勿限年定配…承傳啓下矣…
依例發遣府書吏 押送配所之意 敢啓 傳曰知道" _《승기》 정조 18년 9월 5일

☜ 1794년 9월 5일 이익운에게 유배 명령이 내려진 이유는 9월 4일 승지에
낙점되었으나, 이에 응하지 않았기 때문으로 여겨진다. 응하지 않은 이유
는 알 수 없다.

9월 7일(추정): 비 내리는 가운데 흑산도로 유배 가는 이익운을 동작나루에
서 전송하다.

(가) 〈送李承旨(益雲)謫黑山島〉 _《전서》 시문집, 1794년 9월 7일 추정

☜ 유배 명령 이후 다음 날은 준비를 하고 그 다음 날 무렵 출발한 것으로
생각하여, (가) 시의 날짜를 1794년 9월 7일으로 추정해 보았다.《승정원일
기》에 따르면 9월 7일 서울에 비가 왔다. 윤지범도 이 전송에 참여하였다
고 여겨지는데, 이때 정약용과 다음 번 비올 때 만나자고 하였다. 9월 7일
에 비가 왔으므로 9월 6일 이익운을 전송하였다면 다음 날인 9월 7일 정약
용이 윤지범에게 다시 만나자는 약속을 지키라는 말을 하여야 된다. 하루

만에 이런 말을 하기는 어려웠을 것이라고 추정된다. 따라서 9월 7일 비오는 가운데 이익운을 전송할 때 윤지범과 약속을 하였다가 3일 뒤인 9월 10일 다시 비가 오자, 윤지범에게 약속을 지키라는 시를 보낸 것으로 보는 것이 타당하다(9월 10일 부분 참조).

9월 10일(추정): 가을비가 오는데 약속과 달리 남고 윤지범이 오지 않자 시로 편지를 써서 맞이하다.

(가) 〈秋雨 期南皐 不至簡邀〉 _《전서》 시문집, 1794년 9월 10일 추정

🏵 (가)에 따르면 전번에 비가 오면 꼭 서로 만나자고 약속하였다.106) 아마도 이 약속은 8월 5일 정약용의 집 죽란에서 만났을 때 했을 가능성이 크다. 1794년 9월에 비가 온 날은《승정원일기》에서 조사하여 본 결과 5일, 6일, 7일, 10일, 21일이다. 9월 7일 이익운을 전송한 것은 정약용만이 아니라 남고 윤지범도 여기에 포함되어 있었다고 추정된다. 9월 5일에 이어 6일과 7일에 연이어 비가 왔는데, 7일에 비가 오는 가운데 이익운의 유배를 전송하면서 정약용과 윤지범이 다음 번 비가 올 때 다시 만나자고 약속한 것으로 추정하였다. 다음 번 비가 온 것은 9월 10일이다. 따라서 (가) 시를 쓴 것을 1794년 9월 10일의 일로 추정하였다. 1794년 9월 21일에도 비가 왔으나 9월 15일 채제공 집에서 모인 것에 대한 시의 바로 앞부분에 이 시가 배치되어 있으므로, 9월 21일에 윤지범에게 시를 썼을 가능성은 없다.

9월 15일: 채제공 댁에서 연회에 초대했으나 가지 않다.

(가) 〈蔡翁宅讌集 見招不赴〉 _《전서》 시문집, 1794년 9월 15일

🏵 채제공 댁에 초대받았으나 왜 가지 않았는지 의문이다. 아마도 이익운의 유배 문제로 채제공과 의견 차이가 있었을 수도 있다. 또 1794년 9월 15일 밤 채제공 댁의 초대에 응하지 않은 것과 바로 다음의 파관 문제와 관련성도 생각할 수 있다. 시의 배열순서로 보아 (가) 시 바로 뒤에 〈罷官〉이 배치되어 있다.

---

106) 조성을, 2004, 83쪽.

9월 16일(또는 17일): 파관되다.

(가) 〈罷官〉 _《전서》 시문집, 1794년 9월 16일 또는 17일 추정

☉ 파관罷官은 조흘강 문제와 관련이 있다고 여겨지며 파관에 앞서 채제공이 자택의 연회에 부른 것은 정약용을 앞서 위로하기 위한 것으로도 볼 수 있겠다. 1794년 9월 18일에는 북한산 유람을 떠나므로(9월 18일 부분 참조), 파관이 된 것은 9월 16일 또는 17일이 되어야 한다.

9월 17일(또는 16일): 헌납 한치응韓致應에게 시를 써서 주다.

(가) 〈鳴鳳篇 贈韓獻納〉(致應) _《전서》 시문집, 1794년 9월 17일 또는 16일 추정

☉ (가)의 시는 〈罷官〉(9월 16일 또는 17일 추정) 바로 뒤에 배치되어 있고 1794년 9월 18일에는 북한산 유람을 떠나므로(9월 18일 부분 참조), 9월 17일(또는 16일) 작이다.

9월 18일: ① 정약전, 윤지범, 윤무구, 이휘조 등과 함께 북한산北漢山을 유람하다. ② (9월 18일 밤): 북한산 중흥사中興寺에 묵다.

(가) 〈九月十八日 陪仲氏 與尹彝敍无咎·李輝祖 游北漢山城〉 _《전서》 시문집, 1794년 9월 18일

(나) "甲寅秋九月中旬 南皐尹公携又五六人"〈南皐尹參議持範墓誌銘〉 _《전서》 시문집, 1822년 이후(윤참의 사후)

(다) 〈宿中興寺〉 _《전서》 시문집, 1794년 9월 18일 추정

☉ 파관 후 기분 전환을 위해 북한산 유람을 한 것으로 보인다.

9월 19일: ① 백운대白雲臺에 오르다. ② 북한산의 어느 절에서 숙박하다.

(가) 〈登白雲臺〉 _《전서》 시문집, 1794년 9월 19일

(나) 〈詠紅葉絶句〉 _《전서》 시문집, 1794년 9월 19일

(다) 〈詠水石絶句〉 _《전서》 시문집, 1794년 9월 19일

(라) 〈溪上夜坐〉 _《전서》 시문집, 9월 19일

☉ (라)에 "寺夜四境淸"이라는 구절이 있는 것으로 보아서 1794년 9월 19일도 절에 숙박하였음을 알 수 있으며, 이 북한산의 절도 중흥사였을 가능성

이 있다.

9월 20일: 북한산 행궁行宮 앞과 승가사를 거쳐 세검정洗劍亭 쪽으로 내려
　　　　오다.

(가)〈望行宮〉 _《전서》 시문집, 1794년 9월 20일 추정

(나)〈歷僧伽寺〉 _《전서》 시문집, 1794년 9월 20일 추정

(다)〈自北漢回至洗劍亭 戲爲六言〉 _《전서》 시문집, 1794년 9월 20일 추정

🖋 (가), (나), (다) 시들은 배치 순서로 보아 1794년 9월 20일 작으로 추정되
며 이날 북한산 행궁에서 승가사를 지나 세검정 쪽으로 내려왔음을 알 수
있다.

9월 21일 이후(26일 이전): 참판 이정운李鼎雲 댁을 방문하다.

(가)〈五沙李參判(鼎雲)園亭作〉 _《전서》 시문집, 1794년 9월 21일 이후~9월 26`일 이전

🖋 이정운은 9월 5일 흑산도 유배 명령을 받고 떠난(9월 7일 추정) 이익운의
형이다. 이정운을 위로하고자 찾아간 것 같다. 이정운 · 이익운 두 사람은
1795년 연말 정약용이 금정에서 서울로 돌아왔을 때 그를 돕고자 노력하였
다. 1794년 9월 20일 북한산에서 내려와 당일 이정운을 찾아가기는 어려웠
을 것이므로 9월 21일 이후로 날짜를 추정하였다. 또 (가)의 시의 뒤에 있는
〈南城夕照〉(남한산성에서 가서 저녁 때 지은 시)와 〈秋夜同南皐〉의 시기가 각기
"1794년 9월 26일 이전 저녁"과 "1794년 9월 27일 이전 밤"으로 추정되므로,
이 시의 저작 시기는 9월 21일 이후~26일 이전으로 추정하였다.

9월 22일 이후(26일 이전) 저녁: ① 남한산성南漢山城에 가다. ② 남한산성 부
　　　　근에서 숙박하다.

(가)〈南城夕照〉 _《전서》 시문집, 1794년 9월 22일~26일 이전 추정

🖋 (가)의 시는 저녁 무렵 남한산성에서 한양 쪽을 바라보고 지은 시이다.
적어도 이정운을 방문한 다음 날이어야 하므로 9월 22일 이후 작이며,〈秋
夜同南皐〉(1794년 9월 27일 이전 밤)의 바로 앞에 있으므로 9월 26일 이전(저녁)
이 되어야 한다. 남한산성에 간 이날은 아마도 남한산성 부근에서 숙박하

였을 것이다.

9월 23일 이후~27일 이전(추정) 밤: 윤지범과 가을밤을 함께 보내다.

(가) 〈秋夜同南皐〉 _《전서》 시문집, 1794년 9월 23일 이후~27일 이전 밤 추정

◈ 남한산성에서 돌아온 다음 날이어야 하므로 1794년 9월 23일 이후 작이다. 바로 뒤의 시 〈大駕幸西陵日 郊門祗候〉(1794년 9월 28일)가 서오릉으로 가는 어가 행렬을 영은문(현재 독립문 자리)에서 바라다보고 지은 것이므로, (가)는 9월 27일 이전 작이 된다.

9월 28일: 정조의 어가가 서오릉西五陵에 가는 것을 교문郊門(영은문)에서 바라보다.

(가) "展拜明陵" _《실록》 정조 18년 9월 28일

(나) 〈大駕幸西陵日 郊門祗候〉 _《전서》 시문집, 1794년 9월 28일

◈ (가)의 기록을 보아 1794년 9월 28일 정조가 서오릉을 다녀왔음을 알 수 있다. (나)는 이 어가 행렬을 영은문(현재 독립문 자리)에서 바라다보고 지은 것이다.

9월 29일: 홍시박洪時薄의 집에서 모임을 갖다.

(가) 〈洪內翰(時薄)宅小集〉 _《전서》 시문집, 1794년 9월 29일

◈ 1794년 9월은 30일이 말일이었으므로 말일 전날이 된다. (가)에 "九月二十九日 小集"이라고 원주가 붙어 있으므로, 1794년 9월 29일 홍시박의 집에 모였음을 알 수 있다. 9월 30일의 행적은 알 수 없으나 아마도 집에서 쉬고 있었을 것으로 추정된다.

10월 1일: 책을 팔고 나서 글을 지은 뒤 이가환李家煥에게 보여주다.

(가) 〈鬻書有作 奉示貞谷〉 _《전서》 시문집, 1794년 10월 1일

◈ "정곡貞谷"은 당시 정동에 살고 있던 이가환을 가리킨다. 이가환은 "정헌貞軒" 또는 "소릉小陵"이라고도 하였다. 위 시로 보아서 정약용은 1794년 9월 중순 파관 이후 생활이 상당히 곤궁하였던 것으로 여겨진다.

10월 2일 밤: 정약용의 집(죽란)에 모여 8, 9인이 모여 국영菊影 놀이를 하다.

   (가) "游北漢山城…歸而設菊影之燭於竹欄" 〈南皐尹參議持範墓誌銘〉 _《전서》 시문집, 1822년 이후(윤참의 사후)

   (나) 〈夜與尹彝叙韓奚父飮酒賦菊花〉 _《전서》 시문집, 1794년 10월 2일

  🔅 (가)와 (나)의 기사를 보아 1794년 10월 12일 명례방 죽란(정약용의 집)에서 국영 놀이를 한 것이 확인된다. 10월 10일 책을 판 것은 10월 12일 놀이의 기금을 마련하기 위한 것으로 생각된다. (나)에서 "竹欄詩社"라는 표현이 없는 것으로서 보아서 이때는 아직 죽란시사가 결성되지 않았다고 보아야 할 것이다.

10월 5일: 서울 서대문 밖 서지西池(현재 천연동 부근)에서 몇 사람과 놀다.

   (가) 〈同數子 游西園〉 _《전서》 시문집, 1794년 10월 5일

10월 6일 이후(22일 이전): 성호星湖 이익李瀷 선생의 저서를 읽다(추정).

   (가) 〈博學〉 _《전서》 시문집, 1794년 10월 6일 이후~10월 22일 이전

  🔅 〈同數子 游西園〉 "十月五日"(10월 5일)과 〈赴午嶠 出東門作〉 "廿三日"(10월 23일) 사이에 (가)가 배치되어 있다. 따라서 이 시의 시기는 1794년 10월 6일 이후 22일 이전이다. 이 시에 "博學星湖老 吾徒百世師"라는 언급이 있으므로, 이때(10월 6일 이후 22일 이전) 성호 이익 선생의 저서를 읽고 있었던 것으로 추정하였다.

10월 23일: 오교午嶠로 가기 위해 서울 동대문을 나서다.

   (가) 〈冬日赴午嶠 出東門作〉 _《전서》 시문집, 10월 23일

  🔅 오교(서울 동대문 부근 추정)가 정확히 어디인지는 알지 못하지만, 아마도 고향 초천으로 가기 위해 동대문을 나섰을 가능성이 있다.

10월 27일: ① 홍문관 교리校理에 임명되다. ② 홍문관 교리 사직소를 올리다.

   (가) "十月(廿七日)授弘文館校理除授(前望也)" _《다산연보》 10쪽

   (나) "十月(二十七日) 授弘文館校理" _《사암연보》 40쪽

   (다) "玉堂前望單子入 校理鄭來百 · 丁若鏞 落點" _《승기》 정조 18년 10월 27일

(라) "以校理鄭來百·丁若鏞 副校理李宗燮…牌不進罷職傳旨 傳于李相璜曰…

校理鄭東百·丁若鏞前望 無異中批…更爲牌招" _《승기》정조 18년 10월 27일

(마) 〈辭校理兼陳所懷疏〉 _《전서》시문집, 1794년 10월 27일

10월 28일: ① 홍문관弘文館 "부수찬副修撰"에 임명되어 사직 상소를 썼으나
올리지 못하고 홍문관에 숙직하다. ② 정동준鄭東浚을 탄핵하는
상소를 준비하다. 숙직하라는 명을 받고 바로 암행어사에 제수되
어 올리지 못하다. ③ (밤 이경二更) 노량별장露梁別將 겸 장용영별
아병장壯勇營別牙兵將에 제수되어 연영문延英門에 나아가 숙배하
고 영춘헌迎春軒 밖에서 투자례投刺禮를 행하다.

(가) "[十月](卄八日) 弘文館副修撰除授(中批也 前望引嫌 故中批除之 是日入
直)(同日) 露梁別將兼壯勇營別牙兵將除授(中批也)" _《다산연보》11쪽

(나) "擬論鄭東浚疏將上 因嚴敎 宿謝夜宿玉堂 是夜奉暗行之命 不果上" _《사
암연보》44쪽

(다) "(二十八日) 授弘文館修撰 是日 直宿本館 夜二更 院隷大課招館吏 傳下
敎 曰玉堂入直晚矣 丁某露梁別將除授 使卽謝恩 公詣延英門肅拜 至迎春
軒外 行投刺禮(露梁別將 例兼壯勇營別牙兵將故也)" _《사암연보》40쪽

(라) "傳于洪大協曰……前副校理鄭來百·丁若鏞 副修撰除授 牌招入直" _《승
기》정조 18년 10월 28일

(마) "傳于洪大協曰…副修撰丁若鏞 露梁鎭別將除授" _《승기》정조 18년 10월 28일

(바) "甲寅十二月二十八日辰時 上於重熙堂…上曰 玉堂丁若鏞·鄭來百 何不出仕
乎…上命書傳敎曰…校理丁若鏞·鄭來百…使之入直" _《승기》정조 18년 10월 28일

(사) 〈玉堂夜直 詠故事〉 _《전서》시문집, 1794년 10월 28일

🅦 1794년 10월 28일 밤 홍문관에서 숙직하다가 새벽 2경에 정조의 부름을
받아 노량진 별장에 제수되어, 연영문에서 숙배하고 영춘헌에서 투자례를
행하였다. 따라서 노량진 별장에 임명된 것은 더 정확하게는 10월 29일 새
벽이 된다. 그러나 10월 28일 밤의 숙직과 연관되므로 10월 28일 밤의 일
로 처리하였다.《다산연보》에서도 10월 28일의 일로 처리하였다. 10월 28
일 (바)의 기사가 (라)와 (마)의 기사 뒤에 있으나, 10월 28일 (바)의 일이 먼

저 있었고 (라)와 (마)의 일이 이어진 것으로 보아야 할 것이다. 《사암연보》에는 10월 28일 홍문관 수찬에 임명된 것으로 되어 있으나, 《다산연보》와 《승정원일기》에는 "부수찬"으로 되어 있다. 이것이 더 타당하다고 생각된다. 《사암연보》를 정리할 때 생긴 착오로 생각된다.

10월 29일: 성정각誠正閣에 입시入侍하여 경기암행어사京畿暗行御史에 임명되다.

(가) "[十月] (廿九日) 京畿暗行御史奉命 (十一月十五日復命)" _《다산연보》 11쪽

(나) "[十月] 廿九日 入侍于誠正閣 京畿暗行御史奉命" _《사암연보》 40쪽

(다) "擬論鄭東浚疏將上 因嚴教 宿謝夜宿玉堂 是夜奉暗行之命 不果上" _《사암연보》 44쪽

(라) 〈賜京畿暗行御史鄭晚錫·蔡弘遠·洪樂游·丁若鏞…等封書〉 _《홍재전서》 권40

✍ 경기암행어사에 임명된 날짜를 (가)와 (나)에서 "10월 29일"로 처리하였다. 그러나 (다)에서 "擬論鄭東浚疏將上 因嚴教 宿謝夜宿玉堂 是夜奉暗行之命 不果上"이라고 한 것을 보면 1794년 10월 29일 날이 밝은 뒤 암행어사에 임명된 것이 아니다. 성정각에 입시하여 암행어사에 임명된 시기는 실제로는 10월 29일 새벽으로서 연영문 숙배 및 영춘헌 밖 투자례와 바로 연결되는 일이라고 보아야 할 것이다. 1794년 10월 29일 날이 밝자 정약용은 집에 알리지도 못한 채 바로 노량진으로 갔다가 경기암행어사의 길을 떠났다고 생각된다. 정조가 일을 이같이 급하게 처리한 것은 보안 유지를 위해서였을 것이다. 정조의 《弘齋全書》에는 (라)가 실려 있다. 이것이 봉서封書로 된 것은 역시 보안 유지를 위한 것이었을 것이고, 이 봉서는 10월 29일 창덕궁 성정각에서 정조가 암행어사 명을 내리면서 전달하였을 것이고 출발 후 뜯어보게 되어 있었을 것이다. 1794년 10월은 말일이 30일이었으므로 10월 29일, 30일 이미 암행어사 임무를 수행하고 있었을 것이다.

한편 정동준의 일에 대하여 《사암연보》(44~45쪽)에 다음과 같이 언급되어 있다.

時內閣學士鄭東浚 稱疾家居 陰集朝權 招納四方貨賄 貴紳名卿 每夜集百花

堂議會 中外側目 其疏略曰 "內閣之設 卽殿下術善美振文治 而兼寓經遠之謨
者也 凡在臣僚 孰不欽仰 其選授或非其人 寵待有踰其分 則驕侈以萌 陰議以
興 如閣臣某之引疾家居 不效宿夜之勞… 況其第宅踰制 行路指點 此在閣臣
恐非好消息." [明年鄭東浚果敗] 人服公之先見

위 인용문을 보아 다음 해 1795년 정동준은 행적이 문제되어 처벌받았
음을 알 수 있다. 《승정원일기》에 따르면 1795년 1월 22일 정동준의 죄상
이 조정에서 논의되기 시작하였다.

11월 1~14일(추정): ① 암행어사로서 경기도 적성, 연천, 삭녕 등지를 암행하
다. ② 이때 연천에서 허목許穆이 노닐던 연천 우화정羽化亭을 찾다.

(가) 〈奉旨廉察到積城村舍作〉 _《전서》 시문집, 1794년 11월 1일 추정

(나) 〈羽化亭記〉 _《전서》 시문집, 1794년 11월 2일~13일 사이 추정

(다) 〈暮抵朔寧郡〉 _《전서》 시문집, 1794년 11월 2일~13일 사이 추정

(라) 〈漣川縣閣〉 _《전서》 시문집, 1794년 11월 2일~13일 사이 추정

✿ 1794년 10월은 말일이 30일이었다. 일단 10월 29일 동안은 노량진 별장
의 임지에 가서 암행어사의 준비를 하여 10월 30일 암행어사의 길을 떠났
다고 보는 것이 온당할 것이다. (가)의 시에 따르면 경기도 적성積城에 간
것이 분명하다. 정약용은 연천 외에 적성과 삭녕을 암행하기로 되어 있었
다(11월 16일 부분 《승정원일기》 참조). 지리상 연천에 앞서서 적성에 먼저 갔
을 것으로 추정된다. 적성에 간 것을 일단 1794년 11월 1일로 추정하였으
나 아마 10월 30일이었을 수도 있다. 연천의 우화정에 간 것은 적어도
1794년 11월 14일 노량진으로 귀환하기 하루 전 11월 13일이었고, 연천에
도착한 것은 11월 2일 이후이었을 것으로 추정된다.

11월 14일(추정): 노량진으로 돌아와 별장과 술을 마시고 자리에 들다.

(가) 〈還抵露梁候旨 同別將飲酒 賞雪有作 時鄭校理(履綏)亦以御使候旨〉 _《전
서》 시문집, 1794년 11월 14일 추정

✿ 1794년 11월 15일에 복명하므로(11월 15일 부분 참조), 11월 14일에 노량진
에 돌아와 이날 밤 이곳에서 별장別將과 술을 마시고 자리에 들었을 것이

다. 같이 술을 마신 별장은 정약용이 임명되기 전의 별장으로 보인다. 11월 16일 정약용을 대신하여 전 별장을 그대로 다시 임명하기 때문이다(전 별장은 정약용이 노량진 별장으로 임명된 다음에도 노량진을 지키며 별도의 명령을 대기하고 있었던 것으로 보인다).

11월 15일: 암행어사 임무를 마치고 조정에 복명復命하다.

(가) "[十月] (廿九日) 京畿暗行御史奉命(十一月十五日復命)" _《다산연보》 11쪽

(나) 〈京畿暗行御史論守令臧否啓〉(附 別單) _《전서》 시문집, 1794년 11월 16일 이전 추정

⚘ 암행어사 임무를 마치고 복명한 것은 11월 15일이지만, 직접 국왕을 알현하고 결과를 보고한 것은 다음 날인 11월 16일이다(11월 16일 부분 참조). 즉 11월 15일 귀환 보고를 하고 이에 따라 11월 16일 국왕을 알현하게 된 것으로 보아야 할 것이다. (나)는 이날 11월 16일 올린 것으로 보인다. 별단 작성이 완료된 것은 11월 16일 이전이었을 것이다. 이 보고서를 근거로 11월 16일 진시辰時 성정각에서 김이소金履素가 잘못한 수령들을 처벌하자는 건의를 하기 때문이다(11월 16일 부분 참조).

11월 16일: ① 국왕이 경기 각읍 암행어사들에게 유시를 내리다. ② 경기 각읍 암행어사들이 결과를 보고하다(추정). ③ 정약용이 성정각에 입시하다.

(가) "甲寅十一月十六日辰時 上御誠正閣…上曰 漢江別將鄭來百 露梁別將丁若鏞 分揀 前別將仍任…上曰 御使之未及來待者 催促入侍…賤臣承命出傳與…鄭來百·丁若鏞·鄭履綏偕入進伏… 履素曰 積城等四邑御使 丁若鏞書啓中 漣川前縣監金養直還穀擅分 而耗條則私用…金養直令該府拿問照法勘斷…朔寧前郡守康命吉罪狀 方以見任富平事 仰淸嚴飭…何如 上曰 依爲之" _《승기》 정조 18년 11월 16일

(나) 〈京畿暗行御史論守令臧否啓〉(附 別單) _《전서》 시문집, 1794년 11월 16일 이전 추정

(다) 〈京圻御使復命後論事疏〉 _《전서》 시문집, 1794년 11월 16일 이후

(라) 〈自撰墓誌銘〉(집중본) _《전서》 시문집, 1822년 6월 무렵

⚘ 경기 지역을 암행하고 수령의 비리를 살핀 결과를 보고한 것이 (나)이

다. 1794년 11월 16일 여러 어사들이 결과를 보고하는 자리에서 다른 어사들과 함께 (나)를 올렸을 것이다. (다)는 11월 16일 올린 (나) 보다 얼마 뒤이었을 가능성이 더 크다. 그렇다면 그 시기는 11월 16일 이후가 될 것이다. 암행어사로서 정약용은 삭녕군수 강명길姜命吉(전 내의內醫)과 연천현감 김양직金養直(전 지관地官)에 대하여 보고하였다. (라)에 따르면 정약용은 귀환 후 경기감사 서용보徐龍輔의 비리도 국왕에게 보고하였다. 서용보는 정약용의 강진 유배 이후 해배를 반대하였고 해배 뒤에는 출사를 막았다.

11월 19일: 정래백鄭來百 등과 함께 병조의 부사직副司直에 단부單付되다.

(가) "兵批…副司直徐有臣·鄭來百·丁若鏞…以上竝單付" 《승기》 정조 18년 11월 19일

𝄞 정약용이 1794년 11월 19일 병조 부사직에 단부된 것은 암행어사로 나갔다가 귀환한 후 당장 적절한 직책을 줄 수 없어서 취한 임시 조치로 보인다. 11월은 29일이 말일이었으며 병조 부사직에 단부된 이후 12월 7일 경모궁추상존호도감景慕宮追上尊號都監의 도청都廳(처음에는 낭청郎廳)에 임명될 때까지 임무가 없었던 것으로 보인다.

12월 2일: 홍문관 수찬에 수의首擬되었으나 말망末望인 장지현張至顯이 낙점落點받다.

(가) "十二月 (初二日) 弘文館修撰首擬(末望張至顯落點)" 《다산연보》 11쪽

𝄞 국왕이 말망인 장지현을 낙점한 것은 정약용에게 "경모궁추상존호도감"의 일을 시키기 위해서였다고 생각된다.

12월 7일: 정약용에게 경모궁추상존호도감의 도청의 계啓가 내리고 채제공은 상호도감上號都監 도제조都提調로 임명되다.

(가) "[十二月] (初七日) 景慕宮追上尊號都監 都廳啓下 (權坪同差)" 《다산연보》 11쪽

(나) "十二月(初七日) 景慕宮追上尊號都監都廳啓下 先是 上謂筵臣曰 丁某本自翰林宜入內閣 不幸差桀…宜卽陞資 若爲大司成副提學 則內閣提學 庶可得也 遂以聖旨 傳于大臣 故得此都廳也" 《사암연보》 44쪽

(다) "蔡濟恭 上號都監提調" _《실록》 정조 18년 12월 7일

(라) "南公轍以景慕宮追上尊號都監都提調 意啓曰 本都監都廳郎廳 前郊理權
坪, 副司果丁若鏞差下 使之察任 如何 傳曰允" _《승기》 정조 18년 12월 7일

✿ 《다산연보》와 《사암연보》에는 "도청"이라고 되어 있지만,《승정원일
기》의 기록 (라)에 따르면 권평權坪이 "도청"이고 정약용은 "낭청"에 임명
된 것으로 되어 있다. (나)의 기사 "遂以聖旨 傳于大臣 故得此都廳也"에 따르면,
처음에는 낭청으로 하였다가 다시 도청으로 한 것으로 보는 것이 타당하
다. 경모궁의 추상존호 조처는 사도세자를 추존하기 위한 것이었다.

한편 《실록》과 《승정원일기》에 따르면 1794년 12월 9일 경모궁 추상존
호와 관련된 회의가 있었으나, 여기에 정약용은 참여하지 않은 것으로 보
인다. 이름이 보이지 않기 때문이다(《실록》 정조 18년 12월 9일 및 《승기》 정
조 18년 12월 9일 기록 참조). 그러나 다음 날 12월 10일의 회의에는 참여하였
다(12월 10일 부분 참조). 하지만 12월 8일과 12월 9일에도 추상존호 작업을
위한 일에 종사하고 있었을 것이다.

12월 10일: 창덕궁 편전便殿의 가상존호도감加上尊號都監 회의에 입시하다.

(가) "甲寅十二月初十日午時 上御便殿 加上尊號都監提調…入侍時…都廳權
坪·丁若鏞…以次進伏" _《승기》 정조 18년 12월 10일

12월 13일: 홍문관 부교리副校理에 제수除授되다.

(가) "[十二月] (十三日) 弘文館副校理除授" _《다산연보》 11쪽

(나) 十二月 (十三日) 除弘文館副校理 _《사암연보》 48쪽

(다) "有政 吏批…丁若鏞爲副校理" _《승기》 정조 18년 12월 13일

(라) 〈辭副校理疏〉 _《전서》 시문집, 1792년 3월 말

✿ (라)는 1792년 3월 말에 올린 것이다.[107] 1794년 12월 13일 임명되었을
때에는 홍문관 부교리를 사직하는 상소를 올리지 않고 그대로 근무한 것
으로 볼 수 있다. 한편 필자는 정약용이 1795년 1월 17일(사간원 사간 임명)
까지 홍문관 부교리로서 근무한 것으로 본 바 있다.[108] 1794년 12월 23일

---

107) 조성을, 2004, 245쪽 참조.

자 기록을 보면(12월 23일 부분 참조) 12월 23일 당시 직명職名이 없는 것으로 되어 있다는 보고가 올라오자 이날 12월 23일 부사과에 임명된다.《승정원일기》에 따르면 12월 7일 상호도감上號都監의 도청都廳으로 임명되었고 12월 18일 근무하고 있었다(《승기》 12월 7일 및 12월 18일 부분 참조). 12월 13일 홍문관 부교리에 임명되었으나 이미 12월 7일부터 상호도감의 도청으로 근무하고 있었으므로, 12월 13일 이후에는 두 가지 임무를 병행하다가 1794년 12월 23일 이전 홍문관 부교리에서 체직된 것인지가 문제이다. 이에 대하여는 12월 23일 부분에서 생각해 보기로 한다.

12월 16일: 비변사가 정약용의 암행어사 서계書啓와 관련해 조처를 청하는 계를 올려 국왕의 허락을 받다.

(가) "李晩秀 以備邊司言啓曰 頃因京畿暗行御史丁若鏞書啓 漣川前縣監金養直 還穀未捧 虛留査節 釐正之意 覆奏行會矣…使之待明秋 更毋敢仰煩登徹之意 申飭分付 何如 傳曰 允" _《승기》 정조 18년 12월 16일

12월 18일: ① 하교下敎에 따라서 탑전榻前으로 나아가 부복하다. ② 경모궁 존호와 관련된 개운開運 용어에 대하여 정조가 문제를 제기하다.

(가) "明年乙卯 卽我莊獻世子誕生之回甲也 上欲以明年上徽于世子 因亦上號于太妃太嬪 設都監于禮曹 蔡文肅爲都提調 公爲都廳郎 時朝臣議徽號八字 無金藤彰孝之義(金藤 則桐兮桐兮血衫血衫之詞) 上欲改議 無以執言 密咨于文肅及李公家煥 李公曰 所上有開運二字 此是石晉年號[12월 17일 추정] 以是言之 上大悅 遂命改議[12월 18일]…大提學徐有臣撰玉冊文 又不言金藤事 應敎韓光植疏論其疎謬 上以韓疏 下于都監諸臣令改議…公[정약용]曰…非全篇改撰 恐難得正 遂請改撰 上命李秉模製進" _《사암연보》 45~47쪽

(나) "李祉永啓曰 上號都監都提調蔡濟恭…都廳權坪·丁若鏞 依下敎來待矣 傳曰 入侍" _《승기》 정조 18년 12월 18일

(다) "甲寅十二月二十八日辰時 上御誠正閣…上號都監都提調都廳 同爲入侍

108) 조성을, 위의 책, 248쪽.

時…行大司成李家煥 都廳副司果權坪·副校理丁若鏞 偕入進伏訖…仍教曰 今番景慕宮追上尊號中 開運二字 不無更議之端" 《승기》 정조 18년 12월 18일

☼ (가)에 따르면 경모궁敬慕宮(사도세자 사당) 상호上號 문제는 결국 장헌세자(사도세자)를 追上하는 문제였는데, 그 명칭에 사도세자의 효성이 포함되어 있지 않은 점에 불만을 느낀 정조가 채제공(문숙)과 이가환李家煥에게 밀명을 내려 문제를 제기하도록 하였다. 논의의 단서가 된 것이 이미 정한 존호에 담긴 "개운開運"이라는 두 글자였다. 이것은 북방민족 계열의 왕조 석진石晉의 연호였기 때문에 (다)에서 보듯이 1794년 12월 18일에 정조가 문제를 제기할 수 있었다. 정조에게 이 일을 할 수 있도록 자문을 하여 준 사람이 바로 이가환이었음은 《사암연보》의 (가) 기록을 보아 알 수 있다 (1794년 12월 17일 추정). 아울러 관련된 옥책玉冊의 글로 보아 한광직韓光植의 상소와 정약용의 건의에 의해 사도세자의 효성의 뜻이 담길 수 있게 전면 개찬되도록 이병모李秉模에게 지시되었음을 알 수 있다. 한편 《승정원일기》 1794년 12월 26일과 27일에 한광식의 상소를 둘러싼 논의가 있었는데, 한광식의 상소 역시 정조의 의중과 연계되어 올라온 것으로 보인다.

12월 23일: 병조兵曹 부사과副司果가 되다.

(가) "李太淳 以上號都監議啓曰 本都監都廳丁若鏞 時無職名 令該曹口傳付軍職 冠帶常仕 何如傳曰 允" 《승기》 정조 18년 12월 23일

(나) "兵曹口傳政事 丁若鏞爲副司果" 《승기》 정조 18년 12월 23일

(다) 〈玉堂進考課條例箚子〉 《전서》 시문집, 1794년 12월 13일~12월 27일 또는 26일 사이

(라) 〈玉堂遇冬雷陳啓箚子〉 《전서》 시문집, 1794년 12월 28일 또는 27일

(마) 〈玉堂請謁聖放榜 勿以舞童賜新恩箚子〉 《전서》 시문집, 1794년 12월 28일 또는 27일 이후

☼ (가)에 따르면 "時無職名"이라고 하였으므로 12월 23일 병조 부사과가 되기 전에 홍문관 부교리(12월 13일 임명)에서 체직된 것인지가 문제이다. 이를 밝히기 위하여 이 홍문관 부교리 시절에 지은 것으로 추정되는 (다), (라), (마)의 저술 시기에 대하여 살펴보기로 한다.

1794년 12월 13일부터 사간원 사간에 임명된 1795년 1월 17일까지를 조

사한 결과 1794년 12월 26일에 눈이 왔고 12월 27일에 비가 왔으며 1795년 1월 6일 흐렸다. 그 외에는 모두 맑은 날이었다. 눈이 오면서 우뢰가 있는 법은 없으므로 (라)는 비가 오면서(이날 《승정원일기》에 "灑雨下雨"라고 한 것으로 보아 꽤 많은 비가 온 것 같음) 우레가 친 이 날 12월 27일 또는 다음 날 28일에 올린 것이 된다. 두 날 가운데 12월 28일이었을 가능성이 더 크다. 그렇다면 12월 28일(또는 27일)까지는 옥당(홍문관)에서 근무한 것이 된다. 따라서 12월 23일 이전 정약용이 홍문관 부교리에서 체직된 것으로 볼 수는 없다. 1795년 1월 17일 통정대부에 사간원 사간이 될 때까지 부교리 직을 유지하고 있었다고 보는 것이 타당하다. 1794년 12월 23일 《승정원일기》에서 직사職事가 없다고 한 것은 군직軍職이 없다는 뜻으로 이해된다. (다)는 1794년 12월 13일 이후, 12월 27일(또는 12월 26일) 이전에 올린 것으로 추정할 수 있으며, (마)는 1794년 12월 28일(또는 27일) 이후 올린 것으로 볼 수 있다. (다), (라), (마)의 저술 시기에 대하여 이전에 모두 1794년 12월 13일에서 1795년 1월 17일까지의 사이에 지은 것으로 추정하였으나,[109] 위와 같이 더 좁혀서 생각하기로 한다.

1794년의 저작과 활동

1794년 봄의 저작으로는 〈與韓侯甫〉(제1서; 1794년 2월 초 추정)이 확인된다. 이 편지 〈上鑑園書〉(1796년)를 보아 1794년 2월 정약용은 감원과 《大學》에 대하여 논의하고 있었음을 알 수 있다. 3월의 활동은 추적되지 않는다.

1794년 여름의 저작은 확인되지 않으며 4월 부친의 2주기와 6월 탈상 말고는 특별한 행적을 찾을 수 없다. 그러나 정약용이 봄 이래의 남인 내부의 분열 문제에 개입되었을 가능성은 크다. 하지만 앞서 언급한 바대로 그는 대립을 화해시키고 기호남인 내부의 단결을 꾀하는 입장을 갖고 있었을 것으로 추정된다.

1794년 가을의 저작으로는 〈七月八日夜〉(1794년 7월 8일), 〈次韻奉寄族父吏部公西池席上〉(1794년 7월 9일 이후~15일 전후 추정), 〈李參判(鼎運)宅 次韻留題〉(1794년 7월 10일 이후~15일 전후 추정), 〈寄謝鄭(澔)山茶一本〉(1794년 7월 11일 이후~15일 전

---

109) 조성을, 2004, 248쪽.

후 추정), 〈秋夜〉(1794년 7월 10일 이후~15일 전후 추정), 〈寄贈尹佐郎〉(持範)(7월 15일 전후 이후~22일 이전 추정), 〈除國子直講 赴館〉(1794년 7월 23일), 〈國子監 同金道以 (達淳)·鄭文瞻(東觀)·李周玉(相璜)·洪稺成(秀晩)諸學士考講 苦熱戲爲此篇〉(1794년 7월 26일 추정), 〈秋夜絶句〉(1794년 8월 5일 추정), 〈送李承旨(益雲)謫黑山島〉(1794년 9월 7일 추정), 〈秋雨 期南皐 不至簡邀〉(1794년 9월 10일 추정), 〈蔡翁宅讌集 見招不赴〉(1794년 9월 15일), 〈罷官〉(1794년 9월 16일 또는 17일 추정), 〈鳴鳳篇 贈韓獻納〉(1794년 9월 17일 또는 16일 추정), 〈九月十八日 陪仲氏 與尹彛叙无咎·李輝祖 游北漢山城〉(1794년 9월 18일), 〈宿中興寺〉(1794년 9월 18일 추정), 〈登白雲臺〉(1794년 9월 19일), 〈詠紅葉絶句〉(1794년 9월 19일), 〈詠水石絶句〉(1794년 9월 19일), 〈溪上夜坐〉(1794년 9월 19일), 〈登白雲臺〉(1794년 9월 19일), 〈詠紅葉絶句〉(1794년 9월 19일), 〈詠水石絶句〉(1794년 9월 19일), 〈溪上夜坐〉(1794년 9월 19일), 〈望行宮〉(1794년 9월 20일 추정), 〈歷僧伽寺〉(1794년 9월 20일 추정), 〈自北漢回至洗劍亭 戲爲六言〉(1794년 9월 20일 추정), 〈五沙李參判(鼎雲)園亭作〉(1794년 9월 21일 이후~25일 이전 추정), 〈南城夕照〉(1794년 9월 22일 이후~26일 이전 추정), 〈秋夜同南皐〉(1794년 9월 23일 이후~27일 이전 밤추정), 〈大駕幸西陵日 郊門祇候〉(1794년 9월 28일), 〈洪內翰(時溥)宅小集〉(1794년 9월 29일), 〈簡寄南皐兼貢鼓醬〉(1794년 9월 30일 추정) 등 많은 시가 있고 잡문으로 〈成均館直講時論照訖講疏〉(1794년 7월 28일)가 있다.

1794년 7월 정약용은 성균관 직강이 되어 7월 26일과 27일 사이에 조흘강 시관을 하고, 7월 28일 조흘강의 문제점에 〈成均館直講時論照訖講疏〉라는 상소문을 올렸다. 그러나 8월 조흘강 부정 문제에 책임을 지고 8월 19일 하옥되었다가 8월 23일 방송放送되었으나, 1794년 9월 16일~17일 사이 파관되었다. 9월 18일~20일 동안 둘째형 정약전 등과 북한산성을 유람하였고 내려와서는 이정운의 집을 방문하였다. 이어 남한산성에 가기도 하였으며 9월 29일에는 홍시박 집의 모임에 참석하기도 하였다.

1794년 겨울의 저작으로는 〈鬻書有作 奉示貞谷〉(1794년 10월 1일), 〈夜與尹彛叙韓奚父飲酒賦菊花〉(1794년 10월 2일), 〈冬日數子 游西園〉(1794년 10월 5일), 〈博學〉(1794년 10월 6일 이후~10월 22일 이전 추정), 〈赴午嶠 出東門作〉(1794년 10월 23일), 〈玉堂夜直 詠故事〉(1794년 10월 28일), 〈奉旨廉察到積城村舍作〉(1794년 11월 1일 추정), 〈羽化亭記〉(1794년 11월 2일~13일 사이 추정), 〈暮抵朔寧郡(1794년 11월 2일~13

일 사이 추정), 〈漣川縣閣〉(1794년 11월 2일~13일 사이 추정), 〈還抵露梁候旨 同別將飮酒 賞雪有作 時鄭校理(履綏)亦以御使候旨〉(1794년 11월 14일 추정), 〈鍛人行 奉示都監諸公〉(1794년 12월 7일 존호도감 도청 임명 이후) 등의 시가 있다. 잡문으로 〈辭校理兼陳所懷疏〉(1794년 10월 27일), 〈玉堂進考課條例箚子〉(1794년 12월 13일~12월 27일 또는 26일 사이), 〈玉堂遇冬雷陳啓箚子〉(1794년 12월 28일 또는 27일 추정), 〈玉堂請調聖放榜 勿以舞童賜新恩箚子〉(1794년 12월 28일 또는 27일 이후 추정)이 있다.

1794년 10월 초에는 9월 하순에 이어서 휴식하면서 동료들과 놀이 또는 음주를 하였으며, 10월 6일 이후 22일 사이에는 성호 이익의 저서를 읽고 있었던 것으로 여겨진다. 이어 1794년 10월 28일에 홍문관에 임명되었다가 10월 29일부터는 11월 14일까지는 경기 지역 암행어사로 활동하였다. 1794년 11월 15일 복명 이후 다시 10월 27일 홍문관 부교리에 임명되었고, 12월 7일부터는 경모궁추상존호도감 도청의 직책을 겸임하였다. 12월 말에는 홍문관 부수찬으로서 몇 차례 상소문을 올렸다.

한편 1794년 정조에 의해 《朱書百選》이 편찬, 간행되었다. 정약용은 이 작업에도 참여한 것으로 여겨진다. 이와 관련하여 정약용이 심유沈浟에게 정조가 주서朱書(주자의 저서)를 구하고 있음을 말한 부분이 있다.110)

1795년 乙卯, 정조 19 _34세

: 이 해에는 윤2월이 있었다.

1월 17일: ① 경모궁(사도세자)과 혜경궁惠慶宮에게 존호를 올리다. ② 상전賞典을 시행하다. ③ 정약용이 사간원 사간司諫에 낙점되다. ④ 정약용의 품계品階가 통정대부通政大夫로 승자陞資되다.

(가) "乙卯正月(十七日) 司諫院司諫除授(前望落點 其實本無前望 將欲加資 有是恩也)(同日) 通政大夫加資(以司諫準職 故得陞資)" _《다산연보》11쪽

(나) "授司諫院司諫 進階通政大夫 仍授同副承旨" _《사암연보》48쪽

(다) "惠慶宮尊號" _《실록》정조 19년 1월 17일

---

110) 〈與沈士潤〉, 조성을, 2004, 326쪽 참조.

(라) "賞典施行" _《실록》정조 19년 1월 17일

(마) "大王大妃 加上尊號 景慕宮追上尊號 惠慶宮加上尊號" _《승기》정조 19년 1월 17일

(바) "司諫前望單子入之 丁若鏞落點" _《승기》정조 19년 1월 17일

(사) "命書傳教曰…都廳丁若鏞 竝加資" _《승기》정조 19년 1월 17일

(아) "洪仁浩 以吏批言啓曰 都廳丁若鏞…竝加資事 命下矣…丁若鏞雖以資窮 未經準職 又在其中 何以爲之 敢啓…傳曰…丁若鏞今日政亞長 闕擬入 可也" _《승기》정조 19년 1월 17일

(자) "追上尊號于莊獻世子" _《실록》정조 19년 1월 17일

🔅 (가), (나), (다), (라), (마), (바), (사), (아), (자)의 기록에서 위의 사실이 확인된다. (사)와 (아)에서 보듯이 국왕이 정약용에게 (통정대부로) 가자加資하려고 하였으나 이에 맞는 직책을 역임한 적이 없으므로, 통정대부에 맞는 직책인 사간원 사간司諫에 먼저 임명하여 통정대부가 되는 데에 지장이 없게 한 것으로 보인다. 가자는 물론 상호도감에서 일한 공로를 포상하고자 한 것이었다.

1월 18일: 정약용이 부사직에 단부되다.

(가) "副司直…丁若鏞…竝單付" _《승기》정조 19년 1월 18일

🔅 통정대부와 동부승지에 맞는 군직을 먼저 부여한 것으로 보인다.

1월 23일: ① 승정원承政院 동부승지同副承旨에 낙점 받다. ② 동부승지의 사직을 원하는 상소를 올리다.

(가) "[正月]"(廿三日)"通政院" 同副承旨除授(前望也)" _《다산연보》11쪽

(나) "授司諫院司諫 進階通政大夫 仍授同副承旨" _《사암연보》48쪽

(다) "承旨前望單子入之 丁若鏞落點" _《승기》정조 19년 1월 23일

(라) "同副承旨 丁若鏞疏曰" _《승기》정조 19년 1월 23일

(마) 〈引嫌辭同副承旨疏〉 _《전서》시문집, 1795년 1월 23일

🔅 《여유당집》 잡문과 《여유당전서》에 〈引嫌辭同副承旨疏〉는 제목만 있고 내용이 없다. 1795년 1월 23일 낙점을 받고 사직 상소를 올렸으나, 뒤에서

살필 것처럼 1월 25일 그대로 동부승지에 제수되자 이번에는 자리에 나아 갔다. 따라서 1월 23일 사직상소 원문이 삭제된 것으로 여겨진다. 필자는 1월 23일 사직 상소를 올려 일단 체직되었다가 다시 1월 25일 임명된 것으로 보았다.[111] 《승정원일기》에 1월 23일 낙점과 1월 25일 임명 사이에 체직 기사는 없다. 그러나 뒤에서 볼 것처럼 1월 23일 사직 상소에도 불구하고 1월 25일 다시 낙점하였다는 기사가 《승정원일기》에 있다. 즉 1월 23일 사직 상소 뒤에 일단 체직을 하였다가 1월 25일 다시 낙점한 것으로 보는 것이 타당하다고 여겨진다. 한편 《다산연보》에서 "通政院 同副承旨除授"(11 쪽)에서 "通政院"은 필사 과정에서 생긴 "承政院"의 오류라고 보아야 할 것 이다.

1월 25일: ① 동부승지에 다시 제수되다. ② 다시 부사직에 단부되다. ③ 국 왕이 성균관에서 인일제를 치르는 데에 수행하다(추정).

(가) ［正月］(廿五日) 同副承旨除授(前望也) _《다산연보》 11쪽

(나) "承旨前望單子入之 趙尙鎭·丁若鏞落點" _《승기》 정조 19년 1월 25일)

(다) "丁若鏞啓曰…傳曰 知道" _《승기》 정조 19년 1월 25일

(라) "傳于丁若鏞曰…人日製試官三提學" _《승기》 정조 19년 1월 25일

(마) "有政 吏批…同副承旨 丁若鏞進" _《승기》 정조 19년 1월 25일

(바) "兵批…副司直金履禧·丁若鏞 竝單付" _《승기》 정조 19년 1월 25일

(사) "設人日製于泮宮" _《실록》 정조 19년 1월 25일

✿ (가), (나), (다), (라), (마), (바)의 자료에서 위의 사실을 알 수 있다. 1795년 1월 23일 낙점 뒤에 사직 상소가 올라오자 일단 사직을 허락하였다가 다시 1월 25일 동부승지에 낙점한 것으로 보아야 할 것이다. 1월 26일 승정원에 서 근무하고 있으며(1월 26일 조 참조) (다), (라), (마)의 자료를 볼 때, 이번에 는 사직을 청하지 않고 그대로 근무하였음을 알 수 있다. (라)와 (사)를 보아 1월 25일 성균관에서 인일제에 국왕을 수행하였을 것으로 추정된다.

1월 26일: ① 정약용이 동부승지로 근무하다. ② 영중추 채제공이 우의정에

---

111) 조성을, 위의 책, 246쪽.

임명되다.

(가) "以吏曹參議朴宗甲牌不進 罷職傳旨 傳于丁若鏞曰 只推" _《승기》정조 19년
    1월 26일

(나) "傳于丁若鏞曰 吏判批下 更爲牌招" _《승기》정조 19년 1월 26일

(다) "丁若鏞啓曰 李朝判書尹蓍東三牌不進" _《승기》정조 19년 1월 26일

(라) "有政 吏批 判書尹蓍東進…同副承旨丁若鏞進" _《승기》정조 19년 1월 26일

(마) "同副承旨丁若鏞" _《승기》정조 19년 1월 26일

(바) "同副承旨丁若鏞進伏" _《승기》정조 19년 1월 26일

(사) "領中樞蔡濟恭爲右議政" _《실록》정조 19년 1월 26일

⚶ 이상 (가), (나), (다), (라), (마), (바)의 《승정원일기》 기록에서 1795년 정
약용이 1월 26일 현재 동부승지로 근무하고 있었음을 알 수 있다. (사)로
보아 이날 채제공이 다시 재상(우의정)에 임명되었음을 알 수 있다.

1월 27일: 동부승지로 근무하다.

(가) "傳于丁若鏞曰 承旨前望單子入之" _《승기》정조 19년 1월 27일

(나) "上御重熙堂 左承旨入侍時 同副承旨丁若鏞" _《승기》정조 19년 1월 27일

⚶ (가)와 (나)의 기록에 따라서 1795년 1월 27일에도 동부승지로 근무하고
있었음을 알 수 있다.

1월 29일(말일): ① 동부승지 정약용 출근하지 않다. ② 국왕이 패초로 부르
            게 하다.

(가) "李晚秀啓曰 同副承旨丁若鏞 今日不爲仕進 卽爲牌招 何如" _《승기》정조
    19년 1월 29일

⚶ 1795년 1월 29일에는 출근하지 않았는데 그 이유를 밝힐 필요가 있다.
1795년 1월은 29일이 말일이었다. 1월 26일, 27일 승정원에서 근무하였고,
1월 29일에는 출근하지 않아 패초로 불렀고 이후 승정원 근무 기록이 보
이지 않는다.

2월 2일: 정약용을 부사직으로 호칭하다.

(가) "兵批…同副承旨李肇源進 副司直趙尙鎭·丁若鏞·權裕 副司果尹㷱欽"
  _《승기》정조 19년 2월 2일

❀ 1795년 2월 2일에 정약용을 부사직이라고 하고 있으므로, 2월 2일 이전
에 동부승지에서 체직된 것으로 보인다. 1월 29일(말일)까지는 동부승지였
으므로 1월 29일 패초로 부른 뒤(1월 29일 부분 참조) 그날 체직, 또는 2월 1
일에 체직한 것으로 보인다. 1월 29일 출근하지 않은 것은 체직과 관련이
있는 것으로 생각된다.

2월 11일: 남인 권엄權欌을 강화부 유수에 임명하다.
  (가) "罷江華留守 以權欌代之" _《실록》정조 19년 2월 11일

❀ 1795년 1월 26일 채제공이 우의정이 임명된 뒤 이어서 남인 권엄이 강
화부 유수에 임명된 것이 주목된다.

2월 16일: 병조 참지參知로서 입직入直하러 나아가다(이날 임명 가능성).
  (가) "參知丁若鏞入直進" _《승기》정조 19년 2월 16일

❀ 《승정원일기》에 따르면 1795년 2월 16일 병조참지로서 입직한 것으로
되어 있다. 다음 날 2월 17일에는 병조참의兵曹參議에 낙점되었다(2월 17일
조 참조). 1795년 2월 1일(또는 1월 29일) 동부승지에서 체직된 것으로 보이고
2월 2일 부사과에 임명되었으므로(2월 2일 부분 참조), 2월 2일 부사과에 임
명된 이후 2월 16일까지 사이(아마도 2월 16일)에 병조참지에 임명된 것으로
볼 수 있다. 1795년 2월 17일 병조참의에 임명하기 위해 2월 16일 병조참지
로서 숙직하게 한 것으로 여겨진다. 《다산연보》와 《사암연보》에는 병조참
지와 관련된 기록이 보이지 않고, 2월 17일 병조참의 임명 기록만 있다. 정
약용을 병조 참지, 그리고 이어서 병조참의에 임명한 것은 이해 윤2월 을
묘원행의 경호를 준비하게 하려는 것으로 보인다.

2월 17일: ① 병조에 입직하면서 비를 바라보며 남고南皐 윤지범尹持範에
        게 시를 쓰다. ② 병조참의에 낙점제수되다.
  (가) 〈對雨寄南皐〉 _《전서》시문집, 1795년 2월 17일

(나) "二月 (十七日) 兵曹參議除授 (前望也 以座次降爲參知)" _《다산연보》 12쪽

(다) "授兵曹參議" _《사암연보》 48쪽

(라) 〈與李參判〉 _《전서》 시문집, 1795년 2월 17일 추정

(마) "兵曹參議 前望單子入之 丁若鏞落點" _《승기》 정조 19년 2월 17일

(바) "有政 吏批 判書尹蓍東牌不進…參知丁若鏞…北清府使崔守愻通訓 今加
通政加資事 承傳" _《승기》 정조 19년 2월 17일

✿ 《승정원일기》에 따르면 1795년 2월 16일은 "雨"로 2월 17일은 맑음 "晴"
으로 되어 있다. 2월 16일 밤에 병조참지로서 입직하였고 다음 날 새벽 아
직 비가 그치지 않았을 때 남고 윤지범을 생각하며 시를 지은 것으로 생각
된다. 또 《승정원일기》에 따르면 2월 17일에 병조참의에 낙점되었다. 정약
용은 병조참의에 낙점된 직후 이익운에게 바로 편지를 보냈다.[112]

2월 19일: 병조참의로서 입직하다.

(가) 〈騎省作〉 _《전서》 시문집, 1795년 2월 19일

✿ (가)의 시 원주 "乙卯 二月十九日 以兵曹參議 入直"을 보아 위의 사실을 알
수 있다. 1795년 2월 16일에 이어서 2월 19일에도 입직한 것이다.

2월 20일: 병조참지로서 입직하다.

(가) "參知丁若鏞入直進" _《승기》 정조 19년 2월 20일

✿ 1795년 2월 17일에 병조참의에 제수되었으나 좌차座次 때문에 2월 20일에
참지參知로 다시 강등된 것으로 보아야 할 것이다[113]. 2월 19일은 병조참의
로서 입직하였고 다음 날 20일에 병조참지로 임명되어 참지로서 다시 입직
한 것으로 보아야 할 것이다. 즉 2월 19일과 20일 연달아 입직한 것이다.

2월 21일: ① 정조가 경모궁에 가서 재숙齋宿하다. ② 정약용이 병조에서 입
직하다. ③ 군호를 잘못 지은 일의 벌로 백운배율百韻排律 시를 올
려 상을 받다(실제 2월 22일 새벽 오경).

112) 조성을, 2004, 310쪽.
113) 二月 [十七日] 兵曹參議除授 [前望也 以座次降爲參知] 《다산연보》 12쪽.

(가) "齋宿于景慕宮" _《실록》정조 19년 2월 21일

(나) "二月[21일] 上行敬慕宮 親裸禮[2월 22일]前一日 直宿兵曹時 春風扇和 故以扇和二字書納軍號 俄而嚴教 許多文字 豈惟扇和是取 促令改納 隨改隨退 凡九十九改 乃以萬歲二字書納 始踏啓字 君號旣領 又下御題曰 '陛下壽萬歲 臣爲二千石 今趁曉鑰' 製進七言排律百韻公用王吉射烏詞一百韻 製進 御批曰 '昨夜因軍號事 試令製進百韻排律 時過二鼓題且昧意⋯⋯ 時 上將處公以館閣之任 故先爲之示意也" _《사암연보》49~51쪽

(다) "閏二月⋯兵曹直中 進百韻排律受賞(時 因軍號事 有嚴旨 令半夜製百韻 三更三點 至五更一點 卒篇以進 大蒙嘉獎 賜大鹿皮一領)" _《다산연보》12쪽

(라) 〈騎省應敎 賦得王吉射烏事一百韻〉(題曰 '陛下壽萬年 臣爲二千石' 時 因軍號事 被嚴敎令 賦詩贖罪 三更一點受題 至五更 三點寫卷得畢) _《전서》 시문집, 1795년 2월 22일 새벽 오경

🜹 (가) 기록으로 보아 정조가 1795년 2월 21일 밤 경모궁에서 재숙했음을 알 수 있다. 따라서 (나)에서 "二月"이라고 한 것은 구체적으로는 2월 21일이 된다. (다)에서 기사를 윤2월에 배치한 것은 오류이다. (라)의 시를 완료한 것은 1795년 2월 22일 새벽 오경이 된다.

2월 22일: ① 정조가 경모궁에서 을묘원행에 대한 고유제를 올리다. ② 정약용이 고유제에 참석하다(추정).

(가) "親行園幸告由祭于景慕宮" _《실록》정조 19년 2월 22일

🜹 1795년 2월 22일 5경까지 시를 지으며 정조를 모시고 있었으므로, 당연히 이날 아침의 경모궁 고유제에 참석하였을 것이다. 정약용은 2월 19일, 20일, 21일 연달아 숙직한 것이 된다. 적어도 22일 밤에는 집에 가서 숙박하였을 것으로 생각된다.

2월 24일: ① 을묘(1795) 식년式年 감시監試 복시覆試(회시) 일소一所의 참시관參試官에 임명되다. ② 대궐 안[춘당대]의 시사試射에 입회하다(추정).

(가) "乙卯式年監試覆試一所⋯慘試官三 丁若鏞·鄭晚錫·李顯道⋯落點" _ 《승기》정조 19년 2월 24일

(나) "閏二月(2월)······ 監試會試 一所考官 奉旨" _《다산연보》 12쪽

(다) "後數日[2월 24일] 會試一所考官 奉旨時南人入格者五十人 皆二所之所
拔也 一所則不過三人 誤認以一所試官之用情 至於上徹 盖自百韻詩 御評
之後 詞臣閣臣 大不悅 謂不久入內閣 故煽動科場之說 誣罔" _《사암연보》
51~52쪽

(라) "御春塘臺 行內試射" _《실록》 정조 19년 2월 24일

⚶ (가)의 자료로 보아 감시 회시의 고관으로 1795년 2월 24일 임명되었음
이 확인된다. 따라서 (나)에서 윤2월 부분에 배치한 것은 오류이다. (다)의
후수일後數日은 "2월 24일"이며 2월 22일 새벽부터 며칠 뒤라는 뜻이 된다.
(라)에 따르면 1795년 2월 24일에 대궐 안의 시사가 있었음을 알 수 있다.
정약용은 2월 24일에 병조 참지로서 이 시사에 입회하였을 것이다. 2월 24
일 이후 정약용은 시관으로서의 임무도 하였고, 이 임무는 1795년 윤2월 1
일에 끝났을 것이다(윤2월 1일 부분 참조).

2월 26일: 병조참지로서 입직하다.

(가) "參知丁若鏞入直進" _《승기》 정조 19년 2월 26일

⚶ 2월 중순 이후 병조 관리는 입직이 잦았던 것으로 여겨진다. 이것은 다
음 달 윤2월 9일에 시작되는 을묘원행乙卯園行의 준비와 관련이 있었을 가
능성이 있다. 따라서 2월 17일 이후 을묘원행이 끝나는 윤2월 16일까지 정
약용은 이 일에 몰두하고 있었을 것이다. 한편 1795년 1월에서 윤2월 초
사이에는 정동준鄭東浚의 역모 사건과 그 처리가 있었다. 정약용은 이미
이보다 앞서 1794년 10월에 정동준의 탄핵을 준비한 적이 있으나 암행어
사 임명으로 보류한 바 있다.

이 정동준의 일에 대하여 《사암연보》(44~45쪽)에 다음과 같이 언급되어
있다.

"時內閣學士鄭東浚 稱疾家居 陰集朝權 招納四方貨賄 貴紳名卿 每夜集百花
堂讌會 中外側目 其疏略曰 "內閣之設 卽殿下術善美振文治 而兼寓經遠之
謨者也 凡在臣僚 孰不欽仰 其選授或非其人 寵待有踰其分 則驕侈以萌 陰

議以興 如閣臣某之引疾家居 不效宿夜之勞 人莫不疑怪其事 況其第宅踰制 行路指點 此在閣臣 恐非好消息" 明年鄭東浚果敗 人服公之先見"

윤2월 1일: ① 사마시(감시) 복시가 시행되고 예전 합격자의 후손인 경우 당 일 발표하다(추정). ② 정약용이 시관으로 참가하다.

(가) "命今榜司馬中 昔榜人子孫…依卽日唱榜例" _《실록》 정조 19년 윤2월 9일

🝔 (가)에 따르면 1795년 윤2월 1일 감시 복시가 시행되었던 것으로 추정 된다. 정약용은 당연히 이 시험에 시관으로 참여하였을 것이다.

윤2월 2~8일:

🝔 정약용은 1795년(정조 18년) 윤2월 9일부터 16일까지 병조참지로서 정조 를 호종하고 을묘원행에 참가하여 수원을 다녀왔다. 윤2월 2일에서 8일 사 이에는 을묘원행 준비에 전념하고 있었을 것이다.

윤2월 9일: ① (아침) 창덕궁 돈화문을 출발하다. ② (점심) 노량진의 용양봉저 정龍驤鳳翥亭에서 점심 식사하다. ③ (밤) 시흥始興 행궁行宮에서 숙 박하다. ④ 가승지假承旨에 차하差下되다.

(가) "閏二月〈初九日〉 華城行在所 假承旨差下" _《다산연보》 12쪽

(나) "上陪惠慶宮 行顯隆園 晝停于龍驤鳳翥亭 駕宿始興行宮" _《실록》 정조 19년 윤2월 9일

🝔 《다산연보》(12쪽)에 따르면 乙卯(1795년) 윤2월 9일 화성 행재소에서 가승 지로 차하된 것으로 되어 있다.[114] 이것은 화성 행궁이라는 의미가 아니라 화성 행차의 행재소라는 의미로 보아야 할 것이다. 1795년 윤2월 9일 밤은 시흥 행궁에서 숙박하였으므로, 정약용이 가승지에 차하된 곳은 시흥 행 궁이다. 을묘원행에는 새로 난 시흥의 길을 이용하였다.

윤2월 10일: ① (아침 추정) 시흥 행궁을 출발하다. ② (저녁 추정) 화성 행궁 에 도착하다.

---

114) 閏二月〈初九日〉 華城行在所 假承旨差下.

(가) "晝停于肆勤行宮 駕次華城行宮" _《실록》 정조 19년 윤2월 10일

윤2월 11일: ① (아침 추정) 화성(수원) 향교를 참배하다. ② (오전 추정) 화성 행궁 우화관于華館과 낙남헌洛南軒에서 각기 문과와 무과 별시를 거행하다. ③ (오후 추정) 봉수당奉壽堂에서 회갑연 예행 연습을 하다.

(가) "謁華城聖廟" "試士于于華館試武于洛南軒" _《실록》 정조 19년 윤2월 11일

ⓨ (가)에서 성묘聖廟란 수원 향교에 공자를 모신 사당을 말한다. 수원 향교는 팔달산 남쪽 산록에 있어 화성 행궁에서 거리가 가깝다. 우화관과 낙남헌은 현재 수원 신풍초등학교 자리에 있으며 낙남헌은 옛 건물 그대로 남아 있고 우화관은 아직 복원되지 않았다. 봉수당은 현재 화성 행궁에 복원되어 있다.

윤2월 12일: ① (오전) 현륭원顯隆園을 참배하다. ② (밤) 서장대西將臺에서 열무閱武하다. ③ 정약용이 열무에 참석하여 〈奉和聖製將臺閱武〉를 짓다.

(가) 〈奉和聖製將臺閱武〉 _《전서》 시문집, 1795년 윤2월 12일

(나) "上倍惠慶宮 詣顯隆園 還御華城西將臺" _《실록》 정조 19년 윤2월 12일

윤2월 13일: ① 화성 행궁 봉수당에서 혜경궁 홍씨 회갑연을 행하다. ② 정약용이 회갑연에 참석하여 〈奉和聖製奉壽堂進饌〉을 짓다.

(가) 〈奉和聖製奉壽堂進饌〉(並序) _《전서》 시문집, 1795년 윤2월 13일 또는 11일

(나) "御奉壽堂 進饌于惠慶宮" _《실록》 정조 19년 윤2월 13일

ⓨ (가)의 시는 〈奉和聖製將臺閱武〉(1795년 윤2월 12일)의 바로 앞에 배치되어 있다. 따라서 윤2월 11일 봉수당에서 진찬연進饌宴 예행연습을 할 때 지은 것일 수도 있다.115)

윤2월 14일: ① 화성 행궁 낙남헌에서 양로연養老宴을 행하다. ② 정약용이 양로연에 참석하여 〈奉和聖製洛南軒養老〉를 짓다.

(가) 〈奉和聖製洛南軒養老〉 _《전서》 시문집, 1795년 윤2월 14일

---

115) 조성을, 2004, 88~89쪽 참조.

(나) "御洛南軒 行養老宴" _《실록》 정조 19년 윤2월 14일

윤2월 15일: ① (아침) 화성 행궁을 출발하다. ② (낮) 사근肆勤 행궁에서 점심을 하다. ③ (저녁) 시흥 행궁에 숙박하다.

(가) "上陪惠慶宮回鑾 晝停于肆勤行宮 夕次始興行宮" _《실록》 정조 19년 윤2월 15일

윤2월 16일: ① (아침) 시흥 행궁을 출발하다. ② (점심) 노량진 용양봉저정에서 점심 식사하다. ③ (저녁 추정) 창덕궁 도착.116)

(가) "上陪惠慶宮 晝停于龍驤鳳翥亭 還宮" _《실록》 정조 19년 윤2월 16일

윤2월 20일 무렵(추정): ① 사마시 회시의 합격이 공식적으로 발표되다(또는 윤2월 18일이나 19일). ② 정약용이 시관으로 부정을 하였다는 보고가 들어가 다른 죄목(숙직 시 군복을 입지 않은 일)으로 의금부에 구금되다.

(가) "自百韻詩御評[2월 22일]之後 詞臣閣臣大不悅 謂不久當入內閣 故煽動科場之說而誣罔[윤2월 20일 무렵] 又數日 以戎服事 特遞本職[윤2월 23일 무렵] 由科場用情之說 飛入也" _《사암연보》51~52쪽

(나) "是年春 鏞爲會試一所同考官 旣唱名 南人爲進士者五十餘人 時輩謬謂鏞行私濟其黨 上聞之大怒 據他事下獄 至十餘日 責諭震疊 謂放恣無忌 又諭平生不復秉朱筆 又令銓曹勿擬官職 後數日上御春塘臺試士 特命鏞爲對讀官 鏞惶恐不知所爲 上諭蔡弘遠曰 予後知之 南人與選者皆二所 丁鏞一所也 無行私事 令入奎瀛府…共撰華城整理通考"〈자찬묘지명〉(집중본) _《전서》시문집, 1822년 6월 무렵

🝔 정약용이 의금부에서 석방된 것은 1795년 3월 3일이다. (나)에서 "據他事下獄 至十餘日"이라고 하였으므로 3월 3일에서 역산하면 대략 1795년 윤2월 20일 무렵에 구금된 것이 된다. 사마시 합격자 발표는 정약용의 구금보다 하루나 이틀 전이었을 수도 있다. 《실록》에서는 사마시 회시 방방放榜 날짜가 확인되지 않는다.

---

116) 이상 1795년 윤2월의 을묘원행의 과정은 《실록》 및 한영우,《정조의 화성 행차》(효형, 1998)를 참고하였다.

윤2월 23일 무렵(추정): 정약용이 병조참지에서 체직되다.

(가) "自百韻詩御評[2월 22일]之後 詞臣閣臣大不悅 謂不久當入內閣 故煽動科場之說而誣罔[윤2월 20일 무렵] 又數日 以戎服事 特遞本職[윤2월 23일 무렵]由科場用情之說 飛入也" 《사암연보》 51~52쪽

(나) "是年春 鏞爲會試一所同考官 旣唱名 南人爲進士者五十餘人 時輩謬謂鏞行私濟其黨 上聞之大怒 據他事下獄 至十餘日 責諭震疊 謂放恣無忌 又諭平生不復秉朱筆 又令銓曹勿擬官職 後數日上御春塘臺試士 特命鏞爲對讀官 鏞惶恐不知所爲 上諭蔡弘遠曰 予後知之 南人與選者皆二所 丁鏞一所也 無行私事 令入奎瀛府…共撰華城整理通考"〈자찬묘지명〉(집중본) _《전서》 시문집 1822년 6월 무렵

🖉 (가)에서 선동이 있은 지 "又數日"이라고 하였으므로, 대략 1795년 윤2월 23일 무렵 병조참지에서 체직된 것으로 추정하였다.

윤2월 29일(말일): 정조가 경모궁에 전배하고 재숙하다.

(가) "展拜景慕宮 齋宿于齋殿" _《실록》 정조 19년 윤2월 26일

3월 1일: 정조가 경모궁에서 직접 초하루 제사를 지내다.

(가) "親行朔祭于景慕宮" _《실록》 정조 19년 3월 1일

🖉 (가)를 보아 1795년 3월 1일(오전 추정) 정조가 경모궁에서 직접 초하루 제사를 지냈음을 알 수 있다. 아마도 정약용이 남인에게 편파적으로 우대하였다는 보고가 들어온 것은 정조가 경모궁으로 가기 전인 것으로 보이며, 3월 1일 대궐로 돌아와 구금 명령을 내린 것으로 보인다. 3월 2일 정약용에게 고신 추탈 등의 처벌을 하자는 의금부의 건의가 올라오기 때문이다(3월 2일 부분 참조). 그러나 정조의 처벌 명목은 시험 부정의 문제가 아니라 숙직 때 군복을 입지 않는 것이었다(3월 2일 부분 참조).

3월 2일: ① 정약용에게 장 백대와 고신을 추탈할 것을 의금부에서 건의하였으나, 정조가 공의功議(조상의 공로)가 있으면 감1등 하라고 지시하다. ② 장 90대, 공죄수속公罪收束으로 감1등 되다. ③ 융복사戎服事(숙직 때 군복을 제대로 입지 않은 일)로 본직(병조참지)에서 체직되다.

(가) "李相璜 以義禁府言啓曰… 時囚罪人丁若鏞 本府議啓內…丁若鏞杖一百

收贖 告身盡行追奪…傳曰 允 如有功議 各減一等 皆以公罪勘放 可也" _

《승기》 정조 19년 3월 2일

(나) "李相璜 以義禁府言啓曰 丁若鏞杖一百收贖 告身盡行追奪……丁若鏞七

代祖好善 扈從功臣云 功減一等 杖九十 以公罪收束…傳曰 知道" 《승기》

정조 19년 3월 2일

(다) "自百韻詩御評[2월 22일]之後 詞臣閣臣大不悅 謂不久當入內閣 故煽動

科場之說而誣罔 又數日 以戎服事 特遞本職[2월 22일 무렵] 由科場用情

之說 飛入也" 《사암연보》 51~52쪽

(라) "是年春 鏞爲會試一所同考官 旣唱名 南人爲進士者五十餘人 時輩謬謂

鏞行私濟其黨 上聞之大怒 據他事下獄 至十餘日 責諭震疊 謂放恣無忌

又諭平生不復秉朱筆 又令銓曹勿擬官職 後數日上御春塘臺試士 特命鏞

爲對讀官 鏞惶恐不知所爲 上諭蔡弘遠曰 予後知之 南人與選者皆二所 丁

鏞一所也 無行私事 令入奎瀛府…共撰華城整理通考"〈자찬묘지명〉(집중본)

_《전서》 시문집, 1822년 6월 무렵

Ⓐ (가)와 (나)를 보아 ①과 ②의 사실이 확인된다. (다)를 보면 군복을 입지
않은 일로 체직된 것은 실제로는 회시 일소 고관으로서 남인에게 편향적
이었다는 보고에 따른 징계 조처라고 생각된다. 정조는 이 정도 선에서 무
마하려고 한 것이라고 하겠다. 정약용이 곧 규장각의 각신이 될 것을 염려
한 노론 측의 선동에 따른 것이다. 정약용은 1795년 3월 2일이 아니라 3일
석방된 것으로 보이며, 석방되자마자 바로 의궤청儀軌廳 찬집문신纂輯文臣
에 임명되었다(3월 3월 부분 참조). 정조는 단지 정약용을 병조참지에서 체
직시키는 것으로서 정리하려고 하였으나, 노론 측의 공세로 결국 다시 처
벌받게 되었다. 그러나 여기에서도 감 일등 하는 정조의 배려가 보이며 죄
목은 군복을 입지 않은 일로 하였다(3월 3일 부분 참조).

3월 3일: ① 공죄公罪 감방勘放으로 석방되다. ② 의궤청 찬집문신에 임명되다.
이후《華城整理通考》작업에 종사하다.

(가) "三月(初三日)儀軌廳纂輯文臣啓下(時 以軍服事 有嚴旨 及釋囚 有是命)"

(나) "三月(初三日)儀軌廳纂輯文臣啓下 命赴奎瀛府校書 承人一已十可贖罪之
嚴旨 命撰整理通考 凡華城設置園所植木 以至拜峯鎭志 皆公掌修者也…
拔植木年表曰 右表所以記 顯隆園植木之數也 乙卯春 命開書局 撰整理通
考…宮寢園·及龍珠寺·拜峯鎭 諸緣起規制 命臣纂次 旣受命…進之 上曰'意
非一卷 不能詳爾 而一張了一牛之所汗 可謂善矣' 長歎良久'是年夏 爲言
者所嘯 至秋謫金井'" _《사암연보》 52쪽

(다) "以義禁府時囚罪人丁若鏞 公罪勘放事草記 傳于蔡弘遠曰 近來之人 纔
陞一資半級…有若不識高厚 丁若鏞則卽其中一人也…以若鏞則太放恣…
宿衛騎省 卽待變重地 且於詣閤有名之後 戎裝不爲備待 以致侍衛之遲滯
是豈十餘日拿囚之罪 而編書抄役 有關所重 雖不得不以公罪勘放" _《승기》
정조 19년 3월 3일

⚙ (가), (나), (다)의 기록에 따르면, 정약용이 1795년 3월 3일에 석방된 것
으로 보아야 할 것이다. 국왕이 정약용을 석방하면서 바로 의궤청 찬집문
신에 임명한 것은 정약용에게 속죄할 기회를 주고 곧 다시 등용하기 위한
것으로 볼 수 있다. (나)의 기록에 따르면《華城整理通考》가운데〈華城設置園
所植木〉에서〈拜峯鎭志〉까지는 정약용의 작업에 의하여 정리된 것임을 알
수 있다. 이 작업에 참여한 것은 이 해 1795년 5월에 주문모周文謨 사건이
터지기 전 완료된 것으로 보인다. (나)의 말미에서 "是年夏 爲言者所嘯 至秋謫
金井"이라고 한 것은 이 해 1795년 5월 일어난 주문모 사건에 연루되어 가
을 금정찰방으로 가게 된 것을 말한다(1795년 5월 부분 참조).

3월 5일: 국왕의 춘당대 시험(삼일제)에 대독관對讀官을 하다.

(가) "三日製試士 特旨差對讀官 上謂提學(徐有隣)曰 '取舍疵病 與對讀官相議
可也' 公起謝曰 '文苑故事 對讀官只得讀卷 不敢輒與可否 臣不敢承命' 上
曰'知可以與論 勿辭焉' 公固辭 上敎申複 公不得已與論於考卷 提學徐公
爲奉旨 一點一抹 皆待公言 自承嚴旨以來 自意 此生不得復爲考官 '不過
數日' 有此恩命 盖科場之讒 上已察其誣矣 時 排律一卷見黜 上臨黜一顧
有惜屈之意 及考卷筆 排律遂無中選者 上曰'俄一卷可惜'令 侍臣取來 窮

搜不得 公取一卷來 果是也 遂置第一 坼名 乃丁若鏞也 公五內震怖 如陷
大阱爲之變色 上聞'爲誰' 對曰'臣之族弟也' '其爲人與文藝如何' 對曰 '凡
庸之儒也' 旣退 公語蔡邇叔曰 '吾今有死而已 新以循私被旨 又於咫尺榻
前 犯此形跡之嫌 有死而已 大抵考官者 必死之職也' 後數日 上問蔡曰 '昨
見丁若鏞 其儀止端詳 應對閑雅 其文學何如' 蔡曰 '文藝亦精妙矣' 上曰
'問于丁謀 對以凡庸 何也' 蔡具以公言奏之 上大笑" 《사암연보》 57~58쪽

(나) "是年春 鏞爲會試一所同考官 旣唱名 南人爲進士者五十餘人 時輩謬謂
鏞行私濟其黨 上聞之大怒 據他事下獄 至十餘日 責諭震疊 謂放恣無忌
又諭平生不復秉朱筆 又令銓曹勿擬官職 後數日〔3월 5일〕 上御春塘臺試
士 特命鏞爲對讀官 鏞惶恐不知所爲 上諭蔡弘遠曰 予後知之 南人與選者
皆二所 丁鏞一所也 無行私事 令入奎瀛府…共撰華城整理通考" 〈자찬묘지
명〉(집중본) _《전서》 시문집, 1822년 6월 무렵

🔯 《실록》에는 1795년 3월 5일에 대한 기록이 없다. 그러나 (가)의 기록에
따르면 3월 3일 석방된 지 며칠도 지나지 않아(不過數日) 대독관이 되었다는
기록이 있고, 또 (나)에서도 후수일後數日이라고 하였다. 아울러 1795년 3월
7일에는 국왕의 세심대 행차를 수행하였는데(3월 7일 부분 참조) 이에 대하
여 또 삼일제로부터 후수일이라고 하였다. 따라서 3월 5일 춘당대에서 삼
일제가 있었음이 분명하다. 삼일제 때(1795년 3월 5일) 배율排律 중선中選의
탈락 가운데 하나를 구제하라고 하여 정약용이 뽑아온 것이 정약용의 족
제族弟인 정약선의 답안이었으므로, 이 일로 정약용은 깜짝 놀라 그는 범
용한 인물이라고 하였음을 알 수 있다. 시험이 끝난 뒤 정약용은 채이숙(채
홍원)과 이 일을 이야기하면서 자신은 이제 죽을 처지라고 말하였다. 채홍
원이 이 말을 정조에게 전하자 정조는 껄껄 웃었다고 한다. (다)에는 정약
용이 채홍원에게 정약선에 대하여 실재實才는 아니라고 한 말을 채홍원이
전한 기록이 없으나, 1795년 3월 11일 《승정원일기》 기록에는 이 말이 있
다(3월 11일 부분 참조). (다)에서 보듯이 국왕이 정약용을 대독관으로 바로
임명하고 그에게 선발 권한을 주라고 한 것은 바로 직전에 있었던 감시 회
시의 일소 고관으로서 정약용이 불공평하게 남인을 많이 선발했다는 노론

측의 공격을 국왕 자신이 인정하지 않는다는 뜻을 보인 것이라고 하겠다.

3월 7일: ① 정약용이 부사직에 단부되다. ② 정조가 육상궁毓祥宮에 갔다가 다시 세심대洗心臺로 가다. ③ 세심대 행차에 수행하다. ④ 정조가 정약용을 포함한 신구 초계문신들로 하여금 화성 진찬일進饌日(윤2월)의 악장을 1부씩 필사하게 하고, 대신들에게 나누어 주어 갱화시賡和詩를 짓도록 명령하다.

(가) "後數日[삼일제 며칠 뒤 3월 7일] 上行洗心臺賞花 公又從焉 是時 酒旣行 謝旣畢 上賦詩令諸臣賡和 內侍進五色彩箋一軸 上曰'諸臣中孰爲速筆' 僉曰'丁謀者' 上命公入於幕中寫詩 公於楊前抽筆 上曰'帳中地不平 詩軸安于御榻上 汝坐榻下寫之 可也' 上方臨榻上 天威昵近 公逡巡不敢進 上亟命之 不得已如命揮毫 自上俯視之 旣而笑曰 果然速書也 其見待如此" _《사암연보》59~60쪽

(나) "登洗心臺" _《실록》정조 19년 3월 7일

(다) "兵批 判書沈煥之…入直進…副司直…丁若鏞…以上竝單付" _《승기》정조 19년 3월 7일

(라) "乙卯三月初七日卯時 上詣毓祥宮…上教都摠管李敏輔曰 每歲此行 必與卿等 同登洗心臺" _《승기》정조 19년 3월 7일

(마) "遂至洗心臺…慈宮行華城進饌日樂章 有關華曲 下句及之 上曰 新舊抄啓文臣中 洪仁浩·丁若鏞·曺錫中·黃基天 各謄一本 傳于諸大臣 俾賡和而進" _《승기》정조 19년 3월 7일

(바) 〈奉和聖製內苑賞花〉 _《전서》시문집, 1795년 3월 7일

🔯 이날 3월 7일 정조의 육상궁과 세심대 행차에 정약용은 부사직으로서 수행하여 갱화시를 필사하라는 명령을 받은 것으로 여겨진다. 정약용에게 화성 진찬일의 악장樂章을 필사하라고 명령한 것은 그에게 다시 기회를 주기 위한 것으로 볼 수 있다. 국왕의 명령에 따라 3월 8일 무렵 정약용은 필사 작업을 하고 있었을 것이다. 이 결과 부용정芙蓉亭(창덕궁 후원) 정조의 연회에 자연스럽게 참석할 수 있게 되었다고 할 수 있겠다. (바)의 시는 이날 3월 7일에 지은 것으로 볼 수 있다.

3월 10일: 정조의 부용정 잔치에 참여하여 시를 짓다.

(가) 〈奉和聖製 夜登芙蓉亭小樓 得復申甲寅詩 令與舟中島嶼中人 分韻口呼〉
_《전서》 시문집, 1795년 3월 10일

(나) 〈芙蓉亭侍宴記〉 _《전서》 시문집, 1795년 3월 10일 이후 대략 3월 11일 무렵 추정

(다) "一日 上苑百花盛開 上召諸學士於丹楓亭 下騎內廐馬 扈從凡二十餘人 從靑陽門循宮牆…向夕 引至芙蓉亭下 賞花釣魚" _《사암연보》 54쪽

(라) "賞花釣魚于內苑" _《실록》 정조 19년 3월 10일

(마) "乙卯三月初十日卯時 上御春塘臺…以今日抄啓文臣之以謄錄郎廳 在監印所者 亦許入…上乘由丹楓亭靑陽門上……上移御芙蓉亭 設釣魚會…舟中嶼中 各出韻賦詩…命晩秀書御製詩 使在樓上者皆賡進 上曰 今日放夜…今夜弛禁事 分付巡邏營門" _《승기》 정조 19년 3월 10일

⓰ (마)에 따르면 이날 1795년 3월 10일 정조의 명에 따라서 정약용도 다른 신하들과 시를 지었음을 알 수 있다. 이 때 지은 시가 (가)이다. 따라서 (가) 시의 저작 시기는 1795년 3월 10일이 된다. 시의 제목으로 보아 야간에 지었음을 알 수 있다. (마)에 따르면 정조가 특별히 명령을 내려 신하들로 하여금 이날 밤까지 창덕궁에 머무르며 연회에 참석하도록 허용하였다. 《사암연보》(54~57쪽)에서 부용정 연회(54쪽) 기사와 〈芙蓉亭侍宴記〉(54~56쪽)를 세심대 행차(3월 7일)의 앞에 놓아 3월 10일의 부용정 연회를 세심대 행차보다 먼저로 한 것은 오류이다. (다)와 (마)가 내용으로 보아 일치하므로, (다)의 기록은 1795년 3월 10일의 일을 말한 것이 분명하다.

3월 11일: ① 이계수李季秀의 편지와 시를 받다. ② 늦게 규장각에 출근하다. ③ 입격유생 정약선(정약용의 족제)이 자못 정밀하다는 정조의 말에 당시 좌승지 채홍원蔡弘遠이 전하여 말하기를, 정약용의 말을 들으니 글재주는 있으나 실재實才는 아니므로 장원이 되기에는 합당하지 않다고 하다.

(가) 〈答李季秀〉 _《전서》 시문집, 1795년 3월 11일

(나) 〈芙蓉亭侍宴記〉 _《전서》 시문집, 1795년 3월 11일 이후 추정

(다) "乙卯三月十一日巳時 上御重熙堂…上曰 三日製入格儒生丁若鏞 頗精詳
　　矣 弘遠曰 聞丁若鏞言 文雖有在 未得爲實才 不可合於壯元云矣" 《승기》
　　정조 19년 3월 11일

⑯ (가)에 따르면 이날 3월 11일 집에서 이계수의 편지를 받고 답장을 쓴
뒤 늦게 규장각에 출근한 것으로 여겨진다. 아마도 전날인 3월 10일 부용
정 연회에서 과음하였기 때문일 것이다. (가)는 1795년 3월 11일 부용정 연
회 다음 날 바로 쓴 것으로 추정된다. 그리고 (나)는 부용정 연회 다음 며
칠 이내 지었을 것이다. 정약선은 정약용의 족제이다. 당시 좌승지였던 채
홍원이 그가 실재가 아니라 장원이 되기에 부족하다고 정약용이 한 말을
채홍원이 정조에게 아뢴 것은 바로 얼마 전 1795년 3월 2일, 정약용이 시
관으로서 편파적으로 남인을 많이 선발하였다는 오해를 받고 처벌 받은
사례가 있었기 때문인 것으로 여겨진다. 더욱이 삼일제에서 정약선의 답
안을 추가로 뽑아온 것이 정약용 자신이었다.

3월 18일: ① 정조가 읍청루挹淸樓(용산)에 가서 수군 훈련을 보다. ② 정약
　　　　　용이 승지 전망前望에 낙점되다. ③ 정약용이 계를 올려 대사헌
　　　　　과 장령에 궐원이 있다고 보고하다. ④ 정약용이 진도에 유배
　　　　　된 이진수李晉秀를 방송하라는 분부를 받다. ⑤ 이익운을 사헌부
　　　　　대사헌에 임명하다.

(가) "三月…(二十日) 右副承旨除授 (時 於龍山挹淸樓承命 遂扈駕而還)" 《다
　　산연보》 12쪽

(나) "三月二十日 除右副承旨" 《사암연보》 60쪽

(다) "大駕詣挹淸樓入幕…乙卯三月十八日卯時 上詣挹淸樓…由崇禮門 · 敦
　　化門 · 協陽門 · 宣化門還內 諸臣以次退出" 《승기》 정조 19년 3월 18일

(라) "承旨前望單子入之 趙尙鎭·洪仁浩·丁若鏞·鄭商愚落點" 《승기》
　　19년 3월 18일

(마) "丁若鏞啓曰 大司憲·掌令一員 持平二員未差…敢啓 傳曰 知道" 《승기》정
　　조 19년 3월 18일

(바) "全羅監司李書九啓曰 珍島郡定配罪人李晉秀到配事 傳于丁若鏞曰 放送

事 分付" _《승기》정조 19년 3월 18일

(사) "御把淸樓 行水操" _《실록》정조 19년 3월 18일

(아) "以李益運爲司憲府大司憲" _《실록》정조 19년 3월 18일

ⓥ (가), (나), (다), (라), (마), (바)의 기록으로 보아 위 사실이 확인된다. 다만 (가)에서 "3월 20일"이라고 한 것은 "3월 18일"의 오류이다(이에 대하여는 뒤의 3월 19일 부분 참조). (아)로 보아 1795년 3월 18일 이익운을 사헌부 대사헌에 임명하였음을 알 수 있다.

3월 19일: ① 진시辰時(오전 8~10시 사이)에 우부승지右副承旨로서 중희당重熙堂에 입시하다. ② 정조가 우부승지 정약용에게 상소를 올린 이가환 및 이익운 형제를 조사하여 자복을 받되, 오전 안에 자복서를 들이지 않으면 상방검尙方劍으로 처단하겠다고 하다.

(가) "乙卯三月十九日辰時 上於重熙堂…右副承旨丁若鏞入侍…上曰 予忘却 點下承旨於若鏞矣…仍出尙方劍於若鏞傳曰 承旨聽 之 李家煥及李益運兄 弟再昨擧疏 渠輩敢如是乎…予當以此劍 斬一介頭 承旨速爲出去 使李家 煥輩 使之自服 承旨執筆書納 若於午前 不爲書入 則承旨自伏此劍 朕言 不通 速速出去 承史以次退出" _《승기》정조 19년 3월 19일

ⓥ 《다산연보》와 《사암연보》에 따르면 1795년 3월 20일에 우부승지에 제수된 것으로 되어 있다. 그러나 (가)에 따르면 3월 18일 승지에 낙점된 것으로 되어 있다. 일단 《다산연보》와 《사암연보》의 착오로 보인다. 《다산연보》에서 기억상의 착오를 일으키고 《사암연보》가 이를 그대로 따른 것으로 볼 수 있다. (가) 3월 19일 조에 이미 "우부승지 정약용"이라고 하고 있으며, 3월 18일에 이미 우부승지로서 근무하고 있는 것으로 보이기 때문이다(3월 18일 부분 참조). 그리고 《다산연보》에서도 용산 읍청루에서 우부승지에 임명되어 대가大駕를 따라 환궁하였다고 하는데, 3월 18일 (다)의 기록과 《실록》에 따르면 이날 3월 18일 정조가 읍청루에 간 것이 분명하다(《다산연보》날짜 착오). 정약용은 이번 3월 18일 임명에는 사직소를 내거나 인혐引嫌하지 않고 3월 18일 조의 (마)와 (바)의 기록과 같이 바로 근무한 것은 처벌에서 풀려났기 때문일 것이다. 이날 3월 18일 오전 국왕이 용

산의 읍청루에 가는 것을 수행하였고 그곳에서 승지에 임명되었으며, 오후 임금을 호종하고 창덕궁으로 돌아와 3월 18일 기록 (마) 및 (바)와 같이 승지에 근무하였다고 할 수 있다.

한편 1795년 3월 18일 사이 남인의 중진 이가환 등이 모종의 상소를 올려 정조를 진노하게 한 것으로 여겨진다. 이익운이 3월 18일 대사헌에 임명된 것으로 보아서 국왕의 진노는 아마도 이익운의 사직 상소 때문이었다고 추정되고 여기에 이가환도 연관되어 있었다고 생각된다. 정약용이 이들과 가까운 사이이므로 속히 처리하여 오전 안에 자복서를 받아오지 않으면 정약용 자신도 처벌하겠다는 엄명을 내린 것이다. 이것은 전제군주와 같은 모습을 보여준다. 정조는 정약용과 같이 총애하는 신하들에게 엄격한 태도를 보임을 알 수 있다. 그는 같은 당색들끼리 서로 비호하여 주는 것을 가장 싫어하였기 때문이다. 전달 1795년 윤2월 과거에서 편파적으로 남인을 많이 선발하였다는 혐의 때문에 바로 얼마 전(3월 2일) 처벌되었다가, 전날(1795년 3월 18일)에 우부승지에 임명된 직후 다시 이런 엄명을 받은 것이다.

3월 20일: 부사직이 되다.

(가) "兵批…副司直…李益運 · 洪義榮 · 丁若鏞" 《승기》 정조 19년 3월 20일)

(나) 〈懷田園五首 酬南皐韻〉 《전서》 시문집, 1795년 3월 하순 추정

(다) 〈浿江居二首 次杜韻〉 《전서》 시문집, 1795년 3월 하순 추정

﷽ 이날 3월 20일에 정약용이 이익운과 함께 부사직이 된 것이 주목된다. 두 사람은 함께 체직되어 부사직이 되었을 가능성이 있다. 즉 이익운 등의 상소 문제와 정약용의 체직이 관련되었을 가능성이 있다. (나)와 (다)의 시를 보아 정약용의 당시 심정을 알 수 있다. 국왕의 총애를 받지만 하루아침에 벼슬이 떨어지기도 하고 구금되기도 하는 자신의 신세에 대하여 정약용은 적지 않게 자존심을 상한 것으로 보인다. 1795년 4월에 규장각에서 교서校書하고 있는 것으로 보아서 이때에는 우부승지의 일을 하지 않고 있었던 것으로 보인다. 승지 임무는 격무이므로 교서의 일을 겸하기 어렵다.

4월 일: 규장각에서 교서하다.

(가) "四月 公在奎瀛府校書 尋停 是一種惡黨 煽動浮言 誣毀回測 公自是幽憂
在中 遂不復入闕校書…是時 上方響公大用矣 夏(1795)蘇州人周文謨 變服
潛出 匿于北山之下 廣傳西敎 進仕韓永益知之 告于李晳[5월 10일 무렵]
晳告于蔡相公 公密告于上 命捕將趙奎鎭掩捕之 文謨逸執 崔·尹等三人 杖
殺之 《사암연보》 60쪽

(나) "夏四月 蘇州人周文謨變服潛出 匿于北山之下 廣揚西敎 進士韓永益知
之 告于李晳 鏞亦聞之 晳告于蔡相公 公密告于上 命捕將趙奎鎭 掩捕之"
〈자찬묘지명〉 집중본, _《전서》 시문집, 1822년 6월 무렵

✿ (가)에서 "四月 公在奎瀛府校書 尋停"이라고 하였다. 4월에 교서 작업에 종
사하고 있었으며, 정약용에 대한 비방이 거세지자 입궐하여 교서(《화성정리
통고》 원고 완료 후 인쇄를 위한 교정 작업) 하는 일을 그만두었음도 알 수 있
다. 다만 정약용이 교서 작업을 중간에서 그만 둔 것은 (가)에서 "是一種惡黨
煽動浮言 誣毀回測 公自是幽憂在中 遂不復入闕校書"라고 한 것을 보면 1795년 5
월에 터진 주문모 사건 때문임을 알 수 있다. 따라서 입궐을 중지하고 교서
작업 참여를 그만 둔 것은 7월 초순 이후로 추정된다(7월 초순 부분 참조).

달레의 《한국천주교회사》에 따르면, 주문모는 1794년 12월 23일(양력) 압
록강을 건너 국내로 들어온 것으로 되어 있다.[117] 음력으로 12월 2일이 된
다. 따라서 주문모는 1794년 연말(음력) 이내에 서울에 당도하였을 것으로
여겨진다. 위의 책에서는 1795년 초에 당도한 것으로 되어 있으나(378쪽),
이것은 양력을 따랐기 때문일 것이다. 이후 그는 먼저 우리말을 배운 뒤
북촌北村에 머무르며 성례聖禮와 보례補禮를 주는 등의 활동을 하였고, 부
활절에 조선에서 최초로 미사를 드렸다고 한다.[118] 부활절(양력 4월 첫째 주
일요일)은 음력으로는 대략 윤2월 중순 무렵으로서 이때부터 본격적으로
선교 활동을 시작하였다고 할 수 있겠다. 이런 주문모의 활동이 알려진 것
은, (가)에 따르면 진사 한영익韓永益이 이석李晳에게 알리고 이석이 다시

---

117) 안응렬 외 역주, 《한국천주교회사》[상], 한국교회사연구소, 1979, 378쪽.
118) 위의 책, 379쪽.

채제공에게 알렸으며, 채제공은 다시 국왕에게 알린 뒤 포장捕將 조규진趙奎鎭에게 주문모를 잡아들이라고 명령한 데에서 비롯한다. 《한국천주교회사》의 기록에 따르면 이석은 광암 이벽의 아우이고, 조규진에게 체포 명령이 떨어진 것은 1795년 양력 6월 27일이었다.[119] 이것은 음력으로는 1795년 5월 11일이다. 아마도 5월 10일 무렵 한영익이 이석에게 알렸고 이석은 즉시 채제공에게 알렸고, 이에 채제공이 정조에게 보고하여 다음 날 5월 11일 주문모 체포 명령이 떨어진 것으로 볼 수 있다. 채제공은 국왕에게 몰래 보고하여 이 일을 은밀히 처리하고자 하였다. 한영익이 주문모의 존재와 거처를 알게 된 것은 아마도 5월 초순 무렵이었을 것이다. 《사암연보》의 기록 (가)에서 "夏(1795)蘇州人周文謨 變服潛出 匿于北山之下 廣傳西教 進仕韓永益知之 告于李晳 晳告于蔡相公"이라고 한 것은 아마도 정약용 자신이 기록한 것을 정약용의 현손 정규영(《사암연보》의 찬자)이 인용한 것으로 여겨진다.[120] 《다산연보》는 관력官歷을 중심으로 간단히 정리된 것인데 《사암연보》는 이를 토대로 하여 《여유당집》과 《筠菴漫筆》 등 정약용이 남긴 자료를 이용하여 더 자세하게 증보한 것이다. 즉 《사암연보》의 이 기록은 《사암연보》를 찬술하면서 정약용 자신의 기록(《筠菴漫筆》)에 의거하여 비교적 자세하게 보충한 것이라고 할 수 있다.[121] 정규영이 《사암연보》를 찬술했던 1920년대 당시에는 《실록》, 《승정원일기》 등 연대기 자료는 이용하기 어려웠을 것이다.

1795년 5월 11일 주문모는 체포를 면하였으나 지황池璜, 윤유일尹有一, 최인길崔仁吉은 체포되어 5월 12일 새벽 옥 안에서 사형이 집행되었다고 한다.[122] 그리고 다른 서학교도 다섯 명도 함께 체포되었으나 보름 후 석방되었다고 한다.[123] 세 명을 바로 죽이고 나머지 다섯 명을 방면한 것은

---

119) 위의 책, 379쪽.

120) 《한국천주교회사》의 역주에 따르면(378쪽), 정약용이 말한 "北山之下"는 북촌北村 계동桂洞을 말하며 이곳은 최인길崔仁吉이 마련한 집으로서, 주문모는 처음에는 정동貞洞에 있다가 계동으로 옮겼다고 한다.

121) 조성을, 《《사암선생연보》의 문헌학적 검토》, 《다산학》 27, 2015.12, 참조.

122) 《한국천주교회사》[상], 380쪽.

123) 즉 음력 5월 25일 무렵(위의 책, 381쪽).

문제를 확대시키지 않고 조용히 마무리 지으려는 정조와 채제공의 의중이 반영된 것이라고 하겠다. 정약용이 사전에 주문모의 잠입과 선교 활동을 알았는지는 알 수 없으나, (나)에 따르면 적어도 5월 10일(무렵)에 한영익이 이석에게 말한 이후에는 이 사실을 알게 되었다. 이리하여 (가)에 인용된 기록을 남기게 되었을 것이다. 다만 그가 규장각에서 교서하는 일을 그만 둔 시점이 문제인데 이것은 대략 7월 초순 이후라고 생각된다. 이것이 공식적으로 문제가 되어 처음 상소가 올라오는 것은 1795년 7월 4일(대사헌 권유權裕)이고 이어 7월에 박장설이 이가환을 사학邪學의 교주로 모는 상소가 올라오기 때문이었다(1795년 7월 4일 및 7월 7일 부분 참조). 아마도 5월 중순부터 6월 사이에 이 소문이 퍼지기 시작하여 6월 하순에서 7월 초 무렵 노론과 남인 공서파에게 알려져 7월 4일에 권유의 상소가 있게 되었다고 여겨진다.124)

4월 9일: ① 아버지의 기일로서 초천의 3주기 제사에 참여하다(추정). ② 아버지 묘소가 있는 하담을 생각하는 시를 짓다.

(가) 〈懷荷丘〉 _《전서》 시문집, 1795년 4월 9일 추정

☞ (가)는 1795년 4월 9일 제사 참여를 위하여 초천에 내려갔다가 그곳에서 하담에 있는 아버지의 선영을 생각하며 지은 시로 추정된다. 1795년 3월 20일에 부사과에 임명된 이후 산직散職이었고 "江流路自通"이라는 구절이 있어서 초천에 내려갔을 것으로 추정하였다. 그러나 곧 돌아와 교서 작업에 참여하였을 것이다.

5월 11일: 주문모 체포 명령이 떨어졌으나 주문모는 피신하다.125)

5월 12일(새벽): 주문모를 숨겨준 지황池璜, 윤유일尹有一, 최인길崔仁吉 등이 처형되다.126)

5월 15일: 행단杏壇(윤지범의 집)에서 윤지범과 음주하다.

---

124) 조성을, 〈정약용과 교안〉, 《한국실학연구》25, 2013.6, 399~407쪽 참조.
125) 《한국천주교회사》[상], 380쪽.
126) 위의 책, 378~380쪽.

(가) 〈同南皐杏壇小飮〉 _《전서》 시문집, 1795년 5월 15일

(나) 〈南皐尹參議墓誌銘〉 _《전서》 시문집, 1822년

∮ (가)에 "五月十五日"이라고 원주가 붙어 있으므로 5월 15일 작임을 알 수 있다. 행단杏壇은 윤지범의 집을 가리키며 현재 서울 옥수동 부근에 있었던 것으로 추정된다. 주문모를 숨겨준 천주교도들이 처형된 것은 1795년 5월 12일이므로, 이때 이미 정약용은 채제공 등을 통해 이 소식을 알고 있었을 것이다. 채제공은 정약용 등에게 더욱 근신하라는 뜻으로 이 일을 알려주었을 것이다. 직접 알리지 않고 채홍원을 통해서 알렸을 가능성도 있다. 이후 당분간 정약용은 근신하면서 조용히 지냈을 것이지만, 교서 작업에는 계속 참여하였을 것으로 보이며, 남고 윤지범과 잦은 내왕이 있었다. 다만 1797년 봄 윤지범이 외직 임천林川 군수로 나가고, 정약용은 1797년 윤6월 곡산부사로 나가서 1799년 5월 서울로 돌아오므로 이후 두 사람은 오랜 기간 만나지 못하였다.

(나)에 따르면 어머니가 임천 관아에서 돌아가시므로 이때까지는 아직 임천군수로 재직하였으나, 1800년 6월 정조의 서거 이후 정약용과 정순 태대비의 복상 문제로 정약용과 토론하므로 그 이전에 이미 서울에 돌아와 있었다고 할 수 있다. 정약용의 장기 유배 때에는 시를 지어 보내기도 하였다.

6월 3일(무렵; 초복): 고열로 앓고 시를 짓다.

(가) 〈苦熱三十韻〉〈上庚. 威已酷〉 _《전서》 시문집, 1795년 6월 3일 무렵

(나) 〈大陵三老歌〉〈尹弼秉·蔡弘履·李鼎運〉 _《전서》 시문집, 1795년 6월 3일 무렵 이후 추정

(다) 〈大陵三老學畵歌〉 _《전서》 시문집, 1795년 6월 3일 무렵 이후

∮ 상경上庚(초복)은 양력으로 대체로 7월 18일이다. 음력으로는 1795년 6월 3일이 된다. 따라서 6월 3일 무렵으로 추정하였다. 고열로 앓게 된 것은 주문모 사건의 수습을 위해 고심하고 진력한 것이 한 원인이 될 수 있었겠다. 《여유당집》 시율에는 (가)의 시에 바로 이어서 (나), (다)가 이어진다. 1795년 6월 무렵에는 공서파의 공세에 맞서기 위해 남인 내부에서 채제공을 중심으로 결속 작업이 진행되고 있었을 가능성이 크다. (나)와 (다)

의 시가 이것을 말해주는 것으로 추정된다. 윤필병尹弼秉, 채홍리蔡弘履, 이정운李鼎運은 기호남인의 원로이며 정약용은 (나)와 (다)의 시에서 이들에게 호감을 표시하고 있다. 주문모 사건으로 궁지에 몰린 처지에서 이들에게서 도움을 구하고 있었던 것으로 여겨진다. 말할 것도 없이 남인 내부의 공서파 목만중 등도 늦어도 1795년 6월 이후 이가환, 정약용과 채제공 등을 공격할 준비를 하고 있었을 것이다(7월 7일 부분 참조).

6월 15일(무렵): 친구들과 세검정에 놀러가다.

(가) 〈苦雨歎 示南皐〉(中庚過後 水澤溢) _《전서》 시문집, 1795년 6월 14일 무렵 이후 추정

(나) 〈遊洗劍亭〉 _《전서》 시문집, 1795년 6월 15일 이후 무렵

(다) 〈愁亦〉 _《전서》 시문집, 1795년 6월 16일 무렵 이후 추정

(라) 〈醉歌行〉 _《전서》 시문집, 1795년 6월 17일 무렵 이후 추정

(마) 〈南皐尹參議墓誌銘〉 _《전서》 시문집, 1822년

(바) 〈與韓徯甫〉(제2서) _《전서》 시문집, 1795년 겨울 이후 추정

(사) 〈與韓徯甫〉(제3서) _《전서》 시문집, 1796년 여름 추정

ø (가)는 1795년 부분에 배치되어 있고 "中庚過後 水澤溢"이라는 원주로 보아 1795년 여름 중복이 지난 다음에 지은 것이다. 1795년 중복은 음력으로 6월 13일(무렵)이었다. 따라서 (가)의 저작 시기는 6월 14일(무렵) 이후가 된다. (가)의 시 바로 뒤에 배치되어 있는 (나)의 시의 뒤에 (다), (라), 〈秋至〉(6월 23일 무렵 추정, 바로 뒤의 6월 23일 무렵 부분 참조)의 순서로 시들이 배치되어 있다. (다) 시는 배치 순서로 보아서 대략 6월 16일 무렵 이후, (라) 시는 6월 17일 무렵 이후로 추정된다. 1795년 6월 18일에는 혜경궁 홍씨의 회갑연에 참여하였다(6월 18일 부분 참조). 따라서 (나) 시는 대략 6월 15일(무렵) 지은 것으로 보는 것이 타당하겠다. 그러므로 세검정에 놀러 간 것은 대략 6월 15일 무렵으로 추정할 수 있다. (가), (다), (라) 시는 여름 날씨 속에서 주문모 사건으로 괴로워하고 있던 정약용의 모습을 엿볼 수 있게 한다.

한편 (바)의 저작 시기에 대하여 필자는 1794에서 1796년 사이로 추정하였다.127) 그러나 (바)에는 "聞南皐 昨夕 自華城至 直赴大陵宿 今日亦不令吾輩知"라고 한 구절이 있다. (마)에 따르면 윤지범이 수원으로 이사하여 간 것은

1795년 겨울(乙卯冬 公徙居于此)이므로, (바)는 1795년 겨울 이후의 작품이 된다. 그렇다면 (사)의 저작 시기는 또 이보다 뒤여야 한다. (사)에 "洗劍之遊 不可不豫先料理 若待邇蕭出院 已水落石出矣"라는 구절이 있다. 제3서에서 언급된 세검정 놀이는 1796년 이후 여름의 일로 추정된다. 이 놀이에 채홍원이 함께 갔을 것으로 추정되며 시기는 장마가 걷힌 뒤라고 볼 수 있겠다. 그리고 1798년 여름에는 곡산부사로 재직하고 1799년 여름에는 형조참의로 근무하느라고 무척 바빴었다. 따라서 (사)는 대략 1796년 또는 1797년 여름에 지은 것이 되는데 1796년 여름일 가능성이 더 크다. 1797년 (음력) 6월 무렵에는 승지 임명 문제로 시끄러웠기 때문이다.

6월 18일: 혜경궁의 회갑回甲 진찬일進饌日 회식會食에 참여하다.

(가) "乙卯六月十八日辰時　上詣延禧堂　慈宮周甲誕辰進饌…行司直…丁若鏞…文臣堂上堂下時任前銜　饋於光政門內" 《승기》 정조 19년 6월 18일

(나) 〈奉和聖製周甲誕辰識喜〉 《전서》 시문집, 1795년 6월 18일

🖋 이날 6월 18일에 정약용은 정조를 직접 수행하면서 따라다닌 것 같지는 않으며, (가)에 따르면 전함前銜으로서 광정문光政門 안의 회식에 참여한 것으로 보인다.

6월 20일(무렵 이후 추정): 비를 바라보며 남고 윤지범에게 부치는 시를 짓다.

(가) 〈題畫五首〉 《전서》 시문집, 1795년 6월 19일 이후~21일 이전

(나) 〈對雨寄南皐〉 《전서》 시문집, 1795년 6월 20일~6월 22일 이전

🖋 〈醉歌行〉(1795년 6월 17일 무렵 이후)의 바로 뒤에 (가)와 (나)의 시가 실려 있고, 이들 시 바로 뒤에 〈秋至〉(1795년 6월 23일 무렵)가 배치되어 있으며 6월 18일에는 혜경궁 홍씨 회갑연에 참여하였다. 따라서 (가)의 저작 시기는 대략 "6월 19일 이후에서 6월 21일 이전", (나)의 저작 시기는 대략 1795년 "6월 20일 이후에서 6월 22일 이전"으로 추정할 수 있겠다.

6월 23일(무렵; 입추일): 입추에 즈음하여 시를 짓다.

---

127) 조성을, 2004, 322쪽.

(가) 〈秋至〉 _《전서》 시문집, 1795년 6월 23일 무렵

(나) 〈游西池〉 _《전서》 시문집, 1795년 6월 24일 무렵 이후 추정

(다) 〈重游西池〉 _《전서》 시문집, 1795년 6월 26일 무렵 이후 추정

(라) 〈李氏林亭同諸友〉 _《전서》 시문집, 1795년 6월 27일 무렵 이후 추정

🜨 (가)의 시는 내용으로 보아 입추 때 지은 것으로 비정된다.[128] (가)의 시 뒤에는 《여유당집》 시율에 (나), (다), (라)의 순서로 시가 배열되어 있다. 입추일은 양력으로 대략 8월 7일 무렵이며 말복과 겹친다. 이것은 앞에서 언급한 바와 같이 음력으로는 을묘년(1795) 6월 23일 무렵이다. (가)의 시를 입추에 지은 것이라면 저작 시기는 음력 6월 23일 무렵이 된다. (나), (다), (라)의 시는 대체로 초가을의 시이다. 7월 4일 권유權裕의 상소(7월 4일 부분 참조) 이후에는 남인 연소 관료들이 자중하고 있었을 것이다. 따라서 이들 시의 저작 시기를 대략 위와 같이 추정하였다. 물론 (나), (다), (라)의 시들 가운데 1795년 7월 1일에서 3일 사이에 지어진 것이 있을 가능성을 완전히 배제할 수는 없지만, 편의상 6월 하순에 지은 시로 보았다. (다) 시의 저작 시기를 "6월 26일 무렵 이후"로 추정한 것은 연달아 이틀 계속 서지에 놀러갔다고 보기는 어려웠을 것이기 때문이다. (나), (다), (라)의 시들로 보아 6월 하순에 정약용은 서지西池(서울 서대문 밖 현재 천연동 감리교신학대 부근)에 두 번 놀러 갔으며 이씨李氏의 임정林亭에 남인 연소 관료들이 모였음을 알 수 있다. (가)의 시에서는 가을이 왔음에도 여전히 답답하며 벼슬을 떠나고 싶은 정약용의 당시 심정이 드러나 있다. 가을은 왔지만 7월 노론측의 공세가 본격적으로 시작된다.

7월 4일: 권유가 주문모 사건을 덮으려고 한 조규진趙奎鎭을 문책하라고 상소를 올리다.

(가) "인용문 생략" 《승기》 정조 19년 7월 4일

(나) "權裕上疏…臣謂當該捕將 拿問嚴治" 《실록》 정조 19년 7월 4일

7월 7일: 이가환을 사학의 영수라고 탄핵하는 박장설朴長卨(남인 공서파)의

---

128) 심경호 2007, 366쪽.

상소가 올라오다.

(가) "是時 上方嚮公大用矣 夏[1795]蘇州人周文謨 變服潛出 匿于北山之下 廣傳西教 進仕韓永益知之 告于李晳 晳告于蔡相公 公密告于上 命捕將 趙奎鎭掩捕之 文謨逸執 崔·尹等三人 杖殺之 於是 睦萬中等煽動浮言 欲 因此盡陷善類 陰嗾朴長卨上疏[7.7] 自稱"羈旅之臣" 首論徐有防奸邪 次 論捕廳徑殺 以及於李家煥 謂家煥曾對天文策 敢用淸蒙氣說 又爲同考官 策問五行而解元所對 專主西洋人之說 以五行爲四行 解元卽公之仲氏巽 菴公 此皆睦萬中所恒言而陰嗾也所入 上震怒曰'國綱雖曰不振 渠何敢若 是駭悖乎 渠亦國中簪纓 非琉球日本昨今日向化之輩 則羈旅之稱 其敢萌 於心而發諸口乎' 遂命朴長卨先往豆滿江 次往東萊 次往濟州 次往鴨綠 江 周流四裔 而副羈旅之名

又傳曰云云'最是對策四行之卷 一心查正 斷不可耳 今日取見其對策之臨 軒功令者 屢回上下逐句看詳如言者' 云云…一行 在車書未通之世 能正 大衍曆八百歲差一日之謬 然則一行之名者 其可歸之於邪學 而一行之曆 法 亦可歸之於西法 此一款 尤可謂極孟浪 有識之士 可立辨'

又傳曰'西洋之書 出於東國者 爲數百餘年 史庫玉堂之舊藏 亦皆有 不啻 幾十編秩…故相忠文公李頤命文集 亦有與西洋人蘇霖載往復求見其法 書其言 以爲[對越復性初 似與吾儒無異 不可與黃老之淸淨·瞿曇之寂滅 同日而論 然髣髴牟尼之法 反取報應之論 以此易天下 則難矣]故相之言 可謂詳辨 其裏面亦純然攻斥者有之 故察訪李溆詩至謂[夷人傳異學 恐爲 道德寇] 大抵 近日以前 博雅之士 未嘗不立言評騭 而其緩其峻 無足有 無於其時'

蓋正廟前後傳敎 專欲昭晳貞軒公·及公兄弟 以爲玉成之聖眷也" 《사암연 보》60~63쪽

(나) "秋[7.24무렵]上謂筵臣曰 '某某等數人方將大用 朴疏[7.7]以後 口舌甚多 作成之方 不可不商量 一番薄譴使各立跡昭志 以塞人言 不可已也 後數日 [7.26] 特敎金井察方 [7.25]李家煥(前以屢次引嫌 補是任)特補忠州牧使 又 傳曰 '未決之案 卽丁某事也 渠若目不見非聖人之書 耳不聞悖經之說 無罪 渠兄 何登公車……前承旨丁某 金井察訪除授 何顔辭朝 當刻內登程 俾圖

生踰漢江之方'盖時人之所欲 必除者 貞軒及公 故聖恩姑順時論 以平人心
也" _《사암연보》 63~65쪽

(다) "於是 上召珍山縣監李基讓 令至京師 赴太學課試 上引見之大悅 卽試賦
一篇 特賜及第 時九月也 十月中 批除弘文館副修撰 謂蔡相國曰 '卿今老
矣 無可代卿者 得李某[이기양] 吾無患矣 時惡黨期欲除二人[이가환·정약
용] 上知其情 故名黜二人 實增爲三人" _《사암연보》 65쪽

(라) "行副司直朴長卨疏曰…彼李家煥…倡主邪學 背馳吾道 最是難赦之一大
罪也" _《승기》 정조 19년 7월 7일

(마) 〈副司直朴長卨上疏〉"乙卯" _《벽위편》 7월 7일

⦶ (라)의 기록을 보면 박장설이 1795년 7월 7일에 상소를 올렸음을 알 수
있다. (가)와 (라)에서 보듯이 박장설은 "7월 7일"에 올린 상소에서 스스로
를 "羈旅之臣"이라고 불렀다가 정조의 노여움을 사서 유배를 가게 된다. 다
만 이가환도 처벌을 받아 외직인 충주목사로 나가게 되고(7월 25일 부분 참
조), 1795년 7월 26일에는 정약용이 금정찰방으로 나가게 되었으며 이승훈
도 같은 날 예산으로 유배가게 되었다(7월 26일 부분 참조). 그러나 정약용과
이가환은 곧 한양으로 돌아오게 되며 이승훈도 다음 해 1796년 봄 유배에
서 풀리게 된다. 정조는 정치적 문제로 양측이 대립할 때 양측을 모두 처
벌하는 방식을 쓰되 호감이 가는 쪽을 먼저 용서해 주는 태도를 보인다.
정조의 이가환, 정약용에 대한 배려는 (다)에서 볼 수 있다. 정조는 이가환,
정약용 등으로 하여금 반대파의 강력한 공격을 일시 피하게 한 다음 복귀
명분을 만들려고 한 것이다. 또 (다)의 기록을 보면 이가환, 정약용 등이
빠져나간 공백을 메우기 위하여 이들과 정치적 성향이 같고 친분이 있는
이기양李基讓을 진산현감에서 서울로 불러들여 중용하는 방책을 남인 영
수 채제공과 함께 강구하였다(9월 기용).
　한편 (가)에서 보면 정약용은 박장설의 배후에 남인 공서파의 영수 목만
중睦萬中의 사주가 있었던 것으로 생각하였음을 알 수 있다. 목만중은 정
약용이 소과에 급제할 때까지만 해도 정약용의 집안과 가까운 사이여서
정약용이 소과 급제를 하고 압구정으로 갈 때 동행하기도 하였다. 목만중

과 사이가 나빠지게 된 데에는 기호남인 내부의 정치적 갈등, 즉 이가환이 추후 채제공의 후계자로 부상하고 정약용이 이가환과 가까웠던 점도 작용을 하였다고 생각된다. 1795년 7월 초순부터 남인 공서파를 앞세운 노론 강경파의 공세는 1795년 봄 이후 기호남인들이 어느 정도 세를 형성하여 가는 것에 대한 정치적 공세라는 의미가 크다고 생각된다. 기호남인 안의 신앙공동체가 서울에서 적극적 포교 행위를 전개한 것이 이 공세에 빌미를 제공하여 준 것이라고도 하겠다. 신앙공동체의 행위는 순수한 것이었고 오늘날의 상식에서 보면 존중되어야 하는 것이지만 당시 정치 정세 속에서는 역설적으로 보수층을 돕는 것이기도 하였다. 결국 천주교도들의 신앙 활동과 선교가 1801년 신유교안으로 귀결되고 세도정치라는 보수·반동을 초래한 측면도 있다. 이리하여 자주적 근대화를 위한 중요한 시기인 1801년에서 1860년대 전반을 조선사회는 보수·반동으로 허비하게 되었다. 그 결과 타율적 개항이 되었고 국권 상실의 길로 가게 되었다.

7월 7일 이후(추정): ①신부 주문모 사건과 관련하여 박장설의 상소가 있다(7월 7일). ② 정약용 이에 대하여 언급하는 편지를 이계수에게 쓰다.

(가) 〈與李季受〉(제2서) _《전서》 시문집, 1795년 7월 7일 이후

(나) 〈工曹判書李家煥上疏〉 _《벽위편》, 1795년 7월 7일 이후

✎ 필자는 (가)의 시기를 1795년 여름으로 추정하였으나,[129] 더욱 구체적으로 살필 필요가 있다. 내용으로 보아 박장설의 상소 뒤의 편지이기 때문이다. 그의 상소가 올라온 것은 7월 7일이므로 (가)를 쓴 시기는 1795년 7월 7일 이후가 된다. 사태가 위급하므로 7월 7일 그날 쓴 편지일 수도 있다. 1795년 7월 7일 이후 25일까지 정약용의 행적은 잘 추적되지 않는다. 주문모 사건을 진화하고자 노력하고 있었을 것으로 추정된다. 그러나 완전히 진화하지는 못하여 7월 25일 이후 이가환, 정약용은 좌천되고 이승훈은 유배 가게 된다. 이것은 정조와 채제공이 사태를 무마시키고자 내놓은 궁여

---

129) 조성을, 2004, 311쪽.

지책이었을 것이다. (나)는 7월 7일 박장설의 상소 이후 이가환이 올린 것으로 (가) 편지와 비슷한 시기였을 것으로 추정된다.

7월 22일(무렵): 채제공의 집에 이익운, 이정운, 이가환, 최헌중 등이 모여 최헌중의 상소(7월 25일 올릴 것) 초안의 내용을 검토하다.

(가) 〈修撰崔獻重上疏〉 _《벽위편》 권4, 1795년 7월 25일

(나) 〈稚子〉 _《전서》 시문집, 1795년 7월 20일 이후~7월 25일 이전 추정

(다) 〈古詩十二首〉 _《전서》 시문집, 1795년 7월 20일 이후~7월 25일 이전 추정

ⓧ 《벽위편》(권4)에는 (가)에 바로 이어서 "獻重陳疏[7.25] 前數日[7.22(또는 7.23) 무렵] 有某宰 往蔡相家 則李鼎運·益運·李家煥·崔獻重等五六人 方聚首觀獻重疏草 於蔡相之前 見某宰至 蒼竟起居而接之 某宰亦因以見草本"이라는 언급이 있다. 여기에서 모재某宰가 누구인지는 알지 못하나, 아마도 기호남인계 인물이었고(혹 권엄), 이 사람은 이때에는 아직 채제공 그룹과 거리가 있지 않았으나 나중에 소원하여져서 남인 공서파에게 이 사실을 귀띔해 준 것으로 보인다. 최헌중이 상소를 올리기(7.25) 前數日이라고 하므로 대략 7월 22일(또는 7월 23일) 무렵으로 추정하여 둔다. 이름이 언급되지 않은 것으로 보아서 이날 채제공 집에서 있었던 논의에 정약용은 참석하지 않았을 수 있지만 참석하였을 가능성도 완전히 배제할 수는 없다. 대략 1795년 7월 22일 무렵에는 채제공 그룹 안에서 천주교 문제의 정리 방향이 잡힌 것으로 보인다. 1795년 7월 20일에서 25일 사이에 지어진 것으로 추정되는 (나)와 (다)에는 이 무렵의 심경이 잘 드러나 있다(7월 26일 부분 참조).

7월 25일: ① 수찬 최헌중이 천주교 문제와 관련하여 책을 없애자는 상소를 올리다. ② 정조가 이가환을 충주목사忠州牧使에 임명하다.

(가) 〈修撰崔獻重上疏〉 _《벽위편》 권4, 1795년 7월 25일

(나) "修撰崔獻重上疏" _《실록》 정조 19년 7월 25일

ⓧ 최헌중의 위 상소는 채제공 그룹과의 조율을 거쳐 올라온 것으로 보인다.

7월 26일: ① 정조가 정약용의 서학西學 연루에 대하여 언급하고 충청도 금정金井 찰방으로 내보내라 명하다(좌천). ② 동시에 이승훈을 예

산禮山으로 유배시킬 것을 명하다. ③ 우상 채제공을 뵙고 이가환과 청파동青坡洞에서 이별한 뒤 늦게 동작나루를 건너 승방점(현재 사당동 사거리 부근)에서 묵다.

(가) "七月(廿六日) 金井道察訪除授 (外補也 時因捕廳崔·尹等獄事 言者論李家煥 並及仲氏五行策之說 於是 黜李爲忠州牧使 余有是行 盖玉成之聖意也)" _《다산연보》 12쪽

(나) "七月(二十六日) 金井道察訪外補" _《사암연보》 60쪽

(다) 〈有嚴旨出補金井道察訪 晚渡銅雀津作〉 _《전서》 시문집, 1795년 7월 26일 저녁

(라) "被嚴旨 除金井察訪 申時發行 歷拜右相 至靑坡 遇李(判書家煥)叙別 行二十里宿僧房店" _《金井日錄》 1795년 7월 26일

(마) 〈答洪博汝〉(時薄) _《전서》 시문집, 1795년 8월 추정

(바) "乙卯七月二十六日辰時 上御重熙堂…右副承旨蔡弘遠…以次進伏 上命書傳教曰…李承薰投之禮山縣…又命書傳教曰 未決之案 卽丁若鏞事…前承旨丁若鏞 金井察訪除授 時任察訪 遞付京職 何顏辭朝 當刻內登程 俾圖生蹤漢江之方" _《승기》 정조 19년 7월 26일

🜉 (가), (나), (다), (라), (마)의 자료로 보아 위의 사실들이 확인된다. 이날 7월 26일에 늦게 동작나루를 건넜음을 (다) 시를 통해 알 수 있다. 따라서 1795년 7월 26일의 일정은 신시申時에 궁성(창덕궁)을 출발하여 우상右相(채제공)에게 인사드리고 현재의 청파동에 도착하여 이가환을 만난 뒤, 동작나루를 건너 승방점僧房店에서 숙박한 것임을 알 수 있다. 승방점은 청파동에서 20리라고 하므로 동작나루를 건너 오늘날 이수교를 지나 사당 사거리 부근이 된다. 따라서 이날의 행로는 '창덕궁-청파동-동작나루-승방점'으로 정리된다. 당시 동작나루와 남태령 사이를 승방평이라고 하였다. (마)에 따르면 금정으로 내려가는 길에 홍시박洪時薄과 동행하였고 그는 즉시 직책이 갈려 바로 서울로 돌아가게 되었다. 따라서 이 편지는 8월에 보낸 것으로 추정된다.[130]

한편 시기가 1795년 7월로 추정되는 시 가운데 7월 26일 전(7월 25일 이전)

---

130) 조성을, 2004, 321쪽.

의 것들로는 〈送別李持平還丹山〉, 〈李左尹(命俊)輓詞〉, 〈四六八言〉, 〈稚子〉, 〈題畫〉, 〈古詩十二首〉, 〈猗蘭美友人〉 등이 있다.131) 이 가운데 〈稚子〉와 〈古詩十二首〉에 는 1795년 7월 26일 금정 좌천 명령이 있기 직전의 심경이 잘 드러나 있다. 따라서 이 두 시는 대략 1795년 7월 20일에서 25일 사이에 지어진 것으로 추정할 수 있겠다. 배치 순서로 보아 〈題畫〉와 〈猗蘭美友人〉의 저작 시기는 대략 마찬가지로 추정된다. 〈送別李持平還丹山〉, 〈李左尹(命俊)輓詞〉의 시기는 대략 1795년 7월 초순에서 중순 사이에 지어진 것으로 추정해 둔다.

7월 27일: ① (오전) 승방점을 출발하여 남태령을 넘다. ② (점심) 수원 북쪽 5리 지점 상정橡亭에 도착하여 당시 수원유수 조심태趙心泰를 만 나다. ③ (밤) 진위에서 묵다.

(가) "午歇水原府 夕宿振威縣到橡亭(在水原府北五里) 遇留守趙(心泰)叙話" _ 《金井日錄》, 7월 27일

(나) "趙曰 曉喩愚氓 當如康熙之大義覺迷 不必用刑戮也…趙曰 鴻山聖住山 與青陽接界處 深崖峻嶺 多有結艸菴隱伏者云 令公其察之 余曰諾" _《金井 日錄》, 7월 27일

(다) 〈行次水原 恭憶春日陪扈之事 悵然有作〉 《전서》 시문집, 1795년 7월 27일

(라) "午歇水原府 夕宿振威縣 到橡亭(在水原府北五里) 遇留守趙(心泰) 話 趙 曰 曉喩愚氓 當如康熙之大義覺迷 不必用刑戮也…趙曰 鴻山聖住山 與青 陽接界處 深崖峻嶺 多有結艸菴隱伏者云 令公其察之 余曰諾" _《金井日錄》, 7 월 27일

(마) 〈華城五星池記〉 _《전서》 시문집, 1795년 7월 27일 이후

φ (가), (나), (다), (라)의 자료로 보아 위의 사실들이 확인된다. 조심태가 "어리석은 백성을 효유하는 것은 마땅히 강희제의 《大義覺迷錄》과 같이 하 여야 하지 형벌을 쓸 필요는 없을 것입니다…홍산의 성주산은 청양과 접경 지역인데 산이 깊어 초막을 짓고 숨어 있는 자가 많을 것입니다. 그대는 이 점을 살피기 바랍니다"라고 하였다. 정조와 채제공의 의중을 전한 것이라고

---

131) 조성을, 위의 책, 94~95쪽.

하겠다. 한편 정약용이 금정金井으로 가던 27일 이날의 점심 식사는 수원에서 조심태에게 대접을 받았을 것이다. 그러나 《金井日錄》 7월 27일 자에 "夕宿振威縣"이라고 하였으므로(《여유당전서보유》2, 3쪽), 이날 밤 수원에서 묵지 않고 오후 수원을 출발하여 진위振威에서 묵었음을 알 수 있다.

아울러 이날 7월 27일 수원을 지나면서 '화성 옹성의 오성지를 보고서' 〈華城五星池記〉라는 글을 지었다(실제 저술은 조금 뒤). 이 글에서 오성지는 문루가 화공에 의해 불타는 것을 막기 위해 설치한 것이 구멍이 횡으로 되어 있어 제대로 작동할 수 없다고 비판하였다. 이로 보아 정약용이 실제 시공 과정에 참여하여 감독하지는 않았음을 알 수 있다.

《金井日錄》을 보면 1795년 7월 27일에 수원부의 북쪽 5리 지점의 상정橡亭에 도착하여 화성 유수 조심태를 만나, 백성들을 효유하는 문제에 대하여 대화를 나누었고 이 과정에서 《大義覺迷錄》이 언급되었다. 이날 점심때 수원부에서 쉰 것으로 되어 있는데, 조심태가 상정까지 마중나왔다가 정약용과 함께 수원부로 들어갔으며 점심때에 수원부(화성 성내)에 점심을 대접하며 휴식을 취한 것으로 여겨진다. 또 앞서 1795년 7월 26일 부분에서 언급한 〈有嚴旨出補金井道察訪 晚渡銅雀津作〉(7월 26일 저녁)이라는 시 바로 다음에 〈行次華城恭憶春日陪扈之事愴然有作〉이라는 시가 있는데, 이날 수원부 성내로 들어가면서 지은 시라고 생각된다. 이 시에서 정약용은 이 해(을묘년, 1795) 봄 정조를 호종하고 수원을 방문했던 일(을묘원행)을 회상하였다. 1795년 7월 27일의 일정은 '승방점-상정-수원부(화성)-진위'로 정리된다.

7월 28일: ① (아침) 40리를 가다. ② (점심) 평택에서 쉬고 50리를 가다. ③ (밤) 곡교曲橋(아산과 신창의 경계)에서 숙박하다. ④ 곡교로 오는 도중 이승훈을 만나 동숙하다.

(가) "行四十里 歇平澤縣 行五十里 宿曲橋(牙山新昌之界) 到葛阮遇李兄 同宿" _《金井日錄》, 7월 28일

(나) 〈次平澤縣〉 《전서》 시문집, 1795년 7월 28일

🔎 (가)로 볼 때 7월 28일 아침 진위를 출발해 40리를 가서 평택현에 도달한 것이다. 《여유당전서》 시문집에 앞서 7월 27일 자의 시로 언급한 〈行次

華城恭憶春日陪扈之事〉 바로 다음에 (나) 시가 수록되어 있다. 이 시의 '凄涼落
日群 赤'이라는 구절에 따르면 낙일落日(석양)에 평택현에 도착한 것이다. 또
진위를 출발하여 40리 가서 평택현에서 쉬었다고 하였으므로, 7월 28일 진
위에서 출발은 상당히 늦어져 점심때가 지나서 출발한 것이 아닌가 생각
된다. 또 평택현에서 50리 가서 곡교(아산과 신창의 경계 지점)에 숙박했다고
하였는데, 그렇다면 매우 늦은 시각에 도착한 것으로 여겨진다. 갈원에서
이형李兄(이승훈; 예산 지역으로 유배 가는 길이었음)을 만나 곡교에서 함께 잤
다고 하므로 갈원은 평택과 곡교의 중간 지점이 아닌가 여겨진다. 아마 갈
원이 곡교에 있어서 곡교에 있는 갈원에서 잤다는 뜻으로도 생각된다. 따
라서 이날의 일정은 '진위-평택-(갈원-)곡교'로 정리된다.

7월 29일(말일): ① (아침) 40리를 가다. ② (점심) 신예원에서 쉬다. ③ (오후)
50리를 가서 광시역光時驛(대흥大興 지역)에 이르러 다시 쉬다. ④
(밤) 20리를 더 가서 금정역에 도착하다.

(가) "行四十里 歇新禮院(禮山地) 行五十里 再歇光時驛(大興地)行二十里 抵
金井郵官 上官于梧竹軒" _《金井日錄》, 1795년 7월 29일

(나) 〈到金井驛〉 _《전서》 시문집, 1795년 7월 29일 밤

⓪ 이날 7월 29일에 곡교를 출발하여 40리 가서 신예원(예산 지역)에 도착하
여 휴식하였다. 예산 지역에서 이형(이승훈)과 작별한 것이 아닌가 생각된
다. 다시 50리 가서 광시역(대흥 지역)에서 쉬고 20리 더 가서 금정역의 관
사(오죽헌)에 도착하였다. 도착 시간은 아주 늦은 시각이었을 것으로 추정
된다.

(가) 원문에 '新禮完'이라고 되어 있으나, '完'은 '院'의 오류로 보아야 할 것
이다.

8월 1일: ① 충청 관찰사 유강柳焵에게 편지를 보내다. ② 대사헌 이의필李義
弼이 이가환의 무리를 급히 뿌리 뽑으라는 상소를 올리다. ③ 정
약용이 금정에 도착한 얼마 뒤 〈梧竹軒記〉를 짓다(8월 초 추정).

(가) "余旣上官 卽貽書巡使 議所以緝民之方 其答書曰" _《金井日錄》 1795년 8월 1일

(나) 〈與柳觀察〉(제1서) _《전서》 시문집, 1795년 8월 1일

(다) 〈梧竹軒記〉 _《전서》 시문집, 1795년 8월 초 추정

(라) 〈驛樓四面皆山也 其南有九峯山 最高當前壅塞 始來時頗不堪 戱作絶句
示伴客云〉 _《전서》 시문집, 1795년 8월 초 추정

(마) 〈金井懷古〉 _《전서》 시문집, 1795년 8월 초 추정

(바) 〈驛樓前有植物四種 戱爲絶句〉 _《전서》 시문집, 1795년 8월 초 추정

(사) "大司憲李義弼上疏 曰伏見李家煥處分傳敎…鉏治徒黨 俾絶亂本" _《실록》
정조 19년 8월 1일

✿ 금정역에서 정약용이 거처한 곳이 오죽헌梧竹軒이다. (가)에 따르면 정
약용은 금정에 도착한 즉시 관찰사 유강에게 보고서를 올렸다. 이 보고서
가 바로 (나)인데 7월 29일 밤늦게 도착하였으므로 8월 1일 아침에 올린 것
으로 볼 수 있겠다(1795년 7월은 말일이 29일이었음). 앞서 언급한 〈次平澤縣〉
이라는 시 바로 다음에 〈到金井驛〉이라는 시가 있다. 이 시는 7월 29일 밤늦
게 도착하여 지은 시로 볼 수 있겠다. 이 시 다음에 지은 시로 (마), (바)가
있다. 이 두 시는 1795년 8월 13일 신진사申進士(신종수)와 영보정에서 만나
노닌 것을 읊은 시 〈永保亭遇申進士(宗洙)〉보다 앞에 있으므로, 8월 1일에서
13일 사이에 지은 시이다(8월 13일 조 참조). (마) 시는 과거 백제를 회고하는
시이다. 금정金井에는 백제왕이 마셨던 우물이 있어 그렇게 불렸다. (바) 시
역시 저작 시기를 1795년 8월 1일에서 13일 사이로 추정할 수 있겠다.
하지만 (마)와 (바) 시는 8월 초에 지었을 가능성이 크다.

한편 1795년 7월 29일 밤늦게 금정에 도착하였으므로 (다)를 지은 것은
8월 1일 이후(대략 8월 초)가 되어야 한다. 도착 직후인 8월 초에 (라)의 시
도 지었는데 이 시를 보아 그의 매우 답답한 심정을 알 수 있다. 아마도
(라)의 시를 먼저 짓고 마음을 가라앉게 하기 위하여 (다)를 지은 것으로
추정하여 볼 수 있다. 이 시에서 구봉산을 발로 차 버리고 싶다고 하였으
나, 나중에 《퇴계집》을 읽은 뒤 점차 마음이 안정되어 구봉산 산기운의 아
름다움을 느끼고 구봉산에게 사과하는 시를 짓는다(1795년 11월 19일 조 참
조). (사)의 기록을 보면 1795년 7월 하순 이가환, 정약용 등에 대한 조처에

도 불구하고 8월 초 조정에서는 아직 노론 강경파의 공세가 끝나지 않았음을 알 수 있다.

8월 2일: 이의필李義弼에게 단천부端川府 유배의 명을 내리다.

(가) "竄李義弼于端川府" _《실록》 정조 19년 8월 2일

〽 이 조처는 남인 채제공 쪽에서 정치적으로 밀리지 않고 있음을 보여준다. 이의필의 유배 명령에는 그가 최헌중崔獻重을 비난한 문제도 관련된다.

8월 4일: 충청 관찰사 유강柳焵에게서 답장을 받다.

(가) "得巡相柳焵　答書" _《金井日錄》, 1795년 8월 4일

(나) "余旣上官 卽貽書巡使 議所以緝民之方 其答書曰" _《金井日錄》, 8월 4일

(다) 〈與柳觀察〉(제1서) _《전서》 시문집, 1795년 8월 1일

〽 도착한 다음 날 1795년 8월 1일 관찰사 유강柳焵에게 즉시 편지를 올렸는데 이날 8월 4일에 답장이 왔다. 8월 1일에서 3일 사이에는 업무 파악을 하고 있었을 것이다. 8월 1일의 정약용의 편지는 민民의 안집 방책을 논한 것인데 유강의 답변은 신중하게 하라는 것이었다. 《여유당전서》에는 〈與柳觀察〉 세 통이 실려 있는데 내용으로 보아 모두 금정 시절 관찰사 유강에게 보낸 것이다. 첫 번째 편지에는 '乙卯秋 在金井'이라고 원주가 붙어 있는데 정약용이 관찰사에게 백성을 안집할 방안을 상의하는 것이다. 1795년 8월 4일 받은 유강의 답장은 바로 이 편지에 대한 답장이다. 즉 유강에게 보낸 이 첫 번째 편지가 바로 8월 1일 유강에게 보낸 그 편지이다. 이 편지의 끝에서 관찰사 유강이 수영水營(해미海美)에 올 때 같이 만나자고 하였는데, 1795년 8월 13일에 수영에 온 그를 만나 백성을 안집할 방안을 상의하였다(8월 13일 조 참조).

8월 5일: ① 채준공蔡俊恭 및 채홍선蔡弘選이 내방하다. ② 목재木齋 이삼환李森煥에게 편지를 드리다.

(가) " 漁子谷蔡君(俊恭)及前村蔡友(弘選) 來訪上木齋書 見本集木齋答書曰…"
_《金井日錄》, 8월 5일

(나) 〈上木齋書〉(제1서) _《전서》 시문집, 1795년 8월 5일

(다) 〈答蔡邇叔〉(제1서)   _《전서》시문집, 1795년 8월 5일 이후

♨《여유당전서》시문집에는 〈上木齋書〉가 여섯 통 있다. 이 가운데 첫 번째 것이 금정 부임을 알리는 것이고 '乙卯秋 在金井'이라고 원주가 붙어 있다. 따라서 이 편지가 바로 8월 5일 목재 이삼환에게 보낸 것임을 알 수 있다. 이삼환에게 보낸 편지 가운데 두 번째에서 다섯 번째까지 네 통 역시 내용으로 보아 모두 금정 시절의 것이고, 마지막 여섯 번째의 것은 금정에서 서울로 돌아와 보낸 것이다. 8월 5일에 보낸 첫 번째 편지에서 성호 이익을 찬미하면서 회재 이언적과 퇴계 이황을 이었다고 하였다. 그리고 성호 이익 선생의 문집을 간행하는 일에 대하여 이형(이승훈)과 상의해 보았는지 묻고 가까운 절에서 이를 위해 회합하자고 하였다. 이 편지에는 이삼환에 대한 정약용의 시가 실려 있지 않은데 이삼환의 답서 내용을 보면 원래는 함께 주고받은 시가 있었던 것처럼 여겨진다. 정약용이 금정에 오기 전 성호 이익에 대하여 지은 시가 있는데, 이 시에 대하여 언급한 것으로 여겨진다. 또 정약용이 1795년 8월 24일 지은 것으로 추정되는 시로 〈奉示木齋李先生(森煥)〉이라는 시가 있는데(8월 24일조 참조), 이 시는 이 답장이 온 뒤에 지은 것으로 생각된다.

한편 금정 주위에 채제공과 인척이 되는 평강 채씨蔡氏들이 많이 살고 있었다. 금정에서 채제공의 양자 채홍원蔡弘遠에게 보낸 편지가 한 통 있는데(《여유당집》 잡문 전편 제7책 제2권), 여기에서 '到此方識金井是蔡氏村 九峯之名 已不偶然 而吾兄童穉釣游之所 皆歷歷有指點 爲之 不可堪也 漁谷窈而敞 深而不僻 眞是好可居'라는 구절이 있다(1795년 8월 5일 이후 보낸 것).132) 채씨 일문인 어곡漁谷의 채준공과 역사 앞마을의 채홍선이 이날 8월 5일에 정약용을 방문함으로써 채씨들과 가깝게 되고, 채제공의 아들 채홍원의 어곡의 어린 시절을 잘 알게 되자 이 일을 편지로 채홍원에게 알린 것이다. 채씨들과 친하게 지냈음은 〈寄題蔡而順屋壁(名弘遠)〉이라는 시를 보아도 알 수 있다.133) 이 시에는 '蔡氏村居野外幽 …匹馬尋常到驛樓'라는 구절이 있다.

---

132) 조성을, 2004, 323쪽.
133) 조성을, 위의 책, 97쪽에서는 8월 14일 이후에서 8월 23일 이전에 지은 시로 추정하였다.

금정에 온 이후 정약용은 천주교도를 안집하는 일, 인근 채씨 일문과 사귀는 일, 내포의 성호 학파 사람들과 교유하며 성호 이익의 유저 가운데 《家禮疾書》를 교정하는 강학회를 갖는 일들을 하였다. 이것은 매우 정치적인 일이라고 평가할 수 있다. 금정으로 좌천된 것을 계기로 정약용은 천주교와 단절을 분명하게 하고 성호학파 가운데 보수적인 인물들 특히 내포 지역에 사는 인물들과 유대를 굳건하게 한 것이다.134) 천주교도 안집에는 국왕의 의도도 있지만, 내포 지역 인물들과 교유를 굳건히 한 것에는 채제공의 의도가 크게 반영된 것이라고 여겨진다.

8월 6일: ① 이익운을 이조참판에 임명하다. ② 이익운을 사헌부 대사헌에 임명하다.

(가) "以李益運爲吏曹參判" "以李益運爲司憲府大司憲" _《실록》 정조 19년 8월 6일

❂ 채제공 그룹과 노론 강경파가 힘겨루기를 하는 중요한 시점에 채제공과 가까운 이익운이 이조참판에 임명되고 당일 다시 사헌부 대사헌(바로 며칠 전 이의필李義弼이 체직된 자리)에 임명된 것은 판세가 채제공 쪽에 유리하게 기울고 있음을 의미한다. 이보다 조금 앞서 노론의 심환지는 이의필에 대한 유배의 명을 거두어 줄 것을 청하였다.《실록》에 따르면 이익운은 다시 이조참판에 임명된다.

8월 7일: 나주의 이인섭李寅燮이 퇴계를 본받아 주자의 글에 힘쓰라는 편지를 보내다.

(가) "得李羅州(寅燮)丈論學書書曰…" _《金井日錄》 8월 7일

(나) 〈答李羅州〉(寅燮) _《전서》 시문집, 1795년 8월 7일 이후 추정

(다) 〈與成光州〉 _《전서》 시문집, 1795년 8월 7일 이후 추정

(라) 〈與曹進士〉 _《전서》 시문집, 1795년 8월 7일 이후 추정

그러나 1795년 8월 14일 금정에 돌아온 당일에는 채홍규를 방문하기 어려웠을 것이고 8월 22일에는 다시 예산으로 출발하므로, 이 시의 상한은 1795년 8월 15일이고 하한은 8월 21일이라고 할 수 있겠다.

134) 조성을, 〈정약용과 교안〉(2013) 및 〈금정시절(金井時節)의 다산의 활동과 사상〉《한국실학연구》6, 2003) 참조.

⑯ 나주羅州 이인섭이 보낸 편지의 내용은 퇴계 이황을 본받아 주자의 글에 힘쓰라는 것이었다. 《여유당집》 잡문 전편(제7책 제3권)에 이삼환에게 보낸 여섯 통의 편지에 이어 바로 (나)가 실려 있다. 이 편지는 내용으로 보아 (가)에서 말하는 이인섭의 편지에 대한 답장으로 생각된다. 따라서 이인섭에게 한 이 답서는 1795년 8월 7일 이후 작성되었다. 금정 시절 정약용은 《退溪集》을 얻어 열심히 읽고 《陶山私淑錄》을 짓는다. 이것은 정약용이 퇴계 이황에게 영향을 받은 것을 보여주지만, 이황과 정약용을 직결시키는 데에는 신중을 기할 필요가 있다. 곧 이황의 이발적理發的 경향이 인격적 천관天觀 형성의 한 요인이 되지만, 정약용의 학문은 퇴계학과는 기본적으로 지향을 달리 한다. 이것은 성호 이익이 퇴계의 영향을 받았지만 기본적으로 지향이 다른 것과 마찬가지이다. 기호학파 가운데 퇴계를 충실히 따르려고 한 사람은 순암順菴 안정복安鼎福이다. 그러나 그 역시 영남의 정통 퇴계학자들의 눈에는 퇴계학에서 다소 일탈된 모습으로 보일 수 있다.

한편 정약용은 금정에서 아버지의 화순和順 현감 시절 자신과 가까이 지내던 진사 조익현曺翊玄에게 편지를 쓴다.[135] 정약용은 금정 시절 광주光州의 성정진成鼎鎭에게도 편지를 쓰는데,[136] 이 편지에서 진사 조익현에게 보내는 편지를 전달해 달라는 내용이 있다. 조익현에게 보내는 편지가 바로 (라)였을 것이다. (나)를 보내는 인편에 (다)와 (라)를 함께 보냈을 가능성이 있다. (다)에는 호남 사람들 사이에 선동이 심하다는 얘기가 있다는 언급이 있는데, 천주교와 관련된 것으로 여겨진다.[137] 성정진이 어떤 사람인지는 분명하지 않으나, 정재원의 화순 현감 시절 광주 무등산을 정약용, 조익현 등과 함께 유람한 사람이 아닐까 추정된다.

8월 12일: ① 석문石門에 이르러 진사 신종수申宗洙를 찾았으나 만나지 못하다. ② 10리를 가서 용추龍湫를 경유하다. ③ 다시 20리를 가서 해

---

135) 〈與曺進士〉, 조성을, 2004, 329쪽.
136) 〈與成光州〉 "鼎鎭", 조성을, 위의 책, 321쪽.
137) 조성을, 위의 책, 321쪽.

미의 수영에 도착해 수군절도사水軍節度使 유심원柳心源을 만나 영
보정永保亭에 올라 경치를 구경하다.

(가) "早發水營之行 行二十里 至石門訪申進士(宗洙)不遇 行十里過龍湫 行二
十里 抵水營與水軍節度使柳(心源) 登永保亭 共覽湖山之勝" _《金井日錄》, 8
월 12일

(나) 〈永保亭記〉 _《전서》 시문집, 1795년 8월 14일 이후 추정

🎶 1795년 7월 29일에 정약용이 금정에 도착한 뒤 바로 8월 1일 관찰사 유
강柳焵에게 보낸 편지에서 수영水營을 순찰할 때를 기다린다고 하였다. 유
강이 해미의 수영에 온다는 연락을 받고 수영으로 출발한 것으로 생각된
다. 유강과 다음 날 수영에서 만났다.138) 1795년 8월 12일의 일정은 '금정-
석문-용추-수영'으로 정리되며 금정에서 수영까지 거리는 60리이다. 이날
영보정永保亭에 올라 경치를 구경한 뒤에 수영에서 묵었을 것으로 생각된
다. 영보정 방문에 대한 글이 (나)이다. 이 글은 8월 14일 금정에 돌아온 이
후에 지었을 것으로 추정된다.

8월 13일: ① 관찰사 유강을 만나 백성의 안집 방안을 논의하다. ② 진사 신
종수申宗洙와 함께 달밤에 배타고 한산사寒山寺에 이르다. ③ 해미
의 수영에서 숙박하다.

(가) "巡使入水營與得延命 遂議 民之方夜與申進士宗洙 汎月至寒山寺 諸詩
見本集" _《金井日錄》, 8월 13일

(나) "永保亭遇申進士(宗洙), 登永保亭, 亭前汎月" _《金井日錄》, 8월 13일

(다) 〈上海左書〉(제6서) _《전서》 시문집, 1795년 8월 14일 이후 추정

(라) 〈永保亭遇申進士(宗洙)〉 _《전서》 시문집, 1795년 8월 13일 추정

(마) 〈登永保亭〉 _《전서》 시문집, 1795년 8월 13일 추정

(바) 〈亭前汎月〉 _《전서》 시문집, 1795년 8월 13일 추정

🎶 앞서 도착 즉시 보낸 편지(1795년 8월 1일)에 관찰사가 수영(해미)에 오기
를 기다린다고 하였는데, 이날 8월 13일 수영에서 유강과 백성을 안집할 방

---

138)《金井日錄》 8월 13일 조 참조.

안을 상의한 것이다. 이날 밤에는 신종수와 만나 같이 달밤에 배타고 한산사까지 갔다. 《여유당집》 시율 부분에 (라), (마), (바) 세 편의 시가 있는데, 이날 신종수와 함께 노닐면서 지은 시로 생각된다. 정약용은 전날 신종수를 방문하였으나 만나지 못하였는데, 이날 8월 13일 영보정으로 신종수가 찾아와 함께 오른 뒤에 다시 영보정 앞에서 달밤에 배를 타고 한산사까지 간 것으로 생각된다. (바) 시에 "海門西望水浪平…正欲乘主無限去…夜泊寒山古寺頭"라는 구절이 있다. 이날 8월 13일 밤 한산사에 갔다가 수영으로 돌아온 것으로 추정된다. 금정역으로 돌아가면서 수군 절도사 유심원柳心源과 작별하는 시를 남겼기 때문이다(8월 14일조 참조). 이날의 일정은 영보정 (수영)-한산사-수영으로 정리된다.

한편 (다)에 "永保亭詩 終未見其爲佳作"이라는 구절이 있으므로, 영보정에 걸린 시를 보고 정범조에게 편지를 올린 것으로 여겨진다. 《金井日錄》에 따르면 정약용은 11월 29일 해좌 정범조의 편지를 받고 있으므로, 금정 시절 정범조와 정약용 사이에 문통文通이 있었음을 알 수 있다.[139] 시기상으로 너무 늦어 명확하게 말하기는 어렵지만, 1795년 11월 29일에 정약용이 정범조로부터 받은 편지가 (다)의 답서일 가능성도 있다. 금정과 원주 법천 사이의 서신 왕래는 한양을 경유하였을 것인데 이 과정에서 시간이 상당히 걸렸을 수도 있겠다.

8월 14일: ① 절도사 유심원과 작별하고 해미 수영을 떠나 금정으로 출발하다. ② 도중에 조곡鳥谷의 남척南戚을 방문하다. ③ 금정에 도착하다.

(가) 還 發行一里 訪鳥谷南戚 行四一里 還郵官 _《金井日錄》, 8월 14일

(나) 〈與柳觀察〉(제2서) _《전서》 시문집, 1795년 8월 14일 이후~9월 14일 이전 추정

(다) 〈將還驛舍留別柳節度(心源)〉 _《전서》 시문집, 1795년 8월 14일

☝이날 8월 14일에 해미의 수영에서 출발한 것으로 여겨진다. 〈亭前汎月〉 바로 다음에 (다) 시, 즉 수군 절도사 유심원(유강과는 다른 인물)과 작별하

139) 조성을, 2004, 305쪽.

는 시가 있다. 전날 한산사에 갔다가 돌아와서 수영에서 자고 이날에 수영을 출발한 것이다. 도중에 조곡의 남척을 방문한 뒤 금정역으로 돌아왔다. 금정역에 돌아온 이후 다시 관찰사 유강에게 (나)를 보낸다. 정약용은 1795년 9월 15일 다시 공주에서 관찰사 유강을 만나므로(9월 15일 조 참조), 이 편지는 9월 15일 이전에 보낸 것이며 편지에는 "湖亭陪歡 誠亦天涯勝事"라고 하여 해미에서 일만을 회상하고 있다. "湖亭"은 영보정을 가리키며 (나)는 1795년 8월 14일 금정역에 돌아온 이후 며칠 지나지 않은 시점에서 영보정에서 있었던 잔치를 회상하며 보낸 것으로 여겨진다.

8월 15일(이후~21일 이전): 채이순蔡而順(홍규弘逵)의 집 벽에 제사를 쓰다.

(가) 〈寄題蔡而順屋壁〉 "名弘逵" _《전서》 시문집, 1795년 8월 15일 이후~8월 21일 이전 추정

Φ (가) 시는 〈將還驛舍留別柳節度(心源)〉(1795년 8월 14일)의 바로 뒤에 배치되어 있다. 8월 14일 당일 채이순의 집에 갔다고 보기는 어려우며 8월 22일에는 아침 일찍 예산으로 출발하였다. 따라서 (가)의 시는 1795년 8월 15일과 21일 사이에 지어진 것으로 볼 수 있다.

8월 17일: 김복성金福成을 체포하다.

(가) "執金福成招詞" _《金井日錄》, 8월 17일

Φ 이날 8월 17일 김복성의 체포가 백성 안집 문제와 관련되는 것으로 여겨진다. 언급은 없지만 김복성 체포는 천주교 문제와 연관된 것으로 보인다. 8월 30일에 김복성이 다시 다른 네 명을 데리고 온 것은 자수시키려는 뜻으로 여겨지며, 이때 함께 이수곤李壽崑의 원정原情에 대하여도 들었다고 하였다. 이 문제 역시 김복성 등의 문제와 연관되는 것으로 생각된다(8월 30일조 참조).

8월 22일: ① 아침 일찍 금정역에서 예산禮山을 향하여 출발하다. ② 도중에 대흥군大興郡(광시光時)에서 쉬다. ③ 예산에 도착하다.

(가) "早發 行四十里 歇大興郡 行三一里 至禮山縣" _《金井日錄》 8월 22일

Φ 1795년 8월 22일에 "三一"(오자; 三十)리를 가서 예산에 이르렀다. 이날 8

월 22일 밤은 예산에서 묵었을 것이다. 그렇다면 예산에 유배와 있던 이승훈과 만났을 수도 있겠으나 이에 대한 기록은 없다. 타인의 눈을 의식해 일부러 만나지 않았을 수도 있다.

8월 23일: ① 한강동寒岡洞으로 가서 이수정李水廷의 죽음에 조문하다. ② 천방산天方山의 처사 방산方山 이도명李道溟과 진사 이수발李秀發, 이광교李廣敎 등을 방문하다. ③ 천방산에서 예산으로 돌아와 숙박하다.

(가) "往寒岡洞 哭李丈(水廷) 几筵誩其孤鼎冥 又訪天方山處士李道溟及李進士秀發李友廣敎 還宿禮山" _《金井日錄》, 8월 23일

(나) 〈過方山李逸人(道冥)〉 _《전서》 시문집, 1795년 8월 23일

(다) 〈答方山李〉(道溟)(제1서) _《전서》 시문집, 1795년 8월 28일 이후 추정

🔯 1795년 8월 23일에 한강동에 가서 이수정의 죽음에 조문하고 그 아들 이정명과 이야기를 나눈 뒤 천방산의 이도명과 이수발, 이광교를 방문하고 예산에 돌아와 묵었다. 이날 밤 이승훈과 만났는지가 역시 문제이다. 이에 대한 언급이 없다. (나)는 이날 8월 23일 이도명을 방문하고 지은 시이며 〈寄題蔡而順屋壁〉과 〈螢〉이라는 시 바로 다음에 실려 있다. (다)는 정약용이 이도명을 방문한 뒤 편지를 보내온 데에 대한 답서이다. 정약용은 1795년 8월 25일에 금정에 돌아왔고 8월 28일에 이도명의 편지를 받았다(8월 28일 부분 참조).

8월 24일: ① 예산을 출발하다. ② 40리를 가서 장천長川에 이르러 목재 이삼환을 뵙고 성호집 교정에 대하여 논의하고 시를 써서 드리다〈奉示木齋李先生〉. ③ 다시 40리를 가서 용봉사龍鳳寺에 들르다. ④ 다시 10리를 가서 홍주洪州에 이르러 홍주목사 유의柳誼를 방문하다.

(가) "行四十里到長川 謁木齋李先生(李森煥) 行四十里 亦入龍鳳寺 行十里 夕宿洪州 見牧使柳誼 余告木齋曰 星湖先生文集" _《金井日錄》, 8월 24일

(나) 〈上木齋書〉(제2서) _《전서》 시문집, 1795년 9월 5일 추정

(다) 〈奉示木齋李先生〉 _《전서》 시문집, 1795년 8월 24일

(라) 〈過龍鳳寺〉 _《전서》 시문집, 1795년 8월 24일

(마) 〈與柳洪州〉 _《전서》 시문집, 1795년 8월 24일 이전 추정

🪷 1795년 8월 24일에 예산을 출발하여 40리를 가서 장천長川에 도착하여 이삼환을 뵙고 다시 40리를 가서 용봉사에 들어가 본 다음, 다시 10리를 가서 이날 밤 홍주에서 묵었으며 홍주목사 유의柳誼를 만났다. 한편 정약용이 금정에 도착한 지 며칠 안 된 1795년 8월 5일에 이삼환에게 편지를 올렸으며 이에 대한 답서가 왔다(8월 5일조 참조).《여유당전서》 시문집에 실린 〈上木齋書〉 여섯 통 가운데 두 번째 편지에서 "日者 得造門屛 仰瞻德容 誨言溫諄 有足感發 歸而未釋于懷也"라고 한 것이 바로 8월 24일에 이삼환을 댁으로 찾아 뵌 일에 대하여 한 언급이라고 생각된다(이 편지 제2서는 금정에 돌아온 1795년 9월 5일에 작성한 것으로 추정된다. 9월 5일 부분 참조). 8월 24일에 이삼환을 방문하였을 때 정약용은 재차 이삼환에게 성호 이익의 글을 교정, 편차하는 일에 대하여 말하자, 이삼환은 그 가운데 질서疾書가 가장 큰 문제라고 하였다.《여유당전서》에 (다) 시가 1795년 8월 23일 지은 〈過方山李逸人(道溟)〉(8월 23일조 참조)의 바로 다음에 실려 있다. 이날 8월 24일에 이삼환을 방문하여 지어서 보여드린 것으로 생각된다. (라) 시는 8월 24일 용봉사를 지나며 지은 것이며 (다) 시 바로 뒤에 배치되어 있다.

아울러 《여유당전서》에는 홍주목사 유의柳誼에게 보낸 편지 (마)가 한 통 실려 있다. 이 편지에서 "騎曹添僚之後 好緣未盡 歷落一官 又寄於仁風百里之內 鄙懷尉仰 如有所倚 鏞被嚴旨 想因邸報而知之"라는 구절로 보아 이미 유의는 정약용이 병조에 있을 때(1795년 초 병조참지로 근무) 함께 있은 적이 있고, 정약용에 앞서 홍주목사로 왔음을 알 수 있다. 또 이 편지는 1795년 8월 24일에 정약용이 유의를 방문하기에 앞서서 보낸 것으로서 금정에 도착한 지 얼마 안 되어 한 것으로 추정된다. 8월 24일의 일정은 '예산-장천-용봉사-홍주'로 정리된다.

8월 25일(추정): 금정역金井驛에 돌아오다.

🪷 언제 금정역에 돌아왔는지에 대한 언급이 《金井日錄》에 없다. 일단 1795년 8월 25일 금정에 돌아온 것으로 추정하여 둔다. 즉 8월 24일은 밤이 늦

었을 것이므로 홍주목사 류의의 권유로 홍주 관아에서 묵었다고 생각된다. 8월 25일 금정에 돌아온 이후 26일 또는 27일까지는 밀린 업무를 정리하였다고 생각된다.

8월 27일: 남인 중진 윤필병尹弼秉을 사간원 대사간에 임명하다.

(가) "以尹弼秉 爲司諫院大司諫" _《실록》 정조 19년 8월 27일

⚉ 이 역시 점차 판세가 채제공에게 유리한 방향으로 정착되어 가고 있었음을 의미한다.

8월 28일: ① 석문石門의 신진사申進士(신종수申宗洙)가 찾아오다. ② 한강寒岡의 이광교李廣敎도 오다. ③ 방산方山 이도명李道溟의 편지를 받다.

(가) "石門申進士宗洙至 寒岡李廣敎亦至" _《金井日錄》, 8월 28일

(나) "得 方山李道溟書" _《金井日錄》, 8월 28일

(다) 〈申進士(宗洙)至〉 _《전서》 시문집, 1795년 8월 28일

⚉ 신종수는 8월 13일에 함께 영보정에서 노닌 일이 있다. 이광교는 정약용이 1795년 8월 23일에 천방산으로 이도명을 찾았을 때, 만난 적이 있다. 〈過龍鳳寺〉라는 시(1795년 8월 24일에 용봉사에 갔을 때 지은 시로 추정, 8월 24일조 참조)의 바로 뒤에 (다)의 시가 있는데 이는 이날 8월 28일에 지은 시로 추정된다.

한편 8월 23일에 이도명을 방문한 일이 있는데, 8월 28일에 이도명의 편지를 받았다. 이 편지는 아마도 이광교가 갖고 온 것으로 추정된다. 《여유당전서》에는 〈答方山〉이 두 통 실려 있는데, 첫 번째 편지가 8월 28일 이도명에게 받은 편지에 대한 답서라고 생각된다. 다만 정약용의 첫 번째 편지에는 "示喩 明明德一節 甚善 然治國平天下二章 皆以孝弟慈說起 則明明德一句 實又百行之所由出 此又不可不知也"라는 구절이 있으나, 《金井日錄》에 실린 이도명의 편지(1795년 8월 28일)에는 《大學》에 대한 언급이 없다. 정약용이 《金井日錄》에 이도명의 편지를 다 수록한 것이 아니라 발췌하여 수록하였기 때문이 아닌가 생각된다. 이 구절은 후기 정약용의 《大學》 주석서에 보이는 독자적 해석이 이미 금정 시절 확립되어 있었음을 보여주는 중요한 대목이

다. 이런 해석은 녹암鹿菴 권철신權哲身의 영향을 받았을 가능성이 크다. 그렇다면 이런 식의 해석을 권철신에게 금정 시절 이전 이미 직접 들었거나, 간접적으로 둘째형 정약전丁若銓을 통해 들었을 가능성도 생각해 볼 수 있다.

8월 29일(또는 9월 1일 또는 2일): 비 오는 날 한가한 가운데 〈自笑〉라는 시를 짓다.

(가) 〈自笑〉 _《전서》 시문집, 1795년 8월 29일 또는 9월 1일 또는 9월 2일

(나) 〈李文達別去 遇雨再至〉 _《전서》 시문집, 1795년 9월 1일 또는 9월 2일 또는 8월 29일 추정

凡 〈申進士(宗洙)至〉(1795년 8월 28일)의 바로 뒤에 (가), (나)의 두 시가 배치되어 있다. 필자는 시의 배치 순서로 보아 1795년 8월 28일 이후~9월 3일 이전 작으로 추정한 적이 있다.[140] 그러나 8월 28일에는 신종수와 이광교의 방문 기록만 있고 이문달의 방문 기록은 없으므로, (나)의 저작 시기가 8월 28일이었을 수는 없다. 그리고 위의 두 시는 연이어 있으며 (가) 시는 비 오는 날의 한가함을 말하고 있다.

1795년 8월 30일에는, 바로 뒤에서 볼 것처럼, 김복성 관련 업무로 한가하지 않았다. 따라서 (가) 시의 저술 시기는 1795년 8월 29일이었거나, 9월 1일 또는 9월 2일이었을 것이다(1795년 9월 3일 신종수와 오서산烏棲山으로 떠남). 1795년 8월 29일에 비 내리는 가운데 혼자 한가하게 있으면서 시를 지었고 9월 1일(또는 2일)에 이문달李文達의 방문이 있었으며, 일시 비가 그친 뒤 떠났던 이문달이 다시 비가 내리자 금정역으로 돌아왔다고 생각해 볼 수 있다. 그러나 이문달의 방문이 8월 29일이었을 가능성도 있다.

8월 30일: ① 김복성이 네 명을 자수시키려고 데리고 오다. ② 신종수가 이삼환의 시에 차운한 시를 보여주다. ③ 신종수가 방산方山 이위도李偉圖에게 부치는 시를 보여주다.

(가) "金福成 又率四人而至 并受音李壽崑原情" _《金井日錄》, 8월 30일

(나) "石門申進士宗洙 次韻寄木齋詩曰…" _《金井日錄》, 8월 30일

---

140) 조성을, 2004, 98쪽.

(다) "其寄方山李偉圖詩曰…" _《金井日錄》8월 30일

🖎 앞서 1795년 8월 17일에 김복성을 체포한 일이 있는데 그가 다시 네 명을 데리고 와 자수시킨 것으로 생각된다. 이때 이수곤의 진상에 대하여도 함께 조사를 받았다. 아마도 천주교 문제와 관련되었을 가능성이 크다. 이수곤이 누구이며 어떤 문제로 조사하였는지에 대하여는 언급이 없다. 한편 신종수가 차운하여 목재 이삼환에게 보낸 시와 신종수가 이위도에게 보낸 시가 《金井日錄》(8월 30일)에 수록되어 있다. 이날 신종수가 와서 정약용에게 시들을 보여준 것으로 여겨진다.

9월 3일: ① 늦게 일어나 신종수와 함께 오서산을 향해 출발하다. ② 정오에 출발하여 20리를 가서 성당촌聖當村에 도착하다. ③ 말을 버리고 걸어서 천정암天井菴에 도착하다. ④ 천정암에서 숙박하다.

(가) "晩起 見天色澄明 與石門申丈 共作烏棲山之遊 午發行二十里 到聖當村 舍馬策杖 到天井菴宿 申丈過花廠詩曰… 其觀日入詩曰… 其宿寺詩曰…" _《金井日錄》, 9월 3일

(나) 〈九月三日同申進士游烏棲山過花廠作〉 _《전서》 시문집, 1795년 9월 3일

(다) 〈登天井菴〉 _《전서》 시문집, 1795년 9월 3일

(라) 〈觀日入〉 _《전서》 시문집, 1795년 9월 3일

🖎 이날 9월 3일 신종수가 화창花廠을 지나며 시를 짓고 일몰에 시를 지었으며 절에 묵으면서 시를 지었는데, 정약용은 (나), (다), (라)의 시를 지었다(《여유당전서》에 이 세 시가 나란히 실려 있음). 이날의 일정은 '금정-당정촌-천정암'으로 정리된다.

9월 4일: ① 진사 신종수와 오서산 정상에 이르다. ② 다시 절(천정암天井菴)에 돌아와 묵다. ③ 밤에 신종수와 연구聯句로 시를 짓다.

(가) "與申丈 登烏棲絶頂 夕還宿寺" _《金井日錄》, 9월 4일

(나) "申丈登絶頂詩曰… 其詠紅樹詩曰… 其詠風帆詩曰…其望扶餘詩曰…" _《金井日錄》, 9월 4일

(다) 〈登烏棲山絶頂〉 _《전서》 시문집, 1795년 9월 4일

(라) 〈山中絶句〉 _《전서》 시문집, 1795년 9월 4일

(마) 〈寺夜同石門申進士聯句〉(自林風以後 因余醉眠 申丈獨勞 故自與鳥以下 余又償遣) _《전서》 시문집, 1795년 9월 4일

🕯 1795년 9월 4일에 진사 신종수와 오서산 정상에 오른 뒤 저녁 때 돌아와 천정암天井菴에서 숙박하였다. 《여유당집》 시율 가운데 연이어 있는 (다), (라), (마)의 세 시는 이 날 1795년 9월 4일 지은 것으로 생각된다. (다) 시는 오서산 정상에 올라 지은 시이고, (라) 시는 정상에서 절로 내려오는 중간에 지은 것으로 볼 수 있겠다. 세 번째 시는 신종수와 연구聯句로 지은 것인데 시를 짓다가 정약용이 술에 취해 중간에 잠이 들었음을 알 수 있다. 이날 9월 4일의 일정은 '천정사-오서산 정상-천정사'로 정리된다.

9월 5일: ① 일찍 천정암을 출발하여 용연龍淵에 이르러 말을 타다. ② 석문石門(신종수의 집이 있는 곳)에 이르러 신종수와 헤어지다. ③ 금정역에 돌아오다. ④ 공주公州 감영監營에서 도회시都會試의 시관試官으로 차출하고자 하였으나 병으로 면제를 요청하다. ⑤ 목재 이삼환에게 편지를 보내어 성호 저술의 교열校閱을 의논하다(제2서).

(가) "早發下山 到龍淵上騎馬 到石門與申丈別 還郵軒" _《金井日錄》, 9월 5일

(나) "巡營以余差忠州都會試官 報病狀求免" _《金井日錄》, 9월 5일

(다) 〈龍淵午憩〉 _《전서》 시문집, 1795년 9월 5일

(라) 〈上木齋書〉(제2서) _《전서》 시문집, 1795년 9월 5일

(마) 〈木齋答書〉 _《전서》 시문집, 1795년 9월 5일 이후

🕯 이날 9월 5일 정약용은 천정암에서 산을 내려와 용연에 이르러 말을 타고 석문에 도착하여 신종수와 작별한 뒤 금정으로 돌아왔다. 이날의 일정은 '천정암-용연-석문-금정'으로 정리된다. 이날 공주 감영에서 도회시의 시관으로 차출하려 하였으나, 건강을 이유로 면해 달라고 하였다. 오서산 천정사에 다녀온 뒤 실제로 건강이 나빴을 수도 있으나, 좌천되어 온몸으로 근신한다는 뜻, 그리고 시관으로서 곤욕을 치른 사실 등도 작용하였을 것이다. 1795년 9월 4일 밤에 지은 〈寺夜同石門申進士聯句〉 바로 뒤에 (다) 시가 실려 있는데 이것은 바로 9월 5일 돌아오는 길에서 점심때 용연에 들

러 지은 시로 추정된다.

한편 정약용이 이삼환에게 보낸 (라)에 대한 이삼환의 답서에 "敎意鄭重 斯文一事 誠篤如此"라는 구절이 있다. 정약용이 성호 이익의 문집 교열과 관련된 문제를 재차 언급한 것에 대한 답으로 보인다. 이 두 번째 편지에 "日者得造門屛… 其日 亦遊龍鳳寺 日前又上烏棲絶頂 宿天井菴而還 此非賞秋之意也 然龍鳳荒陋 不堪住接 天井絶高 艱於登陟 唯內院一刹 差似穩藉 距此二十里 距仁里六十里 須於康復之後 與虞成諸人 携家禮疾書 及他要緊書 役 直到蘭若 送僧相報 如何"라는 구절이 있으므로, 1795년 9월 4일 오서산 천정사에서 돌아온 뒤에 쓴 것이다. 이 편지에 대한 이삼환의 답서를 9월 5일자에 기록한 것은 두 번째 편지를 1795년 9월 5일에 보낸 것이므로 그렇게 한 것으로 생각된다. 정약용이 1795년 8월 5일에 보낸 편지에 대한 이삼환의 답서를 바로 8월 5일자에 수록한 것으로 보아도 그렇게 추정할 수 있다(8월 5일조 참조). 따라서 이삼환에게 보낸 두 번째 편지는 1795년 9월 5일에 보낸 것이고 이에 대한 이삼환의 답서는 이보다 며칠 후에 온 것으로 보아야 할 것이다. 한편 9월 5일 이후 며칠 동안은 밀린 업무를 수행하였을 것으로 여겨진다.

9월 6일 이후(12일 이전): 김광갑金光甲에게 시를 써주다.

(가) 〈山樓夕坐〉_《전서》 시문집, 1795년 9월 5일~11일

(나) 〈贈金生光甲〉_《전서》 시문집, 1795년 9월 6일~12일 추정

(다) 〈歲暮〉_《전서》 시문집, 1795년 9월 6일~12일 추정

⚛ 1795년 9월 5일 금정역에 돌아온 이후 9월 13일 부여와 공주로 떠나기 전의 시로 (가), (나), (다)의 시 세 편이 있으며, 이 시 뒤에 9월 13일의 시 〈行次靑陽縣〉이 있다. 따라서 이 세 시의 저작 시기는 1795년 9월 5일에서 12일 사이에 지은 것이 된다. 이 가운데 (가) 시가 저녁 때 지은 것이므로 (나), (다) 시는 더욱 좁혀서 1795년 9월 6일에서 12일 사이로, (가) 시의 저작시기를 1795년 9월 5일에서 11일 사이로 추정할 수 있겠다. 《金井日錄》에 9월 6일에서 12일까지 기록이 없다. 이 사이에 김광갑(누구인지 알려지지 않음)에게 시를 써 준 것이 확인된다. (다) 시는 연말에 지은 것이 아니라 내용으로 보아 가을에 지은 것이다.[141]

9월 13일: ① 일찍 공주公州 감영을 향해 출발하다. ② 20리를 가서 청양현 靑陽縣을 지나다. ③ 10리를 가서 고금정古金井을 지나다. ④ 20리를 가서 사향령麝香嶺을 넘고 계전점鷄田店에서 쉬다. ⑤ 20리를 가서 백마강白馬江을 건너다. ⑥ 부여현扶餘縣 관아에서 숙박하며 현감 한백원韓百源과 담화하다.

(가) "將往巡營早發 行二十里 過靑陽縣 行十里 過古金井 行二十里 踰麝香嶺 歇鷄田店 行二十里 渡白馬江 宿扶餘縣 與主倅韓百源話"_《金井日錄》, 9월 13일

(나) 〈行次靑陽縣〉_《전서》 시문집, 1795년 9월 13일

(다) 〈馬上戲吟〉_《전서》 시문집, 1795년 9월 13일

(라) 〈歇鷄田村舍〉_《전서》 시문집, 1795년 9월 13일

∮ 이날 9월 13일 청양현을 지나 10리를 가서 고금정을 지난 뒤 사향령을 넘어 계전에서 쉬고 다시 20리를 가서 백마강을 건너 부여에서 숙박하였다. 숙소는 부여현의 관아가 아니었나 생각된다. 《여유당전서》에 (나), (다), (라)의 세 시가 연이어 실려 있는데 모두 이날 1795년 9월 13일 부여로 가는 도중에 지은 것으로 추정된다. 이날의 일정은 '금정-청양현-고금정-사향령-계전점-부여'로 정리된다. 고금정에서 부여에 이르는 길(고금정-사향령-계전점-부여)은 아마도 백제 사비시대 이래의 길일 수도 있다.

9월 14일: ① 북계北溪로 진사進士 윤취협尹就協을 방문하여 담화하다. ② "大唐平濟塔文"(정림사석탑문)을 보았으나 마모가 심하여 판독하지 못하다. ③ 홍생원洪生員을 방문하다. ④ 저녁에 부여현감 한백원韓百源과 함께 정씨 형제를 방문하여 같이 배를 타고 고란사皐蘭寺를 거쳐 남고지에 오른 뒤 강을 따라 자온대自溫臺 아래에 이르러 청풍정淸風亭에 오르다. ⑤ 배를 타고 부산浮山을 거쳐서 돌아와 백마강白馬江 동쪽에 정박한 다음 부여 관아에 숙박하다.

(가) "(厥明日)訪北溪尹進士就協丈話還過大唐平百濟塔 碑文落剝 多不可讀訪

141) 조성을, 2004, 99쪽 참조.

洪生員 晚與主守 偕訪鄭氏兄弟 泛舟至釣龍臺還過皐蘭寺 登覽古址 順流
至自溫臺下 登淸風亭 坐規巖上飮酒 乘月還汎流江中 至浮山下賞月 還泊
江東 宿官閣" _《金井日錄》, 9월 14일

(나) 〈訪北溪尹進士(就協)〉 _《전서》시문집, 1795년 9월 14일

(다) 〈讀蘇定方平百濟塔〉 _《전서》시문집, 1795년 9월 14일

(라) 〈扶餘懷古〉 _《전서》시문집, 1795년 9월 14일

(마) 〈釣龍臺〉 _《전서》시문집, 1795년 9월 14일

(바) 〈過鄭氏亭子〉 _《전서》시문집, 1795년 9월 14일

(사) 〈訪皐蘭寺〉 _《전서》시문집, 1795년 9월 14일

(아) 〈同扶餘縣監韓元禮(百源)自皐蘭寺下泛舟至自溫臺舟中戲吟示原禮〉 _《전서》시문집, 1795년 9월 14일

(자) 〈自溫臺下汎月〉 _《전서》시문집, 1795년 9월 14일

(차) 〈釣龍臺記〉 _《전서》시문집, 1795년 9월 18일 이후 추정

(카) 〈拔平百濟塔〉 _《전서》시문집, 9월 18일 이후 추정

🔾 이날 9월 14일 부여에서 북계 윤취협을 방문하고 평제탑(정림사지 석탑)을 지나 홍생원을 만나고, 저녁 때 부여 현감 한백원과 정씨 형제를 방문하였다. 이후 배를 타고 조룡대에 이르고 다시 고란사 절터를 보았고 자온대 아래로 내려간 뒤, 청풍정에 오르고 규암에 앉아 술을 마셨다. 부산에서 달을 감상하고 백마강 동쪽으로 돌아와 관아에서 숙박하였다. 이날 부여에서 있었던 일정을 정리하면 '관아-윤취협댁-평제탑-홍생원댁-정씨형제댁-조룡대-고란사지-자온대-청풍정-규암-부산-백마강 동쪽-관아'로 정리된다. 《여유당전서》에는 (나), (다), (라), (마), (바), (사), (아), (자)의 시 여덟 편이 연이어 있는데, 모두 이날 14일 지은 것으로 추정된다. 다만《金井日錄》에 따르면 정씨 형제를 먼저 방문한 뒤 배를 타고 조룡대에 간 것으로 되어 있으나, 시의 순서는 (마)가 (바)의 앞에 있다. 정약용이 시율을 정리할 때 착오를 일으켰거나, 정씨의 정자가 조룡대에 아주 가까이 있어 (마)를 먼저 지은 뒤 (바)를 지은 것일 수도 있다. 이날 조룡대를 방문한 다음 지은 것이 (차)이며 정림사지 석탑의 비문에 대항한 발문이 (카)이다. 1795년

9월 17일 밤늦게 금정에 도착하므로 이들 글은 9월 18일 이후에 지었을 것
으로 추정된다.

9월 15일: ① 공주에 가서 관찰사 유강을 만나다. ② 공주에서 숙박하다.

(가) "到公州 見觀察使柳烱" _《金井日錄》, 9월 15일

🖊 이날 9월 15일 부여 관아를 출발하여 오후 공주에 도착하여 관찰사 유
강을 만났으며, 이날 밤은 공주에서 묵은 것으로 보인다. 다음 날 16일 일
정이 공주에 머무르며 여러 사람을 만난 것으로 되어 있기 때문이다(《金井
日錄》9월 16일 부분 참조). 이날 관찰사 유강을 만나서는 천주교도 처리 문
제 등 공무를 보고하고 협의한 것으로 보인다.

9월 16일: ① 공주에 머무르다. ② 밤에 심유沈游, 오국진吳國鎭, 권기權夔,
이이환李彛煥 등과 공북루拱北樓에 올라 술을 마시다. ③ 공주
에서 숙박하다.

(가) "(厥明日) 留公州 夜與沈(游)·吳(國鎭)·權(夔)話 與李同知(彛煥) 登拱北樓
飲酒" _《金井日錄》, 9월 16일

(나) 〈登公州拱北樓〉 _《전서》 시문집, 1795년 9월 16일

(다) 〈贈吳友(國鎭)〉 _《전서》 시문집, 1795년 9월 16일

(라) 〈贈權友(夔)〉 _《전서》 시문집, 1795년 9월 16일

🖊 1795년 9월 16일에 공주에 머물렀으며 밤에 심유, 오국진, 권기 등과 대
화하였고, 이이환과 공북루에 올라 술을 마셨다.《여유당전서》 시율에 (나)
시가 있는데 이날 공북루에 올라 지은 것으로 여겨진다. 또 이 시에 이어
있는 (다)와 (라)의 시는 이날 16일 밤 공주의 객사에서 각기 오국진과 권
기에게 써 준 것으로 생각된다.

9월 17일: ① 새벽에 출발하여 금강을 건너다. ② 50리를 가서 정산현定山縣
에서 쉬면서 정산현감 채윤전蔡潤銓을 만나다. ③ 20리를 가서 대
치大峙를 넘다. ④ 20리를 가서 청양현靑陽縣을 지나다. ⑤ 20리를
가서 금정역에 돌아오다. ⑥ 목재 이삼환에게서 답시를 받다.

(가) "曉發渡錦江 行五十里 歇定山縣 見主倅蔡潤銓 行二十里踰大峙 行二十

里過靑陽縣 行二十里 還驛" _《金井日錄》. 9월 17일

(나) "木齋答詩曰 當世英豪間不無 斯文正脈待持扶…" _《金井日錄》. 9월 17일

φ 이날 9월 17일 새벽에 공주를 출발하여 금강을 건너 50리를 간 뒤에 정산현에서 쉬면서 현감 채윤전을 만났으며, 20리를 가서 대치를 넘고, 20리를 가서 청양현을 지났으며, 20리를 가서 금정역에 돌아왔다. 따라서 이날의 일정은 '공주-금강-정산현-대치-청양현-금정역'으로 정리된다. 한편 1795년 8월 24일에 이삼환을 방문하였을 때 〈奉示木齋李先生〉이라는 시를 지어 보여드렸는데, 이에 대한 답시를 이날 받은 것으로 생각된다.《金井日錄》9월 17일 부분에 이 시가 포함되어 있다. 이 답시에서 이삼환은 정약용을 사문斯文을 이어갈 사람이라고 높이 평가하였다. 이 답시를 받고 정약용은 다시 이삼환에게 편지를 올렸다고 여겨진다.142)

9월 18일: 밀린 공무를 처리하다(추정).

φ 1795년 9월 17일 밤에 금정에 도착한 뒤 다음 날은 부여, 공주를 다녀오는 동안 밀린 업무를 처리하였을 것으로 추정된다.

9월 19일: 성주산聖住山의 일을 공주의 감영監營에 보고하다.

(가) "以聖住山事 論報巡營" _《金井日錄》. 9월 19일

φ 이날 9월 19일 성주산의 일을 공주의 감영에 보고하였다. 무엇을 보고하였는지에 대하여《金井日錄》에는 구체적인 언급이 없다. 하지만 이곳에 피신해 있던 천주교도나 도적과 관련된 일이 아니었을까 여겨진다.

9월 20일 무렵(추정): 부여에서 돌아온 며칠 뒤에 진사 신종수와 함께 오서산을 유람하다.

(가) 〈游烏棲山記〉 "與自扶餘還之數日 申進士(宗洙)過余 言烏棲之勝…遂與申公 至烏棲之下" _《전서》시문집, 1795년 9월 20일 무렵 이후 추정

φ (가) 시의 원주에서 부여에서 돌아온 지 며칠 뒤에 오서산에 갔다고 하

---

142) 〈上木齋書〉(제3서), 조성을, 2004, 327쪽.

였으므로 대략 1795년 9월 20일 무렵으로 추정하였다.

9월 24일: 이주신李周臣이 찾아오다.

(가) 李周臣 來訪 _《金井日錄》, 9월 24일

⚶ (가)에 따르면 이 날 9월 24일 이주신이 내방하였다. 이주신은 신유교안 당시에 위험을 무릅쓰고 정약용과 가족을 돌보아 준 몇 안 되는 사람 가운데 하나이며, 정약용을 도와준 일이 빌미가 되어 그 역시 유배를 가게 되었다. 주신은 이유수李儒修의 자이며 호는 금리錦里이다.

9월 25일: ① 장령掌令 이일운李日運이 방문하다. ② 관찰사 유강으로부터 답서를 받다.

(가) "(厥明日) 李掌令日運 來訪" _《金井日錄》, 9월 25일

(나) "巡使答書曰…" _《金井日錄》, 9월 25일

⚶ 이날 1795년 9월 25일 이일운李日運이 내방하였다. 한편 관찰사 유강에게 답서를 받았다고 하였는데, 이는 1795년 9월 19일 성주산의 일을 보고한 것에 대한 답으로 생각된다. 이 답서에서 범인을 잡는 일을 말하고 범인을 잡은 뒤에 함께 상의하여 처리할 것이니 염려하지 말라고 하고 끝에서 "聖住山事 已發秘關耳"라고 하였다. 여기서 비관秘關의 의미를 정확히 알 수 없으나, 성주산의 일을 보고한 것에 대하여 이미 조치를 취했다는 뜻으로 해석된다.

10월 1일: ① 채백총蔡伯總이 서울로 돌아가다. ② 이동지李同知가 수공에게 글을 보내다. ③ 윤이서尹彝敍가 정약용에게 시를 부쳐오다. ④ 이익운, 권엄, 이규진에게서 편지가 오다.

(가) "蔡伯總還京" _《金井日錄》, 10월 1일

(나) "李同知寄示囚供" _《金井日錄》, 10월 1일

(다) "尹彝敍寄余詩曰…" _《金井日錄》, 10월 1일

(라) "李參判(益運)書曰…" _《金井日錄》, 10월 1일

(마) "權判書襜書曰…" _《金井日錄》, 10월 1일

(바) "李進士(奎鎭)書曰…" _《金井日錄》, 10월 1일

(사) 〈上樊巖相公書〉(제1서)(乙卯冬 在金井) _《전서》시문집, 1795년 겨울

⑭ 이날 10월 1일에 채백총이 서울로 돌아갔는데 채백총은 채제공의 친척으로 보이며, 금정역 근처에 있는 채씨 집성촌(채제공 친척들이 살던 동족 마을)이 거주지였을 수 있다. 이동지가 누구인지 알 수 없으나 동지同知 벼슬을 한 사람으로 여겨진다. 또 윤이서가 정약용에게 보낸 시가 이날 도착하였고, 이익운, 권엄, 이규진의 편지 역시 이날 도착한 것으로 여겨진다.《여유당전서》에는 이익운에게 보낸 편지로 〈與李參判(益運)〉이 실려 있다. 정약용이 서울에서 병조에 근무할 때 정조의 화성 행차가 박두한 시기에 보낸 편지이므로, 금정에서 받은 편지에 대한 답서는 아니다. 금정 시절 정약용이 이익운(자는 계수季受)에게 보낸 편지로서《여유당전서》에 〈答李季受〉(1,2,3)가 있으며 이들 편지의 시기는 각기 11월 6일, 11월 19일 이후, 12월 22일 이전이다.[143] 따라서 10월 1일 이익운의 편지에 대한 답서는《여유당전서》에 없는 것으로 판단된다. 이익운의 편지 내용은 정약용이 떠난 뒤 별별 말이 있으나 임금 정조가 잘 판단하고 있으니 염려 말고 있으라는 것이다.

한편《여유당전서》에 권엄에게 보낸 편지로 〈上權判書(襯)書〉, 〈答權判書〉가 실려 있으나, 전자는 내용으로 보아 28세 때 문과에 급제한 뒤에 올린 편지이고 후자 역시 28세 때 과거에 급제하고서 울산으로 아버지를 뵙고 온 뒤에 쓴 것이다. 따라서《金井日錄》10월 1일자에 수록된 권엄의 편지에 대한 정약용의 답서는《여유당전서》에 수록되어 있지 않은 것으로 보인다. 권엄의 편지는 정조의 은혜와 뜻을 받들어 잘 하고 있으라는 매우 간단한 내용이다. 이규진이 보낸 편지는 조정에서 악랄한 공격이 행해지고 있다는 내용이다. 이규진에게 보낸 답서도《여유당전서》에서 찾을 수 없다. 이상 세 사람의 편지에 대한 답장이 없는 것은 당시 정치 상황에서 답서를 보내지 않는 것이 좋겠다고 생각하여서 그런 것인지도 모르겠다. 아니면 편집 과정에서 누락되었을 수도 있다. 한편《여유당전서》에 (사)가 실려 있다. 이 편지를 올린 시기가 구체적으로 언제인지 알기 어려우나, "乙卯冬"이라고 한 점에서 1795년 10월에서 12월 사이에 보낸 것임을 알 수

---

143) 조성을, 2004, 311~312쪽.

있다. 1795년 10월 1일에 채백총이 서울로 떠났으므로 그를 통해 편지를 보냈을 가능성을 생각해 볼 수 있다. 채백총은 채제공의 집안으로 생각되는 사람이므로 한양에 가면 채제공을 당연히 방문할 것이기 때문이다.《金井日錄》10월 1일 부분에 윤이서, 이익운, 권엄 등의 편지가 실려 있다. 이 편지들이 당도하자 정약용이 채제공에게도 편지를 올린 것으로 추정된다.

10월 6일: ① 정약용에게 동정적인 노론 영수 심환지沈煥之가 이조판서에 임명되다. ② 장악원정掌樂院正 조진정趙鎭井이 서유린, 서유방에 관한 내용으로 상소하면서 최헌중, 이가환, 정약용을 비난하다. ③ 정조가 조진정을 관직에서 도태하라는 명을 내리다.

(가) "以沈煥之爲吏曹判書" "樂院正 趙鎭井⋯命給其疏 太其職" 《실록》정조 19년 10월 6일

⚕ 1795년 10월 6일에 심환지가 이조판서에 임명된 것은 정약용이 서울에 돌아가기 좋은 환경이 조성되고 있었음을 의미한다. 심환지는 노론 벽파였으나 정약용에게는 매우 호의적이었다. 조진정이 최헌중 등을 비난하는 상소를 올렸다가 관직에서 쫓겨난 것 역시 채제공 우위의 정국이 조성되고 있었음을 의미한다.

10월 9일: 이기경에게 편지를 받다.

(가) "得李基慶書 書曰⋯" 《金井日錄》, 10월 9일

⚕ (가)에 따르면 정약용은 1795년 10월 9일에 이기경의 편지를 받았다. 원래 이기경은 정약용이 성균관 시절 서울에서 과거 공부를 할 때 같이 공부하던 가까운 사이였으나, 나중에 천주교 문제로 틈이 생겨 1791년 신해교안 이후 정약용 등 남인의 천주교 관련자를 공격하는 대표적 인물들 가운데 하나가 되었으며, 그 자신이 도리어 함경도 경원부로 유배되기도 하였다. 1795년 10월 초순 당시 미묘한 시점에 이기경이 정약용에게 편지를 보냈다. 이 편지의 내용은 정약용이 이삼환, 이도명 등과 왕래가 있음을 들었다는 것과 아이의 혼례가 다가오니 부조를 보내달라는 것이었다. 아마도 이기경은 정약용이 금정에서 천주교도를 잘 안집하여 곧 서울로 돌아

올 수 있을 것이라는 소문도 듣고 있었을 것이다. 이기경은 1795년 10월 초 정약용에게 일종의 화해의 제스츄어를 보낸 것으로 볼 수 있겠다. 1791년 신해교안에서 이승훈 등을 공격하다가 유배를 가게 된 그에 대하여 정약용은 그래도 동정을 표하였고, 이기경이 유배 갔을 때 그의 가족을 돌보아 주었다. 이제 채제공 우위의 정국이 굳어지게 된 상황에서 이기경이 택한 선택이었다고 생각된다.

《여유당전서》에는 〈答李基慶〉이 두 통 있는데, 첫 번째 것은 내용으로 보아 1795년 10월 9일 받은 이기경의 편지에 대한 답서이다. 두 번째 것은 내용으로 보아 1797년 가을 곡산부사로 떠나기 직전에 보낸 것이다. 그때 1797년 가을에도 아마도 이기경이 먼저 편지를 보내 정약용이 간단히 답장을 보낸 것이 아닌가 한다. 이런 이기경과 정약용의 관계를 어떻게 보아야 할지 문제이다. 정약용은 신해교안 처리에서 이승훈이 참말을 하지 않고 이기경으로 하여금 유배가게 한 것이 큰 실책이라고 하였고, 이기경의 유배 동안 그의 가족을 돌보아 준 바 있다. 이기경이 정약용에게 금정으로 편지를 보낸 것은 궁한 처지였던 것도 하나의 이유이겠지만, 이제 채제공 우위의 정국이 굳어져 가는 상황에서 그로서는 내심 화해를 원하고 있었을 가능성을 생각해 볼 수 있겠다.

10월 11일: 한치응韓致應이 다시 시를 보내오다.

(가) "得韓傒甫寄詩" _《金井日錄》. 10월 11일

⚹ (가)에 따르면 이날 10월 11일 한치응이 보낸 시를 받았다. 혜보傒甫는 한치응의 자이다.

10월 12일: 허적許積의 관작官爵이 회복되다.

(가) "復許積官爵" _《실록》 정조 19년 10월 12일

(나) 〈聞默齋許相國(積)復其官爵〉 _《전서》 시문집, 1795년 10월 14일 또는 15일 추정

⚹ 《실록》에 따르면 허적의 관작이 회복된 것은 1795년 10월 12일이다. 이 소식이 금정에 전달된 것은 대략 10월 14일 또는 15일 무렵일 것이다. 따라서 정약용이 이 일을 기뻐하며 (나) 시를 지은 것 역시 그 무렵으로 볼 수

있다. 허적 등 이른바 "탁남濁南" 후손들과 정약용의 사이가 가까운 것이 주목된다. 이때 허적의 관작이 회복된 것은 남인 세력을 넓히기 위하여 일부 "탁남" 세력도 포용하려는 국왕의 의도와 관련된다고 여겨진다. 그러나 "탁남"을 배제하고 "청남" 위주로 기호남인 세력을 형성하여 가고자 하였던 채제공은 반대 입장이었다(10월 13일 부분 참조).

10월 13일: 채제공이 허적 복관의 명을 거두라는 차자를 올리다.

(가) "右議政蔡濟恭上箚曰…許積復官之教 出於理外" 《실록》 정조 19년 10월 13일

ⓑ 청남清南 위주로 기호남인 세력을 편성하려는 채제공의 처지에서는 허적의 관작 회복을 당연히 반대하였을 것이다. 하지만 채제공이 이렇게 반대한 것은 다시 노론 측 공세에 빌미를 줄 수 있는 점을 염려하였기 때문이기도 할 것이다. 같은 날 《실록》의 기록에 노론의 영수 윤시동尹蓍東이 허적의 복관을 반대하는 기사가 실려 있다. 이후 1795년 10월 말까지 허적의 복관 문제로 조정이 시끄러웠고 11월까지도 논란이 이어졌는데, 허적의 복관을 반대하는 점에서는 채제공과 노론이 일치하였다. 그러나 채제공이 좀 더 탄력성을 갖고 이른바 "탁남" 그룹을 포용하는 동시에 천주교 문제에 더 적극적으로 대처(노론 강경파에게 빌미를 주지 않을 방책 시행)하는 한편, 기호남인 내의 천주교 비판 세력 가운데 노론과 연결되지 않은 그룹(예를 들면 안정복 그룹)을 적극적으로 포용적인 태도를 취했더라면, 이후 기호남인이 탕평정치의 한 자리를 확고하게 차지할 수 있었을 것이다. 그랬더라면 정조가 급서한 1800년 6월 이후 정국이 급히 경색되지 않았을 가능성도 어느 정도 있었을 것이라는 생각도 든다. 그리고 기호남인 공서파 가운데 홍낙안 같은 자는 배제해야 하지만, 목만중, 이기경 정도까지는 회유해야 할 필요는 있었다는 생각이 든다. 즉 이와 같은 조치들로써 기호남인계의 대동단결을 이루는 한편 영남남인도 더욱 적극적으로 정국에 참여할 수 있는 길을 열 수도 있었다고 생각된다.

10월 13일(또는 14일) **무렵**: 공주에서 만났던 오국진과 권기가 금정역으로 정약용을 찾아오다.

(가) 〈冬日吳·權二友過金井 時初雪大至林阿一色 述歐陽公聚星堂故事 賦試
見懷 禁用玉鹽銀花字〉 _《전서》 시문집, 1795년 10월 13일 또는 14일

(나) 〈孟華·堯臣(吳·權二又) 盛言公州倉穀 爲弊政民不聊生 試述其言 爲長篇
二十韻〉 _《전서》 시문집, 1795년 10월 13일 또는 14일 추정

(다) 〈聞默齋許相國(積)復其官爵〉 _《전서》 시문집, 1795년 10월 14일 또는 15일

Ⓥ 《여유당전서》에는 (다) 시의 바로 앞에 (가)와 (나)의 두 시가 배치되어
있다. 오국진과 권기 두 사람이 금정역을 방문하였을 때 정약용이 이들을
위해 지은 시들이다. "冬日"이란 표현에서 음력 10월 이후이었음을 알 수
있으며, (다)의 바로 앞에 있으므로 1795년 10월 14일(또는 15일) 이전임을
알 수 있다. 따라서 오국진과 권기가 1795년 10월 1일에서 15일(무렵) 사이
에 금정역을 방문하였음을 알 수 있다. 첫 번째 시의 내용에 따르면 이날
첫눈이 많이 내렸다고 하므로, 1795년 음력 10월 초순이라기보다는 중순이
었을 가능성이 크다(만세력에 따르면 이 해 음력 10월 11일이 양력 11월 21일이
됨). 그렇다면 권기와 오국진이 금정역으로 정약용을 방문한 것은 대략
1795년 10월 11일에서 14일 무렵 사이라고 추정할 수 있겠다. 《金井日錄》에
는 1795년 10월 11일과 12일자에 다른 기록을 남기면서도 오국진과 권기
에 대한 언급이 없는 것으로 보아서, 이 두 날에는 오국진과 권기가 오지
않은 것으로 볼 수 있으며 1795년 10월 15일 전에 두 사람이 떠났을 것으
로 추정된다. 그렇다면 두 사람이 금정역으로 정약용을 방문한 것은 대략
1795년 10월 13일(또는 14일)이라는 추정이 가능하다. 10월 13일에 와서 14
일에 떠났을 가능성도 있다.

10월 14일(또는 15일): 허적許積의 관직이 회복되었다는 소식을 듣고 기쁨에
시를 짓다.

(가) 〈聞默齋許相國(積)復其官爵〉 _《전서》 시문집, 1795년 10월 14일 또는 15일

Ⓥ (가)의 시는 허적의 관작이 회복되었다는 소식을 듣고 지은 시로서 1795
년 10월 14일(또는 15일)에 지은 것으로 추정된다(10월 12일 부분 참조). 10월
14일에서 23일 사이에는 온양 봉곡사鳳谷寺에서 있을 서암강학회를 위한
준비를 금정에서 하고 있었을 것으로 추정된다(온양으로 가려고 이 해 10월

24일 예산으로 출발; 10월 24일 부분 참조).

10월 24일: ① 아침 일찍 금정역을 출발하다. ② 예산禮山의 감사坎숨에 이르니 이삼환李三煥이 이미 도착하여 있다. ③ 예산에서 묵다(추정).

(가) "早發 至禮山坎舍 木齋李先生已來臨" _《金井日錄》, 10월 24일

ⓥ 이날 10월 24일 아침 일찍 금정을 출발하여 예산의 감사에 도착하였는데 이삼환이 이미 와 있었다. 이날 밤은 예산에서 묵었을 것으로 추정되며 예산에서 이승훈을 만났을 가능성이 있으나 이에 대한 언급을 찾을 수 없다. 혹시 감사가 이승훈이 있었던 곳이 아닌가 생각되기도 한다. 정약용이 이삼환에게 보낸 첫 번째 편지에서 성호 유저遺著 교열 문제를 이승훈과 상의했는지 물은 적이 있다. 이날 이삼환을 만난 것은 10월 27일부터 온양 봉곡사鳳谷寺에서 있을 서암강학회에 대하여 사전 협의하기 위해서라고 생각된다.

10월 25일: ① 예산에 머물면서 이삼환과 학문을 논하다. ② 예산에 숙박하다(추정).

(가) "(厥明日) 留禮山 陪木齋論學" _《金井日錄》, 10월 25일

ⓥ 이날 10월 25일에 예산에 머무르며 이삼환과 학문을 논한 것은 또한 온양 봉곡사에서 있을 강학회를 위한 예비 작업의 하나이기도 하였을 것이다. 이날도 역시 예산에서 숙박하였을 것으로 생각된다. 숙박 장소는 예산의 감사坎舍로 추정된다.

10월 26일: ① 한곡閑谷으로 이문달李文達을 방문하다. ② 10리를 가서 소송령疎松嶺을 넘다. ③ 10리를 가서 온양의 봉곡사에 숙박하다.

(가) "至閑谷訪李文達 行十里 踰疎松嶺 行十里 宿溫陽之鳳谷寺" _《金井日錄》, 10월 26일

(나) "方山李偉圖 答我書曰…" _《金井日錄》, 10월 26일

ⓥ 이날 10월 26일에 예산을 출발하여 한곡에 이르러 이문달을 방문하였으며 10리를 가서 소송령을 넘고 또 10리를 가서 온양의 봉곡사에 도착하여

이곳에 숙박하였다. 《金井日錄》에 보면 11월 13일에 이문달의 편지를 받은 것으로 되어 있으며 그 내용은 정약용을 아주 칭찬하는 것이다(11월 13일조 참조). 이날의 일정은 '예산-한곡(이문달 방문)-소송령-봉곡사'로 정리된다.

한편 1795년 8월 30일 신종수가 이위도李偉圖에게 부친 시가 있는데(8월 30일조 참조), 이날 1795년 10월 26일에는 정약용이 이위도로부터 편지를 받았다. 아마도 이 답장에 앞서 정약용이 이위도에게 편지를 보낸 것으로도 생각되지만, 현재 이위도에게 보낸 편지를 《여유당전서》 시문집에서 찾을 수 없다. 1795년 8월 23일에 정약용이 천방산으로 이도명과 이수발李秀發 및 이광교를 방문하였는데 혹시 이위도가 바로 이수발일 가능성을 생각해 볼 수 있다. 곧 그때 방문에서 대화를 나눈 뒤 이위도가 편지를 보낸 것이 여기에서 언급되는 편지일 수 있다. 이 답서는 봉곡사 강학회에 참석하는 사람 편에 그곳에서 받았을 가능성이 크다. "방산方山(천방산天方山) 이위도" 라 하였고 이광교에 대하여는 정약용이 "이우李友"라 부르고 이도명에 대하여는 "방산方山 이도명李道溟"이라 하기 때문이다. 이위도가 보낸 편지의 내용은 정약용에게 정학正學에 힘쓰라는 것으로 연장자가 연소자에게 타이르는 식의 내용으로 되어 앞서 이인섭이 보낸 편지와 유사하다. 신종수가 1795년 8월 30일에 보여 준, 이위도에게 부친 시를 보면 이위도가 당시 매우 노성한 사람이었던 것으로 추정된다.

10월 27일: 이삼환, 이문달 등이 차례로 온양 봉곡사에 도착하여 강학회가 시작되다.

(가) "木齋來臨 李文達等諸友人 次第來會" _《金井日錄》, 10월 27일

❀ 1795년 10월 27일에 이삼환이 오고 또 이문달 등이 차례로 옴에 따라 강학회가 시작된 것으로 여겨진다. 강학회의 구체적 내용은 〈西巖講學記〉 《여유당전서》 시문집)를 참고할 수 있다. 이날 10월 27일부터 강학회가 시작되어 1795년 11월 5일까지 지속된 것으로 보아야 할 것이다. 《金井日錄》 11월 5일 자에 따르면 이날 이삼환 및 다른 사람들이 하산하고 정약용 역시 하산하기 때문이다. 강학회에서는 주로 성호 이익의 예학 관련 저서가 대상이 되었는데, 이것은 정약용과 성호학파의 사람들이 천주교도로 몰려

있던 상황과 관련되는 것으로 생각해 볼 수 있다. 강학회에 모인 인물들은 대체로 예산을 중심으로 한 내포 지역의 기호남인계 사람들이라고 볼 수 있는데, 이삼환을 포함하여 이들의 성향은 성호 우파적이었다고 추정된다. 강학회는 10월 27일 당일 시작되었을 것으로 여겨진다. 강학회가 이루어진 장소는 현재 대웅전을 바라보고 오른쪽의 큰 건물이었다고 판단된다. 이 건물에는 큰 강당 말고도 작은 방도 몇 개 있었으며, 그곳 사람들의 말을 따르면 6.25 때도 해를 당하지 않은 건물이라고 한다.

10월 28~30일: 온양 봉곡사에서 강학회가 행해지다(정약용 참석 추정).

ⓥ 특별한 언급이 없으므로 1795년 10월 27일 강학회가 시작된 이후 당연히 정약용도 하산하는 11월 5일까지 참여하고 있었을 것이다.

11월 1일: ① 정조가 새로 인쇄된 갱화축 가운데 들어 있는 정약용의 〈雪中 龍虎會軸〉 등을 각기 한 건 사급하라고 명을 내리다(한양 대궐에서의 일). ② 온양 봉곡사에서 강학회가 지속되다(정약용 참석 추정).

(가) "傳于李晩秀曰 新印賡和軸內 入寶鑑纂輯廳軸…整理儀軌校正堂上丁若鏞雪中龍虎會軸…各一件賜給" 《승기》 정조 19년 11월 1일

(나) 〈十一月一日 於西巖鳳谷寺 陪木齋先生 校星翁遺書…〉 _《전서》 시문집, 1795년 11월 1일

ⓥ (가)의 기록을 보면 위 ①의 사실을 알 수 있다. 국왕이 정약용을 잊지 않고 있는 사실을 보여주는 것이라고 하겠다. 그리고 (나)의 기록으로 보아 1795년 11월 1일에도 정약용이 계속 온양 봉곡사에서 있었던 강학회에 참석하고 있었음을 알 수 있다.

11월 2~4일: 온양 봉곡사에서 강학회가 지속되다(정약용 참석).

(가) 〈贈姜士賓〉 _《전서》 시문집, 1795년 11월 4일

(나) 〈贈沈仲甚〉 _《전서》 시문집, 1795년 11월 4일

(다) 〈贈李汝昻〉 _《전서》 시문집, 1795년 11월 4일

(라) 〈贈李佩謙〉 _《전서》 시문집, 1795년 11월 4일

(마) 〈贈姜用民〉 _《전서》 시문집, 1795년 11월 4일

(바) 〈贈姜伯徽〉 _《전서》 시문집, 1795년 11월 4일

✿ 《전서》 시문집의 〈十一月一日 於西巖鳳谷寺 陪木齋先生 校星翁遺書…〉에 바로 이어서 위의 시들이 배치되어 있다. 이들 시는 정약용이 1795년 11월 4일에 강학회를 마치고 강학회에 참석한 사람들에게 지어준 것으로 보아야 할 것이다.

11월 5일: ① 전날 밤 강학회가 종료되어 다음 날(11월 5일) 정약용이 봉곡사에서 하산하다. ② 권요신權堯臣(권기)의 집에서 숙박하다.

(가) "木齋下山 諸友隨之 余亦下山 是日宿堯臣家" _《金井日錄》, 11월 5일

✿ 1795년 10월 27일부터 강학회가 시작되어 11월 5일 강학회가 공식적으로 종료되어 모두 하산하였으며, 정약용도 하산하여 권기의 집에 숙박하였다. 권기는 정약용이 공주를 방문하였을 때 만난 인물이다.

11월 6일: ① 권기의 집을 출발하여 금정역에 돌아오다. ② 남고 윤지범의 시를 받다. ③ 이병모李秉模를 진하정사進賀正使(가경제嘉慶帝의 즉위를 축하하는 정사)로 삼다.

(가) "(厥明日) 還郵軒" _《金井日錄》, 11월 6일

(나) "南皐寄我詩曰…" _《金井日錄》, 11월 6일

(다) 〈詠盆梅 寄大陵四老〉 _《전서》 시문집, 1795년 11월 6일 이후 추정

(라) "以李秉模 爲進賀正使" _《실록》 정조 19년 11월 6일

✿ 이날 11월 6일 권기의 집을 출발하여 금정역에 돌아온 것으로 보아야 할 것이다. 남고는 윤지범의 호이며 윤지범은 정약용과 죽란시사 등을 함께 한 절친한 친구이다. 한편 강학회 바로 뒤의 시로서 (다) 시가 있다. 남고 윤지범의 시를 받고서 문득 대릉大陵(서울 정동)의 남인계 원로 네 사람이 생각나서 이 시를 지었을 가능성이 있다. (라)에 따르면 1795년 11월 6일에 노론의 영수 가운데 하나인 이병모를 청나라 가경제의 즉위를 축하하는 정사로 임명하였음을 알 수 있다. 바로 얼마 전 건륭제가 가경제에게 양위하였다. 건륭제는 1799년 1월에 서거하였다.

11월 7일(이후): ① 방산 이도명에게 편지를 보내다. ② 북계北溪 윤취협尹就
協에게 편지를 보내다.

(가) 〈答方山〉(제2서) _《전서》 시문집, 1795년 11월 7일 이후 추정

(나) 〈與北溪尹進士〉 _《전서》 시문집, 1795년 11월 7일 이후 추정

  ❀ 강학회에서 금정으로 돌아온 뒤 정약용은 방산 이도명에게 귀로에 총
총히 돌아오느라고 그의 집을 방문하지 못했다는 편지 (가)를 1795년 11월
7일 이후에 썼으며,[144] 북계의 윤취협에게도 편지 (나)를 썼다. 방산과
북계에게서 돌아온 11월 6일에는 밀린 업무를 처리하느라 편지를 쓰기
는 어려웠을 것이라고 생각되어 1795년 11월 7일 이후 쓴 것으로 추정
하였다.

11월 9일(또는 10일 무렵): 이익운(이계수李季受)의 편지에 답장을 쓰다(제1서).

(가) 〈答李季受〉(제1서) _《전서》 시문집, 1795년 11월 9일 또는 10일 무렵 추정

  ❀ 편지의 내용으로 보아 서암강학회에서 돌아온 며칠 이후라고 생각되므
로 1795년 11월 9일 또는 10일 무렵으로 추정하였다.[145] 계수는 이익운의
자이다.

11월 13일: 이문달의 편지를 받다.

(가) 得李文達書 書日 _《金井日錄》, 11월 13일

  ❀ 《金井日錄》에 따르면 이날 11월 13일에 이문달의 편지를 받은 것으로 되
어 있는데 이 편지에서 이문달은 정약용을 매우 칭찬하였다. 이와 관련하
여 《여유당전서》에 〈答李文達〉이 세 통 실려 있다. 이 가운데 두 통은 내용
으로 보아 금정 시절 보낸 것이며 세 번째 것은 정약용이 서울에 돌아와
보낸 것이다. 첫 번째 것은 내용으로 볼 때 이날 편지에 대한 답서로 여겨
진다. 그렇다면 첫 번째 답서는 1795년 11월 13일 이후 보낸 것이다. 두 번
째 답서는 첫 번째 답서를 보낸 다음에 금정에서 보낸 것으로 추정된다.
이문달에게는 정약용이 서울에 돌아와서도 편지를 보내는데〈與李文達〉, 이

---

144) 조성을, 2004, 328쪽.
145) 조성을, 위의 책, 311쪽.

편지는 1796년 새해가 되어 보낸 것이다.146)

11월 19일: 《退溪集》을 얻어 읽기 시작하다.

(가) "得退溪集 每讀一編 輒有箚錄" _《金井日錄》, 11월 19일 조

(나) 〈讀退陶遺書〉 _《전서》 시문집, 1795년 11월 19일 이후 추정

(다) 〈近日習靜漸久 每日夕覺山氣益佳 時誦此詩 不勝愧作 遂更作二絶句 以
謝九峯山云〉 _《전서》 시문집, 1795년 11월 19일 이후 추정

(라) 〈答李季秀〉(제2서) _《전서》 시문집, 1795년 11월 말엽 추정

Ⓥ 이날 11월 19일 《退溪集》을 얻어 이후 한 편을 읽을 적마다 소회를 기록
하였다. 이것이 바로 《陶山私淑錄》이다. 이 일은 정약용의 도덕적 수양에
큰 영향을 미쳤지만 《陶山私淑錄》 하나를 근거로 정약용의 사상을 퇴계 이
황과 직결시키는 것은 비약이다. 이렇게 《退溪集》을 부지런히 읽은 그가
천주교도로 몰려 타인들의 주목을 받는 상황과도 관련된다. 다만 (다)의
시를 보면 정약용이 《退溪集》을 읽으면서 점차 마음이 안정되어 갔음을 알
수 있다. (라)에도 이에 대한 언급이 있다. 대략 1795년 11월 하순 이계수로
부터 다시 편지가 온 것으로 보이며 이에 대한 답서(제2서)를 1795년 11월
말엽에 보낸 것으로 추정된다(11월 29일 부분 참조).

11월 27일: 이승훈에게 답서를 쓰다.

(가) 〈答蔓溪〉(제1서) _《전서》 시문집, 1795년 11월 27일

Ⓥ (가)를 1795년 11월 27일에 쓴 것이라면 이승훈(당시 예산에 유배 중)의 편
지는 11월 27일 이전에 도착한 것이 된다.

11월 29일: ① 해좌海左 정범조丁範祖의 편지를 받다. ② 이 무렵 이계수李季
秀에게 답서를 쓰다(제2서).

(가) "得海左書書曰…" _《金井日錄》, 11월 29일

(나) 〈答李季秀〉(제2서) _《전서》 시문집, 1795년 11월 말엽

Ⓥ 이날 11월 29일 해좌 정범조의 편지를 받았다. 정범조는 정약용과 같은

---

146) 조성을, 2004, 329쪽.

압해정씨로서 당시 문장가로 이름나 있었으며, 나중에 채제공이 타계하였을 때 채제공의 아들과 함께 정범조가 사는 원주 법천을 방문한 적이 있다. 채제공의 묘지명을 정범조에게 부탁하기 위함이었다. 《여유당집》에는 정범조에게 보낸 편지 〈上族父海左丁範祖書〉 한 통 및 〈上海左書〉 일곱 통 등, 도합 여덟 통이 있다. 마지막 것은 1800년 가을, 정조 서거 후의 것이다. 정범조 편지의 내용은 잡서를 읽지 말고 주자의 정학에 힘쓰라는 것이었다. 마지막 편지를 제외한 일곱 통의 편지 가운데 이 정범조의 편지와 관련이 있다고 여겨지는 것은 〈上海左書〉 가운데 다섯 번째 것이 아닌가 여겨진다. 여기에서 해미의 영보정永保亭에 대한 시들이 언급되고 있기 때문이다. 그러나 잡서를 읽지 말고 정학正學에 힘쓰라는 말에 대한 정약용의 답은 없다. 정약용이 먼저 편지를 드리고 그에 대한 답장을 정범조가 보낸 것일 수도 있으며 위의 정범조의 편지(1795년 11월 29일)와 관련된 정약용의 답서는 없을 수도 있다. 한편 필자는 (나)의 저술시기를 1795년 11월 19일 이후로 추정한 일이 있다.[147] "近得退陶先生遺集"이라는 표현으로 보아서 시기를 더 좁히면 대략 1795년 11월 말엽으로 추정할 수 있겠다.

12월 1일: ① 이삼환으로부터 편지를 받다. ② 윤필병으로부터 편지를 받다.

(가) "得木齋答書書曰…" _《金井日錄》, 12월 1일

(나) "得尹參判(弼秉)答書曰…" _《金井日錄》, 12월 1일

✿ (가)에 따르면 이날 12월 1일에 이삼환의 편지를 받았다. 편지의 내용은 비방에 대처하는 방법에 대한 언급과 더 신중하게 처신하고 지내라는 것이었다. 《여유당전서》에 실린 여섯 통의 〈上木齋書〉 가운데 네 번째 것의 내용이 이날 받은 이삼환의 편지와 관련된다고 생각된다. 정약용이 자신을 비방한 데 대한 소문을 네 번째 편지에서 말하였기 때문이다. 따라서 네 번째 〈上木齋書〉(제4서)는 1795년 12월 1일보다 얼마 앞서서 정약용이 보낸 것이고 그 답장을 이날에 받은 것이 아닌가 여겨진다. 필자는 〈上木齋書〉(제4서)의 시기를 1795년 11월 6일 강학회에서 돌아온 이후로 추정하였

---

147) 조성을, 위의 책, 311쪽.

다.[148] 아울러 〈上木齋書〉(제5서)는 1795년 12월 1일 이삼환의 편지를 받고 이에 대한 답장으로 보낸 것으로 여겨진다(금정 체류 때).

한편 이날 12월 1일 윤필병에게 받은 편지의 내용은 형세가 좋을 때도 있고 나쁠 때도 있다는 것과 정약용이 보낸 시에 자득自得의 뜻이 있다는 것이었다. 《여유당전서》에 〈上尹參判(弼秉)〉과 〈答尹參判〉이 있는데 이 둘 모두 내용으로 보아 이날 받은 윤필병의 답서와는 직접 관련이 없는 것으로 여겨진다.[149] 《여유당전서》에는 금정 시절 지은 시로 〈詠盆梅寄大陵四老〉라는 시(1795년 11월 6일 이후)가 실려 있는데, 이 시에 대한 답서가 1795년 12월 1일에 받은 윤필병의 편지가 아닌가 생각된다. 윤필병은 당시 기호남인계 원로 가운데 한 명으로 정약용에게 호의적이었다. 그러나 1801년 신유교안 때에는 정약용 등을 배척하는 태도를 취하였다.

12월 6일: 금정역의 촌부들에게 유시하다.

(가) "諭驛村父老" _《金井日錄》, 12월 6일

⚶ 정약용의 5대조 참의공이 금정 찰방을 지냈다. 그를 위한 병진년丙辰年 정월 초하루의 제수祭需를 금정 역촌 부로들의 손으로 마련하였다는 언급이 있다.

12월 7일: 이삼환으로부터 편지를 받다.

(가) "木齋下山後 答書曰 山寺問答 令雖勤索 旣是魯莽之妄論 故不欲宣露於 人 思之 被人指摘其瑕疵 於吾當規益 故略略謄去云(十二月 初七日)問… 答曰…" 〈서암강학기〉 _《전서》 시문집, 1795년 11월 중순 이후 추정

⚶ 《金井日錄》에는 이 편지가 없고 〈西巖講學記〉에 실려 있다. 《여유당전서》에 실린 〈上木齋書〉 가운데 내용으로 보아 다섯 번째 편지가 이삼환의 이 편지에 대한 정약용의 답서라고 추정된다. 그렇다면 〈上木齋書〉(제5서)는 1795년 12월 7일 이후에 보낸 것이 된다.

148) 조성을, 2004, 325쪽.
149) 조성을, 위의 책, 310쪽 참조.

12월 10일: 당시 충주 목사 이가환으로부터 편지를 받다.

(가) "得小陵答書(時在忠州)書曰…" _《金井日錄》, 12월 10일

(나) 〈上少陵〉제1서) _《전서》시문집, 1795년 11월 말~12월 초순 무렵

⑩ 이날 12월 10일 충주 목사로 좌천되어 있던 이가환으로부터 편지를 받았다. 《여유당전서》에 〈上李小陵〉이 네 통 실려 있는데, 첫 번째 제1서에 "乙卯秋 余在金井 李丈在忠州"라고 원주가 붙어 있으며 "又見爛報 子翁家事 萬萬感幸"이라는 구절이 있다. 이가환의 답서에 "子翁家事 非但傍觀感泣 聖德如天"이라는 구절이 있으므로, 이 첫 번째 편지(〈上李小陵〉 제1서)에 대한 답서를 1795년 12월 10일에 받은 것이 틀림없다. 여기서 "子翁"이 누구를 가리키는지는 확실하지 않으나 이가환 집안의 인물로 추정되며, 이 사람에 대하여 정조의 너그러운 조치가 있었던 것으로 추정된다. 또 (나)의 원주에서 이가환에게 보낸 첫 번째 편지 시기를 "乙卯秋"라고 하였으나, 이것은 금정에 있었던 시기를 대략적으로 말한 것으로 생각된다. 이가환의 답서를 받은 것이 12월 10일이므로 정약용이 첫 번째 편지 (나)를 보낸 것은 대략 1795년 11월 말~12월 초 무렵으로 여겨진다. 바로 뒤에 있는 〈上李小陵〉(제2서)은 금정에서 한양에 돌아온 이후 쓴 것으로 여겨진다.[150]

12월 16일: 우의정 채제공이 좌의정으로 승진하고 윤시동尹蓍東이 우의정에 임명되다.

(가) "以尹蓍東爲議政府右議政 蔡濟恭陞爲左議政" _《실록》정조 19년 12월 16일

⑩ 이병모李秉模가 사신으로 가게 됨에 따라 그 공백을 같은 노론의 윤시동으로 메우려 한 것으로 여겨진다. 1790년대 노론측 강경파의 영수로는 김종수, 윤시동, 심환지 등을 들 수 있으며 이 셋은 매우 가까웠다. 이병모와 홍낙성 등도 노론으로서 재상의 반열에 들지만 영수의 위치에 있었던 것 같지는 않다. 1795년 12월 당시 심환지는 이조판서의 자리에 있었다.

12월 18일: ① 늦게 말을 타고 금계金溪를 건너 서남 여러 봉우리의 설경을 구경하다.② 어곡漁谷에 이르러 채씨蔡氏 일인逸人을 방문하다.

---

150) 조성을, 위의 책, 307쪽.

③ 금정역에 돌아오다.

(가) 〈擬古二首〉 《전서》 시문집, 1795년 12월 17일 이전 추정

(나) 〈是日風日暄暢 晚與一客 騎馬度金溪 望西南諸峯 雪中森秀 相顧甚樂也
至漁谷訪蔡逸人而還〉 《전서》 시문집, 1795년 12월 18일

⚑《金井日錄》에 이날 12월 18일에 대한 기록은 없다. 《여유당전서》 시문집
부분에 의거하여 보충하였다. 이날 날씨가 좋아 말을 타고 금계를 건너 어
곡으로 가서 채일인을 방문하고 돌아왔다. 채일인이란 혹시 채준공蔡俊恭
을 말하는 것인지도 모르겠다. 채준공은 채제공의 일족이었을 것이다. 앞
서 1795년 8월 5일에 정약용은 어자곡(어곡 추정)으로 채준공을 방문한 바
있다. (가)의 시는 (나)의 시 바로 앞에 있으므로 1795년 12월 17일 이전으
로 시기를 추정하였다.

12월 20일: ① 정약용이 연말 인사고과에서 좋은 평가를 얻다. 충주목사 이
가환 역시 좋은 평가를 얻다(인사고과는 충청감사가 하였음). ② 정
약용이 용양위龍驤衛 부사직副司直에 단부되다. ③ 정약용에게
서울로 오라는 정조의 전교가 내리다(동시에 이가환에게도 내이內
移 명령이 내리다). ④ 이 무렵 이계수(이익운)에게 답서를 쓰다(제3
서; 12월 22일 이전). ⑤ 충청 관찰사 유강에게 편지를 쓰다〈與柳觀
察〉제3서; 12월 22일 이전). ⑥ 충청 관찰사 유강 파직되다.

(가) "見襃貶題目忠州曰 卿列州補 坐鎭有裕 金井曰 在郵愈謹" 《金井日錄》, 12월
20일

(나) "十二月(二十日) 龍驤衛副司直遞付" 《다산연보》 13쪽

(다) "十二月(二十日) 龍驤衛副司直遞付" 《사암연보》 67쪽

(라) "兵批……副司直單 李家煥・申光河・丁若鏞…." 《승기》 정조 19년 12월 20일

(마) "乙卯十二月二十日卯時上詣春塘臺抄啓文臣課講…命書傳教曰…李家煥
外補今日政 內移後還差…又命書傳教曰 金井察訪丁若鏞 內移" 《승기》 정
조 19년 12월 20일

(사) 〈答李季秀〉(제3서) 《전서》 시문집, 1795년 12월 22일 이전 추정

(아) 〈與柳觀察〉(제3서) 《전서》 시문집, 1795년 12월 22일 이전 추정

(자) "罷忠淸道觀察使柳焵職" 《실록》 정조 19년 12월 20일

(차) "以李鼎運爲忠淸道觀察使" 《실록》 정조 19년 12월 20일

𝜙 (가), (나), (다), (라), (마)의 자료들을 보아서 위의 사실이 확인된다. 이날 12월 20일에 연말의 도목정사都目政事(정기 인사고과)가 있었던 것으로 여겨진다. 이가환은 판서로서 충주 목사가 되니 여유가 있고 정약용은 금정역의 임무에 충실하다는 평가였다. 이 인사고과는 당시 충청감사 유강이 했을 것으로 추정된다. 채제공과 정조는 1795년 연말의 도목정사를 고려해 정약용과 이가환을 충청도로 보내고 좋은 인사고과를 받아 서울로 돌아오게 하려고 생각하였을 것이다. 이리하여 이날 정조는 정약용에게 내이內移(서울로 옮기라는)하라는 명령을 내렸다.

한편 (사)에 보이는 "歲暮"라는 표현으로 보아 1795년 12월 하순경으로 추정되고, 1795년 12월 22일 금정을 출발하기 전에 쓴 것이다. 정약용이 보낸 〈答李季秀〉(제2서)에 대한 이계수의 답서에 대해서 정약용이 다시 제3서를 쓴 것이다. (사)는 정약용이 금정에서 보낸 것이다. 이는 "歲暮"라고 시기가 표기되어 있어 시기가 12월이었음을 알 수 있고, 정약용이 1795년 12월 22일에 금정을 떠나므로 그 이전에 보낸 것이다. 한편 이 무렵 충청 관찰사 유강에게도 편지를 보냈다.151) 《실록》에 따르면 유강에 대해 1795년 12월 20일 조정에서 파직 명령이 내리는 이유는 정리곡整理穀(화성 정리곡)을 수령들에게 배분하는 것에 문제가 생겼기 때문이다.

12월 21일: 이정운의 편지를 받다.

(가) "得五沙李參判(鼎運)和寄詩 詩曰…又曰…" 《金井日錄》, 12월 21일

𝜙 이날 12월 21일 정약용이 앞서 부친 시에 대한 이정운의 화답시를 받았다. 여기서 '앞서 부친 시'란 〈詠盆梅寄大陵四老〉를 가리키는 것으로 여겨진다. 대릉 4로에는 대릉 3로에 더하여 이정운이 포함되는 것으로 볼 수 있겠다. 이정운이 이 시를 보낸 시기는 1795년 12월 20일 정조의 내이 명령이 내리기 전(12월 19일 이전)이었을 것으로 추정된다. 이정운은 정약용이

---

151) 〈與柳觀察〉(제3서), 조성을, 2004, 316쪽 참조.

곧 서울로 돌아오게 될 것이라는 것을 이미 알고 있었을 것이다. 이 무렵 이정운은 정약용이 서울로 돌아오는 데에 도움을 많이 주었다. 그는 유강을 대신하여 1795년 12월 20일에 충청도 관찰사에 임명되었으나, 1795년 12월 22일에 아직 조정에 머무르며 정약용이 금정에서 천주교도를 잘 안집하였다고 보고하였다(12월22일 부분 참조).

12월 22일: ① 국왕이 정약용이 금정에서 천주교도 처리를 잘하였다고 하고 이정운이 성교聖敎가 지당하다고 하다. ②금정에서 내이의 명을 받고 채이순蔡而順·채계중蔡季中 형제 등과 송별연을 하다. ③ 당일(12월 22일) 늦게출발하여 30리를 가서 광시점光時店에 숙박하다.

(가) "乙卯十二月二十二日酉時　上御重熙堂…兵批…煥之曰…本道桩邑守令中……沿路守令察訪　洪州牧使柳誼·金井察訪丁若鏞……別無優異之績　亦無顯著之疵　竝勿論　何如…上曰　湖中邪學　近頗大熾　丁若鏞能體斥補之意　捉報其作頭者　囚於營獄云　卿到營後　嚴察痛治好矣　鼎雲曰　當如聖敎" _《승기》 정조 19년 12월 22일

(나) "聞有內移之命　卽日發行" "伏聞　二十日　親臨都政時　有內移之命…將歸與蔡而順·季中兄弟·韓義協·金升運諸人　飮酒別發行三十里　宿光時店　平執偕之" _《金井日錄》. 12월 22일

(다) 〈伏聞內移　有命晚發金井驛〉(十二月　二十三日) _《전서》 시문집, 1795년 12월 22일

🔖 1795년 12월 20일 조정의 결정이 내려진 뒤 이날 12월 22일 내직으로 옮긴다는 명이 금정에 전달되자, 정약용은 즉시 출발하였다. 1795년 12월 20일의 인사고과 때 내직으로 옮긴다는 인사 명령이 있었다. 12월 22일 돌아가는 날에 채이순(채홍규)·채계중 형제, 한의협 및 김승운 등과 술을 마시고 작별하여 늦게 출발하여 30리를 가서 광시점에 숙박하였으며 평집이 함께 그곳까지 갔다. (다)의 시에서 저작 날짜는 12월 22일의 착오이다. 나중에 원주를 붙일 때 생긴 착오이거나 필사 과정의 착오이다. 자료 (나)에서 보듯이 《金井日錄》에 명백히 1795년 12월 22일 당일 떠난 것으로 되어 있기 때문이다.152)

한편 (가)를 보면 정조가 이정운(충청감사로 새로 임명되어 막 부임하려 하고 있었음)에게 충청 감사로 부임하면, 정약용의 일을 잘 살펴보고 하라고 하였다. 심환지沈煥之가 정약용의 업적에 대하여 그저 그렇다고 평가한 데 견주어 정조 자신은 긍정적으로 평가하면서 이런 명령을 내린 것이다. 곧 충청감사로 내려가서 정약용에 대한 긍정적인 평가를 올리라는 암시라고 할 수 있겠다. 노론 벽파이면서도 평소 정약용을 도와 준 것으로 알려져 있는 심환지가 정조에게 이 자리에서는 그저 그렇다고 평가하였다. 이것은 심환지의 노련한 처신이라고 하겠는데, 나중에 그는 적극적으로 정약용을 도와주는 자세를 취한다. 여기에는 국왕과의 모종의 교감이 있었다고 생각된다.

12월 23일: ① 새벽에 광시점을 출발하여 40리를 가서 예산현에 도착하다. ② 예산현감 박종우朴宗羽를 만나고 이승훈의 적거지를 방문하다. ③ 이삼환에게도 편지를 드려 작별을 고하다. ④ 10리를 가서 신례원新禮院에서 쉬다. ⑤ 30리를 가서 신창현新昌縣에서 쉬다. ⑥ 30리를 가서 아산牙山 지역의 요로원要路院에 숙박하다.

(가) "宿要路院(牙山地)" _《金井日錄》, 12월 23일

(나) "晨發 行四十里 到禮山縣 見主倅朴宗羽 又轉至李兄謫所別 留書別木齋 行十里 歇新禮院 行三十里 歇新昌懸 行三十里 宿要路院" _《金井日錄》, 12월 23일

(다) 〈與蔓溪〉(제2서; 歷路辭別 不禁屛營 同來而不同歸) _《전서》 시문집, 1795년 12월 26일 이후 추정

🕯 이날 12월 23일 새벽에 출발하여 40리를 가서 예산에 도착하여 현감 박종우를 만난 뒤 다시 이승훈의 적소謫所에 이르러 작별하고 이삼환에게 편지를 남겼다. 〈上木齋書〉 6통 가운데 마지막 것인 여섯 번째 편지는 서울에 돌아와 보낸 것이다. 갑자기 서울에서 내려온 인사 명령으로 떠나게 되어 같이 가야산 눈 구경을 못 가게 되었으며 서울에 돌아온 지 며칠 되었다

---

152) 조성을, 위의 책, 104쪽에서도 이미 이 점에 대하여 언급하였다.

는 말이 있기 때문이다. 이 제6서에 '사촌社村에 도착해서 작별을 고하는 글을 몇 줄 남겼는데 받아보셨는지' 묻는 구절이 있다. 아마도 이승훈의 적소가 이 사촌에 있지 않았나 생각되며 그에게 편지를 전해 달라고 부탁했을 것으로 여겨진다. 다만 이때 부탁한 편지는 《여유당전서》와 《여유당집》 잡문에는 실려 있지 않다. 짧은 몇 줄이었기 때문이라고 생각된다. (다)의 편지는 정약용이 1795년 12월 25일 밤늦게 서울에 돌아온 이후 (12월 26일 이후) 이승훈에게 보낸 것인데 이를 통해 돌아오는 길에 예산에서 이승훈을 만났음을 알 수 있다. 정약용은 이날 이승훈의 적소에서 다시 10리를 가서 신예원에서 휴식하고, 30리를 가서 신창현에서 다시 휴식한 다음 30리를 더 가서 아산 지역의 요로원에서 숙박하였다. 이날의 일정은 '광시점-예산(관아)-이승훈 적소(예산 지역, 사촌)-신예원-신창현-요로원(아산 지역)'으로 정리된다.

12월 24일: ① 새벽 요로원을 출발하여 30리를 가서 평택平澤에서 쉬다.② 다시 20리 가서 갈원葛院(진위振威 지역)에서 쉬다. ③ (오후) 다시 50리를 가다.④ 유천점柳川店(수원水原 지역)에 묵다.

(가) "曉發 行三十里 歇平澤縣 行二十里歇葛院(振威地) 行五十里 宿柳川店 (水原地)" _《金井日錄》. 12월 24일

⚜ 1795년 12월 24일 새벽에 요로원(아산 지역)을 출발하여 30리를 가서 평택역에서 쉬고, 20리를 가서 갈원(진위 지역)에서 쉰 다음 50리를 가서 유천점(수원 지역)에서 묵었다. 아마도 점심 식사는 갈원에서 하였을 것이다. 유천은 광교산에서 흘러내려 수원부를 관통하여 그 남쪽으로 흐르는 시내이다. 유천점은 오늘날 수원의 팔달문(남문) 조금 못 미친 유천가의 주막거리라고 여겨진다. 이날의 일정은 '요로원-평택역-갈원-유천점'으로 정리된다.

12월 25일: ① 새벽에 수원 유천점을 출발하다. ② 40리를 가서 과천果川 지역의 갈산점葛山店에 도착하다. ③ 다시 30리를 가서 동작銅雀 나루를 건너다. ④ (당일 밤) 서울 명례방明禮坊의 집(죽란)에 도착하다.

(가) "晨發 行四十里 歇葛山店(果川地)行三十里 渡銅雀津 行十里 宿明禮坊"

_《金井日錄》 12월 25일

⚫ 이날 12월 25일 새벽 수원의 유천점을 출발하여 40리를 가서 갈산점(과천 지역)에서 쉬고, 다시 30리를 가서 동작나루를 지나고, 다시 10리를 가서 서울 명례방 집(죽란)에 도착하였다. 명례방은 오늘날 서울 명동 지역으로 정약용의 집이 당시 여기에 있었다. 즉 이날 밤 집에 돌아온 것이다. 이날의 일정은 '유천점-갈산점(과천 지역)-동작나루-명례방(자택)'으로 정리된다. 점심은 과천의 갈산점에서 든 것으로 여겨진다. 1795년 12월 22일 늦게 금정역을 출발하여 12월 23일, 24일, 25일 기간 동안 겨울이라 해가 짧음에도 연일 강행군하여 서울 명례방의 집에 돌아온 것이다. 정약용이 금정에서 서울로 돌아오기를 몹시 고대하고 있었던 것으로 볼 수 있다.

12월 26일 무렵(추정) : 서울 명례방에 도착한 이후 이익운의 방문을 받다.

(가) 〈答五沙〉(제2서) _《전서》 시문집, 1795년 12월 27일 무렵 이후 추정

⚫ 이익운의 방문을 받은 다음 날 정약용이 이정운에게 보낸 편지 (가)에 따르면 서울 명례방에 도착한 이후 이정운의 방문을 받은 것으로 되어 있다. 1795년 12월 25일 당일 명례방에 밤늦게 도착하였을 것이므로, 이정운이 정약용을 방문한 시기는 12월 26일 이후일 것으로 생각된다. 또 이 편지에 "乙卯冬 在京"이라고 원주가 붙어 있으므로, 12월 편지를 보낸 하한은 12월 말이 될 것이다. 따라서 이익운 방문의 하한 역시 12월 말이 된다. 다만 이익운은 국왕의 말을 전달해야 하는 처지이므로 12월 26일 오후에 찾아왔을 가능성이 크다. (가)의 내용을 보면 정조가 이정운을 통해 정약용에게 전하는 말을 다시 동생 이익운이 정약용에게 전달한 것이라고 판단된다. (가) 편지는 이익운의 방문을 받은 이후에 보낸 것이므로 1795년 12월 27일 무렵 이후로 추정하였다.

12월 27일 무렵(추정): ① 정약용이 이익운의 방문을 받은 다음 날 이정운에게 편지를 보낸다. ② 목재 이삼환에게 편지(〈上木齋書〉 제6서)를 보낸다.

(가) 〈答五沙〉(제2서) _《전서》 시문집, 1795년 12월 27일 무렵

(나) 〈內賜中和尺 兼簡御詩云…小臣恭和云…賡詩〉 "二月 初六日" _《전서》 시문
집, 1796년 2월 6일

(다) 〈上木齋書〉(제6서) _《전서》 시문집, 1795년 12월 27일 무렵

✿ 이익운의 방문을 받은 것은 대략 1795년 12월 26일 오후로 추정되므로
이 편지 (가)를 보낸 것은 1795년 12월 27일 무렵이 되어야 한다. 편지의 하
한은 "乙卯冬 在京"이라는 원주에 따르면 12월 말이 된다. (가)의 내용은 편
지의 전후 내용으로 보아 정약용이 금정에서 이존창李存昌(내포 지역의 천주
교 지도자)이라는 자를 체포한 공로를 정약용 스스로 드러내라는 명령이었
던 것으로 여겨진다. 여기에는 정약용을 다시 중용하기 위한 명분으로 이
용하기 위한 정조의 의도가 있었을 것인데, 이익운의 방문을 받은 다음 날
정약용이 이정운에게 보낸 편지 (가)에 따르면 정약용은 이를 거부하였다.
이것이 정조에게 보고되었을 것인데 이로 말미암아 정약용은 일시 정조에
게 노여움을 샀을 것으로 추정된다.

그러나 《사암연보》(67~70쪽)에서 "二十年丙辰…公以忤旨事 久無職名"이라고
한 것은 이 일이 아니라 1795년 봄 군복을 입지 않아 처벌 받은 일을 가리
키는 것이다. 위 구절에 이어서 "其後 沈公煥之 又奏曰 '丁某因軍服事 特命停望
至今未解 其人旣加用 且於金井多所糦化 請復收用' 上允之 卽因刑曹錄啓 下諭曰 '…
內浦一帶爲外補 察訪誠心教戢 有刮目之效' 特賜中和尺 仍降御詩二首 令賡和 [2.6]"
《사암연보》70쪽)라는 언급이 있기 때문이다. 하지만 금정에서 이룬 공로로
정약용을 재등용하고자 하는 정조의 의도를 정약용이 따르지 않은 것 역
시 국왕의 노여움을 샀을 것이다. 이 노여움은 곧 풀렸다. (나)의 시 원주
"二月 初六日"에 따르면 정조가 중화척과 어제시를 내려 정약용이 갱화한
것은(1796년) 2월 6일이 된다. 중화척을 정조가 내린 날짜는 1795년 2월 1일
이었다. 이날 심환지가 정약용이 금정에서 이룬 공로를 상주한 것은 1795
년 12월 말에 대답한 것과 차이가 나는데 국왕과의 사전 교감이 있었을 것
으로 여겨진다. (다) 편지의 시기 추정에 관하여는 12월 28일 부분 참조.

12월 28일: 목재 이삼환에게서 편지를 받다.

(가) "十二月二十八日木齋書書來然 思量不起拾先賢緒言 玆敢臆對 何敢望其合義也問…" _《金井日錄》, 12월 28일

(나) 〈上木齋書〉(제6서) _《전서》시문집, 1795년 12월 27일 무렵

🖋 〈上木齋書〉 가운데 마지막 제6서 (나)는 서울에 도착하여 며칠 뒤 보낸 편지이다(《金井日錄》 12월 23일 조 참조). 제6서는 1795년 12월 28일에 이삼환에게서 편지를 받기에 앞서 보낸 것이라고 생각된다. 제6서에는 올라오는 도중에 이삼환에게 작별의 글을 몇 줄 남겼다는 언급이 있을 뿐 1795년 12월 28일에 도착한 이삼환의 편지 내용과 관련된 언급은 없기 때문이다. 따라서 (나)는 이삼환의 12월 28일 편지가 도착하기 전에 보낸 것이다. 이정운에게 편지를 보낸 것이 1795년 12월 27일 무렵이라면 이삼환에게 편지(제6서)를 쓴 것도 마찬가지로 1795년 12월 27일 무렵이었을 가능성이 크다.

12월30일: 서울 명례방의 집에 머무르며 휴식하다(추정).

🖋 대략 1795년 12월 29일까지 인사를 다니고 편지를 쓰는 등의 일을 마치고, 12월 30일(말일)에는 명례방의 집(죽란)에서 가족과 함께 휴식하고 있었을 것으로 여겨진다. 1795년 12월은 말일이 30일이었다.

1795년의 저작과 활동

1795년 봄의 저작으로는 〈對雨寄南皐〉(1795년 2월 17일), 〈騎省作〉(1795년 2월 19일), 〈奉和聖製將臺閱武〉(1795년 윤2월 12일), 〈奉和聖製奉壽堂進饌〉(並序, 1795년 윤2월 13일 또는 11일), 〈奉和聖製洛南軒養老〉(1795년 윤2월 14일), 〈騎省應教 賦得王吉射鳥事一百韻〉(1795년 윤2월 하순 추정), 〈奉和聖製內苑賞花〉(1795년 3월 7일), 〈奉和聖製 夜登芙蓉亭小樓 得復申甲寅詩 令與舟中島嶼中人 分韻口呼〉(1795년 3월 10일) 등의 시 말고도 〈春雲〉(1795년 2월 17일 이전), 〈送李護軍(格)爲晉陽節度使〉(1795년 2월 17일 이전), 〈李季秀宅 與南皐共賦〉(1795년 2월 17일 이전), 〈對雨寄南皐〉(1795년 2월 17일), 〈懷田園五首 酬南皐韻〉(1795년 3월 하순 추정), 〈悔江居二首 次杜韻〉(1795년 3월 하순 추정)의 시들이 있다. 〈對雨寄南皐〉에는 "二月十七日"이라고 원주가 붙어 있으므로 2월 17일 작임을 알 수 있다. 〈春雲〉, 〈送李護軍(格)爲晉陽節度使〉, 〈李季受宅 與南皐共賦〉 등은 〈對雨寄南皐〉 앞에 배치되어 있으므로 1795년 2월 17일 이전 작

으로 추정하였다. 〈懷田園五首 酬南皐韻〉은 "深春"이라는 구절이 있으므로 대략 3월 하순으로 추정하였고, 바로 뒤의 〈悔江居二首 次杜韻〉도 역시 일단 3월 하순 작으로 추정하였다. 두 시 모두에 고향에 대한 그리움과 돌아가고 싶은 심정이 토로되어 있다. 이것은 아마도 1795년 3월 19일 무렵 우부승지에서 체직되고 나서 지은 것으로 추정된다. 이것은 이익운 등의 상소 문제와 관련이 있을 것이다. 한편 1795년 봄에 지은 산문으로는 〈引嫌辭同副承旨疏〉(1795년 1월 23일), 〈與李參判〉(1795년 2월 17일 추정), 〈芙蓉亭侍宴記〉(1795년 3월 11일 이후), 〈答李季受〉(1795년 3월 11일) 등이 있다.

1795년 봄의 행적으로는 1월 17일에 사간원 사간에 낙점되는 한편 품계가 통정대부通政大夫로 승자陞資되었고, 1월 23일 승정원 동부승지에 낙점 받고 사직 상소를 올렸으나 1월 25일 재차 임명받자 1월 28일까지 근무하였다. 1795년 2월 16일 병조 참지가 된 이후 을묘원행을 준비하고 윤2월 9일부터 윤2월 16일까지 정조를 호종하고 을묘원행에 참가하여 수원을 다녀왔다. 그러나 윤2월 하순에 융복사戎服事(숙직 시 군복을 제대로 입지 않은 일)로 의금부에 구금되는 한편 본직(병조참지)에서 체직되고 잠시 구금되었다(실제로는 사마시 시관으로서 편파적이었다는 혐의). 1795년 3월 3일 풀려난(10여 일 동안 구금) 이후 《華城整理通攷》 작업에 참여하였으며, 3월 5일에는 삼일제에서 대독관을 하였으며, 3월 10일에는 부용정에서 벌어진 야간 잔치에도 참여하였다. 이어 1795년 3월 18일 정조를 읍청루挹淸樓(용산)로 호종하였다가 현지에서 우부승지에 임명되었고, 이어 다음 날 3월 19일은 근무한 사실이 확인되지만 아마도 3월 20일 체직된 것으로 여겨진다. 《華城整理通攷》 작업에 전념시키기 위한 것이기도 하겠지만, 이익운 등의 상소 문제와 관련되기도 하였을 것이다.

〈懷荷丘〉(1795년 4월 9일 추정), 〈歎貧〉(1795년 4월 9일~5월 14일 추정), 〈題蛺蝶圖〉(1795년 4월 9일~5월 14일 추정, 〈夜坐憶南皐戲呈〉(1795년 4월 9일~5월 14일 추정), 〈登北嶽〉(1795년 4월 9일~5월 14일 추정), 〈同南皐杏亶小飮〉(1795년 5월 15일), 〈杏壇吟〉(1795년 5월 15일~6월 3일), 〈丹陽山水歌〉(1795년 5월 15일~6월 3일), 〈苦熱三十韻〉(上庚 威巳酷, 1795년 6월 3일 무렵), 〈大陵三老歌〉(尹弼秉·蔡弘履·李鼎運)(1795년 6월 3일 무렵 이후), 〈大陵三老學畫歌〉(1795년 6월 3일 무렵 이후), 〈奉和聖製周甲誕辰

識喜〉(1795년 6월 18일), 〈遊洗劍亭〉(1795년 6월 23일 무렵) 등의 시가 있다. 〈歎貧〉, 〈題蛺蝶圖〉, 〈夜坐憶南皐戲呈〉, 〈登北嶽〉은 배치 순서로 보아 4월 9일 이후 5월 14일 이전 작(5월 15일은 될 수 없음)이며 〈杏壇吟〉, 〈丹陽山水歌〉는 배열 순서로 보아 5월 15일 이후 6월 3일 무렵 이전 작이다. 이상의 시들 외에 세검정 놀이에서 돌아온 뒤 가을이 오기 전에 지은 시로는 〈愁亦〉(1795년 6월 16일 무렵 이후), 〈醉歌行〉(1795년 6월 17일 무렵 이후), 〈題畵五首〉(1795년 6월 19일~21일 무렵), 〈對雨寄南皐〉(1795년 6월 20일~22일 무렵) 등이 있다. 이 시들은 대략 6월 중순 무렵 지은 것으로 추정할 수 있겠다. 이들 시 뒤에 바로 〈秋至〉(1795년 6월 23일 무렵)가 있고, 이 시 뒤에 〈游西池〉(1795년 6월 24일 무렵 이후 추정), 〈重游西池〉(1795년 6월 26일 무렵 이후 추정), 〈李氏林亭同諸友〉(1795년 6월 27일 무렵 이후 추정)이 이어진다. 〈秋至〉(1795년 6월 23일 무렵 추정, 입추)부터 〈李氏林亭同諸友〉까지는 가을을 읊은 시이지만 7월이 아니라 6월 하순에 지은 시들이다. 1795년 음력 6월은 말일이 30일이었다.

한편 1795년 4월에는 《華城整理通攷》 작업을 마치는 한편 이에 대한 교서 校書 작업을 진행하고 있었던 것으로 추정되며, 교서 작업은 5월과 6월에도 계속되었던 것으로 여겨진다. 주문모 사건이 터지는 5월 중순 이후 6월까지 일단 조심하는 한편 이를 진화하기 위해 상당히 노력하고 있었던 것으로 보인다. 그러나 정약용 자신이 상당히 고심하였음에도 1795년 7월 초부터 노론측과 남인 공서파의 본격적 공세가 시작되었다.

1795년 가을의 저작 가운데 시기가 1795년 7월로 추정되는 시로서 7월 26일의 금정으로의 출발 전(1795년 7월 25일 이전 추정)의 것들로는 〈送別李持平還丹山〉(1795년 7월 초순~중순 추정), 〈李左尹(命俊)輓詞〉(1795년 7월 초순~중순 추정), 〈四六八言〉(1795년 7월 20일~25일 추정), 〈稚子〉(1795년 7월 20일~25일 추정), 〈題畵〉(1795년 7월 20일~25일 추정), 〈古詩十二首〉(1795년 7월 20일~25일 추정), 〈猗蘭美友人〉(1795년 7월 20일~25일 추정), 〈有嚴旨出補金井道察訪 晚渡銅雀津作〉(1795년 7월 26일 저녁), 〈行次水原 恭憶春日陪扈之事 悵然有作〉(1795년 7월 27일), 〈次平澤縣〉(1795년 7월 28일), 〈到金井驛〉(1795년 7월 29일 밤), 〈驛樓四面皆山也 其南有九峯山 最高當前壅塞 始來時頗不堪 戲作絶句示伴客云〉(1795년 8월 초 추정), 〈金井懷古〉(1795년 8월 초 추정), 〈驛樓前有植物四種戲爲絶句〉(1795년 8월 초 추정), 〈永保亭

遇申進士(宗洙)〉(1795년 8월 13일),〈登永保亭〉(1795년 8월 13일),〈亭前汎月〉(1795년 8월 13일),〈過方山李逸人(道冥)〉(1795년 8월 23일),〈將還驛舍留別柳節度(心源)〉(1795년 8월 14일),〈奉示木齋李先生〉(1795년 8월 24일),〈過龍鳳寺〉(1795년 8월 24일),〈申進士(宗洙)至〉(1795년 8월 28일),〈自笑〉(1795년 8월 29일 또는 9월 1일 또는 9월 2일 추정),〈李文達別去 遇雨再至〉(1795년 9월 1일 또는 9월 2일 추정),〈九月三日同申進士游烏棲山過花廠作〉(1795년 9월 3일),〈登天井菴〉(1795년 9월 3일),〈觀日入〉(1795년 9월 3일),〈登烏棲山絶頂〉(1795년 9월 4일),〈山中絶句〉(1795년 9월 4일),〈寺夜同石門申進士聯句〉(1795년 9월 4일 밤),〈龍淵午憩〉(1795년 9월 5일),〈山樓夕坐〉(1795년 9월 5일~11일 사이 추정),〈贈金生光甲〉(1795년 9월 6일~12일 사이 추정),〈歲暮〉(1795년 9월 5일~12일 사이 추정),〈行次靑陽縣〉(1795년 9월 13일),〈馬上戲吟〉(1795년 9월 13일),〈歇雞田村舍〉(1795년 9월 13일),〈訪北溪尹進士(就協)〉(1795년 9월 14일),〈讀蘇定方平百濟塔〉(1795년 9월 14일),〈扶餘懷古〉(1795년 9월 14일),〈釣龍臺〉(1795년 9월 14일),〈過鄭氏亭子〉(1795년 9월 14일),〈訪皐蘭寺〉(1795년 9월 14일),〈同扶餘縣監韓元禮(百源)自皐蘭寺下泛舟至自溫臺舟中戲吟示原禮〉(1795년 9월 14일),〈自溫臺下汎月〉(1795년 9월 14일),〈登公州拱北樓〉(1795년 9월 16일),〈贈吳友(國鎭)〉(1795년 9월 16일),〈贈權友(夔)〉(1795년 9월 16일) 등의 시가 있다.

가을의 잡문으로는 금정 시절의 일기인《金井日錄》말고도〈與李季受〉(제2서; 1795년 7월 7일 이후),〈與柳觀察〉(제1서; 1795년 8월 1일),〈華城五星池記〉(1795년 7월 27일 이후 추정),〈梧竹軒記〉(1795년 8월 초 추정),〈上木齋書〉(제1서; 1795년 8월 5일),〈答蔡邇叔〉(제1서; 1795년 8월 5일 이후 추정),〈答李羅州〉(寅燮)(1795년 8월 7일 이후 추정),〈與成光州〉(1795년 8월 7일 이후 추정),〈與曹進士〉(1795년 8월 7일 이후 추정),〈永保亭記〉(1795년 8월 14일 이후 추정),〈上海左書〉(제6서; 1795년 8월 14일 이후 추정),〈與柳觀察〉(제2서; 1795년 8월 14일 이후~9월 14일 이전 추정),〈與柳洪州〉(1795년 8월 24일 이전 추정),〈答方山李〉(道溟, 제1서; 1795년 8월 28일 이후 추정),〈上木齋書〉(제2서; 1795년 9월 5일),〈釣龍臺記〉(1795년 9월 18일 이후 추정),〈拔平百濟塔〉(1795년 9월 18일 이후 추정),〈游烏棲山記〉(1795년 9월 20일 이후 추정) 등이 있다.

1795년 가을 7월 4일부터 노론과 남인 공서파에 의한 본격적인 정약용 공격이 계속되었고, 정조는 이가환, 정약전, 정약용 등을 보호하려는 생각이 있었으나 일단 공격의 예봉을 피하기 위하여 이가환과 정약용을 외직에 내보내는 식으로 방침을 정하였다. 이 문제는 남인 재상 채제공과도 조율된 것으로 여겨지며, 남인의 채제공 그룹이 1795년 7월 22일 무렵 채제공의 집에 모여 최헌중의 상소 초안을 두고 논의하였다. 즉 이때에 국왕의 의중이 채제공 그룹 내에 전해지고, 이에 맞추어 최헌중의 상소가 준비되었다. 1795년 7월 25일 상소가 올라가자 바로 이날 이가환을 충주목사로 내보내었고, 다음 날 7월 26일 정약용을 금정찰방으로 내보냈다. 정약용의 시 〈稚子〉(1795년 7월 20일~25일)와 〈古詩十二首〉(1795년 7월 20일~25일)에는 7월 26일 금정으로 좌천 명령이 있기 직전의 심경이 잘 드러나 있다.

1795년 7월 29일 밤 금정역에 도착한 정약용은 다음 날 8월 1일 바로 충청도 관찰사 유강에게 편지를 보내 인민을 안집할 방안(천주교도 회유 문제)에 대하여 상의하는 편지를 올려, 8월 13일 해미의 수영에서 만나 더 구체적으로 협의하였다. 한편 정약용은 1795년 9월에는 주변 오서산 유람도 하고 부여와 공주도 방문하였다. 이런 가운데 목재 이삼환과 성호의 유저遺著 교열 방안을 논의하고, 내포 지역 기호남인계 여러 인물들과 교유하였다. 내포 지역 천주교도들을 효유하여 공로를 세우는 것, 이 지역 남인들의 결속을 강화하는 것이 채제공이 정약용을 금정으로 보낸 의도였을 것이다. 이 임무를 정약용은 1795년 8월과 9월 사이에 충실하게 실행하고 있었다고 하겠다.

1795년 겨울 저작 가운데 시로는 〈冬日吳·權二友過金井 時初雪大至林阿一色 述歐陽公聚星堂故事 賦試見懷 禁用玉鹽銀花字〉(1795년 10월 13일 또는 14일), 〈孟華·堯臣(吳·權二又) 盛言公州倉穀 爲弊政民不聊生 試述其言 爲長篇二十韻〉(1795년 10월 13일 또는 14일), 〈聞許相國(積)復其官爵〉, 〈贈姜士賓〉(1795년 11월 4일), 〈贈沈仲甚〉(1795년 11월 4일), 〈贈李汝昴〉(1795년 11월 4일), 〈贈李佩謙〉(1795년 11월 4일), 〈贈姜用民〉(1795년 11월 4일), 〈贈姜伯徽〉(1795년 11월 4일), 〈詠盆梅 寄大陵四老〉(1795년 11월 6일 이후 추정), 〈讀退陶遺書〉(1795년 11월 19일 이후 추정), 〈近日習靜漸久 每日夕覺山氣益佳 時誦此詩 不勝愧作 遂更作二絶句 以謝九峯山云〉(1795년 11월 19일 이후 추정), 〈擬古二首〉(1795년 12월 17일 이전 추정), 〈是日風日暄暢 晚與一客 騎馬度金溪 望西南諸峯 雪中森秀 相顧甚樂也 至漁谷訪蔡逸人而還〉(十二月十八日, 1795년 12월 18일), 〈伏聞內移 有命晚發金井驛〉(1795년 12월 22

일) 등이 있다.

잡문으로는 《陶山私淑錄》(1795년 11월 9일~12월 22일 사이 저술) 말고도 〈上樊巖相公書〉(제1서; 1795년 겨울 또는 10월 1일), 〈答方山〉(제2서; 1795년 11월 7일 이후 추정), 〈與北溪尹進士〉(1795년 11월 7일 이후 추정), 〈答李季秀〉(제1서; 1795년 11월 9일 또는 10일), 〈答蔓溪〉(제1서; 1795년 11월 27일), 〈答李季秀〉(제2서; 1795년 11월 말엽 추정), 〈上少陵〉(제1서; 1795년 12월 10일 이후 추정), 〈答李季秀〉(제3서; 1795년 12월 22일 이전 추정), 〈與柳觀察〉(제3서; 12월 22일 이전 추정), 〈與蔓溪〉(제2서; 1795년 12월 26일 이후 추정), 〈答五沙〉(제2서; 1795년 12월 27일 무렵), 〈上木齋書〉(제6서; 1795년 12월 27일 무렵) 등이 있다.

1795년 겨울의 활동으로는 첫째, 10월 27일부터 11월 5일 사이 온양 봉곡사에서 이삼환을 좌장으로 모시고 성호의 유저(《家禮疾書》)를 교정하는 서암강학회를 주도한 일을 들 수 있다. 둘째로는 1795년 11월 19일부터 《退溪集》을 얻어 12월 22일에 돌아올 때까지 《陶山私淑錄》을 저술한 점을 들 수 있겠다. 《退溪集》을 읽은 것과 성호의 저서 가운데 《家禮疾書》를 교열한 일은 천주교도로 몰린 상황에서 적절한 대응이었다고 하겠다. 아마도 채제공은 천주교도를 안집하고 내포 일대 남인들을 결속시키는 일을 정약용에게 기대한 것 같다. 이런 기대를 저버리지 않고 충실히 임무를 수행하는 일환으로 《家禮疾書》 교정 작업과 《陶山私淑錄》 저술 작업을 한 것이다. 《家禮疾書》 교정 작업(서암강학회)은 내포內浦 지역의 남인명가 자제들이 참여하므로 이것은 내포 지역 남인들의 결속을 다지는 작업이기도 하였다. 그러나 강진 시기의 《喪禮四箋》 등 예학 연구를 보면 정약용은 이익의 예학에 비판적이었으며, 〈西巖講學記〉에 따르면 대략 성호 우파로 분류될 수 있는 이삼환과 상당한 견해 차이가 있었던 것으로 여겨진다.

1796년 丙辰, 정조 20　35세

1월 2일: 〈辭錦營狀啓〉를 올리다.

(가) "丙辰正月(初二日) 辭錦營狀啓事" _《다산연보》 13쪽

(나) "二十年 正月" _《사암연보》 67~70쪽

✎ (가)를 보아 1795년 12월 20일에 용양위 부사직에 체부되어 서울로 돌아오게 되며, 1796년 1월 2일에 금영錦營(충청감영)에서의 일에 대한 장계를 올렸음을 알 수 있다. 〈辭錦營狀啓〉라고 이름한 것은 금정역이 충청감영 관할이었기 때문으로 생각된다. 《여유당전서》 시문집의 계啓와 장狀을 수록한 부분에 〈辭錦營狀啓〉는 포함되어 있지 않다.

1월 6일: 이익운이 이조참판에 임명되다.

(가) "以李益運爲吏曹參判" _《실록》 정조 20년 1월 6일

✎ 이익운이 다시 이조참판에 임명된 것은 정약용에게는 유리한 환경이 조성된 것이었으나, 정약용은 이정운과 이익운을 통해 내린 국왕의 명령(천주교 안집 공로를 보고하라는 것)을 따르지 않음으로써 상당 기간 관직 없이 지내게 되었다. 정약용이 이렇게 한 이유는 금정 찰방을 계기로 천주교를 완전히 떠나기는 하였으나, 그 공로로 서용되는 것을 탐탁하게 여기지 않았기 때문이라고 여겨진다.

1월 17일: 좋은 아이를 잉태할 수 있는 길일이라고 한림 오태증吳泰曾이 초계문신들에게 공문을 보내다.

(가) "是日爲正元甲子奎開日 受孕生子必文明 翰林吳(泰曾) 移書于諸抄啓文臣" _《죽란일기》 1796년 1월 17일

1월 20일: ① 정조가 현륭원으로 출발하다. ② 국왕 일행이 화성 행궁에 묵다. ③ 정약용이 수행하지 못하고 서울에 머무르다(추정).

(가) "將謁顯隆園 駕至華城…至行宮經宿" _《실록》 정조 20년 1월 20일

✎ (가)로 보아 정조가 1796년 1월 20일에 화성과 현륭원에 행차하였음을 알 수 있다. 《실록》에 따르면 이어서 1월 21일 국왕이 현륭원에 전배展拜하였고 1월 24일에 환궁하였다. 정약용이 수행하였다는 기록이 없으므로 이에 참여하지 못한 것으로 볼 수 있겠다. 이때 수행하지 못한 것은 금정에서 돌아온 후 아직 다시 관직을 받지 못한 산관散官이었기 때문으로 여겨진다. 1796년 1월 정약용의 행적이 현존 자료로서는 잘 추적되지 않는다. 다만

《사암연보》(67~70쪽)의 자료에 따르면 정조가 금정에서 천주교도를 안집한 등의 공로로 재등용하고자 정약용으로 하여금 금정에서 이룩한 공로를 보고하게 하는 방안을 1795년 12월 말 이정운·이익운 형제를 통해 전달하였으나, 정약용이 이에 응하지 않아 국왕을 노여움을 사서 일단 서울 명례방의 집에서 대기 상태에 있었다고 생각된다. 즉 1795년 1월 동안에는 서울의 집에서 머무르면서(1월 말일 곧 29일까지) 외부 활동을 자제하고 있었을 것으로 여겨진다. 아마 이 기간 동안 《金井日錄》,《陶山私淑錄》,《西巖講學記》 등을 정리하는 작업을 한 것으로 생각된다(물론 초고는 이미 금정 시절 마련되어 있었을 것이다). 이러다가 1월 말에서 2월 초 사이에 국왕의 노여움이 풀려 중화척中和尺을 하사받고 갱화시를 올리게 된다(2월 6일 부분 참조).

2월 2일: 윤이서(윤지범)가 명례방 정약용의 집을 방문하다.

   (가) 〈尹彝叙以特旨爲正言 旣至京遞職 過余于明禮坊 戲爲一篇〉 _《전서》 시문집, 1796년 2월 2일

   (나) 〈尹彝叙〉(제2서) _《전서》 시문집, 1796년 1월 하순 추정

  ☯ (가) 시는 원주에 따라 2월 2일 작임을 알 수 있다. 1796년 1월의 편지 (나)[153]를 받고서 윤지범이 정약용을 명례방의 집으로 찾아왔으므로, (나)의 시기는 1월 가운데에서도 하순이라고 추정된다.

2월 6일: 정조에게 중화척을 하사받고 어시御試 두 편에 대하여 갱화시(화답시)를 짓다.

   (가) 〈內賜中和尺 兼簡御詩⋯小臣恭和⋯〉 _《전서》 시문집, 1796년 2월 6일

  ☯ (가)의 원주에 따르면 정약용이 갱화시를 지어 올린 것은 2월 6일이 된다.

2월 7일 이후 추정: 윤용겸尹用謙에게 이별시를 써 주다.

   (가) 〈和沙谷尹逸人用謙留別韻 二首〉 _《전서》 시문집, 1796년 2월 7일 이후 추정

2월 8일 이후 추정: 충청관찰사로 나가는 이정운에게 이별시를 써 주다.

   (가) 〈送李公(鼎運)觀察湖西〉 _《전서》 시문집, 1796년 2월 8일 이후 추정

---

153) 조성을, 2004, 325쪽 참조.

2월 9일 이후 추정: 채제공의 시에 화답한 국왕의 시에 다시 정약용이 화답하여 갱화시를 짓다.

(가) 〈蔡相國每至華城 輒賦詩盈卷 上徵其卷和其四詩 其中駕巡洪範山夜還 行宮詩 令(臣)鏞賡進 (臣)恭和以進〉 _《전서》 시문집, 1796년 2월 9일 이후 추정

2월 9일 이후 추정: 지지대에서 지었던 어제시에 대하여 갱화시를 짓다.

(가) 〈奉和聖製遲遲臺駐蹕韻〉 _《전서》 시문집, 1796년 2월 9일 이후 추정

2월 12일: 헌납 유하원柳河源(채제공의 제자)과 좌의정 채제공을 파직하다.

(가) "配獻納柳河源于黑山島 罷左議政蔡濟恭" _《실록》 정조 20년 2월 12일

(나) 〈李桂溟・李周奭事〉 "丙辰正月…至二月十三日 左相罷職不叙" "二十九日 三司復合啓 請前左相削黜…上允其請 俄而還收其前後罪名 於是相職復 如舊" _《혼돈록》《여유당전서보유》 1796년 2월 18일 이후)

(다) "三司合啓…請前左議政蔡濟恭 削奪官爵 門外出送" _《실록》 정조 20년 2월 13일

(라) "三司合啓…請前左議政蔡濟恭…削黜…尋命蔡濟恭罪名受還 仍傳命召 諭以入城" _《실록》 정조 20년 2월 18일

(마) "左議政蔡濟恭 上疏請譴" _《실록》 정조 20년 2월 24일

Ⓕ 1796년 2월 12일 채제공이 좌의정에서 파직되는 등의 사실로 보아서 채제공 그룹이 일시 밀리고 있는 것으로 추정된다. 유하원은 채제공의 제자로서 측근이라고 할 수 있다. 유하원이 이주석李周奭 문제에 잘못 하였는데도 채제공이 유하원을 비호하였다고 하여 채제공까지 좌의정에서 파직되었다. 2월 12일 채제공이 파직되었으므로, (나)에서 "二月十三日"이라고 한 것은 2월 12일의 오류(기억 상의 하루 착오)이며, "二十九日"이라 한 것은 2월 18일의 오류이다(기억상의 하루 착오 및 필사 과정에서 "一"을 "二"라고 한 오류). 그리고 (다)와 (라)에 따르면 1796년 2월 13일 삼사가 삭출과 문의출송하라고 합계하였고, 다시 2월 18일 재차 합계하였다. 2월 18일에 삼사의 두 번째 합계에 국왕이 일단 응하였다가 당일 2월 18일에 갑자기 뒤집어 채제공의 좌의정 직을 회복시켜 준 것이다. (나)의 기사는 날짜의 오류는 있지만 내용으로 보아 (라)의 기사와 일치한다. (마)에 따르면 1796년 2월 24일

에 채제공을 "의정議政"이라고 부르고 있으므로, 2월 18일에 좌의정 직이 회복된 것이 거듭 확인된다.

(나)가 실려 있는 《혼돈록》은 정약용의 저작이지만, 《여유당전서》에는 수록되어 있지 않고 《여유당전서보유》에 수록되어 있다. 주로 단편적인 글들이 수록되어 있는데 유배 이전 그의 행적 및 정치적 견해를 아는 데에 도움이 된다.

2월 13일: 삼사가 합계하여 채제공의 삭탈削奪 관작官爵과 문외출송을 청하다.
　　(가) "三司合啓…請前左議政蔡濟恭 削奪官爵 門外出送" _《실록》정조 20년 2월 13일

2월 18일: ① 파직된 채제공에게 삭출削黜하라고 삼사가 재차 합계하다. ②
　　　　　일단 응하였다가 아연 채제공의 좌의정 직을 회복시키고 도성 밖
　　　　　에 있는 그를 불러오라고 하다.
　　(가) "三司合啓…請前左議政蔡濟恭…削黜……尋命蔡濟恭罪名受還 仍傳命召
　　　諭以入城" _《실록》정조 20년 2월 18일

2월 24일: 좌의정 채제공이 스스로 견책을 청하는 상소를 올리다.
　　(가) "左議政蔡濟恭 上疏請譴" _《실록》정조 20년 2월 24일

　ⓧ 1796년 2월 초순 정약용에게 복직의 서광이 다시 비치기 시작하였으나, 1796년 2월 12일 채제공이 파직되었다가 2월 18일에 복직되었고 2월 24일에 채제공이 견책 상소를 올리는 등 정치적 파동이 있었다. 대략 2월 말에 가서야 이 파동은 진정된 것으로 볼 수 있다. 결국 채제공이 그대로 좌의정직을 유지할 수 있게 되었으나, 이 파동은 정약용의 복직이 늦어진 또 하나의 원인으로 작용하였다고 생각된다. 2월 중순 이후 정약용의 개인적 행적이 잘 추적되지 않는데, 서울에 머무르면서 2월 하순까지 정국을 예의 주시하고 있었을 것이다. 이에 대한 기록이 바로 위에서 언급한 〈李桂溪・李周奭事〉이다.

3월 3일: ① 정조가 대보단大報壇에 가서 〈聖製親享大報壇〉을 짓다. ② 어제
　　　　　시御製詩의 운韻을 따라서 〈奉和聖製親享大報壇韻〉을 짓다(1796년 3월

7일 추정).

(가) 〈奉和聖製親享大報壇韻〉 _《전서》 시문집, 1796년 3월 7일 추정

(나) "親行皇壇春行" _《실록》 정조 20년 3월 3일

(다) "三月初七日 上親享于大報壇 御製詩曰" _《죽란일기》《여유당전서보유》 3월 7일)

🔯 (나)에 따르면 국왕이 3월 3일 황단(대보단)에서 춘향을 지냈다. 따라서 정조가 대보단에 가서 시를 지은 것은 3월 3일이 된다. 그러나 (다)에 따르면 정조가 대보단에 간 것이 1796년 3월 7일로 되어 있고 어제시도 이 부분에 실려 있다. 이것은 어제시에 대한 화답시를 3월 7일에 지었기 때문이라고 생각된다. 필자는 (가) 시의 저작 시기를 1796년 2월 6일에서 4월 6일 사이로 하였으나,[154] 여기에서는 "1796년 3월 7일"로 특정한다.

3월 12일: 꽃이 피지 않다.

(가) "時無花" _《죽란일기》《여유당전서보유》 1796년 3월 12일 조)

🔯 (가)에 따르면 병진년(1796)에는 음력 3월 12일에도 꽃이 피지 않았다고 하므로 이 해 늦추위가 계속되고 봄이 늦어진 것으로 볼 수 있다.

3월 15일: ① 정조가 종묘에 가서 친향親享하다. ② 이종성李宗城 집안에도 치제致祭하게 하다.

(가) "親行景慕宮望祭" _《실록》 정조 20년 3월 15일

(나) "(二月) 十五日 上親享于閟宮 以冊封回甲也…又命致祭于故相李(宗城)家" _《죽란일기》《여유당전서보유》 1796년 3월 15일)

🔯 1796년 3월 15일 비궁의 친향에 정약용이 수행하였는지 여부는 알기 어려우나, 《죽란일기》에 이 기록이 남아 있는 것으로 보아 수행하였을 가능성이 없지는 않다. 이는 사도세자와 관련된 일이었고 정약용은 이전에 사도세자의 추상존호에 공이 있었다. 그러나 관직이 없었던 그로서는 따라가지 않았을 가능성이 더 크다. 이날은 사도세자가 책봉된 지 60년 되는 날이어서 국왕이 친향하러 간 것이며, 이종성은 임오화변(1762) 몇 년 전부

---

154) 조성을, 2004, 105쪽.

터 사도세자를 보호하는 등 사도세자에게 공로가 많은 인물이다. 국왕이 이종성 가에 가서 치제하게 한 것은 일종의 제스츄어이며 채제공 좌의정 직 회복의 연장선 위에 있는 것이라고 하겠다.

3월 16일: 김종수金鍾秀가 금강산에 가기 전 인사로 입시하다.

(가) "(二月) 十六日 金相(鍾秀) 將游金剛山入侍後 御賜詩有…" _《죽란일기》《여유 당전서보유》 1796년 2월 15일)

Ⓦ 김종수가 입시하는 자리에 정약용이 입회하고 있었다고 보기는 어렵다. 그러나 국왕이 김종수에게 지어준 시를 정약용이 《죽란일기》에 기록하고 있는 것으로 보아서 그는 조정의 동향을 주의 깊게 관찰하고 있었으며 이를 전해 준 사람이 있었을 것으로 여겨진다. 1796년 2월 말쯤 채제공 파직 파동이 진정된 뒤 3월 중순 김종수가 금강산에 간 것도 어떤 정치적 제스츄어라고도 생각된다.

3월 19일: 김좌랑金佐郎(상우商雨)이 시를 부쳐 오다.

(가) "金佐郎(商雨)寄二詩" _《죽란일기》《여유당전서보유》 1796년 3월 19일)

3월 21일: 이승훈에게 국왕의 해배解配 명령이 내리다.

(가) "是月卄一日 李兄蒙放 監司及禁府 並置仍秩 上特教曰 旣非其罪 宜人其 人放" _《죽란일기》 말미 부분(《여유당전서보유》)

(나) 〈答蔓溪〉(제3서) _《전서》 시문집, 1796년 3월 말 추정

Ⓦ 이승훈이 예산에서 서울로 돌아온 것은 빨라도 해배 명령을 받고서 며칠 뒤(대략 3월 26일 무렵)였을 것이다. 금정 시절 정약용은 이승훈에게 편지를 보냈다.[155] 이승훈이 예산에서 돌아오자 보낸 정약용의 편지인〈答蔓溪〉(제3서; 1796년 3월 말 추정)에서 《麻科會通》의 자료 수집에 대하여 언급하였고, 다시 이어서 보낸 편지가〈答蔓溪〉(제4서; 1796년 4월 추정)이다. 필자는 제3서의 시기를 2월 말로 추정하였고 제4서의 시기를 1796년 2월과 1797년 7월 곡산부사로 나가기 전 사이에 쓴 것으로 추정한 적이 있다.[156] 그러나

---

155) 〈答蔓溪〉(제2서; 1795년 12월 25일 이후 추정)(조성을, 2004, 330쪽).

제3서의 시기는 1796년 3월 말로 보는 것이 타당하겠고, 제4서는 1796년에 제3서에 이어서 바로 보낸 것(1796년 4월)으로 추정하는 것이 더 낫겠다. 이 제4서에 고례古禮에 대한 언급이 있는 것은 다분히 의도적인 면이 있었다고 여겨진다. 주문모 사건이 빌미가 되어 금정으로 좌천된 정약용은 금정 시절 천주교 및 그 관련 인물들과 완전히 결별하려는 마음을 굳히게 된 것으로 보인다. 이것은 강진 시절《喪禮四箋》저술로 이어진다.

3월 25일: 이날 흰 무지개가 해를 꿰뚫어 정조가 구언교求言敎를 내리다.

(가) "丙辰三月卄五日 白虹貫日 上下敎求言"〈柳慶裕〉 _《혼돈록》《여유당전서보유》1796년 3월 25일 이후)

ᐁ 정약용은 1796년 1월에 이어서 2월과 3월에도 벼슬하지 않고 집에 머무르고 있었다. 그러면서도《죽란일기》1796년 3월 부분과《혼돈록》등을 보면 조정의 동향에 깊은 관심을 기울이고 있었음을 알 수 있다. 그러나 3월에도 복직이 되지 않았다. 이에 따라 1796년 4월 6일에 부친의 제사(4월 9일) 참석을 위해 초천으로 내려가는 한편 주변을 여행하고 돌아왔다. 이에 대하여는 4월 부분 참조.

3월 26일 무렵: ① 이승훈이 서울에 도착하다. ② 이승훈이 편지를 보내오자 답서를 쓰다(3월 말 추정).

(가) "是月卄一日 李兄蒙放 監司及禁府 並置仍秩 上特敎曰 旣非其罪 宜人其 人放" _《죽란일기》말미 부분(《여유당전서보유》1796년 3월 하순 추정)

(나) 〈答蔓溪〉(제3서) _《전서》시문집, 1796년 3월 말 추정

ᐁ 1796년 3월 21일 이승훈에게 해배 명령이 내렸으므로 이 명령이 유배지 예산에 전달되는 시간, 돌아오는 시간을 고려하여 3월 26일 무렵 서울에 당도한 것으로 추정하였다. 하루, 이틀 오차가 있을 수 있다. 돌아온 뒤에 정약용에게 편지를 보내오자 답서(제3서)를 쓴 것이다. 정국이 남인들에게 유리하게 돌아가 이승훈까지도 유배로부터 풀리게 된 것으로 볼 수 있겠다.

---

156) 조성을, 위의 책, 330쪽.

3월 30일: 집에서 우연히 옛 상자를 들춰보다가 기록할 만한 일(1794년 여름)을 찾아 기록하다.

(가) "三十日 偶閱舊篋 有可錄者錄之 '甲寅夏' 姜(世靖)抵書于少陵[이가환] 盛論洪樂安 乘機陷人之罪" _《죽란일기》《여유당전서보유》1796년 3월 30일)

✎ (가)에 기록한 내용은 강세정姜世靖이 이가환李家煥에게 편지를 보내 홍낙안洪樂安이 천주교 문제를 기회로 사람들을 함정에 빠뜨리려고 한다고 하는 비난이다.

4월 6일: 고향 초천으로 가기 위해 동대문을 나서다.

(가)〈將赴忠州出國東門作〉 _《전서》시문집, 1796년 4월 6일 작

4월 7일(추정): 고향 초천에 도착한 뒤 감회를 읊다.

(가)〈到舊廬述感〉 _《전서》시문집, 1796년 4월 7일 추정

✎ 고향 초천에 도착하여 지은 시이다. 1796년 4월 6일에 늦게 도착하여 그 날로 시를 지었을 수도 있지만, 다음 날 7일에 지었을 가능성이 크다.

4월 8일(추정): 고향 초천에서 윤용겸尹用謙을 만나다.

(가)〈苕川遇尹逸人〉 _《전서》시문집, 1796년 4월 8일 추정

✎ 윤일인尹逸人은 윤용겸을 가리킨다. 이 해 2월에 정약용은 윤용겸과 이별하며〈和沙谷尹逸人(用謙)留別韻二首〉라는 시를 지었다. 초천에 도착한 뒤에 지은 시이므로 저작 시기가 1796년 4월 7일이었을 가능성도 있지만, 4월 8일에 윤용겸이 정재원의 제사에 참석하기 위하여 정약현의 집에 왔다가 정약용과 만났을 가능성이 더 크다.

4월 9일: 초천에서 아버지의 제사에 참석하다(추정).

✎ 4월 9일은 아버지 정재원의 기일이었다. 1796년 4월 9일에서 하담으로 출발하는 4월 12일 전까지는 초천에 머물렀을 것으로 생각된다.

4월 12일: ① 남자주藍子洲로 가다. ② 당숙부의 옥천玉泉 산거를 방문하다. ③ 자진포紫眞浦에서 숙박하다.

(가) 〈行次藍子洲〉 _《전서》 시문집, 1796년 4월 12일 추정

(나) 〈訪堂叔父玉泉山居〉 _《전서》 시문집, 1796년 4월 12일 추정

(다) 〈紫眞浦〉 _《전서》 시문집, 1796년 4월 12일 추정

ⓥ 1796년 4월 9일 새벽의 제사 뒤에 초천에서 며칠 머물다 4월 12일쯤 충주 하담으로 출발한 것으로 추정된다. 4월 14일에 하담에 도착하여 지은 시가 〈到荷潭〉이므로, 여기서 거꾸로 계산한 것이다. 하담으로 가는 도중에 4월 12일에 먼저 남자주로 간 다음 옥천의 당숙부를 방문하였고, 이날 밤은 자진포에서 숙박하였다((다)의 시에 의거). 4월 13일 밤은 원주 법천 정만조의 산거에 숙박하였다고 할 수 있겠다(4월 13일 부분 참조). 자진포는 남자주와 원주 법천 사이에 있었던 포구로 보인다.

4월 13일: ① 청심루清心樓에 오르다. ② 윤용겸의 지정池亭을 방문하여 제시를 쓰다. ③ 도동사道東祠(우담 정시한丁時翰의 사당)를 방문하다. ④ 원주 법천 정범조의 산거를 방문하다. ⑤ 정범조의 산거에서 숙박하며 제시를 쓰다.

(가) 〈登淸心樓〉 _《전서》 시문집, 1796년 4월 13일

(나) 〈題尹逸人池亭〉 _《전서》 시문집, 1796년 4월 13일

(다) 〈謁道東祠〉 _《전서》 시문집, 1796년 4월 13일

(라) 〈留題族父海左翁山居〉 _《전서》 시문집, 1796년 4월 13일

ⓥ (가), (나), (다)의 시를 보아 4월 13일 아침 자진포를 출발하여 먼저 청심루에 오른 뒤 윤용겸의 지정을 방문하였고, 다음에 정시한의 사당인 도동사[157]를 방문하였음을 알 수 있다. (라)의 시로 보아 이날 마지막으로 원주 법천 정범조의 산거에 가서 유숙하며 제시를 지었음도 알 수 있다.

4월 14일: ① 충주 하담의 선영에 도착하다. ② 하담에서 숙박하다(추정).

(가) 〈到荷潭〉 _《전서》 시문집, 1796년 4월 14일

---

157) 도동사는 원주 지역에 있었던 것으로 추정된다. 신조선사본《여유당전서》에 도동사를 도동사道東詞라고 하였으나 오류이다.

☯ (가)의 시 원주에서 "四月十四日"이라고 하였으므로 1796년 4월 14일 작임을 알 수 있다. 원주 법천에서 하담까지의 거리로 보면 4월 14일 하담 선영에 비교적 늦게 도착한 것으로 볼 수 있다. 아마도 이날 밤은 묘소 부근 산지기의 산막에서 숙박하였을 가능성이 크다.

4월 15일: ① 박두채朴斗采를 방문하다. ② 김상우金商雨를 방문하였으나 만나지 못하다. ③ 하담에서 숙박하다(추정).

(가) 〈贈朴君〉(斗采) _《전서》 시문집, 1796년 4월 15일

(나) 〈木溪訪金佐郎(商雨)不遇〉 _《전서》 시문집, 1796년 4월 15일

(다) 〈離荷潭〉(十六日) _《전서》 시문집, 1796년 4월 16일

☯ (가)와 (나)의 시에서 4월 15일 하담 인근을 출발하여 먼저 인근에 살고 있었다고 추정되는 박두채를 방문하였고, 다시 충주 목계木溪(나루) 부근에 살고 있던 김상우를 방문하였으나 만나지 못하였음을 알 수 있다. (다)를 보면 4월 15일 밤은 하담에 돌아와 숙박한 것으로 추정된다. (다)의 시 원주에 4월 16일에 하담을 떠나기 때문이다.

4월 16일: ① 하담을 출발하다. ② 가흥강嘉興江에서 배를 타다. ③ 족부(집안 어르신) 이부공吏部公의 산장을 방문하다. ④ 족부 예산공禮山公 산거에 유숙하며 제시를 쓰다.

(가) 〈離荷潭〉 "十六日" _《전서》 시문집, 1796년 4월 16일

(나) 〈嘉興江放船〉 _《전서》 시문집, 1796년 4월 16일

(다) 〈族父吏部公山莊 賦得庭前怪石〉 _《전서》 시문집, 1796년 4월 16일

(라)〈留題族父禮山公山居〉 _《전서》 시문집, 1796년 4월 16일

☯ 위의 네 시를 보아 4월 16일에 하담을 출발하여 가흥강에서 배를 타고 먼저 족부 이부공의 산장에 갔으며, 다음에 족부 예산공의 산장을 방문하여 이곳에 유숙하면서 제시를 지었음을 알 수 있다.

4월 17일: ① 숙윤叔胤과 헤어지며 시를 써 주다. ② 섬강 입구에 이르러 문득 정범조가 생각나서 시를 짓다. ③ 다시 정범조를 방문하다. ④

정범조의 산거에서 유숙하다(추정).

(가) 〈贈叔胤〉 《전서》 시문집, 1796년 4월 17일 추정

(나) 〈留題族父海左翁山居〉 《전서》 시문집, 1796년 4월 13일 작 추정

(다) 〈汎舟至蟾江口 懷族父海左宅〉 《전서》 시문집, 1796년 4월 17일 추정

(라) 〈淸時野草堂記〉 "丙辰春 鏞旣謁告而觀荷潭之塋 歸而訪族父海左翁" _
《전서》 시문집, 1796년 4월 17일 이후 추정

Ⓥ (가)에 따르면 "숙윤叔胤"에게 시를 써 주었다. 숙윤이 누구인지는 알지 못하나, 상황과 자로 보아서 족부(집안 어르신) 예산공의 맏아들일 가능성이 있다. 예산공의 집에서 4월 16일 밤에 유숙한 뒤 4월 17일에 숙윤과 헤어지면서 써 준 것으로 추정할 수 있다. (라)에 따르면 하담의 선영에 참배하고 돌아오는 길에 해좌 정범조를 방문하였으며, 시들의 배치 순서에 따르면 (나)의 시는 하담에 도착하기 전에 정범조의 산거에 유숙(4월 13일)하면서 지은 것이 된다(4월 13일 부분 참조). 하담에 가는 길과 돌아오는 길 두 번 모두 정범조를 방문하였다고 보면 모순이 없다. 즉 (다)의 시에 따르면 하담에서 돌아오는 길에 배가 다시 섬강 입구에 이르자 문득 정범조 생각이 나서 시를 지었다는 것인데, 이리하여 다시 법천의 정범조를 방문하게 된 것으로 여겨진다. 하담에서 돌아오는 길에 다시 정범조를 방문한 날짜는 1796년 4월 17일이었을 것이다. "旣謁告而觀荷潭之塋 歸[而]訪族父海左翁"이라는 언급은 이미 하담 선영에 참배 가는 길에 찾아뵈었지만, 귀로에 다시 찾아뵈었다는 말로 해석된다. [而]는 [又]의 오류일 수 있다. 정약용은 정범조의 시와 그의 산거가 무척 좋았던 듯하다.

4월 18일: 정범조의 법천(원주) 산거를 출발하다(추정).

(가) 〈簡寄黃進士(德正)隱居〉 《전서》 시문집, 1796년 4월 18일 추정

(나) 〈登神勒寺東臺〉 《전서》 시문집, 1796년 4월 18일 추정

(다) 〈舟中作〉 《전서》 시문집, 1796년 4월 18일 추정

(라) 〈滯雨宿梨灘〉 《전서》 시문집, 1796년 4월 18일 추정

Ⓥ 4월 17일 밤에 정범조의 법천 산거에서 유숙하였다면 4월 18일 아침에 그곳을 출발하였을 것이다. (가)의 시는 아마도 4월 18일 아침 법천을 떠나

면서 인근에 사는 황진사(덕정德正)에게 편지 형식으로 써서 보낸 시로 추정된다. 4월 18일 아침에 법천을 떠난 정약용은 (나)의 시에 따르면, 이날 점심때쯤 여주 신륵사에 도착하여 동대東臺에 올랐다. (다)와 (라)의 시에 따르면, 점심 식사 뒤에 다시 신륵사 앞 이포나루 근처에서 배를 탄 뒤 곧 이탄梨灘에서 비를 만나 이탄에 묵게 되었다.

4월 19일: ① 아침 일찍 이탄을 출발하다. ② 어부의 집을 찾다. ③ 비 때문에 대탄大灘에 숙박하다.

(가) 〈早發梨灘〉 _《전서》 시문집, 1796년 4월 19일 추정

(나) 〈過漁家〉 _《전서》 시문집, 1796년 4월 19일 추정

(다) 〈滯雨宿大灘〉 _《전서》 시문집, 1796년 4월 19일 추정

✿ (가), (나), (다)로 추정하여 보면 1796년 4월 19일 아침 일찍 이탄을 출발하였고, 점심 무렵 어부의 집에 이르러 식사를 하고나서 다시 배로 출발하였으나, 비를 만나 이날 밤 대탄에 유숙하게 된 것으로 볼 수 있다.

4월 20일: ① 대탄을 출발하다. ② 양강楊江(양주 앞 강)에서 어부를 만나 시를 짓다. ③ 배로 월계粵溪를 지나며 시를 짓다. ④ 배를 타고 용문산龍門山을 바라보고 시를 짓다. ⑤ 오후 늦게 한강 부근 나루터에 도착하다(추정). ⑥ 밤늦게 서울 명례방의 집에 당도하다(추정).

(가) 〈楊江遇漁者〉 _《전서》 시문집, 1796년 4월 20일 추정

(나) 〈舟過粵溪〉 _《전서》 시문집, 1796년 4월 20일 추정

(다) 〈望龍門山〉 _《전서》 시문집, 1796년 4월 20일 추정

✿ 1796년 4월 19일 밤에 대탄에서 묵었다면 4월 20일 아침 대탄을 출발하였을 것이다. 위의 세 시로 보아 경로가 양강, 월계, 용문산 부근이었음을 알 수 있다. 내려오는 뱃길이므로 이날 오후 늦게는 한양 부근 나루터(옥수동 또는 한강진)에 도착할 수 있었고, 밤늦게 한양 명례방 집에 당도하였을 것으로 추정하였다. 너무 늦었다면 4월 20일에는 한양 도성 밖에서 유숙하고 다음 날 21일 오전 집에 도착하였을 수도 있겠다.

4월 21일 이후(추정): 서울 명례방 집에서 남고 윤지범에게 시를 써서 편지

로 보내다.

(가) 〈簡寄尹南皐〉 _《전서》 시문집, 1796년 4월 21일 이후 추정

ⓦ 〈望龍門山〉(4월 20일 추정)이라는 시 바로 뒤에 (가) 시가 배치되어 있다. 4월 20일(또는 21일 오전)에 서울에 돌아온 뒤 바로 보낸 편지로 생각된다. 시의 내용으로 보아서 당시 윤지범은 수원에 살았음을 알 수 있다. 이 시는 화성 준공 시점에 윤선도의 풍수설과 상소문을 상기시켜 준다.[158]

4월 22일 이후(추정): 박두채朴斗采가 찾아와 김좌현金佐賢(김상우)의 시에 차운하다.

(가) 〈簡寄尹南皐〉 _《전서》 시문집, 1796년 4월 21일 이후 추정

(나) 〈朴穉玉(斗采)至 次金佐賢四郡遊覽之作〉 _《전서》 시문집, 1796년 4월 22일 이후 추정

ⓦ (나)의 시는 (가)의 시 바로 뒤에 배치되어 있다. 4월 20일 밤(또는 4월 21일 오전) 명례방 집에 돌아왔다고 볼 때, 두 시 모두 서울에 돌아온 뒤 지은 것으로 볼 수 있다. 따라서 (가)는 4월 21일 이후, (나)는 4월 22일 이후 지은 것으로 추정하였다. 아마도 박두채는 김상우와 마찬가지로 충주 부근에 살았으며, 두 사람은 서로 잘 알고 지내던 사이로 보이고, 이날(4월 21일 이후) 박두채가 김상우의 시를 가져와 정약용이 여기에 차운하게 된 것으로 보인다. 1796년 4월 15일에는 정약용이 목계로 김상우를 방문하였으나 만나지 못하였다. 아마도 김상우가 이를 안타깝게 여겨 박두채 편에 정약용에게 시를 보낸 것으로 여겨진다.

5월 초순 무렵: 허복(許渡; 허적許積의 후손)이 충주로 돌아가는 것을 전송하며 시를 짓다.

(가) 〈送許子翁歸忠州〉(五月江郊雨洗塵) _《전서》 시문집, 1796년 5월 초순 무렵

ⓦ 이전에 정약용은 금정 시절 허적의 복권을 기뻐하는 시를 지은 적이 있다. (가)의 시는 "五月江郊雨洗塵"이라는 구절이 있으므로 5월에 지은 것임을 알 수 있다. 배치 순서로 보아 대략 5월 초순 무렵으로 추정하였다. 시의

---

158) 조성을, 2004, 110쪽.

내용을 따르면 전송한 곳은 "묘교卯橋"이며 한강 부근, 다리가 있었던 곳으로 추정된다.159)

5월 초순 무렵: 영천永川으로 돌아가는 이정모李廷模를 전송하며 시를 짓다.
(가) 〈贈別李士元(廷模)歸永川〉 _《전서》 시문집, 1796년 5월 초순 무렵

🖋 (가) 시의 바로 앞 시 〈送許子翁歸忠州〉가 1796년 5월 초순 무렵(추정) 지은 것이고, (가) 시 바로 뒤의 시 〈憶南皐對雨〉 역시 5월 초순 무렵에 지은 것으로 추정된다. 따라서 (가) 시도 일단 1796년 5월 초순 무렵 지은 것으로 추정하였다.

5월 초순 무렵: 비 오는 날 윤지범을 생각하며 시를 짓다.
(가) 〈憶南皐對雨〉(猶有凉風五月吹) _《전서》 시문집, 1796년 5월 초순 무렵

🖋 "猶有凉風五月吹"라는 구절로 보아서 5월에 지은 시임을 알 수 있다. 바로 여섯 편의 시들이 서로 연결되는 내용이며 대략 5월 중순에서 하순 사이에 지은 것으로 추정되므로, (가) 시는 대략 5월 초순 무렵에 지은 것으로 추정하였다.

5월 초순 무렵: 이주신李周臣(이유수李儒修)의 장흥방의 집에 가서 제시를 써 주다.
(가) 〈題李周臣山亭〉(周臣時住長興坊) _《전서》 시문집, 1796년 5월 초순 무렵

🖋 〈憶南皐對雨〉(1796년 5월 초순 무렵) 바로 뒤에 (가) 시가 배치되어 있으므로,160) (가) 시의 저작 시기는 마찬가지로 대략 1796년 5월 초순으로 생각된다.

5월 초순 무렵: 이주신의 산장에서 비를 만나 시를 짓다.
(가) 〈山亭遇雨〉 _《전서》 시문집, 1796년 5월 초순 무렵

🖋 〈題李周臣山亭〉의 시 바로 뒤에 (가) 시가 배치되어 있다. 이 시는 일단

---

159) 조성을, 2004, 110쪽.
160) 조성을, 위의 책, 111쪽.

1796년 5월 초순 무렵에 지은 것으로 추정할 수 있겠다. (가) 시에서 산정山
亭은 이주신의 산정이라고 생각되며 〈題李周臣山亭〉과 같은 날 지은 것일
수도 있다.

5월 초순 무렵: 홍낙진洪樂眞의 시에 응하여 시를 써 주다.

(가) 〈酬洪七(樂眞)〉 _《전서》 시문집, 1796년 5월 중순 무렵

✎ 〈山亭置雨〉 바로 다음에 (가) 시가 배치되어 있다. 배치 순서로 보아서 대
략 1796년 5월 초순 무렵의 작으로 추정하였다.

5월 초순 무렵: 김상우의 시에 응하여 시를 써 주다.

(가) 〈酬金佐郎(商雨)〉 _《전서》 시문집, 1796년 5월 초순 무렵

✎ (가)의 시 바로 앞에 〈山亭置雨〉가 있다. 이로 볼 때 대략 1796년 5월 초
순 무렵의 시로 추정하였다. 〈題李周臣山亭〉에 "烏巾紫閣陰"이라는 구절이 있
고 (가)의 시에 "雲生紫閣娟娟去"라는 구절이 있으므로, (가) 시는 이주신의
산장에서 지은 것일 수도 있다.

5월 중순 무렵: 홍낙진에게 다시 시를 써서 보내다.

(가) 〈重寄洪七〉 _《전서》 시문집, 1796년 5월 중순 무렵

✎ (가) 시는 〈酬金佐郎(商雨)〉 바로 뒤에 배치되어 있으므로 시기를 1796년 5
월 초순 무렵으로 추정하였다. 아마도 1796년 5월 초순 무렵 어느 날 이주
신의 산장에 정약용, 홍낙진, 김상우 등이 모임을 가졌을 때 정약용이 〈題
李周臣山亭〉, 〈山亭置雨〉, 〈酬洪七(樂眞)〉, 〈酬金佐郎(商雨)〉을 지었고, (가) 시는 모
임에서 돌아온 며칠 뒤 회상하며 지은 것으로 여겨진다. 이 시에는 "灘亭避
雨遲"라는 구절이 있다.

5월 중순 무렵: 채홍원蔡弘遠이 세검정에서 지은 시에 대하여 화답하다.

(가) 〈和蔡爾叔(弘遠)洗劍亭之作〉 _《전서》 시문집, 1796년 5월 중순 무렵

✎ 시의 배치 순서로 보아서 대략 1796년 5월 중순 무렵에 지은 것으로 추
정하였다. 〈重寄洪七〉(1796년 5월 중순 무렵)의 시의 바로 뒤에 배치되어 있다.
이 (가) 시는 아마도 5월 초순 무렵 이주신(이유수)의 산장에서 열린 모임

얼마 뒤 5월 중순 무렵에 지은 것으로 추정된다. 채홍원이 며칠 전 세검정에서 지은 시를 보내와 화답한 것으로 여겨진다.

5월 중순 무렵: 고향 충주 목계로 돌아가는 김상우를 전송하며 시를 지어주다(추정).

(가) 〈酬金佐賢(商雨)〉 _《전서》 시문집, 1796년 5월 중순 무렵

☙ (가) 시는 배치 순서로 보아 대략 1796년 5월 중순 무렵의 시로 추정된다.〈和蔡爾叔(弘遠)洗劍亭之作〉(1796년 5월 중순 무렵)의 바로 뒤에 배치되어 있기 때문이다. (가) 시의 내용으로 보아서 목계로 돌아가는 김상우를 전송하는 시로 여겨진다. "十年游宦夢田家…將就小園心計熟"이라는 구절이 있다.

5월 20일 무렵: 채제공의 집 북원北垣에서 벌인 잔치에 초대받았으나 시를 써서 편지로 보내다.

(가) 〈奉簡蔡相公北垣宴席〉 _《전서》 시문집, 1796년 5월 하순 무렵

☙ (가) 시는 배치 순서로 보아서 대략 1796년 5월 20일 무렵에 지은 것으로 추정하였다. 정약용이 참석하지 않은 것은, 기호남인 원로들이 정약용 자신을 포함한 소장파들을 적극적으로 도와주지 않는 데에서 나온 불만의 표시였을 수 있다. 이 일 직후 정약용의 집 죽란竹欄에서 죽란시사竹欄詩社가 결성되는 것도 이것과 일정 부분 관련이 있을 수 있다.

5월 하순 무렵: 정약용의 집에서 죽란시사가 결성되다.

(가) 〈竹欄社會 賦得新晴〉 _《전서》 시문집, 1796년 5월 하순 무렵

☙ (가)의 시는 배치 순서로 보아 5월 하순 무렵에 지은 것으로서, 이 시는 아마도 죽란시사를 결성하면서 지은 시로 생각된다.161) (가) 시 이전에는

---

161) 안대회는 시사의 결성 시기를 〈다산 정약용의 죽란시사 결성과 활동양상〉(《대동문화연구》 83, 2013)에서 1794년 7월 부친상을 마치고 서울 명례방에 돌아왔을 때라고 하였다. 김상홍 교수는 기존의 연구 〈다산과 죽란시사 일고〉(《다산학연구》, 계명문화사, 1990) 및 〈다산의 시인적 위상과 죽란시사〉(《다산문학의 재조명》, 단국대출판부, 2003)에서 (가) 시가 1796년 4월과 7월 사이에 지어진 것을 근거로 대략 1796년 7월 이전에 죽란시사가 결성된 것으로 보았다. 이 책에서는 (가) 〈竹欄社會 賦得新晴〉의 저작 시기를 1796년 5월 하순 무

시사詩社 또는 사회社會라는 표현을 쓴 적이 없다. 물론 1794년 7월 이후 정약용의 명례방 집 죽란에서 여러 차례 모임이 있었고 모임에서 시를 지은 것도 사실이다. 그러나 1794년 8월에 정약용이 조흘강照訖講 문제에 관련되어 9월 파관되었고 같은 9월 이익운이 흑산도에 유배되었다. 시사를 결성할 수 있는 분위기가 아니었다고 생각된다. 1795년 3월에는 정약용이 숙직 때에 융복을 입지 않은 일로 곤경에 처하였고, 5월부터는 주문모 사건이 터져 계속 시끄럽다가 정약용은 같은 해 7월 금정 찰방으로 좌천되어 있다가 그해 12월 말에야 서울에 돌아왔다. 또 돌아온 뒤에도 국왕의 뜻을 거슬러 한참 동안 관직이 없었다. 이런 점들을 생각해 보아도 죽란시사가 결성된 것은 1796년 5월 하순 무렵으로 보는 것이 타당하다고 하겠다.

한편 기호남인 소장관료들이 별도로 시사를 결성할 때 원로 및 선배들과의 미묘한 관계가 드러난다. 죽란시사를 결성하면서 채제공에게 보고해 양해를 얻었음은 〈죽란시사첩서〉, 《여유당전서》에서 "蔡相國聞此而喟然曰 '盛矣社會也 吾少時何得有此 此皆我聖上二十年來 休養生息陶鑄作成之孝也'"라고 한 것에서 알 수 있다. 채제공은 이 죽란시사가 결국 자신을 중심으로 하는 기호남인 원로들의 모임을 뒷받침하는 조직이 될 수 있을 것이라고 판단하였을 것이다. 그러나 1801년 신유교안 이후 기호남인 원로 그룹 안의 일부 인물은 말할 것도 없이 죽란시사 안의 인물들 가운데에서도 이가환, 이승훈, 정약용 등을 공격한 사람들이 있다. 기호남인 원로그룹과 죽란시사 그룹은 기호남인 가운데에서도 대체로 채제공을 지지하는 이른바 "채당蔡黨"이라고 할 수 있다. 그러나 1799년 1월 채제공이 서거하고 이어 1800년 6월 정조가 서거하여 1801년 초 신유교안이 일어나자, 일부는 채제공까지 공격하였다. 위 인용문에서 "我聖上二十年來"라고 한 것은 정조가 1776년 3월 즉위한 때로부터 만 20년이 되었다는 의미로 볼 수 있겠다.

5월 하순 무렵: 정범조丁範祖, 윤필병尹弼秉, 채홍리蔡弘履, 이정운李鼎運, 이익운李益運 등에게 편지 형식의 시들을 보낸다.

_____

렵으로 더 구체화하였다. 따라서 죽란시사의 결성시기 역시 좀 더 구체화하여 "1796년 5월 하순 무렵"으로 추정한다.

(가) 〈奉簡海左翁〉 _《전서》 시문집, 1796년 5월 20일 무렵

(나) 〈奉簡椶廬尹參判(弼秉)〉 _《전서》 시문집, 1796년 5월 하순 무렵

(다) 〈奉簡岐川蔡判書(弘履)〉 _《전서》 시문집, 1796년 5월 하순 무렵

(라) 〈奉簡五沙李參判(鼎運)〉 _《전서》 시문집, 1796년 5월 하순 무렵

(마) 〈奉簡鶴麓李承旨(益運)〉 _《전서》 시문집, 1796년 5월 하순 무렵

 φ (가)의 시는 배치 순서로 보아 대략 1796년 5월 20일 무렵, 나머지 시들은 대체로 1796년 5월 하순 무렵에 지어진 듯하다. 정범조, 윤필병, 채홍리, 이정운, 이익운은 채제공 집 북원의 모임에 참가한 사람들로 여겨지며 정약용이 일종의 사과의 의미, 그리고 죽란시사가 결성된 것을 알리는 의미로 (가)~(마)의 시를 쓴 것으로 여겨진다. 다만 위의 시들 가운데 뒤의 몇 편은 1796년 6월 초순 무렵에 지었을 수도 있다.

6월 15일 무렵: 달밤에 산책하고 일사천리로 윤지범에게 시를 쓰다.

(가) 〈對月走筆寄南皐〉 _《전서》 시문집, 1796년 6월 15일 무렵

φ (가)의 시에 "海月照顏白"이라는 구절이 있으므로 달이 아주 밝은 보름 무렵이었음을 알 수 있다. 이 시에는 또 "振衣還散步 寂歷見村墟"라는 구절이 있어 달밤에 산보하였음을 알 수 있다.

6월 16~19일 무렵: 6월 15일 무렵에 이어서 또 윤지범에게 시를 써서 보내다.

(가) 〈重寄南皐〉 _《전서》 시문집, 1796년 16일~19일 무렵

φ 〈申承旨(光河)輓詞〉(六月 三十日 卒; 1796년 6월 30일 작)의 시가 멀지 않은 뒤에 배치되어 있다. 즉 〈對月走筆寄南皐〉(1796년 6월 15일 전후 추정)과 〈申承旨(光河)輓詞〉("六月 三十日 卒"; 1796년 6월 30일 작) 사이에 (가) 시, 〈寄无垢〉("申承旨(光河) 號震澤 无垢其甥也"), 〈又寄南皐五絶句〉, 〈飮酒二首〉 네 편이 실려 있다. 따라서 이들 시의 저작 시기는 1796년 6월 16일 무렵에서 30일 사이로 추정된다. 〈又寄南皐五絶句〉라는 시에 "搔頭明月下"라는 구절이 있으므로 〈又寄南皐五絶句〉가 6월 보름(무렵)으로부터 얼마 지나지 않은 시점, 즉 어림잡아 6월 20일 무렵으로 추정할 수 있겠다. 그렇다면 (가) 시의 저작 시기를 대략 1796년 6월 16일에서 19일 무렵으로 추정할 수 있고, 나머지 두 시는 아래

와 같이 추정된다. 어림잡아 6월 15일 무렵부터 20일 무렵 사이에 정약용이 남고 윤지범에게 세 편의 시를 쓴 것이 주목된다.

6월 17~19일 무렵: 윤무구에게 시를 써서 보내다.

(가) 〈寄无垢〉 _《전서》 시문집, 1796년 6월 17일~19일 무렵

6월 18~19일 무렵: 명례방의 자택에서 술을 마시며 시를 짓다.

(가) 〈飮酒二首〉 _《전서》 시문집, 1796년 6월 18일~19일 무렵

⚚ 배치 순서로 보면 (가) 시는 어림잡아 1795년 6월 18일에서 19일 무렵의 작품으로 볼 수 있다.

6월 20일 무렵: 6월 중순 무렵 세 번째로 윤지범에게 시를 써서 보내다.

(가) 〈又寄南皐五絶句〉 _《전서》 시문집, 1796년 6월 20일 무렵

6월 30일: ① 신광하申光河(석북 신광수의 동생)가 타계하다. ② 신광하를 애
　　　　 도하는 만사를 짓다(또는 7월 1일).

(가) 〈申承旨(光河)輓詞〉 _《전서》 시문집, 1796년 6월 30일 또는 7월 1일

⚚ (가)의 시에 "六月 三十日 卒"이라고 원주가 붙어 있으므로 1796년 6월 30일 신광수가 졸하였음을 알 수 있다. 당일 만사를 지은 것으로 생각하였으나, 다음 날 지었을 가능성도 배제할 수 없다.

7월 16일: ① 윤이서尹彝叙(윤지범)·이주신李周臣·한혜보韓徯甫·채이숙蔡爾
　　　　 肅·심화오沈華五·이휘조李輝祖 등과 용산龍山의 정자에 모이다.
　　　　 ② 달밤에 배를 타고 한강에서 놀다.

(가) 〈同諸友游龍山亭子〉 _《전서》 시문집, 1796년 7월 16일

"尹彝叙·李周臣·韓徯甫·蔡爾肅·沈華五·李輝祖諸人也 七月十六日"

(나) 〈前湖汎月〉"月滿天" _《전서》 시문집, 1796년 7월 16일

(다) 〈答蔡邇叔〉(제2서; 七月旣望 暑熱如此) _《전서》 시문집, 1796년 7월 16일

⚚ (가)와 (나)의 시로 보아 위의 사실을 알 수 있다. 1796년 7월 16일 용산 정자 모임은 6월 중순 초 정약용의 집 죽란 모임 이후 어림잡아 한 달 뒤에

남인 소장파들이 모인 것이라고 하겠다. 1796년 6월 중순의 모임과 7월 16일의 모임은 놀이의 성격도 있겠지만, 남인 소장파들의 단합대회의 성격을 갖는 것이어서 더욱 중요하다고 생각된다. (다)에 "七月旣望 暑熱如此"라는 구절이 있다. 이 편지를 지은 시기는 1796년 7월 16일로 추정된다.[162] 1796년 7월 16일 채홍원이 정약용의 편지를 받고 용산 정자의 모임에 함께 간 것으로 추정된다.

《전서》에는 (다) 앞에 〈與蔡邇叔〉(弘遠)과 〈答蔡邇叔〉(제1서)이 실려 있다. 〈答蔡邇叔〉(제1서)은 1795년 8월 5일 이후 금정역에서 보낸 것이다(1795년 8월 5일 조 참조). 〈與蔡邇叔〉(弘遠)은 배치 순서로 보아 정약용이 1795년 금정찰방으로 가기 전에 보낸 것이며, "苦苦吏曹參議 尚未解否"라는 구절로 보아 채홍원이 이조참의를 할 때 보낸 편지임을 알 수 있다.[163]

한편 (나)의 시 바로 뒤에 〈奉簡海左〉와 〈奉簡白氏〉의 시 두 편이 있는데, 이것들은 1796년 7월 16일 용산 모임 직후 문득 해좌 정범조와 큰형 정약현이 생각나서 지은 시로 보인다. 시기는 어림잡아 1796년 7월 17일 또는 7월 18일로 추정할 수 있겠다. 아울러 1796년 7월 초에서 15일까지 정약용의 행적이 추적되지 않는데 아마도 이 시기에 신광하에 대한 문상과 발인 참여가 있었을 것이다. 문상 중에 자연스럽게 남인들의 모임이 이루어졌을 것이다.

7월 18일(이후 추정): ① 정약용의 집 죽란에서 윤지범, 이주신(이유수), 정약전, 한치응 등이 모여 시를 짓다. ② 정약용이 네 사람의 시에 찬贊을 붙이다.

(가) 〈竹欄小集 與者五人 各賦四詩 爲四人月朝之評 不得自贊〉(右贊南皐尹彛叙…右贊蓍陰李…佑贊仲氏…右贊蕙逋韓佽甫) _《전서》 시문집, 1796년 7월 18일 이후 추정

(다) 〈月夜又憶李兄〉(蟲語引新秋) _《전서》 시문집, 7월 20일 이후 추정

(라) 〈李季受宅 同諸公賦〉 _《전서》 시문집, 1796년 7월 20일 이후 추정

◎ 1796년 7월 16일 모임에 바로 이어서 다음 날 죽란에 모일 수는 없었을

162) 조성을, 2004, 323쪽.
163) 조성을, 위의 책, 322쪽.

것이므로 (가) 시의 저작 시기를 7월 18일 이후로 추정하였다. 정약용은 아마도 7월 17일은 집에서 휴식하고 있었을 것이다. (가)의 시 바로 앞에 〈前湖汎月〉(1796년 7월 16일), 바로 뒤에 〈奉簡海左〉와 〈奉簡白氏〉가 배치되어 있다. 〈奉簡海左〉는 정범조에게 보낸 것이고 〈奉簡白氏〉는 맏형 정약현에게 보낸 시이다. 어림잡아 1796년 7월 17일, 18일 무렵에 쓴 것으로 추정된다. 용산 모임 뒤 불현듯 정범조와 정약현이 생각난 것으로 여겨진다. 조용히 은둔하면서 살고 있는 정범조와 큰형 정약현에 대한 부러움이 드러나 있다.

7월 19일 이후(추정): 이승훈을 생각하며 시를 짓다.

(가) 〈月夜憶李兄〉 _《전서》 시문집, 1796년 7월 19일 이후 추정

🖌 〈竹欄小集 與者五人 各賦四詩 爲四人月朝之評 不得自贊〉 시 바로 뒤에 (가) 시가 배치되어 있으므로, 시의 저작 시기는 1796년 7월 19일 이후(7월 동안)로 추정된다. 여기서 이형은 이승훈을 가리키는데, 7월 18일 모임 이후 불현듯 이승훈이 생각나서 지은 것이다.

7월 20일 이후(추정): 이계수李季受(이익운李益運)의 집에 모이다.

(가) 〈月夜又憶李兄〉 _《전서》 시문집, 1796년 7월 20일 이후 추정

(나) 〈李季受宅 同諸公賦〉(尹參判弼秉 · 蔡判書弘履 · 李參判鼎運兄弟 諸人也) _《전서》 시문집, 1796년 7월 20일 이후 추정

🖌 〈月夜憶李兄〉 시 뒤의 뒤에 있는 (가)의 시에 "蟲語引新秋"라는 구절이 있으므로 (가)시도 7월에 지은 것이 확실하다. 〈月夜憶李兄〉이란 시와 (가) 시의 중간에 (나) 시가 있다. 따라서 (나)의 저작 시기는 1796년 7월 20일 이후로 추정되고, (가) 시의 저작 시기도 1796년 7월 20일 이후~7월 말 이전으로 추정된다. (나)의 시는 배치 순서로 보아서 어림잡아 1796년 7월 하순으로 저작 시기가 추정된다. 이 모임에 윤필병, 채홍리, 이정운 등의 남인 원로와 정약용, 이익운 등이 함께 모인 점이 주목된다. 이것은 남인 원로들과 소장파들의 일종의 단합대회로 모종의 정치적 논의가 있었을 가능성도 있다. 이보다 조금 앞서 정약용의 집 죽란에서 남인 소장파들의 모임이 있었다(7월 18일 이후 부분 참조). (나) 시의 내용(長夏―杯靑)을 보면 모임은 해

지기 전부터 있었던 것으로 여겨진다. 그렇다면 (가)의 시는 같은 날 집에 돌아와 다시 이승훈이 생각나서 지은 것일 수도 있으므로, 1796년 7월 20일 이후로 추정하였다.

7월 말: 다시 죽란에 모여 시를 짓고 채제공에게 보이다.

(가) 〈竹欄小集 賦得積雨新晴 奉示樊菴大老〉 《전서》 시문집, 1796년 7월 말 추정

🖉 1796년 7월 시와 8월 시의 경계를 짓기가 어렵다. 잠정적으로 (가) 시까지를 7월 말의 시로 하여 두었다. 7월 하순에 며칠 동안 비가 온 다음 7월 말에 날이 개자 모인 것으로 추정하였다. 채제공에게 시를 보인 데에는 복직을 구하는 뜻이 있었을 것이다. 시의 내용이 오랫동안 비가 오다가 날이 갠 것을 읊은 것이다.

8월 초순: 이주신의 집에서 열린 모임에 참석하다.

(가) 〈李周臣宅小集〉 《전서》 시문집, 1796년 8월 초순 추정

🖉 (가) 시의 저작 시기는 사실 분명하지 않으나 배치 순서로 보아 어림잡아 1796년 8월 초순으로 추정하였다. 혹 7월 말이었을 가능성도 배제할 수 없다.

8월 초순~15일 무렵: 이주신의 집에서 시를 짓고 채제공에게 이 시로 자신의 마음을 보이다.

(가) 〈周臣宅 賦得退朝花底散 奉示樊菴大老〉 《전서》 시문집, 1796년 8월 초순~15일 무렵

🖉 이 시에도 역시 조정에 돌아가고 싶은 정약용의 마음을 "仙侶爲蛇下九霄帝座轉深雲裏殿"이라는 구절 등으로 알 수 있다. (가)의 시는 〈李周臣宅小集〉(8월 초순 추정)과 〈奉和白氏望荷樓之作〉(8월 15일 무렵 추정) 가운데 있으므로 시기가 1796년 8월 초순~8월 15일 무렵이 된다. 이주신은 죽란시사의 일원으로 정약용이 속마음을 그대로 보여줄 수 있는 정도로 믿고 의지하는 관계에 있다. 나이는 정약용보다 4살 위이지만 친구로서 지냈다.

8월 15일 무렵: 큰형 정약현의 "望荷樓之作"에 화답하여 시를 짓다.

(가) 〈奉和白氏望荷樓之作〉 《전서》 시문집, 1796년 8월 15일 무렵

🖉 음력 8월 15일 무렵 추석을 쇠기 위해 고향 초천으로 돌아가서 지은 시

일 가능성이 있다. 고향에 돌아가지 않았다고 하더라도 추석 무렵에 지었을 가능성은 매우 크다.

8월 15일 무렵 이후~하순(추정): 안동으로 돌아가는 유사현柳士鉉(태좌台佐)과 작별하며 시를 지어 주다.

(가) 〈贈別柳士鉉(台佐)歸安東〉 _《전서》 시문집, 1796년 8월 15일 무렵 이후~8월 하순 추정

(나) 〈秋日竹欄遣興〉 _《전서》 시문집, 1796년 8월 15일 무렵 이후~8월 하순 추정

🖊 (가)의 시는 〈奉和白氏望荷樓之作〉(1796년 8월 15일 무렵 추정) 바로 뒤에 있고 또 〈李季秀宅 陪大陵諸老飮〉(8월 하순 추정)의 앞에 있으므로, 저작 시기가 8월 15일 무렵 이후~하순으로 추정된다. (가)의 시 바로 뒤에 (나) 시가 배치되어 있는데, "燕子去時猶軟語 菊花從此又新叢"이라는 구절이 있으므로 아직 가을의 시이다. 또 이 시의 뒤의 뒤에 〈李季秀宅 陪大陵諸老飮〉(1796년 8월 하순 추정)이 배치되어 있으므로, 이 시의 저작 시기도 8월 15일 무렵 이후~하순이 된다. 유태좌는 "柳世居安東河回"라고 원주가 붙어 있으므로 안동 하회에 세거하던 겸암 유운룡 또는 서애 유성룡의 후손일 것이다[164].

8월 15일 무렵 이후~하순: 남고 윤지범이 찾아오다.

(가) 〈南皐至〉 _《전서》 시문집, 1796년 8월 15일 무렵 이후~8월 하순 추정

🖊 (가)의 시 또한 배치 순서로 보아 저작 시기는 위와 같이 추정되지만, 〈贈別柳士鉉(台佐)歸安東〉보다 날짜가 뒤라고 판단된다.

8월 하순(추정): 이계수의 집에 윤필병, 채홍리, 이정운 형제와 모여 음주하다.

(가) 〈李季秀宅 陪大陵諸老飮〉 _《전서》 시문집, 1796년 8월 하순 추정

🖊 (가)의 시에 "尹參判弼秉·蔡判書弘履·李參判鼎運兄弟 諸人也"라고 원주가 붙어 있다. 1796년 7월 하순(20일 이후)의 이계수(이주신) 집에서 모인 인물들과 구성원이 같은 점이 주목된다. 즉 남인 원로와 소장의 합동 모임이었다. 대략 한 달 정도 간격을 갖고 모임이 있었다고 생각하여 시기를 1796년 8월 하순으로 추정하였다. 이 자리에서 정약용의 관직 복귀 문제도 논의되었고 이

---

164) 조성을, 2004, 116쪽.

모임의 소식을 원로들이 채제공에게도 전달하였을 것으로 여겨진다.

8월 하순(추정): 남고 윤지범이 죽란으로 찾아와 함께 마시다.

(가) 〈同南皐 竹欄小飮〉 _《전서》 시문집, 1796년 8월 하순 추정

✎ (가)의 시는 〈李季秀宅 陪大陵諸老飮〉(1796년 8월 하순 추정)의 바로 뒤, 그리고 〈竹欄月夜同南皐飮〉(1796년 9월)의 시 앞에 배치되어 있으므로 잠정적으로 1796년 8월 하순의 시로 추정하였다. (가)의 시 바로 뒤에 〈溪閣〉이 있는데 이 시의 저작 시기도 잠정적으로 1796년 8월 하순으로 추정하여 둔다. 〈溪閣〉에는 당시 정약용의 외로운 심정이 표출되어 있다.

8월 말엽(추정): 죽란에 윤지범 등 정약용의 친구들이 모여 마시고 시를 짓다.

(가) 〈秋夜竹欄小集 每得一篇 南皐爲余朗誦 其聲淸切哀婉 令人泣下 要聞其
　　聲 戲爲絶句 意不在詩 遂多蕪拙 十九首今刪之 錄十首〉 _《전서》 시문집,
　　1796년 8월 하순 추정

✎ 1796년 8월 시와 9월 시의 경계는 확정하기 어려우나, (가)의 시 바로 다음에 〈竹欄月夜同南皐飮〉"九月也"가 배치되어 있으므로 잠정적으로 (가)의 시까지는 8월의 시로 추정하였다. 8월에서도 말엽이었을 가능성이 크다(9월 초 부분 참조). 1796년 8월은 말일이 30일이었다. 이 모임은 죽란시사의 모임으로서 볼 수 있을 것이다.

9월 초(추정): 달밤에 윤지범과 술을 마시고 시를 짓다.

(가) 〈竹欄月夜同南皐飮〉(九月也) _《전서》 시문집, 1796년 9월 초 추정

✎ "九月也"라고 원주가 붙어 있으므로 9월의 시임이 확실하다. 8월 말엽에 죽란에서 남고 윤지범 등과 모임이 있었다. 집이 수원인 윤지범은 8월 말엽 죽란의 모임에 참석하였고, 이어 9월 초에 정약용과 죽란에서 다시 술을 마신 것으로 추정된다.

9월 초(추정): 수원으로 돌아가는 윤지범을 전송하고 시를 짓다.

(가) 〈送南皐還華城〉 _《전서》 시문집, 1796년 9월 초 추정

✎ 〈竹欄月夜同南皐飮〉에 바로 이어서 (가) 시가 배열되어 있다.[165] 정약용의

명례방 집(죽란)에서 정약용과 윤지범이 함께 술을 마신(9월 초) 다음 날 윤지범을 전송하며 지은 시일 가능성이 크다.

9월 초순(추정): 이주신, 한혜보, 윤무구 등이 정약용의 집 죽란에 모여 마시다.

(가)〈竹欄菊花盛開 同數子夜飮〉_《전서》시문집, 1796년 9월 초순 추정

ⓐ (가)의 시를 보아 죽란에 다시 친구들이 모였음을 알 수 있다. 국화가 만개한 시기이므로 어림잡아 음력 9월 초순 무렵으로 생각된다. "周臣·徯甫·无咎也"라는 원주가 참석한 인물들을 알려준다. (가) 시 뒤에〈花下獨酌〉,〈許去非(是)先生遷葬輓詞〉,〈申進士(宗洙)輓詞〉,〈憶金左賢 簡寄二首〉의 네 시가 배치되어 있다. 구체적으로 시기를 알기는 어려우나 이들 시 뒤에〈送別蔡爾叔參議 寧越謁陵之行〉(1796년 10월 추정)가 배치되어 있고〈憶金左賢 簡寄二首〉에 "時菊有奇節"이라는 구절이 있는 것으로 보아서, 네 시는 어림잡아 1796년 9월 중순에서 하순 사이에 지은 것으로 추정된다.〈許去非(是)先生遷葬輓詞〉에서 말하는 허거비가 누구인지는 알지 못하며,〈申進士(宗洙)輓詞〉의 신종수는 정약용이 금정 시절 교유한 인물로서 이때 타계 소식을 듣고 만사를 써준 것으로 보인다.〈憶金左賢 簡寄二首〉는 김상우가 소식을 보내오자 이에 답서 형식으로 쓴 시로 생각된다.

10월 초순: 영월 단종릉에 배알하러 가는 채홍원을 역에서 전송하다.

(가)〈送別蔡爾叔參議 寧越謁陵之行〉_《전서》시문집, 1796년 10월 초순 추정

ⓐ (가) 시에 "驛亭寒日曉光分"이라는 구절이 있는 것으로 보아 이미 겨울이었음을 알 수 있다. 배치로 보아 아마도 대략 음력 10월 무렵으로 추정된다. 음력 11월은 가장 추운 시기이기 때문에 영월의 단종릉에 배알하러 갔다고 보기는 어렵다. 아마도 음력 10월 초순 무렵의 시제時祭를 위해 간 것으로 여겨진다. 1796년 10월의 시로 이 시 한 편 밖에 찾아지지 않는다. 1796년 9월 중순에서 11월 15일 사이에《麻科會通》작업에 몰두하고 있었을 가능성이 있다.

---

165) 조성을, 2004, 117쪽.

11월 5일: 넷째 아들 "삼동三同"이 태어나다.

(가) 十一月 第四子生 名曰 "三同" _《다산연보》13쪽

(나) 〈幼子三童墓誌銘〉(正月日 維奎開 夫人有身 以十一月五日 擧一男) _《전서》 시문집

🖋 넷째 아들의 이름이 (나) 시에는 "三童"이라고 되어 있으나 (나) 시의 내용을 보면 세 가지 기쁨이 있어서 이름 붙였다고 하였으므로 "三同"이라고 하는 것이 더 타당한 듯하다. 넷째 아들인데 "三童"이라 하면 말이 맞지 않게 된다. 삼동은 1798년 9월 4일 황해도 곡산에서 두창으로 죽었다(1798년 9월 4일 부분 참조).

11월 16일: ① 명을 받들어 규장각奎章閣에서 교서校書를 시작하다. ② 정조의 명으로 좌의정 채제공 댁으로 가서 《史記》의 산삭刪削 문제를 묻다. ③ 정조의 전교傳敎에 따라서 밤에 채제공 댁에 가서 《史記》에 대하여 묻다.

(가) "十月 承命校書于奎瀛府(李晩秀·李翼晉·朴齊家 同校史記英選 李在學 時來同校 又承命校 五經百選 又於內閣 參校杜詩 是冬賜與便蕃 不可盡記" _《다산연보》13쪽, 1796년 11월 16일

(나) "十月 承命校書于奎瀛府 冬 召入奎瀛府 賜對特諭久別之意 仍議書名曰 世稱班馬 則班居馬上未安 馬班又生溫 卿意如何 對曰世稱史漢 亦未穩矣 上曰然矣 漢書亦史記 直謂之史記英選 公曰恰好" _《사암연보》70~71쪽, 1796년 11월 16일

(다) "校書…賤臣 自金井還後 杜門 訟尤行且周歲 乃蒙記簪之恩 感激惶隕 不知所出 卽詣宣仁門外 致語于閣臣李晩秀曰 罪累之蹤 不敢以朝衣朝冠遽入脩門 如有下敎 願自外承令 時上連下促敎 閣臣答云 下敎如此 不可不傳道入來 賤臣遂入奎瀛瀛府 閣臣傳敎曰 前年所選 史記漢書 今將剞劂 而與前承旨李翼晉·檢書官朴齊家 合同監印 會日暮 承命退出" _《규영일기》 (《여유당전서보유》1796년 11월 16일)

(라) "丙辰十一月十九日午時 上於重熙堂 右副承旨入侍時 右副承旨金啓洛… 舊抄啓文臣行副司直李翼晉·丁若鏞 以次進伏…上曰…校正之役 今爲幾何

翼晉曰 幾盡校正 明日當始役矣…上曰 若以班·馬選爲目 則似是前後倒錯
改以史記英選漢書附 爲題目 何如 晚秀曰 似好矣" 《승기》 정조 20년 11월 19일

(마) "丙辰冬 校書奎瀛府時 上廣求史記諸注 尤於貨殖傳致意 此編遂見採用"
〈跋東山子貨殖傳注〉 《전서》 시문집, 1796년 겨울

(바) 〈奎瀛府校書記〉 《전서》 시문집, 1796년 겨울

(사) "丙辰冬 余在奎瀛府校書 得見奇器圖 歸而令畵工金生移描"〈跋奇器圖帖〉
_《전서》 시문집, 1796년 겨울 이후

Φ 《규영일기》에 따르면 11월 16일에 "承召命 入奎瀛新府 校書"라고 되어 있
어 10월이라고 한 《다산연보》나 《사암연보》와는 차이가 있다. 《규영일기》
는 당시 자신의 일기이므로 가장 신뢰할 수 있는 기록이다. 따라서 《규영
일기》에 의거해 11월 16일 명을 받았다고 보아야 할 것이다. 먼저 《史記英
選》 교정 작업을 이익진, 박제가 등과 함께 하다가 다시 이어서 《五經百選》
을 교정하였다. 다시 내각(규장각)에서 《杜詩》 교정 작업에 참여한 것은 이
듬해 1797년 봄의 일이다(1797년 봄 부분 참조). (나) 《사암연보》의 기록에
《史記》 선집選集의 서명書名 논의가 어전에서 그날 있었음을 말하고 있다.
이것은 《승정원일기》에 따르면 1796년 11월 19일의 일이다(11월 19일 부분
참조). 따라서 (나)의 기록은 11월의 일을 언급한 것임을 알 수 있다. 정약
용이 교서의 명을 받고 입시한 것은 1796년 11월 16일이고, 국왕의 《史記英
選》 명칭 문제에 대한 물음에 응한 것은 1796년 11월 19일이라고 할 수 있
겠다. (나)의 기사는 1796년 11월 16일과 11월 19일의 일을 함께 적은 것으
로 볼 수 있겠다. (다) 《규영일기》(11월 16일)의 기록에 따르면, 11월 16일 교
서에 참여하라는 각신閣臣을 통한 전교를 받고 마침 날이 저물어 퇴궐하였
다(閣臣傳敎曰 前年所選 史記漢書…與前承旨李翼晉·檢書官朴齊家 合同監印 會日暮
承命退出). 교서 작업에 실제적으로 참여한 것은 1796년 11월 17일부터였다
고 하겠다. 아울러 《규영일기》(1796년 11월 17일 조)를 보면 전날 16일 채제
공에게 가서 《史記》 〈世家〉의 산삭 여부를 물으라는 임금의 명령이 있었고,
이것을 11월 17일 보고하였음도 알 수 있다(11월 17일 부분 참조). 따라서 11
월 17일 밤에는 채제공의 집에 가서 《史記》 〈世家〉의 산삭 여부에 대하여

자문을 구하였을 것이다. 이상으로 보면 "十月"에 교서 명령을 받았다고 한 《다산연보》의 기록은 기억상의 착오 또는 오자였던 것인데 《사암연보》가 그대로 답습하였다고 볼 수 있겠다.

11월 17일: ① 전날 좌의정의 답을 조목별로 써서 정조에게 보고하다. ② 감인소에 갔다가 저녁에 돌아오다.

(가) "昨日 上又下敎 曰丁某須往左相家 詢越世家等刪當否以聞 賤臣如命就 議 是日復命 上給筆札 令條奏大臣所言 臣卽如命書進 上判下其奏…" _《규영일기》《여유당전서보유》1796년 11월 17일)

(나) "左相其言曰[太史]宜名昆侖正脈 上曰何謂 臣曰 太史公龍門人也山脈本 自昆侖 故云 然也 上大笑" _《규영일기》《여유당전서보유》1796년 11월 17일)

(다) "詣監印所校書 夕還" _《규영일기》《여유당전서보유》1796년 11월 17일)

11월 18일: ① 규장각에서 이만수, 이익진 등과 숙직하며 교서하다. ② 국왕이 음식을 내리다. ③ 정약용이 감사하는 시를 짓다.

(가) 〈冬日奉旨 直奎瀛府校書 同李(晩秀)直學·李(翼晉)承旨 蒙賜內饌 恭述恩例〉 _《전서》시문집, 1796년 11월 18일

φ (가) 시는 규장각에서 교서하다가 지은 시이므로 11월 16일 이후 작이 되어야 하며, 〈重熙堂賜對 論史記漢書 退述玉音 爲詠史詩五首〉(1796년 11월 19일 중희당에서 물러나며 지은 시)의 바로 앞에 있다. 《규영일기》에 따르면 1796년 11월 16일 밤 정약용은 퇴궐하였으며, 11월 17일은 감인소에서 교정을 보다가 저녁에 집에 갔다. 따라서 (가) 시의 날짜는 1796년 11월 18일이 될 수밖에 없다.

11월 19일: ① 오시午時 정약용이 다른 신하들과 함께 중희당重熙堂에 들어가 부복하다. ② 정조가 《史記》 선집 교정 작업에 대하여 묻자 이익진李翼晉이 거의 다 되었다고 답하다. ③ 정조가 사마천과 반고의 글이 모두 책의 제목을 "史記英選漢書附"라고 하는 것이 어떠한가 묻자 이만수李晩秀가 좋다고 대답하다. ④ 정약용이 중희당에서 물러나와 〈重熙堂賜對 論史記漢書 退述玉音爲詠史詩五首〉를 짓다.

(가) "丙辰十一月十九日午時 上御重熙堂 右副承旨入侍時 右副承旨金啓洛…
　　舊抄啓文臣行副司直李翼晉·丁若鏞 以次進伏…上曰…校正之役 今爲幾何
　　翼晉曰 幾盡校正 明日當始役矣…上曰 若以班·馬選爲目 則似是前後倒錯
　　改以史記英選漢書附 爲題目 何如 晚秀曰 似好矣" _《승기》정조 20년 11월 19일
(나) 〈重熙堂賜對 論史記漢書 退述玉音 爲詠史詩五首〉 《전서》시문집, 1796년 11
　　월 19일

🖑 (가)의 기록을 보면 ①, ②, ③의 사실을 알 수 있으며, (나)의 시는 이날
1796년 11월 19일 중희당에서 물러나와 지은 것이라고 추정할 수 있다.

11월 21일: 병조참지에 낙점되다.
(가) "兵曹參知 前望單子入之 丁若鏞落點" _《승기》정조 20년 11월 21일
(나) "十二月 (初一日) 兵曹參知除授 (前望也)" _《다산연보》13쪽
(다) "十二月 (初一日) 除兵曹參知" _《사암연보》72쪽

🖑 (가)《승정원일기》의 기록에 따르면, 1796년 11월 21일 병조참지에 낙점
되었고,《승정원일기》11월 29일 기록에 따르면 이날 정약용을 병조참지라
고 부르고 있다(11월 29일 부분 참조). 따라서 (나)와 (다)의 기록은 사직소를
내어 재차 병조참지에 임명된 날로 볼 수 있다(12월 1일 부분 참조). 교서 작
업은 대략 1796년 11월 20일까지 일단 마무리됨에 따라 정약용은 1796년
11월 21일 병조참지에 임명되어 11월 30일까지는 병조참지로서 근무하고
있었다고 여겨진다(11월 30일 부분 참조).

11월 29일: 아직 병조참지의 자리에 있다.
(가) "奎閣·銀臺·玉書 宣饌聯句…兵曹參知丁若鏞" _《승기》정조 20년 11월 29일

🖑 정약용은 1796년 11월 21일 낙점을 받았으며, 이미 11월 29일에는 (가)의
기록으로 보아 병조참지로 근무하고 있었음을 알 수 있다.

11월 30일: 칭병稱病하고 병조참지 사직을 청하다(추정).

🖑 1796년 12월 1일의 상황을 보면 위와 같이 추정된다(12월 1일 부분 참조).
1796년 11월은 말일이 30일이었다.

12월 1일: 병조참지 정약용이 병으로 입시하지 못하다.

(가) "兵批… 參判尹弼病入直進…參知丁若鏞病" _《승기》정조 20년 12월 1일

(나) "十二月 (初一日) 兵曹參知除授 (前望也)" _《다산연보》13쪽

(다) "十二月 (初一日) 除兵曹參知" _《사암연보》72쪽

✿ 1793년 12월 1일 정약용이 실제로 아팠을 수도 있으나 칭병이었을 가능성도 생각해 볼 수 있다. (나)의 기록은 1796년 11월 30일 사직소를 제출하고 다시 병조참지에 제수된 날이 12월 1일임을 말하는 것으로 볼 수 있다. (나)에는 11월 21일의 낙점이 누락되어 있으므로 혼동이 생길 수 있다. (다)는 (나)의 기록을 답습한 것이라고 할 수 있겠다. 다음 날 12월 2일 승지承旨 전망前望에 낙점되었다(12월 2일 부분 참조). 아마도 1796년 11월 30일 정약용은 칭병하여 병조참지 사직을 청하고 12월 1일 입시하지 않았을 것이다. 그러나 1796년 12월 1일 정조는 다시 병조참지에 임명하였고 또다시 사직을 청하자 12월 2일 국왕이 승지에 낙점한 것으로 볼 수 있겠다. 국왕은 정약용에게 병조의 일을 맡길 생각을 그의 유생 시절부터 갖고 있었으나, 정약용은 이에 대하여 반발하는 마음을 갖고 있었다. 1795년 초 정약용이 군복을 입지 않은 일로 정조의 노여움을 산 것도 이런 문제와 관련이 있다고 하겠다. 그러나 이번에는 정조가 너그럽게 1796년 12월 2일에 승지에 낙점하여 주었다.

12월 2일: ① 승지(우부승지) 전망에 낙점되다. ② 좌부승지로 승진하다.

(가) [十二月](初三日) "右副承旨除授(前望也) (同日)左副承旨陞付(是月 遞付 龍陽衛副護軍)" _《다산연보》13쪽

(나) [十二月](初三日) 除右副承旨 翌日陞付左副承旨 因遞付副護軍) _《사암연보》72쪽

(다) "承旨前望單子入之 蔡弘遠・李翼晉・丁若鏞・申鳳朝落點" _《승기》정조 20년 12월 2일

✿ (다)에 따르면 승지 전망에 낙점된 것은 1796년 12월 2일이다. 《다산연보》와 《사암연보》에서 12월 3일이라고 한 기록은 착오이며 《사암연보》는 《다산연보》의 오류를 답습한 것으로 볼 수 있다. 이날 1796년 12월 2

일에는 우부승지에 낙점되었다가 바로 좌부승지로 승진한 것으로 보아야 할 것이다. (가)에 따르면, "동일同日"(12월 3일) 좌부승지에 승진된 것이고, (나)에 따르면 "익일翌日"(12월 4일) 좌부승지로 승진된 것이 된다.166)《승정원일기》1796년 12월 2일 기록에는 "우부승지 정약용"이라고 분명하게 적고 있다.

12월 3일: ① 좌부승지에서 체직되다(추정). ② 부호군副護軍에 단부되다.

(가) "兵批…副護軍…丁若鏞…以上竝單付" _《승기》 정조 20년 12월 3일

🕯 12월 3일에는 정약용 입시 기록이 없고 단지 부호군 단부 기록만 있고(12월 3일 부분 참조), "좌부승지 채홍원"의 기록이 있다. 1796년 12월 4일《승정원일기》기록에는 정약용에 대한 언급이 전혀 없고, "좌부승지 채홍원 좌직"이라고 되어 있다. 이상의 기록들을 종합해 보면 정약용은 1796년 12월 2일 우부승지에 임명되었다가 12월 2일 "동일" 좌부승지로 승진되었으나, 다음 날 12월 3일 체직되고 바로 부호군에 단부된 것으로 볼 수 있겠다.《승정원일기》12월 4일 기록에는 정약용에 대한 언급이 전혀 없다.

12월 11일: 병조참지로서 입시하다.

(가) "丙辰十二月十一日辰時 上御熙政堂…參知丁若鏞…入就位" _《승기》 정조
    20년 12월 11일

🕯 《승정원일기》1796년 12월 11일 조에 "참지" 정약용이 입시한 것으로 되어 있으므로, 12월 3일 좌부승지에서 체직된 이후 12월 11일 이전 어느 시점에 다시 병조참지가 된 것으로 여겨진다. 정조는 끈질기게 정약용으로 하여금 병조에 근무하게 한 것을 볼 수 있다. 국왕은 장래 병조판서를 맡을 인물로 정약용과 같이 문무文武에 대한 지식을 겸비한 데 더하여 믿을 수 있는 사람을 염두에 두고 있었다고 생각된다. 좌부승지에 임명하고도 1796년 12월 3일 바로 체직한 것은 이 때문이라고 생각된다. 정약용은

---

166)《다산연보》12월 3일의 "同日"이라는 기록은 정약용 자신에 의해 작성된 것이므로, 기억에서 날짜의 착오는 있을 수 있어도 "동일"인지에 대한 기억은 정확할 것이다.《사암연보》는 좌부승지 임명과 부호군 단부를 같은 날로 보아서 착오를 일으킨 것 같다.

이에 대하여 역시 불만을 가졌을 것이다.

12월 25일: 《史記英選》을 올려 상을 받다.

(가) 〔十二月〕(廿五日) 進史記英選受賞 (賜虎皮·白米·雉柿之等 以有誤字 還
　　收而削職) _《다산연보》13쪽

⚱ 1796년 11월 20일 무렵 교정이 완료된 이후 인쇄 작업에 들어가, 1796년
12월 24일 인쇄와 제본 작업이 끝나서 12월 25일 올리게 된 것으로 볼 수
있겠다.

12월 26일: 새로 인쇄된 《史記英選》에 오자가 발견되어 이익진과 함께 파직
　　　　　　되다.

(가) "丙辰十二月二十六日辰時 上御誠正閣…上曰…印書之事 非戲劇之事 而
　　今番史記英選印出時 不能精察 極爲駭然矣 仍命書傳敎曰…監印文臣李
　　翼晉·丁若鏞 一竝爲先罷職" _《승기》정조 20년 12월 26일

(나) 〈詩四言〉 _《전서》시문집, 1796년 12월 26일 이후 추정

⚱ 《다산연보》(1796년 12월 25일)에서 상을 받은 뒤에 오자가 발견되어 상은
환수되고 삭직削職되었다고 하였다. 파직된 것은 《승정원일기》에 따르면
1796년 12월 26일의 일이다. 병조참지에서 파직으로 생각된다. 정약용은
좌부승지에서 체직되고 다시 병조참지에 임명된 것(12월 4일~11일 사이)에
불만이 있었겠지만 그대로 근무하고 있었다. 그러나 《史記英選》 오자 문제
로 파직되자 (나)와 같은 시를 지은 것으로 판단된다. (나)는 "歸哉歸哉 於玆
樂康"이라는 구절로 끝맺고 있다.

12월 29일: 정조가 정약용을 다시 서용敍用하고 군직에 단부하라는 지시를
　　　　　　내리다.

(가) "傳于李翼運曰 卿宰侍從堂上堂下 罷散人敍用 令該曹口傳付軍職" "傳于
　　申耆曰 筋已施……監印文臣 李翼晉·丁若鏞 亦爲敍用" _《승기》정조 20년 12
　　월 29일

⚱ 서용한다는 것은 일단 다시 군직 부호군에 단부되는 것을 의미한다고

여겨진다(1796년 12월 30일 부분 참조). (가)의 "丁若鏞 亦爲敍用"이라는 구절 앞에 "令該曹口傳付軍職"이라는 언급이 있는 점에서 이렇게 추정하였다. 일단 군직에 단부되어야 어떤 직책에 임명할 수 있고 녹봉을 받을 수 있는 것이 당시의 규정이었던 것으로 생각된다.

12월 30일: ① 부호군 군직에 단부되다. ② 정약용이 밤에 홍인호洪仁浩의
　　　　　　아버지 홍수보洪秀輔(처 당숙)의 댁을 방문하다.

(가) "兵曹口傳政事…副護軍李翼晉‧丁若鏞…以上竝單付" _《승기》정조 20년 12월 30일

(나) "(洪仁浩:필자) 上日…昨年除夕也(1796년 12월 30일:필자) 丁來見臣父" _
《함주일록》, 1797년 6월 22일 조

Ⓥ 이때에는 이미 홍인호와의 관계가 회복되어 있었다고 볼 수 있겠고 홍인호와 홍수보에게 모종의 도움을 구하기 위한 행동으로도 보인다.

1796년의 저작과 활동

　　1796년 봄의 저작 가운데 시로는 〈尹彝叙以特旨爲正言 既至京遞職 過余于明禮坊 戲爲一篇〉(1796년 2월 2일), 〈內賜中和尺 兼簡御詩…小臣恭和…〉(1796년 2월 6일), 〈和沙谷尹逸人用謙留別韻 二首〉(1796년 2월 7일 이후 추정), 〈送李公(鼎運)觀察湖西〉(1796년 2월 8일 이후 추정), 〈蔡相國每至華城 輒賦詩盈卷 上徹其卷和其四詩 其中駕巡洪範山夜還行宮詩 令(臣)鏞賡進(臣)恭和以進〉(1796년 2월 9일 이후 추정), 〈奉和聖製遲遲臺駐蹕韻〉(1796년 2월 9일 이후 추정), 〈奉和聖製親享大報壇韻〉(1796년 3월 7일) 등이 있다.

　　잡문으로는 1796년 1월에 금정 시절의 초고를 바탕으로 《金井日錄》, 《陶山私淑錄》, 《西巖講學記》 등을 정리한 것으로 추정된다. 이 밖에 〈辭錦營狀啓〉(1796년 1월 2일), 〈尹彝叙〉(제2서; 1796년 1월 하순 추정), 〈答蔓溪〉(제3서; 1796년 3월말 추정), 〈答蔓溪〉(제4서; 1796년 4월 추정), 〈李桂溟‧李周奭事〉《혼돈록》; 1796년 2월 29일 이후 작), 〈柳慶裕〉《혼돈록》; 1796년 3월 25일 이후 작)이 있고, 이 해 봄에 계속 《죽란일기》를 쓰고 있었다. 그리고 〈答蔓溪〉(제3서)에 따르면 1796년 3월 말 무렵 이미 《麻科會通》 집필을 위한 자료 수집을 하고 있었다.

　　1796년 봄 1월에서 3월 사이에는 서울 명례방의 집에 칩거하면서 정국의

동향을 주의 깊게 살펴보고 있었다. 복직을 기다리고 있었던 듯하며, 국왕도 2월부터는 다시 정약용에게 관심을 보이기 시작하였다. 그러나 2월 중순에 채제공이 공격 받는 등의 상황에서 복직이 늦어졌고, 2월 하순부터 정국이 호전되었으나 정약용은 여전히 복직되지 않았다. 이리하여 1796년 4월 초순에 잠시 고향으로 돌아가게 된다(4월 20일 무렵에 서울에 돌아옴).

1796년 4월의 시로는 〈將赴忠州出國東門作〉(1796년 4월 6일), 〈到舊廬述感〉(1796년 4월 7일 추정), 〈茗川遇尹逸人〉(1796년 4월 8일 추정), 〈行次藍子洲〉(1796년 4월 12일 추정), 〈訪堂叔父玉泉山居〉(1796년 4월 12일 추정), 〈紫眞浦〉(1796년 4월 12일 추정), 〈登淸心樓〉(1796년 4월 13일), 〈題尹逸人池亭〉(1796년 4월 13일), 〈謁道東司〉(1796년 4월 13일), 〈到荷潭〉(1796년 4월 14일), 〈贈朴君(斗采; 1796년 4월 15일), 〈木溪訪金佐郎(商雨)不遇〉(1796년 4월 15일), 〈離荷潭〉(1796년 4월 16일), 〈嘉興江放船〉(1796년 4월 16일), 〈族父吏部公山莊 賦得庭前怪石〉(1796년 4월 16일), 〈留題族父禮山公山居〉(1796년 4월 16일), 〈贈叔胤〉(1796년 4월 17일 추정), 〈汎舟至蟾江口 懷族父海左宅〉(1796년 4월 17일 추정), 〈簡寄黃進士(德正)隱居〉(1796년 4월 18일 추정), 〈登神勒寺東臺〉(1796년 4월 18일 추정), 〈舟中作〉(1796년 4월 18일 추정), 〈滯雨宿梨灘〉(1796년 4월 18일 추정), 〈早發梨灘〉(1796년 4월 19일 추정), 〈過漁家〉(1796년 4월 19일 추정), 〈滯雨宿大灘〉(1796년 4월 19일 추정), 〈楊江遇漁者〉(1796년 4월 20일 추정), 〈舟過粵溪〉(1796년 4월 20일 추정), 〈望龍門山〉(1796년 4월 20일 추정), 〈簡寄尹南皐〉(1796년 4월 21일 이후 추정), 〈朴稺玉(斗采)至 次金佐賢四郡遊覽之作〉(1796년 4월 21일 이후 추정) 등의 시가 있다.

한편 1796년 5월의 시로서 〈送許子翁歸忠州〉(1796년 5월 초순 무렵), 〈贈別李士元(廷模)歸永川〉(1796년 5월 초순 무렵), 〈憶南皐對雨〉(1796년 5월 초순 무렵), 〈題李周臣山亭〉(1796년 5월 초순 무렵), 〈山亭置雨〉(1796년 5월 초순 무렵), 〈酬洪七〉(樂眞; 1796년 5월 초순 무렵), 〈酬金佐郎(商雨)〉(1796년 5월 초순 무렵), 〈重寄洪七〉(1796년 5월 중순 무렵), 〈和蔡爾叔(弘遠)洗劍亭之作〉(1796년 5월 중순 무렵), 〈酬金佐賢(商雨)〉(1796년 5월 중순 무렵), 〈奉簡蔡相公北垣宴席〉(1796년 5월 20일 무렵), 〈奉簡海左翁〉, 〈竹欄社會 賦得新晴〉, 〈奉簡棕廬尹參判(弼秉)〉, 〈奉簡岐川蔡判書(弘履)〉, 〈奉簡五沙李參判(鼎運)〉, 〈奉簡鶴麓李承旨(益運)〉 등이 있다.

1796년 6월의 시로는 〈對月走筆寄南皐〉(1796년 6월 15일 무렵), 〈重寄南皐〉(1796년

6월 16일~19일 무렵), 〈寄无垢〉(1796년 6월 17일~19일 무렵 추정), 〈飮酒二首〉(1796년 6월 18일~19일 무렵), 〈又寄南皐五絶句〉(6월 20일 무렵) 등의 시가 있다.

위의 시들 가운데 〈奉簡蔡相公北垣宴席〉, 〈奉簡海左翁〉, 〈奉簡椶廬尹參判(弼秉)〉, 〈奉簡岐川蔡判書(弘履)〉, 〈奉簡五沙李參判(鼎運)〉, 〈奉簡鶴麓李承旨(益運)〉 등은 남인 원로들에게 보내는 시이다. 시기는 대략 1796년 5월 하순에서 초순 사이로 추정된다. 이들 가운데 〈奉簡蔡相公北垣宴席〉이라는 시가 주목된다. 어림잡아 5월 중순 무렵 채제공의 자택 북원에서 기호남인 원로들의 잔치가 있었으며 정약용은 초대를 받았으나, 참석하지 않고 이렇게 편지 형식으로 시만을 써서 보냈다.

정약용은 기호남인의 원로들에게 시의 형식으로 편지를 쓰기에 앞서서 기호남인계 소장들과도 자주 어울리면서 시를 써서 주고받았음을 〈題李周臣山亭〉, 〈山亭置雨〉, 〈酬洪七〉(樂眞), 〈酬金佐郎(商雨)〉, 〈重寄洪七〉, 〈和蔡爾叔(弘遠)洗劍亭之作〉, 〈酬金佐賢(商雨)〉 등을 보아 알 수 있다. 이들 시의 저작 시기는 대략 1796년 5월 초~중순 무렵으로 추정된다. 다만 〈竹欄社會 賦得新晴〉의 시기는 5월 하순으로 추정된다.

1796년 5월 20일 무렵 채제공의 집에서 남인 원로들의 연회가 이었고, 5월 하순 정약용의 명례방 집(죽란)에서 남인 소장들의 모임으로 죽란시사가 결성되었다고 여겨진다. 1796년 5월과 6월 사이 친구들과 어울려 답답한 심정을 해소하거나 시로 편지를 보내는 한편, 남인 원로들에게 일종의 구원을 청하는 의미, 그리고 죽란시사의 결성을 알리는 의미로 시를 보냈다고 생각된다. 1796년 5월과 6월 사이에는 이것 말고 다른 활동은 찾아보기 어렵다.

1796년 가을의 시로는 〈同諸友游龍山亭子〉(1796년 7월 16일), 〈前湖汎月〉(1796년 7월 16일), 〈奉簡海左〉(1796년 7월 17일 또는 18일 추정), 〈奉簡白氏〉(1796년 7월 17일 또는 18일 추정), 〈竹欄小集 與者五人 各賦四詩 爲四人月朝之評 不得自贊〉(1796년 7월 18일 이후 추정), 〈月夜憶李兄〉(1796년 7월 19일 이후 추정), 〈李季受宅 同諸公賦〉(1796년 7월 20일 이후 추정),〈月夜又憶李兄〉(1796년 7월 20일 이후 추정), 〈竹欄小集 賦得積雨新晴 奉示樊菴大老〉(1796년 7월 말 추정), 〈李周臣宅小集〉(1796년 8월 초순 추정), 〈周臣宅 賦得退朝花底散 奉示樊菴大老〉(1796년 8월 초순~15일 무렵), 〈奉和白氏望荷樓之作〉(1796년 8월 15일 무렵), 〈贈別柳士鉉(台佐)歸安東〉(1796년 8월 15일

무렵 이후~하순 추정),〈秋日竹欄遣興〉(1796년 8월 15일 무렵 이후~하순 추정),〈南皐至〉(1796년 8월 15일 무렵 이후~하순 추정),〈李季秀宅 陪大陵諸老飮〉(1796년 8월 하순 추정),〈竹欄月夜同南皐飮〉(1796년 9월 초 추정),〈送南皐還華城〉(1796년 9월 초 추정),〈竹欄菊花盛開 同數子夜飮〉(1796년 9월 초순 추정)이 있다.

1796년 8월의 잡문으로는〈答蔡邇叔〉(제2서; 1796년 7월 16일),〈祭春甫文〉(丙辰秋分之前四日; 1796년 8월 18일 무렵)이 있다. 9월 잡문으로는〈菊影詩序〉(1796년 9월 초순 무렵)와〈竹欄詩社帖序〉(1796년 9월 초순 무렵),〈答韓溪父〉(1796년 9월 초순 무렵)이 있다.〈答韓溪父〉(제4서)에〈菊影詩序〉에 대한 언급이 있다. 필자는〈答韓溪父〉의 저작 시기를 1794년 가을 또는 1796년 가을이라고 추정하였는데,[167] 더 구체적으로는 9월 초순 무렵으로 추정된다.〈菊影詩序〉는 배치 순서로 보아 1796년 작으로 추정되고,[168] 이 해 9월 초순 죽란에서 모임이 있었으므로(〈竹欄菊花盛開 同數子夜飮〉; 1796년 9월 초순 추정)〈菊影詩序〉는 그 직후인 1796년 9월 초순 무렵 지은 것으로 볼 수 있다. 한편 필자는〈竹欄詩社帖序〉라는 글의 저작 시기를 1796년이라고 추정하였다.[169]〈菊影詩序〉(1796년 9월 초순 무렵 추정)를 쓴 때와 같은 시기에 시첩을 만든 것으로 추정할 수 있으므로 어림잡아 1796년 9월 초순 작이라고 본 것이다.

1796년 가을의 활동으로는 여름에서와 마찬가지로 7, 8월에도 죽란시사 친구들과 자주 어울리고, 남인 원로들에게 자신이 복직을 원하는 뜻을 비친 것 말고는 별다른 행적이 눈에 뜨이지 않는다. 어림잡아 9월 중순 이후부터 11월 초순까지 정약용의 시가 보이지 않는데, 이때에 무언가에 몰두하고 있었다고 생각된다. 1796년 연초《麻科會通》자료를 수집하고 있었으므로 아마도 이때《麻科會通》집필에 몰두하고 있었고, 11월 16일 이후에는 규장각의 교서 작업에 종사하게 되어《麻科會通》작업은 당분간 중단되었을 것으로 여겨진다.

1796년 겨울의 시로는〈送別蔡爾叔參議 寧越謁陵之行〉(1796년 10월 초순 추정),〈冬日奉旨 直奎瀛府校書 同李(晩秀)直學·李(翼晉)承旨 蒙賜內饌 恭述恩例〉(1796년 11월

167) 조성을, 2004, 322쪽.
168) 조성을, 위의 책, 270쪽.
169) 조성을, 위의 책, 270쪽.

18일), (1)〈重熙堂賜對 論史記漢書 退述玉音 爲詠史詩五首〉(1796년 11월 19일), 〈不亦快哉行 二十首〉(1796년 11월 20일~12월 25일 이전 추정), (2)〈詩四言〉(1796년 12월 26일 이후 추정) 등의 시가 있다. 〈不亦快哉行 二十首〉는 (1)과 (2) 사이에 있으므로 시기를 "1796년 11월 20일~12월 25일 이전"으로 추정하였다.

1796년 겨울의 잡문에 대하여 살펴보기로 한다. 1796년 11월 교서 작업에 참여하면서 잡문으로 〈八子百選序〉와 〈金城方略序〉를 지었다고 생각된다. 필자는 〈八子百選序〉와 〈金城方略序〉(內閣應敎)의 저술 시기를 11월 16일~11월 말로 보았다.[170] 그러나 11월 21일 병조참지에 임명되므로 위 두 작품의 시기는 1796년 11월 16일에서 20일 사이로 좁혀볼 수 있다. 이 시기의 잡문으로 〈皐繇執瞽睡辨〉과 〈慶興宋帝爐辨〉도 있다. 〈慶興宋帝爐辨〉에는 "嘉慶 丙辰 冬"이라고 원주가 붙어 있으므로, 1796년 겨울의 작품임을 알 수 있다. 이 글도 1796년 11월 규장각 교서 시절 지은 것으로 추정된다. 〈慶興宋帝爐辨〉 바로 앞에 배치된 〈皐繇執瞽睡辨〉의 내용이 《史記英選》, 《五經百選》 등과 연결될 수 있으므로, 마찬가지로 1796년 11월 규장각 교서 시절 지었을 가능성이 크다. 아울러 정조로부터 제주에서 온 귤을 하사받고 〈毛羅貢橘頌〉을 짓기도 하였다. 〈毛羅貢橘頌〉에 "今上踐祚…今年冬 使久不知 遂及蠟月 朝廷議問其罪 至歲將除 貢乃之焉"이라는 구절이 있으므로 이해 12월 연말에 지은 것임을 알 수 있다.[171]

1796년 겨울의 활동으로는 10월 초순에서 11월 15일 사이에는 《麻科會通》 작업에 종사하고 있었을 가능성이 있다. 11월 16일에서 20일 사이에는 규장각에서 《史記英選》 교서 작업에 종사하였고, 11월 하순에는 병조참지로 근무하였다. 1796년 12월 초 병조참지를 사직하고 우부승지·좌부승지에 임명되었으나 곧바로 체직되었다가, 1796년 12월 11일 이전 다시 병조참지에 임명되었으나 12월 26일 파직되었다. 1796년 12월 29일 다시 서용하라는 지시가 내렸으며 12월 30일에는 홍인호의 아버지를 방문하였다. 이때에는 이미 홍인호와 관계가 회복되어 있었다고 볼 수 있겠고, 홍인호에게 모종의 도움을

---

170) 조성을, 위의 책, 270~271쪽.
171) 조성을, 위의 책, 254쪽.

구하기 위한 행동으로도 보인다. 자신의 뜻대로 되지 않을 때 관직을 떠나고 싶으면서도 관직에 대한 미련을 버리지 못하는 것이 정약용이었다. 이런 미련은 해배 이후에도 끝내 버리지 못한다. 해배 뒤에도 이런 태도는 좋게 해석하면 관직에 나아가 자신의 개혁 구상을 펴고 싶은 강한 열망이라고도 할 수 있겠다.

1797년 丁巳, 정조 21년 _36세

: 이 해에는 윤6월이 있었다.

1월 1일: ① 국왕이 종묘에 가다. ② 국왕이 정약용을 부르고 《杜詩》에 대하여 묻다.

📿 4월 중순 부분 참조.

1월 초순 무렵: 남고 윤지범이 찾아와서 만나다.

　(가) 〈南皐至〉(丁巳 正月) _《전서》 시문집, 1797년 1월 초순 무렵 추정

　(나) 〈南皐尹參議墓誌銘〉 _《전서》 시문집, 1822년 무렵 추정

　(다) 〈答崔承旨〉(제2서) _《전서》 시문집, 1797년 1월 초순 무렵 추정

📿 (나)에 따르면 윤지범은 1797년 봄(1월 중순 무렵) 충청도 임천林川 군수로 나갔다. 이때 인사 차 정약용의 집에 들른 것으로 여겨진다. 1796년 12월에 도목정사에 임명되어 1월 초까지 준비를 마치고 1월 초순 무렵 부임하였다고 여겨진다. 윤지범은 1796년에는 수원에 살면서도 자주 정약용을 찾아왔다. (다)에 따르면(近者下 知舊翩翩出宰…尹彝叙擅魚鹽之利 令公知得仁同) 윤지범과 같은 시기인 1797년 1월 초순 무렵 최헌중(최승지)도 인동仁洞에 지방관으로 나갔는데,[172] 아마도 (다)는 그때 인동으로 가며 보낸 편지에 대한 답장이라고 여겨진다. 1월에는 남고 윤지범이 찾아온 것과 최헌중에게 편지를 보낸 것 말고는 별다른 행적이 확인되지 않는다. 1796년 12월 말 군직을 받기는 하였으나, 아직 직책을 받지 못하여 1797년 1월 내내 죽란의

---

172) 조성을, 위의 책, 313쪽 참조.

집에서 《麻科會通》 저술에 종사하고 있었을 것이다.

2월 일:

∅ 1797년 2월에도 1월과 마찬가지로 별다른 행적이 확인되지 않는다.
1797년 1월과 2월에는 시도〈南皐至〉(1월 중순 이후 추정) 한 편 밖에 없다.
1,2월 사이에 관직이 없이 그냥 집에서 보내면서 《麻科會通》 작업에 종사하
고 있었을 가능성이 크다.

3월 6일: ① 절제節製 (삼일제) 대독관對讀官으로 희정당에 입시하다. ② 대유
사大酉舍(규장각 부속 건물)의 잔치에 참여하다. ③ 정조의 명으로
외각外閣(교서관校書館)에서 《春秋》 교정을 시작하다.

(가) 〈奉旨同李(書九)ㆍ承旨尹(光顔)ㆍ李(相璜)諸僚 就外閣校春秋〉 《전서》 시문
집, 1797년 3월 6일

(나) 〈春日小酉舍侍宴〉 《전서》 시문집, 1797년 4월 초순 추정

(다) 〈摛文院同諸學士校杜詩〉(李書九ㆍ金祖淳及李相璜ㆍ金履喬, 時臣等左奎
章閣 李參判義駿等坐奎瀛府 臣等校杜詩 彼等校陸放翁詩 令各睹勝 先者
有賞 後者有罰酒) 《전서》 시문집, 1797년 4월 중순 이후 추정

(라) "丁巳三月 進參大酉舍宣饌 承命 校春秋經傳 (李書九ㆍ尹光顔ㆍ李相璜
同校)" 《다산연보》 13~14쪽

(마) 〈1〉 "三月 進參大酉舍宣飯 承命校春秋左氏傳" 《사암연보》 72쪽, 1797년 3월 6일
〈2〉 "命直校書館 校春秋左氏傳 一日 上御大酉舍 召宣飯 仍問春秋義例
命與李書九ㆍ尹光顔ㆍ李相璜 同編經傳 如朱子綱目之例 數旬而畢 及梓遙
宣一部以酬其勞(在谷山時)" 《사암연보》 74쪽, 1797년 3월 6일 추정(《전서》 시문집)

(바) "傳于李肇源曰 左傳校正之役 與聞舊選抄啓文臣李翼晉 罪名蕩滌 仍令
該曹口傳府軍職 與李相璜ㆍ尹光顔ㆍ丁若鏞諸人 就外閣校春秋 卽爲來待
校正 而行護軍李書九…亦令卽爲入來擧行" 《승기》 정조 21년 3월 6일

(사) "丁巳三月初六日未時 上御誠正閣 科次入侍時……副護軍李翼晉ㆍ尹光
顔ㆍ李相璜ㆍ丁若鏞…以次進伏訖" 《승기》 정조 21년 3월 6일

(아) "設三日製于泮宮" 《실록》 정조 21년 3월 6일

(자) "命以節製對讀官入侍熙政堂" _《사암연보》74쪽

※ (아)에 따르면 1797년 삼일제는 3월 6일 시행되었다.《전서》시문집에 (가), (나), (다)의 순서로 시가 실려 있다. (가) 시의 날짜는 (바)와 (사)의《승정원일기》기사에 의거하여 1797년 3월 6일이라고 날짜를 특정할 수 있다. (나)에 의거하여 1797년 3월 6일 먼저 대유사 선반이 있었고 그 다음《春秋》교정 명령이 있었음을 알 수 있다. (마)의 〈2〉의 기사에 따르면《春秋》경전을 교정하라는 명을 받고 수십 일에 완료되었다[數旬而畢]고 하므로 작업은 대략 1797년 4월 초순 무렵에 완료된 것으로 볼 수 있다. 그렇다면 정약용은 3월 6월부터 4월 초순까지 이 작업에 참여하고 있었다고 하겠다. (다)의 시는《杜詩》교정 작업 때 지은 시이고《春秋》경전 교정 작업이 1797년 4월 초순 무렵까지 계속되었으므로,《杜詩》작업을 시작한 것은 대략 1797년 4월 중순 이후라고 보는 것이 타당하다. (나)의 시는 (가)와 (다) 시의 중간에 있고 이때의 일은 소유사에서 있었던 시연侍宴이며《春秋》교정 작업을 치하하는 것이었을 것이다. 이것은 (마)의 〈1〉의 "大酉舍 宣飯"과는 별개의 일로 보이며 대략 1797년 4월 초순에 있었을 것이다. (마)의 〈1〉 "進參大酉舍宣飯"과 (마)의 〈2〉의 "一日 上御大酉舍 召宣飯"은 1797년 3월 6일의 동일한 일을 기록한 것으로 보인다.《사암연보》에서는 이 둘을 각기 72쪽과 74쪽에 중복하여 기록하였고, 이에 더하여 (마)의 〈2〉의 기사가《杜詩》교정 기사《사암연보》72~73쪽) 뒤에 배치되어 혼란을 빚게 한다(이에 대하여는 뒤 4월 초순 부분에서《杜詩》교정에 대한 언급 부분 참조).

3월 15일: 이문원摛文院에서 선찬宣饌의 명을 받다.

(가) "丁巳三月十五日辰時 上詣摛文院齋宿入侍時…行副護軍李翼晉·尹光顏·丁若鏞 以次進伏命宣饌" _《승기》정조 21년 3월 15일

※ 앞서 1797년 3월 6일 자에서 언급한 "命直校書館 校春秋左氏傳 一日 上御大酉舍 召宣飯 仍問春秋義例 命與李書九·尹光顏·李相璜 同編經傳 如朱子綱目之例 數旬而畢 及梓遂 宣一部以酬其勞(在谷山時)"《사암연보》74쪽) 기사에 나오는 "대유사大酉舍 선반宣飯"은 위의 (가) 1797년 3월 15일 이문원의 선찬과는 별개의 일로 보아야 할 것이다. 정약용은 1797년 3월 6일 대유사 선반에 참여한 뒤

이날 《春秋》 경전 교정의 명을 받았고, 이 작업을 중간에 위로하기 위하여 1796년 3월 15일 정조가 이문원에서 다시 선찬한 것으로 보아야 할 것이다 (《春秋》 교정 작업 1797년 4월 초순 무렵 완료, 4월 초순 부분 참조).

4월 초순(추정): ① 《春秋》 교정 작업이 끝나다. ② 소유사(규장각 부속 건물)에서 시연侍宴이 있다.

(가) 〈春日小酉舍侍宴〉 _《전서》 시문집, 1797년 4월 초순 추정

✎ (가)의 시에 따르면 1797년 4월 초순 무렵에 소유사小酉舍에서 정조를 모시고 《春秋》 교정 작업 완료를 치하하는 잔치가 열린 것으로 보인다. (가)의 시는 이에 대하여 읊은 것이라고 하겠다. 따라서 이 소유사에서 시연은 3월 6일 대유사 선반 및 3월 15일의 이문원 선찬 등과는 별개의 일이다. 대유사와 소유사는 당시 창덕궁 후원 주합루에 있던 규장각의 부속 건물들이다. 소유사의 시연은 대략 1796년 4월 초순에 있었을 가능성이 크다. 4월 초순에 일단 《春秋》 교정 작업이 완료되기 때문이다. 4월 초순 가운데에서도 어림잡아 4월 5, 6일 무렵에 작업이 끝나고 4월 7, 8일 무렵에 이를 치하하는 시연이 소유사에 있었을 가능성이 큰 것으로 보인다.

4월 9일: 아버지 정재원의 기일忌日

✎ 1797년 4월에는 아버지 제사를 위해 고향 초천으로 내려가지 않고, 이날 4월 9일 서울(한양)에 있었을 가능성이 크다. 5월 1일 큰형 정약현을 모시고 고향으로 내려가는데 4월 9일에는 정약현이 서울에 체류하여 서울에서 제사 지냈을 가능성도 생각해 볼 수 있다(5월 1일 부분 참조). 하지만 집 밖에서 제사를 지내는 일은 예외적인 것이므로, 정약현은 1797년 4월 9일에 초천에서 아버지 제사를 지낸 뒤 대략 4월 하순 무렵 서울에 올라왔다가 정약용과 함께 초천에 내려갔다고 보는 것이 온당하겠다. 정약현은 서울에 올라오면 정약용의 집(죽란)이나 정약전의 집에 머물렀을 가능성이 크다.

4월 중순(이후): ① 이문원에서 이서구李書九 · 김조순金祖淳과 함께 《杜詩》 교정을 시작하다(추정). ② 이의준李義駿 · 이만수李晩秀 · 남공철南

公轍은 규장각에서 육시陸詩 교정 작업을 하여 어느 쪽이 빠른지
내기를 하다.

(가) (1796) "十月 承命校書于奎瀛府(李晚秀·李翼晉·朴齊家 同校史記英選
李在學時來同校 又承命校五經百選 又於內閣 參校杜詩 是冬賜與便蕃 不
可盡記" _《다산연보》13쪽

"時 臣等左奎章閣 李參判義駿等坐奎瀛府 臣等校杜詩 被等校陸放翁詩 令
各睹勝 先者有賞 後者有罰酒" _《다산연보》13쪽

(나)-1 "二十一年丁巳(1797)…春 公在家閒居 一日上詣閟宮 特召之 曰久不嘗
予膳 故特召之 俄而膳至 上命進伏楹內 俾便懷核 旣而問芋有別名乎…俗
名云何 曰土蓮也 上曰 杜詩 園收芋栗未全貧 芋栗何以竝稱 對曰 杜詩非
芋栗……上曰 果然知之 上曰 鸎鴌傳 目送之 或作自送之 自送之誤耶 對
曰 自送云者 景帝躬起而送之也 上曰 所陳是矣 仍論史漢諸義 _《사암연보》
72~73쪽, 1월 1일

(나)-2 命入摛文院 校杜詩 李義駿等 在奎瀛府 校陸詩 公與李書九·金祖淳 同
校杜詩 時李義駿·李晚秀·南公轍 同校陸詩上諭之曰 竣先者賞 後者罰 及
役畢 杜先陸後 上將欲賞罰 義駿等疏 陸比杜倍多 臣等冤矣 上曰 然令可
不信乎 賞祖淳藥丸 罰義駿等酒杯也" _《사암연보》72~73쪽, 1797년 4월 중순 이
후~6월 추정

(다) "命直校書館 校春秋左氏傳 一日 上御大酉舍 召宣飯 仍問春秋義例 命與
李書九·尹光顔·李相璜 同編經傳 如朱子綱目之例 數旬而畢 及梓遙 宣
一部以酬其勞(在谷山時)" _《사암연보》74쪽

(라) 〈奉旨同李(書九)·承旨尹(光顔)·李(相璜)諸僚 就外閣校春秋〉 _《전서》시문집,
1797년 3월 6일

(마) 〈春日小酉舍侍宴〉 _《전서》시문집, 1797년 4월 초순 7,8일 무렵 추정

(바) 〈摛文院同諸學士校杜詩〉(李書九·金祖淳及李相璜·金履喬) _《전서》시문
집, 1797년 4월 중순 이후 추정〉

※《전서》시문집에는 (라), (마), (바)의 순서로 시들이 배치되어 있는데 이
순서를 보면《杜詩》교정 작업은《春秋》교정 작업의 뒤에 있었다. (가)의

기록을 보면 《史記英選》의 교정 작업에 이어서 1796년 겨울에 《五經百選》 작업(이 가운데 정약용은 《春秋》 부분에 참여한 것으로 볼 수 있음)이 있었고, 다시 이어서 《杜詩》 교정 작업이 있었던 것으로 볼 수 있다. 그러나 (나)-1의 《杜詩》 관련 기사는 (다)의 《春秋》 경전 교정 기사(74쪽)의 바로 앞에 나온다. 《정조실록》에 따르면 (나)-1은 1797년 1월 1일의 일이다. 이날 국왕이 종묘에 갔기 때문이다. (나)-1과 (나)-2는 별개의 일을 기록하였다고 보아야 한다. 따라서 《杜詩》 교정 작업이 《春秋》 앞에 있었던 것으로 오해할 소지가 있다. (나)-2의 기사는 1797년 4월 중순 이후의 일이다. 다만 이 가운데 마지막 부분인 "賞祖淳藥丸 罰義駿等酒杯也"는 1797년 6월 25일의 일을 기록한 것이다(6월 25일 부분 참조).

현손 정규영은 일제시기(1921) 《사암연보》를 편찬할 때 대체의 골격을 《다산연보》에 의거하고, 다른 구체적 내용을 《筠菴漫筆》, 《여유당집》 등에서 보충하는 방식으로 작업을 하였다.[173] 작성 시기를 1830년으로 잡은 이유는 정약용에 대한 기사가 경인庚寅(1830년) 5월 5일 기사(蕩滌敍用 副護軍單付)로 끝나기 때문으로 여겨진다. 《다산연보》가 정약용 자신의 손에 의하여 작성된 것이라면, 《다산연보》에서 발견되는 의문점, 즉 〔(1796) 十月 承命校書于奎瀛府(李晚秀·李翼晉·朴齊家 同校史記英選 李在學時來同校 又承命校 五經百選 又於內閣 參校杜詩 是冬賜與便蕃 不可盡記(《다산연보》 13쪽)이라 하여 《杜詩》 교정 작업이 1796년 겨울에 있었던 것으로 보이는 점〕은 《史記英選》과 그에 이은 작업을 한꺼번에 기록한 데에서 생겨날 수 있는 오해라고 할 수 있겠다. 즉 "參校杜詩"의 시기와 "是冬"을 같은 시기로 생각하지 않고 "是冬" 단지 《史記英選》에만 해당되는 것으로 보면 해결될 것이다.

한편 《여유당전서》에 수록된 〈자찬묘지명〉(집중본)에 "丁巳春 賜對于大酉舍宣飯 下詢貨殖傳·袁盎傳疑義 承命就外閣 與李書九·尹光顔·李相璜等 校春秋左氏傳"이라고 되어 있다. 이에 따르면 1797년 봄 대유사에서 〈貨殖傳〉·〈袁盎傳〉의 의의疑義에 대하여 하문下問하였고, 이어서 이날 외각(교서관)에 나아가 이

---

173) 김상홍, 《茶山丁若鏞 文學硏究》, 467쪽에서는 정약용 자신이 69세[1830]에 스스로 작성한 친필본이라고 하였다.

서구 등과 함께 《春秋左氏傳》을 교정하라고 한 것이 된다. 이것은 3월 6일의 일이다. 비궁閟宮(종묘)에서 〈袁盎傳〉의 의심이 나는 곳[疑義]에 대하여 하문한 것은 1797년 1월 1일의 일이다. 이 물음에 앞서 《杜詩》에 대하여 물었다. 따라서 종묘에서 〈袁盎傳〉에 대해서 물은 일(1월 1일)과 대유사에서 〈貨殖傳〉·〈袁盎傳〉에 대하여 물은 일(3월 6일)은 별개의 사실로 보아야 할 것이다.

이상과 같이 생각하면 〈자찬묘지명〉(집중본), 《다산연보》, 《사암연보》 사이에는 서로 모순이 없다. 이상의 추론이 가능하다면, 《사암연보》 72쪽에서 《춘추》 경전 교정을 《杜詩》 교정에 앞서 언급하였으면서도 이에 대해 구체적 언급 없이 먼저 《杜詩》 교정의 구체적 경과를 언급한 다음(72~74쪽), 다시 《春秋左氏傳》 교정에 대한 구체적 언급(74쪽)을 한 것 역시 혼란을 일으키는 소지가 된다.

덧붙여 현재 《사암연보》(72~73쪽)에 실려 있는 비궁(종묘)에서 "공公"이라고 한 소대召對 기록은 원래 《筠菴漫筆》의 기록이다. 현존본 《사암연보》(규장각 소장본)는 출전을 삭제하고 정약용 자신을 "여余"라고 한 것을 "공"이라고 고쳤으나 초고본에는 "여"라고 하였다. 필자는 이 초고본의 원본을 갖고 있지는 않으나, 한영국 교수가 1960년 무렵 촬영한 사진본을 갖고 대조하였다. 《筠菴漫筆》의 기록은 아주 구체적이어서 가장 신뢰할 수 있으며 앞으로 이를 발견하는 일 또는 집일輯佚 작업을 하는 일이 필요하다.[174]

4월 28일(또는 29일) : 여름날 오후 혼자 무료함을 달래며 술을 마시다가 채이숙蔡邇叔(채홍원)에게 시 형식으로 편지를 쓰다.

(가) 〈夏日獨坐 簡寄蔡邇叔〉_《전서》 시문집, 1797년 4월 28일 또는 4월 29일 추정

⚵《전서》 시문집에 보면 (가)의 시에 바로 이어서 5월 1일의 시 〈將游茗川 陪出伯氏 晚出蟊島作〉(五月 一日)이 배치되어 있다. 대략 1797년 4월 말 정약용은 한가했으므로, (가) 시의 집필 시기는 어림잡아 4월 말로 추정된다. 1797년 4월은 말일이 29일이었으므로 4월 29일 이전이다. 이날 모처럼 한가하게

---

174) 이상 조성을, 《《사암선생연보》의 문헌학적 검토》, 《다산학》 27, 2015.12 참조.

된 것은 일단 (제1차)《杜詩》교정 작업이 끝나 어림잡아 열흘 동안 휴가를 얻었기 때문으로 생각된다. 5월 7일 무렵에는 서울에 돌아와 있었으므로(5월 7일 무렵 부분 참조), 휴가는 어림잡아 1797년 4월 28일 또는 29일부터 열흘 동안 얻은 것으로 보인다. 그리고 "燕語鷄眠百日遲 自從春去下書帷"라는 구절로 보아서 시기가 어림잡아 봄이 가는 4월 말이었고, 여름날 오후 혼자 무료함을 달래며 술을 마시고 있었음을 알 수 있다. 따라서 (가) 시의 저작 시기는 4월 28일 또는 29일이 된다.

5월 1일: ① 큰형 정약현을 모시고 초천으로 가기 위해 늦게 독도纛島(뚝섬)을 출발하다. ② 몽동주艨艟洲에 도착하다. ③ 미음촌渼陰村에 묵다.

(가)〈將游茗川陪白氏 晩出纛島作〉_《전서》시문집, 1797년 5월 1일

(나)〈過艨艟洲舟中 戲爲絶句三首〉_《전서》시문집, 1797년 5월 1일 저녁 추정

(다)〈上瀨〉_《전서》시문집, 1797년 5월 1일 저녁 추정

(라)〈乘小艇泝流 宿渼陰村〉_《전서》시문집, 1797년 5월 1일 밤 추정

 아직도《杜詩》교정 작업이 진행되는 가운데(1797년 5월 24일 현재 미완료, 뒤의 5월 24일 부분 참조) 4월 말 잠깐 휴가를 얻어서 대략 1797년 4월 28일이나 29일쯤 혼자 집에서 술을 마셨다. 5월 1일 큰형과 함께 초천으로 떠난 이날 오후 늦게 독도(뚝섬)에서 배를 타고, 몽동주에 도착한 뒤 다시 작은 배로 갈아타고, 미음촌으로 거슬러 올라가 그곳에 유숙한 것으로 보아야 할 것이다.

5월 2일: ① 아침(추정) 미음촌을 출발하다. ② 오후(추정) 초천에 도착하다.

 5월 1일에 미음촌에서 묵었으므로 2일 아침에 그곳을 출발하여 당일 초천에 도착한 것으로 추정할 수 있다. 3일은 초천의 집에서 쉬었을 것으로 생각된다.

5월 4일: 두 형님을 모시고 천진암天眞菴에 가서 묵다.

(가)〈端午日 陪二兄 游天眞庵〉(初四日 宿寺) _《전서》시문집, 1797년 5월 4일

(나)〈寺夕〉_《전서》시문집, 1797년 5월 4일

🕉 (가)에서 "단오일"이라고 한 것은 "단오에 즈음하여"라는 뜻으로, 이 시의 원주를 보아 1797년 5월 4일 밤 두 형님(아마도 정약현과 정약전)을 모시고 천진암에 묵었음이 확인된다. (나)의 시는 이날 저녁 천진암에서 지은 것이다. 천진암은 초천에서 강 건너이므로 1797년 5월 4일 배를 타고 반대 방향 두물머리(이벽의 향리) 쪽으로 건너갔을 것이다. 현재에는 이 나루 부근에 팔당댐이 건설되어 있다.

5월 5일: 일찍 일어나 천진암에서 노닐다.

(가) 〈早起〉 _《전서》 시문집, 1797년 5월 5일

(나) 〈山中懷感〉 _《전서》 시문집, 1797년 5월 5일

(다) 〈游天眞菴記〉 _《전서》 시문집, 1797년 5월 5일 이후 추정

🕉 (가)의 시로 보아 위의 사실이 확인된다. (나)의 시는 이 날 천진암 부근에서 노닐며 지은 것이고 (다)는 5월 5일 초천의 집으로 돌아온 이후 지은 것으로 여겨진다.

5월 7일 무렵(이후): 이주신의 산장에 친구들과 함께 모이다.

(가) 〈李周臣山莊値雨 同諸友遺興三十韻(用掂韻法) 某子三十每書一韻貯之瓶中 任瀉一某 點綴成文〉 _《전서》 시문집, 1797년 5월 7일 무렵 이후 추정

🕉 정약용이 서울에 돌아오는 것이 1797년 5월 5일 당일에는 불가능했을 것이고 또 초천에서 서울로 오는데 하루는 잡아야 하므로, 서울에서 이주신의 산장에 간 것은 1797년 5월 7일 무렵 이후가 되어야 할 것이다.

5월 10일 무렵 : 윤무구가 철원으로 유배가다.

(가) 〈送无咎謫鐵原〉 _《전서》 시문집, 1797년 5월 10일 무렵 추정

🕉 유배 길에 나선 정확한 날짜 및 윤무구가 유배 가게 된 이유는 확인되지 않으나, 시의 배치 순서로 보아 어림잡아 5월 10일 무렵으로 추정하여 둔다.

5월 20일 무렵: 철원으로 유배 간 윤무구가 열흘 만에 돌아오다.

(가) 〈纔十日无咎宥還 復次前韻〉 _《전서》 시문집, 1797년 5월 20일 무렵 추정

◈ 윤무구가 1797년 5월 10일 무렵 유배 갔다면 열흘 만에 돌아오므로 돌아온 날짜는 대략 5월 20일 무렵이 된다.

5월 24일: ①《杜詩》의 교정 작업에 대하여 정조가 중희당重熙堂에서 심상규沈象奎에게 묻자 내일까지는 아직 교정 작업이 끝나지 않을 것 같다고 하다. ② 이 자리에 정약용도 입시하다.

(가) "丁巳五月二十四日辰時 上御重熙堂…上曰 李相璜·丁若鏞 亦入來乎 象奎曰 入來矣 上曰 明日則可盡考準乎 象奎曰 精細考準 則明日內恐未訖役矣" _《승기》정조 21년 5월 24일

◈ 1797년 5월 24일까지 아직《杜詩》교정 작업이 끝나지 않았음을 알 수 있다. 일단 1797년 4월 하순 제1차 교정 작업이 끝난 뒤 5월 중순 이후 다시 제2차 교정 작업이 있었다고 생각된다. 이 작업은 정조와 심상규의 대화로 보아서 대략 1797년 5월 말까지는 끝났을 것이라고 추정된다.

5월 하순 무렵: ① 명례방 정약용의 집 죽란에 윤이서尹彝叙 · 이주신李周臣· 한혜보韓徯父 등이 모여 시를 짓다. ②〈竹欄花木記〉를 짓다.

(가)〈竹欄小集 與尹彝叙·李周臣·韓徯父 賦得田家夏詞 八十韻〉_《전서》시문집, 1797년 5월 하순 무렵 추정

(나)〈竹欄花木記〉_《전서》시문집, 1797년 5월 하순 무렵 추정

◈ (가) 시의 배치 순서로 보아서 대략 1797년 5월 하순으로 추정하였으나 6월이었을 가능성도 있다. 한편《전서》시문집에 보면〈游天眞庵記〉(1797년 5월 5일 이후 작 추정)과〈谷山政堂新建記〉사이에 (나)가 있다. 필자는 (나)의 저작 시기를 1797년 5월 중순에서 윤6월 초로 시기를 비정하였으나,175) 더 좁혀서 1797년 5월 하순 무렵으로 추정하는 것이 더 타당할 듯하다. 5월 하순 죽란에서 있었던 모임을 계기로 (나)를 지었을 가능성이 크다고 여겨지기 때문이다. 죽란 모임 이후 며칠 이내에 지었을 것이라고 추정된다. 필자는 이 모임에 대하여 윤무구의 해배를 축하하기 위한 모임이 아닌가

175) 조성을, 2004, 285쪽.

생각된다고 하였으나,[176] 이 모임에 윤무구는 참석하지 않은 것 같다. 아마 정약용이 해배되어 돌아온 윤무구에게 〈纔十日无咎宥還 復次前韻〉의 시를 써 준 것은 죽란 모임에 앞서서였다고 생각된다. 그런데 1797년 1월 임천 군수로 나간 윤이서(윤지범)가 이 모임에 참석한 것이 주목된다. 아마도 임천에서 서울로 잠시 출장을 왔고 이리하여 그를 위해 죽란에서 모임을 가진 것이라고 생각된다.

6월 초순~중순: 족부 이조참판에게 장문의 시를 써서 자신의 심회를 말하다.

(가) 〈竹欄小集 與尹彝叙·李周臣·韓傒父 賦得田家夏詞 八十韻〉 _《전서》 시문집, 1797년 5월 하순 무렵 추정

(나) 〈夏日述懷族父奉簡李朝參判〉 _《전서》 시문집, 1797년 6월 초순~중순 추정

◎ (가) 시 바로 뒤에 (나) 시가 배치되어 있다. (나)의 시는 정약용이 은근히 복직을 원하는 뜻을 보이면서 이조참판이었던 족부에게 구원을 요청하는 의미로 써서 보낸 것으로 추정된다. 바로 뒤에서 볼 것처럼 정약용은 1797년 6월 20일 승지에 낙점되므로, 아마도 (나) 시는 1797년 6월 초순에서 중순 사이에 쓴 것으로 추정된다.

6월 20일: ① 승지에 낙점되다(전망前望). ② 동부승지同副承旨에 제수되었으나 홍인호(처4촌)가 당시 좌승지로서 승정원에 근무하고 있어 인혐姻嫌으로 패초에 응하지 않다. ③ 관상감 옆에 사는 홍시박洪時薄 집에서 숙박하다.

(가) "恩除同副承旨 時洪(仁浩) 方以左承旨坐院 余以姻嫌違牌 宿觀象監洪(時薄)宅夜二更" _《含珠日錄》, 1797년 6월 22일(《여유당전서보유》)

(나) "承旨前望單子入之 丁若鏞落點" _《승기》 정조 21년 6월 20일

◎ 1797년 6월 20일 밤 관상감 옆에 사는 홍시박 집에서 숙박한 것은 그의 집이 바로 창덕궁 옆에 있었기 때문으로 생각된다. 즉 바로 창덕궁 옆에서 대기하기 위한 것이었다고 생각된다. 조선후기 관상감은 바로 창덕궁 옆, 현 현대그룹 사옥 자리에 있었는데, 홍시박의 집이 관상감 옆에 있었던 것

---

176) 조성을, 2004, 122쪽.

이 아닌가 생각된다. 아마도 정약용은 1797년 6월 20일 자신의 숙소를 승정원에 미리 알렸을 것이다.

6월 21일: ① 국왕은 정약용이 패초에 응하지 않으니 파직 전지를 들이라고 하다. ② 경모궁에서 환궁한 국왕이 다시 정약용을 패초로 부르도록 하다. ③ 정약용이 금호문金虎門 밖의 누원漏院에 나아가 상소문(〈辨謗辭同副承旨疏〉)을 올리고 대기하다(자명소). ④ 이익진이 계를 올려 정약용의 상소문에 대한 비답이 이미 내려왔으니 정약용을 즉시 패초하는 것이 어떠한가 아뢰자 다시 패초하라고 하다. ⑤ 조진관趙鎭寬이 정약용이 패초에 응하지 않아 파직 전지가 내려서 인원을 갖출 수 없다고 아뢰자 다시 패초로 부르라고 하다. ⑥ 승정원에서 숙직하다.

(가) "是日 聖上展拜景慕宮 政院請備員 無批 旣還宮 命更牌招 臣詣待漏院(金虎門外) 上疏陳情 大槩曰… 入啓 聖批曰…勿辭察職 李(益運)時爲右承旨 與洪(仁浩) 各致書慶賀 勸勿拘小嫌一謝恩命 遂入闕肅拜 擬卽還出 上以司謁下敎 曰同副承旨 今日直宿 坐直一員出去 余遂宿院" 疏入院 都承旨趙(鎭寬) 曰 "疏果善矣" _《함주일록》1797년 6월 21일《여유당전서보유》)

(나) 〈辨謗辭同副承旨疏〉 _《전서》시문집, 1797년 6월 21일

(다) "丁若鏞上疏曰 '臣於所謂西洋邪書 嘗觀其書矣'…" _《실록》정조 21년 6월 21일

(라) "李翼晉啓曰 同副承旨丁若鏞疏批已下 卽爲牌招 何如 傳曰允" _《승기》정조 21년 6월 21일

(마) "趙鎭寬啓曰 今日展拜時 承旨當爲備員 而同副承旨丁若鏞牌不進罷職傳旨捧入 無以備員 何以爲之 敢稟 傳曰 只推 更爲牌招" _《승기》정조 21년 6월 21일

(바) "인용문 생략" _《일성록》제25책 228~230쪽

Ⓐ (가)의 "下敎 曰同副承旨 今日直宿 坐直一員出去 余遂宿院"이라는 구절로 보아 6월 21일 밤은 일단 승정원에서 숙직한 것으로 볼 수 있으며, (나)의 상소문은 6월 20일 밤 홍시박의 집에 묵으면서 작성하였다가 6월 21일 올린 것으로 보인다.

6월 22일: ① 아침 인혐引嫌하여 승정원을 나오다. ② 집에 돌아왔다가 내병조에 들어갔는데 마침 입직 중이던 병조참의 목만중이 상소문 초안을 찾자 소매에서 꺼내어 보여주었더니 칭찬하다. ③ 집에 돌아오니 홍인호의 편지가 도착해 있다(한번 체직 후 다시 서용하겠다는 국왕의 뜻을 알리는 내용). ④ 채홍원이 방문하여 담화하는 가운데 홍인호가 홀연 내방하였고 채홍원은 즉시 돌아가다(1796년 12월 30일 정약용이 홍인호의 아버지를 방문한 적이 있다). ⑤ 홍인호가 정조의 허체許遞한다는 뜻을 전하다. ⑥ 동부승지에서 체직되다.

(가) "廿二日 朝 引嫌出院" _《함주일록》 1797년 6월 22일《여유당전서보유》

(나) "遂出還家歷入內兵曹 時參議睦(萬中)入直索疏草 疏適在袖 出而示之 覽訖曰 疏果善矣 君之心事 究明不拘 疏意若是 吾固料之 近八九年 久不見君述作 今見此疏 文章亦大進矣 欣喜不可言也" _《함주일록》 1797년 6월 22일 《여유당전서보유》

(다) "旣到家 洪(仁浩)致書曰 "盛章恩批 瞻聆俱聳 不勝欣幸 俄筵上命 同副承旨入侍 洪曰'出去矣' 上曰'同副承旨欲遞乎' (洪曰) '恩批之後 豈敢求逮 而以姻嫌出矣' 上曰'一番遞去後更爲之 似好矣 乃命左右同副承旨 並許遞" _《함주일록》 1797년 6월 22일《여유당전서보유》

(라) "蔡(弘遠)來訪 方話時 洪(仁浩)忽乘軺來訪 蔡卽歸去 洪云 "見令公疏不可無賀 吾過門不入 今已四年矣 今日始來矣 頃筵上曰 '卿與丁某 向來有事端 今則如何' (仁浩)曰'伊時有怪怪說話 其後相對說破 昨年(除夕夜) 丁來見臣父 今則不欲撕捱矣' 上曰'然則彼此俱幸矣' (仁浩)曰'臣於洋學 浪受人謗 然丁之至冤 臣所洞悉 丁必不久陳疏矣' 上曰'何以知之' (仁浩)曰'自中所聞如此矣'" _《함주일록》 1797년 6월 22일《여유당전서보유》

(마) 六月(廿二日) 除同副承旨(前望也) 陳疏自劾 痛陳致謗顚末 (批曰 善端之萌 藹然若嘘勿苗 滿 紙自列言足感聽 爾其勿辭 從速察職)(廿七日 同副承旨除授 (前望也) _《다산연보》 14쪽

(바) "六月 (二十二日) 除左副承旨 上疏辭職 仍陳所懷" _《사암연보》 75쪽

☞ 《사암연보》에 좌부승지라고 한 것은 동부승지의 착오로 여겨지며, (다)

에 따르면 6월 22일 당일 동부승지에서 체직된 것으로 보인다. 6월 23일 《승정원일기》에 따르면 우부승지는 이익진으로 되어 있고, 정약용에게는 아무 직책이 없었다(6월 23일 부분 참조).

6월 23일: ① 을묘(1795년) 봄 입직入直 때 군복을 입지 않아 관직에 의망하지 말라는 처분을 받았으나 이날 해제되다. ② 국왕이 부승지 이익진과 정약용은 이미 《史記英選》 인쇄(교정) 작업에 대하여 참여하였으니 찬주纂注의 일도 이들에게 맡기도록 하라고 명하다. ③ 홍인호에게 편지를 받고 답서를 쓰다(〈答洪元伯〉〈제3서〉).

(가) "傳曰 處分諸臣 向於慶辰 有蕩滌之教 而勿擬臺望之朴(基正)·勿擬官職之丁(若鏞) 以處分之特教 拔例不入其中云 自今勿拘撿擬事 分付銓曹 蓋於乙卯春 以余兵曹入直時 戎服不備事 有嚴教 令勿擬官 繼有金井之行 至今未解 至是始有此恩 感激不可狀也" 《함주일록》 1797년 6월 23일(《여유당전서보유》)

(나) "丁若鏞…勿拘 擬望" 《실록》 정조 21년 6월 23일

(다) "傳于李勉兢曰 庚辰有諸臣處分人分揀之教 而近始聞之……物擬官職人 丁若鏞…以其罪名之特教拔禮 不入於蕩滌之中云 卽今令該曹蕩滌 勿拘擬望事 分付" 《승기》 정조 21년 6월 23일

(라) "丁巳六月二十三日卯時 上御誠正閣 諸承旨入侍時…右副承旨李翼晉…象奎曰 史記英選懸註 旣承下教 而近因他務之相妨 尙未下手…上曰 右副承旨與丁若鏞 旣已與聞於印役 今番懸註 亦令同爲 而取捨之際 極爲精詳 可也" 《승기》 정조 21년 6월 23일

(마) "是時 公以忤旨事 久無職名" 《사암연보》 70쪽

(바) "其後 金公履永 又補金井還白 某在金井 誠心牖戩 且居官廉謹 其後 沈公煥之 又奏曰 丁某因軍服事 特命停望 至今未解 其人旣可用 且於金井 多所牖化 請復收用 上允之 卽因刑曹錄啓" 《사암연보》 70쪽

⚉ 정약용이 1795년 봄 병조참지로서 숙직 시 군복을 갖추어 입지 않아서 생긴 일[오지사忤旨事: 실은 국왕이 과거 선발에서 부정이 있다고 생각하면서도 군복의 일로 처벌하였음]이 먼저 한 번 있었다. 이후 다시 1795년 12월 금정에서 귀환 이후(1795년 12월 말~1796년 1월 초)의 "오지사"(금정에서 이룩한 공

로를 아뢰라는 임금의 명령을 거역한 일)가 있다. (바)는 바로 (마)에 이어서 있고 (마)의 바로 앞에 1795년 12월 말~1796년 1월 초의 "오지사"에 대한 언급이 길게 있다. 따라서 바로 이어지는 (바)의 기사를 1796년 초의 일이라고 오해하기 쉽다.

(바) 기사의 내용을 자세히 살피면 금정찰방에서 돌아온 김이영金履永 그리고 심환지沈煥之가 정약용을 도운 것으로 되어 있다. 도운 사실 자체는 맞는 것이지만, (바)의 일을 "1795년 12월 말~1796년 1월 초"에 바로 이어지는 1796년 초의 일로 보면 오해이다. 위에서 보았듯이 1795년 2월 말 무렵 병조 근무 때에 군복을 입지 않은 일에 따른 의망 금지 조처의 해제는 1797년 6월 23일 시행되었다. (바)에서 언급한 일은 바로 이것을 가리킨다. 금정찰방에서 돌아온 김이영과 심환지沈煥之가 정약용을 변호하여 말한 것은 대략 1797년 6월 초순~중순 무렵으로 여겨지며, 이에 따라 군복사軍服事에 따른 정망停望이 해제된 것으로 여겨진다. 금정찰방 김이영은 정약용의 후임이므로 1795년 6월 무렵에는 금정에서 근무하고 있었을 것이고 1797년 6월 무렵 서울에 귀환하였을 가능이 크다.

한편 (라)에 따르면 1797년 6월 23일 우부승지를 이익진이라 하고 정약용에 대하여는 아무 직책도 기재되지 않았는데, 1797년 6월 27일에 다시 전망前望으로 승지에 낙점되었다(뒤의 6월 27일 조 참조). 6월 24일에는 이병모가 정약용을 전승지前承旨라고 부르고 있었다(6월 24일 조 참조). 이날 6월 23일 (나)와 (다)의 기록처럼 "구애받지 말고 의망擬望"하라고 한 것은 1795년 2월 정망停望의 해제를 의미한다. 1797년 6월 20일 동부승지에 임명하였다가 6월 22일 체직을 허락한 것은 아마도 정망이 해제되지 않은 절차상의 문제가 지적되었고, 이에 따라 일단 체직한 뒤 정망을 해제하고 나서 다시 임명하려 하였기 때문이라고 생각된다. 아울러 1797년 6월 22일 홍원백(홍인호)이 정약용의 집을 찾아왔고 이어 다음 날 6월 23일 편지를 보내와서 이에 대하여 정약용이 답서를 썼다.[177]

6월 24일: ① 왕명을 받들어 선인문 밖 주자소(감인소)에 가다. ② 입궐하자

177) 〈答洪元伯〉, 〈제3서〉(조성을, 2004, 320쪽 참조).

직제학 이만수가 정약용의 상소문을 칭찬하다. ③ 국왕이 이병모
李秉模와 정약용의 일을 의논하다. ④ 국왕이 서학의 일을 형법으
로 다스릴 뜻이 없음을 밝히다.

(가) "承召命 入鑄字所(在宣仁門內 亦稱監印所) 時未有職 權借公服入闕 直提
學李(晩秀)曰 上命令公與李(翼晉)就史記英選 以平林諸注爲主 旁採他說
無上若兼之 臣承命 洙泗記 又名書朱子語類懸吐人姓名于柵面 盖上在春
邸時 桂坊臣僚 韓(用和)·李(述源)·安(鼎福)諸人 實奉令懸吐之時 命書其
姓名"《함주일록》1797년 6월 24일《여유당전서보유》)

"李(晩秀)曰 令公疏 昨於院中見之 言言眞切 故足感人 而文章之動蕩 亦近
來之所未見 眞是舘閣之大手也 盖聞李台(益雲)之言 李(晩秀)期日入院 朝
布未脫 善色如笑 讀數行 高聲朗誦 擊節 歎賞 以爲千古名疏云"《함주일
록》1797년 6월 24일《여유당전서보유》)

(나) "右議政李秉模啓言 丁若鏞自明之疏 引喩多不當理… 上曰…邪學之弊
不失禮敎之防範 則被亦不期熄而自熄矣"《실록》정조 21년 6월 24일

(다) "(李)秉謨曰 伏見承旨丁若鏞自明疏"《승기》정조 21년 6월 24일

(라)《일성록》25책, 238~241쪽.

ⓥ 1797년 6월 24일 정약용이 감인소로 간 것은《杜詩》의 교정을 위해서였
다고 생각된다. 당시 노론계의 심환지가 정약용의 정망停望 해제를 건의하
였고 노론의 중진 이만수 등이 정약용의 자명소를 칭찬하였다. 그러나 노
론 안에서 반대가 완전히 사라진 것은 아니었다. 우상右相 이병모는 정약
용의 자명소에 대하여 비판적이었고(1797년 6월 27일 및 6월 28일 부분 참조),
정약용에게 동정적이었던 심환지도 1797년 6월 23일 "물구勿拘 의망擬望"
지시에도 불구하고 6월 29일에는 1795년 2월의 정망을 핑계로 감히 의망
(곡산부사 자리)하지 못했다고 하였다(6월 29일 부분 참조). 그리하여 1797년 6
월 27일 승지에 임명되지만 또 바로 당일 허체許遞되었다(6월 27일 부분 참
조)고 여겨진다.

6월 25일: ①《杜詩》교정의 공로로 국왕에게 청심환 등을 상으로 받다. ②
심상규沈象奎, 오태증吳泰曾, 한만유韓晩裕, 성대중成大中, 서유구徐

有榘 등이 정약용의 상소문을 칭찬하다. ③ 박제가朴齊家를 방문
하여 《北學議》를 보다.

(가) "上召賤臣 至鑄字所 賞賜檳榔套署 付牛黃清心丸十五丸·濟衆丹十五錠
盖臣增修命校杜陸 有微勞也" _《함주일록》 1797년 6월 25일《《전서》 시문집)

(나) "沈(象奎)謂余曰 令公之疏 果然善作 吾於日省錄中 不刪一字而轉謄之矣
徐(有榘)曰 令公之疏甚善 故勿論皆譽之云" "吳(泰曾)曰 文章亦足動人"
"韓(晩裕)曰 疏使令人感歎" "成(大中)曰 雖非此疏 令公則免脫已久 況疏
出之後 勿論翕然矣" _《함주일록》, 1797년 6월 25일《《여유당전서보유》)

(다) "歷訪朴(齊家)觀北學議" _《함주일록》, 1797년 6월 25일《《여유당전서보유》)

ⓐ 초정 박제가를 방문하여 《北學議》를 보았다고 한 것은 박제가의 집을
방문하였다는 의미로 여겨진다. 조정으로 자기 개인의 저서를 갖고 온다
는 것은 생각하기 어렵기 때문이다.

6월 26일: 이조참의 어용겸魚用謙이 정약용의 이름을 송서送西하지 않아 군
직을 부여하지 않다.

(가) "昨日 政曹參議 魚(用謙) 不以余名送西 不府軍職" _《함주일록》, 1797년 6월
25일《《여유당전서보유》)

ⓐ 송서送西란 실직에서 물러난 정3품 이상에게 중추부의 군직을 부여하는
일을 말한다. 이것은 녹봉을 주기 위한 조치로 여겨진다.

6월 27일: ① 다시 동부승지에 전망前望으로 낙점落點되다. ② 동부승지 정
약용이 패초에 응하지 않자 다시 패초하게 하다. ③ 동부승지
정약용 재차 패초에 응하지 않자 허체許遞하다. ④ 국왕이 정약용
을 군직에 붙였는가 묻자 이면긍이 이조가 아직 병조에 보내지
않았다고 하다. ⑤ 우상右相이 정약용 상소에서 양묵楊墨과 소륙
蘇陸을 인용한 것이 옳지 않다고 한 것에 대하여 국왕은 정약용
상소가 구습을 벗어나려고 노력하여 좋다고 평가하다. 다만 잡박
함을 면하지 못하였다고 하다.

(가) "同副承旨前望落點" _《함주일록》 1797년 6월 27일《《여유당전서보유》)

(나) "承旨前望單子入之 申耆·丁若鏞落點" _《승기》 정조 21년 6월 27일

(다) "以同副承旨丁若鏞牌不進 罷職傳旨 傳于李翼晉日 只推 更爲牌招" _《승기》 정조 21년 6월 27일

(라) "以同副承旨丁若鏞牌不進 罷職傳旨 傳于李翼晉日 許遞" _《승기》 정조 21년 6월 27일

(마) "丁巳六月二十七日卯時 上御重熙堂…上日 丁若鏞疏語 右相以楊墨蘇陸 云云之失當 有所筵奏 而觀其全篇 必當自以爲積工淬濯 脫去舊習矣…上 日 丁若鏞昨今之政 尙不付軍職乎 勉兢日 吏曹尙不送西云矣 上日 此則 過矣 上日 上訴雖若善作 以其只從事於史漢之致 每不免雜駁之歸矣" _《승기》 정조 21년 6월 27일

ⓥ 정약용이 패초로 불러도 오지 않아 허체許遞된 것은 아직 노론 쪽에서 반대가 완전히 사라지지 않았기 때문으로 여겨진다.

6월 28일: ① (6월 27일) 서매수徐邁修가 정약용에게 군직 호군護軍을 부여하여 이 날 6월 28일 녹祿을 받는다. ② 국왕이 《史記》의 여러 주석을 얼마나 초록하였는가 묻자 이익진이 2권이며 정약용이 1권을 수출受出하여 자신이 막 고열考閱하고 있다고 하다. ③ 우상右相이 정약용이 양묵楊墨과 소륙蘇陸을 인용한 것이 잘못이라고 죄를 주자 청한 것은 잘못이라고 국왕이 말하다.

(가) "昨日政 吏曹參判徐(邁修)爲政 付余軍職 是日得受祿" _《함주일록》 1797년 6월 28일 (《여유당전서보유》)

(나) "兵批··護軍蔡弘遠·丁若鏞" _《승기》 정조 21년 6월 28일

(다) "丁巳六月二十八日卯時 上御重熙堂……史記諸註 幾何抄得 翼晉日 二卷 丁若鏞受出一卷 臣方考閱…上日 丁若鏞自謂自新之後 尙多攻斥之論 何也 孟子之闢楊墨 朱子之斥蘇陸則攻異端之極也 右相以爲引諭失當 至欲請罪 其不過乎" _《승기》 정조 21년 6월 28일

ⓥ (나)에 따르면 이날 1797년 6월 28일 호군護軍의 군직이 부여되었다. 당시 군직이 있어야 녹祿을 받을 수 있었다. (다)를 보아 6월 27일에 이어서 6월 28일에도 정조는 정약용 상소에 대하여 변호하였음을 알 수 있다.

1797년 6월 28일에는 우상右相이 죄를 내리자고 한 것은 지나친 일이라고
하였다.

6월 29일(말일): ① 심환지가 군복을 입지 않은 일로 처분을 받아 감히 (곡산
부사 자리) 의망하지 못하였다고 하다. ② 국왕이 구애받지 말고
의망하라고 하다.

(가) "聞 頃日筵中 奎章閣提學沈 (煥之)奏曰…玆後不宜許久枳塞以有年 前戎
服事處分 故展銓曹不敢擬望云 上曰然乎 遂下勿拘撿疑之敎" _《함주일록》
1797년 6월 29일(《여유당전서보유》)

✿ 1797년 6월은 29일 말일이다. 심환지는 개인적으로는 정약용에게 동정
적이지만 노론 벽파의 입장을 견지해야 하므로, 우상右相의 반대가 있는
상황에서 주춤거릴 수밖에 없었을 것이다. 다음 달 1797년 윤6월 2일 곡산
부사에 임명하기 위해 국왕이 심환지에게 이날 29일 정약용을 구애 받지
말고 의망하라고 한 것으로 볼 수 있다. 1797년 6월 23일에 이미 정망이 해
제되었는데(6월 23일 부분 참조), 이날 심환지가 다시 군복사로 말미암은 정
망 문제를 거론하는 것은 다소 이상하다. 한번 정망이 되면 뒤에 의망할
때마다 매번 정망에 구애받지 않는다는 허가를 받아야 하는 것이 당시 법
이었다고 생각되지는 않는다. 심환지가 이렇게 한 것은 노론 벽파에 속한
그의 입장으로서는 정약용에게 다시 죄를 주자고 하는 우상右相 이병모의
눈치를 보지 않을 수 없었기 때문이었을 것이다.

윤6월 1일: 《史記英選》 주석 작업을 시작하다.

(가) "閏六月 初一日 注史記英選" _《함주일록》 1797년 윤6월 1일(《여유당전서보유》)

✿ 이것은 《史記英選》에 주석을 다는 작업이 시작되었음을 말하는 것이라고
여겨진다. 앞서 1797년 6월 28일 정조가 《史記》에 대한 주석을 초출하는 작
업이 얼마나 진행되었는가를 묻자 이익진이 2권이라고 답한 바 있다. 기존
주석들의 초출 작업이 완료되어 주석을 다는 작업이 이날부터 시작되었다
고 보는 것이 자연스럽다고 생각된다. 먼저 《史記英選》 인쇄 작업이 이루어
지고(1796년 12월 말) 이어서 《史記》에 대한 주석들을 초출하고(1797년 6월 무

렵), 이에 이어서 이들 작업에 이어지는 《史記纂注》 작업을 하라는 명령을 아마도 공식적으로 1797년 윤6월 1일 받았을 것이다. 공식적으로 《함주일록》에 이 일을 6월 1일에 기록한 것은 윤6월 1일 공식적으로 명령을 받았기 때문일 것이다. 이 작업은 곡산부사로 부임한 이후에도 계속하여 1798년 4월 작업을 완료하고 〈史記纂注序〉를 올린다. 《史記英選》은 간행이 이루어졌으나 현재 규장각에서 《史記纂注》는 찾아지지 않는다. 간행되지 않고 필사본 상태로 있었던 것으로 여겨진다.

윤6월 2일: 곡산부사谷山府使에 낙점되다.

(가) "谷山府使李(祉永)殿最云…特敎點中遞改其代李(相璜) · 李(普天) · 李(尙度)檢擬 首望落點 俄而特命 改付標 以賤臣首擬落點 蓋特恩也" _《함주일록》 1797년 윤6월 2일《여유당전서보유》)

(나) "潤六月 (初二日) 谷山都護府使除數(時命各別擇差 銓曹始擬李相璜等 而添書落點 前官李祉永)" _《다산연보》 14쪽

(다) "潤六月(初二日) 除谷山府使" _《사암연보》 84쪽

(라) "有政吏批…丁若鏞爲谷山府使" _《승기》 정조 21년 윤2월 2일

윤6월 3일: ① 새벽(묘시卯時, 6~8시)) 성정각誠正閣에 입시하여 국왕에게 사은謝恩하다. ② 두루 조정을 돌며 작별을 고하다.

(가) "曉入闕謝恩…" _《함주일록》 1797년 윤6월 2일《여유당전서보유》)

(나) "歷辭朝廷…" _《함주일록》 1797년 윤6월 2일《여유당전서보유》)

(다) "今閏六月初三日卯時 上御誠正閣…上曰 守令入侍 處嚴承命出 與谷山府使丁若鏞…偕入進伏訖 若鏞等進前 各奏職姓名 上敎若鏞曰 今番疏 可謂善補過矣" _《승기》 정조 21년 윤6월 3일

◐ 1797년 윤6월 2일 곡산부사에 낙점되자 이번에는 곧바로 다음 날 윤6월 3일 새벽에 성정각에 입시하여 사은하였다. 아마도 정약용 역시 일단 당분간 외직에 나가 있어야 할 필요를 느꼈기 때문일 것이다.

윤6월 4일: 병조판서 이조원李祖源을 뵙다.

(가) "見兵曹判書李(祖源) 李欣然迎曰 令公何相過之晚也" _《함주일록》 1797년 윤

6월 4일《여유당전서보유》

윤6월 5일: 우의정 이병모와 심환지를 찾아가다.

(가) "見右議政李(秉模)…" _《함주일록》 1797년 윤6월 5일《여유당전서보유》

(나) 沈煥之… _《함주일록》 윤6월 5일《여유당전서보유》

🔲 심환지의 경우 삼청동 그의 집으로까지 찾아가 인사를 드렸다. 아마도 곡산부사 임명에 심환지의 도움이 있었던 것으로 생각된다. 노론 강경파 안에서 반대가 있었지만, 심환지가 이들을 설득하여 곡산부사 임명이 성사된 것으로 여겨진다. 심환지는 정약용에게 개인적으로 호감과 동정심을 갖고 있는 외에 정조의 강력한 의지를 따라간 것으로 볼 수 있다. 1797년 6월~윤6월 당시 심환지로서는 정조가 그렇게 빨리 1800년 6월에 서거하리라는 것을 예상할 수 없었을 것이다. 1797년 당시 시점에서 심환지는 장래에 어쩔 수 없이 조정에서 남인과 공생할 수밖에 없었을 것이라고 예상하였을 것이고, 그럴 경우 정약용을 장래 남인 측의 하위 파트너로 염두에 둔 것이 아닌가 생각된다. 1790년대 채제공은 노론 영수인 김종수金鍾秀[178]와 공존하며 대립하였으며 김종수의 위치를 이어받은 것이 1795년 우상右相에 임명된 윤시동尹蓍東(해평윤씨; 1797년 졸)이다. 윤시동 뒤에 우상이 된 사람이 1797년 여름 당시 우상이었던 이병모李秉模[179]이다. 심환지沈煥之[180]는 이병모 다음 차례로 자신이 노론을 대표하여 정승이 될 것으로 생각하였을 것이다.

윤시동·김종수·심환지 세 사람은 개인적으로 매우 가까운 사이이며 노론 벽파이므로, 기본적으로는 신임 의리 문제와 임오화변 문제에 확고한 입장을 지니고 있으면서도 다소 융통성을 갖고 있었다고 생각된다. 이 때문에 이들이 1790년대 정국에서 노론의 대표로서 정승의 위치에 있을

178) 청풍김씨. 1792년 영남만인소 수습. 1794년 채제공과 사도세자 문제로 대립하였으며, 1799년에 사망했다.

179) 덕수이씨. 이미 1794년 우의정이 되었으며 좌의정으로 승진되었다가 1797년 여름 당시는 다시 우의정이었던 것으로 보이며, 1799년 채제공의 사후 영의정을 지냈다.

180) 청송심씨. 김종수·윤시동과 같은 정치적 입장, 1798년 심환지 우의정 임명[이병모에 이은 것], 1800년 6월 정조 서거 후 영의정이 되었고, 1802년에 사망했다.

수 있었다고 생각된다. 그러나 심환지는 1800년 6월 정조의 서거 이후 영의정이 되어서는 좀 더 노론 벽파 본래의 아주 강경한 입장 쪽으로 기울었다. 이병모는 같은 노론 벽파이면서도 윤시동·김종수·심환지 등과는 다소 거리가 있어서 좀 더 노론 벽파 본래 입장을 견지하려 하면서 남인에 대하여 좀 더 강경한 입장이었던 것 같다. 1802년 심환지가 죽자 이병모는 1803년 다시 영의정에 임명되었으며 1806년 고령으로 졸하였다. 이리하여 그는 1806년 노론 벽파에서 시파로 정권이 넘어가는 계기가 된 김달순金達淳[181] 옥사에는 연루되지 않은 것으로 생각된다. 정조 대에는 김조순金祖淳과 같은 온건한 노론 시파는 정권의 실세로는 등장하지 못하였다. 이에 정조는 김조순의 딸을 순조의 비로 미리 정해 놓았고 멀지 않은 장래에 순조에게 양위한 뒤 자신은 상왕上王으로서 정국을 점차 노론 시파(및 심환지 등 일부 벽파)와 남인이 공존하는 방향으로 정국을 이끌어가려고 생각하였던 듯하다. 아마도 남인 측의 파트너로는 이가환, 정약용 등을 염두에 두었을 것이다. 그러나 1800년 6월 정조의 갑작스런 서거로 이런 구상은 실현되지 못하였다. 하지만 결국 정조의 뜻대로, 그의 사후 김조순의 딸이 순조의 비가 되었고 1806년 정권은 노론 시파에게로 넘어갔다. 여기에는 순조의 생모 수빈 박씨의 친정인 반남박씨 쪽의 도움이 있었던 것으로 생각된다. 정권이 1806년 안동김씨(노론 시파) 쪽으로 넘어갔지만 노론 시파와 남인이 공존하는 정국은 조성되지 못하고 오히려 권력이 안동김씨 한쪽에 집중되는, 더 열악한 정치 형태인 세도정권이 이루어지게 되었다. 이 것은 1801년의 신유교안으로 남인 안의 개혁 지향적 핵심 세력이 거의 제거되었고, 1806년 김달순 옥사에서 노론 벽파 역시 상당히 타격을 받았기 때문이다. 이리하여 안동김씨 세도정권 아래에서는 노론 벽파와 시파의 구분이 점차 무의미하게 되어 갔다. 정약용은 1806년 정치 지형도 변화에 상당한 기대를 갖고 있었으나, 그의 해배는 1818년에 가서야 이루어졌다 (이렇게 된 이유에 대하여는 1806년 및 1818년 부분에서 후술).

한편 채제공이 1799년 1월 타계한 뒤 그해 가을 이가환에 대한 노론측

---

181) 안동김씨이면서도 벽파 경주김씨의 입장에 섰다가 1806년 사사되었다.

과 남인 공서파의 공세가 심하였다. 이것은 채제공 사후 정국에서 이가환이 남인의 영수로 부상하는 것을 막기 위한 노론측의 선제 공격이었다고 생각된다. 물론 이때 정약전도 함께 공격함으로써 정약용도 타겟이 되었다. 이리하여 정약용은 형조참의에서 물러나게 되었다. 하지만 1799년 가을 이후 남인 안의 중도적인 세력(권엄, 윤필병 등)은 차후 정국에서 정약용을 남인의 대표 주자로 하고, 그 앞에는 다소 연장인 이기양李基讓을 내세우는 구상을 갖게 되었던 것으로 여겨진다(1800년 4~5월 부분 참조). 이기환은 너무 집중적으로 노론측의 공격의 대상이 되므로 남인 중도파에서는 그를 배제하고 정약용을 선택했던 것으로 여겨진다. 위에서 언급한 바와 같이, 1799년 가을 이가환에 대한 노론측과 남인 공서파의 공세가 치열하였다. 남인 중도의 원로들이 정약용을 차기 남인의 대표로 생각하게 된 데에는 국왕이 정약용을 크게 신뢰한다는 사실, 정약용이 아주 급진적인 강경파를 제외하면 노론 측과도 상대적으로 관계가 좋다는 점도 고려되었을 것이다. 1797년 당시 우의정 이병모는 정약용에게 비판적이었지만, 곡산부사로 임명되는 데에는 그다지 반대하지 않은 것으로 보이고, 여기에는 심환지의 도움이 있었을 가능성이 있다. 이리하여 정약용이 우의정 이병모에게 인사를 갔을 때 비교적 우호적인 분위기에서 대화가 이루어졌다.

1799년 당시 기호남인 내부의 정치 지형도를 보면 이른바 신서파 그룹[182]과 소수의 남인 공서파 그룹(목만중, 이기경, 홍낙안, 박장설 등), 중도적 그룹(남인 원로 권엄·윤필병 등과 안정복 직계[183])으로 나눌 수 있다. 신유교안 이후 개혁 지향적인 기호남인 신서파 그룹은 완전히 제거되고 소수의 남인 공서파 그룹과 중도적 그룹은 살아남았지만, 이후 이들은 하나의 정

---

182) 이들은 대체로 1795년 봄~여름 사이 주문모 사건을 계기로 천주교 교단과는 완전히 손을 끊었고, 단지 정약종 등 종교지향적 인물 및 황사영 같은 일부 사람들만 중인과 민중 측으로 이동하게 된다.

183) 안정복은 천주교에 비판적이었지만 1791년 신해교안 직전 타계하였다. 비록 그의 천주교 비판 저술이 나중에 남인 공서파에 의해 이용되고 1801년 그는 예전에 천주교를 비판한 공으로 상을 받게 되지만, 안정복 그룹은 신유교안에서 남인 신서파들을 공격하는 데 나서지는 않은 것으로 보인다. 이것은 안정복의 원래 입장이 남인이 천주교 때문에 정치적으로 탄압받는 것을 우려한 것이지 남인 신서파를 적으로 한 것은 아니기 때문으로 여겨진다.

치세력으로서 의미를 갖지는 못하였고 각자도생하는 처지에 있었다고 생각된다.

이러한 기호남인의 정치지형도 형성은 멀리는 경신·갑술환국 이후 남인의 분기(문내파, 문외파, 과성파; 남하정, 《동소만록》), 그리고 다음 영조 대에서 청남淸南 측의 이른바 "탁남濁南"(허적 계열)의 배제 등과도 관련지어 이해할 수도 있다. 그러나 더 직접적으로 1785년의 을사추조 적발사건 이후 분기되기 시작하였고, 1791년 신해교안으로 굳어진 것으로 볼 수 있겠다. 즉 정조 대의 분기는 직접적으로는 천주교 문제와 관련된다고 볼 수 있으나, 여기에는 정조 대에 채제공 중심의 기호남인계가 정계에 진출하는 과정에서 소외된 일부 기호남인계의 반감도 작용된 듯하다. 1776년 3월 영조의 서거 이후 채제공이 국장도감제조가 되고 이어서 판의금부사가 되는 가운데 정조 초 일부 남인이 재기용되었으나, 1780년 홍국영의 실각과 더불어 채제공도 정계에서 축출되어 8년 동안이나 서울 근교 명덕산에서 은거하였다. 이 기간 동안 기호남인 안에서 다시 정치적 분립이 생겨나고 이것이 1785년 을사추조적발사건을 계기로 천주교 문제와 얽히게 된 것으로 보인다. 그러나 1788년 채제공이 국왕의 친필로 우의정에 특채되자 1789년부터 기호남인 신서파 그룹이 다소 득세하게 되었다. 정약용도 1789년 봄 대과에 급제하였다. 이런 가운데 1791년 신해교안이 터지자 기호남인 안의 소외 그룹이 노론과 결탁하여 기호남인 신서파에 대한 공세를 강화하며 그 타겟이 이가환 이승훈, 정약전, 정약용 등이었다. 그러나 신해교안 이래 채제공은 일관되게 신서파를 옹호하였다. 더욱이 1790~1792년 3년 동안은 좌의정 채제공의 독상獨相 체제였고, 채제공은 화성 유수로 잠시 나갔다 온 뒤 1793년 영의정에 임명되었다. 이때 사도세자 신원 문제를 본격적으로 거론하여 노론 벽파의 영수 김종수와 대립해 두 사람 모두 체직되지만, 채제공은 곧 정승의 자리로 복귀하게 되고 1795년 봄~여름 사이의 주문모 사건 때에도 기호남인 신서파의 입장에서 사건을 처리하였다. 이런 과정에서 정약용은 채제공의 도움을 많이 받았지만 때로는 약간의 불만도 있었던 것 같다.

정약용의 가문을 보면 채제공의 청남계와 가까우면서도 탁남濁南으로 매도된 이들, 예를 들면 허적 같은 인물들의 후예들과 가까웠다. 멀리 올라가서는 정약용의 방조傍祖가 되는 우담 정시한은 숙종 대에 남인들 사이에서 미묘한 처지에 있었다. 숙종 대 후반 이래 남인의 정치적 분기를 잘 알고 있었을 정약용은 '탁남계'의 후예들과도 가까이 하였으며 우담 정시한을 상당히 존경하였다. 그는 기호남인의 대동단결을 기하면서 한편으로 영남 남인과 결합하고 다른 한편 노론과 일정 부분 타협하려는 입장을 1790년대 후반에는 갖게 된 것으로 보인다. 이 점에서 그는 노론과 정면 대결을 하려는 이가환에 대하여 다소 비판적이었다(〈정헌묘지명〉에서 정약용은 이가환이 정치적 감각이 결여되었다고 하였음).

윤6월 6일: ① 입궐하여 홍박효洪博效를 방문하고 (집으로) 돌아오다. ② 응교 한용탁韓用鐸이 와서 작별 인사를 하다. ③ 떠나기 바로 앞서 이시수李時秀에게 《麻科會通》 저술과 관련된 편지를 보내다(추정).

(가) "詣闕歷訪洪(博效)而還" _《함주일록》 1797년 윤6월 6일(《여유당전서보유》)

(나) "韓應敎(用鐸)來別" _《함주일록》 1797년 윤6월 6일(《여유당전서보유》)

(다) 〈與李判書(時秀)〉 _《전서》 시문집, 1797년 윤6월 2일 이후~윤6월 7일 사이

(라) 〈與李稚明〉(翼晉 丁巳) _《전서》 시문집, 1797년 6월 또는 윤6월 초 추정

Ⓦ 1797년 윤6월 7일 곡산으로 떠나기 바로 전 정약용은 이시수李時秀에게 편지 (다)를 보내 아직 《麻科會通》을 탈고하지 못하였고, 이와 관련된 자료를 새로 몇 종 얻었으며 곡산에 도착한 뒤에 작업을 할 것이라고 하였다.[184] 이시수에게 편지를 보낸 것은 반드시 1797년 윤6월 6일이라고 특정할 수 없고, 곡산부사에 낙점된 1797년 윤6월 2일 이후~윤6월 7일 곡산으로 출발하기(추정) 이전으로 추정된다. 한편 1797년의 편지로 (라)가 있는데 원주에 "翼晉 丁巳"라고 되어 있다. 이익진에게 보낸 편지임을 알 수 있다. 단지 "丁巳"라고만 하였지 "在谷山"이라는 언급이 없으므로 곡산으로 가기 전 한양에 있을 때 보낸 편지로 여겨진다.[185]

---

184) 조성을, 2004, 315쪽.
185) 조성을, 위의 책, 321쪽.

윤6월 7일: ① 곡산谷山으로 출발하다. ② 남속南涑(수안군수 임명자)과 함께 임
진강 성벽의 누대에 도착하다. ③ 송도(개성)에서 숙박하다(추정).

(가) 〈將赴(추정)谷山辭殿日 愴然有作〉 _《전서》 시문집, 1797년 윤6월 7일 추정

(나) 〈臨津城樓避暑示南涑遂安〉 _《전서》 시문집, 1797년 윤6월 7일 추정

(다) 〈松京懷古五首〉 _《전서》 시문집, 1797년 윤6월 7일 추정

　Ⓦ 1797년 윤6월 6일 밤(추정)은 집에서 숙박하고 윤6월 7일 집을 출발한 것
으로 여겨진다. 일단 대궐에서 집으로 돌아왔고 한용택이 집(정약용)에 와
서 작별하는 일을 하였기 때문이다. 그리고 늦게 출발하였다면 출발 당일
임진강을 건너고 송도(개성)에 도착하기는 어려웠을 것이다. (나) 시에 따르
면 수안 군수로 부임하는 남속과 함께 길을 출발하였다. 1797년 윤6월 7일
밤은 개성에서 숙박한 것으로 보인다.

윤6월 8일(추정): ① 청석곡을 지나다. ② 해주에서 숙박하다.

(가) 〈靑石谷行〉 _《전서》 시문집, 1797년 윤6월 8일 추정

(나) 〈海州芙蓉堂同鄭(述仁)判官飮〉 _《전서》 시문집, 1797년 윤6월 8일 추정

　Ⓦ 1797년 윤6월 8일 해주 부용당에서 만난 정술인鄭述仁은 하곡 정제두鄭濟
斗의 증손자이며 정후일鄭厚一의 손자이고 자는 조희祖希이다. 그리고 정술
인의 아들이 정문승鄭文升으로 정제두의 학문을 계승하였다. 이때 강화학파
의 학문적 분위기를 이해하였을 수 있다.[186] 1818년 정약용의 해배 이후 강
화학파 신작申綽과의 교유를 통해 정약용의 학문은 강화학파에 전해지게
되었다. 이리하여 나중에 난곡 이건방이 1912년 《經世遺表》를 간행하였고
그의 제자 정인보鄭寅普는 1930년대 《여유당전서》 편찬에 참여하였다.

윤6월 11일(추정): ① 임지 곡산 경계에 들어서자 이계심李啓心이 자수하다.
　　　　② 곡산 관아에 도착하여 당일 이계심을 방면하다.

(가) "旣赴任 解李啓心之縛⋯ 啓心者谷山之民 前官時小吏作奸 砲保布四十
　　尺代收錢九百(本當收二百) 民怨嗷嗷 於是啓心作頭 聚千餘人入官呼訴
　　語多不恭 官欲刑之 千餘人一時露膝擁蔽 啓心 請代受拷掠 終不得加刑於

---

186) 심경호, 2007, 367쪽.

啓心 奸奴各持怕杖亂打呈民 民皆散出 啓心脫身逃匿 官報監司 令五營譏
捕 終不得 京城訛云 谷山之民 以草轝舁官 黜之客舍前方 公之歷辭也 大
臣金履素諸公 皆勸殺作頭者數人 蔡翁尤以爲 紀綱不可不嚴 及入其境內
有一民持訴牒遮道 問之 乃李啓心也 受其牒而見之 民瘼十二條也…爲萬
民伸其寃 千金可得 汝則難得 今日白放汝 遂置不問 於是民寃得伸 興情
洽然 《사암연보》 85~86쪽

⑩ 해주에서 곡산까지는 다소 멀다고 여겨진다. 따라서 1797년 윤6월 9일
해주를 출발하였다면 두 번 정도 중간 지점에서 숙박하고 윤6월 11일 무렵
임지인 곡산에 도착하였을 것으로 추정된다. 곡산으로 가는 행로는 한양
궁궐(창덕궁)-임진-송경(개성)-청석곡-해주-곡산으로 정리된다.

정약용에게는 곡산 시절의 일을 기록한 저서로《象山錄》이 있었으나(상
산象山은 곡산谷山의 다른 이름) 현재 존재 여부가 확인되지 않고 있다. 이것
은 아마도 《금정일록》처럼 일종의 일기 형식이었을 가능성이 있다. 곡산
부사 재직 때 일들과 관련된《사암연보》의 기록 가운데에는 곡산 시절의
일들을 비교적 상세히 전하는 내용들이 있다. 이것들 가운데 적어도 일부
는 아마도《象山錄》으로부터 인용하였을 가능성이 있다. (가)의 경우도 그
러하며 이것은 부임 당일(1797년 윤6월 11일)의 일을 기록한 것이다. 수배 중
이던 이계심이 정약용이 부임하려고 곡산 경내에 들어갔을 때 자수하자,
관아로 데려가 그가 민을 위한 사람이라 하고 풀어준 사정을 말한 것이다.
"京城訛云" 이하의 구절로 보아서 정약용은 부임 전 서울에서 이미 이에 대
한 정보를 갖고 있었으며 채제공도 기강을 세워야 한다고 권고하였음을
알 수 있다.

윤6월 15일 무렵: ①곡산에 도착한 며칠 뒤(추정) 금천金川까지 가서 가족을 맞
다. ② 곡산 관아에 당도하다(윤6월 16일 무렵 추정).

(가)〈至金川 領妻子 還府途中有作〉 《전서》 시문집, 1797년 윤6월 15일 추정

⑩ 가족들은 준비 관계로 정약용 자신보다 출발이 며칠 늦어졌을 것이라
고 생각하여 1797년 윤6월 15일 무렵으로 도착 시기를 추정하였다. 거리로
보아 금천에서 곡산으로 가는 도중 하루 정도 숙박하였을 것으로 추정된

다. 정약용이 가족을 맞이하기 위해 곡산을 출발한 것은 1797년 윤6월 14일 무렵으로 추정된다.

윤6월 16일 무렵~말: ① 업무 파악을 계속하다. ② 첫째로 고고雇庫의 가하加下를 조사하는 것으로 업무를 시작하다.

(가) "旣赴任 解李啓心之縛 查雇庫之加下" _《사암연보》84쪽

Ⓥ 도임한 첫날(1797년 윤6월 11일 추정) 이계심을 풀어준 일을 제외하고 처음으로 한 일은 (가)에서 보듯이 고고雇庫의 가하加下를 조사한 일이다. 이후 대체로 윤6월 말까지는 곡산의 실정과 업무를 파악하고 자신이 할 수 있는 개혁을 구상하였을 것으로 추정된다.

윤6월 21일: 승정원에서 정약용의 곡산 부임과 수안 군수 남속南涑의 부임 및 정약용의 (황해) 우영장右營將 부임(곡산부사와 겸임)을 아뢰는 황해병사黃海兵使 이유경李儒敬의 장계狀啓가 국왕에게 보고되다.

(가) "丁巳閏六月二十一日卯時…上御誠正閣…義榮讀奏黃海兵使李儒敬狀啓 遂安君守南涑 谷山府使丁若鏞赴任事…肇源讀奏黃海兵使李儒敬狀啓 谷山府使丁若鏞 右營長差事" _《승기》정조 21년 윤6월 21일

Ⓥ 황해 병사를 경유하여 1797년 윤6월 21일 승정원에 장계가 올라왔다. 대략 5일이면 가능할 것 같은데 1797년 윤6월 21일에 도착 보고가 올라온 것은 다소 늦은 느낌이 있다. 아마도 수안 군수 도착 등 다른 지역의 장계들을 취합하여 보고하느라 다소 지연된 것으로 여겨진다.

윤6월 29일: 승정원을 통해 《春秋左傳》교정의 일에서 정약용 등 외직에 있는 사람은 제외하고 참여하게 하다.

(가) "傳于李肇源曰 左傳校正之役…參校文臣尹光顔 · 李翼晉 · 李相璜 · 丁若鏞 外任外 亦分一仕進 校印出後 下送兩南 翻刻事 分付" _《승기》정조 21년 윤6월 29일

Ⓥ 《春秋左傳》교정 참가자 가운데 외직에 나간 사람은 제외하라는 국왕의 지시가 내린 것이다. 즉 정약용은《左傳》교정 작업을 면제 받은 것이라고

하겠다. 이 교정 작업은 어림잡아 1797년 4월 초순 무렵 완료되었다(4월 초순 부분 참조). 윤6월 29일 《春秋左傳》의 교정 지시는 조판을 하여 초벌 인쇄를 한 다음 다시 교정보는 것을 말하는 것으로 여겨진다. (가)에 따르면 최종본을 인출한 다음 다시 영남과 호남에 보내어 목판으로 인쇄하도록 계획하였던 것으로 여겨진다.

7월~8월 말: ① 봉밀蜂蜜의 남부濫賦를 바로잡다(7월 추정). ② 검지법檢地法을 행하여 살인범을 체포하다(8월 무렵). ③ 겸제원兼濟院을 설립하다(8월 무렵). ④ 정당政堂을 건립 착수하다(8월 말 무렵 또는 9월 초).

(가) "旣赴任 解李啓心之縛 査雇庫之加下 査雇庫之加下 正蜂蜜之濫賦 行檢之法 掩捕殺人之賊 立兼濟院 以便謫人之居 建政堂 立八規" _《사암연보》 84쪽

(나) "丁巳夏 余守谷山 秋以推官赴遂安郡"〈潮汐泉〉_《혼돈록》 제4권 1798년 가을 이후(《여유당전서보유》)

(다)〈高達窟記〉_《전서》시문집, 1798년 봄

(라)〈谷山政堂新建記〉_《전서》시문집, 1798년 2월

🖉 1797년 윤6월 11일 무렵부터 적어도 기본 업무 파악에 며칠 동안 시간이 소요되었고 금천까지 가서 가족을 맞이하여 오는 일도 하였으므로, 도착한 당일(윤6월 11일 무렵) 이계심을 풀어준 것을 제외하고 실제로 업무를 시작한 것은 대략 1797년 윤6월 16일 무렵 이후였고, 6월 말까지는 업무 파악에 시간을 보낸 것으로 추정하였다(윤6월 16일 무렵 이후~윤6월 말 부분 참조). 위에서 언급한 일들은 대체로 1797년 7월과 9월 초 사이에 한 것으로 추정된다. 1797년 9월 9일 문성보로 유람을 떠나고 9월 10일 이후 해주 성시省試의 고관으로 가기 때문이다. 즉 9월 초까지 대체로 당면한 일을 해결한 이후 다소 여유가 생겼다고 볼 수 있다. 유배 온 사람들의 곤궁을 구제하기 위하여 〈兼濟院節目〉을 만들고 〈題兼濟院節目〉을 썼다. 필자는 겸제원 수립을 1797년 윤6월 중순~하순 무렵으로 추정하였으나,[187] 일의 순서로 보아 대체로 1797년 8월쯤 하지 않았을까 생각된다. 정당 건립은 대략

---

187) 조성을, 2004, 291쪽.

8월쯤(또는 9월 초)에 착수하였으나, 준공은 (라)에 따르면 다음 해 1798년 2월 무렵에 이루어졌다.[188] 한편 (나)에는 "丁巳夏 余守谷山 秋以推官赴遂安郡"이라는 언급이 있으므로,[189] 도둑을 잡으러 간 것은 1797년 가을이었음을 알 수 있다. (다)의 "余至府之數月 因有强盜之殺越人 嘗過此窟 而忽忽有餘戀 越明年春 遂與二兒二客 再訪至窟 月夜吹簫 令山鬼皆驚 歸而記之如此"라는 구절로 보아 고달굴에 처음 간 것은 1797년 8월로 볼 수 있다. 겸제원을 수립한 것은 정당 착공에 조금 앞선 어림잡아 1797년 8월 무렵이라고 생각된다. 이렇게 추정이 가능하다면 1797년 7월에도 무슨 일을 하였을 것이므로 봉밀의 남부를 바로잡은 일은 7월에 한 것으로 추정할 수 있겠다. 1797년 7월과 8월에 시가 없는 것은 업무에 전념하였기 때문일 것이다.

9월 초: 팔규八規를 세우다.

(가) "旣赴任 解李啓心之縛 查雇庫之加下 正蜂蜜之濫賦 行檢之法 掩捕殺人
　　　之賊 立兼濟院 以便謫人之居 建政堂 立八規" _《사암연보》 84쪽

　☁ (가)를 보면 팔규를 세운 것은 부임하여 처음 한 일들 가운데 가장 마지막 것이므로 1797년 9월 초로 추정된다. 9월 초에 팔규를 만들고 9월 9일 문성강으로 출발한 것으로 볼 수 있겠다. 9일 이후는 팔규 작성 시기가 될 수 없다.

9월 9일: ① 문성보文城堡에서 노닐다. ② 문성강文城江에서 배를 타고 오연
　　　　산烏淵山에 오르다.

(가) 〈九日 游文城堡〉 _《전서》 시문집, 1797년 9월 9일

(나) 〈與五沙〉(제2서) _《전서》 시문집, 1797년 9월 9일 이후

(다) 〈烏淵汎舟五首〉 _《전서》 시문집, 1797년 9월 9일

(라) 〈與沈判書〉 _《전서》 시문집, 1797년 9월 9일 이후 추정

(마) 〈答李判書〉(祖源 丁巳秋 在谷山) _《전서》 시문집, 1797년 9월 9일 이후 추정

　☁ (나)에 "9월 9일 문성강에서 배를 타고 오연산 정상에 올랐다"라는 언급

188) 조성을, 위의 책, 124쪽.
189) 조성을, 위의 책, 344쪽.

이 있으며 오사五沙는 이정운李鼎運의 호이다. 따라서 (가)의 시는 1797년 9월 9일 작이고 (나)는 1797년 9월 9일 이후 쓴 것이다. 제목 아래 "李公時爲咸慶道觀察使"라는 언급이 있으므로, 당시 이정운이 당시 함경도 관찰사였음을 알 수 있다.[190)

(가)에 바로 이어 (다)가 있다. 같은 날인 1797년 9월 9일 문성보에서 배를 타고 오연산에 올라가는 과정에서 (다)를 지었을 가능성이 크다. (나)에 (1797년) 9월 9일 오연烏淵에 갔다는 기록이 있다.

한편 (라)에도 "拜別時 承認谷山山水 曾經賞覽 數月來 朱墨有暇 輒消搖溪嶂間"이라는 구절이 있다. 1797년 9월 9일 문성보, 오연 등을 유람한 이후 보낸 편지로 여겨진다.[191) 곡산으로 떠나기 직전 1797년 윤6월 5일 정약용은 인사를 드리기 위해 심환지의 삼청동 자택을 방문한 적이 있다(윤6월 5일 조 참조). (마)의 경우 "祖源 丁巳秋 在谷山"이라고 원주가 붙어 있으므로 이 편지 역시 1797년 가을 곡산에서 쓴 것임을 알 수 있다. 이조원李祖源으로부터 편지가 왔고 이에 대한 답서를 쓰면서 동시에 심환지에게 편지를 올렸을 수 있다.

9월 10일 이후(중순): ① 문성진文城鎭(문성보)의 아병牙兵 문제로 장계를 올리다. ② 여러 가포價布를 전錢으로 할 것을 건의하다. ③ 호랑이 사냥에 장교와 포수를 동원하는 일에 대하여 건의하다.

(가) 〈論文城鎭牙兵事狀〉 _《전서》 시문집, 1797년 9월 10일 이후 추정

(나) 〈論各樣價布以錢上納事狀〉 _《전서》 시문집, 1797년 9월 10일 이후 추정

(다) 〈捉虎將吏砲手等不得捉上狀〉 _《전서》 시문집, 1797년 9월 10일 이후 추정

🔎 (가), (나), (다)의 시기 추정은 1798년의 저작과 활동 부분 참조.

9월 10일 이후(중순): 홀곡으로 가는 길(해주 행)에서 수안 군수에게 시를 써 주다.

(가) 〈忽谷行呈遂安〉 _《전서》 시문집, 1797년 9월 10일 이후 추정

---

190) 조성을, 2004, 308쪽.
191) 조성을, 위의 책, 317쪽.

✿ 당시 수안 군수는 1797년 윤6월 초순 정약용과 함께 부임 길에 오른 남속이었을 것이고 이 둘은 함께 성시省試 고관을 위해 해주海州로 가는 길이었을 것이다.

9월 15일 무렵: ① 수안 군수와 함께 해주에 도착한 이후 당분간 성시 고관을 하다. ② 해주에서 서흥瑞興 도호 임성운林性運을 만나다(9월 15일 무렵 이후).

(가) 〈戲贈瑞興都護林君〉(時與遂安 同至海州 考省試會) _《전서》 시문집, 1797년 9월 15일 무렵 이후 추정

✿ 1797년 9월 11, 12일 무렵 곡산을 떠난 것으로 추정하였다. 따라서 해주에 도착한 것은 일정을 고려하면 9월 15일 무렵으로 추정된다. 한편 당시 서흥 도호는 임성운이었고 그 역시 성시 고관 업무를 위해 해주에 왔던 것으로 추정된다. 따라서 해주에서 만난 것은 1797년 9월 15일 무렵 이후라고 볼 수 있겠다.

9월 20일 이전(추정): ① 문성文城 첨사僉使로부터 공문이 오다. ② 문성진의 아병牙兵 문제로 장계를 올리다.

(가) 〈論文城鎭牙兵聚點退定事狀〉 _《전서》 시문집, 1797년 9월 20일 이전 추정

✿ (가)는 해주(1797년 9월 15일 무렵 추정)에 도착한 이후 해주에 머무르면서 쓴 것이다. 하한은 어림잡아 1797년 9월 20일로 추정된다(1798년의 저작과 활동 부분 참조).

9월 24일(전후): ① 재령군에 연군鉛軍을 파견하라는 공문을 받고 보내기 어렵다는 답을 보내다. ② 대신 자신의 봉름俸廩으로 돈을 보내다.

(가) 〈載寧郡疏堰時鉛軍不得起送事狀〉 _《전서》 시문집, 1797년 9월 24일 전후 추정

✿ (가)의 저작 시기에 대하여는 1798년의 저작과 활동 부분 참조.

9월 27일: 문성 첨사가 군액 점검을 행하다.

(가) 〈論文城鎭牙兵聚點退定事狀〉 _《전서》 시문집, 1797년 9월 20일 이전 추정

9월(28일 이후): 해주에서 성시 고관을 하고 돌아온 뒤에 차례로 용연龍淵, 치마곡馳馬谷, 오음동烏吟洞에 가다.

(가) 〈龍淵〉 _《전서》 시문집, 9월 28일 이후 추정

(나) 〈馳馬谷〉 _《전서》 시문집, 9월 28일 이후 추정

(다) 〈烏吟洞〉 _《전서》 시문집, 9월 28일 이후 추정

φ 〈戲贈瑞興都護林君〉(1797년 9월 10일 이후 추정)의 시에 바로 뒤이어 (가), (나), (다)의 시가 있다. 이들 시는 배치 순서로 보아 모두 1797년의 시이다. 용연은 곡산부에서 매우 가까운 거리에 있으므로 해주에서 성시 고관을 하고 곡산에 돌아온 뒤의 시로 추정할 수 있다. 이어서 정약용이 치마곡, 오음동 두 곳에 갔음도 알 수 있다. 거리로 보아 이 두 곳에 갔을 때에는 적어도 일박을 하였을 것이다. 1797년 9월에 위의 세 시를 지은 것은 곡산에 돌아온 이후이며 9월 27일 군액 점검이 있었으므로, 놀러간 것은 1797년 9월 하순 중에서도 9월 28일 이후가 되어야 할 것이다. 일박을 하였다면 1797년 9월 28일 무렵 용연과 치마곡을 방문하였고 부근에서 일박한 뒤 9월 29일 무렵 돌아왔을 가능성이 있다(이 해는 9월 말일이 29일). 용연에 있는 신덕왕후고택神德王后故宅과 관련해서는 정약용이 1799년 5월 서울에 돌아온 뒤 정조에게 건의하여 1799년 8월 16일 그곳에 신덕왕후神德王后 기적비紀蹟碑를 세우게 된다(1799년 8월 16일 자 참조).

10월 초순~중순(추정): ① 군사를 동원하여 토산兎山 도적을 토벌하라는 감사의 공문이 오다. ② 군사를 동원하지 않았으나 3일째 되는 날 소리小吏와 소교小校가 10여 명을 데리고 와 자수시키다. ③ 조사한 결과 모두 양민이므로 석방하도록 하다. ④ 대신 토산의 장교를 잡아 징치하도록 하다(이서배吏胥輩의 작간作奸 징치).

(가) "冬 監司秘關至 其略曰 '兎山縣監牒報曰［本縣討捕將校等 於金川市中 捉一滴 縛行數十里 有一賊 將騎白馬截路 奪賊解縛…厥明賊黨五六十來 犯官門 縣監吹角聚軍 令吏奴接戰 皆走散 谷山例兼營將 管下列邑 賊變 若此 殊爲未便 卽發校卒數十人 又令管下諸邑 發軍助捕 搜括巢穴 剿滅 黨類'云云…曰衆奸成群 汝亦如言…召鳳鳴諸民 詢崔奉斗本情 果如合

府" _《사암연보》 92~95쪽

(나) 〈答李觀察〉(제1서) _《전서》 시문집, 1797년 10월 초순~중순 추정

　　〈與五沙〉 _《전서》 시문집, 1797년 9월 9일 이후 추정

　　〈與沈判書〉 _《전서》 시문집, 1797년 9월 9일 이후 추정

🕉 1797년 10월의 이 일은 1798년 8월 무렵 살인강도를 잡으러 고달굴에 간 일과는 별개의 일이다. 이 일은 양민들을 도적으로 몬 일에 대하여 그 책임자를 징치한 일이었다. "冬"이라고 하였는데 1797년 10월 그 가운데에서도 초순에서 중순 사이에 일로 추정된다. (나) 편지는 황해감사 이의준李義駿에게 보내는 편지인데 금천, 토산의 일을 논의하는 내용이 있다. 어림잡아 1797년 10월 초순에서 중순 사이의 편지로 생각된다. 한편 1797년 10월 20일 채제공에게 편지를 보내는데(10월 20일 부분 참조), 이 일이 마무리된 이후에 보낸 것으로 추정된다.

10월 12일: ① 좌의정 채제공이 자책하는 차자箚子를 올리다. ② 국왕이 온화한 비답을 내리다.

(가) "左議政蔡濟恭上箚" _《실록》 정조 21년 1월 12일

🕉 1797년 10월 12일 채제공이 올린 차자의 내용은 당파를 잘 조정하지 못하는 자신의 무능함을 자책하는 것이었다. 아마도 노론 벽파의 우의정 이병모와의 갈등 문제라고 여겨진다. 이 직후 이병모는 사직을 청하였다.

10월 20일: 서울의 채제공에게 편지를 올리다.

(가) 〈上樊巖相公書〉(제2서; 離違門屏 居然一百三十有三日) _《전서》 시문집, 1797년 10월 20일

🕉 대략 1797년 10월 10일 무렵 편지를 올린 것으로 추정하였으나,192) 1797년 윤6월 6일 서울을 떠났으므로 정확하게 132일째 되는 날은 1797년 10월 20일이 된다. 윤6월은 말일이 29일, 7월 역시 말일이 29일, 8월은 말일이 30일, 9월은 말일이 29일이었다. 또 곡산에서 채제공에게 올린 편지로 〈上樊

---

192) 조성을, 2004, 304쪽.

嚴相公書》(제3서)가 있다. 편지의 시기를 구체적으로 알기는 어려우나 편지 내용에 "久處下邑"이라는 구절이 있으므로 곡산에 도착하여 상당히 시간이 경과한 뒤로 추정되고, 심모沈某가 양강의 목노인(목만중睦萬中으로 추정됨)에게 정약용 자신과 이태李台(이가환으로 추정됨)를 이간하였음을 가형家兄 (정약전으로 추정됨)에게 듣고서 보낸 편지이다.[193] 제3서는 아마도 1798년에 보낸 것으로 생각되지만, 이 무렵 서울의 상황에 정약용이 민감하게 반응하고 있었음을 보여 준다. 1797년 10월 중순 이후 다소 한가하여지고 정신적 여유가 생겨 (가)를 썼을 가능성이 있다. 또 뒤에서 언급할 것처럼, 이 무렵부터 《麻科會通》 작업을 재개하였을 것이다.

10월 하순 이후: ① 《麻科會通》 작업을 재개하여 1797년 겨울 초고본(12권)을 완성하다. ② 《史記纂註》 작업을 재개하다(1798년 4월 완성).

(가) "冬《麻科會通》成" _《사암연보》 95쪽

(나) 〈答李判書〉(時秀) _《전서》 시문집, 1797년 윤6월 초순 무렵 추정

(다) 〈麻科會通序〉 _《麻科會通》, 1798년 11월

(라) 〈與李觀察〉(義駿) _《전서》 시문집, 1797년 12월 무렵 추정

ⓕ 《사암연보》에 따르면 《麻科會通》을 완성한 것은 1797년 겨울이지만, 〈麻科會通序〉에 따르면 그 서문에 "嘉慶 戊午 孟冬"이라고 되어 있다. 즉 1798년 초겨울에 서문을 쓴 것이다. 1797년 10월 하순 무렵 작업을 재개하여 이해 겨울 일단 초고가 완성된 다음 수정 작업을 거쳐 1798년 초겨울 서문을 썼다고 보는 것이 온당할 것이다. 뒤에서 살필 것처럼 1799년 봄에 황해감사 이의준李義駿에게 이 책을 보낸 것으로 여겨진다. 정약용은 곡산에 도착한 이후 《麻科會通》 작업을 재개하여 그 해 1797년 겨울 일단 초고를 완성하였으나, 1798년 초겨울에 그 서문을 쓸 때까지 다시 수정과 보완 작업을 계속하였다고 보아야 할 것이다. 곡산에 도착하여서는 《史記纂註》 작업도 계속하여 이듬해 1798년 4월 완성하였다(1798년 4월 부분 참조). 이 작업의 본격적인 재개 역시 1797년 10월 하순 이후로 볼 수 있겠다. 한편 곡산으로

193) 조성을, 2004, 304쪽.

떠나기 직전 쓴 것으로 추정되는 (나)에 따르면,《麻科會通》작업이 1797년 6월 곡산으로 떠나기 전에 이미 상당히 진척되어 있었음을 알 수 있다. 이 편지에 "痲疹方 姑未脫稿 兼又新獲數種新書 須添入名門 方可成書 到彼當卽就編"이라는 구절에서 "到彼當卽就編"은 곡산에 도착하면 다시 작업을 시작하겠다는 뜻으로 해석된다. 초고를 완성한 시기는 1797년 겨울에서도 12월이 아니었을까 추정된다. 도착하여 몇 달 동안 무척 바빴으며 9월 중순 이후 해주에 가서 성시 고관을 하였고, 이어 강도를 추적하여 토산현의 도적 일을 처리하는 데 신경을 많이 썼다. 따라서 1797년 10월 하순 이후 대략 시간적 여유가 생겨《麻科會通》작업을 재개한 것으로 보인다.

(라)의 원주에 "丁巳冬 余在谷山 李公爲黃海監司"라고 되어 있으므로 1797년 겨울(이 가운데에서 12월일 가능성이 큼)의 편지이며, 1797년 겨울 당시 황해 감사로 있던 이의준에게 보낸 편지임을 알 수 있다. 이로 보아 1797년 겨울에 이미《史記纂註》작업을 재개하고 있었음을 알 수 있다.[194]《麻科會通》작업이 대략 1797년 12월 무렵 끝나고 바로 이어서《史記纂註》작업을 재개한 것이 아닌가 여겨진다. 하지만 두 작업을 병행하였을 수도 있다.

11월 11일: 국왕이 의주부윤 이기양을 불러보다.

(가) "召見義州府尹李基讓 辭陛" _《실록》정조 21년 11월 11일

🖎 이기양이 의주부윤에 임명되어 임금을 뵙고 이날 1797년 11월 11일 조정을 떠난 것으로 보인다. 이기양은 남인들 사이에서 이가환, 정약용과 함께 채제공 다음에 정국을 이끌어갈 인물로 생각되고 있었다.

12월 1일: 채홍원(채제공의 양자)을 이조참의에 임명하다.

(가) "以蔡弘遠爲吏曹參議" _《실록》정조 21년 12월 1일

🖎 앞에서 몇 차례 언급하였듯이 채홍원은 정약용과 매우 가까운 사이였다.

12월 2일: 이가환을 한성부 판윤에 임명하다.

(가) "以李家煥爲漢城府判尹" _《실록》정조 21년 12월 2일

---

194) 1798년 4월《史記纂註》를 완성하여 이만수李晩秀를 통해 올린다. 1798년 4월 부분 참조.

ⓧ 이제 채홍원에 이어 이가환도 요직에 임명된 것이다. 남인에게 정국이 유리하게 돌아가고 있었다고 하겠다.

12월 20일: ①《春秋》가 새로 인쇄되어 나오다. ② 이에 즈음하여 정약용 국왕으로부터 아마兒馬 1필을 상으로 받다.

(가) "丁巳十二月二十日辰時 上御熙政堂…進春秋書…谷山府使丁若鏞 監印 文臣右尹李集斗…各兒馬一匹賜給" _《승기》정조 21년 12월 20일

(나) "鑄字所新印春秋" _《실록》정조 21년 12월 20일

ⓧ 곡산까지 이 상이 전달되었으리라고 추정된다.

12월 "歲暮": ① 은산殷山의 수재秀才들을 만나다. ②홍인호에게 편지를 보내다.

(가) 〈與洪元伯〉 _《전서》시문집, 1797년 12월 세모

ⓧ (가)에 따르면 1797년 연말 은산의 수재들도 만났음을 알 수 있다.[195] 원백元伯은 홍인호의 자이다. 홍인호와 관계가 좋게 유지되고 있었음을 알 수 있다.

1797년의 저작과 활동

1797년 봄의 시로는 〈南皐至〉(1월 중순 이후 추정), 〈奉旨同李(書九)·承旨尹(光顏)·李(相璜)諸僚 就外閣校春秋〉(1797년 3월 6일)이 있으며, 1797년 봄에 지은 잡문으로는 〈題耽羅妓萬德所得搢紳大夫贈別詩卷〉이 있다.[196] 만덕이 이해 봄 금강산 유람을 하고 서울로 돌아온 뒤 제주도로 가기 전에 여러 신하들이 써준 시들을 모은 시권에 제題한 것이다.

1797년 봄 1월과 2월 사이에는《麻科會通》작업에 종사하고 있었을 가능성이 크며, 3월 6일 이후 4월 초순에 걸쳐서는《春秋》교정 작업에 종사하였다. 아울러 1797년 3월 6일 대유사에서 열린 시연, 3월 15일 이문원 시연, 3월 하순 소유사 시연에도 참석하였다. 3월에 절제節製(삼일제) 대독관으로도 활동하였다.

---

195) 조성을, 2004, 320~321쪽 참조.
196) 조성을, 위의 책, 291쪽.

1797년 여름의 시로는 〈春日小酉舍侍宴〉(1797년 4월 초순 추정), 〈摛文院同諸學士校杜詩〉(李書九·金祖淳及李相璜·金履喬)(1797년 4월 중순 이후 추정), 〈夏日獨坐 簡寄蔡邁叔〉(1797년 4월 28일·또는 29일 추정), 〈將游茗川陪白氏 晚出纛島作〉(1797년 5월 1일), 〈過鷿鶒洲舟中 戲爲絶句三首〉(1797년 5월 1일 저녁 추정), 〈上瀨〉(1797년 5월 1일 저녁 추정), 〈乘小艇泝流 宿渼陰村〉(1797년 5월 1일 밤 추정), 〈端午日 陪二兄 游天眞庵〉(1797년 5월 4일), 〈寺夕〉(1797년 5월 4일), 〈早起〉(1797년 5월 5일), 〈山中懷感〉(1797년 5월 5일), 〈李周臣山莊値雨 同諸友遣興三十韻(用揷韻法) 某子三十每書一韻貯之瓶中 任瀉一某 點綴成文〉(1797년 5월 7일 무렵 이후 추정), 〈送无咎謫鐵原〉(1797년 5월 10일 무렵 추정), 〈纔十日无咎宥還 復次前韻〉(1797년 5월 20일 무렵 추정), 〈竹欄小集 與尹彝叙·李周臣·韓溪父 賦得田家夏詞 八十韻〉(1797년 5월 하순 무렵 추정), 〈竹欄小集 與尹彝叙·李周臣·韓溪父 賦得田家夏詞 八十韻〉(1797년 5월 하순 무렵 추정), 〈夏日述懷族父奉簡李朝參判〉(1797년 6월 초순~중순 추정), 〈將赴谷山辭殿日 愴然有作〉(1797년 윤6월 7일 추정), 〈臨津城樓避暑示南涷遂安〉(1797년 윤6월 7일 추정), 〈松京懷古五首〉(1797년 윤6월 7일 추정), 〈靑石谷行〉(1797년 윤6월 8일 추정), 〈海州芙蓉堂同鄭(述仁)判官飮〉(1797년 윤6월 8일), 〈至金川 領妻子 還府途中有作〉(1797년 윤6월 15일 추정) 등이 있다.

1797년 여름의 잡문으로는 〈游天眞菴記〉(1797년 5월 5일 이후 추정), 〈竹欄花木記〉(1797년 5월 하순 무렵 추정), 〈辨謗辭同副承旨疏〉(1797년 6월 21일), 〈與李稚明〉(1797년 6월 또는 윤6월 초 추정), 〈與李判書(時秀)〉(1797년 윤6월 2일 이후~윤6월 7일 사이 추정) 등이 있다.

1797년 여름 활동을 살펴보면 4월 초순 일단《春秋》교정 작업을 끝냈고 4월 중순《杜詩》교정 작업에 착수하였다. 4월 말에서 5월 초순에 걸쳐 10일 정도 휴가를 얻어 고향을 다녀왔으며(이때 천진암 유람), 5월 말일까지는 대체로《杜詩》교정 작업을 완료한 것으로 보인다. 대략 1797년 6월 초순~중순에는 족부 이조참판(정범조)에게 장문의 시를 써서 자신의 심회를 말하였고, 6월 20일 동부승지에 임명되었으나 6월 22일 체직되었다. 6월 23일 정망停望이 해제되었고, 6월 27일 다시 동부승지에 임명되었으나 당일 체직되었다. 1797년 윤6월 2일 곡산 부사에 임명되어 윤6월 7일 임지로 출발하여 개성, 해주 등을 대략 윤6월 11일(추정) 임지에 도착하였다. 임지에 도착하자마자

오는 도중에 자수하여 온 이계심李啓心을 당일 풀어주었고, 이후 어림잡아 1797년 윤6월 16일 이후에는 업무 착수를 한 것으로 여겨진다.

1797년 가을의 시로는 〈九日 游文城堡〉(1797년 9월 9일), 〈烏淵汎舟五首〉(1797년 9월 9일), 〈忽谷行呈遂安〉(1797년 9월 10일 이후 추정), 〈戲贈瑞興都護林君〉(1797년 9월 10일 이후 추정), 〈龍淵〉(1797년 9월 중순 이후 추정), 〈馳馬谷〉(1797년 9월 중순 이후 추정), 〈烏吟洞〉(1797년 9월 중순 이후 추정) 등이 있다. 1797년 7월과 8월에 시와 잡문이 없는 것은 업무에 몰두하고 있었기 때문이라고 생각된다.

가을의 잡문으로는 〈與五沙〉(1797년 9월 9일 이후 추정), 〈與沈判書〉(1797년 9월 9일 이후 추정), 〈答李判書〉(1797년 9월 9일 이후 추정), 〈論文城鎭牙兵事狀〉(1797년 9월 10일 이후), 〈論各樣價布以錢上納事狀〉(1797년 9월 10일 이후 추정), 〈捉虎將吏砲手等不得捉上狀〉(1797년 9월 10일 이후 추정), 〈載寧郡疏堰時鉛軍不得起送事狀〉(1797년 9월 24일 전후 추정) 등이 있다.

어림잡아 7월에서 9월 초 사이에는 중요한 현안을 많이 해결하였다. 이 해 7월과 8월에는 봉밀蜂蜜의 남부濫賦를 바로잡은 일(7월 추정), 검지법檢地法을 행하여 살인범을 체포한 일(8월 무렵), 겸제원兼濟院을 설립한 일(8월 무렵), 정당政堂 건립 착수(8월말 무렵 또는 9월 초) 등의 일을 하였다. 1797년 9월 초에는 팔규八規를 작성하였고, 9월 9일 문성강에서 노닌 다음 9월 10일 이후 해주에 가서 성시의 고관을 하고 돌아왔다. 그리고 9월 중순에는 문성진 아병 문제와 관련하여 두 차례 장계를 올렸고, 여러 가포價布를 작전作錢하는 일과 호랑이 포수, 장교 징발 문제에 대하여도 장계를 올렸다. 1797년 9월 하순 곡산에 돌아와서는 재령군에 연군을 보내라는 공문을 받고 보내는 대신 자신의 봉름으로 돈을 보냈다.

1797년 겨울의 시로는 〈龍淵〉, 〈馳馬谷〉, 〈烏吟洞〉 세 편의 시(1797년 9월 해주에서 성시 고관을 하고 돌아온 뒤의 저작들, 대략 9월 하순)에 바로 이어서 〈老人嶺〉이 있다. 정약용이 위의 세 곳에 간 이후 어느 시점에 노인령에 갔음을 알 수 있다. 〈老人嶺〉은 배치 순서로 보아 1797년의 마지막 시이므로 대략 1797년 겨울의 시로 추정된다. 따라서 1797년 10월 이후 겨울에 지은 것으로 하여 둔다.

1797년 겨울의 잡문으로는 〈答李觀察〉(제1서; 1797년 10월 초순~중순 추정),

〈上樊巖相公書〉(제2서; 1797년 10월 20일 추정), 〈與李觀察〉(義駿; 1797년 12월 무렵 추정), 〈與洪元伯〉(1797년 12월 세모) 등이 있다.

1797년 겨울의 활동으로는 10월 초순에서 중순 사이에 토산 군도의 문제를 해결하였으며, 1797년 10월 하순 이후 연말까지는 다소 한가해진 가운데 《麻科會通》과 《史記纂註》 작업을 한 것으로 추정된다.

1798년 戊午, 정조 22 _ 37세

1월 초순(추정): 새봄을 맞이하면서 신계현新溪縣의 동쪽 70리 지점에 있는 북소궁北蘇宮에 가서 시를 짓다.

(가) 〈北蘇宮春感〉(戊午 宮在新溪縣東七十里 高麗恭愍王所築) _《전서》 시문집, 1798년 1월 초순

Ø (가) 시의 주석에 따르면, 북소궁은 신계현으로부터 동쪽으로 70리 떨어진 지점에 있으며 고려 공민왕 때 축조한 것이다. 1798년 새봄을 맞이하면서 지은 것이므로 날짜를 1798년 1월 초순이라고 추정하였다.

1월 일: 성천成川에 목민관으로 부임한 김한동金翰東에게 편지를 보내다.

(가) 〈與金承旨〉(제3서) _《전서》 시문집, 1798년 1월 추정

Ø (가)에는 "戊午 余在谷山 金公在成川"이라고 원주가 붙어 있으므로 1798년 정약용이 곡산 부사 시절 보낸 편지임을 알 수 있다. 여기서 김승지는 김한동을 말한다. 당시 김한동이 성천에 지방관으로 오자 정약용이 편지를 보낸 것이 아닌가 추정된다. 시기를 정확히 알 수 없으나, 김한동은 1797년 연말 도목정사都目政事에서 성천 군수에 임명되어 1798년 1월 성천에 부임한 것으로 추정하였다.

2월 말 무렵(또는 3월 초): 정각政閣이 완성되다.

(가) 〈政閣成 漫題五首〉 _《전서》 시문집, 1798년 2월 말 또는 3월 초 추정

(나) 〈谷山政堂新建記〉 _《전서》 시문집, 1798년 2월 말 또는 3월 초 추정

Ø (가)의 구절에 "余至谷山之數月 吏民之請改建政堂者 以百數…凡半年而成"이라

하여 곡산에 부임한 지 몇 달(1797년 8월 말 또는 9월 초 추정)이 되었을 때에 착공하였으며 반년 만에 완공되었다고 하므로, 대략 1798년 2월 말 무렵 준공된 것으로 추정하였다. 혹 1798년 3월 초였을 가능성도 있다.

3월 일(추정): 〈天倈子歌〉를 짓다.

(가) 〈天倈子歌〉 _《전서》 시문집, 1798년 3월 추정

🖉 〈政閣成 漫題五首〉(1798년 2월 말 추정) 시의 바로 뒤에 배치되어 있으므로, 잠정적으로 시기를 1798년 3월로 추정하였다.

3월 일(추정): 곡산 관아의 동각東閣에서 시를 짓다.

(가) 〈偶題東閣〉(春無事) _《전서》 시문집, 1798년 3월 추정

🖉 〈天倈子歌〉(1798년 3월 추정) 시의 바로 뒤에 배치되어 있고 "春無事"라는 구절로 보아 봄의 시이므로, 시기를 대략 1798년 3월로 추정하였다.

3월 27일: ① 새벽에 북창北倉으로 길을 나서다. ② 30리를 가서 문성진文城津을 건너고 검암관劍巖關을 넘다. ③ 30리를 가서 광현廣峴을 넘고 10리를 더 가서 북창이 있는 흘엽촌屹葉村에 도착하여 양식을 방출하다. ④ 10리를 더 가서 난뢰교蘭瀨橋에 이르러 배를 타다. ⑤ 배를 타고 10리를 더 가 석병촌石屛村부근에 이르러 김성진金聲振에게 술과 물고기를 선물 받다. ⑥ 10리를 더 가서 철파탄鐵杷灘, 송현촌松峴村에 이르다. ⑦ 5리를 더 가서 생황촌笙篁村에 있는 동창東倉에 이르러 숙박하다.

(가) 〈谷山北坊山水記〉 _《전서》 시문집, 1798년 3월 30일 추정

🖉 (가)에는 1798년 3월 27일에서 3월 29일까지의 일정이 정리되어 있다.[197] (가)에 따라서 3월 27일의 일정을 정리하였다. (가)는 돌아와 지은 것이므로 1798년 3월 30일 이후가 되지만, 짧은 글이므로 저작 시기를 일단 1798년 3월 30일로 특정하여 둔다.

197) 조성을, 2004, 290쪽.

3월 28일: ① 일찍 일어나 양식을 방출하다. ② 저녁 늦게 앞 시내에 배를 띠우고 유람하다. ③ 오연烏淵에 이르다. ④ 문성진文城鎭에 이르러 마하탄摩訶灘에서 하선하다. ⑤ 문성진 첨사僉使 최창규崔昌奎가 술로 맞이하다. ⑥ 마하탄가의 시골집에서 숙박하다.

(가) 〈谷山北坊山水記〉 _《전서》 시문집, 1798년 3월 30일 추정

Ⓦ (가)에 의거하여 1798년 3월 28일의 일정을 정리하였다.

3월 29일: ① 병이 심해 서창西倉으로 가지 못하다. ② 일찍 길을 떠나 곡산 관아로 돌아오다.

(가) 〈谷山北坊山水記〉 _《전서》 시문집, 1798년 3월 30일 추정

Ⓦ (가)에 의거하여 1798년 3월 29일의 일정을 정리하였다.

4월 초(추정): 두 아들을 위한 서향묵미각書香墨味閣이 이루어지다.

(가) 〈書香墨味閣記〉 _《전서》 시문집, 1798년 4월 초 이후 추정

Ⓦ 서향묵미각의 준공 날짜는 정확히 알 수 없으나 〈谷山北坊山水記〉에 따르면 3월 29일 곡산 관아에 돌아오므로, 낙성식은 3월 30일(1798년 3월은 말일이 30일)에 있었을 수도 있으나 잠정적으로 1798년 4월 초로 추정하여 두었다. (가)에 따르면 곡산 정각政閣 완공(1798년 2월 말 무렵)에 바로 이어서 지은 것이고 작은 정자이다. 4월 초 무렵에 완성된 것으로 추정된다.

4월 일: 《史記纂註》를 완성하여 이 책과 〈進史記纂註啓〉를 올리다.

(가) "戊午四月 進史記纂註(在谷山 建政堂·修民庫法·治支勅庫·治民約錢·改戶籍·減軍布·設兼濟院·戢强盜 至冬而少事)" _《다산연보》 14쪽

(나) "進史記纂註" _《사암연보》 96쪽

(다) 〈進史記纂注啓〉 _《전서》 시문집, 1798년 4월 추정

(라) 〈李成仲)(晚秀)〉 _《전서》 시문집, 1798년 4월 추정

(마) 〈與李觀察(義駿)〉 _《전서》 시문집, 1798년 겨울 추정

Ⓦ 정약용은 곡산으로 떠나기 전에 《史記》에 대한 여러 주석을 초출하는 작업에 종사하고 있었다. 이것을 바탕으로 곡산에서 《史記纂註》 작업을

1798년 4월 완료하여 국왕에게 올린 것으로 보인다. 《史記纂註》 작업은 곡산으로 떠나기 전 1797년 윤6월 1일에 착수되었으며(1797년 윤6월 1일 조 참조), 1798년 4월 작업이 완료되어 올린 것으로 보아야 할 것이다. 현재 정약용의 《史記纂註》는 찾을 수 없다. 이 책은 앞에서 보았듯이 간행하지 않았던 것으로 여겨지며 규장각에 소장되었을 가능성이 있다. 그러나 현재 서울대 규장각 도서목록에서는 찾을 수 없다. 이때 이만수李晚秀에게 보낸 편지 9 (라)에 따르면 《史記纂註》는 이만수를 통해서 올린 것으로 보이며 1798년 4월에 작성되었다.[198) 1797년 겨울 황해 관찰사 이의준에게 보낸 편지에도 《史記纂註》에 대한 언급이 있다.[199)

4월 10일: 이익운을 이조참판에 임명하다.

(가) "以李益運爲吏曹參判" _《실록》정조 22년 4월 10일

⚶ 이익운은 남인 중진 가운데 하나로서 그의 형 이정운과 더불어 정약용에게 동정적이었다.

1798년 5월:

⚶ 특별한 활동이 추적되지 않는다.

6월 1일: ① 채제공이 사직소를 올리다. ② 국왕이 허락하지 않고 조정에 나오라고 하다.

(가) "左議政蔡濟恭上疏…隨傳諭承宣造朝" _《실록》정조 22년 6월 1일

6월 2일: 채제공을 면직하다.

(가) "左議政蔡濟恭 免" _《실록》정조 22년 6월 2일

⚶ 국왕이 채제공을 직접 불러본 뒤 그의 건강을 염려하여 면직시켜 준 것 같다. 당시 채제공은 고령이었으며 다음 해 1799년 1월 타계한다. 채제공이 조정에서 물러남으로써 조정 안에 남인 신서파를 위한 큰 보호막이 사

---

198) 조성을, 2004, 316쪽.
199) 조성을, 위의 책, 317쪽 참조.

라지게 되었다.

6월 중순 무렵: 장마가 끝난 뒤 곡산 관아의 지각池閣에서 시를 짓다.

(가) 〈池閣絶句〉(霖雨後)_《전서》시문집, 1798년 6월 중순 무렵

🔊 "霖雨後"라는 언급이 있어서 장마가 끝나는 음력 6월 중순 무렵으로 추정해 두었다.

6월 중순 이후(추정): 곡산 관아의 지각에서 밤에 앉아 시를 짓다.

(가) 〈池閣夜坐〉_《전서》시문집, 1798년 6월 중순 이후 추정

🔊 (가)는 〈池閣絶句〉(6월 중순 무렵)의 시 바로 뒤에 있으므로, 1798년 6월 중순 이후라고 추정해 보았다.

6월 말(또는 7월 초): 곡산谷山 교외로 나가다.

(가) 〈夏日郊行〉_《전서》시문집, 1708년 6월 말 또는 7월 초 추정

🔊 (가)의 시는 〈池閣夜坐〉(6월 중순 이후) 시의 바로 뒤에 배치되어 있으므로, 1798년 6월 말로 날짜를 추정해 보았으나 7월 초였을 가능성도 있다.

6월 말(또는 7월 초): 자효사資孝寺에 놀러가다.

(가) 〈游資孝寺〉_《전서》시문집, 1798년 6월 말 또는 7월 초 추정

🔊 (가)의 시는 〈夏日郊行〉(1798년 6월 말 또는 7월 초 추정) 시의 바로 뒤에 배치되어 있으므로, 1798년 6월 말로 날짜를 추정해 보았으나 7월 초였을 가능성도 있다.

7월 초순(추정): 수안遂安에 가다.

(가) 〈赴遂安途中作〉_《전서》시문집, 1798년 7월 초순 또는 중하순 추정

🔊 〈游資孝寺〉(1798년 6월 말 또는 7월 초 추정) 시의 바로 뒤에 배치되어 있다. 배치 순서와 "野屋通身是瓠瓜"라는 구절에 의거해 위와 같이 어림잡아 1798년 7월 초순으로 날짜를 추정해 보았다. 그러나 7월 중하순이었을 가능성도 있다.

7월 중순(추정): 신계新溪현감 박성규朴性圭 및 서흥도호(임성운)를 만나 시를 짓다.

　(가)〈示新溪瑞興二邑宰〉 _《전서》시문집, 1798년 7월 중순 추정

　🖐 〈赴遂安途中作〉(1798년 7월 초순 추정)의 바로 뒤에 배치되어 있다. 시의 배치 순서에 의거해 대략 1798년 7월 중순으로 날짜를 추정해 보았다. 당시 신계 현감 박성규는 신대우申大羽의 사위이다. 신작申綽의《석천유고》(권1)에 〈長姉朴淑人(박성규의 처)行狀〉이 있다.200)

7월 말(추정): ① 해주에 가서 (해주) 부용당芙蓉堂에서 황해도 지역 수령 10여 인과 모이다. ② (해주) 부용당에서 밤에 앉아 시를 짓다.

　(가)〈芙蓉堂記〉 _《전서》시문집, 1798년 8월 초 추정

　(나)〈芙蓉堂夜坐〉 _《전서》시문집, 1798년 7월 말 추정

　🖐 시의 배치 순서 및 (가)의 기록 "今荷花盛開"라는 구절에 의거하여 1798년 7월 말쯤으로 날짜를 추정해 보았다. 해주의 부용당에서 밤에 모인 것이므로 이날 밤 이전 어느 시점에 해주에 도착한 것이 된다.

8월 초(또는 7월 말): 새벽에 청단역青丹驛을 출발하다.

　(가)〈曉發青丹驛〉 _《전서》시문집, 1798년 8월 초 또는 7월 말 추정

　🖐 (가) 시는 〈芙蓉堂夜坐〉(1798년 7월 말 추정) 시의 바로 뒤에 배치되어 있다. 아마도 청단역은 해주에서 곡산으로 가는 중간에 있었고 바로 곡산으로 오는 도중 청단역에서 묵었으며, 새벽 청단역을 떠나면서 (가) 시를 지은 것으로 여겨진다. 따라서 1798년 8월 초로 비정되지만 혹 7월 말이었을 수도 있겠다.

8월 초: 강서사江西寺에서 배를 타고 벽란도碧瀾渡에 이르다.

　(가)〈自江西寺乘舟 至碧瀾渡〉 _《전서》시문집, 1798년 8월 초 추정

　🖐 〈曉發青丹驛〉(1798년 8월 초 또는 7월 말 추정) 시의 바로 뒤에 (가) 시가 배치되어 있다. 아마도 곡산에 돌아가는 길에 예성강 벽란도에 이르러 지은

---

200) 심경호, 2007, 368쪽.

것으로 보인다.

8월 초: 수안遂安에 가다.

(가) 〈過遂安城〉 _《전서》 시문집, 1798년 8월 초 추정

ⓦ 〈自江西寺乘舟 至碧瀾渡〉(1798년 8월초 추정) 바로 뒤에 (가)의 시가 배치되어 있어 날짜를 8월 초로 추정하였다.

8월 초: 곡산에 돌아오다.

ⓦ 1798년 8월 초에 수안을 출발하였다면 곡산에 도착한 날짜 역시 8월 초였을 것이다. 8월 초 해주에서 곡산으로 돌아오는 일정은 대체로 해주-청단역-강서사-벽란도-수안-곡산으로 정리된다.

8월 5~7일 무렵(추정): 금교 찰방 이한교李漢喬와 (곡산 관아) 지정池亭에서 작별하다.

(가) 〈金郊李察訪 池亭留別〉(漢喬) _《전서》 시문집, 1798년 8월 5~7일 무렵

ⓦ (가) 시는 〈過遂安城〉(1798년 8월초) 바로 뒤에 배치되어 있다. 곡산에 돌아온 이후 금교 찰방을 곡산 관아의 지정에서 만난 뒤 작별하면서 지은 것으로 보아야 할 것이다. 일단 날짜를 대략 1798년 8월 5~7일 무렵으로 추정하여 두었다.

8월 8,9일 이후(14일 이전): 혼자 고달사高達寺에 가서 노닐다.

(가) 〈獨游高達寺 懷李察訪 再用前韻〉 _《전서》 시문집, 1798년 8월 8,9일 이후14일 이전 추정

ⓦ (가)의 시는 〈金郊李察訪 池亭留別〉(한교漢喬; 1798년 8월 5~7일 무렵)의 바로 뒤에 배치되어 있다. 따라서 (가)의 시는 대략 8월 8, 9일 이후 작인데 8월 14일 이전 작이어야 한다. (가)의 시 바로 뒤에 〈八月十五日 李觀察義駿 汎舟紫霞潭 至烏淵候月…〉(8월 15일 작)이 배치되어 있기 때문이다.

8월 15일: ① 황해감사 이의준李義駿과 자하담에서 놀다. ② 오연烏淵에 이르러 달구경을 하다.

(가) 〈八月十五日 李觀察義駿 汎舟紫霞潭 至烏淵候月…〉 _《전서》 시문집, 1798년

🔯 (가) 시는 제목에서 1798년 8월 15일 작임을 알 수 있다.

8월 28일: 이병모를 좌의정, 심환지를 우의정으로 하다.

(가) "以沈煥之爲議政府右議政 右議政李秉模 陞爲議政府左議政" 《실록》 정조 22년 8월 28일

🔯 결국 남인 채제공의 공백을 이병모로 메우고 이병모의 자리에는 심환지를 임명한 것이다. 노론 벽파의 우세가 강화되었다고 하겠다. 당시 남인 가운데 채제공을 대신하여 재상이 될 만한 인물이 없었던 것이 문제였다. 이것은 이가환이 지속적으로 견제를 받았기 때문이라고 생각된다.

9월 4일: ① 어린 아들 넷째 삼동三同이 죽다. ② 다섯째 아들인 농아가 태어나다.

(가) "乙卯秋 余謫金井 歸而歲除 越明年(卽嘉慶丙辰) 正日維閨開夫人有身 以十一月五日 擧一男…戊午八月 中痘而濃…以九月四日夭 悲夫 令奴石 往埋于廣州草皐之鳥谷 越明年春 移瘞于斗尺之麓 是唯曾祖父墓地也" 〈幼子三童瘞銘〉 _《전서》 시문집, 1799년 봄

(나) "其次曰三同 死於谷山以荳折 時妻有身 因悲生子 旣旬而又痘 未數日而夭" 〈農兒壙誌〉 _《전서》 시문집, 1892년 12월 무렵

(다) "第五子生 旣旬而夭 未及名 (第四兒 與此兒隔旬而夭 皆以痘也)" _《다산연보》 14쪽

🔯 (가)에 따르면 정약용 아들 가운데 삼동(넷째)은 1798년 9월 4일 숨졌으며 경기도 광주廣州 조곡鳥谷에 매장했다가 이듬해 1799년 봄 증조부 곁(두척)으로 이장하였다. 이장이 1799년 봄에 이루어졌으므로 정약용 자신은 참석할 수 없었을 것이다. 그리고 (가)에 따르면 삼동이 수태된 때는 1796년 1월 초순(금정에서 돌아온 직후)이며, 태어난 때는 이 해 11월 5일이고 두창에 걸린 것은 1798년 8월이다. 그 무렵 황해도에서 두창이 유행한 것으로 여겨진다. (가)는 1799년 봄 이장에 즈음하여 썼을 것으로 추정된다.

　(가)에 따르면 삼동이 죽은 날 그 충격으로 정약용의 부인 풍산홍씨가 다섯째 아들을 출산한 것으로 여겨진다. 그러나 새로 태어난 이 아이도 열

흘이 지나자(1798년 9월 13일 경 추정), 다시 두창에 걸려 며칠 되지 않아 죽었다. (나)는 1802년 11월 30일 죽은 여섯 째 아들을 위해 지은 것이므로 어림잡아 1802년 12월 작으로 추정된다.

9월 7일: 판중추부사 채제공이 은언군의 일로 상소를 올렸다가 파직되다.

(가) "判中樞府事蔡濟恭上疏…特罷其職" _《실록》 정조 22년 9월 7일

✿ 상소의 내용은 강화도에 안치되어 있던 은언군을 풀어주어서는 안 된다는 것이었다. 이것은 왕권을 손상시킬 우려가 있다고 생각하여서였을 것이다. 그러나 결과적으로 좌의정에서 물러나서 판중추부사직에 있던 채제공이 이 자리마저 삭탈당하였다. 정국은 남인에게 더 불리해졌다. 그러나 채제공의 관직은 다시 회복된다.

9월 14일 무렵: 다섯째 아들이 태어난 지 열흘 만에 두창으로 죽다.

(가) "第五子生 旣旬而夭 未及名(第四兒 與此兒隔旬而夭 皆以痘也)" _《다산연보》 15쪽

(나) "其次曰三同 死於谷山以荳折 時妻有身 因悲生子 旣旬而又痘 未數日而夭"〈農兒壙誌〉 _《전서》 시문집, 1802년 12월 무렵

✿ 다섯째 아들이 태어난 것은 1798년 9월 4일(추정)이며, (가)에 따르면, 열흘이 되어 두창에 걸렸다 하였고, 넷째 아들과 열흘 차이로 죽었다. (나)에 따르면 다섯째 아들이 두창에 걸린 지 며칠이 안 되어 죽었다. 따라서 두창에 걸린 것은 1798년 9월 12일 무렵이고 죽은 것은 일단 9월 14일 무렵으로 추정된다.

10월 일: 《麻科會通》(수정본)을 완성하다.

(가) "丁巳[1797:필자]…冬 麻科會通成" _《사암연보》 95쪽

(나)〈麻科會通序〉 _《전서》 시문집, 1798년 10월

✿ 《사암연보》(95쪽)에서는 1797년 겨울 완성이라 하였고,〈麻科會通序〉에서는 1798년 초겨울(孟冬)이라고 하였으나, 《麻科會通》이 완성되고 서문을 쓴 것은 1798년 초겨울로 보는 것이 타당하다.[201] 일단 초고를 1797년 겨울

201) 조성을, 2004, 273쪽.

완성하고 1798년 10월까지 수정보완 작업을 하였을 가능성이 크다. 정약용은 1798년 9월 초순~중순 두 아들(넷째와 다섯 째)을 모두 두창으로 잃는 아픔 속에서 《麻科會通》 마무리 작업을 한 것이다.

11월 일: 곡산부谷山府에서 쌀을 걷어 작전作錢하는 일에 대하여 상소하여 허가받다.

(가) "乞收本府小米作錢之令 蒙允" _《사암연보》 96쪽 이하

(나) 〈關西小米不得作錢事狀〉 _《전서》 시문집, 1798년 겨울 11월 추정

  ☉ 위의 일은 (가)에 따르면 1798년 겨울에 곡산 부사로서 한 일로만 되어 있어 겨울 가운데 언제인지 시기가 특정되지는 않지만 편의상 11월에 배치하였다. 아울러 1798년 정약용이 곡산부사로서 행한 치적으로서 수민고법修民庫法, 치지직고治支勅庫, 치민약전治民約錢, 개호적改戶籍, 감군포減軍布 등이 있다.[202] 수령으로서 이러한 치적과 경험은 나중에 《牧民心書》 및 《欽欽新書》를 저술하는 바탕이 되었다. 다만 《실록》에 따르면 황해도에서 미곡으로 작전作錢하는 일이 1798년 4~5월 사이에 조정에서 문제되었다. 이때의 일이었을 가능성도 완전히 배제할 수는 없다.

12월 일: 〈應旨進農政疏〉를 작성하여 올리다.

(가) 〈應旨進農政疏〉(戊午 在谷山) _《전서》 시문집, 1798년 12월

(나) "勸農政求農書 綸音" _《승기》 정조 22년 11월 30일

(다) 〈勸農政求農書綸音〉 _《홍재전서》권29, 1798년 11월 30일

  ☉ (다)에 따르면, 윤음이 내린 것은 1798년 11월 30일이다. 말미에 "余卽祚 二十二年 建丑月 前一日 己丑"이라고 되어 있다.[203] 《승정원일기》의 기록에도 11월 30일이라고 하였다. (가)에는 "戊午 在谷山"이라고 장소와 연도가 붙어 있다. 따라서 (가)는 1789년 12월 초 조정에서 명령이 내려온 뒤 1798년 12월 중에 작성되어 국왕에게 보고된 것으로 보아야 할 것이다. 이 작업에 바

---

202) 《사암연보》 101~102쪽. 정확한 시기가 특정되지 않음.

203) 김인걸, 〈19세기 세도정치기의 구언교와 응지소〉《한국문화》54, 2011.6)에서도 11월 30일이라고 하였다.

로 이어지는 것이 1799년 사이의 〈田論〉 작업이다. (가)에서 미처 언급하지 못한 토지개혁 문제를 제시한 것이 〈田論〉이다.

1798년의 저작과 활동

1798년 봄의 시로는 〈北蘇宮春感〉(1798년 1월 초순 추정), 〈政閣成 漫題五首〉(1798년 2월 말 또는 3월 초 추정), 〈天慵子歌〉(1798년 3월 추정), 〈偶題東閣〉(1798년 3월 6일 추정) 등이 있다. 1798년 봄의 잡문으로는 〈與金承旨〉(제3서; 1798년 1월 추정), 〈谷山政堂新建記〉(1798년 2월 추정), 〈谷山北坊山水記〉(1798년 3월 30일 추정) 등이 있다.

1798년 봄의 활동으로는 3월 27일~29일 곡산 북방의 산수를 유람한 것을 제외하고는 《史記纂註》 작업에 몰두하고 있었다고 생각된다. 1798년 4월에 《史記纂註》가 완성되기 때문이다(4월 부분 참조).

1798년 여름의 시로는 〈池閣絶句〉(1798년 6월 중순 무렵), 〈池閣夜坐〉(1798년 6월 중순 이후 추정), 〈夏日郊行〉(1798년 6월 말 또는 7월 초 추정), 〈游資孝寺〉(1798년 6월 말 또는 7월 초 추정) 등이 있고, 잡문으로는 〈書香墨味閣記〉(1798년 4월 초 이후 추정), 〈進史記纂注啓〉(1798년 4월 추정), 〈李成仲〉(晩秀, 1798년 4월 추정) 등이 있다.

1798년 여름에는 시 몇 편과 잡문 몇 편을 지은 것 말고 특별한 활동이 눈에 띄지 않는다. 아마도 1797년 겨울에 완성된 《麻科會通》(초고본)의 수정과 보완 작업을 하고 있었을 가능성이 크다.

1798년 가을 시로는 〈赴遂安途中作〉(1798년 7월 초순 또는 중하순 추정), 〈示新溪瑞興二邑宰〉(1798년 7월 하순 무렵) 〈芙蓉堂夜坐〉 (1798년 7월 말 무렵), 〈曉發靑丹驛〉(1798년 8월 초 또는 7월 말 무렵), 〈自江西寺乘舟 至碧瀾渡〉(1798년 8월 초 추정),〈過遂安城〉(1798년 8월 초 무렵), 〈金郊李察訪 池亭留別〉(한교漢喬; 1798년 8월 5~7일 무렵), 〈獨游高達寺 懷李察訪 再用前韻〉(1798년 8월 8, 9일 무렵~8월 14일 무렵), 〈八月十五日 李觀察義駿 汎舟紫霞潭 至烏淵候月…〉(1798년 8월 15일) 등이 있고, 잡문으로는 〈芙蓉堂記〉(1798년 8월초 추정), 〈農兒壙誌〉(1798년 9월 15일 무렵)이 있다.

1798년 가을 역시 7월 하순 해주를 다녀온 것을 제외하고는 특기할 만한 일이 없다. 다만 9월 초중순에 연달아 두 아들을 잃는 슬픔이 있었으나 《麻科會通》 작업을 계속하여 1798년 10월 수정본을 완성하게 된다(10월 부분 참조).

1798년 겨울의 저서로서는 《麻科會通》(수정본; 1798년 10월 완성)이 있으며 이때의 시로는 〈和崔斯文游獵篇〉, 〈縱臂篇〉, 〈夜游資孝寺〉 등이 있다. 잡문으로는 〈麻科會通序〉(1798년 10월), 〈李仁華·仁蕃等僞譜情節論報狀〉(대략 1798년 10월 이후 추정), 〈李仁華等取招狀〉(대략 1798년 10월 이후 추정), 〈關西小米不得作錢事狀〉(1798년 11월 추정), 〈應旨進農政疏〉(1798년 12월 추정) 등이 있다.

한편 곡산 시절 장狀으로 시기가 특정되지 않는 것들로 다음과 것들이 있다. 필자는 이들에 대하여 1797년 윤6월 곡산 부임 이후 1798년 겨울 이전의 작으로 보았다.204) 이제 좀 더 구체적으로 시기를 추정하여 두고자 한다.

① 〈論文城鎭牙兵事狀〉(1797년 9월 10일 이후 추정)
② 〈論各樣價布以錢上納事狀〉(1797년 9월 10일 이후 추정)
③ 〈捉虎將吏砲手等不得捉上狀〉(1797년 9월 10일 이후 추정)
④ 〈論文城鎭牙兵聚點退定事狀〉(대략 1797년 9월 20일 이전 추정)
⑤ 〈載寧郡疏堰時鉛軍不得起送事狀〉(대략 1797년 9월 24일 전후 추정)
⑥ 〈李仁華·仁蕃等僞譜情節論報狀〉(대략 1798년 10월 이후 추정)
⑦ 〈李仁華等取招狀〉(대략 1798년 10월 이후 추정)

①의 경우, 1797년 9월 10일 이후 작이라고 추정된다. 1797년 9월 9일의 시로 〈九日游文城保〉가 있기 때문이다. 이것은 문성보에 노닌 것을 읊은 시이지만 문성보에 단지 놀러 간 것만이 아니라 실태를 조사하기 위한 목적도 있었다고 여겨진다. ①에 "丙辰十二月 該鎭闕額 三十餘名"이라고 하여 1796년 12월의 통계를 보고하였다. 만일 1798년 작이라면 1797년 12월의 통계를 보고하였을 것이다. 따라서 1797년 9월 작으로 보는 것이 타당하다. ④에는 "府使 以監試試官 今方來留試所 而試役故未畢 文城僉使移文 因營門關辭 牙兵聚點 以今二十七日 定期擧行云"이라는 구절이 있다. 정약용이 곡산부사로서 성시의 고관으로 해주에 가서 머무른 것은 대체로 1797년 9월 10일 이후라고 판단된다(1797년 9월 10일 이후 부분 참조). 아마도 1797년 9월 9일 문성보에 가서 실태 조사를 하고 ①을 올린 뒤에 성시의 고관으로 갔을 것이다. 성시의 고관의 일을

204) 조성을, 2004, 257쪽.

하면서 올린 것이 ④임이 위의 인용 구절에 따라 분명하다. 따라서 ②와 ③
의 작성시기는 "1797년 9월 10일 이후"가 된다. 위의 인용 구절에 보면 "今二
十七日"(점검 일)이라고 한 것은 1797년 9월 27일이라고 볼 수 있겠다. 적어도
1주일 정도는 시간 여유를 갖고 문성 첨사가 공문을 보낸 것으로 추정되고,
정약용이 아직 성시 고관을 맡고 있었다. 따라서 ④의 시기는 1797년 9월 27
일 이전 가운데에서도 어림잡아 9월 20일 이전이라고 추정된다.

⑤는 곡산에 돌아와 재령군에 연군鉛軍을 파견하라는 공문을 받고 답으
로 올린 장계이다. "且今 秋收未畢 軍點當頭"라는 구절이 있으므로 대략 1797
년 9월 27일의 군액 점검 며칠 전 곧 어림잡아 9월 24일 전후라고 생각된다.
⑥과 ⑦은 이인화李仁華와 이인번李仁蕃이 전주 이씨 선파璿派의 족보를 위
조한 사건에 대한 것으로서, 내용으로 보아 연이어 작성된 것으로 볼 수 있
다. 이 문제는 국왕 자신이 직접 관심을 갖고 교서를 내릴 정도의 문제였는
데, 이 문제를 정약용이 잘 해결하였음을 1799년 3월《사암연보》의 기록에
서 알 수 있다. 여기에는 "三月 奉本道按察密旨 是時 公爲黃州迎慰使 留黃五旬 上
密諭廉察道內守令臧否 及餉賓諸弊 先是 道內有二疑獄 及是密奏之 上諭監司查審 監司
李義駿差谷山行查 二獄皆結"《사암연보》104쪽)이라는 구절이 있는데, 이 가운데
"上諭監司查審 監司李義駿差谷山行查 二獄皆結" 부분은 바로 이인번과 이인화 사
건을 가리키는 것으로 해석되며 이 사건은 대략 1798년 8월 이후에 있었던
것으로 볼 수 있다. ⑥에 "去八日 本府淸溪坊文陽里居民 李仁蕃·李仁華兄弟以文城
牙兵 自稱宣城君後裔"라는 구절이 있기 때문이다. 또 배치 순서로 보아서 대략
1798년 10월 이후로 볼 수 있겠다. 이 문제를 국왕이 황해 감사 이의준으로
하여금 직접 곡산에 가서 조사하게 하였는데, 정약용이 잘 해결하여 국왕은
정약용이 옥사獄事를 잘 처리하는 줄 알게 되었다. 이리하여 1799년 봄 황주
영위사 이후 황해도 지역을 안찰하라는 임무를 맡게 된 것으로 볼 수 있겠
다. 이런 일들을 잘 수행함으로써 정약용은 1799년 5월 형조참의刑曹參議에
임명된 것이라고 할 수 있겠다.

이상 장狀들은 1799년 6월 14일 무렵 작성된 〈神德王后康氏谷山本宮形止
啓〉(1799년 6월 14일 무렵 부분 참조)보다 앞선 시기의 장계이다. 하지만 〈神德王
后康氏谷山本宮形止啓〉의 뒤에 있는 것은 이 글까지는 계 형식의 글이었고 ①

이하는 장 형식의 글이기 때문일 것이다. 그리고 1798년 잡문으로서 〈詞林題
名解序〉(戊午)가 있는데 시기가 특정되지 않는다. 1798년 겨울의 활동으로는
이인화·이인번 사건을 조사하여 ⑥, ⑦과 같은 장계를 쓰는 외에 조세 징수
와 상송上送 등 지방관의 일반적 업무를 수행하였을 것으로 생각된다.

1799년 己未, 정조 23 _ 38세

1월 초: 청나라 건륭제 서거하다.

(가) "正月 淸高宗皇帝崩" _《다산연보》 15쪽

(나) 正月 淸高宗皇帝崩 _《사암연보》 102쪽

⚱ 건륭제는 서거에 앞서 미리 도광제에게 양위하였다.

1월 7일: 봉조하奉朝賀 김종수金鍾秀가 졸하다.

(가) "奉朝賀 金鍾秀卒" _《실록》 정조 23년 1월 7일

1월 초순~24일 무렵 이전(추정): ① 황해감사 이의준에게 편지를 보내 초
도椒島 둔우屯牛 문제를 논의하다.② 《麻科會通》(수정본)을 이의
준에게 보내다.

(가) 〈答李觀察〉(제2서) _《전서》 시문집, 1799년 1월 초순~24일 무렵 이전 추정

(나) 〈論椒島屯牛事啓〉(己未五月) _《전서》 시문집, 1799년 5월

⚱ (가)의 시기는 초도 둔우 문제를 언급하고 있어 1799년 5월 서울로 돌아
오기 전으로 추정된다. 〈答李觀察〉 제3서와 제4서 역시 제2서와 비슷한 시
기(서울로 돌아오기 전)로 추정된다.[205] 이들 편지의 시기는 더 구체적으로
는 1799년 1월 초순~1월 24일 무렵 이전이라고 추정된다. 1월 22일 정약용
이 황주 영위사로 임명되었고 1월 24일 무렵에 이 명령이 곡산에 도달되었
다(1월 24일 부분 참조). 이후 1799년 2월부터는 영위사로 황주에 가서 50일
동안 머무르는 등의 일에 차출되므로, 2월 이후에는 다른 일에 신경 쓰기가
어려웠을 것이다. 제4서에는 《麻科會通》을 보낸다는 언급이 있다. 1798년 초

---

205) 조성을, 2004, 318~319쪽 참조.

겨울 수정·보완 작업이 완료된 《麻科會通》을 1799년 초에 이의준에게 보냈을 것으로 여겨진다. (나)는 대략 1799년 1월 초순~중순 무렵부터 논의되기 시작한 일을 5월 서울에 돌아간 뒤 보고한 것으로 볼 수 있다.

1월 13일: 1799년 연초 돌림병이 창궐하여 12만 8천여 명이 죽다.

(가) "是歲 有輪行之疾 京外死亡 凡十二萬八千餘人" _《실록》정조 23년 1월 3일

🔯 이 유행병의 창궐을 정약용은 이미 예견하고 있었다. 그는 중국에서 병이 전해질 것으로 추정하고 건륭 황제의 사인도 이 돌림병 때문이라고 생각하였다.206) 이것을 한질寒疾이라고 당시 사람들이 생각하였는데 아마도 오늘날의 관점에서 보면 악성 인플루엔자였을 것으로 여겨진다. 1798년 연말부터 유행하기 시작하였을 것이다.

1월 18일: 채제공이 타계하다.

(가) "判中樞府事蔡濟恭卒" _《실록》정조 23년 1월 18일

🔯 곡산에 이 소식이 도착한 것은 대략 1월 20일 무렵이라고 생각된다.

1월 22일: 건륭제 서거를 알리는 청나라 사신을 맞이하는 황주黃州 영위사迎慰使에 임명되다.

(가) "有政 吏批…迎接都監郎廳單… 以谷山府使丁若鏞 爲黃州迎慰使" _《승기》정조 23년 1월 22일

🔯 조정의 명령이 곡산에 당도한 것은 대략 1799년 1월 24일 무렵이었다고 생각되며, 1799년 1월 24일부터 1월 말(말일 29일)까지 일단 곡산에서 해야 할 일을 마무리한 다음 2월 초 황주로 갔을 것으로 생각된다. 황주 영위사로 간 것은 1799년 2월 초였다(2월 초 부분 참조).

2월 초: ① 황주에 영위사로 가다. ② 황주에 50일 동안 머무르다(대략 3월 20일 무렵까지).

(가) "己未二月 黃州迎慰使奉旨(淸高宗皇帝崩 勅使出來 命臣戶曹參判假銜)"

206) 《사암연보》, 102~103쪽.

_《다산연보》 15쪽

(나) "二十二年己未 公三十八歲 二月 黃州迎慰使奉旨 正月 淸高宗皇帝崩 勅
使出來 以戶曹參判假銜迎勅行" _《사암연보》 102쪽

Ⓐ 《승정원일기》에 따르면 황주 영위사로 임명된 것이 1799년 1월 22일이
고, (가)와 (나)에 따르면 명을 받든 것이 2월이라 하였으므로, 명을 받들어
황주로 출발한 것이 1799년 2월 초가 될 것이다. 이때부터 50일 동안 황주
에 머물렀다고 하므로 대략 황주에는 1799년 3월 20일 무렵까지 있었던 것
으로 볼 수 있다.

2월(추정): 황주 월파루月波樓에서 목사 조영경趙榮慶과 술을 마시며 시를
짓다.

(가) 〈黃州月波樓 同趙(榮慶)牧使飮〉 _《전서》 시문집, 1799년 2월 초순~2월 18일 무렵

(나) 〈黃州月波樓記〉 _《전서》 시문집, 1799년 2월 초순~2월 18일 무렵

(다) 〈答沈華五(奎魯)〉 _《전서》 시문집, 1799년 5월~6월 사이 추정

Ⓐ 당시 조선에서 청나라 황제의 상중에는 술을 마시는 것이 용인되어 있
었다고 추정된다. (가)와 (나)는 황주에 머무는 동안 지은 것으로서 일단
1799년 2월 초순~18일 무렵 사이의 작으로 추정된다. (가)의 시 뒤에 〈樊翁
輓詞〉(1799년 2월 18일 무렵)가 있기 때문이다. 한편 (다)의 편지에 따르면 이
때 황주목사 조영경과 채제공의 "文叔"이라는 시호에 대하여 논한 것으로
여겨진다.[207] 다만 이 편지는 1799년 5월 곡산에서 서울로 돌아온 이후 그
해 여름에 쓴 것이다(위와 같음). 즉 곡산에서 돌아온 이후 대략 1799년 5월
과 6월 사이에 쓴 것으로 보아야 할 것이다.

2월(추정): 태백산성太白山城 동루東樓에서 풍천도호豊川都護 이민수李民秀 및
장연도호長淵都護 구강具降과 술을 마시다.

(가) 〈太白山城東樓 同豊川(李民秀)·長淵(具降)二都護 飮〉 _《전서》 시문집, 1799년
2월 초순~18일 무렵

---

207) 〈答沈華五(奎魯)〉(조성을, 2004, 324쪽 참조).

ⓦ 위 시의 바로 앞에 〈黃州月波樓 同趙(榮慶)牧使飮〉(2월 추정)이 배치되어 있고, 바로 뒤에 〈樊翁輓詞〉(1799년 2월 18일 무렵)가 배치되어 있다. 따라서 1799년 2월 황주에 간 시기와 〈樊翁輓詞〉를 쓴 시기의 중간으로 비정된다. 태백산성은 황주 인근의 산성으로 생각된다. 여기에 신숭겸 등을 모신 삼성사가 있었다.

2월 18일 무렵: 채제공의 만사輓詞를 짓다.

(가) 〈樊翁輓詞〉 _《전서》 시문집, 1799년 2월 18일 무렵

(나) 〈祭蔡相國樊巖先生文〉 _《전서》 시문집, 1799년 2월 18일 무렵

ⓦ 앞서 언급한 바와 같이 채제공은 1799년 1월 18일 타계했으며 정약용이 만사를 지은 것은 다음 달 장례일(유월장踰月葬 추정)에 즈음하여, 황주에 머무르던 때인 2월 18일 무렵이라고 추정하였다.208) 제문祭文을 지은 시기도 동일하였을 것으로 여겨진다.

3월 20일 이후~3월 말(추정): 정조의 명으로 황해도를 안찰하다.

(가) "三月 奉本道按察密旨 是時 公爲黃州迎慰使 留黃五旬 上密諭廉察道內 守令臧否 及餼賓諸弊 先是 道內有二疑獄 及是密奏之 上諭監司査審 監司李義駿差谷山行査 二獄皆結" _《사암연보》 104쪽

ⓦ 대략 1799년 3월 20일 무렵까지 황주에 영위사로 있었을 것이므로(留黃五旬), 황해도 안찰의 명을 받고 황해도 지역을 안찰한 것은 대략 이후 1799년 3월 하순으로 보아야 할 것이다. 따라서 곡산에 돌아온 것은 1799년 3월 말 무렵으로 추정된다. 1799년 4월 2일 두 아들을 데리고 마하탄 등지로 유람을 갔다(4월 2일 조 참조). 위 인용문 가운데 "先是 道內有二疑獄 及是密奏之 上諭監司査審 監司李義駿差谷山行査 二獄皆結"은 1798년 겨울에 있었던 이인화·이인번 형제의 선파璿派 족보 위조 사건을 가리키는 것으로 보아야 할 것이다(1798년의 저작과 활동 부분 참조).

3월 28일: 정조가 "丁未應製上舍生…丁若鏞" 등에게 각기 새로 인쇄한 《太學銀

---

208) 조성을, 위의 책, 127쪽 참조.

杯詩集》을 1부씩 보내라고 명하다.

(가) "傳于徐龍輔曰 新印太學銀杯詩集······ 丁未應製上舍生···丁若鏞「「「各頒一
件" 《승기》 정조 23년 3월 28일

✿《太學銀杯詩集》에는 정미년(1787) 성균관의 상사생上舍生으로서 정약용이
올린 응제시應製詩도 포함되어 있었을 것으로 추정된다. 따라서 위와 같은
명령이 내렸고 곡산으로 이 책이 전달되었을 것으로 추정된다.

3월 말(추정): 안찰 임무를 마치고 곡산으로 돌아오다.

(가) 〈農兒壙誌〉(農兒孕於谷山 生於己未十二月初二日 死於壬戌十一月三十
日) _《전서》 시문집, 1802년 12월 추정

✿ 정약용은 도합 1799년 2월 초부터 3월 20일 무렵까지 5순(50일) 동안 황
주로 파견 나가 있었으며, 3월 하순에는 국왕의 명으로 황해도 지역을 안
찰하였다. (가)에서 "農兒孕於谷山 生於己未十二月初二日 死於壬戌十一月三十日"
이라고 한 것을 보면 농아農兒는 대략 1799년 4월 초 수태된 것으로 볼 수
있다(1799년 12월 초 한양에서 출생). 따라서 그전에 정약용이 곡산에 돌아와
있어야 한다. 즉 3월 말쯤 곡산에 돌아오자 곧이어 수태된 것이다(1799년은
3월 말일이 30일). 그리고 바로 다음 날 4월 2일 정약용은 두 아들을 데리고
곡산 인근 창옥동 등으로 놀러갔다(수태는 3월 30일이나 4월 1일). 4월 1일 돌
아왔다면 바로 다음 날 두 아들을 데리고 유람가기는 어려웠을 것이다. 따
라서 정약용은 늦어도 1799년 3월 30일에는 곡산에 돌아와 있었다고 보아
야 할 것이다.

4월 2일: ① 두 아들을 데리고 마하탄摩訶灘에서 배를 타고 서창西倉을 거쳐
창옥동蒼玉洞에 이르다. ② 마하탄으로 돌아와 숙박하다(추정).

(가) 〈蒼玉洞記〉 _《전서》 시문집, 1799년 4월 3일 이후 추정
(나) 〈觀寂寺記〉 _《전서》 시문집, 1799년 4월 3일 이후 추정

✿ (나)에 따르면 창옥동에서 돌아와 마하탄에 이르자 두 아들(정학연, 정학
유)이 관적사觀寂寺에 가자고 하여 갔다고 하였다. 관적사에 간 날짜가
1799년 4월 3일이므로(4월 3일 조 참조), 창옥동에 놀러간 것은 1799년 4월 2

일이 된다. 4월 2일 밤은 마하탄에서 숙박하였을 가능성이 있다. 그랬다면 다음 날 바로 이 마하탄에서 관적사로 출발하였을 것이다.

4월 3일: ① 두 아들의 부탁으로 오연을 지나 관적사에 함께 가다. ② 도중에 확연폭포를 보다. ③ 관적사에서 숙박하다.

(가) 〈四月三日游觀寂寺 二兒隨之〉 _《전서》 시문집, 1799년 4월 3일

(나) 〈觀寂寺記〉 _《전서》 시문집, 1799년 4월 4일 이후 추정

✾ 1799년 4월 4일 곡산 관아에 돌아온 것으로 추정되므로(4월 4일 부분 참조) (나)를 지은 것은 4월 4일 이후가 된다. (가)는 제목으로 보아서 4월 3일 작임을 알 수 있다.

4월 4일: ① 다시 확연폭포를 보다. ② 곡산 관아로 돌아오다.

(가) 〈觀寂寺記〉 _《전서》 시문집, 1799년 4월 6일 이후 추정

(나) 〈自鑊淵東見…〉 _《전서》 시문집, 1799년 4월 4일

✾ 〈觀寂寺記〉에 의거해 〈四月三日游觀寂寺 二兒隨之〉에 바로 이어지는 두 시 〈鑊淵瀑布歌〉와 〈自鑊淵東見…〉도 이날 4월 3일 작품이라고 하였는데,[209] 4월 4일에도 확연폭포를 보았으므로 〈自鑊淵東見…〉은 1799년 4월 4일 작일 가능성이 크다. 4월 4일 확연폭포를 본 뒤에 관아로 돌아왔을 것이다.

4월 5일 이후(추정): 장일인張逸人의 계정溪亭에 가서 제시題詩를 써주다.

(가) 〈題張逸人溪亭〉(在鳳鳴坊 朝陽里) _《전서》 시문집, 1799년 4월 5일 이후 추정

(나) 〈張天慵傳〉 _《전서》 시문집, 1799년 7월 추정

✾ 1799년 4월 4일 곡산 관아로 돌아왔으므로 4월 4일 당일은 장일인을 찾기가 어려웠을 것이다. 따라서 1799년 4월 5일 이후라고 추정하였다. 봉명방鳳鳴坊 조양리朝陽里는 곡산에 있으며 장일인이 누구인지는 알지 못한다. 장일인에 대한 이야기가 바로 (나)이다. (나)는 곡산에서 돌아온 지 몇 달 뒤에 지은 것이므로 시기가 대략 "1799년 7월"로 추정된다.

---

209) 심경호, 2007, 366쪽.

4월 5일 이후(추정): ① 월현령月峴嶺 아래에 늦게 배를 대다. ② 월현령 부근
에서 숙박하다(추정).

(가) 〈山行書懷〉 _《전서》 시문집, 4월 5일 이후 추정

(가) 〈輓泊月峴嶺下〉 _《전서》 시문집, 4월 5일 이후 추정

🖋 〈題張逸人溪亭〉(在鳳鳴坊 朝陽里; 1799년 4월 5일 이후 추정) 바로 뒤에 (가)와
(나)의 시가 배치되어 있다. 따라서 (가)와 (나) 시의 저작 시기를 1799년 4
월 5일 이후로 추정하였다. 산행을 한 것, 장일인을 방문한 것, 월현령 아
래 늦게 정박한 것은 같은 일이었을 수도 있다. 월현령에 늦게 배를 대었
다면 이날 밤은 월현령 부근에서 숙박하였을 가능성이 있다.

4월 6일 이후(추정): 다시 고달굴高達窟에 가다.

(가) 〈重游高達窟〉 _《전서》 시문집, 1799년 4월 6일 이후 추정

🖋 (가)의 시는 〈輓泊月峴嶺下〉(1799년 4월 5일 이후 추정)의 바로 뒤에 배치되
어 있다. 월현령 아래 정박한 것은 늦은 시간이었으므로 이날 고달굴에 바
로 가기는 어려웠을 것이다. 따라서 1799년 4월 6일 이후로 시기를 추정하
였다. 〈高達窟記〉에 따르면 1797년 곡산에 부임한 지 몇 달 뒤(1797년 8월 무
렵)에 살인강도를 잡으러 고달굴에 간 적이 있고, 다음 해 봄에도 두 아들
과 두 손님을 대동하고 고달굴에 간 적이 있다. 1799년 4월에 간 것은 세
번째이다.

4월 10일 이후: ① 갈현동葛玄洞(곡산 부근)에 들어가다. ② 입암사立巖寺
를 방문하다. ③ 입암사에서 숙박하다(추정).

(가) 〈入葛玄洞〉 _《전서》 시문집, 1799년 4월 10일 이후 추정

(나) 〈下嶺訪立巖寺 値雨〉 _《전서》 시문집, 1799년 4월 10일 이후 추정

🖋 〈重游高達窟〉(1799년 4월 6일 이후 추정) 바로 뒤에 (가)와 (나)의 시가 배치
되어 있고, (가)와 (나) 두 시의 바로 뒤에 〈承詔赴京 於政堂宴集 留別諸生〉 시
가 이어진다.[210] 시의 배치 위치로 보아서 갈현동과 입암사는 곡산 인근에

---

210) 조성을, 2004, 128~129쪽.

소재한 것으로 추정되지만, 정약용이 이 두 곳을 방문한 것이 고달굴에 갔을 때 함께 행해진 일이었는지는 명확하지 않다. 어쨌든 고달굴에 간 이후 어느 시점에 갈현동과 입암사에 간 것은 분명하다. 일단 고달굴에 간 일과 갈현동 · 입암사에 간 것을 서로 분리된 일로 보기로 한다. 고달굴에서 당일 곡산에 돌아오는 것이 어려웠을 것이다. 따라서 고달굴에서 곡산에 돌아온 날은 1799년 4월 7일 이후가 된다. 또 고달굴에서 곡산 관아에 돌아온 날에 갈현동과 입암사에 가기도 어려웠을 것이며, 4월 9일은 아버지의 기일이기 때문에 4월 8일 출발하였다고 보기는 어렵다. 그리고 4월 9일 새벽에는 직접 제사에 참석하지는 못하더라도 어디에 놀러가지는 않고 관아의 숙소에 머무르고 있었을 것이다. 따라서 갈현동에 들어간 것을 1799년 4월 10일 이후로 추정하였다.

4월 24일: 조정에서 내직內職으로 옮기고 병조참지에 제수되다.

(가) "四月(卄四日) 兵曹參知除授(前望也趙德潤代余爲谷山)" _《다산연보》 15쪽

(나) "四月(二十四日)內移 除兵曹參知" _《사암연보》 104쪽

(다) "兵曹參知前望單子入之 丁若鏞落點" _《승기》 정조 23년 4월 24일

⚖ 조정의 이 명령이 곡산에 전달된 것은 빨라도 1799년 4월 26일 무렵이었을 것이다.

4월 27일: ① 부호군副護軍에 단부되다. ② 대사간大司諫 신헌조申獻朝가 이가환과 더불어 정약전을 탄핵하다.

(가) "兵批…副護軍丁若鏞…已上竝單付" _《승기》 정조 23년 4월 27일

(나) "申獻朝疏曰…家煥之父祖 當初贈職…家煥之濫除正卿 亦多少年矣 而前後銓官 未曾有改贈之論 則公議之難愼 槪可知也" _《승기》 정조 23년 4월 27일

⚖ (가)와 (나)를 보면 이날 1799년 4월 27일 승정원에 올라온 신헌조의 상소문에는 이가환에 대한 언급은 있으나, 정약전에 대한 언급은 없다. 아마도 《승정원일기》에서 요점만 초록하였기 때문으로 여겨진다. 그러나 1799년 4월 29일 정약전이 사직을 청하여 허락받는 것으로 보아서 정약전도 탄핵하였다고 추정할 수 있다. 정약전을 언급한 것에는 정약용을 공격하

려는 의도도 내포된 것으로 볼 수 있겠다.

4월 29일: 둘째형 정약전(당시 병조좌랑)이 신병을 이유로 사직을 청하여 허락받다.

(가) "本朝佐郎丁若銓 身病猝重 呈狀乞遞" _《승기》정조 23년 4월 29일

◉ 아마도 1799년 4월 27일 승정원에 올라온 신헌조 상소문에 정약전 자신에 대한 언급이 있었기 때문에 사직을 청한 것으로 여겨진다. 정조는 채제공의 타계 후 남인측을 다시 정비할 필요가 있었고, 이를 위해 정약용을 곡산에서 내직으로 부르고 이기환을 다시 중용할 계획을 가졌던 것으로 보인다. 이에 대한 노론계의 견제책의 하나가 1799년 4월 27일 신헌조의 상소문이었던 것으로 여겨진다. 신헌조의 상소문은 이가환 선대先代의 추증追贈 문제에 이의를 제기한 것이며 이 문제는 1799년 7월 28일 다시 정조가 자리한 가운데 조정에서 논의되었다.[211]

5월 2일(또는 1일 추정): 곡산 정당政堂에서 송별연을 받다.

(가) 〈承詔赴京 於政堂宴集 留別諸生〉 _《전서》시문집, 1799년 5월 2일 또는 3일

◉ 조정의 명이 곡산에 도달된 것은 빨라도 1799년 4월 26일이었을 것이고, 뒤에서 볼 것처럼 곡산을 출발하는 것은 1799년 5월 3일이다. 따라서 송별연은 곡산에서 1799년 5월 2일(또는 1일)에 열렸을 것이다.

5월 3일(추정): 곡산을 출발하다.

(가) "李集斗啓曰 新除授同副承旨丁若鏞時在黃海道谷山府任所" _《승기》정조 23년 5월 4일

◉ 정약용이 한양에 들어온 것은 1799년 5월 5일이다(5월 5일 부분 참조). 5월 5일에서 역산하면 대략 1799년 5월 3일 곡산을 출발한 것이 된다(길을 서둘렀을 것임). 1799년 5월 4일《승정원일기》에 아직 곡산 임소에 있다고 하였다(5월 4일자 참조). 5월 4일 현재 한양 대궐에 도착해 있지 않았기 때문에 이런 보고를 한 것이라고 생각된다. 5월 5일에 서울에 급히 올라온다고

---

211)《승기》정조 23년 7월 28일 자 참조.

생각하면 곡산 출발은 1779년 5월 3일로 보는 것이 타당하다.

5월 4일: ① 서울로 오는 도중에 동부승지同副承旨에 제수되다. ② 이집두李
集斗가 정약용에 대하여 계를 올려 아직 곡산부사 해유解由를 제
출하지 않았으니 어떻게 처리할까 국왕에게 품의하자 구애받지
말라고 하다. ③ 이집두가 새로 동부승지에 임명된 정약용이 아
직 곡산 임소에 있으니 속히 올라오라고 하유下諭하는 것이 어
떨까 묻자 국왕이 허체許遞하고 전망 단자를 들이라고 하다. 이
것은 동부승지에서 체직한다는 뜻이다. ④ 부호군副護軍에 단부
되다.

(가) "五月 (初四日) 同副承旨除授 (在道有命 遞付副護軍)" _《다산연보》15쪽

(나) "在途(五月初四日) 又除同副承旨 遞付副護軍" _《사암연보》104-105쪽

(다) "承旨前望單子入之 丁若鏞落點" _《승기》 정조 23년 5월 4일

(라) "李集斗啓曰 新除授同副承旨丁若鏞 以前任谷山府使 方在解由未出中
何以爲之 敢稟 傳曰 勿拘" _《승기》 정조 23년 5월 4일

(마) "李集斗啓曰 新除授同副承旨丁若鏞時在黃海道谷山府任所 速乘馹上來
事下諭 如何 傳曰 許遞 前望單子入之" _《승기》 정조 23년 5월 4일

(바) "僉知徐榮輔 副護軍丁若鏞 竝單付" _《승기》 정조 23년 5월 4일

5월 5일: 서울에 들어오다(늦은 시각 추정).

(가) "(初五日) 除刑曹參議除授(中批也)" _《다산연보》15쪽

(나) "入城(初五日) 除刑曹參議" _《사암연보》105쪽

🕮 (가)와 (나)에 따르면 서울에 도착한 날짜는 1799년 5월 5일이다. 1799년
5월 6일에 형조참의에 임명되므로(5월 6일 부분 참조) 일단 5월 5일에는 서
울(한양)에 도착한 것으로 추정된다.《다산연보》와《사암연보》에서 5월 5
일이라고 한 것은 서울에 들어온 날짜를 가리키고, 다음 날 5월 6일에 입
궐하여 형조참의에 제수되었다고 보는 것이 온당하다. 물론 형조참의에
제수할 것이니 다음 날 입궐하라는 명령은 5월 5일에 받았을 수 있다. 도
착한 날짜인 1799년 5월 5일에서 역산해 보면 곡산을 출발한 것은 5월 3일

로 보는 것이 타당하다(행로를 서둘렀을 것으로 추정됨).

5월 6일: 형조참의에 제수되어 바로 입시하다.

(가) "刑曹堂上前望單子入之 參判金熙朝 參議丁若鏞 落點" _《승기》정조 23년 5월 6일

(나) "(初五日)除授刑曹參議(中批也)" _《다산연보》15쪽

(다) "入城 (初五日)除刑曹參議" _《사암연보》105쪽

(라) "旣除秋曹 "促令入侍" 及入侍 敎曰 初欲待今秋召還 適玆亢旱 欲審理冤獄 予見海西疑獄 再有査啓 其文殊明皦切實 不意章句之儒 能知獄吏之事 故卽召還 顧謂判書趙尙鎭 曰卿但高枕 付之參議 可也 _《사암연보》105쪽에서 《竹菴漫筆》인용

ⓥ 《승정원일기》에 따르면 형조참의에 낙점된 것은 5월 6일이다. 《다산연보》와 《사암연보》에서 "初五日"이라고 한 것은 착오이다. (라)의 기록은 원래 《竹菴漫筆》에 있던 것을 《사암연보》에서 인용한 것이다. 《사암연보》 초고본을 보면 《사암연보》가운데 상당 부분이 《竹菴漫筆》에서 인용한 것임을 알 수 있다.

5월 7일: 패초牌招로 입시하다.

(가) "旣除秋曹 促令入侍 及入侍 敎曰 初欲待今秋召還 適玆亢旱 欲審理冤獄 予見海西疑獄 再有査啓 其文殊明皦切實 不意章句之儒 能知獄吏之事 故卽召還 顧謂判書趙尙鎭 曰卿但 高枕 付之參議 可也" _《사암연보》105쪽에서 《竹菴漫筆》인용

(나) "以刑曹參議丁若鏞牌招不進 罷職傳旨 傳于金祖淳曰 只推 更爲牌招" _《승기》정조 23년 5월 7일

(다) "己未五月初七日辰時 上御誠正閣 命書揚敎曰 刑曹參議丁若鏞 解由勿拘 仍以前牌催促 使之赴坐會" _《승기》정조 23년 5월 7일

ⓥ 위의 사료들을 보면 1799년 5월 7일 처음 패초에는 해유가 아직 완료되지 않았다는 이유로 일단 불응하였다가, 이날 다시 패초가 있자 바로 입시하였다고 여겨진다.

5월 12일: ① 중희당에서 밤에 정조를 알현하여 삼경을 넘다. ② 정조의 하문에 따라서 황해도의 지칙사支勅事 및 둔우사屯牛事에 대하여 구두로 보고하고 허락을 받다.

(가) "李集斗啓曰 行刑曹判書趙尙鎭 參判金熙朝 參議丁若鏞 戶曹判書趙鎭寬 有司堂上依下敎 來待矣 傳曰 入侍" 《승기》 정조 23년 5월 12일

(나) "己未五月十二日卯時 上御誠正閣…上曰 來待人入侍…刑曹判書趙尙鎭·參判金熙朝·參議 丁若鏞 有司堂上趙鎭寬·李書九 偕入進伏…尙鎭曰…咸奉連之獄 更爲溯考文案 則事有 疑端…自明日從頭更爲理會" 《승기》 정조 23년 5월 12일

(다) "己未五月十二日戌時 上御重熙堂…若鏞曰 臣於支勅勘簿事 竊有愚見 敢此仰達矣…若鏞曰 臣在海西時 椒島屯牛事 旣有所聞 故敢此仰達矣" 《승기》 정조 23년 5월 12일

(라) 〈重熙堂夜對 退而有作〉(五月 十二日) 《전서》 시문집, 1799년 5월 13일 새벽 3경 이후

(마) "一日黃昏時 特召入對于重熙堂 上曰 今日之召 非爲刑曹事也 今從海西來 本道邑弊民瘼 其詳言之 於是 陳支勅事 及屯牛事 皆蒙允 其餘閒話 不敢盡記 筵退 夜已三更矣" 《사암연보》105쪽

🖐 (가)와 (나)에 따르면, 1799년 5월 12일 묘시卯時에 정조는 성정각에 가서 신하들의 알현을 받은 뒤, 밖에서 대기하고 있던 형조판서 조상진, 형조참판 김희조, 형조참의 정약용 및 유사당상 조진관·이서구를 입시하도록 하였다. 이때 조상진이 함봉련의 의옥疑獄을 보고하여 정조에게 내일부터 처음부터 다시 조사하라는 명을 받았다. 한편 (다), (라), (마)를 종합해서 생각해 보면 (라)에서 말하는 "重熙堂夜對"는 1799년 5월 12일로 보아야 한다. 성정각에서 회의를 마친 뒤 정조가 술시(저녁8~10시)에 중희당으로 이동하였고, (마)에서 "今從海西來 本道邑弊民瘼 其詳言之 於是 陳支勅事 及屯牛事 皆蒙允"이라고 한 것으로 보아, 이 자리에서 정조의 하문에 따라서 황해도의 지칙사 및 둔우사에 대하여 구두로 보고하였다고 볼 수 있다. (다)에 따르면, 지칙사와 둔우사를 논한 것이 정조가 묘시에 중희당에서 간 이후임이 분명하다. (라)의 "重熙堂夜對"는 (마)의 일을 가리키는 것으로 볼 수 있기 때문

이다. 이날 밤 3경이 되도록 국왕과 대화하였으므로 중희당을 나온 것은 더 구체적으로는 5월 13일 새벽 삼경 이후가 된다. 따라서 (라)의 시를 지은 것은 1799년 5월 13일 새벽(3경 이후)이 된다.

5월 13일(또는 14일 추정): ① 초도둔우사椒島屯牛事에 대한 장계를 올리다. ② 지칙감부사支勅勘簿事에 대한 장계를 올리다.

(가) 〈論椒島屯牛事啓〉(己未五月) _《전서》시문집, 1799년 5월 13일 또는 14일

(나) 〈論支勅勘簿事啓〉 _《전서》시문집, 1799년 5월 13일 또는 14일

✦ (가)에 "己未五月"이라고 시기가 붙어 있으므로 (가)는 1799년 5월 작임이 분명하다. 1799년 5월 12일 밤에 중희당에 입시하여 "초도둔우사椒島屯牛事"와 "지칙감부사支勅勘簿事"를 구두로 정조에게 아뢰었다. 1799년 5월 13일 새벽(삼경 이후) 중희당을 나온 뒤 이 두 문제에 대하여 동시에 장계를 올린 것으로 볼 수 있다. 정약용의 성격상 귀가하지 않고 바로 형조로 출근하여 (가)와 (나)를 작성하여 1799년 5월 13일 당일 올렸을 가능성이 크다. 당일이 아니었더라도 13일 새벽 중희당을 나온 뒤 늦어도 다음 날 14일에는 올렸을 것이다.

5월 22일: 사복시司僕侍의 제1 및 제2 제조提調가 정약용의 〈論椒島屯牛事啓〉로 말미암아 의론하여 계를 올리다.

(가) "一日黃昏時 特召入對于重熙堂 上曰 今日之召 非爲刑曹事也 今從海西來 本道邑弊民瘼 其詳言之 於是 陳支勅事 及屯牛事 皆蒙允 其餘閒話 不敢盡記 筵退 夜已三更矣" _《사암연보》105쪽

(나) "議啓曰 因谷山府使丁若鏞所啓 椒島屯牛" _《승기》정조 23년 5월 22일

(다) 〈論椒島屯牛事啓〉 _《전서》시문집, 1799년 5월 13일 또는 14일

✦ 1799년 5월 22일에 (다)에 의거하여 사복시의 제조들이 의논하여 계를 올린 것이 5월 22일이므로, 정약용이 (다)를 올린 것은 적어도 5월 22일 이전이라고 보아야 한다. 1799년 5월 12일 밤 정조에게 황해도의 지칙사 및 둔우사에 대하여 구두로 의견을 개진하여 그 자리에서 허락을 받은 뒤 바로(당일 13일 또는 다음 날 14일) 이에 대한 공식 문서를 만들어 (다)는 관련

기구인 사복시에, 〈論支勅勘簿事啓〉는 다른 관련 기구(호조 또는 예조)에 올렸을 것이다. 이 가운데 초도둔우사에 대하여 사복시 제조들이 논의하여 1799년 5월 22일 계를 올린 것으로 볼 수 있다. 아마도 지칙감부사도 관련 기구에서 논의하였을 것이다.

한편 《여유당집》 잡문 전편(제2책 제3권)에는 〈論支勅勘簿事啓〉(1799년 5월 중순 추정)에 이어서 〈論咸奉連獄事啓〉 및 〈神德王后康氏谷山本宮形止啓〉(1799년 5월 중순 추정)가 실려 있다. 이 두 편의 계도 〈論支勅勘簿事啓〉와 동시에 함께 올렸거나 또는 바로 이어서 올렸을 가능성이 크다. 〈神德王后康氏谷山本宮形止啓〉가 곡산의 신덕왕후 본궁의 상황을 보고한 것이기 때문이다. 1799년 8월 16일 곡산에 신덕왕후기적비가 건립된다(1799년 8월 16일 조 참조). 이는 정약용의 〈神德王后康氏谷山本宮形止啓〉에 따른 것으로 보아야 할 것이다.

5월 24일: 이서구, 김희조 등과 함께 입시하여 국왕에게서 명을 받다.

  (가) "有司堂上 李書九 刑曹參判 金熙朝 參議 丁若鏞 皆入進伏" _《승기》 정조 23년 5월 24일

5월 하순(또는 6월 초순 추정): 이창린李昌麟 횡령 사건을 해결하다.

  (가) "李昌麟者僞傳…京囚咸奉連者爲殺獄正犯…上卽日白放…申著實者黃州民也…著實遂得酌放" _《사암연보》 111~112쪽

  (나) 〈論咸奉連事啓〉 _《전서》 시문집, 1799년 7월 19일

  🖙 (가)에 따르면, 1799년 5월 귀경하여 형조참의에 임명된 이후 행한 일에 대한 언급이 있다. 이창린 횡령 사건, 함봉련咸奉連 살인 피의자 문제, 신착실申著實 사건(申著實者 黃州人也) 등이다. 이 일들을 처리한 것은 대략 1799년 5월 하순에서 7월 중순 사이로 보인다. 이 가운데 이창린 횡령 사건 처리는 대략 5월 하순(또는 6월 초순)에 이루어진 것으로 여겨진다. 《승정원일기》에 따르면, 1799년 6월 15일 정약용이 병이 중하여졌다는 기록이 있고 대계臺啓에 인혐引嫌하여 1799년 6월 22일 사직 상소를 올렸다. 하지만 함봉련 사건에 대하여는 1799년 7월 19일 (나) 장계를 올렸다.

6월 12일: 민명혁閔命爀이 상소하여 정약용을 탄핵하다.

(가) "閔命爀上疏曰…刑曹參議 丁若鏞 施以刊削之典 宜矣" 《승기》정조 23년
6월 12일

🜊 1799년 4월 29일 정약전은 병조좌랑에서 물러났다. 이것은 4월 27일 신헌조의 상소에 따른 것으로 보인다. (가)에 따르면, 민명혁은 정약용의 형인 정약전이 탄핵을 받고 물러났음에도 정약용이 그대로 조정에 앉아 있다고 비난하는 상소를 올린 것이다. 이것은 천주교도 이존창李存昌과 이가환·정약전을 연관 지으며 정약용까지 얽어 넣으려고 한 것이다. 뒤에서 볼 것처럼, 정약용은 1799년 6월 22일 형조참의 사직을 청하는 상소를 올렸고 7월 26일 체직이 허락되었다.

6월 14일(추정): 〈神德王后康氏谷山本宮形止啓〉를 작성하여 정조에게 올려 곡산에 비각을 세우라는 명을 받다.

(가) "貞陵誕日 卽六月十四日 忌辰卽八月十三日 此時俯詢 亦不偶然哉"〈神德王后康氏谷山本宮形止啓〉_《전서》시문집, 1799년 6월 14일 추정

(나) "八月旣望 適値神德忌日 上綿延興感 命於龍淵石柱之傍 建碑立閣 以記其蹟"〈跋神德紀績碑帖〉_《전서》시문집, 1799년 8월 16일

(다) "進神德王后康氏本宮事 特蒙立碑閣" _《사암연보》108쪽

🜊 (가)의 인용문에 보면 태조 이성계의 계비인 신덕왕후(신천 강씨康氏)의 탄생일이 6월 14일로 되어 있으므로, 문맥상 6월 14일 신덕왕후에 대한 정조의 하문이 있었던 것으로 여겨진다. 기일인 8월 16일[(가)에는 13일로 되어 있으나 16일의 착오]은 정약용이 이미 형조참의를 사직한 뒤이고, 《사암연보》에 따르면 장계를 올린 일은 형조참의 재직 때의 일이다. 1799년 6월 14일 정조의 하문이 있었으므로, 정약용의 성격상 당일 장계를 올린 것으로 추정하였다. (나)에 따르면 신덕왕후의 기일은 8월 16일(기망旣望)이다. "기망"이라는 표현으로 보아 오류가 있기 어려우며, (가)에서 "十三"은 필사과정에서 "十六"의 착오로 보아야 할 것이다. (나)에 따르면 정조는 신덕왕후의 기일을 맞이하여 1796년 8월 16일에 용연龍淵(곡산 소재)에 비각을 세우도록 하였다(1799년 8월 16일 조 참조).

6월 15일: 형조참의 정약용이 신병이 갑자기 중하여졌다고 보고하다.

(가) "以參議丁若鏞 身病卒重" _《승기》정조 23년 6월 15일

Ⓦ 1799년 6월 15일에 정약용의 병이 갑자기 위중해졌다는 기록은 실제로 그랬을 수 있겠지만, 6월 12일 민명혁의 탄핵 상소가 있자 며칠 생각하여 본 뒤에 사직 상소를 올리기 앞서서 사태를 관망하기 위하여 이렇게 보고 한 것이 아닌가 여겨진다.

6월 22일: 형조참의 사직을 청하는 상소를 올리다.

(가) "六月因臺言 上疏自明 乞遞時 上眷注方隆 數被召對 夜分乃罷 大司諫申
獻朝啓請 某某人等推治 巽菴公亦在啓中… 閔命爀疏斥 以冒嫌赴坐 公乃
上疏 自明違召 閱月始得遞" _《사암연보》112쪽

(나) "以刑曹參議丁若鏞 牌不進罷職傳旨" _《승기》정조 23년 6월 22일

(다) 〈辭刑曹參議疏〉 _《전서》시문집, 1799년 6월 22일

(라) 〈遭臺參陳疏乞解日書懷〉 _《전서》시문집, 1799년 6월 22일

Ⓦ 《승정원일기》와 《사암연보》에 따르면 1799년 6월 22일 자명소(〈사형조 참의소〉)를 올리고 체직을 구하였다(한 달 이상이 지난 1799년 7월 26일에 체직 을 허락함). (라)는 이날 1799년 6월 22일 사직소를 올리고 나서 소회를 읊은 시이다.

6월 23일: 다시 불러도 오지 않아 파직한다는 전지를 내리다.

(가) "以刑曹參議丁若鏞再牌招不進 罷職傳旨" _《승기》정조 23년 6월 23일

Ⓦ 1799년 6월 22일 사직소를 올렸지만 형조참의로서의 일은 계속하고 있 었다고 생각된다. 7월 19일에 〈論咸奉連獄事啓〉를 올려 함봉련이 당일 즉각 석방되었다(7월 19일 부분 참조).

7월 16일: 채홍원에게 편지를 쓰다.

(가) 〈答蔡邇叔〉(제3서)(七月 旣望) _《전서》시문집, 1799년 7월 16일

Ⓦ 필자가 1796년 7월 16일일 가능성이 크다고 추정한 바대로,[212] 1799년 7 월 16일일 가능성이 더 크다. 아마도 자신의 진퇴 문제를 놓고 이 당시 채

홍원과 상의하고 있었던 듯하다.

7월 19일: 정약용의 재조사로 억울하게 살인자가 되었던 함봉련이 석방
되다.

(가) "己未 七月十九日 辰時 上於誠正閣 諸承旨入侍時…(洪)義浩讀奏京畿監
査徐鼎修啓本楊州牧殺獄罪人咸奉連獄事 査實馳啓事" 〈論咸奉連獄事啓〉
_《전서》 시문집, 1799년 7월 19일

✲ (가)는 형조참의에 임명된 뒤 의옥疑獄으로 7년 동안 갇혀 있던 함봉련
의 조서를 검토하여 정조에게 보고한 것으로, 정조는 당일 즉시 석방하도
록 하였다.213) 앞서 1799년 5월 12일 조에서 살폈듯이 정조가 재조사의 명
을 내린 것은 5월 12일이다. (나)에 따르면 재수사 보고서는 경기감사 서정
수徐鼎修의 계본啓本으로 되어 있으나, (가)를 볼 때 실제 조사자는 정약용
이었다고 하여야 할 것이다. 당일 석방된 것이므로 함봉련의 석방일은
1799년 7월 19일이 된다. 《승정원일기》에 따르면 이날 정약용은 성정각에
입시하지 않았다. 아직 체직되지는 않았으나(뒤에 볼 것처럼 7월 26일 체
직), 1799년 6월 22일에 이미 사직소를 올린 상태라서 입시하지 않았으며
경기감사를 경유하여 보고한 것으로 여겨진다.

7월 19일 이후(26일 이전 추정): 신착실 사건에 대하여 조사, 보고하여 국왕
의 석방 명령이 내리다.

(가) 《사암연보》, 110~112쪽.

✲ (가)에 따르면 형조참의로서 한 일의 순서가 이창린, 함봉련, 신착실 사
건의 처리로 되어 있으며, 형조참의 체직이 허락된 것은 7월 26일이다. 따
라서 신착실 사건을 해결한 날짜는 7월 19일~26일 사이가 된다.

7월 26일: 체직을 허락하다.

(가) "至七月二十六日 以刑曹坐不坐單子 傳曰 懸病參議 許遞" _《사암연보》117쪽

---

212) 조성을, 2004, 323쪽.
213) 조성을, 위의 책, 256쪽.

7월 27일: 정약용이 부호군副護軍 군직에 단부되다.

(가) "副護軍丁若鏞…單付" 《승기》 정조 23년 7월 27일

☯ 《승정원일기》 1799년 7월 27일의 기록에 따르면 체직(7월 26일) 다음 날 부호군에 단부되었다. 이것은 군직이 있어야 곧 다시 다른 자리에 임명할 수 있고 봉록을 받을 수 있기 때문으로 생각된다.

7월 말(또는 8월 1일): 집에 머무르며 시를 짓다.

(가) 〈竹欄遣興〉 _《전서》 시문집, 1799년 7월 말 또는 8월 1일 추정

☯ (가)는 7월 26일에 체직이 허락된 뒤 명례방 죽란(자택)에 머무르며 지은 시로 볼 수 있다. 1799년 7월 말로 추정되지만 8월 1일이었을 수도 있다.

8월 1일(추정): 맏형 정약현의 시에 차운하여 편지 형식의 시를 써서 보내다.

(가) 〈次韻奉簡伯氏〉 _《전서》 시문집, 1799년 8월 1일 추정

☯ 〈竹欄遣興〉(7월 말 또는 8월 1일)의 바로 뒤에 (가)의 시가 배치되어 있다. 1799년 8월 1일로 추정한 것은 8월 2일 둘째형 정약전의 낙향에 동행하였기 때문이다. 맏형 정약현에게 미리 편지로 소식을 알린 것으로 추정된다.

8월 2일: ① 둘째형 정약전이 솔가하여 낙향하는 길에 동행하다. 이때 윤무구도 동행하다. ② 이날 밤 평구平邱에서 묵다.

(가) 〈八月二日 因仲氏挈眷東還 同尹无咎 上舟偕行〉 _《전서》 시문집, 1799년 8월 2일

(나) 〈宿平邱〉 _《전서》 시문집, 1799년 8월 2일 밤 추정

☯ 1799년 8월 2일에 정약전이 고향으로 돌아가는 길에 정약용과 동행하였음을 (가)를 보아 알 수 있다. 정약용과 마찬가지로 반대파에게 공격을 당한 정약전이 관직을 물러나 8월 2일 낙향한 것으로 볼 수 있다. (나)의 시로 보아서 이날 밤 평구에서 묵은 것으로 판단된다.

8월 3일 직후(추정): 고향 초천에 도착하다(추정).

(가) "仲氏之歸茗川也 名其齋曰每心 令余記之" 〈每心齋記〉 _《전서》 시문집, 1799년 8월 3일 직후 추정

🏵 1779년 8월 2일 밤 평구에서 자고 8월 3일 향리 초천에 당도하였을 것으로 생각된다. 초천에 돌아와 (가)를 지었다. 따라서 (가)는 1799년 8월 3일 도착 이후 지은 것으로 보아야 한다. 필자는 1799년 7월 말 형조참의에서 물러난 이후 1801년 2월 유배가기 전까지로 비정한 적이 있으나,[214] 더 좁혀서 1799년 8월 3일 정약전의 초천 귀향 직후로 보는 것이 더 타당하다고 생각된다.

8월 4일 이후(추정): 서울에 돌아오다.

🏵 적어도 1793년 8월 3일은 초천에 머물렀을 것이므로, 한양에 돌아온 것은 8월 4일 이후로 추정할 수 있다.

8월 5일 이후(추정): 서울에 돌아온 뒤 김상우金商雨를 생각하며 시를 짓다.
(가) 〈花下獨酌 憶金正言(商雨)簡寄〉 _《전서》 시문집, 1799년 8월 5일 이후 추정

🏵 1799년 8월 3일은 초천에 있었을 것이고 8월 4일 이후 서울에 돌아왔을 것으로 추정되며, 혼자 술을 마시고 있는 것으로 보아 적어도 서울에 돌아온 다음 날 이후의 시로 생각할 수 있다. 따라서 (가)는 8월 5일 이후의 시로 추정된다. 김상우의 향저는 충주에 있었다.

8월 6일 이후(추정): 하진백河鎮伯에게 부치는 시를 짓다.
(가) 〈次韻寄河進士〉(鎮伯) _《전서》 시문집, 1799년 8월 6일 이후 추정

🏵 위 시 (가)는 〈花下獨酌 憶金正言(商雨)簡寄〉의 바로 뒤에 있으므로 배열순서로 보아 역시 서울에 돌아온 뒤의 시로 추정된다. 〈花下獨酌 憶金正言(商雨)簡寄〉와 같은 날 같은 시는 짓지는 않은 것으로 상정하여 1799년 8월 6일 이후 작으로 추정하였다. 하진백이 누구인지는 알지 못한다.

8월 7일 이후(추정): 명례방 죽란(정약용의 집)에 한치응, 윤무구 등과 모이다.
(가) 〈菊花同倪父无咎竹欄宴集〉 _《전서》 시문집, 1799년 8월 7일 이후 추정

🏵 (가)의 시가 〈花下獨酌 憶金正言(商雨)簡寄〉(1799년 8월 5일 이후 추정) 및 〈次韻

---

214) 조성을, 2004, 279쪽.

寄河進士〉(진백진백; 1799년 8월 6일 이후 추정)의 뒤에 배치되어 있다.

8월 16일: 정약용의 청(6월 14일)에 따라서 이날 곡산 용연에 신덕왕후(태조 이성계의 계비)를 위한 신덕왕후기적비와 비각을 세우다.

(가) "貞陵誕日 卽六月十四日 忌辰卽八月十三日 此時俯詢 亦不偶然哉"〈神德 王后康氏谷山本宮形止啓〉_《전서》시문집, 1799년 6월 14일

(나) "八月旣望 適値神德忌日 上綿延興感 命於龍淵石柱之傍 建碑立閣 以記 其蹟 此其榻本也…今其碑已古蹟矣 遂裝爲帖 泣書其顚末"〈跋神德紀績 碑帖〉_《전서》시문집, 1799년 8월 16일 이후 추정

⚵ 신덕기적비의 비문의 탁본 밑에다 정약용이 발문으로 지은 것이 (나)이다. 비문은 1799년 8월 16일 비와 비각의 건립에 즈음하여 지었을 것이나, 발문을 쓴 것은 한참 뒤의 일이다(今其碑已古蹟矣 遂裝爲帖 泣書其顚末).

9월 일(추정):《押海丁氏家乘》을 완료하고 서문을 짓다.

(가) "己未秋…後孫若鏞 謹序"〈押海家乘序〉_《押海丁氏家乘》1799년 가을

⚵ 《가승》에 따르면 기미년(1799) 가을에 가승의 서문을 쓴 것으로 되어 있다. 1799년 8월 15일 전 어느 시점에 추석을 쇠기 위해 고향 초천에 내려왔을 것으로 추정된다. 초천에서 추석을 쇠고 돌아온 뒤 9월《家乘》정리 작업을 완료하여 서문을 썼을 것으로 여겨진다. 작업의 시작은 8월 초 둘째 형 정약전의 귀향 직후이며 정약용이 정약전을 모시고 초천에 갔다가 본인은 8월 4일 이후 서울에 돌아왔다. 서울에 돌아온 다음 바로 착수하였을 가능성이 크다.

한편 9월《가승》정리 작업을 완료한 뒤〈家乘遺事〉(1799년 9월 추정),〈先人遺事〉(1799년 9월 추정),〈傍親遺事〉(1799년 9월 추정),〈海左公遺事〉와 같은 일련의 가문 관련의 정리 작업을 하였을 것으로 여겨진다. 가문의 유사遺事 정리 작업과 같은 시기에〈樊翁遺事〉(1799년 9월 추정)와〈兵曹參判柳公(宜)遺事〉(1799년 9월 추정)도 저술하였을 가능성이 크다. 유의柳誼는 정약용이 1795년 금정찰방 시절 홍주목사여서 친분이 있게 되었다. 다만〈海左公遺事〉는 해좌 정범조의 타계 이후 지어졌을 것이다.

9월 하순(추정): 연행燕行 사신으로 가는 이기양, 그리고 연행 서장관書狀官으로 가는 한치응 및 한대연韓大淵(한치윤), 박종순朴鍾淳에게 전송하는 서序와 시를 지어 주다.

(가) 〈送李參判(基讓)使燕序〉 _《전서》시문집, 1799년 9월 하순 추정

(나) 〈送韓校理(致應)使燕序〉 _《전서》시문집, 1799년 9월 하순 추정

(다) 〈宋朴校理(鍾淳)使燕序〉 _《전서》시문집, 1799년 9월 하순 추정

(라) 〈送別韓倏父書狀官大淵進士赴燕〉 _《전서》시문집, 1799년 9월 하순 추정

(마) "諭赴京使臣" _《실록》정조 23년 7월 16일

🌀 (라)는 한치응과 한대연의 연행燕行을 전송하는 시이다. 이 시는 한치응과 한대연 두 사람에게 연행 직전 함께 써 준 것으로 보아야 할 것이다. 한편 (가), (나), (다)가 《여유당집》잡문 전편(제4책 제3권)에 실려 있는데, 이 시들도 모두 연행 출발 직전에 써 준 것으로 여겨진다. 《실록》에 따르면 정조가 연행 사신에 대한 하교를 내린 것은 1799년 7월 16일이다. 연행사는 정조의 하교가 있은 다음 바로 출발한 것이 아니라 준비 기간을 거쳐 대략 10월 초순에 떠났다. 출발 직전(1799년 9월 하순 추정) 일련의 서序 형식의 글을 이기양, 한치응, 박종순 등에게 준 것으로 볼 수 있다. 필자는 위 (라)와 서들의 저술 시기를 1799년 7월로 추정하였으나,[215] 1799년 9월 하순으로 보는 것이 타당하다. 한대연은 《해동역사》의 저자 한치윤이다. 정약용과 그가 교유가 있었음을 알 수 있다. 정약용은 나중에 우리 역사를 과거 시험 과목에 넣고 그 텍스트로 《해동역사》를 수정·보완하여 사용할 것을 생각하였다. 한대연은 집안 형님(4촌) 되는 한치응을 따라서 1799년 연행을 한 것이다. 박종순이 누구인지는 알지 못하지만, 기호남인계 인물로 보인다.

9월 하순(추정): 금강산 유람 가는 심규로沈奎魯와 이중련李重蓮에게 서序를 써 주다.

(가) 〈送沈(奎魯)校理·李(重蓮)翰林游金剛山序〉 _《전서》시문집, 1799년 9월 하순 추정

---

215) 조성을, 2004, 130쪽과 274쪽.

✿《여유당집》잡문 전편(제4책 제3권)에는 〈宋朴校理(鍾淳)使燕序〉(1799년 8월 8일 이후)에 바로 이어서 (가)가 실려 있다. 이 글은 〈宋朴校理(鍾淳)使燕序〉에 이어서 1799년 9월 하순에 써 준 것으로 볼 수 있다. 금강산 유람은 음력 10월 이후 출발하게 되면 늦어지게 되기 때문이다.

10월 일: 조화진趙華鎭이 이가환, 정약용을 무고하다.

(가) "十月 有趙華鎭誣告言 李家煥·丁某等 陰主西敎 謀爲不軌 忠淸監司李泰永 有密奏 上特以誣書示之 又令道臣嚴處 並以誣書 頒示筵臣 使各洞悉其誣書中 並及韓永益父子 上且曰 韓永益 頃年 告桂洞事 安得腹心 以此知其誣矣 筵臣咸以爲誣 事得已" _《사암연보》117~118쪽

✿ 1799년 10월 이때 정약용은 서울 명례방(죽란)에 살면서 사건의 추이를 주시하고 있었던 것으로 여겨진다.

10월 이후(추정): 낙향하는 김한동에게 시를 써 주다.

(가) 〈送別諫議大夫金公(翰東)還山〉 _《전서》시문집, 1799년 10월 이후 추정

(나) 〈晚李承旨〉"景溟" _《전서》시문집, 1799년 10월 이후 추정

(다) 〈禹君文燮 跋險遠訪 古道不泯 爲之感悅 贈詩遣之〉 _《전서》시문집, 1799년 10월 이후 추정

✿ 〈送別韓侯父書狀官大淵進士赴燕〉(1799년 9월 하순 추정) 다음에 1799년 가을에서 12월 10일 사이에 (가), (나), (다)가 저술되었다. 이들 시는 대체로 1799년 10월 이후 겨울 작으로 추정된다. 이경명李景溟과 우문섭禹文燮이 누구인지는 알지 못한다.

위의 시들 가운데 (가)는 1799년 10월 이후 김한동이 한양에서 향리로 내려가는 것을 전송하는 시이다. 한편《여유당집》잡문(제7책 제1권)에 〈與李季受〉(제4서)와 〈答李季受〉(제4서)가 있는데(이계수는 이익운), (가)와 연결될 가능성이 있다. 필자는 〈與李季受〉(제4서)에 대하여 (제5서)라고 오기하였고 막연히 1795년 연말 금정에서 한양으로 돌아온 이후라고 추정하였다.216)

---

216) 조성을, 2004, 312쪽.

〈與李季受〉(제4서)와 〈答李季受〉(제4서)가 만약 (가)와 연결된다면 두 편지는 대략 1799년 10월 이후 겨울에 쓴 것으로 생각해 볼 필요가 있다. 〈與李季受〉(제4서)의 "苟台之不自言 台必負謗於嶺南也"에서 "台"는 이가환을 가리키는 것으로 생각된다. 〈答李季受〉(제4서)의 "金令疏 令人瞠然"에서 이 김령金令은 김한동을 가리키는 것으로 생각되고, 1799년 10월 이 무렵 김한동이 상소를 올린 것으로 여겨지며 김한동이 상소를 올린 뒤 한양을 떠난 것으로 보인다. 그렇다면 이가환이 모종의 문제로 영남 선비들에게 비판을 받고 있었던 것으로 여겨진다. 이가환에게 보낸 〈答少陵〉(제2서)이 《여유당집》 잡문(제7책 제1권)에 실려 있다. 이 편지에 "嶺儒 雖布衣少年 所秉執 皆極天無改之義理 其肯從吾輩數人之言 而弛然退去也 若以聖旨言之 又非道理"라는 구절이 있다. 〈答少陵〉(제2서)의 배치 순서로 보아 1795년 겨울 금정찰방에서 돌아온 이후의 편지이다. 영남 선비들이 사도세자 문제와 관련해 "영남만인소"를 올린 것은 1792년 4월과 5월 두 차례이므로, 〈答少陵〉(제2서)은 이때의 일과 관련된 것은 아니다.[217] 〈答少陵〉(제2서)이 〈與李季受〉(제4서)와 〈答李季受〉(제4서)와 연관된 것이고 또 〈與李季受〉(제4서)와 〈答李季受〉(제4서)가 (가)와 연관된 것이라면, 〈答少陵〉(제2서)의 저작 시기는 대략 1799년 10월 이후 겨울 사이의 글이 된다.

《승정원일기》에 따르면 1799년 4월 27일 이가환 선조의 증직에 대하여 대사간 신헌조의 비판이 있었으나, 1799년 5월 2일 정조의 증직 명령이 있었다. 그러나 5월 5일 좌의정 이병모는 이가환 선조의 증직을 환수하라고 국왕에게 건의하였다. 결국 5월 25일 대사간 신헌조는 체직을 청하였고 정조는 체직을 명령하였다. 한편 《승정원일기》 1799년 7월 10일 조에 따르면 이가환의 선조 이잠李潛의 일을 거론한 임업이라는 사람에 대하여 김한동이 관리의 명부인 사판仕版에서 삭제하라는 상소를 올리자 정조가 이를 허락하였으나, 홍문관에서 다시 김한동을 문책하자는 상소가 있었다. 결국 이 문제와 관련하여 김한동이 사직하고 물러나게 되었고, 그를 위해 정약용이 전송하면서 쓴 시가 (가)라고 생각된다. 이런 김한동을 위해 이가환

217) 조성을, 위의 책, 307쪽.

이 무언가 변호하는 말을 하기를 정약용은 기대하였다. 그리고 정약용은 이가환이 변호하는 말을 하지 않으면 영남에서 비방을 듣게 될 것이라는 언급을 이계수에게 한 것이라고 보여진다. 정약용은 김한동과 1789년 8월 안동에서 만난 뒤 지속적인 교유가 있었으며, 1792년 영남만인소 문제에 대하여도 서로 협의를 한 것으로 여겨진다.

12월 10일: 세책례洗冊禮 어제시御製詩에 화답하는 시를 짓다.

(가) 〈奉和御題洗書禮喜識〉(十二月 初十日) _《전서》 시문집, 1799년 12월 10일

(나) "十二月 因特敎 賡進洗書禮御製詩" _《사암연보》 118쪽

(다) "十月 因特敎 賡進洗書禮御製詩" _《다산연보》 15쪽

　◎ 《다산연보》의 "十月 因特敎 賡進洗書禮御製詩"(15쪽)에서 "十月"은 "十二月"의 오류로 보는 것이 타당하다. 정조가 1799년 12월 정약용으로 하여금 갱화시를 짓게 한 것은 아직 정약용을 좋게 생각하고 있다는 뜻을 보인 것이라 하겠다.

1799년의 저작과 활동

　　1799년 봄의 저작 가운데 시로는 〈黃州月波樓 同趙(榮慶)牧使飮〉(1799년 2월 초순~2월 18일 무렵), 〈太白山城東樓 同豊川(李民秀)·長淵(具降)二都護 飮〉(1799년 2월 초순~2월 18일 무렵), 〈樊翁輓詞〉(1799년 2월 18일 무렵) 등이 있다. 잡문으로는 〈黃州月波樓記〉(1799년 2월 초순~2월 18일 무렵), 〈祭蔡相國樊巖先生文〉(1799년 2월 18일 무렵) 등이 있다. 그리고 확언할 수는 없지만 1799년 1월 초순~중순 사이 〈田論〉 작술 작업을 시작하였을 가능성이 크다. 1798년 12월 〈應旨進農政疏〉를 올리고 여기에서 미처 말하지 못한 토지개혁론에 착수하였을 것으로 추정되기 때문이다. 〈田論〉의 저작 시기를 "己未間 所作"이라고 스스로 말한 것은 1799년 한 시기가 아니라 이 작업이 길게 지속되었다는 의미일 것이다. 〈田論〉은 1~10으로 매우 길기 때문에 한 시기에 작성하기가 어렵다. 1799년 1월 착수하였다가 2~3월 사이 중단되었고, 다시 5월 이후 서울에 올라와 형조참의를 맡아 무척 바쁘게 시간을 보냈다. 형조참의에서 물러난 이후 1799년 하반기 동안에 〈田論〉 작업을 마무리한 것으로 볼 수 있겠다. 그러나

〈田論〉저술 작업의 착수 자체가 7월 하순 이후였을 가능성도 완전히 배제할 수는 없다. 〈原牧〉도 〈田論〉과 비슷한 시기에 지어졌다고 생각된다. 〈田論〉이 젊은 시절 농업개혁론의 최종적 결론이라면, 〈原牧〉은 젊은 시절 정치개혁론의 총결산이라고 할 수 있겠다. 양자의 내용을 비교하면 〈田論〉의 집필을 완료하고 〈原牧〉을 지었을 가능성이 있다. 이럴 경우 〈原牧〉의 저술 시기는 대략 1799년 7월 형조참의에서 물러난 이후가 될 것이다.

1799년 여름의 저작 가운데 시로는 〈四月三日游觀寂寺 二兒隨之〉(1799년 4월 3일), 〈自籠淵東見…〉(1799년 4월 4일), 〈題張逸人溪亭〉(1799년 4월 5일 이후 추정), 〈山行書懷〉(1799년 4월 5일 이후 추정), 〈輓泊月峴嶺下〉(1799년 4월 5일 이후 추정), 〈重游高達窟〉(1799년 4월 6일 이후 추정), 〈入葛玄洞〉(1799년 4월 10일 이후 추정), 〈下嶺訪立巖寺 値雨〉(1799년 4월 10일 이후 추정), 〈承詔赴京 於政堂宴集 留別諸生〉(1799년 5월 1일 또는 2일 추정), 〈重熙堂夜對 退而有作〉(1799년 5월 13일 새벽 3경 이후), 〈遭臺參陳疏乞解日書懷〉(1799년 6월 22일) 등이 있다.

잡문으로는 〈蒼玉洞記〉(1799년 4월 4일 이후 추정), 〈觀寂寺記〉(1799년 4월 4일 이후 추정), 〈論椒島屯牛事啓〉(5월 13일 또는 14일 추정), 〈論支勅勘簿事啓〉(5월 13일 또는 14일 추정), 〈論咸奉連事啓〉(1799년 7월 19일), 〈神德王后康氏谷山本宮形止啓〉(1799년 6월 14일 추정), 〈辭刑曹參議疏〉(1799년 6월 22일) 등이 있다.

1799년 여름의 활동으로는 첫째, 5월 초순 곡산에서 서울로 돌아와 형조참의에 임명되었고, 5월 13일 무렵 곡산의 초도 둔우와 지칙 마감의 일로 장계를 올렸다. 둘째, 형조참의로서는 대략 5월 하순에 이창린 횡령 사건을 해결하였다. 6월 12일에 민명혁의 탄핵 상소가 올라오자 6월 15일 병이 중하여졌다고 아뢰고 6월 22일에는 형조참의 사직 상소를 올렸다.

편의상 1799년 가을과 겨울의 저작 및 활동을 함께 정리하기로 한다. 우선 이 시기의 저서로 《押海丁氏家乘》(9월 완성)이 있고 시로는 〈竹欄遣興〉(1799년 7월 말 또는 8월 1일 추정), 〈次韻奉簡伯氏〉(1799년 8월 1일 추정), 〈八月二日 因仲氏挈眷東還 同尹无咎 上舟偕行〉(1799년 8월 2일), 〈宿平邱〉(1799년 8월 2일 밤), 〈花下獨酌 憶金正言(商雨)簡寄〉(1799년 8월 5일 이후 추정), 〈次韻寄河進士〉(1799년 8월 6일 이후 추정), 〈菊花同溪父无咎竹欄宴集〉(1799년 8월 7일 이후 추정), 〈送別韓溪父書狀官大淵進士赴燕〉(1799년 9월 하순 추정), 〈送別諫議大夫金公(翰東)還山〉(1799년 10월

이후 추정), 〈晩李承旨〉(景溟; 1799년 10월 이후 추정), 〈禹君文燮 跋險遠訪 古道不泯 爲之感悅 贈詩遺之〉(1799년 10월 이후 추정), 〈奉和御題洗書禮喜識〉(十二月 初十日; 1799년 12월 10일) 등이 있다.

이 시기의 잡문으로는 〈答蔡邇叔〉(제3서; 1799년 7월 16일), 〈論咸奉連獄事 啓〉(1799년 7월 19일), 〈每心齋記〉(1799년 8월 3일 또는 4일 추정), 〈家乘遺事〉(1799년 9월 추정), 〈先人遺事〉(1799년 9월 추정), 〈傍親遺事〉(1799년 9월 추정), 〈樊翁遺 事〉(1799년 9월 추정), 〈兵曹參判柳公(宜)遺事〉(1799년 9월 추정), 〈送李參判(基讓)使燕 序〉(1799년 9월 하순 추정), 〈送韓校理(致應)使燕序〉(1799년 9월 하순 추정), 〈宋朴校理 (鍾淳)使燕序〉(1799년 9월 하순 추정), 〈送沈(奎魯)校理・李(重蓮)翰林游金剛山序〉(1799 년 9월 하순 추정), 〈與李季受〉(제4서; 1799년 10월 이후 추정), 〈答李季受〉(제4서; 1799 년 10월 이후 추정), 〈答少陵〉(제2서; 1799년 10월 이후 추정) 등이 있다.

1799년 7월 체직된 이후 1800년 6월 정조 서거 이전 비교적 한가한 시기 에 지은 것으로 추정되는 저작들로 〈身布議〉, 〈戶籍議〉, 〈度量衡議〉, 〈還餉議〉, 〈錢幣議〉, 〈公服議〉, 〈庶人服議〉, 〈通塞議〉, 〈考績議〉 등이 있다. 이들 저작들 가운 데 무엇부터 1800년 작인지 구분하기는 쉽지 않다. 그리고 〈考績議〉에 이어 지는 〈修因山築城議〉는 1800년 6월 정조 서거 이후에 지었을 가능성이 있다. 1799년 7월 하순 체직 이후 1799년 9월(추정)에 《家乘》 정리 작업을 완료한 뒤(1799년 10월 무렵 추정), 〈家乘遺事〉, 〈先人遺事〉, 〈傍親遺事〉, 〈海左公遺事〉와 같 은 일련의 가문과 관련된 정리 작업을 하였다. 따라서 〈身布議〉, 〈戶籍議〉, 〈度 量衡議〉, 〈還餉議〉, 〈錢幣議〉, 〈公服議〉, 〈庶人服議〉, 〈通塞議〉, 〈考績議〉 등의 작업 은 어림잡아 1799년 10월 이후에 이루어졌을 가능성이 크다.

앞에서도 언급하였듯이 〈田論〉(1~10) 작업에 대하여는 "己未間 所作"이라고 하였다. 작업이 시작된 장소는 곡산이었을 가능성이 있으나, 완성은 1799년 7월 사직 이후 연말까지 사이일 가능성이 크다. 더 좁혀서 보면 9월에 《家 乘》 작업과 일련의 관련 저작을 저술한 다음 대략 10월 〈田論〉 작업을 재개 하여 늦어도 1799년 연말 사이에 완료하였다고 생각된다. 그 다음 위의 〈身 布議〉, 〈戶籍議〉 등 일련의 저술 작업에 착수하였을 것으로 판단된다. 〈韓久菴 井田說〉에 따르면 건륭 말년(1798년 무렵 추정) 건륭제가 칙사를 보내 우리나 라의 정전설井田說을 구하자, 한백겸과 유형원의 정전설을 구하여 보냈다고 한다.218) 정약용도 이 과정에서 한백겸과 유형원의 정전설에 접하게 되고 이에 자극받아 1799년 연초부터 〈田論〉을 저술하게 되었다고 여겨진다. 〈田論〉은 앞서 1798년 저술된 〈應旨進農政疏〉에서 토지개혁 문제를 다루지 못하였으므로 이를 보충하는 후속 작업이라는 의미도 갖는다고 하겠다. 〈田論〉은 1799년 1월 초 착수되었을 가능성이 크지만, 건륭제 칙사의 대접, 황해도 순찰 임무 등으로 무척 바빴고 5월 서울에 돌아와서도 매우 바빴으므로 후속 작업은 1799년 7월 하순 형조참의를 물러난 이후 작업이 재개되었다. 더 좁혀서 보면 9월 가승 작업이 대략 완료된 뒤 재개되어 대략 1799년 10월 사이에 완료되었을 가능성이 크다. 이 〈田論〉 작업의 완료에 이어서(또는 그 작업과 병행하여) 대략 1799년 10월 무렵부터 〈身布議〉, 〈戶籍議〉 등의 작업이 진행되는 것으로 보면 크게 무리가 없을 것이다.

한편 《여유당집》 잡문 전편(제3책 제1권)에는 〈田論〉(1~7)에 이어서 〈職官論〉(1~2),〈樂論〉, 〈軍器論〉(1~2), 〈技藝論〉(1~3), 〈脈論〉, 〈相論〉, 〈立後論〉(1~2)이 실려 있다. 이들 작품 역시 〈田論〉에 이어지는 작품으로서 대략 1799년 겨울에서 1800년 6월 정조 서거 이전에 이루어진 것으로 보인다. 〈立後論〉(1~2)에 대하여는 《여유당집》의 "二首見前篇 此論(〈立後論〉3)係壬戌七月作"에서 유배 이전의 작품임을 명백히 밝혀 놓았고, "此論(〈立後論〉3)係壬戌七月作"이라고 한 것으로 보아 〈立後論〉(3)은 1802년 7월 2일의 작임을 알 수 있다.219)

아울러 〈押海家乘序〉(1799년 己未 秋 9월 추정)에 바로 이어서 1799년 겨울 작으로 〈東園遺稿序〉(1799년 己未 冬)가 있다. 이 뒤에 〈嶺南人物考序〉, 〈南荷唱酬集序〉, 〈泛齋集序〉, 〈中書社約序〉(庚申 冬) 등이 이어진다(잡문 전편 제4책 제2권). 〈嶺南人物考序〉에는 "余自谷山還 仲氏出其草而視之"라는 구절이 있으므로, 정약용이 1799년 5월 곡산에서 한양으로 돌아오자 둘째형 정약전이 《嶺南人物考》의 초고를 보여주어 이것의 서문으로 쓴 것임을 알 수 있다. 일단 5월 곡산에서 돌아온 이후라고 여겨진다. 여기에서 《嶺南人物考》가 〈東園遺稿序〉(1799년 己未 冬)의 뒤에 배치되어 있는 것이 문제이다. 〈押海家乘序〉(1799년 己未 秋 9

---

218) 조성을, 2004, 339쪽.
219) 조성을, 위의 책, 259~260쪽 참조.

월 추정), 〈東園遺稿序〉(1799년 己未 冬), 〈嶺南人物考序〉(1799년 5월 한양 귀환 이후)의 순서로 배치되어 있다 해서 《押海家乘》이 제일 중요하고 그 다음으로 선조 정호선丁好善의 문집인 《東園遺稿》가 중요하며 둘째형 정약전의 저술인 《嶺南人物考》는 위계상 제일 아래에 위치한다고 생각하였기 때문으로 이해하는 것은 무리이다. 〈嶺南人物考序〉 뒤에 〈南荷唱酬集序〉가 배치되어 있기 때문이다. 《南荷唱酬集》은 아버지 정재원과 한광전이 수창酬唱한 시를 편집한 것이다. 따라서 〈押海家乘序〉(1799년 己未 秋 9월 추정), 〈東園遺稿序〉(1799년 己未 冬), 〈嶺南人物考序〉, 〈南荷唱酬集序〉의 배치는 시간 순서대로 된 것으로 보아야 한다. 그렇다면 〈嶺南人物考序〉, 〈南荷唱酬集序〉의 저술 시기는 1799년 겨울 이후가 되어야 한다. 즉 1799년 9월 《押海家乘》 작업이 완료되어 〈押海家乘序〉를 짓고 이어서 〈家乘遺事〉, 〈先人遺事〉, 〈傍親遺事〉, 〈海左公遺事〉를 지은 다음, 다시 이어서 1799년 10월 무렵 이후 〈東園遺稿序〉, 〈嶺南人物考序〉, 〈南荷唱酬集序〉의 순서로 저술 작업이 이루어진 것으로 보는 것이 타당하다.

〈嶺南人物考序〉에는 "上之二十二年 命取嶺南諸聞人言行事蹟 鈔爲此書 蔡文肅爲總裁 而仲氏與韓侯甫諸人 實掌斯役 越明年 余自谷山還 仲氏出其草稿而示之"라는 언급이 있으므로, 1799년 5월 정약용이 곡산에서 돌아온 이후 지은 것임을 알 수 있다. 필자는 1799년 7월 형조참의에서 물러난 이후 1800년 말까지 비교적 한가한 시간에 지은 것으로 추정하였으나,[220] 더 좁혀 1799년 10월 이후로 보는 것이 더 타당하다고 생각된다. 〈嶺南人物考序〉는 정조가 장래 영남남인들을 등용하기 위한 준비 작업으로 여겨진다. 이 책의 편찬 책임을 맡은 것이 기호남인계 인물인 채제공, 정약전, 한치응 등이라는 점도 주목된다. 이것은 기호남인계 인물들에게 자신들과 연결될 수 있는 영남남인계 인물들을 미리 조사하여 두라는 정조의 의도가 담겨 있었던 것으로 해석된다. 〈泛齋集序〉는 〈南荷唱酬集序〉(1799년 10월 이후)와 〈中書社約序〉(1800년 庚申 冬) 사이에 배치되어 있으므로, 1799년 이후 1800년 겨울 이전에 지은 것으로 볼 수 있다.

덧붙여 1799년 작으로 다음의 것들이 있다.

---

220) 조성을, 2004, 271쪽.

〈兵曹參判吳公(大鎰)七十一壽序〉(기미)

〈兵曹參判葉西權公(襹)七十一壽序〉(기미)

〈右副承旨庚烏韓公(韓光植)七十一壽序〉(기미)

　이런 글들을 보아 정약용은 당시 남인 원로들과 유대를 다지고 있었고 결국 1800년 정조 서거 직전 남인 원로들의 중망重望을 받게 된 것으로 생각된다.

1800년　庚申, 정조 24　_39세

： 이 해에는 윤4월이 있었다.

1월 초순(추정): 박제가가 정약용을 집으로 찾아와《麻科會通》을 보고 증보를 위한 자료를 보내주다.

(가) 〈種痘說〉 _《전서》 시문집, 1807년 이후 추정

(나) 〈答朴次修(齊家)〉 _《전서》 시문집, 1801년 3월 초순 추정

(다) 〈與朴次修〉 _《전서》 시문집, 1801년 3월 중순 추정

(라) 〈居官四說〉 _《전서》 시문집, 1807년 이후 추정

Ⓐ (가)에 따르면 "庚申年(1800) 봄 검서檢書 박초정朴楚亭(박제가朴齊家)이 와서 이 책(《麻科會通》)을 보고⋯'내가 내각內閣[규장각] 장서 가운데 베껴 둔 것이 있는데 너무 간략하여 시행할 수가 없었다. 이제 이 책과 합하여 살펴보면 아마 그 요령을 얻을 것 같다'고 하였다. 돌아가서 곧 사람을 보내 자기 집 소장본을 보내왔는데 5~6장뿐이었다. 마침내 두 책을 합쳐 한 편을 지어⋯ 책이 완성되자 이제 이 책과 합하였다⋯ 책이 완성되자 초정이 다시 나에게 들러"(1월 중순 추정)라는 구절 및 "초정은 이때 영평현감永平縣監이 되어 부임하였다(1월 하순 추정). 그 뒤 수십 일 만에 초정이 다시 와서(3월 초 추정) 기뻐하며 내게 '두종痘種이 완성되었다'고 하였다. 이 해(1800년) 6월 정조가 승하하였다. 이듬해(1801년) 봄 나는 장기로, 초정은 경원으로 갔다"라는 구절이 있다. 앞서 언급한 바와 같이 정약용이《麻科會通》을 완성한 것은 1798년 10월(孟冬)이며 그 후에도 증보 작업이 있었음을 알 수 있

다. 〈種痘說〉은 1807년 이후의 저술이며,[221] 위에 인용한 두 구절은 1800년 봄의 일을 회상하며 쓴 것이다.

　1800년 봄(1월 초순 추정) 박제가가 정약용의 집으로 찾아와 《麻科會通》을 보고 증보를 위한 자료를 주었다. 뒤에서 볼 것처럼 박제가가 보내 준 자료를 갖고 증보 작업을 완료하여 보내자, 박제가가 다시 찾아와 수정 작업에 대하여 논의한 것은 대략 1월 중순(영평현감으로 떠나기 전)으로 추정되기 때문이다. 1월 하순 무렵 영평현감으로 나가 수십 일 머무른 뒤 박제가는 3월 초(추정) 돌아왔다. 1800년 3월 초순(추정) 한양 귀환을 알리는 박제가의 편지에 대하여 정약용은 답서를 보냈고, 3월 중순(추정 또는 4월 초) 정약용이 박제가에게 《紀年兒覽》을 빌려달라는 편지를 보냈다고 추정된다.

1월 중순(추정): 박제가가 보내 준 자료를 갖고 증보 작업을 완료하여 박제가가 다시 찾아와 논의하다.

　⚘ 1월 초순 부분 참조. 다시 찾아 온 것은 정약용이 어가를 한강에서 기다린 1800년 1월 18일 다음이었을 수도 있다(1월 18일 부분 참조).

1월 18일: 정조가 화성에서 돌아올 때 한강漢江 주교舟橋의 북쪽에서 기다리다.
　(가) 〈大駕回自華城 恭候舟橋之北〉 《전서》 시문집, 1800년 1월 18일
　(나) "駕發華城行宮 晝停于始興行宮 還宮" 《실록》 정조 24년 1월 18일

　⚘ 《실록》에 따르면 1월 18일 어가가 화성을 출발하여 시흥 행궁에서 머무른 다음 환궁하였다. 화성으로 떠난 날짜는 1월 17일이었을 것이다.

1월 하순(추정): 박제가가 영평현감으로 나가다.
　⚘ 1월 초순 부분 참조.

2월 2일: 집복헌集福軒에서 치러지는 세자 관례를 영춘헌迎春軒에서 보다.
　(가) 〈東宮冊封日 迎春軒 恭覩盛儀〉 《전서》 시문집, 1800년 2월 2일
　(나) "王世子行冠禮冊禮于集福外軒" 《실록》 정조 24년 2월 2일

---

221) 조성을, 위의 책, 252쪽.

ᚻ《실록》에 따르면 동궁 책봉 날짜는 1800년 2월 2일이며 관례를 치른 장소가 집복헌으로 되어 있다. 당시 창경궁에 있었던 집복헌과 영춘헌은 서로 연결되어 있었다.

2월 중순(연행 사신 귀환 전 추정): 이유수李儒修에게 편지를 쓰다.

(가) 〈與李周臣〉 _《전서》 시문집, 1800년 2월 중순 추정

(나) 〈答李周臣〉 _《전서》 시문집, 1800년 6월 28일 정조 서거 이전

ᚻ (가)가 《여유당집》 잡문 전편(제7책 제2권)에 실려 있는데 "韓侯父尙不還 豈可堪也"라는 구절이 있다. 한치응이 연행燕行에서 돌아오기(뒷부분에서 1800년 2월 하순 경으로 추정하였음) 얼마 전(1800년 2월 중순 추정)에 쓴 것으로 추정된다. 한편 《여유당집》 잡문 전편에는 (가)에 이어서 (나)가 실려 있는데 내용으로 보아 서울에 있을 때에 쓴 것으로 보이며, "聖明必當照燭"이라는 구절로 보아 1800년 6월 28일 정조의 서거 이전에 쓴 것으로 생각된다.[222] 서울에서 쓴 것이라면 대략 1800년 3월 또는 5~6월이라고 추정된다. 뒤에서 살필 것처럼 1800년 4월 사이에는 서울을 떠나 있었기 때문이다. 무언가 중요한 정치적 문제가 있었다면 정약용이 한양에 돌아와 왕명을 대기하고 있었던 1800년 5~6월 사이일 가능성이 크다. 아울러 정약용은 이유수가 무장현감 시절 구한 《三禮義疏》, 《十大家文抄》, 《淵鑑類函》 1권 등을 빌려 보기도 하였다. 이들 책은 모두 표류선에서 나온 것이라고 한다(《牧民心書》 奉公六條往役).

2월 일(또는 3월 추정): 청송심씨를 둘째 며느리로 맞이하다.

(가) 〈孝婦沈氏墓誌銘〉 _《전서》 시문집, 1816년 8월 이후 추정

ᚻ 둘째 며느리 청송심씨는 심오沈澳의 딸이다. (가)에 따르면 청송심씨는 1800년 봄에 정학유와 혼인하고 1816년 8월 10일 타계하였다. 혼인 시기를 일단 (음력) 2월로 추정해 두었으나, (음력) 3월이었을 가능성도 있다.

3월 초순(또는 2월 말 추정): 박제가가 영평에서 돌아오다.

---

222) 조성을, 2004, 323쪽.

(가) 〈種痘說〉 _《전서》 시문집, 1807년 이후 추정

(나) 〈答朴次修(齊家)〉 _《전서》 시문집, 1800년 3월 초순 추정

(다) 〈與朴次修〉 _《전서》 시문집, 1800년 3월 중순 추정

(라) 〈居官四說〉 _《전서》 시문집, 1807년 이후 추정

※ (나)의 "承書知自粵溪還"이라는 구절로 보아 박제가가 영평에서 돌아와 정약용에게 보낸 편지에 대한 답서로 볼 수 있다. 영평에서 수십 일 있다가 돌아오므로 대략 1800년 3월 초순(또는 2월 말) 편지에 대한 답서인 (나)의 시기는 3월 초순 무렵으로 추정된다. 월계粵溪는 아마도 영평의 다른 이름일 것이다. 이 편지의 바로 뒤에 있는 (다)는 정약용이 박제가에게 《紀年兒覽》을 빌려달라는 내용이다. (나)에 이어서 보낸 것이므로 (다)의 시기는 대략 3월 중순 무렵으로 추정된다. 한편 (라)에도 1800년 봄 박제가가 정약용의 집을 방문하였을 때, 1799년 가을 복암 이기양이 의주부윤에서 서울로 돌아오면서 갖고 온 《種痘方》을 보았다는 언급 및 박제가가 자신의 소장본을 보여주었다는 언급이 있다.223)

정약용과 박제가의 교유는 1796년 11월에서 1800년 3월 사이에 확인된다. 문헌에서 확인되는 정약용과 박제가의 교유를 정리하여 보면 다음과 같다. 정약용과 박제가의 만남이 확인되는 것은 1796년 11월 16일 정약용이 이익진, 박제가 등과 함께 《史記》와 《漢書》를 합동하여 감인 작업에 참여하게 된 일부터이다. 이렇게 교유가 시작되어 박제가는 자신을 (집으로 추정) 방문한 정약용에게 《北學議》를 보여주었다. 한편 박제가는 1798년에 농서로서 《北學議》를 올리면서 〈應旨進北學議疏〉도 함께 올렸다. 이때 올린 《北學議》가 1797년 6월 25일 정약용에게 보여준 《北學議》와 같은 것이었는지, 수정·증보된 것이었는지는 분명하지 않다. 《北學議》와 〈應旨進北學議疏〉를 올린 것은 1798년 12월로 보아야 할 것이다. 이 해 11월 말 농서를 구하는 정조의 윤음이 있었고 이에 응하여 정약용이 곡산에서 〈應旨進農政疏〉를 올렸다(앞의 1798년 11월 및 12월 부분 참조).

(가)에 따르면 1801년 봄의 옥사에 박제가도 연루된 것으로 오해하기 쉽

---

223) 조성을, 위의 책, 253쪽.

다. 그러나 박제가는 이 해 봄의 옥사에는 연루되지 않았고, 이 해 2월 사은사謝恩使 윤행임尹行恁을 따라 북경에 갔다 왔다. 8월 하순 무렵에 정순왕후, 김관주, 심환지를 비방하는 벽서가 서울 동남 성문에 나붙었다. 이어서 1801년 9월 벽서의 범인이 임시발任時發로 밝혀졌고, 임시발은 윤가기尹可基의 집에 있다가 체포되었으며, 윤가기도 동생 윤필기와 함께 체포되었다. 이 때 윤가기의 종 갑금의 허위 자백으로 박제가도 연루되어 체포되었다. 그리고 이때 박제가는 함경도 경성이 아니라 종성으로 갔다.

3월 초순(추정): ① 영평에서 돌아온 박제가가 정약용에게 편지를 보내다. ② 정약용이 답장을 보내다(3월 초순).

(가) 〈答朴次修(齊家)〉 _《전서》 시문집, 1800년 3월 초순 추정

🕭 박제가가 1800년 3월 초순에 서울로 돌아와(3월 초순 부분 참조) 바로 편지를 보내온 것으로 생각하여 답장을 보낸 때를 1800년 3월 초순으로 추정하였다.

3월 6일(추정): 연행 사신이 돌아오다.

(가) 〈茯菴李基讓墓誌銘〉 _《전서》 시문집, 1822년 6월 이전 추정

(나) 〈答茯菴〉(제3서) _《전서》 시문집, 1800년 3월 8일 이후 추정

(다) 〈答茯菴〉(제4서) _《전서》 시문집, 1800년 3월 9일 이후 추정

🕭 이기양, 한치응 등 연행 사신이 돌아와 축하 모임이 있었을 것으로 추정된다. 1800년 3월 7일 이기양이 국왕을 알현하므로 연행사는 1800년 3월 6일 무렵 돌아온 것으로 볼 수 있다. (가)와 (나)에 따르면 이기양은 연경에서 교차를 구입해 가지고 와 조정에 바쳐, 이미 군문에서 제작하라는 명령이 있었다(攪車之妙 專在十字風輪…聞左相已令軍門 衣樣造作). 또 (다)에 따르면 귀로에 수선화를 사서 정약용에게 선물하였다(정약용의 해배 이후 추사 김정희도 정약용에게 수선화를 선물하였다). (나)와 (다)의 편지는 1800년 3월 6일 이전 이기양이 한양에 귀환하여 3월 7일 국왕을 알현하고 그 직후(3월 8일 이후) 보낸 편지에 대한 답서와 두 번째 답서라고 할 수 있겠다. 따라서 제3서는 1800년 3월 8일 이후, 제4서는 1800년 3월 9일 이후의 편지가 된다.

3월 7일: 정사 김재찬金在瓚과 부사 이기양이 국왕을 알현하다.

(가) "召見回還進賀正史金在瓚 副使李基讓" _《실록》정조 24년 3월 7일

ⱷ《실록》에 따르면 국왕이 연경에서 돌아온 정사 김재찬과 부사 이기양을 인견한 것은 1800년 3월 7일이다.

3월 8일 이후: ① 복암 이기양과 함께 이중식李重植을 문병하다. ② 이때 이휘조李輝祖도 오다.

(가) 〈同茯菴訪李郞(重植)病廬 仍賦玉流洞花 輝祖亦至〉 _《전서》시문집, 1800년 3월 8일 이후 추정

(나) "召見回還進賀正史金在瓚 副使李基讓" _《실록》정조 24년 3월 7일

ⱷ《실록》에 따르면 국왕이 연경에서 돌아온 정사 김재찬과 부사 이기양을 인견한 것은 1800년 3월 7일이다. 따라서 이기양이 정약용과 함께 이중식을 방문한 것은 3월 8일 이후일 것이다.

4월 7일: 초천에 가기 위해 아침 일찍 흥인문(동대문)을 나서다.

(가) 〈四月七日 早出興仁門作〉 _《전서》시문집, 1800년 4월 7일

ⱷ 초천에서 지낼 아버지 정재원 공의 기제사(4월 9일 새벽)에 참석하기 위하여 흥인문을 나선 것으로 볼 수 있겠다.

4월 9일(새벽) : 초천에서 아버지 정재원의 제사에 참여하다(추정).

ⱷ 1800년 4월 7일 일찍 동대문을 나선 정약용은 이날 새벽에 초천에 도착하여 아버지의 제사에 참여하였을 것이다. 《사암연보》에 따르면 정약용은 1800년 봄 낙향을 결심하고 고향에 내려갔다고 하였다.[224] 아마도 초천에 제사 지내러 가고 또 이어서 하담의 선영에 참배한 것을 계기로 이런 결심을 굳힌 것이 아닌가 추정된다(정약전은 이미 1800년 8월 낙향하였음). 그렇다면 정약용이 낙향 결심을 굳힌 것은 1801년 봄이라고 하기보다 "초여름"이라고 하는 것이 더 타당하다고 하겠다.

---

224) "春 公大決歸田之計 時 公益知世路危險 大決歸田之計 率妻子 由舟下茗川別業"《사암연보》119쪽.

4월 9일 무렵(추정): 윤용겸을 방문하고 시를 짓다.

(가) 〈訪尹逸人〉 "尹用謙" _《전서》 시문집, 1800년 4월 9일 무렵

🌀 1800년 4월 9일 새벽 아버지 정재원의 제사를 지낸 뒤 선영 참배를 위해 충주 하담으로 출발한 것으로 여겨진다. 먼저 윤용겸을 방문하고 하담으로 떠난 것인지 하담으로 가는 도중에 윤용겸을 방문한 것인지는 분명하지 않다. 그러나 (가) 시가 〈四月七日 早出興仁門作〉의 시 바로 다음에 배치되어 있고 제사 참석 뒤에 만났을 것이므로, 1800년 4월 9일 무렵으로 볼 수 있다.225)

4월 10일 무렵(추정): 원주 법천으로 가 채홍원蔡弘遠과 함께 정범조를 찾아
　　　　　　　　　　 뵙다. 사흘 동안 법천에서 머물다(4월 10일~12일 무렵)

(가) 〈到法泉判書宅次韻〉 _《전서》 시문집, 1800년 4월 10일 이후 추정

(나) 〈上海左書〉(제7서) _《전서》 시문집, 1800년 4월 13일 무렵 이후 추정

(다) 〈答蔡邇叔〉(제3서) _《전서》 시문집, 1800년 4월 7일 이전 추정

🌀 정약용은 1800년 4월 9일 새벽에 아버지 정재원 공의 기제사를 지낸 뒤에 바로 원주로 출발하였을 것이라고는 생각되지 않는다. 채홍원이 일단 1800년 4월 10일 무렵 초천에 와서 함께 법천으로 출발하였을 가능성이 크다. 그렇다면 원주 법천으로 정범조를 찾아뵌 것은 1800년 4월 10일 이후로 보는 것이 타당하겠다. (나)에 따르면 "三日陪歡(4월 10일~12일 추정) 乃在深居清寂之中 而耿顧不敢已也 樊翁碑文 已獲脫稿否"라는 구절이 있으므로 이틀 밤 법천에서 숙박하였다(즉 사흘 동안 체류)고 볼 수 있다.226) 이때 법천 방문은 채제공의 양자 채홍원과 함께 이루어진 것으로서 채제공의 비문을 청탁하기 위한 것이었다. 이 방문에 앞서 (다) 편지를 통해 정약용은 채홍원과 미리 협의하였으며, 그 편지의 시기는 정약용이 1800년 4월 7일 서울을 떠나기 직전이었을 것이다.227) 원주 법천을 함께 방문한 뒤 정약용은 채홍원과 헤어져 충주 하담 쪽으로 향하였을 것이고, 채홍원은 서울로 돌아갔을 것

---

225) 조성을, 2004, 132쪽.
226) 조성을, 위의 책, 306쪽.
227) 조성을, 위의 책, 323쪽 참조.

으로 추정된다. (나)는 정약용이 법천을 방문한 뒤에 채제공 비문의 탈고 여부를 묻는 편지이다. 이 편지에서 사흘 동안 법천의 정범조 거처에 머물렀음을 알 수 있다. 그 기간은 대체로 1800년 4월 10일 무렵부터 4월 12일 무렵까지로 추정할 수 있다.

4월 13일 무렵(추정): ① 충주 목계에서 홍낙일洪樂一을 만나다. ② 부근에서 이지겸李之謙을 만나다. ③ 충주 부근에서 홍낙안洪樂顔, 홍낙진洪樂眞 을 만나다. ④ 하담 선영을 참배하고 인근에서 숙박하다(추정).

(가) 〈木溪贈洪丈〉 "洪樂一" _《전서》 시문집, 1800년 4월 13일 무렵

(나) 〈贈李丈〉 "李之謙" _《전서》 시문집, 1800년 4월 13일 무렵

(다) 〈贈金正言〉 "金相雨" _《전서》 시문집, 1800년 4월 13일 무렵

(라) 〈贈洪丈〉 "洪樂顔·洪樂眞" _《전서》 시문집, 1800년 4월 13일 무렵

📌 1800년 4월 12일 무렵 원주 법천을 출발하였다면, 그날 밤 원주 법천과 충주 목계 사이에서 숙박하였을 것으로 추정된다. 시의 배치 순서로 보아서 다음 날(13일 무렵) 목계로 홍낙일을 방문한 다음 다시 이지겸, 그 다음에 김상우, 그 다음에 홍낙안, 홍낙진을 만났다고 볼 수 있겠다. 그리고 저녁 때 충추 하담의 선영에 참배하고 인근(산막일 가능성이 큼)에서 숙박하였을 것으로 추정된다.

4월 14일 무렵(추정): ① 배를 타고 섬강 입구로 내려오다. ② 밤에 신륵사神 勒寺에 숙박하다.

(가) 〈汎舟下蟾江入口〉 _《전서》 시문집, 1800년 4월 14일 무렵

(나) 〈夜泊神勒寺 登東臺〉 _《전서》 시문집, 1800년 4월 14일 무렵 밤 추정

4월 15일 무렵(추정): ① 신륵사에서 출발하여 광릉廣陵에 당도하다. ② 광 릉에서 묵다.

(가) 〈舟發廣陵〉 _《전서》 시문집, 1800년 4월 16일 무렵

📌 (가) 시가 〈夜泊神勒寺 登東臺〉에 이어져 있으므로, 1800년 4월 14일 무렵 밤 여주 신륵사에 묵은 다음 날 15일에 배로 광릉에 도착하여 여기에서 숙박하고, 다음 날(16일 무렵) 배로 광릉을 출발한 것으로 여겨진다. 따라서

(가)의 시는 1800년 4월 16일 무렵(추정) 광릉을 떠나며 지은 시로 볼 수 있겠다.

4월 16일 무렵(추정): ① 광릉을 출발하다. ② 한양으로 돌아오다.

(가) 〈舟發廣陵〉 _《전서》 시문집, 1800년 4월 16일 무렵

(나) 〈晩出江皐〉 _《전서》 시문집, 1800년 4월 16일 무렵

φ 1800년 4월 16일(무렵 추정) 아침에 광릉을 출발하였다면 당일 한양에 도착하였을 것이다. 부친의 제사와 하담 선영 참배를 마친 뒤 서울에 돌아와 바로 낙향 준비를 하였을 것이다. 1800년 4월 중순 하담 선영을 참배하는 여행을 하면서 낙향의 결심을 더욱 굳혔을 것이기 때문이다. (나) 시는 내용으로 보아 이날 저녁 무렵 한강 부근의 나루를 떠나 집으로 가면서 지은 시로 보인다. 그리고 하담에서 돌아와서 〈河潭禁松帖序〉를 지었을 가능성이 크다.[228]

4월 24~25일 무렵(추정): 고향 초천으로 낙향하다.

(가) 〈游石林記〉 _《전서》 시문집, 1800년 윤4월 하순 추정

(나) 〈臨淸亭記〉 _《전서》 시문집, 1800년 윤4월 하순 추정

φ 1800년 4월 16일(무렵) 밤에 서울로 돌아왔고 낙향은 대략 8, 9일 정도 준비하여 4월 24일 무렵 한양을 출발하여 25일 무렵 초천에 당도한 것으로 추정하여 둔다. 뒤에서 살펴볼 것처럼 낙향한 다음 정조가 며칠 만에 알고서 명을 내려(1800년 4월 27일 무렵 추정) 어쩔 수 없이(명령이 도달한 것이 대략 4월 28일 무렵으로 추정됨) 다시 서울로 돌아오게 된다(1800년 윤4월 1일 무렵 추정). (가)와 (나)의 기록을 보면 이 해 4월 하순에 초천으로 낙향하였다고 추정된다. 다만 위의 두 기록은 1800년 4월 24일~25일 무렵 낙향하였다가 정조가 내각을 통해 돌아오라는 명을 내리자 바로 윤4월 1일 무렵 서울에 돌아온 뒤에 지은 것이다(5월 부분 참조).

4월 26일 무렵(추정): ① 고향 초천으로 낙향한 뒤 〈與猶堂記〉를 짓다. ② 저

---

228) 조성을, 2004, 272쪽 참조.

술을 위한 초서 작업을 시작하다. ③ 강정江亭에서 모임을 갖다(4월 27일 무렵 추정).

(가) 〈與猶堂記〉_《전서》 시문집, 1800년 4월 26일 무렵

(나) 〈望荷樓記〉_《전서》 시문집, 1794년 여름 추정 또는 1800년 4월 9일 전후

(다) 〈答韓在圓書〉(제1서)_《전서》 시문집, 1800년 4월 27일 무렵

(라) 〈次季父遣愁韻〉_《전서》 시문집, 1800년 4월 26일 무렵

(마) 〈江亭晚集〉_《전서》 시문집, 1800년 4월 27일 무렵

(바) 〈苦風〉_《전서》 시문집, 1800년 4월 27일 무렵

(사) 〈與權思甫〉_《전서》 시문집, 1800년 4월 27일 무렵

(아) 〈品石亭記〉_《전서》 시문집, 1800년 4월 27일 무렵

⚫ 이때 고향에 돌아온 즉시 자신의 귀향의 의미를 밝힌 〈與猶堂記〉를 지은 것으로 보인다(1800년 4월 26일 무렵 작으로 추정). 그리고 이 무렵 큰형 정약현을 위하여 (나)(망하望河란 선영이 있는 하담을 바라본다는 뜻)를 지었을 가능성이 있다. 다만 (나)는 1794년 여름에 지은 것일 수도 있다.[229] 한편 둘째형 정약전을 위하여 〈每心齋記〉를 지었는데 이는 앞서 언급한 바와 같이 1799년 8월 정약전이 낙향하였을 때 지었을 가능성이 크다. 하지만 1800년 4월 하순 낙향 이후 함께 지었을 수도 있다. 1800년 4월 하순 낙향 이후 초천의 여유당에서 초서鈔書 작업을 하였음을 (다)를 보아 알 수 있으며,[230] 이때 정약현의 집에 있던 권상학權相學의 글도 읽고 있었음을 (사)를 보면 알 수 있다.[231] (아)에 따르면 낙향하여 형제, 친척들과 유산酉山에 있는 품석정品石亭에도 함께 놀러간 것으로 보인다. 필자는 (아)의 시기를 1799년 7월 말 형조참의를 물러난 이후 초천에 돌아와 지은 것으로 다소 막연히 추정한 적이 있으나,[232] 1800년 4월 27일 무렵의 작이라고 추정된다. "亭無名 自玆名 之曰品石亭 錄其所與答難者 以爲記"라는 구절이 있다. (마)와 같은 날 지은 것으로 생각되고 (나)에서 말하는 강정이 바로 품석정으로 생각되기 때문이다.

---

229) 조성을, 2004, 280쪽 참조.
230) 조성을, 위의 책, 331쪽.
231) 조성을, 위의 책, 331쪽.
232) 조성을, 위의 책, 280쪽.

이 무렵 (마), (바), (라)의 시를 지은 것으로 추정된다.

4월 28일 무렵: ① 윤무구에게 시를 써서 뜻을 보여주다. ② 다시 한 번 초천 강변의 정자에서 모임을 갖다.

(가) 〈示无咎〉 _《전서》 시문집, 1800년 4월 28일 무렵

(나) 〈重集江亭〉 _《전서》 시문집, 1800년 4월 28일 무렵

ⓕ 윤무구는 정약용이 낙향할 때 동행하였던 것으로 보인다. (가)와 (나)의 시는 배치 순서로 보아서 대략 1800년 4월 28일 무렵 지은 것으로 보인다. 초천에서 다시 모임을 가진 것이다. 이 두 번째 강정 모임에 물론 윤무구도 참석하였을 것이다.

4월 29일 무렵(추정): ① 낙향한 지 며칠 만에 정조가 알고 돌아오라는 명을 내리다(4월 28일 무렵 추정). ② 돌아오라는 어명이 초천에 도착하다(4월 29일 무렵 추정).

(가) "數日而上得聞歸田狀 令內閣趣有召命 公不得已還京 上令承旨諭之曰 奎瀛府 今爲春坊俟定處所 入來校書 可也 予豈捨渠哉" _《사암연보》119쪽

(나) 〈乘小舟捕魚 得兒書 知有召命 明日下峽 恭述微忱〉 _《전서》 시문집, 1800년 4월 30일 무렵

ⓕ 1800년 4월 24~25일(무렵) 낙향 때 함께 내려왔던 윤무구가 함께 서울로 갔다고 볼 수 있다. (나)는 왕명으로 다시 서울로 돌아가게 되어 지은 시인데, 이 시 바로 앞에 〈示无咎〉(1800년 4월 28일 무렵), 〈重集江亭〉(1800년 4월 28일 무렵), 〈奉和季父韻〉(1800년 4월 28일 무렵)의 세 시가 배치되어 있다. 이상 4월 하순 낙향 당시에 대한 추정은 하루 이틀 차이는 있을 수 있으나 거의 착오가 없으리라고 생각된다. 막연히 시기를 추정하는 것보다는 하루 이틀 차이가 나더라도 일단 구체적으로 날짜를 밝히는 것이 더 중요하다고 생각하였다. 혹 착오가 있으면 뒤에 다른 연구자들이 더욱 정확하고 구체적으로 밝힐 수 있기를 기대한다.

4월 30일 무렵(추정): 윤무구와 함께 서울에 도착하다(출발 4월 29일 오후 추정).

(가) 〈乘小舟捕魚 得兒書 知有召命 明日下峽 恭述微忱〉 _《전서》 시문집, 1800년 4

월 30일 무렵

(나) 〈出峽同无咎〉 _《전서》 시문집, 1800년 4월 30일 무렵

(다) 〈游石林記〉 _《전서》 시문집, 윤4월 하순 추정

🖎 정약용이 서울에 돌아온 것은 대략 1800년 4월 30일(무렵)으로 추정된다. (가) 시에서 왕명이 전달된 4월 29일 무렵의 다음 날(4월 30일 무렵) 한강을 내려왔음을 알 수 있고, (나)는 윤무구와 서울로 함께 돌아오며 지은 시이다. 그러나 (다)에 따르면 "卽日西歸"라고 하였다. 즉 4월 29일 무렵 오후 바로 육로로 출발하였고, 다음 날(4월 30일 무렵) 다시 배를 타고 한강을 내려온 것으로 추정할 수 있겠다.

윤4월 1일(무렵): ① 입궐하여 대기하다(추정). ② 춘방사정春坊俟定 처소處所에서 교서校書하라는 명이 승지를 통해 내리다.

(가) "公不得已還京 上令承旨諭之曰 '奎瀛府今爲春坊俟定處所 入來校書可也 予豈捨渠哉'" _《사암연보》 119쪽

🖎 왕명으로 급히 불려와 도착한 다음 날(1800년 윤4월 1일) 바로 입궐하여 왕명을 기다렸을 것이다. (가)에 따르면 춘방사정 처소에서 교서하라는 명령을 승지를 통하여 받았다. 아마도 1800년 윤4월 초순과 중순 동안은 춘방사정 처소(규장각)에서 교서 일을 하고 있었다고 생각된다.

윤4월 하순(추정): 서울에 돌아온 뒤 석림石林과 임청정臨淸亭에서 노닐다.

(가) 〈游石林記〉 _《전서》 시문집, 1800년 윤4월 하순 추정

(나) 〈臨淸亭記〉 _《전서》 시문집, 1800년 윤4월 하순 추정

(다) 〈茗上烟波釣叟之家記〉 _《전서》 시문집, 1800년 윤4월 하순 추정

🖎 (가)에는 "庚申夏 余閑居旣久"라고 되어 있다. 하지만 (가)와 (나) 바로 다음에 (다)가 배치되어 있다. (다)는 초천에서 돌아온 뒤 초천의 일을 회상하여 지은 것이므로, 초천에서 돌아와 얼마 되지 않아 지은 것이다. 그렇다면 석림과 임청정에서 노닌 것은 서울에 돌아온 뒤 그렇게 멀지는 않은 시기라고 추정된다. 일단 대략 윤4월 하순으로 추정하여 둔다. 아마도 4월 초순과 중순 교서 일을 하고 대략 윤4월 하순 휴가 기간을 가졌던 것으로 생

각된다.

5월 초순(추정): 참판 윤필병尹弼秉의 집에 판서 권엄權襨, 판윤 이정운李鼎運
등과 함께 모여 잔치하다.

(가) 〈尹(弼秉)參判宅 陪葉西權(襨)判書·五沙李(鼎運)判尹諸公宴集〉"庚申 夏"
_《전서》시문집, 1800년 5월 초순 추정

⑥ 윤필병 집에서 가진 모임은 채제공의 사후 다시 기호남인계의 결속을
다지는 정치적 모임의 성격이 있었다고 생각된다. 윤필병, 권엄, 이정운은
기호남인계의 원로였기 때문이다. 윤필병의 집에서 모인 것으로 보아서
이 모임을 주도한 것은 윤필병으로 보인다. 윤필병, 권엄, 이정운 등은 기
호남인계 가운데 노론의 표적이 되는 사람들 또는 천주교 관련 혐의를 받
는 사람들을 배제하고, 기호남인 세력을 재정비하려고 계획을 하였던 듯
하다. 이 모임에 이가환이 참석하였는지 여부가 확실하지 않지만 언급이
없는 것으로 보아 참석하지 않은 것 같다. 윤필병은 아마도 차후 기호남인
들의 결속을 다지는데 이가환은 참여시키고 싶지 않았을 것으로 여겨진
다. 이가환은 당시 노론 강경파의 집중 공격을 당하고 있었으므로 윤필병
은 상당히 부담을 느끼고 있었을 것이다. 1800년 6월 28일 정조가 급서하
지 않았더라면 기호남인계는 진용을 재정비하고 새로운 탕평 정국에서 한
구실을 담당할 수 있었을 것이다. 이런 일을 위해서라면 기호남인계 원로
들로서는, 정약용이 비록 천주교 관련 혐의로 공격당하였을지라도 국왕의
절대적 신임이 있으므로 꼭 필요한 인물이었다고 생각된다. (가) 시의 배
치 순서로 보아 대략 5월 초순으로 추정하였다. 정조의 서거 직전 이런 모
임이 판서 권엄의 집에서 또 있었다(6월 초 부분 참조). 이 모임은 기호남인
원로와 소장파가 함께 모인 것으로서 전에도 이런 성격 모임이 이정운 형
제의 주도 아래 있었다. 이정운 형제는 기호남인 원로와 소장파들을 연결
하는 역할을 하였던 것으로 생각된다.

5월 30일: 정조가 노론 벽파를 공격하는 오회연교五晦筵教를 내리다.

(가) "上曰 今筵召見" _《실록》정조 24년 5월 30일

⚓ 〈五晦筵教〉의 내용과 성격에 대하여 의견이 분분하지만 노론 벽파 가운데 강경파를 공격하는 성격이 없지 않다. 1800년 5월은 말일이 30일이었다. 5월 내내 정약용의 활동은 참판 윤필병 집의 연회에 참석한 것 말고는 잘 확인되지 않는다. 일단 국왕의 명을 받아 서울 집에서 대기 중이었던 것으로 판단된다.

6월 1일 무렵(추정): 정약용을 포함하여 기호남인계 인사들이 판서 권엄의 집에 모여 연회를 베풀다.

(가) 〈權(㦿)判書宅 陪諸公宴集〉 "昔樊翁有楓壇詩會 今樊翁已卒" _《전서》 시문집, 1800년 6월 1일 무렵

⚓ (가) 시에서 말하는 모임은 단정을 하기는 어려우나, 1800년 5월 말 정조의 오회연교 직후(6월 1일 무렵)일 가능성이 크다. 이 모임 역시 바로 앞에서 언급된 참판 윤필병집 모임에 이어서 그 모임과 마찬가지로 채제공 사후 기호남인계의 결속을 다지고 향후 정국 변화에 대비하는 모임이었다고 생각된다. 오회연교 직후라면 오회연교에 고무된 기호남인계들이 더 구체적으로 향후 정국을 의논하는 모임이었을 것이다. 이 시에 달린 원주에 따르면 채제공이 타계하기 전에 채제공의 주도로 "풍단시회楓壇詩會"라는 모임이 있었는데, 이 모임을 다시 권엄이 주도하여 이어가고 여기에 남인 소장파들도 참여시키려 한 것이 아닌가 생각된다. 물론 풍단시회 모임에는 기호남인계의 정치적 결속을 강화하려는 정치적 목적이 채제공 당시부터 있었을 것이다. 풍단시회와 짝을 이루는 것이 죽란시사로서 전자가 기호남인 원로의 모임이라면 후자는 소장파의 모임인데, 권엄, 윤필병, 이정운 등은 정조의 사후 양자를 통합하여 더 결속력을 높이려 한 것으로 생각된다.

6월 3일 무렵(추정): 정약용의 명례방 집 죽란에서 모임을 갖다.

(가) 〈夏日竹欄小集射韻〉 _《전서》 시문집, 1800년 6월 3일 무렵 초순 추정

⚓ (가)의 시는 배치 순서와 모임의 성격으로 보아서 권엄의 집에서 있었던 모임 직후의 모임이다.[233] 대략 1800년 5월 초 윤필병집 모임과 6월 1일 무렵 권엄집 모임이 기호남인계 원로들에 일부 소장파를 참석시킨 모

임이라면, 6월 3일 무렵의 명례방 정약용집 모임은 기호남인계 소장파의 모임이라고 생각된다. 이것은 이전에 정약용이 주도하였던 죽란시사의 계속이라고 볼 수 있다. 이 죽란시사의 모임은 1800년 6월 초엽의 중대한 시기에 정치적으로 기호남인계 소장파의 결속을 다지고 권엄집 모임에 있었던 논의를 전달하는 성격이 있었다고 생각된다.

6월 5일 무렵(추정): 고향 초천으로 내려가다.

(가) 〈古意〉 _《전서》 시문집, 1800년 6월 5일 무렵

⚱ (가)의 시는 "洌水流不息 三角高無極"과 "聊乘一帆舟 沓沓辭京國"이라는 구절로 보아서 초천으로 내려가는 길에 한강의 배 안에서 삼각산을 바라보며 지은 시로 보인다. 1800년 6월 3일 무렵 죽란에서 모임이 있었고, 위 시는 배치 순서로 보아 6월 초순의 작품으로 여겨지므로 대략 6월 5일 무렵 초천에 내려가면서 지은 시라고 할 수 있겠다. 초천에 내려간 것은 다시 서울에서 출사할 것을 생각하여 책과 기타 짐을 갖고 오기 위한 것이 아니었나 생각된다.

6월 7일 무렵(추정): 초천에서 서울로 돌아오다.

(가) 〈新自茗川還簡尹无咎〉 _《전서》 시문집, 1800년 6월 8일 무렵

⚱ 1800년 6일 6일(무렵)은 초천에서 지내고 6월 7일(무렵) 서울로 돌아온 것으로 추정하여 둔다. 〈古意〉(1800년 6월 5일 무렵)의 바로 뒤에 초천에서 서울에 돌아와 지은 시로 (가)가 있다. 서울에 돌아온 다음 날 지은 것으로 생각하여 시기를 1800년 6월 8일(무렵)으로 추정하였다.

6월 10일 전후: 학관 이연년李延年의 방문을 받다.

(가) 〈李(廷年)學官見訪〉 _《전서》 시문집, 1800년 6월 10일 무렵

⚱ (가)의 시가 〈新自茗川還簡尹无咎〉(1800년 6월 8일 무렵)와 〈六月十二日賜漢書恭術恩念〉(1800년 6월 12일) 사이에 있다. 따라서 이 시의 저작 시기를 대략 1800년 6월 10일 무렵으로 추정하여 둔다.

233) 조성을, 2004, 137쪽 참조.

6월 12일(밤): 정조가 《漢書選》 10건을 보내어 제목을 쓰게 하고 그 가운데 5건을 갖게 하다.

(가) "按筠菴漫筆 曰是月十二日 方月夜獨坐 有叩門聲 納之 內閣吏也 持漢書選十件 以傳下敎曰 '近有編書事當卽召入 而鑄字所新改壁泥 姑未乾淨 晦間始可以來登筵也'" _《사암연보》 120쪽

(나) 〈六月十二日賜漢書 恭術恩念〉 _《전서》 시문집, 1800년 6월 12일

(다) "六月二十八日 正祖宣皇帝昇遐 公聞急 至弘火門前 逢諸臣 相與拊心 失聲發哀" _《사암연보》 119~120쪽

🖝 (나)의 시를 보아 《漢書選》을 하사한 것은 1800년 6월 12일이었음이 확인된다. 따라서 (가)에서 "是月十二日"이라 한 것은 6월 12일을 가리킨다. 《漢書選》을 하사한 것은 정약용이 잘 있는지 안부를 묻고 아직 그를 생각하고 있다는 것을 보이기 위한 것이었다("今此漢書題目 恐是外面 其實存問喩意之聖旨也"《사암연보》 120쪽). 이 인용 부분은 《筠菴漫筆》을 인용한 부분이므로(초고본《사암연보》 참조), 정약용 자신의 판단이라고 할 수 있겠다. 1800년 윤4월 하순 이후 정약용은 무언가 국왕의 새로운 명령을 기다리고 있었고, 오회연교 이후에는 더욱 그러하였을 것이다. 정조는 이 점을 고려하여 존문存問의 뜻으로 《漢書選》을 보내 제목을 쓰게 하고, (가)에서 보듯이 "晦間始可以來登筵也"라고 하여 6월 그믐쯤 부르겠다는 뜻을 보인 것이라고 하겠다.

6월 13일: 정조의 건강이 악화되기 시작하다.

(가) "翌明(6월 13일)玉候愆和是日(6월 28일)自天竟崩矣 伏念此十二日夜之特遣吏賜書存問 乃是永訣之恩典也" _《사암연보》 120쪽

🖝 (가)에서 "翌明"은 1800년 6월 13일로 보아야 할 것이다.

6월 하순(정조 붕어 6.28 직전): 《文獻備考刊誤》 완성되다(추정).

(가) "是歲《文獻備考刊誤》成 公曰 余昔從洪校理復元 借觀文獻備考 其烏欄之上 間有箚記 多精核語意 是故判書名漢氏之所手錄者也 因以己意 修潤彙次 爲刊誤 擬進乙覽 會仙馭賓天 不果上 嗚呼恨哉" _《사암연보》 125쪽

🖝 《사암연보》에 따르면 막 책이 완성되어 정조에게 올리는 형식을 취하

려 하였는데 정조가 붕어하여 하지 못했다고 하므로, 《文獻備考刊誤》는 1800
년 6월 28일 정조 붕어 직전에 완성되었다고 할 수 있다. 이 작업은 1800
년 봄에서 여름에 걸쳐 이루어졌으며, 윤4월 초 서울에 돌아온 뒤에 마
무리 작업을 한 것으로 볼 수 있다.

6월 28일: ① 유시酉時(오후4~6시) 정조가 창경궁 영춘헌에서 붕서하다. ②
　　　　　　정약용이 홍화문 앞에 나아가 실성통곡하다.

(가) "是日酉時 上昇遐于昌慶宮之迎春軒" 《실록》 정조 24년 6월 28일

(나) "六月二十八日 正祖宣皇帝昇遐 公聞急 至弘火門前 逢諸臣 相與拊心 失
　　聲發哀" 《사암연보》 119-120쪽

6월 29일: 윤지범(윤이서)에게 편지를 보내 복제服制를 논의하다.

(가) 〈答尹彛叙〉(庚申 六月) 《전서》 시문집, 1800년 6월 29일

🎣 (가)의 원주를 보면 1800년 6월 정약용은 윤지범(윤이서)에게 편지를 보
내 복제를 논의하였음을 알 수 있다. 이것은 정조의 복제와 관련된다고 여
겨진다.[234] 정조가 6월 28일 훙서하므로 이 편지는 6월 29일 쓴 것으로 여
겨진다(1800년 6월은 말일이 29일). 정약용은 남인이고 고산 윤선도의 외손이
면서도 남인의 전통적인 견해와 다른 견해를 갖고 있었다. 이것은 왕권과
국가공권력에 대한 그의 입장과 관련된다고 생각된다.

7월 30일: 정조의 공식 거상居喪 기간이 끝나다(공제公除).

🎣 1800년 7월에는 서울에 머무르며 정조 훙서 사후의 정국을 관망하는 한
편 복제 문제와 관련된 글을 쓰거나 공부를 하고 있었다고 생각된다.

8월 1일: 정조의 초하루 제사에 참여하다.

(가) "冬 旣卒哭歸洌上 唯朔望赴哭班" 《사암연보》 122쪽

🎣 (가)에 따르면 졸곡卒哭(11월 18일) 이후에도 7월 30일 공제公除 이후 졸곡
사이에 정조를 위한 삭망朔望의 제사에는 반드시 참여하였을 것이다.

---

234) 〈答尹彛叙〉(조성을, 2004, 325쪽).

8월 초: 윤상현尹尙玄 형제가 해남으로 돌아가는 것을 전송하다.

(가) 〈送尹尙玄兄弟(持初·詩夏·及鍾河)歸海南〉 _《전서》 시문집, 1800년 8월 초 추정

🜚 아마도 국상을 위해 올라왔던 윤상현 형제를 전송한 것이라고 하겠다. 따라서 이 시기는 1800년 8월 초순으로 비정할 수 있다. 시의 배치 순서로 보아도 이것이 타당하다.[235) 정조의 공식적 거상去喪 기간이 7월 말로 끝남에 따라서 해남으로 돌아가는 윤씨 형제들 가운데 윤종하尹鍾河가 있는 것이 주목된다.

8월 초순(추정): 처자를 초천으로 내려 보내다.

(가) "八月 送妻子于洌上之居(嫌人輩語酷禍故也)" _《다산연보》 16쪽

(나) 〈上海左書〉(제8서; 庚申中秋) _《전서》 시문집, 1800년 8월 추정

(다) 〈送妻子舟還茗川〉 _《전서》 시문집, 1800년 8월 초 추정

🜚 1800년 8월에 가족을 내려 보내고 나서도 정약용은 여전히 서울 명례방의 집에 머물러 있으면서 사태를 관망하고 있었던 것으로 보인다. 정약용이 1800년 4월 말 다시 서울로 돌아온 뒤, 가족들은 윤4월 이후 어느 시점에서 다시 서울로 돌아왔던 것으로 여겨진다. 1800년 6월 3일 무렵 죽란에서 모임이 있으므로 늦어도 아내 풍산홍씨를 포함한 가족들이 다시 죽란에 와 있었을 것이다. 이 해 봄에 혼인한 정학유 부부는 〈孝婦沈氏墓誌銘〉에 따르면 함께 살고 있었을 것으로 추정되지만, 먼저 혼인한 정학연 부부도 분가하지 않고 함께 살고 있었는지는 분명하지 않다. 1800년 8월 무렵에 쓴 것으로 추정되는 (나)에는 정약용 자신이 동쪽(고향)으로 돌아갈까 생각한다는 언급이 있으므로, 8월 무렵 이미 다시 낙향을 생각하고 있었음을 알 수 있다. 즉 정조의 공식 거상 기간이 1800년 7월 말로 끝나고 8월에 들어서자, 귀향을 생각하고 일단 처자를 먼저 돌려보낸 것으로 생각할 수 있다. (다)의 시를 보아도 처자를 초천으로 돌려보냈음을 알 수 있다. 공식 거상 기간이 끝나자 바로 정약용 등 기호남인(공서파 제외)들에 대한 음모가 시작된 것으로 여겨진다. 하지만 뒤에서 볼 것처럼 초천으로 낙향하는

---

235) 조성을, 위의 책, 138쪽.

것은 1800년 11월 18일 정조의 졸곡제卒哭祭를 마치고 나서였다(11월 18일 조 참조). 졸곡제 이후에는 삭망朔望에만 서울에서 정조의 곡반에 참여하였다. 즉 1800년 4월 말 정조의 명으로 다시 서울에 올라온 뒤 졸곡제(11월 18일)까지는 계속 서울에 머무르고 있었던 것으로 보아야 할 것이다.

8월 15일: 정조를 위한 보름 제사에 참여하다(추정).

9월 1일: 정조를 위한 초하루 제사에 참여하다(추정).

9월 15일: 정조를 위한 보름 제사에 참여하다(추정).

9월 일: 〈跋御賜樊巖試帖〉을 쓰다.

(가) 〈跋御賜樊巖試帖〉 _《전서》 시문집, 1800년 7~10월 사이

🜊 (가)의 저작 시기는 대략 1800년 6월 28일 정조의 훙서 이후 10월 말 사이다. 일단 9월에 배치하여 둔다. 내용으로 보아 정조의 붕어 후에 쓴 것이고 11월 초에 쓴 〈跋祥刑攷草本〉의 바로 앞에 있기 때문이다. (가)는 정조가 번암 채제공의 시첩을 정약용에게 내린 것에 대한 정약용 자신의 발문이다. 정약용이 정조 붕어 이후 정조와 채제공을 무척 생각하였음을 알 수 있다. 이 두 사람이 1799년과 1800년 연이어 타계하여 결국 정약용 등 기호남인계(공서파 제외)에 대한 보호막이 사라지게 되면서 1801년 정치적 대탄압이 시작되었다.

11월 1일: 정약용이 대궐의 초하루 제사에 참여하다(추정).

🜊 초하루 제사에 참여하기 위하여 적어도 10월 29일(말일)에는 서울에 있었을 것이다.

11월 2일(또는 1일): 《祥刑攷草本》에 발문을 쓰다.

(가) 〈跋祥刑攷草本〉 "因山已及期矣" _《전서》 시문집, 1800년 11월 2일 또는 11월 1일 추정

🜊 〈跋御賜樊巖試帖〉에 바로 이어서 (가)가 배치되어 있다. "因山已及期矣"라는 구절이 있으므로, 저작 시기는 1800년 11월 초이며 11월 3일(인산일) 전이라고 볼 수 있다. 따라서 1800년 11월 2일(또는 1일)로 추정하였다.

11월 3일: ① 정조의 인산일, 빈소를 열고 발인하여 영가靈駕가 궁궐을 출발하다. ② 시흥 행궁에 도착하여 머무르다. ③ 정약용이 영가를 수행하다(추정).

(가) "詣殯殿行遣奠 靈駕發詣陵所 次始興行宮宿所" _《실록》 순조 즉위년 11월 3일

11월 4일: ① 영가가 화성 행궁에 도착하여 머무르다. ② 정약용이 수행하다(추정).

(가) "靈駕次華城行宮宿所" _《실록》 순조 즉위년 11월 4일

11월 5일: ① 영가가 능소에 도착하다. ② 찬궁欑宮을 열고 산릉山陵에 올라가다. ③ 정약용 수행하다(추정).

(가) "靈駕次陵所 啓欑宮 上山陵" _《실록》 순조 즉위년 11월 5일

🜍 위의 일은 일단 관을 산릉(현재 건릉) 바로 옆에 올려놓은 것을 말한다.

11월 6일: ① 현궁玄宮을 내리다(매장). ② 정약용이 수행하다(추정).

(가) "下玄宮" _《실록》 순조 즉위년 11월 6일

🜍 1800년 11월 5일 밤 12시가 지나서 11월 6일 매장이 시작된 것으로 볼 수 있겠다.

11월 7일(또는 11월 6일): 서울로 돌아오다(추정).

🜍 정약용은 당연히 정조의 장례 행렬에 수행하였을 것이다. 그렇다면 1800년 11월 3일 행렬과 함께 서울을 출발하여 11월 6일의 장례식에 참여하였고 행렬과 함께 서울에 돌아온 것은 다음 날 11월 7일로 보는 것이 타당하다. 그러나 장례일 당일인 6일에 서울에 돌아왔을 가능성도 있다. 자시(한밤중 0시~2시)에 장례가 이루어졌으므로 장례가 끝난 뒤 서둘러 돌아왔다면 당일 귀환도 가능하기 때문이다.

11월 18일: ① 정조의 졸곡에 참석하다. ② 정조의 졸곡 곡반에 참여하고 초천에 돌아가며 시를 짓다. 이후 초천에 내려가 있으면서 초하루와 보름에만 곡반哭班에 참여하다.

(가) 〈卒哭日 歸苕川〉 _《전서》 시문집, 1800년 11월 8일

⚗ 1800년 11월 7일 무렵 서울에 돌아온 정약용은 11월 15일 대궐의 보름 제사에 참여하였다. 그리고 1800년 1월 18일 졸곡까지는 서울에 머무르고 있었을 것이다. 정조의 장례와 졸곡을 마치고 노론 강경파 측의 천주교도 탄압 논의가 시작되었을 것이다.

11월 19일 이후~하순: 고향 초천에 머무르다(추정).
(가) "冬 旣卒哭歸洌上 唯朔望赴哭班" _《사암연보》 122쪽

⚗ (가)로 보아 1800년 11월 18일 국왕의 졸곡을 마친 뒤 귀향하였고 서울 대궐에서 진행되는 초하루와 보름의 제사 때만 올라와 참석하였음을 알 수 있다.

11월 20일:《兵學通》의 발문을 쓰다.
(가) 〈跋兵學通〉(健陵因山後 十有八日) _《전서》 시문집, 1800년 11월 20일

⚗ (가)에 "健陵因山後 十有八日"이라는 구절이 있으므로 1800년 11월 3일 인 산으로부터 18일째 되는 날이다. 따라서 시기를 1800년 11월 20일로 하였 다. 초천에서 지은 것이라고 할 수 있겠다.

11월 30일: 다시 서울 명례방의 집에 올라오다(추정).

⚗ 1800년 12월 1일의 곡반(초하루 제사)에 참여하기 위해 늦어도 11월 30일 에는 서울 명례방의 집에 올라와 있었을 것이다.

12월 1일: 정조의 곡반에 참석하다(추정).

12월 2일 이후~13일(추정): 초천에 머무르다.

⚗ 1800년 12월 1일의 곡반 이후 다시 초천으로 내려갔다가 12월 14일 무 렵 올라왔을 것이다.

12월 15일: 정조의 곡반에 참석하다(서울 궁궐).

⚗ 1800년 12월 14일에는 서울에 올라와 있었고 12월 15일 곡반에 참여하

였을 것이다.

12월 16~28일: 초천에 머무르다(추정).

☙ 1800년 12월 15일(또는 12월 16일) 초천으로 내려가 12월 28일(오전)까지는 초천에 머물러 있었을 것으로 추정된다. 1800년 12월 말일은 29일이므로 12월 28일에 서울에 올라왔을 것으로 여겨진다.

12월 18일: 대왕대비(정순왕후)가 언교를 내려 시정 방침을 밝히다.

(가) "次代之進定於今日者 將有洞諭之事…" 《실록》 정조 24년 11월 18일

☙ 이것은 사도세자 문제, 오회연교 등을 언급하면서 강경 방침을 밝힌 것으로서 천주교를 명목으로 한 탄압의 신호탄이라고 하겠다. 대략 이 무렵부터 서울, 양근, 충주 지역의 천주교도들이 체포되기 시작하였다. 한편 이 해 10월 무렵 윤행임을 장용영 제조에서 물러나게 하였는데, 이것은 정조가 키운 무력 기반을 해체시키고 병권을 장악하기 위한 조치로 보이며, 결국 이듬해 장용영은 내시노비 혁파를 위한 급대 문제를 핑계로 혁파되었다. 윤행임은 노론이었으나 정약용 등 남인에게 동정적이었다. 1801년 여름 사이에 윤행임은 사은사로 연경을 다녀왔으나, 가을 대왕대비를 비방한 임시발, 윤가기 사건에 연루되어 죽음을 당하였다.

12월 28일: 정약용이 서울 명례방의 집에 올라오다(추정).

☙ 다음 날 1801년 1월 1일의 곡반에 참여하기 위하여 늦어도 12월 28일 초천에서 서울에 올라와서 말일인 12월 29일에는 명례방 집에 있었을 것이다.

1800년의 저술과 활동

1800년 봄의 저작 가운데 시로는 〈大駕回自華城 恭候舟橋之北〉(1800년 1월 18일), 〈東宮冊封日 迎春軒 恭視盛儀〉(1800년 2월 2일), 〈同茯菴訪李郎(重植)病廬 仍賦玉流洞花 輝祖亦至〉(1800년 3월 8일 이후 추정), 〈洪判書(周萬)輓詞〉(1800년 3월 9일 이후 추정) 등이 있다.〈洪判書(周萬)輓詞〉는 〈同茯菴訪李郎(重植)病廬 仍賦玉流洞花 輝祖亦至〉(1800년 3월 8일 이후 추정)의 바로 뒤에 있어서 1800년 3월 9일 이후 작으로 추정된다. 바로 뒤에 〈四月七日 早出興仁門作〉(4월 7일)이 있으므로

1800년 4월 1일~6일 작일 수도 있다. 1800년 봄의 잡문으로는 〈答茯菴〉(제3서; 1800년 3월 7일 이후 추정), 〈答茯菴〉(제4서; 3월 8일 이후 추정), 〈答朴次修(齊家)〉(1800년 3월 초순 추정), 〈與朴次修〉(1800년 3월 중순 추정) 등이 있다.

1800년 봄의 활동은 1월 박제가의 도움을 받아 다시 《麻科會通》의 수정·보완 작업을 한 것과 2월에 동궁 책봉례에 참석한 것이 확인된다. 3월에는 영평에서 돌아온 박제가와 서신 왕래가 있었고, 연행에서 돌아온 이기양과도 서신왕래가 있는 한편 두 사람이 이중식을 방문하기도 하였다. 또 이 해 봄에는 1799년 10월 이후 시작된 일련의 개혁론과 관계된 저술 작업을 계속하고 있었다고 생각된다.

1800년 여름의 저작 가운데 시로는 〈四月七日 早出興仁門作〉(1800년 4월 7일), 〈訪尹逸人〉(1800년 4월 9일 무렵), 〈到法泉判書宅次韻〉(1800년 4월 10일 무렵), 〈木溪 贈洪丈〉(洪樂一, 1800년 4월 13일 무렵), 〈贈李丈〉(1800년 4월 13일 무렵), 〈贈金正言〉(金相雨, 1800년 4월 13일 무렵), 〈贈洪丈〉(洪樂顔·洪樂眞, 1800년 4월 13일 무렵), 〈汎舟下蟾江入口〉(1800년 4월 14일 무렵), 〈夜泊神勒寺 登東臺〉(1800년 4월 14일 무렵 추정), 〈舟發廣陵〉(1800년 4월 16일 무렵), 〈晚出江皐〉(1800년 4월 16일 무렵 추정 저녁), 〈次季父遣愁韻〉(1800년 4월 26일 무렵), 〈江亭晚集〉(1800년 4월 27일 무렵), 〈苦風〉(1800년 4월 27일 무렵), 〈示无咎〉(1800년 4월 28일 무렵), 〈重集江亭〉(1800년 4월 28일 무렵), 〈乘小舟捕魚 得兒書 知有召命 明日下峽 恭述微忱〉(1800년 4월 30일 무렵), 〈出峽同无咎〉(1800년 4월 30일 무렵), 〈尹(弼秉)參判宅 陪葉西權(襫)判書·五沙李(鼎運)判尹諸公 宴集〉(1800년 5월 초순 추정), 〈權(襫)判書宅 陪諸公宴集〉 "昔樊翁有楓壇詩會 今樊翁已卒"(1800년 6월 1일 무렵), 〈夏日竹欄小集射韻〉(1800년 6월 3일 무렵), 〈古意〉(1800년 6월 5일 무렵), 〈新自茗川還簡尹无咎〉(1800년 6월 8일 무렵), 〈李(廷年)學官見訪〉(1800년 6월 10일 무렵), 〈六月十二日賜漢書 恭術恩念〉(1800년 6월 12일) 등이 있다. 1800년 여름의 잡문으로는 〈答蔡邇叔〉(제3서; 4월 7일 이전 추정), 〈上海左書〉(제7서; 4월 13일 무렵 이후 추정), 〈與猶堂記〉(1800년 4월 26일 무렵), (다)〈答韓在園書〉(제1서; 1800년 4월 27일 무렵), 〈與權思甫〉(1800년 4월 27일 무렵), 〈品石亭記〉(1800년 4월 27일 무렵), 〈祭族父稷山公文〉(1800년 4월 추정), 〈游石林記〉(1800년 윤4월 하순 추정), 〈臨淸亭記〉(1800년 윤4월 하순 추정), 〈茗上烟波釣叟之家記〉(1800년 윤4월 하순 추정), 〈權(襫)判書宅 陪諸公宴集〉(1800년 6월 1일 무렵), 〈夏日竹欄小集射

韻〉(1800년 6월 3일 무렵), 〈古意〉(1800년 6월 5일 무렵), 〈新自茗川還簡尹无咎〉(1800년 6월 8일 무렵), 〈李(廷年)學官見訪〉(1800년 6월 10일 무렵), 〈六月十二日賜漢書 恭術恩念〉(1800년 6월 12일 추정), 〈答尹彝叙〉(1800년 6월 29일 추정) 등이 있다.

1800년 여름의 활동으로는 4월 7~16일 사이 초천과 하담을 다녀왔으며 중간에 법천 정범조를 찾아뵈었다. 이를 계기로 낙향 결심을 굳히고 4월 24~25일 무렵 낙향하였으나, 며칠 만에 국왕이 알고 올라오라고 하여 4월 30일 서울에 다시 올라와 1800년 윤4월 초순과 중순 기간 동안 춘방사정 처소에서 교서 일을 하였고, 윤4월 하순에는 휴가 기간을 가졌던 것으로 여겨진다. 1800년 5월 초순과 6월 초에는 각기 윤필병집과 권엄집에서 있었던 기호남인 모임에 참석하여 남인 내부의 결속을 다지는 한편, 1800년 6월 초순 정약용의 집에서 남인 소장파들의 모임이 있었다. 이어서 1800년 6월 12일에는 정조가 내관을 보내어 존문하였으며 6월 그믐 무렵 만나자고 하였으나, 1800년 6월 28일 정조가 급서하였다.

1800년 가을의 시로는 〈送尹尙玄兄弟(持初·詩夏·及鍾河)歸海南〉(1800년 8월 초 추정), 〈送妻子舟還茗川〉(1800년 8월 초 추정) 등이 있고, 이 시기 잡문으로는 〈上海左書〉(제8서; 1800년 8월 추정)이 있다.

1800년 7월은 공식 거상 기간이어서 궁궐의 제사에 참여하거나 집에 머무르는 일 말고는 별다른 활동을 하지 않았고, 8월에는 이달 초 윤상현 형제를 전송하고 가족을 초천으로 돌려보내는 일을 한 것 말고 별다른 일이 눈에 뜨이지 않는다. 1800년 9월에도 별다른 일이 없는 것은 마찬가지였다. 다만 1800년 7~9월 사이에는 예학禮學 관계 공부를 하고 있었고, 이것이 1801년 봄~가을 장기 유배 때의 예학 연구로 연결되는 것으로 추정된다.

1800년 겨울의 시를 살펴보면 〈卒哭日 歸茗川〉(1800년 11월 8일), 〈次韻舍兄述懷〉(1800년 11월 8일 이후 추정), 〈詠木詩〉(1800년 연말 추정) 등이 있고, 잡문으로는 〈跋祥刑攷草本〉("因山已及期矣"; 1800년 11월 1일 또는 2일 추정), 〈跋兵學通〉(1800년 11월 20일) 등이 있다. 1800년 겨울에는 정조의 삭망제에 참석한 것과 11월 18일에 졸곡에 참여한 것(졸곡 이후 초천과 서울 사이를 왕래하며 삭망제에 참석) 말고는 특별한 활동이 눈에 뜨이지 않는다. 1800년 11월 18일 졸곡 이후에는 다시 저술 활동에 몰두하였다고 여겨진다.

이 밖에 1800년에 저술한 저서, 그리고 시기가 좀 더 구체적으로 특정되지 않는 잡문에 대하여 살펴보기로 한다. 정약용은 1800년《文獻備考刊誤》를 저술하여 완성하는데, 여기에는 우리나라 역사와 관련된 내용이 많다. 앞서 언급한 바와 같이 정조의 서거 직전 완성한 것으로 여겨진다.《여유당집》 잡문 전편 제3책 제2권에는 제3책 제1권의 마지막에 수록된〈立後論〉(1~2)에 이어서〈新羅論〉,〈高句麗論〉,〈百濟論〉,〈遼東論〉,〈日本論〉,〈廢四郡論〉,〈汲黯論〉,〈拓拔魏論〉,〈東胡論〉 등이 실려 있다. 이들은 대체로 우리나라 역사와 관련된 내용이다. 따라서《文獻備考刊誤》저술 작업을 하면서 이와 병행하여 이들 산문을 저술하였을 가능성이 매우 크다.

한편〈東胡論〉 다음에는〈俗儒論〉,〈庶孽論〉,〈還上論〉,〈奸吏論〉,〈監司論〉이 이어진다. 1800년 6월 28일 정조의 서거 이후에는 실의하여 거의 저술 작업을 하지 않았을 수 있다. 그렇다면〈俗儒論〉,〈庶孽論〉,〈還上論〉,〈奸吏論〉,〈監司論〉 등은 1800년 상반기에 작업이 이루어졌을 가능성이 있다. 정조가 서거한 마당에〈俗儒論〉,〈庶孽論〉,〈還上論〉,〈奸吏論〉,〈監司論〉 같은 개혁 이념을 담은 글을 계속 쓰고 있었다고 보기는 어렵기 때문이다. 하지만 하반기에 지어졌을 가능성도 완전히 배제할 수는 없다. 아울러 1800년 겨울에는〈中書社約序〉(庚申 冬)를 짓기도 하였다.

덧붙여 정조의 서거는 예禮에 대한 논의를 불러일으켰을 것이다. 이때 앞에서 언급한 바와 같이 윤지범과 토론도 있었다. 윤지범에게 보낸 편지는 1800년 6월 29일에 쓴 것으로 추정되고 이때 예에 대한 관심이 고조되었다. 이러한 관심은 1801년 유배지 장기에서〈己亥邦禮辨〉·〈辛巳服制辨〉·〈八大君辨〉 작업, 그리고 1802년 이후의《喪禮四箋》 작업으로 연결되는 것으로 추정된다.[236] 유배 초기 정약용이 예禮에 관한 작업에 몰두하는 것은 천주교도로 몰린 상황에서 일종의 보신책이었다는 주장도 일정 부분 수긍될 수 있다. 그러나 더 직접적인 이유는 정조의 서거를 계기로 예에 대한 그의 관심이 커졌기 때문이라는 것이 더 타당하다고 생각된다.〈己亥邦禮辨〉에 이어지는〈辛巳服制辨〉,〈八大君辨〉도 비슷한 시기에 지어진 것으로 추정되지만,〈辛巳服制辨〉,

---

236) 조성을, 2004, 264쪽 참조.

〈八大君辨〉이 잡문 전편에 실려 있는 것으로 보아서 1800년 하반기(6월 28일 정조 붕어 이후)에 지었을 가능성도 완전히 배제할 수는 없을 것이다.

1801년 辛酉, 순조 원년 _40세

1월 1일: ① 대궐의 곡반에 참석하다(추정). ② 대왕대비(정순왕후)가 속히 홍국영洪國榮을 추탈하라는 명령을 내리다.

(가) 〈跋小學補箋〉 _《전서》 시문집, 1801년 1월 이후

(나) "大王大妃敎曰 國榮之罪如何…亟施追奪之典" _《실록》 순조 1년 1월 1일

Ⓧ (가)에 따르면 1801년 초 〈小學補箋〉 작업에 착수하였다. 이 해 2월 9일 입옥入獄된 이후에도 감옥 안에서 이 책에서 보충할 내용에 대하여 구상하였다고 한다. 홍국영을 추탈하는 것은 결국 1월 4일의 김귀주金龜柱 추증 논의로 연결되어(1월 4월 부분 참조), 영조 말년 노론 강경파가 사도세자를 죽이고 정조를 핍박한 행동을 정당화하려는 것이다. 1월 1일 곡반에 참석한 정약용은 바로 초천으로 내려갔을 것이라고 추정된다.

1월 4일: 영부사 이병모李秉模가 김귀주金龜柱의 추증을 요청하다.

(가) "領府事李秉模啓言…故宰臣金龜柱之事 宜施追贈之典" _《실록》 순조 1년 1월 4일

Ⓧ 1801년 1월 당시 대왕대비는 김귀주의 누이였고, 김귀주는 정조 초에 처벌당하였으며 김귀주가 처벌될 때 당로자는 홍국영이었다.

1월 6일: ① 장령 이안묵李安默이 계를 올려 홍낙임洪樂任을 탄핵하다. ② 김재익金載翼이 상소하여 홍낙임의 죄를 논하고 채제공까지 얽어 넣다.

(가) "掌令李安默啓言 洪樂任之罪" _《실록》 순조 1년 1월 6일

(나) "金載翼疏…洪樂任之罪…聚會每在於濟恭血黨之家" _《실록》 순조 1년 1월 6일

Ⓧ 이안묵은 얼마 뒤 1801년 2월 신유교안 때 바로 정약용의 취조를 담당하였으며, 1802년 봄 강진현감으로 내려와 유배객 정약용을 다시 얽어 넣기 위하여 감시하고 무고하였다. (나)에 따르면 홍낙임을 공격하면서 채제

공까지 얽어 넣었음을 알 수 있다. 이에 기호남인 "신서파信西派"는 와해되었다. 이 책에서 신서파는 기호남인 천주교를 믿은 사람들만이 아니라 채제공과 정치적으로 가까워서 억울하게 천주교도로 몰린 사람들까지 포함하는 의미로 사용하고자 한다. 천주교를 믿었던 이들 가운데 다수는 주문모 사건 이후 완전히 천주교와 결별하였다. 그리고 이가환李家煥, 이기양李基讓, 오석충吳錫忠, 권철신權哲身 등은 크게 보아 원래부터 천주교와 관련이 없다고 볼 수 있다. 이들은 차라리 "남인南人 채파蔡派"라고 부르는 것이 더 나을 수도 있다. 이들은 채제공과 정치적으로 가까웠기 때문에 억울하게 "신유교안" 때 피해를 당한 것이다. 이 반대편에 목만중, 이기경, 홍희운 등을 중심으로 한 기호남인 공서파攻西派가 있었고 이들은 노론 벽파와 연결된 혐의가 있다.

한편 기호남인 가운데에는 이정운, 권엄, 윤필병 등이 중도적 입장이면서도 채제공 타계 이전에는 채제공그룹과 가까웠고, 정조 홍서 이전까지도 채제공 그룹에 속하는 정약용 등과 가까운 관계를 유지하고(이가환과는 아마도 관계를 단절하려고 하였다고 생각됨) 남인 세력의 재규합을 생각하였다. 그러나 1801년 신유교안 시기 노론 벽파의 공세 속에서 남인 공서파는 "신서파"를 공격하였다. 하지만 이들은 크게 보아서 결과적으로 노론 벽파에게 이용만 당한 꼴이며, 노론 시파로 정권이 넘어가게 되자 중앙정계에서 발을 붙일 수 없게 되었다. 이 밖에 천주교를 비판하였으나 1791년 신해교안이 터지기 전에 타계한 안정복을 잇는 그룹도 있는데, 이들은 안정복이 앞서 천주교를 비판한 덕에 살아남게 된다. 그러나 이 그룹은 채제공 일파 및 천주교도에 대한 공격에는 가담하지 않은 것으로 보인다. 노론 벽파와 기호남인 공서파 그룹은 신유교안 때 채제공을 먼저 공격하고, 그 다음에 그와 가까운 사람들을 천주교 문제로 사람들을 얽어 넣는 전술을 취하였다. 이에 더하여 기호남인은 자체적으로도 사분오열됨으로써 신유교안 이후 정치적 세력으로서 기능을 완전히 상실하게 되었다.

한편 영남남인들은 천주교와 전혀 관계가 없었다. 그러나 김한동 등을 매개로 채제공과 연결되었으므로, 1792년 영남남인들의 상소는 채제공과 연결되어 진행되었다. 이때 김한동과 연결 작업을 한 인물 가운데 하나가 정약용이다(1792년 부분 참조). 김한동은 신유교안 이후 억울하게 제거되었고, 또 신유교안 이후 영남에서 일어난 "인동 작변"을 계기로 영남남인들은 많은 피해를 입는 동시에 중앙정계에서 철저히 배제되었다. 이것은 신유교안의 본질이 "종교적 탄압"이라기보다는 기본적으로 정치적인 탄압임을 의미하는 것이라고 하겠다. 1803년 12월 철렴 때 정순왕후는 영남남인을 탄압한 것을 후회하고 다시 등용하라고 하지만, 영남남인이 다시 중앙정계에 발언을 하게 되는 것은 대체로 고종 때의 영남만인소 운동에 이르러서야 가능하였다.

1755년 을해옥사 때 소론 강경파가 거의 제거되어 정치세력으로서 기능을 상실하게 되자, 이후 이를 대체하는 정치세력으로서 기호남인이 조금씩 중앙정계에 다시 들어오게 되었다. 채제공을 중심으로 대략 1790년을 전후하여 정조 탕평의 일각을 형성하게 되고 영남남인과의 연결도 꾀하지만, 결국 천주교 문제와 자체 분열로 자멸하게 되었다. 이후 다시 노론 독존의 정국 아래에서 노론 벽파와 시파의 대결이 진행되고, 대체로 1804년 이후 점진적으로 결국 안동김씨를 중심으로 한 시파로 정권이 넘어가게 되었다. 그렇지만 점차 안동김문으로 권력이 집중되는 상황에서 노론 내에서도 시파와 벽파의 구분은 거의 무의미해졌다. 다만 노론 벽파의 경주 김문과 연결된 풍양조문이 일시적으로 도전을 하지만, 안동김문의 세도정권을 붕괴시킬 수는 없었다. 안동김문은 천주교 처리에 상대적으로 온건한 입장을 취하여 대체로 문제를 덮어두려고 하였으나, 아무런 개혁 의지도 없이 무사안일한 태도를 보였다. 정약용은 이런 정세 속에서 유배기와 해배기를 보내게 되었다.

1월 10일: 정순왕후가 천주교 금지령을 내리다.

(가) "嚴禁之後 猶有不悛之類 當以逆律從事" 《실록》 순조 1년 1월 10일

💧 이제부터 서학을 버리지 않는 자는 역적죄로 처단하겠다는 취지이다. 이때 지방 수령 등에게 오가작통법을 실시하여 감시하라고도 하였다.

1월 15일: 대궐의 곡반에 참석하다(추정).

1월 16일: 성균관 유생 564명이 홍낙임을 탄핵하는 상소를 올리다.

(가) "館學儒生…五百六十四人疏…樂任" _《실록》순조 1년 1월 16일

𝒫 1801년 1월 15일 곡반에 참여하였던 정약용이 당일 내려가지 않았다면 성균관 유생들의 1월 16일 상소에 대하여 들었을 것이다. 그리고 정약용은 이미 1월 초순 이래의 정국에 대하여 촉각을 곤두세우고 있었을 것이다. 그러나 1801년 1월 28일 이전 정약용은 다시 초천에 내려가 있었다(1월 28일 부분 참조).

1월 27일: 우의정 임명을 사양하던 서용보徐龍輔가 조정에 나오다.

(가) "所見右議政徐龍輔" _《실록》순조 1년 1월 27일

𝒫 서용보와 정약용 사이에는 악연이 있다. 1794년 겨울 정약용은 경기 암행어사를 하였는데, 이때 서용보가 경기 감사를 하고 있었다. 그의 비리에 대하여 정약용은 귀환 후 정조에게 보고하였다. 서용보는 훗날 정약용이 해배되려 하거나 다시 관직에 나아갈 기회가 생겼을 때 계속 방해하였다.

1월 28일: ① 초천에 윤지눌尹持訥과 이유수李儒修가 정약용에게 사태의 심각함을 알리는 편지가 당도하다. ② 정약용이 입경하여 이주신과 함께 윤지눌의 집에 가다(1월 28일 밤 추정). ③ 대왕대비가 교서를 내려 내시노비를 혁파하고 장용영으로 하여금 그 비용을 충당하게 하다(장용영 혁파).

(가) "辛酉春 余在洌上 漢城府有書笈事 禍機焱烈 舊相親知者 無一人報知 獨君與李周臣議書報"〈尹持平持訥墓誌銘〉_《전서》시문집, 1822년

(나) "嘉慶辛酉 正月二十八日 余在茗川 知有禍機 入京住明禮坊 二月八日 臺參發 厥明日曉鐘 入獄"〈石隅別〉_《전서》시문집, 1801년 2월 29일

(다) "辛酉春 余在洌上 漢城府有書笈事 禍機焱烈 舊相親知者 無一人報知 獨君與李周臣議書報 余趣入京 '余衝泥疾赴之' '夜與周臣 會于君家' 君於小罏 煎人蔘三根 以飲之"〈尹持平持訥墓誌銘〉_《전서》시문집, 1822년

(라)〈答李大司諫〉(鼎德) _《전서》시문집, 1801년 2월 5일 무렵

(마) "敎曰…以內奴婢寺奴婢…自今一倂革罷 其給代 令壯勇擧行" _《실록》순조

502

1년 1월 28일

(바) "所謂冊籠 乃五六人混雜文書 其中有鏞家書札 尹行恁知其狀 與李益雲
議欲令柳遠鳴上疏 請拿問鏞以殺其禍" 〈자찬묘지명〉(집중본) _《전서》 시문집,
1822년 6월 무렵

◈ 1801년 1월 28일 이유수와 윤지눌의 편지를 받고 쏜살같이 서울로 올라
와(余衝泥疾赴之) 밤에 이주신과 함께 윤지눌의 집에 간 날은(夜與周臣 會于君家)
1월 28일이라고 보는 것이 온당할 것이다. (라)에 따르면 한양 도착 며칠
이내에 이정덕李鼎德의 편지가 왔던 것으로 보이고, 이에 대한 답서가 바
로 (라)인 것으로 여겨진다. 이 편지에는 "禍色迫頭"라는 구절이 있으므로
1801년 2월 9일 새벽에 체포되기 며칠 전(2월 5일 무렵 추정)에 보낸 것으로
여겨진다. 또 "鶴台札奉完 不必示人"이라는 구절이 있는데 여기에서 학태鶴台
는 이익운을 가리킨다.237) 이때 정약용은 사태 파악과 대책 수립을 위해
이정덕 및 이익운 등과도 접촉하고 있었던 것으로 여겨진다. 이렇게 사태
가 악화된 데에는 정약종이 서학 관련 문서를 책롱冊籠에 넣어 안전한 곳
으로 옮기려다가 발각된 사건도 일조하였다. 사태를 수습하기 위해 윤행
임이 도움을 주려 하였음을 (바)로 보아 알 수 있다.

1801년 1월 28일 당일 밤으로 서울에 올라온 정약용은 이후, 2월 8일 체
포될 때까지 명례방의 집(죽란)에서 기거하였다. 이 동안 이계수李季受(이익
운)에게 편지를 보낸 것이 두 통 남아 있다(1801년 1월 29~2월 7일; 체포는 2월
8일 새벽에 이루어지므로 두 번째 편지를 보낸 하한은 2월 7일). 첫 번째 편지
〈與李季受〉는 연초의 도목정사都目政事(인사)에서 형조정랑 유진옥柳振玉(이
름 원명遠鳴)이 정언正言이 되고 이조판서였던 윤행임이 지의금知義禁이 된
것을 알고서 다소 안심하며 유진옥을 통해 모종의 조치를 빨리 도모하자
는 내용이다. 두 번째 편지 〈答李季受〉를 쓸 때에는 훨씬 다급한 상황이었
지만, 정약용 자신이 권한 상소문을 도저히 초할 수 없다는 내용으로 되어
있다. 나중에 이 해 가을 임시발, 윤가기의 대왕대비 비방 사건으로 윤행
임 자신도 죽게 된다. (가)와 (다)에서 "漢城府有書笈事 禍機焱烈"이라고 한 것

237) 조성을, 2004, 314쪽.

은 1801년 1월 19일 정약종이 집에 있던 천주교 관련 자료를 옮기다가 한성부漢城府에 적발된 일을 가리킨다.[238] 1월 28일 내시노비 혁파를 명령한 것은 남인 신서파 및 기타 정적들 제거에 앞서서 정조가 키운 군문인 장용영을 혁파하기 위한 것이었다. 즉 반대파의 무장을 해제하는 조처였다. 1801년 1월은 29일이 말일이었다. 처음 정약용이 서울에 올라왔을 때에는 〈자찬묘지명〉(집중본)에 따르면 이익운도 협조적이었다. 그러나 나중에 그는 태도를 바꾸게 된다. 〈자찬묘지명〉 집중본에 따르면 정약종의 책롱(천주교 관련 증거물)이 압수된 뒤 윤행임이 이익운과 정약용의 구제 방안을 강구하였고, 최헌중 등도 이것을 전화위복의 기회로 삼자고 정약용에게 권하였으나, 정약용은 받아들이지 않았다. 그것은 아우로서 형님인 정약종을 고발할 수 없었기 때문이었을 것이다. 그러나 사태가 악화되기 전에 먼저 손을 썼더라면, 정약용과 정약전은 피체와 유배를 면하였을 가능성도 아주 없지는 않았을 것이다. 정약용은 사태의 심각성을 덜 깨닫고 있었던 것인지, 깨달았으면서도 차마 할 수 없었는지 현재로서는 판단하기 어렵다. 이익운은 결국 배신하게 되었지만, 윤행임은 나중에 자신도 죽음을 당하게 되었다. 윤행임의 제거와 관련하여서는 의문점이 매우 많다. 노론 내부에서 시파와 벽파의 대립 및 윤행임의 남인과의 관계, 정순왕후의 개인적 입장 등을 종합적으로 고려할 필요가 있다.

2월 1일: 대궐의 곡반에 참여하다(추정).

⌀ 1801년 2월 1일 당시 위급한 상황이었지만 당연히 정조의 곡반에는 참여하였을 것으로 추정된다.

2월 2일: 신대현申大顯을 좌포청대장左捕廳大將에 임명하다.

(가) "以申大顯 爲左捕廳大將" _《실록》순조 1년 2월 2일

2월 4일: 이익운이 경기 관찰사에 임명되다.

(가) "以李益運爲京畿觀察使" _《실록》순조 1년 2월 4일

---

238) 윤재영 역, 《황사영백서》, 정음사, 1981, 38~39쪽 참조.

✿ 이 1801년 2월 초의 시점에 이익운이 경가 관찰사에 임명된 것이 주목된다. 이정운·이익운 형제는 남인 "신서파"에 동정적이었지만, 이정운은 1800년 이미 타계하였고 이익운은 1801년 신유교안을 계기로 남인 신서파와 결별하는 것으로 보인다. 경기 관찰사 임명 뒤 바로 신유교안이 터지자 이익운은 신서파 인물들을 공격하게 되었다.

2월 5일: 차대次對에서 신하들이 천주교 처벌을 요구하였으나 어린 순조가 육형은 안 된다고 하였다.

(가) "次對…上曰 肉刑不可爲也" 《실록》 순조 1년 2월 5일

✿ 당시 국왕 순조가 어려서 대왕대비가 수렴청정을 하고 있었지만, 순조는 어린 나이임에도 천주교에 대한 육형에 반대하였다. 순조는 부왕 정조의 천주교 대책을 잘 알았고 이 유지를 계승하려고 하였던 것 같고, 모친 및 외가의 조언도 받았던 것 같다. 이러한 국왕의 생각에도 불구하고 대왕대비는 천주교도들은 모두 죽여야 한다는 잔인한 생각을 갖고 있었으며, 이것은 천주교를 빙자한 정적 제거이기도 하였다.

2월 8일: 둘째형 정약전이 체포되다.

(가) "純祖 肅皇帝元年 辛酉 公 四十歲 二月 初八日 因院啓 初九日曉 被拿入獄" 《사암연보》 127쪽

(나) "是獄 巽菴先生 配薪智島 公之仲氏 公前一日 被禍" 《사암연보》 130쪽

✿ (가)의 기록을 보면 1801년 2월 9일 새벽에 정약용이 입옥된 것으로 되어 있고, (나)의 기록을 보면 하루 전날 정약전이 체포된 것으로 되어 있다. 따라서 정약전이 체포된 것은 1801년 2월 8일이다.

2월 9일: ① 새벽에 정약용이 입옥되다. ② 삼사가 합계하여 채제공의 죄를 논한다. ③ 사헌부에서 이가환, 이승훈, 정약용을 탄핵하다. ④ 형조 판서 김재찬金在瓚을 체직하다.

(가) "純祖 肅皇帝元年 辛酉 公 四十歲-二月 初八日 因院啓 初九日曉 被拿入獄" 《사암연보》 127쪽

(나) "辛酉二月(初十日)入獄(卄八日)發配于長鬐縣" _《다산연보》 16쪽

(다) "三司合啓…蔡濟恭之罪" _《실록》 순조 1년 2월 9일

(라) "憲府啓…李家煥李承薰丁若鏞之罪" _《실록》 순조 1년 2월 9일

(마) "大王大妃教曰 方治邪學之時 秋判老病 許遞" _《실록》 순조 1년 2월 9일

(바) "前承旨丁若鏞 亟令王府 嚴鞫得情" _《승기》 순조 1년 2월 9일

𝜙 (가)에 따르면 1801년 2월 8일에 원계院啓가 있었고 이에 따라서 2월 9일 새벽 입옥된 것으로 되어 있다. 그러나 (나)에는 2월 10일에 입옥된 것으로 되어 있어《사암연보》에 2월 9일 피체·입옥이라고 한 것과 하루 날짜 차이가 있다.《다산연보》는 정약용 자신이 작성했을 가능성이 크고《사암연보》보다 선행 자료이다. 따라서 상식적으로는《다산연보》의 기록을 더 신뢰할 수 있다. 그러나《황사영백서》에서도 정약용이 1801년 2월 9일에 체포되었다고 하였으며, 이날 이가환李家煥, 이승훈李承薰, 홍낙민洪樂敏 모두 의금부에 함께 체포되었다고 한다.[239] (바)에 따르면 이날 집의執義 민명혁閔命爀 등이 이가환, 이승훈, 정약용을 탄핵하고 왕부王府(의금부)에서 엄중 추국하자고 하였으나, 국왕은 속히 일을 멈추고 번거롭게 하지 말라고 하였다. 그리고《승정원일기》1801년 2월 10일의 기록에 따르면, 오늘 추국에 나간다는 윤광보의 보고가 있고 이어 대왕대비(정순왕후 경주김씨)가 추국안을 속히 들이라는 명령을 내린다. 정약용 등은 1801년 2월 9일 새벽 체포되었으나, 2월 9일에는 아직 추국이 열리지 않았고 2월 10일 추국이 시작된 것으로 볼 수 있다.《다산연보》는 추국이 시작된 날짜를 입옥 날짜로 기록한 것 같다. 정약용이 옥에서 풀려난 것은 1801년 2월 27일 새벽이다. 옥에서 있었던 기간에 대하여 정약용은 스스로 19일 동안이라고 하므로,[240] 1801년 2월 9일 입옥된 것으로 보는 것이 타당하다고 하겠다. 2월 9일 김재찬을 형조판서직에서 체직한 것은 그는 상대적으로 천주교 처벌에 소극적이어서, 스스로 악역을 맡을 수 없다고 생각하였기 때문이며 또 대

---

239) 윤재영 역,《황사영백서》, 41쪽.

240) 公嘗曰…忽於夢中 有一丈人…責之曰 君於動忍之工 益宜誠意也 昔蘇武十九年幽囚 君乃十九日幽囚 却自煩惱否 及是日果放 自逮日爲十九之數矣《사암연보》129~130쪽.

왕대비의 입장에서도 말을 잘 따를 사람이 필요하였을 것이다.

2월 10일: 정약용 등을 추국推鞠하다(추정).

(가) "推鞠…鞠邪學罪人" 《실록》 순조 1년 2월 10일

(나) "副校理李基憲…聯名箚曰…家煥·薰·鏞等輩…當行國法" 《승기》 순조 1년 2월 10일

⚕ (가)의 기록으로 보아 이른바 "邪學罪人"에 대한 국문鞠問이 1801년 2월 10일에 시작되었음을 추정할 수 있다. 따라서 정약용에 대한 추국도 이날 시작되었을 것이다. (나)를 보아 이가환, 이승훈, 정약용을 함께 거론하여 얽어 넣으려 하였음을 알 수 있다.

2월 11일: 권철신權哲身과 정약종이 체포되다.

(가) 《황사영백서》 윤재영 역, 정음사, 1981, 41~42쪽.

⚕ 위에 언급한 날짜는 《황사영백서》에 따른 것이다. 황사영은 1801년 봄 신유교안의 추이를 매우 예리하게 관찰하고 정확하게 정리했다. 물론 인물에 대한 판단 같은 것에는 그의 주관이 개입되어 있지만, 사실에 관한 한 매우 정확하다. 그는 어려서부터 수재였으며, 정약용 못지않게 정조에게 주목을 받아 조정에 출사하였다면 정약용과 나란히 기호남인 정파의 일각을 형성할 수 있었을 것이다. 그가 정치를 택하지 않고 천주교에 몰입하여 결국 기호남인의 정치적 몰락을 더욱 가속화시키는 결과를 낳았다. 이것은 정약종의 경우도 마찬가지이다. 우리 역사의 발전에 기여하지 못하고 본의와는 어긋나게 결과적으로 역사의 후퇴에 일조하게 되었다. 이것은 당시 현실을 냉정하게 응시하지 못하고 종교적 이상만 보았던 데 따른 결과라고 할 수 있을 것이다. 이와 달리 안정복은 천주교 문제가 가져올 정치적 파장과 기호남인 세력의 정치적 붕괴를 역사학자의 안목에서 냉철하게 예견하고 있었다. 다만 종교인으로서 황사영과 정약종의 순수성은 인정해야 할 것이다. 특히 정약종은 모든 천주교 관련 책임을 자신이 지고 순교하여 다른 교인들을 구하려는 마음을 가졌다.

권철신의 경우 실제로 천주교와 관계가 없는데도, 소장 성호학파의 영수였기 때문에 억울하게 체포되었다.

2월 12일: ① 이조판서 윤행임이 계를 올리다. ② 추국이 행해지다. ③ 추관
들이 정약종에게 부대시율不待時律을 적용해야 한다고 보고하다.

(가) "吏曹判書尹行恁 啓言" 《실록》 순조 1년 2월 12일

(나) "推鞫" 《실록》 순조 1년 2월 12일

(다) "丁若鍾…當用不待時之律" 《실록》 순조 1년 2월 12일

🔯 정약용 등에게 동정적인 윤행임이 아직 이조판서직에 있는 것이 주목
된다. 정약용은 1801년 2월 12일에는 국문을 받지 않고 이날은 권철신과
정약종에 대한 국문이 있었던 것으로 추정된다.

2월 13일: 정약용이 의금부에서 다시 심문을 받다.

(가) "推鞫" 《실록》 순조 1년 2월 13일

(나) "禁府罪人丁若鏞更招" 《승기》 순조 1년 2월 13일

🔯 (나)에는 1801년 2월 13일에 정약용을 의금부에서 다시 심문하였다는 언
급이 있으며, (가)에서도 이날 2월 13일 추국이 있다고 하였다. 아마도 정
약용에게 대하여는 정약종과의 관련을 조사하였을 것이나 형제를 대질 심
문하지는 않은 것 같다. 《승기》에 따르면 이날 2월 13일 조사에서 정약종
은 임대인任大仁 등 다른 인물과만 대질시켰기 때문이다.

2월 14일: ① 대사간 신봉조申鳳朝가 상소를 올려 서학을 극렬하게 비판하
다. ② 정약용을 다시 불러 형문刑問을 한 차례 가하다.

(가) "大司諫申鳳朝疏曰…見家煥·若鏞·承薰輩俱是贋家所鍾…答曰…下鞫廳處
之" "罪人丁若鏞更招後 刑問一次 訊杖三十度" 《승기》 순조 1년 2월 14일

(나) "推鞫" 《실록》 순조 1년 2월 14일

🔯 (가)를 보면 대사간 신봉조가 이가환, 정약용, 이승훈을 극렬하게 비판
하는 상소가 있었으며, 정약용을 다시 심문한 뒤에 형문 1차, 신장 30대를
가하였다는 언급이 있다. 신봉조 역시 이가환, 이승훈, 정약용을 함께 언급
한 점이 주목된다.

2월 15일: 이가환, 이승훈, 정약용을 심문하다.

(가) "李家煥更招 李承薰更招 丁若鏞更招" 《승기》 순조 1년 2월 15일

(나) "推鞫" 《실록》 순조 1년 2월 14일

✿ (가)에 따르면 이가환, 이승훈, 정약용을 다시 불러 심문하였다는 언급이 있으며, (나)에서 이날 추국이 있었음을 알 수 있다.

2월 16일: ① 이가환이 목만중은 천주교도에 대하여 잘 알 것이라고 공술하다(대왕대비는 목만중 조사를 불허). ② 추국을 일시 정지하라는 전교傳敎가 내리다. ③ 이기양李基讓과 그 아들 이총억李寵憶을 잡아들이라는 상소가 올라오다.

(가) "李家煥供以爲…邪學諸人 睦萬中必詳知云…大王大妃敎曰 睦萬中旣是斥邪之人 則不可與諸囚 一例發捕" 《실록》 순조 1년 2월 16일

(나) "推鞫" 《실록》 순조 1년 2월 16일

(다) "李基讓…其子寵憶…嚴鞫得情" 《실록》 순조 1년 2월 16일

(라) "大王大妃殿 傳于金近淳曰 昨日大臣以發捕睦萬中爲請 睦萬中旣是斥邪之人 則不可與" 《승기》 순조 1년 2월 16일

✿ 이가환이 위와 같이 공술한 것은 자신이 천주교도가 아님을, 남인 공서파 목만중(천주교도 내부 사정에 정통)을 통해 밝히려고 한 마지막 몸부림이었다고 하겠다. 그러나 신해교안의 본질은 천주교라는 종교 문제 말고 천주교를 빙자한 정적 제거라는 성격도 있으므로, 대왕대비는 이를 받아들일 수 없었을 것이다. 이는 목만중의 난처한 입장을 대왕대비가 배려하여 주는 것이기도 하였다. 기호남인 공서파와 노론 벽파(강경파)가 연결되어 있다는 한 증거가 된다. (라)의 기록을 보아 목만중을 발포發捕하자고 청한 사람이 김근순金近淳이었음을 알 수 있다. 이것은 신유교안에서 노론 시파 계열이 은연중에 남인 신서파를 돕고자 하였으며, 신유교안에는 노론 시파와 벽파 사이의 갈등도 개재되어 있었음을 알 수 있다. 노론 시파의 입장은 문제를 확대시키지 않고 온건하게 처리하자는 것이었다고 여겨진다. 문제가 확대되면 노론 벽파의 헤게모니가 더욱 강화되고 노론 시파 자신들까지 공격을 당할 수 있다는 생각에서였을 것이다. 결국 노론 벽파는 안동김씨인 김건순金健淳도 서학 죄인으로 얽어 넣었고, 남인들을 적극적으

로 구원하려고 한 윤행임은 죽음을 당하기까지 하였다.

　이날 2월 16일 추국이 일시 정지된 것은 전날까지 진행된 추국을 검토하고 추후 방침을 정하기 위한 것이었다고 생각된다. 더욱이 목만중에 대하여 이가환이 언급한 것에 대한 대책을 세우기 위한 것이기도 하였다고 여겨진다. 이기환이 천주교도임을 입증할 수 없었던 노론 강경파는 결국 그를 심문하다가 때려죽이는 방침을 취하였다. 천주교와 전혀 관계없는 이기양까지 잡아들이려고 한 것은 신유교안에 반대하는 정치세력을 제거하기 위한 정치적 성격이 있었음을 보여준다.

2월 17일: 죄인 정약용을 다시 부른 뒤 부내府內에 보방保放하다.

(가) "罪人丁若鏞更招後 府內保放" 《승기》 순조 1년 2월 17일

🎔 (가)에는 정약용을 다시 심문한 뒤 부내에 보방하였다는 언급이 있다. 보방이란 보호자(감시자)를 정하고 석방한다는 뜻이고, 부내는 의금부 안을 말한 것으로 여겨진다. 감옥에서 나오게 하고 의금부 안에 보호자를 정하여 연금한다는 뜻으로 해석된다. 대략 이때 정약용을 죽이지 않는 방향으로 방침이 정해진 것으로 여겨진다.

2월 18일: ① 김근순이 의금부의 언계言啓로서 죄인 정약용의 가추(수갑)를 일단 풀어주자고 하여 윤허를 얻다. ② 남인 원로 권엄, 윤필병 등 63인이 이가환, 이승훈, 정약용 형제 및 권철신 등을 격렬하게 비판하는 상소를 올리다.③ 영남 유생 강락姜樂 등이 채홍원, 채제공, 김한동을 탄핵하는 상소를 올리다.

(가) "權𤩴等六十三人疏…" 《실록》 순조 1년 2월 18일

(나) "金近淳 以義禁府言啓曰 罪人丁若鏞 姑解枷杻之意" 《승기》 순조 1년 2월 18일

(다) "慶尙道儒生姜樂等…上疏…" 《실록》 순조 1년 2월 18일

🎔 권엄, 윤필병 등은 채제공 사후 정국에서 남인 원로였다. 이들은 1800년 6월 정조의 붕어 직전, 아마도 5월 말의 정조의 오회연교 이후 이가환을 배제하면서 정약용을 중심으로 남인 세력을 재편하려고 의도한 것으로 여겨진다. 그러나 1802년 2월 이후 신유교안으로 정약용이 입옥되고 정약종

이 서학의 주도자라는 것이 밝혀지자, 이가환은 물론 정약용까지 버리면서 살아남고자 한 것으로 여겨진다. 이리하여 (가)의 기호남인 상소가 있게 되었다. 이것은 1801년 2월 17일 정약용과 정약전은 죽이지 않는 것으로 방침이 정해진 것 등과 관련하여 나온 것 같다. 즉 노론 벽파와 연결하여 다시 더 강경한 처리를 하려는 의도로 생각된다. 물론 상소는 얼마 전부터 준비되고 있었을 것이지만, 문안이 더 강경해졌다고 생각된다. (나)로 보아 안동김씨인 김근순이 정약용에게 동정적이었음을 알 수 있다.

한편 이날 2월 18일 때맞추어 올라온 (다)의 상소는 노론 벽파와 연결된 강락 등 영남의 일부 유생에 의한 것으로 생각된다. 이것은 영남 남인과 기호남인의 연결을 차단하는 한편 채제공, 정약용 등과 사이가 좋았던 김한동 등을 제거하기 위한 술책으로 보인다. 김한동은 결국 제거되지만, 신유교안을 영남으로까지 확대시키지 않는 것이 당시 노론 벽파의 방침이었던 같다. 정조 대의 영남만인소가 1만 명을 넘은 것에 견주어 볼 때, 이 상소에 참여한 인원은 겨우 490인의 극소수로서 영남의 의견을 대변하였다고 할 수 없다. 경신환국 이후 서인(나중에 노론)은 영남의 단합을 막으려는 집요한 공작을 계속하였는데, 이 상소에 참여한 사람들은 그러한 공작 정치의 연장선 위에서 1801년 당시 노론 벽파에게 포섭되었던 이들로 여겨진다. 앞으로 강락 등의 정치적 역할에 대하여 생각해 볼 필요가 있다.

2월 21일: ① 경기감사 이익운이 이기환, 이승훈, 정약용, 권철신 등을 사학 邪學 죄인으로 성토하다. ② 정약용과 정약종이 신해교안 때 윤지충에게 가르침을 주어 신주를 없앴다고 탄핵하다.

(가) "京畿監司李益運疏…" _《실록》 순조 1년 2월 21일

(나) "至於丁若鏞 則非但以賊鍾爲兄" _《승기》 순조 1년 2월 21일

㊀ 이익운은 원래 남인계로서 정조 생존 시에는 정약용 등에게 호의적이었다. 신유교안이 발단된 당초에는 정약용 등을 돕고자 하였으나, 1801년 2월 경기감사에 임명된 뒤에는 정약용을 이와 같이 탄핵하였다. 이익운 역시 살아남기 위하여 권엄, 윤필병 등과 같은 태도를 취한 것으로 볼 수 있겠다. 그러나 그가 이러한 태도를 취하리라는 것은 그가 이 시점에 경기 관찰

사에 임명된 사실에서 예측할 수 있다. 1801년 1~2월 신해교안에서 노론 강경파는 기호남인 공서파를 앞장 세워서 신서파를 공격하게 하는 한편, 기호남인 중도파는 대체로 건드리지 않도록 입장을 정한 것으로 여겨진다. 이리하여 신유교안으로 기호남인 공서파는 어느 정도 출세를 하게 되고 기호남인 중도파 역시 살아남게 된다. 하지만 이후 기호남인은 정치세력으로서 기능하지 못하게 되고, 영남남인은 중앙정계에서 다시 완전히 배제되게 된다. 이익운은 살아남으려고 이렇게 추태를 부렸으며, 위 상소 역시 노론 벽파와의 교감 아래 이루어졌을 것으로 추정된다.

2월 23일: ① 대사간 목만중睦萬中이 상소를 올려 이가환, 이승훈, 정약용 등을 성토하다. ② 서학과 관계없는 이기양, 오석충 등도 공격하다.
(가) "大司諫睦萬中上疏…聲討李家煥李承薰丁若鏞…" 《실록》 순조 1년 2월 23일
(나) "大司諫睦萬中上疏曰…李基讓…吳錫忠" 《승기》 순조 1년 2월 23일

🖋 목만중은 기호남인으로서 원래 정약용 집안과는 가까운 사이였으나, 정조 대에 이미 틈이 벌어지고 공서파가 되었다. 목만중은 정약용의 친구였던 이기경 등과 더불어 정조 생존 때부터 이기환, 이승훈, 정약용 등을 맹렬하게 비판하였고, 그 연장선 위에서 신유교안 때 앞장서 1801년 2월 23일 상소를 올려 이들을 공격하였다. 이 목만중의 상소는 자신들의 생각보다는 사건 처리가 온건하게 되려 하자(즉 정약용, 정약전이 살아남고 이기양과 오석충에 대한 처리도 제대로 되지 않는 것), 마지막으로 사태를 더 강경한 방향으로 반전시키려 한 것이라고 하겠다.

이기양, 오석충은 기호남인계로서 이기환, 정약용 등과 가까운 사이였지만, 천주교와 관련은 전혀 없었다. 이들마저 공격한 것은 기호남인 안에서 경쟁자가 될 만한 사람들을 한 데 엮어 제거하기 위한 것이었다고 생각된다. 이후 (기호)남인 계열로서 살아남는 쪽은 목만중, 이기경 등의 공서파 그룹과 안정복 계열, 권엄·윤필병(기호남인 중도파) 계열이었다고 생각된다.

안정복은 1791년 신해교안 이전부터 서학에 비판적이었고, 당색이 대립하는 상황에서 서학이 빌미가 되어 남인들이 크게 화를 입을 것을 염려하였다. 신유교안 때 안정복 그룹은 그가 서학을 비판한 것을 방패삼아 살아

남기는 하였으나 이가환, 이승훈, 정약용 등 천주교와 연루된 남인 그룹을 공격하는 데 가담하지는 않은 것으로 보인다. 신유교안 이후 (기호)남인계의 동향에 대하여 앞으로 좀 더 상세하게 정리할 필요가 있다고 생각된다.

2월 25일: 대왕대비 대신과 금오당상金吾堂上을 불러 대왕대비가 신료들과 사학邪學 추국에 대한 교서를 내리다.

(가) "召見時元任大臣·金吾堂上 大王大妃教曰…" _《실록》순조 1년 2월 25일

(나) "辛酉二月二十五日未時 上御誠正閣 大王大妃垂簾" _《승기》순조 1년 2월 25일

Ö 이날 1801년 2월 25일 옥사의 종결 방침이 정해진 것으로 보이며, 대왕대비가 시종 옥사를 지휘하였고 최종 결정까지 내린 것으로 보인다. 어린 국왕 순조의 입장은 될 수 있는 대로 사람을 죽이지 않고 온건하게 처리하자는 것이었다. 여기에는 모친 수빈박씨와 외가 반남박씨가의 입장이 반영된 것으로 보인다. 반남박씨계는 1805년 무렵 김달순金達淳(안동김문이지만 노론 벽파 경주김씨 쪽에 가담한 인물) 옥사를 계기로 정권이 노론 시파(안동김문)로 넘어갈 때 안동김문 쪽을 지지하여 큰 도움을 주었다.

2월 26일: ① 정약전은 사형에서 감면하여 절도에 정배하고 정약용은 사형에서 감면하여 정배하도록 국청에서 의계議啓하여 형조에 알리다. ② 정약종이 홍낙민, 이승훈 등과 함께 처형되다.

(가) "若銓若鏞 以次律減死" _《실록》순조 1년 2월 26일

(나) "鞫廳議啓內 罪人丁若銓減死絶島定配 丁若鏞減死定配事 判付內" _《승기》순조 1년 2월 27일

(다) "二十七日夜二鼓 蒙恩出獄 配長鬐縣 闕明日就道 至石隅村相別"〈石隅別〉 _《전서》시문집, 1801년 2월 29일

(라) "晦日 宿竹山"〈寄二兒〉제1서) _《전서》시문집, 1801년 3월 2일

(마)《황사영백서》윤재영 역, 정음사, 1981, 43쪽.

Ö (가)에 따르면 정약전과 정약용에 대한 감사減死 유배의 처분이 결정된 것은 1801년 2월 26일이다. 그러나 다음 날 2월 27일 밤(실제로는 2월 28일 새벽 2경) 출옥되었을 것으로 생각된다(2월 27일 부분 참조). (나)에 "二十七日"

로 기록된 것은 이날 밤(실제로는 28일 2경)에 석방되었기 때문일 것이다. (라)에서 역산하면(1801년 2월 30일 죽산 숙박), 1801년 2월 29일 한강 남쪽 사평촌에서 묵었고 1801년 2월 28일 집에서 묵었다. (다)에 따르면 석방 다음 날 유배 길에 오르는데 이날은 1801년 2월 29일이 된다. 2월 28일 새벽 2경에 석방되었고 2월 28일 밤은 서울 집에서 묵었으며, 1801년 2월 29일 집에서 출발하였다고 보면 날짜들이 서로 잘 들어맞는다.

2월 27일: ① 정약용이 석방되다(실제로는 28일 새벽 2경). ② 정약전이 동시에 석방되다(추정).

(가) "同月 二十七日夜 蒙恩出獄 配于長鬐" _《사암연보》 128쪽

(나) "若銓若鏞 以次律減死" _《실록》 순조 1년 2월 26일

(다) "鞫廳議啓內 罪人丁若銓減死絶島定配 丁若鏞減死定配事 判付內" _《승기》 순조 1년 2월 27일

Ⓥ (가)에서 "二十七日"이라고 한 것은 27일 밤(실제로는 28일 새벽 2경)에 석방되었기 때문일 것이다. 1801년 2월 28일 새벽에 석방되고 나서 바로 서울의 집으로 가서 그날 밤은 집에서 묵었을 것으로 생각된다. 둘째형 정약전도 같은 시각에 석방되었을 것이다.

2월 28일: ① 대왕대비가 이번 신유교안을 효원전孝元殿에 아뢰겠다고 하다. ② 정약용이 서울 집에서 묵다(추정).

(가) "教曰…今番邪獄…告于孝元殿" _《실록》 순조 1년 2월 28일

Ⓥ 효원전에서 이번 일을 아뢰는 절차를 함으로써 신유교안은 일단 매듭지어지게 되었다고 하겠다. 그러나 1801년 가을에는 대왕대비 비방 사건(임시발, 윤가기 사건), 겨울에는 황사영 백서 사건 등이 이어져 1년 내내 피비린내 나는 옥사가 계속되었다.

2월 29일: ① 정약용이 오후에 유배지로 출발하다. ② 오후 석우촌石隅村(서울 남대문 밖 3리 지점 용산 구청 쪽으로 굽어지는 돌모루)에서 여러 부형父兄과 헤어지다. ③ 밤에 사평촌沙坪村(현재 압구정동 길과 경부고속도로 교차 지점)에서 묵다.

(가) 〈石隅別〉 _《전서》 시문집, 1801년 2월 29일

(나) 〈沙坪別〉 _《전서》 시문집, 1801년 2월 30일 아침

(다) "辛酉二月(初十日)入獄(卄八日)發配于長鬐縣" _《다산연보》 16쪽

(라) "晦日 宿竹山"〈寄二兒〉제1서) _《전서》 시문집, 1801년 3월 2일

✿ 밤에 사평촌에 묵은 것을 보면 1801년 2월 29일 오후에 출발한 것으로 보인다. 2월 28일 새벽 석방되고 나서 바로 서울의 집으로 가서 그날 밤은 집(죽란)에서 묵었을 것으로 생각된다. (라)에서 역으로 추정하여 보면 2월 28일 밤은 서울 집에서 묵었고 2월 29일 오후 출발하였다고 추정된다. (가) 시의 원주에서 "諸父諸兄 至石隅村相別"이라고 한 것은 1801년 2월 29일로 추정되며, 이때 둘째형 정약전과도 석우촌에서 헤어진 것으로 여겨진다. 이 당시 정약전의 집이 어디 있었는지 알기 어려우나 정약전의 집이 야곡冶谷에 있었던 적이 있다. 정약전은 이때는 정약용과 같이 출발하지 않은 것으로 보인다. 정약용은 경상도 장기로, 정약전은 전라도 신지도로 유배 가게 되어 방향이 달랐다.

2월 30일(말일): ① 두 아들(정학연, 정학유)과 헤어져 사평촌을 출발하다. ② 이날(2월 30일 그믐날) 밤 죽산竹山에 묵다. ③ 두 아들과 작별하고 서울로 돌아오자 윤지눌과 이유수가 음식을 주고 한 이불에 재우며 위로하다.

(가) 〈沙坪別〉 _《전서》 시문집, 1801년 2월 30일

(나) "晦日 宿竹山"〈寄二兒〉 제1서) _《전서》 시문집, 1801년 3월 2일

(다) "吾二兒 送我于河南還京 君與周臣 爲燒肉倭銚 而食之 泣而納之于衾中
相抱持 以宿而 別"〈尹持平持訥墓誌銘〉 _《전서》 시문집, 1822년

✿ 1801년 2월은 말일이 30일이었다.

3월 1일: 밤에 가흥嘉興에서 숙박하다.

(가) "(辛酉三月初二日 到荷潭書)…初一日宿嘉興"〈寄二兒〉 제1서) _《전서》 시문집, 1801년 3월 2일

✿ (가)의 편지에 "辛酉三月初二日 到荷潭書"라고 원주가 붙어 있으므로, 1801년

3월 2일 충추 하담에 도착하였음을 알 수 있고, 편지 내용 가운데 "初一日 宿嘉興"이라고 하므로 1801년 3월 1일 밤은 가흥에서 묵었음을 알 수 있다.

3월 2일: ① 아침 가흥을 출발하다(추정). ② 하담荷潭에 도착하여 성묘하다. ③ 하담에 도착한 뒤 두 아들에게 편지를 쓰다(〈寄二兒〉 제1서). ④ 충주 탄금대를 지난 지점에 부근에 숙박하다(추정).

(가) 〈荷潭別〉 _《전서》 시문집, 1801년 3월 2일

(나) "辛酉三月初二日 到荷潭書" 〈寄二兒〉 제1서 _《전서》 시문집, 1801년 3월 2일

(다) 〈過彈琴臺〉 _《전서》 시문집, 1801년 3월 2일

ꪪ (가) 시 바로 다음에 (다) 시가 있으므로, 3월 2일 밤은 충추 탄금대를 지난 지점에 숙박한 것으로 여겨진다. 이날 하담에서 성묘하느라고 시간이 지체되었을 것이다. (나)에는 제목 아래 "辛酉三月初二日 到荷潭書"라고 되어 있어 1801년 3월 2일 하담에 도착하여 쓴 편지임을 알 수 있다. 이 편지는 네 단락으로 구성되어 있다. 네 통의 편지가 합쳐진 것으로 제2, 제3, 제4단락은 내용으로 보아 모두 장기에서 쓴 것이다. 제1단락만 1801년 3월 2일에 쓴 편지이고 제2단락은 말미에 "六月 十七日"이라 되어 있으므로 1801년 6월 17일에 쓴 편지임을 알 수 있고, 제3단락은 말미에 "九月 三日"이라고 되어 있어 1801년 9월 3일에 쓴 편지임을 알 수 있다. 제4단락에 대하여 날짜가 기록되어 있지 않으나, 대략 1802년 10월 초순 무렵으로 추정된다. 1801년 10월 20일 무렵 장기에서 다시 체포되어 한양으로 압송되므로, 20일 무렵 이전인 것은 분명하다(1801년 10월 부분 참조).

3월 3일(추정): ① 무교蕪橋를 지나가다. ② 연풍延豊 부근(또는 무교)에 숙박하다(추정).

(가) 〈蕪橋〉(在延豊北) _《전서》 시문집, 1801년 3월 3일 추정

ꪪ 〈過彈琴臺〉 바로 다음에 (가) 시가 배치되어 있다. 이 시 내용을 보면 계곡이 구불구불 이어져 무교까지 가는데 하루 종일 걸렸다고 하므로, 3월 3일 당일 문경 새재를 넘기는 불가능하여 이날 밤은 새재 북쪽의 연풍 부근에서 숙박한 것으로 추정하였다.241) 하지만 연풍까지 가지 못하고 무교에

숙박하였을 수도 있다.

3월 4일(추정): ① 문경閏慶 새재를 넘다(추정). ② 문경을 통과하여 문경의 남쪽 토천兎川에 이르다. ③ 토천 부근에 숙박하다.

(가) 〈蕉橋〉 _《전서》 시문집, 1801년 3월 3일 추정

(나) 〈鳥嶺〉 _《전서》 시문집, 1801년 3월 4일 추정

(다) 〈兎川〉(在聞慶南) _《전서》 시문집, 1801년 3월 4일 저녁 추정

☙ (가) 다음에 바로 (나), (다)의 시가 이어진다. 1801년 3월 3일 밤 연풍 부근에서 숙박한 정약용은 3월 4일 오전 문경 새재를 넘기 시작하여 저녁 무렵 문경 남쪽의 토천에 도착한 것으로 추정된다. 1801년 3월 4일 밤에는 토천 부근에서 숙박하였을 것이다.

3월 5일(추정): ① 함창咸昌을 통과하다. ② 김천 부근에서 숙박하다(추정).

(가) 〈空骨坡〉(在咸昌縣) _《전서》 시문집, 1801년 3월 5일 추정

☙ 1801년 3월 5일 아침 토천 부근을 출발하였다면 3월 5일 밤은 거리로 볼 때 김천쯤에서 숙박하였을 가능성이 크다. (가) 시를 보면 이날 함창현 을 지났고 당연히 상주를 지나 김천 방향으로 갔을 것이다. 1801년 3월 6 일, 7일, 8일에는 시를 짓지 않아 행로를 알 수 없다. 그러나 바로 뒤에서 살필 것처럼, 장기長鬐에 도착한 것이 1801년 3월 9일이므로 3월 6일, 7일, 8일에는 장기 방향으로 길을 계속 갔을 것이다. 장기로 가는 경로는 대체 로 경주, 울산 방향을 경유하지 않았을까 추정된다. 영남 지역을 통과할 때 과거에 알았던 영남 선비들이 만나서 위로해 주었다.

3월 9일: ① 장기 관아에 도착하다. ② 장기 관아에서 숙박하다(추정).

(가) "三月初九日 到長鬐縣 厥明日 安挿于馬山里老校成善封之家" 〈鬐城雜 詩〉 _《전서》 시문집, 1801년 3월 9일

☙ 1801년 3월 9일 장기에 도착한 정약용은 이날 밤은 관아에서 숙박하였 을 것으로 추정된다.

---

241) 조성을, 2004, 141쪽.

3월 10일: ① 장기 마산리馬山里 성선봉成善封의 집에 머무르게 되다. ② 이
기양의 단천부端川府 유배, 오석충의 영광군靈光郡 임자도荏子島
유배가 결정되다.

(가) 〈鬐城雜詩〉(三月初九日 到長鬐縣 厥明日 安揷于馬山里老校成善封之家)
_《전서》시문집, 1801년 3월 9일

(나) "配李基讓于端川府 吳錫忠于靈光郡荏子島" _《실록》순조 1년 3월 10일

🔯 정약용이 장기에 도착하여 처음으로 지은 시가 바로 (가)이다. 이날
1801년 3월 10일 이기양의 단천 유배와 오석충의 임자도 유배가 결정되었
다. 이 두 사람은 천주교와 전혀 관계가 없는데도 정치적으로 희생양이 된
것이다.

3월 10일(이후~중순 추정): 1795년 3월 정조를 모시고 창덕궁 부용정芙蓉亭에
서 노닐었던 일을 회상하며 시를 짓다.

(가) 〈芙蓉亭歌〉 _《전서》시문집, 1801년 3월 10일 이후~중순 추정

3월 12일: 중국인 신부 주문모가 자수하다.

(가) "李秉模啓曰 今月三月十二日 有以邪學自首於金吾者…邪魁周文謨" _《실
록》순조 1년 3월 15일

3월 13일: 장령掌令 권한위權漢緯가 계를 올려 다시 정약전과 정약용을 의금
부에 불러 엄히 문초할 것을 청하다.

(가) "掌令權漢緯啓曰…請薪智島定配罪人若銓·長鬐縣定配罪人若鏞…更令王
府 嚴加鞫問…答曰 亟停勿煩…" _《승기》순조 원년 3월 13일

🔯 (가)에 따르면 이날 1801년 3월 13일 이미 유배 간 정약전과 정약용을
다시 의금부로 불러와 엄히 문초하자는 청을 사헌부 장령 권한위가 하였
음을 알 수 있다. 남인 공서파는 노론 벽파와 결탁하여 정약전과 정약용을
반드시 죽이고자 하였음을 알 수 있다. 그러나 번거롭게 하지 말라는 비답
이 내렸다.

3월 15일: 이병모李秉模가 주문모의 모습이 정약용이 공초에서 말한 것과

부합된다고 하다.

(가) "今日推鞫時罪人周文謨原情…秉模曰…臣未見 而聞其容貌 則勒鬐頗長
手容溫潤 如文士樣 如丁若鏞之招 節節相符" _《승기》 순조 1년 3월 15일

🖋 1801년 3월 15일 주문모에 대한 조사가 있었고, 이를 국왕에게 보고하
는 자리에서 이병모가 그의 모습이 정약용이 공초에서 말한 것과 같다고
하였다. 정약용이 조사 받는 과정에서 주문모의 용모에 대하여 언급하였
음을 알 수 있다. 진술 내용이 구체적인 것으로 보아서 1795년 여름 정약
용 본인이 직접 주문모를 보았을 가능성이 있다. 다만 타인으로부터 용모
에 대하여 들었을 가능성도 배제할 수 없다. 이병모가 이 말을 한 것은 정
약용을 어느 정도 두둔해 주는 것으로 생각된다. 정약용은 1797년 가을 곡
산부사로 나갈 때 이병모를 찾아뵙고 인사드린 적이 있다. 대체로 노론 벽
파로 분류될 수 있는 이병모, 심환지 등이 정약전과 정약용을 죽일 필요까
지는 없다고 생각한 것으로 여겨진다.

3월 16일: 집의執義 유경柳畊과 장령掌令 홍광洪光一 및 권한위權漢緯가 계를
올려 다시 정약전과 정약용을 의금부에 불러 엄히 문초할 것을
청하다.

(가) "執義柳畊·掌令洪光一 · 權漢緯 啓曰…請薪智島定配罪人若銓 · 長鬐縣定
配罪人若鏞…更令王府 嚴加鞫問…答曰 亟停勿煩…" _《승기》 순조 1년 3월 16일

🖋 정약전과 정약용(이하 정약용 형제)을 다시 엄히 문초하자는 권한위의
(1801년) 3월 13일의 청이 각하되었으나, 이날 16일 유경과 홍광일까지 가세
하여 재차 청을 올렸다. 매우 집요함을 알 수 있으나 다시 각하되었다.

3월 18일: 집의 유경과 장령 홍광일이 다시 정약용 · 정약전 형제를 탄핵하다.

(가) "憲府啓曰…" _《실록》 순조 1년 3월 28일

(나) "執義柳畊 · 掌令洪光一啓曰…庶幾根底拔去 裔窟掃蕩 而噫 彼丁若鏞 ·
丁若銓兄弟 自以逆 鍾之同氣" _《승기》 순조 1년 3월 18일

🖋 정약용 형제를 재조사하자는 청이 거듭 각하되자 유경과 홍광일이 이
날 18일에는 "역적 정약종과 동기 사이"라고 물고 늘어졌다.

3월 19일: 장령 권한위가 계를 올려 홍양현興壤縣에 정배된 죄인 신기申耆를 빨리 절도絶島에 안치시키기를 청하는 한편 다시 정약용 형제를 엄히 국문할 것을 청하다.

(가) "掌令權漢緯啓曰 請興壤縣定配罪人申耆 亟施絶島安置之…請薪智島定配罪人若銓 · 長鬐縣定配罪人若鏞…更令王府 嚴加鞠問…答曰 亟停勿煩…" _《승기》 순조 1년 3월 19일

🔖 1801년 3월 19일 장령 권한위가 거듭 정약용 형제를 엄히 국문할 것을 청하였으나 이번에도 각하되었다.

3월 20일: 장령 홍광일이 계를 올려 거듭 정약용 형제를 엄히 국문할 것을 청하다.

(가) "掌令洪光一啓曰…請薪智島定配罪人若銓 · 長鬐縣定配罪人若鏞…更令王府 嚴加鞠問…答曰 亟停勿煩…" _《승기》 순조 1년 3월 20일

🔖 (1801년) 3월 20일 홍광일의 계청啓請도 다시 각하되었다.

3월 22일: 장령 홍희운洪義運이 계를 올려 정약용 형제를 다시 불러 엄히 문초할 것을 청하다.

(가) 掌令洪義運啓曰…請薪智島定配罪人若銓 · 長鬐縣定配罪人若鏞…更令王府 嚴加鞠問…答曰 亟停勿煩…" _《승기》 순조 1년 3월 22일

🔖 권한위, 홍광일 등의 계청이 계속하여 각하되자, 이번에는 홍희운이 직접 계청을 하였으나 역시 각하되었다. 홍희운은 남인 공서파 가운데 정약용 형제를 공격한 대표적 인물인데 홍희운이 권한위, 홍광일 등과 연계되어 움직이는 사실이 주목된다. 권한위, 홍광일의 배후에서 홍희운이 사주해 온 듯하다. 그러나 3월 22일 홍희운의 계청도 역시 각하되었다.

3월 27일: 국왕 순조가 희정당에서 대왕대비를 모시고 청정하는 자리에서 윤지현尹之鉉이 정약용 형제를 불러 문초할 것을 청하다.

(가) "午時 上御熙政堂 大王大妃垂簾……之鉉曰 請薪智島定配罪人若銓 · 長鬐縣定配罪人若鏞…更令王府 嚴加鞠問…上曰 不允" _《승기》 순조 1년 3월 27일

ⓒ 이번에도 국왕이 허락하지 않는다는 명을 내렸다.

4월 초순(무렵): 4월 초순 무렵까지 앓다.

(가) 〈夜〉 _《전서》시문집, 1801년 4월 초순 추정

ⓒ 1801년 봄의 가장 마지막 시 〈烟〉에 바로 이어서 1801년 4월 초순의 작으로 추정되는 (가) 시가 있다. "病起春風去 愁多夏夜長"이라고 한 것으로 보아 3월 9일 장기에 도착한 이후 어림잡아 4월 초까지 병을 앓고 일어나 지은 시임을 알 수 있다.

4월 2일: ① 장령 홍희운이 계를 올려 홍양현에 정배된 죄인 신기를 빨리 절도에 안치시키기를 청하다. ② 정약전, 정약용을 다시 엄히 국문할 것을 청하였으나 불윤不允하다.

(가) "掌令洪義運啓曰 請興壤懸定配罪人申耆 亟施絶島安置之" "掌令洪義運啓曰…請薪智島定配罪人若銓 · 長髻縣定配罪人若鏞…更令王府 嚴加鞫問…答府曰…不允" _《승기》순조 1년 4월 2일

ⓒ (나)를 보면 홍희운이 다시 정약전 형제 국문을 청하였음을 알 수 있다. 정약용 형제의 국문은 이들만이 아니라 당시 임자도에 유배 가 있던 오석충과 단천에 유배 가 있던 이기양도 함께 국문하자는 것이었다. 천주교 문제라기보다는 기호남인 공서파 그룹에서 신서파[242) 그룹을 모두 말살하려는 기도라고 하겠다.

4월 3일: ① 지평持平 정시선鄭時善이 계를 올려 홍양현에 정배된 죄인 신기를 빨리 절도에 안치시키도록 청하다. ② 정약전, 정약용을 다시 엄히 국문할 것을 청하였으나 불윤하다.

(가) "持平鄭時善啓曰 請興壤懸定配罪人申耆 亟施絶島安置之…請薪智島定配罪人若銓 · 長髻縣定配罪人若鏞…更令王府 嚴加鞫問…答曰…亟停勿煩" _《승기》순조 1년 4월 3일

---

242) 신서파라고 편의적으로 이름을 붙였지만 원래부터 오석충, 이기양 등은 천주교와 전혀 관련이 없는 사람이었고, 정약용 형제는 젊은 시절 잠시 관여하였다가 교단을 떠났다.

4월 4일: ① 집의 김선金銑이 계를 올려 흥양현에 정배된 죄인 신기를 빨리
절도에 안치시키도록 청하다. ② 정약전, 정약용을 다시 엄히
국문할 것을 청하였으나 불윤하다.

(가) "執義金銑啓曰 請興壤縣定配罪人申耆 亟施絶島安置之…請薪智島定配
罪人若銓 · 長鬐縣定配罪人若鏞…更令王府 嚴加鞫問…答曰…亟停勿煩"
_《승기》 순조 1년 4월 4일

Φ 사헌부 관헌들이 번갈아가며 정약용 형제를 다시 추국할 것을 청하고
있었음을 알 수 있다. 1801년 4월 당시 사헌부는 노론 벽파와 기호남인 공
서파가 장악하고 있었던 것으로 보인다.

4월 9일: 아버지 정재원의 기일

Φ 정약용은 이날 장기에서 돌아가신 아버지와 가족을 생각하고 있었을
것이다.

4월 26일: ① 집에서 가동家僮이 오다. ② 정약용이 집을 떠난 지 58일 만
에 가서家書를 받다.

(가) 〈別家五十有八日 始得家書 志喜寄兒〉 _《전서》 시문집. 1801년 4월 26일

Φ 정약용이 1801년 2월 28일 서울 집을 출발하였으므로, (가)의 날짜는
1801년 4월 26일에 해당한다(2월 30일 말일, 3월 30일 말일). 이 편지는 가동이
갖고 온 것이다. 가동의 이름은 알 수 없으나, 1802년 2월 강진으로 가서를
갖고 온 종의 이름은 석石이었고 혹 동일인이 1801년 4월 장기에 왔을 수
있다.

4월 28일: 집에 왔던 가동이 돌아가다(추정).

Φ 1801년 4월 26일 집에서 왔던 가동이 하루쯤 쉬고 돌아간 것으로 보아
서 대략 4월 28일 돌아간 것으로 추정하였다.

5월 5일: ① 단오일에 심경을 술회하는 시를 짓다〈端午日述懷〉. ② 어린 딸을
그리워하며 시를 짓다〈憶幼女〉.

(가) 〈端午日述懷〉 _《전서》 시문집, 1801년 5월 5일

(나) 〈憶幼女〉 _《전서》 시문집, 1801년 5월 5일

ⓦ (가)의 시는 제목으로 보아서 단오일에 지은 것임을 알 수 있고 (나)의 시는 단오일 어린 딸을 그리워하는 내용으로 되어 있으므로 역시 (1801년) 5월 5일에 지은 것임을 알 수 있다.243) 이 딸이 나중에 강진의 윤창모에게 시집갔다.

5월 11일 무렵(하지): 하지를 맞아 〈夏至〉라는 시를 짓다.

ⓦ 하지는 대체로 양력으로 6월 21일 무렵이다. 1801년 양력 6월 21일은 음력으로 5월 11일이었다.

5월 13일: 죽취일竹醉日에 시를 짓다.

(가) 〈竹醉日〉 _《전서》 시문집, 1801년 5월 13일

ⓦ 죽취일은 음력 5월 13일이다. (가)를 보아 이날 (가) 시를 지었음을 알 수 있다.

5월 중순~6월 초: 《百諺詩》 작업이 이루어지다(추정).

ⓦ 1802년 여름 가운데 5월 11일 무렵(하지) 이후~6월 초순까지 시가 보이지 않는다. 이때 5월 하순에서 6월 초순 사이에 《百諺詩》 작업이 집중적으로 이루어졌을 가능성을 생각해 볼 수 있겠다.

6월 9일 무렵: ① 집에서 사람이 와서 약초와 의서를 전해주다. ②《讀禮通考》와 《三倉詁訓》이 도착하다(추정).

(가) "計日 至八十有二日 而得來書"〈寄二兒〉 _《전서》 시문집, 제1서 제3단락: 1801년 9월 3일, 제2단락: 1801년 6월 17일

(나) "余至髫城之數月 家兒寄醫書數十卷及藥草一籠"〈村病或治序〉 _《전서》 시문집, 1801년 6월 이후 추정

(다) 〈寄兒〉 _《전서》 시문집, 1801년 6월 17일

ⓦ (가)에 따르면 1801년 9월 3일 편지에 보내는 답서에 82일 째에 편지가

---

243) 조성을, 2004, 144쪽.

왔다고 하였다. 9월 3일 떠나는 사람을 통해 편지를 써서 보내 준 것으로 볼 수 있으며, 아마도 장기에 사람이 도착한 것은 1801년 9월 1일로 보는 것이 온당하다. 하루 정도 쉬고 출발하였다고 보아야 하기 때문이다. 따라서 9월 1일에서 역산하여 보면 9월 1일에 앞서서 1801년 6월 9일에 편지가 온 것으로 계산된다. 1801년 6월의 말일은 29일, 7월 말일은 30일, 8월 말일은 30일이었다. (가)의 편지는 세 단락으로 구성되어 있다. 제1단락 서두에는 "辛酉三月初二日到荷潭書"라고 원주가 붙어 있으므로, 1801년 3월 2일 하담에 도착하여 쓴 것임을 알 수 있다(3월 2일 부분 참조). 제2단락의 말미에는 "六月十七日"이라고 날짜가 기록되어 있으므로, 1802년 6월 17일 보낸 것임을 알 수 있다.

문제는 1801년 6월 9일 무렵 도착한 사람이 장기에서 6월 17일에 출발하였다면 너무 오래 지체한 것이 된다. 6월 9일에 도착한 사람은 6월 11일 무렵 떠나고, 편지는 6월 17일에 다른 인편으로 보냈을 가능성도 생각해 볼 필요가 있다. 1802년의 경우, 집에서 온 종 석이 2월 7일에 돌아간 뒤 바로 10일 뒤인 1802년 2월 17일에 다른 인편으로 편지를 보냈기 때문이다. 1801년 6월 9일 무렵 도착한 사람이 6월 17일에 출발하였을 가능성, 6월 17일에 새로운 인편으로 보냈을 가능성 모두 생각하여 볼 수 있다.

6월 10일 이후: 《村病或治》및 《三倉詁訓》과 〈己亥邦禮辨〉 작업을 하다(추정).

(가) "余至鬐城之數月 家兒寄醫書數十卷及藥草一籠" 〈村病或治序〉 _《전서》 시문집, 1801년 가을

(나) "著爾雅述六卷 作己亥邦禮辨 逸於冬獄中" _《사암연보》 131쪽

Ⓐ (가)의 "余至鬐城之數月 家兒寄醫書數十卷及藥草一籠" 가운데 '余至鬐城之數月'은 1801년 6월 9일에 온 것을 가리키는 것으로 해석함이 타당하겠다. 앞서 가동이 왔던 1801년 4월 26일은 장기에 도착한 지 겨우 한 달 반 정도이므로 이에 대하여 "數月"이라고 하지는 않았을 것이다. 따라서 6월 9일 무렵 재차 가동이 왔을 때 의서와 약초를 전해 준 것으로 볼 수 있겠다. 그렇다면 집에서 온 의서를 바탕으로 《村病或治》라는 책을 저술한 것으로 볼 수 있다(현존하지 않음). 따라서 이 〈村病或治序〉를 저술한 것은 대략 1801년 6월

중순 이후 가을에 걸쳐서라고 보는 것이 타당하다.[244]

아울러 (나)에 "三月到長鬐 瘴鄕蓁荒之地 靜心潔身 考三倉古訓 著爾雅述六卷 作己亥邦禮辨 逸於冬獄中"이라는 언급이 있다. 이에 따르면 장기에서 예禮와 관련하여 〈己亥邦禮辨〉을 지었음을 알 수 있다. 이 작업을 하는 데에 《讀禮通考》를 참고하였고, 일단 〈己亥邦禮辨〉 작업이 끝나자 1801년 10월 초 《讀禮通考》는 집으로 돌려보낸 것으로 볼 수 있겠다. 〈寄二兒〉(제1서) 제4단락(1801년 10월 초 추정, 뒤의 10월 초 부분 참조)에 《讀禮通考》를 돌려보낸다는 내용이 있기 때문이다.

《讀禮通考》와 《三倉詁訓》 두 책을 1801년 4월과 6월 가운데 언제 갖고 온 것인지는 확실하지 않다. 하지만 6월에 사람이 왔을 때 갖고 왔을 가능성이 크다고 생각된다. 1801년 9월 1일에도 사람이 왔지만 이때 갖고 왔다고 보기는 어렵다. 바로 한 달 만에 책을 돌려보냈다는 것은 타당성이 떨어지기 때문이다. 장기로 유배 내려오면서 갖고 왔을 가능성도 완전히 배제할 수 없지만, 그럴 경황이 있었는지, 또 책을 갖고 가는 것이 허용되었는지도 문제이다. 1801년 4월에 가동이 아무 연통도 받지 않고 책을 갖고 왔을지도 문제이다. 따라서 4월 26일에 가동이 왔을 때 정약용이 의서들 및 《讀禮通考》와 《三倉詁訓》을 갖고 오게 하여(6월 9일 도착), 《三倉詁訓》을 근거로 하여 《爾雅述》(6권)과 〈己亥邦禮辨〉을 지은 것이 아닌가 한다. 그렇다면 이들 작업은 대체로 6월 중순 이후 진행된 것으로 볼 수 있겠다. 이 작업과 더불어 《村病或治》 작업도 이루어졌을 것이다. 그러나 1801년 10월 20일 체포되어 서울로 압송되었고, 《爾雅述》 6권과 〈己亥邦禮辨〉 두 저작은 (나)를 보면 동옥 冬獄(황사영 사건) 와중에서 없어졌다고 하였다. 따라서 두 저작은 1801년 10월 20일 이전에는 완성되어 있었을 것이다.

또 (나)에는 위 인용문에 이어서 "夏百諺詩成"이라는 언급이 있다. 6월 9일 집에서 책들을 받기 전에는 다른 자료가 없어서 자료가 별 필요 없는 《百諺詩》를 이 해 여름 5월 중순~6월 초순에 먼저 짓고, 6월 9일 《讀禮通考

---

244) 필자는 〈村病或治序〉의 저작 시기를 1801년 여름에 지은 것으로 추정하였으나(조성을, 2004, 272쪽), 가을로 보는 것이 타당하겠다.

讀禮通考》,《三倉詁訓》과 의서들을 받고나서 《爾雅述》과 〈己亥邦禮辨〉 및 《村病或治》를 지었을 것이다.

6월 17일: 두 아들에게 편지를 써서 보내다.

(가) 〈寄二兒〉(제1서 제2단) _《전서》 시문집, 1801년 6월 17일

⚱ (가)의 원주에 의거하여 1801년 6월 17일 두 아들에게 편지를 써서 보냈음을 알 수 있다.

7월 초순(추정): 신지도薪智島에서 정약전의 편지가 도착하다.

(가) "新秋得手字 書發是仲春" 〈秋日憶舍兄〉 _《전서》 시문집, 1801년 7월 초순 추정

⚱ (가) 시의 원주에 따르면 중춘(2월) 정약전이 보낸 편지가 (1801년) 7월 초에야 장기에 도착한 것이다. 1801년 2월 말엽 정약전이 유배 길에 오르면서 보낸 편지라고 생각된다.245)

7월 11일: 지평 이중련李重連이 정약용 형제를 다시 엄히 국문할 것을 청하였으나 불윤하다.

(가) "持平李重連啓曰…請薪智島定配罪人若銓 · 長鬐縣定配罪人若鏞…更令王府 嚴加鞫問… 答曰…亟停勿煩" _《승기》 순조 1년 7월 11일

⚱ 정약용 형제를 다시 불러 엄히 국문하자는 청은 두 사람의 유배 이후인 1801년 3월 이후 7월 중순까지 계속 되었다. 8월에는 잠시 소강상태를 보였으나, 1801년 9월 10일 대왕대비를 비난하는 임시발任時發 괘서 사건과 관련하여 윤행임을 사사하라는 대왕대비의 명령이 내렸고, 9월 말 무렵 다시 황사영黃嗣永이 체포되는 이른바 황사영 백서 사건이 있게 됨으로써 정약용 형제는 다시 서울로 압송되어 문초를 받게 되었다. 1801년 4월 3일 다음의, 정약용 형제를 다시 국문하자는 승정원의 기사 및 5월과 6월 사이의 관련 기사는 번거로워 생략하였다.

---

245) 필자가 2월에 정약용이 정약전에게 보낸 편지에 대한 답서가 온 것이라고 본 것(조성을, 2004, 147~148쪽)은 잘못이다.

8월 일:

✎ 특별한 행적이 추적되지 않는다. 《村病或治》, 《爾雅述》, 〈己亥邦禮辨〉 등의 작업을 진행하고 있었던 것으로 여겨진다.

9월 1일(추정): 집에서 사람이 오다.

(가) "計日至八十有二日 而得來書" 〈寄二兒〉(제1서 제3단락) _《전서》 시문집, 1801년 9월 3일

✎ 1801년 9월 3일 편지를 써서 주고(9월 3일자 참조), 집에서 온 사람이 장기에서 하루쯤 쉬고 되돌아간 것으로 보아서 1801년 9월 1일 장기에 도착한 것으로 추정하였다. "計日至八十有二日 而得來書"라는 언급은 1801년 6월 10일 무렵 편지가 온 뒤 82일 만에야 다시 편지가 왔다는 뜻으로 볼 수 있겠다. 1801년 6월 17일에 편지를 보냈으므로 정약용은 늦어도 8월 중순에는 편지가 오지 않을까 생각하고 있었던 듯하다.

9월 3일: 두 아들에게 편지를 써 보내다.

(가) 〈寄二兒〉(제1서 제3단락) _《전서》 시문집, 1801년 9월 3일

✎ (가)의 말미에 "九月 三日"이라는 기록이 있으므로, 1801년 9월 3일에 편지를 써서 보냈음을 알 수 있다. 1801년 9월 1일 무렵 집에서 사람이 왔고 이 인편 편에 보낸 것으로 추정된다.

9월 6일: 이병모가 임시발의 흉서 사건과 관련하여 윤행임에 대한 처벌을 상주하다.

(가) "李秉模曰…尹行恁…" _《실록》 순조 1년 9월 6일

✎ 임시발은 대왕대비를 비난하는 투서를 썼고 윤행임의 인척인 윤가기尹可基의 집에 있다가 체포되었다.

9월 10일: 신지도에 유배된 윤행임을 죽이라는 대왕대비의 명이 내리다.

(가) "大王大妃下教…薪智島定配罪人尹行恁賜死" _《실록》 순조 1년 9월 10일

✎ 윤행임은 윤집尹集의 후손으로서 1801년 초 이조판서까지 지냈는데, 그를

죽인 것은 매우 이례적인 일이다. 아마도 대왕대비와 직접 관련된 일이었으며 그가 지속적으로 남인 신서파를 옹호하여 왔기 때문일 것이다. 1801년 10월 1일 장기에 사람이 왔을 때 정약용은 이 소식을 들었을 것이다.

9월 15일: 황심黃沁이 체포되다.

(가) 샤를르 달레 저/안응렬 역,《한국천주교회사》상, 분도출판사, 1980.

🜨 황심은 1801년 8월 26일 제천 배론의 은거지로 황사영을 찾아갔다. 황심은 9월 15일 춘천에서 체포되어 여러 날 고문 끝에 9월 26일 황사영의 은거지를 밝혔다.

9월 16일: 장령 강휘옥姜彙玉이 계를 올려 정약용 형제를 다시 엄히 문초할 것을 청하다.

(가) "掌令姜彙玉啓曰…請薪智島定配罪人若銓·長鬐縣定配罪人若鏞…更令王府 嚴加鞫問… 答曰 亟停勿煩" _《승기》 순조 1년 9월 16일

🜨 임시발 괘서 사건이 터지고 윤행임 사사賜死 명령이 내려진 상황에서 다시 정약용 형제를 국문하자는 청이 있었으나 이번에도 각하되었으며, (가)에 따르면 1801년 9월 18일과 9월 24일에도 거듭 같은 청이 있었으나 역시 각하되었다. 그러나 9월 말엽 황사영 백서사건이 터짐에 따라서 1801년 10월 정약용 형제는 서울로 압송되게 되었다.

9월 26일: 황심이 황사영의 은거지를 실토하다.

(가) 샤를르 달레 저/안응렬 역,《한국천주교회사》상, 분도출판사, 1980.

10월 1일: 이날 장기에서 옷을 갈아입다.

(가) 〈寄二兒〉(제1서 제4단락) _《전서》시문집, 1801년 10월 초 추정

(나) 〈答二兒〉(제1서 제2단락) _《전서》시문집, 1801년 6월 17일

🜨 (가)는 저작 시기가 문제이다. 시기에 대한 언급이 없기 때문이다. 내용으로 보아 장기에서 보낸 편지임이 분명하고 "슈冬"이라는 표현으로 보아 겨울에 보낸 것으로 추정된다. 제3단락(1801년 9월 3일)의 뒤에 배치되어 있으므로 그 이후의 편지이다. (나)에 따르면 1801년 10월 1일에 갈아입은 옷

을 다음 해 1802년 2월 17일까지도 못 갈아입었다고 하는 언급이 있다. 아마도 1801년 10월 집에서 옷이 와서 새 옷으로 갈아입은 것으로 추정할 수 있겠다. 그렇다면 (가)는 1801년 10월 1일 이후 대략 10월 초에 쓴 것이다. 정약용은 1801년 10월 20일 황사영 백서사건으로 다시 체포되어 한양으로 압송되므로, (가)는 1801년 10월 1일 이후 10월 20일 사이에 쓴 것이다. 아마도 10월 1일 도착한 사람이 많아야 며칠 머무르고 돌아갔을 것이므로 10월 초에 쓴 것으로 보는 것이 타당하다고 하겠다. 1801년 10월 1일 사람이 왔을 때 9월 윤행임의 사사 사실은 들었을 것이지만, 황사영 사건에 대하여는 듣지 못하였을 것이다. 황사영이 서울 의금부에 이송되는 것은 1801년 10월 3일이었다(10월 3일 부분 참조).

10월 초(추정): ① 두 아들에게 다시 편지를 보내 공부를 촉구하다. ② 돌아가는 인편 학손鶴孫 편으로 《讀禮通考》를 돌려보내다.

(가) 〈寄二兒〉(제1서 제4단락) _전서) 시문집, 1801년 10월 초 추정

🜊 1801년 10월 1일 부분에서 두 아들에게 (가)의 편지를 써서 보냈음을 알 수 있다. 편지의 내용은 이번 겨울에 《尙書》와 《禮記》 가운데 못 읽은 부분을 읽고 《四書》와 《史記》도 익혀야 한다고 하였다. 이 편지의 말미에 "禮說不可不留意 獨禮通考四匣 付之鶴孫便"이라고 하였다. 이때 정약용의 편지를 가지고 간 사람이 학손이었으며 그의 편으로 10월 초에 《讀禮通考》(서건학 저)를 돌려보냈음을 알 수 있다. 한편 1802년 4월 중순 무렵 큰아들 정학연이 강진으로 아버지를 찾아가는데, 이때 《讀禮通考》를 갖고 강진에 내려간 것으로 추정된다. 1802년 4월 말부터 《讀禮通考》 주석 작업이 시작되기 때문이다(1802년 4월 부분 참조).

10월 3일: 좌우포청左右捕廳에서 황사영을 충청도 제천堤川에서 체포하여 의금부義禁府에 이송하였다고 보고하다.

(가) "左右捕廳啓言 捕捉邪學亡命罪人黃嗣永於忠淸道堤川地 移送義禁府" _
《실록》 순조 1년 10월 3일

🜊 황심이 황사영의 은거지를 실토한 것은 1801년 9월 26일이므로 현지에

서 황사영이 체포된 것은 대략 9월 29일(말일) 무렵이었고, 좌우포청을 통해 의금부에 인계된 것이 1801년 10월 3일이었다고 볼 수 있겠다.

10월 5일: 좌포장, 우포장이 황사영백서를 합문閤門에 가지고 와서 바치다.

(가) "左捕將…右捕長…持邪學罪人黃嗣永兇書 來詣閤外" 《실록》 순조 1년 10월 5일

☙ 황사영이 체포됨으로써 그가 몸에 지니고 있던 백서까지 압수되었고 사태의 심각성을 깨달은 좌우포장이 직접 바친 것이라고 하겠다.

10월 9일: 황사영을 추국하다.

(가) "推鞫邪學罪人" 《실록》 순조 1년 10월 9일

10월 13일: ① 홍희운洪義雲, 신귀조申龜朝가 황사영 사건과 관련하여 정배 죄인 정약용, 정약전, 이치훈 등을 국문하자고 하다. ② 대신들과 상의하여 처리하겠다는 비답이 내리다.

(가) "洪義雲…申龜朝聯箚言 黃嗣永之凶謀秘計 指劃傳受 自有所從 請定配 罪人丁若鏞 丁若銓 李致薰…一並發捕 嚴鞫得情 批曰 所陳 下詢大臣 處 之" 《실록》 순조 1년 10월 13일

10월 15일: ① 심환지가 정약용, 정약전, 이치훈에 대하여 먼저 대계臺啓에 윤종允從하고 이를 근거로 발포하는 방안을 아뢰다. ② 찬배 죄인 정약용, 정약전, 이치훈을 잡아오라고 명하다. ③ 홍희운을 동부승지에 임명하고 추국에 참석하게 하다.

(가) "煥之曰…銓·鏞·薰三罪人 則爲先允從於臺啓 以爲發捕之地" 《실록》 순조 1년 10월 15일

(나) "命竄配罪人丁若鏞丁若銓李致薰等發捕" 《실록》 순조 1년 10월 15일

(다) "洪義運 同副承旨除授 使之進參鞫座" 《실록》 순조 1년 10월 15일

☙ 홍희운은 남인이면서도 남인 신서파를 죽이는데 앞장서서 그 공로로 동부승지에 임명되었고, 황사영을 추국하는 자리에도 참석하게 된 것이다. 그는 남인 공서파와 노론 강경파의 결탁 관계를 가장 잘 보여주는 인물이다.

10월 20일: 저녁에 황사영 사건으로 정약용이 장기에서 다시 체포되다.

(가) "辛酉…十月 又被逮上京 (十一月 初五日)移配于康津縣" _《다산연보》16쪽

(나) "十月 又被逮入獄 巽菴先生 亦同被繫 時黃嗣永就捕 洪李輩[홍희운·이기
경] 以百計恐脅朝廷 自求入臺地發啓 請再鞫公 必殺乃已 時鄭公日煥 自
海西還 盛言 公有西邑遺愛 如論死必招濫獄之譏…然按事 皆無與知狀…
太妃察其誣 命六人酌放 而謂湖南有餘憂 以公十一月 移配于康津縣以鎭
之 巽菴配黑山島" _《사암연보》132-133쪽

(다) 〈夢得屯之復 聊題一詩〉 _《전서》 시문집, 1801년 10월 20일 체포 직전

❀ (가), (나)로 보아 위의 사실이 확인되며 (다)는 체포 직전 꿈을 꾸고 지
은 시이다. 일종의 예지몽이라고 할 수 있겠는데 1801년 10월 1일 왔다가
10월 초 돌아간 사람에게서는 황사영 사건에 대하여 들을 수는 없었을 것
이다. 앞에서 살핀 바와 같이 황사영이 제천 현지에서 체포된 것은 1801년
9월 29일 무렵이고, 서울 의금부에 이송된 것은 10월 3일이었다. 정약용은
서울의 소식에 신경을 곤두세우고 있었으므로, 무언가 다시 불길한 조짐
이 있음을 깨닫고 있었을 것이다.

10월 22일: 이기경이 사헌부 장령으로서 상소문을 올려 임금에게 정심正心
으로 조정을 바로잡으라고 하다.

(가) "掌令李基慶 疏略 請以正心正朝廷" _《실록》 순조 1년 10월 22일

(나) "十月 又被逮入獄 巽菴先生 亦同被繫 時黃嗣永就捕 洪李輩[홍희운·이기
경] 以百計恐脅 朝廷 自求入臺地發啓 請再鞫公 必殺乃已 時鄭公日煥 自
海西還 盛言 公有西邑遺愛 如論死 必招濫獄之譏…然按事 皆無與知狀…
太妃察其誣 命六人酌放 而謂湖南有餘憂 以公十一 月 移配于康津縣以鎭
之 巽菴配黑山島" _《사암연보》132~133쪽

❀ 이기경 역시 홍희운과 마찬가지로 옛 동료들을 팔아먹고 사헌부 장령
으로 출세하였음을 알 수 있다. 그가 바른 마음으로 조정을 바로잡으라고
한 것은 천주교에 대한 엄단을 권하는 것이라고 하겠다. (나)에 따르면 홍
희운과 이기경은 황사영 백서사건을 계기로 어떻게 하여서든지 정약용을
죽이고자 하였으나, 황해 감사를 지내고 돌아온 정일환鄭日煥은 정약용이
곡산에서 펼친 선정善政을 근거로 적극적으로 변호하였다.

10월 23일: 황심과 황사영에게 사형이 결정되다.

(가) "推鞫邪學罪人酌處 罪人黃沁…黃嗣永…結案正法" 《실록》 순조 1년 10월 22일

10월 27일: ① 이만수李晚秀가 사학邪學을 징토하는 글을 올리다. ② 정약용이 (서울에서) 다시 옥에 들어가다.

(가) "是年 十月 二十日夕 又被逮 二十七日入獄 十一月初五日 蒙恩出獄 移配康津縣〈獄中和東坡西臺詩云〉" 《전서》 시문집, 1801년 10월 27일~11월 5일

(나) "李晚秀…討邪奏文" 《실록》 순조 1년 10월 27일

(다) "十月 又被逮入獄 巽菴先生 亦同被繫… 時 尹校理永僖 欲探公死生 訪大司諫朴長卨 問 獄情 洪義運適至 尹公避入夾房 義運下馬入戶 盛氣勃呼曰 '殺千人 不殺某一人 不如無殺 公何不力爭' 朴公曰 '彼之不死 吾何殺之' 其去 朴公謂之曰 '沓沓人哉 謀殺不可殺之人 再起大獄 又責我不爭沓沓人哉'" 《사암연보》 133쪽

㉑(가)를 보면 정약용이 1801년 10월 27일 한양에서 입옥되었음을 알 수 있다. (다)에서 "十月 又被逮入獄 巽菴先生 亦同被繫"(132쪽)이라고 한 것을 보면 정약전도 정약용과 마찬가지로 황사영 사건에 연루되어 정약용과 비슷한 시기에 신지도에서 체포되어 서울로 압송, 입옥되었을 것이다. (나)에 따르면 이만수의 토사주문이 이날 10월 27일에 있었다. 비교적 장문으로 천주교 문제의 시말을 자세히 언급한 것이었다. (다)에 따르면 정약용이 한양의 옥중에서 있을 때 윤영희尹永僖가 박장설朴長卨을 찾아가 정약용이 어떻게 될지 탐문하였다. 이에 따르면 정약용을 죽이는 일에 홍희운이 가장 앞장을 섰으나, 박장설은 상대적으로 소극적이었다고 추정된다. 박장설은 1795년 주문모 사건 때 천주교도를 공격하는 상소로 정조의 노여움을 사서 각지로 유배 다녔으나, 1801년 이때에는 대사간으로 출세하여 있었음을 알 수 있다. 그는 기호남인계 가운데에서도 소북계의 인물로 생각되며, 공서파의 입장을 취하였으나 홍희운, 이기경, 강준흠처럼 앞장서서 갖은 모략을 부린 것은 아니었던 것으로 생각된다. 윤영희가 박장설을 방문한 것은 대략 1801년 10월 말에서 11월 4일 사이의 일이라고 볼 수 있겠다. 앞에서 언급한 바와 같이 이때 해서海西에서 돌아온 정일환이 정약용의 곡산

부사 때의 선정을 말하여 극구 변호하였다.

10월 28~30일: 정약용이 서울 의금부 옥에 있다(추정).

11월 1일: ① 정약용이 의금부 옥에 있다가 추국을 받다(추정). ② 김조순金
祖淳이 이조판서 사직소를 올리다.

(가) "推鞫邪學罪人" _《실록》 순조 원년 11월 1일

(나) "推鞫…罪人丁若銓原情·罪人丁若鏞原情" _《승기》 순조 원년 11월 1일

(다) "李朝判書金祖淳 陳疏引儀…" _《실록》 순조 원년 11월 1일

Ⓐ (가)와 (나)에 따르면 1801년 11월 1일 정약용이 옥에 있다가 추국을 받은
사실이 확인된다. 한편 (다)에 따르면, 이날 11월 1일 이조판서 김조순이 사
직소를 올렸다. 1801년 초 이조판서를 지냈던 윤행임이 얼마 전 1801년 9월
에 사사되었고(전라 감사로 있다가 신지도로 유배되어 그곳에서 사사됨), 1801년
10월에는 황사영 사건이 터져 정국이 더욱 경색되었다. 이런 상황에서 노론
시파의 영수 격인 김조순은 대왕대비의 신임을 확인할 필요에 사직소를 올
린 것으로 보이며, 이에 사직하지 말라는 비답이 내렸다. 노론 강경파는 김
건순金健淳(안동김문)을 천주교도로 몰아 김조순까지 압박하던 상황이었으나,
대왕대비는 김조순을 제거하는 데에는 부담을 느꼈던 것 같다.

11월 2~3일: 정약용이 옥에 있었다(추정).

11월 4일: 정약용이 옥에서 다시 조사를 받다.

(가) "推鞫" _《실록》 순조 1년 11월 4일

(나) "罪人丁若鏞更招 罪人李學逵更招" _《승기》 순조 1년 11월 4일

11월 5일: ① 정약전은 흑산도로, 정약용은 강진현으로, 이학규李學逵는 김
해부로 유배가 결정되다. ② 정약용이 밤늦게 출옥하다.

(가) "若銓于羅州牧黑山島 若鏞于康津縣 學逵于金海府" _《실록》 순조 1년 11월 5일

(나) "是年 十月 二十日夕 又被逮 二十七日入獄 十一月初五日 蒙恩出獄 移
配康津縣"〈獄中和東坡西臺詩韻〉 _《전서》 시문집, 1801년 10월 27일~11월 5일

(다) 辛酉…十月 又被逮上京(十一月 初五日)移配于康津縣 _《다산연보》 16쪽

(라) "出門街鼓已聲低"〈出獄復和前韻〉 _《전서》시문집, 1801년 11월 5일

(마) 샤를르 달레 저/안응렬 역,《한국천주교회사》상, 분도출판사, 1980.

🔯 이날 1801년 11월 5일 황사영은 서소문 밖에서 능지처참에 처해졌으며, 이날 중인中人 현계흠玄啓欽 등도 함께 처형되었다. 황사영의 모친 이윤혜와 부인 정명련(정약현의 딸)은 노비가 되어 각기 거제도와 제주도 대정현으로 끌려갔으며, 정명련은 제주도에 가는 길에 추자도에서 아들 황경련과 강제로 헤어지게 되었다고 한다. 한편 옥중에서 (나)를 지었던 정약용은 출옥 후 다시 소동파蘇東坡의 서대시西臺詩의 운韻에 따라서 (라) 시를 지었고 황사영에 대하여는 "역적"이라고 비난하였다. 이 시의 "出門街鼓已聲低"라는 구절을 보면 이날 11월 5일 밤늦게 출옥하였다고 추정된다.

11월 7일: ① 사헌부 장령 이기경 등이 정약전, 정약용 등을 다시 엄히 국문할 것을 아뢰다. ② 허가되지 않다. ③ 정약용이 아직 서울에 머무르고 있다(추정).

(가) "府(掌令李基慶…)啓請 若銓若鏞…請更鞫嚴問 不允" _《실록》순조 1년 11월 7일

🔯 당시 사헌부 장령으로 출세하여 있던 이기경이 정약용과 정약전을 꼭 죽이려고 하였음을 알 수 있다. 다시 추국하자는 데 대하여 윤허가 내리지 않은 것은 노론 강경파 쪽에서 혐의가 없다고 판단하였기 때문일 것이다. 노론 강경파보다 더 앞장서서 남인 신서파를 공격한 것은 남인 공서파였음을 알 수 있다. 이 가운데에서 가장 앞선 것이 이기경, 홍희운, 강준흠 등이었다. 1801년 11월 5일 밤늦게 출옥하여 11월 8일까지는 아직 서울에 머무르고 있었다고 추정된다.

11월 9일 무렵(추정): ① 둘째형 정약전과 함께 유배지로 출발하다. ② 밤에 동작나루 남측(승방평 부근)에서 묵다.

(가) 〈夜過銅雀渡〉 _《전서》시문집, 1801년 11월 9일 밤 추정

(나) "今宵共宿廬中雪"〈驚雁〉(到果川作) _《전서》시문집, 1801년 11월 10일 밤 추정

🔯 1801년 11월 5일 일단 출옥이 되기는 하였으나, 계속 재조사 요청이 있어서 유배지로 출발이 늦어진 것으로 보인다.《승정원일기》에서 1801년

11월 9일에서 13일까지 서울 지역의 날씨를 조사하여 본 결과, 10일 흐린 것을 제외하면 모두 맑은 것으로 되어 있다. 9일 밤 동작나루를 건너 남측 (승방평 부근)에서 숙박하고, 다음 날 10일 과천에 도착하여 숙박하는 가운데 밤에 눈이 왔던 것으로 보인다. (가)의 시에 따르면 밤에 동작 나루를 건넌 것이므로, 그 남측 근처 어느 지점에서 묵었을 것이다. 이날 밤 남태령을 넘지는 못하였고, 다음 날 남태령을 넘어 과천에 이른 것으로 보아야 할 것이다. 따라서 (나)의 시는 유배지로 출발한 다음 날 10일(추정) 과천에 이르러 지은 것이다.

11월 15일 무렵(추정): 금강錦江을 건너다.

(가) 〈渡錦水〉 _《전서》 시문집, 1801년 11월 15일 무렵

⚜ (가)의 시를 보면 유배지로 내려가는 도중에 금강을 건넜음을 알 수 있다. 1801년 11월 10일 과천에 도착하여 묵었고 일정이 비교적 더딘 것으로 보아서, 금강까지 어림잡아 닷새 정도 걸렸을 것이라 추정하여 금강을 건넌 날짜를 11월 15일 무렵으로 추정하였다.

11월 21일: 둘째형 정약전과 함께 나주羅州 율정栗亭에 도착하여 이날 밤 이 곳에서 묵다.

(가) 〈栗亭別〉 _《전서》 시문집, 1801년 11월 22일

⚜ 1801년 11월 21일 나주 율정에 도착하여 하루 묵고, 다음 날 22일 아침 형과 이별하였을 것이다.

11월 22일: ① 둘째형 정약전과 나주 율정에서 헤어지다. ② 누리령樓犁 嶺(황치黃峙)을 넘다. ③ 석제원石梯院 부근에서 숙박하다(추정).

(가) 〈栗亭別〉 _《전서》 시문집, 1801년 11월 22일

(나) 〈耽津村謠〉(1)과 (6) _《전서》 시문집, 1802년 2월 7일 이후

(다) "同出一路 到羅州栗亭店 握手相別 各赴配所 時辛酉仲冬之下旬也"〈先 仲氏墓誌銘〉 _《전서》 시문집, 1822년 무렵 추정

⚜ 나주 율정에서 둘째형 정약전과 헤어진 정약용은 일단 영암으로 간 다

음 영암에서 누리령을 넘어 강진군 월남리에 도착하였고, 거기에서 조금 가서 강진과 해남의 갈림길에 있는 석제원에 도착하였을 것이다.[246] 겨울날 해가 짧았고 정약전과 함께 옥에서 시달리고 긴 여정에 지친 몸이었으므로, 당일 강진 읍내에 도착하기는 어려웠다고 생각하여 이날 22일 밤은 석제원 부근에서 숙박한 것으로 추정하였다.

11월 23일(추정): 강진에 도착하다.

🜨 1801년 11월 22일 밤은 바로 앞에서 살핀 것처럼 석제원에서 숙박한 것으로 추정하였다. 그렇다면 강진읍에 도착한 것은 다음 날이었을 것이나, 22일에 늦게 도착하였을 가능성도 있다.

11월 24일(추정): 강진 동문 밖 주막에 거처를 정하다(사의재).

(가) 〈客中書懷〉 《전서》 시문집, 1801년 11월 말 무렵

(나) "尹公光宅 遣其姪時有 頻數餽問"(見〈翁山墓誌文〉) _《사암연보》 134쪽

(다) 〈司諫院正言翁山尹公墓誌文〉 《전서》 시문집, 1822년 6월 이후

(라) 〈喪禮四箋序〉 《전서》 시문집, 1804년 10월 28일

🜨 강진현 동문 밖 매반가(밥집)에 거처를 정하고 자신의 소회를 읊은 것이 (가) 시이다. "北風吹我如雪飛 南抵康津賣飯家"라는 구절 등에서 이때의 심경을 잘 알 수 있고, "酒爲愁多夜更加"라는 구절에서 밤에는 술을 더 많이 마셨음을 알 수 있다. 또 이 시의 끝에서 "山茶已吐'臘前'花"라고 한 것으로 보아 11월에 지은 것임을 알 수 있다. 1801년 11월 23일 오전 강진읍에 도착하였다면, 주막집에 거처를 정한 것은 11월 24일 이후가 될 것이다. 강진에 도착하여서는 일단 관아에 신고를 하였을 것이고, 〈喪禮四箋序〉에서 당시 정약용을 기피하여 맡으려는 집이 없어 애를 먹다가 겨우 매반가에 거처하게 되었다고 한 것으로 보아, 11월 23일 당일 거처를 정하기는 어려웠을 것이다. 따라서 거처를 정한 것은 대략 1801년 11월 24일로 추정하였다.

정약용이 강진에 도착한 이후 아버지 정재원의 친구인 윤광택尹光宅이 몰래 조카 윤시유尹時有를 보내어 자주 음식을 보내고 안부를 물었다. 한

---

246) 박석무, 《다산기행》, 30~32쪽 참조.

편 옹산 윤서유尹書有는 윤광택의 아들이며, 정약용은 1812년 딸을 윤서유의 아들 윤창모尹昌謨에게 시집보내어 윤서유와는 사돈 사이가 된다. 윤서유와는 강진의 다산으로 이주한 이후 자주 왕래하며 함께 노닐었다. 윤서유는 1813년 경기도 광주 초천의 정약용의 집 가까운 곳으로 이주하며 만년에 대과에 급제하기도 한다. 정약용이 1818년 유배가 풀린 다음에는 다시 함께 자주 어울렸다.

12월 10일: 흑산도에 유배된 정약전과 강진에 유배된 정약용 등을 다시 잡아와 국문하자는 청이 올라오다.

(가) "請黑山島配罪人若銓·康津定配罪人若鏞…並令王府 設鞫嚴問" 《승기》 순조 원년 12월 10일

Ⓐ 정약용 형제가 유배지에 도착한 뒤인 1801년 12월 10일에도 다시 문초하자는 청이 올라왔다. 물론 이것은 각하되었지만 이런 청은 이후에도 계속되었다.

12월 22일: 정순왕후가 교문敎文을 반포하다.

(가) "行討邪 進賀于仁政殿 頒敎文" 《실록》 순조 1년 12월 22일

Ⓐ 이로써 1801년 1월부터 시작된 신유교안과 황사영 사건 등 천주교와 관련된 남인 처벌이 일단 완료되었다고 할 수 있겠다. 그 과정에서 노론 가운데서도 시파는 심한 견제를 받았고, 윤행임 같은 사람은 죽음을 당하기도 하였다. 이리하여 정순왕후를 중심으로 노론 벽파 주도 정국이 형성되어 대략 1804년 초까지 지속되었다. 이 기간 동안에는 정약용 등의 신원과 해배 등은 거론될 수 없었고, 오히려 강진 현감으로 이안묵李安默을 내려보내 정약용을 무고하여 제거하려고까지 하였다. 그러나 1804년~1806년 서서히 안동김씨가 정국의 주도권을 잡게 되자 분위기가 바뀌었다.

1801년의 저작과 활동

1801년 봄의 시로는 우선 〈石隅別〉(1801년 2월 29일), 〈沙坪別〉(1801년 2월 30일 아침), 〈荷潭別〉(1801년 3월 2일), 〈過彈琴臺〉(1801년 3월 2일), 〈蕪橋〉(1801년 3월 3일 추정), 〈鳥嶺〉(1801년 3월 4일 추정), 〈兎川〉(在聞慶南; 1801년 3월 4일

저녁 추정), 〈空骨坡〉(在咸昌縣; 1801년 3월 5일 추정), 〈鬐城雜詩〉(二十七首; 1801년 3월 10일 이후~중순 추정), 〈楡林晚步 二首〉(1801년 3월 10일 이후~중순 추정), 〈自笑〉(1801년 3월 10일 이후~중순 추정), 〈芙蓉亭歌〉(1801년 3월 10일 이후~중순 추정) 등이 있다.

〈芙蓉亭歌〉는 1795년 3월 10일 정조를 모시고 부용정에서 노닐었던 일(1795년 3월 부분 참조)을 회상하는 시이므로, 바로 1801년 3월 10일에 지었을 가능성이 있다. 그러나 3월 10일 다음 며칠 이내 어느 시점에 지었을 수도 있다. 〈芙蓉亭歌〉에 바로 앞서 지은 것이 〈鬐城雜詩〉(二十七首), 〈楡林晚步 二首〉, 〈自笑〉이다. 이들 시는 배열순서와 내용으로 보아 3월 10일 성선봉의 집에 머무르게 된 이후 대략 3월 중순 무렵의 시점에 지었다고 추정된다. 〈芙蓉亭歌〉와 더불어 장기 도착 직후 정약용의 심경을 잘 알 수 있게 하여 준다. 이 뒤에 〈我思古人行〉(三章 章六句), 〈古詩〉(二十七首), 〈獨坐〉(二首; 辛酉三月 在長鬐)의 시들이 배치되어 있다. 이들 시는 〈獨坐 二首〉에 "辛酉三月"이라고 시기가 명시되어 있으므로, 1802년 3월 중순에서 하순 사이에 지어진 것으로 추정할 수 있다. 이들 시도 역시 당시 정약용의 심경을 잘 알 수 있게 하여 준다. 이들 시 뒤에는 〈堤上〉, 〈烟〉 등의 시가 있는데, 내용으로 보아 대체로 늦봄(3월 하순 추정)의 시이다.[247]

1801년 봄 저술 작업으로는 1월 초에 《小學補箋》 작업을 시작하였으나, 미처 이루지 못한 채 1801년 2월 신유교안에 연루되었다. 잡문으로는 〈寄二兒〉(제1서; 3월 2일)가 있다.

1801년 봄의 행적을 추적하여 보면 1월 28일 급보를 받고 서울에 올라와 이주신, 윤무구, 이익운 등과 대책을 강구하다가 1801년 2월 9일 새벽 체포되었으며, 2월 27일 밤(실제로 28일 2경)에 석방되어 2월 29일 유배 길에 올라서 3월 9일 유배지 장기에 도착하였다. 장기에 도착한 뒤 1801년 3월 하순에서 4월 초순 사이에 병을 앓았다.

먼저 1801년 여름에 지은 시들의 저작 시기에 대하여 살펴보기로 한다. 4월 초순의 첫 번째 작품으로 추정되는 시 〈夜〉(4월 초순 부분에서 언급)의 뒤

247) 조성을, 2004, 142쪽.

에 〈遣悶〉, 〈愁〉, 〈遣興〉, 〈遷髮八趣〉(1801년 4월 초순~26일 이전), 〈苦雨嘆〉(1801년 4월 초순~26일 이전), 〈兒哥詞〉(1801년 4월 초순~26일 이전), 〈海狼行〉(1801년 4월 초순~26일 이전), 〈戲作茗溪圖〉(1801년 4월 초순~26일 이전), 〈田園〉(1801년 4월 초순~26일 이전), 〈別家五十有八日 始得家書 志喜寄兒〉(1801년 4월 26일), 〈得舍兄書〉(仲兄 時在康津薪智讁中; 18101년 4월 26일), 〈家僮歸〉(1801년 4월 28일 추정) 등의 작품이 이어진다. 이들 시 가운데 〈別家五十有八日 始得家書 志喜寄兒〉(1801년 4월 26일)에 따르면 집에서 처음 편지가 온 날짜 및 이 시를 지은 시기는 1801년 4월 26일이 된다. 따라서 〈遣悶〉, 〈愁〉, 〈遣興〉, 〈遷髮八趣〉, 〈苦雨嘆〉, 〈兒哥詞〉, 〈海狼行〉, 〈戲作茗溪圖〉, 〈田園〉 등의 시는 1801년 4월 초순에서 26일 사이에 지은 것이 된다.248)

한편 〈別家五十有八日 始得家書 志喜寄兒〉에 바로 이어지는 〈得舍兄書〉, 〈家僮歸〉 가운데 〈得舍兄書〉(1801년 4월 26일)는 4월 26일 "仲兄 時在康津薪智讁中"이라는 원주로 보아서 당시 신지도에 유배 가 있던 둘째형 즉 정약전의 편지를 받고 쓴 것임을 알 수 있다. 1801년 4월 26일 가서가 올 때 함께 온 편지를 보고 지은 시라고 하겠다. 〈家僮歸〉(1801년 4월 28일 추정)는 가동이 돌아갔을 때 지은 것이므로 4월 28일에 지은 것으로 볼 수 있겠다.

〈家僮歸〉(1801년 4월 28일 추정) 다음에 〈有歎〉(1801년 4월 28일~5월 5일), 〈寂歷〉(1801년 4월 28일~5월 5일), 〈稚子寄栗至〉(1801년 4월 28일~5월 5일), 〈聞家人養蠶〉(1801년 4월 28일~5월 5일), 〈追鹿馬行〉(1801년 4월 28일~5월 5일)의 시가 배치되어 있는데, 이들 시의 바로 뒤에 〈端午日述哀〉(1801년 5월 5일)가 배치되어 있다. 따라서 〈端午日述哀〉 앞의 위 시들은 4월 28일에서 5월 5일 사이에 지어진 것임을 알 수 있다. 이들 시에 가동이 돌아간 뒤의 쓸쓸한 심경과 가족에 대한 생각이 나타나 있다.

앞(5월 5일 부분)에서 언급한 바와 같이 날짜가 분명하게 확인되는 시로 1801년 5월 5일 단오일에 지은 〈端午日述懷〉가 있다. 이 시 바로 뒤의 〈憶幼女〉도 단오일 어린 딸을 그리워하는 내용이므로 1801년 5월 5일 지은 시이다. 이 두 시 다음에, 〈薄醉〉(1801년 5월 5일~13일), 〈采葛〉(遷人自傷也 父子兄弟離析

---

248) 조성을, 2004, 143~144쪽 참조.

焉; 1801년 5월 5일~13일), 〈酉山〉(遷人之思也 離其室家 不能安土焉; 1801년 5월 5일~13일), 〈東門〉(遷人自悼也 長鬐縣監黃勉基 惑於人言 窘辱已甚焉; 1801년 5월 5일~13일), 〈薇源隱士歌〉(尹校理永僖 嘗爲余言此事 沈其婚家也 距與文巖莊三十里; 1801년 5월 5일~13일), 〈烏鰂魚行〉(1801년 5월 5일~13일), 〈長鬐農歌〉(十章; 1801년 5월 5일~13일), 〈奉花和伯氏〉(次杜韻二首 月夜億舍兄; 1801년 5월 5일~13일), 〈竹醉日〉(1801년 5월 13일)이 있고 바로 이들 시 바로 뒤에 〈夏至〉가 배치되어 있다. 다만 하지는 양력으로 매년 6월 21일 무렵인데 1801년 음력으로는 5월 11일 무렵이 된다. 따라서 〈夏至〉가 〈竹醉日〉 뒤에 놓인 것은 순서가 맞지 않는다. 배치하는 과정에서 오류가 있었거나, 〈夏至〉라는 시를 정확히 하지가 아니라 하지 무렵에 쓴 것으로 볼 수도 있겠다.

〈采葛〉(1801년 5월 5일~11일 무렵)은 "遷人自傷也 父子兄弟離析焉"이라는 언급에서 볼 수 있듯이 부자와 형제가 헤어진 것을 슬퍼하는 노래이다. 〈酉山〉(1801년 5월 5일~11일 무렵)은 유산酉山 아래의 고향을 그리워하는 노래이며 "遷人之思也 離其室家 不能安土焉"이라는 언급에서 장기에 안착하지 못하는 심경을 알 수 있다. 〈東門〉(1801년 5월 5~11일 무렵)에는 "遷人自悼也 長鬐縣監黃勉基 惑於人言 窘辱已甚焉"이라는 언급이 붙어 있다. 당시 장기 현감 황면기黃勉基가 다른 사람의 모함하는 말에 현혹되어 정약용을 핍박하였음을 알 수 있다. 1802년 5월 무렵 강진에서도 당시 강진 현감 이안묵李安默에게 핍박을 당하게 된다(1802년 5월 부분 참조).

〈薇源隱士歌〉(1801년 5월 5일~13일)는 친구 윤영희尹永僖가 말해 준, 과거를 포기하고 미원薇源(양근楊根 부근)에 살고 있던 심은사沈隱士(윤영희와는 사돈 측 사람)의 유유자적하는 삶에 대하여 읊었다. 시의 말미에 "我生已謬無可及 聊述狂歌示子孫"이라고 하였다. 벼슬길로 나아간 자신은 이미 어쩔 수 없게 되었지만 자손(두 아들 정학연과 정학유)에게 벼슬길에 나아가지 말고 은거하는 삶을 살라는 뜻으로 쓴 것으로 볼 수 있겠다. 원주에서 미원은 문암장에서 30리 거리라고 하였는데 문암장은 정약용의 농토가 있는 곳이었다. 〈烏鰂魚行〉(1801년 5월 5일~13일)에서는 오즉烏鰂과 백로白鷺의 대화 형식으로 먹물을 뿌려 물고기를 잡아먹는 오즉과 점잖게 기다리는 백로의 차이를 말하였는데, 말미에서 "愚哉 汝鷺當餓死"라고 하여 자신을 어리석은 백로에 비유하였다.

〈長鬐農歌〉(1801년 5월 5일~13일)에서는 장기의 늦봄에서 초여름 사이 그곳 농민의 삶을 보이는 한편 농민들의 삶을 걱정하였다. 〈奉花和伯氏〉(1801년 5월 5일~13일)는 달밤에 고향에 있는 큰형 정약현을 생각하며 지은 시이다.

장기 시절 지은 시 〈夏至〉(1801년 5월 11일 무렵)에 바로 이어서 〈寄兒〉(1801년 6월 17일)라는 시가 있다. 이 시의 저작 시기를 1802년 6월 17일 무렵으로 비정한 것은 6월 17일 보낸 편지 〈寄二兒〉(제1서) 제2단락(六月 十七日)이 있기 때문이었다.[249] 이 시에 "京華消息每驚心 誰道家書抵萬金…文字已堪通簡札 會敎經濟着園林"이라는 구절이 있다. 서울 쪽에서 좋지 않은 소식이 있어서 여기에 다소 놀란 듯하다. 그러면서 아들이 이제 편지를 쓸 수 있을 정도의 실력이 되었으니 경제를 가르쳐 원림園林에 정착할 수 있겠다고 기뻐하는 모습을 느낄 수 있다. 1801년 5월 중순 무렵의 시 〈薇源隱士歌〉를 살필 때 언급하였듯이 정약용은 두 아들이 과거를 포기하고 원림에 은거하며 살기를 바라고 있었다.

〈寄兒〉(6월 17일) 다음에는 〈夜起 二首〉, 〈東門觀日出〉, 〈獨立〉, 〈不識〉, 〈晚晴〉, 〈復陰〉, 〈偶至溪上見玫瑰一樹 嫣然獨開 因憶東坡於定惠院賦海棠花 次其韻〉, 〈水仙花歌 復次蘇韻〉, 〈打麥行〉, 〈白髮〉, 〈快雨行〉, 〈得新瓜書懷〉, 〈有懷蕙과 復衍前韻 奉簡伯氏〉, 〈復次前韻 寄二子〉, 〈夏日遣興〉(八首)의 시가 이어진다. 〈夏日遣興〉 바로 다음에 〈秋懷〉(八首)가 이어진다. 따라서 〈寄兒〉에서 〈夏日遣興〉까지 시는 대체로 1801년 6월 17일에서 6월 사이의 시기에 지어진 것으로 볼 수 있다. 이렇게 보면 대략 5월 하순에서 6월 초순 사이에 시가 없게 된다. 앞에서 언급하였듯이 1802년 여름 가운데 5월 하순에서 6월 초순 사이에 《百諺詩》작업이 집중적으로 이루어졌다.

한편 1801년 여름에 지은 잡문으로는 〈理發氣發辨〉(1, 2)이 있다. 〈理發氣發辨〉(1, 2)에 대하여 자찬묘지명(집중본)에는 "신유 여름 장기 유배 중에 짓다"라는 언급이 있다. 《여유당집》잡문 전편에 〈己亥邦禮辨〉에 이어서 〈辛巳服制辨〉, 〈八大君辨〉이 수록되어 있다. 이들의 정확한 저작 시기는 알기 어려우나, 필자는 〈己亥邦禮辨〉과 같이 장기에서 지어졌을 가능성이 있다고 추정한 바 있

---

249) 조성을, 2004, 146쪽.

다.250) 내용으로 보아 상호 연결된다고 여겨지기 때문이다. 다만 〈己亥邦禮辨〉, 〈辛巳服制辨〉, 〈八大君辨〉이 장기 시절 저작이라면 왜 유배 이전 작품을 수록한 《여유당집》잡문 전편에 실렸는지 문제이다. 이 밖에 1801년 6월 중순 이후 《爾雅述》(6권)과 〈己亥邦禮辨〉, 《村病或治》저술 작업이 진행되었다.

1801년 3월 9일 장기에 도착한 이후 3월 하순에서 4월 초순에 걸쳐서 병을 앓고 일어났다. 4월 중순에 시를, 5월 초순에 걸쳐서 시를 짓는 것 말고는 특별한 행적이 추적되지 않으며, 5월 중순에서 6월 초순에 걸쳐서 《百諺詩》작업을 한 것으로 추정된다. 1801년 6월 중순 이후부터는 《村病或治》, 《爾雅述》, 〈己亥邦禮辨〉 등의 작업을 시작하여 10월 초순까지 진행한 것으로 추정된다.

1801년 가을의 시로 〈秋懷八首〉(1801년 7월 초순), 〈秋日憶舍兄〉(1801년 7월 초순), 〈秋夜獨坐 隣人饋魚羹 以有酒 欣然一醉〉(1801년 7월 이후 가을), 〈白雲〉(1801년 7월 이후 가을) 등이 있다. 〈秋日憶舍兄〉은 신지도에 유배 가 있는 둘째형 정약전으로부터 편지를 받고 지은 시이다. 원주에 "新秋得手字 書發是中春"이라고 되어 있는 것으로 보아 1801년 7월에 이 편지를 받았음을 알 수 있다. 이 편지는 중춘中春(2월)에 부친 것이므로 신지도로 가는 길에 쓴 것임을 알 수 있다. 1802년 4월 장기로 사람이 왔을 때에도 정약전으로부터 편지를 받은 적이 있다(〈得家兄書〉, 1801년 4월 26일 부분 참조). 4월에 받은 편지 역시 신지도로 유배 가는 길에 첫 번째로 쓴 것이고, 7월에 받은 편지는 신지도로 가는 길에 두 번째로 쓴 것으로 볼 수 있겠다.

한편 〈秋夜獨坐 鄰人饋魚羹以侑酒 欣然一醉〉는 제목으로 보아 가을에 지은 시임을 알 수 있고, 〈白雲〉 역시 "秋風吹白雲"이라는 구절로 보아 가을에 지은 시이다. 따라서 〈秋懷八首〉에서 〈白雲〉까지는 1801년 7월에서 9월 사이에 지은 것으로 볼 수 있다.

이렇게 7월에서 9월 사이에 시가 적은 것은 《爾雅述》, 〈己亥邦禮辨〉, 《村病或治》작업에 몰두하였기 때문이라고 생각된다. 따라서 이 시기에 시 이외의 저술 작업은 이들 저술 말고는 잘 찾을 수 없다. 이 해 가을에는 별다른

---

250) 조성을, 위의 책, 264쪽.

활동이 없이 장기에서 이들 저술 작업에 몰두하고 있었다. 이들 작업은 10월 20일 체포되기 이전에 완성되어 있었을 것으로 생각된다.

　1801년 겨울의 시로 〈夢得〉(1801년 10월 20일 체포되기 직전, 예지몽을 꾸고 나서), 〈獄中和東坡西臺詩韻〉(1801년 10월 27일~11월 5일 사이), 〈出獄復和前韻〉(1801년 11월 5일) 등이 있다. 이들 시 가운데 〈夢得屯之復 聊題一詩〉는 내용으로 보아 10월 20일의 체포를 예감하는 시이다. 아마도 10월 18일 밤이나 19일 밤에 꿈을 꾸고 나서 이 시를 지었던 것으로 추정된다. 이어서 〈獄中和東坡西臺詩韻〉(1801년 10월 27일~1월 5일 사이), 〈出獄復和前韻〉(1801년 11월 5일), 〈夜過銅翟渡〉(1801년 11월 15일 무렵), 〈渡錦水〉(1801년 11월 5일 무렵), 〈栗亭〉(1801년 11월 22일) 등의 시가 있다. 또 이 시기 시로 강진에 거처를 정하고 지은 〈客中書懷〉(1801년 11월 말 무렵)가 있다.

1802년 壬戌, 순조2 _41세

1월 4일: 채홍원을 온성부穩城府에 유배 보내라는 명을 내리다.

　(가)"命竄前承旨蔡弘遠于穩城府" _《실록》 순조 2년 1월 4일

　🜊 채홍원(채제공의 양자)을 온성부에 유배 보낸 것은 채제공에 대한 공격의 일단이며 채제공의 잔여 세력을 없애버리려는 시도라고 하겠다. 채홍원은 천주교와는 아무 관계가 없었다.

1월 18일: 장령 한영규韓永逵가 다시 정약용 형제를 잡아와 엄히 국문鞫問하자는 청을 올리다.

　(가) "掌令 韓永逵啓曰 "請黑山島配罪人若銓·康津定配罪人若鏞… 並令王府設鞫嚴問" _《승기》 순조 2년 1월 18일

　🜊 (가)에 따르면 정약용 형제를 다시 잡아와 문초하여 죽이려는 시도가 해가 바뀐 1802년 1월에도 계속되고 있었음을 알 수 있다.

1월 20일: 장용영壯勇營 혁파를 명하다.

　(가) "命罷壯勇營" _《실록》 순조 2년 1월 4일

　(나) 〈答二兒〉(제1서 제1단락; 壬戌 二月 七日) _《전서》 시문집, 1802년 2월 7일

ⓘ 1802년 1월 20일의 이 조치에 앞서 내시노비 혁파 조치를 하면서 장용영이 비용을 부담하게 하였다. 이것은 장용영 혁파를 위한 전 단계였고 결국 비용을 이유로 장용영을 혁파하였다. 정조가 건설한 무력 기반을 해체시키는 행위라고 하겠다.

한편 1801년 11월 하순 강진에 도착한 이후 1801년 12월과 1월 사이의 행적이 명확하게 보이지 않지만, 장기 시절과 마찬가지로 예학 공부를 하고 있었던 것으로 보인다. 〈答二兒〉(제1서) 제3단락에 "吾禮書之工 雖在幽辱之中 未嘗一日間斷"이라는 구절이 있기 때문이다. 이 제3단락 부분에 "汝來時所語者"라는 구절이 있으므로, 4월에 큰아들 정학연이 왔다가 돌아간 뒤에 쓴 것으로 추정된다. 1802년 4월에 정학연이 강진에 온 것으로 추정한 것은 (나)에 "伯兒須於四月旬後 買馬可來"라는 구절이 있어서이다.

〈答二兒〉(제1서)에 있는 제4단락과 제5단락도 1802년에 쓴 것으로 여겨지지만, 구체적인 시기는 알기 어렵다. 내용으로 보아 제4단락과 제5단락은 순서가 바뀌었을 가능성이 있다. 제5단락에서 학문의 종지를 말하고 초서抄書를 하라고 하였는데, 제4단락에서 학문의 요지는 이미 말하였다고 하고 또 왜 초서하라는 말을 잘 따르지 않고 의심하느냐고 탓하였기 때문이다. 즉 단정은 할 수 없지만, 제5단락의 내용을 편지로 보낸 뒤 다시 아들들이 초서에 대하여 의심하는 답장을 보내자, 제4단락의 내용을 편지로 보낸 것이 아닌가 생각해 볼 수 있다.

2월 5일 무렵(추정): 새해가 되어 어린 종 석石이 도착하여 집에서 보낸 편지를 받다.

(가) 〈新年得家書〉 _《전서》 시문집, 1802년 2월 5일 추정

ⓘ (가)의 시는 어린 종 석이 초천(또는 서울)에서 강진에 와서 집의 편지를 보고서 지은 시이다. 석은 먼 길을 와서 하루 정도는 쉬고 떠났을 것이므로, 그가 도착한 때는 1802년 2월 5일 무렵으로 추정하여 둔다. (가)의 시에서 새해가 되어 집에서 온 편지를 받았다고 하였다. (가)에서 말한 편지는 1802년 2월 5일 무렵 도착한 노비 석이 가져 온 것을 말한 것으로 여겨진다.

2월 7일: ① 노비 석이 돌아가는 편에 두 아들에게 편지를 써서 주다. ② 노비 석의 편에 숙부에게 드리는 시를 써서 보내다.

(가) 〈寄二兒〉(제1서 제1단락) _《전서》 시문집, 1802년 2월 7일

(나) 〈奉簡叔父〉 _《전서》 시문집, 1802년 2월 7일

 ፙ (가)의 〈寄二兒〉(제1서)는 두 단락으로 되어 있는데, 제1단락 말미에 "壬戌 二月 七日"이라는 기록이 있다.251) 제1단락의 부분이 1802년 2월 7일 보낸 편지임을 알 수 있다. 따라서 종 석은 2월 7일 돌아갔다고 볼 수 있다. (나) 의 시는 2월 7일 종 석이 돌아갈 때 함께 보낸 것으로 추정된다.252)

2월 17일: 또 집에 편지하다.

(가) 〈寄二兒〉(제1서 제2단락) _《전서》 시문집, 1802년 2월 17일

 ፙ (가)의 말미에 "壬戌 二月 十七日"이라는 구절이 있다. 따라서 1802년 2월 17일에 다시 써서 보낸 것이고, 말미에는 재차 추가한 것으로 보이는 부분이 있다.253) 노비 석이 집에 당도한 것은 1802년 2월 17일쯤이었을 것이다. 제1서의 제2단락은 강진에서 서울 쪽으로 가는 다른 인편을 통하여 보낸 것으로 생각된다.

2월 25일: 조정에 다시 정약전과 정약용 등을 엄문하라는 청이 올려지다.

(가) "請黑山島定配罪人丁若銓 康津縣定配罪人…嚴問" _《승기》 순조 2년 2월 25일

 ፙ 이미 해가 바뀌어 1802년이 되었는데도 정약용 형제 등을 죽이려고 하는 집요한 시도가 계속되고 있었음을 알 수 있다. 이러한 시도는 《승정원일기》에 따르면 1802년 2월 27일에도 이어졌고, 3월 달에도 여러 차례 같은 주청이 올라왔다. 번거로워 3월 달의 것들은 생략하기로 한다.

4월 9일: 정약용의 큰아들(정학연)과 작은 아들(정학유)은 초천에서 할아버지 정재원의 기제사에 참석하다(추정).

---

251) 조성을, 2004, 149쪽.

252) 조성을, 위의 책, 149쪽.

253) 조성을, 위의 책, 362쪽.

✍ 정약용은 이날 1802년 4월 9일 강진 사의재四宜齋에서 돌아가신 아버지와 가족을 생각하고 있었을 것이다.

4월 10일 무렵(추정): 큰아들 정학연이 아버지를 뵈러 강진으로 출발하다.

(가) "二年 壬戌 公四十一歲…長子(學淵)來覲" _《사암연보》134쪽

✍ (가)의 기록만으로는 연도만 알 수 있을 뿐 구체적으로 정학연이 1802년도 언제 강진에 왔는지 알 수 없다. 그러나 정약용은 정학연에게 1802년 2월 7일 편지에서 4월 10일 이후 말을 사서 타고 오라고 한 적이 있다. 아마도 정학연은 1802년 4월 9일 초천 큰집(정약현 집)에서 할아버지 정재원의 기제사를 지내고 다음 날 10일 무렵 출발한 것으로 보는 것이 타당할 것이다.

현재 정학연의 시집으로 《三倉館集》이 남아 있다.254) "自然經室藏"이라는 판심이 새겨진 원고지에 수록되어 있는데, 이것은 서유구徐有榘의 원고지이다.255) 따라서 서유구 집안에 소장되어 있었다. 《三倉館集》에는 임술년(1802)부터 초기의 시가 실려 있다. 1802년의 시는 〈春日與諸弟游興福寺〉(壬戌)라는 시로 시작되며(1802년 시로서 강진행 이전의 시로 추정됨), 바로 〈四月啓耽津行〉, 〈玄谷從祖父〉, 〈陽城道中〉, 〈登泰仁披香亭〉, 〈過九絳浦〉, 〈游白蓮寺〉, 〈登全州南門樓〉, 〈芭蕉〉 등의 시가 이어진다. 〈芭蕉〉 시에 이어서 다시 〈初秋病起〉, 〈中元夜泛舟鈔羅潭〉, 〈櫻桃歎〉(當在白蓮寺詩下)의 시가 계속되며 〈櫻桃歎〉의 바로 뒤에는 "癸亥集"(1803년 작품집)이 이어진다.

〈四月啓耽津行〉에서 보아 정학연이 4월 강진으로 갔음을 알 수 있다. 뒤이어 〈玄谷從祖父〉, 〈陽城道中〉, 〈登泰仁披香亭〉, 〈過九絳浦〉, 〈游白蓮寺〉 등의 시가 있으므로, 강진 가는 도중에 현곡玄谷, 양성陽城, 태인泰仁을 경유하였고 강진 동문 밖 매반가(당시 정약용이 거처하던 곳. 이 집에 사의재가 있었음)에 도착한 뒤에 강진에서 구강포九絳浦와 백련사白蓮寺를 다녀왔음도 알 수 있다. 아마도 정약용도 같이 갔을 가능성이 크다. 〈櫻桃歎〉에는 "當在白蓮寺詩下"라는 원주가 붙어 있고, 말미에도 "驅馬隨處息 '十日還鄕' 眞須臾 明年會看雨露降 歸種

254) 《다산학단문헌집성》1, 성균관대 대동문화연구원, 2008 수록.
255) 〈해제〉, 위의 책, 18쪽.

櫻 課小奴"라고 원주가 붙어 있다. 〈櫻桃歎〉은 강진에서 돌아와 바로 지은 시이며 강진을 왕래하는 데 겨우 10일 걸렸음을 알 수 있다. 이것은 말을 타고 달렸기 때문이다. 〈櫻桃歎〉 바로 다음 시 〈芭蕉〉에 "首夏江村種野芳"이라는 구절이 있으므로 초천에 돌아왔을 때 아직 음력 4월이었다고 추정된다. 따라서 정학연은 1802년 4월 중순 초(10일 무렵)에 초천을 출발하여 대략 4월 15일 전후 강진에 도착한 다음 4월 하순 초(20일 무렵)에 돌아온 것으로 여겨진다. 〈登全州南門樓〉를 보아 귀로에 전주를 경유하였음을 알 수 있다.

1802년 4월 중순 아버지를 찾아뵈었을 때 강진에 체류한 일정은 짧았지만, 이때에도 예에 대한 학문적 논의가 있었다. 1805년 10월 내근하였을 때 고성사로 부자가 함께 가서 《禮》와 《易》을 공부하는 과정에서 예에 대한 문답을 기록한 《僧菴禮問》에 "問 壬戌春內勤時 問尸北首之義…", "問 壬戌春內勤時 伏聞襲有冠之義 今聞習無冠 抑有經證而改全見否" 등의 질문이 있기 때문이다. 《僧菴禮問》에서 나온 질문에 따르면 1802년 봄과 1805년 겨울 사이에 정약용의 예에 대한 견해에 변화, 발전이 있었던 것으로 여겨진다. 질문 가운데에는 일부 윤종영尹鍾英의 것도 있으므로 예에 대한 문답에는 큰아들 정학연만이 아니라 윤종영도 참여하였을 가능성이 있다.

4월 15일 무렵(추정): ① 강진에 정학연이 도착하다. ② 정학연이 강진의 구강포와 백련사에 유람하다. ③ 정약용 함께 가다(추정).

🜋 위에서 살펴본 바와 같이 정학연이 강진에 도착한 것은 대략 1802년 4월 15일 무렵이다. 4월 10일(무렵) 부분 참조.

4월 16일 무렵(추정): 큰아들 정학연이 돌아가다.

🜋 강진에서 구강포와 백련사를 유람한 정학연이 다음 날 출발한 것으로 생각하여 1802년 4월 16일 무렵에 돌아간 것으로 추정하였다. 10일 만에 강진을 왕래하였다면 강진에서 하루 이상 머물지는 않았을 것이다. 4월 10일(무렵) 및 4월 15일 부분 참조.

4월 29일(말일): 《讀禮通考》의 주석을 시작하다.

(가) 《讀禮通考箋注》 《讀禮通考》권49 〈喪儀節〉12 주석

ⓐ 《讀禮通考箋注》(《讀禮通考》건49 〈喪儀節〉12 주석 부분)에 "壬戌 九月 五日"에 이어서 간지干支 없이 "四月晦日"의 기록이 있다. 1802년 4월 말일은 29일이었다. 따라서 1802년 4월 29일에 주석을 시작한 것으로 볼 수 있다. 1802년 4월 중순 무렵에 정학연이 강진에 오므로, 이때 《讀禮通考》를 가지고 와서 4월 하순부터 주석 작업을 시작하였을 가능성이 크다. 다만 1801년 11월 강진으로 유배 올 때 정약용 자신이 가지고 왔을 가능성도 완전히 배제할 수는 없다.

이하 《讀禮通考》에 주석을 단 날짜는 《與猶堂全書》에 수록된 《禮考書頂》 기록(《讀禮通考》권1~29의 여백에 기록된 것을 1821년 가을 이인영이 정리) 및 정약용 수택본 《讀禮通考》(영남대 동빈문고 소장)의 여백(권30, 권45, 권48, 권49, 권52, 권56, 권58, 권59, 권60, 권62, 권65, 권95, 권99, 권104)의 기록을 참조하여 정리하기로 한다. 후자는 《與猶堂全書》에는 실려 있지 않고 정약용 수택본 가운데 이 부분을 나중에 《與猶堂全書補遺》에 싣고 《讀禮通考箋注》라고 명명하였다.[256] 이인영이 1821년 가을에 《讀禮通考》권30 이하 여백의 주석을 미처 정리하지 않은 이유는 불분명하나 초천에 머무른 시간이 짧았기 때문인 것으로 여겨진다.

5월 1일: 남인 윤필병尹弼秉 등이 상소를 올려 이기환, 권철신, 이승훈, 홍낙민에게 노적孥籍을 내릴 것을 청하다.

(가) "尹弼秉等…聯疏請 家煥哲身承薰樂敏 孥籍之典 批曰…不允" _《실록》순조 2년 5월 1일

ⓐ 기호남인계 중도파 권엄, 윤필병 등은 원래 채제공의 서거 전에 채제공 쪽에 가까웠고 정조 붕어 전까지도 남인 신서파를 어느 정도 비호하는 입장에 있었으나, 신유교안 직후부터 오히려 앞장서서 남인 신서파를 공격하였다. 1802년 5월 1일의 이 상소는 아주 지나친 것이어서 노론 집권층에

---

256) 《讀禮通考箋注》의 기록을 《讀禮通考》(권30 이하) 권수 별로 정약용 자신이 주석한 날짜를 정리한 논문이 박종천, 〈다산 정약용의 독례통고 연구 초탐〉《한국실학연구》21, 2011.6)이다. 이 논문의 도움을 받기로 한다. 다만 이 논문에서는 《禮考書頂》의 기록에 대하여는 정리하지 않았다.

서도 허락을 내리지 않았다. 이 상소에 노론 강경파의 입김이 있었을 가능성도 있고 기호남인계 중도파들이 살기 위하여 과잉 충성을 한 것, 또는 이기경 등의 선동에 의한 것일 수도 있다. 이 무렵 서울에서 정약용에 대한 공격도 아울러 있었던 것으로 여겨진다. 1802년 4월 중순 정학연이 강진에 왔을 때에는 이 일이 있기 전이었으므로, 이 소식은 전하지 못하였을 것이다.

5월 16일: 조정에서 정약용 형제에 대한 공격이 계속되다.

(가) "請黑山島定配罪人丁若銓 康津縣定配罪人…設局嚴問" 《承기》순조 2년 5월 16일

ⓦ (가)의 기사로 보아서 조정에서 정약용 형제에 대한 공격이 계속되고 있음을 알 수 있다. 이것은 1802년 5월 1일 윤필병 등의 상소와도 연계된 것으로 보이며, 이번 기회에 다시 한 번 정약용 형제를 포함하여 살아남은 이른바 남인 신서파의 씨를 완전히 말리려는 의도를 갖고 있었다고 생각되며 1802년 6월과 7월에도 조정에서 다시 여러 차례 공격이 계속되었다. 한편 1802년 봄 이안묵李安默이 강진 현감으로 부임하여 왔으며, 그는 이해 5월 사소한 일로 트집을 잡아 정약용을 무고하였다 한다.[257] 1802년 봄 이후에 지은 것으로 추정되는 〈奉簡伯氏〉에[258] "時因筆生事有窘"이라는 구절이 있는데, 혹시 이안묵의 무고와 관련이 있는 언급인지도 모르겠다. 이안묵이 강진 현감으로 내려온 것이 정약용을 다시 얽어 넣기 위한 것이었는지 여부는 알기 어려우나, 정약용은 당시 상당한 압박감을 느꼈던 것으로 보인다(위의 시에 "順命以俟時 長夜庶有晨"이라는 구절이 있음). 이안묵의 무고는 한양에서 정약용을 공격하는 일이 계속되는 것과 무관하게 보이지 않는다. 이안묵의 무고 내용은 정약용이 임금을 원망한다는 것이었다. 이안묵은 신유교안 당시 사헌부 장령으로서 천주교도 및 남인 탄압에 앞장 선 사람이었다. 1802년 여름에서 겨울까지 시기에 시가 없는 것은 이런 이안묵의 무고와 일정 부분 관련이 있다고 여겨진다. 이런 가운데 아래에서 살필 것처럼 정약용은 《讀禮通考》를 열독하면서 그 주석 작업에 몰두하고 있었다. 이

257) 정민, 《삶을 바꾼 만남》, 문학동네, 2011.12, 46쪽.
258) 조성을, 2004, 150쪽 참조.

것은 《喪禮四箋》 편찬 사업에 큰 도움을 준 것으로 생각된다.

5월 21일: 《讀禮通考》권56 〈喪儀節〉(19) 부분에 주석을 달다.

(가) 《禮考書頂》 _《전서》4, 400~401쪽

(나) 《讀禮通考箋注》(壬戌 五月卄一日 書于金陵謫中) _《여유당전서보유》1802년 5
월 21일

(다) 〈答二兒〉(제1서 제3단락) _《전서》 시문집, 1802년 6월 추정

✿ (가)와 (나)에 기록된 날짜 가운데 가장 이른 것은 "壬辰 五月卄一日 書于金
陵謫中"(《讀禮通考箋注》, 《讀禮通考》 권56 〈喪儀節〉(19) 부분 주석)이다. 이미 이때
정약용은 《讀禮通考》를 강진에서 읽고 있었음을 알 수 있다.

　(다)에 따르면 4월 강진에 온 정학연은 짧은 시간이지만 아버지 정약용
으로부터 예설禮說에 대하여 들었음을 알 수 있다. "汝來時所語汝者"라는 구
절이 있기 때문이다. (다)의 저작 시기가 문제이다. 내용으로 보아 강진에
서 정학연이 돌아간 뒤 편지를 보내고 이에 대한 답서로 (다)를 써서 보낸
것으로 여겨진다. 어림잡아 1802년 5월에 정학연이 편지를 올리고 6월쯤
정약용이 답서를 보낸 것으로 하여 둔다.

　(다) 뒤에는 제4단락과 제5단락이 있는데 내용으로 보아 제3단락과 별도
의 편지로 보이며, 제4단락과 제5단락 둘도 각기 별도의 시기에 쓴 것으로
여겨진다. 이들 두 단락은 각기 시기가 다르며 제3단락과도 별도로 대략
두 달에 한번 정도 사람이 오거나 답서를 보내지 않았을까 추정하여, 제4
단락은 1802년 8월 무렵 보낸 것이고 제5단락은 1802년 10월 무렵 보
낸 것으로 추정하여 둔다. 〈答二兒〉(제1서) 제3, 4, 5 단락 뒤에 바로 〈寄
二兒〉(제2서; 1802년 12월 22일 작[259])가 이어지므로, 〈答二兒〉(제1서) 제3, 4, 5
단락의 시기를 대략 각기 1802년 6월, 8월, 10월 무렵으로 하여 두면 크게
착오는 없을 것 같다.

5월 23일: 《讀禮通考》를 주석하다.

(가) 《禮考書頂》 _《전서》4, 400~401쪽, 1802년 5월 23일

---

259) 조성을, 2004, 362쪽에서 11월 22일이라 한 것은 12월 22일의 오자이다.

5월 25일: 《讀禮通考》 "曾子曰子游曰孝經曰" 부분에 주석을 달다.

  (가) 《禮考書頂》 _《전서》4, 400~401쪽, 1802년 5월 25일

5월 29일: 《讀禮通考》 "喪服小記與諸侯爲兄弟者服斬" 부분에 주석을 달다.

  (가) 《禮考書頂》 _《전서》4, 400~401쪽, 1802년 5월 29일

5월 30일: ① 《讀禮通考》〈喪期表〉에 주석을 달다. ② 《讀禮通考》"五父十三母圖" 부분에 주석을 달다.

  (가) 《禮考書頂》〈壬戌五月 晦[1]〉 _《전서》4, 400~401쪽, 1802년 5월 30일

  (나) 《禮考書頂》〈壬戌五月 晦[2]〉 _《전서》4, 400~401쪽, 1802년 5월 30일

  ⚭ 1802년 음력 5월은 말일이 30일이었다.

6월 11일: 《讀禮通考》권49 〈喪儀節〉(12) 부분에 주석을 달다.

  (가) 《讀禮通考箋注》〈壬戌 六月 十一日〉 _《여유당전서보유》, 1802년 6월 11일

6월 17일: 《讀禮通考》권99 〈喪具〉(5) 부분에 주석을 달다.

  (가) 《讀禮通考箋注》〈壬戌 六月十七日 金陵〉 _《여유당전서보유》, 1802년 6월 17일

6월 무렵: 〈答二兒〉(제1서) 제3단락을 쓰다.

  (가) 〈答二兒〉(제1서) 제3단락 _《전서》 시문집, 1802년 6월 무렵

  ⚭ 앞에서 언급한 바와 같이 (가)는 6월 무렵에 쓴 것으로 추정된다. 여기에 예학에 대한 언급이 있다.

7월 1일: 정언正言 강시환姜時煥이 김한동을 공격하다.

  (가) "正言姜時煥 避嫌啓言…略論金翰東…黨逆之罪" _《실록》 순조2년 7월 1일

  ⚭ 김한동은 영남 남인으로서는 드물게 승지를 지낸 사람으로서 정약용과 가까웠으며, 정약용이 1789년 가을 울산에 다녀오면서 이진동李震東을 구출한 일을 계기로 더 가까워졌고, 1792년 영남만인소 운동 때 정약용과 이 문제를 상의하였다. 김한동은 신유교안 이후 노론 강경파의 공격을 당하였고 얼마 있지 않아 죽음을 맞이하게 되었다.

7월 2일: 정약용의 친구인 수찬修撰 여동식呂東植이 병조판서 이병정李秉鼎을

공격하다가 체직되다.

(가) "修撰呂東植疏進 兵曹判書李秉鼎 侍衛徑退之失…批曰…爾則遞差" 《실록》순조 2년 7월 2일

7월 9일: ①《讀禮通考》〈喪期表〉 "齊衰三年" 부분에 주석을 달다. ②《讀禮通考》"齊衰不丈期" 부분에 주석을 달다.

(가)《禮考書頂》(壬戌 七月九日[1])_《전서》4, 400쪽, 1802년 7월 9일

(나)《禮考書頂》(壬戌 七月九日[2])_《전서》4, 400쪽, 1802년 7월 9일

Ⓧ 1802년 7월 10일의 활동은 확인되지 않는다.

7월 11일: ①《讀禮通考》"通典適孫爲祖承重" 부분에 주석을 달다. ②《讀禮通考》"吳商曰凡人爲後者尙如父" 부분에 주석을 달다. ③《讀禮通考》"試評曰庚純云劉寶亦云" 부분에 주석을 달다. ④《讀禮通考》"父未殯而祖亡服議" 부분에 주석을 달다. ⑤《讀禮通考》권30〈喪服〉1 부분에 주석을 달다.

(가)《禮考書頂》(壬戌 七月十一日[1])_《전서》4, 401쪽, 1802년 7월 11일,

(나)《禮考書頂》(同日[2])_《전서》4, 401쪽, 1802년 7월 11일

(다)《禮考書頂》(壬戌 七月十一日[3])_《전서》4, 401쪽, 1802년 7월 11일

(라)《禮考書頂》(壬戌 七月十一日[4])_《전서》4, 402쪽, 1802년 7월 11일

Ⓧ (라)에는 "七月十一日"이라고 되어 있고 간지는 없으나 7월 12일 주석과 연결되는 내용이고 날짜도 연속되므로, 같은 해 7월 11일이라고 추정하였다. (나)의 경우 "同日"이라고만 하였으나,《禮考書頂》에서 바로 (가)와 (다)의 사이에 있고 (가), (나), (다)와 서로 다 연결되므로, (나)의 同日을 "壬戌 七月十一日"을 의미하는 것으로 해석하였다.

7월 12일:《讀禮通考》"父未殯而祖亡服議" 부분에 주석을 달다.

(가)《禮考書頂》(七月十二日)_《전서》4, 401~402쪽, 1802년 7월 12일

Ⓧ 1802년 7월 13일 이후 7월의 활동이 추적되지 않으나,《讀禮通考》를 읽으면서 예학을 연구하고 있었다고 생각된다.

8월 3일: 《讀禮通考》권65 〈喪儀節〉(28)에 주석을 달다.

  (가) 《讀禮通考箋注》(壬戌 八月三日) _《여유당전서보유》, 1802년 8월 3일

8월 6일: 《讀禮通考》에 주석을 달다.

  (가) 《讀禮通考箋注》(壬戌 八月六日) _《여유당전서보유》, 1802년 8월 6일

8월 11일: 《讀禮通考》에 주석을 달다.

  (가) 《讀禮通考箋注》(壬戌 八月十一日) _《여유당전서보유》, 1802년 8월 11일

8월 18일: 《讀禮通考》권45 〈喪儀節〉(8)에 주석을 달다.

  (가) 《讀禮通考箋注》(壬戌 八月十八日) _《여유당전서보유》, 1802년 8월 18일

8월 20일 무렵(추정): 〈答二兒〉(제1서) 제4단락을 써서 보내다.

8월 23일: 《讀禮通考》권30 〈喪服〉(1)에 주석을 달다.

  (가) 《讀禮通考箋注》(壬戌 八月卄三日) _《여유당전서보유》, 1802년 8월 23일

8월 26일: 《讀禮通考》권95 〈喪具〉(1)에 주석을 달다.

  (가) 《讀禮通考箋注》(壬戌 八月卄六日) _《여유당전서보유》, 1802년 8월 26일

8월 29일: ① 우중雨中에 《讀禮通考》권30 〈喪服〉(1)에 주석을 달다. ② 《讀禮通考》권30 〈喪服〉(1)에 주석을 달다.

  (가) 《讀禮通考箋注》(壬戌 八月卄九日) _《여유당전서보유》, 1802년 8월 29일

8월(추정): 〈答二兒〉(제1서) 제4단락을 써서 보내다.

  🕪 대략 두 달 간격을 둔 편지를 보낸 것으로 생각하였다. 6월에 제3단락을 써서 보냈다(6월 부분 참조).

9월 5일: ① 병중에 《讀禮通考》권48 〈喪儀節〉(11) 부분에 주석을 달다. ② 《讀禮通考》권48 〈喪儀節〉(11) 부분에 에 주석을 달다. ③ 《讀禮通考》권48 〈喪儀節〉(11) 부분에 주석을 달다. ④ 《讀禮通考》권49 〈喪儀節〉(12) 부분에 주석을 달다. ⑤ 《讀禮通考》권49 〈喪儀節〉(12) 부분에 주석을 달다. ⑥ 《讀禮通考》권49 〈喪儀節〉(12) 부분에 주석을 달다. ⑦

《讀禮通考》권49〈喪儀節〉(12) 부분에 주석을 달다.

(가)《讀禮通考箋注》(壬戌 九月初五日 病中 [1]) _《여유당전서보유》, 1802년 9월 5일

  《讀禮通考箋注》(壬戌 九月初五日 病中 [2]) _《여유당전서보유》, 1802년 9월 5일

  《讀禮通考箋注》(壬戌 九月初五日 病中 [3]) _《여유당전서보유》, 1802년 9월 5일

  《讀禮通考箋注》(壬戌 九月初五日 病中 [4]) _《여유당전서보유》, 1802년 9월 5일

  《讀禮通考箋注》(壬戌 九月初五日 病中 [5]) _《여유당전서보유》, 1802년 9월 5일

  《讀禮通考箋注》(壬戌 九月初五日 病中 [6]) _《여유당전서보유》, 1802년 9월 5일

  《讀禮通考箋注》(壬戌 九月初五日 病中 [7]) _《여유당전서보유》, 1802년 9월 5일

⚱ 9월 5일 하루에 여러 가지 주석을 달았다.

9월 6일: ①《讀禮通考》권45〈喪儀節〉(8)에 주석을 달다. ②《讀禮通考》권49〈喪儀節〉(12) 부분에 주석을 달다. ③ 김조순金祖淳의 딸을 순조비로 삼간택하다. ④ 정약용 전날에 이어서 병중에 있었다.

(가)《讀禮通考箋注》(九月六日) _《여유당전서보유》1802년 9월 6일

(나) "行三揀擇 大王大妃…傳于賓廳…金祖淳家" _《실록》순조 2년 9월 6일

⚱ (가)로 보아서 ①과 ②의 사실이 확인된다. 정약용은 1802년 9월 5일에 이어 9월 6일도 아직 병으로 아팠으나,《讀禮通考》주석 작업을 계속하였다. 이날 9월 6일은 조정에서 순조비로 김조순(노론 시파의 영수)의 딸이 결정되었다. 정조의 대상이 끝나 혼례를 치르게 된 것이라고 하겠다. 대왕대비를 비롯한 노론 벽파는 반대 입장이었으나, 이것은 정조가 훙서 전에 결정한 사실이라 뒤집기 어려웠고 또 이 결정에는 순조의 생모 수빈박씨 및 친정 반남박씨가의 영향도 있었다고 생각된다. 이 사건이 결국 안동김씨 쪽으로 세력이 기울어지는 계기가 되었다. 이것은 정약용에게는 나쁘지 않은 정치 변화였으나, 그가 해배되는 데에는 18년이나 걸렸다.

9월 7일: ①《讀禮通考》권48〈喪儀節〉(11)에 주석을 달다. ②《讀禮通考》권48〈喪儀節〉(11)에 주석을 달다.

(가)《讀禮通考箋注》(九日前三日) _《여유당전서보유》, 1802년 9월 7일

(나)《讀禮通考箋注》(重陽前三日 小醉 金陵謫中) _《여유당전서보유》1802년 9월 7일

🔯 "重陽前三日"을 9월 7일로 생각하였다.

9월 9일: 《讀禮通考》에 주석을 달다.

(가) 《讀禮通考箋注》(九月九日) _《여유당전서보유》, 1802년 9월 9일

9월 12일: 《讀禮通考》권45 〈喪儀節〉(8)에 주석을 달다.

(가) 《讀禮通考箋注》(壬戌 九月十二日) _《여유당전서보유》, 1802년 9월 12일

9월 18일: 《讀禮通考》에 주석을 달다.

(가) 《讀禮通考箋注》(九月十八日) _《여유당전서보유》, 1802년 9월 18일

9월 21일: 《讀禮通考》에 주석을 달다.

(가) 《讀禮通考箋注》(九月二十一日) _《여유당전서보유》, 1802년 9월 21일

10월 2일: 《讀禮通考》권30 〈喪服〉(1)에 주석을 달다.

(가) 《讀禮通考箋注》(壬戌 十月二日 謫中) _《여유당전서보유》, 1802년 10월 2일

10월 4일: ① 《讀禮通考》권95 〈喪具〉(1)에 주석을 달다. ② 홍희운洪羲運이 사간원 대사간에 임명되다.

(가) 《讀禮通考箋注》(壬戌 十月四日) _《여유당전서보유》, 1802년 10월 4일

(나) "以洪羲運司諫院大司諫" _《실록》 순조 2년 10월 4일

🔯 (가)로 보아 위 ①의 사실이 확인된다. 한편 (나)로 보아 정약용을 앞장서서 공격한 홍희운이 승승장구하여 이날 사간원 대사간에 임명된 것이 주목된다.

10월 10일: 황상黃裳이 정약용의 제자가 되다.

(가) "昔壬戌 予以十月十日 束脩於洌水夫子" _〈壬戌記〉(《巵園黃處士遺稿》권5, 황상 지음)

(나) "家大人 於純廟辛酉(時 春秋四十) 搆禍謫康津 數年不與邑人接 至壬戌始見
子中 以丱角過門 雖佩觿之童 而鑑其卓犖不羈 大非庸碌之輩 遂於挾冊羣童
中 特招與語 大奇之 子中亦一瞻 有願學之意 自其卽日 左右亟丈不暫離 凡
鈔讀經史 唯命無迕 "至十年如一" _〈丁黃契帖序〉(《巵園黃處士遺稿》附錄, 丁學淵 지음)

🔯 (가)와 (나)의 기록을 합쳐서 보면, 정약용이 1802년 10월 10일 학동들이

책을 갖고서 문 앞을 지나는 것을 보고 그 가운데 총명해 보이는 황상을 특별히 불러 이야기를 나누게 되었고, 황상도 한번 보고 정약용에게 배우고자 하는 뜻이 생겨 그날 바로 제자가 되었음을 알 수 있다. (나)에 따르면 이날부터 십 년 동안 변함없이 항상 정약용의 곁에서 경사經史의 초독鈔讀 작업을 하였음을 알 수 있다. 황상이 정약용을 바로 곁에서 모신 것은 "至十年如一"이라는 표현으로 보아서 1802년 10월 10일부터 대략 1808년 봄 정약용이 다산으로 이사갈 때까지라고 판단된다. 한편 이청李晴이 제자가 된 것도 이 무렵부터라고 생각된다. 이렇게 하여 강진康津 읍중에서 황상과 이청을 포함하여 손병조孫秉藻, 황경黃褧, 황지초黃之楚, 김재정金載靖 등 제자 도합 6명(《茶信契節目》 가운데 읍성제생좌목邑城諸生座目)을 키우게 된다. 6명 가운데 황상을 포함하여 황씨가 3명이나 되는 점이 주목된다. 이들 3명 가운데 황경은 황상의 동생이며 황지초는 황상과 4촌 사이이다.

황상의 아버지는 황인담黃仁聃으로서 강진의 아전이며 1807년 그가 타계하였을 때 정약용은 그를 위해 만사를 지어주었다(《黃裳之父仁聃輓詞》, 《여유당집》 제5책 제2권). 이전에 필자는 배열순서로 보아 만사의 저작 시기를 1807년 봄으로 추정하였다.[260] 그러나 《茶山與黃裳書簡帖》에 실린 제15신(황상 아버지의 죽음과 관련해 황상을 위로하는 편지)의 시기가 "1807년 2월"이므로,[261] 《黃裳之父仁聃輓詞》의 시기는 더 좁혀서 1807년 2월로 추정할 수 있겠다. 다산학술문화재단 편, 《다산간찰집》에서도[262] 마찬가지로 "1807년 2월"로 시기를 비정하였으나, 제14신으로 하였다.

10월 11일: 김조순이 훈련대장에 임명되다.

(가) "以金祖淳爲訓練大將" _《실록》순조 2년 10월 11일

🖋 국구國舅가 된 김조순이 훈련대장에 임명된 것은 국왕이 가장 신임할 수 있었기 때문일 것이다. 조선후기 당시 훈련대장은 수도의 병권을 장악하고 있으므로 정치적으로 매우 중요한 자리였다. 1802년 겨울 무렵 서서

260) 조성을, 2004, 161쪽.
261) 정민, 《다산의 재발견》, 102쪽.
262) 다산학술문화재단 편, 《다산간찰집》, 사암, 2012.12, 51쪽.

히 김조순 쪽으로 권력이 이동하기 시작하고 있음을 볼 수 있다. 김조순은 곧 이어 호위대장에도 임명되었다. 이 해 11월 심환지가 졸하는데 이것은 노론 벽파의 한 기둥이 무너진 것을 의미한다. 이 역시 정국 변화에 영향을 주었을 것이다.

10월 16일: 정약용이 제자 황상에게 〈治文史之文詞〉를 지어 주다.

(가)[昔壬戌予以十月十日 束脩於洌水夫子…予束脩之七日 夫子贈以治文史之
文詞 曰"余勸山石治文史 山石逡巡有愧色而辭 曰'我有病三 一曰〈鈍〉二曰
〈滯〉三曰〈戞〉' 余曰 '學者有大病三 汝無是也 一敏於記誦 其弊也忽 二銳
於述作 其弊也浮 三捷於悟解 其弊也荒 夫鈍而鑿之者其孔也濶 滯而疏之
者其流也沛 戞而磨之者其光也澤 曰 鑿之奈何曰勤 疏之奈何曰勤 磨之奈
何曰勤 曰若之何其勤也 曰秉心 時住於東泉旅舍也" 予時年十五 童而未冠
銘心鏤骨 恐有所敢失 自彼于今六十一年間…今年壽七十五歲] _〈壬戌記〉(巵
園黃處士遺稿 권5)

🖐 위 인용문의 〈壬戌記〉에서 볼 수 있듯이 황상은 당시 15세 소년이었고 정약용은 강진 동문 밖 매반가에 거처하였고 스스로 이를 "東泉旅舍"라고 불렀다. 그가 거처하는 방은 "사의재四宜齋"라고 하였다.263) 위 인용문에서 볼 수 있듯이 〈임술기〉는 1802년에서 다시 만 60년이 지난(61년째) 1872년 임술년 75세의 황상이 60년 전을 회상하며 지은 글이다.

10월 무렵(추정) : 〈答二兒〉(제1서) 제5단락을 써서 보내다.

(가) 〈答二兒〉(제1서 제5단락) _《전서》시문집, 1802년 10월 무렵 추정

🖐 앞의 1802년 6월 부분 말미 참조. 두 달 간격으로 보낸 것으로 추정하면 어림잡아 10월 무렵이 된다(8월 20일 무렵 부분 참조). 이것은 대략 1802년 10월 10일 무렵 써 보낸 두 아들의 편지에 대한 답서라고 하겠는데, 두 아들의 편지 또는 인편으로 1802년 9월 순조비로서 김조순의 딸이 결정되었다는 소식이 강진의 정약용에게 전해졌다고 하겠다. 이제부터 정약용은 약

---

263) 사의재라는 이름을 붙인 것은 1803년 음력 11월 10일(冬至)라고 볼 수 있겠다(조성을, 2004, 281쪽; 〈四宜齋記〉 및 1803년 11월 10일 조 참조).

간 희망을 가질 수 있게 되었다고 생각된다.

11월 9일: 어머니 해남윤씨의 기일

🖐 이날 11월 9일 정약용은 아마도 돌아가신 어머니 해남윤씨와 고향의 가족을 생각하고 있었을 것이고, 고향의 가족들은 큰형 정약전의 집의 제사에 참여하였을 것이다.

11월 30일: 어린 아들(여섯째) 농아農兒가 죽다.

(가) "農兒孕於谷山 生於己未十二月初二日 死於壬戌十一月三十日… (得家書以其生日埋)" _〈農兒壙誌〉,《전서》1, 351~352쪽

🖐 (가)의 기록에 따르면 농아가 죽은 것은 1802년 11월 30일이다.

12월 12일 무렵(추정): 여섯째 아들 농아의 부음이 강진에 이르다.

(가) "二年 壬戌…冬 農羘夭音至" _《사암연보》134쪽

(나) "農兒孕於谷山 生於己未十二月初二日 死於壬戌十一月三十日…(得家書以其生日埋)"〈農兒壙誌〉_《전서》시문집, 1802년 12월 12일 또는 13일

🖐 여섯째 아들 농아의 장례일은 1802년 12월 2일이었다. (나)에 따르면 생일(12월 2일)에 매장하였기 때문이다. 장례 이후 편지를 강진에 보낸 것이므로 부음이 강진에 이른 시기를 대략 1802년 12월 12일 무렵으로 추정하였다. 어림잡아 열흘 정도 걸렸다고 볼 수 있으며 12월 12일 무렵 편지를 받고나서 (나)를 대략 당일이나 다음 날(12월 13일 무렵) 작성하였을 가능성이 크다. 정약용은 1802년 10월 무렵 농아의 죽음에 앞서 강진에서 〈答二兒〉(제1서) 제5단락을 써서 보냈다. 이 편지에 대한 두 아들의 답장은 농아의 장례식을 치르고(1802년 12월 2일) 바로 보내어 다소 일찍 12월 12일 무렵에 도착하였다.

12월 14일 무렵(추정): 〈答兩兒〉(제1서)를 써서 보내다.

(가) 〈答兩兒〉(제1서)(壬戌 十二月) _《전서》시문집, 1802년 12월 14일 무렵 추정

🖐(가)의 편지에는 "壬戌 十二月"이라고 원주가 붙어 있고 "吾農云逝 慘憺慘憺"이라는 구절이 있으므로, 농아의 부음을 전하는 편지(1802년 12월 12일 무렵

도착 추정)를 받고나서 작성한 것임을 알 수 있다. 강진에 편지를 가지고 온 사람이 12월 12일 무렵 도착하였다면 먼 길에 하루는 쉬었을 것이라고 추정되므로, 어림잡아 1802년 12월 14일 출발하였을 것으로 추정하였다. 정약용은 편지를 인편이 출발하는 당일 쓰는 습관이 있다. 따라서 (가)는 1802년 12월 14일 무렵으로 쓴 것으로 추정된다. 물론 출발 전날 써 두었을 가능성도 있다.

12월 14일 이후(21일 이전): 두 아들에게 〈寄兩兒〉 제1서와 제2서를 연속하여 보내어 집안의 일을 걱정하다.

(가)〈寄兩兒〉(제1서) _《전서》 시문집, 1802년 12월 14일~21일 사이 추정

(나)〈寄兩兒〉(제2서) _《전서》 시문집, 1802년 12월 14일~21일 사이 추정

(다)〈寄兩兒〉(제3서) _《전서》 시문집, 1803년 1월 1일

ⓐ 1803년 봄에 쓴 편지로 〈寄二兒〉(제3서)가 있다. 《여유당전서》본에는 날짜가 기록되어 있지 않지만, 한국학 중앙연구원 소장 《열수전서》본(속집3 제2권)에는 "癸亥 春"이라고 날짜가 표시되어 있다. 한중연 소장 《여유당집》 잡문 전편 제3책 제2권에 따르면 〈寄二兒〉(제3서; 1803년 봄)에 이어서 〈答淵兒〉(1816년 5월 3일), 〈答二兒〉(제2서; 1816년 6월 4일), 〈寄二兒〉(제4서; 1816년 6월 17일), 〈寄二兒〉(제5서; 1816년 6월 17일 이후 강진), 〈寄淵兒〉(1808년 겨울), 〈示二兒〉(시기 미상; 강진 시기 추정)의 순서로 배치되어 있고,[264] 바로 이어서 제3 책 제3권에 첫 편지로 〈答兩兒〉(제1서; 1802년 12월 14일 무렵 추정, 앞의 1802년 12월 14일 부분 참조)가 배치되어 있다.

〈答淵兒〉, 〈答二兒〉(제2서), 〈寄二兒〉(제4서), 〈寄二兒〉(제5서), 〈寄淵兒〉, 〈示二兒〉 등은 배치 순서가 시기와 맞지 않으므로 이들을 빼고 보면, 〈寄二兒〉(제3서; 1803년 봄) 바로 뒤에 〈答兩兒〉(제1서; 1802년 12월 14일 무렵)가 이어지고 바로 뒤에 〈寄兩兒〉(제1서; 1803년 1월 1일), 〈寄兩兒〉(제2서), 〈寄兩兒〉(제3서)가 이어지게 된다. 〈寄兩兒〉(제3서)는 "癸亥 元旦"이라고 원주가 붙어 있으므로, 1803년 1월 1일 쓴 것임을 알 수 있다. 〈寄二兒〉(제3서; 1803년 봄)는 시기적으로 〈答

---

264) 시기는 조성을, 2004, 362~363쪽 참조.

兩兒〉(제1서; 1802년 12월 14일 무렵)보다 뒤인데 왜 〈答兩兒〉(제1서)보다 앞에 배치되었는지 문제이다. 일단 〈寄二兒〉(제3서)를 〈寄二兒〉(제2서)와 연결하여 두고자 하였기 때문이라고 추정하여 둔다.

다음으로 〈寄兩兒〉(제1서), 〈寄兩兒〉(제2서)의 시기가 문제된다. 이 두 편지에 대하여 필자는 이전에 〈答兩兒〉(1802년 12월) 다음에 있고 〈寄兩兒〉(제3서; 1803년 1월 1일)의 앞에 있는 점으로 보아 1802년 12월에 쓴 것으로 추정하였다.[265] 이 해 1802년 12월 22일에 쓴 편지로 〈寄二兒〉(제2서)가 있다(1802년 12월 22일 부분 참조). 〈寄兩兒〉(제1서)·〈寄兩兒〉(제2서)와 〈寄二兒〉(제2서)의 선후 관계가 문제이다. 〈寄兩兒〉(제1서)·〈寄兩兒〉(제2서)의 내용은 친척들이 돌보아 주지 않는다고 탓하지 말고 오히려 스스로 반성하라는 내용 및 백부를 아버지처럼 섬기라는 내용이다. 1802년 12월 14일(무렵) 농아의 죽음을 애도하는 편지 〈答兩兒〉(제1서)를 보낸 뒤 바로 〈寄兩兒〉(제1서)·〈寄兩兒〉(제2서)를 보낸 것으로 보는 것이 타당하다. 즉 〈寄兩兒〉(제1서)·〈寄兩兒〉(제2서)는 1802년 12월 14일 이후 보낸 것이 된다. 그리고 내용으로 보아 공부를 적극 권하는 1802년 12월 22일의 편지 〈寄二兒〉(제2서)보다는 앞이 되는 것이 타당하다. 따라서 〈寄兩兒〉(제1서)·〈寄兩兒〉(제2서)의 저작 시기는 1802년 12월 14일에서 12월 21일 사이로 좁혀 볼 수 있겠다. 농아가 죽은 뒤 집안을 걱정하며 노심초사하는 정약용의 심정을 알 수 있다.

12월 22일: 두 아들 정학연과 정학유에게 다시 편지를 보내어 폐족廢族의 처지이므로 더욱 학문에 몰두하여야 한다고 하다.

(가) 〈寄二兒〉(제2서; 壬戌…康津謫中) _《전서》 시문집, 1802년 12월 22일

🔖 (가)의 편지는 "壬戌 十二月 廿二日 康津謫中"이라는 원주가 있으므로 1802년 12월 22일 써서 보낸 것임을 알 수 있다. 농아의 부음을 듣고 12월 14일 무렵 보낸 편지에는 농아의 죽음을 애도하고 어머니를 위로하며 두 신부(정학연의 부인과 정학유의 부인)에게도 시어머니를 잘 보살피게 하라는 내용이 들어 있었다. 그때에는 미처 학문에 대한 이야기를 하지 못하였고 바로

265) 조성을, 위의 책, 364쪽.

이어서 보낸 〈寄兩兒〉(제1서)・〈寄兩兒〉(제2서)의 내용은 친척들이 돌보아 주지 않는다고 탓하지 말고 오히려 스스로 반성하라는 내용 및 백부를 아버지처럼 섬기라는 말만 하였다(1802년 12월 14일 무렵 이후 12월 21일 이전). 그러나 다시 1802년 12월 22일 두 아들에게 학문에 몰두하라는 편지를 보낸 것이다.

12월 29일(말일): 강진 사의재에서 가족을 염려하다(추정).

⚛ 이 해 음력 12월은 말일이 29일이었다. 아마도 말일에 가족을 생각하고 있었을 것이다. 다음 날 1803년 1월 1일에는 두 아들에게 다시 편지를 보낸다(1803년 1월 1일 부분 참조).

1802년의 저작과 활동

1802년 봄, 〈奉簡叔父〉(1802년 2월 7일)의 시에 이어서 〈鵝籠曲〉(四首 擬贈李[周臣] 和虞山; 1802년 2월 7일 이후~3월), 〈耽津村謠〉(二十首; 1802년 2월 7일 이후~3월), 〈讀尙書〉(五首; 1802년 2월 7일 이후~3월), 〈耽津農歌〉(1802년 2월 7일 이후~3월), 〈耽津漁歌〉(十章; 1802년 2월 7일 이후~3월), 〈五雜組〉(1802년 2월 7일 이후~3월), 〈兩頭纖纖〉(1802년 2월 7일 이후~3월), 〈三聲詞〉(1802년 2월 7일 이후~3월) 등을 지었다. 내용과 시의 배치 순서로 보아 모두 봄에 지은 시들이다. 필자는 이들 시에 대하여 2월 7일 이후의 시로 추정하였다.[266] 대체로 2월과 3월 사이에 이들 시를 지은 것으로 추정할 수 있겠다. 〈鵝籠曲〉을 보아 이유수를 그리워하고 있었음을 알 수 있으며, 〈耽津村謠〉(二十首), 〈讀尙書〉(五首), 〈耽津農歌〉, 〈耽津漁歌〉(十章) 등에서 약동하는 생명과 농부・어민들의 삶을 느끼고 있었음을 알 수 있다. 이해 봄의 산문으로는 〈寄二兒〉(제1서) 제1단락(1802년 2월 7일)과 〈寄二兒〉(제1서) 제2단락(1802년 2월 17일)이 확인된다.

1802년 봄의 활동을 생각하여 보면 점차 마음의 안정을 얻어 다시 학문에 몰두할 수 있게 되었다고 생각된다. 〈讀尙書〉(五首)를 보아 이 해 봄 《尙書》를 읽고 있었음을 알 수 있다. 〈耽津村謠〉에는 "村童書法苦支離 點畫戈波箇箇箇"라는 구절로 보아서 이때부터 이미 촌동들에게 글을 가르치고 있었다고 추정된

266) 조성을, 2004, 149~150쪽.

다. 그에게 가장 충실하였던 제자 황상을 만난 때는 뒤에 살필 것처럼, 이 해 10월 10일이다(10월 10일 부분 참조). 그 이전 봄부터 아이들을 가르치고 있었다고 볼 수 있다. 한편 1802년 2~3월 사이에 정약용이 《尙書》 말고 어떤 공부를 하고 있었을지 구체적으로 확인되지는 않는다. 이 해 4월 정학연이 다녀간 뒤에 보낸 편지(《答二兒》 제1서 3단락)에 따르면 "吾禮書之工 雖在幽辱之中 未嘗一日間斷"이라는 구절이 있으므로(6월 부분 참조), 1801년 장기 시기 및 1801년 12월~1802년 1월 사이에 이어서 1802년 2~3월 사이에도 강진 사의재에서 여전히 예학을 공부하고 있었다고 생각된다. 이럼에도 불구하고 조정에는 정약용 형제를 다시 잡아 문초하자는 주청이 1802년 2월에 이어서 3월에도 여러 차례 올라왔다. 《승정원일기》에 따르면 정약용 형제를 모해하려는 시도는 4월 2일, 4월 5일에도 있었다.

〈三聲詞〉(1802년 2월 7일~3월)의 시 뒤에 1802년의 시로서 시기가 분명하지 않은 〈奉簡伯氏〉, 〈霹靂行〉 두 편만 있다. 1802년 4월 이후 연말까지 사이의 시들 가운데 상당수 누락이 있을 가능성이 있으며 혹 시를 짓지 않았을 수도 있겠다. 1802년 여름 잡문으로는 〈答二兒〉(제1서 제3단락; 1802년 6월 추정)이 있다. 이 해 여름 4월 말 이후~6월 사이에는 《禮考書頂》, 《讀禮通考箋注》 활동에 몰두하고 있었다.

1802년 가을의 저작으로 시는 찾을 수 없다. 잡문으로는 1802년 여름 〈答二兒〉(제1서 제4단락; 1802년 8월 20일 무렵 추정)가 있다. 이 해 여름에 이어서 가을에도 《禮考書頂》, 《讀禮通考箋注》 등 《讀禮通考》 주석 활동에 몰두하고 있었다. 이런 가운데 7월 초 서울에서는 기호남인 신서파에 연결된 영남남인 김한동에 대한 공격이 있었고, 정약용의 친구인 여동식呂東植이 병조판서 이병정을 공격하다가 체직당하는 일이 있었다. 1802년 9월에는 김조순金祖淳의 딸이 순조비로 결정되어 서서히 정국의 변화가 시작되었다.

1802년 여름에서 겨울에 걸치는 시기에는 시가 보이지 않아 겨울 시기 강진에서 행적 추적이 쉽지 않다(〈三聲詞〉[내용으로 보아 봄의 작267]에 이어지는 〈奉簡伯氏〉[정약전에게 편지처럼 쓴 시] 및 〈霹靂行〉 두 시의 시기는 명확하지 않음).

---

267) 조성을, 위의 책, 150쪽.

1802년 4월 하순부터 9월까지에 이어서 1802년 겨울에도 적어도 12월 초순까지는 《讀禮通考》를 읽는 일, 이에 주석을 다는 일에 몰두하고 있었다고 생각된다. 1802년 12월 12일 이후에는 농아의 부음을 듣고 노심초사하며 아들들에게 네 차례 편지를 보낸 사실이 주목된다. 1802년 12월 12일 무렵부터 중순에서 12월 22일 사이에는 공부에 몰두하기가 쉽지 않았을 것이다. 그러나 12월 22일 두 아들에게 폐족의 처지이므로 더욱 학문에 몰두하여야 한다는 편지(《寄二兒》[제2서] "壬戌 十二月 卄二日 康津謫中")를 보낸 뒤에는 정약용 자신도 다시 분발하여 《讀禮通考》를 정독하고 이에 주석을 다는 일에 다시 몰두하였을 것이다. 이리하여 1803년 1월 1일 새해를 맞이하면서 아들들에게 분발을 촉구하는 편지를 다시 보냈다(1803년 1월 1일 부분 참조). 절망 속에서 학문에 몰두하는 학자의 참모습과 자식들에게 학문을 독려하는 아버지의 비원悲願을 느낄 수 있다.

1803년 癸亥, 순조3　42세

: 이 해에는 윤2월이 있었다.

1월 1일: 두 아들에게 편지를 보내면서 책을 발췌하는 범례를 보여주다.

(가) "三年 癸亥 公四十二歲 元朝寄家書 付示鈔書規撫(詳見本集家書中)"

　　《사암연보》 135쪽

(나) 〈寄兩兒〉(제3서; 癸亥 元日) _《전서》 시문집, 1803년 1월 1일

⊕ (가)를 보아 1803년 1월 1일 다시 아들들에게 편지를 써 초서하는 법을 알려주었음을 알 수 있다. (나)의 편지에 바로 이 내용이 들어 있으며 "癸亥 元日"이라는 원주로 보아서 이 편지를 1803년 1월 1일 썼음을 알 수 있다. 1802년 12월 22일 학문에 몰두하라는 편지를 보낸 뒤 8일 뒤에 다시 편지를 보내 공부하는 방법을 구체적으로 알려 준 것이다. 폐족이 된 가문이 다시 일어나기를 간절히 바라는 정약용의 심정을 엿볼 수 있다. 그는 아마도 몰락한 선비 집안이 난세에 위신을 유지하는 일은 학문 밖에 없으며 이것이 다시 가문을 일으키는 길이라고 생각하였다. 그러나 그가 학문을 하라는

것은 단지 입신양명이나 가문의 홍기만을 위한 것은 아니었다.

1월 17일: 지평持平 정언인鄭彦仁이 계를 올려 정약용 형제를 공격하는 한편 안동김문의 김이교金履喬까지 공격하다.

(가) "持平鄭彦仁啓曰…丁若銓·若鏞兄弟…金履喬輩" 《승기》순조 3년 1월 17일

🔯 1802년 김조순의 딸이 순조비로 정해진 것을 계기로 서서히 정국이 변화하고 있었으나, 노론 벽파의 입김은 1803년 초까지도 아직 거셌다. 이들이 남인 신서파와 함께 안동김문의 김이교를 비판한 것은 김조순을 중심으로 한 노론 시파에 대한 견제였다고 생각된다.《승정원일기》에 따르면 정언인 등은 1803년 1월 27일과 28일에도 이런 공세를 계속하였다. 한편 1803년 1월에는《讀禮通考》주석 작업에 대한 기록을 찾을 수 없다. 혹 이때 1803년 1월에서 2월 초순에 걸쳐서 건강이 좋지 않았을 가능성을 생각하여 본다.《讀禮通考》주석 작업이 재개되는 것은 2월 13일부터이다(2월 13일 부분 참조).

2월 13일: ①《讀禮通考》권65〈喪儀節〉(28) 부분에 주석을 달다. ②《讀禮通考》권65〈喪儀節〉(28) 부분에 주석을 달다. ③《讀禮通考》권95〈喪具〉(1) 부분에 주석을 달다.

(가)《讀禮通考箋注》(癸亥 二月十三日 [1]) _《여유당전서보유》, 1803년 2월 13일

(나)《讀禮通考箋注》(癸亥 二月十三日 [2]) _《여유당전서보유》, 1803년 2월 13일

(다)《讀禮通考箋注》(癸亥 二月十三日 [3]) _《여유당전서보유》, 1803년 2월 13일

윤2월 5일: 정약용에 대한 공격이 계속되다.

(가) "辰時 上御熙政堂 大王大妃垂簾…金履喬輩…家·鏞兩兇" _《승기》순조 3년 윤2월 5일

🔯 (가)에 따르면 정약용을 이가환과 함께 "兩兇"으로 지목하는 외에 안동김문의 김이교도 함께 공격하고 있었음이 주목된다.《승정원일기》에 따르면 정약용에 대한 공격은 1803년 윤2월 7일에도 지평 정언인에 의하여 계속되었다.

윤2월 하순 무렵(추정): 〈檀弓箴誤〉가 이루어지다.

(가) "春 檀弓箴誤成 檀弓二篇 於禮記諸篇 其義理特精 其文詞特美…公發其
旨趣 或古注有誤者 從而正之 書凡六卷 其後四箋成 凡箴誤中大義弘論
悉皆移入 今所存者 唯零碎無所屬 然實非箴誤之書 如斯而已 凡讀檀弓者
就四箋中 還拔其所移者 按次編錄 則斯爲全矣" _《사암연보》135쪽

⚱ (가)에 따르면 1803년 봄이다. 〈檀弓箴誤〉는 (가)에 따르면 6권이 되는데
아마도 1803년 1월에서 윤2월 사이에 몰두하여 일거에 완성한 것으로 생
각된다. 따라서 1803년 윤2월 하순 무렵에 완성된 것으로 추정된다. 〈檀弓
箴誤〉는 나중에 모두 《喪禮外編》에 권1~권6으로 들어갔다.268)

3월 초순 무렵: 우이도牛耳島(소흑산도)에 유배 가 있는 형님으로부터 편지를
받다.

(가) 〈和東坡聞子由瘦〉 _《전서》 시문집, 1803년 3월 초순 추정

⚱ 1803년의 저작과 활동 부분에서 볼 것처럼, (가)는 1803년 3월 작이다.
이 시에 "得仲氏書 云'不食肉食已歲餘 毁瘠不可支' 心憯然有作"이라는 구절이 있
으므로, 흑산도에 있는 둘째형 정약전에게 편지를 받고 지은 시임을 알 수
있다. 이 편지는 1803년 윤2월 하순 무렵에 부쳐서 3월 초순 무렵에 도
착한 것으로 추정된다(1803년의 저작과 활동 부분 참조).

3월 15일: 채홍리蔡弘履가 형조판서에 임명되다.

(가) "以蔡弘履 爲刑曹判書" _《실록》 순조 3년 3월 15일

⚱ 채홍리는 기호남인이며 평강채씨로서 채제공의 일문이면서도 정조 대
에 채제공과 대립하였다. 채홍리가 노론 벽파 천단의 정국 아래에서 형조
판서까지 출세한 것은 이기경, 홍희운 등과 같은 차원에서 생각할 수 있는
일이라고 하겠다.

4월 하순(추정): 〈弔奠考〉가 이루어지다.

(가) "夏 弔奠考成 凡二十三則" _《사암연보》136쪽

---

268) 조성을, 〈《여유당집》 예학관련 저작의 재구성과 연대고증〉, 《서지학보》29, 2005, 114쪽.

✿ 1803년 윤2월 하순 〈檀弓箴誤〉 완성에 이어서 3월에 휴식을 가진 뒤 3월 하순(또는 4월 초) 〈弔奠考〉 작업을 시작하여 4월 안에 완성하였을 것으로 추정된다. "二十三則"(1권 분량)이므로 대략 4월 한 달이면 끝낼 수 있었을 것이다. 〈弔奠考〉는 《喪禮外編》의 제7권에 해당된다.269)

5월 일(추정): 《喪禮四箋》의 첫 부분 〈喪儀匡〉(초고본) 작업에 착수하다.

✿ 1803년 4월 〈弔奠考〉가 완성된 이후 1803년 5월 《喪禮四箋》 작업에 착수하였을 것으로 추정된다. 1803년 겨울(11월 초 추정)에 《喪禮四箋》의 첫 부분 〈喪儀匡〉(초고본) 작업이 완료되기 때문이다(1803년 11월 부분 참조).

5월 26일: 조정에 정약전과 정약용을 다시 불러들여 엄히 국문하라는 주청이 있다.

(가) "黑山島島配罪人若銓·康津縣定配罪人若鏞…設鞫嚴問…不允" _《승기》 순조 3년 5월 26일

✿ 정약용 형제에 대한 공격은 《승정원일기》에 따르면 1803년 5월 27일, 6월 1일, 12일, 13일, 16일에도 이어졌다.

6월 일:

✿ 1803년 6월 1일, 12일, 13일, 16일 《승정원일기》의 기록에서 계속 정약용 형제에 대한 공격이 이어지는 사실이 확인된다. 그 밖에 특별히 관련 행적이 추적되지 않지만, 정약용 자신은 강진에서 1803년 5월에 이어서 〈喪儀匡〉 작업에 계속 몰두하고 있었을 것으로 추정된다. 이것이 바로 정약용이 난국을 돌파하며 살아가는 방식이었다고 할 수 있겠다.

7월 2일: ① 《讀禮通考》권99 〈喪具〉(5) 부분에 주석을 달다.

(가) 《讀禮通考箋注》(癸亥 七月二日 謫中[1]) _《여유당전서보유》, 1803년 7월 2일
(나) 《讀禮通考箋注》(癸亥 七月二日 謫中[2]) _《여유당전서보유》, 1803년 7월 2일

---

269) 조성을, 위의 논문, 118쪽.

◐ 1803년 7월에도 6월에 이어서 〈喪儀匡〉 작업에 종사하고 있었을 것으로 추정된다. 이러한 가운데《讀禮通考》주석 작업을 하였을 것이다.《승정원일기》에 따르면 조정에서는 1803년 7월 11일, 15일, 16일에도 정약용 형제에 대한 공격이 계속되었다.

8월 일:

◐ 1803년 8월에는 특별히 관련 행적이 추적되지 않지만 7월에 이어서 8월에도 〈喪儀匡〉 작업에 종사하고 있었을 것으로 추정된다. 그리고《승정원일기》에 따르면 조정에서는 1803년 7월에 이어서 8월 19일, 23일에도 정약용 형제에 대한 공격이 계속되었다.

9월 4일: 〈跋三遷帖〉을 쓰다.

(가)〈跋三遷帖〉 _《여유당전서보유》(《전서》시문집, 1803년 9월 4일)

◐ 말미에 "癸亥 九月 四日"이라는 언급이 있어 1803년 9월 4일 작으로 비정하였다.[270] 1803년 9월에는 〈跋三遷帖〉(9월 4일) 저술 말고 특별히 관련 행적이 추적되지 않지만, 8월에 이어서 9월에도 〈喪儀匡〉 작업에 종사하고 있었을 것으로 추정된다. 한편《승정원일기》에 따르면 조정에서는 1803년 8월에 이어서 9월 1일, 27일에 정약용 형제 대한 공격이 계속되었다.

10월 일:

◐ 1803년 10월에는 특별히 관련 행적이 추적되지 않지만, 9월에 이어서 10월에도 〈喪儀匡〉 작업에 종사하고 있었을 것으로 추정된다.《승정원일기》에 따르면 1803년 9월에 이어서 10월 8월, 9일, 20일, 21일, 27일에 조정에서 정약용 형제에 대한 공격이 계속되었다.

11월 초순(추정): 〈喪儀匡〉(초고본)이 이루어지다.

(가) "冬 喪儀匡成" _《사암연보》, 136쪽

◐ 1803년 겨울 가운데 11월 초순 완성된 것으로 보인다(이에 대하여는 뒤의

---

270) 조성을, 2004, 355쪽.

11월 11일 부분 참조). 나중에 수정작업을 하였을 것으로 추정되므로 이것은 초고본으로 볼 수 있겠다. 하지만 큰 수정은 없었던 것으로 판단된다.[271]

11월 10일[冬至]: 처음《周易》을 읽기 시작하여 건괘乾卦로부터 개시하였다.

(가) "余於甲子陽復之日(嘉慶九年癸亥冬) 在康津始讀易 是年夏 始有箚錄之工 至冬而畢(凡八卷) 此甲子本也"〈題戊辰本〉 《周易四箋》《전서》, 1818년 가을

(나) "嘉慶八年 冬十一月辛丑(初十日) 日南至之日 寔唯甲子歲之攸起也 是日 讀乾卦"〈사의재기〉 《전서》 시문집. 1803년 11월 10일

🖊 "甲子陽復之日"은 원주에서 "嘉慶九年癸亥冬"이라고 언급되어 있듯이 계해년(1803) 겨울이며 더 구체적으로는 음력 11월 동지인데 (나)에서 동지가 바로 11월 10일이었음을 알 수 있다. 물론 이전에서《周易》을 읽었을 것이지만 주석(《周易四箋》) 작업을 위한 본격적인 독서의 시작이라고 보인다. 그렇다면 이 해 겨울에 완성된〈喪儀匡〉 작업은 겨울 가운데에서도 11월 초순에 완료된 것으로 볼 수 있겠다.〈喪儀匡〉에 이어서 1803년 겨울(11월)에서 1804년(10월)에 걸쳐 초고본〈喪具訂〉· 초고본〈喪服商〉· 초고본〈喪期別〉 작업을 하였다고 생각된다.[272]《喪禮四箋》 초고본이 1804년 10월 완성되기 때문이다(1804년 10월 부분 참조). 한편《승정원일기》에 따르면 1803년 11월 29일, 11월 30일에도 조정에서 정약용 형제에 대한 공격이 있었으며 다음 달 12월 12일에 또 한 차례 공격이 있었다.

12월 26일: 대왕대비가 영남(嶺南)의 인재를 등용하라는 교서를 내리다.

(가) "大王大妃教曰…嶺南一道素稱人才府庫…又聞近年以來 嶺人不入於擧論中…如是而豈 無向隅之歎" _《실록》 순조 3년 12월 26일

🖊 대왕대비가 영남남인을 등용하라는 교서를 내린 것은 정조 대에 약간 진출이 있었던 영남남인들이 신유교안 이후 전혀 등용되지 않은 상황에서 나온 것이었다. 정조 대에 승지를 지낸 영남남인은 조석목趙錫穆, 김한동 등이라고 할 수 있겠는데 김한동은 신유교안 이후 박해를 당하였다. 대왕대

---

271) 조성을,《《여유당집》 예학관련 저작의 재구성과 연대고증》, 110쪽.
272) 조성을, 위의 논문, 110쪽.

비가 이런 교서를 내린 데에는 노론 시파와의 대결에서 서서히 밀리게 되고, 자신이 곧 철렴환정撤簾還政하여야 할 상황에서(12월 28일 부분 참조) 보수적인 영남남인을 일부 포섭함으로써 자신의 정치적 기반을 강화하려는 의도가 깔려 있다고 하겠다. 그러나 1801년 이후 1860년대 초까지의 세도정치 동안 영남남인은 거의 등용되지 않았고, 중앙정계에 영향을 미치려는 영남남인의 움직임은 철종 대에 상소운동으로 다시 살아났으며, 이것이 고종 초의 영남만인소 운동으로 연결된다. 하지만 숙종 대의 경술환국 이후 조선왕조가 망할 때까지 영남남인은 정조 기간 조금 등용된 것을 제외하면 거의 등용되지 못하였다. 신유교안 이후 기호남인 신서파가 모두 제거된 상황에서 그 공백을 메운 것은 영남남인이 아니라 기호남인계 공서파 인물들이었다. 그러나 이들은 하나의 정치적 세력을 형성하지는 못하였고 노론 강경파를 보조하는 구실을 할 따름이었으며 세도정권이 안동김문으로 넘어간 뒤에는 별로 이용가치가 없게 되었다고 여겨진다. 안동김문의 집권 이후에는 노론 안에서 시파와 벽파의 차이라는 의미가 점차 사라져 갔고, 안동김문에게 남인 공서파는 필요가 없게 되었기 때문이다.

12월 28일: 대왕대비의 수렴청정이 끝나다.

(가) "大王大妃 撤簾還政" 《실록》 순조 3년 12월 28일

⚖ 대왕대비의 철렴환정으로 이제 노론 강경파(벽파)의 가장 큰 의지처가 사라지게 되었다. 멀지 않아 김조순을 중심으로 한 노론 시파로의 권력 이동이 전개된다.

1803년의 저작과 활동

1803년 봄 정약용이 강진에서 지은 시로 〈春晴〉(1803년 3월 초순 추정), 〈哀絶陽〉(1803년 3월 초순 추정), 〈蟲食松〉(1803년 3월 초순 추정), 〈黃漆〉(1803년 3월 초순 추정), 〈田家晚春〉(1803년 3월 초순 추정), 〈和東坡聞子由瘦〉(1803년 3월 초순 추정), 〈晚春獨坐〉(1803년 3월 추정)가 있다. 〈田家晚春〉은 제목으로 보아 1803년 음력 3월에 지은 시로 추정할 수 있다. 〈晚春獨坐〉 역시 제목으로 보아 1803년 음력 3월에 지은 시라고 추정할 수 있겠다. 따라서 두 시 가운데의

〈和東坡聞子由瘦〉역시 1803년 3월의 시로 추정할 수 있겠다. 〈和東坡聞子由瘦〉에는 "得仲氏書云'不肉食已歲餘 毀瘠不可支' 心憪然有作"이라는 언급이 있으므로, 1803년 3월 초순 무렵 흑산도의 우이도(소흑산도)에서 부친 정약전의 편지가 도착하였다고 여겨진다.

정약전이 우이도의 배소에 도착한 것은 대략 1802년 11월 말쯤으로 추정되고,[273] 어느 정도 자리가 잡히자 1803년 2월 하순 무렵에 편지를 보낸 것으로 여겨진다. 이후 정약용은 정약전과 계속 편지를 주고받으며 서로의 안부를 전하고 학문을 논한다. 정약용의 새로운 저작에 대한 정약전의 높은 식견에 바탕을 둔 평가는 저술의 완성도를 높이는 데 크게 도움이 되었다.

한편 〈春晴〉, 〈哀絶陽〉, 〈蟲食松〉, 〈黃漆〉 등의 시의 저작 시기가 1803년 봄 가운데 언제인지도 문제이다. 〈春晴〉에 "黃家莊裏小桃紅"이라는 구절이 있으므로 복숭아꽃이 피는 시절, 대략 음력 3월쯤이었을 것으로 추정된다. 그렇다면 〈哀絶陽〉, 〈蟲食松〉, 〈黃漆〉의 시들도 대략 3월의 시로 볼 수 있겠다. 아마도 아들을 잃은 소식을 1802년 12월 중순 무렵 이후 1803년 윤2월까지는 시흥詩興이 일어나지 않았던 것으로 여겨진다. 그리고 1803년 1월에서 윤2월 사이 〈檀弓箴誤〉 작업에 몰두한 것도 이 기간 동안의 시가 보이지 않는 이유의 하나가 될 것이다. 〈春晴〉, 〈哀絶陽〉, 〈蟲食松〉, 〈黃漆〉 등의 시 뒤에 〈和東坡聞子由瘦〉(1803년 3월 초순 추정)의 시가 있다. 따라서 〈春晴〉, 〈哀絶陽〉, 〈蟲食松〉, 〈黃漆〉 등의 시들은 대략 3월 초순 무렵의 시로 추정된다. 대략 1803년 3월 초 무렵에 시흥이 다시 살아나 시를 짓게 되었다고 여겨진다.

〈和東坡聞子由瘦〉(1803년 3월 초순 추정) 바로 다음에는 〈晩春獨坐〉(1803년 3월 추정)가 있고 이 시 바로 다음에는 〈贈浦里子〉라는 시가 실려 있다. 〈贈浦里子〉는 강진에 은거하고 있는 포리자浦里子에게 준 시이다. 필자는 〈贈甫里子〉를 1803년 늦은 봄의 시로 추정하였으나,[274] 늦은 봄에서 가을 사이의 시로 보는 것이 더 타당하겠다.

이 해 1803년 봄의 활동을 살펴보면(《사암연보》, 135쪽 의거) 1803년 봄 저

273) 조성을, 2004, 151쪽.
274) 조성을, 위의 책, 152쪽.

술로 〈檀弓箴誤〉가 있다(三年 癸亥…春〈檀弓箴誤〉成). 1802년 4월 무렵부터 《讀禮通考》 주석 작업에 착수하는 등 본격적으로 예서 연구가 시작되어(1802년 4월 29일 부분 참조) 그 첫 결실로 〈檀弓箴誤〉가 완성된 것으로 보인다. 이 해 봄 《讀禮通考》 주석 작업이 활발하지 않은 것은 〈檀弓箴誤〉 작업에 몰두하였기 때문으로 여겨진다. 이어서 1803년 여름에는 〈弔奠考〉를 완성하였고(뒤의 6월 부분 말미 참조), 1803년 겨울에는 《喪禮四箋》 가운데 〈喪儀匡〉 부분을 완성하였다(뒤의 12월 말미 부분 참조).

1803년 여름에도 시와 잡문이 눈에 뜨이지 않는다. 1803년 여름의 시가 없어서 이 시기의 행적과 심경을 헤아려보기 어렵다. 1803년 4월 〈弔奠考〉 작업을 완료한 이후 5월에 〈喪儀匡〉 작업에 착수하여 6월에도 이에 몰두하고 있었다고 생각된다. 이렇게 작업에 몰두하고 있었던 것이 1803년 여름 동안 시가 없는 이유의 하나가 될 수 있겠다.

1803년 봄에 지은 시와 〈贈浦里子〉에 이어서 1803년의 시로는 〈九日登寶恩山絶頂 望牛耳島〉, 〈又爲五言示僧〉 두 편만 수록되어 있다. 〈九日登寶恩山絶頂 望牛耳島〉는 날짜가 "九日"로 되어 있어서 혹 아버지 정재원의 기일인 4월 9일 작일 가능성이 있다고 추정해 보았으나,275) 자세히 원주를 달면서도 아버지의 기일이라는 언급은 없으므로 4월 9일이었을 가능성은 크지 않다고 여겨진다. 다음의 시 〈又爲五言示僧〉에는 "秋日自然悲"라는 구절이 있다. 만약 이 시가 가을에 지은 시라면 〈九日登寶恩山絶頂 望牛耳島〉의 시기 역시 가을로 보는 것이 타당하겠다. 〈九日登寶恩山絶頂 望牛耳島〉와 〈又爲五言示僧〉의 두 시 모두 내용으로 보아 산에서 바다의 섬들을 내려다보며 지은 것이므로, 같은 날 지은 것일 가능성이 크다. 흔히 "구월(九月) 구일(九日)"을 줄여서 "구일(九日)"이라고 한다. 따라서 1803년 9월 9일이었다고 추정할 수 있다. 그리고 〈又爲五言示僧〉에서 "又"란 이날 〈九日登寶恩山絶頂 望牛耳島〉의 시를 짓고 또 시를 짓는다는 의미로 붙인 것이라고 보이며, 〈九日登寶恩山絶頂 望牛耳島〉 원주에 "是日一僧隨之"라는 구절이 있고 〈又爲五言示僧〉이란 제목으로 보아 승려에게 준 시이다. 1803년 가을(9월 9일 추정) 정약용이 이미 승려와 교유가 있었음

---

275) 조성을, 2004, 152쪽.

을 알 수 있다. 이 승려를 "유일有一"이라고 보고 유일에게 이 두 시와 앞의 〈贈甫里子〉도 써 준 것으로 추정한 적이 있다.276) 그러나 유일은 이때 타계하였다. 〈九日登寶恩山絶頂 望牛耳島〉의 시기가 가을(9월 9일)이라면 〈贈甫里子〉의 저작 시기는 바로 앞의 시 〈晚春獨坐〉가 3월의 시이므로, 3월 늦은 봄에서 가을 사이로 보는 것이 타당하다. 더 구체적으로는 9월 초 무렵일 가능성이 있다.

1803년 가을의 시로는 〈九日登寶恩山絶頂 望牛耳島〉와 〈又爲五言示僧〉 두 편 밖에 없는 것은 《喪禮四箋》〈喪儀匡〉 작업에 몰두하였기 때문으로 여겨지지만, 기본적으로 시심詩心이 일어나지 않았기 때문으로 여겨진다.

한편 《사암연보》에 따르면 이 해 1803년 여름(4월)에 〈弔奠考〉가 이루어졌고(앞의 1803년 여름 부분 참조), 이어서 1803년 겨울(11월 초 추정)에 《喪禮四箋》〈喪儀匡〉이 이루어졌다(뒤의 1803년 겨울 부분 참조). 아마도 이 해 가을부터 겨울 사이에는 《喪禮四箋》〈喪儀匡〉 작업에 전념하고 있었다고 생각된다. 그러나 1803년 11월 10일 동짓날부터는 《周易》을 읽기 시작하였으므로(11월 10일 부분 참조), 〈喪儀匡〉 작업은 일단 11월 초순에 끝난 것으로 추정할 수 있겠다.

1803년 겨울에는 시가 한 편도 없어 당시의 행적이나 심경을 추적하기 어렵다. 이 해 겨울 저술로는 《喪禮四箋》 가운데 〈喪儀匡〉이 이루어졌다(11월 초순 추정). 이 해 여름 〈弔奠考〉가 완성된 이후 가을부터 겨울에 걸쳐서 《喪禮四箋》의 〈喪儀匡〉 작업(11월 초순 완료 추정)에 몰두하고 있었기 때문에 시를 짓지 않았다고 생각된다. 그러나 다음 해 1804년 여름에서 겨울 사이에는 《喪禮四箋》과 《周易四箋》 작업을 병행하여 매우 바쁜 가운데도 적지 않은 시를 남겼다. 따라서 1803년 가을에서 겨울 사이의 시들이 누락되었을 가능성도 생각해 볼 수 있겠다. 1803년 4월 〈弔奠考〉 작업을 완료한 이후 5월에 〈喪儀匡〉 작업에 착수하여 6월에도 이에 몰두하고 있었으므로, 1803년 여름에 시를 전혀 짓지 않았다고도 볼 수 있다.

---

276) 조성을, 위의 책, 154~155쪽 참조.

1804년 甲子, 순조 4 _43세

1월 2일: 병조판서 김달순이 유생들의 통문에 따라서 체직을 원하는 상소를 올리다.

(가) "兵曹判書金達淳疏 因儒通乞遞" _《실록》순조 4년 1월 2일

ⓘ 김달순은 안동김문이면서도 노론 벽파인 경주김문과 결탁되어 있던 인물이었다. 이제 1804년 1월 초 그에 대한 공격이 시작된 것이다. 이번에는 체직되지 않았으나 그는 계속 공격을 당하였고, 마침내 김달순 옥사 사건으로 죽음을 맞이하고 되었다. 이를 계기로 권력이 완전히 안동김씨 김조순 쪽으로 넘어가게 된다.

한편 이 해 1월 정약용과 관련하여 특별한 행적은 추적되지 않지만,《승정원일기》에 따르면 조정에서 1월 9일, 26일에 정약용 형제에 대한 공격이 계속되었다. 더욱이 1월 26일에는 이기경이 집의로서 직접 정약용 공격에 나섰다.

2월 일:

ⓘ 1804년 2월 정약용과 관련하여 특별한 행적은 추적되지 않는다.《승정원일기》에 따르면 조정에서 2월 11일 이기경이 집의로서 직접 정약용 공격에 다시 나섰다.

3월 29일: 정약용이 제자 황상에게 편지를 보내다.

(가) 〈茶山與黃裳書簡帖〉(제2신) 1804년 3월 29일 추정

ⓘ 4월 부분 제6항 참조. 이 밖에 1804년 3월 정약용과 관련하여 특별한 행적은 추적되지 않는다. 그렇지만《승정원일기》에 따르면 조정에서 3월 15일에도 정약용 형제에 대한 공격이 있었다. (가)에 대하여는 이어지는 4월 일의 해제 부분 참조.

4월 일: 강진의 동리東里에 거주하고 있다.

(가) 〈馬生角〉(建巳之月歲甲子 我在康津縣東里) _《전서》시문집, 1804년 4월 25일 이전 추정

ॐ (가)에 "建巳之月歲甲子 我在康津縣東里"라는 구절이 있으므로, 1804년 4월의 시임을 알 수 있다. 인용문에서 동리는 강진에 와서 처음 머물렀던 동문 밖 밥집이 있는 곳을 가리키는 것으로 여겨진다. 당시 이 밥집의 사의재에 정약용이 기거하고 있었다. (가) 시가 4월 가운데 언제인지 명확하지 않으나, 바로 뒤의 시〈四月二十六日遊金谷作〉이 4월 26일 작이므로 4월 25일 이전으로 볼 수 있다.

4월 2일: 〈跋耽津農歌〉를 쓰다.

(가)〈跋耽津農歌〉(恩齡四歲 甲子四月二日 序) _《전서》 시문집, 1801년 4월 2일

ॐ (가)의 말미에 "恩齡四歲 甲子四月二日 序"라는 언급이 있으므로 시기를 1804년 4월 2일로 비정하였다.[277] 〈耽津農歌〉는 1802년 봄(2월 7일 이후)에 지은 것이다.[278] 2년 전에 지은 〈耽津農歌〉를 꺼내 보고 발문을 지은 것이라고 하겠다.

4월 16일: 전 강진현감 이안묵에게 절도 유배의 명령이 내리다.

(가) "命刑訊康津前縣監李安默 絶島減死定配" _《실록》 순조 4년 4월 16일

ॐ 1801년 신유교안 때 이안묵은 노론 벽파의 앞잡이로서 남인 신서파 사람들을 죽이려고 하였고, 1802년 봄에는 강진현감으로 내려와 정약용을 무고하였다. 그가 1804년 4월 유배 명령을 받은 것은 탐오貪汚의 명목이었으나, 아마도 노론 벽파가 몰락하여 가는 정치 상황과 관련이 있는 것으로 보인다. 이를 계기로 정약용에 대한 감시망은 다소 완화된 것으로 볼 수 있겠다.

4월 26일: 강진현 5리 지점 금곡金谷에서 놀다.

(가)〈四月二十六日遊金谷作〉(金谷在縣五里) _《전서》 시문집, 1804년 4월 26일

ॐ (가) 시는 제목에서 4월 26일 작임을 알 수 있다. 이 시에 이어서 이 해 여름에 지은 시로〈午酌〉,〈七懷〉,〈僧蚊〉,〈夏日對酒〉 등이 있다. 이들 시는 1804

---

277) 조성을, 2004, 355쪽.
278) 조성을, 위의 책, 150쪽.

년 4월 26일 이후 대략 5월과 6월 사이에 지어진 것으로 추정할 수 있다.

4월 일: 병에 걸린 황상의 증세를 묻고 걱정하다.

(가) 〈茶山與黃裳書簡帖〉(제6신; 汝病 何若是極甚) 1804년 4월 추정

⓯ 위 편지의 시기는 1804년 4월이라고 비정된다. 정약용이 황상으로 하여금 1804년 5월 〈설부〉를 짓게 하였고, 1805년 4월 1일부터 4월 30일까지 매일 한 부씩 30수의 부를 짓게 하였다고 한다.[279]

4월 일: 황상의 학질이 끊어지기를 바라며 〈截瘧歌〉를 지어주다.

(가) 〈茶山與黃裳書簡帖〉(제7신) "甲子首夏 邨烏何人題"

⓯ 〈截瘧歌〉에 대하여도 정민은 1804년 4월이라고 시기를 비정하였고, (가) 편지에서 정약용이 황상의 학질이 떨어지도록 〈截瘧歌〉를 지어주었다고 한다.[280] 제6신과 제7신의 구체적 일자 및 선후관계는 알기 어려우나, 일단 제6신과 제7신을 함께 1804년 4월의 말미 부분에 배치하여 두었다. 다만 제7신의 경우 말미에 "甲子首夏 邨烏何人題"라는 언급이 있어 1804년 4월 작임을 알 수 있다.[281]

필자의 추정으로는 제1서의 경우 황상의 시를 읽고 칭찬하며 《離騷》를 숙독하라는 가르침을 주는 내용이며, 배치 순서로 가장 앞에 있으므로 대략 1804년 초의 편지일 가능성이 있다. 황상이 1802년 10월 정약용의 제자가 되므로 황상의 시에 진척이 있으려면 적어도 1년 이상 걸렸을 것이다.

---

279) 정민은 제6신의 시기를 1804년 4월이라고 비정하였고(정민, 《다산의 재발견》, 101쪽), 정약용이 황상에게 부를 짓게 하였다고 한다(정민, 같은 책, 109쪽;《치원유고》에 의거, 1805년 4월 부분 참조).

280) 정민, 《다산의 재발견》, 101쪽, 109쪽.

281) 《다산의 재발견》에서는 "截瘧歌"를 제6신과 분리하여 별도로 제7신으로 하였고 다산학술문화재단 편, 《다산간찰집》(사암, 2012.12)에서는 "截瘧歌"를 생략하였다. 《다산의 재발견》에서 제8신이 《다산간찰집》에서는 제7신으로 되어 있다. 이리하여 이후 축차적으로 서신 번호에 차이가 있게 되었다.

한편 《茶山與黃裳書簡帖》 제1-제5서의 시기에 대하여 《다산의 재발견》(101쪽)에서 제4서 (황상의 득남을 축하하는 편지)를 써준 시기를 1807년으로 비정한(비정의 근거 제시 않음) 것을 제외하고는 시기를 모두 불명이라고 하였다. 《다산간찰집》에서는 제4서의 시기를 "1802년"으로 제시하였으나(286쪽) 근거가 제시되어 있지 않다.

그렇다면 1804년 초로 보는 것이 순리이다. 제2신의 경우 요즘 날씨가 아주 좋아 함께 놀러가고 싶으나 그럴 수 없다는 언급이 있고, 말미에 "卄九日"(29일)이라는 구절이 있다. 아마도 봄이나 가을이었을 것으로 추정된다. 정약용은 "1804년 4월 26일" 금곡에 놀러갔으므로 제2서의 시기가 "1804년 4월"은 될 수 없고, 아마도 "1804년 3월 29일"이었을 가능성이 있으며 이것은 배치 순서와도 잘 맞는다.

제3서의 경우 황상이 밤에 아팠는지 묻고 그렇지 않았다면 니혜泥鞋를 신고 식사 뒤 바로 찾아오라는 내용이다. 1804년 4월에 황상에게 〈截瘧歌〉를 지어주므로, 황상의 병고를 묻는 이 편지의 시기는 대략 1804년 4월 초순 무렵일 가능성이 있다(제2서의 시기가 1804년 3월 29일일 경우). 문제가 되는 것은 황상의 득남을 축하하는 제4서의 시기이다. 《다산의 재발견》에서는 1807년, 《다산간찰집》에서는 1802년으로 각기 비정하였으나, 둘 모두 근거를 제시하지는 않았다. 혹 제4서의 시기가 대략 1804년 4월 무렵이었을 가능성을 생각하여 본다. 이러한 시기 추정이 맞는다면, 정약용이 자신이 고기를 먹고 체한 것과 심하게 설사한 일 및 "貢竹之行 初二日 當發云"을 언급한 제5서의 시기도 대략 1804년 4월로 추정할 수 있겠다. 이럴 경우 제6서와 제7서의 시기는 1804년 4월 가운데에서도 대략 중순 이후로 추정하여 볼 수 있다. 그러나 위의 추정에 대하여 확언하기는 어렵다.

5월 14일: 조정에서 권유權裕의 일이 논의되기 시작하다.

(가) "大王大妃 撤簾還政" _《실록》 순조 3년 12월 28일

(나) "上以諫長論權裕疏" _《실록》 순조 4년 5월 14, 19, 20, 21일, 6월 6일

⚶ 1803년 12월 28일 정순왕후가 철렴을 하고나서 얼마 되지 않아 1804년 5월에서 7월 사이 권유의 옥사가 있었다. 권유는 순조 원년(1801) 은언군과 홍낙임(혜경궁 홍씨)이 죽임을 당할 때, 김조순이 이들 집안과 연루되었다고 상소한 적이 있다. 이것은 김조순의 딸과 국왕 순조의 혼인을 방해할 목적으로 행한 것이다. 그러나 이것이 국혼을 방해하려는 목적을 가진 것이라 하여 1804년에 다시 문제가 되었다. 더불어 김노충(김귀주 아들)이 국혼 방해에 간여되었다는 혐의를 받고 김관주 역시 공격을 받는 처지가 되었다.

《순조실록》에 따르면 1804년 5월 14일에 권유의 상소에 대한 조정의 논의가 있었다. 5월 19일에 국왕이 권유를 비판하였고 5월 20일에는 조정에서 권유에 대한 공격이 있었으며, 6월 6일에 국청에서 권유가 물고物故되었다는 보고가 올라왔다. 이런 상황에서 6월 23일은 정순왕후가 다시 수렴청정을 하겠다는 의견을 내비쳤으나 불가능하였으며, 7월 10일 경주김씨계 우의정 김관주가 삭출되었다. 이기경은 정조 대 이후 노론 벽파의 앞잡이로서 기호남인계 동료를 공격하는 데 앞장섰다(5월 21일). 1801년 신유교안 때에는 노론 벽파 편에 앞장서서 기호남인계 동료들을 공격하였다. 이 1804년 권유 옥사 때에는 벽파의 권유를 공격하는 편에 가담하였지만, 단천부에 유배되는 것을 피할 수 없었고 이듬해 1805년 풀려났다.

6월 일:

ㅁ 1804년 6월 정약용의 행적은 추적되지 않으나 《승정원일기》에 따르면 1804년 6월 9일과 14일에 조정에서 정약용에 대한 공격이 있었다.

7월 3일:

(가) 〈七月三日寫景〉 _《전서》 시문집, 1804년 7월 3일

ㅁ (가) 시의 제목으로 보아서 이 시를 1804년 7월 3일에 지었음을 알 수 있다. 이 시 바로 앞에 〈曉坐〉라는 시가 있는데 앞에서 언급하였듯이 1804년 6월 말엽에 지은 것으로 추정된다.

7월 7일: 칠석날 시를 짓다.

(가) 〈蛾生〉(甲子七夕) _《전서》 시문집, 1804년 7월 7일

ㅁ (가) 시의 원주를 보아서 이 시를 1804년 7월 7일에 지었음을 알 수 있다. 1804년 7월 시로는 앞에서 언급한 〈七月三日寫景〉(1804년 7월 3일)도 있다.

8월 8일: 이안묵이 추국을 받고 정법正法으로 처결되다.

(가) "推鞫罪人安默 正法" _《실록》 순조 4년 8월 8일

ㅁ 절도 유배 조치에 처해졌던 이안묵은 이번에는 권유(노론 벽파로서 천주교 공격에 앞장섰던 인물)와 함께 대혼大婚(순조와 순조비와의 대례)을 방해하

였다는 혐의로 정법에 처해졌다. 노론 벽파로서는 김조순의 딸이 순조비가 되는 것을 막는 일을 하여야 했는데, 여기에 앞장섰던 권유에 대한 처벌이 주장되었고 이어서 이안묵도 함께 처벌되었던 것이라고 하겠다. 이것은 노론 시파쪽에서 노론 벽파의 외곽을 때리는 공격이었다고 할 수 있겠다. 이렇게 노론 벽파의 일부가 제거되는 상황이었으나, 《승정원일기》에 따르면 1804년 8월 15일, 23일 조정에서 여전히 정약용에 대한 공격이 이어지고 있었다.

8월 11일: 《讀禮通考》권45 〈喪儀節〉(8) 부분에 주석을 달다.

(가) 《讀禮通考箋注》(甲子 八月十一日 康津謫中) _《여유당전서보유》1804년 8월 11일

8월 19일: 꿈에서 우연히 시를 한 수 얻다.

(가) 〈八月十九日 夢得一詩 唯第七第八句 未瑩覺而足之〉 _《전서》시문집, 1804년 8월 19일

⍉ (가) 시의 제목으로 보아 이 시는 1804년 8월 19일에 지었음을 알 수 있다.

9월 1일: 명례방 죽란 시절 친구들을 생각하며 시를 짓다.

(가) 〈天氣甚佳 將游金谷或登北山 旣已無與共者 愴然懷舊 遂止不往率爾成篇〉 _《전서》시문집, 1804년 9월 1일 추정

⍉ 명례방 시절 친구 한치응, 이유수, 윤지눌, 채홍원을 그리워하는 시이다. 명례방 시절 정약용의 집 근처에 개울이 있었는데 남쪽에는 한치응과 이유수가 살고 개울 서편에는 윤지눌, 채홍원이 살고 있어서 수시로 만나 어울렸다.[282] 이 시는 강진 시절 정약용의 외로움을 잘 알 수 있게 하여 준다. 제목과 배치로 보아 1804년 9월 1일에 지은 것임을 알 수 있다.

9월 2일: 《讀禮通考》권45 〈喪儀節〉(8) 부분에 주석을 달다.

(가) 《讀禮通考箋注》 _《여유당전서보유》, 1804년 9월 2일

⍉ 《喪禮四箋》의 마무리 작업을 하면서 《讀禮通考箋註》 작업을 병행하고

---

282) 조성을, 2004, 154쪽.

있었다고 하겠다. 뒤에서 볼 것처럼 《喪禮四箋》 작업은 1804년 10월 9일에 완료된다.

9월 3일(또는 4일): ① 강진 부근(고금도)에 유배되었다가 해배되어 돌아가는 길에 김이교가 정약용을 방문하고 가다. ② 이때 정약용은 역정 驛亭까지 배웅하다.

(가) 〈送別〉 _《여유당집》 시집(규장각본), 1804년 9월 3일 또는 4일 추정

◐ (가)는 유배에서 풀려 돌아가는 김이교를 송별하면서 지은 시이다. 시의 배치 순서로 보아 이렇게 추정해 보았다(뒤의 1804년 가을 부분 참조). 이 시는 《여유당전서》본에는 누락되어 있다.[283] 이 시의 "驛亭秋雨送人遲"에서 가을비 오는 가운데 역정까지 배웅하였음을 알 수 있다. 이때 정약용은 자신도 몹시 돌아가고 싶은 마음을 가졌을 것이다. 김이교는 안동김문으로서 규장각 초계문신 시절부터 정약용과 매우 가까웠으며, 신유교안 이후 그도 피해를 보아 유배되었다. 그러나 1804년 이후 정세가 노론 시파 안동김문 쪽으로 기울자 유배에서 풀리게 된 것으로 볼 수 있겠다. 김이교는 정약용의 해배를 위해 노력하였으나, 서용보徐龍輔 등의 반대로 정약용의 해배는 지체되었다. 서용보는 안동김문으로 정권이 넘어간 뒤에도 계속 출세하여 1819년에는 영의정의 자리에 오르기까지 하였다. 한편 이렇게 김이교가 해배되는 상황에서도 《승정원일기》에 따르면 조정에서는 9월 10일, 15일, 26일 정약용에 대한 공격이 이어졌다. 당시 밀리고 있던 노론 벽파 쪽에서 간접적으로 방어책을 쓰고 있었던 것으로도 여겨진다.

다만 이때 1804년 9월 유배가 풀려 돌아가는 길에 정약용을 방문한 것은 김이교가 아니라 그의 동생 김이재라는 견해가 있다.[284] 강진 근처 고금도에 유배되어 있던 김이재가 정약용을 방문한 것이며, 김이교는 고금도에 유배된 적이 없다는 것이다. 이 문제에 대하여는 좀 더 조사를 해 보아야겠지만 김이재일 가능성도 있다. 다만 박석무 선생은 이 시의 시기를 1805년으로 추정하였으나,[285] 규장각본 《여유당집》 시율의 배치 순서로

---

283) 조성을, 위의 책, 154쪽 참조.
284) 박석무, 《다산 정약용 평전》, 민음사, 2014, 453쪽.

보아서 1804년 9월 1일과 5일 사이의 작임이 분명하며,[286] 더 구체적으로는 9월 3일 또는 4일로 추정된다. 앞에서 보았듯이 9월 1일에는 명례방 시절 친구들을 생각하며 시를 짓고 있었고, 9월 2일에는《讀禮通考箋註》작업을, 9월 5일에는 바로 뒤에서 볼 것처럼 강진의 야곡冶谷에 놀러가기 때문이다.

9월 5일: 다시 강진 금곡에 노닐다.

(가)〈九月五日 復游金谷作〉 _《전서》 시문집, 1805년 9월 5일

🐚 이 해 봄 4월 26일에 금곡에 노닌 적이 있다.

9월 7일:《讀禮通考》권45〈喪儀節〉(8) 부분에 주석을 달다.

(가)《讀禮通考箋注》(康津謫中) _《여유당전서보유》, 1804년 9월 7일

🐚 1804년 9월《喪禮四箋》의 마무리 작업을 하면서 동시에《讀禮通考箋註》 작업을 병행하고 있었다고 하겠다.

9월 13일:《讀禮通考》권45〈喪儀節〉(8) 부분에 주석을 달다.

(가)《讀禮通考箋注》(甲子 九月十三日) _《여유당전서보유》, 1804년 9월 13일

🐚《喪禮四箋》의 마무리 작업을 하면서《讀禮通考箋註》작업을 병행하고 있었다고 하겠다.

9월 14일:〈古禮零言〉작업을 완료하다.

(가)〈古禮零言〉(甲子九月十四日書) _《전서》 시문집, 1804년 9월 14일

🐚 "甲子九月十四日書"이라는 날짜 기록으로 1804년 9월 15일에〈古禮零言〉작업이 완료되었음을 알 수 있다.

10월 28일:《喪禮四箋》초고본 완성되다.

(가) "今上卽祚之四年(卽嘉慶甲子)冬 十月癸未"〈喪禮四箋序〉_《전서》 시문집, 1804년 10월 28일

---

285) 박석무,《다산 정약용 평전》, 452쪽.
286) 조성을, 2004, 154쪽.

🖐 〈喪禮四箋序〉에 따르면 1804년 10월(계미일癸未日:28일)에 《喪禮四箋》 60권이 이루어졌다(共六十卷 合而名之曰喪禮四箋…今上卽祚之四年(卽嘉慶甲子)冬 十月癸未 洌水丁鏞序). 이것은 초고본이고 다시 수정 작업이 이루어졌다. 1803년 겨울 〈喪儀匡〉 작업이 완료된 이후 《喪禮四箋》의 1804년 봄, 여름, 가을, 10월 초순에 나머지 부분 작업을 하여 1804년 10월 28일에 완성된 것이다. 이 작업을 하는 동안 《周易》도 읽고 있었고, 1804년 여름부터는 《周易四箋》을 저술하기 위한 차록 작업도 병행하고 있었다.

10월 29일(이후): 《周易四箋》 작업에만 몰두하기 시작하다(추정).

🖐 1804년 여름 이후에는 《喪禮四箋》과 《周易四箋》 두 작업을 병행하고 있다가, 1804년 10월 28일 《喪禮四箋》(초고본) 작업을 완료한 이후에는 오로지 《周易四箋》 작업에만 몰두할 수 있게 되었다.

11월 일:

🖐 정약용의 구체적 행적은 추적되지 않지만 《승정원일기》에 따르면 조정에서는 1804년 11월 28일에도 정약용에 대한 공격이 있었다. 1804년 11월 기간 정약용은 《周易四箋》 작업에 몰두하고 있었다고 하겠다.

12월 하순(추정): 《周易四箋》 갑자본甲子本(8권)의 작업이 완료되다.

(가) "余於甲子陽復之日(嘉慶九年癸亥冬) 在康津始讀易 是年夏 始有箚 錄之工 至冬而畢(凡八卷) 此甲子本也"〈題戊辰本〉_《周易四箋》《전서》, 1808년 가을

1804년의 저작과 활동

　　1804년 봄에 지은 시로는 〈春晴〉(1804년 1월 초순 무렵 추정), 〈送人游南原〉이라는 두 편만 있다. 〈春晴〉에는 "甲子春 在康津"이라고 원주가 붙어 있어서 1804년 봄의 시임을 알 수 있다. 필자는 막연히 1804년 봄으로 추정하였으나,[287) "長把殘雪作病翁"이라는 구절로 보아 더 좁혀 1801년 1월 초순 무렵의 시로 추정할 수 있겠다. 그리고 《여유당전서》본에는 〈送人游南原〉이 수록

---

287) 조성을, 위의 책, 152쪽.

되어 있지 않으며 이때 〈送人游南原〉이 누구를 전송하는 시인지 알 수 없으나, "龍城春色"이라는 구절이 있어 봄의 시임을 알 수 있다.[288]

한편 《사암연보》에 따르면 1804년 봄에 《兒學編訓義》가 이루어졌다("四年甲子…春" 《兒學編訓義》成 138쪽). 1802년부터 이미 학동들을 가르치고 시작하여 그해 10월에는 제자 황상도 얻었는데, 학동을 가르치는 동안 기존 학습서인 《千字文》에 불만을 느끼고 《兒學編訓義》를 지은 것으로 여겨진다. 아울러 1804년 봄 동안 《喪禮四箋》작업을 계속하는 동시에 지난해(1803) 동지(음력 11월 10일)에 시작한 《周易》 읽기도 계속하고 있었다고 생각된다. 그러나 이미 1803년 12월 정순왕후의 수렴이 끝나고 1801년 1월 경주김씨계인 병조판서 김달순이 공격을 당하는 상황이 전개되었음에도 1804년 봄 정약용 형제에 대한 공격은 여전히 계속되고 있었다.

1804년 여름에 지은 시로 〈馬生角〉(1804년 4월 25일 이전 추정)과 〈四月二十六日遊金谷作〉(1804년 4월 26일)에 이어서 〈午酌〉(1804년 5~6월 추정), 〈七悔〉(1804년 5~6월 추정), 〈憎蚊〉(1804년 5~6월 추정) 등의 시가 있고(이상 《여유당집》 문집 제4책 제3권 수록), 〈憎蚊〉에 이어서 제5책 제1권 처음에 〈曉坐〉(1804년 6월 말엽 추정)가 있다. 〈曉坐〉의 시기에 대하여 이전에는 바로 다음의 시가 〈七月三日寫景〉인 점에서 막연히 1804년 7월 3일 이전이라고 하였으나,[289] "缺月生殘夜清光能幾何"라는 구절로 보아서 음력 6월 말엽으로 보는 것이 타당하겠다. 바로 뒤의 시 〈七月三日寫景〉의 시기가 7월 3일인 것과도 잘 들어맞는다. 규장각본 《여유당집》 필사본에는 누락되어 있으나 《여유당전서》본에는 〈憎蚊〉과 〈曉坐〉 사이에 장편의 〈夏日對酒〉가 실려 있다. 규장각 필사본에 왜 〈夏日對酒〉가 누락되었는지 이유를 알기 어려우나, 1804년 여름 작임이 분명하다. 〈夏日對酒〉에는 "甲子夏 在康津"의 주가 달려 있기 때문이다. 따라서 1804년 여름에 지은 시로 〈馬生角〉(4월 25일 이전 추정), 〈四月二十六日遊金谷作〉(1804년 4월 26일), 〈午酌〉(1804년 5~6월 추정), 〈七悔〉(1804년 5~6월 추정), 〈憎蚊〉(1804년 5~6월 추정), 〈夏日對酒〉(1804년 5~6월 추정), 〈曉坐〉(1804년 6월 말엽 추

---

288) 조성을, 2004, 152쪽.
289) 조성을, 위의 책, 153쪽.

정)이 확인된다.

1804년 여름에는 《喪禮四箋》 작업을 계속하는 동시에 《周易四箋》 편찬을 위한 차록箚錄 작업도 시작하였다. 이 두 작업에 몰두하느라 매우 바빴을 것인데도 비교적 적지 않은 시가 이루어졌음을 알 수 있다. 〈周易四箋序〉에 따르면 1804년 여름 《周易》에 대한 차록 작업을 시작하였다(余於甲子陽復之日(嘉慶九年癸亥冬) 在康津始讀易 是年夏 始有箚錄之工 至冬而畢[凡八卷] 此甲子本也). 앞에서 언급하였듯이 《周易》을 읽는 일은 1803년 11월 10일(동지)에 시작하였으며, 위의 인용문에서 보듯이 뒤에서 다시 언급하겠지만 1804년 겨울 《周易四箋》(甲子本)이 이루어졌다.

그리고 〈喪禮四箋序〉에 10월(계미일; 1804년 10월 계해일은 10월 8일)에 《喪禮四箋》 60권이 이루어졌다(共六十卷 合而名之曰喪禮四箋…今上卽祚之四年(卽嘉慶甲子)冬十月癸未 洌水丁鏞序). 이것은 초고본이고 계속 수정 작업이 이루어졌으며 《周易四箋》에 대하여도 몇 차례 수정 증보 작업이 이루어졌다. 어쨌든 1804년 여름에는 《周易四箋》의 차록 작업과 《喪禮四箋》 작업을 병행하고 있었다고 보아야 할 것이다. 한편 1804년 여름까지도 조정에서 정약용에 대한 공격은 계속되고 있었다.

이 해 가을에 지은 시로 〈七月三日寫景〉(1804년 7월 3일), 〈獨笑〉(1804년 7월 3일~7월 7일 또는 5일 무렵 추정), 〈蛾生〉(1804년 7월 7일), 〈憂來〉(1804년 7월 7일과 8월 19일 사이 추정), 〈遣憂〉(1804년 7월 7일과 8월 19일 사이 추정), 〈久雨〉(1804년 7월 7일과 8월 19일 사이 추정), 〈八月十九日 夢得一詩 唯第七第八句 未瑩覺而足之〉(1804년 8월 19일), 〈天氣甚佳 將游金谷或登北山 旣已無與共者 愴然懷舊 遂止不往 率爾成篇〉(1804년 9월 1일 추정), 〈送別〉(1804년 9월 3일 또는 4일 추정), 〈九月五日復游金谷作〉(1804년 9월 5일) 등의 시를 지었다.

〈蛾生〉은 규장각 필사본에는 누락되어 있으나 《여유당전서》본에 〈七月三日寫景〉과 〈獨笑〉 다음에 실려 있으며, "甲子七夕"이라는 원주가 붙어 있으므로 1804년 7월 7일 지은 것임을 알 수 있다.[290] 《여유당전서》본에 따르면 〈七月三日寫景〉과 〈蛾生〉 사이에 〈獨笑〉라는 시가 있다. 따라서 이 시 〈獨笑〉는 1804

---

290) 조성을, 위의 책, 153쪽.

년 7월 3일과 7월 7일 사이(7월 5일 무렵 추정)에 지은 것이다. 이상을 정리하면 저작 시기는 각기 〈七月三日寫景〉(1804년 7월 3일), 〈獨笑〉(1804년 7월 3일~7월 7일), 〈蛾生〉(1804년 7월 7일)으로 추정할 수 있다.

다음으로 〈蛾生〉과 〈八月十九日 夢得一詩 唯第七第八句 未瑩覺而足之〉 사이에 〈憂來〉, 〈遣憂〉, 〈久雨〉의 시가 있다. 이들 시는 배치 순서로 보아 1804년 7월 7일과 8월 19일 사이에 지은 것이 된다. 한편 〈憂來〉(1804년 7월 7일과 8월 19일 사이)에는 "詩 箋易"이라고 원주가 붙어 있다. 1804년 여름 《周易四箋》을 위한 차록 작업을 시작하였는데(1804년 여름 부분 참조), 이 해 겨울(12월 하순 추정)에 완료하였다는 〈周易四箋序〉의 언급과 합치된다(12월 부분 참조). 따라서 이 해 가을(7~9월)의 활동으로는 《喪禮四箋》 마무리 작업(10월 8일 완료)과 《周易四箋》을 위한 작업에 몰두하고 있었던 것을 들 수 있다(1804년 10월 부분 및 겨울 부분 참조). 그러면서도 적지 않은 시를 지었다.

〈天氣甚佳 將游金谷或登北山 旣已無與共者 愴然懷舊 遂止不往 率爾成篇〉(1804년 9월 1일 추정), 〈送別〉(1804년 9월 3일 또는 4일 추정), 〈九月五日 復游金谷作〉(1804년 9월 5일 추정) 가운데 〈九月五日 復游金谷作〉은 제목에서 1804년 9월 5일 작임을 알 수 있고, 〈天氣甚佳 將游金谷或登北山 旣已無與共者 愴然懷舊 遂止不往 率爾成篇〉은 시의 내용과 배치 순서로 보아 1804년 9월 1일 작으로 추정된다. 따라서 〈送別〉은 9월 2~4일 사이의 작으로 볼 수 있는데 9월 2일은 《讀禮通考箋註》 작업을 하고 있었으므로, 1804년 9월 3일 또는 4일로 날짜를 추정하였다.

이 해 1804년 겨울에는 시가 없다. 이것은 《周易四箋》 작업에 전념하였기 때문이라고 생각된다. 정약용은 《周易四箋》 작업을 할 때 오로지 이 일만을 생각하였다고 한다. 앞에서 이미 언급하였지만 1804년 겨울 《周易四箋》(甲子本)이 이루어졌다(余於甲子陽復之日(嘉慶九年癸亥冬) 在康津始讀易 是年夏 始有箚錄之工 至冬而畢 [凡八卷] 此甲子本也). 《周易》을 읽는 일은 1803년 11월 10일(동지)에 시작하였으며 1804년 여름 《周易四箋》을 위한 차록 작업을 시작하였다. 1804년 겨울에 《周易四箋》(갑자본=초고본)이 완성되었다면 매우 빠른 시간 안에 작업이 이루어진 것이다. 1804년 10월 28일 《喪禮四箋》(초고본) 작업이 이루어진 뒤에는 《周易四箋》 작업에 집중하여 이 작업에 전념하였던 것으로 볼 수 있다. 《周易四箋》 갑자본의 차록 작업은 이 해 1804년 여름에 시작된 것이므로, 《喪禮四箋》 초고본 작업 완료(10월 28일)보다 늦은 시기에 《周易四箋》(갑자본) 작업이 완료된 것으로 보는 것이 온당하다.

　1804년 10월 28일《喪禮四箋》(초고본)에 작업이 완료되었으므로, 이후 1804년 겨울 동안 오로지《周易四箋》(갑자본) 작업에 몰두하였다고 하겠다. 8권이 되는 분량이므로 1804년 여름에 이미 차록 작업이 시작되었고, 10월 9일 이후에는 오로지《周易四箋》(갑자본) 작업만 하였다고 하더라도 12월 하순 쯤에 이루어진 것으로 보는 것이 온당하겠다.

　강진에서 《讀禮通考》 등 예서를 본격적으로 연구하기 시작한 것은 1802년 4월 말 이후이며, 《喪禮四箋》(초고본)이 완성된 것은 1804년 10월 28일이고, 《周易》을 읽기 시작한 것은 1803년 11월 10일(동짓날)이다. 그리고 1804년 여름《周易四箋》(갑자본)을 위한 차록 작업을 시작하였고, 1804년 10월 29일 이후에는 오로지 이 작업에만 몰두하여 이 해 12월 하순 무렵 완성한 것으로 추정된다. 1804년 10월 29일 이후 12월 하순 완성 때까지는《周易》말고 다른 작업은 하지 않아서 비교적 단시간에 《周易四箋》(갑자본) 작업이 완료된 것으로 볼 수 있겠다. 여기에는 초인적 노력이 경주되었다고 하겠다.

1805년 _乙丑, 순조 5 _44세
: 이 해에는 윤6월이 있었다.

1월 12일: 대왕대비 경주김씨 승하하다.

　(가) "大王大妃 昇遐于景福殿" _《실록》순조 5년 1월 12일

　🕭 1805년 1월 대왕대비의 승하로 노론 벽파는 이제 의지할 수 있는 가장 큰 기둥을 잃게 되어 급격히 세력을 상실하였다.

1월 하순(또는 2월 초중순 추정): 보은산방寶恩山房에 놀러가다.

　(가) 〈春日游寶恩山房〉 _《전서》시문집, 1805년 1월 하순 또는 2월 초중순 추정

　🕭 (가)의 저작 시기에 대하여는 1805년의 저작과 활동 부분 참조.

2월 6일: 영중추부사領中樞府事 이병모 파직되다.

　(가) "罷領中樞府事李秉模職" _《실록》순조 5년 2월 6일

卍 이병모가 파직됨으로써 노론 벽파는 다시 중요한 기둥을 하나 잃게 되었다. 대왕대비의 승하 직후 이 조처가 취해진 것이 주목된다. 그러나 이병모는 곧 복직되며 이 해 겨울에는 영의정에 임명되기도 한다. 아마도 노론 시파에서 일시적으로 유화적인 제스츄어를 취한 것이고 노론 벽파를 분열시키기 위한 시도로도 보인다. 이 해 겨울 무렵에 가서는 우의정 김달순(안동김문이면서도 대왕대비 정순왕후의 측근 노릇을 하여 왔음)이 계속 사직소를 올리는데, 이것과 이병모의 영의정 임명과도 상관관계가 있는 것으로 여겨진다. 영의정으로 임명된 이병모 역시 계속 사직을 원하였다. 어쩌면 이병모는 자기 손으로 대왕대비의 측근들을 제거하여야 하는 위치에 있게 되었으므로, 그 역시 사직을 계속 요청한 것으로 여겨진다. 결국 김달순은 제거되었다. 이것을 계기로 정권은 완전히 안동김문 쪽으로 넘어가게 되었다.

2월 하순 무렵(추정): 《周易四箋》(을축본)을 둘째형 정약전에게 보내다.

(가) 〈周易四解序〉 _《전서》 시문집, 1805년 3월 정약전 작

卍 정약전이 1805년 3월에 (가)를 쓰고 있었으므로(저작 시기는 1805년 3월 부분 참조), 《周易四箋》(을축본)을 정약전에게 보낸 시기를 대략 1805년 2월 하순 무렵으로 추정해 보았다. 1805년 1월 초에서 2월 하순 무렵까지는 정약용의 별다른 활동이 추적되지 않는다. 1804년 12월 완성된 《周易四箋》(을축본)의 보완 작업을 하고 있었을 가능성이 크다. 이리하여 보완된 것이 을축본이고 이것을 1805년 2월 하순 무렵 흑산도의 정약전에게 보낸 것으로 추정된다.

2월 말 무렵(추정): 어느 승려에게 꽃구경을 가자고 의논하다.

(가) 〈對雨用前韻〉(留僧議訪花) _《전서》 시문집, 1805년 2월 말 무렵 추정

卍 (가)의 저작 시기에 대하여는 1805년의 저작과 활동부분 참조.

3월 일: 정약전이 《周易四箋》 을축본에 대하여 〈周易四解序〉를 쓰다.

(가) 〈周易四解序〉(巽菴 作, 上之五年 乙丑季春 仲兄若銓 書於巽館) _《전서》 시

Ⓦ 〈周易四解序〉는《여유당전서》에 실려 있으나 "巽菴 作"이라고 원주가 붙어 있고, 말미에 "上之五年 乙丑季春 仲兄若銓 書於巽館"이라는 언급이 있다. 1805년 3월 정약전이 흑산도에서 작성한 것임을 알 수 있다. 1805년 3월에 이 서문을 작성하였다면 대략 1805년 2월 하순 무렵 정약용이《周易四箋》을 강진에서 부쳤다고 추정되며, 〈周易四解序〉라는 제목으로 보아《周易四箋》의 원래 이름은《周易四解》이었을 수 있다.

정약용이 지은 〈題戊辰本〉에 "甲子…至冬而畢(凡八卷) 此甲子本也 甲子本 四義 雖具粗略 不完遂毀之 明年改纂之(亦八卷) 此乙丑本也(此本在羅州海中)"이라는 언급이 있다. 1804년 겨울《周易四箋》(갑자본)이 완성되었으나, 불만을 느껴 폐지하고 다시 작업을 하여 을축본을 지었음을 알 수 있다. 을축본이 "羅州 海中"에 있다고 하였으므로, 바로 을축본을 정약전에게 보냈고 이에 대한 서문을 정약전이 3월에 썼음을 알 수 있다. 1805년 3월에 서문을 썼다면 읽는데 시간이 걸렸을 것이고 강진에서 흑산도로 가는 데에도 시간이 걸렸을 것이므로, 어림잡아 2월 하순 무렵에 보낸 것으로 추정된다. 따라서 1804년 겨울 갑자본이 완성된 이후 어림잡아 1805년 1월과 2월 중순 무렵까지 다시 을축본 작업을 하고 있었다고 생각된다. 을축본은 새로 쓰는 것이라기보다는 갑자본을 수정·보완하는 작업이었을 것이다.

3월 일: 정약용이 〈正體傳重辨〉(을축본) 작업에 착수하다(추정).

Ⓦ 다음의 1805년의 저작과 활동 부분 참조.

3월 22일: 김이교, 박제가, 이익운 등을 모두 방면하라는 교서가 내리다.
(가) "敎曰…金履喬…朴齊家…李益運 竝放"_《실록》순조 5년 2월 6일

Ⓦ 김이교는 안동가문으로서 정약용과 개인적으로 가까우며, 노론이지만 시파로서 노론 강경파가 주도하는 정국에서 유배되었다(안동김문에 대한 견제). 김이교는 1804년 9월 유배가 풀려 돌아가는 길에 강진으로 가 정약용을 방문하였다(1804년 9월 3일 또는 4일 부분 참조). 1804년 가을 유배에서 풀렸으나 완전히 방면된 것은 아니고 향리에 돌아가 있으라는 명령을 받은

것으로 생각된다(그러나 1805년 3월 김이교가 유배에서 풀린 것이라면 1804년 9월 정약용을 방문한 사람은 김이재일 가능성이 크다). 박제가 역시 개인적으로 정약용과 가까우며, 1801년 대왕대비를 비난한 글을 쓴 임시발 사건에 연루되어 유배되었다. 박제가 역시 1805년 3월에 앞서 해배되어 향리에 있다가 이때 완전히 방면된 것으로 여겨진다. 임시발 사건은 노론 시파를 겨냥하는 성격이 있었으므로, 박제가를 방면한 것은 역시 노론 시파의 득세와 관련된다고 하겠다. 이익운은 원래 남인으로서 정조 대에는 정약용 등 "신서파"를 보호하려는 입장을 가졌으나, 신유교안 이후 태도를 바꾸어 신서파를 공격하여 살 길을 찾으려 하였다. 그럼에도 결국 노론 벽파에 의하여 제거되었다가 노론 시파로 권력이 이동되는 과정에서 방면된 것으로 볼 수 있겠다. 1805년 3월 23일에는 또 채제공의 양자 채홍원을 소석疏釋하라는 명에 대한 반발이 있었으나, 국왕은 채홍원에 대한 명을 그대로 집행하도록 하였다(《실록》 순조 5년 3월 23일). 이런 반대가 있었던 것은 아직 노론 벽파 세력이 밀리고는 있었으나 여전히 살아 있었음을 의미한다.

4월 1일: 제자 황상에게 4월 1일부터 30일까지 매일 부賦를 1수씩 짓게 하다.

🔅 정약용이 황상으로 하여금 1804년 5월의 〈설부〉를 시작으로 하여 1805년에는 4월 1일부터 4월 30일까지 매일 1수씩 30수의 부를 짓게 하였다고 한다. 1804년 4월 일 조 참조

4월 17일: ① 정약용이 백련사에 노닐며 혜장을 짐짓 모르는 척하고 보다. ② 혜장이 정약용이었음을 알고 찾아오다. ③ 찾아온 혜장과 함께 자며 《周易》을 논하다.

(가) 〈四月十七日 游白蓮社〉 _《전서》 시문집, 1805년 4월 17일

(나) "辛未秋得病 以九月旣望 示寂于北菴… 厥明年冬 二徒以其狀至日… 先生不可以不銘"〈兒巖藏公塔銘〉 _《전서》 시문집, 1812년 겨울

🔅 1805년 4월 17일부터 정약용과 혜장의 교유가 시작되었고 혜장은 1811년 9월 16일 입적하였다. 그 사이 혜장은 정약용에게서 학문적 도움을 받는 한편 정약용에게 많은 도움을 주었다. 정약용은 그를 통해 불교 경전을

얻어 볼 수 있었다. 이로써 주자성리학과 불교 경전과의 유사성을 발견할 수 있게 하여 주자성리학에 대한 자신의 비판적 입장에 더욱 확신을 갖게 하였다. 정약용이 혜장과 교유를 통해 불교와 관련해 영향을 받은 부분을 추적해 볼 필요는 있다. 그러나 이런 부분이 있다면 상당히 은폐된 모습으로 표현되었을 수 있다. 이와 달리 혜장은 정약용과 교유를 통해 불교에 대한 회의를 느끼게 된 것으로 여겨진다.

4월 18일: 혜장과 헤어지며 시를 지어 주다.

(가) 〈贈惠藏上人〉 _《전서》 시문집, 1805년 4월 18일 추정

ⓦ 필자는 〈贈惠藏上人〉의 저작 시기를 1805년 4월 17일 혜장을 만났을 때라고 하였다.[291] 그러나 하룻밤 같이 묵은 뒤 1805년 4월 18일 혜장과 헤어지며 지은 시였을 것이라고 보는 것이 더 타당하다고 생각된다. 한편 1805년 4월 중에도 3월에 이어서 〈正體傳重辨〉 작업에 종사하고 있었다고 생각된다.

5월 3일: 정약전이 정약용에게 편지를 쓰다.

(가) 〈寄茶山〉(제1서) _정약전 작 《여유당집》 잡문후편 제4책, 1805년 5월 3일

ⓦ 아마도 이 편지는 거리로 보아서 5월 중순 무렵 도착하였을 것으로 추정된다. (가)는 3월 초순 무렵 《周易四箋》(을축본)을 받은 이후의 답서이다. 정약전이 〈周易四解序〉를 쓴 시기는 1805년 3월이었다. 정약전이 1805년 5월 3일 (가)와 함께 〈周易四解序〉를 보냈을 가능성이 크다. 하지만 1805년 3월 〈周易四解序〉를 써서 바로 보내어 이것이 강진에 대략 4월 무렵에는 도착하였고, 이후 1805년 5월 3일 정약전이 다시 (가)를 써서 보냈을 가능성도 생각해 볼 수 있다.

5월 12일: 정약용 형제에 대한 공격이 조정에서 재개되다.

(가) "請黑山島島配罪人若銓·康津縣定配罪人若鏞…設鞫嚴問" _《승기》 순조 5년 5월 12일

ⓦ 《승정원일기》에 따르면 이어서 1805년 5월 14일에도 마찬가지 공

---

291) 조성을, 2004, 155쪽.

격이 있었고 1805년 6월 2일, 윤6월 10일, 윤6월 13일, 윤6월 27일까지
도 계속되었다.

5월 하순 무렵(추정): 〈正體傳重辨〉 작업을 완료하다.

(가) "五年乙丑…夏 正體傳重辨成 一名己亥邦禮辨凡三卷" _《사암연보》138쪽

(나) "嘉慶辛酉夏 余在長鬐謫中 嘗有所論著…尋逸於冬獄中[황사영 옥]…越五年乙丑
夏 復理前說 爲正體傳重辨 今十年于玆矣[1814]" 〈正體傳重辨〉(1),《전서》 시문집,
1805년 5월 하순 무렵

(다)〈正體傳重辨〉(3)(己卯 中春) _《전서》 시문집, 1819년 2월

✣ (가)에 따르면 1805년 여름이라고만 되어 있으나, 1805년 3월 무렵 작업
을 시작하였다면 3권 분량이므로 대략 5월 하순 무렵에는 작업을 완료할
수 있었을 것이다. 이 작업을 완료하고 나서 1805년 6월 초 혜장의 초청으
로 고성사로 간 것으로 볼 수 있겠다(6월 2일 부분 참조). 이 〈正體傳重辨〉은
정약용 자신이 지은 〈自撰墓誌銘〉의 체제로 볼 때 《喪禮外編》에 들어간
다.[292] 그러나 현재 《여유당전서》에 실린 (가)의 인용문을 보면, 초고본이
1801년 여름에 완성되었으나 이것은 1801년 겨울 황사영 옥사의 와중에서
잃어버렸다. 1805년 여름에 지은 것은 1801년 〈正體傳重辨〉의 수정본임을
알 수 있다. 더욱이 (다)는 "己卯 中春"이라고 날짜가 있으므로 이 책이 최종
적으로 1819년 2월에 완성된 것으로 보아야 할 것이다.[293]

6월 2일: ① 아암 혜장이 고성사高聲寺로 와서 사람을 보내다. ② 고성사에
가서 혜장을 만나다. ③ 고성사에서 혜장과 함께 숙박하다.

(가)《見月帖》

(나) 〈惠藏至高聲寺 遣其徒相報 余遂往逆之 値小雨留寺作〉 _《전서》 시문집,
1803년 6월 3일 새벽 무렵

✣ 정약용은 1805년 6월 2일부터 6월 7일까지 보은산방(고성사)에 머물렀

---

292) 조성을, 〈《여유당집》 예학관련 저작의 재구성과 연대고증〉, 앞의 논문, 115쪽 이하 참조.
293) 〈正體傳重辨〉에 대하여는 실시학사 경학연구회 편역, 《正體傳重辨》(한길사, 1995)을 참고
할 수 있다.

으며 혜장은 1805년 6월 3일 떠났다고 하였다.[294] 두 사람이 주고받은 시 문과 서한을 편집한 것이 두 개의 《見月帖》이라고 한다. 여기에 수록된 정 약용의 기록 "六月二日 臟公至高聲菴 遣其足相報 其意在余 唯城市厭也 余遂往 會 有小雨 得一夜譚娟 事類淸色 紀其始末 爲一編"은 (나)에서 언급한 것과 어림잡 아 일치한다. 따라서 (나)의 시는 1805년 6월 2일 혜장을 고성사로 찾아가 만난 뒤 지은 것임을 알 수 있다. 시의 내용으로 보면 두 사람은 밤새워 유 가 경전과 불교 경전을 논하였음을 알 수 있다. 정확히 말하면 (나)의 시는 1805년 6월 3일 새벽 무렵에 지은 것이라고 추정할 수 있겠다.

6월 3일: ① 혜장을 전송하다(오전 추정). ② 절(고성사)에 머무르다가 비를 만 나 시를 짓다(오후 추정). ③ 고성사에 숙박하다.

(가)〈送惠藏〉_《전서》 시문집, 1805년 6월 3일 오전 추정

(나)〈滯寺 六月三日値雨〉_《전서》 시문집, 1805년 6월 3일 오후 추정

 위 6월 2일 조에서 언급한 시 〈惠藏至高聲寺 遣其徒相報 余遂往逆之 値小雨 留寺作〉에 바로 이어서 《여유당집》 시율에 (가) 시와 (나)의 시가 바로 연이 어 배치되어 있다. 따라서 (가)는 6월 3일(오전 추정) 혜장을 전송하며 지은 시이고, (나)는 혜장을 보낸 뒤 같은 날(6월 3일 오후 추정) 지은 시임을 알 수 있다. 말할 것도 없이 (나)의 시에서 寺는 보은산방이 있었던 고성사 를 가리킨다고 할 수 있겠다. (나)에 따르면 6월 3일에 다시 비가 왔음을 알 수 있다. 이 비는 큰비로서 6월 4일과 5일에도 계속된 것으로 보인다(6 월 6일 부분 참조).

6월 4,5일: 고성사에 머무르고 숙박하다(추정).

 6월 6일 부분 참조.

6월 6일: 고성사에서 사의재로 돌아오다.

(가)《見月帖》

---

294) 정민, 《다산의 재발견》, 247~252쪽. 그러나 정약용은 6월 6일까지로 머무른 것으로 추정 된다. 이에 대하여는 6월 6일 조에서 다시 언급하기로 한다.

(나) 〈病鍾〉 _《전서》시문집, 1805년 6월 3일~6일 사이 추정

(다) 〈晚晴〉 _《전서》시문집, 1805년 6월 5일 저녁 추정

(라) 〈次韻寄黃裳寶恩山房〉 _《전서》시문집, 1805년 6월 6일 이후 여름 추정

🈯 (가)에는 정약용이 혜장에게 보낸 편지 〈答上人書〉(1805년 6월 7일)가 실려 있다. 이 편지는 1805년 6월 3일 고성사를 떠난 혜장이 편지를 보내오자 정약용이 답서로 보낸 것이다. 〈答上人書〉는 《여유당집》잡문에는 없다. 정민,《다산의 재발견》(697쪽)에서 재인용하면 다음과 같다. "滯雨山寺 凡五日始還 旅次得詩八九 無有相示 得書慰甚…十九日 山寺之行 當於此便相報也…六月七日" 이에 따르면 고성사에 체류한 지 닷새째에 비로소 사의재로 돌아온 것이 되므로, 돌아온 날은 1805년 6월 6일이 된다. 물론 6월 4일과 5일도 고성사에서 머무르고 숙박하였다고 볼 수 있겠다. 1805년 6월 6일 돌아온 뒤, 혜장의 편지를 받고 6월 7일 혜장에게 답장으로 쓴 것이 〈答上人書〉가 된다. 〈滯寺 六月三日值雨〉(1805년 6월 3일 작)에 바로 이어 (나) 시와 (다) 시가 연이어 실려 있다. (나)는 《見月帖》에 실려 있지 않고 (다)는 실려 있다.[295](나)와 (다) 모두 고성사에 머무르며 6월 3일에서 6월 6일 사이에 지은 것으로 추정할 수 있다. (나)는 내용으로 보아 고성사의 종鍾에 대하여 읊은 것이고, (다)는 사흘 동안 계속 비가 오고 1805년 6월 5일 저녁 무렵에야 겨우 비가 개어 지었을 것으로 볼[296]가능성이 매우 크다. 6월 5일 저녁에 비가 개었으므로 6일 아침 고성사를 내려온 것으로 보는 것이 온당하기 때문이다. (라)는 보은산방에 머물고 있는 황상에게 보낸 시이다. 이전에 배치 순서와 내용에 따라서 1805년 여름 6월 3일 이후 여름 사이에 지은 것으로 추정하였으나,[297] 더 좁혀서 1805년 6월 6일 보은산방에서 돌아온 이후 여름 사이로 비정하는 것이 좋겠다.

6월 7일: 혜장에게 보내는 답서 〈答上人書〉를 쓰다.

(가) 〈答上人書〉 _《見月帖》, 1805년 6월 7일

---

295) 정민,《다산의 재발견》, 247쪽.

296) 정민, 위의 책, 259쪽.

297) 조성을, 2004, 156~157쪽.

(가)에 "滯雨山寺 凡五日始還 旅次得時八九 無有相示 得書慰甚…十九日 山寺之
行 當於此便相報也…六月七日"이라는 구절이 있으므로, 1805년 6월 7일 혜장
에게 답서를 보냈음을 알 수 있다. 이 편지에 혜장에게《楞嚴經》을 빌려달
라고 하는 부탁이 실려 있다.

6월 19일: ① 고성사(보은산방)에서 혜장과 만나다(추정). ② 고성사에서 혜
장과 함께 숙박하다(추정).

(가)〈答上人書〉 _《見月帖》, 1805년 6월 7일

✿ (가)에 '十九日 山寺之行'이라는 구절을 보면 1805년 6월 19일 정약용이 다
시 고성사로 가서 혜장을 만났다고 추정할 수 있다. 물론 이 약속이 취소
되었을 수도 있지만, 특별한 이유 없이 취소되지는 않았을 것이므로 6월
19일 만났을 가능성이 크다. 그리고 고성사에서 만났다면 이곳에서 같이
일박하였을 가능성도 매우 크다.

윤6월 일:

✿ 특별한 행적이 추적되지 않으며, 1805년 윤6월에도 조정에서 정약용 형
제에 대한 공격이 계속되고 있었다.

7월 일:

✿ 특별한 행적이 추적되지 않으며,《승정원일기》에 따르면 1805년 7월 15
일에도 조정에서 정약용 형제에 대한 공격이 있었다.

8월 일:

✿ 특별한 행적이 추적되지 않는다.

9월 16일: ① 김세준金世俊, 황상黃裳을 거느리고 정수사淨水寺에 놀러가는
길에 남성南城을 지나다. ② 정수사 가는 길에 남당포南塘浦와
가령假嶺을 지나다(추정). ③ 정수사에 숙박하다(추정).

(가)〈九月十六日 携兩少年(金世俊·黃裳) 游淨水寺 過南城作〉 _《전서》시문집,
1805년 9월 16일

(나) 〈過南塘浦〉 _《전서》 시문집, 1805년 9월 16일

(다) 〈暮踰椵嶺〉 _《전서》 시문집, 1805년 9월 16일 저녁

(라) 〈抵寺〉 _《전서》 시문집, 1805년 9월 16일 밤

Ⓥ (가), (나), (다), (라)의 시로 보아 이날 1805년 9월 16일 정약용의 일정이 확인된다. 이들 시의 구체적 저작 시기에 대하여는 1805년의 저작과 활동 가을 부분 참조. 한편 《승정원일기》에 따르면 1805년 9월 16일과 17일에도 조정에서 정약용에 대한 공격이 있었다.

9월 17일: 정수사에서 돌아오다(추정).

(가) 〈抵寺〉 _《전서》 시문집, 1805년 9월 16일 밤

Ⓥ 1805년 9월 16일 밤 정수사에서 묵었다면, 9월 17일 돌아온 것으로 추정할 수 있다(1805년의 저작과 활동 가을 부분 참조).

9월 19일: 정학연이 초천을 출발하여 강진으로 향하다.

(가) "嘉慶乙丑冬十月 學淵內覲于康津謫中(九月十九日 自酉山離發 就路自京 十月初三日 來康 津 旣數日而謂之曰 余所不朽 唯禮與易 余其授汝… 初九日至寶恩山房(高聲菴) 居僧只九人 學易學禮 夜以繼日 或有疑懷隨有質問 錄其所答 僧菴問答" _〈승암문답〉,《열수전서》속집6

(나) 〈學稼來 攜至寶恩山房有作〉 _《전서》 시문집, 1805년 10월 9일

Ⓥ (가)에 따르면 정학연이 유산(초천)을 출발한 것은 1805년 9월 19일이며 서울을 경유하여 강진에 도착한 것은 1805년 10월 3일이었음을 알 수 있다. 또 강진에 도착하고 나서 보은산방(고성사)으로 옮긴 것은 10월 9일이었음도 알 수 있다. (나)는 정학연을 데리고 고성사에 가서 지은 시이므로 시기는 1805년 10월 9일이다. 정약용이 정학연에게 《易》과 《禮》를 가르쳐 주겠다고 한 것은 도착 며칠 뒤이므로, 1805년 10월 5일 또는 6일이었을 가능성이 크다. 10월 9일에 가게 된 것은 고성사 측에 사전 양해를 구하는 데 시간이 걸렸기 때문일 것이다.

한편 정학연이 1805년 9월 19일 초천을 출발하여 10월 3일 도착한 것으로 보아서 아마도 서울에 며칠 머물렀을 가능성이 있다. 이때 정학연의 행

로는 《三倉館集》(을축집)으로 추정할 수 있다. 여기에는 〈寄宿東郊 誰家山莊〉(1805년 9월 19일), 〈曉發華城〉, 〈赤泥歎〉, 〈宿廣亭〉, 〈渡錦江〉, 〈午憩蘆嶺店〉 등의 시가 수록되어 있다. 9월 19일 초천을 떠나 당일 서울의 동교東郊에서 숙박하였고(〈寄宿東郊 誰家山莊〉), 서울에서 며칠 지내고(추정) 나서 출발하여 수원에서 숙박하고 새벽에 떠났음을 알 수 있다(〈曉發華城〉). 이어지는 시 〈赤泥歎〉에 "昨日停驂慰禮城", "通水院邊無寸乾", "眞溪驛前復十倍" 등의 구절이 있는 것으로 보아 위례성(직산)-통수원-진계역을 거쳤음을 알 수 있다. 정약용은 위례성을 직산으로 보는 비정이 잘못되었음을 《我邦疆域考》에서 고증하였으나, 정학연은 이때에는 아직 아버지로부터 이런 말을 듣지 못한 것 같다. 〈赤泥歎〉에서 말한 "慰禮城"을 직산이라고 한 것은 다음의 시 〈宿廣亭〉에서 "晚踰車嶺便停行 瀟淨房溫慰客情"이라고 하여 차령을 넘는 언급이 나오기 때문이다. 수원 이남 차령 이북에 있는 위례성은 직산의 위례성을 가리킬 수밖에 없다. 새벽 수원을 출발한 정학연은 직산-통수원-진계역의 경로를 거친 뒤에 광정廣亭에서 숙박하였음을 알 수 있다. 〈宿廣亭〉 뒤에 〈渡錦江〉, 〈午憩蘆嶺店〉의 시가 이어지므로 광정에서 숙박한 뒤 금강을 건넜고 다시 노령을 넘어 강진으로 갔음을 알 수 있다.

10월 3일: 큰아들 정학연이 강진에 당도하다(9월 19일 초천 출발).

(가) "嘉慶乙丑冬十月 學淵來覲于康津謫中(九月十九日 自西山離發 就路自京 十月初三日 來康津 既數日而謂之曰 余所不朽 唯禮與易 余其授汝…初九日 至寶恩山房(高聲菴) 居僧凡九人 學易學禮 夜以繼日 或有疑懷 隨有質 問錄其所答 僧菴問答" _〈僧菴問答〉, 《열수전서》속집6

🔹 정학연이 이번에 강진에 온 것은 두 번째이다. (가)에서 1805년 10월 3일에 도착하였음을 알 수 있다. (가)는 《여유당전서》본에는 예집(其3)에 "〈禮疑問答〉"이라는 제목으로 실려 있다. 그리고 1802년 4월 부분에서 언급하였듯이 1802년 봄과 1805년 겨울 사이에 정약용의 예에 대한 견해의 변화, 발전이 있었던 것으로 여겨지며, 질문 가운데에는 일부 윤종영의 것도 있으므로 예에 대한 문답에는 큰아들 정학연만이 아니라 윤종영도 참여하였을 가능성이 있다.

10월 9일: 큰아들 정학연을 데리고 보은산방으로 가다. 이후 겨울 동안 《周易》과 《禮》 연구에 몰두하다.

(가) 〈學稼來 攜至寶恩山房有作〉 _《전서》 시문집, 1805년 10월 9일 추정

(나) "嘉慶乙丑冬十月 學淵內覲于康津謫中(九月十九日 自酉山離發 就路自京十月初三日 來 康津 旣數日而謂之曰 余所不朽 唯禮與易 余其授汝…初九日至寶恩山房(高聲菴) 居僧只九人 學易學禮 夜以繼日 或有疑懷 隨有質問 錄其所答 僧菴問答" _〈승암문답〉《열수전서》속집6

Ⓧ (나)에서 보면 1805년 10월 9일 보은산방(고성사=고성암)으로 갔음을 알 수 있다. 거처를 강진 동문 밖 사의재에서 보은산방으로 옮긴 정약용은 정학연과 《周易》과 《禮》에 대하여 문답하였다.

11월 일: 1805년 10월에 이어서 11월에도 《周易》과 《禮》에 대하여 문답하면서 〈僧菴問答〉 작업에 몰두하다.

Ⓧ 1805년 10월 9일 이후 11월에 걸쳐 《周易》과 《禮》에 대하여 문답하면서 〈僧菴問答〉 작업에 몰두하고 있었을 것으로 추정된다. 이 작업은 12월 중순 무렵 끝난 것으로 추정된다(12월 중순 부분).

12월 중순 무렵(추정): 〈僧菴問答〉이 완성되다.

Ⓧ 정학연 일행이 두륜산 기행을 떠나는 것은 〈僧菴問答〉 정리 작업이 끝난 다음이라고 생각하는 것이 합리적이다. 뒤에서 볼 것처럼 1805년 12월 18일 무렵(입춘 후 3일)에 혜장이 고성사에 찾아왔고, 1805년 12월 24일 정학연 일행이 혜장과 함께 두륜산 기행을 떠났다. 〈僧菴問答〉 작업이 끝난 것을 대략 1805년 12월 18일 이전, 12월 중순으로 무렵으로 추정하여 둔다.

12월 18일(무렵): ① 혜장이 고성사로 정약용을 찾아오다. ② 정약용이 혜장, 정학연, 황상 등과 함께 시를 짓다.

(가) 〈藏相人至〉 _《전서》 시문집, 1805년 12월 18일 무렵 추정

(나) 〈立春後三日 余在寶恩山房 藏上人見過 小雪初霽 山野淸寂 戱爲 聯句以述其事學稼與焉〉 _《전서》 시문집, 1805년 12월 18일 무렵 추정

(다) 〈立春後三日 陪家君在寶恩山房 山野淸寂 拈韻聯句 藏上人·黃裳偕焉〉_
《전서》 시문집, 1805년 12월 18일 무렵 추정

🜂 1805년 겨울의 입춘일은 대략 12월 16일(무렵)로 추정된다. 양력으로 2월
4일 무렵이 대체로 입춘인데 1806년 2월 4일은 음력으로 1805년 12월 16일
이었다. (나)와 (다)의 시 제목에서 입춘 뒤 3일째 되는 날(12월 18일 무렵)에
(나), (다)의 시를 지었음을 알 수 있고, 혜장이 당도한 것이므로 (가)의 시
도 당일 1805년 12월 18일(무렵)에 지었음을 알 수 있다. (가), (나), (다) 시들
의 제목에서 위의 사실이 확인된다.

12월 19일(무렵; 입춘 후 사일) : 입춘에서 나흘째 되는 날 1805년 12월 19일
(무렵) 정학연이 위의 시를 지었음을 알 수 있다.

(가) 정학연, 〈立春後四日言懷〉 _《다산학단문헌집성》1 (삼창관집), 1805년 12월 19일 무
렵 추정

12월 24일 : ① 혜장이 고성암高聲菴에서 두륜산頭輪山으로 돌아가다(24일).
② 이때 정학연과 황상이 동행하여 대둔사로 가다(가령점 경유).
③ 황상과 함께 대둔사 표충원에 숙박하다(추정). ④ 혜장은 대
둔사의 상원上院으로 가다.

(가) "嘉慶乙丑季冬 日維癸卯二十四日 烟波藏上人 自高聲菴 辭歸頭輪余與黃
裳從之至洞門 旭日始舒…行三十里 午正至椵嶺占 點飯 又行三十里 始見
頭輪山…入洞口…路轉九曲 橋凡九渡 始見佛展…昏黑入表忠院"_정학연 저,
〈游頭輪山記〉《다산학단문헌집성》1

🜂 정학연이 1805년 12월 나흘 동안 두륜산에 노닌 것을 기록한 것이 〈游頭
輪山記〉이다.[298] 일단 〈僧菴問答〉 작업이 끝난 뒤에 출발한 것으로 보아야 할
것이다. (가)에 따르면 1805년 12월 24일 가령점을 거쳐 대둔사에 도착하였
음을 알 수 있다. 아마도 이날 12월 24일 밤은 혜장의 주선으로 황상과 함
께 대둔사에서 숙박하였을 것이다. (가)에서 "昏黑入表忠院"이라고 한 것으로
보아서 대둔사 가운데에서도 표충원에서 숙박하였을 가능성이 있다.

298) 정민, 〈1805년 정학연의 두륜산 유람 시문〉, 《문헌과 해석》47, 2009년 여름 참조.

1859년 1월 작 〈憶昔遊〉(〈공후인시첩〉1수, 허련 〈운림묵연〉 4수)에서의 추억에 따르면 정학연은 24세(1805) 때 대둔산 유람을 하였으며 정씨丁氏 승려 호의縞衣와 만났으며 이때 남암南菴에 있던 호의가 정학연에게 따뜻한 점심을 대접하였다고 한다(1805년 겨울 정약용과 혜장, 혜장과 정학연의 교유에 대하여는 1805년의 저작과 활동 겨울 부분 참조).

12월 25일: ① 정학연이 수룡색성袖龍賾性의 안내로 황상과 함께 상원으로 가다. ② 정학연이 상원에서 숙박하다(추정).

(가) "廿五日曉 有霧旣淸 山氣益佳 入影堂 觀西山·四溟兩大師眞" _정학연 저 〈游頭輪山記〉, 《다산학단문헌집성》1, 1805년 12월 25일 밤

(나) 〈游頭輪山大屯寺訪藏上人〉 _정학연 저 〈游頭輪山記〉, 《다산학단문헌집성》1, 1805년 12월 25일 밤

⌀ (나)는 이날 1805년 12월 25일 밤 정학연이 혜장과 함께 하고서 지은 시로 보아야 할 것이다. 이날 상원에 도착하여 일단 혜장을 만난 다음 신월암新月菴, 진불암眞佛菴 등에 갔다가 다시 상원으로 돌아와 밤에 혜장이 간직하던 정약용의 시묵詩墨과 간독簡牘을 보았다. 이 이후에 시를 지은 것으로 보는 것이 타당하다고 하겠다.

12월 26일: ① 승려 색성賾性의 안내로 북암北菴, 만일암挽日菴, 갈연봉葛緣峰을 거쳐 두륜봉頭輪峰에 오르다. ② 상원에 돌아와 점심을 먹고 혜장과 함께 성도암成道菴으로 가다. ③ 돌아와 진불암에서 숙박하다.

(가) 〈游頭輪山記〉 _정학연 저, 《다산학단문헌집성》1

12월 27일: ① 정학연이 두륜산 기행을 마치고 밤에 고성사로 돌아오다. ② 김달순이 국왕에게 상소를 올려 노론 벽파의 의리를 분명하게 하라는 청을 하다.

(가) 〈游頭輪山記〉 _정학연 저, 《다산학단문헌집성》1

(나) "召見金達淳于誠正閤 達淳啓言" _《실록》 1805년 12월 27일

⌀ 1805년 1월 12일 정순왕후가 붕어(《순조실록》)한 이후 경주김씨와 벽파

에 대한 안동김씨 쪽의 공격이 강화되었다. 1805년 12월 8일 경주 김씨 계열의 김달순을 우의정으로 기용하였다. 이것은 아마도 이이제이以夷制夷 방식으로, 김달순을 통해 경주김씨 쪽을 치게 하려는 의도에서 나온 것으로 여겨진다. 김달순은 세 번 사직소를 올린 끝에 등청하여 12월 27일 의리를 분명하게 하라는 청을 국왕에게 하였다. 이것은 노론 벽파의 입장에서 한 것이다. 이듬해 1806년이 되자 조득영趙得永이 김달순을 비판하여 김달순은 사사賜死되었고 경주 김문의 김관주는 유배되었다가 사망하였다. 정순왕후의 백부 김한록 역시 사도제사를 모함하는 이른바 8자 흉언을 하였다고 연루되었으며 경주김씨 김일주도 유배되었다. 김이영에 따르면 이 8자 흉언은 김한록이 김의행·김교행과 나눈 이야기라고 한다. 이 1806년의 사건, 병인경화를 계기로 하여 대략 1806년 중엽 권력은 안동 김문이 장악하게 되었다. 조득영은 노론 벽파 제거에 공을 세워 가문에서 효명세자 빈을 내게 됨으로써, 뒷날 안동김씨와 대결할 수 있는 기반을 닦게 되었다. 이기경은 이때 운산군에 유배되었다(1806년 5월 4일 부분 참조). 1806년 중엽 이후 대세가 완전히 안동김씨 쪽으로 기울었음에도 불구하고 안동김씨 정권에서 홍용보가 요직을 차지한 것은 정약용의 해배가 지연되는 원인 가운데 하나가 되었다.

12월 말일(29일): 보은산방에서 시를 써서 맏아들 정학연에게 보여주다.

> (가) 〈將學稼在寶恩山院 遂値歲除 除之夜 心緒怊悵 率爾成篇 示兒〉 《전서》
> 시문집, 1805년 12월 29일

📑 1805년의 저작과 활동

　　1805년 꽃 피기 전 이른 봄 지은 시로 〈春日游寶恩山房〉(1월 하순 또는 2월 초·중순 추정), 〈過野人村居〉(1월 하순 또는 2월 초·중순 추정)가 있다. 〈過野人村居〉에 "小圃未舒花"라는 구절이 있어 이 두 시가 이른 봄에 지어진 것임을 알 수 있다.[299]이전에 단지 이른 봄이라고 추정하였으나, 강진은 남녘이므로, 아직 꽃이 피지 않았다면 음력 1월 하순(또는 2월 초·중순)으로 보는 것

---

299) 조성을, 2004, 154~155쪽.

이 타당하다고 여겨진다. 이 두 시 바로 뒤에 있는 〈對雨用前韻〉(1805년 2월 말 추정)에 "留僧議訪花"라는 구절이 있다. 꽃구경을 가자는 내용이므로 대략 음력 2월 말 무렵 꽃 피는 시기에 지은 것이라고 할 수 있겠다.

앞에서 언급한 바와 같이 2월 《周易四箋》(을축본) 작업을 끝낸 정약용이 3월에는 무엇을 하고 있었는지가 문제이다. 《사암연보》에 "五年乙丑…夏 正體傳重辨成 一名己亥邦禮辨凡三卷"(138쪽)이라고 되어 있으므로, 1805년 여름 〈正體傳重辨〉(3권)=〈己亥邦禮辨〉(을축본)을 완성하였음을 알 수 있다(〈己亥邦禮辨〉은 1801년 장기에서 지은 것도 있다. 이것은 1801년 겨울 황사영 백서 사건 때 잃어버렸음). 따라서 3월에는 이미 〈正體傳重辨〉(을축본; 3권) 저술 작업에 착수하고 있었을 가능성이 크다. 대략 1805년 2월 중순 무렵 《周易四箋》(을축본) 작업을 완료하여 2월 하순 무렵 흑산도의 정약전에게 보낸 것으로 추정되므로, 1805년 3월에는 이미 〈正體傳重辨〉(을축본) 3권 분량이 되는 작업에 착수하였다고 보는 것이 타당하겠다.

1805년 봄에 지은 시로 〈對雨用前韻〉(1805년 2월 말엽 추정)이 있다. 이 시에 바로 이어 〈四月十七日 游白蓮社〉(1805년 4월 17일)가 있으며, 〈四月十七日 游白蓮社〉에 바로 이어 〈贈惠藏上人〉(1805년 4월 18일 작)이 있다. 〈贈惠藏上人〉(1805년 4월 18일 작) 이후 1805년 6월 3일까지 〈次韻寄惠藏〉, 〈寄贈惠藏上人乞茗〉, 〈藏旣爲余製茶 適其徒磧性有贈 遂止不予 聊致怨詞 以徼卒惠〉, 〈謝磧性寄茶〉, 〈山居雜興二十首〉, 〈憶昔行寄惠藏〉, 〈和蘇長公東坡八首〉, 〈憶檜七十韻寄惠藏〉, 〈惠藏至高聲寺 遣其徒相報 余遂往逆之 値小雨留寺作〉(6월 2일), 〈送惠藏〉(6월 3일), 〈滯寺六月三日値雨〉(6월 3일) 등의 시가 있다. 혜장과의 교유하며 쓴 시가 많으며 혜장에게 차茶를 구하는 시도 있다. 이들 시는 대략 1805년 4월 하순에서 6월 3일 사이에 지은 것들이다.

위의 시들 가운데 〈惠藏至高聲寺 遣其徒相報 余遂往逆之 値小雨留寺作〉은 1805년 6월 2일 작이며, 〈送惠藏〉과 〈滯寺六月三日値雨〉는 6월 3일 작이다(6월 2일 및 6월 3일 부분 참조). 〈贈惠藏上人〉이 4월 18일 작이므로 위의 시들 가운데 〈次韻寄惠藏〉, 〈寄贈惠藏上人乞茗〉, 〈藏旣爲余製茶 適其徒磧性有贈 遂止不予 聊致怨詞 以徼卒惠〉, 〈謝磧性寄茶〉, 〈山居雜興二十首〉, 〈憶昔行寄惠藏〉, 〈和蘇長公東坡八首〉, 〈憶檜七十韻寄惠藏〉은 1805년 4월 18일에서 6월 1일까지 사이의 작품이라고

할 수 있다. 이 사이의 시들을 보면 정약용과 혜장 사이에 지속적인 교유가 있고, 정약용이 혜장에게서 차를 달라고 하여 차를 "색성賾性"이라는 승려로 부터 얻게 되었음을 알 수 있다. 〈山居雜興二十首〉라는 시로 보아 이 사이 정약용이 산에 머물렀음도 알 수 있는데 이 산거란 이 사이 잠시 고성사에 머문 것을 가리키는 것일 수도 있다.

1805년 6월 3일 이후 여름에 지은 시로 〈病鍾〉(1805년 6월 3일 이후 5일 이전), 〈晚晴〉(1805년 6월 5일 추정), 〈次韻寄黃裳寶恩山房〉(1805년 6월 6일 이후 여름 추정)이 있다. 〈次韻寄黃裳寶恩山房〉을 보면 1805년 여름 한때(6월 6일 정약용이 사의재로 돌아온 이후, 여름)에 지은 시로서, 정약용이 돌아온 이후 황상은 보은산방에 머물렀고 이때 그가 지은 시에 화답하여 정약용이 시를 써주었음을 알 수 있다. 〈次韻寄黃裳寶恩山房〉은 내용으로 보아 여름의 시이며 이 시 다음에 1805년 여름의 시는 없다. 이 시는 보은산방에서 공부하고 있던 황상이 정약용에게 보낸 시를 보고 지은 것이며, 정약용은 아울러 황상에게 그의 시를 치하하는 편지(제10서)를 보냈다.[300] 《다산의 재발견》에서는 〈次韻寄黃裳寶恩山房〉과 황상에게 보낸 편지(제10서)의 시기를 1805년 6월로 추정하였으나, 1805년에는 6월에 이어서 윤6월도 있었으므로 시기가 윤6월이었을 가능성도 있다. 《다산간찰집》(286쪽)에서는 "1805년 여름"이라고만 추정하였다.

이와 관련하여 《茶山與黃裳書簡帖》 제8서와 제9서의 시기를 추청해 보기로 한다. 제8서는 정약용이 자신의 학질에 대하여 말하고 황상에게 약방문을 보내어 약을 지어오라고 하는 내용이며, 제9서는 황상이 장가든 후 아내에게 빠져 문학 수업을 게을리 하는 것을 나무라는 내용이다. 내용과 배치 순서로 보아서 대략 1805년 봄에서 여름 사이의 편지들일 가능성이 있다. 제9서에서 꾸짖음에 반성하여 1805년 6월(또는 윤6월) 보은산방으로 공부하러 갔을 가능성도 생각하여 본다. 아울러 제11서, 제12서, 제13서에는 승려 은봉恩峰의 시를 칭찬하고 황상에게 그를 잘 지도하여 주라는 내용이 있다. 아마도 1805년 여름 황상이 보은산방에 머무르며 은봉을 알게 되고 그의 시를 정약용에게 전해주어 정약용이 은봉의 시를 보게 된 것으로 여겨진다. 제11

---

300) 정민, 《다산의 재발견》, 102쪽 및 129~130쪽.

서, 제12서, 제13서의 시기에 대하여 《다산의 재발견》에서 불명不明이라고 하였고(102쪽), 《다산간찰집》에서도 시기를 밝히지 않았다. 그러나 배치 순서와 내용으로 보아서 대략 1805년 여름에서 1806년 말 사이의 편지들일 가능성이 있다. 다만 정약용이 은봉을 알게 된 것은 혜장의 소개를 통하여서였을 가능성도 있다. 1805년 여름 기간의 잡문으로 〈答上人書〉(1805년 6월 7일; 혜장에게 보내는 편지)가 확인되기 때문이다. 어쨌든 정약용이 은봉을 알게 된 것은 대략 1805년 여름 6월 무렵부터였다고 생각된다. 이후 은봉과 교유가 계속되어 〈중수만일암기〉(1809년 7월 7일) 등을 써서 주기도 하였다.

한편 1805년 여름(4월~윤6월) 사이에 정약용이 어떤 활동을 하고 있었는지가 문제이다. 앞에서 언급한 바와 같이 《사암연보》에 "五年乙丑…夏 〈正體傳重辨〉成 一名〈己亥邦禮辨〉凡三卷"(138쪽)이라고 되어 있으므로, 1805년 여름 〈正體傳重辨〉(3권)=〈己亥邦禮辨〉(을축본)을 완성하였음을 알 수 있다. 다만 이 해 여름에 〈正體傳重辨〉 작업을 완료한 것은 알 수 있으나, 더 구체적으로 여름 가운데 언제 완성하였는지는 분명하지 않다. 다만 앞에서 언급하였듯이 분량이 3권이므로 착수는 대략 1805년 3월이었을 것이고, 완료는 같은 해 6월(또는 윤6월) 무렵이었을 것으로 생각된다. 따라서 이 해 여름 동안에는 《正體傳重辨》(3권; 을축본) 작업에 종사하였다. 1805년 이 밖에 4월 이후 혜장과 교유가 이어지고 있었다.

1805년 가을의 시로는 〈九月十六日 携兩少年(金世俊・黃裳) 游淨水寺 過南城作〉(1805년 9월 16일)이 있다. 이 시 뒤에 이어서 〈過南塘浦〉(1805년 9월 16일), 〈暮踰椵嶺〉(1805년 9월 16일 저녁), 〈抵寺〉(1805년 9월 16일 밤) 등의 시가 있다. 〈抵寺〉의 "寺"가 정수사를 가리키는 것이라면 9월 16일 같은 날 작품일 가능성이 크며 이날 밤은 아마도 정수사에서 유숙하였을 것이다. 〈過南塘浦〉와 〈暮踰椵嶺〉은 1805년 9월 16일 정수사로 가는 길에 지었을 가능성이 크며, 그렇다면 두 시는 〈九月十六日 携兩少年(金世俊・黃裳) 游淨水寺 過南城作〉 및 〈抵寺〉와 같이 1805년 9월 16일에 지은 것이 된다. 곧 9월 16일의 행적은 "사의재(강진 동문밖)-남성-남당포-가령-정수사"가 된다.

〈抵寺〉 다음에는 〈絶句〉(1805년 9월 17일 이후 10월 3일 이전 추정), 〈題石峯賢長老房〉(1805년 9월 17일 이후 10월 3일 이전 추정)의 시가 배치되어 있다. 〈絶句〉는 시 내용으로 보아 어느 심산유곡을 찾아가 지은 것이므로 1805년 10월 3일 정학연이 오기 전에 지은 것으로 추정된다. 이전에 1805년 9월 16일 정수사에서 지은 것일 가능성에 대하여 언급하였으나,[301] 내용으로 보아 정수사에서 돌아온 이후에 지은 것일 가능성이 더 크다. 아마도 1805년 9월 17일 정수사에서 돌아온 이후 10월 3일 정학연이 오기 전에 지은 시로 보는 것이 타당하다. 〈絕句〉가 정수사 가는 길에 지은 것이라면 절에 도착한 이후 지은 〈抵寺〉 뒤에 놓일 수 없다. 〈絕句〉 다음에 바로 〈題石峯賢長老房〉이 배치되어 있다. 〈題石峯賢長老房〉의 노방老房이 〈絕句〉에서 말하는 절을 가리키는 것이라면, 이 절에 도착하고 나서 석봉石峯이라는 승려에게 지어준 시가 바로 〈題石峯賢長老房〉일 가능성이 크다. 〈絕句〉는 이 절로 가는 도중에 지은 것이다. 따라서 〈絕句〉, 〈題石峯賢長老房〉의 두 시는 1805년 9월 17일에서 10월 3일 사이에 지어진 것이며 아마도 9월 하순 작일 가능성이 크다. 일단 이 두 시를 1805년 가을의 시로 하여 둔다. 다만 이때의 절이 무엇인지 석봉이 누구인지는 알지 못하지만, 당연히 강진 주변의 절이었을 것이다.

한편 1805년 9월 16일과 17일을 제외하면 정약용의 이 해 가을의 행적이 잘 추적되지 않는다. 1805년 여름 〈正體傳重辨〉(3권)이 완성된 다음에 가을 7~9월 동안 정약용이 무슨 일을 하고 있었는지 문제이다. 이미 완성된 《周易四箋》(을축본)과 《喪禮四箋》(초고본)을 검토하며 다시 수정·보완할 것을 구상하고 있었을 가능성이 크다. 1805년 10월 3일 정학연이 강진에 오자 바로 《易》과 《禮》 공부를 하자고 하고 1805년 10월 9일 함께 고성사로 가기 때문이다(1805년 9월 19일 및 10월 3일, 9일 부분 참조). 고성사에 장기간 머무를 수 있게 된 데에는 혜장의 도움이 있었을 것이다.

1805년 겨울 정약용의 시로는 〈學稼來 攜至寶恩山房有作〉(1805년 10월 9일), 〈題寶恩山房〉(1805년 10월 중순 추정), 〈立春後三日 余在寶恩山房 藏上人見過 小雪初霽 山野淸寂 戱爲聯句 以述其事 鶴稼與焉〉(1805년 12월 18일 무렵 추정), 〈將學稼在寶恩山院 遂値歲除 除之夜 心緒悄悵 率爾成篇 示兒〉(1805년 12월 29일) 등이 있다.

〈題寶恩山房〉은 내용으로 보아 보은산방에 도착한 지 얼마 되지 않아서 지

301) 조성을, 2004, 157쪽.

은 시로 보인다. 따라서 대략 1805년 10월 중순쯤에 지은 시로 추정된다. 〈立春後三日 余在寶恩山房 藏上人見過 小雪初霽 山野淸寂 戱爲聯句 以述其事 學稼與焉〉은 제목으로 보아 1805년 12월 입춘 후 삼일이었음을 알 수 있으며, 〈將學稼在寶恩山院 遂値歲除 除之夜 心緖怊悵 率爾成篇 示兒〉역시 제목으로 보아서 12월 말일에 지은 것임을 알 수 있다.

그리고 《三倉館集》(을축집)에는 정학연이 보은산방 시절 지은 시들이 실려 있어서 정학연과 행적을 추적하는 데에 도움이 되는 것은 물론 정약용의 행적을 아는 데에도 도움을 준다. 보은산방 시절 정학연의 시로는 〈倍家君寓居寶恩山房〉, 〈山房雜詩〉, 〈雪月憶弟〉, 〈對雨〉, 〈寄煙波法師惠藏〉, 〈藏相人至〉, 〈立春後三日 陪家君在寶恩山房 山野淸寂 拈韻聯句 藏上人·黃裳偕焉〉, 〈立春後四日言懷〉, 〈游頭輪山大屯寺訪藏上人〉, 〈贈望海大師賀鎰〉, 〈題賀上人經室〉, 〈登可憐峰絶頂〉, 〈寒食日金陵拜別〉 등이 있다. 이 가운데 마지막 시 〈寒食日金陵拜別〉(1806년 한식날 아버지와 작별하며 지은 시, 《三倉館集》[병인집] 수록)을 제외하면 모두 1805년 10월~12월 사이의 보은산방 시절 지은 것이다.

〈陪家君寓居寶恩山房〉에는 "歲暮行旅稀"라는 구절이 있으므로 대략 1805년 12월에 지은 것으로 추정된다. 이어지는 시로 〈山房雜詩〉, 〈雪月憶弟〉, 〈對雨〉, 〈寄煙波法師惠藏〉, 〈藏相人至〉, 〈立春後三日 陪家君在寶恩山房 山野淸寂 拈韻聯句 藏上人·黃裳偕焉〉, 〈立春後四日言懷〉, 〈游頭輪山大屯寺訪藏上人〉, 〈贈望海大師賀鎰〉, 〈題賀上人經室〉, 〈登可憐峰絶頂〉 등이 있다(이상 모두 《三倉館集》[을축집] 수록). 이들 시의 시기는 모두 1805년 12월로 추정할 수 있겠다.

이 가운데 〈立春後三日 陪家君在寶恩山房 山野淸寂 拈韻聯句 藏上人·黃裳偕焉〉은 제목으로 보아서 12월 입춘 후 3일째(12월 18일 무렵)에 지은 것이고 〈立春後四日言懷〉는 입춘 후 4일째(12월 19일 무렵)에 지은 것임을 알 수 있다. 전자는 아버지 정약용의 시 〈立春後三日 余在寶恩山房 藏上人見過 小雪初霽 山野淸寂 戱爲聯句 以述其事 鶴稼與焉〉과 같은 날 지은 것이다. 정학연의 시 〈立春後三日 陪家君在寶恩山房 山野淸寂 拈韻聯句 藏上人·黃裳偕焉〉의 제목으로 보아서 입춘 후 3일째 되는 날(12월 18일 무렵) 정약용, 혜장, 정학연, 황상 4인이 함께 모여 시를 지었음을 알 수 있다. 그리고 두륜산 여행을 떠난 것이 1805년 12월 24일이므로, 〈游頭輪山大屯寺訪藏上人〉은 12월 24일 이후의 시가 되며 더 구체적으로는 1805년 12월 25일이 된다(다음 12월 25일 부분 참조). 〈贈望海大師賀鎰〉과 〈題賀上人經室〉은 망해대사 하일을 만나고 지은 시이다. 특히 후자는 그의 경실經室에 대한 제시題詩이다(12월 25일 부분 참조). 또 〈登可憐峰絶頂〉은 12월 26일 갈연봉葛緣峰(=可憐峰)에 올라 지은 시이다(12월 26일 부분 참조).

한편 정학연의 두륜산 기행 일정을 〈游頭輪山記〉 및 〈游頭輪山大屯寺訪藏上人〉, 〈贈望海大師賀鎰〉, 〈題賀上人經室〉, 〈登可憐峰絶頂〉 등의 시들에 따라서 구체적으로 정리하여 보면 다음과 같다.

1) 12월 24일
① 정학연이 고성암에서 두륜산으로 돌아가는 혜장을 황상과 같이 수행하여 3인이 함께 가다.
② 정학연은 황상과 함께 대둔사 표충원表忠院에 숙박하고(추정) 혜장 은 대둔사의 상원上院으로 가다.

2) 12월 25일
① 정학연이 새벽에 영당에 들어가 서산대사와 사명대사의 영정을 보다.
② 수룡 색성의 안내로 황상과 함께 상원으로 가서 혜장을 만나다.
③ 정학연이 〈游頭輪山大屯寺訪藏上人〉을 짓다.
④ 상원에서 다시 신월암에 이르러 암주 호상인을 만나 만연사萬淵寺에서 있었던 우의를 말하고 이곳에서 점심을 먹다.
⑤ 진불암에서 수행 중이던 망해대사望海大師 하일賀日이 (신월암으로) 찾아와 신시申時에 정학연, 황상, 하일 3인이 함께 진불암으로 가다.
⑥ 〈贈望海大師賀鎰〉과 〈題賀上人經室〉을 짓다.
⑦ 다시 서암(고진불암)으로 가다.
⑧ 저녁 종이 울기 전 상원에 돌아와 저녁 식사하다.
⑨ 정학연이 밤에 혜장이 간직하고 있던 아버지 정약용의 시묵과 간독을 보다.
⑩ 정학연이 상원에 숙박하다(추정).

3) 12월 26일
① 혜장이 색성으로 하여금 정학연의 두륜산 정상 등반을 안내하게 하다.

② 정학연이 정상으로 가는 길에 북암北菴에 이르다.

③ 만일암에 이르다.

④ 황상과 함께 갈연봉에 오르다.

⑤ 〈登可憐峰絶頂〉을 짓다.

⑥ 동쪽 가의 절벽을 따라 내려와 두륜봉에 오르다.

⑦ 내려오는 길에 남미륵南彌勒에서 쉬다.

⑧ 상원에 돌아와 점심을 먹다.

⑨ 혜장과 함께 성도암成道菴으로 가다.

⑩ 돌아와 진불암에서 숙박하다.

4) 12월 27일

① 혜장이 비가 올 조짐이 있다고 정학연으로 하여금 서둘러 돌아가게 하다.

② 석문에 이르러 비를 만나 옷이 흠뻑 젖다.

③ 깜깜해진 뒤 고성암에 도착하다.

1805년 겨울 사이 정약용의 활동과 관련하여 그와 혜장의 교유가 주목된다. 1804년 4월에 정약용과 혜장 두 사람이 처음 만나 교유가 시작된 이후 1804년 여름까지 지속되고 있었음을 앞에서 살펴보았다. 이어서 1805년 겨울에도 두 사람은 지속적으로 편지를 주고받았으며 혜장이 정약용을 몇 차례 찾아왔다. 이것을 혜장의 서신으로 확인할 수 있다.

혜장 제3신(《아암집》〈답동천〉1)에 "令胤至 兼惠問書 恭審新凉起居淸適 委浣良深" 이라는 언급이 있다.[302] 이 제3신은 내용으로 보아 정약용의 맏아들 정학연이 1805년 10월 강진에 도착한 이후에 쓴 것이다. 아마도 혜장의 주선으로 10월 9일 고성사(보은산방)로 간 이후 고맙다는 뜻으로 편지를 써서 정학연을 시켜서 혜장에게 전달하였고, 이에 대한 답신으로 보낸 것이 〈견월첩〉에 수록된 혜장의 제3신(《아암집》〈답동천〉1)이 아닌가 생각된다. 이 편지를 번역하면서 "신량新凉"을 초가을로 보기도 하나,[303] 의문이 든다. 아마도 "新凉起

302) 정민, 《다산의 재발견》, 698쪽 재인용.
303) 정민, 위의 책, 256쪽.

居淸適"은 정약용이 혜장에게 고성사에 옮긴 이후의 상황을 편지 보내면서 언급한 내용을 가리켜 말한 것이고, 이에 대하여 혜장이 "위완양심委浣良深"이라고 말한 것으로 보는 것이 타당하다고 생각된다. 이 편지에서는 혜장이 정약용의 〈周易略例〉를 이미 다 읽었다는 언급, 그리고 왕필 비판 및 우번·순상에 대한 언급이 있다.

혜장 제4신(《아암집》〈답동천〉2)에서는 시율에 마음을 두고 빈객의 번거로움을 막으라는 정약용의 말에 대하여 답하면서 시율을 하기보다 아예 생각이 없는 것이 낫다고 되어 있다. 혜장 제3신에서 그가 손님에 시달리고 있다는 언급을 하였다. 이에 대하여 정약용이 손님을 끊고 시율에 마음을 두라고 충고하였고, 이에 대한 혜장의 대답이 바로 제4신에서 한 언급이라고 하겠다. 혜장 제3신과 제4신의 사이에 제3신에 대한 정약용의 답신이 있었을 것이다. 아울러 혜장 〈제5신〉(《아암집》〈답동천〉3)에는 "상령霜令"이라는 언급이 있으므로 이미 서리가 내리는 철이었음을 알 수 있다.

다음으로 1805년 겨울 정약용의 작업을 생각하여 보면, 10월 9일 이후 12월 중순 사이의 《僧菴問答》 작업이 있다(冬 長子 [學淵] 來勤 於是 至寶恩山房 敎以易禮 夜以繼日 或有疑晦處 仍其質問 錄其所答 凡五十二則 名之曰僧菴問答; 사암연보 147쪽). 10월 3일 맏아들 학연이 오자 보은산방에서 《易》과 《禮》를 밤낮으로 가르치고 질의·응답하는 과정에서 《僧菴問答》이 이루어졌다. 1805년 겨울의 정약용의 주된 저술 활동은 《僧菴問答》 작업에 종사하는 일이었으며 여기에는 큰아들 정학연도 참가하였다. 대략 1805년 10월 중순쯤에 시작되어 12월 중순쯤에 끝난 것으로 볼 수 있다.

1805년 정약용의 저술 작업을 모두 정리하여 보면 1805년 봄 《周易四箋》(을축본) 완성(2월 중순 추정), 여름 〈正體傳重辨〉(을축본) 완성(6월 또는 윤6월 추정), 겨울 《僧菴問答》 완성(대략 12월 중순 무렵 추정) 등의 작업이 있었다.

1806년 丙寅, 순조 6　45세

1월 일:

◎ 《승정원일기》에 따르면 잠시 뜸하던 정약용 형제에 대한 공세가 1806

년 연초부터 다시 시작되어 1월 5일, 6일, 19일, 20일, 22일, 23일, 24일, 28일, 29일까지 끈질기게 이어졌다. 이것은 정국이 노론 시파 주도로 옮겨가는 상황에서 강경파의 역대응이었을 가능성이 있다. 이 밖에 정약용과 관련된 다른 기록은 찾기 어려우나, 1806년 1월 동안 《周易四箋》(병인본)의 작업에 몰두하고 있었다고 여겨진다.

2월 중순 초(추정): 《周易四箋》(병인본)이 이루어지다.

(가) "乙丑冬 學稼至 偕棲寶恩山房 以前本不取兩互及交易之象 悉改之 (十六卷) 至春而畢 此丙 寅本也" _題戊辰本《周易四箋》(《전서》), 1818년 가을

🔔 〈題戊辰本〉에 따르면 단지 (1806년) "春"에 《周易四箋》(병인본)이 이루어졌다고 하였다. 1805년 12월 중순까지는 《僧菴問答》 작업을 하고 있었던 것으로 여겨진다. 1805년 12월 24일 정학연 일행이 두륜산 기행을 떠났고 이것은 《僧菴問答》 정리 작업이 끝난 직후라고 생각하는 것이 합리적이다. 따라서 《周易四箋》(병인본) 작업은 정학연이 두륜산 기행에서 돌아온 12월 27일 이후에 시작되었을 것이다. 바로 뒤에서 볼 것처럼 1806년 한식寒食 무렵(양력으로는 대략 4월 5일 무렵, 양력 1806년 4월 5일은 음력으로 2월 16일)에 정학연이 고향 초천으로 돌아가므로, 《周易四箋》(병인본)은 대략 1806년 2월 16일(무렵) 이전, 즉 2월 중순 초에 이루어졌다는 보는 것이 자연스럽다. 《周易四箋》(병인본) 작업이 완료된 뒤에 정학연이 떠났을 것이기 때문이다. 이렇게 보면 《周易四箋》(병인본) 작업은 대략 1805년 12월 말에서 1806년 2월 중순 초 사이에 진행된 것으로 볼 수 있다.

2월 15일 무렵(추정): 시를 지어 정학연에게 보여주다.

(가) 〈丙寅歲春日 山房遣懷 示兒〉 _《전서》 시문집, 1806년 2월 15일 무렵 추정

🔔 정학연은 그의 시 〈寒食日金陵拜別〉(《三倉館集》)에 따르면 1806년 한식 무렵(음력 2월 16일 무렵) 강진을 떠난 것으로 되어 있다. (가) 시는 정학연이 떠나가기 바로 전에 지은 시라고 보면 합리적이다. 그렇다면 대략 2월 15일 무렵이었을 가능성이 크다. 1805년 10월 9일부터 1806년 2월 16일(무렵) 떠날 때까지 정약용은 보은산방에 큰아들 정학연과 함께 머무르며 《僧菴問

篸》작업과《周易四箋》(병인본) 작업에 종사하고 있었다고 볼 수 있다. 정학연이 떠난 뒤에도 정약용은 얼마 동안 보은산방에 머물러 있었던 것으로 여겨진다. 이런 가운데《승정원일기》에 따르면 1806년 1월에 이어서 2월에도 2월 3일부터 4일, 5일, 8일, 10일, 15일, 22일, 25일, 26일, 27일, 28일, 29일까지 정약용에 대한 공격이 끈질기게 이어지고 있었다.

3월 10일: 흑산도의 정약전이 황상을 칭찬하는 편지를 정약용에게 보내다.

(가) "丙寅三月初十日 舍仲書" _〈제32서〉《다산여황상간찰첩》, 1806년 3월 10일

𝕍 (가)는《다산여황상간찰첩》에 실려 있으나 정약용이 황상에게 보낸 편지가 아니라 정약전이 정약용에게 보낸 편지이다. 여기에 황상에 대한 언급이 있으며 황상이 흑산도로 가서 정약전을 모시려고 하는 계획을 만류하는 내용도 있다. "丙寅三月初十日 舍仲書"라는 편지 말미의 언급으로 보아서 1806년 3월 10일에 쓴 편지임을 알 수 있다. 도착은 대략 5일쯤 걸린 것으로 보면 3월 15일 무렵으로 추정할 수 있다.

3월(17일 이전 추정): 산음서옥山陰書屋에 가다.

(가) 〈過山陰書屋〉 _《전서》 시문집, 1806년 3월 17일 이전 추정

𝕍 (가)를 지은 날짜를 정확히 알 수 없으나 시의 내용으로 보아 늦봄의 저작이므로 일단 3월로 추정할 수 있다. 편의상 앞의 1806년 3월의 다른 기사들보다 뒤에 배치하였다. 이 시의 바로 뒤의 시 〈宿修道菴 惠藏不期而至〉가 1806년 3월 17일 이전 작이므로(다음 조 참조), 이 시는 3월 17일 이전의 작품이다. 혹 산음서옥을 지나서 수도암修道菴에 이르러 숙박한 것일 수도 있다(3월 17일 부분 참조).

3월 18일: ① 수도암에서 숙박하는데 약속도 없이 혜장이 찾아오다(새벽 3경). ② 혜장과 만나 〈山行雜謳 二十首〉를 짓다.

(가) 〈宿修道菴 惠藏不期而至〉 _《전서》 시문집, 1806년 3월 18일 새벽 3경

(나) 〈山行雜謳 二十首〉 _《전서》 시문집, 1806년 3월 18일

𝕍 (가)의 시의 바로 뒤의 뒷 시 (나)는 원주에 따르면 혜장과 새벽에 만났

던 당일(3월 18일) 지은 시로 추정된다. (가)는 정확하게 말하여 혜장이 찾아온 3월 18일 새벽 삼경에 지은 시이다. (나)에 "打葉三更雨 穿林一炬來 惠公眞有分 巖戶夜深開(時惠公 不期而至)"라고 하였기 때문이다. 이런 가운데 1806년 3월 (15일 무렵 추정) 흑산도의 정약전에게서 편지를 받았으며,《승정원일기》에 따르면 1806년 2월에 이어서 3월 6일, 7일, 11일, 19일, 21일, 22일에도 정약용에 대한 공격이 있었다.

4월 8일: 조정에서 정약용 형제에 대한 공격이 있었다.

⚘《승정원일기》에 따르면 1806년 4월에도 4월 8일, 9일, 10일, 11일, 30일 정약용 형제에 대한 공격이 있었다.

4월 20일: 의금부도사가 김달순이 4월 13일 신지도薪智島에서 사사賜死되었음을 아뢰다.

(가) "禁府都事…以薪智島加棘罪人達淳 今月十三日賜死 啓"_《실록》순조 6년 4월 20일

⚘ 김달순은 1806년 연초 이래 계속 공격을 받다가 신지도에 유배되었으며 이어 1806년 4월 13일 현지에서 사사되었다. 이것은 경주김문에 붙었던 노론 강경파의 최종적 몰락을 의미한다. 그러나 남인 공서파 이기경은 살아남기 위하여 재빨리 노론 강경파와 손을 끊고 김달순 옥사 과정에서 김달순 등을 역적으로 공격하였다. 그러나 이기경 역시 공격을 받아 유배를 가게 되었다(5월 4일 부분 참조). 이렇게 남인 공서파가 몰락하여 가고 있었고 노론 시파가 정국을 주도하게 되었으나, 정약용이 빨리 해배되지 못하였다. 이것은 그가 1794년 겨울 암행어사 임무를 마치고 귀환하여 탄핵한 서용보(당시 경기감사)가 정약용의 해배를 막았기 때문이었다. 서용보는 안동 김씨 세도정권 아래에서도 중요한 역할을 맡았다. 아울러 삼사를 이용한 정약용 모해자들의 공격이 집요하게 계속된 것도 해배가 늦어지게 된 원인 가운데 하나이다.

5월 4일: 이기경이 운산군雲山郡으로 유배가다.

(가) "配金吾李基慶于雲山郡"_《실록》순조 6년 5월 4일

✿ 노론 강경파와 결탁되어 있던 이기경은 1806년 5월 결국 운산군에 유배되었다. 그럼에도 정약용이 바로 해배되지는 못하였다. 노론 시파 주도 정국에서 일찍이 정약용이 탄핵한 적이 있었던 서용보가 우의정에 임명되어 중요한 역할을 맡게 되기 때문이다.

5월 7일: ① 정약용이 보은산방에 있었다. ② 혜장이 보은산방으로 찾아오다. ③《周易》감괘坎卦 육사六四의 운으로 함께 시를 짓다.

(가)〈余在寶恩山房 藏公攜酒相過 厚意也 拈周易坎六四韻 與之酬酌〉_《전서》 시문집, 1806년 5월 7일

✿ 아마도 1806년 5월 7일(또는 6일) 정약용이 사의재에서 보은산방으로 갔고 이 소식을 듣고 혜장이 찾아온 것으로 추정된다.

5월 13일(무렵): 보은산방(추정)에서〈久雨次聯上九韻〉을 짓다.

(가)〈久雨次聯上九韻〉_《전서》 시문집, 1806년 5월 13일 무렵 추정

✿ (가) 시에는 "久雨留入好 禪樓坐不孤" 및 "東樓御座考 傷心看竹醉(五月十三日)" 등의 구절이 있다. 아마도 1806년 5월 13일(무렵) 지은 시로 여겨진다. 5월 7일 보은산방에서 혜장을 만났고 장맛비가 계속되어 적어도 5월 13일(무렵)까지는 보은산방에 있었던 것으로 여겨진다. 정약용은 2월 하순(또는 3월 하순) 사의재로 돌아온 이후에도 자주 보은산방을 왕래하였던 것으로 여겨진다. 정약용이 강진에서 이렇게 시간을 보내고 있는 가운데에도《승정원일기》에 따르면 조정에서 1806년 5월 13일, 14일, 19일, 25일에도 정약용에 대한 공격이 있었다.

6월 일:

✿ 1806년 6월 정약용의 특별한 행적은 추적되지 않으며,《승정원일기》에 따르면 6월에도 조정에서 4일, 10일, 25일에 정약용에 대한 공격이 있었다.

7월 일:

✿ 1806년 7월의 행적이 추적되지 않는다. 다만 이달에 제자 이청李晴의 집

에 이사하였을 가능성이 없지 않다(1806년의 저작과 활동 가을 부분 참조).

8월 17일: 정약용이 월출산月出山에 오르다.

(가) 〈登月出山絶頂〉 _《전서》 시문집, 1806년 8월 17일

　🌱 "八月十七日"이라는 원주에 따라서 1806년 8월 17일에 월출산 정상에 올랐음을 알 수 있다. 누구와 함께 간 것인지 언급은 없으나 황상, 이청 등 제자들이 동행하였을 가능성이 크다. 이 시에는 "毛羅城郭暮烟中"이라는 구절이 있으므로 당일 이청의 집에 돌아오기는 어려웠다고 생각된다. 월출산의 절 또는 산기슭의 민가에서 숙박하였을 가능성이 크다. 한편 이런 가운데 《승정원일기》에 따르면 조정에서는 1806년 8월 8일, 28일에 또 정약용에 대한 공격이 있었다.

9월　일:

　🌱 1806년 9월 정약용의 특별한 행적은 추적되지 않으며, 《승정원일기》에 따르면 조정에서 9월 4일, 20일, 28일 세 차례나 정약용에 대한 공격이 이어졌다.

10월　일:

　🌱 1806년 10월 정약용의 특별한 행적은 추적되지 않으며, 《승정원일기》에 따르면 10월 3일, 27일에도 조정에서 정약용에 대한 공격이 이어졌다.

11월　일:

　🌱 1806년 11월 정약용의 특별한 행적은 추적되지 않으며, 《승정원일기》에 따르면 11월 17일에도 조정에서 정약용에 공격이 있었던 것이 확인된다.

12월　일:

　🌱 1806년 12월에 정약용의 특별한 행적은 추적되지 않는다.

1806년의 저작과 활동

　　1806년 봄의 시로는 〈丙寅歲春日 山房述懷 示兒〉(1806년 2월 15일 무렵 추정), 〈過山陰書屋〉(1806년 3월 17일 이전 추정), 〈宿修道菴 惠藏不期而至〉(1806년 3

월 18일 새벽 3경), 〈山行雜謳 二十首〉(1806년 3월 18일)가 있다. 그리고 〈山行雜謳 二十首〉 뒤에 이어지는 봄 가운데 3월에 지은 시로 추정되는 〈靈山刺失職也 按 察之臣 游豫匪度 勞者不息焉〉(1806년 3월 18일 이후 추정), 〈采薪求道也 求道者不可辭 難焉〉(1806년 3월 18일 이후 추정), 〈滿江紅〉(1806년 3월 18일 이후 추정), 〈浪淘 沙〉(1806년 3월 18일 이후 추정), 〈長相思〉(1806년 3월 18일 이후 추정), 〈菩薩蠻〉(1806 년 3월 18일 이후 추정), 〈浣溪沙〉(1806년 3월 18일 이후 추정), 〈水調歌頭〉(1806년 3 월 18일 이후 추정), 〈如夢令〉(憶乙卯春 賞花釣魚宴事; 1806년 3월 18일 이후 추정), 〈又〉(寄內; 3월 18일 이후 추정), 〈一半兒〉(1806년 3월 18일 이후 추정), 〈又〉(賦垂楊; 1806년 3월 18일 이후 추정) 등이 있다. 〈如夢令〉(憶乙卯春 賞花釣魚宴事)은 원주에서 볼 수 있듯이 을묘년(1795) 봄에 정조를 모시고 창덕궁 부용정에서 노닌 일 을 회상한 시이다. 〈又〉(寄內)는 아내 홍씨에게 편지처럼 쓴 시이다.

아울러 〈又〉(賦垂楊; 1806년 3월 18일 이후 추정) 바로 뒤에 〈更漏子〉가 배치되 어 있으며 "牆西有一小園 園翁喜打腦 謂之腦翁 二月晦 適游腦翁園 鄰人饋酒肴 聊述 其事"라고 원주가 붙어 있다. 1806년 2월 16일(무렵) 정학연이 떠났고 그 후에 도 얼마 동안 정약용은 보은산방에 머물러 있었을 것으로 앞에서(2월 15일 부분 참조) 추정하였다. 그리고 1806년 3월 17일 밤 수도암에서 숙박한 것으 로 추정하였다. 그렇다면 정약용은 1806년 3월 17일 이전에는 강진 동문 밖 사의재에 돌아가 있다가 다시 3월 17일에 수도암에 간 것으로 일단 추정할 수 있다. 〈更漏子〉는 내용으로 보아 사의재로 돌아간 이후의 작품으로 보아 야 할 것이다. 원주에 "二月 晦"(2월 30일)라고 하였다. 이 기록을 따른다면 정 약용은 1806년 2월 30일 이전 사의재에 돌아가 있었다고 할 수 있다.

그러나 이 시가 배치된 위치로 보아서 "三月 晦"(3월 29일)의 오기일 가능성 도 있다. 만약 〈更漏子〉의 저작 시기가 "三月 晦"(3월 29일)라면 정약용은 대략 3월 하순 무렵 사의재에 돌아갔을 가능성이 있다. 하지만 1806년 2월 하순 무렵 정약용이 사의재로 돌아갔다고 보는 것이 자연스럽다. 그렇다면 〈更漏 子〉는 나중에 추가된 것으로 볼 수 있다.

1806년 봄의 활동으로는 지난해 1805년 12월 말 이래 1806년 2월 중순 초 까지 《周易四箋》(병인본) 작업에 종사한 것이 주목된다. 이어서 3월에는 수도 암에 놀러간 일, 혜장을 만난 일 말고 특별한 행적이 추적되지 않는다. 3월

18일 이후 하순까지는 대체로 봄의 감상에 젖어 있었던 것처럼 여겨진다.

1806년 4월에는 시가 찾아지지 않는다. 1806년 여름의 시로는 〈五月七日 余在寶恩山房 藏公攜酒相過 厚意也 拈周易坎六四韻 與之酬酌〉(1806년 5월 7일), 〈久雨次聯上九韻〉(1806년 5월 13일 무렵 추정) 등이 있다.

이 해 여름의 활동을 살펴보면 1806년 3월 17일 수도암에 갔고 다음 날(3월 18일) 새벽 혜장이 이곳을 찾아와 만난 뒤 시를 지은 일, 5월 7일 보은산방에 갔는데 혜장이 찾아와 함께 시를 지었고 장맛비가 계속되어 적어도 5월 13일(무렵)까지는 보은산방에 머물러 있은 일 말고는 다른 행적이 확인되지 않는다. 그러나 〈五月七日 余在寶恩山房 藏公攜酒相過 厚意也 拈周易坎六四韻 與之酬酌〉(1806년 5월 7일), 〈久雨次聯上九韻〉(1806년 5월 13일 무렵 추정)의 두 시가 모두 《周易》 공부를 하면서 지은 시이다. 따라서 다시 《周易四箋》 수정 작업을 구상하거나 수정 작업에 종사하고 있었을 가능성이 크다.

1806년 가을 시로는 〈贈賀鎰上人〉(1806년 8월 17일 이전 추정), 〈登月出山山頂〉(八月十七日; 1806년 8월 17일), 〈暎湖亭八景 爲長興丁氏作〉(1806년 8월 17일 이후 추정) 세 편만 확인된다. 〈贈賀鎰上人〉의 "秋風故未蘇"라는 구절로 가을 작임을 알 수 있고, 배치 순서로 보아 〈登月出山山頂〉보다 앞에 지은 것이다. 〈登月出山山頂〉은 "八月十七日"이라고 원주가 붙어 있으므로 1806년 8월 17일 작임을 알 수 있다. 〈暎湖亭八景 爲長興丁氏作〉에는 "綠楊"이라는 구절이 있다. 아직 가을이었다고 생각되며 배치 순서로 보아 1806년 8월 17일 이후 작이다.

1806년 7월의 행적이 추적되지 않는다. 1806년 2월 하순(또는 3월 하순)까지는 보은산방에 머무른 것으로 보인다. 정민 교수는 보은산방에서 다시 사의재로 내려가 지내다가 1806년 가을에 제자 이학래(이청)의 집으로 거처를 옮겼다고 하였다.304) 그렇다면 1806년 여름 기간에는 다시 사의재에 머문 것이 된다. 물론 이 동안 보은산방을 왕래하였고 수도암에 가기도 하였다. 따라서 이청의 집에서 머문 기간은 1806년 가을부터 1808년 봄 강진 귤동의 다산초당으로 옮겨갈 때까지가 될 수 있다. 이청의 집은 강진 읍내에서 완도로 가는 길목 팔바우(八巖) 어귀 학림鶴林에 있었다고 한다.305) 1806년 가을

---

304) 정민, 《다산의 재발견》, 54쪽.

부터 이청의 집에서 머물렀다면 7월에 이청의 집으로 이사하였을 가능성이 없지 않다.

1806년 8월 17일에는 월출산 정상에 올랐던 사실, 그리고 이후 장흥정씨의 영호정에 갔던 사실이 각기 〈登月出山山頂〉(8월 17일), 〈暎湖亭八景 爲長興丁氏作〉(8월 17일 이후)의 두 시에서 확인된다. 1806년 가을에 어떤 책을 읽고 있었는지, 어떤 저술 작업을 하고 있었는지는 확인되지 않는다. 그러나 여름에 이어서 《周易四箋》(정묘본) 작업에 몰두하고 있었을 가능성이 크다.

1806년 겨울의 시는 찾아지지 않는다. 따라서 이 해 4월 이후 9월까지의 행적과 마찬가지로 10월에서 12월까지 겨울 사이에 강진에서 정약용의 행적이 잘 추적되지 않는다. 여름과 가을에는 〈五月七日 余在寶恩山房 藏公攜酒相過 厚意也 拈周易坎六四韻 與之酬酌〉, 〈久雨次聯上九韻〉, 〈贈賀鎰上人〉, 〈登月出山絶頂〉(八月十七日), 〈暎湖亭八景 爲長興丁氏作〉의 시라도 있으나, 겨울에는 전혀 시가 없다.

시로는 강진에서 행적을 추적하기 어려우나, 1806년 여름과 가을에 이어서 겨울에도 《周易四箋》(정묘본) 작업에 몰두한 것으로 여겨진다. 〈五月七日 余在寶恩山房 藏公攜酒相過 厚意也 拈周易坎六四韻 與之酬酌〉과 〈久雨次聯上九韻〉은 《周易》과 관련된 시이다. 《周易四箋》(정묘본)에 대하여 실제로는 지난해인 병인년에 작업이 이루어졌다고 하므로 실제 작업은 1806년 4월에서 12월 사이에 작업이 이루어진 것으로 보아야 할 것이다. 물론 최종 완성은 이듬해 정묘년(1807) 초(대략 1월 추정)에 된 것으로 볼 수 있겠다. 이청의 집에 머물던 때의 행적이 잘 추적되지 않는 데에는 무언가 특별한 사정이 있었던 듯하다.

1807년 丁卯, 순조 7 _46세

1월 초(추정): 이학래李鶴來(이청)의 도움으로 《周易四箋》(정묘본) 이루어지다.

(가) "又令學稼易稿 未卒而北還[1806년 2월 16일 무렵] 令李鶴來竣工(爲二十四卷) 此丁卯本也(其實此易丙寅本)" _〈題戊辰本〉, 《周易四箋》

---

305) 정민, 《다산의 재발견》, 55쪽.

Ⓐ (가)에서 보듯이 정묘본에 대하여 "其實此易丙寅本"이라고 썼으므로 실제로는 지난해인 1806년 병인년에 대부분 작업이 이루어졌고, 1807년 1월 연초에 작업이 완성되었으므로 정묘본이라고 한 것으로 볼 수 있겠다. 이학래(이청)의 도움을 받으면서 진행된 《周易四箋》(정묘본) 작업은 정약용이 1806년 가을 이청의 집에 기거하게 되면서부터 본격적으로 진행되었다고 생각된다. 한편 《승정원일기》에 따르면 1807년 1월 29일에도 조정에서는 정약용에 대한 공격이 있었던 사실이 확인된다.

2월 12일: 교리校理 강준흠姜浚欽이 정약용을 공격하다.

(가) "校理姜浚欽疏曰…若鏞輩" _《승기》 순조 7년 2월12일

Ⓐ (가)의 기록으로 보아서 대표적인 남인 공서파 가운데 하나인 강준흠은 아직 몰락하지 않고 1807년 2월 12일 현재 교리로서 조정에서 정약용을 공격하고 있었음을 알 수 있다. 한편 《승정원일기》에 따르면 조정에서는 2월 21일에도 정약용에 대한 공격이 있었다.

2월 16, 17일: 황상의 아버지 황인담黃仁聃이 타계하자 만사를 써 주고 황상에게는 너무 애통해 하지 말라고 위로하다.

(가) 〈제15서〉 _《다산여황상서간집》, 1807년 2월 16일

(나) 〈黃裳之父仁聃輓詞〉 _《전서》 시문집, 1807년 2월 17일

(다) "明將外賓云 岡極奈何 輓詞聊以表情 置于柩旁" _〈제17서〉, 1807년 2월 17일

Ⓐ 《다산간찰집》에서 (가)의 시기를 "1807년 2월"로 비정하였다(286쪽). 황상의 아버지 황인담이 타계한 것은 1807년 2월이며 이때 정약용이 황상에게 써 준 편지가 (가)이다.[306] 따라서 황인담이 타계한 날짜는 2월 16일이다. (가)의 시기를 "2월 16일"로 하는 것은 배치 순서와도 잘 맞는다. 또 황인담은 3일장을 하라고 유언하였고 자식들은 그 유언을 따랐다고 한다.[307] 그렇다면 (나)를 쓴 날짜는 (다)의 인용문을 볼 때 장례(2월 18일) 하루 전인 "2

---

306) 정민, 《다산의 재발견》, 102, 119쪽. 이 책 106쪽에서는 황인담의 타계 일자를 "3월 16일"이라고 하였으나, "2월 16일"의 오류로 보인다.
307) 정민, 위의 책, 119쪽.

월 17일"이다. 그리고 《여유당집》 시집을 보면 (나)는 배치 순서로 보아 1807년 봄의 시이다. (다) 편지 제17서는 내용으로 보아 황인담의 타계 다음 날, 장례 전날(2월 17일) 보낸 것이다. 제15서와 제17서 사이에 있는 제16서는 정약용이 자신의 병에 대하여 약을 즉시 구해 달라는 내용이므로 배치 순서가 잘못된 것으로 여겨진다.

2월 18일: ① 발인에 앞서서 황인담의 장례일에 산역山役을 걱정하는 편지를 보내다. ② 이미 반곡反哭을 하고 소식을 듣고 다시 편지를 보내다.

(가) "日氣幸晴 山役如意否" 〈제18서〉 _《다산여황상서간집》, 1807년 2월 18일

(나) "聞已反哭⋯吾宜至下處" 〈제19서〉 _《다산여황상서간집》, 1807년 2월 19일 이후 추정

𓎟 (가)는 "日氣幸晴 山役如意否"라는 내용으로 보아서 장례일인 2월 18일 당일 발인에 앞서 보낸 편지로 보인다. (나)는 내용으로 보아서 장례 당일 반곡하였다는 소식을 듣고 보낸 편지로 보인다. 한편 황상에게 보낸 〈제20서〉는 황상에게 비록 유언에 따라 사흘장으로 하였으나 (1807년) 5월 보름까지 3개월 동안은 시묘살이를 해야 한다는 내용이다. 〈제21서〉는 시묘살이를 제대로 하지 않는 황상을 꾸짖는 내용으로 되어 있다. 〈제20서〉는 내용과 배치 순서로 보아 1807년 2월 19일 이후에 보낸 것이고, 〈제21서〉는 내용으로 보아 이보다 조금 뒤에 보낸 것으로 볼 수 있겠다.

3월 일:

𓎟 특별한 행적이 확인되지 않는다.

4월 1일: 혜장이 와서 함께 백련사에 놀러가자고 하였으나 공양물이 갖추어지지 않아 그만두다.

(가)〈惠藏至 欲偕游白蓮社 爲念供具已之 悵然有作〉 _《전서》 시문집, 1807년 4월 1일

𓎟 1806년 가을 이후 1808년 봄에 강진 귤동(다산)으로 옮겨가기까지 제자 이청의 집에 유숙하고 있었으므로, 1807년 4월 1일에 혜장이 찾아온 곳은 이청의 집이었을 것으로 추정된다.

4월 3일: 백련사에 놀러가다.

(가) 〈四月三日 游白蓮寺〉 _《전서》 시문집, 1807년 4월 3일

𝄞 (가)의 시를 보아 이날 4월 3일에 정약용이 백련사에 갔음을 알 수 있다. 시의 내용만으로는 혜장이 같이 갔는지 여부를 알 수 없다.

4월 15일: ① 남포南浦에 가다. ② 구십포九十浦에 이르러 배를 타고 늦게 월고포越姑浦에 정박하다. ③ 달을 안고 돌아오다.

(가) 〈南浦行 次杜韻〉 _《전서》 시문집, 1807년 4월 15일

𝄞 (가)에는 "丁卯四月之望 邑中數人 携至九十浦汎舟 晚泊越姑浦 乘月而還"이라고 원주가 붙어 있어 1807년 4월 15일 작임을 알 수 있다. 1807년 4월 3일에 백련사에 노닌 다음 날 4월 4일부터 15일 사이에 지은 시로 〈池上絶句〉, 〈淡泊〉, 〈琴湖尹(奎濂)至〉, 〈喜尹弟滯雨〉 등이 있다. 위의 시 가운데 〈琴湖尹(奎濂)至〉로 보아 윤규렴이 정약용을 찾아왔음을 알 수 있다. 〈喜尹弟滯雨〉의 "尹弟"를 윤규렴이라고 볼 수 있다면, 이 시는 윤규렴이 왔다가 비 때문에 더 머무르게 되었음을 기뻐한 시로 추정된다. 윤규렴은 어림잡아 1807년 4월 10일 무렵 찾아왔다가 비가 와서 하루 묵고 간 것으로 볼 수 있다. 이때 정약용은 이청의 집에 머무르고 있었을 것이다. 한편 《승정원일기》에 따르면 조정에서는 1807년 4월 16일과 29일 및 5월 6일과 6월 6일에도 정약용에 대한 공격이 있었다.

5월 1일: 대나무를 심다.

(가) 〈種竹〉 _《전서》 시문집, 1807년 5월 1일

𝄞 (가) 시에 "五月一日"이라고 원주가 붙어 있다.

5월 일: 맏손자 정대림丁大林이 태어나다.

(가) "七年丁卯…五月 長孫(大林)生" _《사암연보》 147쪽

7월 19일: 조카 정학초丁學樵(정약전의 아들)가 타계하다.

(가) 〈兄子學樵墓誌銘〉(死於嘉慶丁卯之秋 七月十九日) _《전서》 시문집, 1818년 해배 이후 추정

(나) "七年…七月 兄子學樵訃音至" _《사암연보》 147쪽

ⓥ 정학초의 부음이 강진에 도달한 것은 대략 1807년 7월 25일 무렵으로 추정되며 묘지명을 지은 것은 부음 도착 이후가 되겠다. 한편《승정원일기》에 따르면 조정에서 1807년 7월 12일, 16일, 25일, 29일에도 정약용에 대한 공격이 있었다.

8월 1일: 시를 짓다.

(가) 〈八月一日作〉 _《전서》 시문집, 1807년 8월 1일

ⓥ 제목에 의거하여 1807년 8월 1일에 지었음을 알 수 있다.

8월 23일: 집의 여동식呂東植이 조정에서 정약용 형제를 공격하다.

(가) "執義呂東植…請黑山島島配罪人若銓·康津縣定配罪人若鏞… 設鞫嚴問"
_《승기》 순조 7년 8월 23일

ⓥ 여동식은 정약용과 가까운 사이임에도 1807년 조정에서 다른 사람들과 함께 정약용 형제를 공격하였다. 아직도 조정에서는 천주교 문제 처리에는 강경한 입장이 주조였으므로, 그도 어쩔 수 없이 동조한 것 같다. 아울러 (가)에 따르면, 8월 4일, 9일, 10일에도 조정에서 정약용에 대한 공격이 있었다.

9월 일:

ⓥ 9월 정약용의 행적이 추적되지 않는다. 다만《승정원일기》에 따르면 1807년 8월에 이어서 9월 14일과 15일에도 여동식이 조정에서 정약용을 공격하는 데에 동조한 사실이 주목된다.

10월 6일: 정약용 형제에 대한 공격이 조정에서 계속되다.

(가) "請黑山島島配罪人若銓·康津縣定配罪人若鏞…設鞫嚴問" _《승기》 순조 7년
10월 6일

ⓥ (가)로 보아 1807년 10월 6일에도 정약용 형제에 대한 공격이 조정에서 계속되고 있었음을 알 수 있으며,《승정원일기》에 따르면 1807 10월 11일, 11월 5일에도 그 공격이 이어졌다. 이 밖에 특별한 행적은 추적되지 않으나,《喪禮四箋》〈喪具訂〉 작업(1807년 겨울 완성)에 종사하고 있었을 가능성이

크다.

11월 3일: 장흥 반곡盤谷(반산)의 정수칠丁修七에게 편지를 보내어 문상하다.

(가) "丁卯至月初三日"〈盤谷 朞服 座前〉_《전서》시문집, 1807년 11월 3일

⚮ 《다산간찰집》(155쪽)에서 (가) 편지의 수신처가 "盤谷"이라고 된 점에 의거하여 장흥 반산盤山의 정수칠에게 보낸 편지로 추정하였다. 《여유당전서》시문집에 〈與盤山丁修七書〉(다산초당 시절 추정)와 〈爲盤山丁修七贈言〉(다산초당 시절 추정) 및 〈又爲盤山丁修七贈言〉(다산초당 시절 추정)이 실려 있다. 정수칠의 자는 내칙乃則, 호는 연암생烟菴生이며 영광정씨로서 정약용과는 인척이 된다. 〈與盤山丁修七書〉(다산초당 시절 추정)에 따르면, 정약용의 유배 이전 1792년(임자) 겨울에 정수칠 집안의 백승伯昇이 서울 명례방(이때 정약용은 부친상 중이었지만 서울에서 국왕의 명령으로 화성건설 계획을 수립하고 있었음) 정약용 집을 찾아와 《반곡공유집》과 《가승》의 서문을 부탁하였고, 1800년 정약용이 서문을 써주었다고 한다. 이 밖에 특별한 행적은 추적되지 않으나, 《喪禮四箋》《喪具訂》작업(1807년 겨울 완성)에 종사하고 있었을 가능성이 크다.

12월 일: 《喪禮四箋》〈喪具訂〉(수정본)이 이루어지다(겨울).

(가) "七年 丁卯⋯冬 禮箋喪具訂成"_《사암연보》148쪽

⚮ (가)에 따르면 1807년 겨울 《喪禮四箋》〈喪具訂〉이 완성되었다. 겨울 가운데 언제인지 분명하지 않으나, 대략 1807년 10월 본격적으로 착수하여 12월 중에 완성되었을 것으로 추정하여 일단 12월에 배치하여 두었다. 이때 완성된 것은 〈喪具訂〉수정본으로 보아야 한다. 1804년 10월 8일 이미 《喪禮四箋》초고본이 완성되었기 때문이다(1804년 10월 8일 부분 참조).

1807년의 저작과 활동

1807년 봄(1~3월 추정)의 시로 〈惠藏至〉(1807년 1월 추정), 〈黃裳之父仁聃輓詞〉(1807년 2월 17일), 〈賦得菜花蛺蝶〉(1807년 2월 17일 이후~3월 사이 추정), 〈對雨示逵典〉(1807년 3월 사이 추정), 〈奉簡巽庵〉(1807년 3월 사이 추정), 〈和東坡過嶺韻〉(1807년 3월 사이 추정), 〈和寄餾合刷餅韻〉(1807년 2월 17일 이후~3월 사이 추정),

〈和子由新修汝州龍興寺吳畫壁韻〉(1807년 3월 사이 추정), 〈和子由初秋韻〉(送春; 1807년 3월 하순 추정), 〈和寄諸子姪韻〉(1807년 3월 하순 추정) 등이 있다. 이들 가운데 〈惠藏至〉, 〈黃裳之父仁聯輓詞〉, 〈奉簡巽庵〉, 〈和寄諸子姪韻〉 등이 주목된다. 〈惠藏至〉는 1807년 초에도 여전히 혜장과 교유가 계속되고 있음을 보여준다. 새해가 되어 찾아온 것으로 생각하여 시기를 1월로 추정하였다. 1807년 봄 정약용은 혜장을 위해 〈一鉢菴記(嘉慶 丁卯 春)〉를 쓰기도 하였다. 다음으로 〈黃裳之父仁聯輓詞〉에 따르면 1807년 봄 제자 황상의 아버지 황인담이 타계하였음을 알 수 있다.308) 이후 만 2년 동안 황상은 부친상 중에 있었을 것이다. 황상이 1808년 봄에 다산초당으로 옮겨가는 정약용을 따라가지 못한 이유 가운데 하나가 될 수 있다.

〈黃裳之父仁聯輓詞〉(1807년 2월 17일)의 바로 뒤에 이어지는 〈賦得茱花蛺蝶〉은 "春風"이라는 구절이 있으므로 1807년 봄의 작이며,309) 대략 1807년 2월 17일 이후의 작이라고 할 수 있다. 다음으로 〈對雨示達典〉은 "春深"이라는 구절이 있으므로 대략 3월 작으로 추정된다. 다음 시 〈奉簡巽庵〉은 내용으로 보아 봄의 시이고 배치 순서로 보아서 3월 작이다. 1808년 봄에도 둘째형 정약전과 연락이 계속되고 있었음을 보여준다.

다음 〈和東坡過嶺韻〉, 〈和寄餾合刷餅韻〉, 〈和子由新修汝州龍興寺吳畫壁韻〉도 배치 순서로 보아 3월 작으로 추정된다. 〈和子由初秋韻〉에는 "送春"이라고 원주가 붙어 있으므로 3월 말엽에 지은 것으로 볼 수 있다. 마지막으로 〈和寄諸子姪韻〉의 저작 시기 역시 배치 순서로 보아 1807년 3월 말엽 작으로 추정된다 (바로 뒤에 4월 1일 작 〈惠藏至 欲偕游白蓮社 爲念供具已之 悵然有作〉이 있음). 이 무렵 초천의 아들과 조카들과도 연락이 있었음을 보여준다. 한편 1807년 봄의 잡문으로는 〈一鉢菴記〉가 있다.

이 해 봄에 정약용이 어떤 활동을 하고 있었는지는 알기 어렵다. 다만 연초에 완성된 《周易四箋》(정묘본)의 검토 작업을 하는 한편 《喪禮四箋》〈喪具訂〉작업(1807년 겨울 완성)을 준비하고 있었을 가능성이 있다.

---

308) 더 구체적으로는 1807년 2월. 정민, 《다산의 재발견》, 119쪽.
309) 조성을, 2004, 161쪽.

1897년 여름의 시로는 〈惠藏至 欲偕游白蓮社 爲念供具已之 悵然有作〉(1807년 4월 1일), 〈四月三日 游白蓮寺〉(1807년 4월 3일), 〈池上絶句〉(1807년 4월 3일~4월 15일 사이 추정), 〈淡泊〉(1807년 4월 3일~4월 15일 사이 추정), 〈琴湖尹(奎濂)至〉(1807년 4월 10일 무렵 추정), 〈喜尹弟滯雨〉(1807년 4월 10일 무렵~4월 15일 사이 추정), 〈南浦行 次杜韻〉(1807년 4월 15일), 〈種竹〉(1807년 5월 1일) 등이 있다. 〈池上絶句〉, 〈淡泊〉, 〈琴湖尹(奎濂)至〉, 〈喜尹弟滯雨〉는 배치 순서로 보아 1807년 4월 3일과 4월 15일 사이에 지은 시들이다. 이들 시 가운데 〈琴湖尹(奎濂)至〉는 대략 1807년 4월 10일 무렵이라고 여겨진다. 아울러 1807년 여름의 잡문으로는 〈沙村書室記〉(嘉慶 丁卯 夏)가 있다.

한편 이 해 여름에 정약용이 어떤 활동을 하고 있었는지는 알기 어렵다. 다만 봄에 이어서 연초에 완성된 《周易四箋》(정묘본)의 검토 작업을 하면서, 《喪禮四箋》〈喪具訂〉 작업(1807년 겨울 완성)을 준비하고 있었을 가능성이 있다.

1807년 가을의 시로는 〈八月一日作〉(1807년 8월 1일)을 필두로 〈小雨對菊花示公潤〉(1807년 8월 1일 이후 가을)이 이어진다. 이 뒤에 1807년의 시로 〈又贈公潤〉, 〈題西湖浮田圖〉, 〈題東施效矉圖〉가 있다. 〈又贈公潤〉은 윤공윤尹公潤(윤단, 강진 귤동 다산서옥의 주인)과 관계가 친밀하여졌음을 보여 준다. 또 〈題西湖浮田圖〉와 〈題東施效矉圖〉는 그림을 감상하고 지은 시인데 강진에 와서 그림을 감상할 정도가 되었다면 이는 해남윤씨가와 맺은 관계에서 비롯되었을 가능성이 있다. 〈又贈公潤〉, 〈題西湖浮田圖〉, 〈題東施效矉圖〉의 저작 시기는 1807년 8월 1일 이후가 되는데,[310] 8월 이후 어느 시기인지는 알 수 없다.

이 해 가을에도 정약용이 어떤 활동을 하고 있었는지는 알기 어렵다. 다만 여름에 이어서 연초에 완성된 《周易四箋》(정묘본)의 검토 작업을 하면서, 《喪禮四箋》〈喪具訂〉 작업(1807년 겨울 완성)을 준비하고 있었을 가능성이 있다.

1807년 겨울에는 시가 확인되지 않는다. 1807년 1월(추정) 《周易四箋》(정묘본)을 완성한 다음 2월 이후 겨울까지 어떤 작업을 하였는지 명확하게 보여 주는 자료가 없다. 그러나 1807년 겨울에 《喪禮四箋》〈喪具訂〉(수정본)이 완성되므로 적어도 이 해 겨울에는 이를 위한 작업에 몰두하고 있었다고 생각된

---

310) 조성을, 2004, 163쪽.

다. 이것이 1807년 겨울의 시가 없는 이유가 될 수도 있다.

1808년 戊辰, 순조 8 _47세
: 이 해에는 윤5월이 있었다.

1월 5일: 호암葫菴에게 답서를 쓰다.

(가) 〈葫菴回納〉 1808년 1월 5일

  ★ 1808년 1월 5일 정약용은 호암에게 답서로 (가)를 썼다.311) 호암이 누구인지는 아직 확인되지 않았다고 한다. (가) 편지의 말미에 "戊正月五日 戚弟 服人頓"이라고 쓰여 있다.312) '戚弟服人'이라는 표현으로 보아서 정약용과 가까운 친척 사이였을 것으로 추정된다. 이때 정약용이 아직 귤동으로 이사하기 전이며 제자 이청의 집에 기거하고 있을 때였다.

2월 일:

  ★ 행적이 추적되지 않는다.

3월 15일: ① 장령 조장한趙章漢이 조정에서 정약용 형제를 공격하다. ② 황상 형제에게 편지를 보내 내일부터 묵재墨齋에 와서 기거하도록 하라는 편지를 보내다.

(가) "掌令 趙章漢啓言…請黑山島島配罪人若銓·康津縣定配罪人若鏞…設鞫 嚴問" 《승기》 순조 8년 3월 15일

(나) "小祥奄過…兄弟中一箇 自明日來 宿于墨齋 爲佳 姑不具 十五 日" 〈寄黃 裳兄弟〉(제22서) 1808년 3월 15일

  ★ 1808년 3월 15일 시점에서는 조장한이 사헌부 장령으로서 정약용 형제를 공격하였으나 나중에는 오히려 도와주게 되었다. 한편 제22서는 "小祥奄 過…兄弟中一箇 自明日來 宿于墨齋 爲佳 姑不具 十五日"이라는 구절이 있는 것으로 보아서 1808년 3월 15일에 보낸 편지로 여겨진다. 황상의 아버지 황

---

311) 정민, 《다산의 재발견》, 280~281쪽.
312) 정민, 위의 책 재인용, 699쪽.

인담이 타계한 것은 1807년 2월 16일이므로, 소상小祥(1808년 2월 16일)이 지난 바로 다음의 15일은 "3월 15일"이라고 보아야 한다. 《다산간찰집》(286쪽)에서도 "1808년 3월 15일"로 추정하였다. 아마도 묵재는 이학래(이청)의 집 가운데 정약용이 머무르고 있던 방을 말하는 것으로 보이며, 황상 형제는 오기 어렵다는 답을 바로 보낸 것으로 여겨진다. 정약용은 1808년 3월 16일 귤동 윤단의 다산서옥(정약용의 이주 뒤에 이렇게 됨)으로 갔기 때문이다(3월 16일 부분 참조). 1808년 3월 이전 정약용과 윤단의 교유는 잘 확인되지 않는다. 다만 정약용이 1807년 4월 초 백련사에 놀러 간 일이 있고, 이때 산 너머의 귤동에 사는 해남윤씨들에 대하여 들었을 가능성이 있다. 1808년 3월 16일 귤동橘洞의 다산서옥茶山書屋을 방문하기에 앞서 이미 윤단과의 일정 수준의 교류가 있었다고 여겨진다.

3월 16일: 귤동의 다산서옥으로 가서 10일 넘게 머무르다(3월 16~26일 추정).

(가) 〈三月十六日 有尹文擧(名奎魯)茶山書屋 公潤調息在此 因仍信宿遂踰旬日 漸有終焉之志聊述二篇 示公潤〉 _《전서》 시문집, 1808년 3월 26일 무렵 추정

(나) "戊辰三月 自東門移處于茶山艸菴(在萬德寺西橘洞 尹氏地)" _《다산연보》 16쪽

(다) 〈제23서〉 _《다산여황상간찰첩》 1808년 3월 26일 무렵 추정

ɸ (가)의 시를 보면 1808년 3월 16일 윤단의 다산서옥을 방문한 것으로 되어 있다. 열흘 넘어 그곳에 머물렀다고 하였으므로 일단 3월 26일(무렵)까지 머물렀고 그 날 공윤(윤단)에게 다산서옥에 머무르고 싶다는 뜻을 시로 보인 것으로 여겨진다.

한편 황상에게 답하는 제23서에 대하여 1808년 3월 작으로 비정하였으나 근거를 제시하지는 않은 연구는[313] 일단 타당하다고 생각된다. 제22서가 앞에서 언급하였듯이 "1808년 3월 15일 작"이라면, 바로 뒤에 배치되어 있는 제23서는 1808년 3월 26일 이학래(이청)의 집에 돌아와서 보낸 편지로 생각된다.

3월 29일(또는 30일 추정): 다산서옥으로 이사하다.

---

313) 정민, 《다산의 재발견》, 103쪽.

(가) 〈三月十六日 有尹文擧(名奎魯)茶山書屋 公潤調息在此 因仍信宿遂躓 旬
日 漸有終焉之志聊述二篇 示公潤〉 1808년 3월 26일 무렵 추정

(나) "戊辰三月 自東門移處于茶山艸菴(在萬德寺西橘洞 尹氏地)" 《다산연보》16쪽

(다) 〈絶句〉 _1808년 3월 18일 또는 19일 추정

(라) 〈茶山八景詞〉 _1808년 3월 말 혹 4월 초 추정

(마) 〈茶山花史二十首〉 _1808년 3월 말 혹 4월 초 추정

(사) 제24서(황상에게 주는 편지) _1808년 3월 26일 무렵 추정

(아) 제25서(황상에게 주는 편지) _1808년 3월 27일 무렵 추정

(자) 제26서(황상에게 주는 편지) "卄八日" _1808년 3월 28일 추정

  《다산연보》에는 3월에 이사한 것으로만 되어 있으며 구체적인 날짜는
없다. 3월 26일(무렵) 돌아올 때 이미 윤단의 승낙이 있었을 것이다. 즉 다
산서옥으로 이주한 시기는 3월 27일 이후가 된다. (다) 시는 먼저 10여 일
동안 다산서옥에 머물렀을 때 지은 시로 생각된다. 이 시에 "琼琤枕下泉 已
經三四日 聽慣不妨眠"이라는 구절이 있으므로, 1808년 3월 18일(또는 19일)에
지은 시로 볼 수 있겠다. (사)는 1808년 3월 26일 무렵 제23서에 바로 연이
어 보낸 편지로 생각된다. (아)에는 은봉의 병에 대한 물음 및 이학래와 손
준엽孫俊燁이 마땅히 다음 날 따라가야 한다는 언급, 서판書版과 퇴필退筆
을 보낸다는 말이 있다. 아마도 이학래(이청) 등에게 은봉을 따라 고성사(보
은산방)에 가게 하라는 말이고, 짐을 정리하면서 서판과 퇴필을 황상에게
보낸 것으로 생각된다. 배치 순서로 보아 (아)는 1808년 3월 27일 무렵 보
낸 것으로 생각된다. (자)는 말미에 "卄八日"이라는 언급이 있으므로 1808년
3월 28일에 쓴 것으로 여겨진다.314) 이 편지에 이틀 동안(1808년 3월 26일과
3월 27일 추정) 사람을 보냈으나 계속 만나지 못하였다는 언급 및 오늘(1808
년 3월 28일 추정) 혼자서 직접 왔으면 좋겠다는 언급이 있다. 이 편지의 시
기를 "1808년 3월 28일"로 추정한 것이 맞는다면, 직접 오라고 한 것은 다
산초당으로 가기 전에 황상을 직접 보고 당부할 말이 있었기 때문으로 여

---

314) 《다산간찰집》 71쪽에는 "卄一日"이라고 탈초되어 있으나, "卄八日"이 맞는다고 생각된다.
《다산의 재발견》 137쪽에는 "卄八日"이라고 탈초되어 있다.

겨진다. 이날 3월 28일 황상을 만났는지 아닌지는 알 수 없으나, 다음 날 29일 또는 30일에 다산초당으로 이사하였을 것이다.

그리고 〈茶山八景詞〉, 〈茶山花史二十首〉(越鷰巢於堂上 屢塗屢毁 退丙屋棝 憐而許 之 感作一試)는 다산서옥에 정식으로 이주한 직후 지은 시들로서, 다산서옥 주변의 아름다움과 이 당시 정약용의 안정된 마음을 잘 살필 수 있다. 이 시들의 저작 시기는 1808년 3월 말 또는 4월 초로 추정할 수 있겠다. 1808 년 3월의 말일은 30일이었다.

4월 20일: 둘째아들 정학유가 처음으로 강진에 오다.

(가) "春 次子(學有)來覲 _《사암연보》 150쪽

(나) 〈四月二十日 學圃至 相別已八周矣〉 _《전서》 시문집, 1808년 4월 20일

𝛗 1801년 11월에 헤어진 뒤 8년 만에 처음으로 강진에 온 것이다. 아마도 1808년 3월 말엽 다산초당으로 이사하면서 연락하여 소식을 듣고 바로 출발하였을 가능성이 크다. 아들과 함께 기거하기 좋은 환경이 조성되었다 고 여겼기 때문일 것이다. 이청의 집에서는 불편을 느꼈던 것으로 보인다.

5월 5일: 지평持平 윤동수尹東壽가 조정에서 정약용 형제를 공격하다.

(가) "持平尹東壽啓曰…請黑山島島配罪人若銓·康津縣定配罪人若鏞…設鞫嚴 問" _《승기》 순조 8년 5월 5일

𝛗 1808년 5월 16일, 17일, 26일, 27일, 29일, 30일에도 정약전·정약용에 대 한 공격이 이어졌다.

5월 11일: 윤규로尹奎魯 등과 용혈龍穴에 놀러갔으며 작은 아들 정학유도 수 행하였다.

(가) 〈龍穴行〉(五月十一日 與尹文擧諸人游 圃兒從) _《전서》 시문집, 1808년 5월 11일

𝛗 윤규로는 다산초당의 주인 윤단의 아들이며 윤규로의 동생이 윤규하尹 奎夏이다. 이들 삼부자가 상의해 정약용을 다산초당으로 모신 것으로 생각 된다.315)

---

315) 박석무,《다산 정약용 평전》, 457쪽.

5월 중순(추정): ① 두 아들에게 주는 가계家誡를 쓰다. ② 정학연이 초천으로 돌아가다.

(가) 〈示二子家誡〉 "嘉慶戊辰 中夏 與猶病翁 書于茶山精舍" _《전서》 시문집, 1808년 5월

(나) "八年 戊辰…夏 書家誡" _《사암연보》 150쪽

ф (가)를 1808년 5월 가운데 어느 날 써 준 것인지 날짜를 특정할 수 없다. 다만 1808년 4월 20일 강진 다산서옥에 도착한 정학유는 대략 5월 중순 무렵에 돌아갔을 것으로 일단 추정하여 둔다.

5월 일: 〈跋金生書〉를 쓰다.

(가) 〈跋金生書〉 _《전서》 시문집, 1808년 5월 추정

ф (가)의 말미에 "前跋固已疑之 今日再觀 猶然 庚午首秋題"라는 언급이 있고 이 구절 앞에 "洌水散人 跋戊辰中夏"라는 기록이 있다. 먼저 1808년 5월에 (가)를 처음 썼고 1810년 7월에 다시 보고 추기하였음을 알 수 있다.316) 김 생金生의 글씨임을 의심하는 발문이다. 1808년 5월 어느 날인지 확정할 수 없어서 1808년 5월의 말미 부분에 배치하여 두었다.

윤5월 1일:

(가) "持平尹東壽啓日…請黑山島島配罪人若銓·康津縣定配罪人若 鏞…設鞫 嚴問" _《승기》 순조 8년 윤5월 1일

ф 1808년 윤5월에는 윤5월 1일 말고도 2일, 3일, 3일, 4일, 5일, 6일, 7일, 8일, 9일, 11일, 12일, 13일, 14일, 17일, 18일, 19일, 21일, 22일, 24일, 25일, 26일, 27일, 28일, 29일 등 거의 매일 정약용에 대한 공격이 있었다. 이 공격은 1808년 6월 9일까지 이어지다가 잠시 뜸하였으나 7월 재개되어 이 해 말까지 이어졌다.

윤5월 일: 강진 다산에서 두 아들에게 다시 가계를 쓰다.

(가) 〈示二子家誡〉(嘉慶 戊辰 中夏之閏 書于茶山) 1808년 윤5월

(나) "八年 戊辰…夏 書家誡" _《사암연보》 150쪽

---

316) 조성을, 2004, 354쪽 참조.

✿ 〈又示二子家誡〉(嘉慶 戊辰 中夏之閏 書于茶山; 1808년 윤5월) 두 편의 저술 시기는 윤5월 가운데 언제인지 특정할 수 없으나, 편의상 1808년 윤5월의 말미에 배치하였다. 5월 중순 무렵 초천으로 돌아간 정학유가 연락을 하여 와서 다시 윤5월에 〈又示二子家誡〉를 써서 보낸 것이 아닐까 생각된다. 정학유는 초천에 돌아갔다가 가을 이전 다시 강진에 왔을 것이다. 〈題戊辰本〉에서 "戊辰秋 余與學圃在橘園 令圃脫稿"라고 하여 정학유가 1808년 가을에 《周易四箋》(무진본) 작업에 참여하고 있었음을 알 수 있다.

6월 일:

✿ 특별한 행적이 추적되지 않으나 1808년 6월 1일, 2일, 3일, 4일, 6일, 9일 조정에서 정약용에 대한 공격이 있었다.

7월 일:

✿ 특별한 행적이 추적되지 않으나 1808년 7월 1일, 4일, 24일, 28일 조정에서 정약용에 대한 공격이 있었다. 이런 가운데 정약용은 7월 동안 《周易四箋》(무진본; 최종본) 및 《祭禮考定》 작업에 종사하고 있었다고 생각된다.

8월 일:

✿ 특별한 행적이 추적되지 않으나, 1808년 8월 15일, 19일,20일, 27일, 28일, 29일, 30일 조정에서 정약용에 대한 공격이 있었다. 이런 가운데 정약용은 1808년 7월에 이어서 8월 동안 《周易四箋》(무진본; 최종본) 및 《祭禮考定》 작업에 종사하고 있었다고 생각된다.

9월 일:

✿ 특별한 행적이 추적되지 않으나, 1808년 9월 1일, 2일, 3일 조정에서 정약용에 대한 공격이 있었다. 이런 가운데 정약용은 1808년 7월과 8월에 이어서 9월 동안 《周易四箋》(무진본; 최종본) 및 《祭禮考定》 작업에 종사하고 있었다고 생각된다.

9월 29일: 형님 정약전에게 편지(제1서)를 보내다.

(가) 三月十六日 有尹文擧(名奎魯)茶山書屋 公潤調息在此 因仍信宿 遂躑旬
   日 漸有終焉之志 聊述二篇 示公潤(제1서; 戊辰九月 二十九日) _《전서》시문
   집, 1808년 9월 29일

10월 일:

🜨 특별한 행적이 추적되지 않으나, 1808년 10월 7일, 8일, 9일, 10일, 18일,
20일, 24일 조정에서 정약용에 대한 공격이 있었다. 이런 가운데에도 정
약용은 저술 작업을 계속하여 이 해 겨울 《祭禮考定》,《春秋考徵》(초고본),
《周易四箋》(무진본) 작업을 진행, 완료하였다. 《春秋考徵》 작업 역시 《周易
四箋》과 《祭禮考定》 작업과 동시에 진행되었던 것으로 보인다. 겨울 어느
시점에 각 저작들이 완성되었는지는 특정되지 않는다. 다만 세 저작이 동
시에 완성된 것이 아니라 하나씩 차례로 완성된 것으로 보아야 할 것이다.

11월 일:

🜨 특별한 행적이 추적되지 않으나, 1808년 11월 7일, 8일, 9일, 10일, 17
일 조정에서 정약용에 대한 공격이 있었다. 이런 가운데에서도 정약용은
저술 작업을 계속하여 세 작업을 완료하였다.

12월 일:

🜨 특별한 행적은 추적되지 않으나, 《승정원일기》에 따르면 1808년 12월
25일에도 조정에서 정약용에 대한 공격이 있었다.

1808년의 저작과 활동

   1808년 봄의 시로는 〈三月十六日 有尹文擧(名奎魯)茶山書屋 公潤調息在此
因仍信宿 遂躑旬日 漸有終焉之志 聊述二篇 示公潤〉(1808년 3월 16일), 〈絶句〉(3월 18
일 또는 19일 추정), 〈茶山八景詞〉(3월 말 또는 4월 초 추정), 〈茶山花史二十首〉(3월
말 또는 4월 초 추정) 등이 있다. 아울러 1808년 봄의 잡문으로는 〈葫蕓回
納〉(1808년 1월 5일)이 있다.
   이 해 봄 3월 말엽 강진 귤동의 다산초당으로 이사한 것 말고 특별한 활동
이 눈에 뜨이지 않는다. 그러나 이 해 겨울에 《祭禮考定》과 《周易四箋》(무진본)

이 완성되므로 이를 위한 준비 작업을 진행하고 있었을 가능성이 있다.

1808년 여름에 지은 시로는 〈越鳶巢於堂上 屢塗屢毀 退丙室椐 因而許之 感作一詩〉(1808년 4월 중순 무렵 추정), 〈四月二十日 學圃至 相別已八周矣〉(1808년 4월 20일)가 있고 〈四月二十日 學圃至 相別已八周矣〉를 지은 이후, 1808년 5월 11일의 〈龍穴行〉(五月十一日 與尹文擧諸人游 圃兒從; 1808년 5월 11일) 앞에 〈羣甫攜酒相過〉(1808년 4월 20~5월 11일 사이 추정), 〈池閣月夜〉(1808년 4월 20일~5월 11일 사이 추정)가 있으며 〈龍穴行〉 뒤에 1808년 5월(11일 이후)의 시로 〈僧拔松行〉, 〈僧拔松行〉이 있다.[317] 〈羣甫攜酒相過〉에서 군보羣甫가 누구인지는 알지 못하며, 지각池閣은 다산서옥 옆의 작은 연못을 가리키는 것으로 여겨진다. 〈龍穴行〉이 1808년 5월 11일의 시이므로, 〈羣甫攜酒相過〉, 〈池閣月夜〉의 두 시는 1808년 4월 20일 이후 5월 11일 이전 어느 날에 지은 것으로 볼 수 있다. 이들 시는 다산서옥으로 옮긴 이후 대략 1808년 5월 중순까지 정약용의 심경을 엿볼 수 있게 하여 준다. 〈龍穴行〉의 원주 "五月十一日 與尹文擧諸人游 圃兒從"을 보면 5월 11일에 용혈龍穴에 갔으며 윤문거(윤규로)와 정학유가 동행하였음을 알 수 있다.

〈龍穴行〉(1808년 5월 11일)에 바로 이어서 〈僧拔松行〉(1808년 5월 11일~5월 말 추정), 〈獵虎行〉(五月山; 1808년 5월 11일~5월 말 추정)의 두 시가 배치되어 있으며, 배치 순서로 보아서 1808년 5월 11일 이후 5월 말 사이에 지어진 것으로 볼 수 있다. 두 시에서 조세 수탈에 대한 정약용의 분노를 살필 수 있다. 〈僧拔松行〉은 백련사에서 목격한 일을 시로 형상화한 것으로 여겨지며 〈獵虎行〉에는 "五月山"이라는 구절이 있다.

아울러 〈獵虎行〉(1808년 5월 11일~5월 말 추정)에 바로 이어서 〈夏日〉, 〈采藥詞〉, 〈種蓮詞〉, 〈牛服洞歌〉, 〈游尹氏山莊〉 등이 있다. 〈游尹氏山莊〉의 바로 뒤에는 초가을의 시로 〈敗荷〉가 배치되어 있다. 따라서 〈夏日〉(1808년 윤5월~6월 추정), 〈采藥詞〉(1808년 윤5월~6월 추정), 〈種蓮詞〉(1808년 윤5월~6월 추정), 〈牛服洞歌〉(1808년 윤5월~6월 추정), 〈游尹氏山莊〉(1808년 윤5월~6월 추정) 등도 일단 1808년 여름 시로 추정된다. 배치 순서로 보아 대략 윤5월~6월 사이에 지어진 것으로 추정된다. 〈牛服洞歌〉를 보아 우복동牛服洞에 갔었음을 알 수 있고,

317) 조성을, 2004, 164쪽 참조.

〈游尹氏山莊〉을 보면 윤씨尹氏의 산장에 갔었음을 알 수 있다. 윤씨는 해남윤씨 일족으로 생각된다. 1808년 여름의 잡문으로는 〈跋金生書〉(1808년 5월), 〈示二子家誡〉(1808년 5월), 〈又示二子家誡〉(1808년 윤5월) 등이 확인된다.

이 해 여름의 일로는 정학유가 4월 20일에 왔고, 두 아들을 위해 두 차례 가계를 써 준 일이 확인된다. 정학유는 1808년 5월 중순 무렵 초천에 돌아갔다가 1808년 가을 무렵 다시 온 것으로 추정된다. 이 해 겨울에 《周易四箋》(무진본; 최종본) 및 《祭禮考定》이 완성되므로 여름 기간 동안 이를 위한 준비를 하고 있었으며, 《喪禮四箋》 완성을 위한 작업도 계속하고 있었다고 생각된다(《喪服商》 부분 1809년 봄 완성). 〈示二子家誡〉(5월)에서 《周易四箋》과 《喪禮四箋》 작업에 대하여 말하고 있고 특히 상례와 관련해서는 "喪禮雖以已爬櫛 王朝禮未嘗論著 況吉嘉軍賓 田地尙活"이라 하였다. 또 모원의茅元儀 《武備誌》의 체제에 따라 병서를 지을 계획을 말하는 한편 지리서(아마도 《我邦疆域考》[초고본])에 대하여는 "地理諸條 略已就縮 不甚貽汝曹勞也"라고 하였다. 이 해 여름에 이미 《我邦疆域考》 초고본 작업에 착수하고 있었음을 알 수 있다. 아울러 1808년 3월 말 다산초당으로 이사 간 뒤 정약용은 제자들과 학문적 토론을 잘 진행할 수 있게 되었다. 이 결과의 하나가 〈茶山問答〉이다.

1808년 가을에 지은 시로 〈敗荷跋金生書〉(1808년 7월 추정), 〈試步東林〉(1808년 가을 추정), 〈燠卿至〉(1808년 가을), 〈將游水精寺晚過粵姑津〉(1808년 가을), 〈轉游水精寺〉(1808년 가을) 등이 있다.[318] 〈試步東林〉의 동림東林은 다산서옥 주변의 숲을 가리키는 것으로 생각되며, 〈燠卿至〉를 보아서는 욱경燠卿(미상)이 찾아 왔음을 알 수 있다. 〈將游水精寺晚過粵姑津〉, 〈轉游水精寺〉를 보면 가을 어느 날 늦게 월고진粵姑津을 지나서 수정사水精寺에 갔음을 알 수 있다. 늦게 도착하였을 것이므로, 이날 밤 수정사에 묵었을 가능성이 있다. 산문으로는 〈上仲氏〉(제1서; 1808년 9월 29일)가 확인된다.

1808년 가을에 구체적으로 어떤 활동을 하였는지 알기 어려우나, 이 해

---

318) 조성을, 위의 책, 165쪽 참조. 이전에 〈轉游水精寺〉의 시기를 가을에서 겨울 사이로 추정하였으나, 바로 앞의 〈將游水精寺晚過粵姑津〉은 수정사로 가는 과정에서 지은 시이고 〈轉游水精寺〉는 수정사에 도착하여 지은 시라고 볼 수 있으므로, 〈轉游水精寺〉 역시 가을에 지은 시로 볼 수 있다.

겨울에 《周易四箋》(무진본; 최종본) 및 《祭禮考定》이 완성되었다(겨울 부분 참조). 1808년 가을 기간에는 이들 작업에 종사하고 있었다고 생각된다. 《周易四箋》(무진본; 최종본) 작업은 정학유의 도움을 받았다. 즉 〈題戊辰本〉에서 "戊辰秋 余與學圃在橘園 令圃脫稿"라고 하여 정학유가 1808년 가을에 《周易四箋》(무진본) 작업에 착수하였음을 알 수 있다. 정학유는 가을 이전 다시 강진에 온 것으로 생각된다. 그리고 정약용은 《喪禮四箋》 완성을 위한 작업도 계속하고 있었다고 생각된다(〈喪服商〉 부분 1809년 봄 완성). 정약전에게 보낸 편지인 〈上仲氏〉(제1서, 1808년 9월 29일)에서도 예에 대하여 논하였다.

1808년 가을의 시 〈轉游水精寺〉(1808년 가을) 바로 뒤에 〈讀帝典〉(1808년 겨울 추정)이라는 시 하나만 확인된다. 필자는 이 시의 배치 순서를 보아 1808년 가을에서 겨울 사이에 지은 것으로 추정한 일이 있다.[319] 그러나 《周易四箋》(무진본) 작업이 완료되고 나서 《尙書》 연구를 시작하였다고 보는 것이 온당할 것이므로, 〈讀帝典〉은 1808년 겨울에 지은 것이 추정하는 것이 더 타당하다고 생각된다. 《尙書》 가운데 서두의 〈帝典〉(〈堯典〉과 〈舜典〉을 가리키는 것으로 생각됨) 부분부터 읽기 시작하였음을 알 수 있다. 아마도 《祭禮考定》, 《春秋考徵》 및 《周易四箋》(무진본) 관련 일련의 작업이 이 해 겨울 마무리 지어지는 것(이들 일련의 작업에 정학연의 도움이 있었을 것으로 여겨짐)에 이어서 《尙書》 주석을 위한 준비 작업이 시작되고 있음을 보여주는 것이라고 하겠다. 그렇다면 〈讀帝典〉의 저작 시기는 가을에서 겨울 사이가 아니라 보다 좁혀서 겨울의 작품으로 보는 것이 더 타당하다고 하겠다. 1808년 겨울의 저술 활동을 정리하면 다음과 같다.

① 《祭禮考定》이 이루어지다("祭禮考定成" 《사암연보》 152쪽).

② 《春秋考徵》(초고본)이 이루어지다(정학유 필사: "其艸本(學游)所受(戊辰冬艸本) 其再稿 李紘父所相 書凡十二卷" 《사암연보》 177쪽).

③ 《周易四箋》(무진본)이 이루어지다. 1808년 가을 강진 귤동 다산서옥에서 둘째아들 정학유를 시켜 개고하게 하여 겨울에 작업이 완료되다("丁卯本 詞理未精 象義多誤 戊辰秋 余與學圃在橘洞 令圃脫稿[亦二十四卷]" 〈周易四箋序〉 및 "冬

319) 조성을, 위의 책, 165쪽.

周易心箋成"《사암연보》 152쪽).

다음으로《周易四箋》(무진본) 작업으로 수정·보완된 부분은 다음과 같다.

① 〈설괘전〉을 보충하고 오류를 바로잡다("又取說卦傳 補其有據 訂其訛誤"《사암 연보》 156쪽).

② 부록으로 겸호취상지법兼互取象之法을 붙이다. "又附見兼互取象之法"《사암 연보》 157쪽)

③ 〈讀易要旨 十八則〉을 짓다("著讀易要旨十八則"《사암연보》 153쪽).

④ 〈易例比釋〉을 짓다("述易例比釋"《사암연보》 153쪽).

⑤ 〈春秋官占〉을 보주하다("補注春秋官占"《사암연보》 154쪽).

⑥ 〈大象傳〉을 箋解하다("又取大象傳別彙一編 箋解之"《사암연보》 154쪽).

1809년 己巳, 순조 9　48세

2월　일:

☆ 특별한 행적은 추적되지 않으나,《승정원일기》에 따르면 조정에서는 1809년 1월 10일, 28일에도 정약용에 대한 공격이 있었다. 공격은 2월 18일과 19일에도 있었다. 이후 1809년 동안은 조정에서 정약용에 대한 공격이 뜸하였다.

2월 6일: 공윤公潤(해남윤씨) 형제에게 시를 써서 주다.

(가) 〈梅花始開憶公潤(二月初六日) 簡寄其兄弟〉 _《전서》시문집, 1809년 2월 6일

2월 15일: 매화를 두고 시를 짓다.

(가)〈梅花三首〉(二月 十五日) _《전서》시문집, 1809년 2월 15일

3월　일: 윤지범의 편지를 받고 시를 쓰다.

(가) 〈簡寄南皐尹(持範)持平〉 _《전서》시문집, 1809년 3월 추정

☆ 배치 순서로 보아 늦봄의 시로 추정되어 시기를 3월로 비정하였다.

3월　일(추정):《喪禮四箋》〈喪服商〉(수정본)이 이루어지다.

(가) "九年…春 禮箋喪服商成" _《사암연보》163쪽

✎ (가)의 기록에 따라서 1809년 봄《喪禮四箋》〈喪服商〉(수정본)이 이루어졌음을 알 수 있다. 봄 가운데 일단 3월로 추정하여 둔다. 1804년 10월 8일 《喪禮四箋》(초고본) 작업이 완료되므로, 1809년 봄(3월 추정)에 이루어진 것은 《喪禮四箋》〈喪服商〉(수정본)이다(1804년 10월 8일 부분 참조).

4월 14일: 승려 은봉隱峯에게 편지를 보내다.

(가) "隱峯經几 別後忙冗 有疎書問 豈勝愧悵 忽復初夏 法履輕安否 眞佛草木宴坐蒲團 如在眼底 不可忘也 唯望北歸前面叙…東湖旅人 四月十四日" _〈隱峯經几〉1809년 4월 14일 추정

✎ (가) 편지는 직지성보박물관 소장《隱峯集簡》에 수록된 것으로《다산 정약용》(국립중앙박물관, 2012.10, 65쪽)에 원문이 활자로 실려 있다. 이 편지만으로는 연도를 알 수 없고 다만 4월 14일 작임을 알 수 있으나, 1809년 7월 7일 작으로 추정되는 〈謝隱峯書〉와 내용이 연결된다고 보아서 1809년 4월 14일 작으로 추정하였다. 편지의 내용으로 보면 대략 이 해 봄에 은봉과 진불암에서 만나 교유하였고, 또 4월 14일 이후 은봉이 북쪽으로 돌아가기 전에 정약용을 다시 한 번 만나기를 기대하고 있었음을 알 수 있다. 아울러 이때《尙書》를 읽으며《梅氏書平》등《尙書》관련 주석 작업을 구상하고 있었을 것으로 추정된다.

5월 일:

✎ 특별한 행적이 추적되지 않는다.《尙書》를 읽으며《梅氏書平》등《尙書》관련 주석 작업을 구상하고 있었을 것이다.

6월 일: 승려 은봉이 찾아와 정약용에게 〈重修挽日菴記〉를 부탁하다.

(가) "七月七夕朝 東湖旅人"〈謝隱峰書〉 _《은봉집간》(제1서), 1809년 7월 7일

✎ (가) 편지는 1809년 7월 7일 보낸 것인데 〈重修挽日菴記〉를 써 보내며 함께 부친 편지이다.[320]《다산의 재발견》에서는 만일암 중수를 1809년 6월에 마치고 나서 은봉이 그달 정약용을 찾아와 〈重修挽日菴記〉를 부탁하였다고

하였는데, 이 견해를 따른다. 이 밖에 특별한 행적이 추적되지 않는다.《尚書》를 읽으며《梅氏書平》등《尚書》관련 주석 작업을 구상하고 있었을 것으로 보인다.

7월 7일: 승려 은봉에게 〈重修挽日菴記〉를 써서 보내며 편지를 쓰다.

> (가) "池閣一夜之話 至今流悵 卽披手墨 晩炎法履清安 慰浣良深 旅人以臂腫叫苦 可憐可憐 記文及庵志 皆以親筆書送 須與兒菴一披見後 卽當深藏筍篋 切勿煩示也 今見來書 其尺寸相報 想欲付刻而然也 此則尤非可論 切勿生意⋯七月七夕朝 東湖旅人" _〈謝隱峯書〉, 1809년 7월 7일 아침

🕮 (가) 역시 직지성보박물관 소장《은봉집간》에 실려 있으며《다산 정약용》(국립중앙박물관, 2012.10, 65쪽)에 원문이 활자로 실려 있다. 이 편지에는 "七月七夕朝"라고만 되어 있어서 연도를 알 수 없으나, 위의 책《다산 정약용》(46쪽)에 "1809년"으로 한 것을 따라서 1809년 7월 7일 아침 작으로 하였다. 아암과 같이 보라고 한 것으로 보면 이때는 아직 아암 혜장이 살아 있던 때였음을 알 수 있다. 아암은 1811년 9월 열반한 것으로 보인다(1811년 9월 말미 참조). 정약용은 사찰과 관련된 기문記文과 사찰지를 써서 보냈지만, 이것이 공개되는 것은 매우 꺼렸음을 알 수 있다. 사찰과 관련된 정약용의 저술로는 〈重修挽日菴記〉,《大屯寺誌》등이 있다.

1809년 초가을(추정): 정약용이 성수惺叟에게 〈寄惺叟〉(30운) 시를 보내다.

> (가) 〈寄惺叟〉 _《전서》1, 493쪽, 1809년 초가을 추정 정본

🕮 (가) 시를 보면 이때 성수(이학규李學逵; 당시 김해에 유배 중)와 연락이 있었음을 알 수 있다. "惺叟在金官 和余詩甚多"라는 구절로 보아서 성수의 시 가운데에는 정약용의 시에 화답한 것이 많았다. 그리고 "獨坐聞秋蟲"이라는 구절로 보아서 가을에 지은 것임을 알 수 있다. 정약용의 (가) 시에 대하여 이학규가 이 해 가을 〈奉酬丁籜翁秋日見懷之作〉을 지었고, 이어서 〈追寄丁籜翁茶山寓居〉(42운)를 지어 보냈다.[321] 다만 이 두 시는 1810년 작으로 추정된다.

---

320) 정민,《다산의 재발견》, 194쪽.
321)《낙하생전집》상, 아세아문화사(영인), 1985, 499쪽 및 503쪽.

9월과 10월:

⚶ 행적이 확인되지 않는다.

11월 6일: 꿈에 거미를 보고 시를 짓다

(가) 〈十一月六日 於茶山東菴淸齋獨居 夢遇一妹來而嬉之 余亦情動 少頃 辭而遣 之 贈以絶句覺猶了了 詩曰〉 _《전서》 시문집, 1809년 11월 6일

⚶ (가)의 시는 제목에서 (1809년) 11월 6일에 지은 것임을 알 수 있다. 내용 으로 보아 자신의 처지와 심경을 읊은 시라고 여겨진다. "雪山深處一枝花 爭 似緋桃護絳紗"라는 구절이 있다.

1809년의 저작과 활동

1809년 봄의 시로는 〈梅花開憶公潤〉("二月初六日" 2월 6일) 및 〈梅花三首〉 "二月十五日"(2월 15일)에 이어서 〈忽漫〉, 〈春日游白蓮社〉, 〈再游白蓮社〉, 〈晚春〉, 〈凡八十韻〉, 〈簡寄南皐尹(持範)持平〉 등의 시가 있다.322) 이 가운데 〈晚春〉(1809년 3월), 〈凡八十韻〉(1809년 3월), 〈簡寄南皐尹(持範)持平〉(1809년 3월)의 세 시는 1809 년 늦은 봄(3월)에 지은 것이다. 〈晚春〉은 제목으로 보아 3월 시이고, 〈簡寄南 皐尹(持範)持平〉의 원주 "今年春 寄書來"로 보아서 봄의 시임을 알 수 있다. 따 라서 배치 순서에서 〈凡八十韻〉도 3월 작이 된다. 〈簡寄南皐尹(持範)持平〉으로 보아 윤지범과 연락이 있었음을 추정할 수 있다. 〈忽漫〉(1809년 2월 15일 이후), 〈春日游白蓮社〉(1809년 2월 15일 이후), 〈再游白蓮社〉(1809년 2월 15일 이후) 등은 배 치 순서로 보아 2월 15일 이후 3월에 걸친 시기의 작품이지만, 느낌으로 볼 때 2월 작(15일 이후)으로 여겨진다. 어쨌든 〈春日游白蓮社〉, 〈再游白蓮社〉를 보 면 정약용이 1809년 봄에 백련사에 적어도 두 번은 갔었음을 알 수 있다.

한편 이 해 봄에는 《喪禮四箋》〈喪服商〉(수정본)이 이루어졌다("春禮箋喪服商成" 《사암연보》 163쪽). 따라서 《喪禮四箋》 가운데 〈喪服商〉 작업에 종사하고 있었 음을 알 수 있다. 그리고 대략 1809년 2월 15일 이후(대략 2월 말 이내) 백련사 에 두 번 놀러갔음도 〈春日游白蓮社〉, 〈再游白蓮社〉로 보아 확인된다. 아마도 《尙書》를 읽으며 《梅氏書平》 등의 작업을 구상하기도 하였을 것이다. 〈簡寄南

---

322) 조성을, 2004, 165~166쪽.

皇尹(持範)持平)(1809년 3월)을 볼 때 윤지범과 연락이 있었음도 알 수 있다.

1809년 여름의 시가 찾아지지 않으며 잡문도 쓰지 않은 것으로 여겨진다. 행적이 확인되지는 않지만, 《尙書》를 읽으며 《梅氏書平》 등 《尙書》 관련 주석 작업을 구상하고 있었을 것으로 추정된다. 그리고 이 해 가을에 있었던 《詩經講義》(12권) 산록刪錄 작업도 준비하고 있었을 가능성이 있다.

1809년 가을의 시로는 〈寄悸叟〉(三十韻) 한 편만이 확인되며 잡문도 찾아지지 않는다. 이 해 가을의 활동으로는 《詩經講義》(12권) 산록 작업을 한 것이 주목된다("詩經講義刪錄…毛詩講義十二卷" 《사암연보》 164쪽). 정조의 명으로 1791년 겨울 《詩經講義》 작업을 하여 그해 12월 초에 완성하여 국왕에게 올렸다 (1791년 12월 부분 참조). 1809년 이에 대하여 산삭刪削 작업을 한 것이다. 《詩經講義》를 산록한 것이 12권이나 되므로, 1809년 가을에는 이 작업에 몰두하고 있었다고 여겨진다.

1809년 겨울의 시로는 〈十一月六日 於茶山東菴淸齋獨居 夢遇一姝來而嬉之 余亦情動 少頃辭而遣之 贈以絕句 覺猶了了 詩曰〉(1809년 11월 6일) 한 편만이 확인된다. 잡문도 찾아지지 않는다. 1809년 가을 《詩經講義》 산록 작업이 완료된 이후 1809년 겨울 동안 《詩經講義補》의 작업을 진행하여 1810년 2월 말 무렵 완성한 것으로 여겨진다(1810년 2월 부분 참조). 동시에 《梅氏書平》 작업도 병행하고 있었다고 생각된다. 1810년 1월 《梅氏書平》(초고본)이 완성되기 때문이다 (1810년 1월 부분 참조).

1810년 庚午, 순조 10   49세

1월 1일: 〈元日書懷〉를 지어 심정을 토로하다.

(가) 〈元日書懷〉(庚午 在茶山) _《전서》 시문집, 1810년 1월 1일

🔖 (가)에 "玆丘可終老 何必丙還鄉"이라는 구절이 있다. 새해를 맞으면서 이제는 고향에 돌아갈 수 없을 지도 모른다는 생각을 하고 있었던 것으로 여겨진다. (가)의 제목을 보아 1월 1일에 지은 것임을 알 수 있다.

1월 말(추정): 《梅氏書平》(초고본)을 완료하다.

(가) "右梅氏書平九卷 昔在庚午春(嘉慶十五年) 余在茶山謫中作"〈梅氏書平

拔〉, _《梅氏書平》,《전서》

ⓕ (가)에 따르면 《梅氏書平》(초고본)은 1810년 봄에 처음 완성되었음을 알수 있다. 다만 "庚午春"이라는 시점은 완성 시점이고 9권이라는 분량으로 보아서 적어도 1809년 가을 이후부터는 작업이 진행되고 있었다고 생각된다. 이에 대한 관심은 이미 유배 이전 서울에 올라와 공부하고 있을 무렵부터 있었음을 알 수 있다("昔余游學京師 竊聞師友往往疑梅氏尙書二十五篇 文體卑順 心腹其言"《梅氏書平序》). 여기에서 말하는 사우師友란 권철신을 중심으로 하는 성호좌파 사람들을 말한다. 권철신은 《梅氏尙書》에 대하여 말한 적이 있다. 이 강진 시절 《梅氏書平》(초고본)에 대하여는 해배 후 수정을 가하여 《梅氏書平》(수정본)을 만들었다.323) 발문에 따르면 완성 시점이 단지 1810년 봄이라는 사실만 알 수 있으나 1810년 2월과 3월에는 각기 《詩經講義補》와 《冠禮酌儀》·《嘉禮酌儀》 작업이 있으므로(2월 및 3월 부분 참조), 《梅氏書平》(초고본)은 1810년 1월 말에 완성된 것으로 보는 것이 타당하겠다. 아마도 1월말 작업이 완료된 직후 2월 초에 정학유가 떠난 것으로 볼 수 있겠다.

2월 초(추정): ① 강진 다산 동암에서 정학유에게 가계를 써 주다. ② 맏아들 정학연에게 가계를 쓰다. ③ 둘째아들 정학유가 초천으로 돌아가다.

(가) 〈贐學游家誡〉 "庚午仲春 書于茶山東菴" _《전서》 시문집, 1810년 2월 초 추정

(나) 〈示學淵家誡〉(제1) "庚午仲春 書于茶山東菴" _《전서》 시문집, 1810년 2월 초 추정

(다) "十年 庚午春 詩經講義補成…'庚午春 余在茶山 (游)子告歸 唯李晴在側' 山亭日長 無所 隅心 說詩經講義 令晴筆受 風痺甚困 身識不清 然猶不輟者 本欲於先聖先王之道 鞠躬盡瘁 死而後已也其有謬妄 尙恕余哉" _《사암연보》 166~167쪽

ⓕ 1808년 5월 중순에 고향으로 돌아갔던 정학유가 가을 무렵 다시 와서 가을부터 《周易四箋》(무진본) 작업에 종사하여 그해 겨울 작업을 완료하였음은 이미 앞서 언급하였다(1808년 5월과 가을 및 겨울 부분 참조). 이후 다시

323) 조성을, 〈정약용의 《尙書》 연구 문헌의 검토〉, 《동방학지》54·55·56합, 1987 참조.

정학유가 초천으로 돌아간 것을 추정할 수 있게 하는 기록이 (가)이다. 그렇다면 일단 정학유가 1808년 가을 강진에 온 이후 1810년 2월까지 머물렀다고 추정할 수 있다(혹 1809년 봄에 돌아갔다가 1809년 가을에 강진에 다시 왔을 가능성도 배제할 수 없음). 정학유가 1810년 봄에 돌아갔음은 (다)의 기록 '庚午春 余在茶山 (游)子告歸 唯李晴在側'을 보아서도 알 수 있다. (나)는 강진에서 써서 초천으로 돌아가는 정학유 편에 맏아들 정학연에게 보낸 것이 아닌가 한다(《사암연보》 168쪽에 "春書家誡"라는 언급이 있는데 여기에서 가계家誡란 바로 〈示學淵家誡〉(제1)를 가리키는 것으로 생각됨). 그렇다면 (가)와 동시에 썼고 다음 날쯤 정학유가 출발하였을 가능성이 있다. 정학유가 돌아간 것은 1810년 2월(庚午仲春) 초엽이었을 것으로 추정된다. (다)를 보면 이청에게 《詩經》을 강의하고 받아쓰게 하였으며 이 해 봄(庚午春), 즉 1810년 3월 말 이전에 완성되었기 때문이다. 적지 않은 분량이므로 대략 1810년 2월 초 이후~3월 말까지 《詩經講義補》 작업에 종사하고 있었을 것이다. 그러나 (다)에서 "山亭日長 無所隅心"이라고 한 것으로 보아서 둘째아들 정학유가 떠난 뒤 마음이 매우 허전하였음을 알 수 있다. 이때 그를 모시고 있었던 것은 이청뿐이었다. 1808년 봄 다산서옥(다산초당)으로 옮겨간 이후 제자 황상은 곁에서 스승을 모시지 못하였던 것으로 여겨진다.

2월 말 무렵(추정):《詩經講義補》를 완성하다.

> (가) "十年 庚午春 詩經講義補成… '庚午春 余在茶山 (游)子告歸 唯李晴在側' 山亭日長 無所 隅心 說詩經講義 令晴筆受 風痹甚困 身識不清 然猶不輟 者 本欲於先聖先王之道 鞠躬盡瘁 死而後已也 其有謬妄 尚恕余哉" _《사암연보》166~167쪽

🜨 위(2월 초 부분)에서 언급한 바와 같이 1810년 2월 내내 《詩經講義補》 작업에 종사하여 2월 말 무렵에 완성하였을 것으로 추정된다. 1810년 3월에는 또 다른 작업 〈冠禮酌儀〉와 〈嘉禮酌儀〉가 완료되었기 때문이다.

3월 말 무렵(추정): 〈冠禮酌儀〉와 〈嘉禮酌儀〉(婚禮酌儀)가 완성되다.

> (가) "嘉禮酌儀…春冠禮酌儀成" _《사암연보》167쪽

(나) "嘉禮酌儀成" _《사암연보》 167쪽

　🖊 1810년 2월 정학유가 떠난 뒤에는 《詩經講義補》 작업에 착수하여 이 해 봄에 완성하였다(2월 초 부분 참조). 《사암연보》에 따르면 경오년(1810) 봄 부분에 〈冠禮酌儀〉와 〈嘉禮酌儀〉의 완성이 《詩經講義補》의 완성보다 뒤에 언급되어 있다. 어림잡아 1810년 2월 말까지 《詩經講義補》의 작업을 완료하고, 3월에 〈冠禮酌儀〉와 〈嘉禮酌儀〉 작업을 하여 봄(1810년 3월 말)에 완료하였을 것이다. 여기에서 〈嘉禮酌儀〉는 〈婚禮酌儀〉를 말한다. 그러나 〈嘉禮酌儀〉는 광의로 보면, 〈冠禮酌儀〉와 〈婚禮酌儀〉를 합쳐서 말하는 것일 수도 있다.[324]

4월 초순(추정): 주작산朱雀山 아래에 있는 개보皆甫의 집에 놀러가다.

　(가) 〈簡寄皆甫〉 _《전서》 시문집, 1810년 4월 초순 추정

　(나) 〈皆甫饋梅實竹笋 以山田新瓜謝之〉 _《전서》 시문집, 1810년 4월 중순 추정

　🖊 개보는 나중에 사돈이 된 윤서유尹書有를 말한다. 정약용의 딸이 1812년 윤서유의 아들 윤창모尹昌謨에게 강진으로 시집왔다. 정약용이 (가) 시를 윤서유에게 보내자, 윤서유가 답례로 매실 등을 보낸 것으로 여겨진다. 매실에 대한 답례로 다시 정약용이 새로 난 참외를 보내며 지은 시가 바로 (나)로 생각된다. 남부 지방에서 새 참외가 나는 시기는 어림잡아 음력 4월 중순 무렵으로 생각된다. 따라서 (가)는 대략 4월 초순 무렵 지은 것으로 추정된다. 시의 내용으로 보아도 그러하다.

4월 중순(추정): 매실에 대한 답례로 윤서유에게 새로 난 참외를 보내다.

　🖊 1810년 4월 초순 부분 참조. 한편 1810년 4월에는 《尙書古訓》(초고본) 작업에 착수하였을 것이다(1810년의 저작과 활동 여름 부분 참조).

5월　일:

　🖊 특별한 행적이 눈에 뜨이지 않는다. 다만 대략 1810년 4월 중순~5월 사이에 〈貍奴行〉, 〈山翁〉, 〈寄穉敎〉, 〈松風樓雜詩〉 등의 시를 지었을 것으로 추정

---

324) 조성을, 《〈여유당집〉 예학 관련 저작의 재구성과 연대고증》, 124쪽 참조.

된다. 뒤의 1810년의 저작과 활동 여름 부분 참조. 이 동안 치교穉敎와 서신 왕래가 있었던 것으로 추정된다. 치교는 심상규沈象圭의 자이며 호는 두실斗室이다. "我之曾祖父 邇之外曾祖"라는 구절로 보아서 정약용과 친척임을 알 수 있다. 한편 1810년 5월에는 4월에 이어서 《尙書古訓》(초고본) 작업에 종사하고 있었을 것으로 추정된다.

6월 초: 정약용이 〈田間紀事〉를 짓다.

◈ 〈采蒿〉~〈有兒〉(〈田間紀事〉에 속함) 등을 1810년 6월 초의 작으로 보았다.[325] 그러나 〈己庚紀事〉는 기사년(1809) 겨울에 시작하여 경오년(1810) 초봄에 완성한 것이다. 정약용이 〈田間紀事〉를 완성한 것은 1810년 6월 초이다. 그렇다면 오히려 정약용이 이학규의 〈己庚紀事〉에 영향을 받아 〈田間紀事〉를 지었다고 보는 것이 타당할 것이다.

6월 초: 유민流民이 길에 가득한 것을 보고 〈采蒿〉를 짓다.

(가) 〈采蒿〉(六月初 流民塞路) _《전서》 시문집, 1810년 6월 초

(나) 〈田間紀事〉 _정본 《여유당전서》1, 501쪽 이하, 1810년 6월 초

◈ (가)로 보아 위의 사실을 알 수 있다. 이어서 〈拔苗〉, 〈蕎麥〉, 〈熬麩〉, 〈豺狼〉, 〈有兒〉 및 〈龍山吏〉와 연결되는 것으로 〈波池吏〉, 〈海南吏〉 등 일련의 사회시를 쓰다. 1810년 6월 기간에는 흉년으로 고통 받는 백성들을 목격하면서 연민과 분노 속에서 일련의 사회시를 쓰는 데에 몰두하고 있었다고 생각된다. 한편 1810년 6월에도 4월과 5월에 이어서 《尙書古訓》(초고본) 작업에 종사하고 있었을 것으로 추정된다.

7월 초·중순(추정): 〈拔石陽正竹譜〉에 추기를 쓰다.

(가) 〈拔石陽正竹譜〉 "庚午首秋再觀" _《전서》 시문집, 1810년 7월 초·중순 추정

◈ (가)의 추기를 쓴 것은 말미의 "庚午首秋再觀"이라는 구절로 보아 1810년

---

325) 조성을, 2004, 167~168쪽. 심경호, 시집 해제, 정본 《여유당전서》1(시집)에서도 역시 전간기사를 1810년 6월 초의 작으로 보았다(93~94쪽). 임형택은 이학규가 정약용의 〈田間紀事〉를 보고나서 〈己庚紀事〉를 지은 것으로 생각하였다(해제, 《낙하생전집(상)》, 13쪽).

7월로 추정할 수 있다. 추기 앞의 원래 부분을 쓴 것 역시 강진 시기로 추정된다.326) 날짜가 특정되지 않으나 앞부분에 배치하여 두었다.

7월 초·중순(추정): 〈跋金生書〉에 추기를 쓰다.

(가) 〈跋金生書〉 _《전서》 시문집, 1810년 7월 초·중순 추정

✆ (가)의 말미에 "前跋固已疑之 今日再觀 猶然 庚午首秋題"라는 언급이 있고 이 앞에 "洌水散人 跋戊辰中夏"라는 기록이 있다. 먼저 1808년 5월에 (가)를 처음 썼고 1810년 7월 다시 보고 추기하였음을 알 수 있다.327) 김생金生의 글씨임을 의심하는 발문이다. 〈拔石陽正竹譜〉의 추기와 선후 관계를 알기 어려우나 일단 (가)의 추기를 쓴 일을 뒤에 배치하였다. 두 추기 작업이 같은 날 이루어졌을 가능성도 있다.

7월 초·중순(추정): ① 〈示二兒家誡〉를 다산茶山 동암東菴에서 쓰다. ② 〈題霞帔帖〉을 다산 동암에서 쓰다.

(가) 〈題霞帔帖〉 "庚午首秋 書于茶山東菴" _《전서》 시문집, 1810년 7월 초·중순 추정
(나) 〈示二兒家誡〉 "嘉慶庚午首秋 書于茶山東菴" _《전서》 시문집, 7월 초·중순 추정

✆ (가)의 말미에 "庚午首秋 書于茶山東菴"이라는 언급이 있으므로 시기를 1810년 7월로 비정하였다. 앞의 〈拔石陽正竹譜〉의 추기, 〈跋金生書〉의 추기와 선후관계를 알기 어려우나, 일단 이 둘의 뒤에 (가)를 배치하였다. 세 작업이 같은 날 이루어졌을 가능성도 있으므로, (가)의 시기도 일단 1810년 7월 초·중순으로 비정하였다. (가)에 따르면 아내 풍산홍씨가 보내온 낡은 치마로 작은 첩을 만들어 그 위에 두 아들 정학연과 정학유에게 주는 글을 쓰고 제사題辭로 쓴 것이 바로 (가)이다. 이때 하피첩을 만들고 남은 천에 3년 뒤인 1813년 7월 14일, 윤창모에게 강진으로 시집온 딸을 위하여 매조梅鳥를 그리고 글을 써 준다(1813년 7월 14일 부분 참조).

7월 24일 무렵: 정학연에게 가계를 쓰다.

---

326) 조성을, 2004, 353~354쪽.
327) 조성을, 위의 책, 354쪽 참조.

(가) 〈示二兒家誡〉 "嘉慶首秋 書于茶山東菴" _《전서》 시문집, 1810년 7월 초·중순 추정

(나) "庚午 處暑之日 書于茶山東菴" 〈示學淵家誡〉(제2) _《전서》 시문집, 1810년 7월 24일 무렵 추정

(다) "夏書家誡(書見本集)" _《사암연보》 168쪽

🕮 (가)는 (나)보다 조금 앞서서 7월 초·중순에 쓴 것으로 여겨진다. (나)는 처서處暑(음력 7월 24일 무렵)에 쓴 것이다. 처서는 대체로 양력 8월 23일 무렵이다. 1810년 당시 양력 8월 23일은 음력으로는 7월 24일이 된다. 이때 정학연이 강진에 와 있었던 것으로는 생각되지 않고 (나)를 다산 동암에서 쓰고 나서 인편으로 보낸 것으로 생각된다. (다)에서 여름이라고 한 것은 처서까지를 여름이라고 생각하였기 때문으로 여겨진다. 《사암연보》(169쪽)에는 별도로 "秋書家誡(書見本集)"라는 언급이 있다. 이것은 이 해 국추菊秋(9월)에 쓴 두 편의 가계를 언급하는 것으로 생각된다(1810년 9월 부분 참조). 한편 1810년 7월에도 여름에 이어서 《尙書古訓》(초고본) 작업에 종사하고 있었을 것이다.

8월 갑오(12일): 윤종하尹鍾河를 위하여 제문을 써 주다.

(가) "維歲庚午 八月甲午" 〈祭尹公潤(鍾河)文〉 _《전서》 시문집, 1810년 8월 22일

🕮 윤종하는 강진의 해남윤씨로서 다산초당 시절 제자 가운데 하나이다. 이 해 8월 갑오일은 12일이었다.

8월 일: 다산의 동암에서 〈跋皇明宗室益王所刻定武本蘭亭眞蹟〉을 쓰다.

(가) 〈跋皇明宗室益王所刻定武本蘭亭眞蹟〉 _《전서》 시문집, 1810년 8월 추정

🕮 (가)의 말미에 "嘉慶 庚午 中秋 書于茶山東菴"이라는 언급이 있어 시기를 1810년 8월로 추정하였다.328) 앞의 〈祭尹公潤(鍾河)文〉과의 선후 관계는 알 수 없으나 일단 뒤에 배치하여 두었다. 한편 대략 1810년 8월 무렵에는 《尙書古訓》(초고본) 작업을 완료하였을 것으로 추정된다.

9월 일: 강진 다산의 동암에서 정학연과 정학유에게 가계를 쓰다.

---

328) 조성을, 위의 책, 354쪽 참조.

(가) 〈示二子家誡〉 "嘉慶庚午菊秋" _《전서》 시문집, 1810년 9월 추정

☷ "菊秋"라고 시기가 표시되어 일단 음력 9월로 추정하였고, 날짜를 알 수 없으나 일단 잠정적으로 1810년 9월의 서두에 배치하였다.

9월 일: 재차 정학연과 정학유에게 가계를 쓰다.

(가) 〈又示二子家誡〉 "嘉慶庚午菊秋" _《전서》 시문집, 1810년 9월 추정

☷ 〈示二子家誡〉 "嘉慶庚午菊秋" 바로 뒤에 (가)가 배치되어 있다.

9월 21일: ① 큰아들 정학연이 격쟁擊錚하여 아버지의 억울함을 호소하다. ② 국왕 순조가 향리로 방축하라는 명을 내리다(즉 강진에서 고향 초천으로 돌려보내는 것).

(가) "九月 因長子(學淵)鳴疏 特蒙恩宥 時有洪命周疏論 及李基慶所發之臺啓 不果放" _《사암연보》173쪽

(나) "義禁府啓曰 謹依刑曹減死定配罪人丁若鏞之子幼學丁厚祥擊錚 捧供啓 目判付…敎曰 獄 情無眞的 則至於減死 反離刑政之公 特爲放逐鄕里" _
《실록》 순조 10년 9월 21일

☷ 1810년 10월 향리로 방축하라는 명에 대하여 김재찬金載瓚과 대간들이 반대하였으나, 국왕 순조는 명을 거두지 않았다.

9월 28일: ① 교리 홍명주洪明周가 정약용의 전리田里 추방 명에 대하여 정지를 청하다. ② 국왕 순조 허락하지 않다. ③ 해배 중지 결정이 내리다(9월 말엽 추정).

(가) "九月 因長子(學淵)鳴疏 特蒙恩宥 時有洪命周疏論 及李基慶所發 之臺啓 不果放" _《사암연보》173쪽

(나) "校理洪命周陳疏辭職 請寢丁若鏞放逐田里之命 批曰 所陳丁若鏞事已諭 堂箚批旨" _《실록》 순조 10년 9월 28일

(다) "校理洪命周陳疏曰…亟寢丁若鏞放逐田里之命" _《승기》 순조 10년 9월 28일

☷ 정학연이 격쟁하여 1810년 9월 21일 방축전리放逐田里하라는 왕명이 떨어졌으나, (나)와 (다)에서 보듯이 9월 28일 홍명주가 다시 국왕에게 명을

거두라는 상소를 올렸다. 이에 대하여 일단 국왕은 받아들이지 않는다는 비답을 재차 내렸다. 그러나 정약용은 해배되지 못하였다. (가)에 따르면 1810년 9월 28일 홍명주의 상소 이후 다시 이기경이 대계臺啓를 올렸고 이에 따라 해배가 시행되지 못한 것으로 볼 수 있다. 이기경 등은 아마도 노론의 대신 김재찬과 서용보 등에게도 공작을 하였을 것으로 추정된다. 이기경이 다시 등용된 것이 주목된다. 어쨌든 1810년부터는 정세가 많이 호전되어 비록 시행되지 못하였으나, 향리로 돌아오게 한다는 국왕의 명이 있었고, 정약용에 대한 선제적인 공격도 거의 없었던 것으로 보인다. 국왕의 방축전리 명령이 있었다가 정지된 소식은 대략 1810년 10월 중순 무렵에는 다산 초당의 정약용에게 전해졌을 것이다. 그러나 1811년 4월 정약용이 승려 은봉에게 보낸 편지를 보면, 이때까지도 정약용은 곧 고향에 돌아가리라는 희망을 갖고 있었다(1811년 4월 부분 참조). 한편 1810년 겨울(10월 추정)에는《小學珠串》이 완성되므로(10월 부분 참조) 대략 1810년 9월에는《小學珠串》작업에 착수하였을 것으로 생각된다.

10월 11일: 모씨某氏에게 편지를 보내 순우舜友를 통해 편지를 받았다고 하고 상대방의 집안일과 관련하여 윤경輪卿(尹鍾億)이 편지할 것이라는 언급을 하다.

(가) "庚陽月十一日 病戚頓首"〈舜友至〉 _《다산간찰집》157쪽, 1810년 10월 11일

⛎ 병척病戚이라는 언급 및 윤경(윤종억)에 대한 언급이 있는 것으로 보아서 수신자는 정약용과 인척 관계가 있으며 해남윤씨일 가능성이 있다. 1810년 10월에는 이 밖에 관련 자료를 찾을 수 없어 행적이 잘 추적되지 않는다. 그러나 이 해 10월에는《小學珠串》작업에 종사하여 완료하였을 것으로 추정된다. 이어서 1811년 봄에《尙書知遠錄》이 완료된다.《尙書知遠錄》작업이 1811년 2월에 완료되었다고 한다면(1811년 2월 부분 참조. 이때 1812년 2월에는《我邦疆域考》작업이 바로 착수됨) 7권이라는 분량으로 보아서 대략 1810년 8월 무렵 완료된《尙書古訓》작업에 바로 이어서《尙書知遠錄》작업에 착수하였을 것이다.《小學珠串》작업은 1810년 겨울 동안《尙書知遠錄》과 병행하여 진행된 것으로 여겨진다("冬 小學珠串成"《사암연보》173쪽).

11월 일(冬至): 모인某人에게 편지를 보내어 차茶에 대하여 언급하다.

(가) "庚午 至日 病戚頓" 〈舜友至〉 _《다산간찰집》 159쪽, 1810년 11월 冬至

Ⓦ (가) 편지의 수신인은 알지 못하지만, 병척이라는 표현이 있고 윤경(윤종억)에 대한 언급이 있는 것으로 보아서 1810년 10월 11일에 보낸 편지의 수신인과 동일한 것 같다(10월 11일 부분 참조). 편지에 차를 수백 근 갖고 있다는 언급이 있는데, 이 다산초당 시절 정약용은 차를 재배하고 있었던 것으로 생각된다. 또 이때 사람들을 진료하느라고 바쁘다는 언급도 있다. 이밖에 시 등 관련 자료가 찾아지지 않아 다른 행적이 잘 추적되지 않는다. 그러나 《尙書知遠錄》 작업을 계속하고 있었을 것이다.

12월 일:

Ⓦ 11월 이어서 12월에도 《尙書知遠錄》 작업에 종사하고 있었을 것이다.

1810년의 저작과 활동

1810년 봄의 시로는 〈元日書懷〉(1810년 1월 1일)만이 확인된다. 《梅氏書平》(1월), 《詩經講義補》(2월), 〈冠禮酌儀〉·〈嘉禮酌儀〉(3월) 작업에 전념하였고, 건강이 좋지 않아서 시흥이 별로 일어나지 않았던 것으로 여겨진다. 잡문으로는 〈贐學游家誡〉(1810년 2월 초 추정), 〈示學淵家誡〉(제1; 1810년 2월 초 추정)이 확인된다.

1810년 봄의 활동으로는 첫째 1월 말 무렵 《梅氏書平》(초고본)을 완성하였고 둘째로 2월 말 무렵 《詩經講義補》를 완성하였다. 1810년 3월에는 〈冠禮酌儀〉와 〈嘉禮酌儀〉 작업에 종사하였고 3월 말까지는 이 두 책을 완료하였을 것이다. 1810년 2월 내내 행해졌을 것으로 추정되는 《詩經講義補》 작업은 1809년 가을 《詩經講義》를 산삭하여 12권으로 한 작업에 이어서 이루어진 것이다. 따라서 《詩經講義補》 작업은 1809년 겨울에 시작하여 1810년 2월 말 무렵 완성된 것으로 볼 수 있겠다.

1810년 여름의 시로는 〈簡寄皆甫〉(1810년 4월 초순 추정), 〈皆甫饋梅實竹笋 以山田新瓜謝之〉(1810년 4월 중순 추정)에 이어서 〈狸奴行〉(1810년 4월 중순 이후 5월 사이 추정), 〈山翁〉(1810년 4월 중순 이후 5월 사이 추정), 〈寄穉敎〉(1810년 4월 중순 이

후 5월 사이 추정),〈松風樓雜詩〉(1810년 4월 중순 이후 5월 사이 추정) 등의 시가 배치되어 있다. 이 시들은 배치 순서로 보아 1810년 4월 중순 이후 5월 사이의 시로 여겨진다.〈松風樓雜詩〉바로 뒤에〈采蒿…〉("六月初"; 원주에 따라 6월 초로 비정)가 배치되어 있기 때문이다. 필자는 이전에〈寄釋敎〉에 대하여 "邇來菊有華"라는 구절을 근거로 가을 시로 추정하고 배치 순서에 문제가 있다고 보았으나,329) 자세히 읽어보면 이 구절이 반드시 이 시의 계절과 연결되는 것은 아니라고 판단된다. 따라서 시의 배치 순서에는 문제가 없다. 따라서〈寄釋敎〉의 저작 시기를 1810년 "4월 중순 이후 5월 사이"로 보는 것이 온당하겠다.

다음으로〈采蒿…〉(1810년 6월 초)에 이어서〈拔苗〉,〈蕎麥〉,〈熬麩〉,〈豺狼〉,〈有兒〉 등을 지었다(이들 시에 대하여 "久而成篇 名之曰 田間紀事"라고 원주를 붙였음). 따라서 이 시들은 모두 1810년 6월에 지은 것으로 판단된다.330) 다만 이들 시에 대하여 정약용 자신이 "'己巳歲' 余在茶山草菴 是歲太旱 爰自冬春 至于立秋 赤地千里 野無靑草 六月之初 流民塞路"라고 원주를 붙여서(己巳歲) 1809년 작으로 오해할 수 있게 한다. 그러나 이 구절은 "기사년(1809년)에 크게 가물었는데, 이어서 이 해 겨울과 이듬해(1810년) 봄부터 입추(1810년 음력 6월)에 이르기까지(爰自冬春 至于立秋) 붉은 벌판이 천리나 이어져 들에는 푸른 풀이 없고 유민이 길을 메웠다"고 해석하여야 할 것이다. 이들 시는 배치 순서로 보아 1810년 작이 될 수밖에 없다. 다만 1809년 6월 작으로 보는 견해도 있다.331) 이 시들에 바로 이어서 역시 1810년 6월 작〈龍山吏〉("庚午 六月"; 1810년 6월)를 지었다.〈龍山吏〉에 이어서〈波池吏〉(1810년 6월 추정),〈海南吏〉(1810년 6월 추정)를 지었는데, 내용으로 보아〈龍山吏〉와 연결되는 것으로〈波池吏〉,〈海南吏〉역시 1810년 6월 작으로 추정된다.332)〈海南吏〉를 끝으로 강진 시기에 시가 없다. 전혀 시를 짓지 않았다고 보기는 어려우므로 무언가 누락이 있다고 생각된다. 앞으로 이 시기 1810년 7월에서 1818년 9월 초천 귀환 직전까

329) 조성을, 2004, 167쪽.
330) 조성을, 위의 책, 167~168쪽.
331) 심경호 해제,《정본 여유당전서》[시집], 93~94쪽.
332) 조성을, 2004, 168쪽.

지의 시들을 발굴할 필요가 있다.

한편 이 해 여름 여러 편의 사회비판적 시를 짓고 가계를 쓴 것 말고는 《尙書古訓》작업에 종사하고 있었다고 추정된다. 1810년 둘째형 정약전에 게 보낸 편지 〈上仲氏〉(제2서; 1810년 가을 추정)에 따르면 당우唐虞(요순) 시대 에 대한 언급이 보인다. 필자는 《사암연보》에서 1810년 가을 부분에 실린 것 (169~173쪽)에 근거하여 일단 1810년 가을 작으로 추정하였다.333) 여름 이래의 작업과 관련하여 〈上仲氏〉(제2서)를 쓴 것으로 볼 수 있겠다. 《梅氏書平》(초고본; 1810년 1월 완성)에 이은 《尙書古訓》(초고본; 1810년 가을 완성)과 《尙書知遠錄》의 완성 시기에 관련하여 각기 "1810년 가을"과 "1811년 봄"이라고 한 견해가 있 다.334) 《梅氏書平》 및 이에 이은 《尙書古訓》(초고본)과 《尙書知遠錄》 작업과 관 련하여 《사암연보》에 다음과 같은 언급이 있다.

"三十四年甲午 公七十三歲 春 尙書古訓·知遠錄改修 合編共三十一卷 其合 編序說曰 '昔 在茶山 余讀尙書 執梅賾僞案 有所論著 曰'梅氏書平'凡九卷 繼 而反求壁中眞本二十八篇 蒐輯歐陽夏候·馬·鄭之說者 曰'古訓蒐略' 繼而執梅· 蔡二家之說 校比于古訓 間附以己見者 曰'知遠錄' 顧此三部 皆於謫中編纂 書籍旣少 遺漏甚多"《사암연보》226~227쪽)

위 인용문에 따르면 《梅氏書平》 작업에 이어서 《尙書古訓》(초고본) 작업이 있었고 이에 이어서 《尙書知遠錄》 작업이 있었음을 알 수 있다. 그리고 정약 용 자신이 61세(1822) 때 회갑을 맞이하며 지은 〈자찬묘지명〉(집중본)에 따르 면, 《尙書古訓》(초고본) 및 《知遠錄》(《尙書知遠錄》)의 권수는 각기 전자 6권이고 후자 7권이다("尙書古訓六卷 尙書知遠錄七卷"《전서》1, 334쪽).

《尙書古訓》(초고본; 6권) 작업이 1810년 가을에 완료되었다면 6권이라는 분 량으로 보아서 대략 1810년 4월부터 작업을 시작하였을 것이므로 대략 1810 년 8월에 작업이 완료되었을 것이다. 따라서 1810년 여름 동안에는 대체로 《尙書古訓》(초고본) 작업에 종사하고 있었다고 볼 수 있겠다. 1811년 봄에 완

333) 조성을, 위의 책, 366쪽.
334) 김문식, 《尙書知遠錄》 필사본의 원문 비교〉《다산학》10, 2007.6, 230쪽)에서는 〈尙書古訓 書例〉〉와 〈尙書古訓知遠錄合編序說〉에 따라서 시기를 비정하였다.

료되는《尚書知遠錄》작업은 7권이라는 분량으로 보아서 1810년 가을《尚書古訓》(초고본) 작업을 마치고서 바로 착수된 것으로 보인다.

1810년 가을의 시는 추적되지 않는다. 잡문으로는 〈拔石陽正竹譜〉(1810년 7월 초·중순 추정), 〈跋金生書〉(1810년 7월 초·중순 추정), 〈示二兒家誡〉(1810년 7월 초·중순 추정), 〈題霞帔帖〉(1810년 7월 초·중순 추정), 〈示二兒家誡〉(嘉慶庚午首秋 書于茶山東菴, 1810년 7월 초·중순 추정), 〈示學淵家誡〉(제2; 1810년 7월 24일 무렵 쳐서 일), 〈示二子家誡〉(嘉慶庚午菊秋,1810년 9월), 〈又示二子家誡〉(1810년 9월) 등이 확인된다.〈上仲氏〉(제2서; 1810년 가을 추정)도 1810년 가을 작으로 추정된다.335)

이 해 가을의 활동을 살펴보면 정약용은《梅氏書平》(초고본) 작업을 1810년 1월 무렵 완성한 데 이어서, 1810년 8월 무렵에는《尚書古訓》(초고본) 작업을 완료하였을 것으로 여겨진다. 아울러 이 해 가을 9월 하순 정학연이 서울에서 격쟁하여 유배를 풀라는 어명까지 내렸으나, 홍명주, 이기경 등의 방해로 시행되지 못한 사실이 주목된다. 한편 9월에는《小學珠串》작업에 착수하였을 것으로 추정된다. 8월 무렵에《尚書古訓》작업이 끝났을 것이기 때문이다. 또 이에 이어서《尚書知遠錄》작업도 곧 시작되었을 것이다.

1810년 겨울의 시를 찾을 수 없으며 잡문도 찾아지지 않는다. 그러나 1810년 겨울 동안《小學珠串》작업에 착수, 완료하고 동시에《尚書知遠錄》작업에 종사하고 있었을 것으로 추정된다.

1811년 辛未, 순조 11 _50세
: 이 해에는 윤3월이 있었다.

1월 초: 승려 은봉이 정약용에게 문안 편지를 보내다(추정).

(가) "辛未人日 茶山"〈答隱峰〉 _《은봉집간》제2서 人日, 1811년1월 7일

◎ (가)의 편지는 정약용이 은봉에게 보낸 답서이므로 1810년 1월 초 은봉이 보낸 문안 편지에 대한 답서로 보낸 것으로 추정하였다. (가)의 시기는 "辛未人日 茶山"이라는 말미의 언급으로 보아서 "1811년 1월 7일"임을 알 수

---

335) 조성을, 2004, 366쪽.

있다.

1월 7일: 정약용이 은봉에게 답서를 보내다.

(가) 〈答隱峰〉 《은봉집간》 제2서 1811년 1월 7일

☯ 한편 1811년 1월에도 1810년 11월과 12월에 이어서 《尙書知遠錄》 작업에 종사하고 있었을 것으로 추정된다.

1월 16일: 모인某人이 흑산도에서 정약용에게 편지를 보내다.

☯ 다음의 1811년 2월 그믐 부분 참조.

2월 28일: 흑산도에서 모인某人이 보낸 편지가 정약용에게 도착하다.

☯ 다음의 2월 그믐 부분 참조.

2월 그믐: 흑산도에 있는 모인某人에게 둘째형 정약전을 부탁하는 편지를 보내다.

(가) "二月二十八日 得正月十六日書 且近聞平安信息 欣然甚矣 此春氣旣深 宿病漸蘇 恩旨旣降 歸臥有期 但回首玆山 流淚沾臆 所恃有君之昆弟 是 倚是賴…辛未二月晦 茶山病叟書"〈與某人書〉 _《다산간찰집》 163쪽, 1811년 2월 그믐

☯ (가)의 편지는 말미의 "辛未二月晦"라는 기록으로 보아서 1811년 2월 그믐 작임을 알 수 있다. 편지의 내용으로 보아서 1월 16일에 보낸 편지가 2월 28일 도착하였고 이 편지를 받고 2월 그믐에 쓴 편지이다. 이 제목은 임의로 붙인 것이다. 이 편지로 보아서 정약용이 자신은 곧 해배되어 고향으로 돌아갈 것이라는 기대를 갖고 있었음을 알 수 있다. 1810년 9월 21일 큰아들 정학연에게 격쟁하여 향리로 돌아오게 하라는 왕명이 내렸고, 이것은 9월 28일에도 거듭 확인되었다(1810년 9월 21일 및 9월 28일 부분 참조). 이 소식이 강진에 전해져 정약용 자신은 1811년 2월 그믐까지도 자신은 곧 돌아가리는 희망을 갖고 있었다. 그러나 이기경, 서용보 등의 방해로 실현되지 못하고 1818년 가을에야 고향에 돌아가게 되었다. 이 제목은 임의로 붙인 것이며 모인某人이 누구인지 확실하지 않으나, 모인 형제가 흑

산도에서 정약전을 잘 도와주고 있었다고 하므로 아마도 문순득文淳得이었을 가능성이 없지 않다. 이 편지는《다산 정약용》(국립중앙박물관, 2012.10, 64쪽)에 원문이 탈초되어 실려 있으며 나주정씨 월헌종중 소장품이다.《다산 간찰집》(163쪽)에도 실려 있다.

이 밖에 1811년 2월에는 특별한 활동이 추적되지 않는다. 그러나 1811년 2월에도 1810년 11월과 12월 및 1811년 1월에 이어서《尙書知遠錄》작업에 종사하여 2월 안에 완료했을 것으로 추정된다.《尙書知遠錄》완료에 바로 이어서 2월에《我邦疆域考》(초고본) 작업에 착수한 것으로 생각된다.《사암 연보》에《我邦疆域考》(초고본)에 대하여 "春我邦疆域考成"이라는 언급이 있으므로(173쪽) 늦어도 3월 말에는 완료되었을 것이다. 따라서《我邦疆域考》초고본 작업은 2월《尙書知遠錄》작업 완료 뒤에 바로 착수하여 매우 신속하게 작업이 진행된 것으로 여겨진다.

1814년에 정약용은 이학규에게《我邦疆域考》가운데 〈伽倻疆域考〉를 보냈다. 이때 전해진 것은 1811년 2월 무렵 완성된 초고본《我邦疆域考》가운데 〈弁辰考〉 및 〈弁辰別考〉이었을 것이다. 이학규는 옛 가야 지역인 김해에 유배되어 있었으므로, 가야의 강역에 대한 관심이 많았을 것이다. 아마도 정학유 등을 통해《我邦疆域考》에 대해 전해 듣고 관심을 보이자 정학유가 정약용의 허락을 받아 〈弁辰考〉 및 〈弁辰別考〉를 보냈을 것으로 여겨진다.

3월 일:

ⓦ 특별한 활동이 추적되지 않는다. 그러나 1811년 2월에 착수한《我邦疆域考》(초고본) 작업에 3월에도 종사하여 3월 안으로 완성하였을 것이다. 정약용 스스로《我邦疆域考》(초고본) 작업은 구상은 오래 전에 하였지만 집필은 일사천리로 진행했다고 하였기 때문이다.

4월 14일: 은봉에게 편지를 쓰다.

(가) "四月十四日 東湖旅人" 〈隱峰經几〉 _은봉집간》제3서 1811년 4월 14일

ⓦ (가) 편지의 내용을 보면 정약용이 이때까지 계속 해배解配의 희망을 가졌던 듯하며(따라서 1811년 4월 14일로 시기를 비정한《다산의 재발견》[195쪽]의

견해를 따름), 정약용과 은봉이 진불암眞佛菴(만일암 근처의 암자)에서 만났던 사실이 있음을 추정할 수 있다.

한편 정약용이 은봉에게 보낸 편지로서 김민영 선생이 소장한, 정약용이 대둔사의 승려들에게 보낸 편지 9통 가운데 은봉에게 보낸 편지 세 통 〈示隱峰禪師〉, 〈寄隱峰禪師〉, 〈寓隱峰禪〉 및 안백순 소장의 〈答隱峰禪〉도 있다. 〈答隱峰禪〉의 경우 "辛未 十二月卄一日"이라고 말미에 날짜가 있으므로, "1811년 12월 11일"에 썼음을 알 수 있다. 〈寓隱峰禪〉의 경우 "十月二日"이라고 날짜가 기록되어 있고, 《다산의 재발견》에서는 연도를 알 수 없다고 하였다 (199쪽). 〈示隱峰禪師〉, 〈寄隱峰禪師〉, 〈寓隱峰禪〉(10월 2일)의 세 통의 편지는 확언할 수는 없지만, 일단 어림잡아 1812년~1813년 사이의 것으로 추정된다. 그 가운데에서도 1812년 무렵일 가능성이 더 크다고 여겨진다.

5월 일:

🪷 행적이 추적되지 않는다. 바로 1811년 6월 중순에 정약전에게 《梅氏書平》(초고본; 1810년 1월 완성 추정)을 보내므로 1811년 4~5월 무렵에는 이 책에 대하여 일부 수정·보완 작업을 하고 있었을 가능성을 생각해 본다. 또 1811년 여름 무렵부터 《論語古今註》 작업에 착수하고 있었을 가능성도 있다(1811년의 저작과 활동 여름 부분 참조).

6월 중순(추정): 《梅氏書平》(초고본)을 둘째형 정약전에게 보내다.

(가) "嘉慶十六年 辛未初秋 巽菴丁銓序"(정약전) 〈梅氏尙書平序〉 1811년 7월

🪷 1811년 7월에 정약전이 《梅氏尙書平》(초고본)의 서문을 쓴 것으로 보아 대략 1811년 6월 중순 무렵 《梅氏書平》(초고본)이 흑산도의 둘째형 정약전에 보내져 대략 6월 하순쯤에 받아서 읽고 나서 7월에 서문을 썼을 것으로 추정된다. 1811년 6월 무렵 《梅氏書平》을 보낼 때에는 이미 《尙書古訓》(초고본)과 《尙書知遠錄》도 완성되어 있었는데, 이 두 책도 《梅氏書平》과 함께 보냈는지 여부는 확실하지 않다.

7월 일: 정약전이 정약용을 위하여 〈梅氏尙書平書〉를 쓰다.

(가) "嘉慶十六年 辛未初秋 巽菴丁銓序"(정약전) 〈梅氏尙書平序〉 1811년 7월

卍 한편 1811년 여름에 이어서 7월에도 《尙書知遠錄》 작업에 종사하고 있었던 것으로 추정된다.

8월 일:

卍 특별한 활동이 추적되지 않는다. 한편 1811년 여름과 7월에 이어서 8월에도 《論語古今註》 작업에 종사하고 있었던 것으로 추정된다.

9월 6일: 둘째형 정약전이 흑산도에서 편지를 보내다《寄茶山》 제2서).

(가) (정약전)《寄茶山》(제2서) "辛未 九月初六日" 1811년 9월 6일

卍 (가)의 원주로 보면 날짜가 1811년 9월 6일로 확인된다. 7월에 쓴 정약전의 《梅氏尙書平序》를 이 편지 (가)와 함께 보냈을 가능성이 있다.

9월 20일 무렵(추정): 둘째형 정약전에게 《寄茶山》(제2서; 9월 6일)에 대한 답서를 쓰다.

(가) "孔壁尙書 兩條設疑 甚矣…十六篇之不能譯 無可矣" 《答仲氏》(제1서)
《전서》 시문집, 1811년 9월 20일 무렵 추정

卍 (가)는 정약전의 《寄茶山》(제2서; 1811년 9월 6일)에 대한 답서이다. 정약전의 편지가 대략 10일 정도 걸려서 강진에 도착하였고 이 편지를 받고 대략 며칠 정도 생각한 뒤 답장을 써서 다른 인편에 보냈다고 추정하여 시기를 대략 1811년 9월 20일 무렵으로 추정하였다. 여기에는 매색의 《古文尙書》의 진위와 관련된 언급이 있다. 《여유당집》 잡문 후편 제4책 1권에는 정약용이 정약전에게 보낸 일련의 편지가 실려 있으나, 이 편지들이 반드시 연대 순서로 되어 있는 것 같지는 않다. 이들 편지의 시기에 대하여 언급한 적이 있으나,[336] 미진한 점이 있으므로 다시 한 번 생각하여 보기로 한다. 그리고 《여유당집》 잡문 후편 제4책 제2권에는 정약전의 편지가 실려 있으나, 《여유당전서》본에는 누락되어 있다. 아마도 정약용의 글이 아니라고 생각하여 편집 과정에서 뺀 것이라고 생각된다. 이 편지들에 대해서도 시

---

336) 조성을, 2004, 366~370쪽.

기를 생각하여 보기로 한다.

잡문 후편 제4책 제1권 및 제2권에 수록된 편지들은 다음과 같다. 이 편지들 가운데 시기가 확실하거나 비교적 추정이 용이한 것들에 대하여만 먼저 옆에 시기를 부기한 다음 나머지 편지들의 시기에 대하여 고찰하기로 한다.

1. 제1권(정약용의 편지)

1) 〈答仲氏〉(제1서): 1811년 9월 20일 무렵(추정)[〈寄茶山〉 "辛未 九月初六日"(1811년 9월 6일)에 대한 답서]

2) 〈上仲氏〉(제1서): 1808년 9월 29일 "戊辰 九月二十九日"(《禮》에 대한 논의)

3) 〈答仲氏〉(제2서)

4) 〈上仲氏〉(제2서): 1810년 가을(추정; 《사암연보》[169쪽]에 의거)(《尙書》에 대한 논의)

5) 〈答仲氏〉(제3서)

6) 〈答仲氏〉(제4서): 1812년 추정(또는 1811년)

7) 〈答仲氏上仲氏〉(제5서)

8) 〈答仲氏上仲氏〉(제6서)

9) 〈上仲氏〉(제3서)

10) 〈答仲氏〉(제7서): 1807년 7월[丁學樵 부음 도착] 이전 "六兒 往於庚申[1800] 冬 見其讀書…吾意 今秋率來此處敎之過冬…文兒欲使之 同去就 未知如何"

11) 〈上仲氏〉(제4서)

12) 〈上仲氏〉(제5서): "海族圖說 甚是奇書"

13) 〈答仲氏〉(제8서): 1807년 7월(정학초의 부음 도착) 이후 "立後事 律之以古義 樵也 法當無後"

14) 〈上仲氏〉(제6서): 1811년 겨울 "辛未 冬"

15) 〈答仲氏〉(제9서): "今此論語之役" "十三年癸未…按是書[尙書知遠錄]積年 蒐輯 至是冬成書 凡四卷"(《사암연보》 180쪽)

16) 〈答仲氏〉(제10서): 1812년 추정 "十二年 晨興野昧 憒憒於六經之役事 無暇 爲此 今六經 幸而卒業""方欲取論語…勒成一部" "遂値西賊之亂"

17) 〈答仲氏〉(제11서): "天若假我以日月 得了此業[尙書知遠錄] 則其書頗可
   觀" "十三年癸未…按是書[尙書知遠錄]積年蒐輯 至是冬成書 凡四十卷"
   (《사암연보》180쪽)

정약용이 정약전에게 보낸 위의 편지들 가운데 먼저 〈上仲氏〉 6편만 추
려보면 다음과 같다.

2) 〈上仲氏〉(제1서): 1808년 9월 29일
4) 〈上仲氏〉(제2서): 1810년 가을 추정
9) 〈上仲氏〉(제3서)
11) 〈上仲氏〉(제4서): 1805년 여름 무렵
12) 〈上仲氏〉(제5서)
14) 〈上仲氏〉(제6서): 1811년 겨울

위의 〈上仲氏〉(제1서)~(제6서) 가운데 시기가 확실한 것은 제1서(1808.9.29)
및 제6서(1811 겨울) 뿐이다. 그러나 〈上仲氏〉(제2서)의 경우 같은 내용이 《사
암연보》 1810년 가을 부분에 실려 있으며 여기에서(169쪽) 《尙書》에 대하여
논하였다. 따라서 〈上仲氏〉(제2서)의 시기를 일단 "1810년 가을"로 추정할 수
있겠다.

한편 〈上仲氏〉(제4서)의 답서가 〈寄茶山〉(제6서; 1805년 여름 무렵)이며 〈寄茶
山〉(제6서)에는 "今秋率來之意…若果南來 何喜如之"라는 언급이 있다.[337] "今秋
率來之意…若果南來 何喜如之"는 〈答仲氏〉(제7서)에서 정약용이 "六兒 往於庚申
[1800]冬 見其讀書…吾意 今秋率來此處敎之 過冬…文兒欲使之同去就 未知如何"라
고 한 것(육아六兒 즉 학초學樵를 정학연과 함께 강진에 데려와 교육시키고 싶다
고 한 것)에 대한 정약전의 대답이기도 하다. 정학연은 1805년 10월 강진에
와서 보은산방에서 아버지와 겨울을 보낸 뒤 1806년 2월 초천으로 돌아갔
으며(1805년 10월과 1806년 2월 부분 참조), 1807년 7월 정학초의 부음이 강진
에 도착하였다. 1806년 가을부터 1808년 봄까지 정약용은 제자 이청의 집
에 기거하였으므로, 1806년 가을에는 정학연이 정학초를 강진에 오게 할

337) 조성을, 2004, 368쪽.

계획을 세우기 어려웠을 것이다. 따라서 정학초를 강진에 데려와 교육시키고자 하는 논의는 일단 1805년 여름에 있었던 것으로 볼 수 있고, 1805년 〈答仲氏〉(제7서), 〈上仲氏〉(제4서), 〈寄茶山〉(제6서)의 순서로 편지가 오고간 것으로 추정할 수 있겠다. 즉 〈上仲氏〉(제4서)의 시기는 1805년 여름 무렵이 된다. 1805년 가을 정학초를 강진으로 데려오려는 계획은 실현되지 않아 정학연만 그해 10월에 당도하였다.

〈上仲氏〉(제3서)의 경우 배치 순서에 따라서 일단 1810년 가을 이후~1811년 겨울 이후 저작으로 추정하여 둔다. 그리고 〈上仲氏〉(제5서)에는 "海族圖說 甚是奇書"라는 언급이 있으므로, 정약전이 《玆山漁譜》를 지어 정약용에게 보낸 이후 제5서를 쓴 것으로 볼 수 있다. 제5서 역시 배치 순서에 따라서 일단 1810년 가을 이후~1811년 겨울 이후 저작으로 추정하여 둔다.

다음으로 〈答仲氏〉(제1서)~(제9서) 가운데 연대가 확실하거나 추정이 손쉬운 것을 정리하기로 한다.

1) 〈答仲氏〉(제1서): 1811년 9월 20일 무렵 추정

3) 〈答仲氏〉(제2서)

5) 〈答仲氏〉(제3서)

6) 〈答仲氏〉(제4서): 1812년 초 또는 1811년 말엽 추정

7) 〈答仲氏〉(제5서)

8) 〈答仲氏〉(제6서)

10) 〈答仲氏〉(제7서): 1805년 여름 무렵 추정

13) 〈答仲氏〉(제8서)

15) 〈答仲氏〉(제9서)

16) 〈答仲氏〉(제10서): 1812년 5월 무렵 추정

17) 〈答仲氏〉(제11서): 1812년 6월 이후 1813년 겨울 이전 추정

이 가운데 〈答仲氏〉(제1서)는 대략 1811년 9월 20일 무렵이라고 추정할 수 있다(앞의 9월 20일 부분 참조). 그리고 〈答仲氏〉(제4서)는 "我自甲子年 專心學易 于今十年"이라는 구절이 있으므로, 갑자년부터 10년째가 되는 해인 1812년이라는 추정이 가능하지만, 10년은 개략적인 수치로서 1811년 작일 수도

있다. 〈答仲氏〉(제7서)는 위에서 언급한 것처럼, 1805년 무렵의 저작으로 추정된다. 〈答仲氏〉(제10서)에는 "樂書十二卷 其間想已覽訖", "十二年 晨興野昧 慥慥於六經之役事 無暇爲此 今六經幸而卒業", "方欲取論語…勒成一部", "但未及卒業 遂値西賊之亂 未免草草收結"(《樂書孤存》에 대한 언급) 등의 구절이 있으므로, 대략 1812년 3월 작으로 추정된다. "遂値西賊之亂"이라는 구절로 보아 홍경래의 난 직후임이 분명하다. 홍경래의 난이 일어난 것은 1811년 12월 18일이고 12월 20일 조정에 보고되었다(1811년 12월 20일 부분 참조). 홍경래의 난의 소식이 강진에 전해진 것은 대략 1812년 1월 초였을 것이다. 〈答仲氏〉(제10서)는 홍경래의 난의 소식을 듣고 서둘러《樂書孤存》을 완성하여 보내고 (1812년 4월 추정; 但未及卒業 遂値西賊之亂 未免草草收結), 다시 그 얼마 뒤 (樂書十二卷 其間想已覽訖)〈答仲氏〉(제10서)를 정약전에게 보낸 것이다. 따라서 〈答仲氏〉(제10서)의 시기는 대략 1812년 5월 무렵으로 보는 것이 타당하다.

〈答仲氏〉(제11서)의 경우는 "天若假我以日月 得了此業[論語古今註] 則其書頗可觀"이라는 구절이 있고,《論語古今註》는 1813년 겨울에 완성된 것이므로 대략《論語古今註》가 완성되기 이전에 쓴 것은 확실하다. 대략 1812년 6월 이후 1813년 겨울 이전으로 볼 수 있다.

이상에서 정약용이 강진에서 정약전에게 보낸 편지들의 저작 시기를 고찰하여 보았다. 이 가운데 〈上仲氏〉(제4서; 1805년 여름 무렵 추정)와 〈答仲氏〉(제7서; 1805년 여름 무렵 추정)만을 빼면, 연대가 확실하거나 추정이 가능한 편지들은 연대순으로 되어 있다. 그러면 〈上仲氏〉(제4서)와 〈答仲氏〉(제7서)를 빼고 나머지 연대가 추정되지 않는 편지들은 대체로 연대순으로 배치되어 있다고 일단 추정할 수 있겠다. 따라서 〈答仲氏〉(제2서)와 〈答仲氏〉(제3서) 및 〈答仲氏〉(제4서), 〈答仲氏〉(제5서), 〈答仲氏〉(제6서), 〈答仲氏〉(제8서), 〈答仲氏〉(제9서)는 대략 1811년 10월 이후~1812년(5월 무렵 이전) 작으로 볼 수 있겠다. 여기에서 출발하여 〈答仲氏〉(제2서), 〈答仲氏〉(제3서), 〈答仲氏〉(제4서), 〈答仲氏〉(제5서), 〈答仲氏〉(제6서), 〈答仲氏〉(제8서), 〈答仲氏〉(제9서)의 시기를 더 구체적으로 추론해 보기로 한다.

먼저 〈答仲氏〉(제2서), 〈答仲氏〉(제3서), 〈答仲氏〉(제4서), 〈答仲氏〉(제5서)에 대하여 살펴보기로 한다. 〈答仲氏〉(제5서)의 경우 이 편지에 "禮書之工 昨秋以

來 苦多疾病 脫稿者極少 草本五編付去"라는 언급이 있다. 또한《사암연보》에
"禮箋喪期別成"이라고 한 것에 따라서(174쪽) 〈答仲氏〉(제5서) 시기를 1811년
겨울 이후로 추정하였으나,[338] 더 구체적으로는 1812년 1월 초로 추정할
수 있겠다. "昨秋"라는 표현으로 1812년 1월 초 문안 인사를 겸하여 보낸
편지로 생각된다. 〈答仲氏〉(제5서)의 시기를 1812년 1월 초로 추정할 수 있
다면, 제2서, 제3서, 제4서의 시기는 대략 1811년 10월~12월 사이가 된다.
1811년 10월(〈答仲氏〉 제2서), 1811년 11월(〈答仲氏〉 제3서), 1811년 12월(〈答仲
氏〉 제4서)로 비정하면, 대략 한 달에 한 번 편지를 보낸 것이 된다. 〈答仲
氏〉(제2서; 1811년 10월 추정)의 내용을 보면 "夏后五十 殷人七十 鄒說未敢自信 方
欲改之"라는 구절이 있다.《尙書》의 해석과 관련된다고 여겨진다. 1811년
가을에 진행된《尙書古訓》작업 및 1812년 3월 이후 진행한《尙書知遠錄》작
업과 연결되는 내용이라고 볼 수 있다. 〈答仲氏〉(제3서; 1811년 11월 추정)에는
《樂經》에 대하여 논하는 내용이 있다. 1811년 겨울《樂書孤存》작업에도 종
사하고 있었을 것이라는 앞서의 추정과 부합된다. 〈答仲氏〉(제4서)의 경우
《周禮》와 관련된 내용으로서 삼대(三代)의 정치를 회복하려면 이 책에서 출
발해야 한다고 정전井田과 봉건封建에 대하여도 언급하였다. 이 역시 대략
1811년 가을에 진행된《尙書古訓》작업 및 1812년 3월 이후에 진행된《尙書
知遠錄》작업과 연결되는 내용이라고 볼 수 있다. 따라서 〈答仲氏〉(제4서)는
대략 1811년 12월 작(혹 1812년 초)으로 추정할 수 있다. 문제는 〈答仲氏〉(제4
서)에서 자신은 갑자년(1804) 이래 10년 동안《易》을 연구하였다는 언급(我自
甲子年 專心學易 而于今十年)을 한 점이다. 갑자년에서 10년이면 1813년이 된다.
이는 개략적 수치일 수 있으므로 1811년 12월이라고 보아도 큰 무리는 없
다(혹 1812년 연초에 제5서에 앞서 보냈을 가능성도 생각할 수 있고《易》을 읽기
시작한 1803년 동지부터 계산하면 1812년 초는 10년이라고 표현하는 것이 정확함).

　　다음으로 〈答仲氏〉(제6서), 〈答仲氏〉(제8서), 〈答仲氏〉(제9서)의 저작 시기
를 구체적으로 살펴보기로 한다. 앞에서 〈答仲氏〉(제5서)와 〈答仲氏〉(제10서)
의 시기를 각기 1812년 1월 초와 1812년 5월 무렵으로 추정하였다. 그렇다

---

338) 조성을, 2004, 367쪽.

면 〈答仲氏〉(제6서), 〈答仲氏〉(제8서), 〈答仲氏〉(제9서)의 시기는 1812년 1월~5월 사이가 된다. 따라서 일단 〈答仲氏〉(제6서), 〈答仲氏〉(제8서), 〈答仲氏〉(제9서)의 시기를 각기 1812년 2월, 3월, 4월로 비정할 수 있겠다. 〈答仲氏〉(제6서)에는 "三虞爲卒哭 的確如此"와 같은 언급이 있다. 1811년 겨울 완성한《喪禮四箋》〈喪期別〉과 연결되는 내용이다.《喪禮四箋》〈喪期別〉을 1811년 1월 초 〈答仲氏〉(제5서)와 함께 보냈고 이에 대한 답서가 1812년 1월 중에 오자, 이에 대한 답서 〈答仲氏〉(제6서)를 1812년 2월에 보냈다고 보면 되겠다. 〈答仲氏〉(제8서)는 1807년 죽은 정약전의 아들 정학초에게 후손이 없으므로 양자를 세우는 일을 논하였다(入後事 律之以古義 樵也 法當無後 兄亡弟及 可也). 내용만으로 구체적인 시기를 특정하기는 어려우나, 정학초가 죽은 이후의 일임은 분명하다. 제8서의 시기를 일단 1812년 3월로 비정하여 둔다. 〈答仲氏〉(제9서)의 경우 "今此論語之役"이라는 언급이 있다. 이 편지를 쓸 때《論語古今註》작업에 착수하고 있었음을 알 수 있다.《사암연보》에 따르면《論語古今註》(40권)가 완성된 것은 "十三年癸酉(1813)…冬"이며 "按 是書積年蒐輯 至是冬成書 凡四十卷"이라고 하였다(《사암연보》192쪽). 따라서 1813년 겨울에 완성되기까지 상당한 시간이 소요되었다고 볼 수 있다. 대략 1812년 4월《樂書孤存》작업이 완료되어 곧이어 다시《論語古今註》작업이 시작된 것으로 보인다. 그렇다면 〈答仲氏〉(제9서)의 시기를 1812년 4월로 보는 것에 무리가 없겠다. 〈答仲氏〉(제10서)에서 언급하는《樂書孤存》은 이때 제9서를 보낼 때 함께 보냈을 것으로 추정된다. 이상 편지들에서 1805년의 편지 두 통을 빼면 1808년에서 1813년 사이에 서신 왕래가 지속적으로 이루어졌음을 알 수 있다.

다음으로 잡문 후편 제4책 제2권에 수록된, 정약전이 정약용에게 보낸 편지들을 목록을 정리하고 시기를 표시하면 다음과 같다. 대체로 연대가 확실하거나 쉽게 추정할 수 있다. 339)

2. 제2권 (정약전의 편지)

1) 〈寄茶山〉(제1서): 1805년 5월 3일 "乙丑 五月初三日"

2) 〈寄茶山〉(제2서): 1811년 9월 6일 "辛未 九月初六日"

3) 〈寄茶山〉(제3서): 1811년 겨울 이전 추정

4) 〈寄茶山〉(제4서): 1809년 4월 "己巳 仲春"

5) 〈寄茶山〉(제5서): 1807년 "吾年五十"

6) 〈寄茶山〉(제6서): 1805년 여름 추정(위에서 언급)

7) 〈寄茶山〉(제7서): 1813년 《論語古今註》 완성 이전

    "詩經講義補 奇文也…論語之役 不可已也"

8) 〈寄茶山〉(제8서): 1805년 이후 추정 "易解久久見之 愈覺神妙"

9) 〈寄茶山〉(제9서): 1805년 "居海上五年 不得一見矣"

10) 〈寄茶山〉(제10서): 1805년 추정 《周易四箋》 언급

11) 〈示茶山〉: 1814년 무렵 추정 《孟子要義》 언급

12) 〈寄茶山〉(제11서): 1807년 9월 26일 "丁卯九月 二十六日 亡子 成服後書"

13) 〈答茶山〉: 1811년 겨울 이후 "日本圖盛京圖"

       〈上仲氏〉(제6서; 1811년 겨울)에 대한 답서

9월 일: 아암 혜장이 타계하다.

(가) "辛未九月" 〈祭兒菴惠藏文〉 _《전서》 시문집, 1811년 9월

🜊 정약용이 지은 (가)의 시기가 1811년 9월이므로 이때 아암 혜장이 타계한 것으로 볼 수 있다. 1811년 9월 가운데 날짜를 특정할 수 없어서 말미에 배치하였다.

10월 일:

🜊 특별한 행적이 추적되지 않는다. 그러나 대략 10월에는 《喪禮四箋》〈喪期別〉(수정본) 작업에 착수하였을 것으로 추정된다(1811년의 저작과 활동 겨울 부분 참조).

11월 일(추정): 《喪禮四箋》〈喪期別〉(수정본) 작업을 완료하다.

(가) "十一年辛未 冬…禮箋喪期別成" _《사암연보》 174쪽

🜊 (가)에 따르면 1811년 겨울이라고만 되어 있으나 완료 시점은 일단 11월로 추정된다(1811년의 저작과 활동 겨울 부분 참조). 이때의 〈喪期別〉은 수정본

이다. 1804년 10월 8일 이미 초고본《喪禮四箋》을 완성하였기 때문이다(1804
년 10월 8일 부분 참조).

12월 20일: 홍경래의 난의 소식이 조정에 보고되다.

(가) "平安兵史李海愚密啓曰 今十八日四更後 營下民人 忽然波動… 賊徒已
犯嘉山邑" _《실록》순조 11년 12월 20일

⑩ 홍경래의 난이 시작된 것은 1811년 12월 18일(음력) 새벽임을 알 수 있고,
조정에는 12월 20일 보고된 것이다. 한편 정약용은 늦어도 1811년 12월
에는《樂書孤存》작업에 착수하였을 것으로 여겨진다(1811년의 저작과 활동
겨울 부분 참조).

12월 21일: 정약용이 승려 은봉에게 위로하는 답서를 쓰다.

(가) "辛未十二月卄一日"〈答隱峰禪〉 _《다산간찰집》165쪽, 1811년 12월 21일

⑩ (가)의 말미에 "辛未 十二月卄一日"이라는 날짜가 있으므로 "1811년 12월
21일 작임을 알 수 있다. 내용으로 보아 은봉이 지친을 잃은 것을 위로하
는 것으로 보인다. 12월 21일에 답장을 쓴 것이므로 아마도 1811년 12월
20일이나 21일 무렵 은봉한테서 먼저 편지가 왔다고 추정할 수 있겠다. 이
편지를 쓸 때 정약용은 아직 홍경래 난에 대하여 듣지는 못했을 것이다.

1811년의 저작과 활동

1811년 봄의 시가 확인되지 않고 관련 자료를 찾을 수 없어 행적을 추
적하기가 어렵다. 다만 산문으로〈朝夕樓記〉(嘉慶 辛未 春)가 확인된다. 그리고
이 해 봄 2월(추정)에《尙書知遠錄》이 이루어졌고, 1811년 3월(추정)《我邦疆域
考》(초고본; 春 我邦疆域考成,《사암연보》173쪽)가 완성되었다(1811년 2~3월 집필
작업 추정). 해배 후 다시 이를 수정·보완하여《我邦疆域考》(수정본)을 만들었
다. 현존《여유당전서》에 실려 있는 것은 수정본이다.

1811년 여름 시기의 시와 잡문이 확인되지 않는다. 1811년 여름부터 정약
용의 저술활동이 잘 추적되지 않는다. 그러나 단서는 있다.《사암연보》(180
쪽)에 "十三年癸未…按 是書[論語古今註]積年蒐輯 至是冬成書 凡四十卷"이라는 언
급이 있다. 1813년 겨울《論語古今註》40권이 완성되었는데 여러 해(積年) 걸

린 작업이라는 것이다. 40권이라는 분량으로 보아서 당연히 여러 해 걸렸을 것이고, 1811년 여름부터 다른 저술 활동은 추적되지 않는다. 따라서 일단 1811년 여름 무렵부터 《論語古今註》 작업에 착수한 것으로 생각된다.

한편 정약용이 둘째형 정약전에게 보낸 편지들 속에 《論語古今註》와 관련된 언급이 있다. 이들 편지의 내용을 간략히 정리하면 다음과 같다(1811년 9월 20일 부분 참조).

1) 〈答仲氏〉(제9서; 1812년 4월 추정) "今此論語之役"
2) 〈答仲氏〉(제10서; 1812년 5월 추정) "方欲取論語…勒成一部"
3) 〈答仲氏〉(제11서; 1812년 6월 이후 1813년 겨울 이전) "天若假我以日月 得了此業[論語古今註] 則其書頗可觀"

이상 편지들에서 보면, 대략 1812년 4월에는 《論語古今註》 작업에 종사하고 있었다고 생각할 수 있다. 그러나 1812년 4월부터 1813년 겨울까지 40권 분량을 저술하기에는 작업 시간이 부족하다고 생각된다. 대략 1811년 여름 무렵부터 작업을 시작하였다고 보고 대략 2년 반 이상 걸렸다고 보면(이것이 積年이라는 표현과 부합됨), 40권을 저술하는 데 무리 없는 시간이라고 생각된다. 다만 《論語古今註》를 저술하는 도중인 1811년 겨울에 《喪禮四箋》〈喪期別〉 작업을 했고, 1811년 겨울에서 1812년 4월 사이에 《樂書孤存》(12권) 작업을 했다(1811년의 저작과 활동 겨울 부분 참조).

가을 시기의 시는 찾을 수 없으며 잡문으로 〈答仲氏〉(제1서; 1811년 9월 20일 무렵 추정)이 확인된다. 한편 1811년 여름에 이어서 가을에도 《論語古今註》 작업에 종사하고 있었던 것으로 추정된다. 다만 가을 이후 병으로 작업이 잘 진행되지 않았을 가능성이 있다. 〈答仲氏〉(제5서; 1812년 연초 추정)에 "昨秋以來 苦多疾病"이라는 언급이 있다.

1811년 겨울 동안에는 《喪禮四箋》〈喪期別〉이 완성되었고 1812년 봄에는 《民堡議》가 완성되었다(비교적 간략한 작업). 그리고 〈答仲氏〉(제10서; 1812년 5월 추정)에 따르면 《樂書孤存》(초고본12권; 1812년 4월 완성 추정) 작업을 하였을 것이다. 〈答仲氏〉(제10서)에 따르면 1811년 겨울 홍경래 난 발발(12월 18일)의 소식을 듣고(1812년 1월 초 추정) 급히 서둘러 완료하였다고 하였다(1812년 4월 완료 추정). 분량(12권)으로 보아서 늦어도 1811년 겨울에는《樂書孤存》(초고본) 작업이《喪禮四箋》〈喪期別〉(1811년 겨울 완성) 작업과 병행되었을 듯하다. 이 두 작업은《尙書知遠錄》작업을 1811년 봄에 완료하고 1811년 여름《論語古今註》를 착수한 뒤에 한 것이라고 할 수 있겠다. 그리고 1811년 겨울 이미 작업이 시작되었다고 여겨지는《樂書孤存》(12권)은 대략 1812년 4월 무렵(《答仲氏》[제10서; 1812년 5월 작 추정]에 의거)에 서둘러 완료되었을 것으로 보인다.

이 해 겨울 시를 찾을 수 없으나 산문으로서 장문의 편지〈上仲氏〉(제6서; 辛未冬, 1811년 겨울)가 확인된다. 그리고 1811년 겨울《禮箋》(《喪禮四箋》)〈喪期別〉이 완성된 점이 주목된다("十一年辛未 冬…禮箋喪期別成"(《사암연보》 174쪽). 따라서 1811년 겨울에는《喪禮四箋》〈喪期別〉작업에 종사하고 있었다고 볼 수 있다.〈答仲氏〉(제5서; 1812년 연초 추정)에 "禮書之工 昨秋以來 苦多疾病 脫草者極少 草本五篇付去"라는 구절에서 예서禮書는 바로《禮箋》〈喪期別〉이 1811년 겨울 완성된 것을 가리킨다.340) 한편 이 해 겨울에는《樂書孤存》(초고본) 작업에도 종사하고 있었다고 생각된다. 1812년 1월 이후《樂書孤存》작업을 서둘러 4월에 완성시키기 때문이다(1812년 4월 부분 참조). 그렇다면 대략 1811년 가을에는 저술 활동이 병고로 부진하였고, 1811년 10월 무렵 건강이 회복되어《喪禮四箋》〈喪期別〉작업에 착수, 1811년 11월에 완수하고 12월에는 다시《樂書孤存》작업에 착수하였다고 보면 무리가 없을 것이다.

1812년 壬申, 순조 11 51세

1월~3월:

☪ 1812년에도 시들이 확인되지 않아서 구체적으로 행적을 추적하기 어렵지만, 1월~3월 동안에는《樂書孤存》작업을 서두르고 있었다고 추정된다.

4월 일:

☪ 특별한 행적이 추적되지 않지만, 1812년 3월에 이어서 4월에도《樂書孤存》작업에 종사하여 4월 안에 마무리하였을 것으로 추정된다. 앞에서 언급

---

340) 조성을, 2004, 367쪽.

한 바와 같이 〈答仲氏〉(제9서; 1812년 4월 작 추정)에서 이미 《論語古今註》 작업에 대하여 말하고 있어서 4월에는 작업이 진행되고 있었음을 알 수 있다. 《樂書 孤存》 작업을 끝내고 《論語古今註》 작업을 재개하였을 것으로 추정된다.

5월~7월:

ⓐ 특별한 행적이 추적되지 않지만 1812년 4월에 이어서 5, 6, 7월에도 《論 語古今註》 작업에 종사하고 있었을 것으로 추정된다.

8월 18일 무렵(추정; 추분 다음날): 정약용이 만일암挽日菴에 가다.
(가) 〈題挽日菴志〉 _《전서》 시문집, 1813년 가을

ⓐ (가)는 1813년 가을에 지은 것이고,[341] (가)의 내용으로 보아 추분 다음 날(8월 18일 무렵) 만일암에 갔음을 알 수 있다. 해마다 추분은 양력 9월 22 일 무렵이며 1812년 추석은 음력으로는 1812년 8월 17일(무렵)이 되므로 추분 다음 날은 8월 18일(무렵)이 된다. (가)에서 정약용은 자신이 전에 아육왕을 아신왕으로 잘못 생각한 것을 인정하였다. 1812년 8월에는 이 밖에 다른 행적이 추적되지는 않지만, 7월에 이어서 《論語古今註》 작업에 종사하고 있었을 것으로 추정된다.

9월 일:

ⓐ 특별한 행적이 추적되지 않지만, 1812년 8월에 이어서 9월에도 《論語古 今註》 작업에 종사하고 있었을 것으로 추정된다.

10월 일:

ⓐ 특별한 행적이 추적되지 않지만, 1812년 10월에도 《論語古今註》 작업에 종사하고 있었을 것으로 추정된다. 동시에 《春秋考徵》(수정본) 작업이 진행 되고 있었을 것으로 추정된다(1812년의 저작과 활동 겨울 부분 참조).

11월 3일: 장흥 반산盤山의 정수칠에게 편지를 보내어 《반곡유승》 3책을 찾아가라고 하다.

---

341) 조성을, 2004, 410쪽.

(가) "壬申至月三日 宗末朞服人拜"〈盤谷孝廬傳內〉 1812년 11월 3일

  📖 (가)는《다산의 재발견》(167쪽)에 수록되어 있다. "壬申至月三日 宗末朞服人拜"라는 언급으로 보아서 1812년 11월 3일 쓴 것임을 알 수 있다.《다산의 재발견》(167쪽)에서는 정약용이 스스로 기복인朞服人이라고 표현한 것은 1812년 3월 작은아버지 정재진丁載進 공이 타계하였기 때문이며, 이 편지에서 말한《반곡유승》3책은 정경달丁景達의《반곡공유집》2책과《가승》1책을 함께 가리킨 것이라고 한다. 이 밖에 특별한 행적이 추적되지 않지만, 1812년 11월에도 10월에 이어서《論語古今註》작업에 종사하고 있었을 것으로 추정된다. 동시에《春秋考徵》(수정본) 작업도 진행되고 있었을 것으로 추정된다(1812년의 저작과 활동 겨울 부분 참조).

12월 일:

  📖 특별한 행적이 추적되지 않지만, 1812년 12월에도 11월에 이어서《尙書知遠錄》작업에 종사하였을 것이다. 동시에《春秋考徵》(수정본) 작업을 진행하여 이달 12월 안으로 작업을 끝냈을 것으로 추정된다(1812년의 저작과 활동 겨울 부분 참조).

1812년의 저작과 활동

  이 해 봄에는 시를 찾을 수 없다. 잡문으로는 가정공稼亭公(정약용의 작은아버지)의 부음을 받고〈稼亭公行狀〉을 찬하였고("十二年壬申…稼亭公訃(公之季父) 撰稼亭公行狀"《사암연보》174쪽), 홍경래의 난을 토벌하는 데에 동참할 것을 촉구한〈全羅道倡義通文〉을 대략 이 해 3월 무렵에 쓴 것으로 추정된다(원주에 "嘉慶壬申春…據定州以叛 官軍圍之 三月不克"이라고 되어 있음). 아울러 잡문으로〈答仲氏〉(제5서; 1812년 1월 초 추정),〈答仲氏〉(제6서; 1812년 2월 추정),〈答仲氏〉(제8서; 1812년 3월 추정)가 있다.

  한편 저술 활동으로는 이 해 봄에《民堡議》가 완성된 것이 주목된다("春 民堡議成"《사암연보》174쪽). 남도 지역의 민보는 대체로 왜적 방어를 위해 구상되었겠지만,《民堡議》가 저술된 데에는 홍경래의 난의 영향도 있었다고 생각된다. 정약용은 홍경래의 난을 민란의 차원으로 보지 않고 국가에 대한

반역으로 생각하였다. 《民堡議》 작업은 대략 1812년 1월 안에 마무리 되었을 것으로 추정되며, 이 해 봄(1월~3월) 동안 서둘러 《樂書孤存》 마무리 작업에 종사하고 있었다고 생각된다(4월 부분 참조).

1812년 여름의 시는 확인되지 않는다. 잡문으로는 〈答仲氏〉(제9서; 1812년 4월 추정), 〈答仲氏〉(제10서; 1812년 5월 추정)가 있다. 1812년 여름 동안 특별한 행적이 추적되지 않지만, 《論語古今註》 작업을 재개하여 이에 종사하고 있었다고 생각된다.

1812년 가을에는 시는 물론 잡문도 찾을 수 없다. 그러나 1812년 가을에도 여름에 이어서 《論語古今註》 작업에 종사하고 있었던 것으로 판단된다.

1812년 겨울의 시는 확인되지 않는다. 이 해 겨울 《論語古今註》 작업을 계속하는 한편 《春秋考徵》(수정본)을 완성하였다. 이것은 이굉부李紘父를 시켜서 한 것이므로 두 작업을 동시에 진행하는 것이 어렵지 않았을 것이다. 《春秋考徵》의 〈편액〉에 "其艸本(學游)所受(戊辰冬艸本) 其再稿李紘父所相書 凡十二卷"(《사암연보》 177쪽)이라는 언급이 있다. 이에 따르면 《春秋考徵》(초고본)은 1808년 겨울 둘째아들 정학유의 도움을 받아서 이루어졌다(1808년의 저작과 활동 겨울 부분 참조). 즉 1812년 겨울에는 《論語古今註》 작업과 《春秋考徵》(수정본) 작업이 병행되었다고 볼 수 있다.

1813년 癸酉, 순조 13   52세

1월~2월:

🔯 특별한 행적이 추적되지 않으며, 1812년 겨울에 이어서 1813년 1월에도 《尙書知遠錄》 작업에 종사하고 있었다고 여겨진다. 1813년에도 시가 확인되지 않아서 구체적인 행적을 추적하기가 어렵다.

3월 12일: 소흑산도(우이도)에 있는 모인某人에게 편지를 보내어 전복과 미역을 보내준 데 대하여 감사하고 대흑산도 사미촌沙尾村의 정약전을 염려하다.

(가) 〈沙尾〉 _《다산간찰집》 168쪽, 1812년 3월 12일

📿 1801년 겨울 정약전은 처음 소흑산도(우이도)에 유배되었다가 1807년 대흑산도의 사미촌(사촌沙村)으로 옮기고 여기 거처를 복성재復性齋라 하고 사촌서실沙村書室을 열어 학동을 가르쳤다(정약용, 〈沙村書室記〉). (가) 편지의 수신자는 소흑산도에 살고 있었다고 볼 수 있고, 정약용과 정약전 사이에서 연락을 취해 주었던 인물로 생각된다. 혹 문순득일 가능성을 생각하여 본다. 1813년 3월에는 이 밖에 특별한 행적이 추적되지 않으나, 1813년 2월에 이어서 《論語古今註》 작업에 종사하고 있었다고 여겨진다.

4월 일:

📿 특별한 행적이 추적되지 않으며 1813년 봄에 이어서 4월에도 《論語古今註》 작업에 종사하고 있었다고 여겨진다.

5월 일 : 은봉이 도감都監으로서 극락전, 용화전, 지장전의 상량을 하다.

(가) "嘉慶癸酉秋 茶山丁鏞書" 〈題挽日庵志〉 1813년 가을

📿 은봉이 도감으로서 극락전, 용화전, 지장전의 상량을 하였다는 위의 언급은 《다산의 재발견》(202쪽)을 따랐다. 이것은 《大屯寺誌》(아세아문화사 영인본, 90쪽)에 의거한 것이다. 정약용은 1813년 은봉을 위하여 다비축문을 써 준 것으로 여겨지는데, 1813년 5월에 은봉이 이런 불사佛事를 위해 도감을 하고 있으므로 은봉이 열반한 것은 1813년 5월 이후(아마도 1814년 이후)였다고 생각된다.

한편 정약용은 1813년 가을 대둔사의 승려 제성이 찾아왔을 때 (가)를 써 주었는데,[342] 이때까지도 은봉은 생존해 있었으며(1814년 이후 타계 추정) 아암 혜장은 정약용의 〈祭兒菴惠藏文〉이 "辛未九月" 작이므로 1811년 9월 열반하였다고 볼 수 있다. 정약용이 은봉에게 보낸 편지로 날짜가 확인되지 않는 〈示隱峰禪師〉(1812년 추정), 〈寄隱峰禪師〉(1812년 추정), 〈又隱峰禪〉(연도는 알 수 없지만 1812년이었을 가능성이 있고 날짜는 10월 2일) 등이 있다. 한편 1813년 5월 동안 다른 특별한 행적이 추적되지 않으며

---

342) 정민, 《다산의 재발견》, 203~206쪽.

1813년 4월에 이어서 5월에도《尙書知遠錄》작업에 종사하고 있었다고 여겨진다.

6월 12일: 도강을 떠나는 병마우후兵馬虞侯 이중협李重協에게 글을 써 주다.

(가) "癸酉 六月"〈贈別李(重協)虞侯試帖序〉_《전서》시문집, 1813년 6월 12일

(나)〈送李聖華將歸序〉(癸酉六月十二日 紫霞山人 雨中力書) _《전서》시문집,
　　1813년 6월 12일

(다)〈李虞侯箭筒銘〉_《전서》시문집, 1811년~1812년 6월 추정

ⓥ (가)에 따르면 이중협은 1811년 강진 부근 도강에 병마우후로 와서 1813년 6월까지 지내는 동안 정약용을 자주 찾았고 서신 왕래도 많았다. 정약용은 헤어지면서 절구 10수를 지어주고 서문도 써서 시첩을 만들어 주었음을 알 수 있다.343) 정약용은 이중협과의 관계에서《我邦備禦考》를 구상하게 되지만, 자료 수집에 그쳤고 후속 작업은 이중협이 하게 된 것으로 여겨진다. (나)의 이성화李聖華는 바로 이중협이다.344) (가)에는 날짜가 다만 "癸酉 六月"이라고만 되어 있지만, (나)에 "癸酉六月十二"라고 날짜가 분명하게 기록되어 있으므로 1813년 6월 12일에 두 글 모두 써주었음을 알 수 있다. (다)는 정약용이 이우후李虞侯, 즉 이중협의 화살통에 새기는 명문銘文으로 써 준 것이다. 필자는 이우후가 누구인지 밝히지 못하였고 저작 시기도 막연히 강진 시기로 추정하였다.345) 그러나 이중협이 강진 부근의 도강에 우후로 1811년 부임하여 1813년 6월 돌아갔으므로, 저작 시기를 더 구체적으로 1811년 부임에서 1812년 6월 귀환 전 사이로 추정할 수 있겠다. 임기를 만 2년으로 볼 수 있다면 부임 시기는 대략 1811년 7월 무렵이었을 것으로 생각된다. 1813년 6월에는 12일의 행적 말고는 특별한 행적이 추적되지 않는다. 아마도 1813년 5월에 이어서 6월에도《論語古今註》작업에 종사하고 있었다고 여겨진다.

---

343) 조성을, 2004, 351쪽.
344) 정민,《다산의 재발견》, 448쪽.
345) 조성을, 2004, 267쪽.

7월 14일: ① 새어머니(庶母) 김씨가 타계하다. ② 강진의 윤창모에게 시집
온 딸에게 시를 쓰고 그림을 그려 주다(윤서유 일가가 북으로 이
사 간 것으로 추정). ③ 승려 호의에게 편지를 보내 자신이 무더위
에 풍증이 생긴 것 및 혜장이 술로 죽었으니 술을 조심하라는 말
을 하다.

(가) 〈庶母金氏墓誌銘〉(卒於嘉慶癸酉 七月十四日) _《전서》 시문집, 1822년 6월 회갑
이후 작성

(나) 〈梅鳥圖題跋〉 _《전서》 시문집, 1813년 7월 14일

(다) "公諱書有 字皆甫 海南之尹也……及余徙居茶山 益與公家近不十里 公遣
子昌謨 就余學經史…嘉慶壬申 尹昌謨委禽于我家 關明年癸酉 公全家北渡
始居于歸魚村 今又比隣也" 〈司諫院正言 翁山尹公墓誌銘〉 _《전서》 시문집,
1818년 해배 이후 작성

(라) "[癸酉] 七月十四日" 〈제13서〉 _《매옥서궤》, 1813년 7월 14일

⚘ 1810년 7월 아내가 보내온 치마의 천으로 두 아들에게 〈題霞帔帖〉을 써
주고 남은 천 위에 3년 뒤인 1813년 7월 14일 딸에게 그림을 그려준 것이
매조도梅鳥圖이고 그 옆에 제발題跋로 써 준 것이 (나)이다. 이 내용은 "余謫
居康津之越數年 洪夫人寄蔽裙六幅 歲久紅渝 剪之爲四帖 以遺二子 用其餘爲小障 以
遺女兒 嘉慶十八年癸酉七月十四日 洌水翁書于茶山東菴"이라고 되어 있다.346) 딸
은 1812년 윤서유의 아들 윤창모尹昌謨에게 강진으로 시집왔고 윤서유는
1813년 서울 부근으로 이사 갔다. 이때 정약용의 딸도 시아버지를 따라서
북으로 갔을 것이므로(公全家北渡), 강진에서 다시 딸과 헤어지며 그려 준 것
이 매조도일 가능성이 있다. 그렇다면 윤서유 일가가 북으로 이사 간
것은 대략 1813년 7월 중순 무렵이라고 여겨진다.

(가)에 "卒於嘉慶癸酉 七月十四日"이라고 원주가 붙어 있으므로 서모 김씨
가 바로 1813년 타계하였음을 알 수 있다. 그러나 (가)를 쓴 때는 이 당시
가 아니다. 정약용이 마재에 돌아온 뒤 이장을 하면서 쓴 것이며 잡문 후
편 제9책에 수록되어 있으므로 1822년 6월 회갑 이후에 쓴 것일 가능성이

346) 정민, 《다산의 재발견》, 713쪽에서 재인용.

있다.347)

《다산간찰집》(110쪽)의 원문을 보면 (라)에서 "癸酉"는 필체로 보아 나중에 추기된 것으로 보이지만, 일단 받아들여 1813년으로 추정하였다.348) 이 날짜를 그대로 받아들인다면 1814년 7월 정약용은 풍증을 앓고 있었고 이 가운데 강진으로 시집온 딸을 위해 그림을 그려주고 시를 썼음을 알 수 있다.

7월 16일: 승려 기어騎魚가 찾아오다.

(가) "八月十二日" 〈제11서〉 _《梅屋書甌》, 1813년 8월 12일

ⓐ (가)의 편지에 승려 기어 자홍滋弘이 16일(1813년 7월 16일 추정)에 왔었다는 언급이 있다(8월 12일 부분 참조). 아울러 1813년 7월의 활동에는 여름에 이어서 《論語古今註》 작업을 하고 있었을 것으로 추정된다.

8월 4일: 〈爲草衣僧意洵贈言〉을 쓰다.

(가) "嘉慶癸酉 八月四日" 〈爲草衣僧意洵贈言〉 _《전서》 시문집, 1813년 8월 4일

ⓐ (가)는 승려 초의에게 써 준 글이다. 이 글의 말미에 "嘉慶癸酉 八月四日"이라는 언급이 있어서 시기를 1813년 8월 4일로 비정하였다.349) 초의는 1809년 처음 다산초당으로 정약용을 찾아갔으며 이후 〈奉呈籜翁先生〉(1809) 및 〈遭雨未至茶山草堂〉(1813) 등 정약용과 관련된 시를 지었다고 한다.350) 한편 《여유당집》 시집에 실린 (가)는 5칙으로만 되어 있다. 하지만 신헌申憲의 《琴堂記珠》에는 〈贈言〉 29칙이 실려 있으며 이 가운데 5칙은 (가)와 일치한다.351) 따라서 《琴堂記珠》에 실린 〈贈言〉 29칙 모두 1813년 8월 14일에 써 준 것으로 판단된다.

이 밖에 정약용과 초의 사이에는 정약용이 초의에게 준 편지로 "茶山老樵書"라고 말미에 기록된 것이 있으며, 〈題草衣禪偈後〉, 〈茶翁示洵讀書〉 1칙,

---

347) 조성을, 2004, 397쪽.
348) 《다산의 재발견》(215쪽 및 221쪽)에서 나중에 추가된 것이라고 하면서도 그대로 받아들였는데, 이 견해를 따른다.
349) 조성을, 2004, 357쪽.
350) 정민, 《다산의 재발견》, 144쪽.
351) 정민, 위의 책, 144쪽.

〈水鍾詩遊帖跋〉(1830) 등이 있다. 한편 초의가 다산에게 올린 편지로 〈上丁承旨〉가 있다. 정약용이 초의에게 준 글들의 내용은 아래와 같다.

"秋雨新收 晴紅掛樹 瀑布瀉池 余左東菴中 筆墨蕭閑 政憶韻僧時 意洵適至 誦其新詩 風流挑宕 不感○平·藕花之句 良足欣也"

"別汝等久 思念良苦 近況如何 聞訓也近赴幕府 恐奪工夫 節飮愼言 以杜六窓安往而非修道之場也 所來詩篇 尙未批正 姑俟他日也"

"久阻爲愴 近所業何事 聞欲東游智異 求師畢講云 未知有甚名宿 能拘引數百里外已熟之○梨也 歲月如金 學業全空 恐不得耽擱如是也 更加商量 勿以後悔也" (○은 미상)

8월 5일: 큰 비가 오는 때에 〈茶山漫筆〉 가운데 첫 번째 글을 쓰다.

(가) "癸酉八月五日 大雨 書于茶山" _〈茶山漫筆〉, 1813년 8월 5일

8월 12일: 승려 호의縞衣에게 《大屯寺誌》 편찬과 관련하여 자료를 보내라는 편지를 보내다.

(가) "八月十二日" 〈제8서〉 _《梅屋書匭》, 1813년 8월 12일

✿ 《梅屋書匭》에는 정약용이 승려 호의에게 보낸 편지 13통과 정학연이 호의에게 보낸 2통이 실려 있다. 편지의 번호는 정민, 《다산의 재발견》(214~215쪽)을 따른다. 제8서는 연도 표시 없이 "八月十二日"이라고만 되어 있으나 "1813년 8월 12일"로 비정하는 견해를[352] 따른다. 《다산간찰집》(287쪽)에서도 같은 추정을 하였다. 이 편지에는 승려 기어 자홍이 16일(7월 16일 추정)에 왔었다는 언급 및 초의草衣 의순意洵도 19일(8월 19일 추정)에 오라는 언급이 보인다. 이때 은봉이 아직 타계하기 전이며,[353] 호의, 초의, 자홍 등의 승려와 정약용이 함께 교유하고 있었음을 알 수 있다. 또 이 무렵 승려

---

352) 정민, 위의 책, 214쪽.

353) 1813년 5월 대둔사의 극락전, 용화전, 지장전의 중수 이후 활동이 확인되지 않으나, 《梅屋書匭》(제10서; 1814년 8월 12일)에서 정약용이 은봉의 병에 대하여 말하고 있으므로 이때까지 은봉이 살아 있었음을 알 수 있고, 그는 여러 불사와 업무로 과로한 탓에 병을 얻은 것으로 보인다.

수룡袖龍, 색성賾性과도 교유하고 있었다.

8월 19일: ① 다시 매조도를 그리고 발문을 쓰다. ② 승려 호의에게 《傳燈錄》, 《佛祖通載》, 미황사 사적 등을 필사해 보내라는 편지를 보내다.

(가) 〈梅鳥圖跋〉 _《전서》 시문집, 1813년 8월 19일

(나) 《梅屋書甐》(제11서)(八月十九日 服人報) 1813년 3월 19일

🖐 〈梅鳥圖題跋〉에 "嘉慶癸酉八月十九日 書于紫霞山房 擬贈種蕙圃翁"이라는 구절이 있다.354) 따라서 1813년 8월 19일 매조도를 그리고 발문을 썼음을 알 수 있다. 위에서 "擬贈種蕙圃翁"의 종혜포옹種蕙圃翁이 누구인지가 문제이다. 《다산의 재발견》(485쪽)에서는 "擬贈種蕙圃翁"을 "擬贈 種蕙圃翁"으로 끊어 읽어서 종혜포옹은 정약용 자신을 가리키며 다산초당 시절 얻은 소실에게서 난 딸 홍임에게 주는 것을 염두에 두고 그린 것이며 실제로 홍임에게 준 것은 아니므로 의증擬贈이라고 하였다는 추정을 하였다. 종혜포옹이 정약용 자신임은 거의 확실하다. 다만 "擬贈種蕙圃翁"은 '종혜포옹에게 의증한다'라고 읽는 것이 순하다고 여겨진다. 즉 자신과 홍임 두 사람 다 그림 속에 투영하면서도 자신에게 주는 형식으로 한 것이라고 보는 것이 더 타당하다고 여겨진다. 어쨌든 정약용은 소실에게서 얻은 딸에게도 본처의 딸과 마찬가지로 애틋한 부정父情을 갖고 있었다고 생각된다.

한편 (나)의 편지로 보아 ②의 사실이 확인된다. 다만 "八月十九日 服人報"라고만 되어 있으나, 내용으로 보아 1813년 8월 12일 편지(제8신)와 연결되므로 "1813년 8월 19일"작으로 볼 수 있겠다.

8월 일: 〈爲尹鍾心贈言〉을 쓰다.

(가) 〈爲尹鍾心贈言〉(癸酉 八月) _《전서》 시문집, 1813년 8월

🖐 (가)의 말미에 "癸酉 八月"이라는 언급이 있어서 저작 시기를 1813년 8월로 비정하였다.355) 정확한 날짜는 알 수 없으나, 편의상 8월 말미에 배치하여 두었다. 1813년 8월의 활동으로는 7월에 이어서 《論語古今註》 작업에 종

---

354) 정민, 《다산의 재발견》, 713쪽 재인용.
355) 조성을, 2004, 357쪽.

사하고 있었던 것으로 추정된다.

9월 16일: 승려 기어로부터 승려 호의의 편지를 받고 호의에게 답장하다.

(가) "茶樵謝 九月十六日" _《梅屋書甌》(제3서), 1813년 9월 16일

🪷 "1813년"이라는 연도 비정은 《다산의 재발견》(214쪽)에 따랐다. 이 편지에서 절에 갔다가 사람들이 부르는 이름을 듣고 법명을 처음 알았다는 언급이 있다.

9월 20일: 승려 호의에게 편지를 보내 혜장과 만날 수 없게 된 안타까움을 표하다.

(가) 《梅屋書甌》(제5서) 1813년 9월 20일

🪷 정민, 《다산의 재발견》 214쪽 참조. 아암 혜장은 이미 1811년 9월 열반하였다(1811년 9월 부분 참조).

9월 29일: 승려 호의에게 편지를 보내 다산초당에 샘물을 끌어들인 일을 말하다.

(가) 《梅屋書甌》(제5서) 1813년 9월 29일

🪷 정민, 《다산의 재발견》, 214쪽 참조. 이 밖에 1813년 9월의 활동으로 특별한 행적은 눈에 뜨이지 않지만, 8월에 이어서 9월에도 《論語古今註》 작업에 종사하고 있었던 것으로 추정된다.

10월 일:

🪷 9월에 이어서 《尙書知遠錄》 작업에 종사한 것으로 추정된다.

11월 20일: ① 제자 이강회李綱會가 추사 김정희金正喜를 만난 뒤 그에게 편지를 보내어 조수潮水, 《梅氏尙書平》, 승려 기어, 자홍에 대하여 언급하다. ② 정약용이 이 편지에 첨부하여 《周易四箋》구본과 〈독역요지〉를 보낸다는 언급을 하다.

(가) "癸酉十一月二十日 李綱會 拜"〈致書于小蓬萊先生〉_《다산간찰집》170~173쪽, 1813년 11월 20일

ⓕ (가)의 편지는 "癸酉十一月二十日 李綱會 拜"라고 되어 있으므로 "1813년 11월 20일 작임을 알 수 있다. 《다산간찰집》(173쪽)에 이강회의 이름으로 정약용이 보낸 것이라고 하였다. 그러나 이 편지는 두 부분으로 되어 있는데 전반부는 "癸酉十一月二十日 李綱會 拜"로 끝맺음 되어 이강회의 편지로 보는 것이 타당하고, 추기된 후반부는 "令綱會等鈔付"라는 구절로 보아서 정약용이 직접 쓴 것으로 보인다. 편지의 내용으로 보아 이강회가 얼마 전 서울 쪽으로 가서 김정희를 만났고 유산 정학연과 김정희 사이에 교유가 있었으며, 이 편지를 전달하는 사람은 "朴君"이고 승려 기호 자홍과 김정희의 교유를 이강회가 중개하고 있었다는 중요한 사실을 알 수 있다. 이강회는 정약용의 강진 시절 18제자 가운데 하나로서 자는 굉보紘甫이다. 강진 시절 정약용의 저술 사업은 두 아들과 제자들의 도움을 많이 받았다.

《여유당전서》에 〈答金元春(正喜)〉이 실려 있는데 (가) 편지 전반부 가운데 "潮信早晩"에서 "更加研覈"까지와 내용이 일치한다(《다산간찰집》, 173쪽). 필자는 〈答金元春(正喜)〉의 시기에 대하여 해배 이후의 것으로 비정하였으나,[356] "1813년 11월 20일"작으로 바로 잡는다. 다만 〈答金元春(正喜)〉은 별도의 편지가 있는 것이 아니라, 《여유당집》 잡문 후편을 편집할 때 이강회의 편지에서 정약용이 언급한 부분을 발췌하여 〈答金元春(正喜)〉이라는 제목으로 넣은 것으로 볼 수 있겠다. 어쨌든 이미 1813년 11월부터 정약용과 김정희의 사이에 교유가 있었고, 이를 매개한 것이 아들 정학연과 제자 이강회였다. 이 밖에 1813년 11월의 활동으로 특별한 행적은 눈에 뜨이지 않지만, 10월에 이어서 《論語古今註》 작업에 종사하고 있었던 것으로 추정된다.

12월 일:

ⓕ 《論語古今註》는 이강회, 윤동의 도움으로 12월 무렵 완성된 것으로 추정된다("十三年…冬 論語古今註成…凡四十卷 李綱會·尹峒 共相是事"《사암연보》 180쪽). 《사암연보》에는 완성 시기를 단지 겨울이라고만 하였으나, 40권의 방대한 작업이므로 1812년 4월에 작업이 시작되었다고 하더라도 1813년 12월 무

---

356) 조성을, 2004, 377쪽.

렵 작업이 완료되었다고 보는 것이 자연스럽겠다.

1813년의 저작과 활동

　1813년 봄의 시는 확인되지 않는다. 1813년 봄의 활동으로는 《論語古今註》 작업에 종사하고 있었던 것으로 추정된다. 다만 이 해 1월(추정) 영암 군수로 부임한 이종영李鍾英을 위해 〈爲靈巖郡守李(鍾英)贈言〉을 써 주었을 가능성이 있다. 이전에 막연히 강진시기로 비정하였으나,[357] 이종영이 1812년 12월에 발령을 받으므로 1813년 1월 영암 부임 이후 써 준 것으로 생각된다. 《여유당집》에 따르면 이 바로 뒤에 〈爲盤山丁修七贈言〉과 〈又爲盤山丁修七贈言〉이 있고 이 두 편 다음에 〈爲尹鍾心贈言〉(1813년 8월)이 있다. 따라서 〈爲盤山丁修七贈言〉과 〈又爲盤山丁修七贈言〉의 시기를 대략 1813년 1월~8월 사이로 추정하여 볼 수 있겠다.

　이 해 여름의 시는 확인되지 않지만, 잡문으로는 〈贈別李(重協)虞侯試帖序〉(1813년 6월 12일), 〈送李聖華將歸序〉(1813년 6월 12일)가 있다. 여름의 활동으로는 봄에 이어서 《論語古今註》 작업에 종사하고 있었던 것으로 추정된다.

　가을의 시는 확인되지 않지만, 가을의 잡문으로는 〈梅鳥圖題跋〉(1813년 7월 14일), 〈爲草衣僧意洵贈言〉(1813년 8월 4일), 〈梅鳥圖跋〉(1813년 8월 19일), 〈爲尹鍾心贈言〉(1813년 8월) 등이 있다. 1813년 가을의 활동으로는 여름에 이어서 《論語古今註》 작업에 종사하고 있었던 것으로 추정된다.

　이 해 겨울의 시와 잡문은 확인되지 않지만, 겨울에 《論語古今註》 작업이 완료되었다. 1812년 4월까지 《樂書孤存》을 마지막으로 일단 육경六經의 주석 작업이 완료되었고, 이후 다시 사서四書의 주석 작업 가운데 첫 번째로서 《論語古今註》 작업이 1813년 겨울에 완료된 것으로 볼 수 있겠다. 이어서 1814년 여름에는 《孟子要義》가 완성되었다(1814년의 저작과 활동 여름 부분 참조).

1814년 甲戌, 순조 14　　53세
: 이 해에는 윤2월이 있었다.

---

357) 조성을, 위의 책, 357쪽.

1월 5일: ① 혜장의 시집 필사를 마쳤으며 제3편의 분량을 보충할 원고를 보내라는 내용의 편지를 보내다. ② 승려 호의가 매일《周易》 공부하는 것을 격려하다.

(가) "甲戌 元月五日"〈제4서〉 _《매옥서궤》, 1814년 1월 5일

(나) "甲戌 元月五日"〈제6서〉 _《매옥서궤》, 1814년 1월 5일

🖋 《다산의 재발견》(214쪽)에서는 (가)를〈제4서〉, (나)를〈제6서〉로 하고 있다. 그러나 (나)의 편지를 1814년 1월 5일 아침에 보내어 혜장《아암집》편집의 과정을 말하자 바로 인편으로 1월 5일 오후에 호의의 답이 왔고, 또 그 사람이 호의가《周易》을 공부하고 있다는 말을 하자 돌아가는 인편에 격려하는 의미로 보낸 편지가 (가)라고 생각된다. 이 밖에 특별한 행적은 확인되지 않지만, 1814년 1월 무렵 이미《孟子要義》작업에 착수하고 있었다고 생각된다(1814년 5월 부분 및 1814년의 저작과 활동 봄 부분 참조).

2월 일:

🖋 특별한 행적은 확인되지 않지만, 1814년 1월에 이어서 2월에도《孟子要義》작업에 종사하고 있었다고 생각된다.

3월 4일: ① 정약용이 이재의李載毅를 만덕사萬德寺(백련사)에서 만나다. ② 다산초당으로 데리고 와서 토론과 시를 주고받다. ③ 3월 4일 밤 이재의가 다산초당에 유숙하다(추정).

(가) "嘉慶甲戌三月四日 文山始訪余於茶山" _《二山唱和集》(이재의 작)

(나) "與茶山謫客邂逅於萬德寺 仍往其幽居 講討而歸 略有唱和詩"(이재의) _〈자찬연보〉, 甲戌, 1814년 조

🖋 3월 4일 만덕사(백련사)에서 이재의를 만나 다산초당으로 데려와 경학 토론을 하고 시를 주고받으면서 하룻밤 같이 지내고, 다음 날(3월 5일)에 떠났을 것이다.《二山唱和集》은 이때 주고받은 시를 문산文山 이재의李載毅가 편집한 것이다.358) 이재의는 당시 영암군수 이종영李鍾英의 아버지로서 아

---

358) 실시학사 경학연구회 편역,《茶山과 文山의 人性논쟁》, 한길사, 1996에 번역 수록.

들을 따라서 영암에 내려와 있었다. 노론계 인물로서 정약용과는 학문적 견해도 다르지만, 이후 허심탄회하게 마음을 주고받는 친구가 되어 정약용 해배 이후에도 교유가 계속되었다.

3월 25일: 〈茶山漫筆〉 가운데 두 번째 글을 쓰다.

(가) "嘉慶甲戌三月卄五日書" _〈茶山漫筆〉 두 번째 글, 1814년 3월 25일

◉ 3월에는 위와 같은 행적들 말고, 1814년 1월과 2월에 이어서 계속《孟子要義》 작업에 종사하고 있었다고 생각된다.

4월 9일: ① 사헌부司憲府(조장한趙章漢)에서 전계前啓한 정약용의 일에 대하여 이날 정계停啓하다. ② 강준흠姜浚欽의 상소로 해배 실현되지 못하다(4월 16일).

(가) "府(掌令趙章漢)前啓丁若鏞事 停啓" _《실록》 순조 14년 4월 9일

(나) "夏四月 臺啓始停 掌令趙章漢詣臺特停 時禁府將發關解還 姜浚欽上疏 格而不發" _《사암연보》 181쪽

(다) "甲戌四月 掌令趙章漢停啓(禁府將發關放送 因姜浚欽上疏格而不)" _《다산연보》 16쪽

◉ (가)로 보아 위의 사실이 확인된다. 정계停啓란 죄인의 이름을 명단에서 삭제하는 것으로 여기에서는 곧 정약용에게 해배 조처를 취하라는 뜻이다. 이에 따라 의금부에서 관문을 발하여 정약용을 해배하고자 하였다. 그러나 강준흠의 반대 상소로 결국 실행되지 못하였다(4월 16일 부분 참조). 이날 4월 9일 채제공의 신원을 주장한 홍시제洪時濟에게 기장현 유배의 명이 내리기도 하였다(《실록》 순조 14년 4월 9일). 1814년 4월 초순 채제공의 신원을 주장하는 홍시제의 상소와 정약용 석방을 위한 조장한의 정계 움직임은 같이 진행되었다. 4월 9일 정약용은 정계되었으나, 홍시제에게는 기장현 유배 명령이 내려졌다. 정약용을 정계한 조장한은 반대파의 탄핵을 당하게 되었다(4월 13일 부분 참조).

4월 13일: ① 사간司諫 임한任爀이 홍시제의 섬 유배와 조장한의 원지 유배를 청하는 상소를 하다. ② 부사과 이유성李游誠은 조장한이 정약

용을 정계한 죄를 논하는 상소를 하다. ③ 국왕 순조가 비답을 내려 묘당으로 하여금 품처稟處하게 하다.

(가) "司諫任㷇 請屛裔罪人洪時濟 施以配島…趙章漢力護私黨 擅停 若鏞之 啓 施以屛裔之典 批曰洪時濟事 日前堂箚 已處分 餘幷不允" 《실록》순조 14년 4월 13일

(나) "副司果李游誠 疏論掌令趙章漢若鏞停啓之罪 賜批 令廟堂稟處" 《실록》 순조 14년 4월 13일

🔯 홍시제는 기호남인계 인물로서 채제공 측과 가까웠던 것으로 보이며 조장한은 정약용에게 동정적이었던 것으로 여겨진다. 여기에 대하여 1814년 4월 9일에 이어서 13일에 남인 공서파와 노론 강경파의 강력한 반발이 표출된 것으로 볼 수 있다.

4월 16일: ① 부사직 강준흠이 정약용은 유배지에 그대로 두고 조장한은 원지에 유배 보내라고 상소하다. ② 국왕은 강준흠의 상소에 대하여 윤허하지 않다. ③ 조정에서 정약용 해배 조처를 중단하다 (4월 16일 이후).

(가) "副司直姜浚欽 疏請定配罪人丁若鏞 仍置配所 前掌令趙章漢 施以 屛裔 之典 賜批 不允" 《실록》순조 14년 4월 16일

(나) "夏四月 臺啓始停 掌令趙章漢詣臺特停 時禁府將發關解還 姜浚欽 上疏 格而不發" 《사암연보》181쪽

(다) "甲戌四月 掌令趙章漢停啓 (禁府將發關放送 因姜浚欽上疏格而不發)" 《다산연보》16쪽

🔯 (나)와 (다)에 따르면 1814년 4월 조장한이 대계臺啓를 정지시켜 의금부에서 관문을 보내 정약용을 해배하려 하였으나, 강준흠의 상소(4월 16일)로 시행되지 못하였다고 한다. 따라서 의금부에서 관문을 보내어 정약용을 석방하려 하다가 중단한 것은 1814년 4월 16일 이후가 된다. 강준흠의 상소에 대하여 국왕은 일단 "不允"이라는 비답을 내렸으나, 정약용은 결국 해배되지 못하였다. 조장한이 이후 원지에 유배되었는지는 알 수 없으나, 4월 16일 강준흠의 상소에서 "전장령前掌令"이라고 부르고 있는 것을 보아 조장한

은 정계사停啓事 파동에 책임을 지고 사헌부 장령 직에서 물러난 것으로 보아야 할 것이다. 마침내 채제공을 신원하려고 한 홍시제는 장기현에 유배되고, 정약용을 해배하려 한 조장한은 장령 직에서 물러나게 되었다. 기호남인 신서파(채제공 그룹)를 복권시키려는 움직임은 실패하였다고 하겠다. 이것은 남인 공서파가 반대에 앞장을 선 데 한 원인이 있겠지만, 기본적으로는 안동김문이 주도하는 노론 시파의 정국 속에서도 노론 강경파 세력이 여전히 강력하게 버티고 있었기 때문이라고 생각된다. 이런 가운데서도 정약용은 3월에 이어서 여전히 묵묵히 《孟子要義》 작업에 종사하고 있었다고 생각된다.

5월 13일: 〈爲鍾文鍾直鍾敏贈言〉을 쓰다.

(가) 〈爲鍾文·鍾直·鍾敏贈言〉 _《전서》 시문집, 1814년 5월 13일

5월 중순 무렵(추정): 《孟子要義》 작업을 완료하다.

🔯 〈爲鍾文·鍾直·鍾敏贈言〉의 말미에 "嘉慶甲戌 竹醉之日"이라는 언급이 있고 죽취일은 음력 5월 13일이므로 1814년 5월 13일로 시기를 비정하였다. 이어서 윤종문尹鍾文, 윤종직尹鍾直, 윤종민尹鍾敏 세 사람에게 다시 "학형지계虐刑之戒"의 의미로 〈又爲三尹贈言〉이라는 글을 써 준다.[359] 덧붙여 1814년 4월에 이어서 5월에도 《孟子要義》(9권) 작업에 종사하여 1814년 5월 중순 무렵에 완료하였다고 생각된다. 《사암연보》에 "十四年…夏 孟子要義成…凡九卷"이라고 하여(181~183쪽) 완성 시기에 대하여 단지 1814년 여름이라고만 하였지만, 9권 분량이므로 대략 한 달에 두 권씩 작업을 하였다고 추정하면 1814년 5월 중순 무렵 완료한 것이 된다.

《孟子要義》(9권) 작업이 완료된 이후 5월 하순에 바로 《大學公議》(3권) 작업에 착수하였다고 생각된다. 정약용은 《孟子要義》 작업을 하면서 둘째형 정약전과 상의한 것으로 보인다. 정약전이 정약용에게 보낸 편지 〈示茶山〉에는 "孟子配義與道一節 從前讀之 甚不分曉 懶於究索 近始諦觀註說 有可疑 玆質之"라고 하여 《孟子》에 대하여 질의하는 내용이 있다.[360] 〈示茶山〉은 대략 1814년 1

---

359) 조성을, 2004, 357쪽.

월~5월 사이, 즉《孟子要義》를 저술하던 시기에 지은 것으로 추정된다.

6월 일:

ⓐ 1814년 5월 하순에 이어서 6월에도《大學公議》작업에 종사하고 있었다고 생각된다.

7월 일:

ⓐ 특별한 행적이 추적되지 않지만《사암연보》에서 1814년 가을에《大學公議》(3권)이 완성되었다고 하였다("秋 大學公議成", 183쪽). 대략 5월 하순 무렵《大學公議》작업에 종사하기 시작하였다면 분량으로 보아 대략 7월 초순 무렵 완성되었다고 생각된다.《孟子要義》작업이 5월 중순에 끝났을 가능성이 크므로,《大學公議》작업의 착수는 1814년 5월 하순 무렵이었을 것이다. 7월 초순 무렵《大學公議》(3권) 완성에 이어서 1814년 가을에는 또《中庸自箴》(3권)과《中庸講義補》가 완성되었다[〈1〉 "中庸自箴成…凡三卷"(《사암연보》184~187쪽), 〈2〉 "中庸講義補成"(《사암연보》 187쪽)].《사암연보》에서 〈1〉과 〈2〉 기사는 "秋[1814] 大學公議成" 기사와 "冬[1814] 大東水經成" 기사 사이에 있다. 1814년 7월 중순 무렵《中庸自箴》(3권)과《中庸講義補》(6권) 작업이 동시에 시작되었다고 생각된다.《中庸講義補》는 〈자찬묘지명〉(집중본; 1822년 작)에 따르면 분량이 6권이기 때문이다. 대략 1814년 7월 중순 무렵 두 저서의 작업이 동시에 시작되어《中庸自箴》작업이 먼저 완료되고(1814년 8월 말 추정), 다음에《中庸講義補》작업이 1814년 9월 말 무렵 완료되었다고 생각된다.

8월 12일: 승려 호의에게 편지를 보내, 은봉이 병중에 절의 업무를 보고 있는 것을 안타까워하고 자신이 마비 증세가 있으므로 승려 한둘을 보내 편집을 도와달라고 하다.

(가) 〈제10서〉 _《매옥서궤》, 1814년 8월 12일

ⓐ (가)의 시기를《다산의 재발견》(223쪽)에서 "1814년" 8월 12일로 비정하

---

360) 조성을, 위의 책, 373쪽.

였다. 이것은 〈제3서〉《매옥서궤》(1813년 9월 16일)에서 이때 "호의"라는 법
호를 처음 알았다고 한 것에 근거한 것이다. 이 견해를 따른다. 1813년 5월
에 만덕사 용화전, 극락전 등의 상량 작업이 이루어졌는데(1813년 5월 부분
참조), 이 불사佛事는 1814년 여름 이전에 이미 완료되었을 것으로 추정된
다. 이 불사를 완료하고 나서 은봉이 정약용에게 《만덕사지》의 편찬을 부
탁하였던 것으로 생각된다. 이 편지 〈제10서〉로 보아 1814년 8월 12일 사
지 편찬 작업에 종사하고 있었음을 알 수 있다. 은봉은 아마도 이와 같은
불사를 하느라고 건강을 해쳐 병이 든 것으로 보인다. 은봉의 열반 시기는
구체적으로 알기 어려우나 대체로 1814년 8월 이후라고 볼 수 있겠다. 이
밖에 1814년 8월 특별한 행적이 추적되지는 않지만, 대략 이 해 7월 중순
부터는 《中庸自箴》(3권) 작업에도 종사하고 있었다고 생각된다. 분량으로
보아(3권) 대략 8월 말 무렵에는 《中庸自箴》 작업이 완료되었을 것으로 추
정된다.

9월 초(추정): 이재의가 다산으로 정약용을 방문하다.

(가) "九月作茶山行" 〈文山自撰年譜〉 _1814년 9월 초 甲戌 무렵 추정

(나) 〈答李汝弘〉(제1서) 1814년 9월 하순 무렵 추정

⑩ (가)로 보아 1814년 9월 문산 이재의가 강진의 다산초당에 온 사실이 확
인된다. 이 해 여름(대략 1814년 5월 추정)《孟子要義》가 완성되었다. 이재의가
다산초당에 와서 이 책을 보고서 베껴가거나 빌려 갔을 가능성이 있다. 돌
아가서 숙독하고 정약용에게 편지를 보내어 질의하자, 답변으로 보낸 것이
(나)이다. 9월 이재의가 다산초당에 왔고 바로 뒤의 편지 (나)에 "甲戌 十月
日"이라고 되어 있으므로, (나)의 시기는 9월 하순 무렵으로 추정되며 다산
초당에 온 것은 대략 9월 초 무렵으로 추정된다. 필자는 여름에서 10월 사
이"라고 하였으나[361] "9월 하순 무렵"으로 좁혀보는 것이 더 타당하겠다.

《여유당집》 잡문(제5책 제2권)에는 이재의에게 보낸 편지로서 〈答李汝弘〉
(제1서; 9월 하순 무렵 추정) 및 〈與李汝弘〉(제1서; 10월)에 이어서 〈答李汝弘〉(제2

---

361) 조성을, 2004, 379쪽.

서), 〈答李汝弘〉(제3서), 〈答李汝弘〉(제4서), 〈答李汝弘〉(제5서)가 실려 있으며, 제5 책 제3권에는 〈答李汝弘〉(제6서), 〈答李汝弘〉(제7서) 및 〈與李汝弘〉(제2서), 〈與李汝弘〉(제3서)가 실려 있다. 이들 저작 시기를 일단 정리하여 보면362) 다음과 같다(옆에는 현재의 더 진전된 견해 첨부).

① 〈答李汝弘〉(제2서): 1814년 10월 이후~1816년 9월 → 1814년 11월 무렵(추정)

② 〈答李汝弘〉(제3서): 1814년 10월 이후~1816년 9월 → 1814년 12월 무렵(추정)

③ 〈答李汝弘〉(제4서): 1814년 10월 이후~1816년 9월 → 1815년 1월 무렵(추정)

④ 〈答李汝弘〉(제5서): "丙子九月日"(1816년 9월)→ 〈마지막 2구절 1816년 9월 23일〉

⑤ 〈答李汝弘〉(제6서): 1816년 9월 23일 이후~1816년 11월 → 1816년 10월 무렵(추정)

⑥ 〈答李汝弘〉(제7서): "丙子 十一月" (1816년 11월)

⑦ 〈與李汝弘〉(제2서): "丁丑 二月日" (1817년 2월)

⑧ 〈與李汝弘〉(제3서): 1817년 2월 이후 → 1818년 여름 무렵(추정)

①, ②, ③의 시기는 이들 편지가 〈與李汝弘〉(제1서; 1814년 10월)과 ④〈答李汝弘〉(제5서; 1816년 9월) 사이에 배치된 점에서 상대적으로 시기를 추론한 것이었다. 그리고 ⑤와 ⑧ 역시 배치 순서에 따른 상대적 추론이었다. 이제 〈文山自撰年譜〉와 편지들의 내용에 의거하여 더 구체적으로 시기를 생각하여 보기로 한다. 〈文山自撰年譜〉에 따르면 1815년 봄(1월 추정) 이재의는 다산초당에 갔으나, 1815년 3월 식구들을 데리고 서울로 돌아갔다. 1816년 봄에는 개성의 박연폭포 등을 유람하였다. 아마도 이 동안에는 정약용과 이재의 사이에 문통이 없었던 것 같다. 그렇다면 ①, ②, ③의 시기는 대체로 1814년 10월 이후~1815년 3월 이전으로 잡을 수 있겠다. 더 구체적으로는 각기 1814년 11월, 1814년 12월, 1815년 1월 무렵으로 잡으면 무리가 없다. 《여유당전서》에 실려 있지 않고 《문산집》에만 실려 있는 1815년 〈다산문답〉(22장 전~26장 후; 《다산과 문산의 인성 논쟁》, 126~142쪽)은 1815년 2월 작으로 생각된다. 이재의는 1815년 봄 가운데 대략 1월에 다산초당으로 찾아왔을 것으로 추정된다. 1815년 〈다산문답〉(22장 전~26장 후:

---

362) 조성을, 위의 책, 379쪽 이하 참조.

《다산과 문산의 인성 논쟁》, 126~142쪽)에 문산 이재의가 보낸 편지에 이별을 고하는 말이 있다는 언급이 있기 때문이다. 1814년 1월에 찾아온 뒤 이재의가 서울로 떠난다는 소식을 보내오자, 정약용이 1815년 2월에 〈다산문답〉(22장 전~26장 후) 부분의 편지를 보낸 것으로 볼 수 있기 때문이다. ⑤는 배치 순서로 보아 "1816년 9월 23일 이후~1816년 11월"로 시기를 추정하였으나, 더 구체적으로 1816년 10월 무렵으로 추정할 수 있겠다.

두 사람의 논쟁은 〈答李汝弘〉(제5서; 1816년 9월) 마지막 2구절 (9월 23일)에서 재개되는 것으로 볼 수 있다. 이때까지는 주로 인성론人性論을 중심으로 한 논쟁이었으나, ⑤부터는 주제를 바꾸어 예론에 대하여 논의하였으며 예론에 대한 논의는 ⑥, ⑦, ⑧에도 지속된다. 특히 ⑧은 송시열과 윤휴 사이의 예송을 주제로 한 것으로 정치적으로도 매우 민감한 사안이었다. 이만큼 이재의와 정약용 사이에 상호 신뢰가 구축되었음을 의미하는 것이라고 하겠다. 이 편지 〈與李汝弘〉(제3서)의 시기를 배치 순서에 의거하여 막연히 "1817년 2월 이후"라고 시기를 추정하였으나, 1818년 여름 무렵 《國朝典禮考》를 완성하므로(1818년 5월 부분 참조), 더 구체적으로 생각하여 보면 1818년 여름 무렵 지어진 것일 가능성이 크다. 이 편지의 내용으로 보아서 정약용이 《國朝典禮考》를 저술하면서 《우암연보》를 이용하였다고 추정된다.

이후 정약용이 해배된 이듬해인 1819년 윤4월 12일 이재의는 초천을 방문하여 같이 뱃놀이를 하였고(1819년 윤4월 12일 부분 참조), 1823년 봄에도 초천으로 찾아와 4~5일 묵으면서 경서를 같이 읽었고, 다시 얼마 후 함께 배를 타고 춘천에 다녀왔다(1823년 봄 부분 참조). 1827년 봄과 1830년 봄 및 1831년 가을(추정)에도 초천에 왔다. 그리고 1828년 12월 3일 방문한 기록이 있으며(1828년 12월 3일 부분 참조), 1832년 여름에도 초천에 와서 여러 날 함께 노니는 한편 영명위(해거도위) 홍현주洪顯周(홍석주洪奭周의 동생)도 만났으며 1832년 가을에도 방문하였다.

9월 말(추정): 《中庸講義補》를 완성하다.

(가) "[1814년 가을] 中庸講義補成" _《사암연보》 187쪽

◉ 1814년 8월 말 무렵 《中庸自箴》(3권)이 완성된 이후 9월에는 《中庸講義補》 작업에만 전념하여 9월 말 무렵 완성되었다고 추정된다. 앞에서 언급하였듯이 《中庸講義補》는 〈자찬묘지명〉(집중본; 1822년 작)에 따르면 분량이 6권이다.

10월 일: 문산 이재의에게 학문을 토론하는 편지를 보내다.

(가) "冬[1814] 答李汝弘書 論學問思辨功" _《사암연보》 190쪽

(나) 〈答李汝弘〉(제1서) _《전서》 시문집, 1814년 10월 초순 또는 9월 하순 추정

(다) 〈與李汝弘〉(제1서) _《전서》 시문집, 甲戌十月日, 1814년 10월

◉ (다)의 편지는 "甲戌 十月日"이라는 원주에 따라서 1814년 10월 (정약용이 이여홍=이재의에게) 보낸 편지임을 알 수 있다. 정약용이 이재의에게 보낸 편지는 《여유당집》 잡문 제5책 제2권 및 제3권에 다음과 같은 순서로 실려 있다. 이 편지들에 대하여 옆에 시기를 부기하기로 한다.[363] 이 편지들은 연대순으로 배열된 것으로 추정된다.

1) 〈答李汝弘(載毅)〉(제1서); 1814년 9월 말~10월 초 무렵(추정)

2) 〈與李與弘〉(제1서); 1814년 10월 甲戌 十月日

3) 〈答李汝弘〉(제2서); 1814년 10월 이후~1816년 9월 27일 이전(추정)

4) 〈答李汝弘〉(제3서); 1814년 10월 이후~1816년 9월 27일 이전(추정)

5) 〈答李汝弘〉(제4서); 1814년 10월 이후~1816년 9월 27일 이전(추정)

6) 〈答李汝弘〉(제5서); 1816년 9월 27일 이전 "丙子 九月日"

   (추기) "丙子九月二十七日 書于松風菴中…是日又書"(1816년 9월 27일)

7) 〈答李汝弘〉(제6서); 1816년 9월 27일 이후~1816년 11월 이전

8) 〈答李汝弘〉(제7서); 1816년 11월 "丙子 十一月"

9) 〈與李汝弘〉(제2서); 1817년 2월 "丁丑 二月日"

10) 〈與李汝弘〉(제3서); 1817년 2월 이후(추정)

위의 편지들 가운데 (나)는 1814년 9월 다산초당으로 정약용을 방문하였던 이재의가 《孟子要義》와 관련하여 질문하는 편지를 보내오자(1814년 9월

---

363) 조성을, 2004, 379~381쪽.

하순 무렵 추정), 이에 대한 답서로 보낸 것이다. 이전에는 (나)의 시기를 1814년 여름에서 10월 사이로 보았으나,[364] 더 좁혀서 "9월 말~10월 초" 무렵으로 추정하는 것이 타당하다고 생각된다. (다)는 정약용이 10월 초(또는 9월 말)에 (나)를 보내고 나서 재차 이재의에게 보낸 편지라고 생각된다.

겨울(11월 또는 12월 추정): 《大東水經》 작업이 완료되다.

(가) "冬[1814] 大東水經成 令李晴集注" _《사암연보》 189쪽

❖ 1814년 겨울 가운데 어느 시점인지는 알지 못하지만, 〈자찬묘지명〉(집중본; 1822년)에 따르면 《大東水經》은 원래 분량이 두 권이므로 비교적 단기간에 작업이 완료되었을 것이다. 그러나 제자 이청으로 하여금 여기에 주석을 달게 하였으므로 분량이 늘어났을 것이다. 이청이 주석을 다는 데에는 별도로 시간이 소요되었을 것이며, 이청이 1814년 겨울에 《大東水經》 본문에 주석을 달았는지 아니면 나중에 달았는지는 분명하지 않다. 그렇지만 〈자찬묘지명〉(집중본)에 권수가 두 권이라고 되어 있으므로, 회갑 이후 주석을 단 것으로 생각된다. 원래 두 권이므로 1814년 겨울에 작업에 착수하여 겨울에 끝났을 것으로 여겨진다. 1814년 겨울 가운데에서 10월은 아니고 11월 또는 12월에 작업이 완료되었을 것으로 생각된다.

1814년의 저작과 활동

1814년 봄의 시로는 《二山唱和集》(3월 4일)이 있으며 잡문으로는 〈茶山漫筆〉(두 번째 글; 3월 25일)이 있다. 이 시기의 활동으로는 1월에 《孟子要義》 작업을 시작하여 2월과 3월에도 계속 이 작업에 종사하고 있었다고 생각된다.

여름의 시는 확인되지 않으며 잡문으로 〈爲鍾文鍾直鍾敏贈言〉(1814년 5월 13일)이 있다. 저술 활동으로는 5월 중순 무렵(추정) 《孟子要義》(9권)가 완성되었으며, 6월에는 《大學公議》 작업에 종사하고 있었다고 생각된다.

1814년 가을의 시와 잡문은 확인되지 않는다. 그러나 1814년 가을에 《大學公議》(1814년 7월 초순 추정), 《中庸自箴》(1814년 8월 말 추정), 《中庸講義補》(1814년 9월 말 추정)이 연속적으로 완성되므로, 이 해 가을에는 이들 저서

---

364) 조성을, 2004, 379쪽.

작업에 몰두하고 있었다고 볼 수 있다. 1812년 4월 무렵《樂書孤存》작업이 완성된 것을 마지막으로, 일단 육경 주석 작업이 완료되었고(이후에도 계속 수정과 보완), 1814년 9월 무렵《中庸講義補》작업을 마지막으로 일단 사서 주석 작업이 일단 완료되었다고 할 수 있겠다. 이어서 1814년 겨울에는 《大東水經》작업도 완료되었다. 그러나 1815년 봄에는 경학 관련《心經密驗》및《小學枝言》작업을 하였으며, 1815년 겨울에《春秋考徵》작업이 있었다. 따라서 1815년 겨울이 경학 주석 작업 완료기라고 할 수 있겠다. 하지만 《我邦疆域考》(초고본)는 1811년 봄에 완성하였으며(해배 이후 다시 수정 · 보완), 1814년 겨울에《大東水經》작업이 완성되기도 하였다. 이 두 저작을 제외하면 대체로 1815년까지를 유교경전 주석 사업 시기,《經世遺表》작업이 시작되는 1816년 이후를 경세학 저술 작업 시기라고 할 수 있겠다.

1814년 겨울의 시는 확인되지 않으며, 잡문으로는 〈答李汝弘〉(제1서; 1814년 10월 초 또는 9월 말 추정), 〈與李興弘〉(제1서; 1814년 10월)이 있으며 〈答李汝弘〉(제2서)도 배치 순서로 보아 1814년 겨울 저작일 가능성이 있다. 이 밖에 1814년 겨울의 잡문으로 〈海南政事堂記〉(嘉慶 甲戌 冬)가 있다. 또 1814년 겨울의 저술 활동으로는《大東水經》이 완성된 점을 들 수 있다(11월 또는 12월 추정).

1815년 乙亥, 순조 15   54세

1월 초순(추정): 문산 이재의가 다시 강진의 다산초당으로 정약용을 방문하다.

　　 1814년 12월의 도목정사로 아들(영암군수 이종영)의 보직이 바뀌었을 것이다. 따라서 이재의가 작별 인사하러 1815년 1월 초순 정약용을 찾아왔을 것으로 생각된다. 이 밖에 이 해 1월에 특별한 행적이 확인되지 않지만, 이 해 1월에는 대체로《心經密驗》(1권)과《小學枝言》(=《小學補箋》1권) 작업에 종사하였다고 생각된다. 아마도 이 작업은 1814년 겨울에 이미 시작되었을 수도 있다. 정약용 자신이 이 두 책의 편액에 "余窮居無事 六經四書 其究索有年 其有一得其詮而藏之矣 於是求其所篤行之方 唯小學心經爲諸經之發英者 苟於二書潛心力踐 小學以治其外 心經以治其內 則庶幾希賢有路…小學至言者 補舊注也 心經密驗 所以驗之於身而自警也………合二卷"이라고 하였다《사암연보》

190~191쪽).《心經密驗》과 《小學枝言》은 각기 다른 책이지만 이 두 책을 하나로 간주하고 있음을 알 수 있다.

2월 일:

🔅 특별한 행적이 눈에 뜨이지 않지만, 대략 1812년 2월 무렵 《心經密驗》과 《小學枝言》 작업에 종사하고 있었을 것이다(추정).

3월 10일: 승려 호의에게 편지를 보내 같이 《首楞嚴經》을 이야기하여 보자고 하다.

(가) "乙亥 三月十日 茶宗頓"〈제12서〉 _《매옥서궤》, 1815년 3월 10일

🔅 "乙亥 三月十日 茶宗頓"이라는 말미의 언급으로 보아서 "1815년 3월 10일" 작임을 알 수 있다. 편지의 내용으로 보아 정약용이 이때 《首楞嚴經》에 대하여 관심이 있었음을 알 수 있다.

3월 일(추정): 《心經密驗》과 《小學枝言》 두 책이 완성되다.

(가) "十五年⋯春 心經密驗小學枝言二卷" _《사암연보》 190쪽

🔅 《사암연보》(190쪽)에 "十五年⋯春 心經密驗小學枝言二卷"이라고 하므로 늦어도 1815년 3월까지는 《心經密驗》과 《小學枝言》 두 책이 완성되었을 것이다. 《心經密驗》 저술 작업과 관련하여 위에서 언급한 《首楞嚴經》에 관심을 갖게 되었을 가능성도 있다.

4월~8월:

🔅 특별한 행적은 확인되지 않지만 1815년 4월에는 《樂書孤存》 작업을 시작하고 있었을 것이며, 5~8월에도 종사했을 것으로 추정된다. 12권이나 되는 방대한 작업이므로, 1816년 봄에 완성되려면 대략 1815년 4월 무렵에는 작업을 착수했을 것으로 추정된다.

9월 일(중순 무렵 추정): ① 큰아들 정학연이 강진 다산으로 찾아오다. ② 정학연이 초천으로 돌아가다(9월 하순 무렵 추정).

(가) "時余留待酉山回駕爲便 余意使之按排於雲吉山房 故有詩" (草衣,〈次雲

峰憶昔游四節》)

(나) "酉山還歸 已秋冬孟 雲吉高寒 難於過冬 使之 移棲水落山之鶴林庵其於 三冬春夏 之間 源源往來於杜陵" (草衣,〈次雲峰憶昔游四節》)

ⓐ (나)에 따르면 정학연은 (1815년) 가을에 강진에 갔다가 "冬孟"에 초천으로 돌아왔다. 추수가 끝난 뒤에 간 것으로 생각하여, 1815년 (음력) 9월 초순에 출발하여 9월 중순 무렵 강진에 도착한 것으로 추정된다. 초천에 다시 도착한 시기는 "已秋冬孟"이라 하였으므로, 1815년 (음력) 10월 초순으로 추정하였다. 그렇다면 강진에서 출발한 시기는 대략 1815년 9월 하순 무렵으로 추정된다.

9월 일: ① 가을에 초의가 정학연을 만나러 초천으로 찾아가다(대략 9월 중순 추정). ② 길이 엇갈려 정학연을 만나지 못하고 정학유가 대신 맞이하다. ③ (이후) 초의는 이듬해(1816) 여름까지 수락산 학림암鶴林菴에 머무르다.

(가) "余於乙亥秋 初至杜陵 酉老南省茶山 唯耘圃獨居山齋 秋風蕭瑟 葉戰于 溪 人跡稀疎 雀暄 于門 世上音耗 亦隨斷絶" (草衣,〈次雲峰憶 昔游四節》)

(나) "酉山還歸 已秋冬孟 雲吉高寒 難於過冬 使之 移棲水落山之鶴林庵其於 三冬春夏之 間 源源往來於杜陵" (草衣,〈次雲峰憶昔游四節》)

9월 13일: 호의에게 편지를 보내 풍증으로 말미암아 서첩書帖을 써서 보내지 못한다고 하다.

(가) "乙亥重陽後五日"〈제9서〉 _《매옥서궤》, 1815년 9월 13일

ⓐ 《다산의 재발견》(214쪽)에서 날짜를 "1815년 9월 14일"로 비정하였으나, 중양 후 5일째 되는 날이라고 보아서 "9월 13일"로 추정하였다. 편지의 내용으로 보면 이 편지에 앞서서 호의가 정약용에게 서첩을 써 달라고 부탁한 일이 있음을 알 수 있다.

9월 하순 무렵(추정): 큰아들 정학연이 초천으로 출발하다.

ⓐ 정학연은 대략 9월 하순 무렵에는 초천으로 돌아갔고(10월 초순에 초천에

도착하였을 것으로 추정됨), 초의가 10월 초순 이후 다시 초천으로 찾아와 정학연을 만났을 것이다.

10월 일:

ⓘ 특별한 행적은 눈에 뜨이지 않지만, 1815년 10월에는 《樂書孤存》 작업에 종사하고 있었을 것으로 추정된다.

11월 26일(무렵): 동안거冬安居에 들어간 승려 호의에게 안부 편지를 보내다.

(가) "乙亥至後五日 樵夫"(제2서) _《梅屋書匭》, 1815년 11월 26일 무렵 추정

ⓘ 동지는 대체로 양력 12월 22일이며 1815년의 경우, 음력으로는 11월 22일이 된다. 따라서 동지 후 5일은 음력 11월 26일 무렵이 된다. 이 편지에 승려 완호玩虎의 안부를 묻는 내용이 있다. 호의는 정약용과 완호 사이에서 중개 역할을 하였던 것으로 보인다. 완호는 승려 윤우倫佑(1758~1826)로서 초의의 스승이다(《다산간찰집》 85쪽). 1815년 11월에는 이 밖에 특별한 행적은 눈에 뜨이지 않지만, 1815년 10월에 이어서 11월에도《樂書孤存》작업에 종사하고 있었을 것으로 추정된다. 1818년 8월 25일 정약용이 완호에게 보낸 편지가 있다(《다산간찰집》 85쪽).

12월 일:

ⓘ 특별한 행적은 눈에 뜨이지 않지만, 1815년 11월에 이어서 12월에도《樂書孤存》작업에 종사하고 있었을 것으로 추정된다.

1815년의 저작과 활동

1815년 봄의 시와 잡문은 찾을 수 없다. 이 해 봄에《心經密驗》(1권)과 《小學枝言》(1권) 저술 활동이 있었던 것이 주목된다. 《사암연보》에 따르면 1815년 봄 《心經密驗》과 《小學枝言》에 이어지는 저술 활동으로는《樂書孤存》작업이 있다. 《사암연보》에 따르면 이 작업은 12권 분량이고 1816년 봄에 완료되므로("十六年 [1816] …春 樂書孤存成…凡十二卷", 192쪽), 두 작업이 완료(대략 1815년 3월 추정)된 이후에 바로《樂書孤存》작업을 시작하였을 것이다. 한편 1815년 1월 초에 이재의가 다산초당을 찾아왔을 것으로 추정된다.

1815년 여름의 시와 잡문은 찾을 수 없다. 대략 1815년 3월 무렵 시작된 《樂書孤存》 작업을 이 해 여름에도 계속하고 있었을 가능성이 크다.

이 해 가을에는 시와 잡문이 확인되지 않는다. 한편 1815년 여름에 이어서 1815년 가을에도 《樂書孤存》 수정 작업에 종사하고 있었을 것으로 추정되며, 1815년 9월에는 정학연이 강진을 다녀갔다.

이 해 겨울 시와 잡문이 확인되지 않는다. 한편 1815년 가을에 이어서 겨울 동안에도 계속 《樂書孤存》 작업에 종사하고 있었을 것으로 추정된다.

1816년 丙子, 순조 16　　55세

1월 일:

⚶ 1815년 겨울에 이어서 《樂書孤存》 작업에 종사하다(추정).

2월 일:

《樂書孤存》(수정본) 작업을 완료하다.

⚶ 《사암연보》에 "十六年…春 樂書孤存成"(192쪽)이라는 언급이 있으므로, 1816년 봄에 《樂書孤存》(수정본) 작업이 완료되었음을 알 수 있다. 대략《邦禮草本》작업이 3월 무렵 착수된 것으로 보아서(3월 부분 참조), 《樂書孤存》(수정본)은 1816년 2월에 완성된 것으로 하였다.

3월 일: 《邦禮草本》《經世遺表》) 작업에 착수하다(추정).

⚶ 《사암연보》에 "十六年…春 樂書孤存成…今李晴筆受金碑脫稿 名之日 樂書孤存 十二卷 "(192~194쪽)이라는 언급이 있으므로, 《樂書孤存》 작업을 1816년 봄에 완료하였음을 알 수 있다. 봄 가운데 구체적으로 언제인지는 확실하지 않다. 하지만 1816년 8월까지 대체로 《邦禮草本》(버클리본 《經世遺表》) 제4책까지 작업을 완료한다(1816년 8월 부분 참조). 이 버클리본은 집필 순서로 편집되어 있다.365) 〈郡縣分隷〉 바로 뒤에 놓여 있는 〈十二省州郡縣摠數〉에 "嘉慶丙

---

365) 조성을, 《經世遺表》의 문헌학적 제문제〉, 《다산학》10, 2007.

안병직, 〈필사본 《經世遺表》에 대한 서지적 검토〉(《茶山學》18, 2001.6, 177쪽)에서는 〈郡縣

子八月二十三日試筆"(1816년 8월 23일)이라고 날짜가 명시되어 있으므로, 바로 앞의 〈郡縣分隸〉는 대략 1816년 8월 초·중순 무렵 집필된 것으로 추정할 수 있기 때문이다. 정약용이 강진에 온 것은 1801년 11월 말이므로, 1816년 은 강진에 온 지 16년째이기는 하지만 1816년 8월은 만 15년이 채 못 된다. "十五年"이라는 수치는 대략 15년 정도 살았다는 의미로 해석하면 무리가 없겠다. 또 〈考績之法〉에서 15년이라고 한 것도 개략적인 수치로 생각된다. 〈考績之法〉은 버클리본 제11책 1권에 있다. 한 달에 두 권 정도 작업을 진행 하면 1816년 9월부터 1817년 6월까지는 대략 20책을 지을 수 있다. 1817년 6월 말(혹 7월 초) 무렵에는 대략 32권 정도 작업이 완료되게 된다. 따라서 버클리본 제11권 제1권에 있는 〈考績之法〉은 대체로 1817년 6월 전반기 무 렵 지은 것으로 추정된다. 이것은 1801년 11월 말에서부터 대략 "15년 반" 정도가 된다. 〈考績之法〉의 시기를 1817년 6월 전반기 무렵으로 보아서 문 제가 없다. 다만 1815년 대략 3월부터 1816년 봄(2월 추정)까지 《樂書孤存》(12 권) 작업만 하기에는 시간적 여유가 있으므로, 동시에 《邦禮草本》 자료를 수집하면서 《邦禮草本》 작업을 단편적으로 하였고, 1816년 3월 무렵에 《邦 禮草本》 작업에 본격적으로 착수하여 1815년에 단편적으로 이루어진 것을 해당 부분에 삽입하였을 가능성도 완전히 배제할 수는 없다.

《經世遺表》 작업의 착수 시점이 1816년 봄 이후 구체적으로 언제인지 문 제이지만 1817년 초가을(7월 무렵) 작업이 중단되었다면(이에 대하여 후술), 1816년 2월 《樂書孤存》 작업이 끝나고 나서 대략 1816년 3월부터라고 더 좁 혀 보는 것이 타당하다고 생각된다. 《邦禮草本》 작업에 대하여 《사암연보》 에는 "十七年[1817]…秋 喪儀節要成"의 항목에 바로 이어서 "邦禮草本 輯功起 而未卒業"이라는 기사가 있다(200쪽). 이 기사를 보면 자칫 1817년 가을 이후 《邦禮草本》 작업을 시작하였다가 1817년 연말 이전 어느 시점에 중단하였 다고 오해하기 쉽다. 1816년 봄(대략 3월) 《邦禮草本》 작업이 시작되어 1817 년 초가을(7월 초)까지 계속되다가 일단 작업이 중단된 것으로 보는 것이

分隸》에 "臣居南土十五年" 및 〈考績之法〉 "臣十有五年 竄伏南荒"이라는 구절이 있는 것 을 근거로 1815 《邦禮草本》 작업이 시작된 것으로 보았다. 그러나 위에서 "十五年"은 개 략적인 수치로 볼 수 있다.

순조롭다. 필자는 이전에 1817년 "연말 이전"에 작업이 중단된 것으로 보았다.366) 그러나 "十七年[1817]…秋 喪儀節要成"의 항목에 바로 이어서 "邦禮草本 輯功 起而未卒業"이라는 기사가 나온다. "邦禮草本 輯功起"의 시점을 1815년 봄(3월)으로 추정한다면 "未卒業"의 시기는 1817년 초가을(7월 초 무렵)로 보는 것이 타당하다. 1817년 가을에는 《喪儀節要》가 완성되므로 1818년 가을 기간 가운데 7월에는 《喪儀節要》 작업에 전념하였다고 생각된다. 그리고 분량으로 보아 작업은 대략 8월이면 끝났을 것이다.

그리고 이어서 대략 1817년 9월 이후 1818년 봄(3월)까지는 《牧民心書》(초고본) 작업에 전념하였을 것이다. 1818년 봄에 《牧民心書》 초고본이 완성되기 때문이다("十八年…春 牧民心書成, 《사암연보》 202쪽). 이어 1818년 여름에는 《國朝典禮考》(2권) 작업에 종사하였다. 아마도 1817년 가을(7월 초 무렵) 《邦禮草本》 작업을 중단한 이후 1818년 여름까지는 다시 《邦禮草本》 작업에 종사하는 일은 없었을 것이다. 그리고 1818년 가을 해배 이후 1819년 여름에는 《欽欽新書》(30권)를 완성하였고("十九年己卯…夏 欽欽新書成" 《사암연보》 206쪽), 1819년 겨울에는 《雅言覺非》(3권)를 완성하였다. 《欽欽新書》는 30권이나 되는 방대한 분량이므로 1818년 가을 해배되어 고향 초천에 돌아와서 곧 착수하여 대략 1819년 여름에 완성하였을 것이다. 이어서 《雅言覺非》 작업을 시작하여 1819년 겨울에 완료하였다(《사암연보》 206쪽).

1819년 겨울 《雅言覺非》 작업에 이어서 대략 1819년 12월 무렵 다시 《邦禮草本》 보완 작업이 시작되어 늦어도 대략 1820년 7월 무렵에는 끝났을 것이다(1820년 7월 부분 참조). 《여유당집》 잡문에는 〈邦禮草本序〉에 바로 이어서 〈牧民心書序〉가 배치되어 있는데, 〈牧民心書序〉에는 "當宁二十一年辛巳暮春"(1821년 3월)이라고 날짜가 붙어 있다. 〈邦禮草本序〉가 앞에 있으므로 《邦禮草本》 보완 작업이 먼저 진행되었다고 일단 생각할 수 있다. 아마도 1819년 12월부터 《邦禮草本》 보완 작업이 있은 뒤 1821년 3월 이전(대략 1820년 7월 무렵 추정)에 먼저 《邦禮草本》 보완 작업이 끝나고 그에 이어 《牧民心書》의 수정·보완 작업이 시작되어 1821년 3월에 끝난 것으로 볼 수 있겠다.

366) 조성을, 2004, 285쪽.

이상과 같이 본다면 해배 이후 1820년《邦禮草本》보완 작업이 있었다고 하더라도(1822년 당시 48권), 《邦禮草本》의 보완 기간은 1년이 채 되지 않았을 것이다. 강진 시절에는 대략 32권, 즉 버클리본 제1책부터 제11책(제11책은 〈匠人營國圖〉을 빼면 두 권으로 구성되었고 버클리본에도 제11책 두 권 뒤의 말미에 〈匠人營國圖〉가 실려 있다.

위에서 언급한 바와 같이 적어도 1817년 가을 중단된 시점에 대략 32권 정도 작업이 진행되어 있었을 것이다. 그렇다면 1816년 가을에 《邦禮草本》 작업이 시작되어 바로 이듬해 가을에 중단된 것으로 보는 것은 타당하지 않다. 대략 강진 시절 1816년 봄(3월) 이후 1817년 초가을까지(7월 초 또는 6월 말)까지 《邦禮草本》 작업이 있었다고 보는 것이 타당하다. 다만 1815년에는 대체로 《樂書孤存》 작업만이 진행되어 다소 시간적 여유가 있었을 것으로 여겨지므로, 《邦禮草本》을 위한 자료 수집이 병행되는 것 말고, 단편적으로 《邦禮草本》 작업을 하였을 가능성을 완전히 배제할 수는 없다. 그리고 사전에 《邦禮草本》 자료 수집이 있었기 때문에 1816년 3월 무렵 본격적으로 착수한 이후 작업이 빨리 진행되었을 것이다. 1816년 3월에는 대체로 버클리본 《經世遺表》 제1책의 제1권 및 제2권의 작업에 종사하고 있었다고 생각된다.

4월 일:

🔯 1816년 4월에는 대체로 버클리본 《經世遺表》 제1책의 제3권 및 제2책의 제1권 작업에 종사하고 있었다고 생각된다.

5월 3일: 가서家書에 답하여 이기경 등이 해배를 도와준다는 말에 현혹되지 말 것을 당부하다.

(가) "夏五月 答家書" _《사암연보》 194쪽

(나) 〈答淵兒〉(제2서) _《전서》 시문집, 1816년 5월 3일

🔯 이기경 측에서 정약용이 협조한다면 정약용의 해배에 협조한다는 말을 정학연에게 하여 정학연이 이를 아버지에게 전하자, 정약용은 이에 현혹되지 말라고 단호하게 답장한 것이다. 편지 〈答二兒〉(제2서; 1816년 6월 4일)

를 보면 이기경은 자신이 남인 통합의 중심인물이 되고자 1816년 4월 이후 채제공 세력과 정약용 등에게 모종의 화해 제스츄어를 취하고 있었던 것으로 보인다(6월 4일 부분 참조).

한편 1816년 5월에도 4월에 이어서 《邦禮草本》 작업에 종사하고 있었을 것이다. 5월에는 대체로 버클리본 제2책의 제2권 및 제3권 작업에 종사하고 있었을 것으로 추정된다.

6월 4일: 두 아들에게 답서를 쓰다.

(가)〈答二兒〉(제2서) _《전서》 시문집, 1816년 6월 4일

⚭ 이 편지 앞부분에서는 분상奔喪의 예를 말하였으나, 편지 말미에서 이기경 등의 무리가 채제공을 높이는 의도는 자신들을 중심으로 남인들을 통합하려는 계획에서 나온 것이라고 하였다. 당시 이기경 등이 채제공을 다시 받드는 듯 하는 태도를 취하면서 남인을 규합하고자 했었다고 생각된다. 따라서 1816년 5월 3일의 편지를 보면, 이기경 등이 정약용의 해배를 도와주려고 하는 듯한 제스츄어를 취하였다. 정약용 해배에 협조하겠다고 말한 것, 채제공을 다시 받들려고 하는 자세 전환 등은 모두 같은 맥락에서 1816년 4월에서 5월 사이에 모종의 정치적 변화가 진행되고 있었던 것이라고 하겠다.

6월 6일: 둘째형 정약전이 우이보牛耳堡(소흑산도)에서 타계하다.

(가) "丙子六月六日 公沒于內黑山牛耳堡下"〈先仲氏墓誌銘〉 _《전서》 시문집

⚭ (가)의 기록으로 보아 정약전이 1816년 6월 6일에 흑산도 우이보(소흑산도)에서 타계하였음을 알 수 있다. 정약전은 정약용이 유배가 풀려 돌아가게 될 때 흑산도로 찾아올 것이라고 생각하여, 1816년 6월 당시 육지에서 좀 더 가까운 소흑산도로 옮겨 와 있었다. 원래 처음 소흑산도에 있다가 대흑산도 사미촌으로 옮겨 갔었으나, 1816년 타계 당시에는 다시 소흑산도 쪽으로 나와 있었다.

6월 16일 무렵(추정): ① 정약전의 부음을 받다. ② 박재굉朴載宏을 보내 나주羅州로 운구하게 하다.

(가) "遣朴載宏返轝于羅州" _《사암연보》197쪽

✿ 정약전의 부음이 강진에 도착하는 데에는 적지 않은 시간이 걸렸을 것이다. 대략 10일 정도 걸렸을 것으로 추정하였다. 1816년 6월 17일 두 아들에게 정약전의 죽음에 대하여 편지를 쓴 것으로 보아서 아마도 6월 16일 (무렵)에 강진에 부음이 도착하였을 것으로 추정된다. 박재굉이 누구인지는 알지 못하지만, 강진 사람으로서 정약용이 운구의 일을 부탁할 만한 인간관계에 있었던 사람이고 전에도 강진과 흑산도 사이의 연락을 담당한 적이 있었던 사람일 것이다.

6월 17일: 두 아들에게 편지를 써서 정약전을 회고하다.

(가)〈寄二兒〉(제4서) _《전서》시문집, 1816년 6월 17일

✿ (가)의 편지는 《사암연보》(198~199쪽)에도 실려 있다. 여기에 "經集二百四十冊 新裝置案 上 吾將焚之乎"이라는 구절이 있다. 1816년 6월 17일 시점에 《여유당집》경집 240책이 이미 다산초당 자신의 책상 위에 놓여 있었음을 보여주는 중요한 언급이다. 이《여유당집》경집 1질이 이후 어떻게 되었는지가 문제이다. 이 경집에는 초고본《梅氏書平》, 초고본《尙書古訓》, 초고본《尙書知遠錄》등이 포함되어 있었을 것인데 이 책들(또는 이 책들을 저본으로 한 필사본들)이 규장각에 소장되어 있다. 이 규장각 소장본들은 일제시기에 필사된 것으로 생각된다.367) 〈寄二兒〉(제4서; 1816년 6월 17일)에서는 정약전을 생각하면서 위와 같은 언급을 한 것이다.

이런 슬픔 가운데에서도 1816년 6월에도 5월에 이어 《邦禮草本》 작업에 종사하고 있었을 것으로 추정되며 대체로 버클리본 제3책의 제1권 및 제2권에 부분에 해당하는 작업이었을 것이다.

7월 일:

✿ 1816년 6월에 이어서 7월에도 《邦禮草本》 작업, 대체로 버클리본 제3책의 제3권 및 제4책 제1권 작업에 종사하였을 것이다.

---

367) 조성을, 〈정약용 저작의 체계와 여유당집 잡문의 재구성〉 참조.

8월 1일: 모인某人에게 편지를 보내 과거科擧의 일을 아들과 상의하게 하다.

(가) "丙子八月一日 服人遘拜"〈伏承惠札〉 _《다산간찰집》 175~175쪽(驪州李氏 退老
雙梅堂 소장), 1816년 8월 1일

🖤 이 편지의 수신자는 알지 못하지만, 현재 소장처가 "여주이씨 퇴로 쌍
매당"으로 되어 있는 것으로 보아서 밀양에 살던 여주이씨의 어떤 인물이
었을 가능성을 생각하여 본다. 이 편지에 "今夏 白浦尹戚兄弟 來留此中 以習科
義 此中限無足下"라는 구절이 있는 것으로 보아서 1816년 여름 정약용은 제
자들에게 과거 공부를 시키고 있었음을 알 수 있다. 1808년 다산초당으로
옮겨 간 뒤에는 제자들 가운데 친인척 양반이 많았고 이들은 당연히 과거
응시에 의욕을 보였을 것이다. 따라서 정약용은 자신의 학문을 가르치고
같이 연구하는 외에 과거 공부도 시키지 않을 수 없었을 것이다.

8월 10일: 둘째 며느리(정학유의 부인) 심씨沈氏가 타계하다.

(가) "丙子 八月初十日 孝婦死"〈孝婦沈氏墓誌銘〉 _《전서》 시문집

🖤 정약용의 둘째 며느리 심씨는 본관이 청송으로서 정약용의 친구인 심
오沈澳의 딸이다. 심유는 기호남인계 인물로 추정되며, 같은 청송심씨인
심환지와 당색은 다르지만 친척 관계가 된다.

8월 23일: 《邦禮草本》 가운데 〈天官修制〉의 "郡縣分隷" 및 "十三省郡縣摠數" 부분
을 집필하다.

(가) 卷之七天官修制"十三省郡縣摠數 嘉慶丙子八月二 十八日 試筆" _《經世遺
表》(버클리본)

🖤 (가)의 원주에 따르면 〈天官修制〉의 "十三省郡縣摠數"는 1816년 8월 23일
쓴 것이 분명하다. 따라서 1817년 가을 전에 《邦禮草本》이 착수된 것은 분
명하다. 한편 버클리본 《經世遺表》는 대체로 저술이 완성되는 따른 순서로
되어 있다고 생각된다.368) 이렇게 볼 수 있는 근거 가운데 하나는 제2책
부분이 전체 체제에 맞지 않게 〈春官修制〉 과거지규, 〈夏官修制〉 무과로 구

---

368) 조성을, 〈《경세유표》의 문헌학적 검토〉 참조.

성되어 있기 때문이다. 따라서 버클리본에서 〈天官修制〉의 "郡縣分隷" 및 "十三省郡縣摠數" 앞에 있는 것은(제1책, 제2책, 제3책, 제4책 부분[제4책의 말미가 "郡縣分隷" 및 "十三省郡縣摠數"]) 天官修制 "東班官階" 및 어림잡아 1816년 봄에서 8월 23일 사이에 지은 것이라고 할 수 있겠다. 버클리본 제1책~4책(12권 분량)은 대체로 1816년 봄(3월 추정 또는 2월)에서 8월 사이에 지어진 것이라고 할 수 있겠다(다만 앞에서도 언급한 바와 같이《邦禮草本》작업은 부분적으로는 1815년 행해졌을 가능성이 있음).

그러므로 1816년 8월에도 7월에 이어서 여전히《邦禮草本》작업에 종사하고 있었던 것으로 보인다. 대체로 버클리본 제4책의 제2권 및 제3권의 작업에 종사하였을 것이다. 〈天官修制〉의 "十三省郡縣摠數"는 1816년 8월 23일에 쓴 것이 분명하다. 버클리본 제4책 제3권의 말미에 〈天官修制〉의 "十三省郡縣摠數"가 수록되어 있다. 진도에 따른 추정과 부합된다.

9월 13일: 장흥 반산의 정수칠丁修七에게 편지를 보내어 6월 타계한 정약전의 운구를 도와달라고 하다.

(가) "茶菴候狀" "丙子九月十三日 宗末服人拜"〈盤山靜軒〉_《다산간찰집》, 176~177쪽, 1816년 9월 13일

⚘ 편지의 내용으로 보아서 동생 정약횡이 사정이 있어 내려오지 못하여 상행喪行(정약전)의 운구가 출발하지 못하고 있으니 도와달라는 내용이다. 정약용과 정수칠의 교유는 대략 1813년에 시작된 것으로 여겨진다. 〈爲盤山丁修七贈言〉과 〈又爲盤山丁修七贈言〉의 시기가 대략 1813년 1월~8월 사이로 추정되기 때문이다(1813년의 저작과 활동 부분 참조). 아울러 정약용의 〈題盤曲丁公亂中日記〉에 대하여 이전에 시기를 정확히 비정하지 못하였다.[369] 《다산간찰집》(255쪽)에서 1815년 정수칠과 그의 종제 정수항丁修恒이 강진으로 찾아오자《반곡공일기》가운데에서 핵심 내용을 뽑아《난중일기》를 편찬해 주고 〈題盤曲丁公亂中日記〉를 써 주었다고 하였다. 이를 따른다. 이런 인연으로 정약용은 정수칠에게 운구를 부탁할 수 있었던 것으로 보인다.

---

369) 조성을, 2004, 355~356쪽.

한편 1822년~1823년 무렵 정수칠과 정수항은 선조의 문집을 간행했다고 하는데(《다산간찰집》, 255쪽), 간행에 앞서서 정수칠이 정약용을 초천으로 방문한 것으로 보인다(1823년 4월 10일 부분 참조).

9월 일: 이재의에게 편지를 보내다.

(가) "丙子 九月日" 〈答李汝弘〉(제5서 앞부분) _《전서》 시문집, 1816년 9월

🖋 (가)의 편지에서 "성性"에 대하여 논하였다.

9월 27일: 다시 이재의에게 편지를 보내다.

(가) "丙子九月二十七日 書于松風菴中…是日又書" 〈答李汝弘〉(제5서 뒷부분) _《전서》 시문집, 1816년 9월 27일

🖋 (가)의 편지에서 "인성人性"에 대하여 논하였다. 한편 1816년 9월에는 《經世遺表》(《邦禮草本》) 버클리본 제5책 가운데 제1권과 제2권 작업에 종사하고 있었다고 생각된다. 제4책의 작업은 8월 23일 완료되었다.

10월 일:

🖋 특별한 활동이 확인되지는 않지만, 버클리본 《經世遺表》 5책의 제3권과 제6책의 제1권 작업에 종사하고 있었을 것으로 생각된다.

11월 2일: 정생원丁生員에게 편지를 보내어 내기 바둑을 한 것과 담배 피는 것에 대하여 언급하다.

(가) "茶樵謝字" "丙至月二日 宗末服人頓" 〈丁生員旅軒〉 _《다산간찰집》 178~179 쪽, 1816년 11월 2일

🖋 (가) 편지는 "丙至月二日 宗末服人頓"으로 보아서 1816년 11월 2일 작임을 알 수 있다. 정생원이 누구인지는 알지 못하지만, 편지의 내용으로 보아서 다산초당에서 멀지 않은 곳에 살고 사람이고 정약용이 그 댁에 가서 내기 바둑을 하며 놀고 나서 보낸 것으로 추정된다.

11월 16일: 모인某人들에게 편지를 보내어 정약전의 상사喪事에 돈박敦朴하게 부의하여 준 데 대하여 감사의 마음을 표하다.

(가) "丙子至月十六日 服人 茶餅五十送之"〈牛耳文生來得手書〉 _《다산간찰집》
180~181쪽, 1816년 11월 16일

☞ (가) 편지에서 말하는 문생은 문순득이라고 여겨지며 이 편지는 문순득을 통해 편지를 받고 지난번 정약전의 상사 때 부의하여 준 데 대하여 감사하는 뜻을 표하는 답장이다. 이 모인들은 대흑산도에서 정약전이 서당을 차리고 가르쳤던 제자들 또는 흑산도에서 가깝게 지냈던 사람들일 가능성이 있다. 또 이 편지에서도 "君輩之力挽換入"은 정약용을 위해 소흑산도로 나와 있던 정약전이 다시 대흑산도로 돌아가는 것을 만류한 것을 의미하는 것으로 여겨진다. 또 다병 50개를 감사의 답례로 보낸 것으로 보아서 다산초당에서 차를 재배하고 이것으로 떡을 만들었음을 알 수 있다.

1816년 11월에는 2일과 16일의 편지 말고는 특별한 활동이 확인되지는 않지만, 버클리본《經世遺表》6책의 제2권 및 제3권 작업에 종사하고 있었다고 생각된다.

12월 일:

☞ 특별한 활동이 확인되지는 않지만, 버클리본《經世遺表》7책의 제1권 및 제2권 작업에 종사하고 있었다고 생각된다.

1816년의 저작과 활동

시와 잡문이 확인되지 않는다. 1816년 봄의 저술 활동으로는 1815년 겨울에 이어서《樂書孤存》수정 작업에 종사하여 대략 이 해 2월 안에 완료한 것으로 추정된다. 이어서 1816년 3월에는《邦禮草本》작업에 착수하였을 것으로 추정된다.

1816년 여름의 시는 찾아지지 않으나 잡문으로〈答淵兒〉(제2서; 5월 3일),〈答二兒〉(제2서; 6월 4일),〈寄二兒〉(제4서; 6월 17일)의 편지 세 통이 확인된다. 이 여름 동안 역시《邦禮草本》작업에 종사하였다. 아울러 이 해 여름에는 제자들에게 과거를 준비하게 하고 있었다(8월 1일 부분 참조).

1816년 가을의 시는 확인되지 않으나 잡문으로는〈答李汝弘〉(제5서 앞부분; 1816년 9월),〈答李汝弘〉(제5서 뒷부분; 1816년 9월 27일)이 있다. 저술 활동으로는

1816년 7월, 8월, 9월에는 대체로 버클리본《經世遺表》제4책과 제5책(제1권과 제2권) 부분의 집필에 종사하고 있었다고 생각된다.

1816년 겨울의 시와 잡문은 확인되지 않는다. 이 해 겨울에는 대략 버클리본《經世遺表》제5책의 제3권에서 제7책의 제2권 작업에 종사하고 있었다고 생각된다.

1817년 丁丑, 순조 17 _56세

1월 일:

🪷 특별한 행적은 추적되지 않지만, 버클리본《經世遺表》제7책의 제3권 및 제8책의 제1권 작업에 종사하고 있었다고 생각된다.

2월 일:

🪷 특별한 행적은 추적되지 않지만, 버클리본《經世遺表》제8책의 제2권 및 제3권 작업에 종사하고 있었다고 생각된다.

3월 일:

🪷 특별한 행적은 추적되지 않지만, 버클리본《經世遺表》제9책의 제1권 및 제2권 작업에 종사하고 있었다고 생각된다.

4월 23일: 〈國朝典禮考〉(2)가 완성되다.

(가) "嘉慶二十二年 四月二十三日 書于茶山草菴"〈國朝典禮考〉(2) _《전서》

🪷 (가)의 말미에 "嘉慶二十二年 四月二十三日 書于茶山草菴"이라고 날짜가 명시되어 있으므로, 1817년 4월 23일 작임을 알 수 있다. 그러나《사암연보》에는 "十八年戊寅⋯夏 國朝典禮考成(凡二卷)"이라고 되어 있다(1818년 여름 부분참조). 따라서《國朝典禮考》가 전체적으로 완성된 것은 1818년 여름이라고볼 수 있으며 이때〈國朝典禮考〉(1)을 집필하였을 것으로 추정된다.

4월 26일: 칠곡 약목의 신영로申永老가 정약용을 다산초당으로 방문하다.

(가)〈贈申永老〉 _《다산서간정선》(정해렴 편 현대실학사 227쪽), 1817년 4월 27일

☞ (가)를 써 준 것은 1817년 4월 27일이므로 신영로는 전날인 4월 26일 다산초당에서 와서 그날 밤 이곳에서 묵었을 것이다.

4월 27일: 다산초암(다산초당)에서 〈贈申永老〉를 써서 주고 영남선비들에게도 전하게 하다.

(가) 〈贈申永老〉 _《다산서간정선》(정해렴 편 현대실학사 227쪽), 1817년 4월 27일

☞ 1817년 4월 가운데 이 밖에 특별한 행적은 추적되지 않지만, 대략 버클리본 《經世遺表》 제9책의 제3권 및 제10책의 제1권 작업에 종사하고 있었다고 생각된다. (가)에 따르면 신영로는 4월 26일에 다산초당을 찾아왔다. 이 편지에 따르면 1895년 고이도(고금도)에 유배되었던 이우李㙔가 1806년 석방될 때 정약용을 강진 동문 밖 사의재로 찾아왔음도 알 수 있다. (가)는 유배 이후에도 정약용과 영남 선비들과의 교유를 보여주는 좋은 자료이다.

5월 2일: 〈甲乙論〉(2)를 짓다.

(가) 〈甲乙論〉(2) _《전서》 시문집, 1817년 5월 2일

☞ 특별한 행적은 추적되지 않지만, 버클리본 《經世遺表》 제10책의 제2권 및 제3권 작업에 종사하고 있었다고 생각된다.

6월 6일: 둘째형 정약전 1주기

☞ 둘째형 정약전의 1주기를 맞아 그를 생각하고 있었을 것이다. 이 밖에 특별한 행적은 추적되지 않지만, 버클리본 《經世遺表》 제11책의 제1권과 제2권의 작업에 종사하고 있었다고 생각된다. 일단 이것으로써 강진 시절 《邦禮草本》 작업은 종결되었다고 생각된다. 제11책 제1권은 내용이 〈考績之法〉이다. 앞에서(1816년 3월 부분) 언급한 바와 같이 〈考績之法〉에 "臣十有五年 竄伏南荒"이라는 구절이 있으므로 "1815년" 집필된 것으로 볼 수도 있으나, 이는 개략적 수치로서 배치 순서로 보아 저작시기를 "1817년 6월"로 보는 것이 타당하다고 생각된다. 다만 〈考績之法〉을 1815년 일단 작성하였다가 1817년 6월에 다시 수정하여 제11책 제1권 부분에 배치하였을 가능성도 있다.

7월 초: ① 《邦禮草本》(《經世遺表》) 작업을 중단하기로 결정하다(또는 6월 말).

② 《喪儀節要》 작업에 착수하다(추정). ③ 큰아들 정학연과 이강회
의 도움을 받다.

(가) "十七年丁丑…秋 喪儀節要成"_《사암연보》200쪽

✿ (가)에 따르면 1817년 가을에 《喪儀節要》가 완성되었음을 알 수 있다. 아
마도 7월 초(또는 6월 말) 《邦禮草本》 작업을 중단하고 바로 착수한 것으로
생각된다. 긴 저술은 아니고 아들과 제자의 도움을 받았으므로, 대략 8월
안에는 완성되었을 것으로 추정된다. 한편 이와 관련하여 《사암연보》(200
쪽)에는 "凡六篇 上三篇…公之長子筆受也…下一篇…李紘父之問也"라는 언급이
있으므로 정학연과 이강회의 도움을 받았음을 알 수 있다. 정학연이 1817
년 7월을 전후하여 강진 다산초당에 머무르고 있었음도 알 수 있다.

7월 초순: 강진의 귤동(다산)에서 〈題檀弓箴誤〉를 쓰다.

(가) "嘉慶丙子 七月上旬 茶山樵夫書"〈題檀弓箴誤〉_《전서》 시문집, 1817년 7월 초순

✿ (가)의 말미에 "嘉慶丙子 七月上旬 茶山樵夫書"라는 언급이 있으므로, 시
기를 1817년 7월 초순으로 비정하였다.370)

7월 일: 큰 외국 선박이 도합叨哈의 앞에 이르다.

(가) "嘉慶丙子七月…大舶來 至于叨哈之前" "嘉慶二十一年秋"〈藍浦書契評〉
_《전서》 시문집, 1817년 가을

✿ (가)의 내용 "嘉慶丙子七月…大舶來 至于叨哈之前"으로 보아 위의 사실이 확
인된다. 저작 시기는 제목 아래의 원주 "嘉慶二十一年秋"에 따라 1817년 가
을이었음을 알 수 있다.

8월 일: 《喪儀節要》가 완성되다(추정).

✿ 《喪儀節要》 작업은 대략 1817년 8월 안에는 완료되었을 것으로 추정된다.

9월 일: 《牧民心書》(초고본) 작업에 착수하다(추정).

9월 13일: 조카 정학수丁學樹(정약현의 아들)가 타계하다.

---

370) 조성을, 2004, 355쪽.

(가) "樹之死 在丁丑九月十三日"〈兄子學樹墓誌銘〉 _《전서》 시문집

⍟ (가)를 쓴 시기는 1817년 9월 13일 직후의 일이 아니고 해배 이후 쓴 것일 가능성이 있다.371)

10월~11월:

⍟ 특별한 행적은 추적되지 않지만 《牧民心書》(초고본) 작업에 종사하고 있었다.

12월 3일: 정약용이 강진 백운동白雲洞의 이덕휘李德輝에게 편지를 보내다.

(가) "白雲洞省史敬納 謹封 茶山侯狀…因齋中疹瘡未滿 隨手用盡…而家 兒
書札甚勤 更惠一碗 深望深望 姑不備書例 丁丑十二月三日 戚末期 服人
不明頓 新曆一件 蘇合丸三丸送之"_〈上省史書〉, 1817년 12월 3일

⍟ (가) 편지는 "丁丑十二月三日"이라는 구절로 보아서 1817년 12월 3일에 보낸 것임을 알 수 있다. 〈上省史書〉라는 제목은 필자가 임의로 붙인 것이다. 《다산간찰집》(182~183쪽)에 수록되어 있으나, 수신자가 누구인지 밝히지 않았으며 소장처에 대하여도 미상이라고 하였다. 편지의 수신인은 당시 강진의 백운동에 살던 이덕휘로 추정되며 이덕휘는 정약전의 제자인 이시헌李時憲의 아버지이다. 당시 강진 다산초당에 옴[疥瘡]이 퍼져 고생하였는데 이덕휘가 보내 준 약(기름)으로 치료하였으며, 초천의 아들로부터 이 약을 구하는 편지가 오자 이덕휘에게 한 그릇 더 보내달라고 부탁하는 편지가 바로 (가)임을 알 수 있다. 이 편지는 이효우 선생 소장본으로 원문이 탈초되어 《다산 정약용》(국립중앙박물관, 2012. 10, 64쪽)에도 실려 있다.

12월 일(추정): 석옥石屋의 시에 차운次韻하여 山居雜詠山居雜詠 24수를 짓다.

(가)〈葫菴回納〉 1818년 1월 5일

(나) 鐵鏡,〈石屋禪師律詩奉和序〉 1818년 7월 16일

(다)〈山居雜詠〉372) 1817년 12월 중순~1818년 1월 초순 무렵 추정

---

371) 조성을, 위의 책, 397쪽.
372) (다)와 관련하여서는 정민,〈새로 찾은 다산의 山居雜詠 24수〉《다산의 재발견》 재수록)

⚠ (가)의 편지는 말미에 "戊正月五日 戚弟服人頓"이라고 씌어 있으므로, 1818
년 1월 5일 작으로 추정할 수 있다.[373] (가)는 《제2회 다산정약용선생 유물
특별전도록》(11쪽)에 실린 것이다. "호암葫菴"은 누구인지 명확하지 않으나,
다산초당에서 멀지 않은 곳에 사는 사람이었던 듯하고 편지의 내용으로
보아 정약용과 비교적 가까운 사이였다고 생각된다. 혹 강진 백운동에 거
주하는 이덕휘의 다른 호일 가능성도 있다. 정약용은 1817년 12월 3일 이
덕휘에게 약을 구하는 편지를 보냈고, 그 편지에서 자신을 척말戚末이라고
표현하며 매우 공손한 태도를 취하였다. 척말이라는 표현은 (가)에서 척제
戚弟라고 한 것과 유사한 표현이라고 하겠다. 대략 1817년 12월 중순 이후
이덕휘로부터 약과 편지가 왔고, 이에 대한 답장으로 쓴 것이 바로 (가)일
가능성이 있다. (가)에 "弟近得石屋淸珙詩一卷 細和數十餘篇 以自消遣耳"라는 구
절과 관련하여 석옥의 시집을 얻어 차운하여 시 수십 편(山居雜詠 24수)을 지
은 시기를 1817년 가을에서 1818년 정초 사이로 비정하였다.[374] 필자의 생
각으로는 "近者"의 시기를 좀 더 좁혀서 1817년 12월 중순~1818년 1월 초
무렵으로 보는 것이 좋다고 생각된다.

　1817년 7월 초 무렵(또는 6월 말)에는 1816년 3월(무렵)부터 진행되기 시작하
였던 것으로 여겨지는 《邦禮草本》《經世遺表》) 작업이 중단되었고 대략 1817년
9월부터는 《牧民心書》(초고본) 작업이 시작된 것으로 보이며(뒤에 볼 것처럼
1818년 봄 완성), 또 1817년 가을(7~8월)에는 《喪儀節要》 작업이 있었다.

　이 해 12월 석옥石屋(고려말 태고 보우의 스승)의 시집을 얻고서 차운하여
〈山居雜詠〉24수에 착수한 것으로 보는 것에 무리가 없을 것이다. 바로 뒤
에 언급할 철경鐵鏡(아암 혜장의 제자)이 쓴 (나)의 내용을 보면 24수는 단속
적이 아니라 연속적으로 한꺼번에 지은 것일 가능성이 있다. 정약용에게
석옥의 시집 1권을 전해 준 것은 바로 철경으로 추정된다. (나)에 "選石屋詩
三十餘首 流轉海外 其山居雜詠詩長短各十二首 心越淸☒ 音調☒亮 一日謁茶山 議共

가 참고 된다.
373) 정민, 《다산의 재발견》, 282쪽. 이 책에서는 정민, 《다산의 재발견》(699쪽)에 실린 것을 재
인용한다.
374) 정민, 위의 책, 284쪽.

和之 茶山曰 '吾與若皆山居者也 山居之樂 居者知之' 因次韻成帙…戊寅秋七月旣望 兒菴門人 掣鱷題"라고 되어 있다.[375] 철경이 다른 사람들이 석옥에 차운한 시들을 합쳐 시집 1권으로 만든 것이 〈六老山居咏〉이고 이 시집의 서문이 바로 철경의 (나)이다. 이 서문의 저술 시기는 "戊寅秋七月旣望"이라고 하였으므로, 1818년 7월 16일이었음을 알 수 있다. 이 시집이 이루어진 뒤 철경은 정약용에게 이 시집을 보여주었을 것으로 생각된다.

한편 1817년 12월에는 9월~11월에 이어서 《牧民心書》(초고본) 작업에 종사하고 있었다고 여겨진다.

1817년의 저작과 활동

봄의 시와 잡문이 확인되지 않는다. 다만 버클리본 《經世遺表》 7책의 제3권에서 제9책 제2권까지의 작업에 종사하고 있었다고 생각된다.

여름에는 대체로 버클리본 《經世遺表》 제9책의 제3권에서 제11책 제2권까지의 작업을 하였다고 생각된다.

1817년 가을의 시는 확인되지 않으며, 잡문으로는 〈題檀弓箴誤〉(1817년 7월 초순), 〈藍浦書契評〉(1817년 가을)이 확인된다. 이 해 가을의 저술 활동으로는 《喪儀節要》가 완성되었고(1817년 8월 추정), 1817년 9월 무렵 《牧民心書》(초고본) 작업이 시작되었다고 추정된다.

1817년 겨울의 시로는 〈山居雜詠〉(1817년 12월 추정)이 있으며, 잡문은 확인되지 않는다. 이 밖에 특별한 행적은 추적되지 않지만, 저술 활동으로는 이해 겨울 《牧民心書》(초고본) 작업에 종사하고 있었다고 여겨진다.

1818년 戊寅, 순조 18 57세

1월 5일: 호암葫菴에게 편지를 쓰다.

(가) "戊正月五日 戚弟服人頓" 〈葫菴回納〉 _《다산간찰집》 184~185쪽, 1818년 1월 5일

(가) 편지 말미에 "戊正月五日 戚弟服人頓"이라고 씌어 있으므로, 1818년 1월 5일 작이다. 한편 이달에도 《牧民心書》(초고본) 작업을 하고 있었을 것이다.

---

375) 정민, 위의 책, 699쪽 재인용.

2월 일:

☖ 이때에도 《牧民心書》(초고본) 작업에 종사했다고 여겨진다.

3월 8일: 초의가 소장한 석옥石屋의 시첩에 제題하다.

(가) 〈題草衣洵所藏石屋詩帖〉 1818년 3월 8일

(나) 〈山居雜詠〉 1817년 12월 중순~1818년 1월 초

☖ (가)의 말미에 "嘉慶戊寅三月八日 紫霞山樵丁鏞書"라고 되어 있으므로,[376] 1818년 3월 8일 지은 것임을 알 수 있다. 정민 교수는 철경의 〈六老山居咏〉 편집 이후 초의가 여기에 차운한 것으로 보았다.[377] 그러나 초의가 차운한 것은 1818년 3월 8일 이전이고 〈六老山居咏〉의 편집이 완료된 것은 철경이 서문을 쓴 1818년 7월 16일로 보아야 할 것이다. 따라서 초의가 석옥의 시에 차운한 시기는 7월 16일 이전으로 볼 수 있다.

정약용은 1817년 가을에서 1818년 정초까지 원나라 승려인 석옥石屋 화상의 시에 차운하여 〈山居雜詠〉 수십 편을 지었다고 한다(〈題草衣洵所藏石屋詩帖〉 "嘉慶戊寅三月八日 紫霞山樵 丁鏞書"[1818년 3월 8일]).[378] 앞에서 필자는 〈山居雜詠〉의 저작 시기를 더 좁혀서 1817년 12월 중순~1818년 1월 초로 추정하였다.

3월 9일: 승려 호의에게 편지를 보내어 완호가 천불千佛을 싣고 표류하여 버린 배가 돌아오기를 기다리고 있음을 언급하다.

(가) "三月九日 茶山復 戊寅" 〈제7서〉 _《梅屋書甌》, 1818년 3월 9일

☖ "三月九日 茶山復 戊寅"이라는 구절로 보아서 "1818년 3월 9일"작임을 알 수 있다. 이 편지에는 "嘉慶丁丑冬月二十七日 千佛載船 漂去日本國 戊寅六月二十七日 佛船來到釜山 七月十四日 來古達島"라는 추기가 있다.

3월 하순(추정): 《牧民心書》(초고본) 이루어지다.

(가) " 十八年…春 牧民心書成" _《사암연보》202쪽

---

376) 정민, 위의 책, 700쪽 재인용.
377) 정민, 위의 책, 289쪽.
378) 정민, 위의 책, 284쪽.

ⓦ 안병직 교수는 1818년 봄 《牧民心書》(초고본)가 이루어졌다고 보았다.379) 대체로 (가)의 자료에 근거하면서 여러 필사본을 조사하여 내린 결론이었다. 한편 최근 논문에서는 "1820년 8월 14일"에 정약용이 한익상韓益相에게 보낸 편지(《조선일보》 1935.7.10. 수록)에서 "옛 사람이 남긴 언행 40권을 모아 《牧民心書》라 이름 지었습니다. 품에 안고 돌아온 지 2년이 되었건만 함께 읽을 사람이 없습니다."라는 구절에 의거하여 1818년 강진 시절 이미 40권이 저술되었고 해배 이후 약간의 수정·보완을 거쳐 48권으로 편제되어 1821년 봄 서문을 쓴 것으로 보았다.380) 아마도 손병조는 《牧民心書》(초고본) 작성을 위한 기초 자료집 가운데 자신이 관여한 부분을 《船菴叢書》에 넣은 것으로 보인다. 정약용이 《牧民心書》(초고본) 작성에 앞서서 자료집을 편찬한 사실을 발견한 것은, 정약용 저작의 편찬 과정을 알기 위하여 매우 뜻 깊은 일이다. 이렇게 저술을 위한 준비 작업으로 자료집을 만들어 두는 일은 《邦禮草本》 등 다른 저술 작업을 시작하기 전에도 하였을 가능성이 크다. 위 논문에서는 해배 이후의 증보가 많지 않았다고 하였지만, 《牧民心書》의 강진 초고본과 해배 이후의 증보본 사이에 차이가 상당히 있는 것은 부정할 수 없다. 문제는 어느 정도 증보가 있었는가 하는 것이다. 필자의 생각으로는 적지 않은 증보가 있었으며 따라서 초고본과 증보본을 구별하는 것은 필요하다고 여겨진다. 증보 작업에는 정학연 등의 도움도 있었다고 생각된다.

4월 9일: 아버지 정재원의 기일

ⓦ 다산초당에서 아버지 정재원을 추억하고 있었을 것이다.

5월 25일: 서울과 지방의 죄안의 심리를 신칙하도록 하다.

---

379) 안병직, 〈목민심서고이〉(한우근 지음, 《정다산 연구의 현황》), 민음사, 1985 참조.
380) 박철상, 〈신자료 《선암총서》의 발굴과 《목민심서》 저술 과정의 검토〉, 《다산 탄신 250년 기념 학술대회: 다산연구의 새로운 모색》, 2012, 187~189쪽. 해배 이후 《목민심서》의 증보가 그다지 많지 않았다는 주장이다. 또한 초고본 작성에 앞서 기초 자료집이 만들어졌고 이것이 정약용의 제자 선암船菴 손병조孫秉藻(손순孫恂)가 편집한 《船菴叢書》에 일부 수록된 것으로 보았다(181~183쪽).

(가) "丁若鏞 成命已下 紇未出場" _《실록》 순조 18년 5월 25일

⚜ 《실록》에 따르면 이렇게 서울과 지방의 죄안을 다시 심사하라는 명령은 남공철南公轍이 내린 것이며, 그가 이런 명령을 내리게 된 것은 부응교 이태순李泰淳의 청에 의거한 것이다.

5월 일(하순 추정): 《國朝典禮考》가 완성되다(추정).

⚜ 1818년 여름에는 《國朝典禮考》(2권)가 완성되었다("夏　國朝典禮考成[凡二卷]" 《사암연보》 204쪽). 제2권은 이미 1817년 4월 23일 완성되었으므로(1817년 4월 23일 부분 참조), 1818년 여름에는 제1권의 작업만 하였을 것이다. 1818년 4월 에 착수하여 대략 5월 하순 무렵 작업이 끝났을 것으로 추정할 수 있겠다.

6월 6일: 둘째형 정약전의 2주기

⚜ 이날 2주기를 맞아 둘째형 정약전을 생각하고 있었을 것이다. 1818년 6월 무렵에는 어떤 활동을 하였는지 확인되지 않지만 《樂書孤存》의 수정·보완 작업에 착수하여 6월 이내로 작업을 완료하였을 가능성이 크다(1819년 여름 〈樂書孤存序〉).

7월 14일: 천불千佛을 실은 배가 고달도古達島로 돌아오다.

(가) "三月九日 茶山復 戊寅"〈제7서〉 _《梅屋書甌》, 1818년 3월 9일

⚜ 이 편지에는 "嘉慶丁丑冬月二十七日 千佛載船 漂去日本國 戊寅六月二十七日 佛船來到釜山 七月十四日 來古達島"라는 추기가 있다. 천불을 실은 배가 7월 14일 고달도에 돌아왔음을 알 수 있다. 천불을 실은 배가 표류한 문제로 완호 등 승려들이 걱정하였다(1818년 3월 9일 부분 참조). 정약용도 배가 돌아온 것을 기뻐하였을 것이다.

　이 밖에 특별한 행적이 추적되지는 않지만, 1818년 7월에는 《春秋考徵》의 수정·보완 작업에 종사하고 있었을 가능성이 크다. 《여유당집》잡문 후편 제2책 제1권에381) 따르면 〈樂書孤存序〉(1818년 6월 추정)에 바로 이어서

---

381) 조성을, 2004, 348~351쪽.

〈春秋考徵序〉가 있고, 그 다음에 〈小學珠串序〉, 〈雅言覺非序〉가 배치되어 있다. 〈雅言覺非序〉에서 "嘉慶己卯冬"이라고 하였으므로, "1818년 겨울 작"임이 분명하다. 따라서 〈春秋考徵序〉와 〈小學珠串書〉는 1818년 여름에서 겨울 사이에 쓴 것으로 추정할 수 있다. 《春秋考徵》은 1812년 겨울에 완성되었고, 《小學珠串》역시 1810년 겨울에 완성되었다. 아마도 1818년 7월 무렵 《春秋考徵》 수정·보완 작업을 하고 서문을 쓴 것으로 여겨진다. 그리고 이어서 1818년 8월 무렵 《小學珠串》 수정·보완 작업을 한 것으로 추정된다. 이전에 〈春秋考徵序〉의 시기에 대하여 《春秋考徵》이 완성되었을 때라고 하였으나,[382] 더 구체적으로 수정·보완 작업이 완료된 1818년 7월 무렵으로 잡기로 한다. 〈小學珠串序〉에 대하여도 막연히 강진 시기의 저작이라고 하였으나,[383] 1818년 8월 무렵이라고 하기로 한다.

8월 일: 윤종진尹鍾軫(윤규로尹奎魯의 넷째 아들)을 위해 〈淳菴號記〉를 써 주다.
(가) "嘉慶 戊寅中秋 茶叟" 〈淳菴號記〉 1818년 8월

Ⓦ 〈淳菴號記〉는 《茶山四景帖》(전일실업출판국, 1996.6)에 실려 있다. 순암淳菴은 윤종진尹鍾軫의 호이며 정약용이 당시 15세로 성년이 된 윤종진을 위해 이 호를 지어 주면서 써 준 글이 (가)이다. 이 글의 말미에 "嘉慶 戊寅中秋 茶叟" 라는 구절이 있어 1818년 8월 아직 강진에 머무르고 있을 때 지은 것임을 알 수 있다. 8월 가운데 언제인지는 확실하지 않으나 편의상 8월 서두에 배치하여 두었다.

8월 11일: 승려 호의에게 답서를 보내 천불千佛을 실은 배가 고달도에 돌아온 것을 축하하다.
(가) "昨冬聞石佛東遷…不具 戊八月十一日 茶叟 頓" 〈答縞衣禪子〉 《다산간찰집》 186~187쪽, 1818년 8월 11일

Ⓦ 1817년 겨울 천불을 싣고 일본에 표류하여 갔던 배가 1818년 7월 14일 고달도로 돌아왔다. 이 소식을 들은 정약용이 축하하는 뜻으로 호의에게

---

382) 조성을, 위의 책, 349~350쪽.
383) 조성을, 위의 책, 350쪽.

보낸 것이 바로 위의 편지 (가)이다. 이 편지에 "昨冬聞石佛東遷…不具 戊八月十一日 茶叟 頓"이라고 시기가 기록되어 있다.

8월 17일: 정언 목태석睦台錫이 정약용을 다시 유배지로 보내라고 상소하다.
(가) "正言睦台錫上疏請…丁若鏞還發配所" _《실록》순조 18년 8월 17일

Ⓥ 1818년 5월 25일 이태순의 상소에 따라서 8월 중순 무렵 조정에서 정약용을 해배하라는 명령이 내리자, 목태석이 8월 17일 이를 반대하는 상소를 올린 것이다.

8월 18일 무렵(추정): ① 이태순李泰淳이 해배 관문關文을 발송할 것을 상소하다. ② 대신大臣 남공철이 의계議啓하여 의금부에서 관문을 보내다.
(가) "秋八月 因李公泰淳上疏發關" _《사암연보》204쪽
(나) "戊寅八月 又因應教李泰淳上疏 大臣(南公轍)議啓 禁府始發關"〈자찬묘지명〉 _《전서》시문집, 1822년 6월 무렵

Ⓥ 8월 17일 목태석의 상소가 각하된 뒤에 바로 이태순의 상소가 있었고 바로 이어서 바로 해배하라는 관문이 내린 것으로 생각하여, 관문이 내린 시기를 대략 8월 18일 무렵으로 추정하였다.

8월 22일 무렵(추정): 강진에 해배 관문이 도착하다.

Ⓥ 조정에서 급히 내려 보내야 하므로 말(馬)로 보냈을 것으로 보고 대략 닷새 정도 걸린 것으로 생각하였다. 이 소식이 다산초당에 전해진 것은 대략 1818년 8월 22일 밤 또는 23일 오전이었다고 생각된다.

8월 25일: 선물을 보낸 승려 호의에게 감사 편지를 보내다.
(가) "戊寅 八月廿五日 茶山"〈제1서〉 _《梅屋書匭》, 1818년 8월 25일

Ⓥ 《梅屋書匭》에는 정약용이 승려 호의에게 보낸 편지 13통과 정학연이 호의에게 보낸 2통이 실려 있다.[384] 선물 네 점을 준 데 대하여 감사하고 둘은 돌려보낸다는 내용이다. 편지 내용으로 보아 얼마 전 호의가 다산초당

---

384) 편지의 번호는 정민,《다산의 재발견》(214~215쪽)을 따른다.

을 방문하였던 것으로 여겨진다. 해배의 소식은 대략 8월 22일 밤이나 23일 오전까지는 다산초당에 전해졌을 것이고, 이 소식은 즉시 대둔사에도 전달되었을 것이다. 《다산의 재발견》(240쪽)과 《다산간찰집》(85쪽) 모두 (가)를 유배가 풀려 고향으로 돌아가는 정약용을 전별하는 선물에 대한 감사 편지로 보고 있다. 아마도 1818년 8월 24일 무렵 전별의 선물을 모아서 정약용에게 보냈고, 이것이 8월 25일 도착하자 정약용이 감사의 표시로 편지를 보냈을 가능성이 크다. 아마도 여기에는 《大屯寺誌》 등을 편찬하여 준데 대한 감사의 마음도 들어 있었을 것이다.

8월 23일 이후~8월 말: 고향 초천으로의 귀환 준비를 하다.

※ 1818년 8월 18일 무렵 의금부에서 발송한 해배 공문이 행정 절차를 거쳐 강진 관아에 당도하고, 정약용이 다산초당에서 이 소식을 접한 것은 대략 8월 22일 밤 또는 23일 오전 무렵이었을 것으로 여겨진다. 이후 정약용은 제자들과 다신계를 만들고 다신계절목을 작성하는 등 귀환 준비를 하였을 것이다. 이 밖에 신세를 진 주변 인물들에게 직접 인사하거나 편지를 보냈을 것이다. 한편 1818년 8월에는 《小學珠串》의 수정·보완 작업에 종사하여 다시 이를 완성시키고 서문을 썼을 가능성이 크다.

9월 1일: 강진 다산에서 제자들과 송별연을 하다.

(가) 〈爲茶山諸生贈言〉 _《전서》 시문집, 1818년 9월 1일 추정

※ 8월 말경 해배 소식이 전해진 이후 9월 1일 송별연이 있었을 것으로 추정된다. 9월 2일 강진을 출발하기 때문이다. 따라서 이 자리에서 (가)의 글을 써 주었을 것이다. 다만 송별연은 9월 1일에 앞서 8월 말에 있었을 수도 있다. 이전에는 (가)의 저작 시기를 막연히 다산초당 시절 쓴 것으로 추정하였으나,[385] 1818년 9월 1일로 특정할 수 있겠다. 그렇다면 (가)의 바로 앞에 실린 〈爲尹惠冠贈言〉, 〈又爲尹惠冠贈言〉, 〈爲尹輪卿贈言〉 등의 저작 시기도 이 무렵일 가능성이 있다. 윤혜관은 다산초당 시절 정약용의 제자 가운데 하나인 윤종문尹鍾文이고, 윤윤경은 다산초당 주인 윤단尹慱의 아들 윤종

---

385) 조성을, 2004, 360쪽.

억尹鍾億으로서 역시 다산초당 시절 제자이다. 정약용이 초천으로 출발할 때 제자들 가운데 일부가 동행하였을 가능성을 생각하여 본다.

9월 14일: 초천 집에 도착하다.

(가) "十四日 始入次洌水本第" _《사암연보》 204~205쪽

⚭ 1818년 9월 14일에 초천에 도착한 이후 9월 하반기는 대체로 주변에 대한 인사와 휴식으로 시간을 보냈을 것으로 추정된다.

10월 일:

⚭ 1818년 10월에는 《欽欽新書》 작업에 착수하였을 것으로 추정된다. 1817년 가을 《邦禮草本》 작업을 중단하였는데, 《欽欽新書》는 내용으로 보아 《邦禮草本》의 미완성 부분인 추관秋官 부분과 관련이 있다. 《邦禮草本》이 국가제도 개혁서인 것과 달리 《欽欽新書》는 지방관 차원의 실무적인 운영 개선서라는 성격상의 차이는 있다. 그러나 내용으로 보아 《邦禮草本》의 추관을 보충할 수 있는 형정刑政의 이념 같은 부분도 있다. 1819년 여름 《欽欽新書》 (초고본)가 완성되므로(1819년 6월 부분 참조), 늦어도 1818년 10월에는 《欽欽新書》 작업에 착수하였을 것이다.

11월~12월:

⚭ 1818년 11월에도 《欽欽新書》 작업에 종사하고 있었을 것으로 추정된다.

1818년의 저작과 활동

1818년 봄의 시는 확인되지 않고, 잡문으로 〈葫菴回納〉(1818년 1월 5일)과 〈題草衣洵所藏石玉試帖〉(1818년 3월 8일)이 확인된다. 1817년 봄의 저술 활동으로는 1817년 겨울에 이어서 《牧民心書》(초고본) 작업을 계속하여 1818년 3월 안에 완성한 것으로 추정된다.

1818년 여름의 시는 확인되지 않으나, 잡문으로는 〈樂書孤存序〉가 확인된다 (戊寅夏). 대략 이 해 여름 4월 무렵 《國朝典禮考》 작업에 착수하여 5월 무렵 완성하였을 것으로 보인다. 1818년 6월에는 《樂書孤存》의 수정 · 보완 작업에 착수하였을 가능성이 크다. 《樂書孤存》은 앞서 1816년 봄에 완성되었으나, 1818

년 6월에 수정·보완 작업을 하고서 서문을 썼을 것으로 추정된다.

　가을의 시로는 9월 14일 초천 귀환 직후의 〈携尹書有監察 嚴下小泛〉, 〈東皐夕望〉, 〈東皐曉望〉 등이 확인된다. 잡문으로는 〈春秋考徵序〉(1818년 7월 추정), 〈小學珠串序〉(1818년 8월 추정), 〈淳菴號記〉(1818년 8월), 〈答縞衣襌子〉(1818년 8월 11일), 〈爲尹惠冠贈言〉(1818년 9월 1일 추정 또는 8월 말), 〈又爲尹惠冠贈言〉(1818년 9월 1일 추정 또는 8월 말), 〈爲尹輪卿贈言〉(1818년 9월 1일 추정 또는 8월 말), 〈爲茶山諸生贈言〉(1818년 9월 1일 추정 또는 8월 말), 〈孝婦沈氏墓誌銘〉(1818년 9월 초천 귀환 이후) 등이 있다. 〈孝婦沈氏墓誌銘〉에 대해서는 《사암연보》 1818년 가을 부분(초천 귀환 이후)에 "追撰孝婦沈氏墓誌銘"(205쪽)이라는 언급이 있다.

　이 해 겨울의 시로는 〈冬日陪伯氏過一鑑亭 夕乘舟還〉(1818년 10월 추정), 〈次韻二子與三友分賦〉(1818년 겨울), 〈奉簡堂叔父霞川幽居〉(1818년 겨울) 등이 있다. 저술 활동으로는 10월 《欽欽新書》 작업에 착수하여 계속 종사한 일을 들 수 있다.

1819년 己卯, 순조 19 _58세

: 이 해에는 윤4월이 있었다.

1월 일:

🕉 특별한 활동이 추적되지 않지만 《欽欽新書》 작업에 종사했을 것이다.

2월 일: 〈正體傳重辨〉(3)이 완성되다.

(가)〈正體傳重辨〉(3) "己卯 中春"　1819년 2월

🕉 〈正體傳重辨〉 초고본이 1801년 여름 장기에서 이루어졌으나, 1801년 11월 황사영의 옥사 와중에 분실되었다. 이후 〈正體傳重辨〉(1)과 (2), 즉 수정본을 1805년 여름에 완성하였으며(1805년 5월 부분 참조), 〈正體傳重辨〉(3)이 최종적으로 해배 이후 1819년 2월 완료되었다. 1819년 2월에는 〈正體傳重辨〉(3) 작업과 함께 《欽欽新書》 작업도 병행했을 것으로 추정된다. .

3월 일:

🕉 특별한 활동이 추적되지 않지만, 《欽欽新書》 작업에 종사하고 있었다고

추정된다.

4월 5일: 김상유金商儒와 사라담鈔羅潭에서 남자주藍子洲까지 배를 타고 놀다.

(가) 〈四月五日 同禮安金(商儒)布衣泛舟鈔羅潭至藍子洲享鮮〉 _《전서》 시문집, 1819년 4월 5일

⚱ 김상유가 누구인지는 알지 못하나, 예안禮安이라는 표현으로 보아서 영남의 선비라고 생각된다. 아니면 목계의 김상우金商雨와 친척일 수도 있다.

4월 9일: 아버지 정재원의 기일

⚱ 이날 4월 9일 새벽에 맏형 정약현 댁에 모여서 제사를 지냈을 것이다. 이때까지는 정약현도 생존해 있었다.

4월 15일: 맏형 정약현을 모시고 배를 타고 선영에 참배하기 위해 충주로 출발하다.

(가) 〈四月十五日 陪伯氏乘漁家小艇向忠州 效錢起江行絶句〉 _《전서》 시문집, 1819년 4월 15일

⚱ 충주 하담의 선영에 참배하고자 초천을 떠난 것이다.

4월 17일 무렵(추정): ① 충주 하담의 선영에 참배하다. ② 하담 부근에 숙박하다.

(가) 〈上墓〉 _《전서》 시문집, 1819년 4월 17일 추정

⚱ 1819년 4월 15일 초천을 출발하였다면 대략 4월 17일 무렵 하담의 선영에 도착하여 이날 밤은 하담 부근에서 숙박하였을 것으로 추정된다.

4월 18일 무렵(추정): 충주에서 돌아오다(추정).

⚱ 하담의 산막이나 충추 부근 나루터를 1819년 4월 18일 아침에 배로 출발하였다면, 내려오는 뱃길이므로 늦어도 당일 밤에는 초천에 도착할 수 있었을 것이다. 한편 이 해 4월에도 1819년 봄에 이어서 《欽欽新書》 작업에 종사하고 있었다고 추정된다.

윤4월 12일: ① 이재의와 함께 배를 타고 문암산장文巖山莊에 가다. ② 문암
    산장에서 이재의와 함께 묵다(추정).

(가) 〈閏四月十二日 同李約菴 游文巖山莊舟中作〉 _《전서》 시문집, 1819년 윤4월12일

ⓤ 1819년 윤4월 12일 밤에는 문암산장(문암에는 정약용이 1787년 4월 매입한
농토가 있었음)에서 숙박하였을 것이다. 강진 시절 알게 된 이재의와 해배
후에도 교유가 계속되고 있었음을 알 수 있다. 약암約菴과 문산文山은 둘
다 이재의의 호이다. 이재의의 〈자찬연보〉에는 1819년 윤4월 12일의 사실
이 보이지 않는다.

이후 이재의는 1823년 봄에도 초천으로 찾아와 4,5일 묵으면서 경서를
같이 읽었고 다시 얼마 후 함께 배를 타고 춘천에 다녀왔다(1823년 봄 부분
참조). 1827년 봄, 1830년 봄과 1831년 가을(추정)에도 초천에 왔다. 그리고
1828년 12월 3일에도 정약용을 방문한 기록이 있으며(1828년 12월 3일 부분
참조), 1832년 여름에도 초천에 와서 여러 날 함께 놀았고 1832년 가을에도
방문하였다.

윤4월 13일(추정): 문암산장에서 정파鼎坡를 경유하여 돌아오다.

(가) 〈經鼎坡〉 _《전서》 시문집, 1819년 윤4월 13일 추정

ⓤ 1819년 윤4월 12일 밤 문암산장에 숙박한 다음 날 4월 13일 그곳을 떠난
것으로 추정하였다. 시의 내용으로 보아서 정파는 용문산 북쪽에 있었음
을 알 수 있다.386)

5월 일:

ⓤ 특별한 행적은 추적되지 않지만, 1819년 5월에도 1819년 4월에 이어서
《欽欽新書》 작업에 종사하고 있었다고 추정된다.

6월 일: 《欽欽新書》(초고본) 완료되다(추정).

ⓤ 특별한 행적은 추적되지 않지만, 1819년 6월에도 1819년 5월에 이어서

---

386) 조성을, 2004, 170쪽.

《欽欽新書》작업에 종사하여 저술을 완료하였다고 추정된다.《사암연보》(206쪽)에 "十九年…夏 欽欽 新書成 始命明清錄 後用虞書欽哉欽哉恤刑之意 改是名"이라는 언급이 있다. 〈欽欽新書序〉에 따르면 "道光二年壬午春"(1822년 봄)이라는 언급이 있다. 1819년 완성 당시에는 초고본이었고, 다시 수정·증보 작업을 하여 1822년 봄에 다시 수정본을 완성시킨 뒤 서문을 쓴 것으로 볼 수 있겠다.《欽欽新書》(초고본)의 작업은 대략 1818년 겨울(10월 추정)에 시작하여 일단 초고본이 1819년 여름(6월 추정)에 끝난 것으로 보는 것이 타당하다. 1819년 여름 가운데 언제인지 구체적으로 특정되지는 않지만, 1818년 겨울(12월 추정)에 시작하였다면 쉽지 않은 작업이므로 1819년 6월까지는 작업이 계속되었을 것으로 추정하였다. 많은 분량에도 비교적 짧은 시간에《欽欽新書》가 저술될 수 있었던 것은《邦禮草本》추관 집필을 위한 자료가 사전에 축적되어 있었기 때문이라고 추정된다.

7월 4일: 큰아들 정학연이 승려 호의에게 편지를 보내 시문 공부에 힘쓸 것을 말하다.

(가) "嘉慶己卯 七月四日 酉山"〈제14서〉 _《梅屋書匭》, 1818년 7월 4일

🛆 "嘉慶己卯 七月四日 酉山"이라는 구절로 보아서 유산酉山 정학연이 1819년 7월 4일 보낸 편지임을 알 수 있다. 정약용과 호의의 교유는 아들 정학연에게로 이어졌다고 하겠다. 〈제15서〉(《梅屋書匭》)역시 정학연이 호의에게 보낸 편지인데, 대둔사의 일을 회고하는 내용으로 되어 있다. 시기에 대하여는 제14서와 종이의 재질이 같은 것을 근거로 대략 제14서와 비슷한 시기인 1819년 무렵 쓴 것으로 추정한 견해가 있으나,[387] 반드시 그렇게 보아야 할 지는 의문이다.

7월 7일: 석천石泉 신장申丈이 찾아오다.

(가) 〈七月七日 一鑒亭申丈携二瞽能吹者 乘舟相過〉 _《전서》 시문집, 1819년 7월 7일

🛆 일감정一鑒亭 신장은 신작申綽(소론계의 강화학파)이 아니며 신경현申景玄으로 여겨진다.《欽欽新書》의 집필을 끝내고 7월과 8월에는 휴식하고 있

---

387) 정민,《다산의 재발견》, 215쪽.

었을 것으로 추정된다.

7월 10일 무렵(추정): 김상우가 서울에서 벼슬을 버리고 돌아오는 길에 초천에 들르다.

(가) 〈金正言(相雨)爲米廩主簿 旣五日棄而歸 次韻送行〉 _《전서》 시문집, 1819년 7월 10일 무렵 추정

∯ 아마도 김상우(충주에 살았던 친구)가 1819년 6월 도목정사에서 선혜청 또는 호조의 주부主簿에 임명되어 부임하였다가 닷새 만에 그만 두고 돌아가는 길에 초천에 들른 것으로 보인다. 정약용이 그를 보내며 지은 시가 (가)이다. 대략 1819년 7월 10일 무렵이었다고 추정된다. 7월 9일쯤 와서 하룻밤을 묵고 다음 날 출발하였을 가능성이 크다. 이 시는 출발 때에 지어 준 것이다.

7월 중순 무렵(추정): 한익상이 함경도 경성鏡城 판관으로 부임하는 길에 초천에 들르다.

(가) 〈送韓(益相)正言赴鏡城判官〉 _《전서》 시문집, 1819년 7월 중순 추정

(나) 〈다산의 필적〉 _《조선일보》(1935.7.18.수록), 1820년 8월 14일

∯ 한익상 역시 1819년 6월 도목정사에서 함경도 경성 판관으로 임명되었고 부임길에 초천에 들른 것으로 생각된다. 아마도 김상우가 들른 뒤 며칠 이내였을 것이다. 《여유당전서》에는 수록되어 있지 않으나, 1820년 8월 14일 정약용이 한익상에게 보내는 편지가[388] 있다. 이 편지에서 정약용은 《牧民心書》를 함께 읽자고 한익상에게 권하였다.

8월 초순: 정약용이 사촌社村[사마루]으로 신작을 방문하다.

(가) "日前牛川丁承旨 適過去歷入…昨日 以其所撰禮書七冊 來示相質" 〈上伯氏〉(제1서; 신작) 1891년 8월 22일

∯ 정약용이 처음 신작을 방문한 시점에 대해서 여러 견해가 있다.[389] 신

---

388) 박철상, 〈신자료 《선암총서》의 발굴과 《목민심서》 저술 과정의 검토〉, 187~188쪽.
389) 심경호는 "1819년 8월 초"라고 추정하였으며(〈다산 정약용과 석천 신작의 교유에 대하여〉,

작이 형님 신진申縉에게 보낸 편지 (가)에 "일전"에 방문하였다고 하였고(日前牛川丁承旨 適過去歷入), 또 "昨日"(8월 21일)《喪禮四箋》7책을 갖고 왔다고 하였다(昨日 以其所撰禮書七冊 來示相質). 따라서 최초의 방문을 1819년 8월 초라고 한 견해가 사실에 가깝다고 생각된다. 다만《여유당전서》시문집에 〈七月七日 一鑑亭申丈携二瞽能吹者 乘舟相過〉(1819년 7월 7일)이라는 시가 실려 있다. 이 시에서 일감정一鑑亭 신장申丈이 누구인지 알지 못하며 혹시 신작을 가리키는 것으로 추정해 본 바 있었으나,[390] 이에 대한 확증은 없었다. 지금 다시 생각해 보면 신작은 1760년생으로서 정약용보다 겨우 두 살 위이므로, 신장申丈이라는 표현을 쓰지는 않았다고 보는 것이 타당하다. 정약용은 신작에게 재중在中이라는 자를 사용하였으므로, 동년배로 판단된다. 또 당시 신작의 집은 사촌社村[사마루]에 있었고 신작 형제의 별장은 석호정石湖亭이라 하였으며, 평천平川에 있었다.[391] 따라서 신작의 거주지 또는 별장은 일감정이 아니라고 생각된다. 따라서 1819년 8월 초라고 한 심경호의 설이 타당하지만, 여기에 약간 수정을 가하여 "8월 초순 무렵"이라고 하겠다. 이렇게 하면 아마 거의 오류가 없을 것이다.

또 김문식은 1819년 8월 21일 정약용이《喪禮四箋》과《梅氏尙書平》, 두 종의 저서를 갖고 신작을 방문한 것으로 보았다.[392] 이것은《석천유집》의 〈日乘〉에 "[1819년: 인용자] 九月…籤送丁令喪禮四箋·尙書平[丁令公若鏞…是時來訪 '繼送所撰喪禮四箋·尙書平' 請公斤正 公籤付以送"이라고 한 것에 근거한 것으로 판단된다. 그러나 신작이 형님 신진에게 보낸 (가)에 따르면 "昨日[8월 21일: 인용자] 以其所撰禮書七冊 來示相質"이라고 되어 있다. 따라서 8월 21일에는《喪禮四箋》7책만을 보낸 것으로 보는 것이 타당하다. 즉 이 문제에서도 심경호의 주장이 맞다.《喪禮四箋》을 받은 신작은 정약용에게 감사하다는 편지를 보냈다. 이것이 〈答丁承旨(제1서; 己卯 八月)〉이다. 정약용은 1819년

《연민학지》, 1993, 157쪽), 김문식은 8월 21일이라고 추정하였다(〈경학연구의 새로운 진로 모색〉, 《다산과 석천의 경학논쟁》, 한길사, 2000, 5쪽).

390) 조성을, 2004, 170쪽 및 앞의 7월 7일 부분 참조.

391) 동생 신현申絢이 구입, 정약용 저/실시학사경학연구회 역, 《다산과 석천의 경학논쟁》, 278쪽.

392) 김문식, 앞의 논문 〈경학연구의 새로운 진로 모색〉, 5쪽.

8월 28일에서 9월 1일 사이에 용문산 유람을 하였다. 〈答丁承旨〉(제1서)는 8월 21일 책을 받은 직후에 보낸 것으로 여겨진다. 따라서 〈答丁承旨〉는 아마도 정약용이 8월 하순(정약용이 용문산 유람을 떠나는 8월 28일 이전)에 초천에 도착하였을 것으로 추정된다.

한편 1819년 9월 신작은 정약용에게 첨籤[질문서]을 첨부한 편지를 보냈다(〈答茶山〉제2서; 己卯 九月). 이 편지를 보낸 날짜는 신작의 〈上伯氏〉(제3서; 1819년 9월 18일)에 《喪禮四箋》과 관련하여 "若干籤付以送"이라는 언급이 있으므로, 1819년 9월 18일 이전이었음이 일단 확인된다. 신작이 1819년 9월 정약용에게 보낸 〈答茶山〉(제2서)에서 첨이 확인되지만, 날짜가 위와 같이 "己卯 九月"이라고만 되어 있다. 〈答茶山〉(제2서)에 정약용의 용문산 유람에 다녀온 것에 대한 언급이 있으며, 내용으로 보아 용문산 기행에서 돌아온 직후에 보낸 편지라고 생각된다. 그리고 신작이 신진에게 보낸 〈上伯氏〉(제2서; 9월 8일)에 《喪禮四箋》에 대하여 "若干籤付以送"이라고 하였다. 따라서 〈答茶山〉(제2서)의 시기는 더 압축하여 1819년 9월 가운데 "9월 8일 이전"에 보낸 것으로 추정할 수 있다. 9월 초순(8일 이전) 《喪禮四箋》에 대한 첨籤을 받은 정약용은 9월 중으로 이에 대한 답변을 보냈으며 이 답변서가 바로 정약용의 〈答申在中〉(제1서; 己卯 九月)이다. 1819년 9월 가운데에서도 대략 중순 무렵으로 추정된다(후술).

다음으로 '정약용이 《梅氏尙書平》을 언제 신작에게 보냈는가' 하는 문제이다. 신작의 1819년 9월 18일자 〈上伯氏〉(제3서)에는 "丁令所撰尙書平…逐條辨難 甚於酷吏"라는 언급이 있다. 따라서 9월 18일 이전 이미 《梅氏尙書平》을 받아서 읽고 있었음을 알 수 있다. 아마도 9월 초순(8일 이전) 신작이 《喪禮四箋》과 첨을 첨부한 편지(〈答丁承旨〉제2서; 9월 초순 8일 이전)를 보내자, 정약용이 이를 받고 나서 9월 중순(18일 이전) 《梅氏尙書平》을 신작에게 보냈을 것으로 추정할 수 있겠다. 이때 함께 보낸 편지가 〈答丁承旨〉(제2서; 9월 초순 8일 이전)에 대한 답서인 〈答申在中〉(제1서)라고 생각된다. 따라서 〈答申在中〉(제1서)는 1819년 9월 중순(18일 이전)이라고 추정할 수 있겠다. 이 《梅氏尙書平》의 반납 일자에 대해 심경호는 10월 중 첨을 부쳐서 보냈다고 하였다(위 논문, 158쪽). 첨을 첨부하여 보낸 편지는 〈答丁承旨〉(제4서)라고 판단된다(《다산과 석천의 경학논쟁》에서는 제2서에 이은 첨을 제3서로 다루어 이 뒤에 오는 제3서를 제4서로 보고 제4서를 제5서로 보았다. 78~130쪽). 그러나 《다산과 석천의 경학논쟁》(130쪽)에 실린 편지는 〈答丁承旨〉(제4서)에 근거하여 1819 년 10월 첨을 첨부하여 《梅氏尙書平》을 편지와 더불어 반납하였다고 본 것 으로 판단된다. 이 제4서에 "書平日前 始盡究覽…間以愚意籤付耳"라는 구절이 있기 때문이다. 따라서 《梅氏尙書平》의 반납 날짜를 1819년 10월로 본 심경 호의 견해는 타당하다. 《梅氏尙書平》에 대한 신작의 첨은 《여유당전서》에 서는 확인되지 않지만, 《여유당전서보유》(제2책; 191쪽)에 실린 〈石泉書〉일 가능성이 있다고 판단된다.

그리고 신작은 〈答丁承旨〉(제4서)에 앞서서 제3서를 보내어 다시 《喪禮四 箋》에 대해 토론하였다. 이 제3서의 시기는 대략 9월 하순 무렵으로 추정 된다. 그렇다면 제4서의 시기는 1819년 10월 가운데에서도 대략 중순 이후 로 판단된다. 이에 대답하는 정약용의 편지가 있었을 것이나, 이런 편지는 확인되지 않는다. 〈答申在中〉(제1서; 9월 중순 추정)에 이어지는 〈答申在中答申 在中〉(제2서; 己卯 十一月)의 내용이 《周易》과 관련된 토론이다. 〈答申在中〉(제2 서)에 바로 이어지는 〈與申在中〉에는 《雅言覺非》에 첨을 붙여 주었다는 언급 이 있다. 《사암연보》에 따르면 겨울 《雅言覺非》가 완성되었다는 언급이 있 다. 〈與申在中〉은 1819년 겨울 《雅言覺非》가 완성된 이후에 보낸 것임을 알 수 있다. 이전에는 〈與申在中〉의 시기를 1819년 겨울 《雅言覺非》 완성 이후 1822년 6월 《周禮》 육향제六鄕制 토론 사이로 비정하였다.[393] 그러나 지금 판단해 보면 1819년 겨울에 《雅言覺非》를 완성하고서 바로 신작에게 《雅言 覺非》를 보냈고, 얼마 지나지 않아 신작이 첨을 보냈을 것으로 여겨진다. 따라서 〈與申在中〉의 시기는 1819년 겨울 《雅言覺非》 완성(그 가운데에서도 대략 1819년 12월 무렵으로 추정) 직후 책을 보냈고 바로 얼마 안 되어 첨을 받은 때라고 여겨진다. 1819년 11월에는 〈答申在中〉(제2서)에서 알 수 있는 것처럼 서로 《周易》에 대하여 토론하였기 때문이다. 그러나 11월에 완성되 었을 가능성도 배제할 수 없다.

393) 조성을, 2004, 381쪽.

필사본《여유당집》잡문 제5책 제3권에는 정약용이 신작에게 보낸 편지가 실려 있으며, 이 편지들의 날짜에 대하여 비정한 바 있다.[394] 지금 편지의 날짜들을 좀 더 구체화시켜 보면 다음과 같다.

① 〈答申在中〉(제1서) "己卯 九月日": 1819년 9월 중순 18일 이전 추정
② 〈答申在中〉(제2서) "己卯 十日月日": 1819년 11월
③ 〈與申在中〉(제1서): 1819년 12월 무렵 추정(《雅言覺非》 완성 얼마 뒤)
④ 〈答申在中〉(제3서) "壬午 六月十日" "六月十三日": 전반부-1822년 6월 10일, 후반부-1822년 6월 13일
⑤ 〈答申在中〉(제4서) "壬午 六月卄三日": 1822년 6월 23일
⑥ 〈與申在中〉(제2서): 1822년 6월 23일 이후

한편 《石泉遺稿》(권3)에는 신작이 정약용에게 보낸 편지 〈答丁承旨〉(1819), 시로서 〈次韻丁令公雪中見寄〉, 〈和丁令公〉(五首), 〈白雲〉 등이 실려 있다. 또 정약용의 시 〈江村賞雪 懷申學士兄弟 走筆寄呈〉, 〈旣歸數日 遝述鄙懷 奉申學士兄弟〉, 〈徂年〉("惜衰暮也 尤悔積衷 遷改舞日惄然自悼冀友相憐") 등이 실려 있다.

다음으로 신작이 다산에게 보낸 편지의 날짜를 정리하여 보면 다음과 같다.

① 〈答丁承旨〉(제1서): 1819년 8월 하순(8월 28일 이전)
② 〈答丁承旨〉(제2서): 1819년 9월 초순(9월 8일 이전)
③ 〈答丁承旨〉(제3서): 9월 하순(추정)
④ 〈答丁承旨〉(제4서): 10월 중순 이후(추정)

마지막으로 신작이 신진에게 보낸 편지의 시기를 정리해 보았다.

① 〈上伯氏〉(제1서): 1819년 8월 22일
② 〈上伯氏〉(제2서): 1819년 9월 8일
③ 〈上伯氏〉(제3서): 1819년 9월 18일

394) 조성을, 위의 책, 381~382쪽.

이하 신작의 저작은 《석천과 다산의 경학논쟁》에서 재인용하였다.

8월 21일: 정약용이 신작에게 《喪禮四箋》 7책을 보내다.

  (가) "日前牛川丁承旨 適過去歷入…昨日 以其所撰禮書七冊 來示相質" 〈上伯
     氏〉(제1서) 1819년 8월 22일

  Ø (가)를 보아 위의 사실이 확인된다(1819년 8월 초순 부분 참조).

8월 하순(8월 28일 이전): 신작이 정약용에게 〈答丁承旨〉(제1서)를 보내다.

  (가) 〈答丁承旨〉(제1서) 1819년 8월 하순, 8월 28일 이전

  Ø (가)를 보아 위의 사실이 확인된다(1819년 8월 초순 부분 참조).

8월 28일: ① (용문산 유람을 위해) 배를 타고 가다가 양근楊根(양평)에 도착
            하다. ② 김정기金廷基의 집에 묵다.

  (가) 〈八月廿八日 乘舟宿楊根郡〉 _《전서》 시문집, 1819년 8월 28일

  Ø (가) 시의 제목으로 보아 1819년 8월 28일 배를 타고 양근에 가서 묵었
음을 알 수 있다. 이 시의 원주에 "金老人廷基家"라고 되어 있다. 김정기가
누구인지는 알지 못한다.

8월 29일: ① 양근 김정기의 집에서 기상하다. ② 조가교趙可教, 이시태李時泰
            와 함께 용문산 사천사斜川寺에 놀러가다. ③ 사천사에서 묵다.

  (가) 〈廿九日 同趙(可教)·李(時泰)二翁 游斜川寺〉 _《전서》 시문집, 1819년 8월 29일

  Ø (가) 시의 제목으로 보아 1819년 8월 29일 사천사에 놀러 갔음을 알 수
있다. 이날 밤 사천사에서 묵었을 가능성이 크다. 시에 따르면, 저녁에 사
천사에 도착하였기 때문이다.

8월 30일: ① 사천斜川에서 기상하다(추정). ② 용문산龍門山 백운봉白雲峯에
            오르다. ③ 이연심李淵心의 초당을 방문하다. ④ 이연심의 초당에
            묵다(추정).

  (가) 〈登龍門白雲峯〉 "龍門山下號斜川 學士名莊九世傳" _《전서》 시문집, 1819년 8
     월 30일 추정

(나) 〈留題李淵心艸堂〉 _《전서》 시문집, 1819년 8월 30일 추정

🔹 1819년 음력 8월은 말일이 30일이었다. 8월 30일 사천사에서 기상하여 (추정) 점심 무렵 백운봉에 오른 뒤 하산하여 저녁 무렵 사천斜川 부근(龍門山 下號斜川 學士名莊九世傳이라는 원주로 추정)의 이연심李淵心의 집에 들러 지은 시로 볼 수 있겠다. 시간적으로 보아서 이날 밤은 이연심의 초당에서 묵었을 것으로 추정된다. 이연심이 누구인지는 알지 못한다.

9월 1일: ① 이연심의 초당에서 기상하다(추정). ② 초천 집으로 돌아오다(추정).

🔹 1819년 8월 30일 밤 이연심의 초당에서 묵었다면, 9월 1일 그곳에서 기상하여 당일 초천에 돌아올 수 있었을 것이다.

9월 초순(9월 8일 이전): 《喪禮四箋》에 대한 신작의 첨을 받다.

(가) 신작, "若干籤付以送" 〈上伯氏〉(제2서) 1819년 9월 8일

🔹 (가)를 보아 위의 사실이 확인된다(1819년 8월 초순 부분 참조).

9월 중순(9월 18일 이전): ①신작에게 〈答申在中〉(제1서)를 보내다. ② 신작에게 《梅氏尙書平》을 보내다.

(가) 〈答丁承旨〉(제3서) 1819년 9월 하순 추정

🔹 (가)를 보아 위의 사실이 확인된다(1819년 8월 초순 부분 참조).

9월 일(추정): 사곡沙谷에 사는 윤양겸尹養謙에게 회갑을 축하하는 시를 보내다.

(가) 〈簡寄沙谷尹(養謙)〉 _《전서》 시문집, 1819년 9월 추정

🔹 배치순서로 보아서 대체로 1819년 9월 작으로 볼 수 있어 9월의 말미에 배치하여 두었다. 윤양겸이 누구인지는 알지 못한다. 한편 9월에도 위와 같은 몇 가지 사건 외에 특별한 활동이 추적되지 않지만, 《雅言覺非》 작업에 착수하였을 가능성이 크다.

9월 일: 비변사에서 양전사量田事로 기용하는 일을 논의하였으나 성사되지 않다.

(가) "己卯九月 備局議以量田事薦用 未果" _《다산연보》 16쪽

ⓦ 날짜가 확인되지 않아 일단 1819년 9월의 말미에 배치하여 두었다.

9월 하순(추정): 〈答丁承旨〉(제3서)를 보내어 다시 《喪禮四箋》에 대해 토론하다.

(가) 〈答丁承旨〉(제3서)　1819년 9월 하순 추정

ⓦ (가)를 보아 위의 사실이 확인된다(1819년 8월 초순 부분 참조).

10월 중순 이후(추정): 신작에게서 《梅氏尚書平》과 이에 대한 첨을 받다.

(가) 〈答丁承旨〉(제4서)　1819년 10월 중순 이후 추정

ⓦ (가)를 보아 위의 사실이 확인된다(1819년 8월 초순 부분 참조).

11월　일: 정약용과 신작이 《周易》에 대하여 편지로 토론하다.

(가) 〈答申在中〉(제2서)　_《전서》 시문집, 1819년 11월

ⓦ (가) 편지를 보아 위 사실이 확인된다(1819년 8월 초순 부분 참조).

12월 6일: 칠곡부사 성동일成東一에게 선물을 보내준 데 대한 감사 편지를 보내고 이 편지를 칠곡 약목若木의 신영로申永老에게도 전해달라고 하다.

(가) "己卯十二月六日 記未若鏞拜"〈年前逢〉 _《다산간찰집》 204, 205쪽, 1819년 12월 6일

ⓦ 성동일은 자가 내순乃純, 호가 공금당共衾堂으로서 편지의 내용에 따르면 횡성현감 시절 초천 정약용의 집을 찾아 위문하였고, 1819년 경상도 칠곡 부사(1817~1820)로 있으면서 정약용에게 선물을 보내왔다. 이에 대한 답장으로 보낸 것이 (가) 편지인데, 이 편지에서 석전石田(광주이씨 세거지, 이집李集의 후손들)의 이정언李正言(《다산간찰집》, 206쪽에서는 이만운李萬運으로 추정)의 안부를 묻고 있는 것이 주목된다. 정약용이 이만운과 안면이 있었으며 성동일과 이만운도 가까운 사이로 생각된다. 한편 신영로는 영남 칠곡 사람이지만 정약용과 교유가 있었다. 또 신영로는 이만운, 이동급李東汲, 김면운金冕運 등과도 서신 왕래가 있었다고 한다(《다산간찰집》, 206쪽). 이 밖에 특별한 행적은 눈에 뜨이지 않지만, 1819년 12월 《邦禮草本》 보완 작업이 시작된 것으로 여겨진다.

《雅言覺非》를 완료하다(1819년 9월 무렵 착수 추정). 〈雅言覺非序〉에 "嘉慶己卯冬"이라는 언급이 있으므로, 1819년 겨울에 완성되었음을 알 수 있다. 1819년 겨울 가운데에서도 12월(혹은 11월 하순)으로 추정된다. 〈答申在中〉(제2서; 1819년 11월)이라는 편지에 바로 이어지는 〈與申在中〉(1819년 12월 추정)에는 《雅言覺非》에 첨을 붙여 주었다는 언급이 있다.[395] 따라서 《雅言覺非》의 완성 시기는 1819년 12월(혹은 11월 하순)으로 추정된다.

《雅言覺非》가 완성된 후 바로 《邦禮草本》의 수정·보완 작업에 착수하였을 것으로 추정된다. 〈邦禮草本序〉는 대체로 1820년 가을(7월 무렵 추정)에 작성된 것으로 여겨지므로(1820년 7월 부분 참조), 대략 8개월 동안(1819년 12월~1820년 7월 사이) 수정·보완 작업이 있었다고 생각된다.

12월 일: 신작에게 《雅言覺非》를 보내 이에 대한 첨을 받다.

(가) "冬 雅言覺非成" _《사암연보》 206쪽

(나) 〈與申在中〉(제1서) _《전서》 시문집, 1819년 12월 무렵 추정

✑ (가), (나)를 보아 위의 사실이 확인된다(1819년 8월 초순 부분 참조).

1819년의 저술과 활동

1819년 봄의 시는 확인되지 않으며 잡문으로 〈答韓後甫〉(1819년 己卯春), 〈題漢書選〉(1819년 봄)[396] 등이 확인된다. 한편 이 해 봄에도 1818년 겨울에 이어서 《欽欽新書》 작업에 종사하고 있었다고 추정된다.

이 해 여름의 시로는 〈四月五日 同禮安金(商儒)布衣泛舟鈔羅潭至藍子洲享鮮〉(1819년 4월 5일), 〈四月十五日 陪伯氏乘漁家小艇向忠州 效錢起江行絶句〉(1819년 4월 15일), 〈上墓〉(1819년 4월 17일 추정), 〈閏四月十二日 同李約菴 游文巖山莊舟中作〉(1819년 윤4월 12일), 〈經鼎坡〉(1819년 윤4월 13일 추정) 등이 확인된다. 이 해 여름의 저술활동으로는 6월(추정) 《欽欽新書》(초고본)가 완성된 것이 주목된다.

이 해 가을의 시로는 〈金正言(相雨)爲米廩主簿 旣五日棄而歸 次韻送行〉(1819년 7

---

395) 조성을, 〈해배 이후의 다산-저작과 활동-〉, 《해배 이후의 다산》, 다산학술문화재단 학술발표대회 논문집, 2016.3. 참조.

396) 조성을, 2004, 355쪽.

월 10일 무렵 추정), 〈送韓(益相)正言赴鏡城判官〉(1819년 7월 중순 무렵 추정), 〈八月卄
八日 乘舟宿楊根郡〉(1819년 8월 28일), 〈卄九日 同趙(可教)·李(時泰)二翁 游斜川寺〉(1819
년 8월 29일), 〈登龍門白雲峯〉(1819년 8월 30일), 〈留題李淵心艸堂〉(1819년 8월 30일),
〈簡寄沙谷尹(養謙)〉(1819년 9월 추정) 등이 확인된다. 잡문으로는 〈答申在中〉(제1
서; 1819년 9월)이 있다. 신작과의 토론이 시작된 것이다. 저술 활동은 잘 확
인되지 않는다. 아마도 이 해 여름에 《欽欽新書》(초고본)를 완성하고 나서 가
을에는 쉬고 있었을 가능성이 있다. 다만 용문산에서 돌아온 1819년 9월 초
에는 《雅言覺非》 작업에 착수하였을 가능성이 있다. 이 해 겨울에 완성되기
때문이다.

1819년 겨울의 시로는 〈獻呈西隣李叟〉(1819년 10월 무렵 국화가 질 때), 〈十月十
三日夜〉(1819년 10월 13일), 〈江村賞雪 懷申學士兄弟 走筆寄呈〉(1819년 10월 14일 이
후~12월 사이 추정), 〈簡寄尹(永僖)校理江居〉(1819년 10월 14일 이후~12월 사이 추
정),〈對雪重寄申學士兄弟〉(1819년 10월 14일 이후~12월 사이 추정), 〈夜〉(1819년 10월
14일 이후~12월 사이 추정), 〈簡寄鄭(元善)正言〉(1819년 10월 14일 이후~12월 사이 추
정), 〈簡寄呂知縣(東根)井邑官居〉(1819년 10월 14일 이후~12월 사이 추정), 〈徂年憶衰暮
也 又悔積衷遷改無日 叔然自悼 冀又相憐〉(1819년 12월 추정), 〈石林李禮卿(魯和)月夜來
訪 次韻蘇東坡定慧院月夜步出〉(1819년 12월 추정) 등이 있다.

잡문으로는 〈答申在中〉(제2서; 1819년 10월)이 있다. 이들 시 가운데 〈江村賞雪
懷申學士兄弟 走筆寄呈〉과 〈對雪重寄申學士兄弟〉는 신작 형제에게 쓴 것이고, 〈簡
寄尹(永僖)校理江居〉는 송파에 있는 윤영희에게 쓴 것이며, 〈簡寄呂知縣(東根)井邑
官居〉는 정읍현감으로 내려가 있는 여동근에게 시 형식으로 편지를 쓴 것이
다. 〈石林李禮卿(魯和)月夜來訪 次韻蘇東坡定慧院 月夜步出〉에서 이예경李禮卿이 누
구인지는 알지 못한다. 아마도 1819년 10월과 11월에는 《雅言覺非》 작업에 종
사하였고, 12월에는 《邦禮草本》 보완 작업을 시작하였을 것으로 여겨진다.

1820년 庚辰, 순조 20 _59세

1월 일:

📿 1820년 1월에는 특별한 행적이 추적되지 않지만, 《邦禮草本》 수정 · 보완

작업에 종사하고 있었을 것으로 추정된다.

2월 일:

ᄋ 1820년 2월에는 특별한 행적이 추적되지 않지만, 이달에도 《邦禮草本》 수정·보완 작업에 종사하고 있었을 것으로 추정된다.

3월 11일(丁卯): 김상우를 위하여 제문을 써 주다.

(가) "庚辰三月丁卯"〈祭侍講院弼善金公(商雨)文〉_《전서》 시문집, 1820년 3월 11일

ᄋ 김상우는 충주에 사는 정약용의 친구이다. 1819년 가을(7월)에도 벼슬을 그만두고 돌아가는 길에 초천에 들른 적이 있다. 위 제문은 시기가 1820년 음력 3월 정묘일인 3월 11일이다. 1819년 가을 충주로 돌아간 김상우가 1820년 대략 3월 초순 타계하여 초천에 부음이 도착하자, 1820년 3월 11일 정약용이 제문을 써 준 것으로 추정된다.

3월 24일: ① 큰형 정약현의 둘째아들인 정학순丁學淳이 춘천의 천전泉田에서 경주이씨와 혼례를 치르게 되자, 이에 참석하기 위해 배를 타고 춘천을 향해 출발하다. ② 이날 3월 24일 사라담紗羅潭, 고랑도皐浪渡, 수곡壽谷, 청평清平, 미원동구迷源洞口를 지나다. ③ 송의촌松漪村에 정박하여 점심 식사를 하다(추정). ④ 점심 식사 후(추정) 오장곡鄔莊谷을 지나다. ⑤ 홍천洪川과 입천竝川을 지나다. ⑥ 석양에 유가만柳家灣에 정박하다(이곳에서 숙박 추정).

(가) "庚辰三月二十四日 陪伯氏領淳兒委禽之行" _《穿牛紀行卷》《전서》》, 1820년 4월 2일

(나) 심경호, 《다산과 춘천》, 강원대학교출판부, 1996.

ᄋ (가)는 1820년 3월 하순 정학순丁學淳의 납채를 위하여 춘천으로 기행한 과정에서 지은 시들을 모은 것이다. "庚辰三月二十四日"이라는 구절로 보아 1820년 3월 24일 초천을 출발하였음을 알 수 있다.[397] (가)에 실린 시 가운데 대체로 전반부(七言詩 二十五首)는 1820년 3월 24일 북한강을 거슬러 올라

---

397) 이 춘천 기행에 대하여는 심경호, 《다산과 춘천》(강원대학교출판부, 1996)이 참고된다.

가며 지은 시이다. 3월 24일의 일정은 (가)에 의거하여 정리하였다. 이하 1820년 3월 25일에서 29일까지의 일정을 정리하는 데에는 (가) 외에 (나)도 참고하기로 한다. 신부 경주이씨는 광암 이벽과 촌수가 멀지 않다고 여겨진다. 광암 이벽의 누이 경주이씨는 정약현의 초취 부인이었다. 기호남인에 속하는 압해정씨와 경주이씨는 대대로 통혼하는 같은 통혼권에 속한 집안이었다고 생각된다.

3월 25일: ① 유가만을 출발하다. ② 팔탄八灘, 석지산石芝山 옆을 경유하다. ③ 금허촌金墟村에 정박하다. ④ 금허촌에서 숙박하다(추정).

(가)《穿牛紀行卷》

🖋 석지산은 가평군의 앞에 있다. 금허촌에 정박하였으므로, 이날 3월 25일 밤 당연히 이곳에서 숙박하였을 것이다.

3월 26일: ① 금허촌을 출발하다. ② 남이점南怡沾(남이섬), 염창鹽倉, 난산蘭山, 현등협懸燈峽 등을 경유하다. ③ 춘천 천전泉田의 사돈댁에 도착하여 납채하다(추정). ④ 남일원南一原에서 묵다(추정).

(가) "庚辰三月二十四日 陪伯氏領淳兒委禽之行"《穿牛紀行卷》

🖋 춘천의 어디에 숙박하였는지 기록을 남기지 않은 것은 아마도 여관에 묵었던 것으로 여기는 견해가 있다.[398] 더 구체적으로 생각하여 보면 다음날 아침 일찍 남일원을 출발하므로(3월 27일 부분 참조), 남일원에서 묵었을 것이다. (가)의 후반부(和杜詩 十二首) 시는 다음 날 3월 27일부터의 귀로 과정에서 지은 시로 추정된다.

3월 27일: ① 남일원을 출발하다. ② 호후판呼吼阪, 입천도笠川渡, 초연각超然閣, 삼악三嶽, 현등협懸燈峽, 석문石門, 신연도新淵渡, 소양도昭陽渡, 마적산馬跡山, 기락각幾落閣, 우수촌牛首村을 지나다. ③ 소양정昭陽亭에 가다. ④ 밤에 청평사清平寺에 묵다.

(가)《穿牛紀行卷》 _《전서》, 1820년 4월 2일

---

398) 심경호, 위의 책, 135쪽.

(나) 〈昭陽亭懷古〉 _《穿牛紀行卷》, 1820년 3월 27일 추정

(다) 〈野宿淸平寺和東坡蟠龍寺〉 _《穿牛紀行卷》, 1820년 3월 27일 추정

🎵 (가)의 후반부에 있는 〈和杜詩 十二首〉 가운데 첫 번째 시의 제목이 "早發 南一原 和同谷縣"이다. 1820년 3월 26일 밤 남일원에서 자고 3월 27일 아침 일찍 남일원을 출발한 것으로 여겨진다.[399) 〈和杜詩 十二首〉(1820년 3월 27 일) 바로 뒤에 (나), (다) 등이 있다. (다)의 시로 보아 1820년 3월 27일 밤은 청평사에서 묵었음을 알 수 있다.

3월 28일: ① 아침에 청평사에서 폭포를 보다. ② 청평동의 입구를 나서다. ③ 이목李楘을 만나다. ④ 윤종원尹鍾遠을 만나다. ⑤ 우수촌牛首村에서 숙박하다.

(가) 〈淸平寺觀瀑四首〉 _《穿牛紀行卷》, 1820년 3월 28일 추정

(나) 〈出淸平洞口〉 _《穿牛紀行卷》, 1820년 3월 28일 추정

(다) 〈贈李(楘)參奉丈〉 _《穿牛紀行卷》, 1820년 3월 28일 추정

(라) 〈贈尹鍾遠唯靑〉 _《穿牛紀行卷》, 1820년 3월 28일 추정

🎵 (다)와 (라)는 청평사 입구와 우수촌 중간 지점에서 이목, 윤종원 등과 만나서 지은 시라고 생각된다. 윤종원은 해남윤씨 일족으로 여겨진다.

한편 〈和杜詩 十二首〉의 12번째 시 아래에 "自淸平山歸路 始宿牛首村 初日暫 過之"라는 언급이 있다. 이것은 1820년 3월 27일은 우수촌을 잠깐 지나치고 28일 청평산(청평사)에서 돌아오면서 이날 밤 우수촌에서 묵었다는 뜻으로 해석된다. 따라서 3월 28일 밤은 우수촌에서 묵었을 것이다.

3월 29일: ① 우수촌을 출발하다(추정). ② 협곡을 나오다. ③ 초천의 집에 당도하다.

(가) 〈出峽〉 _《穿牛紀行卷》, 1820년 3월 29일 추정

🎵 1820년 3월 28일 우수촌에서 묵었을 것이므로, 다음 날 아침 우수촌을 출발하였을 것이다. (가)의 시는 배를 타고 협곡을 나오면서 지은 시라고

---

399) 심경호, 《다산과 춘천》(284쪽)에서는 남일원을 남양구면 화도면으로 비정하였다.

할 수 있겠다. 내려오는 뱃길이므로 당일 3월 29일 초천에 당도할 수 있었을 것이다.

한편 1820년 3월 가운데 23일 이전에는 특별한 행적이 추적되지 않지만, 23일까지는 《邦禮草本》의 수정 · 보완 작업을 하였을 것으로 추정된다. 전체의 일정을 정리하면 1820년 3월 24일 초천을 출발하여 이날 밤 유가만에 묵었고, 25일 유가만을 출발하여 금허촌에 숙박하였으며, 26일 금허촌을 출발하여 사돈댁에 납채한 뒤 남일원에서 숙박하였다. 이어서 27일 남일원을 출발하여 청평사에 가서 묵었으며, 28일 청평사를 출발하여 우수촌에서 묵었고, 29일 우수촌을 출발하여 당일 늦게 초천에 당도하였다.

4월 2일(추정): 《穿牛紀行卷》을 정리하다.

🕭 1820년 3월 29일 늦게 초천에 도착하였을 것이고, 29일이 말일이었다. 노인이 긴 여행으로 피곤하였을 것이므로, 다음 날 4월 1일은 휴식하고 2일 무렵 《穿牛紀行卷》을 정리하였을 것으로 추정된다.

4월 23일: 철마산 아래 강 언덕에서 향사례鄕射禮한 것에 대하여 서序를 쓰다.
(가) "嘉慶庚辰 夏四月(二十三日)" 〈江皐鄕射禮序〉 _《전서》 시문집, 1820년 4월 23일

🕭 (가)의 글을 보아 철마산 아래에 강 언덕에서 향사례를 행하였음을 알 수 있다. 날짜는 "嘉慶庚辰 夏四月(二十三日)"이라고 하였으므로, 1820년 4월 23일이 된다. 이것은 초천 인근 기호남인들의 일종의 단합대회 성격을 가진 것이었다고 생각된다. 기호남인계 원로로서 정약용도 직접 참여하였을 가능성이 있다. 이 밖에 4월에 특별한 행적이 추적되지는 않지만, 봄에 이어서 《邦禮草本》 수정 · 보완 작업에 종사하고 있었을 것이다.

5월 1일: 초천으로 찾아온 이인영李仁榮에게 〈爲李仁榮贈言〉을 써 주다.
(가) "嘉慶庚辰五月一日" 〈爲李仁榮贈言〉 _《전서》 시문집, 1820년 5월 1일

🕭 〈爲李仁榮贈言〉의 서두에 "余在洌上"이라고 언급이 있고, 말미에 "嘉慶庚辰五月一日"이라는 언급이 있다. 따라서 저작 시기가 1820년 5월 1일임을 알 수 있다.

5월 6일: 5월 초순 방문한 윤종심이 초천을 떠나 강진으로 향하다.

⚖ 1820년 8월 3일 부분 참조.

6월 일: 《易學緖言》(제1권) 가운데 〈李鼎祚集解論〉을 짓다.

(가) "嘉慶庚辰季夏之月"〈李鼎祚集解論〉 _《역학서언》(제1권), 1820년 6월

⚖ "嘉慶庚辰季夏之月"이라고 날짜가 명시되어 있으므로, 1820년 6월 작임을
알 수 있다.

6월 일(추정): 《易學緖言》(제1권) 가운데 〈鄭康成易注論〉을 짓다.

(가) "嘉慶庚辰夏書"〈鄭康成易注論〉 _《역학서언》(제1권), 1820년 6월

⚖ "嘉慶庚辰夏書"라고 되어 있으므로, 1820년 여름에 지은 것임을 알 수 있다.
앞의 〈李鼎祚集解論〉과 연결되어 있으므로, 1820년 6월 작으로 추정하였다.

7월 3일: 윤규로(추정)에게 편지(〈橘園〉(2))를 보내어 상강霜降까지는 어린 딸을
    서울로 보내달라는 부탁을 하다.

(가) 〈橘園〉(2) _《다산간찰집》256~257쪽, 1820년 7월 3일 추정

⚖ 1820년 8월 3일 부분 참조. 한편 1819년 12월부터 《邦禮草本》 수정·보완
작업을 시작하여 어림잡아 1820년 7월 무렵 《邦禮草本》 보완 작업이 끝났
을 것으로 생각된다. 1820년 8월에는 한익상에게 《牧民心書》를 같이 읽자
고 권하였기 때문이다(8월 14일 부분 참조). 따라서 1820년 8월 무렵부터는
《牧民心書》의 수정·보완 작업이 시작되어 1821년 3월 끝난 것으로 볼 수
있겠다(〈牧民心書序〉 1821년 3월 작성). 이상과 같이 본다면 해배 이후 1820년
《邦禮草本》 보완 작업이 있었다고 하더라도(1822년 〈자찬묘지명〉 저술 당시 48
권), 《邦禮草本》의 보완 기간은 대략 8개월 정도(1819년 12월~1820년 7월)였을
것이다. 이 기간 동안 대략 버클리본 《經世遺表》제33권에서 제48권 부분(도
합 16권) 작업을 하였다고 생각된다. 대략 1820년 7월 하순 무렵 〈邦禮草本
序〉를 작성하였을 것이다.

한편 《사암연보》에 따르면 1817년 기사에서 《邦禮草本》의 편목 구성 및
권수와 관련하여 "凡四十九卷……六官合六卷次天官修制五卷………地官修制三十五

卷……次春官修制二卷…此冬官修制 曰匠人營國圖說 又有船議 不能完編"이라고 하였다(200~202쪽). 여기에서 '49권'이라고 한 것은 〈邦禮草本序〉(대략 1820년 7월 하순 추정)를 쓴 이후 동관冬官에 〈匠人營國圖說〉과 〈船議〉(둘을 합쳐서 1권)가 추가되었기 때문이라고 생각된다(위 기사는 1817년 부분에 있지만 1822년 〈자찬묘지명〉(집중본) 작성 뒤의 사실을 반영하고 있다. 〈자찬묘지명〉 작성 당시 48 권). 따라서 위의 기사는 1817년 초가을 중단 당시의 사정을 반영하는 것이 아니다. 1820년 7월 무렵 48권으로 종결할 때까지 대략 16권 분량이 추가되었다고 여겨진다. 그리고 〈匠人營國圖說〉과 〈船議〉(둘을 합쳐서 1권)는 〈자찬묘지명〉(집중본) 작성 뒤에 이루어진 것으로 보아야 할 것이다. 〈匠人營國圖說〉은 더 빨리 저술되었을 수도 있다.

8월 3일: 모인某人(윤규로 추정)에게 편지를 쓰다.

(가) "庚辰八月三日" 〈茶山廬次敬奉 斗陵候疏〉 《다산간찰집》208~209쪽, 1820년 8월 3일

(나) "八月九日" 〈此書將付之於聖來回便〉 《다산간찰집》208~209쪽, 1820년 8월 9일

☞ (가)로 보아 위의 사실이 확인된다. (가)의 "己卯八月之書 前月始來 歲適一週 矣"라는 구절로 보아서 1819년 8월에 보낸 편지가 1820년 7월 도착하자 이에 대한 답장으로 쓴 것임을 알 수 있다. 말미에 "庚辰八月三日"이라는 구절이 있으므로, "1820년 8월 3일"에 지은 것이다. (나)는 8월 9일 (가)에 더하여 같은 종이에 다시 첨부하여 쓴 것이다. 말미에 "八月九日"이라는 언급이 있다. (가)를 써서 갖고 있다가 1820년 8월 9일에 추가하여 쓴 것이다. (나)에 따르면 1820년 8월 3일 편지를 썼는데 또 모인某人이 1820년 7월 26일 보낸(卽又承七月卄六日書) 편지가 8월 9일에 도착하자, 바로 (나)를 추기하여 보낸 것으로 볼 수 있겠다. (가)와 (나) 편지의 내용은 심각한데, 강진에 있는 딸과 그 모친에 대한 언급이 포함되어 있다.

그리고 성래聖來와 원례元禮, 배연拜延에 대한 언급이 있다. 《다산간찰집》(209쪽)에서 원례를 한백원韓百源(자 원례元禮, 한준겸韓浚謙의 봉사손이며 한진하韓鎭夏의 아들)으로 비정하였으나, 의문이 든다. 강진에 보내는 편지로 여겨지기 때문이다. 한백원은 1795년 가을 정약용이 금정 찰방으로 좌천되

었을 때 부여 현감을 하고 있었으며, 이때(1795년 9월 14일) 정약용은 부여로 그를 방문하여 〈同扶餘縣監韓元禮(百源) 自皐蘭寺下汎舟 至自溫臺 舟中戲吟 示元禮〉, 〈自溫臺下汎月〉 등과 같은 시를 남기기도 하였다.[400] 그리고 한백원은 죽란시사의 일원이기도 하였으며,《해동역사》를 지은 한치윤韓致奫, 한진서韓鎭書 등과는 인척 관계가 된다. 한치응韓致應과도 인척이다.

　편지의 내용으로 보아서 (가)와 (나) 편지의 수신인은 강진 시절 얻은 처와 정약용 사이를 중개하여 주던 인물이므로, 윤규로尹奎魯일 가능성을 생각하여 본다. 윤규로에게 쓴 편지로 추정되는 〈橘園〉(2)(1820년 7월 3일 추정,《다산간찰집》, 256~257쪽 수록)에서 어린 딸을 데려오는 일을 부탁하고 있기 때문이다. 〈橘園〉(1)은 봉투에 "五月六日"이라고 되어 있다. 1820년 5월 6일 귤원橘園에게 편지 〈橘園〉(1)을 보내고 이어서 〈橘園〉(2)를 7월 3일 보냈으며 둘을 함께 넣어 둔 것인데 5월 6일 편지는 없어진 것 같다(또 1820년 8월의 (가)와 (나)를 합쳐서 〈橘園〉(3)이 된다.〈橘園〉(1), (2), (3)은 필자가 임의로 붙인 이름이다). 1820년 7월 3일 편지 〈橘園〉(2)에서 어린 딸을 데리고 오는 일을 이미 紺泉(윤종심)에게 다 말하였다고 하므로, 5월 초순 윤종심이 초천에 왔었고 1820년 5월 6일 윤종심이 떠날 때 그의 편에 〈橘園〉(1) 편지를 써서 보낸 것으로 여겨진다. 그리고 정약용이 다시 초천에서 1820년 7월 3일 편지 〈橘園〉(2)(상강霜降까지는 어린 딸을 서울로 보내달라는 부탁)를 보내자, 이에 대한 답장을 윤규로가 1820년 7월 26일 보내어(아마도 어린 딸을 보내기 어렵다는 답장. 이 답장은 1819년 8월에 윤규로가 보낸 편지와는 별개로서 1819년 8월에 보낸 편지가 1년이 되어 도착하였고, 그 직후 1820년 7월 26일 윤규로가 보낸 편지가 초천에 8월 9일 무렵 도착) 1820년 7월 26일 보낸 답장이 8월 9일 도착한 것으로 보인다. 〈橘園〉(2)(1820년 7월 3일 추정)의 시기는 《다산간찰집》(257쪽)에서는 연도를 비정하지 않았으나, "1820년"으로 잡을 수 있겠다. 강진에서 있는 어린 딸을 그곳의 처가 보내려 하지 않았기 때문에, 윤규로가 보낼 수 없었던 것으로 보인다. 1820년 8월 3일에 써 두었던 편지에는 이 여인에 대한 서운함과 미안함이 표현되어 있으나, 8월 9

400) 조성을, 2004, 101쪽.

일의 추기에서는 어린 딸의 목 종기에 대한 언급이 없는 것(7월 26일 윤규로가 보낸 편지)을 보고서 다소 안도한 것으로 보인다. 딸의 목 종기 얘기는 5월 초순 윤종심이 방문할 때 들었을 것이다.

8월 9일: 8월 3일 모인某人에게 쓴 편지에 추가하여 편지를 쓰다.

(가) "庚辰八月三日"〈茶山廬次敬奉 斗陵候疏〉_《다산간찰집》208~209쪽, 1820년 8월 3일

(나) "八月九日"〈此書將付之於聖來回便〉_《다산간찰집》208~209쪽, 1820년 8월 9일

🖉 1820년 8월 3일 부분 참조.

8월 14일: 경성鏡城 판관을 지내고 돌아온 한익상에게 편지를 보내다.

(가) "八月 十四日"〈다산의 필적〉_조선일보 1935.7.18. 및《다산간찰집》210~211쪽 수록, 1820년 8월 14일

🖉 한익상은 1819년 8월 초(추정) 함경도 경성 판관으로 부임하는 길에 초천에 들렀다.《여유당전서》시문집에〈送韓(益相)正言赴鏡城判官〉이 실려 있다. 이전에 1819년 7월 7일 이후~8월 28일 작으로 추정하였으나,[401]《다산간찰집》(212쪽)에 "1819년 7월 27일" 경성 판관에 임명되었다고 하므로 "1819년 8월 초" 부임하는 길에 초천을 방문한 것으로 보는 것이 좋겠다. (가) 편지의 내용으로 보아서 1820년 8월에는 이미 (서울 또는 초천 인근)에 돌아와 있었다(《다산간찰집》(212쪽)에 따르면 1820년 4월 경성 판관에서 체직되었다고 함).《牧民心書》를 봉증하고 제사를 지낸 뒤 함께 모여 이 책을 읽자고 하였기 때문이다. 한익상이 한 일(아마도 함경도 경성 판관으로 근무하면서 한 일)도 이 책 끝에 편입해야 한다는 내용으로 보아서, 이때《牧民心書》수정·보완 작업을 계획하고 있었던 것으로 여겨진다.〈牧民心書序〉는 1821년 3월에 작성되었다. 또 이 편지에는 정약용이 다음 날(1820년 8월 15일) 출타하고 모레(8월 16일) 돌아온다는 내용도 있다. 날짜는 "八月 十四日"이라고만 되어 있으나,《다산간찰집》(212쪽)에서 "1820년 8월 14일"이 분명하다고 하였다. 이를 따른다.

---

401) 조성을, 2004, 170쪽.

8월 15일: 정약용이 출타하다.

🪷 이날 8월 15일 어디로 출타하였는지는 알지 못하나, 1박하고 돌아왔다(8월 14일 부분 참조).

8월 16일: 정약용이 초천 집에 돌아오다.

🪷 1820년 8월 14일 부분 참조. 늦어도 8월 후반부터는 《牧民心書》 수정·보완 작업에 종사하고 있었을 것으로 생각된다.

9월 14일: ① 영남의 모인某人에게 편지를 보내어 상주尙州와 낙동강 사이에서 만났던 일을 회고하다(오전). ② (용문산龍門山에 가기 위해) 초천을 출발하여 양근을 지나다. ③ 죽절령竹節嶺, 선령船嶺을 지나다. ④ 당숙부의 댁을 찾아뵙다. ⑤ 족제 정약건丁若鍵의 집을 방문하다. ⑥ 민백선閔伯善의 집을 방문하다. ⑦ 민백선의 집에서 조장趙丈(조가교趙可教)과 만나 다음 날 같이 등산할 것을 약속하다(추정). ⑧ 민백선의 집에서 숙박하다(추정).

(가) "庚辰九月四日 病弟丁鏞拜"〈尙憶商洛館逆旅館中毅然相送〉 _《다산간찰집》 214~125쪽, 1820년 9월 4일

(나) 〈楊根道中作〉(庚寅秋) _《전서》 시문집, 1820년 9월 14일

(다) 〈竹節嶺〉 _《전서》 시문집, 1820년 9월 14일

(라) 〈船嶺〉 _《전서》 시문집, 1820년 9월 14일

(마) 〈堂叔父山居 次韻去年之作〉 _《전서》 시문집, 1820년 9월 14일

(바) 〈第八弟健山居〉 _《전서》 시문집, 1820년 9월 14일

(사) 〈閔伯善山居戱題〉 _《전서》 시문집, 1820년 9월 14일

🪷 (가) 편지의 시기는 "庚辰九月四日 病弟丁鏞拜"라는 언급이 있으므로, "1820년 9월 4일"임을 알 수 있다. 편지의 내용으로 보아서 영남의 모인에게서 그의 아들을 통해 편지를 받고서 답장으로 보냈으며, 이 편지에서 낙동강과 상주 사이에서 만났던 일을 회고하였다. 아마도 1801년 3월 장기로 유배 가는 길에 상주 부근을 경유하였을 때 정약용이 이전 영남에서 교유가 있던 모인이 상주 근처로 와서 전송하여 주었던 것으로 보인다. 정약용이

교유한 영남 인물 가운데 가장 절친한 사람은 김한동인데 그는 1820년 이전에 이미 타계하였다. 다른 교유 인물로는 칠곡의 신영로가 두드러진다. 신영로는 1817년 4월 26일 강진의 다산초당을 방문하여 하루 묵고 돌아갔다. 그리고 1819년 12월 부분에서 언급한 바와 같이, 정약용은 1819년 12월 6일 칠곡부사 성동일에게 편지를 보내고 이 편지를 칠곡 약목若木의 신영로에게도 전해달라고 하였다. 1819년 12월까지도 신영로와 교유가 지속되고 있었음을 알 수 있다. 하지만 모인이 바로 신영로라고 확언하기는 어렵다. (가) 편지는 아마도 1820년 9월 4일보다 얼마 전에 받은 편지에 대한 답서이고 이날 용문산 기행을 시작하므로, (가)를 1820년 9월 4일 오전에 써서 보낸 뒤에 용문산으로 출발한 것으로 보는 것이 타당하겠다.

한편 용문산 기행과 관련된 시들은 《여유당전서》에는 〈茱花亭詩抄〉(1821년 5월 5일 작) 뒤에 있으나, 시기적으로는 용문산 기행시들은 1820년 9월 15일~16일 사이의 시들로서 〈茱花亭詩抄〉(1821년 5월 5일 작) 보다 앞선다. 용문산 기행시들의 앞에는 서문 격으로 "今年秋 再登遊龍門 九月十五日 宿龍門寺 闕明日遊鳳凰臺而還"이라는 구절이 붙어 있다. 이 구절에서 보면, 1820년 9월 15일 용문사에서 숙박하고 9월 16일 봉황대에 올랐다가 돌아왔음을 알 수 있다. (나), (다), (라), (마), (바), (사)의 시들 바로 다음에 〈陪叔父遊龍門寺〉(1820년 9월 15일), 〈龍門寺〉(1820년 9월 15일)가 배치되어 있다. (나)의 시에 "庚寅秋"라고 원주가 붙어 있으므로, (나), (다), (라), (마), (바), (사)의 시들은 1820년 9월 14일 작이라고 볼 수 있다. 이 시들을 보아서 9월 14일의 일정을 위와 같이 정리할 수 있다.

이번 용문산 기행에는 소를 타고 육로로 갔던 것으로 생각된다. (나)의 시에 "牛背西風盡日凉"이라는 구절이 있기 때문이다. 소를 타고 먼저 양근까지 갔고, 다시 죽절령과 선령을 넘어서 당숙부 댁에 도착한 것으로 볼 수 있겠다. 당숙부 댁을 방문한 이후 다시 정약건(종형제 사이로 추정됨)의 집과 민백선의 집을 방문하였음을 (바), (사)의 시에서 알 수 있다. 1820년 9월 14일 밤은 민백선의 집에 숙박하고, 다음 날 15일 다시 당숙부의 댁에 가서 모시고 함께 출발하였을 가능성이 크다. 이리하여 다음 날 일정에 착오가 생긴 것 같다. 아마도 민백선의 집에서 1820년 9월 14일 조장(조가교)을 만나, 다음 날 15일에 함께 봉황대鳳凰臺와 용문사龍門寺를 유람하자고 약속한 것으로 생각된다. 이때 조가교는 다음 날 15일에 먼저 봉황대에 오르고 나서 용문사로 가자고 하였으며, 정약용은 일단 이를 수락한 것 같다. 그러나 15일에 당숙부의 댁으로 가서 모시고 먼저 용문사로 가게 되자, 정약용은 당숙부 댁을 출발하면서 조가교에게 편지를 보내 용문사에서 기다리겠다고 한 것으로 보인다(1820년 9월 15일 부분 참조). 이번 1820년 9월의 용문산 기행은 제2차이다. 1819년 8월 28일~9월 1일 사이에 제1차 용문산 기행이 있었다.

9월 15일: ① 당숙부 댁으로 가다. ② 조장(조가교)에게 봉황대보다 먼저 용문사로 가겠다는 편지를 보내다(추정). ③ 당숙부를 모시고 용문사로 출발하다. ④ 용문사에 당도하다. ⑤ 조가교를 기다리다. ⑥ 조가교가 용문사에 당도하다(늦은 저녁 추정). ⑦ 용문사에서 죽숙유鬻菽乳를 먹다. ⑧ 용문사에서 숙박하다.

(가) 〈陪叔父遊龍門寺〉 _《전서》 시문집, 1820년 9월 15일

(나) 〈龍門寺〉 _《전서》 시문집, 1820년 9월 15일

(다) 〈鷳村趙丈要余先遊鳳凰臺 中路相招 待之不至〉 _《전서》 시문집, 1820년 9월 15일 해질녘

(라) 〈趙丈追話前年斜川之遊〉 _《전서》 시문집, 1820년 9월 15일 늦은 저녁

(마) 〈寺夜鬻菽乳〉 _《전서》 시문집, 1820년 9월 15일 밤

☞ 앞에서 언급한 바와 같이 용문산 기행시들의 서두에 "今年秋 再登遊龍門 九月十五日 宿龍門寺 闕明日遊鳳凰臺而還"이라는 언급이 있다. (다)의 시는 배치 순서로 보아서 용문사에 도착한 이후의 것이 분명하며, (라)의 시는 용문사에서 지은 것이다. (다)의 시에 "용문사를 먼저 간 다음 봉황대에 오른다는 계획에도 다시 착오가 생겼다木末招呼日已斜 先龍後鳳計已差"라는 구절이 있다. 이 시는 용문사에서 조장(조가교)을 기다리며 해질녘 지은 시임을 알 수 있다. 또 이 시에 "余遺趙丈書日 吾將先龍而後鳳"이라고 원주가 붙어 있으므로, 정약용이 조장에게 9월 15일 일정을 용문사에 먼저 간 다음 봉황대에 오르는 것으로 바꾸자는 내용이다(원래는 조장의 계획대로 봉황대에 먼

저 간 다음 용문사에 가는 것이었으나, 용문사에 먼저 가고 봉황대에 나중에 가는 식으로 계획을 바꾼 것은 당숙부를 모시고 먼저 용문사로 가기 위하여서였을 것으로 생각됨). 그러나 조장이 용문사에 늦게 당도하여 이날 9월 15일 봉황대에 오르는 것은 어려워졌다. 이전에 (다)의 시에 대하여 용문사로 가기 위해 조장을 기다리며 지은 시로 본 것은[402] 오류이며, 일정을 바꾸어 용문사에 도착한 뒤에 조장을 기다리며 지은 시로 보는 것이 타당하겠다. (다)의 시를 지은 뒤 조장이 용문사에 당도한 이후 지은 시 (라)는 전년도 1819년 8월 말 사천斜川의 일을 회상하며 지은 시이다. 이때 같이 있었던 사람이 조가교이므로 조장이 바로 조가교임을 알 수 있다. 사천사는 용문산 바깥에 있고 용문사는 용문산 안에 있다.

9월 16일: ① 아침 용문사를 출발하다. ② 봉황대에 오르다. ③ 봉황대에서 조일인趙逸人(조가교)의 새집을 바라보다. ④ 조일인의 집에 가다. ⑤ 마곡馬谷 윤일인尹逸人(윤선계尹善戒)의 산거에 이르다. ⑥ 윤일인의 산거에서 숙박하다(추정).

(가) 〈出寺〉 _《전서》 시문집, 1820년 9월 16일 아침 추정

(나) 〈登鳳凰臺〉 _《전서》 시문집, 1820년 9월 16일 점심 무렵 추정

(다) 〈鳳凰臺望趙逸人新居 遂與共往〉 _《전서》 시문집, 1820년 9월 16일 오후

(라) 〈馬谷尹逸人山居〉 _《전서》 시문집, 1820년 9월 16일 저녁 추정

(마) 〈過尹逸人(善戒)牛川新居〉 _《전서》 시문집, 9월 말 또는 10월 초 무렵 추정

(바) 〈簡寄閑村趙逸人〉 _《전서》 시문집, 9월 말 또는 10월 초 무렵 추정

ᢀ (가), (나), (다), (라)의 시로 보아 위의 사실이 확인된다. (다)의 시에 "趙丈之言 移居爲鳳凰溪山之勝 堂叔戲云 本意在麥田之良 趙丈訟於余曰 諺曰金剛山食後景"이라는 구절이 있으므로, 조일인이 바로 조장=조가교임을 알 수 있고 봉황대에는 정약용의 당숙부도 같이 올라갔음도 알 수 있다. (다) 시 제목에서 조가교가 정약용과 그의 당숙부를 자신의 집으로 데려갔음도 알 수 있다. 조가교의 집에 간 뒤에 다시 윤일인의 집에 갔다면 때가 늦었을 것

---

402) 조성을, 2004, 175쪽.

이므로 아마도 윤일인의 집에 숙박하였을 가능성이 크다. 윤일인은 (마)의 시로 보아 윤선계임을 알 수 있고, 정약건과는 사돈 사이이며 정약건의 집에서 고개 너머에 집이 있었다.[403] 그러다가 우천牛川(소내: 아마도 초천)으로 이사 오게 되자, 정약용이 그를 방문하고 지은 시가 (마)라고 할 수 있겠다. (마)의 바로 뒤에 (바)의 시가 배치되어 있는데 내용으로 보아 용문산 기행에서 돌아온 뒤 편지 형식으로 보낸 시이다. 이렇게 보면 (마)와 (바)의 시는 대략 1820년 9월 말 또는 10월 초 무렵 지어진 것으로 추정된다. 한편 1820년 9월 기간에도 용문산 기행 시기를 제외하고는 대체로 《牧民心書》 수정 · 보완 작업에 종사하고 있었다고 생각된다.

1820년 9월(추정): 이학규가 정약용에게 장문의 답서를 보내다.

(가) 〈答丁參議若鏞書〉 _《낙하생전집》(중), 489쪽, 1820년 추정

(나) 〈奇呈丁參議若鏞〉 _《낙하생전집》(중), 564쪽,

10월~12월:

ø 특별한 행적이 확인되지 않으나, 1820년 9월에 이어서 10월~12월에도 《牧民心書》 수정 · 보완 작업에 종사하고 있었다고 생각된다.

1820년의 저작과 활동

　　1820년 봄의 시로 3월 하순 춘천 기행에서 지은 《穿牛紀行卷》을 들 수 있겠다(다만 정리는 1820년 4월 2일 추정). 잡문은 확인되지 않으며, 저술 활동으로 1820년 봄 기간 동안에도 《邦禮草本》 수정 · 보완 작업을 하고 있었을 것으로 추정된다. 한편 이 해 봄의 저술 활동으로 《耳談續纂》이 완성된 것도 주목된다. 작은 분량이므로 큰 시간이 들지 않고 《邦禮草本》 수정 · 보완 작업과 병행하였을 것으로 여겨진다. 서문에 "耳談續纂, 嘉慶 庚辰春 鐵馬山樵序"라고 되어 있다. 다만 《사암연보》에는 이에 대한 언급이 없다.

　　1820년 여름의 시는 확인되지 않으며, 잡문으로는 〈江皐鄕射禮序〉(1820년 4월 23일), 〈爲李仁榮贈言〉(1820년 5월 1일) 및 《易學緒言》 가운데 〈李鼎祚集解論〉(1820년 6월)

---

403) 조성을, 위의 책, 176쪽.

과 〈鄭康成易注論〉(1820년 6월 추정)을 집필하였다. 저술 활동으로는 이 해 여름 동안에도 《邦禮草本》 수정·보완 작업을 계속하였고, 1820년 4월 2일 무렵에는 《穿牛紀行卷》을 정리하였을 것이다. 대략 7월 무렵까지 《邦禮草本》 보완 작업이 완료되었을 것으로 여겨진다.

1820년 가을의 시로는 〈楊根道中作〉(1820년 9월 14일), 〈竹節嶺〉(1820년 9월 14일), 〈船嶺〉(1820년 9월 14일), 〈堂叔父山居 次韻去年之作〉(1820년 9월 14일), 〈第八弟健山居〉(1820년 9월 14일), 〈閔伯善山居戲題〉(1820년 9월 14일), 〈陪叔父遊龍門寺〉(1820년 9월 15일), 〈龍門寺〉(1820년 9월 15일), 〈鵬村趙丈要余先遊鳳凰臺 中路相招 待之不至〉(1820년 9월 15일 해질녘), 〈趙丈追話前年斜川之遊〉(1820년 9월 15일 늦은 저녁), 〈寺夜鸎荻乳〉(1820년 9월 15일 밤), 〈出寺〉(1820년 9월 16일 아침 추정), 〈登鳳凰臺〉(1820년 9월 16일 점심 무렵 추정), 〈鳳凰臺望趙逸人新居 遂與共往〉(1820년 9월 16일 오후), 〈馬谷尹逸人山居〉(1820년 9월 16일 저녁 추정), 〈過尹逸人(善戒)牛川新居〉(1820년 9월 말 또는 10월 초 무렵 추정), 〈簡寄閑村趙逸人〉(1820년 9월 말 또는 10월 초 무렵 추정) 등이 있다. 잡문으로는 〈다산의 필적〉(1820년 8월 14일; 한익상에게 보낸 편지)과 〈조장趙丈에게 보내는 편지〉(1820년 9월 15일 추정) 등이 있다. 한편 늦어도 이 해 8월의 후반부터는 《牧民心書》 수정·보완 작업에 종사하기 시작하여 1820년 9월에도 여전히 이 작업에 종사하고 있었다고 생각된다.

1820년 겨울의 시는 확인되지 않으며, 잡문으로는 〈翁山墓誌銘〉(1820년 겨울)이 확인된다. 〈翁山墓誌銘〉은 정약용의 사돈 윤서유尹書有의 묘지명이다. 한편 1820년 겨울 동안에도 1820년 가을에 이어서 《牧民心書》 수정·보완 작업을 하고 있었다고 생각된다.

1821년 辛巳, 순조 21 _60세

1월 일:

🜨 특별한 활동은 추적되지 않으나, 1820년 겨울에 이어서 1821년 1월에도 《牧民心書》 수정·증보 작업을 하였을 것으로 판단된다.

2월 5일(무렵 추정): 채홍원(채제공의 양자)이 초천으로 정약용을 찾아오다.

Ⓐ 1821년 3월 5일에 정약용은 채제공의 신원伸寃을 위한 상주문 초안을 보낸다(3월 5일 부분 참조). 이날 2월 5일 무렵 채홍원은 정약용에게 상주문 초안을 부탁하기 위해 찾아왔던 것으로 보인다.

2월 29일: 채홍원이 아버지의 억울함을 격쟁으로 고한 데 대하여 승지 홍명
　　　　　주洪命周가 비판하다.

(가) "洪命周疏 略曰…蔡弘遠 擊錚原情…" 　《실록》 순조 21년 2월 29일

Ⓐ 1821년 2월 5일 무렵 채홍원이 정약용을 초천으로 찾아온 것 말고 1821년 2월 동안 특별한 활동은 추적되지 않으나, 1821년 1월에 이어서 2월에도 《牧民心書》 수정 · 증보 작업에 종사하고 있었다고 판단된다.

3월 5일: 모인에게 편지를 보내고 채제공의 신원과 관련된 상주문의 초본을
　　　　　동봉하다.

(가) "辛巳三月五日 弟若鏞拜"〈雲山〉 　《다산간찰집》 216~217쪽, 1821년 3월 5일

Ⓐ (가) 편지에 "辛巳三月五日 弟若鏞拜"라는 구절이 있으므로, 1821년 3월 5일 작임을 알 수 있다. 내용으로 보아서 2월 29일에 있었던 채홍원의 격쟁과 관련하여 상주문을 올리려는 움직임이 채제공 계열 남인들 사이에 있었고, 그 초본을 정약용이 작성하여 모인에게 보낸 것으로 알 수 있다. 모인이 누구인지 확정하기 어려우나, 채홍원과 가까운 인물이고 정약용과는 대략 상호 존대하는 관계에 있었던 사람으로 보인다. 이 편지에서 한 달 전 채홍원이 초천으로 찾아 왔다고 하므로, 대략 1821년 2월 5일 무렵 채홍원이 초천에 찾아왔던 것으로 추정할 수 있겠다. 다만 편지에서는 "蔡令"이라고 하였는데, 《다산간찰집》(217쪽)에서 채홍원으로 추정하였다. 이에 의거해 채령을 채홍원으로 보고, 또 정약용이 보낸 상주문 초본이 채제공의 신원을 위한 것으로 추정하였다.

한편 1821년 3월 이 밖에 특별한 활동은 추적되지 않으나, 1821년 2월에 이어서 《牧民心書》 수정 · 증보 작업에 종사하여 3월에 작업을 일단 완료하였다고 판단된다. 〈牧民心書序〉의 말미에 "當宁二十一年辛巳暮春"(1821년 3월)이라는 언급이 있다.

4월 일:

◎ 1821년 4월 이후 행적이 잘 추적되지 않는다. 《易學緒言》 가운데 〈李鼎祚集解論〉이 "嘉慶庚辰季夏"(1820년 6월)에 완성되었고, 〈鄭康成易註論〉도 "嘉慶庚辰夏"(1820년 6월 추정)에 완성되었다. 이 밖에 《易學緒言》 수록 저작들 가운데 저작 시기가 언급된 것으로는 〈來氏易註駁〉 "道光元年 冬"(1821년 겨울), 〈李氏折中鈔〉"道光元年辛巳冬"(1821년 겨울)가 있다.[404] 《易學緒言》은 1808~1821년 사이에 단계적으로 완성되었다고 하더라도, 1820년 8월부터 1821년 3월 사이의 《牧民心書》 수정·증보 작업이 완료된 뒤 본격적으로 작업이 시작된 것으로 볼 수 있겠다. 말할 것도 없이 1820년 여름에 〈李鼎祚集解論〉과 〈鄭康成易註論〉을 작성한 뒤, 《易學緒言》 작업에 부분적으로 《牧民心書》 수정·증보 작업과 병행되었을 가능성이 있다. 다만 《易學緒言》은 말미의 〈周易答客難〉, 〈玆山易柬〉(정약전 저), 〈茶山問答〉을 제외하면 대체로 집필 순서대로 편집되었다고 여겨지므로, 〈李氏折中鈔〉(1821년 겨울) 뒤에 있는 〈陸德明釋文鈔〉와 〈王應麟鄭註之論〉은 1821년 겨울보다 뒤에 정리되었을 수 있다(늦어도 1822년 봄 완료 추정).

5월 5일: 권좌형權左衡이 방문하자 〈茱花亭詩草〉를 지어 주다.

(가) "茱花亭新成 權左衡適至" "君來適値天中日" 〈茱花亭詩草〉 _《전서》시문집, 1821년 5월 5일

◎ "君來適値天中日"이라는 구절로 보아서 (1821년) 5월 5일 지은 것임을 알 수 있다. 또 "茱花亭新成 權左衡適至"라는 구절로 보아 마침 채화정(정약용의 채마밭에 있는 정자)이 새로 완성되었는데, 권좌형이 오자 (가)의 시를 지은 것으로 추정된다. 권좌형이 누구인지는 알지 못하지만, 아마도 기호남인계 인물로서 권철신·권일신 등과 가까운 친척이 아니었을까 생각된다. 5월에는

---

404) 《易學緒言》의 저술 시기에 대하여 김인철, 《다산의 주역해석 체계》(경인문화사, 2003, 24쪽)에서는 1821년 겨울 이후 최종적으로 완성되었다고 하였다. 방인, 〈정약용의 주자본의발미 연구〉(《다산학》19, 2011.12, 6~7쪽)에서는 1808년에 지은 〈주역잉언〉과 〈주역서언〉 및 〈周易答客難〉 등이 1808년 이후 《易學緒言》의 자료로 활용되었으며, 1808~1821 사이에 《易學緒言》이 단계적으로 완성되었다고 하였다. 대체로 방인의 견해가 타당하다고 생각된다.

1821년 4월에 이어서 《易學緒言》 작업에 종사하고 있었을 가능성이 크다.

6월 일:

ⓐ 1821년 6월에는 특별한 행적이 추적되지 않지만, 1821년 5월에 이어서 6월에도 여전히 《易學緒言》 작업에 종사하고 있었을 가능성이 크다.

7월 1일: 사돈 윤서유가 타계하다.

(가) 〈贈西隣韓生員〉 _《전서》 시문집, 1821년 6월 추정

(나) 〈尹正言輓詞〉 _《전서》 시문집, 1821년 7월 초순

(다) "辛巳[1821]…夏六月寢疾 旣革除司諫院正言…受牌 俄而屬纊 卽七月初一日也"〈司諫院正言尹公墓誌銘〉 _《전서》 시문집, 1821년 7월 1일 이후

ⓐ (다)의 기록에 따르면 윤정언尹正言은 정약용의 사돈 윤서유(사위 윤창모尹昌謨의 아버지)이며 윤서유가 졸한 것은 1821년 7월 1일이다. (나)에서 윤정언 역시 시의 내용으로 보아서 윤서유를 가리키는 것이 분명하며 윤영희는 아니다. 이 시의 저작 시기는 윤서유가 타계한 것이 1821년 7월 1일이라는 점에서 문제이다. 이전에 이 시를 대체로 "1824년 가을 작(또는 1828 가을 이후)"라고 추정하고, 윤정언이 윤영희일 가능성에 대하여도 생각하여 보았다.[405] 그러나 시의 내용을 보면 윤정언은 정언 벼슬을 받고 바로 죽은 것으로 되어 있으므로, 윤서유임이 분명하다. 따라서 이 시는 1821년 7월 초순 윤서유의 부음을 듣고 지은 것으로 보아야 한다. 다만 윤서유의 장례는 유월장踰月葬을 하여 1821년 8월에 있었을 것이다. (가)의 시는 (나)의 바로 앞에 배치되어 있으므로, 일단 대략 비슷한 시기(1821년 6월 무렵)에 지은 것으로 추정하여 둔다.[406] 한생원이 누구인지는 알지 못한다. 초천 부근에 살고 있었고 어려서부터 정약용과 친구였던 것 같다.

7월 일: 이인영李仁榮을 시켜 〈禮考書頂〉을 정리하게 하다.

(가) 〈禮考書頂〉(道光辛巳孟秋) 1821년 7월

---

405) 조성을, 2004, 188쪽.
406) 조성을, 위의 책, 188쪽에서는 1824년 작으로 추정하였다.

Ⓐ (가)의 서두에 "道光辛巳孟秋"라고 되어 있으므로, 1821년 7월 완성되었음을 알 수 있다. 1821년 7월에는 6월에 이어서 여전히 《易學緖言》 작업에 종사하고 있었을 가능성이 크다.

8월 3일: 모인에게 편지를 보내 그의 집안일을 걱정하고 공목公牧(윤종심)이 여름에 4달 동안 머무르고 갔음을 말하다.

(가) "辛巳八月三日 戚好丁若鏞拜手" 〈今年多雨〉_《다산간찰집》218~219쪽, 1821년 8월 3일

Ⓐ "辛巳八月三日 戚好丁若鏞拜手"라는 구절로 보아서 1821년 8월 3일 작임을 알 수 있다. 공목(윤종심)이 4개월 머무르고 (강진으로) 돌아간 것을 보아서 대략 1821년 4월~7월 사이에 윤종심이 초천에 머물렀음을 알 수 있다. 이때 정약용이 《易學緖言》 작업에 종사하고 있었으므로, 윤종심은 초천에 머무르면서 이 작업을 돕고 있었을 가능성이 있다. 수신자 모인은 편지의 내용에 집안일을 자세히 이야기하고 있고, "척호戚好"라는 표현과 윤종심을 언급한 것을 보면, 정약용과 인척 관계이며 윤종심과도 가까운 사이라고 추정된다. 강진에 사는 해남윤씨 또는 다른 인척일 가능성이 있다.

8월 25일: 남고 윤지범이 타계하다.

(가) "辛巳秋 公沒 公沒之後 子鍾杰 以公詩文遺稿 寄之" "八月二十五日 以疾終" 〈南皐尹參議持範墓誌銘〉_《전서》 시문집, 1822년 무렵 추정

Ⓐ (가)로 보아 남고 윤지범이 1821년 8월 25일 타계하였음을 알 수 있다. 이 밖에 1821년 8월에 특별한 행적이 추적되지 않지만, 1821년 7월에 이어서 8월에도 여전히 《易學緖言》 작업에 종사하고 있었을 가능성이 크다.

9월 4일: 맏형 정약현이 타계하다.

(가) "秋九月 遭伯氏進士公喪事" _《사암연보》 210쪽

(나) "道光辛巳之秋…九月初四日 皐復于舊廬" 〈進士公墓誌銘〉_《전서》 시문집, 1821년 9월 4일

Ⓐ 정약전이 타계한 것이 1821년 9월 4일이므로, (나)를 지은 것은 9월 4일

이후가 된다. 9월에는 4일에 정약현이 타계한 일 말고 특별한 일이 눈에
뜨이지 않는다. 아마도 9월에도 8월에 이어서 《易學緖言》 작업에 종사하고
있었을 것이다.

10월 일:

Ⓦ 특별한 행적이 추적되지 않지만, 1821년 가을에 이어서 10월에도 여
전히 《易學緖言》 작업에 종사하고 있었을 가능성이 크다.

11월 일: 김기서金基叙에게 답서를 보내다.

(가) 〈答鼎山〉(제1서) _《전서》 시문집, 1821년 11월

Ⓦ 위 편지는 우리나라 혼인례와 관계된 내용으로 말미에 다만 "辛巳 十一
月"이라고만 되어 정확하게 11월 언제인지 알 수 없으며, 바로 뒤에서 언
급할 김매순金邁淳의 정약용 방문보다 앞이라고 단정할 근거도 없다. 다만
김매순의 정약용 방문과 두 사람의 서신 내왕이 서로 연결되도록 김기서
의 편지를 김매순의 방문보다 앞에서 언급하였을 따름이다.

11월 23일 무렵(추정): ① 김매순이 정약용의 산재山齋를 방문하다. ② 비
를 만나 김매순이 하룻밤 머무르다(23일 밤 추정).

(가) "山齋値雨 得衍一日之歡…區區自慶之懷 歸而歷日而未已也" 〈與金德叟〉
(제1서) _《전서》 시문집, 1821년 11월 27일

Ⓦ 위 "歸而歷日"이라는 것은 김매순이 돌아가고 나서(정약용이 돌아왔다는
뜻이 아님) 날짜가 며칠 지났다는 뜻으로 해석된다. 왜냐하면 이 편지에 대
한 김매순의 답서 부견附見 〈金德叟書〉(1821년 12월 상순)에서 "歸來思仰 益復如
結 不意存記之篤 賜以手帖"이라고 하였는데, "귀래歸來"란 김매순이 정약용의
산재로부터 돌아왔다는 뜻으로 해석되기 때문이다. 또 "歸而歷日"이라는 표
현으로 보아 김매순이 돌아가고 며칠 정도 날짜가 지나 정약용에게 편지
를 보낸 것으로 생각된다. 정약용이 편지를 보낸 것이 1821년 11월 27일이
므로, 대략 23일 무렵 김매순이 정약용을 방문하고 하루 머물러 24일 무렵
돌아간 것이 아닌가 생각된다.

11월 27일: 김매순에게 편지를 쓰다.

(가) 〈與金德叟〉(제1서) _《전서》시문집, 1821년 11월 27일

🔸 드디어 김매순과 문통이 개시되어 경전에 대한 토론이 지속되었음을 확인할 수 있다. 1821년 11월에는 김기서에게 편지를 쓴 것, 김매순이 방문한 것, 김매순에게 편지를 쓴 것 말고 특별한 사실이 확인되지 않는다. 하지만 1821년 11월에도 《易學緖言》 작업에 종사하고 있었을 것으로 여겨진다.

12월 초순: 김매순에게서 답서를 받다.

(가) 附見〈金德叟書〉 _《전서》시문집, 1821년 12월 초순

1821년의 저작과 활동

1821년 봄의 시는 확인되지 않으며, 잡문으로는 〈牧民心書序〉(1821년 3월)가 있다. 이 해 봄의 저작활동으로 3월에 《牧民心書》 수정·증보 작업이 일단 완료되었고, 《事大考例刪補》가 이루어졌다("二十一年…春 事大考例刪補成"《사암연보》 209쪽). 그리고 채홍원이 1821년 2월 5일 무렵 초천으로 찾아왔으며, 한 달 뒤 3월 5일에 정약용이 채제공의 신원을 위한 상주문 초본을 작성하여 보냈다. 《牧民心書》는 대략 1821년 3월에 보완 작업이 완료된 이후 세상에 비교적 널리 유포되었던 것 같다. 이재의에게 보낸 편지(〈約菴執事〉,《다산간찰집》 280~281쪽)에 근래에 《牧民心書》에 대하여 이러저러한 말이 많다는 언급이 있다. 이 편지에는 날짜가 "二月十五日"이라고만 되어 있지만, "1822년 2월 15일"일 가능성이 크다고 생각된다.

1821년 여름의 시로는 〈棻花亭詩草〉(1821년 5월 5일)가 있으며 저술 활동으로는 《易學緖言》 작업에 종사하고 있었다고 생각된다.

이 해 가을의 시는 확인되지 않으며, 잡문으로는 〈進士公墓誌銘〉(1821년 9월 4일 이후)이 있다. 이 해 가을에도 여름에 이어서 《易學緖言》 작업에 종사하고 있었다고 추정된다.

이 해 겨울의 시는 확인되지 않으며, 잡문으로는 〈南皐尹參議持範墓誌銘〉(1821년 겨울)이 확인된다. 남고 윤지범은 이 해 가을(8월 25일)에 타계하였

지만, 정약용이 윤지범을 위한 묘지명을 쓴 것은 이 해 겨울이었다("冬 撰〈南皐尹參議持範墓誌銘〉"《사암연보》211쪽). 윤지범은 정약용이 해배된 후 원주에서 초천으로 찾아와서 사흘 동안 유숙한 적이 있다("某蒙恩還鄕後數年 公又自原州 過我 宿三日 二十年幽鬱 得少抒焉",〈南皐尹參議持範墓誌銘〉). 1818년에 해배된 지 몇 년 뒤라면 대략 1820~1821년 무렵이라고 추정되는데, 1821년 8월 그가 타계하기 전이었을 것이다. 이 밖에 이 해 겨울 잡문으로는〈答鼎山〉(제1서; 1821년 11월),〈與金德叟〉(제1서; 11월 27일) 등이 확인된다.

한편 1821년 겨울(12월 추정)에는《易學緖言》이 대략 완료되었을 것으로 추정된다.《易學緖言》가운데〈來氏易注駁〉과〈李氏折中鈔〉는 1821년 겨울에 완성되었으며〈唐書卦氣論〉역시 해배 이후 지어진 것으로 추정된다.[407] 하지만〈陸德明釋文鈔〉와〈王應麟鄭註之論〉은 1821년 겨울보다 뒤에 정리되어《易學緖言》작업은 1822년 봄 완료되었을 가능성도 있다.

1822년 壬午, 순조 22 ___61세

: 이 해에는 윤3월이 있었다.

1월 15일 무렵(추정): 정약용과 김매순이 정산鼎山에 있는 정사精舍(김기서의 산정 추정)에서 만나 하루 밤을 지내다.

(가)〈與金德叟〉_《전서》시문집, 1821년 11월 27일

(나) 김매순,〈金德叟書〉_《전서》시문집, 1821년 12월 상순

(다) 김매순,〈又書〉(제1서; 壬午正月 小晦)[김매순이 정약용에게 보낸 편지] _《전서》시문집, 1822년 1월 29일

(라) 김매순,〈會丁承旨(若鏞)于鼎山臨別書贈〉_《臺山集》권2, 1822년 1월 16일 무렵

(마) 김매순,〈茶山(丁承旨自號)寄詩二篇 次韻以謝〉_《臺山集》권2, 1822년 1월 16일 이후 추정

Ⓥ (가)에 "來月望間 雪屋一眠 萬不可遲…直於山亭 煨芋煮菽 爲靜寂雍容 兒言如此 不可不聽 再與丘隅往復 停當加酌量 如何如何"라고 하였다. 이에 따르면 원래 정

---

407) 방인,〈唐書卦氣論을 통해 본 해배기의 다산역학〉《해배이후의 다산》, 다산학술 문화재단 학술대회 자료집, 2016.3) 참조.

약용과 김매순은 1821년 11월 하순 만나 헤어질 때(11월 24일 무렵), 12월 15일 무렵에 다시 만나기로 약속한 것으로 보아야 한다. 또 "再與丘隅往復 停當加酌量 如何如何"에 다시 김기서와 날짜를 상의해 보라고 한 것은 김기서도 동참하기로 되어 있던 것으로 보인다. 이리하여 일정을 조정해 본 결과 (나)에 보면 정약용과 김매순이 다시 만나 하루 밤을 보낸 것은 1822년 1월이었다. (다)에 "精舍之夜 經年乃卜"이라고 되어 있기 때문이다. 다시 만난 시기는 대략 1822년 1월 15일 무렵으로 추정된다. (다)에서 "盛撰梅書平 審閱再三 腹念旬時 唊蔗入佳…而今鼎山索去 行當還達几下"라고 하였기 때문이다. 정약용의 《梅氏尙書平》을 열흘 동안 본 다음 김기서 편에 돌려주어 지금쯤 정약용 손에 돌아가 있을 것이라고 한 것이 1822년 1월 29일이고, 빌려주고 돌려받는 데 며칠 걸렸을 것이므로 1822년 1월 15일쯤 만났을 것으로 추정할 수 있다. 또 원래 지난달 1821년 12월 15일에 만나자고 한 것이므로, 한 달 늦추어 다음 해 1822년 1월 15일 경으로 하였을 가능성이 크다. 1월 15일 (보름) 무렵에는 달도 밝아 밤을 즐기기에 좋았을 것이다. 이때 《梅氏尙書平》에 대한 이야기가 나와 정약용이 빌려 주었을 것이다. 정약용이 김매순에게 책을 빌려준 과정에서 중간 전달 역할을 한 것이 김기서이다. (다)에 "頃自鼎山 傳示手書一番"이라고 하였다. 이 《梅氏尙書平》은 강진 시기에 지은 초고본이며, 이 책을 보고 김매순은 (다)에 별지로 자신의 견해를 조목별로 적어 보냈다.

김매순의 《臺山集》(권2)에는 정약용에게 주는 시 (라)와 (마) 두 편이 실려 있다. 이 두 편은 〈用丙寅舊韻 謝奇穉性〉(辛巳, 1821)과 〈深谷書院〉(甲申, 1824) 사이, 그리고 〈健陵薦奉日 望哭志感〉 바로 다음에 배치되어 있다. 따라서 이 두 편은 일단 1821년~1824년 사이의 저작이라고 할 수 있다. (라)에는 "離索江沱不計春"이라는 구절이 있다. 이 시의 제목과 구절로 보아서 봄 강변에 있는 정산 김기서의 집에서 정약용과 김매순이 만난 것으로 보인다. 시의 배치 순서를 생각하면 아마도 1822년 봄에 두 사람이 김기서의 집에서 만난 것으로 추정할 수 있다. 두 사람이 만난 것은 1822년 1월 15일 무렵(추정)이고, 그 다음 날 헤어지면서 김매순이 정약용에게 써준 시가 바로 (라)라고 판단된다.

나중에 정약용은 홍석주洪奭周와도 서로 책을 빌려주고 돌려받으며《尚書》와 관련하여 편지로 토론을 벌였다. 이때의 중간 매개 인물은 홍석주의 동생 홍현주洪顯周(해거도위=영명위)이다. 이렇게 김매순, 홍석주 등과 토론을 벌인 것도 만년에 정약용이 강진 시기의《梅氏尚書平》을 개수하고 또 강진 시기의《尚書古訓》과《尚書知遠錄》을 합쳐 나중에 합편《尚書古訓》을 만들도록 자극을 주었을 것이다.

1월 20~29일(추정): ① 정약용이 김기서 편에 김매순에게《梅氏尚書平》을 전달하여 주다(20일). ② 김매순이 열흘 동안 침잠하여 읽다(1월 20일~29일).

𝄞 정약용과 김매순이 1822년 1월 15일 무렵 만났고 김매순이《梅氏尚書平》을 열흘 동안 읽었다면, 김매순이 읽은 시기는 대략 1822년 1월 20일~29일 사이의 열흘 동안이 된다. 29일에 돌려주면서 정약용에게 편지를 썼다(1822년 1월 29일 부분 참조).

1월 29일: ① 김기서가 김매순에게서《梅氏尚書平》을 돌려받아 가다. ② 김매순이 김기서 편에 정약용에게 편지(《又書》(1)과《別紙》)를 보내다. ③ 정약용이 김매순에게 편지를 보내다(추정). ④ 정약용이 편지와 더불어 시를 보내다(추정).

(가) 김매순,〈又書〉(제1서) _《전서》시문집, 1822년 1월 29일

(나) 김매순,〈別紙〉_《전서》시문집, 1822년 1월 29일

(다) "才修一牘付上鼎山[1월 29일] 未及達而承拜誨墨" 김매순〈又書〉(제2서) _《전서》시문집, 1822년 2월 1일

(라) 김매순,〈茶山(丁承旨自號)寄詩二篇 次韻以謝〉(《臺山集》권2) _《전서》시문집, 1822년 2월 1일 무렵 이후 추정)

𝄞 (가)는 1822년 1월 29일《梅氏尚書平》을 김기서 편에 정약용에게 돌려보내면서 함께 보낸 편지이고, 조목별로 문의하는 내용이 (나)이다. 김기서가《梅氏尚書平》을 돌려받아 간 것이 1822년 1월 29일이다. (다)에 따르면《梅氏尚書平》이 아직 정약용에게 전달되지 않은 상태에서 1822년 1월 29일(무렵)

정약용이 김매순에게 편지를 썼고(시 동봉), 이 편지가 1822년 2월 1일에 김매순에게 전달된 것 같다. 정약용의 1822년 1월 29일(무렵)의 편지는《여유당집》잡문과《여유당전서》에서 누락된 것으로 보아야 할 것이다. 또 이 편지와 더불어 시를 보냈던 것으로 추정된다. 김매순은 정약용의 1822년 1월 29일(무렵)의 편지에 대한 답서로 2월 1일에 〈又書〉(2)를 쓴 것 같다. 1822년 1월은 말일이 30일이었다.

(라) 시는 1822년 1월 29일에 정약용이 김매순에게 편지를 보내면서 함께 시를 보낸 데 대한 답이라고 생각된다. 이 시는 정약용이 1821년 1월 29일에 보낸 편지가 김매순 댁에 도착(2월 1일 무렵)한 다음 지은 것이어야 하므로, 저작 시기는 대략 1822년 2월 1일 무렵 이후가 되어야 한다. 이 시에는 "孔周書 啓發多憤悱…回首皆作非"라고 하여《尚書》와 관련된 언급이 있다. 한편 정약용이 1822년 1월 29일 편지에 동봉한 시는 현재《여유당집》과 《여유당전서》에서 찾을 수 없다.

2월 1일 무렵(추정): ① 정약용이 1월 29일(추정)에 김매순에게 보낸 편지가 2월 1일 무렵 도착하다. ② 이에 대한 답서로 김매순이 정약용에게 다시 편지(〈又書〉(2); 2월 1일 무렵)를 보내고(정산 김기서의 비평문 첨부) 아울러 시도 첨부하다. ③(추정) 정약용 댁에 김매순이 1월 29일 보낸 편지 〈又書〉(1), 〈別紙〉 및《梅氏尚書平》이 도착하다 (김기서 전달). ④ 정약용이 1월 29일 편지와 더불어 보낸 시에 대한 답시를 쓰다(2월 1일 무렵).

(가) "才修一牘付上鼎山 未及達而承拜誨墨" 김매순, 〈又書〉(2)(壬午二月初吉) 1822년 2월 1일

(나) "日前 自鼎山轉致正月廿九日惠書"〈答金德叟〉(제1서) _《전서》사문집, 1822년 2월 4일

(다) 김매순, 〈茶山(丁承旨自號)寄詩二篇 次韻以謝〉 _《臺山集》권2, 1822년 2월 1일 무렵 이후 추정

✆ (가)로 보아 위의 사실이 확인된다. 1822년 1월 29일 부분도 참조. 그리고 (나)에서 "日前 自鼎山轉致正月廿九日惠書"라고 한 것으로 보아 김매순이 1822년 1월 29일 보낸 편지〈又書〉(1), 〈別紙〉 및《梅氏尚書平》은 대략 1822년

2월 1일(또는 2월 2일) 정약용 댁에 도착한 것으로 추정된다. 이리하여 정약용은 1822년 2월 4일 〈又書〉(1), 〈別紙〉에 대한 답서(〈答金德叟〉(제1서; 1822년 2월 4일), 〈別紙〉(1822년 2월 4일)를 보냈다(1822년 2월 4일 부분 참조). 편지 작성에 며칠 걸렸을 것이다.

2월 4일: ① 1월 29일 김매순이 보낸 편지〈又書〉(1), 〈別紙〉에 대하여 정약용 자신도 별지를 붙여 답서를 쓰다. ② 김매순에게 《喪禮四箋》〈喪期別〉(7책)을 함께 보내다. ③ 김기서金基叙에게 두 번째 답서를 쓰다(2월 1일자 김매순의 편지에 첨부된 내용에 대한 답).

(가) "日前 自鼎山轉致正月卄九日惠書"〈答金德叟〉(제1서) _《전서》 시문집, 1822년 2월 4일

(나) 〈別紙〉 _《전서》 시문집, 1822년 2월 4일

(다) 〈答鼎山〉(제2서) _《전서》 시문집, 1822년 2월 4일

(라) 김매순, 〈答丁承旨〉(제1서) _《臺山集》권6, 1823년 이후 추정

(마) 김매순, 〈答丁承旨〉(제2서) _《臺山集》권6, 1822년 1월 29일

💧 (가)와 (나)로 보아 위의 사실이 확인된다. 정약용이 (나)를 첨부하여 (가)를 보낼 때까지 김매순의 〈又書〉(2; 1822년 2월 1일 무렵)는 아직 정약용 댁에 도착하지 않은 것으로 판단된다. (가)에 이에 대한 언급이 없기 때문이다. 한편 (가)의 내용을 보면 "喪期別七冊 又玆續呈"이라는 언급이 있다. (가)와 함께 《喪禮四箋》〈喪期別〉(7책)을 김매순에게 보냈음을 알 수 있다. 그리고 (다)는 1822년 2월 1일 김매순의 편지에 첨부된 김기서 비평문 곧, "人心惟危 道心惟微 允執厥中"이라는 구절은 결국 매씨의 위서僞書(〈대우모〉 편)에 포함되어 있으나 버릴 수 없다는 김기서의 주장에 동조하는 답변이다(이 구절은 주자학의 핵심이기도 하지만 정약용 사상에서도 근저를 이루는 것이다. 다만 두 학자에게서 갖는 의미는 서로 다르다고 보아야 함). 정약용은 김매순에게 1822년 2월 4일에 답서를 보내는 동시에 김기서에게도 답서를 보낸 것이다. 아마도 《喪禮四箋》〈喪期別〉(7책)과 김매순에게 보내는 편지를 김기서 편에 전달하였고, 1822년 2월 4일 이 편지와 책을 김기서 댁에 보내면서 김기서에게 주는 편지도 같이 보냈을 것이라고 추정된다.

한편 김매순의 《臺山集》(권6)에는 (라)와 (마)가 수록되어 있다(제1서, 제2

서는 필자가 구별을 위해 붙인 것임). 제1서에는 "論尙書今文疑義"라는 부제가 붙어져 있다. 제1서의 내용은 1822년 1월 29일 김매순이 보낸 〈별지〉 가운데 일부를 발췌한 것이다. 그러나 제2서에는 "年前往復中 有象魏時王之制之語"라는 구절이 있는 것으로 보아서 대략 1823년 이후의 편지로 생각된다.

2월 8일 무렵(추정): 김기서가 편지를 보내 정약용에게 상복喪服에 대하여 질문하다(추정).

🜨 이 편지는 《여유당집》 잡문 후편 및 《여유당전서》에는 수록되어 있지 않다. 정약용이 김기서에게 2월 4일 보낸 편지가 김기서에게 대략 2월 6일 무렵 도착하였을 것으로 추정된다. 따라서 김기서가 2월 8일 무렵 다시 편지를 보내어 질문하였을 것으로 추정하였다. 이 편지에는 상복에 대한 논의가 있었을 것으로 추정된다. 2월 11일 정약용이 김기서에게 보낸 편지에 상복에 대해 언급하고 있기 때문이다. 아마도 중간의 김기서에게 2월 6일 무렵 전달된 《喪禮四箋》〈喪期別〉(2월 6일 무렵 김기서에게 도착 추정)을 김기서가 읽고 8일 질문을 보내오자, 정약용이 2월 11일에 김기서에게 보낸 편지에서 답한 것이라 하겠다(1822년 2월 11일 부분 참조).

2월 11일: 김기서에 세 번째 답서를 쓰다.

(가) "喪服之制 非敢妄擬違衆" 〈答鼎山〉(제3서) _《전서》 시문집, 1822년 2월 11일

🜨 1822년 2월 4일에 정약용이 김기서에게 보낸 편지를 2월 6일에 그가 받고서 2월 8일에 보낸 편지가 대략 2월 10일 무렵 정약용에게 도착하였을 것으로 추정된다. 한편 이 편지에서는 상복에 대하여 논하고 있는데, 이것은 1822년 2월 8일 무렵 김기서가 보낸 질문에 대한 응답이다.

2월 18일: ① 김매순이 다시 정약용에게 편지를 쓰다. ② 김매순이 《喪禮四箋》〈喪期別〉을 돌려보내다.

(가) "喪期別 又用旬日之功 今始略綽了當" "裁書欲封之際 鼎山傳示手札數紙" 김매순, 〈又書〉(제3서) _《전서》 시문집, 1822년 2월 18일

🜨 아마도 1822년 2월 4일 정약용이 김기서 댁에 보낸 《喪禮四箋》〈喪期別〉

이 대략 2월 6일 무렵 김기서 댁에 도착하였고, 다시 김기서가 다시 이 책을 1822년 2월 8일 무렵 김매순 댁에 전달한 것으로 보인다. 이리하여 "又用旬日之功"하여 읽고 정약용에게 1822년 2월 18일 돌려보내며 〈가〉를 쓴 것으로 추정된다.

2월 20일 무렵(추정): ① 정약용이 2월 18일에 김매순의 편지에 답서를 쓰다.
　　　　　　　　　② 답서와 함께 〈喪服商〉을 보내다(추정).

(가) "明哲保身" 〈答金德叟〉(제2서) _《전서》 시문집, 1822년 2월 20일 무렵 추정

🕮 〈가〉에 "壬午二月"이라고만 되어 있으나 대략 1822년 2월 20일 무렵 지은 것으로 추정된다. 일단 2월 18일 김매순이 보낸 편지에 대한 답서로 추정되기 때문이다. 또 김매순이 2월 29일 정약용에게 보낸 편지에서 〈喪服商〉(정약용, 《喪禮四箋》의 한 편)을 다 읽었다고 하므로(喪服商 聞又卒業; 2월 29일 무렵), 이날 2월 20일(무렵) 편지와 함께 〈喪服商〉을 김매순에게 보냈을 것으로 추정된다. 〈가〉에서는 "明哲保身"에 대한 언급도 하였다. 김매순은 이에 대한 답변을 3월 초순(추정)의 편지 〈又書〉(제5서)의 〈別紙〉에 했다.

2월 29일: ① 김매순이 정약용에게 다시 편지를 보내어 그 사이에 〈喪服商〉을 읽었음을 언급하다. ② 《喪禮四箋》〈喪服商〉을 돌려보내다(추정).

(가) "喪服商 聞又卒業" 김매순, 〈又書〉(제4서) _《전서》 시문집, 1822년 2월 29일

🕮 이날 29일 편지와 함께 〈喪服商〉을 돌려보냈을 것으로 추정된다. 1822년 음력 2월은 말일이 29일이었다. 한편 정약용은 1822년 1월과 2월에는 김기서·김매순 등과 편지를 주고받으며 토론하느라고 바빴을 것으로 추정된다.[408]

3월 초순(추정): 김매순이 정약용에게 〈又書〉(제5서) 및 〈別紙〉를 보내다.

(가) 김매순 〈又書〉(제5서) _《전서》 시문집, 1822년 3월 초순 추정

(나) 〈別紙〉 _《전서》 시문집, 1822년 3월 초순 추정

🕮 편지에 날짜가 명시되어 있지는 않으나 "明哲保身"에 대한 정약용의 해

---

408) 이에 대하여는 실시학사 경학연구회 편역, 《다산과 대산·연천의 경학 논쟁》, 한길사, 2000년 참조.

석(1822년 2월 20일 무렵 편지)에 동조하는 언급이 있으며 바로 앞의 《又書》(제4서; 1822년 2월 29일) 뒤에 (가)와 (나)가 수록되어 있으므로, 1822년 3월 초순 작으로 볼 수 있겠다. 이 밖에 1822년 3월 가운데 특별한 활동이 추적되지 않지만, 중순 이후 이가환, 이기양, 권철신, 오석충, 정약전 등의 묘지명 작성에 착수하였을 가능성이 있다.

윤3월 13일: 석장石丈(이담李潭)의 구거舊居에 가다.

🜨 1822년 윤3월 14일 부분 참조. 석장은 이조판서를 지냈던 이담을 말하며 초천 가까이에 그의 별업 석림石林이 있고 《여유당전서》에 〈游石林記〉가 수록되어 있다.[409] 다만 〈游石林記〉의 시기는 1800년 여름이다[410]

윤3월 14일: 원주에 사는 모인에게 편지를 보내 강천康川(원주)을 지나면서도 만나지 못하였음을 안타까워하다.

(가) 〈恭謝 船過康川〉 "閏月幾望 戚下期服人 若鏞拜"　_《다산간찰집》220~221쪽, 1822년 윤3월 14일

🜨 "閏月幾望"을 《다산간찰집》(221쪽)에서 "1822년 윤3월 14일"로 비정했는데 타당하므로 이를 따른다. 이 편지를 보면 어제(1822년 윤3월 13일)는 석장(이담)의 구거에 갔으며, 배가 강천(원주)을 지나면서 눈물을 흘렸고 이 여행을 위해 배를 마련하여 산골을 거슬러 올라간다고 하였다. 아마도 충주 하담의 선영에 가는 길이었고, 큰형 정약현의 산역山役 또는 하담 선영의 성묘와 관련이 있었던 것 같다.정약현은 1821년 9월 타계하였다. 이 편지는 1822년 윤3월 14일 하담 부근에 머무르며 써서 보낸 것으로 보인다. 이 편지에서 다음 날 출발한다고 하였으므로, 15일 출발하여 당일로 초천 집에 돌아왔을 것이다. 아마도 13일 초천 집을 출발하여 석장의 구거를 유람한 뒤에 배가 원주를 지난 지점에서 정박하여, 윤13일 밤은 여기에서 보낸 것으로 보인다. 윤3월 14일 아침 출발 전 (가) 편지를 써서 원주의 모인에게 보낸 것 같다. 14일 저녁 무렵 하담에 도착하여 1박을 한 뒤에 윤3월 15

409) 정민, 《다산의 재발견》, 221쪽.
410) 조성을, 2004, 288쪽.

일 당일(또는 16일) 초천에 당도한 것으로 볼 수 있겠다.

윤3월 15일(또는 16일): 초천의 집에 돌아오다.

ⓦ 1822년 윤3월 14일 부분 참조.

윤3월 27일: 잘못된 제사에 연루된 김기서에게 편지를 쓰다.

(가) 〈與鼎山〉(제1서) _《전서》시문집, 1822년 윤3월 27일

(나) "大司諫具康上疏曰 前佐郎金基敍 時在楊州平邱里 爲鬼所脅 至與行護軍⋯
排定三獻 以前直閣金邁淳爲文 祭於治壇之後⋯批曰 果若如此⋯以金基敍瀆
祀不經 延豐郡定配⋯金邁淳有駭聽聞 並勘配收贖" _《실록》순조 22년 4월 8일

ⓦ 1822년에는 윤3월이 있었다. 이 편지에서 말하는 잘못된 제사 문제에는
김매순까지도 연루되어 있었다. (나)에 따르면 김매순은 제문을 작성하였
으나 유배를 면하고 속전을 내었던 것으로 보인다(勘配收贖). 이 밖에 윤3월
에 특별한 활동이 추적되지 않지만, 아마도 이가환, 이기양, 권철신, 오석
충, 정약전 등의 묘지명 작업에 종사하고 있었을 가능성이 있다.

4월(중순 이후 추정): 음사淫祀 문제로 연풍에 유배된 김기서에게 편지를 쓰다.

(가) "寄延豐謫中"〈與鼎山〉(제2서) _《전서》시문집, 1822년 4월 추정

(나) 윤3월 27일 (나) 참조.

ⓦ (가)의 편지로 보아 위의 사실이 확인된다. 이 편지는 1822년 4월 연풍
에 유배 간 김기서에게 보낸 것이므로, 대략 1822년 4월 작으로 추정할 수
있다. 그러나 (나)에 따르면 8일 유배의 명이 내리므로, 정약용이 연풍으로
편지를 보낸 것은 4월 가운데에서도 중순 이후가 된다. 내용으로 보아 〈與
鼎山〉(제1서; 1822년 윤3월 27일)와 연결되는 내용이다.

이 밖에 4월에는 정약용의 특별한 행적이 확인되지 않는다. 아마도 대략
1822년 3월 무렵부터는 이가환, 이기양, 권철신, 오석충, 정약전 등의 묘지
명을 작성하고 있었다고 여겨지며, 이 작업이 대략 4월에 끝난 것으로 생
각된다. 5월 무렵에는 〈자찬묘지명〉 작업을 하고 있었다고 생각된다. 이가
환 등의 묘지명과 자신의 〈자찬묘지명〉 작업은 신유교안辛酉敎案(=신유옥

사, 1801)에서 천주교도가 아니면서도 정치적으로 억울하게 당한 기호남인계 사람들을 변호하기 위한 것이라고 보는 관점에서 나온 연구가 있다.[411] 한편 《사암연보》에 따르면 1822년 6월 석천 신작과의 육향제六鄕制 논쟁 바로 전에 〈尹持平持訥墓誌銘〉과 〈掌令李儒修墓誌銘〉 찬술 언급이 있다(각기 219쪽 및 221쪽). 아마도 대략 1822년 4월 무렵 이 두 묘지명을 쓴 것으로 추정하여 둔다.

5월 하순(추정):〈자찬묘지명〉(집중본 및 광중본) 작업을 완료하다.

(가)〈自撰墓誌銘〉(집중본 및 광중본) _《전서》 시문집, 1822년 5월 하순 무렵 완료 추정

(나)〈字義詩〉 _《전서》 시문집, 1822년 5월 하순 무렵 추정

✿ 정약용의 생일이 6월 16일이므로, 그 이전에 〈자찬묘지명〉 작업이 완료된 것으로 보아야 할 것이다. 1822년 6월 초부터는 석천 신작과 편지를 주고받으며 논쟁을 했으므로, 〈자찬묘지명〉은 대체로 1822년 5월 하순 무렵에 완료되었을 것으로 추정된다. 〈자찬묘지명〉(집중본)에서 자신의 생애와 학문을 총정리함과 동시에 시로써 자신의 학문을 요약한 것이 (나)라고 생각된다. 따라서 이 시의 시기도 1822년 5월 하순 무렵으로 추정할 수 있겠다. 이밖에 5월에는 특별한 행적이 추적되지는 않지만, 대체로 4월 무렵 신유교안 때 희생된 사람들의 묘지명 작업을 완료하고 1822년 5월 〈자찬묘지명〉(집중본 및 광중본) 작업에 착수하여 5월 안에 완료하였을 것으로 추정된다.

6월 6일 무렵(추정): ① 석천 신작에게 편지를 보내어 《周禮》의 육향六鄕에 대하여 논하다. ② 이 편지에서 《雅言覺非》에 대한 신작의 비평에 대하여 언급하다.

(가) 〈與申在中〉(제1서) _《전서》 시문집, 1822년 6월 6일 무렵 추정

✿ (가)는 〈答申在中〉(제3서 전반부; 1822년6월 10일)의 바로 앞에 배치되어 있으며 내용으로 보아 양자는 연결되어 있다. (가)는 대략 1822년 6월 6일 무렵 써서 보냈고, 이에 대한 답서가 대략 1822년 6월 9일 무렵 도착하자 6월

---

411) 김상홍, 〈다산의 〈비본 묘지명 7편〉과 천주교〉,《다산연구의 새로운 모색》, 한국한문학회 외, 2012.6.9. 참조.

10일에 〈答申在中〉(제3서 전반부)을 보낸 것으로 보면 무리가 없겠다. 신작은 광주廣州 경안천 부근에 살았으므로 거리가 가까웠다. 아마도 정약용이 《雅言覺非》(1819년 겨울 완성)에서 육향六鄕을 논한 것을 신작이 보고 질문을 하여 와서 논쟁이 시작된 것으로 여겨진다.[412]

6월 10일: 신작에게 〈答申在中〉(제3서) 전반부를 보내다.

(가) 〈答申在中〉(제3서 전반부) _《전서》 시문집, 1822년 6월 10일

6월 13일: 신작에게 〈答申在中〉(제3서) 후반부를 보내다.

(가) 〈答申在中〉(제3서 후반부) _《전서》 시문집, 1822년 6월 13일

6월 16일: 정약용의 회갑일

ⓥ 정약용은 1762년 6월 16일 출생하였으므로 1822년 6월 16일이 회갑일이 었다. 이날 당연히 회갑연이 있었고 주변의 친구와 친척들이 찾아왔을 것으로 생각된다. 아마도 근처에 사는 신작은 말할 것도 없고 김매순도 회갑연에 참여하였을 가능성이 있다.

6월 23일: 신작에게 〈答申在中〉(제4서)을 보내다.

(가) 〈答申在中〉(제4서) _《전서》 시문집, 1822년 6월 23일

ⓥ (가)에는 "壬午 六月卄三日"이라고 날짜가 붙어 있으므로, 1822년 6월 23일 작임이 확인된다. 한편 (가) 뒤에 〈與申在中〉이 배치되어 있다. 1822년 6월의 편지들과는 달리 명나라 영락제의 모친이 누구인지에 대하여 논하고 있으므로 시기가 동떨어진 것으로 판단된다.

7월~12월:

ⓥ 특별한 행적이 추적되지 않는다.

1822년의 저술과 활동

1822년 봄의 시는 확인되지 않는다. 잡문으로는 〈答鼎山〉(제2서; 1822년

---

412) 조성을, 2004, 381쪽.

2월 4일), 〈答金德叟〉(제1서; 1822년 2월 4일), 〈別紙〉(1822년 2월 4일), 〈答鼎山〉(제3서; 1822년 2월 11일), 〈答金德叟〉(제2서; 1822년 2월 20일 무렵 추정), 〈與鼎山〉(1822년 윤3월 27일) 등이 있다. 이 해 봄에는 정산 김기서 및 대산 김매순과의 학문적 교유가 활발하였다. 김기서가 정약용과 김매순의 교유를 매개하였다. 이 밖에 3월 중순과 윤3월에는 이가환, 이기양, 권철신, 오석충, 정약전 등의 묘지명 작업에 종사하고 있었을 가능성이 있다.

1822년의 여름의 시로는 〈字義詩〉(1822년 5월 하순 무렵)가 있으며, 잡문으로는 대략 1822년 3월 무렵부터는 이가환, 이기양, 권철신, 오석충, 정약전 등의 묘지명을 작성하기 시작하여 작업이 대략 4월 무렵에 끝난 것으로 생각된다. 이어서 〈尹持平持訥墓誌銘〉(1822년 4월 무렵 추정), 〈李掌令儒修墓誌銘〉(1822년 4월 무렵 추정)을 작성하였고 이어서 〈자찬묘지명〉(집중본 및 광중본; 1822년 5월 무렵 추정)을 작성한 것으로 여겨진다. 또 신작에게 보낸 편지로 〈與申在中〉(제1서; 1822년 6월 6일 무렵 추정), 〈答申在中〉(제3서 전반부; 1822년 6월 10일), 〈答申在中〉(제3서 후반부; 1822년 6월 13일), 〈答申在中〉(제4서; 1822년 6월 23일) 등이 있다. 1822년 여름의 활동으로는 신유교안 때 억울하게 죽은 사람들의 묘지명 및 〈자찬묘지명〉을 작성한 일, 그리고 6월 신작과 《周禮》 육향제 논쟁을 한 일을 들 수 있겠다.

이 해 가을과 겨울에는 특별한 행적이 추적되지 않는다.

1823년 癸未, 순조 23   62세

1월 일:

🜨 특별한 활동이 추적되지 않는다. 1822년 가을 7월 이후 1823년 1월까지 정약용의 특별한 행적이 추적되지 않는 것은 병으로 앓아누워 있었기 때문일 가능성이 있다. 그가 해배 이후에도 저술 작업을 강행한 것은 회갑 전에 일단 자신의 학술을 총정리해 놓으려는 의도에서였을 것이고, 일단 이 작업을 마치고 회갑이 지나자 과로 끝에 긴장이 풀려서 병이 난 것이 아닌가 생각된다.

2월 5일(추정): 이재의에게 편지를 보내다.

(가) "約菴執事 斗陵謝狀 謹封…來初臨顧…近聞牧書 口舌甚多 無乃李某有
所播也 極危怕 一字一句 不可更示別人…二月五日 戚下拜 此去甘泉書
又下送如何"〈與約菴執事書〉 1823년 또는 1827년 2월 5일

🖊 (가)는 임형택 교수 소장본으로서 원문이 탈초되어《다산 정약용》(국립
중앙박물관, 2012.10, 64쪽)에 수록되어 있다. 편지의 내용으로 보아서《牧民心
書》가 유포되어 구설口舌이 생기고 있었음을 알 수 있다. 당시《牧民心書》
수준의 온건한 내용에 대하여도 구설이 생긴 것으로 보면 아마도 정약용
은《經世遺表》에 대하여는 더욱 유포를 꺼렸을 것이다. 해배 이후《牧民心
書》수정 작업이 완료되는 것은 1821년 3월이었다(1821년 3월 부분 참조). 대
략 이 편지를 쓸 무렵(1823년 또는 1827년)에는 상당히 유포되어 문제가 되
고 있었음을 알 수 있다. 그리고 편지의 내용으로 보아서 정약용이 이재의
편에 강진의 감천에게도 편지를 보냈음도 알 수 있다. 또 이재의에게 편지
를 보낸 시기가 "二月五日"인 점으로 보아서 "來初臨顧"라는 구절은 다음 달
(3월) 초에 오라는 뜻으로 볼 수 있다. 이재의가 3월 초천으로 찾아온 것은
1823년, 1827년 두 차례 확인된다. 일단 1823년 2월 5일 작으로 추정하여
두지만 혹 1827년 작일 가능성도 있다.〈與約菴執事書〉라는 제목은 연보 찬
자가 임의로 붙인 것이다.

3월 일(추정): ① 이재의가 초천으로 정약용을 방문하다. ② 함께 경서와 예
서를 4~5일 동안 읽다.

(가) "春…轉向斗陵 讀經禮四五日 還山"(이재의)　〈자찬연보〉, 1823년 3월 추정

🖊 문산 이재의의 (가)에 따르면, 이 해 봄 이재의는 초천으로 정약용을 방
문하여 함께 며칠 동안 경서와 예서를 읽은 것으로 되어 있다. 또 (가)에
따르면 집에 돌아갔다가 얼마 있지 않아(4월) 다시 초천을 방문하여 춘천
으로 함께 여행한 것으로 되어 있다(1823년 4월 정약용의 춘천 기행에 대하여
는 후술하기로 함). 따라서 이재의가 1823년 봄에 초천을 방문하여 정약용과
함께 경서와 예서를 읽은 때는 4월 함께 춘천으로 기행한 때보다 앞이며,
이 4월 기행과의 간격이 얼마 되지 않으므로 대략 3월에 이루어진 것으로

추정하였다.

3월 10일 무렵(추정): 장흥 반산의 정수칠에게 편지를 보내어 3월 그믐쯤 초
천으로 올라오라고 하다.

☝ 1823년 4월 10일 부분 참조.

4월(10일 이전): 다산초당 시절 제자 기숙旗叔과 금계琴季(윤종진)가 초천으로
정약용을 찾아오다.

(가)《茶山四景帖》 1823년 4월 초순(10일 이전)

☝ 금계는 윤종진(윤규로의 넷째 아들, 호 순암, 아명 신동信東)이며 기숙은 알지
못한다.《茶山四景帖》(전일실업출판국, 1996.6)에 실려 있는 〈茶山諸生問答贈言文〉의
서두에 "茶山諸生 訪于冽上"이라는 언급이 있고, 말미에 "癸未首夏(道光三年) 冽上老人
書 贈旗叔・琴季二君"이라는 구절이 있다. 1823년 첫여름(4월)에 초천으로 찾아
왔음을 알 수 있다. 정약용이 1823년 4월 10일에 다시 정수칠에 편지를
보내는데(4월 10일 부분 참조), 그가 3월 10일 무렵 정수칠에게 보낸 편지
가 아직 도착하지 않았다는 소식을 이들을 통해 들었을 것으로 여겨진다.
따라서 윤종진 등이 초천에 도착한 시기를 1823년 4월 10일 이전으로 추
정하였다.

4월 10일: 장흥 반산의 정수칠에게 편지를 보내 정수칠의 선조 문집 간행에
대하여 논하다.

(가) "四月十日 宗末頓"〈霜山書屋〉_《다산간찰집》254~255쪽, 1823년 4월 10일 추정

☝ 이 편지의 시기에 대하여《다산간찰집》(255쪽)에서는 "해배 후 1823년
이전"이라고 추정하였지만, "1823년" 4월 10일로 비정할 수 있다. 영광정씨
족보에 따르면 1822년에 정수칠이 선조의 문집을 간행하였다고 하였고,
정수칠의 종제 정수항이 〈書先朝事蹟後〉를 쓴 것은 1823년이다(《다산간찰집》
255쪽). (가) 편지를 보면 서울에서 말이 많다고 하면서 "兩序不可不改刊 元集
中亦多改處"라고 한 것으로 보아서 일단 1822년 간행을 하여 일부가 서울에
유포되어 이에 대하여 문제 제기들이 있자, 수정 작업을 한 뒤 1823년 정

수항이 《書先朝事蹟後》를 덧붙여 개간한 것으로 볼 수 있겠다. 그렇다면 (가) 편지는 "1823년" 작으로 보는 것이 타당하다. 또 이 편지에서는 1823년 3월 10일 무렵 보낸 편지에서 정수칠이 직접 초천에 오기를 바랐으나, 그 편지가 아직 도착하지 않았다니 안타깝다고 하였다. 3월 10일에 보낸 편지가 도착하지 않았다는 소식은 1823년 4월 초순 초천을 찾아온 강진 시절의 제자 기숙과 금계(윤종진)에게서 들었을 것으로 추정된다. 3월 10일 무렵 정약용이 정수칠에게 편지를 보내 3월 그믐쯤 올라오라고 한 것은 문집의 개간에 대하여 상의하기 위해서였다. 문집의 오류에 대하여 정약용은 상당히 심각하게 생각하였던 것으로 여겨진다.

4월 15일: ① 새벽에 배를 타고 출발하여 남자주藍子洲에 정박하여 노와 뱃줄을 정리하다. ② 공달담孔達潭에서 점심을 먹다. ③ 황공탄惶恐灘을 경유하여 호후판虎吼阪의 삼가촌三家村에 이르러 숙박하다.

(가) 《汕行日記》_《전서》, 1823년 4월 15일 조

(나) "癸未…春 作奔哭之行於砥峽…歸路 哭趙元一錫仁 轉向斗陵 與與猶翁 讀經禮四五日 還山……又作斗陵行 同舟入春川 水路數百里 因轉向谷雲 清平諸勝 遍覽而歸 略有吟詠 軸"_〈자찬연보〉, 1823년 봄 癸未

✿ 1823년 4월 15일 이후 정약용의 제2차 춘천 기행의 일정은 대체로 정약용의 〈산행일기〉에 따라 정리하였으며, 심경호, 《춘천과 다산》(137쪽 이하)도 참고할 수 있다. 이 여행은 정약용의 장손 정대림丁大林(정학연의 맏아들)의 납채納采를 위한 것이었으며, 이번 사돈댁은 춘천 도정촌陶井村의 수성최씨隋城崔氏 최재중崔在中(정대림의 장인) 댁이다.[413] 이 여행에는 문산 이재의도 죽산에서 말을 타고 120리를 와서 동행하였으며, 또 충주의 한만식韓晚植, 우정룡禹正龍, 오상완吳尙琬 등도 동행하였다. 이재의를 제외하면 이번 춘천 기행은 기호남인들의 일종의 축제였다고도 볼 수 있다. 이재의의 〈자찬연보〉에 따르면, 그는 1823년 봄(3월 추정) 초천을 방문하여 정약용과 함께 경서와 예서를 4,5일 동안 읽고 집에 돌아갔다가 얼마 있다 다시 초

---

413) 심경호, 《춘천과 다산》, 137쪽.

천을 방문하여 정약용과 함께 배를 타고 춘천으로 갔다. 곧 1823년 4월 춘천으로의 여행에 이재의가 동행한 것이다.

4월 16일: ① 정학연이 병이 나서 조리하라 하고서 삼가촌을 출발하다. ② 자잠포紫岑浦에서 아침을 먹다. ③ 복정포福亭浦에서 점심을 먹다. ④ 안반촌安盤村에 숙박하다.

(가) 〈汕行日記〉 1823년 4월 16일 조

𝄞 1823년 4월 15일 밤 묵은 삼가촌에서 조반을 하지 않고 바로 떠나 자잠포에 이르러 정박하고 조반을 먹은 것으로 추정된다. 다시 배를 타고 가다가 복정포에 정박하여 점심을 먹고 또다시 배를 타고 가다가 안반촌에 이르러 16일 밤 그곳에서 숙박하였을 것이다.

4월 17일: ① 아침 일찍 안개 속에 안반촌을 출발하다. ② 석지산石芝山, 곡갈탄曲葛灘을 경유하여 작탄鵲灘에서 아침을 먹다. ③ 마당촌麻當村에서 점심 식사를 하다. ④ 마당촌에서 기다리고 있던 윤종대尹鍾垈를 배에 태우고 함께 가다. ⑤ 현등협懸燈峽을 뚫고 신연新衍을 경유하다. ⑥ 죽전리竹田里를 그냥 통과하고 황혼에 소양정昭陽亭 아래 정박하다. ⑦ 소양정 아래에서 숙박하다(추정).

(가) 〈汕行日記〉 1823년 4월 17일 조

𝄞 1823년 4월 17일 조반을 하지 않고 안반촌을 출발하여 석지산, 곡갈탄을 경유하고 저탄에 정박하여 조반을 하고, 다시 배를 타고 마당촌에 이르러 정박하고 그곳에서 점심을 한 것으로 볼 수 있다. 마당촌은 "춘천군 서면 당림리 마당골"이라고 한다(《춘천과 다산》, 138쪽). 여기에서 점심 후 윤종대를 만나 함께 배를 타고 마당촌을 출발하여, 현등과 신연을 경유하여 황혼에 소양정 아래에 정박하였다. 어디에서 숙박하였다는 언급은 없으나, 1823년 4월 17일 밤은 당연히 소양정 아래에서 묵었을 것으로 추정된다.

4월 18일: ① 새벽에 가랑비가 내리다. ② 아침과 낮에도 주변이 어둡다가 저녁에 개다. ③ 이재의, 정학연, 윤종대, 한만식, 우정룡 등이 소양정에 오르다. ④ 이광수李光壽가 술과 돼지 안주를 갖고 정씨와 파총把摠인 현씨玄氏와 함께 오다. ⑤ 예조판서 이호민李好敏이 서울로 돌아가는 길에 소양정에서 휴식하면서 깃발을 펄럭이는 것을 본다. ⑥ 늙은 교졸校卒과 향갑鄕甲이 주막으로 찾아오자 이들에게 춘천도호 이인부李寅溥가 떠난 일에 대하여 묻는다. ⑦ 소양정 아래에 묵다.

(가) 〈汕行日記〉 1823년 4월 18일 조

🕉 아마도 1823년 4월 17일 밤 소양정 아래의 주막에서 숙박하여 18일 아침 이곳에서 기상하였을 것이다. 이재의 등이 먼저 소양정에 올라갔으나 정약용은 가지 않았다. 또 이광수 일행이 와서 역시 소양정에 가자고 하였으나 가지 않고 혼자 주막에 머물러 있었다고 생각된다. 이때 교졸과 향갑이 찾아오자 이인부에 대하여 질문한 것으로 볼 수 있겠다. 이날 1823년 4월 18일 밤에도 17일 밤과 같은 주막에 묵었을 것이다. 병으로 뒤쳐졌던 정학연은 이미 다시 합류해 있었던 것으로 볼 수 있겠다.

4월 19일: ① 날씨가 맑아 이재의, 한만식, 우정룡, 오상완 등은 청평산에 들어가 폭포를 보고 저녁이 되어 돌아오다. ② 정학연은 일단 천전泉田의 이목李漻 및 이 마을의 경주이씨들을 방문하다(천전 마을은 1820년 봄 정약현의 아들 정학순이 장가 든 경주이씨 집성촌). ③ 정약용은 사돈 수성최씨 댁(도정촌)으로 가다. ④ 윤종원尹鍾遠이 정대림丁大林을 데리고 도정촌으로 가다. ⑤ 저녁에 정학연도 도청촌에 도착하여 납채례納采禮를 거행하다. ⑥ 이광수가 혼자 있는 정약용 곁을 떠나지 않다. ⑦ 소양정 아래 주막으로 돌아와 묵다.

(가) 〈汕行日記〉 1823년 4월 19일 조

🕉 이날 4월 19일 밤 역시 소양정 아래의 주막에 돌아와 묵은 것으로 추정된다.

4월 20일: ① 이재의 등이 소양정에 올라 걸려 있는 시들을 베껴 쓰다. ② 이재의 등이 소양정 아래에서 뱃놀이 하며 징담澄潭 위를 다녀오다. ③ 파총현씨가 술을 가져와 정약용을 대접하다. ④ 종과 말이 도정촌에서 돌아오다. ⑤ 저녁 때 정약용이 이재의 등과 함께 곡운谷雲을 향하여 떠나다(한만식, 우정룡, 오상완은 지쳐서 따라오지 않음) ⑥ 10리를 가서 수운담水雲潭을 지나다. ⑦ 다시 5리를 가서 보통점普通店에 이르다(이곳에서 정학연과 윤종원을 만남). ⑧ 10리를 가서 문암서원文巖書院에 이르다(문암서원 재실에 숙박).

(가) 〈汕行日記〉 1823년 4월 20일 조

(나) "退跡育英才"〈宿文巖書院〉 1823년 4월 20일

⑩ (가)에 따라 위의 사실이 확인된다. 1823년 4월 20일 저녁 때 곡운으로 출발하였으므로 이날 밤은 곡운에서 숙박하였을 것으로 추정된다. 정약용이 말을 타고 곡운을 향하여 육로로 간 것 같다. (나)의 시는 1823년 4월 21일 조 서두에 실려 있으나, 내용으로 보아 "4월 20일" 밤 문암서원 재실에 숙박하며 지은 것이다. 이 시를 1823년 4월 21일의 서두에 놓은 것은 이번 제2차 기행에서 처음 지은 시라서 이후 계속되는 다른 시들과 연결되게 하기 위하여서라고 생각된다. 문암서원은 퇴계 이황 선생을 모신 서원인데 남인계 인물 가운데에는 지퇴당知退堂 이정형李廷馨과 용주龍洲 조경趙絅을 배향하였다. (나)의 시에 "退跡育英才"라는 구절이 있는 것은 아마 남인계 서원이었기 때문일 것이다.

4월 21일: ① 아침 일찍 문암서원을 출발하여 침목령梣木嶺을 넘다. ② 침목천梣木遷에 마주치다. ③ 10리를 가서 인람역仁嵐驛에 이르다.④ 지암정자芝巖亭子를 바라보다. ⑤ 5리를 가서 모진도牟津渡에 이르고, 나루를 건너 원당점員塘店 북망산北望山 앞에 이르다. ⑥ 3리를 가서 마령馬嶺을 넘다. ⑦ 5리를 가서 서어촌鉏鋙村에 이르다. ⑧ 화천의 대로를 버리고 소로로 접어들어 3~4리를 가다. ⑨ 7리를 가서 이곡촌梨谷村에 이르다. ⑩ 5리를 가서 사외창史外倉에 이르다(잠시 휴식). ⑪ 정오에 다시 길을 떠나다(정약용은 말, 이재의는 가마를 탔으며 정학연은 노새를 타고 이광수와 윤종원은 말을 탔음). ⑫ 화우령畫牛嶺을 넘고 강(곡운의 하류)을 하나 건너다. ⑬ 다시 산령蒜嶺을 넘어 곡운계곡의 제1곡 방화계傍花溪에서 잠시 쉬다. ⑭ 곡운서원에 이르러 잠깐 경내를 돌아보다. ⑮ 사내창史

內倉 창촌倉村에 이르러 이곳에 묵으면서, 여러 편의 시를 짓다.

(가) 〈汕行日記〉 1823년 4월 21일 조

(나) 〈踰梣木嶺〉 1823년 4월 21일

(다) 〈過芝巖亭〉 1823년 4월 21일

(라) 〈牟津渡〉 1823년 4월 21일

(마) 〈過鉏札村〉 1823년 4월 21일

(바) 〈過梨谷〉 1823년 4월 21일

(사) 〈倉村小憩〉 1823년 4월 21일

(아) 〈過畫牛嶺〉 1823년 4월 21일

(자) 〈過蒜嶺〉 1823년 4월 21일

(차) 〈入洞口〉 1823년 4월 21일

🏵 1823년 4월 21일 마지막으로 도착한 사내창(창촌)은 현재 "강원도 화천군 사창면 사창리"라고 한다(《다산과 춘천》, 347쪽). (사)에서 말하는 창촌은 사외창의 창촌이다. 사내창과 사외창의 거리는 30리이다. (차)의 시는 사내창의 창촌의 동구洞口를 들어서며 지은 시로 볼 수 있겠다(시의 내용으로 보아 혹 1823년 4월 25일 초천의 동구를 들어서며 지은 시일 가능성도 배제할 수 없음).

4월 22일: ① 아침 일찍 사내창의 창촌을 출발하다. ② 다시 곡운서원에 가서 여러 사람들의 화상畫像과 찬贊을 보다. ③ 주변 구곡九曲을 둘러보다. ④ 정약용이 〈九曲記〉(곡운구곡기)를 쓰다. ⑤ 다시 산령과 화우령을 넘다. ⑥ 다시 사외창에 돌아와 묵다.

(가) 〈汕行日記〉 1823년 4월 22일 조

(나) 〈九曲記〉 1823년 4월 22일

🏵 곡운서원은 김상헌金尙憲의 장손인 곡운 김수증金壽增을 모시고 삼연三淵 김창흡과 명탄鳴灘 성규헌成揆憲을 배향한 서원이다. 노론, 특히 안동김씨의 서원이라고 할 수 있다. 정약용은 노론 가운데 안동김씨에 대하여는 상대적으로 호의적이었으며, 안동김문의 사람들도 정약용에게 대체로 적대적이지 않았다. 김이교, 김매순 같은 인물들은 정약용과 교분이 있기도 하였다. 그러나 정약용은 이날 1823년 4월 22일 (나)에서 곡운의 9곡을 자

기 나름대로 재정리하여 이전의 9곡에 대하여 불만을 드러냈다.

4월 23일: ① 아침 일찍 사외창을 출발하다. ② 서어촌을 경유하여 문암서원에 이르러 점심을 먹다. ③ 소아탄小兒灘에서 배(가노 용운龍雲의 배)를 타고 보통천普通川을 지나 수운담에 정박하다. ④ 말을 타고 소양정 아래에 이르다. ⑤ 정대림과 유모도 와서 합류하다. ⑥ 소양정 아래에서 함께 묵다.

(가)〈汕行日記〉 1823년 4월 23일 조

4월 24일: ① 새벽에 짙은 안개가 끼다. ② 진시辰時[오전 7시~9시]에 안개가 걷히다. ③ 소양정 아래에서 배로 출발하다. ④ 병벽탄洴澼灘, 노고탄老姑灘, 곡장탄曲匠灘, 번대탄樊大灘, 휴류탄休留灘, 아올탄阿兀灘을 내려가다(이상 10리). ⑤ 아자탄啞者灘, 우수탄右手灘을 내려가고 석문 아래를 지나 교탄橋灘을 내려가다(이상 10리). ⑥ 호로탄葫蘆灘, 학암탄鶴巖灘, 현등협懸燈峽, 차석탄嗟石灘, 정족탄鼎足灘을 내려가다. ⑦ 마당포麻當浦에 도착하여 점심 식사를 하다(호로령에서 마당촌까지 20리). ⑧ 안보대촌安保大村 옆을 지나 10리 남짓을 내려가 곡갈탄谷葛灘(초연대천超然臺遷 옆)에 이르다. ⑨ 가평수加平水와 안반탄安盤灘을 지나 남이섬과 만나다. ⑩ 염창탄鹽倉灘, 술원탄戌原灘을 내려가 금허촌金墟村에 이르다. ⑪ 금허촌에서 묵다.

(가)〈汕行日記〉 1823년 4월 24일 조

(나)〈下谷葛灘〉 1823년 4월 24일 점심 전

(다)〈宿江村〉 1823년 4월 24일 밤

4월 25일: ① 아침 일찍 금허촌을 출발하다. ② 울현탄栗峴灘과 유곡촌柳谷村, 복정곡福亭谷, 광탄廣灘, 호로탄葫蘆灘, 정족탄鼎足灘을 지나다. ③ 입천곡笠川谷(홍천강과 만나는 지점), 배뢰탄㾦癗灘, 엄인촌閹人村을 지나다. ④ 송의항松漪港에 이르러 조반을 하다. ⑤ 흑앵탄黑櫻灘, 자잠촌紫岑村, 병벽탄洴澼灘을 내려가다. ⑥ 호후판虎喉版, 고제탄高梯灘, 수촌水村(청평)을 지나고, 우분촌牛墳村, 원정천遠丁遷, 설곡촌楔谷村, 대동촌大洞村, 장탄長灘, 대성촌大星村, 화랑촌花郎村을 지나다. ⑦ 곡갈탄曲葛灘, 굴운역窟雲驛(양주), 자기막瓷器幕을 지나다. ⑧ 안암雁巖에 이르러 점심을 하고 출발하다. ⑨ 검동촌黔東村, 남일원南一原을 지나 마석뢰磨石瀨를 내려가 수입촌水入村을 지나다. ⑩ 신당촌神堂村(경성대로京城大路) 옆, 공곡천孔谷遷을 지나 어시탄魚腮灘으로 내려가다. ⑪ 수죽곡壽竹谷, 괘탄卦灘, 유정탄楡亭灘, 석담石潭, 고랑촌皐狼村(강물 서쪽) 옆, 십개탄十開灘, 목탄木灘, 대천탄大千灘을 내려가다. ⑫ 사라담紗羅潭에 정박하여 저녁 식사를 하다(이날 물길 총 120리). ⑬ 저녁 식사 후 귀가하다(초천 집 [여유당] 도착; 4월 25일 밤).

(가) 〈汕行日記〉 1823년 4월 25일 조

(나) 〈金壚曉發〉 1823년 4월 25일 새벽

※ 1823년 4월 25일 전날에 지난 호로탄과 정족탄, 병벽탄을 다시 지난 것이 다소 이상하게 여겨진다. 아마도 금허촌은 남한강에 있고 전날 남한강을 거슬러 올라가 금허촌에 이른 것이 아닌가 생각된다. 금허촌은 가평군 남면 금대리라고 한다(1918년 지도, 《다산과 춘천》, 366쪽에서 재인용). 1823년 4월 25일에 돌아와서 26일 하루 쉰 뒤 27일과 28일에는 〈汕水尋源記〉 편찬 작업에 종사하여 이틀 만인 1823년 4월 28일에 완료하였다. 현재 여유당이 복원되어 있는 초천 부근의 물길은 팔당호에 많이 잠겨 1823년 당시 물길과는 상당히 다르다. 팔당댐 건설 이전의 지도를 참고해 지명과 물길을 면밀히 추적하여 볼 필요가 있다. 또 북한강 유역도 화천댐, 소양강댐 건설 등으로 물길과 주변의 포구가 많이 잠겼다고 여겨진다.

4월 26일: ① 초천 집에서 휴식하다(추정). ② 오후에 이재의 일행이 여유당을 떠나다(추정).

(가) 〈汕行日記〉 1823년 4월 26일 조

※ (가)에 따르면, 이재의와 몇 사람이 1823년 4월 26일에 배를 타고 서울로 가기 위해 두미포(현재 팔당댐 부근에 있던 나루)에 나가서 묵는다고 하며 떠났다. 아마도 점심 식사까지는 정약용의 초천 집인 여유당에 도착하였을

것이다. 이들은 바람이 좋았다면 다음 날 27일 아침 일찍 서울로 출발하였을 것이다. 1823년 4월 하순 제2차 춘천 기행에서 돌아올 때 정약용 일행은 조반을 하지 않고 아침 일찍 배로 출발한 경우가 많았는데, 여기에는 물때와 바람에 맞추기 위한 이유도 있었다고 생각된다.

4월 27일: 〈汕水尋源記〉 편수編修를 시작하다.

ⓦ 1823년 4월 28일 부분 참조.

4월 28일: 〈汕水尋源記〉 편수를 이틀 만에 마치다(4월 27일 시작, 28일 완료).
　(가) 〈汕水尋源記〉　1823년 4월 27일 조

ⓦ (가)에 "修汕水尋源記 二日而畢"이라는 언급이 있으므로, 1823년 4월 27일 (가) 작업에 착수하여 4월 28일 마쳤음을 알 수 있다.

4월 29일(말일): 초천 집에서 휴식하다(추정).

ⓦ 1823년 4월의 말일은 29일이었으며 이날 행적에 대한 자료는 없으나, 초천 집에서 휴식하고 있었을 것으로 추정된다.

5월 1일: ① 〈汕行日記〉 수보를 시작하다. ② 김종金鏣의 도움으로 4일 만에 완료하다(5월 4일).
　(가) "修汕行日記 四日而畢 金鏣助之" 〈汕行日記〉　1823년 5월 1일 조

ⓦ (가)에 "修汕行日記 四日而畢 金鏣助之"라고 되어 있다. 이 구절을 보면 5월 1일에 (가) 작업을 완료한 것으로 오해하기 쉽다. 그러나 (가)가 5월 4일 자로 끝나므로, 1823년 5월 1일 착수하여 5월 4일에 끝난 것으로 보는 것이 타당하겠다.

5월 4일: ① 〈武夷櫂歌〉의 운을 이용하여 〈谷雲九曲詩〉에 화운하다. ② 〈汕行日記〉 작업을 완료하다.
　(가) "追和谷雲九曲詩 用武夷櫂歌韻" 〈汕行日記〉　1823년 5월 4일 조
　(나) 〈追和谷雲九曲詩 用武夷櫂歌韻〉　1823년 5월 4일

ⓦ 〈汕行日記〉를 1823년 5월 1일 착수하여 나흘 만에 마치므로, 1823년 5월

4일에 작업이 완료되었다고 할 수 있겠다. 또 〈汕行日記〉 5월 4일 조에 (나)가 수록되어 있으므로 (나) 시를 5월 4일에 지었음을 알 수 있다.

6월 일: 승정원承政院 소재의 승지承旨 전망前望에 다시 기록되다.

(가) "癸未六月 政院所在承旨前望 復錄" _《다산연보》 16쪽

ὰ 다만 《순조실록》 6월 24일 자의 도목정사 기록에는 정약용에 대한 언급이 없다.

7월 11일: 영남에 있는 인척 모인에게 편지를 보내어 초여름 곡운谷雲의 산수를 유람한 일과 가을 과거를 보러 올라올 때 만날 것을 기대하다.

(가) "七月十一日 姻記 若鏞 頓首" 〈卽奉惠翰〉 _《다산간찰집》 222~223쪽, 1823년 7월 11일

ὰ "七月十一日"을 《다산간찰집》(223쪽)에서 곡운 유람에 대한 언급을 근거로 "1823년 7월 11일"로 비정하였는데, 타당하므로 이를 따른다. 1823년 4월 15일~25일 사이 정약용은 배를 타고 춘천 지역을 여행하였는데, 이때 곡운 유람도 하였다(〈汕行日記〉 참조). 모인은 "인기姻記"라는 표현으로 보아 인척이었음을 알 수 있다. 이 밖에 1823년 7월에는 특별한 활동이 확인되지 않는다.

8월 일:

ὰ 특별한 활동이 확인되지 않는다.

9월 28일: 승지 전망에 낙점되었으나, 바로 환입되다.

(가) "癸未⋯九月(廿八日) 承旨前望落點 下于政院 (少頃 令司謁 還入之句下)" _《다산연보》 17쪽

(나) "九月廿八日 承旨前望落點 少頃還收" _《사암연보》 224쪽

ὰ 1823년 9월 28일자 《실록》과 《승정원일기》에는 이와 관련된 기록을 찾을 수 없다. 다만 29일 자에 이서구 등이 관직에 임명되는 기록이 있다.

10월~11월:

ὰ 특별한 활동이 확인되지 않는다.

12월 하순 기간: 병을 앓기 시작하여 누워 있다.

(가) "病伏十有二旬 適玄溪令公 從龍門水鍾而至 將南游天眞菴 勉而從之 仍 訪石泉翁偕去 三家少年及·林聖九規伯亦從焉 到水南作"〈天眞消遙集〉 ─ 《전서》시문집, 1824년 4월 21일

✎ (가)에 의거하여 1824년 4월 20일 무렵까지는 병으로 120일 동안 누워 있었음을 알 수 있다(1824년 4월 부분 참조). 이로부터 역산하여 보면 1823년 12월 20일 무렵부터 병을 앓고 누워 있었던 것으로 볼 수 있다.

1823년의 저작과 활동

1823년 봄의 저작으로는 잡문〈與約菴執事書〉(1823년 또는 1827년 2월 5일)만이 확인된다. 봄의 활동으로는 1823년 2월 이재의에게 편지를 보낸 것과 3월 반산 정수칠에게 편지를 보낸 일 및 1823년 3월 이재의가 찾아와 4,5일 동안 경서를 함께 읽은 일이 확인된다.

1823년 여름의 시로는〈宿文巖書院〉(1823년 4월 20일),〈踰樺木嶺〉(4월 21일),〈過芝巖亭〉(1823년 4월 21일),〈牟津渡〉(1823년 4월 21일),〈過鈕札村〉(1823년 4월 21일),〈過梨谷〉(1823년 4월 21일),〈倉村小憩〉(1823년 4월 21일),〈過畵牛嶺〉(1823년 4월 21일),〈過蒜嶺〉(1823년 4월 21일),〈入洞口〉(1823년 4월 21일)〈下谷葛灘〉(1823년 4월 24일 점심 전),〈宿江村〉(1823년 4월 24일 밤),〈金墟曉發〉(1823년 4월 25일 새벽),〈追和谷雲九曲詩 用武夷櫂歌韻〉(1823년 5월 4일) 등이 있다. 잡문으로는〈九曲記〉(4월 22일),〈汕水尋源記〉(1823년 4월 28일 완성),〈汕行日記〉(1823년 5월 4일 완성) 등이 있다. 이 밖에 1823년 여름에는 달리 어떤 활동을 하였는지에 대한 언급은 찾을 수 없다. 다만《다산연보》에 이 해 6월에 승지 전망에 다시 기록되었다는 언급이 있다.

이 해 가을에는 시와 잡문이 확인되지 않으며, 특별한 활동도 추적되지 않는다. 다만 1823년 9월 28일 승지 전망에 낙점되었다가 바로 환수되었다는 기록이《다산연보》등에 있다.

이 해 겨울에는 시와 잡문이 확인되지 않으며, 특별한 활동도 추적되지 않는다. 1823년 12월 하순부터 병을 앓기 시작하여 120일 동안 누워 있었다.

1824년 甲申, 순조 24 _63세

: 이 해에는 윤7월이 있었다.

1월~4월 중순: 병으로 누워 있었다.

⊙ 특별한 활동은 추적되지 않으며, 1823년 12월 하순에 이어서 1824년 1월~4월 중순 동안 병으로 누워 있었던 것으로 추정된다(1823년 12월 부분 참조).

4월 21일: ① 정약용이 여동식과 함께 신작을 찾아가 같이 천진암에 올라가 오언율시, 칠언율시를 짓다. ② 이날 밤 천진암에서 숙박하다.

(가) 〈病伏十有二旬 適玄溪令公 從龍門水鍾而至 將南游天眞菴 勉而從之 仍訪石泉翁偕去, 三家少年及林聖九規伯亦從焉 到水南作〉 1824년 4월 21일 밤

(나) 〈四月卄一日上山 卄二日出山宿江村 卄三日泛舟斗尾 擧綱不得魚 愴然有作〉 1824년 4월 23일

(다) "四月…甲寅 丁令若鏞‧呂公東植來 與之同上天眞庵 同賦五七律 翌日 同諸人 泛舟斗尾向暮歸"申綽 〈日乘〉 《石泉遺集》, 1824년 4월 21일 및 4월 22일

⊙ (가)는 1824년 4월 21일에 지은 시이다. (나)의 시의 제목을 보면 (가)의 시가 4월 21일 작임을 알 수 있다. (가)의 시를 포함하여 〈天眞逍遙集〉에 수록된 시들은 "1824년"에 지은 시이다. 이것은 석천 신작의 일기집 (다)에서 확인된다. 이 천진사(천진암) 행에는 정약용, 여동식, 신작 외에 이 세 집안의 소년들이 함께 갔고 나중에 윤영희도 합류하였다.[414] 정약용의 〈天眞逍遙集〉의 두 번째의 시 〈野宿天眞寺 寺破無舊觀余盖三十年重到也〉라는 시 때문에 수록된 시들을 1827년 작으로 오해하기 쉽다. 정약용이 1797년 단오날 천진암을 찾은 적이 있기 때문이다. 그러나 "余盖三十年重到也"라는 표현에서도 보이듯이 30년은 개략적인 수치이다.

4월 22일: ① 천진암에서 일어나 시를 짓다. ② 산문山門을 나서다. ③ 노고담鈷鑼鈷潭에서 쉬며 시를 짓다. ④ 배를 띄워 두미협에 이르다. ⑤ 석천 신작의 집에 들르다(추정). ⑥ 강촌江村에서 숙박하다.

---

414) 조성을, 2004, 185쪽 참조.

(가) 〈山木〉 1824년 4월 22일 아침

(나) 〈出山門〉 1824년 4월 22일 오전

(다) 〈次韻憩鉋鈷潭〉 1824년 4월 22일 점심때 추정

(라) 〈次韻題石泉屋壁〉 1824년 4월 22일 오후 추정

(마) 〈四月卄一日上山 卄二日出山宿江村 卄三日泛舟斗尾 擧網不得魚 愴然
作〉 1824년 4월 23일

(바) "四月…甲寅 丁令若鏞·與公東植來 與之同上天眞庵 同賦五七律 翌日
同諸人 泛舟斗尾向暮歸" 申綽〈日乘〉 _《石泉遺集》, 1824년 4월 23일

𝄐 (마)의 시로 보아 (가), (나), (다), (라) 시의 저작 시기가 추정된다. 이날 4월 22일 오전 천진암(천진사) 산문을 나서고 나서 점심때쯤 노고담에서 쉬며 (다)시를 지었을 것이고, 오후에 신작(광주 경안천 부근 사마루)의 집에 함께 갔다가 (라)의 시를 짓고, 밤에 강촌에 숙박한 것으로 볼 수 있겠다. 한편 이날 4월 22일 오후 석천 신작의 집에 갔을 때 정약용은 신작이 《尙書》 관련 작업을 하고 있는 것의 일부를 보았을 가능성도 있다. 신작은 1824년에서 1825년에 걸쳐서 《古尙書》·《尙書古注》·《二十五篇》·《百篇考》 등 일련의 작업(이들을 합쳐 《書次故》라고 함)을 하고 있었기 때문이다.[415] 마침 1824년 4월 정약용의 방문에 앞서 바로 이달 신축일(4월 8일)에 신작은 《古尙書》 28편 작업을 완료하였다(四月辛丑 書古尙書訖, 신작 〈日乘〉). 신작의 이 작업은 정약용의 《梅氏尙書平》 등의 영향을 받았을 가능성이 크다. 1819년 8월 21일 신작은 정약용에게서 《梅氏尙書平》을 빌려보고, 9월 초순(9월 8일 이전) 질문지[籤]를 붙여 돌려보내 서로 토론이 시작되었기 때문이다. 물론 정약용 역시 자신보다 정밀한 신작의 작업에서 큰 충격을 받았음을 1827년 11월 홍현주에게 보낸 편지에서 피력하고 있으며, 정약용 만년의 《尙書》 관련 저작의 재정리 작업은 신작의 작업으로부터 영향을 받은 바가 많다.[416] 그리고 홍현주를 매개로 한 그의 형 홍석주와의 교유도 개수 작업에 영향을 미쳤다.

415) 조성을, 〈정약용의 《尙書》 연구 문헌의 검토〉, 《동방학지》 54·55·56합, 1987, 751~752쪽.
416) 조성을, 위의 논문, 752쪽.

4월 23일: ① 두미협에 배를 띄우고 투망으로 고기잡이를 하다. ② 배 안에서 윤영희尹永僖가 왔다는 소식을 듣다. ③ 윤영희와 신작이 만나다. ④ 정약용이 양산楊山(미상)에게 시를 지어주다. ⑤ 여동식이 떠나다. ⑥ 강촌에서 윤영희, 신작, 정약용이 함께 자다(추정).

(가) 〈病伏十有二旬 適玄溪令公 從龍門水鍾而至 將南游天眞菴 勉而從之 仍訪石泉翁偕去 三家少年及·林聖九規伯亦從焉 到水南作〉 1824년 4월 21일

(나) 〈四月廿一日上山 廿二日出山宿江村 廿三日泛舟斗尾 擧網不得魚 愴然有作〉 1824년 4월 23일

(다) "賀石川與松翁相見" 〈次韻斗尾舟中〉 1824년 4월 23일

(라) 〈斗尾舟中聞 松坡尹學士至 相與來會 又用前韻〉 1824년 4월 23일

(마) 〈戲爲排體示楊山 又用前韻三疊〉 1824년 4월 23일

(바) 〈臨別又示玄溪〉 1824년 4월 23일 추정

(사) 신작, 〈石泉日錄〉

⚱ (다)의 시에 "賀石川與松翁相見"이라는 원주가 붙어 있는 것은 다소 이상하다. (다)의 시는 현계 여동식의 시 〈斗尾舟中〉에서 차운한 것이며, 윤영희가 왔다는 소식을 배 안에서 듣고 가서 지은 시는 (라)이기 때문이다. 그러나 (다) 시의 "賢豪相見禮"라는 구절을 보면 신작과 윤영희의 만남을 축하하는 내용이라고 추정할 수 있다. 아마도 배를 타고 있는 가운데 윤영희가 왔다는 소식을 듣고 (다) 시를 지은 뒤, 배를 강가에 정박시키고 윤영희를 만나 지은 시가 (라)의 시라고 보면 무리가 없겠다. 아마도 송파의 윤영희에게 전날(1824년 4월 22일)쯤 정약용이 오라고 연락을 하였거나, 윤영희가 소식을 듣고 스스로 온 것일 수도 있다. (바)를 보면 이날 1824년 4월 23일 여동식은 먼저 떠나고 정약용, 신작, 윤영희가 강촌에서 함께 잤을 것으로 추정된다.

4월 24일: ① 강촌에서 기상하다(추정). ② 정약용 집으로 돌아오다(추정).

4월(25일 이후): 집으로 돌아간 신작이 다시 시를 보내오자 정약용이 화답시를 쓰다.

(가) 신작, 〈旣歸追述度迷潭泛舟之樂 示諸公〉 1824년 4월 24일 이후 추정

(나) 정약용, 〈次韻酬石泉〉 1824년 4월 25일 이후 추정

✎ 1824년 4월 24일 초천 집에 돌아간 정약용은 25일 이후 집에서 쉬면서 대략 4월 말(말일 29일)까지 〈天眞逍遙集〉을 정리하고 있었다고 생각된다.

5월 4일: 찾아온 이학규에게 시를 써 주다.

(가) 〈贈惺叟〉 _《전서》 시문집, 1828년 5월 4일 추정

5월 12일: ① 배를 타고 송파에 사는 윤영희를 찾아가다. ② 윤영희 댁에서 유숙하다(추정).

(가) 〈五月十二日乘舟到松坡 擬題尹友屋壁〉 _《전서》 시문집, 1824년 5월 12일

✎ (가) 시는 제목으로 보아 1824년 5월 12일 작임을 알 수 있고, 5월 12일에 배를 타고 송파의 윤영희를 찾아가 지어준 것이다. 연도를 명기하지는 않았으나 《여유당전서》에 〈天眞逍遙集〉 바로 뒤에 배치되어 있고, 내용으로 보아도 〈天眞逍遙集〉과 연결되므로 1824년 5월 12일 작으로 추정하였다. 이날 5월 12일 밤은 아마도 윤영희 댁에서 유숙하였을 것이다.

5월 13일(추정): ① 송파에서 배를 타고 초천의 집으로 향하다. ② 배가 몽오정夢烏亭을 지나다. ③ 두미협斗尾峽에서 역풍, 소나기, 우뢰를 만나다. ④ 초천 집에 도착하다(추정).

(가) 〈臨別又題〉 _《전서》 시문집, 1824년 5월 13일 추정

(나) 〈舟過夢烏亭〉 _《전서》 시문집, 1824년 5월 13일 추정

(다) 〈斗尾值逆風〉 _《전서》 시문집, 1824년 5월 13일 추정

(라) 〈斗尾值驟雨〉 _《전서》 시문집, 1824년 5월 13일 추정

(마) 〈斗尾值大雷〉 _《전서》 시문집, 1824년 5월 13일 추정

✎ 정약용이 1824년 5월 12일 밤은 윤영희 댁에서 유숙하고 5월 13일 아침 출발한 것으로 보인다. (나), (다), (라), (마)의 시를 보면 배가 몽오정 앞을 지난 뒤 두미협에서 역풍, 소나기, 우뢰를 만났음을 알 수 있다. 두미협에서 초천은 지척의 거리이나 이날 고생을 많이 하였다. 그러나 당일 초천

집에 도착할 수는 있었을 것이다.

6월 일(추정): 〈消暑八事〉를 짓다.

(가) "甲申夏" 〈消暑八事〉 _《전서》 시문집, 1824년 6월 추정

(나) 〈再疊〉 _《전서》 시문집, 1824년 6월 추정

(다) 〈三疊〉 _《전서》 시문집, 1824년 6월 추정

🔔 (가)의 시에 단지 "甲申夏"라고만 되어 있으나, 가장 더운 여름이라고 생각하여 (음력) 6월로 비정하였다. (나)와 (다)도 이때 지은 시다.

7월 일: 문산 이재의가 두릉(초천)을 방문하다.

(가) "秋作斗陵行"(이재의) _〈자찬연보〉, 1824년 조 甲申

(나) 〈新秋八詠〉 _《전서》 시문집, 1824년 7월

🔔 (가)로 보아 위의 사실이 확인된다. 가을이 되자 찾아온 것으로 보아서 일단 1824년 7월로 비정하였다. 아마도 이재의가 찾아왔을 무렵에 (나)의 시를 지었을 가능성이 있다.

8월~9월:

🔔 특별한 활동이 추적되지 않는다.

10월 일:

🔔 대체로 1824년 10월 무렵 《風水集義》에 착수하였다고 생각된다. 1825년 1월에 완성되기 때문이다(1825년 1월 부분 참조).

11월 일:

🔔 특별한 활동이 추적되지 않지만, 대체로 《風水集義》 작업에 종사하고 있었다고 생각된다.

12월 일:

🔔 대체로 《風水集義》 작업에 종사하고 있었다고 생각된다. 1824년 겨울의 시로는 〈題寒岸聚市圖〉(1824년 겨울), 〈題寒溪返樵圖〉(1824년 겨울), 〈題寒江泛舟

圖〉(1824년 겨울),〈題寒厓遠騎圖〉(1824년 겨울),〈題寒菴烹菽圖〉(1824년 겨울),〈題寒房燒肉圖〉(1824년 겨울),〈題寒潭浴鳧圖〉(1824년 겨울),〈題寒山嗾鷹圖〉(1824년 겨울) 등과 같은 그림(아마도 이 그림들은 초천 주변의 겨울 경치로 추정됨)에 대한 제시題詩 및〈獨臥三首 戲爲放翁體〉(1824년 겨울),〈賦得山北讀書聲〉(1824년 겨울) 등이 있다. 잡문은 확인되지 않는다. 1825년 1월《風水集義》가 완성되므로(1825년 1월 부분 참조), 1824년 겨울(10월 추정)부터 작업에 착수하였다고 추정된다.

1824년의 저작과 활동

1824년 봄 내내 병으로 누워 있을 것이므로 이 시기 저작이 없는 것으로 추정되며 달리 활동도 없었을 것으로 추정된다.

1824년 여름의 시로는〈病伏十有二旬 適玄溪令公 從龍門水鍾而至 將南游天眞菴 勉而從之 仍訪石泉翁偕去 三家少年及·林聖九規伯亦從焉 到水南作〉(1824년 4월 21일 밤),〈四月卄一日上山 卄二日出山宿江村 卄三日泛舟斗尾 擧網不得魚 愴然有作〉(1824년 4월 23일),〈次韻酬石泉〉(1824년 4월 25일 이후 추정),〈五月十二日乘舟到松坡 擬題尹友屋壁〉(1824년 5월 12일),〈臨別又題〉(1824년 5월 13일 추정),〈舟過夢烏亭〉(1824년 5월 13일 추정),〈斗尾値逆風〉(1824년 5월 13일 추정),〈斗尾値驟雨〉(1824년 5월 13일 추정),〈斗尾値大雷〉(1824년 5월 13일 추정),〈消暑八事〉(1824년 6월 추정),〈再疊〉(1824년 6월 추정),〈三疊〉(1824년 6월 추정) 등이 있다. 잡문은 확인되지 않는다. 한편 이 해 여름의 활동으로는 4월 하순 천진암 등을 기행한 것,〈天眞逍遙集〉을 편집한 것, 5월 중순 송파의 윤영희에게 다녀온 것 등을 들 수 있다.

〈新秋八詠〉(1824년 7월)을 제외하면 이 시기 1824년 가을의 시와 잡문이 확인되지 않는다. 또 7월(추정)에 이재의가 초천을 방문한 것을 제외하면 특별한 행적이 추적되지 않는다.

1824년 겨울의 시로는〈題寒岸聚市圖〉(1824년 겨울),〈題寒溪返樵圖〉(1824년 겨울),〈題寒江泛舟圖〉(1824년 겨울),〈題寒厓遠騎圖〉(1824년 겨울),〈題寒菴烹菽圖〉(1824년 겨울),〈題寒房燒肉圖〉(1824년 겨울),〈題寒潭浴鳧圖〉(1824년 겨울),〈題寒山嗾鷹圖〉(1824년 겨울) 등과 같은 그림(아마도 이 그림들은 초천 주변의 겨울 경치로 추정됨)에 대한 제시題詩 및〈獨臥三首 戲爲放翁體〉(1824년 겨울),〈賦得山北讀書

聲〉(1824년 겨울) 등이 있다. 잡문은 확인되지 않는다. 1825년 1월《風水集義》
가 완성되므로(1825년 1월 부분 참조), 1824년 겨울(10월 추정)부터《風水集義》
작업에 착수하였다고 추정된다.

1825년 乙酉, 순조 25   64세

1월 일:《風水集義》완성되다.

  (가) "道光五年乙酉 孟春" _《風水集義》, 1825년 1월

  🜆 (가) 서두에 "道光五年乙酉 孟春"이라고 되어 있으므로, 1825년 1월에 지었
음을 알 수 있다.

1월 26일: 소요원逍遙園(이광수李光壽)에게 편지를 보내 올 봄에는 과거가 없
                다는 언급 및 대나무 서까래와 버섯을 교환하자는 얘기를 하다.

  (가) "乙酉正月廿六日"〈逍遙園 書几〉 _《다산간찰집》224~225쪽, 1825년 1월 26일

  🜆 "乙酉正月廿六日"이라는 구절이 있어서 "1825년 1월 26일"작임을 알 수 있
다. 소요원은 이광수를 가리키며 그의 자는 경지景祉 또는 경지敬之라고 한
다(《다산간찰집》225쪽). 내용으로 보아서 그는 춘천 부근에 살았던 것으로
보인다.

2월 27일: 이재의李載毅가 초천으로 정약용을 방문하다.

  (가) 이재의,〈자찬연보〉 1825년 2월 27일(乙酉)

  (나) "設式年監試覆試" _《실록》순조 25년 2월 20일

  🜆 (가)에서 초천방문 기사 바로 앞에 이재의의 조카 이종순이 회시에 실패
했다는 기사가 있다. 이 해 식년 감시 복시는 2월 20일에 있었다. 이 발표 소
식을 들은 뒤에 이재의가 초천으로 향하였을 것이다. "을유乙酉"라는 날짜를
확인한 결과 음력 "2월 27일"이므로, 초천에 도착한 때는 2월 27일이다.

3월~10월:

  🜆 특별한 행적이 추적되지 않는다.

11월 5일: 경기도 양천 현감 김매순金邁淳에게 편지를 보내어 현감 부임 뒤

에는 《周易》에 대한 토론문을 보내오지 않는다고 하다.

(가) "十一月五日 若鏞拜"〈謹拜上帖〉 _《다산간찰집》226~229쪽, 1825년 11월 5일

(나) 김매순, 〈陽川縣齋 書懷〉 _《대산집》권2, 1825년 7월 14일 이전

편지는 내용으로 보아 양천 현감에게 보낸 것이고 여기에는 지난 달 (1825년 10월) 타계한 둘째형수 풍산김씨(정약전의 부인)에 대한 언급이 있다. 이를 근거로 《다산간찰집》(229쪽)에서 "1825년"작으로 추정하였고 당시 양천 현감은 김매순이라고 하였다. 타당하므로 이를 따른다. 편지의 내용을 보면 김매순과 정약용 사이에서 연락을 담당한 것은 정약전의 아들인데 그의 아들 가운데 정학초는 이미 타계한 뒤이므로 아마도 양자를 들였던 것 같다. 정약용은 해배된 이후 김매순과 학술 교류가 많았다. 이 밖에 1825년 11월에는 특별한 행적이 추적되지 않는다. 1825년 김매순의 시로 (나)가 있어서 그가 양천 현감을 지냈다는 사실을 알 수 있다. 또 1826년의 시로 〈陽川官齋 次鶴山〉이 있으므로 김매순이 1826년 현재 양천 현감을 계속하고 있었음도 알 수 있다. 다만 1825년 11월 5일 정약용이 김매순에게 보낸 편지 (가)에 대한 답서는 《대산집》에서 찾을 수 없다. 이 편지를 보면 정약용과 김매순은 《尙書》에 대한 토론 말고도 《周易》과 관련한 토론도 한 것으로 생각된다.

12월 일:

특별한 행적이 추적되지 않는다.

1825년의 저작과 활동

1825년에는 봄을 비롯하여, 여름, 가을, 겨울에도 시가 확인되지 않는다. 《사암연보》에도 1825년에는 아무런 행적 및 기록이 없다. 다만 1825년 겨울 김매순에게 《周易四箋》을 보여주고 이에 대하여 토론하고 싶었던 것으로 여겨진다.

1826년 丙戌, 순조 26 _65세

: 1826년의 행적이 잘 추적되지 않으나, 신작의 《書次故》(1825년 무렵 완성)

를 보면서 자신의《尚書》관련 저작의 개정을 구상하고 있었던 것으로 보인다.《실록》에 따르면 신작은 1825년 11월 25일 대사간에 임명되었다. 아마도《書次故》작업을 완료한 얼마 뒤라고 생각된다.

1월~5월:

🐚 특별한 행적이 추적되지 않는다.

6월 19일: 신작 형제가 유계중柳戒仲[유희柳僖]와 함께 배를 타고 석호정石湖亭에 내려가다.

(가) 신작,〈與柳進士僖〉_《석천유집》, 1826년 6월

(나) 신작,〈日乘〉"六月己巳 同兄弟及柳戒仲 舟下石湖亭 翌日丁令若鏞來會話"_《석천유집》, 1826년 6월

🐚 (가)에서 유진사 및 (나)에서의 유계중은 유희柳僖를 가리킨다. 신작을 매개로 정약용은 유희와 교유가 있게 된다. 그러나《尚書》등 경서에 대한 유희의 입장은 정약용과 달랐다. 유희는 을해옥사에서 해를 입은 소론계로서, 강화학파에 가까웠으나 학문적 입장에서도 주자학에 기울어져 있었다. 다만 정약용은 유희의 학문적 수준을 인정하여 신작에게 유희가 박아博雅하다고 하기는 하였다.

6월 20일(庚午): 정약용이 석호정으로 찾아가 신작과 대화하다.

(가) 신작,〈日乘〉"六月己巳 同兄弟及柳戒仲 舟下石湖亭 翌日丁令若鏞來會話"_《석천유집》, 1826년 6월

🐚 이때 정약용은 신작 형제와는 물론, 유희와도 대화하였을 것이다.

7월~8월:

🐚 특별한 행적이 추적되지 않는다.

9월 23일: 윤영희가 초천을 방문하다.

(가)〈淞翁至〉_《전서》시문집, 1826년 9월 23일

9월 25일 무렵(추정): 윤영희가 병으로 집에 돌아가다.

(가) 〈淞翁以病還〉 _《전서》 시문집, 1826년 9월 25일~26일 무렵

🖉 며칠 머무른 것으로 보아서 대략 1826년 9월 25일~26일 무렵 돌아간 것으로 추정하였다.

9월 28일: 시를 짓다.

(가) 〈九月卄八日夜 復用前韻〉 _《전서》 시문집, 1825년 9월 28일

🖉 1825년 9월에는 송파의 윤영희가 오고 간 것과 (가)의 시를 지은 것 말고는 특별한 행적이 추적되지 않는다.

10월 일:

🖉 특별한 행적이 추적되지 않는다.

11월 6일: 크게 풍설이 치고 따뜻하던 날씨가 갑자기 추워지다.

(가) 〈冬溫〉 _《전서》 시문집, 1826년 10월 말 또는 11월 초

(나) 〈十一月六日 大風雪猝寒〉 _《전서》 시문집, 1826년 11월 6일

(다) 〈擬贈契東樊〉 _《전서》 시문집, 1826년 11월 6일~8일 사이 추정

🖉 (가), (나), (다)의 시로 보아 위의 사실이 확인된다. 대략 1826년 10월 하순에서 11월 5일까지는 날씨가 따뜻하였던 것으로 여겨진다.

11월 8일: 아우 정약횡이 송파 윤영희의 집에 묵으면서 보낸 편지가 이르다.

(가) 〈十一月八日 舍弟鐄與東樊·黃坡·浦洲 至泊淞翁 有抵兒書 感而有述〉 _ 《전서》 시문집, 1826년 11월 8일

(나) 〈擬贈契東樊〉 _《전서》 시문집, 1826년 11월 6일~8일 사이 추정

🖉 정약횡은 정약용의 이복동생으로 잠성김씨 소생이다. 그가 동번東樊(미상), 황파黃坡(미상), 포주浦洲(미상) 등과 함께 송파 윤영희의 집에 정박하고서 편지를 1826년 11월 8일에 아이(아마도 정학연) 앞으로 보내온 것 같다. 11월에는 이 두 가지 일 말고는 특별한 행적이 추적되지 않는다. (나)에서 볼 수 있듯이 동번에게는 정약용이 전날(7일) 무렵 시를 지어 주었다.

12월 16일: 박연樸㙖에게 답서를 보내어 자신의 각기병에 대하여 말하고 박

연의 청에 대하여 편지를 써서 부탁할 것이라고 하고 환곡의 농간에 대하여 말하다.

(가) "丙戌十二月十六日 洌翁"〈答樸掾〉 _《다산간찰집》 230~231쪽, 1826년 12월 16일

🔷 "丙戌十二月十六日"이라는 구절로 보아서 "1826년 12월 16일"로 비정된다. "열옹洌翁"이라는 표현과 편지의 내용으로 보아 수신자가 정약용보다 손아래 사람임을 알 수 있다. 수신자 "박연樸掾"에 대하여 《다산간찰집》(231쪽)에서 박씨朴氏라고 추정하였다. 그렇다면 혹 "박두채"일 가능성에 대하여 생각하여 보기로 한다. 당시 박연이 사는 마을에서 환곡 문제로 말썽이 생겼고 박연이 정약용에게 이 해결을 부탁한 것으로 볼 수 있겠다. 정약용은 담당자를 지금 직접 만날 수는 없고 편지를 보내겠다고 답하였다. 이 밖에 1826년 12월에 특별한 행적이 추적되지 않는다. 아마도 이 편지를 보내기 얼마 전 박연으로부터 부탁하는 편지가 왔던 것으로 여겨진다.

1826년의 저작과 활동

1826년에는 봄을 비롯하여 여름에도 시가 확인되지 않는다. 《사암연보》에도 1826년에는 행적과 관련된 기록이 없다.

가을의 시로는 〈淞翁至〉(1826년 9월 23일), 〈淞翁以病還〉(1826년 9월 25일~26일 무렵), 〈九月廿八日夜 復用前韻〉(1826년 9월 28일), 〈贈雨山崔斯文〉(1826년 9월 말 또는 10월 초순), 〈弟鍵無家漂泊用前韻〉(1826년 9월 말 또는 10월 초순), 〈酬靑灘〉(1826년 9월 말 또는 10월 초순; 여동근에게 준 시), 〈夕坐〉(1826년 9월 말 또는 10월 초순), 〈次韻陳后山雪意〉(1826년 9월 말 또는 10월 초순), 〈次呂營川江亭〉(1826년 9월 말또는 10월 초순), 〈靑灘聞余有下堂之疾 以詩相慰 次韻却寄〉(1826년 9월 말 또는 10월 초순), 〈幽事〉(1826년 9월 말 또는 10월 초순) 등이 있다.[417] 다만 〈贈雨山崔斯文〉 이하의 시들은 대체로 1826년 9월 말에서 10월 초순 무렵에 지은 시로 보이며 혹 10월 중순 이후의 시도 있을 수 있다. 1826년 9월은 말일이 30일이었다.

1826년 가을에는 특별한 활동이 확인되지 않으며, 《사암연보》에도 1826년에는 아무 행적 기록이 없다. 다만 1826년 늦가을(9월 23일) 윤영희가 초천

417) 조성을, 2004, 190~191쪽.

을 찾아온 것, 여동근呂東根·여동식呂東植 형제 및 최사문(미상)과 정약건(정약용의 4촌 또는 6촌 아우)에게 시를 써 준 것, 정약용 자신이 병으로 누워있었던 것(대략 9월 하순~10월 초순 추정) 등을 알 수 있다. 여동근은 여동식의 형이었고 여동근 형제는 정약용과 가까운 사이였다.418) 위의 시들의 제목 가운데 〈次呂營川江亭〉이라고 되어 있는 것은 여동근이 영천군수를 지냈기 때문으로 생각된다.《한국인물대사전》(하)(한국정신문화연구원 편, 1999, 1188쪽)에 의거하여 여동식의 약력을 정리하여 보면 다음과 같다. 1774년(영조 50년)생으로 1795년 정시문과에 급제하였으나, 1802년 이병정李秉鼎을 탄핵하다가 파직되었다. 다시 복관되어 1807년 정조에게 배향된 김종수金鍾秀에게 출향黜享과 삭탈관직을 가하라고 상소하였으며, 1826년에는 동지의금부사를 지냈다(구체적 시기 미상). 1829년 사은부사로 청나라에 파견되었다가 귀로에 유관참柳關站에서 객사하였다.

1826년 겨울의 시로는 〈次韻劉元輝·方萬里初寒夜坐〉(1826년 10월 중순 무렵), 〈淞翁以詩寄我未和者三年 今始追話〉(1826년 10월 하순 무렵), 〈冬溫〉(1826년 10월 말 또는 11월 초 추정), 〈十一月六日 大風雪猝寒〉(1826년 11월 6일), 〈擬贈契東樊〉(1826년 11월 6일~8일 사이 추정), 〈十一月八日 舍弟鐄與東樊·黃坡·浦洲 至泊淞翁 有抵兒書 感而有述〉(1826년 11월 8일), 〈次韻山中對月寄玄溪〉(1826년 11월 8일 이후 추정), 〈次韻雪中讀書簡寄玄溪〉(1826년 11월 8일 이후 추정) 등이 있다.419) 이 밖에 특별한 행적이 확인되지 않으며,《사암연보》에도 1826년에는 아무 행적 기록이 없다.

다만 1826년 겨울의 시들을 보아 몇 가지 사실을 알 수 있다. 지은 지 3년이 된 윤영희의 시(아마도 1823년 4월 천진암 기행 때의 시로 추정됨)에 대하여 화답하는 시를 지은 일(〈淞翁以詩寄我未和者三年 今始追話〉), 1826년 겨울 대략 10월 하순에서 11월 5일까지는 날씨가 따뜻하다가 11월 6일 갑자기 크게 풍설이 불고 추워진 일을 〈冬溫〉(10월 말 또는 11월 초), 〈十一月六日 大風雪猝寒〉(11월 6일)의 두 시를 보아 알 수 있다. 그리고 동번에게 시를 쓴 일(〈擬贈契東樊〉), 아

418) 1824년 여동식은 정약용과 천진암 기행을 함께 하였다. 1824년 4월 부분 참조. 현계玄溪라는 호가 여동식의 거주지에서 나온 것이고 청탄靑灘이라는 호는 여동근의 거주지에서 나온 것으로서 이 두 곳은 초천에서 가까웠던 것으로 추정된다..

419) 조성을, 2004, 191~193쪽.

우 정약횡이 송파 윤영희의 집에서 편지를 보내 온 일(《十一月八日 舍弟鑛與東樊·黃坡·浦洲 至泊淞翁 有抵兒書 感而有述》), 여동식에게 시를 써서 보낸 일(《次韻山中對月寄玄溪》, 《次韻雪中讀書簡寄玄溪》) 등이 있었음을 알 수 있다.

1827년 <del>丁亥, 순조 27</del> <del>66세</del>
: 이 해에는 윤5월이 있었다.

1827년의 행적이 잘 추적되지 않으나, 신작의 《書次故》(1825년 무렵 완성)를 보면서 자신의 《尙書》 관련 저작의 개정을 구상하고 있었던 것으로 보인다.

1월 12일: 《望溪集》과 관련하여 김매순에게 답서를 쓰다.

(가) 〈答金德叟〉 _《전서》 시문집, 1827년 1월 12일

✿ 1827년 1월에 들어서 김매순과의 문통이 재개되고 있음을 알 수 있다. 그 사이 김매순이 양천 현감의 업무로 바빠서 편지를 통한 학문적 토론이 어려웠을 가능성이 있다.

1월 13일: 김매순에게 다시 답서를 쓰다.

(가) 〈答金德叟〉(2) _《전서》 시문집, 1827년 1월 13일

2월 일:

✿ 특별한 행적이 추적되지 않는다.

3월 12일(추정): 문산 이재의가 초천으로 찾아오다.

(가) "春 作斗陵行"(이재의) _〈자찬연보〉 1827년 3월 12일(丁亥)

✿ 이재의는 1823년 봄에도 초천으로 찾아와 4, 5일 묵으면서 경서를 같이 읽었고 다시 얼마 뒤 함께 배를 타고 춘천에 다녀왔다(1823년 봄 부분 참조). 그는 1827년 봄과 1830년 봄 및 1831년 가을(추정)에도 초천에 왔다. 또한 1828년 12월 3일에도 방문한 기록이 있으며(1828년 12월 3일 부분 참조), 1832년 여름에도 초천에 와서 여러 날 함께 노는 한편 영명위 홍현주洪顯周(홍석주洪奭周의 동생)도 만났으며, 1832년 가을에도 방문하였다. 1827년은 3월 12일이 정해丁亥일이었다.

4월~6월:

🖋 특별한 행적이 추적되지 않는다.

7월 16일: 기망旣望에 삼정蔘亭에서 달을 기다리다가 비를 만나 시를 짓다.

　(가) "丁亥秋"〈七月旣望於蔘亭候月 晩有小雨〉 _《전서》시문집, 1827년 7월 16일

　(나) 〈小焉諸友並至 和其舟中韻〉 _《전서》시문집, 1827년 7월 16일 추정

　(다) 〈五葉亭歌〉 _《전서》시문집, 1827년 가을

　(라) 〈再疊〉 _《전서》시문집, 1827년 가을

　(마) 〈蔘亭十詠〉 _《전서》시문집, 1827년 가을

🖋 시의 제목으로 보아서 1827년 가을 무렵 정약용이 삼포蔘圃를 경영하고 있었던 것으로 여겨진다. 정약용은 평소에 상업적 농업 경영을 주장하였는데, 삼포 경영으로 이를 실천한 것이다. 이 해 가을에 지은 시로 (다)가 있으므로 삼포에 있던 정자 이름이 "오엽정五葉亭"이었을 것으로 생각된다. (다)의 시에 "一笠之亭扁五葉 白鴉谷口當山脅"이라는 구절로 보아서 백아곡 입구에 있었음을 알 수 있다. 1827년 7월 16일 비가 온 조금 뒤 친구들이 와서 지은 시가 (나)로 추정되어 같은 날짜로 비정하였다.420) 이 밖에 이 해 가을에 오엽정에서 지은 시로 〈再疊〉(1827년 가을), 〈蔘亭十詠〉(1827년 가을)이 있다.421)

8월~9월:

🖋 특별한 행적이 추적되지 않는다.

10월 일: 윤극배尹克培가 겨울 우뢰로 말미암아 구언교求言敎에 응하여 정약용을 무고誣告하다.

　(가) "丁亥…十月 尹克培因冬雷求言上疏 慘誣公罔有紀極 時我文祖翼皇帝代理之初年也 睿心 渴於求賢 方嚮公收用 惡人知其狀 嗾尹投疏 疏入政院 不捧 因進院達 嚴推克培 竟以誣告得情" _《사암연보》224쪽

420) 조성을, 2004, 195쪽.
421) 조성을, 위의 책, 195쪽.

⚠️ 정약용이 가장 나이가 많을 때에 해당되는 1827년에도 그에 대한 모함이 계속되고 있었음을 알 수 있다.

11월 초(추정): 홍석주 동생 홍현주洪顯周(해거도위) 편에 《梅氏書平》을 빌리다.

(가) 《閻氏古文疏證抄》 1827년 11월 29일 이전 완성

(나) 홍석주, 〈洪判書(奭周)書籤梅氏書評〉 _《여유당전서보유》, 1827년 11월 중순 무렵

⚠️ (가)에서 위와 같은 사실이 확인된다. 대체로 1822년 6월 석천 신작과의 토론을 마지막으로 하여 1825년 《風水集議》를 완성한 것을 제외하면, 정약용의 학문적 활동이 잘 눈에 뜨이지 않는다. 이제 1827년 11월 홍석주와 학문적 교유를 통해 정약용의 학문 활동이 본격적으로 재개되는 것으로 여겨진다. 다만 1824년에서 1825년 사이에 석천 신작이 일련의 《尚書》 연구 작업(합쳐서 《書次故》)을 하므로 대략 1827년 11월 이전 정약용이 이들 저작을 이미 빌려서 보았음은 분명하다. 1827년 11월 29일 홍석주에게 보낸 편지에서 이에 대하여 언급하기 때문이다(1827년 11월 29일 부분 참조). 대략 1826년에서 1827년 사이 정약용은 신작의 저서 《書次故》를 보면서 자신의 《尚書》 관련 저작의 개정을 준비하고 있었던 것으로 볼 수 있다.

1827년 11월 29일 정약용이 홍석주에 보낸 답서에서부터 역산하여 보면, 대략 1827년 11월 초(또는 10월 하순) 무렵 홍현주가 정약용의 《梅氏尚書平》을 빌려서 형 홍석주에게 전달한 것 같다. 홍석주는 《실록》에 따르면 1827년 2월 2일 형조판서에 임명되었으므로, (나)에서 홍판서洪判書라고 한 것으로 여겨진다.

한편 홍석주의 관련 저작을 망라하여 영인한 《淵泉全書》(오성사, 1984) 및 필사본 《淵泉集》을 검토하였으나 관련 자료를 찾지 못하였다. 다만 홍석주가 정조 19년(1795; 22세) 대과에 급제하고 초계문신이 되어 작성한 〈今古文辨〉(抄啓文臣課試 壯元)을 보면, 젊은 시절 《尚書》 금고문에 대한 그의 견해를 찾아볼 수 있었다(《연천선생문집》 권12). 이것은 초계문신 과시에 대한 답안으로 작성된 것이므로, 이런 문제의 대한 홍석주의 관심 역시 정조에 의해 촉발된 것으로 볼 수 있겠다. 《尚書補傳》은 《淵泉全書》 권6에 수록되어 있으며, 정약용의 친구 여동식과 관련된 시 〈訪朴舜可ㆍ金玉如ㆍ呂友濂(東植) 適會玉

如先有作 諸僚皆和之〉(권3 시3), 김매순과 관련된 시 〈臺山侍郞自龍山…相訪 歸後 有詩 乃答其意〉(권5, 시5) 등의 시를 찾을 수 있었다. 정약용, 여동식, 김매순, 홍석주 등은 당색을 떠나 서로 같은 교유권에 있었던 것으로 볼 수 있겠다.

11월 중순 무렵(추정): 홍석주가 정약용에게 《梅氏書平》과 관련해 질의서를 보내다.

(가) 〈洪判書(奭周)書籤梅氏書評〉 _《여유당전서보유》, 1827년 11월 중순 무렵

✦ 대략 10일 정도 홍석주가 《梅氏尙書平》을 읽고 이와 관련된 질의서를 1822년 11월 중순 무렵 보낸 것으로 추정하였다. 《다산과 대산 · 연천의 경학논쟁》(129쪽)에서는 (가)에 대한 답서를 〈答洪聲伯籤示〉(12월 8일)라고 하였다. 홍석주가 동생 홍현주 편에 정약용의 《梅氏尙書平》을 빌려서 본 일 및 홍석주가 이에 대한 질의서를 보낸 일은 11월 초에서 11월 중순 사이에 있었던 일들로 추정된다. 이런 과정에서 정약용이 홍석주의 《尙書補傳》과 염약거의 《尙書古文疏證》에 대하여 알게 되어 대략 1827년 11월 20일 무렵 이 책들을 빌리게 된 것으로 생각된다.

11월 20일 무렵(추정): 정약용이 홍현주 편에 염약거의 《古文尙書疏證》과 홍석주의 《尙書補傳》을 빌리다(추정).

(가)〈與海居〉 _《여유당전서보유》, 1827년 11월 29일

✦ 정약용이 1827년 11월 29일 독후감을 보냈으므로, 《古文尙書疏證》과 《尙書補箋》을 빌린 날짜를 대략 11월 20일 무렵으로 추정하였다. 위에서 살핀 바와 같이 정약용이 1827년 11월 초 홍현주 편에 홍석주에게 《梅氏尙書平》을 보내주자 이를 읽은 홍석주는 《梅氏尙書平》에 대하여 1827년 11월 중순 무렵 질의서를 보냈다. 그리고 이어서 11월 하순 무렵 정약용은 염약거의 《古文尙書疏證》과 홍석주의 《尙書箋》을 홍현주 편에 빌려서 본 것으로 보인다. 바로 뒤에서 볼 것처럼, 11월 29일 정약용이 홍현주에게 보내는 편지 (가)에서 홍석주의 《尙書補箋》에 대한 감상을 언급하고 염약거 및 황종희(염약거 책에 서문을 씀)에 대해 언급도 하는 점은 이런 추정을 더욱 가능하게 한다.

11월 29일: 정약용이 홍현주에게 편지를 보내 홍석주의 《尙書補傳》에 대한
　　　　감상을 언급하는 한편, 염약거의 《古文尙書疏證》에 대한 글(《閻若璩
　　　　尙書古文疏證抄》)을 동봉하다.

(가) 〈與海居〉 _《여유당전서보유》, 1827년 11월 29일

　🕮 1827년 11월 29일 편지에는 11월 20일 무렵의 언급 말고도, 자신의 《尙書
古訓》 6권과 《尙書知遠錄》 7권에 견주어 신작의 《書次故》가 더 완비된 것이
므로 폐기하고 싶다는 언급도 하였다. "古訓則 石泉申承旨所輯書次故 爲益該備
故欲毀之 知遠錄雜亂 不能奉獻 先之以目錄 要備領略也"라고 한 것은 정약용이 초
고본 《尙書古訓》과 《尙書知遠錄》에 대하여 큰 불만을 느끼고 있었음을 의미
하며, 이 편지와 더불어 염약거의 《古文尙書疏證》의 서문(황종희 작에 대한 정
약용의 서평) 및 《尙書知遠錄》의 목차(서문 포함)만을 보냈다. 신작, 홍석주와
의 이와 같은 학문적 교류 또는 토론이 강진 시기 저술된 상서 관련 저작들
에 대해 만년에 수정·보완을 하게 하는 자극제가 되었다고 볼 수 있다.

12월 초: 정약용이 11월 29일 보낸 편지와 관련하여 홍석주가 답서를 보내다.

(가) 홍석주, 〈又答我書〉 _《여유당전서보유》, 1827년 12월 초 추정

　🕮 (가) 편지는 1827년 11월 29일 정약용이 홍현주에게 편지를 보내면서
《尙書知遠錄》 서문과 목차 및 염약거가 지은 《古文尙書疏證》의 서문(황종희
작)에 대한 정약용의 서평을 홍석주 자신에게 보내준 데 대하여 홍석주가
답서로 쓴 것이다. 내용이 간략하므로 대략 1827년 12월 초에 쓴 것으로
여겨진다(12월 8일 부분 참조).

12월 8일: 정약용이 홍석주의 질문(11월 중순 편지)에 대하여 답서를 쓰다.

(가) 〈洪判書(奭周)書籤梅氏書評〉 _《여유당전서보유》, 1827년 11월 중순 무렵

(나) 〈答洪聲伯籤示〉 _《여유당전서보유》, 1827년 12월 8일

　🕮 (가) 편지에서 제기한 질문(11월 중순)에 대한 답변은 대략 한 달 가까이
시간이 걸려서 답서 (나)를 12월 8일에야 보내게 된 것이라고 여겨진다. 내
용이 상당히 길고 구체적이다.

12월 20일 무렵(추정): 정약용이 홍석주의 《尙書補傳》과 관련하여 질문하다.

(가) 〈讀尙書補傳〉 _《여유당전서보유》, 1827년 12월 15일 무렵 추정

(나) 《閻氏古文疏證抄》

📖 정약용이 홍석주의 《尙書補傳》과 《古文尙書疏證》을 빌린 시기를 대략 1827년 11월 20일 무렵으로 추정할 수 있다(11월 20일 부분 참조). 아마도 1827년 11월 29일까지는 《閻氏古文疏證抄》 작업을 하고 〈與海居〉(11월 29일)도 써야 하였고, 1827년 12월 8일까지는 홍석주가 보낸 편지에 대한 〈洪判書(奭周)書籤梅氏書評〉(11월 20일 무렵)에 관한 답서 〈答洪聲伯籤示〉(12월 8일)도 써야 하였으므로, 대략 1827년 12월 20일 무렵 《尙書補傳》에 대한 독후감 (가)를 완료하여 보냈을 것으로 추정하였다.

12월 연말 무렵(추정): 홍석주가 〈讀尙書補傳〉에 대하여 답서를 보내다(추정).

📖 〈讀尙書補傳〉에 대한 홍석주의 답서를 《淵泉全書》와 필사본 《淵泉集》에서 찾을 수 없다. 그러나 이 답서는 대략 1827년 12월 연말 무렵까지는 정약용에게 도착하였을 것으로 생각된다.

1827년의 저작과 활동

1827년 봄의 저작으로 추정되는 시 두 편 〈玄谷雜詠和呂承旨〉, 〈又玄溪雜詠十節〉은 규장각본 《여유당집》 시율에 1826년의 마지막 두 편 시 〈次韻山中對月寄玄溪〉, 〈次韻雪中讀書簡寄玄溪〉에 이어서 1827년 처음 시 사이에 시기가 맞지 않는 시들을 몇 편이 있고, 그 다음에 등장한다.[422] 정약용의 만년 시들은 시기가 잘 정리되어 있지 않다. 따라서 조성을, 《여유당집의 문헌학적 연구》에서 나름대로 정리하였고, 이 책에서도 대체로 이에 의거하여 정리하기로 한다.

여동식은 1826년 겨울(대략 10월 이후 추정)에서 1827년 봄 사이에는 잠시 벼슬에서 물러나 향리(현계)에 있었고, 이때 정약용과 자주 시를 주고받았던 것이 아닌가 여겨지기도 한다. 〈玄谷雜詠和呂承旨〉, 〈又玄溪雜詠十節〉 두 시는

---

422) 조성을, 2004, 193쪽.

정약용이 현곡(현계) 여동식의 집을 방문하여 지은 시로 보인다. 〈玄谷雜詠和呂承旨〉에는 "靑灘亦聞溪 玄谷更深居"라는 구절이 있다.

여름 시기의 시와 잡문이 확인되지 않으며 행적도 추적되지 않는다.

1827년 가을에 지은 시로 〈七月旣望於蓼亭候月 晩有小雨〉(1827년 7월 16일), 〈小焉諸友並至 和其舟中韻〉(1827년 7월 16일 추정), 〈五葉亭歌〉(1827년 가을), 〈再疊〉(1827년 가을), 〈蓼亭十詠〉(1827년 가을)[이상 모두 삼포에 있는 오엽정에서 지은 것], 〈題卞尙壁母鷄領子圖〉(1827년 가을 추정), 〈簡寄閒村趙逸人〉(1827년 가을 추정), 〈寄弟六弟鍵〉(1827년 가을 추정), 〈簡寄玄溪〉(1827년 가을 추정) 등이 있다. 〈簡寄閒村趙逸人〉에서 조일인은 1820년 용문산을 같이 유람한 한촌(용문산 부근)의 조장趙丈으로 추정되며, 〈寄弟六弟鍵〉은 정약건에게 쓴 시이고 〈簡寄玄溪〉는 여동식에게 쓴 시이다.

1827년 겨울의 시는 확인되지 않으며 잡문으로는 〈與海居〉(1827년 11월 29일), 〈答洪聲伯籤示〉(1827년 12월 8일), 〈讀尙書補傳〉(1827년 12월 20일 무렵) 등이 있다. 저술 활동으로 1827년 11월 《閻氏古文疏證抄》(1827년 11월 29일 이전 완성)를 들 수 있다. 일단 1827년 겨울 11월부터 학문 활동이 재개된 것으로 추정된다. 물론 정약용은 이전 1826년에서 1827년 사이에 신작의 《尙書》 관련 저술들을 읽고 자신의 저서에 대한 개정을 구상하고 있었을 것이다.

한편 필자는 《梅氏尙書平》, 《尙書古訓》, 《尙書知遠錄》에 대한 문헌적 검토를 행하여 총 세 번의 수정이 이루어졌다고 보았다.[423] 《梅氏尙書平》 9권 가운데 제1~4권은 1827년~1830년 무렵에, 제5~9권은 1834년 6월 10일에서 8월 24일 사이에 수정되었으며, 그 뒤 서거하기 전에 다시 제10권을 추가하였다고 하였다. 홍석주와 《尙書》 관련 문제를 놓고 편지로 본격적으로 토론한 것은 1827년 11월에서 12월 사이이다. 1828년에서 1830년 사이에 다른 작업이 없는 것으로 보아서 대략 이 사이에 《梅氏尙書平》 등의 개정 "준비 작업"이 있었던 것으로 생각된다. 아마도 《梅氏尙書平》 9권 가운데 "제1~4권의 수정 작업은 대략 1831년 무렵 행해졌다"고 보다 구체적으로 특정하여 보는 것이 좋겠다(1831년 부분 참조).

---

423) 조성을, 〈정약용의 《尙書》 연구 문헌의 검토〉, 《동방학지》, 54·55·56합, 1987.

1828년 戊子, 순조 28 _67세

: 이 해 5월, 6월 사이에 윤영희와 시를 주고받은 것 말고 특별한 행적은 잘 눈에 뜨이지 않지만, 《梅氏尙書平》 등의 개정 "준비 작업", 또는 "구상"을 하고 있었던 것으로 생각된다.

1월~4월:

🎵 특별한 행적이 추적되지 않는다.

5월 3일: 광주廣州 판관 이정민李鼎民 및 교관 김상희와 함께 남자주에 배를 띄우고 놀다.

(가) 〈廣州判官李公(鼎民)·金(相喜)教官同泛藍子洲〉_《전서》 시문집, 1828년 5월 3일

(나) 〈藍子洲打魚〉_《전서》 시문집, 1828년 5월 3일 추정

🎵 (가)의 시로 보아 위의 사실이 확인된다. (가)의 시에 바로 (나)의 시가 이어지는데,[424] 1828년 5월 3일 남자주에서 배를 타고 놀면서 낚시도 한 것으로 추정하여 (나) 시의 저작 시기를 5월 3일로 추정하였다.

5월 4일(추정): 성수 이학규李學逵가 찾아와 그에게 시를 써주다.

(가) 〈贈惺叟〉_《전서》 시문집, 1828년 5월 4일 추정

🎵 (가)의 시는 〈藍子洲打魚〉(1828년 5월 3일 추정)와 〈端午日次韻陸放翁初夏閒居八首 寄淞翁〉(1828년 5월 5일) 사이에 있다.[425] 따라서 시기를 1828년 5월 4일로 추정하였다. 이날 4일 성수 이학규가 초천으로 찾아오자 그에게 (가) 시를 써 준 것으로 추정된다.

5월 5일: 단오일에 윤영희에게 보내는 시를 쓰다.

(가) 〈端午日次韻陸放翁初夏閒居八首 寄淞翁〉_《전서》 시문집, 1828년 5월 5일

🎵 (가) 시의 아래에 대략 1828년 5월 5일 이후에서 6월 5일까지의 기간 동안 윤영희와 수작酬酌한 시들이 실려 있다.[426] 이어서 1828년 6월 10일까지

---

424) 조성을, 2004, 196쪽 참조.
425) 조성을, 위의 책, 196~197쪽.

대략 5일 간격으로 윤영희에게 시를 썼다(1828년 6월 5일 부분 참조).

5월 15일: 남한산성에 가다.

(가) 〈南城志感六首〉 _《전서》시문집, 1828년 5월 15일 무렵

5월 25일: ① 석천 신작이 졸하다. ② 정약용이 문상하다(5월 27일쯤 추정).

(가) 〈석천일록〉 _《석천유집》, 1828년 5월 계해일

✿ (가)의 기록에 따르면 1828년 5월 계해일에 신작이 졸한 것으로 되어 있다. 1828년 5월 계혜일은 25일이었다. 근거리에 있으므로 1828년 5월 26일에 부음이 초천에 도착하였고, 다음 날인 5월 27일 무렵 정약용이 문상을 갔을 것으로 추정하였다.

6월 1일 무렵: 6월에 꽃이 없어 시를 지어 윤영희에게 보여주다.

(가) 〈六月無花 唯木槿擅場 使人感念 率而有作 遂次東坡定惠院海棠 奉示淞翁〉 _《전서》시문집, 1828년 6월 1일 무렵

✿ 시의 배치로 보아 바로 뒤에 1828년 6월 5일의 시가 있으므로 날짜를 6월 1일 무렵으로 추정하였다. 대략 5일 정도의 간격으로 시를 보낸 것으로 추정된다(1828년 6월 5일 부분 참조).

6월 5일: 병중에 송파의 윤영희에게 보내는 시를 쓰다.

(가) 〈病中對雨 次韻梁誠齋秋雨十絶句 戲效其體鈍劣可怠 又寄淞翁〉 _《전서》시문집, 1828년 6월 5일

(나) 〈病中苦熱 次韻楊誠齋雪聲十絶句 以當亦脚層氷之想 又寄淞翁〉 _《전서》시문집, 1828년 6월 10일 무렵

✿ (가)로 보아 위의 사실이 확인된다. "송파수작"에 들어가는 시는 〈端午日 次韻陸放翁初夏閒居八首 寄淞翁〉"戊子 五月五日"(1828년 5월 5일)에서 시작하여 중간에 〈又次陸放翁農家夏詞六首〉(1828년 5월 10일 무렵), 〈南城志感六數〉(1828년 5월 15일 무렵), 〈次韻范石湖丙午書懷十首 簡寄淞翁〉(1828년 5월 20일 무렵), 〈次韻范

426) 조성을, 위의 책, 197~198쪽 참조.

石湖病中十二首 簡示淞翁〉(1828년 5월 25일 무렵), 〈六月無花 唯木槿擅場 使人感念 率而有作 邃次東坡定惠院海棠 奉示淞翁〉(1828년 6월 1일 무렵) 등이 있고, 1828년 6월 5일의 시 (가) 다음에 마지막으로 (나)가 있다.[427] 대략 5일 간격으로 편지를 보낸 것으로 생각하여 저작 시기를 위와 같이 추정하였다. (가)와 (나)는 내용으로 볼 때 연결되지만 같은 날 지은 것은 아니라고 추정되며, 〈次韻范石湖丙午書懷十首 簡寄淞翁〉과 〈次韻范石湖病中十二首 簡示淞翁〉 역시 같 은 날 지은 것은 아니라고 여겨진다. 한편 위의 시들 가운데 〈南城志感六首〉 의 남성南城은 남한산성南漢山城을 가리키며, 6수 가운데 첫 번째 시에서 "北門城下綠蕪平 這是河南慰禮城"이라고 하여 남한산성 북쪽 아래를 "하남위 례성"이라고 하였다. 이 견해는 이미 《我邦疆域考》에서 표명된 바 있다.

7월~9월:
⚱ 특별한 행적이 추적되지 않는다.

10월 초(추정): 추사 김정희金正喜가 평양에서 고려자기에 수선화를 담아 보 내다.

(가) 〈秋晚金友喜香閣 寄水仙花一本 其盆高麗古器也〉 "秋史 今移淇水衙" 《전서》 시문집, 1828년 10월 초 추정

⚱ 위 시는 배열순서로 보면 겨울이 된다.[428] 〈贈稷山李斯文祖延〉(戊子 冬)이라 는 시의 뒤에 위치하기 때문이다. 〈贈稷山李斯文祖延〉의 뒤에 〈次韻山陰申逸人 敎書〉 및 〈簡寄春川李參奉椠〉이 이어지고, 이 두 시 바로 뒤에 (가)가 있기 때 문이다. 만일 〈贈稷山李斯文祖延〉(戊子 冬) 이하 네 편의 시가 저작 시기에 따 라 배열된 것이라면, (가)는 1828년 10월 초에 지어진 가능성이 크다. 다만 달력으로는 음력 10월부터 겨울이라고 할 수 있겠지만, 실제로는 (음력) 10 월 초도 늦가을이라고 할 수 있다고 생각된다. 〈贈稷山李斯文祖延〉에 대하여 원주에서 "戊子 冬"이라고 시기를 표시한 것은 달력으로 10월이었기 때문 이라고 할 수 있다. 그렇다면 〈贈稷山李斯文祖延〉, 〈次韻山陰申逸人敎書〉, 〈簡寄

---

427) 조성을, 2004, 197쪽 참조.
428) 조성을, 위의 책, 199~200쪽 참조.

春川李參奉槊〉,〈秋晚金友喜香閣 寄水仙花一本 其盆高麗古器也〉 네 편의 시는 모두 1828년 10월 초순의 저작이라고 보는 것이 타당하다. 그리고 김정희가 보낸 수선화가 도착한 것이 달력으로 9월 말이라고 하더라도 이에 대하여 시를 지은 것은 10월 초가 될 수 있다.

11월 12일: 초천에서 제자 황상에게 편지를 보내다.

(가) "戊子 至月十二日 洌水書"〈제30서〉 _《茶山與黃裳書簡帖》, 1828년 11월 12일

ф 이 편지에는 연암硯菴을 만났다는 언급 및 그를 통해 편지를 보낸다는 것과 이학래와 김종석金宗石의 행동거지에 대한 언급이 있다. 한편 이 제30서 앞에는 시기를 특정하기 어려운 제27서, 제28서, 제29서가 있다. 내용으로 보아 이 세 통의 편지는 아마도 정약용이 다산초당에 머물 때에 쓴 것으로 보인다. 위 〈제30서〉의 시기에 대하여 《다산의 재발견》(139쪽)에서는 "1828년 12월 12일"이라고 되어 있으며, 《다산간찰집》(79쪽)에서는 "1828년 11월 12일"로 되어 있다. "至月"은 동짓달이므로 "11월 12일"이 맞다.

12월 일:

ф 특별한 행적이 눈에 뜨이지 않는다.

1828년의 저작과 활동

1828년 봄 시와 잡문이 확인되지 않으며, 활동도 추적되지 않는다.

이 해 여름의 시로는 〈廣州判官李公(鼎民)·金(相喜)敎官 同泛藍子洲〉(1828년 5월 3일), 〈藍子洲打魚〉(1828년 5월 3일 추정), 〈贈惺叟〉(1828년 5월 4일 추정), 〈端午日次韻陸放翁初夏閒居八首 寄淞翁〉(1828년 5월 5일), 〈又次陸放翁農家夏詞六首〉(1828년 5월 10일 무렵), 〈南城志感六數〉(1828년 5월 15일 무렵), 〈次韻范石湖丙午書懷十首 簡寄淞翁〉(1828년 5월 20일 무렵), 〈次韻范石湖病中十二首 簡示淞翁〉(1828년 5월 25일 무렵), 〈六月無花 唯木槿擅場 使人感念 率而有作 逐次東坡定惠院海棠 奉示淞翁〉(1828년 6월 1일 무렵), 〈病中對雨 次韻梁誠齋秋雨十絶句 戲效其體鈍劣可怠 又寄淞翁〉(1828년 6월 5일), 〈病中苦熱 次韻楊誠齋雪聲十絶句 以當亦脚層氷之想 又寄淞翁〉(1828년 6월 10일 무렵) 등이 있다. 잡문은 확인되지 않는다. 위의 시들로 보아 1828년 5월 3일에 광주판관 이정민 등이 찾아왔고, 5월 4일(추정) 이학규가 찾아왔으며 5월

5일에서 6월 10일까지 대체로 5일 간격으로 윤영희와 시를 주고받았음을 알 수 있다. 정약용이 1828년 5월 15일 무렵 남한산성에 갔으며 6월 초순에서 중순에 걸쳐서 열을 앓고 있었음도 알 수 있다.

이 해 가을의 시와 잡문이 확인되지 않으며, 활동도 추적되지 않는다.

이 해 겨울의 시로는 〈贈稷山李斯文祖延〉(1828년 10월 초순 추정), 〈次韻山陰申逸人教書〉(1828년 10월 초순 추정), 〈簡寄春川李參奉橥〉(1828년 10월 초순 추정), 〈秋晚金友喜香閣 寄水仙花一本 其盆高麗古器也〉(1828년 10월 초순 추정) 등이 있으며, 잡문은 확인되지 않는다. 주목되는 행적으로 김정희가 1828년 10월 초순(또는 9월 말) 수선화가 든 화분을 보내온 점, 정약용이 춘천의 사돈댁 이목李橒(경주이씨)에게 시를 보낸 점, 직산의 이조연李祖延에게 시를 보낸 점 등이 있다.

1829년 己丑, 순조 29 _68세

이 해에 특별한 행적은 잘 눈에 뜨이지 않지만, 《梅氏尙書平》 등의 개정 "준비 작업", 또는 "구상"을 하고 있었던 것으로 생각된다.

1월~3월:

🔹 특별한 행적이 추적되지 않는다.

4월 일:

🔹 특별한 행적이 눈에 뜨이지 않는다. 다만 뒤의 1829년의 저작과 활동을 참조하면 1829년 4월 초순에서 중순 사이에 문산 이재의의 시축에 화답한 사실, 조정언趙正言(미상)의 산정에 제액題額의 시를 써 준 것, 박경유朴景儒에게 시를 써준 것 등의 사실이 확인된다.

5월 일:

🔹 특별한 행적이 눈에 뜨이지 않는다.

6월 일:

🔹 특별한 행적이 눈에 뜨이지 않지만, 6월 중·하순 박경유朴景儒 형제와

의 교유, 초당楚堂 정미원鄭美元이 찾아온 사실 등이 확인된다. 이 해 6월 더위와 가뭄이 매우 심하였음을 알 수 있다(1829년의 저작과 활동 부분 참조).

7월 2일: 날씨가 매우 더워 육방옹陸放翁의 시를 보고 차운하여 시를 지어 서늘해지기를 기원하다.

(가) 〈七月二日甚熱 見放翁初秋驟凉之詩 因共次韻以祈驟凉〉 _《전서》시문집, 1829년 7월 2일

8월 19일: 청나라에 사신으로 간 여동식을 기다리며 시를 짓다.

(가) 〈八月十九日 待玄溪〉 _《전서》시문집, 1829년 8월 19일

(나) "謝恩正使徐能輔 以副使呂東植 病卒於柳關站 馳啓 敎曰 謝恩副使事 聞 極驚惻 未抵北京中路不淑 尤爲慘然" _《실록》순조 29년 8월 6일

(다) "召見進賀正使徐能輔 副使呂東植 書狀官兪章煥 辭陛也" _《실록》순조 29년 4월 16일

Ⓥ (가)의 시로 보아 위의 사실을 알 수 있다. 이때 신작, 윤영희가 모두 작고하여서 정약용에게 여동식 외에는 친구가 없게 되었다. (나)에 따르면 1829년 여동식은 사은사謝恩使의 부사副使로 청나라에 갔으나, 귀로에 유관참柳關站에서 졸하였다. 그가 졸하였다는 정사 서용보의 보고가 조정에 도착한 것은《실록》에 따르면 1829년 8월 6일이다. 8월 19일에도 정약용은 아직 이 소식을 모르고 있었던 것으로 생각된다. (다)에 따르면 여동식이 정사와 함께 조정에서 출발 보고를 한 것은 1829년 4월 16일이었다.

9월 16일: ① 청나라에 사신으로 간 여동식을 기다리며 시를 짓다. ② 김시한金始漢과 함께 시를 짓다(추정).

(가) 〈九月十六日 待玄溪〉 _《전서》시문집, 1829년 9월 16일

(나) 〈炭村金(始漢)共賦〉 "九月十六日" _《전서》시문집, 1829년 9월 16일

(다) "以徐能輔爲漢城府判尹" _《실록》순조 29년 10월 19일

Ⓥ (가)와 (나)의 시는 같은 날 지은 것이므로 (가)의 시도 김시한과 함께 있으면서 지은 것으로 추정된다.429) 이때 1829년 9월 16일까지 아직 여동식의 타계 소식이 전해지지 않았던 것으로 판단할 수 있다. 이는 운구하는

데 시간이 걸렸기 때문으로 여겨진다. 그러나 (다)에 따르면 여동식과 함께 정사로 갔던 서능보는 이미 1829년 10월 19일 이전 서울에 도착하였던 것으로 볼 수 있다. 신작과 윤영희 같은 친구를 잃고서 정약용은 무척 외로웠는데 이에 더하여 여동식까지 잃게 되었다.

10월~11월:

※ 특별한 행적이 추적되지 않는다.

12월 3~5일(추정): 이재의가 방문하여 3일 동안을 보내고 5일에 돌아가다.

(가) 〈十二月三日文山至 越三日也 設饅頭侑以長句〉 _《전서》 시문집, 1829년 12월 5일

※ 1829년 12월 3일 문산 이재의가 도착하여 3일 동안 지냈다고 하였으므로, 12월 5일 출발한 것으로 추정하였다. 문산 이재의의 〈자찬연보〉에는 이에 대한 언급이 없다.

12월 말엽(추정; 歲暮): ① 정약용의 초천 집에 친손과 외손, 사위와 아들들, 박경유 형제가 모이다. ② 정약용이 손자의 시에 차운하여 시를 짓다.

(가) 〈幼孫於洛渭二妙席上 賦詩而還 是夕兩家二翁 又與景儒兄弟會 吾衰至此 感而有作 仍次幼孫韻〉 _《전서》 시문집, 1829년 12월 말엽 추정

※ (가) 시에 "歲暮"라는 구절이 있는 것으로 보아서 저작 시기를 일단 1829년 12월 말엽으로 추정하여 둔다. 이 시에서 이옹二翁은 아마도 큰아들 정학연丁學然과 사위 윤창모尹昌謨를 가리키는 것으로 생각된다. 이날 밤 초천 정약용의 집에서 정학연 형제와 윤창모의 가족들이 모두 모였고 또 박경유 형제도 와서 서로 만난 것으로 볼 수 있다. 1828년에서 1829년 사이에 친구들, 즉 신작, 윤영희 등을 잃은 슬픔을 정약용은 이렇게 삭이고 있었다고 볼 수 있겠다. 사돈 윤서유는 이미 1821년 타계하였으므로 이옹이 정약용과 윤서유를 가리킬 수는 없다. 이때 모인 정약용의 손자들 가운데에는 나중에 정약용의 시경학과 지리학을 계승하는 외손자 윤정기도 있었을 것으로 생각된다.

---

429) 조성을, 2004, 203~204쪽 참조.

1829년 봄의 저작 및 활동은 추적되지 않는다.

1892년 여름의 시로는 〈追和文山綠陰卷〉(1829년 4월 초순 또는 중순 추정), 〈賦得水中新苗〉(1829년 4월 중순 추정), 〈八卦峰詩 題趙正言山亭額〉(1829년 4월 중순 추정), 〈朴景儒擧第五男 詩以賀之日 復次前韻示景儒〉(1829년 4월 하순 추정), 〈再疊〉(1829년 4월 하순 추정) 등이 확인된다. 이들 시에 대하여 이전에 1829년 봄의 시로 추정하였다.430) 이 추정이 완전히 틀린 것은 아니지만, 늦봄에서 초여름의 시로 보는 것이 더 정확하다고 생각된다. 다만 달력으로는 대략 4월 초순에서 하순에 지은 시라고 생각된다. 이 책에서는 일관되게 달력으로 볼 때 음력 1월~3월을 봄으로, 4월~6월을 여름으로, 7월~9월을 가을로, 10월~12월을 겨울로 하여 왔다. 따라서 위의 시들은 1829년 여름(초여름)에 포함시키기로 한다. 〈追和文山綠陰卷〉에 "石田收麥了 長夏保平安"이라는 구절로 보아서 초여름의 시로 추정할 수 있겠다. 1829년 봄에서 초여름 사이에 문산 이재의가 초천에 온 기록을 그의 〈자찬연보〉에서 찾을 수 없다. 만약 그가 오지 않았다면 시집을 인편으로 보냈을 것이다. 〈賦得水中新苗〉의 경우 "新苗"라고 한 것으로 보아서 이미 모내기를 한 뒤의 것이라고 할 수 있으므로 음력 4월 중순 무렵으로 추정하였다. 이 시에 이어지는 〈八卦峰詩 題趙正言山亭額〉은 1829년 4월 중순 무렵의 시로 추정하였다. 〈朴景儒擧第五男 詩以賀之日 復次前韻示景儒〉(1829년 4월 하순 추정), 〈再疊〉(1829년 4월 하순 추정)의 두 시는 배치 순서로 보아 일단 1829년 4월 하순의 시로 추정하였으나, 중순의 시들이었을 수도 있다고 생각된다.

위 시들에 이은 여름의 시로 〈戱示朴景儒兄弟乞暑月簡禮〉"己丑[1829]"(1829년 6월 24일 이전 17일 무렵), 〈再疊爲悶旱作〉(1829년 6월 20일 무렵), 〈六月二十四日坤方現奇雲 竟亦不雨〉(1829년 6월 24일), 〈雲月〉(1829년 6월 말엽 추정), 〈楚堂鄭美元至〉(1829년 6월 말엽 추정), 〈戱朴大卿回次山亭雜集韻〉(1829년 6월 말엽 추정) 등의 시가 확인된다.431) 이들 시 가운데 〈六月二十四日坤方現奇雲 竟亦不雨〉는 시의 제목으로 보

---

430) 조성을, 위의 책, 200~201쪽.
431) 조성을 2004, 201~202쪽.

아서 1829년 6월 24일 작임을 알 수 있다. 나머지 시들은 배치 순서로 보아서 상대적으로 시기를 비정할 수 있다. 〈戲示朴景儒兄弟乞暑月簡禮〉 "己丑[1729]"은 1729년 6월 24일 이전 작인데 대략 1829년 음력 6월 17일 무렵으로 추정하여 둔다. 시의 내용을 보면 매우 더운 때였으므로 대략 초복 무렵이었다고 생각되기 때문이다.

이 시에 "申尹逝矣 親交絶"이라는 구절이 있고, 여기에서 신申과 윤尹은 각기 신작申綽(1828년 5월 25일 졸; 1828년 5월 25일 부분 참조)과 윤영희尹永僖를 가리키는데 윤영희도 이때 이미 타계했음을 알 수 있다. 따라서 그가 1829년 여름(대략 6월) 전에 이미 졸하였다고 추정할 수 있겠다.[432] 박경유는 신작의 조카 박종유朴鍾儒와 박종휴朴鍾休 형제 가운데 박종유일 가능성이 있다.[433] 즉 경유는 박종유의 자字일 가능성이 있다. 박종유는 정약용의 바로 이웃에 이사하여 살게 되어 신작과 정약용의 교유의 매개 역할을 하였다. 〈再疊爲悶旱作〉은 배치 순서로 보아 대략 1829년 6월 20일 무렵으로 추정하여 둔다. 이 시는 바로 이어지는 〈六月二十四日坤方現奇雲 竟亦不雨〉(1829년 6월 24일)의 시와 더불어 혹서와 한발을 걱정하는 내용이다. 이 해 음력 6월에 더위와 가뭄이 매우 심하였음을 알 수 있다.

〈雲月〉, 〈楚堂鄭美元至〉, 〈戲朴大卿回次山亭雜集韻〉의 세 편의 시는 〈戲朴大卿回次山亭雜集韻〉의 바로 뒤의 시 〈七月二日甚熱 見放翁初秋驟凉之詩 因共次韻以祈驟凉〉이 1829년 7월 2일 작이므로, 일단 6월 24일 이후 7월 이전 작으로 보아 대략 1829년 6월 말엽의 작으로 추정하여 둔다. 〈七月二日甚熱 見放翁初秋驟凉之詩 因共次韻以祈驟凉〉의 시로 보아 1829년 음력 7월 초까지 매우 더웠음을 알 수 있다. 초당楚堂 정미원鄭美元이 누구인지는 알지 못하나, 그가 대략 1829년 6월 말엽 초천으로 찾아왔음을 알 수 있다. 〈戲朴大卿回次山亭雜集韻〉에서 박대경朴大卿이 누구인지도 또한 알지 못하나, 혹 박경유와 관련 있는 인물일 가능성, 더 대담하게 추론하면 대경大卿은 박경유의 동생인 박종휴朴鍾休의 자일 가능성이 있다.

---

432) 조성을, 2004, 201~202쪽.
433) 조성을, 위의 책, 202쪽.

1829년 가을의 시로는 〈七月二日甚熱 見放翁初秋驟凉之詩 因共次韻以祈驟凉〉(1829
년 7월 2일), 〈山亭雅集 又次韻〉(1829년 7월 추정), 〈金衛率古宅雅集 又次韻〉(1829년 7
월 추정), 〈次韻呂榮川友晦 懷其弟友濂之作〉(1829년 7월 추정), 〈次韻呂友晦 贈李友(時
泰)之作〉(1829년 7월 추정), 〈次韻呂友晦江上草亭之作〉(1829년 7월 추정), 〈蟬唫三十節
句〉(1829년 7월 추정) 등이 있다. 〈山亭雅集 又次韻〉(1829년 7월 추정), 〈金衛率古宅
雅集 又次韻〉(1829년 7월 추정), 〈次韻呂榮川友晦 懷其弟友濂之作〉(1829년 7월 추정),
〈次韻呂友晦 贈李友(時泰)之作〉(1829년 7월 추정), 〈次韻呂友晦江上草亭之作〉(1829년 7
월 추정), 〈蟬唫三十節句〉(1829년 7월 추정)의 시들은 1829년 7월 2일 이후 작이
며 초가을 사이에 해당되므로 일단 1829년 7월 작으로 추정하였다. 〈山亭
雅集 又次韻〉(1829년 7월 추정)과 〈金衛率古宅雅集 又次韻〉(1829년 7월 추정)의 두 시
에 대하여 이전에는 시의 내용으로 판단하여 "한여름"의 시라고 하였으
나,434) 달력상 7월의 시이므로 "초가을"의 시라고 하는 것이 더 타당하다고
생각된다. 이 해 7월 초순까지 늦더위가 계속되어 한여름처럼 더웠다고 볼
수 있겠다. 〈金衛率古宅雅集 又次韻〉에서 김위솔이 누구인지는 알지 못하지만,
그의 집에서 있었던 모임에 정약용이 참여하여 시를 지은 것으로 보아서 김
위솔의 집은 초천 정약용의 집에서 멀지 않은 곳에 있었다고 생각된다. 1829
년 8월과 9월의 시로는 〈八月十九日 待玄溪〉(1829년 8월 19일), 〈九月十六日 待玄
溪〉(1829년 9월 16일), 〈炭村金(始漢)共賦〉(九月十六日, 1829년 9월 16일) 등이 있다. 이
해 가을 잡문은 확인되지 않는다.

위의 시들을 보아 1829년 7월 여동식의 형인 여동근(우회友晦는 여동근의
자, 우렴友濂은 여동식의 자)과의 교유를 짐작할 수 있으며(이 두 사람의 아버지
는 여춘영呂春永435)), 1829년 8월과 9월에는 청나라에서 여동식이 돌아오기를
기다리고 있었음을 알 수 있다. 그러나 여동식은 사행길에서 타계하였다.
1829년 가을의 잡문은 확인되지 않으며 특별한 행적도 잘 추적되지 않는다.

1829년 겨울의 시로는 〈十二月三日文山至 越三日也 設饅頭侑以長句〉(1829년 12
월 5일), 〈幼孫於洛渭二妙席上 賦詩而還 是夕兩家二翁 又與景儒兄弟會 吾衰至此 感而

434) 조성을, 위의 책, 202쪽.
435) 조성을, 위의 책, 203쪽.

有作 仍次幼孫韻〉(1829년 12월 세모 추정)이 확인된다. 후자의 시는 내용으로 보아 세모에 지은 작으로 추정된다.436) 전자의 시를 보면 12월 3일에 이재의가 왔다가 12월 5일 돌아간 사실이 확인되며, 12월 연말에 정약용이 손자의 시에 차운한 것이 〈幼孫於洛渭二妙席上 賦詩而還 是石兩家二翁 又與景儒兄弟會 吾衰至此 感而有作 仍次幼孫韻〉(1829년 12월 말엽 추정)이다.

1830년 庚寅, 순조 30 69세

: 이 해에는 윤4월이 있었다. 이 해의 특별한 행적은 눈에 뜨이지 않지만, 《梅氏尙書平》 등의 개정 "준비 작업", 또는 "구상"을 한 것으로 생각된다.

1월 일:

ᛂ 특별한 행적이 추적되지 않는다.

2월 1일: 안동 소호蘇湖(일직)의 모인某人에게 편지를 보내어 약의 문의에 대한 응답과 서전書田의 일이 잘못된 것에 대하여 언급하다.

(가) "庚寅二月一日 服弟不明再拜" 〈蘇湖老兄書几前〉 _《다산간찰집》, 232~233쪽, 1830년 2월 1일

ᛂ "庚寅二月一日"이라는 구절로 보아서 "1830년 2월 1일"작임을 알 수 있다. 《다산간찰집》(233쪽)에서는 수신자를, 안동 소호(일직)가 대산 이상정李象靖 후손들의 세거지인 점을 감안하여 한산이씨로 추정하였고, "복제服弟"라고 표현한 것은 1829년 동생 정약횡이 타계하였기 때문이라고 하였다. 이 편지의 내용으로 보아 모인은 이에 앞서 정약용에게 별지까지 부쳐 비교적 자세한 편지를 보낸 것으로 여겨진다. 이 밖에 1830년 2월 특별한 행적이 추적되지 않는다.

3월 2일: 문산 이재의가 초천으로 찾아오다.

(가) "庚寅…春 作斗陵行"(이재의) _〈자찬연보〉 1830년 3월 2일(庚寅)

ᛂ (가)의 기록을 보면 1830년 봄 이재의가 초천에 찾아온 사실이 확인된다.

---

436) 조성을, 2004, 204쪽.

이재의는 1829년 12월 3일에 찾아와서 사흘 동안 머무르고 간 일이 있다.

3월 15일: 강진 백운동의 이대아李大雅(이시헌李時憲)에게 편지를 보내 과
거 공부에 힘쓸 것을 말하고 경과慶科를 위해 서울로 올라올
때 꼭 한번 들르라고 하다.

(가) "斗陵候狀" "庚寅三月十五日戚記 遄頓首" 〈康津白雲洞 李大雅書几 敬
納〉 _《다산간찰집》 234~235쪽, 1830년 3월 5일

꽃 "庚寅三月十五日戚記 遄頓首"라는 구절로 보아서 1830년 3월 15일 작임을
알 수 있다. 이대아는 다산초당 시절 막내 제자 이시헌이다《다산간찰집》
235쪽). 이 편지에는 지난번 보내준 차에 대하여 감사하고 곡우穀雨 때 다
병을 보내 달라고 하였다. 이 편지를 보면 경과 때 올라와서 직접 전해주
면 좋겠고 아니면 (서울) 연지동의 천총千摠 김인권金仁權에게 전해달라고
하였다. 니현泥峴에 살던 족질(정학면丁學禮)은 지금 청양 현감으로 나아가
서울에 없으므로 서울에는 달리 부칠만한 곳이 없다고 하였다. 전에 아마
도 정학면이 중간에서 연락을 담당한 적이 있었던 것으로 여겨진다. 이시
헌(1803~1860)은 원주이씨로 강진 백운동(월출산 남쪽 계곡)에 살던 이덕휘李
德輝(1759~1828)의 아들이다. 이시헌이 1812년 윤종삼尹鍾三 등과 함께 정
약용을 모시고 월출산을 등반하였을 때 정약용은 정상에 오르지 않고 백
운동 이덕휘의 집으로 갔다고 한다.437) 이 편지에서는 잠깐 사이에 3년이
지나갔다고 하면서 효자로서 마음이 텅 비었을 것이라고 하였는데, 이것
은 바로 1828년 이덕휘가 타계하고 삼년상이 지났다는 뜻으로 해석된다.

3월 하순(추정): 박일인朴逸人이 상엽桑葉을 보내오자 감사의 시를 쓰다.

(가) 〈謝桑村朴逸人惠桑葉 四絶句〉 "庚寅春" _《전서》 시문집, 1830년 3월 하순 무렵

꽃 정약용 만년의 시들은 연대순으로 잘 정리되어 있지 않지만 이 시의 경
우 "庚寅春"이라고 원주가 붙어 있어서, 이전에 1830년 봄의 저작으로 보았
다.438) 뽕나무 잎이 나서 보낸 것에 근거하여 좀 더 구체적으로 1830년

---

437) 김봉남, 〈해제〉,《다산학단문헌집성》5, 15쪽.
438) 조성을, 2004, 205쪽.

3월 하순 무렵으로 비정하여 둔다.

3월 하순(추정): 해거도위海居都尉 홍현주가 동번東樊(이만용李晚用 추정)과 함께 초천으로 찾아오다.

(가)〈海居都尉洪公(顯周)偕東樊至〉 _《전서》 시문집, 1830년 3월 하순 추정

(나)〈次韻示海居〉 _《전서》 시문집, 1830년 3월 하순 추정

(다)〈嘲絅堂尹承旨(正鎭)有約不至〉 _《전서》 시문집, 1830년 3월 하순 추정

(라)〈爲海居勒漁人網鱸 僅得一魚〉 _《전서》 시문집, 1830년 3월 하순 추정

🐚 (가) 시는 "庚寅"이라고 원주가 붙어 있으므로 1830년 작임을 알 수 있다. 시의 내용이 봄과 관련된 것이므로 1830년 봄의 작품이라고 추정하였다.439) 배치 순서로 보아 〈謝桑村朴逸人惠桑葉 四絶句〉 "庚寅春"(1830년 3월 하순 무렵 추정)의 시 바로 뒤에 붙어 있으므로, 더 구체적으로 1830년 3월 하순의 작품으로 추정하여 둔다. 동번을 이만용으로 추정한 바 있다.440) 시의 내용으로 보아 그는 번천樊川의 아들로 생각된다.

(나), (다), (라)의 시도 이때 함께 지은 시로 생각된다. (나)는 홍현주가 이때 시를 짓자 이에 차운한 것이고, (다)는 함께 오기로 약속하였던 윤정진이 오지 못한 것에 대한 시(그가 일실되었던 조상의 묘를 찾아 급히 그곳에 간 것에 대하여 읊은 시)이며, (라)는 앞의 시들과 내용으로 보아 연결되어 역시 1830년 봄 홍현주가 왔을 때 지은 것으로 추정하였다.441)

1830년 4월:

🐚 특별한 행적이 확인되지 않는다.

윤4월 3일: 문산 이재의가 초천을 방문하다.

(가) 이재의, 〈자찬연보〉 1830년 윤4월 3일(庚寅)

(나) "卯時 王世子薨逝于昌德宮之熙政堂" _《실록》 순조 30년 5월 6일

---

439) 조성을, 2004, 205쪽.
440) 조성을, 위의 책, 205쪽.
441) 조성을, 위의 책, 206쪽.

卍 문산 이재의의 〈자찬연보〉에서는 이재의가 초천을 방문한 기사 바로 뒤에 세자의 서거를 기록하였다. 따라서 익종(세자)이 서거하기 전이다. (나)에 따르면 익종이 서거한 것은 이 해 5월 6일이었다. 〈자찬연보〉에서 1830년 여름이라고 하였는데 정확한 날짜는 윤4월 3일이다. 1830년 (음력) 윤4월 3일이 경인庚寅일이었다.

5월 5일: ① 부호군副護軍으로 서용敍用이 단부單付되다. ② 정약용도 세자의
　　　　　치료에 참여하게 하라는 명이 내리다.

(가) "庚寅五月(初五日) 蕩滌叙用副護軍單付 (藥房達曰'在前議藥之時 方外之 精於醫術者 多有同參 議藥之時 前承旨丁若鏞·前監察姜彝文 使之同參議 藥 以丁若鏞方在放逐中 蕩滌叙用 與姜彝文令該曹口傳付軍職 冠帶常仕 何如' 令曰'依都提調李相璜·提調洪起燮·副提調朴晦壽·兵判徐俊輔' 初六日 曉入診" _《다산연보》17쪽

(나) "五月初五日 因藥院達蕩叙副護軍單付" "時 文祖翼皇帝睿候久未平復 藥 院達請議藥 公承命入對診候 時睿候幾至大漸矣 試藥煎進 未及進御 五嶽 之祈禱已出矣 寔初六日也 公發哀卽日還鄉" _《사암연보》226쪽

(다) "令前承旨丁若鏞…同參議藥" _《실록》순조 30년 5월 5일

卍 정약용으로 하여금 의약議藥에 동참하게 하라는 명령이 내린 것은 (다)에 따르면 1830년 5월 5일이다.

5월 6일: ① 새벽에 입진入診한 다음, 약을 달여 익종(세자)에게 진달하려 하
　　　　　였으나 미처 진달하지 못한 상태에서 익종이 서거하다. ② 정약
　　　　　용은 서울을 떠나서, 당일로 향리로 돌아오다.

(가) "庚寅五月(初五日) 蕩滌叙用副護軍單付 (藥房達曰'在前議藥之時 方外之精 於醫術者 多有同參 議藥之時 前承旨丁若鏞·前監察姜彝文 使之同參議藥 以 丁若鏞方在放逐中 蕩滌叙用 與姜彝文令該曹口傳付軍職 冠帶常仕何如' 令 曰'依 都提調李相璜·提調洪起燮·副提調朴晦壽·兵判徐俊輔' 初六日曉入診" _
《다산연보》17쪽

(나) "五月初五日 因藥院達蕩叙副護軍單付" "時文祖翼皇帝睿候久未平復 藥院

達請議藥 公承命入對診候 時睿候幾至大漸矣 試藥煎進 未及進御 五嶽之祈

禱已出矣 寔初六日也 公發哀卽日還鄕" _《사암연보》 226쪽

(다) "卯時 王世子薨逝于昌德宮之熙政堂" _《실록》 순조 30년 5월 6일

⚶ 1830년 5월 6일 새벽에 입진한 것으로 보아 5월 5일의 명령이 매우 급히 초천에 전달되었고, 명령을 받고 바로 향리 초천을 출발하여 대궐로 직행하여 6일 새벽에 도착하자마자 바로 입진한 것으로 보아야 할 것이다. 세자가 훙서한 것은 묘시卯時이므로 정약용이 입진한 직후이었음을 알 수 있다.

5월 중순 이후(추정): ① 1830년 5월 6일 세자가 승하한 뒤 윤극배尹克培가 사서邪書를 날조하여 김조순金祖淳에게 보여 주며 일을 만들려고 하다. ② 김조순이 들어주지 않아 모함이 성립되지 않다.

(가) "庚寅之間 尹克培又造邪書一卷 袖而通謁於永安府院君金公祖淳 時文祖 昇遐 純祖還政 永安以肺腑當軸 蓋尹以邪書投呈永安 必欲甘心於公之計 也 旣獻刺入至前 尹以書獻之 永安流覽 未至數行 知其爲誣人怪輩之書 還給之曰 '此箇好禍之事 非予所願者 斯後勿復以此書干我也' 其後尹又袖 書 爲欲擧獻之狀 永安曰 '向來書又來于我 誠非好人 非好人而來我 我何 安受命儓扶出' 尹計終未得行" _《사암연보》 224~225쪽

⚶ 세자의 훙서 이후 의약醫藥을 담당한 사람들의 책임을 따지고 상소가 올라오고 좌의정 이상황李相璜이 사직하며 순조가 다시 친정親政하여 김조순이 다시 실권을 장악하게 되는 등, 어지러운 분위기 속에서 사서邪書를 날조하여 정약용을 얽어 넣으려고 한 것이다. 조작된 사서邪書의 내용이 무엇인지 구체적인 내용은 알 수 없으나, 아마도 정약용이 김조순에게 적대적인 자세와 행동을 취하고 있다는 것을 입증하려고 조작한 것이라고 추정된다. 김조순은 평소에 정약용에게 어느 정도 호감을 갖고 있었던 것으로 생각된다. 안동김문 가운데 김이교·김이재 형제와 김조순은 정약용과 가까운 사이이다.

6월~11월:

⚶ 특별한 행적이 추적되지 않는다.

12월 30일(말일): ① 이강회李綱會, 초의草衣 등이 찾아와 함께 운을 나누어 시를 짓다. ② 이강회, 초의 등이 정약용의 집에 묵다(추정).

(가)〈庚寅除夕 同諸友分韻〉_《전서》시문집, 1830년 12월 30일

🖊 시의 제목으로 보아 저작 시기가 12월 말일이었음을 알 수 있다. 1830년 음력 12월 말일은 30일이었다. 이 시 각 부분의 말미에는 "眞齋有移居之意 故末句及之", "贈紘父", "贈草衣禪" 등의 언급이 있으므로, 초의, 이강회 등이 함께 하였음을 알 수 있다. 다만 진재眞齋가 누구인지는 알지 못한다. 아마도 이날 밤 이들은 초천 정약용의 집에 묵으며 함께 밤을 새었을 것으로 생각된다.

1830년의 저작과 활동

1830년 봄의 시로는 〈謝桑村朴逸人惠桑葉 四絶句〉"庚寅春"(1830년 3월 하순 추정), 〈海居都尉洪公(顯周)偕東樊至〉(1830년 3월 하순 추정), 〈次韻示海居〉(1830년 3월 하순 추정), 〈嘲絅堂尹承旨(正鎭)有約不至〉(1830년 3월 하순 추정), 〈爲海居勒漁人網鱸 僅得一魚〉(1830년 3월 하순 추정) 등이 있다. 잡문은 확인되지 않는다. 위의 시들로 보아서 1830년 3월 이재의가 초천으로 찾아왔으며, 《전서》시문집 3월 하순 무렵에는 홍현주와 이만용이 초천으로 찾아왔음을 알 수 있다.

이 해 여름의 시와 잡문은 확인되지 않는다. 행적으로는 1830년 5월 초(추정) 이재의가 찾아온 것, 1830년 5월 5일 세자를 입진하라는 명을 받고 5월 6일 새벽에 입진하였으나 미처 약을 올리기 전에 서거하여 당일 돌아온 일, 대략 1830년 5월 중순 이후 윤극배에게 모함을 당한 일들이 있었음을 알 수 있다.

1830년 가을 작으로 추정되는 시로는 〈海尉將游水鍾寺 以雨止〉(1830년 가을 추정), 〈海尉游練帶亭 不能從 令小童傳韻賦詩〉(1830년 가을 추정), 〈其二〉(1830년 가을 추정), 〈其三〉(1830년 가을 추정), 〈其四〉(1830년 가을 추정), 〈其五〉(1830년 가을 추정), 〈其六〉(1830년 가을 추정), 〈題永明尉畵帖四絶句〉(1830년 가을 추정), 〈同永明尉 山亭小集〉(1830년 가을 추정), 〈秋日海居至 前江泛月〉(1830년 가을 추정), 〈次韻酬海尉〉(1830년 가을 추정), 〈洌水故〈送金直閣(邁淳)入檗溪 次三淵韻〉(1830년 가을 또는 3월 하순 추정) 등이 있다. 이들 시의 저작 시기는 다소 모호한 점이 있지만, 일단 1830년 가을 작으로 추정하였다.[442] 다만 〈洌水故多鱸魚 蒿莽不知其爲鱸

今檢本草及古人詩句正其名 海尉亟欲見之 僅捕一枚贈之 戲爲長句〉의 시는 내용으로 보아 〈爲海居飾漁人網鱸 僅得一魚〉(1830년 3월 하순 추정)와 같은 시기에 지었을 가능성이 있다. 〈洌水故多鱸魚 菌莽不知其爲鱸 今檢本草及古人詩句正其名 海尉亟欲見之 僅捕一枚贈之 戲爲長句〉를 살펴보면 이렇게 "로어鱸魚"라는 제대로 된 이름을 알게 된 것은 석천 신작을 통해서였다(石泉博物吾所賴 不須再問張季鷹). 신작은 1828년 5월 타계하므로 이 이름을 제대로 알게 된 것은 1828년 5월 이전이라고 할 수 있겠다. 그렇다면 1830년 봄의 시에 〈爲海居飾漁人網鱸 僅得一魚〉에 "로鱸"라고 하고 1830년 가을에 〈洌水故多鱸魚 菌莽不知其爲鱸 今檢本草及古人詩句正其名 海尉亟欲見之 僅捕一枚贈之 戲爲長句〉를 지었다고 하더라도 이상할 것은 없다. 이 시에서 "今檢本草及古人詩句正其名"의 "今"은 예전 젊은 시절[古]에 대비하여 만년을 의미하는 것으로 볼 수 있으며, 신작의 말을 듣고 본초와 고인의 시구를 검토하여 확인하여 본 것이라고 할 수 있겠다.

위의 시들을 보아 홍현주가 1830년 가을에도 찾아왔으며, 또 〈送金直閣(邁淳)入蘗溪 次三淵韻〉을 보면 이 해 가을에는 김매순이 벽계로 가면서 정약용에게 들렀음을 알 수 있다.

1830년 겨울의 시로는 〈庚寅除夕 同諸友分韻〉(1830년 12월 30일)이 확인된다. 이 시로 보아 12월 30일 이강회, 초의 등이 초천 정약용 집에 찾아와서 함께 시를 지었음을 알 수 있다. 1828년에서 1830년 사이에 정약용의 저작 활동이 잘 추적되지 않는데, 이 시기에 《梅氏尙書平》 제1권~제4권 수정 작업을 위한 준비를 하고 있었다고 하겠다. 일단 처음에는 수정 내용을 구상하고 이후 작업이 이루어졌을 것이다. 이어 1831년에 제1권~제4권 수정 작업이 있었고, 그 뒤부터는 제5권~제9권 수정 작업을 위한 구상을 하였을 것이다. 이런 뒤에 1834년 6월 10일에서 8월 24일 사이에 일거에 제2차 수정 작업을 진행하였다(1834년 부분 참조).

1831년 辛卯, 순조 31 _70세

: 구체적으로 시기를 특정하기는 어렵지만, 1831년에는 《梅氏尙書平》 제1권~

---

442) 추정 근거는 조성을, 2004, 206~208쪽 참조.

제4권을 수정하고, 이어서 제5권~제9권의 수정 구상을 했을 것이다.

1월 초: 초의, 이강회 등이 정약용의 초천 집을 떠나다(추정).

🕯 1830년 12월 말일에 초의, 이강회 등이 정약용의 집에 묵었을 것이므로, 이들은 다음 해 1831년 1월 초에 떠났을 것으로 생각된다.

2월 일:

🕯 특별한 행적이 추적되지 않는다.

3월 10일: 채홍근蔡弘謹(추정)에게 편지를 보내 생질이 초시 합격증을 갖고 찾아온 사실을 축하하다.

(가) "辛卯三月初十 病弟若鏞頓" 〈同世有何意味〉, 《다산간찰집》 238~239쪽, 1831
년 3월 15일

🕯 (가) 편지는 "辛卯三月初十 病弟若鏞頓"이라는 구절이 있으므로, "1831년 3월 10일"에 쓴 편지임을 알 수 있다. 《다산간찰집》(239쪽)에서 수신자를 채홍근(채제공의 서자)이라고 보았는데 타당하다고 생각된다. 이 편지에는 누이에게 보낸 한글 서간이 추기되어 있는데(후반부), 이 한글 서간의 수신자는 채홍근에게 시집간 누이(서모 잠성김씨의 딸)인 것으로 여겨진다. 정약용에게는 누이가 둘 있는데 첫째는 해남윤씨 소생으로 이승훈에게 시집갔으나, 이승훈은 1801년 신유교안 때 죽음을 당하였다. 따라서 이 편지의 수신자는 이승훈이 될 수 없고 채홍근이어야 한다. 또 편지 전반부에는 1829년 타계한 정약횡의 죽음과 누이의 죽음에 대한 언급이 있다. 이때의 누이는 아마도 이승훈에게 시집간 누이를 가리키는 것으로 여겨진다. 1831년 3월에는 이 밖에 다른 특별한 행적이 추적되지 않는다.

4월 일:

🕯 특별한 행적이 추적되지 않는다.

5월 일(추정): 문산 이재의가 초천을 방문하다.

(가) "辛卯(1831)…夏…作斗陵行"(이재의) _〈자찬연보〉, 1831년 여름

⊘ (가)의 기록만으로는 이재의가 초천에 찾아온 시기가 1831년 여름이라
는 점만 알 수 있는데, 이 기사 바로 앞에 있는 이해 여름 기사에 마마를
앓는 손자를 외가에 맡기고 매일 찾아보았다는 언급이 있다. 따라서 대략
5월 이후로 추정되어 1831년 5월에 배치하여 두었다.

6월~8월:

⊘ 특별한 행적이 추적되지 않는다.

9월 일: 문산 이재의가 초천으로 정약용을 찾아오다.

(가) 〈喜文山李進士至〉 _《전서》 시문집, 1831년 가을 추정

⊘ 특별한 행적이 추적되지 않지만, (가) 시에 따르면 이 해 가을에 문산 이
재의가 다시 초천을 방문한 것으로 생각된다. (가) 시의 저작 시기가 1831
년 가을로 추정되기 때문이다.[443) 어느 날인지 특정하기 어렵지만 일단 이
(가) 시의 시기가 9월이었을 가능성이 있으므로(1831의 저작과 활동 참조),
기사를 1831년 8월 부분에 배치하여 둔다.

9월 12일: ① 큰아들 정학연의 생일에 시를 짓다. ② 둘째아들 정학유에게
          차운하여 시를 짓게 하다.

(가) 〈九月十二日 淵子弧辰 示靑歈館〉 _《전서》 시문집, 1831년 9월 12일 추정

(나) 〈九月十二日 憶子淵 示子游 令次韻〉 _《전서》 시문집, 1831년 9월 12일추정

⊘ 정학연은 1783년 9월 12일 서울 회현방에서 출생하였다. (가)와 (나)의
저작 시기는 1831년의 저작과 활동 부분 참조. (나)를 보면 이날 정학연은
초천의 집을 떠나 있었던 것처럼 생각된다.

10월 초순(추정): 남쪽으로 떠나는 박종유에게 시를 써주다.

(가) 〈送朴季林(鍾儒)南游〉 _《전서》 시문집, 1831년 10월 초순 무렵

⊘ (가)의 시는 내용 및 배치 순서로 보아서 늦가을의 시이다. 필자는 1831
년 10월 무렵의 시로 보았으나,[444) 더 구체적으로 1831년 10월 초순으로

---

443) 조성을, 2004, 209쪽.

특정하는 편이 더 낫겠다.

10월 10일 전후(추정):

(가) 〈雲賓李(輝永)至〉 _《전서》 시문집, 1831년 10월 10일 전후 추정

(나) 〈效詠物體賦得欲覓〉 _《전서》 시문집, 1831년 10월 10일 전후 추정

🖉 (가)의 시는 〈送朴季林(鍾儒)南游〉(1831년 10월 초순 무렵)와 〈辛卯歲十月十六日 海居都尉至 次平丘道中韻〉(1831년 10월 16일) 사이에 있다. 일단 1831년 10월 10일 전후의 시로 추정할 수 있겠다. 이 시로 보아 이휘조李輝祖가 1831년 10월 10일 무렵에 찾아왔음을 알 수 있다. (나)의 시는 (가)의 시 바로 뒤에 배치되어 있으므로, 1831년 10월 10일 전후 작으로 추정할 수 있겠다.

10월 16일: ①해거도위 홍현주 일행이 찾아오다. ② 홍현주가 수종사에 갈 계획을 말하다. ③ 정약용이 노쇠하여 따라갈 수 없다고 하다. ④ 이날 밤 정약용과 홍현주 등 산각山閣(오엽정五葉亭 추정)에 모이다. ⑤ 홍현주 일행이 산각에서 숙박하다(추정).

(가) 〈辛卯歲十月十六日 海居都尉至 次平丘道中韻〉 _《전서》 시문집, 1831년 10월 16일

(나) 〈都尉將游水鍾寺 余老不能從〉 _《전서》 시문집, 1831년 10월 16일

(다) 〈山閣夜集〉 _《전서》 시문집, 1831년 10월 16일 밤

🖉 (다) 시에 말하는 산각은 아마도 정약용의 삼포蔘圃 옆에 있는 오엽정을 말하는 것으로 추정되며, 이날 밤 홍현주 일행은 여기에서 묵었을 것으로 추정된다. (가) 시로 보아 위의 시들의 저작 시기가 구체적으로 특정된다.

10월 17일: ① 산각에서 수종사로 가는 홍현주 일행을 보내다. ② 밤에 혼자 자며 무료하여 시를 짓다.

(가) 〈次韻送都尉以下諸人上水鍾寺〉 _《전서》 시문집, 1831년 10월 17일 아침

(나) 〈夜臥無聊 戲爲十絶 以抒幽鬱〉 _《전서》 시문집, 1831년 10월 17일 밤

🖉 1831년 10월 17일 밤 산각에 묵었는지 집에 돌아와 잤는지는 알지 못한다.

---

444) 조성을, 위의 책, 211쪽.

10월 18일: ① 홍현주 일행이 수종사에서 내려와 찾아오다(저녁 무렵 추정).

② 저녁 식사를 함께 하고(추정) 시를 짓다.

(가) 〈十八日 嘿默都尉一行始下來 次韻東樊〉 _《전서》 시문집, 1831년 10월 18일 오후 추정

(나) 〈再疊〉 _《전서》 시문집, 1831년 10월 18일

(다) 〈三疊〉 _《전서》 시문집, 1831년 10월 18일

(라) 〈四疊〉 _《전서》 시문집, 1831년 10월 18일

(마) 〈對海尉有會洪判書(奭周)之燕槎之行〉 _《전서》 시문집, 1831년 10월 18일

(바) 〈又疊前韻〉 _《전서》 시문집, 1831년 10월 18일

🎵 (가) 시에서 언급한 동번은 1830년 봄에도 홍현주와 함께 정약용을 찾아온 적이 있으며, 앞에서 언급한 바와 같이 이만용으로 추정된다. (마)의 시는 홍석주의 동생인 홍현주를 대하자 홍석주가 생각나서 지은 시라고 할 수 있다. 이때 홍석주는 연행 사신으로 가고 있는 중이었다고 생각된다.

11월~12월:

🎵 특별한 행적이 추적되지 않는다.

1831년의 저작과 활동

1831년 봄의 시로는 〈賀棠沙(若健)回甲之宴〉(1831년 봄), 〈一鑑亭申丈(景玄)輓詞〉(1831년 봄 추정), 〈次韻兒輩送客〉(1831년 봄 추정) 등이 있다. 잡문은 확인되지 않으며, 이 해 봄 활동에 대한 자료도 찾기 어렵다. 〈賀棠沙(若健)回甲之宴〉에는 "辛卯春"이라고 원주가 붙어 있으므로, 1831년 봄에 지은 것임을 알 수 있다. 정약건은 정약용의 사촌(또는 6촌) 아우로서 이 시는 정약용이 그의 회갑연에 참석하여 지어준 것으로 여겨진다. 〈一鑑亭申丈(景玄)輓詞〉는 〈賀棠沙(若健)回甲之宴〉(1831년 봄)에 바로 이어져 있고, 시의 내용으로 보아 봄의 것이므로 저작 시기를 1831년 봄으로 추정하였다.[445] 〈次韻兒輩送客〉의 경우 내용으로 보아 봄의 시이고 〈一鑑亭申丈(景玄)輓詞〉에 바로 이어서 있으므로, 역시 1831년 봄의 작품으로 추정하였다.[446]

---

445) 조성을, 2004, 208~209쪽.

이 해 여름의 시와 잡문은 확인되지 않으며 특별한 행적도 추적되지 않는다.

이 해 가을의 시로는 〈次韻兒輩赴安許諸友之會〉(1831년 가을), 〈九月十二日 淵子弧辰 示靑歙館〉(1831년 9월 12일 추정), 〈贈金斯文始漢〉(1831년 가을 추정), 〈喜文山李進士至〉(1831년 가을 추정), 〈獨立〉(1831년 가을 추정), 〈九月十二日億子淵 示子游 令次韻〉(1831년 9월 12일 추정), 〈酬李淸風〉(1831년 가을 9월 12일 이후 추정), 〈酬崔虞山〉(1831년 가을 9월 12일 이후 추정) 등이 있으며447) 잡문은 확인되지 않는다. 이 시기 활동도 확인되지 않는다.

한편 〈九月十二日 淵子弧辰 示靑歙館〉(1831년 9월 12일 추정)과 〈九月十二日億子淵 示子游 令次韻〉(1831년 9월 12일 추정) 사이의 시들(1831년 가을 추정) 〈贈金斯文始漢〉, 〈喜文山李進士至〉, 〈獨立〉의 저작 시기가 문제다. 이에 대하여 이전에는 1831년 9월 12일이었을 가능성이 있다고 추정하였다.448) 1831년 9월 12일 이후의 작으로 추정되는 〈酬李淸風〉의 경우 이청풍李淸風은 "덕현德鉉"이라고 원주가 붙어 있어 이덕현李德鉉임을 알 수 있다. 그리고 9월 12일 이후의 작으로 추정되는 〈酬崔虞山〉에서 최우산崔虞山이 누구인지는 알지 못한다.

이 해 겨울의 시로는 〈送朴季林(鍾儒)南游〉(1831년 10월 초순 무렵), 〈雲賓李(輝永)至〉(1831년 10월 10일 전후 추정), 〈効詠物體賦得欲覓〉(1831년 10월 10일 전후 추정), 〈辛卯歲十月十六日 海居都尉至 次平丘道中韻〉(1831년 10월 16일), 〈都尉將游水鍾寺 余老不能從〉(1831년 10월 16일), 〈山閣夜集〉(1831년 10월 16일 밤), 〈次韻送都尉以下諸人上水鍾寺〉(1831년 10월 17일 아침), 〈夜臥無聊 戱爲十絶 以抒幽鬱〉(1831년 10월 17일 밤), 〈十八日 嘿默都尉一行始下來 次韻東樊〉(1831년 10월 18일 저녁 무렵), 〈再疊〉(1831년 10월 18일), 〈三疊〉(1831년 10월 18일), 〈四疊〉(1831년 10월 18일), 〈對海尉 有會洪判書(奭周)之燕槎之行〉(1831년 10월 18일), 〈又疊前韻〉(1831년 10월 18일), 〈酬朴聖宗〉(1831년 12월 3일), 〈酬許仲明〉(1831년 12월 3일 이후), 〈歲暮〉(1831년 12월 하순 추정), 〈贈鄭美元〉(1831년 12월 하순 추정) 등이 있다. 〈酬朴聖宗〉(1831년 12월 3일), 〈酬許仲明〉(1831년 12월 3일 이후)에서 박종성朴宗聖과 허중명許仲明이 누구인지는 알지 못한다. 〈歲暮〉(1831년 12월 하순 추정), 〈贈鄭

---

446) 조성을, 위의 책, 209쪽.
447) 이들 시의 저작시기에 대하여는 조성을, 위의 책, 209~210쪽 참조.
448) 조성을, 위의 책, 201쪽.

美元〉(1831년 12월 하순 추정)의 두 시는 이전에 배치 순서 때문에 대략 10월 무렵의 시라고 생각하였으나,[449) 12월 하순으로 보는 것이 더 타당하다고 생각된다.

1831년 겨울 시기의 잡문은 추적되지 않는다. 그러나 1831년 무렵에는 강진 시절에 지은 《梅氏尙書平》에 대한 제1차 개수 작업이 진행된 것으로 추정된다. 이전에 제1차 개수 작업의 시기를 1827년~1830년 무렵이라고 하였으나,[450) 1831년이라고 보는 것이 더 타당하겠다. 《사암연보》에서 1834년 이루어진 합편 《尙書古訓》에 대하여 언급하면서 "書平之上四卷 是數年前 所修正"이라고(206쪽) 언급하였기 때문이다. "數年前"을 이전에는 1830년으로 보았으나 1831년으로 보는 것이 더 좋겠다. 《梅氏尙書平》 제1차 개수작업의 시기를 1831년 가운데 정확히 언제인지 특정하기는 어려우나, 여기 1831년의 저작과 활동 부분에 이 작업에 대하여 언급하여 둔다. 이후에도 《梅氏尙書平》 개정 작업이 계속되어 대략 1834년 6월 하순에서 1834년 8월 14일 사이에 제2차 개수 작업이 있었다.

1832년 壬辰, 순조 32 _71세
: 이 해에는 윤9월이 있었다.

1월~4월:

𝄢 특별한 행적이 추적되지 않는다.

5월 초(추정): ① 이재의가 초천을 방문하기 위하여 두모포를 출발하다. ② 다음 날 순풍을 맞아 곧바로 초천에 도착하다. ③ 이후 며칠 동안 이재의는 정약용 및 친구들과 더불어 놀다.

(가) "壬辰…夏 作斗陵行…自頭浦舟行…翌日遇順風 一帆直抵洌上 與主人翁 及諸益 數日跌宕 邂逅永明都尉之行 將赴永安國舅會葬之路也 又一日極 游 因微恙還歸 有吟詠軸………"(이재의) 〈자찬연보〉, 1832년 壬辰

449) 조성을, 2004, 210~211쪽.
450) 조성을, 〈정약용의 《尙書》 연구 문헌의 검토〉, 749쪽.

(나) "領敦寧府事 金祖淳卒" _《실록》순조 32년 4월 3일

☙ (가) 기록을 따르면 1832년 여름 이재의가 초천에 와서 정약용 및 친구들과 잘 지낸 것으로 되어 있다. 여기에서 김조순의 장례식에 가는 홍현주를 만났음도 알 수 있다. (나)에 따르면 김조순이 타계한 것은 1832년 4월 3일이다. 선비는 유월장踰月葬을 하므로 김조순의 장례는 1832년 5월 초순(또는 중순) 무렵에 있었을 것으로 생각된다. 그렇다면 이재의가 초천에 온 것은 대략 1832년 5월 초라고 생각된다. 그리고 홍현주를 만난 것은 대략 5월 초순이라고 생각된다.

5월 초순(추정): ① 영명위(홍현주)도 김조순의 장례식에 가는 길에 초천에 들르다. ② 홍현주, 정약용, 이재의 등과 함께 하루 동안 놀다.

5월 그믐(29일): 이휘영李輝永이 기우祈雨한 시에 차운하여 시를 짓다.

(가) 〈次韻雲寶李(輝永)祈雨之作〉 _《전서》시문집, 1832년 5월 29일

☙ "壬辰五月之晦"이라고 원주가 붙어 있으므로 1832년 5월 그믐날의 작품임을 알 수 있다. 이 해 5월 그믐은 29일이었다. 이휘영은 1831년 10월 무렵(추정) 정약용을 찾아온 적이 있으며 이휘영이 찾아와 "기우"라는 시를 짓자, 이에 차운하여 (가)의 시를 지은 것으로 추정된다. 이 해 음력 5월에는 가뭄이 계속된 것으로 여겨진다.

6월 일:

☙ 특별한 행적이 추적되지 않는다.

7월 6일(추정): 이재의가 초천을 방문하다.

(가) "秋…又以水道作行 到平邱店舍止宿 其翌日夕至分院留宿 滯雨又一宿 越翌日訪斗陵老人卽歸"(이재의) _〈자찬연보〉, 1832년 壬辰

(나) 〈久雨撥悶〉 _《전서》시문집, 1832년 7월 초 추정

(다) 〈始晴〉 _《전서》시문집, 1832년 7월 6일 추정

☙ (가)에 따르면 1832년 가을 이재의가 초천으로 정약용을 찾아왔음을 알 수 있다. 《승정원일기》에 따르면 1832년 6월 27일에서 6월 29일(말일)까지

서울 지역에서 계속 비가 온 뒤에 이어서 7월 1일부터 5일까지 계속하여 비가 왔다. 1832년 7월 6월은 날이 흐렸으며 7월 7일 비로소 맑은 날이 되었다. 7월 5일 분원에 머무르던 이재의는 7월 6일 비가 그치자 바로 옆의 두릉(초천)으로 정약용을 만나고 당일에 돌아갔을 것으로 추정된다(일정이 지체되었기 때문). (다)의 시는 1832년 7월 6일 날씨가 맑아지자 바로 쓴 것으로 볼 수 있으므로 7월 6일작이라고 추정할 수 있다. 이 해 6월 말에서 7월 초에 걸쳐 비가 오래 왔음은 (나)와 (다)의 시를 보아서도 확인된다.

7월 하순 무렵(추정 또는 중순): 홍길주洪吉周가 정약용을 방문하여 밤에 산재 山齋에서 대화를 나누다.

(가) 〈平康縣令洪(吉周)至 山齋夜話二首〉 _《전서》 시문집, 1832년 7월 하순 무렵 또는 중순 추정

(나) 〈秋情〉 _《다산간찰집》 282~283쪽, 1832년 8월 7일

☾ (가)의 시는 1832년 가을 작으로 추정된다.[451] 더 구체적으로 보면 대략 7월 하순 무렵의 시라고 볼 수 있어서(또는 중순) 7월 부분에 배치하였다. 이 시를 보아 1832년 7월 하순 무렵(추정) 홍길주가 정약용을 찾아왔음을 알 수 있다. 홍길주는 홍석주의 동생이며 홍현주의 형이다. 그는 홍석주, 홍현주를 통해 정약용에 대하여 많이 들었다고 생각된다. 홍길주의 저서에는 정약용의 박학다식함에 대한 언급이 있다. (나) 편지에 따르면 8월 14일 주동注洞 홍대감(홍석주)이 직접 초천으로 온다는 언급이 있다. 《다산간찰집》에서는 1832년 홍석주가 1832년 정2품 양관대제학이 된 것을 근거로(정2품 이상이 대감) 1832년 이후 작으로 추정하였다. 좀 더 구체적으로 "1832년 8월 7일"의 편지일 가능성을 생각해 본다. 1834년 8월에는 제2차 《梅氏尙書平》 작업을 마무리 짓고 있었고(1834년 8월 14일 완료), 1833년 8월과 1835년 8월에는 다른 행적을 찾을 수 없다. 1832년 7월 하순 홍길주가 찾아와서 홍석주가 8월 14일에 찾아올 것이라는 기별을 전하였을 가능성이 있다. 이 편지에서 홍석주를 기다려야 하므로 8월 16일 이후에야 산 아

---

451) 조성을, 2004, 214쪽.

래에 도착할 수 있다고 하였는데, 마침 "1832년 8월 16일" 산정에 도착하였으며 이 산정은 자신의 농토가 있는 문암산장일 가능성이 있다(1832년 8월 16일 부분 참조). 이 편지의 수신자는 정씨 집안의 지석誌石 등에 대하여 이야기하고 있는 것으로 보아서 압해정씨일 가능성이 있다. 이 편지에서 언급된 이정붕李廷鵬에 대하여 《다산간찰집》(283쪽)에서 해주이씨이며 자는 공거公擧라고 하였으나, 이 이정붕은 1721년생이므로 다른 이정붕을 말하는 것으로 생각된다.

8월 초순 무렵(추정): 성수 이학규가 초천으로 정약용을 방문하다.

(가) 〈送惺叟還山〉 _《전서》 시문집, 1832년 8월 초순 무렵

𖠺 (가)의 시는 "壬辰秋"라는 원주로 보아서 1832년 가을 작임이 확인된다.452) 〈平康縣令洪(吉周)至 山齋夜話二首〉(1832년 7월 중·하순 추정)와 〈八月十四日 蒸雲始晴〉(1832년 8월 14일) 사이에 지은 것으로 여겨진다. 따라서 1832년 가을 가운데서도 대략 8월 초순 무렵에 지은 것으로 추정하였다. 이학규는 신유교안(1801년)에 억울하게 연루되어 김해로 유배되었다가, 1824년 해배되었다.453) 이 해 가을 9월 2일에도 이학규가 정약용을 방문하였다. 1832년 가을 한 차례 방문한 것이라면 1832년 8월 초순에는 방문이 없었을 수도 있다(9월 2일 부분 참조).

8월 14일: 덥고 구름이 끼었다가 처음으로 날이 개이다.

(가) 〈八月十四日 蒸雲始晴〉 _《전서》 시문집, 1832년 8월 14일

8월 15일: 추석에 향리에서 풍속을 기록하다.

(가) 〈秋夕鄕村記俗〉 _《전서》 시문집, 1832년 8월 15일

𖠺 이 시의 시기에 대하여는 조성을, 2004, 217~218쪽 참조.

8월 16일: ① 아침에 산정으로 출발하다. ② 밤에 산정에서 시를 짓다.

(가) 〈夜涼〉 _《전서》 시문집, 1832년 8월 15일 밤

---

452) 조성을, 위의 책, 214쪽.
453) 조성을, 위의 책, 214쪽.

(나) 〈到山亭〉_《전서》시문집, 1832년 8월 16일 오후

(다) 〈八月十六日月色最清〉_《전서》시문집, 1832년 8월 16일 밤

⚬ (나)의 시는 배치 순서로 보아 1832년 8월 16일 지은 것이다.[454] 〈秋夕鄕村記俗〉(1832년 8월 15일)에 바로 이어서 있고 (다) 시의 바로 앞에 있기 때문이다. 여기에서 산정은 오엽정이 아니라 문암산장일 가능성이 있다. 문암에 자신의 농토가 있으므로 추수하러 간 것으로 생각할 수 있기 때문이다. 1832년 8월 15일 차례에 참석하고 8월 16일 아침 출발하여 이날 오후 산정에 도착하여 지은 시가 바로 (나)의 시이고, 이날 밤 산정에서 지은 시가 바로 (다)라고 생각된다.

9월 2일: 성수 이학규가 정약용을 방문하다.

(가) 〈送惺叟還山〉_《전서》시문집, 1832년 8월 초순 무렵 추정

(나) 〈九月二日惺叟至〉_《전서》시문집, 1832년 9월 2일

⚬ (가)의 시는 1832년 가을 가운데서도 대략 8월 초순 무렵에 지은 것으로 추정하였다(1832년 8월 참조). 1832년 가을 9월 2일에도 이학규가 정약용을 방문한다. 1832년 가을 한 차례 방문한 것이라면 1832년 8월 초순에는 방문이 없었을 수도 있지만, 일단 8월 초순에도 방문이 있었던 것으로 하여 둔다.

　(나)의 시는 1832년 작으로 추정하였으며 이때 이학규는 정약용의 집에서 하루 머무른 것으로 생각된다.[455] 8월 초순에 이학규가 초천에 왔다면 한 달 만에 다시 온 것이 된다. 충주에서 뱃길로 올라오면서 들렀고, 서울로 가서 신위를 만난 뒤 충주로 돌아가는 길에 다시 초천에 들른 것으로 보면 자연스럽다. 다만 8월 초순 부분에서 언급한 (가) 시는 혹 1832년 9월 3일 이학규가 돌아갈 때 지어준 시일 가능성도 완전히 배제할 수는 없다. 그렇다면 1832년 8월 초순 이학규가 초천에 온 일은 없었다고 볼 수 있다.

윤9월~11월:

⚬ 특별한 행적이 추적되지 않는다.

---

454) 조성을, 2004, 217쪽 참조.
455) 조성을, 위의 책, 218쪽.

12월 30일: 이재의의 회갑을 축하하는 시를 짓다.

(가) 〈文山李汝弘回甲之詩〉 _《전서》시문집, 1832년 12월 30일 또는 며칠 전

(나) "壬辰 十二月三十日辰時 生于公洞外家"(이재의) _〈자찬연보〉

🖋 문산 이재의의 〈자찬연보〉(임진년[1772]; 영조 48년 조)에 따르면 그는 1772년 12월 30일 출생하였다. 따라서 1832년 12월 30일이 그의 회갑일이다. 혹시 정약용이 회갑연에 직접 참석하여 시를 지었다면 시를 지은 날짜는 1832년 12월 30일이 되고, 직접 참석하지 않고 미리 시를 지어 보낸 것이라면 실제로 시를 지은 것은 회갑연보다 며칠 전일 가능성이 있다. 문산 〈자찬연보〉(임진년[1832]; 순조 32년 조)에 따르면 이 해는 흉년이 심하여 이재의가 아들에게 간략히 회갑연을 하도록 하였다.

1832년의 저작과 활동

1832년 봄의 시로는 〈次韻焦翁朴參判(著壽)秋日見過之作〉(1832년 봄) 한 편만 확인되며 잡문은 찾아지지 않는다. 이 시에는 "壬辰春"이라고 원주가 붙어 있으므로 1832년 봄의 작품임을 알 수 있다. 이 시는 내용으로 보아 봄의 작품이므로 《여유당전서본》에서 "秋日"이라고 한 것은 "春日"의 잘못이라고 생각하였으나,[456] "秋日見過"는 박시수의 작품이므로 오류가 없다고 생각된다. 박시수가 어느 가을날 지은 "秋日見過"에서 차운하여 위의 시를 지은 것이라고 볼 수 있겠다.

1832년 여름의 시로는 〈次韻雲實李(輝永)祈雨之作〉(1832년 5월 29일) 한 편만이 확인되며 잡문은 확인되지 않는다. 1832년 여름의 활동도 잘 추적되지 않는다. 단지 1832년 5월 초순 이재의, 홍현주 등이 찾아와 같이 잘 지낸 사실만이 확인된다.

1832년 가을의 시로는 〈久雨撥悶〉(1832년 7월 초 무렵), 〈始晴〉(1832년 7월 6일 추정), 〈平康縣令洪(吉周)至 山齋夜話二首〉(1832년 7월 하순 무렵), 〈送惺叟還山〉(1832년 8월 초순 무렵), 〈八月十四日 蒸雲始晴〉(1832년 8월 14일), 〈秋夕鄉村記俗〉(1832년 8월 15일), 〈夜凉〉(1832년 8월 15일 밤), 〈到山亭〉(1832년 8월 16일 오후), 〈八月十六日

---

456) 조성을, 위의 책, 213쪽.

月色最淸〉(1832년 8월 16일 밤) 등이 있고, 또 〈八月十六日月色最淸〉(1832년 8월 16일 밤)과 〈九月二日惺叟至〉(1832년 9월 2일) 사이에 〈墨數〉, 〈酬葛山尹逸人喆健〉, 〈次韻李淸風(復鉉)秋日相過之作〉, 〈江天半晴圖〉 등이 있다. 이들 시의 저작 시기와 배치 순서로 보아 1832년 8월 17일 이후 9월 2일 이전으로 추정할 수 있다.[457] 〈酬葛山尹逸人喆健〉에서 윤철건尹喆健이 구체적으로 누구인지는 알지 못하며, 〈次韻李淸風(復鉉)秋日相過之作〉에서 청풍 이복현李復鉉은 1831년 9월에 정약용을 찾아와 정약용은 그의 시에 수작酬酌하였다(〈酬李淸風〉). 이때의 시 〈酬李淸風〉에서는 "덕현德鉉"이라고 원주를 달았다(1831년 가을 부분 참조).

1832년 겨울 시로는 〈文山李汝弘回甲之詩〉(1832년 12월 30일 또는 며칠 전)가 확인된다. 한편 1832년 작인지, 1833년 작인지 판별하기 어려운 다음의 시들이 있다.[458] 이 시들을 일단 1832년의 말미 부분에 다음과 같이 정리해 두고자 한다. 〈次韻漫吟三首呈泊翁〉(초봄), 〈次韻呈泊翁〉(초봄), 〈偶成一首〉(초봄), 〈肩輿歎〉[改人作], 〈老人一快事〉(其一~其六), 〈先朝紀事〉, 〈寄三陟都護李廣度〉, 〈寄平陵察訪族人志學〉 등이 있다. 잡문은 찾아지지 않는다. 이 해 겨울의 활동도 추적되지 않는다.

1833년 癸巳, 순조 23 _72세

1월 7일: 봉화奉化 현감으로 나가는 모인某人을 위해 수령으로서 할 일에 대하여 요목 6가지를 편지로 써서 제3자에게 편지를 보내어 전해 달라고 하다.

(가) 〈新差奉化〉 "新差奉化 卽至切相愛間也…書不盡書 癸巳人日追書" _《다산 정약용》, 국립중앙박물관, 2012.10, 64쪽

🖋 이 편지는 서강대 박물관 소장이며 탈초된 원문이 《다산 정약용》(국립중앙박물관, 2012.10, 64쪽)에 실려 있다. 목민관牧民官이 하여야 할 일이 핵심적으로 잘 정리되어 있다. 매우 만년의 편지이므로 이에 앞서 저술된 《牧民心書》와 대조하여 살피면 목민관牧民觀의 진전을 살피는데 도움이 될 것

---

457) 조성을, 2004, 217쪽.
458) 조성을, 위의 책, 213~216쪽.

이다. "癸巳人日追書"(《다산간찰집》[242쪽]에는 "癸巳追書"라고 탈초하였다. 이 탈초가 맞는다면 "1월 20일"이 될 것이지만 인일人日을 입일廿日로 잘못 탈초한 것 같음)라는 말미의 기록으로 보아서 1833년 1월 7일 작임을 알 수 있다. "추서追書"라는 언급으로 보아서 아마도 이보다 바로 앞서 따로 편지를 썼고 이 편지는 추신이었던 것으로 추정된다. 젊은 목민관이 제대로 일하기를 바라는 마음에서 추신을 한 것이라고 하겠다.

당시 봉화 현감으로 나가는 사람이 누구인지에 대하여 《다산간찰집》(243쪽)에서 이일형李日鎣이고 전주이씨로서 이종정李鍾正의 아들이며 장인은 정석인鄭錫仁이라고 하였다. 이 편지의 수신자는 편지에서 관찰사에게 인사드리러 가는 길에 반드시 방문할 것이라고 하였으므로 아마도 대구 인근에 사는 사람이었을 것으로 여겨진다. 1833년 1월에 이 밖에 달리 특별한 행적이 추적되지 않는다.

2월~5월:

🜹 특별한 행적이 추적되지 않는다.

6월 27일: 동번 이만용이 방문하다.

(가) 〈癸巳六月廿七日 東樊至〉 _《전서》 시문집, 1833년 6월 27일

7월 17일 : 정약용이 이학규를 사라담에서 맞이하다.

(가) 〈初秋旣望後二日洌上老邀余於鈔鑼潭〉 _《낙하생전집》(하), 455쪽

🜹 (가) 시에 이어서 〈次韻洌水含初秋江上贈別〉이라는 시가 수록되어 있다. 정약용이 며칠 뒤 이학규와 헤어지면서 시를 지어 주었고 이에 차운하여 이학규가 시를 지었음을 알 수 있다.

8월~10월:

🜹 특별한 행적이 추적되지 않는다.

11월 8일: 모인某人에게 편지를 보내어 경주 이태李台의 발탁 승진을 축하하고 병의 진료를 위해 찾아올 필요는 없다고 하다.

(가) "洌樵謝書" "癸巳十一月八日 病弟若鏞再拜"〈妙洞領座下〉 _《다산간찰집》

ﾟ "癸巳十一月八日 病弟若鏞再拜"라는 구절로 보아 "1833년 11월 8일" 작임을 알 수 있다. 편지의 내용으로 보아 경주 이태는 경주이씨로서 동궁에서 근무하던 인물이었던 것으로 보인다. 수신자도 아마도 경주이씨일 가능성이 있다. 그리고 편지의 수신자가 선물을 보내고 진료를 위해 찾아오겠다고 한 것으로 여겨진다. 당시 정약용은 의술로서 이미 주변에 상당히 이름이 나 있었다. 이 밖에 1833년 11월 다른 특별한 행적이 추적되지 않는다.

12월 일:

ﾟ 특별한 행적이 추적되지 않는다.

1833년의 저작과 활동

　　1833년 봄의 시로는 〈耄甚自嘲五絶句〉(1833년 봄), 〈荒年水村春詞十首〉(1833년 봄) 두 편이 확인된다.[459] 〈耄甚自嘲五絶句〉의 시로 보아 1833년 정약용이 스스로 상당히 노쇠하였다고 느끼고 있었음을 알 수 있고, 〈荒年水村春詞十首〉의 시로 보아 이 해 봄에 가뭄이 심하였음을 알 수 있다.

　　이 해 여름의 시로는 〈練帶亭十二絶句〉[460](1833년 초여름 4월 추정)와 〈癸巳六月卄七日 東樊至〉(1833년 6월 27일) 두 편이 확인되며 잡문은 찾아지지 않는다. 한편 1833년 여름의 특별한 행적도 추적되지 않는다. 다만 《낙하생전집》에 〈奉和列上夏日田園雜興 戲效楊誠齋體二十四音〉(444~449쪽)이라는 시가 실려 있다 (1833년 여름 작 추정). 이에 따르면 이때 정약용이 시를 지었고 이에 화답하여 이학규가 시를 지은 것이 된다.

　　《我邦疆域考》 초고본에 덧붙여 1833년 가을에 다음과 같은 증보 작업을 하였다.

[續疆域考]

卷之十渤海續

---

459) 시 두 편의 저작 시기에 대하여 조성을, 2004, 218쪽 참조.
460) 〈練帶亭十二絶句〉의 저작 시기 추정에 대하여는 조성을, 위의 책, 218쪽 참조.

卷之十一北路沿革考續

卷之十二西北路沿革考續(附 九連城考)

이러한 증보 작업을 한 것은 강진 유배기에는 자료가 불충분하였으나 해배 이후 자료를 보충할 수 있었고, 홍석주의《東史世家》와 한진서의《海東繹史》〈地理考〉를 빌려볼 수 있게 되어 보완의 필요성을 느꼈기 때문이다. 앞으로 강진 시기에 저술된〈渤海考〉와 나중의〈渤海續考〉를 대조하는 작업과〈北路沿革考〉(속) 및〈西北路沿革考〉(속)에 대한 면밀한 검토가 요청되며 원래 초고본 집필 부분에 대하여 나중에 수정 작업이 진행되었는지도 살펴야 할 것이다. 아울러 정약용이 구상은 하였으나 완성되지 못한《我邦備禦考》와〈北路沿革考〉(속) 및〈西北路沿革考〉(속)의 관련성에 대하여도 생각할 필요가 있다.461)

1833년 겨울의 저작을 찾을 수 없으며 특별한 행적이 추적되지 않는다.

1834년 甲午, 순조 34 73세

1월 일:

⚑ 특별한 행적이 추적되지 않지만 합편《尙書古訓》작업을 구체적으로 구상하고 준비하는 일을 하고 있었다고 생각된다. 2월 2일부터 합편《尙書古訓》작업에 착수하기 때문이다(1834년 2월 2일 부분 참조). 물론 구상과 준비 작업은 1826년 무렵부터 이미 서서히 진행되고 있었다고 볼 수 있다. 1825년 석천 신작은《尙書》관련 일련의 작업을《書次故》로 완성하였는데 이것을 보고 정약용은 자신보다 작업이 정밀하다고 생각하였다. 또 1827년 겨울 정약용은 홍석주에게서 염약거의《古文尙書疏證》을 차람하여〈閻氏古文疏證鈔〉를 짓는 한편, 홍석주의《尙書補傳》을 보고〈讀尙書補傳〉을 짓기도 하였다. 이리하여 대략 1831년 무렵에는《梅氏尙書平》제1차 개정 작업을 하기도 하였다. 이어 진행된 것이 합편《尙書古訓》작업이다. 이 작업은 크게 보아서 1826년 무렵부터 대략 10년 동안 구상, 준비되어 왔다고 할 수 있

---

461) 조성을,〈해배 이후의 다산 저작과 활동-〉참조.

겠다.

2월 2일: 합편《尙書古訓》 작업에 착수하다.

(가) "三十四年甲午 公七十三歲 春 尙書古訓·知遠錄改修 合編共三十一卷其
合編序說曰 '昔在茶山 余讀尙書 執梅蹟僞案 有所論著 曰'梅氏書平'凡九
卷 繼而反求壁中眞本二十八篇 蒐輯歐陽夏候·馬·鄭之說者 曰'古訓蒐略'
繼而執梅·蔡二家之說 校比于古訓 間附以己見者 曰'知遠錄' 顧此三部 皆
於謫中編纂 書籍旣少 遺漏甚多" _《사암연보》 226~227쪽

(나) "右尙書古訓二十一卷 余所輯所編 又余之手鈔者也 起工于二月二日 告竣
于六月十日 其間一百二十八日 始自不意 賴天之佑 今幸卒業于未死 幸衣
余年齡七十三 後七日 六月旣望 余弧辰也 幸而至是 當以是七冊自壽之 當
宁三十四年六月上澣 洌水老人書(道光四年)" _합편《尙書古訓》 발문《전서》

🕯 (가)에서는 막연히 "三十四年甲午 公七十三歲 春 尙書古訓·知遠錄改修 合編共三
十一卷"이라고 하여 1834년 봄에 합편《尙書古訓》이 완성된 것으로 오해하
기 쉽다. 그러나 (나)의 기록을 따르면, 1834년 2월 2일에 합편《尙書古訓》
작업이 시작되어 이 해 여름 6월 10일에 작업이 완료되었음을 알 수 있다.
따라서 작업 기간은 봄과 여름에 걸친 것이며 정약용의 생일 6월 16일보
다 6일 앞서서 이루어졌음을 알 수 있다. 이 작업 뒤에도 정약용은 다시
제2차 및 제3차《梅氏尙書平》 개정 작업을 하였다. 즉 1834년 6월 10일 합편
《尙書古訓》 작업을 마친 뒤 제2차《梅氏尙書平》 개정 작업을 하여 8월 14일
완료하고 또 이 해 9월 병으로 앓아누웠다(이에 대하여는 8월 14일 및 9월 부
분 참조).

3월 일:

🕯 합편《尙書古訓》 작업에 종사하다. 1834년 2월 2일에 착수하여 6월 10일
에 완료하므로 3월 내내 이 작업에 종사하고 있었다고 볼 수 있다.

4월~5월:

🕯 합편《尙書古訓》 작업에 종사하다. 1834년 2월 2일에 착수하여 6월 10일

에 완료하므로 4, 5월 내내 이 작업에 종사하고 있었다고 볼 수 있다.

6월 10일: ① 합편《尙書古訓》작업을 완료하다. ② 이어서 곧《梅氏尙書平》제2차 개정 작업에 착수하다(6월 하순 무렵 추정).

🎵 1834년 2월 2일 부분 참조. 1834년 6월 10일 합편《尙書古訓》작업이 완료되고 나서는 곧 제2차《梅氏尙書平》개정 작업에 착수한 것으로 추정된다. 1834년 8월 14일에 제2차《梅氏尙書平》작업이 완료되기 때문이다(1834년 8월 24일 부분 참조). 6월 16일은 정약용의 생일이었으므로 합편《尙書古訓》은 자신의 73세 생일을 스스로 축수祝壽하는 의미도 있었다. 1834년부터 2월부터 힘든 작업을 하여 6월 10일 끝낸 뒤, 6월 16일에는 생일도 있고 하여 대략 6월 중순에는 휴식하였을 것이다. 대략 1834년 6월 하순부터 제2차《梅氏尙書平》개정 작업에 착수하였을 것으로 추정된다.

1834년 여름(추정): 정약용의 시에 화답하여 이학규가 〈奉和洌上夏日田園雜興 戱效楊誠齋〉를 짓다.

(가) 〈奉和洌上夏日田園雜興 戱效楊誠齋〉 _《낙하생전집》하 455쪽, 1834년 여름 추정

🎵 1834년 여름 작으로 보는 것이 타당하다고 생각된다. 시의 배치순서에 따르면 〈暮秋書懷〉 바로 다음에 이 시가 있고, 〈暮秋書懷〉의 앞에 〈癸巳元朝試筆〉(癸巳)이라는 시가 있기 때문이다. 다만 이렇게 보면 1833년 겨울과 1834년 봄의 시가 없게 된다.

7월 17일: 정약용이 이학규를 사리담에서 맞이하다. 이학규를 전별하다(7월 18일 또는 19일)

(가) 〈初秋旣望後二日 洌上老人 邀余鈔鑼潭〉 _《낙하생전집》하 455쪽, 1834년 7월 17일

(나) 〈次韻洌水翁初秋江上贈別〉 _《낙하생전집》하 456쪽, 1834년 7월 18일 또는 19일

🎵 (가) 시는 제목으로 보아 7월 17일 작이며 〈奉和洌上夏日田園雜興 戱效楊誠齋〉의 뒤에 있으므로 1834년 작으로 추정하였다. 이 시 바로 뒤에 (나) 시가 있다. 사라담에서 만난 뒤 정약용의 집으로 와서 하루나 이틀 머문 것으로 보아서 전별의 일자를 1834년 7월 18일 또는 19일로 하였다.

8월 14일: 제2차 《梅氏尙書平》 개정 작업을 완료하다.

(가) "古梅氏書平九卷 昔在庚午春(嘉慶十五年) 余在茶山謫中作 今年春(道光
十四年) 余在洌上 取尙書古訓·知遠錄 合之爲一部 共二十一卷 又取梅氏
書平 刪其蕪雜 增其闕遺 修而成之 仍其舊爲九卷 二部之合 三十卷也 余
今年七十三 眼昏而手顫 猶能爲此 賴天之賜也(書平之上四卷 是數年前所
修正) 八月十四日 洌上老人書(甲午秋)" _수정본 《梅氏尙書平》 발문(《전서》)

Φ 제2차 《梅氏尙書平》 개정 작업의 착수 시기는 앞에서 1834년 6월 하순 무
렵으로 추정하였다(6월 10일 부분 참조). (가)에서 제2차 《梅氏尙書平》 개정 작
업이 1834년 8월 14일에 완료되었음을 알 수 있다. 따라서 제2차 개정 작업
의 시기는 대략 1834년 6월 하순에서 8월 14일까지이다. 이때에는 원래 1810
년 봄(1월 추정) 때의 초고본 《梅氏書平》과 같이 9권이었음을 알 수 있다.

9월 23일: 승려 호의에게 편지를 보내어 차를 보내준 데 대하여 감사를 표
하다.

(가) "有便未嘗無書 有書必副以茶⋯草衣·鐵船 悵望金山而歸⋯甲午九月卄三
日 俗族鏞頓 北毫一枝 送之"《縞衣書屋 回殿 洌上謝帖》 _《다산 정약용》, 국립
중앙박물관, 65쪽, 1834년 9월 23일

Φ (가) 편지는 친척으로서 승려인 호의에게 보낸 편지로서 서강대학교 박
물관 소장이며 《다산 정약용》에 원문이 탈초되어 실려 있다. "甲午九月卄
三日"이라는 구절로 보아서 "1834년 9월 23일"작임을 알 수 있다. 이 편지
를 보면 호의가 지속적으로 차와 편지를 보냈으며 이 얼마 전, 대략 9월
중순 무렵 초의와 철선이 초천을 다녀갔음도 알 수 있다. 금산金山으로 갔
다는 것은 전라도 금산일 수도 있고 금강산으로 갔다는 말일 가능성도 있
다. 이 편지는 《다산간찰집》(244~245쪽)에도 실려 있다.

9월 일: 제2차 《梅氏尙書平》 작업 완료 뒤 병으로 앓아눕다.

(가) "甲午⋯秋 梅氏書平改修 是書成於庚午 至是改修 又增一卷 合十卷" _《사
암연보》 228쪽

(나) "古梅氏書平九卷 昔在庚午春(嘉慶十五年) 余在山謫中作 今年春(道光十

四年) 余在洌上取尙書古訓·知遠錄 合之爲一部 共二十一卷 又取梅氏書平
刪其蕪雜 增其闕遺 修而成之 仍其舊爲九卷 二部之合 三十卷也 余今年七
十三 眼昏而手顫 猶能爲此 賴天之賜也(書平之上四卷 是數年前所修正) 八
月十四日 洌上老人書(甲午秋)" _수정본《梅氏尙書平》발문(《전서》)

🖋 (가)에서 "甲午…秋 梅氏書平改修 是書成於庚午 至是改修 又增一卷 合十卷"이
라고 한 것은 제2차 작업에 더하여 제10권 증보 작업이 완료되었을 때까
지 일을 말하는 것으로 해석하는 것이 타당하다. 하지만 이전에 필자는 이
인용문 가운데 "至是改修"를 제2차 개정 작업(1834년 8월 완료)을 말하는 것
으로 보는 한편 "又增一卷 合十卷"은 "至是改修"의 다음 일로 보아서 제3차
개수 작업이 1834년 8월 이후 1836년 서거 이전 사이에 이루어진 것으로
보았다.462) (나)를 보면 제2차《梅氏尙書平》개정 작업에서는 초고본과 마찬
가지로 총9권이었으나, "至是改修"와 "又增一卷 合十卷"을 동시의 일로 볼 수
도 있다. "至是改修"와 동시의 일이 아니라면 "又增一卷 合十卷"이라는 구절
을 바로 뒤에 이어서 쓰는 것은 이상하다고 판단되기 때문이다.

《사암연보》의 찬자는 제2차 개정 작업과 제3차 개정 작업을 하나의 일
로 보면서도 제9권 작업의 완료 시점을 기준으로 "至是改修"라고 한 것으로
도 볼 수 있다. 1834년 가을 동안 설사로 누워 있었고 대략 9월 24일 무렵
에야 일어났다고 하므로(10월 4일 부분 참조), 1834년 9월에는 작업을 하기가
어려웠을 것이다. 9월 23일 호의에게 보낸 편지에서 피골이 상접하고 실오
라기 같은 목숨만 남아 있다고 하였다(1834년 9월 23일 부분 참조). 따라서 제
3차 작업이 제2차 작업과 바로 이어지는 것이 아니라고 생각된다. 제3차
작업의 시점은 이전의 추정을 약간 수정하여 "1834년 10월 이후 1836년 서
거 이전"의 어느 기간으로 보는 것이 타당하며, 더 좁혀서 말하자면 이 가
운데에서도 대략 "1834년 겨울 기간"이라고 할 수 있겠다.

10월 4일: 모인某人에게 편지를 써서 상처喪妻한 것을 위로하다.

(가) "甲午十月四日" 〈賢閤之喪〉 _《다산간찰집》246~247쪽, 1834년 10월 4일

---

462) 조성을, 〈정약용의 《尙書》 연구 문헌의 검토〉, 749쪽.

✍ "甲午十月四日"이라는 구절로 보아서 "1834년 10월 4일"작임을 알 수 있다. 모인某人이 누구인지는 알지 못하나, 강진군 소장(《다산간찰집》 247쪽)이라고 하므로 강진에 거주하던 사람일 가능성을 생각하여 본다. 이 편지에는 정약용이 1834년 가을이 되면서 힘없이 쓰러져 있다가 열흘 전(대략 9월 4일 무렵 추정)에 일어났다는 언급이 있다. 1834년 10월에는 이 밖에 달리 특별한 행적이 눈에 뜨이지 않는다.

11월 12일: 국왕 순조의 병세가 위급해지자 다시 급히 오라는 명이 있어 11월 12일에 출발하다(밤 추정).

　(가) "(甲午) 十一月 因上候 更有召命 公承命急詣 十二日發差 翼曉入東漸門 上候已大漸 百官趨哭班 公擧哀于弘化門 其翌日還鄕" _《사암연보》235쪽

　(나) "藥院啓言…副護軍丁若鏞…與聞於議藥…從之" _《실록》순조 34년 11월 13일

✍ (가)의 기록에 따라서 위의 사실이 확인된다. 다만 (나)에 따르면, 정약용으로 하여금 의약議藥에 참여하게 하라는 허락이 내린 것은 11월 13일이므로 11월 12일 미리 정약용을 부른 것으로 볼 수 있겠다.

11월 13일: ① 약원에서 정약용으로 하여금 의약에 동참하기를 건의하여 허락이 내리다. ② (11월 13일 새벽) 동점문東漸門으로 들어갔을 때 순조는 이미 숨을 거두어 백관이 곡반哭班에 나아가다. ③ 정약용이 홍화문에서 애도를 표하다(거애擧哀).

　(가) "(甲午) 十一月 因上候 更有召命 公承命急詣 十二日發差 翼曉入東漸門 上候已大漸 百官趨哭班 公擧哀于弘化門 其翌日還鄕" _《사암연보》235쪽

　(나) "藥院啓言…副護軍丁若鏞…與聞於議藥…從之" _《실록》순조 34년 11월 13일

11월 14일: 향리 초천으로 돌아오다.

　(가) "(甲午) 十一月 因上候 更有召命 公承命急詣 十二日發差 翼曉入東漸門 上候已大漸 百官趨哭班 公擧哀于弘化門 其翌日還鄕" _《사암연보》235쪽

12월 일:

✍ 특별한 행적이 눈에 뜨이지 않는다.

1834년 봄의 시와 잡문은 확인되지 않는다. 그러나 이 해 봄의 활동으로는 2월 2일부터 합편《尙書古訓》작업을 진행한 것이 주목된다. 이 작업에 몰두하느라 시를 짓지 못하였다고 생각된다.

1834년 시와 잡문은 확인되지 않는다. 그러나 이 해 여름의 활동으로는 2월부터 합편《尙書古訓》작업을 여름에도 계속하여 6월 10일까지 이 작업에 종사하고 있었던 것이 주목된다. 이 작업에 몰두하느라 시를 짓지 못하였다고 생각된다. 대략 1834년 6월 하순 무렵에는 제2차《梅氏尙書平》개정 작업에 착수하였을 것으로 추정된다.

이 시기 시와 잡문은 확인되지 않으나《梅氏尙書平》제2차 개정 작업이 이루어졌다. 시와 잡문이 확인되지 않는 것은 이 작업에 종사하였기 때문으로 여겨진다. 또 이 해 가을 동안(대략 1834년 9월 추정) 설사로 힘없이 누워 있었다(1834년 10월 4일 부분 참조).

이 시기의 시와 잡문은 확인되지 않는다. 다만 1834년 11월 12일 국왕 순조의 위독과 관련하여 대궐에 의원으로 불려갔다가 입진도 못한 채 11월 13일 국상國喪을 당하게 되어 홍화문에서 거애擧哀하였다가 다음 날 14일 초천으로 돌아온 일이 주목된다. 그리고 대략 1834년 겨울 동안 제3차《梅氏尙書平》개정(1권 증수) 작업이 있었을 것으로 추정된다. 이 3차 개수 작업은 〈逸周書克殷篇辨〉과 〈書大傳略論〉작업으로 추정된다.463)

1835년 乙未, 헌종 원년 74세

: 이 해에는 윤6월이 있었다.

1월~2월:

🔯 특별한 행적이 추적되지 않는다.

3월 일:

---

463) 조성을, 〈해배 이후의 다산-저작과 활동〉참조.

ⓧ 특별한 행적이 추적되지 않지만, 3월 초순 무렵 강진에서 계윤季胤이 초천을 찾아와 다산 초당 주인(추정, 또는 강진 백운동의 이덕휘)의 편지를 전한 것으로 추정된다(1835년 5월 6일 부분 참조).

봄(추정): 이학규가 정약용에게 〈寄斗陵〉이라는 시를 보내다.

(가) 〈寄斗陵〉 _《낙하생전집》하, 459쪽, 1835년 봄 추정

ⓧ (가) 시 바로 앞에 〈春朝過李汝魯〉라는 시가 있는데 배치 순서로 보아 1835년 봄의 시로 추정할 수 있다. 따라서 (가)를 1835년 봄의 작으로 추정하였다. 이학규는 1835년 5월 이전 타계한 것으로 추정되고 있다. 타계 거의 직전에 보낸 시로 생각된다.

4월 일:

ⓧ 특별한 행적이 추적되지 않는다.

5월 6일: 강진의 윤규로尹奎魯(추정)에게 보내어 다신계茶信契의 일을 걱정하다.

(가) "季胤袖傳惠書 慰沃深矣 已經兩月…所謂茶契 名之曰無信契 可矣 甲午條布 聞公牧任之 而尙不來 昨秋相見時 亦無自任之語 可歎 今年茶封 亦卽付送如何 琴季傳來之乙未之布 而六十尺價太高 渠必中間加增 吾無補給之勢 更貿相當之物 則此物使渠賣用似好耳 雲洞沓事 雖到宮卜 聖通解事 必無發怒之義耳 姑不備 乙未五月六日 病弟不名頓 琴季之行 吾公力挽 其詳當在渠書耳"〈季胤手傳〉, _《다산 정약용》, 국립중앙박물관, 2012.10, 65쪽, 1835년 5월 6일

ⓧ 이 편지는 국립중앙박물관 소장으로서 《다산 정약용》에 원문이 탈초되어 실려 있다. "乙未五月六日"이라는 구절로 보아서 1835년 5월 6일 작임을 알 수 있다. 다신계의 회계를 제자 공목公牧, 금계琴季(윤종진) 등이 제대로 처리하지 못하였음을 말하고, 그 해결책도 제시하였다. 그리고 백운동 답장의 송사에 대하여는 성통聖通이 잘 해결할 것이라고도 하였다. 이 편지는 금계를 만류할 수 있는 사람에게 보낸 것이므로, 금계(윤종진)의 아버지

윤규로(1769~1837)로 추정해 보았다. 백운동 답의 일을 말하므로 혹시 백운동의 이덕휘에게 보낸 편지라고 추정해 볼 수도 있으나, 이덕휘는 1828년 이미 타계하였다. 이 편지는《다산간찰집》(248~249쪽)에도 수록되어 있다.

7월~11월:

  🎵 특별한 행적이 추적되지 않는다.

12월 22일: 안安, 이李 두 사람에게 편지를 보내어 김교리金校理 댁의 상喪에 대하여 위문하고 자신의 병에 대하여도 말하다.

(가) "乙未十二月卄二日 服人若鏞頓首"〈安李兩賢契座前〉_《다산간찰집》250~251쪽, 1835년 12월 22일

  🎵 "乙未十二月卄二日"이라는 구절로 "1835년 12월 22일"작임을 알 수 있다. 수신자 안安, 이李가 누구인지, 언급된 김교리가 누구인지도 알지 못한다. 다만 이 편지에서 정약용이 스스로 오랫동안 기침으로 누워 있다고 한 것으로 보면 1835년 12월 동안 기침으로 누워 있었음을 알 수 있다. 1836년 2월 타계한 것도 이렇게 쇠약하여진 데 이은 것으로 볼 수 있겠다. 이 밖에 1835년 12월에는 다른 특별한 행적이 추적되지 않는다.

1835년의 저작과 활동

  1835년 봄에서 가을까지는 시와 잡문이 확인되지 않으며 특별한 행적도 추적되지 않는다.

  그러나 1835년에는《尚書古訓序例》작업이 있었다.《여유당전서》본 합편《尚書古訓》권1의 바로 앞에《여유당전서》제2집 제21권으로 수록된《尚書古訓序例》(〈古訓蒐略序說〉,〈尚書知遠錄序說〉,〈尚書古訓知遠錄合編序說〉,〈尚書古訓凡例〉,〈尚書序〉)는 합편《尚書古訓》에 포함시킬 수 없고 별도의 책으로 보아야 한다.464) 이에 대하여 합편《尚書古訓》에 포함시켜 보아야 한다는 견해가 제시되었으며,465) 이 견해는 논리적으로 보아서는 타당하다. 문제는 합편《尚書古訓》

---

464) 조성을,〈정약용의《尚書》연구 문헌의 검토〉참조.
465) 임재완,〈尚書古訓解題〉,《정본 여유당전서》11(《尚書古訓》1, 2012).

〈발문〉에서 "21권"이라고 한 것이다. 《尙書古訓序例》 가운데 〈尙書序〉 하나만
도 대략 필사본으로 1책(3권) 분량이다. 이것을 빼고 보면 위에서 살폈듯이
현재 합편 《尙書古訓》 제1~7권 [책]의 분량은 필사본 21건으로 발문의 언급과
일치한다. 이렇게 보면 《尙書古訓序例》는 1834년 겨울 개수본 《梅氏尙書平》
제10권 작업(〈逸周書克殷篇辨〉과 《書大傳略論》)을 완료한 이후, 1835년 사이에 저
술하였다고 판단된다. 《尙書古訓序例》 가운데 〈尙書序〉를 통해 《尙書》에 대한
정약용의 총괄적 견해를 볼 수 있다고 판단된다. 대략 1835년 초부터 《尙書
古訓序例》 작업을 시작하여 1835년 내에 마쳤을 것으로 여겨진다.

1835년에는 《尙書古訓序例》 편찬 작업을 한 것 외에, 이에 앞서서 《梅氏書
平》(속) 편찬 작업을 하였다고 여겨진다.

1836년 2월 서거 직전까지 《尙書》 관련 저서의 수정·보완 작업을 계속하
였다고 할 수 있겠다.

1836년 丙申, 헌종 2년 75세

1월 일:

◊ 특별한 행적이 추적되지 않는다.

2월 2일: 종강鍾岡(미상)에게 편지를 보내어 얼마 전 곽란으로 죽다가 살아났
다고 하였고 양근 조진사趙進士는 성균관에 있다고 하였다.

(가) "丙 二月二日" 〈鍾岡〉 _《다산간찰집》 284~285쪽, 1836년 2월 2일

◊ 정약용은 1834년 11월 국왕의 진료를 위해 서울을 다녀 온 이후 윤규로
(추정)에게 1835년 5월 다신계를 걱정하는 편지를 보낸 것과 1835년 안安과
이李에게 김교리金校理를 위문하는 편지를 보낸 것 말고는 활동이 확인되
지 않는다. 정약용은 1835년 12월 기침으로 누워 있었으며, 1836년 1월 무
렵에는 곽란으로 죽을 뻔하였고, 2월 16일에는 두풍으로 괴로워하였다(2월
16일 부분 참조). 이런 병들의 연장에서 1836년 2월 22일 타계한 것으로 볼
수 있겠다. 1834년 9월 제2차 《梅氏尙書平》 작업을 완료하고 병으로 앓아누
웠는데(1834년 9월 부분 참조), 1834년 11월 서울을 다녀온 이후 건강이 계속

좋지 않은 가운데 1834년 겨울 동안 《梅氏尙書平》 제3차 작업을 하였다고 생각된다. 1835년 동안에는 〈尙書序〉를 포함한, 《尙書古訓序例》 편찬 작업을 하였다. 1835년 연말 무렵부터 1836년 2월 타계할 때까지 어떤 학문적 활동도 하기 어려웠을 것이라고 생각된다. (가)에는 "丙 二月二日"이라고만 되어 있으나, 이 편지에 대하여 《다산간찰집》(291쪽)에서 1836년으로 비정하였는데 이를 따른다. 해배 이후 "병丙"은 1826년과 1836년 두 번 밖에 없다. 1826년 2월 행적이 추적되지 않는다.

2월 16일: 모인某人에게 답장을 보내 그의 자녀(추정)의 죽음과 관련하여 위로하고 자신도 두풍으로 괴로워하고 있다고 하다.

(가) "日前逢南谷人 得西來惡報 念賢慈愛異衆 必摧傷過中…是朝菌耳 憶之何益…卒甲已迫…二月十六日 病弟若鏞頓首" 〈謹拜復〉 _《다산 정약용》, 국립중앙박물관, 65쪽, 1836년 2월 16일

♨ 이 편지는 국립중앙박물관 소장품으로서 《다산 정약용》에 원문이 탈초되어 실려 있다. 이 편지를 보면 정약용도 자신의 죽음이 다가옴을 예견하고 인생의 허무를 느끼고 있었음을 알 수 있다. 편지에 "二月十六日"이라고만 되어 있으나, "卒甲已迫"(1836년 2월 22일)이라고 하였으므로 1836년 2월 16일 작임을 알 수 있다. 타인에게 보낸 편지로서는 마지막 작품이 된다고 여겨진다. 《다산간찰집》(252~253쪽)에도 수록되어 있다.

2월 20일: 회혼례를 자축하는 시를 짓다.

(가) 〈回卺詩 丙申二月回卺前三日〉 _《전서》 시문집, 1836년 2월 19일

♨ 정약용은 1776년 음력 2월 22일 풍산홍씨와 결혼하였다. 1836년 2월 22일은 바로 결혼 60주년(회근回卺=회혼回婚)에 해당된다. 이 회혼례 前三日(2일 전)에 정약용이 지은 시가 바로 (가)이다. 정약용의 시 가운데 최후작이며 모든 저작들 가운데에서도 마지막 작품이라고 할 수 있겠다.

2월 21일: ① 며칠 전부터 약한 병세가 있다. ② 이날 2월 21일에 현저히 호전되는 기미가 있다.

(가) "二年丙申 公七十五歲 二月二十二日辰時 公以疾終于洌上正寢 是日乃

公回卺也 親戚咸集 門生齊會 先四日有微侯 至二十一日 顯有復常之望…

二十二日 恬然而逝" _《사암연보》236쪽

2월 22일: 진시辰時에 병으로 향리 초천의 정침正寢에서 서거하다.

(가) "二年丙申 公七十五歲 二月二十二日辰時 公以疾終于洌上正寢 是日乃

公回卺也 親戚咸集 門生齊會 先四日有微侯 至二十一日 顯有復常之望…

二十二日 恬然而逝" _《사암연보》236쪽

Ⓐ 진시辰時(오전 8시~10시 사이)에 서거하였다. 이날 회혼례에 참석하기 위하여 여러 친지와 친척, 제자들이 초천 정약용의 집에 왔을 것이다. 회혼례 참석이 문상이 된 것이다. 정약용의 서거 뒤 종부성사가 있었다는 일부 주장이 있지만, 이것은 이목이 번다한 가운데 있을 수 없는 일이다. 두 아들 정학연과 정학유가 천주교와 관련된 흔적이 없는 점에서 더욱 그러하다. 정약용은 이미 1822년 자신의 회갑을 맞으면서 자신의 유교적 장례 절차〈送終儀節〉에 대하여 상세히 기록하여 놓았다(《사암연보》236~239쪽).

한편《茶山與黃裳書簡帖》가운데〈제31서〉에 대하여《다산의 재발견》(103쪽)에서는 제자 황상이 회혼례에 참석하였다가 돌아갈 때 써 준 물목으로 보면서 "1836년 2월"작으로 추정하였고,《다산간찰집》(286쪽)에서는 단지 "1836년"이라고만 하였다. 황상이 회혼례에 참여하려고 초천에 왔다면 2월 22일 다산이 서거할 때까지 머물러 있었을 것이다. 만일 이 물목을 황상이 회혼례 참석 차 초천에 왔을 때 써준 것이라면, 대략 2월 21일 이전에 써 준 것으로 볼 수 있겠다. 2월 22일 오전 8시~10시 사이에 서거하였기 때문이다.

3월 일:

Ⓐ 2월 22일 이후 3월 말일(30일)까지 문상을 받다. 장례를 4월 1일 지냈기 때문이다(4월 1일 부분 참조).

4월 1일: 유명遺命에 따라서 집(여유당)의 뒷동산에 장사지내다.

(가) "四月一日 葬于家園 治遺命也 卽與猶堂堂後" _《사암연보》240쪽

1836년의 저작과 활동

이 시기 저작으로 2월 2일과 16일 편지와 〈回졸詩 丙申二月回졸前三日〉(1836년 2월 20일) 한 편이 확인된다. 2월 22일 서거 이후 3월 말까지 정학연과 정학유는 문상을 받았을 것이다.

참고문헌

1. 자료

《經世遺表》 버클리본

《國朝榜目》

《筠菴漫筆》

《洛下生全集》, 아세아문화사(영인), 1985.

《茶山簡札集》, 사암, 2012.

《茶山四景帖》, 전일실업출판국, 1996.6

《茶山年譜》

《茶山丁若鏞》, 국립중앙박물관, 2012.

《茶山學團 文獻集成》, 대동문화연구원, 2008.

《臺山全書》

《梅氏書平》 규장각본

《文山集》

《樊巖集》

《辟衛篇》

《俟菴先生年譜》 修訂本

《俟菴先生年譜》 草稿本

《尙書古訓》 규장각본

《尙書知遠錄》 규장각본

《石泉遺稿》

《承政院日記》 正祖~純祖

《我邦疆域考》 고려대본

《我邦疆域考》 연세대본

《押海丁氏家乘》

《與猶堂全書》

《與猶堂全書補遺》

《與猶堂集》 규장각본

《淵泉集》

《洌水全書》 장서각본

《日省錄》

〈自撰墓誌銘〉(集中本)

〈自撰墓誌銘〉(壙中本)

《定本 與猶堂全書》

《朝鮮王朝實錄》 正祖~純祖

《晋州柳氏 西陂柳僖全書》(1·2), 한국학중앙연구원, 2008(영인).

《推鞫日記》

《弘齋全書》

《黃嗣永帛書》

2. 저서

김상홍, 《茶山文學의 再照明》, 단국대출판부, 2003.

김상홍, 《茶山丁若鏞 文學研究》, 단국대출판부, 1985.

김인철, 《다산의 주역해석 체계》, 경인문화사, 2003.

다산학술문화재단 편, 《다산간찰집》, 사암, 2012.12.

박석무, 《다산 정약용 평전》, 민음사, 2014.

샤를르 달레 저/안응렬 외 역, 《한국천주교회사》[상·하], 한국교회사연구소, 1979.

샤를르 달레 저/안응렬 역, 《한국천주교회사》상, 분도출판사, 1980.

실시학사 경학연구회 편, 《茶山과 臺山·淵泉의 경학 논쟁》, 한길사, 2001.

실시학사 경학연구회 편, 《茶山과 文山의 人性 논쟁》, 한길사, 1996.

실시학사 경학연구회 편, 《茶山과 石泉의 經學 논쟁》, 한길사, 2000.

실시학사 경학연구회 편, 《正體傳重辨》, 한길사, 1995.

심경호, 《다산과 춘천》, 강원대학교출판부, 1996.

윤재영 역,《황사영백서》, 정음사, 1981.

이덕일,《정약용과 그의 형제들(상)》, 김영사, 2004.

林道心 主編,《中國古代萬年曆》, 河北 人民出版社, 2003.

정민,《茶山의 再發見》, 휴머니스트, 2011.

정민,《삶을 바꾼 만남》, 문학동네, 2011.12.

조성을,《與猶堂集의 文獻學的 硏究》, 혜안, 2004.

최익한(송찬섭 편)《實學派와 丁茶山》, 청년사, 1989(1955 북한 발행 복간).

최익한(송찬섭 편)《實學派와 丁茶山》, 서해문집, 2011.

최익한(송찬섭 편),《與猶堂全書를 讀함》, 서해문집, 2016.

한보식 편저,《한국연력대전》, 영남대출판부, 1987.

한우근 지음,《정다산 연구의 현황》, 민음사, 1985.

3. 논문

김보름,《《여유당집》의 성립에 관한 고찰〉,《다산학》18, 2011.

김문식,《《상서지원록》 필사본의 원문 비교〉,《다산학》10, 2007.6.

김상홍,〈다산과 죽란시사 일고〉,《다산학연구》, 계명문화사, 1990.

김상홍,〈다산의〈비본 묘지명 7편〉과 천주교〉,《다산연구의 새로운 모색》, 한국한
　　문학회 외, 2012.6.9.

김영호,《《여유당전서》의 텍스트 검토〉,《정다산연구의 현황》, 민음사, 1985.

김인걸,〈19세기 세도정치기의 구언교와 응지소〉,《한국문화》54, 2011.6.

노경희,〈미국 소재 정약용 필사본의 소장 현황과 서지적 특징〉,《다산학》15,
　　2009.

박종천,〈다산 정약용의《독례통고》 연구 초탐〉,《한국실학연구》21, 2011.6.

박철상,〈신자료《선암총서》의 발굴과《목민심서》 저술 과정의 검토〉,《다산 탄신
　　250년 기념 학술대회: 다산연구의 새로운 모색》, 2012.

방인,〈唐書卦氣論을 통해 본 해배기의 다산역학〉,《해배이후의 다산》, 다산학술 문
　　화재단 학술대회 자료집, 2016.3.

방인, 〈정약용의 《주자본의발미》 연구〉, 《다산학》19, 2011.12.

방인, 《《周易四箋》의 텍스트 형성과정에 관한 고찰〉, 《다산학》14, 2009.

심경호, 〈다산 정약용과 석천 신작의 교유에 대하여〉, 《연민학지》, 1993.

심경호, 〈시집 해제〉, 《정본 여유당전서》1, 다산학술문화재단, 2012.

심경호, 《《여유당전서》 시문집 정본 편찬을 위한 기초연구: 시편의 繫年 방법을
중심으로〉, 《다산학》11, 2007.

심경호, 〈정약용의 춘천 여행에 대하여〉, 《해배 이후의 다산》, 다산학술문화재단
학술대회 자료집, 2016.3.

안대회, 〈다산 정약용의 죽란시사 결성과 활동양상〉, 《대동문화연구》83, 2013.

안병직, 〈필사본 《경세유표》에 대한 서지적 검토〉, 《다산학》18, 2001.6.

정민, 〈1805년 정학연의 두륜산 유람 시문〉, 《문헌과 해석》47, 2009.

조성을, 《《경세유표》의 문헌학적 제문제〉, 《다산학》10, 2007.

조성을, 〈금정시절(金井時節)의 다산의 활동과 사상〉, 《한국실학연구》6, 2003.

조성을, 《《사암선생연보》의 문헌학적 검토〉, 《다산학》27, 2015.12.

조성을, 《《아방강역고》와 《대동수경》의 문헌학적 검토〉, 《다산학》13, 2008.

조성을, 《《여유당집》 예학관계 저작의 재구성과 연대고증〉, 《서지학보》29, 2005.

조성을, 〈정약용과 교안〉, 《한국실학연구》25, 2013.6.

조성을, 〈정약용 《상서》 연구 문헌의 검토〉, 《동방학지》54·55·56합, 1987.

조성을, 〈정약용의 저작체계와 《여유당집》 잡문의 재구성〉, 《규장각》8, 1984.

조성을, 〈해배 이후의 다산-저작과 활동-〉, 《해배 이후의 다산》, 다산학술문화재단
학술발표대회 논문집, 2016.3.